Wulf Gatter

Vogelzug und Vogelbestände in Mitteleuropa

Die Arbeit der Forschungsstation Randecker Maar wurde während der 30 Jahre ihres Bestehens mit einmaligen finanziellen Beiträgen oder durch mehrjährige Förderung unterstützt durch

ZEISS

Carl Zeiss
Geschäftsbereich Ferngläser

LB≡BW
Landesbank Baden-Württemberg

Landkreis
Esslingen

NABU
Naturschutzbund Deutschland e.V.

FORSCHUNGSSTATION
RANDECKER MAAR e.V.

Andreas-Stihl-Stiftung

Forstverwaltung Baden-Württemberg

Heinz Sielmann Stiftung

NABU - Ortsgruppe Kirchheim/Teck

Forschungskommission der Deutschen Ornithologen-Gesellschaft

Sommer-Torbau

Umweltministerium Baden-Württemberg

Stiftung Naturschutzfonds Baden-Württemberg

Wulf Gatter

Vogelzug und Vogelbestände in Mitteleuropa

30 Jahre Beobachtung des Tagzugs am Randecker Maar

Mit 425 Abbildungen und 16 Farbtafeln

AULA-Verlag Wiebelsheim

Wulf Gatter
Buchsstraße 20
73252 Oberlenningen

In den vergangenen drei Jahrzehnten hatten folgende Personen entscheidenden Anteil am Gelingen der Stationsarbeit, bzw. am Entstehen dieses Buches:

Rainer Schütt, Dorothea Gatter, Walter Gatter, Hermann Mattes, Thomas Meineke, Jens Appel, Manfred Behrndt, Sven Baumung, Andreas Hachenberg, Wolfgang Müller †, Klemens Steiof und Anke Trube

Vogelzeichnungen: Michal Skakuj
Englische Übersetzungen: Brian Hillcoat

Die Deutsche Bibliothek - CIP-Einheitsaufnahme
Ein Titeldatensatz für diese Publikation ist bei der Deutschen Bibliothek erhältlich

Umschlaggestaltung: Klaus Neumann
Umschlagfotos: Peer Gatter, Wulf Gatter und Luftbild Brugger/Landesbildstelle Württemberg
Fotos: Wulf Gatter
Satz: Claudia Huber
Druck und Verarbeitung: Druckhaus Köthen
Printed in Germany/Imprimé en Allemagne

ISBN 3-89104-645-6

Meiner Frau Dorothea

Inhalt

Abkürzungsverzeichnis

Im Text verwendete Abkürzungen:

A	Österreich
B	Belgien
Balt.	Baltische Staaten EST, LETT, LIT
Bft.	Windstärken nach BEAUFORT
BP	Brutpaare
BWü.	Baden-Württemberg
Bay.	Bayern
CH	Schweiz
CZ	Tschechien
D	Deutschland
DDA	Dachverband Deutscher Avifaunisten
DK	Dänemark
Dz	Durchzügler
DZZ	Durchzugszahlen
E	Ost
E-D	Ostdeutschland (entsprechend S-, N-D)
EST	Estland
F	Frankreich
Falsterbo/S.	Falsterbo/Schweden
FIN	Finnland
GWL	Großwetterlage/n
GB	Großbritannien
HI	Handflügelindex
KSZ	Kurzstreckenzieher
LETT	Lettland
LIT	Litauen
LSZ	Langstreckenzieher
M-Europa	Mitteleuropa
MRI	Mettnau-Reit-Illmitz-Programm
N	Nord
NL	Niederlande
NN	über Normal Null
NW	Nordwest
NE	Nordost
OAG	Ornithologische Arbeitsgemeinschaft
Ottenby/S.	Ottenby/Schweden
PL	Polen
RM	Randecker Maar
RUS	Rußland neu (GUS)
S	Süd
SW	Südwest
SE	Südost
TZ	Teilzieher
ü. B.	über Boden
W	West
W-D	Westdeutschland
Ø	Durchschnitt, Mittelwert

Abkürzungen sich häufig wiederholender Autorennamen (volle Zitate im Literaturverzeichnis):

A-ATL	Atlas der Brutvögel Österreichs, DVORAK et al. 1993.
B&B	BAUER & BERTHOLD (1996): Brutvögel Mitteleuropas. Bestand und Gefährdung.
BWP	CRAMP, S. u. a. (1977 - 1994): The Birds of the Western Palearctic (Birds of Europe, the Middle East and North Africa), 9 Bände.
BWPC	SNOW, D. W. & C. M. PERRINS u. a. (1998): The Birds of the Western Palearctic. Concise Edition. 2 Bände.
CH-ATL	Schweizer Brutvogelatlas, SCHMID et al. 1998
Eu-ATL	HAGEMEIJER, W. J. M. & M. J. BLAIR (1997): The EBCC Atlas of European Breeding Birds. Their Distribution and Abundance. Poyser, London.
HVM	GLUTZ V. BLOTZHEIM, U. N. u. a. (1966 - 1997): Handbuch der Vögel Mitteleuropas, 14 Bände.
LEIBAK 1994	LEIBAK et al. (1994): Birds of Estonia.
MARCHANT 1990	MARCHANT et al. (1990): Population Trends in British Breeding Birds.
SOVON	Atlas van de Nederlandse Vogels. Arnhem (1987).
TUCKER 1994	TUCKER et al. (1994): Birds in Europe - their Conservation Status.

Standard-Erfassungszeitraum = standardisierter Zeitraum vom 29. August bis zum 6. November, der allen Bestandsangaben hier zu Grunde liegt und in allen Jahren erfaßt wurde.

Erweiterter Erfassungszeitraum = im gesamten Beobachtungszeitraum erfaßte Zahlen, die in verschiedenen Jahren von Juli bis Dezember reichen.

Medianwerte am Randecker Maar

Kumulierte jahreszeitliche Medianwerte (Termin, an dem 50 % der Durchzügler passiert haben) von tags ziehenden bzw. „rastwandernden“ Schleichziehern am Randecker Maar aus voll erfaßten Zugperioden 1970 – 1987 (Mitte Juli bis nach Mitte November, bei geeignetem Wetter bis Dezember). Siehe Kap. 4.
Cumulative median values of diurnal passage migrants and nocturnal migrants continuing their migration close to the ground in daytime, compiled from complete migration periods 1970 – 1987 (mid-July to mid-November or December if weather is suitable). See Chapter 4.

Juli	
Mauersegler *(Apus apus)*	23.
Berglaubsänger *(Phylloscopus bonelli)*	23.

August	
Waldlaubsänger *(Phylloscopus sibilatrix)*	4.
Pirol *(Oriolus oriolus)*	13.
Gartengrasmücke *(Sylvia borin)*	14.
Fitis *(Phylloscopus trochilus)*	16.
Kuckuck *(Cuculus canorus)*	16.
Neuntöter *(Lanius collurio)*	20.
Klappergrasmücke *(Sylvia curuca)*	26.
Grauschnäpper *(Muscicapa striata)*	29.
Trauerschnäpper *(Ficedula hypoleuca)*	29.
Wespenbussard *(Pernis apivorus)*	29.
Braunkehlchen *(Saxicola rubetra)*	29.
Gartenrotschwanz *(Phoenicurus phoenicurus)*	30.

September	
Schwarzmilan *(Milvus migrans)*	2.
Baumpieper *(Anthus trivialis)*	4.
Brachpieper *(Anthus campestris)*	5.
Ortolan *(Emberiza hortulana)*	5.
Kleinspecht *(Dendrocopos minor)*	8.
Laubsänger (unbestimmt) (*Phylloscopus* spec.)	8.
Schafstelze *(Motacilla flava)*	8.
Steinschmätzer *(Oenanthe oenanthe)*	9.
Stieglitz *(Carduelis carduelis)*	9.
Baumfalke *(Falco subbuteo)*	11.
Mehlschwalbe *(Delichon urbica)*	13.
Tannenhäher *(Nucifraga caryocatactes)*	14.
Sommergoldhähnchen *(Regulus ignicapillus)*	15.
Graureiher *(Ardea cinerea)*	15.
Fischadler *(Pandion haliaetus)*	16.
Zilpzalp *(Phylloscopus collybita)*	18.
Rohrweihe *(Circus aeruginosus)*	18.
Schwarzspecht *(Dryoscopus martius)*	19.
Kleiber *(Sitta europaea)*	21.
Uferschwalbe *(Riparia riparia)*	21.
Gebirgsstelze *(Motacilla cinerea)*	22.
Rauchschwalbe *(Hirundo rustica)*	23.
Buntspecht *(Dendrocopos major)*	24.
Rotmilan *(Milvus milvus)*	26.
Eichelhäher *(Garrulus glandarius)*	27.
Rotkehlchen *(Erithacus rubecula)*	27.
Zaunkönig *(Troglodytes troglodytes)*	27.
Fichtenkreuzschnabel *(Loxia curvirostra)*	28.
Hausrotschwanz *(Phoenicurus ochruros)*	30.
Heckenbraunelle *(Prunella modularis)*	30.

Oktober	
Habicht *(Accipiter gentilis)*	1.
Wanderfalke *(Falco peregrinus)*	1.
Goldhähnchen (unbestimmt) (*Regulus* spec.)	1.
Hohltaube *(Columba oenas)*	1.
Tannenmeise *(Parus ater)*	3.
Singdrossel *(Turdus philomelos)*	3.
Turmfalke *(Falco tinnunculus)*	4.
Star *(Sturnus vulgaris)*	6.
Bachstelze *(Motacilla alba)*	6.
Misteldrossel *(Turdus viscivorus)*	7.
Amsel *(Turdus merula)*	7.
Blaumeise *(Parus caeruleus)*	7.
Hänfling *(Carduelis cannabina)*	7.
Ringeltaube *(Columba palumbus)*	7.
Rotkehlpieper *(Anthus cervinus)*	10.
Buchfink *(Fringilla coelebs)*	10.
Haussperling *(Passer domesticus)*	11.
Heidelerche *(Lullula arborea)*	11.
Merlin *(Falco columbarius)*	11.
Grünling *(Carduelis chloris)*	12.
Wintergoldhähnchen *(Regulus regulus)*	12.
Raubwürger *(Lanius excubitor)*	12.
Ringdrossel *(Turdus torquatus)*	12.
Schwanzmeise *(Aegithalos caudatus)*	13.
Wiesenpieper *(Anthus pratensis)*	13.
Girlitz *(Serinus serinus)*	14.
Erlenzeisig *(Carduelis spinus)*	15.
Feldsperling *(Passer montanus)*	15.
Sperber *(Accipiter nisus)*	16.
Lachmöwe *(Larus ridibundus)*	17.
Kohlmeise *(Parus major)*	17.
Kernbeißer *(Coccothraustes coccothraustes)*	17.
Feldlerche *(Alauda arvensis)*	18.
Rohrammer *(Emberiza schoeniclus)*	18.
Kormoran *(Phalacrocorax carbo)*	18.
Mäusebussard *(Buteo buteo)*	19.
Kornweihe *(Circus cyaneus)*	22.
Wacholderdrossel *(Turdus pilaris)*	22.
Dohle *(Corvus monedula)*	23.
Bergfink *(Fringilla montifringilla)*	24.
Goldammer *(Emberiza citrinella)*	25.
Rotdrossel *(Turdus iliacus)*	25.
Saatkrähe *(Corvus frugilegus)*	26.
Gimpel *(Pyrrhula pyrrhula)*	31.

November	
Birkenzeisig *(Carduelis f. flammea)*	17.
Schneeammer *(Plectrophenax nivalis)*	17.

Vorwort

Wenn man vom Vogelzug spricht, so fallen einem Namen wie Rossitten, Falsterbo, Gibraltar oder Bosporus ein.

An diesen Orten zwingt das Aufeinandertreffen von Landmassen und Meer die Zugvögel, von ihrer Flugrichtung abzuweichen und zu großen Scharen verdichtet weiterzuziehen.

Im Zentrum Mitteleuropas sieht der Vogelzug jedoch anders aus. Da die Vögel hier in breiter Front über das Land wandern, bleibt der Zug viel unauffälliger und selbst nach kleinräumigen Verdichtungen wie am Randecker Maar an vielen Tagen zahlenmäßig überschaubar.

Daß die Durchführung dieses Projekts über einen Zeitraum von über 30 Jahren möglich wurde, ist der Hilfe vieler Mitarbeiter, der zahlreichen, häufig ehrenamtlichen Beobachter und Helfer, glücklichen Umständen, guten Freunden und dem so oft entgegengebrachten Wohlwollen zu verdanken.

Das Motto des hessischen Ornithologen Werner Sunkel (1893 bis 1974) „Arbeit im engen Raum auf weite Sicht" glaube ich ein wenig auch für uns selbst beanspruchen zu können, da das von uns erarbeitete Material Aussagen zuläßt, die über den süddeutschen Raum hinaus Bedeutung haben. Hinzu kommt, daß eine umfassende Darstellung des sichtbaren Vogelzuges im mitteleuropäischen Binnenland bisher nicht vorgelegt worden ist.

Als wir Ende der 1960er Jahre mit planmäßigen Beobachtungen begannen, war die Erforschung jahres- und tageszeitlicher Zugmuster das Ziel. Einmal an einem Ort über mehrere Jahre erkundet, würden sie für alle Zeit Bestand haben, war die Meinung. Die Erkenntnis, daß sie sich rasch verändern, war entgegen meinem ursprünglichen Plan der Anlaß, ihre detaillierte Bearbeitung trotz der besonderen Bedeutung, die ich den Fragen der Zugphänologie einzelner Arten beimesse, auf einen späteren Zeitpunkt zu verlegen.

Nicht zuletzt aus der Sicht des Naturschutzes erschien es stattdessen viel wichtiger, die Gründe für die phänologischen Änderungen zusammen mit den Bestandsveränderungen zu untersuchen und sie nach ökologischen Gesichtspunkten auszuwerten. Die regional unterschiedlichen Bestandstrends bei Arten mit mittel- bzw. nordeuropäischen Populationen und Überwinterungsgebieten im tropischen Afrika legten nahe, daß die Ursachen der Trends überwiegend in den Brutgebieten liegen müssen. Die Herkunft der Durchzügler, die am Randecker Maar vorbeikommen, reicht vom Nordkap bis über den Ural hinaus, ihr Ziel im Süden bis weit über den Äquator. Dieser Umstand erfordert einen breit angelegten Untersuchungsansatz.

Im Laufe der Auswertung erwies es sich immer mehr als notwendig, über die Ergebnisse am Randecker Maar hinausgehende Betrachtungen anzustellen und sie um solche aus 40 Jahren Feldornithologie im selben Großraum zu erweitern. Die Auswertung der Ergebnisse des Nistkastenmonitorings der Forstverwaltung Baden-Württemberg aus fünf Jahrzehnten und Arbeiten an einem ökologischen Waldprojekt rückten dabei die sich verändernden Konkurrenz- und Prädationsverhältnisse in den Blickpunkt und machten deutlich, daß die Einbeziehung der Bestandsdynamik von Klein- und Großsäugern wichtiger sein könnte, als bisher angenommen. Die enormen Veränderungen der Bestände von Vögeln und Säugern forderten geradezu heraus, die Habitatveränderungen näher zu untersuchen und beides in bezug auf mögliche Interaktionen zwischen Mensch, Tier und Umwelt näher zu analysieren. Daß hier der Auswahl zu behandelnder Einzelprobleme enge Grenzen gesetzt waren, ließ sich nicht vermeiden.

Die Tatsache, daß am Randecker Maar die Waldvögel vor den Offenlandarten zahlenmäßig dominieren und Wasservögel kaum eine Rolle spielen, hat mich dazu veranlaßt, dem regional unterschiedlichen Wandel der Wälder und ihrer historischen Entwicklung besondere Aufmerksamkeit zu widmen.

Nach den einleitenden Kapiteln gliedert sich das Buch in in zwei Teile. Bis zum Kapitel 14 befaßt es sich mit den Auswertungen zu einzelnen Themen des Tagzugs der Vögel im mitteleuropäischen Binnenland. Wetterabhängigkeiten, Zughöhen und Zugrichtungen, jahres- und tageszeitliche Zugmuster, Jugendstreuung und das Sozialverhalten auf dem Zug werden näher behandelt. Im zweiten Teil (Kapitel 15 – 18) steht der Wandel der Vogelfauna im Vordergrund. Kapitel 15 behandelt die hierfür wichtigsten Ursachen, und Kapitel 16 enthält einen Exkurs über die für unser Thema ebenfalls relevanten Bestandsveränderungen bei Säugetieren. Kapitel 17 stellt die am Randecker Maar durchziehenden Arten und ihre Entwicklungstendenzen vor, und in Kapitel 18 wird versucht, die Ergebnisse in einen weiteren Rahmen zu stellen und einige allgemeine Schlüsse aus den starken Veränderungen unserer Avifauna zu ziehen.

Es wird sich nicht verhindern lassen, daß sich manche der hier aus „engem Raum" entwickelten Erkenntnisse für den Außenstehenden anders darstellen werden, und ebenso ließ es sich nicht vermeiden, daß angesichts der breiten Palette behandelter Themen Lücken in der Argumentation vorhanden sind. Ungeachtet des einen oder anderen Mangels erscheint mir das Gedankengebäude als Ganzes entscheidend. Auch war es trotz besten Bemühens nur möglich, einen Ausschnitt aus der nicht mehr überschaubaren Fülle an relevanter Literatur zu dieser breiten Thematik zu berücksichtigen.

Der vom Verlag vorgebene Titel könnte nahelegen, daß dieses Buch als eine Enzyklopädie des Vogelzuges in Mitteleuropa gedacht ist bzw. den Anspruch erheben will, allgemeingültige Theorien zu Bestandsveränderungen zu geben. Dies ist so nicht beabsichtigt, vielmehr sollen am Fallbeispiel Randecker Maar die komplexen Beziehungen zwischen Vogelzug, Brutbestand, Habitaten, Konkurrenz und Prädation dargelegt und nicht zuletzt ihre Bedeutung für den Naturschutz aufgezeigt werden.

Daß sich die Arbeit an diesem Projekt nicht im Beobachten von Vögeln, im Organisieren und im Schreiben erschöpfte, sondern daneben vor allem aus einem jahrzehntelangen Kampf um die nötigsten Geldmittel bestand, sollte Erwähnung finden. Deshalb allen Sponsoren herzlichen Dank, die in den 30 Jahren zum Gelingen beigetragen haben!

Den Mitarbeitern, die im Laufe so vieler Jahre an den unterschiedlichsten Stellen zu einem reibungslosen Ablauf der Stationsarbeit und zum Fortbestehen der Station beigetragen und am Zustandekommen der gesammelten Daten mitgewirkt haben und somit dieses Werk erst ermöglichten, wird in Kapitel 3 speziell gedankt.

Im November 2000 WULF GATTER

1 Einleitung: Die Station Randecker Maar – Vogelzug/Insektenwanderungen

Für den im Binnenland stattfindenden Breitfrontzug ist die Station Randecker Maar ein optimaler Ort zur Registrierung von Vogel- und Insektenwanderungen. Sie liegt in Baden-Württemberg im Südwesten Deutschlands, etwa 35 km südöstlich des Zentrums von Stuttgart am Nordrand der Schwäbischen Alb (48°34' N, 9°31' E, Abb. 1.1). Die hier zwischen 750 und 830 m über NN liegende Hochfläche des sich von SW nach NE erstreckenden Mittelgebirges ragt steil über dem nördlichen Vorland (300 m über NN) auf. Das Randecker Maar am nördlichen Rand der Schopflocher Berghalbinsel ist der Rest eines Maares (Vulkankraters). Die Nordostflanke des ehemals kreisrunden Trichters ist abgetragen, so daß sich das Maar zum Vorland hin öffnet. Dies bewirkt, daß sich der Anstieg vom flachen Vorland auf die Hochebene hier sanfter als in der Umgebung vollzieht. Die Steigung ist gegenüber der Nachbarschaft halbiert (Farbtafel 1).

Topographie und Lage. Der Vogelzug spielt sich je nach Vogelart und Wetter in verschiedenen Höhenschichten ab (Kap. 8). Dort, wo die Vögel ein Gebirge überwinden müssen, entsteht eine vertikale Konzentration, die es ermöglicht, den tiefen wie auch den in größeren Höhen stattfindenden Zug optisch zu erfassen. Der Breitfrontzug konzentriert sich hier stellenweise vertikal wie auch horizontal, weil die Vögel an der Kante der Schwäbischen Alb einen Höhenunterschied von bis zu 500 m überwinden müssen und dazu gerne talähnliche Einschnitte nutzen. Das Randecker Maar (RM) ist ein solcher Punkt. Die Vögel kommen aus dem Albvorland (350 m über NN) an und müssen auf kurze Distanz am nördlichen Steilabfall auf 800 m über NN ansteigen (Abb. 1.2).

Zu den genannten Vorteilen trägt am Randecker Maar auch eine **horizontale Verdichtung** des Zuggeschehens bei (Abb. 1.4).

Die Station liegt in 773 m Höhe über NN (Abb. 1.3 und Farbtafel 1). Die östlich und westlich des Maar-Einschnitts liegenden Berge Schafbuckel und Auchtert bilden einen Trichter, der den Zug auf das Maar zuleitet (Abb. 1.4). Auf diese Weise wird der Breitfrontzug je nach Zugrichtung der einzelnen Arten unterschiedlich stark gebündelt. Bei Arten mit einer mittleren Zugrichtung von 180° (Süd) wird ein Ausschnitt

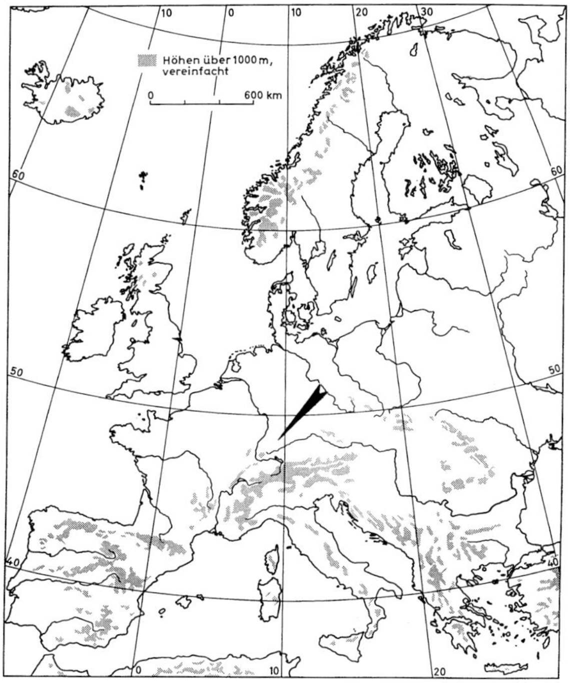

Abb. 1.1: Die Lage der Station Randecker Maar in SW-Deutschland. – *Position of the migration research station Randecker Maar in SW Germany.*

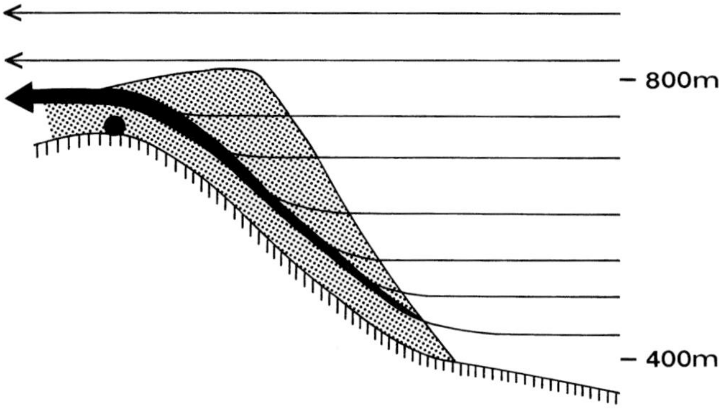

Abb. 1.2: Am Steilabfall der Schwäbischen Alb (im Schnitt dargestellt) kommt es zu einer vertikalen Verdichtung des Zuggeschehens. Der Punkt zeigt die Lage der Station. – *The steep slope of the Schwäbische Alb (shown in section) causes a vertical concentration of migration. The dot indicates the position of the station.*

von kaum mehr als einem Kilometer des Breitfrontzugs unmittelbar durch das Maar geleitet. Bei den weitaus häufigsten Zugrichtungen von 220° - 250° (SW-WSW, Kap. 8.2) wird ein Ausschnitt von etwa 2 – 3 km auf das Maar zugeleitet. Es handelt sich also um eine kleinräumige horizontale Zugverdichtung, die überwiegend erst unmittelbar vor dem Maar zustande kommt. Einen zusätzlichen, aber gleichbleibenden Anteil an Durchzüglern stellen diejenigen Vögel,

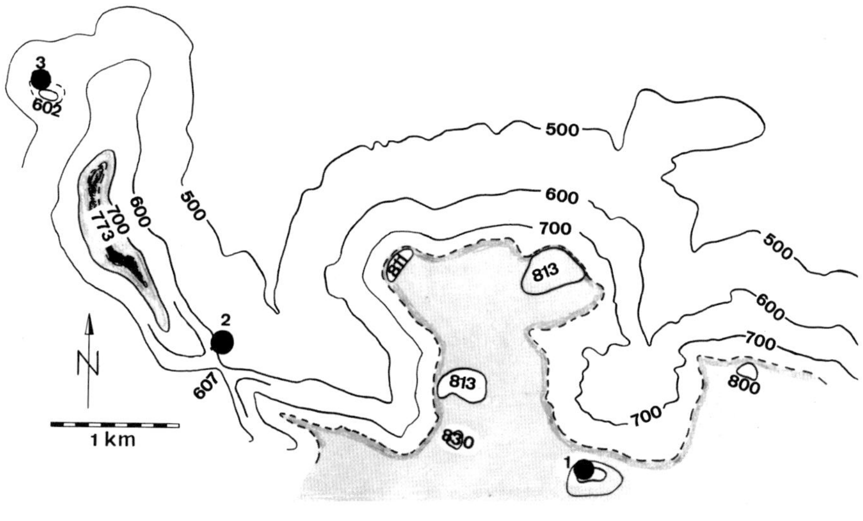

Abb. 1.3: Lage der Beobachtungspunkte (schwarze Kreise) und Ortsbezeichnungen des Textes. Gekennzeichnet sind die Höhenlinien von 500 – 700 m. Die Albhochfläche (750 – 830 m NN) ist gerastert. Im Einzelnen:
1: Station Randecker Maar im Süden des Randecker Maar-Kraters.
2: Beobachtungspunkt Sattelbogen (Höhe 607 m).
3: Beobachtungspunkt Hohenbol (Höhe 602 m).
Breitenstein: Höhe 811 m.
Schafbuckel: Höhe 800 m im Osten des Maars.
Auchtert: Höhe 813 m im Nordwesten des Maars.
Brucker Hölzle: Höhen 813 und 830 m.
Im Westen das Teckmassiv, Zughindernis zwischen den Beobachtungspunkten 2 und 3: Höhe 773 m.

Fig. 1.3: *Position of the observation points (black circles) and place names in the text. The contour lines between 500 and 700 m are shown. The Alb-Plateau (750 – 830 m a. s. l.) is shaded.*
1: *Observation point Randecker Maar south of the Randecker Maar crater.*
2: *Observation point Sattelbogen (607 m).*
3: *Observation point Hohenbol (602 m).*
Breitenstein: 811 m.
Schafbuckel: 800 m, to the east of the Maar.
Auchtert: 813 m, to the northwest of the Maar.
Brucker Hölzle: 813 and 830 m.
To the west is the Teck massif, a migration hindrance between observation points 2 and 3: 773 m.

↑ Stationshügel ↑ Randecker Maar

Blick von Osten auf das kreisrunde Randecker Maar im Vordergrund und auf den nach WSW verlaufenden Nordabfall der Schwäbischen Alb. Am Horizont ist der Schwarzwald zu erkennen. Unten ist links im Vordergrund der benachbarte Sattelbogen, im Zentrum des Bildes wieder das Randecker Maar. Beide Punkte bündeln den in südliche Richtungen verlaufenden Zug im Herbst. (Fotos freigegeben vom Reg.-Präsidium Stuttgart Nr.2 /47599C und Nr. 2/44418C. Luftbild Albrecht Brugger, Stuttgart).

Von der Beobachtungsstation überblickt man die Zugschneise und über den paßähnlichen Einschnitt im Norden des Randecker Maars das Albvorland.

Bei manchen Wetterlagen (oben) beträgt die Sichtweite über 100 km, aber das Wetter beeinflußt Sicht und Zug in vielfältiger Weise.

◀ Kälteeinbruch im Oktober; grüne Wiesen im Tal, Schnee auf der Alb. Zugplanbeobachtung im Mittelgebirge ist harte Freilandarbeit.

Blick von Norden auf den Steilabfall der Schwäbischen Alb, der für ziehende Vögel als 400 Meter hohes Hindernis über dem Vorland aufragt. Die Einschnitte am Randecker Maar und Sattelbogen bieten die Möglichkeit der Überquerung des Mittelgebirges bei vermindertem Kraftaufwand (Bild oben).

▲ Vor allem bei Gegenwind ist die Alb auch ein Hindernis für die Milliarden von Insekten, die im Spätsommer und Herbst nach Süden wandern. Oben links die saisonal wandernde Schwebfliege *Episyrphus balteatus* und daneben der bis aus Nordafrika einwandernde Distelfalter *Vanessa cardui* (Foto P. Gatter).

▶ Während Schmetterlinge visuell erfaßt werden, wird der Zug kleiner Insekten mit Hilfe von Reusen erforscht. Die Fänge lassen vermuten, daß Schwebfliegen und deren Larvennahrung, die Blattläuse als Nahrung von Vögeln zugenommen haben (Foto P. Gatter).

Ziehende Schwarzstörche *Ciconia nigra* (links), oder Saatkrähen *Corvus frugilegus* (oben links) können auf fünf Kilometer und mehr erkannt werden (Fotos W. Gatter). Bei ziehenden Kleinvögeln, hier Grünfinken *Carduelis chloris* und Bergfinken *Fringilla montifringilla* (oben rechts, Foto H. H. Müller) sind geübte Zugbeobachter in der Lage, die Arten auf Entfernungen von über einem Kilometer zu unterscheiden (siehe Kap. 6).

Sumpfohreulen *Asio flammeus* sind seltene Tagzieher am Randecker Maar (unten, Foto H. H. Müller).

Baumfalken *Falco subbuteo* (Altvogel oben links), haben spitzere Flügel und kürzeren Schwanz als Rotfußfalken *Falco vespertinus* (darunter, erster Herbst; beide Fotos P. H. Barthel). Oben rechts: ein Fischadler *Pandion haliaetus* im Jugendkleid überwindet den Albrand (Foto W. Gatter)

◀ Wiesenweihe *Circus pygargus* (Foto P. H. Barthel).

Wanderfalken *Falco peregrinus* sind tägliche Gäste am Randecker Maar (Foto W. Gatter).

▼

Gäste aus Süden, Osten und Norden

Wasserpieper *Anthus spinoletta* (oben) unbekannter Herkunft ziehen am Randecker Maar aus Nordosten, Osten und Süden kommend durch.

▲ Alpensegler *Apus melba* sind Gäste aus dem Süden.

◀ Obwohl Rotfußfalken *Falco vespertinus* (im ersten Herbst) östlich von uns verbreitet sind und nach Ostafrika ziehen, erscheinen fast alljährlich Vögel am Randecker Maar (Fotos W. Gatter).

Die Verfügbarkeit von Nahrung ist ein bestimmender Faktor der Häufigkeit von Vogelarten. Durch landwirtschaftliche Praktiken ausgelöster Nahrungsmangel gilt als eine der Hauptursachen für den Rückgang von Feldsperling *Passer montanus* (oben), Bluthänfling *Carduelis cannabina* (unten links); Dohle *Corvus monedula* (unten rechts) und viele andere Arten. Die Gewichtung dieses Faktors im Zusammenspiel mit anderen, wie Konkurrenz und Prädation ist meist schwierig. (Fotos W. Gatter)

▲ Zur Viehfütterung „geschnaitelte" Buche im Mittelwald.

◀ Niederwald in Überführung zum Hochwald (oben links)

▼ Niederwald mit Lerchensporn *Corydalis.* Nutzung in kurzen Abständen führte zur Verarmung der Böden

Alte Waldformen: Bis in das 19., regional weit in das 20. Jahrhundert waren Stockausschlagwälder (Nieder- und Mittelwald) die prägenden Waldformen in Mitteleuropa. Obwohl hochgradig unnatürlich, boten sie mit viel kahlen Flächen und jungem Wald ein wärmeres, trockeneres Mikroklima und den daran angepaßten Arten, wie dem Berglaubsänger *Phylloscopus bonelli* und vielen anderen Langstreckenziehern, oder auch dem Alpenbock *Rosalia alpina* optimale Lebensbedingungen (Fotos W. Gatter).

◀ Berglaubsänger *Phylloscopus bonelli* (Foto W. Gatter)

▼ Alpenbock *Rosalia alpina* (Foto P. Gatter)

Abb. 1.4: Das nach Norden geöffnete Randecker Maar in der Sicht von oben. Aus Norden und Nordosten trifft der Breitfrontzug auf den 400 m hoch über dem Vorland aufragenden Steilabfall der Schwäbischen Alb. Vögel und Insekten ziehen bevorzugt durch den Einschnitt des Maars. Der Punkt zeigt die Lage der Station (GATTER 1978). – *Top view of Randecker Maar, open to the north. Broad-front migration from the N and NE is confronted by the high slope of the Schwäbische Alb rising 400 m above the surrounding landscape. Birds and insects prefer to migrate through the gap in the Maar. The dot indicates the position of the station.*

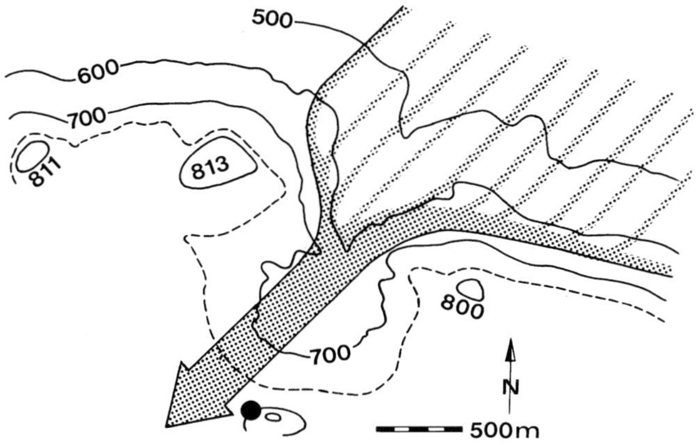

die dem von NE nach SW verlaufenden Zughindernis „Albsteilrand" bereits über größere Distanzen gefolgt sind und den „Trauf" am RM schließlich überwinden.

Der gebündelte Zug flutet im wesentlichen zwischen den über 800 m hohen Bergen Breitenstein und Auchtert im Westen und Schafbukkel im Osten hindurch in eine 500 m breite Mulde, die sich ihrerseits zwischen zwei kleinen Hügeln befindet (Abb. 1.3). Auf dem östlichen dieser Hügel, dem Gereutbuckel, liegt die Station. Gegenüber anderen Pässen hat das RM damit den Vorzug, daß der Paß auf einer Hochfläche endet und die Hauptmasse der ziehenden Vögel ungefähr in Augenhöhe der Beobachter vorbeizieht. Dadurch sind Kennzeichen der Ober- wie auch der Unterseite sichtbar. In anderen, tiefer eingeschnittenen Pässen und im Flachland zeichnen sich oft nur die Silhouetten der Vögel gegen den Himmel ab, so daß viele Arten kaum unterschieden werden können (vgl. ULFSTRAND et al. 1974).

Abgesehen von der Trichterwirkung des Maareinschnittes werden Gebüsch- und Waldvögel von der bewaldeten Flanke des Schafbukkels im NE durch einen lockeren Gehölzgürtel direkt auf die Station zugeleitet. Auf diese Weise kommen Vogelarten, die das Überfliegen freier Flächen nach Möglichkeit vermeiden und deshalb nur ungenügend erfaßt werden könnten, unmittelbar an den Beobachtern vorbei. Das Artenspektrum erweitert sich dadurch um Laubsänger, Goldhähnchen, Kleiber, Meisen, Spechte und andere. Thermik und Hangaufwinde über den Bergen am Eingang des Maars stellen für segelnde Greifvögel und andere thermikabhängige Arten, die im Albvorland ankommen, attraktive Anziehungspunkte dar. Andererseits liegen Beispiele vor, daß der Albsteilrand für Schwäne, Gänse, aber auch für viele Kleinvögel, besonders ab November und bei sehr starken Gegenwinden, ein kaum zu überwindendes Hindernis darstellt, das meist umgangen wird (GATTER 1978).

Andere Arten der Feuchtgebiete nutzen vermutlich Strukturen im Albvorland als Leitlinie und vermeiden den Überflug der Alb bei Tage, weshalb sie am RM seltener festgestellt werden (z. B. Enten, Limikolen, Möwen, Uferschwalbe, Rohrammer).

Wetter und Klima. Der Nordrand der Schopflocher Berghalbinsel, auf der die Station liegt, gehört zu den nebelärmeren Punkten im mittleren Württemberg. Die Nebel des Albvorlandes steigen am nördlichen Steilabfall selten über 600 m NN hoch. Die von Süden kommenden „Donaunebel" haben ihre nördliche Grenze normalerweise 8 – 10 km südlich der Station zwischen Donnstetten und Feldstetten. Nur bei südlichen bis südöstlichen Winden dringen sie gelegentlich in den Stationsbereich vor. Hier über dem Steilrand lösen sich die Nebelbänke allmählich auf, sodaß sie die Beobachtung selten beeinträchtigen. Hochnebeltage können die Beobachtung allerdings wesentlich erschweren. Meist liegen diese Hochnebel jedoch über 800 m und behindern somit die Sicht nicht. Sie führen aber zu einer Veränderung der vertikalen Konzentration, indem sie hochziehende Vögel herabdrücken (Kap. 8, 9). Einen behindernden Faktor stellen Wolkenbänke dar, die sich während und nach ausgiebigen Regenfällen und NW-Winden für Stunden oder Tage vor dem

Albsteilrand aufbauen können. Sie beeinträchtigen unsere Ergebnisse jedoch weniger, da bei solchen Wetterlagen wenig Vögel ziehen.

Zur Beeinflussung des Zuggeschehens durch unterschiedliche Windrichtungen und -stärken und deren Einfluß auf die Erfaßbarkeit siehe Kap. 8 und 9.

Jahreszeitliche Beobachtungsdauer. 1970 und 1971 wurde um den 10. August mit der Beobachtung begonnen, 1972–1987 ab Mitte/Ende Juli. In diesen Jahren wurde bis mindestens Mitte November beobachtet und zusätzlich an einzelnen Dezembertagen, die wetterbedingt Winterfluchten versprachen. Ab 1988 wurde der Beobachtungsbeginn auf Mitte August zurückverlegt, da eine Vorauswertung gezeigt hatte, daß mit der Kernbeobachtungsperiode von Mitte/Ende August bis Anfang November ca. 90 % der gesamten Wegzugssummen erfaßt werden. In die Auswertung der Bestandstrends in Kap. 17 gingen, soweit nicht speziell vermerkt, nur die Ergebnisse zwischen dem 29. August und dem 6. November ein.

Tageszeitliche Beobachtungsdauer. Die tageszeitliche Beobachtungsdauer umfaßte 1970–71 die Zeit bis zum Abklingen des Tagzuges am frühen Nachmittag, 1972–1977 den gesamten Tag von der Morgen- bis zur Abenddämmerung. Das sind bei Beginn im August maximal 16 Stunden (4.30 Uhr bis nach 20.00 Uhr) und zu Beginn des Winters noch bis zu 9 Stunden zwischen ca. 7.00 und 17.00 Uhr.

Ab 1978 wurde die tageszeitliche Aktivität bis 16 Uhr am Nachmittag begrenzt, weil sich gezeigt hatte, daß von 60 % der Arten mindestens 95 % aller Durchzügler bis 16 Uhr erfaßt worden sind. Bis dahin ziehen z. B. von Tannenmeise, den beiden Goldhähnchenarten, von Kleiber, Heckenbraunelle und Brachpieper mehr als 99 % durch. Bei Auswertungen von Musterarten ergab sich durch diese Verkürzung der Beobachtungsdauer keine Änderung von Medianwerten.

Witterungsbedingte Beobachtungspausen während starkem Regen stellten keine echten Beobachtungslücken dar, da dann ohnehin kaum Zug stattfindet. Die Beobachter sind während dieser Zeit in den Unterkünften 15 m vom Arbeitsplatz entfernt. Sie übersehen von dort das RM und erkennen das Wiedereinsetzen des Zuges.

Seit Einführung der Sommerzeit werden die Beobachtungen am RM nach normaler mitteleuropäischer Zeit weitergeführt, um die Vergleichbarkeit der Daten zu gewährleisten.

Die Beobachter. Das Zugaufkommen am RM kann vollständig von einem geübten, ortskundigen Ornithologen erfaßt werden, der von ein bis zwei weiteren Beobachtern unterstützt wird. Eine grundlegende Voraussetzung dazu sind fundierte, weit überdurchschnittliche feldornithologische Kenntnisse. Bei dieser Regelbesetzung von zwei bis drei Beobachtern gehört normalerweise einer zu den Experten der meist über Jahre unverändert bleibenden, eingearbeiteten Stamm-Mannschaft. Sie stehen stets über mehrere Wochen, z. T. über die ganze Saison zur Verfügung. Die kurzfristig eingesetzten, aus ganz Mitteleuropa stammenden Beobachter wechseln jährlich. Ihre vorgesehene Mindesteinsatzdauer beträgt 9 Tage (1 Woche mit 2 Wochenenden). Dadurch ist eine Überschneidung zwischen eingearbeiteter und neuer Mannschaft und somit eine Einarbeitungsphase gegeben. Zähl-, Schätz- und Bestimmungsfehler neuer Beobachter lassen sich durch gegenseitige Korrektur und Besprechung möglicher Fehlerursachen im Laufe weniger Tage auf ein Minimum abbauen.

Ein Höchstmaß an Kontinuität auch in bezug auf die Standardisierung und Einarbeitung aller Mitarbeiter wird durch den seit Stationsgründung gleichbleibenden Projektleiter gewährleistet.

Feldbestimmung ziehender Vögel. Der Zugplanbeobachter ist, wie kaum ein anderer faunistisch arbeitender Biologe, darauf angewiesen, seine Objekte in wenigen Augenblicken auch unter widrigen Bedingungen sicher anzusprechen. Die in den Feldführern angegebenen Merkmale werden diesen Ansprüchen weitgehend nicht gerecht. Körperhaltung, Flügelform und Flügelschlagfrequenz, Truppform und -dichte in Verbindung mit der Fluggeschwindigkeit und dem davon abhängigen interspezifischen Sozialverhalten müssen so interpretiert werden, daß eine Einordnung nach Arten notfalls auch ohne „Verhören“ der Zugrufe erfolgen kann. Viele dieser Kriterien stehen in engem Zusammenhang mit dem Flügelbau (siehe Kap. 13.1 und Kap. 6).

Vergleichende Beschreibungen des Flugs von Singvögeln vor allem aus aerodynamischer Sicht eignen sich kaum zu Bestimmungen im Felde.

Das Bestimmen nach dem Flugrhythmus mit Hilfe der Stoppuhr, wie es Drost (1933) vorschlägt, liefert eines von vielen Teilbildern, die sich für einen erfahrenen Beobachter intuitiv und blitzschnell, auch ohne solche Hilfsmittel, zu einem Gesamtbild zusammenfügen. Am Randecker Maar wurden deshalb Kennzeichen erarbeitet, die helfen, ziehende Vögel auf sehr große Entfernung und auch unter schlechten Lichtverhältnissen rasch anzusprechen (Gatter 1976a, Kap. 6). Erfahrung vermögen sie dennoch nicht zu ersetzen.

Ungewöhnlich fliegende Kleinvögel wie Kleiber, Kernbeißer, Hausrotschwanz und viele andere lassen sich in der Horizontalen auf 1000 m problemlos selbst als Einzelvögel bestimmen. Die Bestimmung eines einzelnen Wiesenpiepers, Buch- bzw. Bergfinks bereitet auf diese Entfernung dagegen Schwierigkeiten. Artspezifische Truppformen und Flugmanöver erlauben es jedoch, den Schwarm auf 1000 m und mehr artlich einzuordnen. Goldhähnchen und Laubsänger können innerhalb von 500 m bis hin zur Gattung bestimmt werden, die Artbestimmung (Sommer-, Wintergoldhähnchen bzw. Zilpzalp, Fitis) ist jedoch nur im Nahbereich möglich. Die Maximalentfernung für eine sichere Bestimmung wird sowohl durch die topographischen Verhältnisse am Beobachtungsort als auch durch das Zugaufkommen stark beeinflußt. Unauffällige oder schwierig zu bestimmende Vögel werden an Massenzugtagen prozentual weniger erfaßt als an schwachen Zugtagen. Dies ist aber ein generelles Problem der Methode, das artspezifisch gleich bleibt und damit die Interpretierbarkeit der Ergebnisse nicht beeinträchtigt.

Viele der hier geschilderten Kennzeichen sind subjektiven Eindrücken entsprungen, manche werden vielleicht nicht unwidersprochen bleiben.

Die Beobachtungen und Zählungen erfolgen mit 15fach vergrößernden Ferngläsern der Firma Zeiss. Sie ermöglichen das Auffinden und Verfolgen selbst weit entfernt fliegender Vögel. Daneben stehen 20- bis 40fach vergrößernde Gläser auf Stativen bereit.

Datenerfassung. Die Beobachtungen werden in Stundenblätter mit Viertelstundeneinteilung und Artzeilen eingetragen. Aus den Stundenblättern wird am Abend eine Tagesübersicht gefertigt. Alle übrigen Daten, wie etwa Zugrichtungen, Truppgrößen und Truppzusammensetzungen, werden gesondert erfaßt und in Datenbanken eingegeben.

Korrekturfaktoren. Kleine Erfassungslücken 1970/71, eine vorzeitige Stationsschließung 1982 (am 23. Oktober) und das neuerdings auf 16 Uhr vorverlegte Beobachtungsende wurden in einem Korrekturprogramm bereinigt. Die Ergebnisse werden im Kap. 17 behandelt. Bei fast allen Arten wirken sich diese Korrekturen kaum aus, d. h. die Fehlzeiten sind, da meist durch Schlechtwetter bedingt, unbedeutend. Die korrigierten Werte gingen deshalb nur dort in die Auswertungen ein, wo sich ein Fehlen von Daten nennenswert ausgewirkt. Die fehlenden zwei Wochen am Saisonende 1982 wurden in den Grafiken dieses Jahres nicht ausgeglichen.

Zusammenfassung
1 Die Station Randecker Maar – Vogelzug/Insektenwanderungen

Günstige topographische Bedingungen am nördlichen Steilabfall der Schwäbischen Alb mit vertikaler und horizontaler Verdichtung des Vogelzugs führten zur Gründung einer Beobachtungsstation. Seit 30 Jahren werden durchziehende Vögel und Insekten mit einem standardisierten Programm von einem Beobachterteam ganztägig zunächst von Mitte Juli bis Mitte November, später von Ende August bis 6. November erfaßt. An der Station erarbeitete Feldkennzeichen ermöglichen die Bestimmung von Kleinvögeln auf sehr große Distanz.

Summary
1 The Randecker Maar Observatory – bird and insect migration

Favourable topographical conditions on the northern slope of the Schwäbische Alb, with a vertical and horizontal concentration of bird passage, led to the foundation of an observatory. For the past 30 years, birds and insects on passage have been monitored by a team of observers, using a standardized programme, every day and all day from mid-July to mid-November, later in the project from the end of August to 6 November. Field characters established at the observatory enabled the identification of songbirds at considerable distances.

2 Ein Zugtag am Randecker Maar

Es ist eine sternklare Nacht an der Monatswende September/Oktober. Auf den paar Metern von der Stationsunterkunft zum Beobachtungsplatz knirscht das von einem leichten Reif bedeckte Gras. Die kalte Luft läßt die schlaftrunkenen Gestalten, die jetzt in die Beobachterschlafsäcke kriechen und für die nächsten Stunden nicht auf ihre Handschuhe verzichten können, rasch wach werden. Tief unter uns im Albvorland läßt sich leichter Nebel erahnen. Im nahen Wald ruft jetzt um 5.20 Uhr der Waldkauz ein letztes Mal, während am Himmel Singdrosselrufe zu vernehmen sind. Ziehende Amseln rufen dazwischen und aus den nahen Büschen schnickern Rotkehlchen.

Als sich um 5.45 Uhr im Osten vor dem immer heller werdenden Streif aus Purpur und Silber die fernen Bäume abzuheben beginnen, läutet das aus allen Richtungen ertönende vielstimmige Klingeln ziehender Heckenbraunellen einen guten Zugtag ein. Überall in der Luft ertönen jetzt Buchfinken, die nach Süden streben. Wie viele mögen es sein? Natürlich mehr als wir abschätzen können! Sind sie im nahen Wald aufgebrochen oder schon in großer Höhe angekommen wie die letzten Singdrosseln, die jetzt um uns herum in die Büsche einfallen? Im Dorf hinter dem Hügel schlägt die Uhr sechs, während am heller werdenden Osthimmel die ersten Tagziehertrupps zwischen den gelegentlich steil vom Himmel fallenden Nachtziehern sichtbar werden. Das Stimmengewirr über uns wird vielfältiger. Wiesenpieper, Baumpieper, Bach- und Gebirgsstelzen ziehen rufend, aber noch ungesehen, über uns hinweg. Darunter sind Zugrufe von ersten Mehlschwalben, Zeisigen, Girlitzen und das „Knätschen" der ersten Bergfinken. Ein scharfes „sierk", gefolgt von hölzernen „tak"-Rufen bleibt das einzige, mit dem uns eine einfallende Ringdrossel beglückt.

Gegen 6.20 Uhr beginnen die Schwärme sichtbar zu werden. Buchfinken beherrschen das Geschehen; hoch am Himmel die weit auseinandergezogenen Trupps der Heckenbraunellen, die sich mit pausenlosem „zididi" ihre Position zuläuten. Knapp über dem Boden schießen jetzt Starentrupps und einzelne Rauchschwalben über die Steilrandkante des Maars.

Zwischendurch steht eine Kontrolle der beiden Insektenreusen an. In der nach Süden geöffneten Reuse haben sich über Nacht einige Dipteren, verschiedene Spanner (Geometridae) und zwei Eulenfalter (Noctuidae) der umgebenden Heideflora gefangen. Die nach Norden geöffnete Reuse zeigt an, daß auch in der vergangenen Nacht Wanderinsekten nach Süden streben. Neben einem mit winzigen Tautröpfchen bedeckten Taubenschwänzchen (*Macroglossum stellatarum*) hängen noch weitere als Wanderfalter bekannte Noctuiden und zahlreiche Dipteren in Kältestarre im Fangbeutel.

Gegen 7 Uhr beginnt der Vogelzug massiv zu werden. Unter und zwischen den in zahlreichen Trupps ankommenden Buchfinken gilt es jetzt, mit Kennerblick andere Finken und viele weitere Arten zu finden und alles möglichst exakt zu zählen. Dicht über dem Boden zwischen den immer zahlreicher durchhuschenden Rauchschwalben ziehen Bluthänflinge, Wiesenpieper, Bach- und einzelne Schafstelzen. Höher fliegend, zwischen den Buchfinken, dichte, enge und durcheinander wirbelnde Trupps von Erlenzeisigen, dann Kernbeißer mit ihrem gewichtigen schnellen Bogenflug und 4 Kreuzschnäbel mit weit vorgebautem Kopf.

Bisher war die ganze Bestimmung auf Kennzeichen beschränkt, die bis auf die Rufe nicht in Vogelbüchern zu finden sind: Flügelschlagfrequenz, Form und Dichte der Trupps, unterschiedlich starker Wellenflug, unsteter oder zielgerichteter Flug. Die Länge des Handflügels, seine mehr oder weniger spitze Form bestimmen weitgehend das Erscheinungsbild eines einzelnen Vogels, wie das des ziehenden Trupps. Die besseren Flieger, wie der Star, können in engen Trupps wandern, die breit- und rundflügeligen – Eichelhäher und Hausrotschwanz – halten hohe Individualabstände ein. Nur in der Nähe helfen uns die typischen Zugrufe.

Erst jetzt beginnt die Sonne die Vogelscharen mit zartem Licht zu überhauchen. Flügelabzeichen, helle Bürzel und Farbmuster erleichtern die Bestimmung und gewähren auch dem weniger Erfahrenen Einblick in die volle Palette des Artenspektrums, das jetzt an guten Tagen bis zu 70 ziehende Arten umfassen kann. Schon gegen 9 Uhr läßt der Strom der Finken nach, Rauchschwalben und Lerchen werden häufiger und ein Merlin schießt niedrig über die Äcker.

In der Gebüschzeile hinter uns wandern jetzt pausenlos Meisentrupps, einzelne Laubsänger, wispernde Goldhähnchen und hin und wieder ein Buntspecht oder Kleiber den Hang hoch. In der letzten Buche vor dem Überfliegen des freien Feldes wird mancher Startversuch noch einmal abgebrochen. Ein ferner Warnruf, ein Greifvogel am Himmel und schon stiebt die Schar der Unentschlossenen wieder zurück ins schützende Gebüsch.

Der Wind hat aufgefrischt und die Wetterfahne zeigt drei Beaufort aus SW. Ein Raubwürger und ein Turmfalke haben sich inzwischen an der Steilhangkante plaziert und machen Fangversuche auf erschöpfte Goldhähnchen. An mehreren Stellen des Maars sitzen Sperber, die Attacken auf ankommende Trupps starten. Die Zahl der Taubenschwärme nimmt jetzt zu. Das Explodieren eines großen Trupps zeigt uns den Wanderfalken, der auf der dürren Ulme im Paßeinschnitt gelauert hatte.

Späte Rohrweihen mischen sich jetzt unter die ersten ziehenden Bussarde. Von der 598 m hohen Limburg, an deren sonnenerwärmter Ostseite sie sich hochschrauben, benötigen sie bei diesem Wind 10 – 15 Minuten, um über dem 814 m hohen Auchtert, drei km weiter südlich, wieder zu erscheinen. Gerade 12 – 18 km/h haben sie auf dieser Strecke bis zum Mittelgebirgskamm erreicht.

Als die Temperatur auf 17 °C steigt, wandern aus dem schon stärker erwärmten Vorland die ersten Wanderfalter hoch. Admirale und Kleine Kohlweißlinge beginnen den Reigen, später gesellen sich Tagpfauenaugen, Kleine Füchse und C-Falter dazu. Im leichten Gegenwind ziehen sie unmittelbar über dem Boden nach Südwest, und ihre Richtung unterscheidet sich kaum von der Hauptzugrichtung der Vögel.

Mit weiterer Erwärmung geht der Zug der Schwalben immer höher. Zug und Nahrungssuche vermischen sich. Den ziehenden Bussarden, die jetzt überall erscheinen, schließen sich im Hochschrauben lokale Bussarde an, um anschließend wieder in ihr Revier abzutauchen.

Inzwischen ist es 11 Uhr und der Wind hat langsam auf Nord gedreht. Schwärme von Mehlschwalben kommen hoch an, versammeln sich für Minuten im Paßeinschnitt des Maars, wo sie auf Blattläuse jagen, die dort wie im Windkanal heraufgeblasen werden, bevor sie hoch über der Alb weiterziehen. Mit der Nordströmung kommen jetzt wie auf einer Perlenschnur aufgereiht 9 Rotmilane, deren weiße Unterflügel im Sonnenlicht, Morsezeichen gleich, zu uns herunterleuchten. Späte Schwarzmilane, einzelne Wespenbussarde und Rohrweihen, allesamt Jungvögel, segeln nun 200 m über dem Vorland heran und haben bei dieser Mitwindunterstützung wenig Mühe, die Mittelgebirgshöhe zu überwinden.

Abb. 2.1: Zwei Wespenbussarde im Jugendkleid. – *Two Honey Buzzards* Pernis apivorus *in immature plumage.*

Der Wanderfalke hat mittlerweile seine Taktik geändert. Seit der Wind gedreht hat, fliegt er hoch über dem Mörikefels an der Abbruchkante des Gebirgssockels. Mit leichten Flügelschlägen steht er im Hangaufwind mühelos auf der Stelle und wartet auf die Drosseln, die ihm der Wind zuträgt.

Im flimmernden Dunst des Vorlandes, wohl 10 km entfernt, taucht jetzt erneut ein Vogelschwarm auf. Trotz starker Gläser ist das Rätsel des wabernden Wölkchens nicht zu lösen. Erst Minuten später werden sie zum Keil, dann zur Linie! 72 Kormorane sind es. Sie haben noch mindestens 200 Höhenmeter zu überwinden und schrauben sich teilweise in absurd anmutenden Segelversuchen immer weiter hoch, um 25 Minuten nach ihrer Entdeckung mit offenen Schnäbeln und sichtbar erschöpft die Mittelgebirgskette zu erreichen.

Die Cumuluswolken im Nordwesten stehen nun vor einer dunklen Wand, die seit einer Stunde zunehmend den blauen Himmel vor sich herschiebt. In rascher Folge ziehen jetzt Mäusebussarde, Turmfalken und Sperber über uns hinweg, und im Fernglas tauchen dazwischen immer wieder Admirale, Tagpfauenaugen und Heidelibellen auf, die in großer Höhe mit dem Wind nach Süden streben. Kurios mutet es an, zu sehen, wie tiefer fliegende Edelfalter, den Kopf nach Norden gerichtet mit dem Hinterleibsende voran, im Hangaufwind ohne Flügelschlag bergan ziehen. Immer wenn sie den Berghängen zu nahe kommen, werden sie selber aktiv, wenden sich nach Süden und legen angestrengte Flatterstrecken ein, um sich wieder dem Wind auszuliefern, sobald sie genügend Abstand zum Boden haben. An den Wänden der Insektenreuse, gedacht zum Fang wandernder Schwebfliegen, hängen jetzt zigtausende schwarzer geflügelter Blattläuse: Verdriftung – auch dies ist eine Form der Tierwanderung, die schwache Flieger geschickt zu nutzen wissen.

Als Höhepunkt des Tages zieht auf Augenhöhe ein später Trupp von drei Schwarzstörchen vor der sich nähernden Schlechtwetterfront heran. Bereits hinter uns, unter der letzten weißen Haufenwolke, werden die eleganten Segler mit den immer stärker werdenden Hangaufwinden und der Thermik hochgerissen, um dann ca. 300 m über der Alb nach Südwesten weiter zu ziehen.

Als die Regenwand gegen vier Uhr mit zunehmendem Brausen zur Beobachtungsstation vordringt, brechen wir ab, um die Protokolle zusammenzustellen. Über 22.000 Vögel in 61 Arten ergibt die Zusammenstellung der Stundenprotokolle. 60 Admirale und fast 300 Tagpfauenaugen, Kleine Füchse und Weißlinge sowie Heidelibellen, Schwebfliegen und unzählige Kurzflügelkäfer haben den unmittelbaren Bereich der Station passiert. – Ein schöner Zugtag zwischen den Höhepunkten von Lang- und Kurzstreckenziehern!

Zusammenfassung
2 Ein Zugtag am Randecker Maar

Das Beispiel eines Zugtags am Randecker Maar deutet die unterschiedlichen tageszeitlichen Rhythmen verschiedener Arten wie auch die Wettereinflüsse an. Der tageszeitlich spätere Höhepunkt der Insektenwanderung ist eine wichtige Voraussetzung der ganztägigen Beobachtung. Erst beide Aktivitäten zusammen ermöglichen die Erfassung der zugschwachen Randzeiten des Vogel- bzw. Insektenzugs. Das Beispiel soll ein Stimmungsbild und einen Einblick über die Arbeitsweise an der Station geben.

Summary
2 A typical day during migration at Randecker Maar

The example of one day during the migration period at Randecker Maar gives a good picture of the various daily rhythms of different species as well as the influences of weather. The peak of insect migration, later in the day, is an important prerequisite for all-day observation. Only when both activities are taken together does it become possible to record data in the less intense periods at the start and finish of bird and insect migration.

3 Fleißige Hände, viele Augen – Zur Entstehung des Buches

Eine Forschungseinrichtung, die auf freiwilliger Mitarbeit aufbaut und ihren jährlichen Etat oft vergeblich in den Haushaltsplänen der öffentlichen Hand sucht, braucht Freunde, wenn das Werk gelingen soll. Die vielen, die das Randecker Maar-Projekt durch ihre Mitarbeit, durch finanzielle Unterstützung, ihre Fürsprache oder vielfältige andere Hilfe unterstützt haben, sollen deshalb hier noch einmal speziell gewürdigt werden.

Die ersten Jahre der Stationstätigkeit waren in verschiedener Hinsicht besonders hart. Ohne vernünftige Unterkunft wurden die Beobachtungen ab Mitte der 1960er Jahre begonnen. In den ersten Jahren stand ein kleines Häuflein Unentwegter, das aller Unbill des rauhen Albwetters trotzte. Einige Namen müssen hier unbedingt genannt werden: HERMANN MATTES, ROLF ROCHAU, HARTMUT EBENHÖH, GEORG KAHLERT (†), KLAUS PENSKI, HORST SCHLÜTER, THOMAS MEINEKE, MANFRED BEHRNDT und der leider früh verstorbene WOLFGANG MÜLLER.

Eine weitere Hürde war, daß die ersten zehn Jahre Stationsarbeit ohne finanzielle Unterstützung bewältigt werden mußten. Dies wäre ohne die kameradschaftliche Hilfe meiner Freunde von der Ortsgruppe Kirchheim/Teck des DBV/NABU nicht möglich gewesen. Ab dieser Zeit übernahm der Naturschutzbund, Landesverband Baden-Württemberg des damaligen Deutschen Bundes für Vogelschutz einen zunächst bescheidenen, dann aber vorübergehend bedeutenderen Teil der alljährlich anfallenden Kosten. Dafür möchte ich an dieser Stelle den Verbandsvorsitzenden H. HANEMANN bis STEFAN RÖSLER stellvertretend für alle jene danken, die sich innerhalb dieses Verbandes für unser Vorhaben eingesetzt haben. Große Sprünge ließen sich aber auch damit nie machen und bis heute muß der bedeutendste Teil der Stationsausgaben über Spenden abgedeckt werden.

Als langjährige örtliche Stationsleiter oder Beobachter, als tatkräftige Mitarbeiter im organisatorischen Bereich, beim Zusammentragen des Materials und bei den Auswertungen hatten in den vergangenen 33 Jahren folgende Personen wesentlichen Anteil an einem reibungslosen Ablauf der Stationsarbeit oder am Gelingen dieses Werks. Besonders hervorzuheben sind:

RAINER SCHÜTT, DOROTHEA GATTER, WALTER GATTER, HERMANN MATTES, THOMAS MEINEKE, JENS APPEL, MANFRED BEHRNDT, SVEN BAUMUNG, NATASCHA GAEDECKE, ANDREAS HACHENBERG, WOLFGANG MÜLLER †, KLEMENS STEIOF und ANKE TRUBE.

Seit dem Bestehen der Station am Randecker Maar haben sich zahlreiche Mitarbeiter begeistert in ihrer Freizeit – oft über Jahre, manche über Jahrzehnte – an den Arbeiten beteiligt: beim Aufbau und der Unterhaltung von Station und Fanganlagen, durch technische Hilfe im Bereich der Datenerfassung und -auswertung und bei der Betreuung der Mitarbeiter der Station oder durch sonstige Förderung unserer Arbeit. Dafür danken wir H. H. BERGMANN, P. BERTHOLD, E. BLOCHER, R. BRAUN, B. DAUNER, I. FIEGERT, ANJA GANZHORN, R. GARDNER, MARTIN GATTER, M. GÖPFERT, H. GRAU, E. GWINNER, W. HEPPERLE, Herrn und Frau H. G. HÖSS, BARBARA HOSCHEK, G. JAKOB, V. KIRCHNER, E. KOTZKE (†), IRENE KRISSLER, H. LÖHRL und HILDEGARD LÖHRL, F. A. KIPP und ANNA KIPP, S. MASKOW, T. MEINEKE, K. MENGE, E. MILLER, G. MÜLLER, W. NEUHÄUSER, O. NEUMANN, Herrn RIEMER, Frau P. SCHMID, F. SCHERER, R. SCHLENKER, K. SCHMIDT-KOENIG, W. SCHROEDER, J. SCHWEIER, CHR. und IRMGARD SCHWOTZER, K. SILL, H. J. ULLRICH (†), D. VOLKMER, T. WALDENSPUHL, H. GRAF WESTARP (†) und I. GRÄFIN WESTARP (†). Herr R. LAIH hat sich mit Begeisterung und Tatkraft um bauliche Verbesserungen an der Station verdient gemacht. Herr GÜNTHER JAUCH stand uns viele Jahre mit Rat und Tat bei der Verwaltung des umfangreichen Materials zur Seite.

Mit ungeheurer Energie, Fachkenntnis und großem persönlichen Einsatz übernahm WALTER GATTER noch zur Zeit der Großrechner und vor dem Aufkommen der Personal Computer die EDV-technische Verwaltung des Materials sowie die Bearbeitung der graphischen Darstellung von jahres- und tageszeitlichen Zugmustern des Gesamtmaterials bis heute.

Ganz besonders möchte ich mich bei meinen Freunden Hermann Mattes und K. Sill bedanken, die während meines Aufenthalts in Westafrika von 1981 – 1984 zeitweise die organisatorischen Geschäfte der Station führten. Als das Buchprojekt Formen annahm, begannen Anke Trube und Sven Baumung, das riesige Material zu ordnen, das neben den reinen Zugbeobachtungen angefallen war. Die Sichtung der Aufzeichnungen zur Dismigration, zu Umkehrzug, Sozialverhalten und zum Wetter gehörten ebenso dazu wie die Zusammenstellung erster Entwürfe zu den Kapiteln 15.1 bis 15.5. Jens Appel übernahm eine erste Auswertung der Großwetterlagen (Kap. 9.3) und Klemens Steiof eine Betrachtung zum Breitfrontzug über dem Binnenland (Kap. 7). Rainer Schütt bearbeitete das Kap. 12.2 und maßgeblich auch das Kapitel 10 über Tagzug und Mond. Daneben verdanke ich ihm viele der mit großer Sachkunde angefertigten Abbildungen, statistische Bearbeitungen und Vorschläge und nicht zuletzt anregende Diskussionen, die seiner profunden Literaturkenntnis entsprangen. Bei einer Radaruntersuchung zum Vogelzug im Vorfeld des Randecker Maars hatten wir dank Bruno Bruderer die Möglichkeit, am radarbegleitenden Fernrohr Untersuchungen zur Zughöhe und -richtung sowie Versuche zur Bestimmung von Insekten am Radar zu machen und das Ganze mit parallelen Feldbeobachtungen nahe dem Radarstandort zu begleiten. Ein kleiner Beitrag von B. Bruderer und F. Liechti (Kap. 13.1.1) ist daraus entstanden.

Ohne den kontinuierlichen Einsatz vieler Freunde, die zum Teil Jahr für Jahr wesentliche Teile ihrer Freizeit auf der Station verbrachten, hätte dieses Programm nicht durchgeführt werden können.

Hervorheben möchte ich an dieser Stelle Walter Beissmann, der 1982 trotz ernsthafter Erkrankung bis zur äußersten Grenze ausharrte, um die Kontinuität der Beobachtungen zu sichern. Immer wieder stellten sich Mitarbeiter der Stamm-Mannschaft für eine ganze Saison zur Verfügung oder verbrachten über mehrere Jahre lange Zeiträume auf der Station, wie F. Alkemeier, S. Baumung, M. Behrndt, W. Beissmann, H. Ebenhöh, N. Gaedecke, A. Hachenberg, H. Mattes, Rolf Rochau, R. Schütt, K. Steiof und Thomas Volpers.

Frau Tina Kulhanek und Frau Helga Merkwitza haben über viele Jahre hinweg sachkundig und gewissenhaft die Textbearbeitung und Datenerfassung durchgeführt und mir damit viel Arbeit abgenommen.

Technische Unterstützung ließen uns die Firmen Hewlett Packard, IBM und Messerschmidt-Bölkow-Blohm zukommen. Dafür danken wir besonders den Herren H. Gose, E. Lacher und J. Sarfert.

Teile der Datenerfassung wurden durch das Umweltministerium Baden-Württemberg gefördert, dabei verband uns mit Herrn Dietmar Hellmann eine konstruktive Zusammenarbeit.

Immer unkonventionelle rasche Unterstützung bei der Unterhaltung und Wartung unserer optischen Ausrüstung verdanken wir Herrn Mülberger von der Fa. Karl Zeiss, ganz besonders hervorheben möchten wir die Förderung durch die Karl Zeiss-Stiftung, Geschäftsbereich Ferngläser, wofür ich Herrn Dr. W. Mergen zu herzlichem Dank verpflichtet bin.

Finanzielle Unterstützung für einen ersten Teil der Auswertung kam schließlich von der Stiftung Naturschutzfonds des Landes Baden-Württemberg in Verbindung mit der Stiftung Natur der Landesgirokasse LG Baden-Württemberg. Hier darf ich besonders die immer wohlwollende und tatkräftige Unterstützung durch Herrn B. Hauber erwähnen. Im Laufe der drei Jahrzehnte wurden spezielle Vorhaben auch durch die Deutsche Ornithologen Gesellschaft (DO-G), die Heinz Sielmann-Stiftung, die Andreas Stihl-Stiftung und durch die Firma Sommer gefördert. Dafür bin ich Herrn H. Sielmann, Herrn und Frau Mayr-Stihl, Frau C. Wieland sowie Herrn G. Schaaf zu großem Dank verpflichtet.

Die an der Waldökologie interessierten Forstpräsidenten Konrad Bauer und Dr. Gert Beisel förderten sowohl meine zoologischen Untersuchungen in den Wäldern, die hier teilweise mit eingingen, als auch dieses Buch nach Kräften. Den Forstämtern Kirchheim/Teck und Weilheim/Teck bin ich für die immer offene Unterstützung dieses Vorhabens dankbar, das – beginnend mit der Bereitstellung von Unterkunftswagen 1967 bis 1970 – mit Wohlwollen verfolgt und gefördert wurde. Dafür möchte ich den Forstamtsleitern Dr. M. Zeyher†, Gerhard Haug und Ulrich Hauck herzlich danken.

Die Bestandsaufnahmen in den Wäldern wurden zu wesentlichen Teilen von den Herren H. Haußmann, H. Lude und E. Votteler mit getragen.

Einblicke in das Ökosystem des Urwalds von Bialowieza in Ostpolen vermittelte mir Herr

A. Szymura während anregender Führungen und Diskussionen.

Auch das Landratsamt Esslingen begleitete unser Projekt aufmerksam seit im Jahr 1970 die „Vogelwelt der Kreise Nürtingen und Esslingen" publiziert wurde und half, wo möglich, auch finanziell. Bei Herrn Landrat Dr. Braun (†), dem stellvertretenden Landrat Herrn Hurth und den Herren Dr. Bauer, Dr. Haag, Hainzl und Dr. Höfer stießen die Sorgen der Station auf offene Ohren. Dasselbe gilt für die Herren Dr. Mattern und Nürk von der Naturschutzverwaltung beim Regierungspräsidium. Der Gemeinde Bissingen, vertreten durch Herrn Bürgermeister Kümmerle, und den an das Stationsgelände angrenzenden Landwirten danke ich für die freundliche Duldung der exotischen Vogel- und Schmetterlingszähler, ebenso den Herren V. Kirchner, B. Schnabel, R. Jurock und P. Seeger vom benachbarten Gehöft „Ziegelhütte" für die Duschmöglichkeit und manch anderen Freundesdienst.

H. Ellenberg, A. Elliger, M. Pegel und J. Rapp danke ich für die Bereitschaft, Abbildungen aus ihren Publikationen verwenden zu dürfen, ebenso P. Barthel, H. H. Müller, und D. Nill, die ihre Fotos unentgeltlich zur Verfügung gestellt haben. Brian Hillcoat übernahm in bewährter Weise die Übersetzungen der Zusammenfassungen und der Abbildungsunterschriften. Ute Hückler, Rose Klein und ganz besonders Rolf Schlenker danke ich für Hinweise und die Beschaffung von Literatur. Rod Gardner, Chris Husband, Heinz Graf Westarp und Isie Gräfin Westarp verfaßten so manche englische Zusammenfassung.

Im Laufe der vergangenen 33 Jahre haben folgende Beobachter und sonstige Mitarbeiter an den Feldarbeiten der Station teilgenommen und dabei die Widrigkeiten des deutschen Wetters auf einer Mittelgebirgsanhöhe mit Sturm, Regen, Schnee und Eis in seltener Kompromißlosigkeit kennengelernt. Sie sind das eigentliche Fundament dieses in vielen tausend Stunden zusammengetragenen Materials und ihnen gilt deshalb mein ganz besonderer Dank:

E. Achenbach, F. Alkemeier, N. Anthes, J. Appel, G. Arnold, K. H. und B. Aschenbrenner, Mercedes Barbón, T. Baumgarten, S. Baumung, Sonja Bednar, Anke Bednarczyk, P. Beck, M. Behrndt, B., M. und W. Beissmann, Renate Benath, P. Bernholt, Heide Berger, Anke Borchert, S. Bräger, A. Bräunlich, R. Braun, Jutta Brüggemann, H. H. Bruns, Brigitta Büche, H. Buchmann, K. Burbach, A. Burnhauser, W. Dikkoré, F. Diestelrath, H. Dieter, T. Dolich, Ina Donat, V. Dorka, W. Dornberger, M. Drösler, A. Dubran, H. Ebenhöh, K. Einig, F. Engele, M. Enser, R. Ertel, D. Fausel, J. Fehling, H. Feihl, K. H. Fiala, Kerstin Finke, Ursula Firsching, M. Flade, S. Flörchinger, M. Förschler, W. Forstmeier, U. Friedlin, Andrea Fritsch, D. Frühling, Anette Fürste, Natascha Gaedecke, R. Gardner, Carola, M. und P. Gatter, T. Geisler, M. Gerum, Birgit Glatzle, Kati Globig, M. Göpfert, M. Graf, H. Gräfe, D. Gruber, P. Güldenberg, J. Günther, Christiane Guth, A. Hachenberg, Beate Hase, S. Häfele, V. Hennig, W. Hepperle, Ute Hermann, Eva Hesse, C. Höller, R. Hömke, W. Hörnle, K. Huber, T. Hübner, B. Hündorf, K. Hund (†), D. Ikemayer, D. Ilg, O. Jahn, R. Jahraus, K. Jankowski, C. Janku, S. Jansen, G. Kahlert (†), J. Kamp, W. Kantner, M. Kasparek, Ulrike Kay, M Keim, G. Keller, Gisela Kempf, Britta Kiesewetter, D. Kißling, C. Kleemann, G. Klump, P. Knaus, A. Koch, H. M. Koch, K. H. Kolb, H. Kolb, Katja Krahn, Karin Krämer, Sandra Kramps, S. Krause, O. Krösche (†), Jutta Krusenbaum, P. Kwiatkowski, A. Laemmert, K. Lang, V. Laske, M. Lehmann, J. Lempert, Gisela Lentz, P. Leow, Christiane Leuther, Caroline Liepert, R. Lille, J. van Lin, A. v. Lindeiner, F. Llimona, K. Loos, K. Lohrmann, K. H. Loske, Ehepaar Luce, E. Ludwig, J. Lüttmann, M. Luy, U. Maier, H. Maier, D. v. Mallinckrodt, P. Mann, J. Maser, H. Mattes, T. Maurer, Michaela Mayer, R. Mayer, T. Meineke, M. Mickley, Renate Mogck, R. Mörgelin, C. Morgen, R. Morgen, R. Müller, W. Müller (†), M. Muth, Barbara Nebel, Silke Nebel, M. Neub, G. Neumann, O. Neumann, Ursula Nigmann, Silvia Nikulski, J. Oberwalder, Susanne Oelschläger, R. Oppermann, K. Penski, W. Peter, P. Pfeilsticker, Pfitzenmaier, R. Pliefke, H. Prahl, A. Prinzing, R. Prinzinger, Anne Puchta, E. und B. Raddatz, D. Räpple, M. Ralston, B. Ratzke, H. Rebling, K. Reiner, W. Remm (†), W. Riedel, C. Rieger, J. Rinn, R. Rochau, Inga Roedenbeck, M. und S. Rösler, Pia Rolfsteck, K. Rotter, B. Rümelin, Andrea Ruf, B. Rupprecht, S. Salzbrunn, Astrid Scharlau, R. Scherner, F. Schlesiger, H. Schielzeth, H. Schlüter, M. Schmid, U. Schmid, I. Schmoll, T. Schmoll, W. Schreck, I. Schröder, W. Schulze, F. Schurr, R. Schütt, Petra Schwartz, E. Schwarz, R. Seibold, F. Seifert, S. Seyfert, B. Seitz, K. Siedle, F. Sieste, K. Sievers, A. Sombrutzki, Petra Sperlbaum, T. Stadtlander, H. Stäbler, T. Stalling, K. Steiof, G. Stepan, M.

Stöver, K. Stolz, D. Streng, H. Strunck, J. H. Stuke, M. Stumpf, Simone Syring, U. Tammler, Barbara Thöni, M. Tietz, J. Trittler, Anke Trube, H. J. Ullrich (†), T. Ulrich, S. Urmoneit, Hannelore Vogel, T. Volpers, S. Wagner, C. Wagner, H. Wahl, Bettina Walter, F. Weber, N. Weber, P. Weber, C. Wegener, C. Wegst, V. Weiß, E. Wendt, C.Wetzel, Wichenbach, Ursula Witte, E. Witting, F. Wolf.

Falls ich irgendjemanden vergessen haben sollte, was bei der großen Zahl der Mitarbeiter und dem langen Zeitraum nicht verwunderlich wäre, bitte ich dies zu entschuldigen.

Beim AULA-Verlag gilt mein besonderer Dank Frau Dr. Irmgard Meißl. Sie hat das Werk als wissenschaftliche Lektorin mit freundlicher Geduld und Sachkenntnis begleitet und positiv beeinflußt. Frau Claudia Huber hat den Satz, Umbruch und das Layout gestaltet und darüber hinaus noch manchen wertvollen Hinweis gegeben; auch ihr herzlichen Dank dafür.

Inhaltliche und stilistische Überarbeitung einzelner Textabschnitte übernahmen J. Appel, S. Baumung, F. Diestelrath, V. Dorka, K. H. Fiegert, N. Gaedecke, E. Gwinner, A. Hachenberg, B. Hillcoat, C. Hinkelmann, H. und A. Jankowski, J. Kamp, W. Kantner, T. Kulhanek, P. Mann, H. Mattes, T. Meineke, R. Schütt, K. Steiof, A. Trube, Hermann Weber, mein Sohn Peer, meine Tochter Carola und meine Frau Dorothea.

Michal Skakuj fertigte nach meinen Anleitungen die Zeichnungen für die Feldkennzeichen in Kap. 6 und viele weitere Vignetten für andere Kapitel an.

Nicht vergessen möchte ich, mich bei meinen Freunden zu bedanken, die ihre jahrelange Vernachlässigung während der Entstehung des Buches mit viel Verständnis getragen haben und gelobe hiermit Besserung.

Der wesentlichste Pfeiler, durch den die Station Randecker Maar nunmehr über drei Jahrzehnte bestehen konnte, war die Toleranz, das viele Verständnis und die unentwegte Mitarbeit meiner Frau Dorothea. Sie hat mir in vielen Diskussionen geholfen, die Stationsarbeit weiter zu entwickeln und hat in ihrer verbindlichen Art mitgewirkt, Schwierigkeiten aus dem Wege zu räumen. In all den Jahren lag der wesentliche Teil der Verwaltungsarbeit in ihren Händen und sie hat sich neben ihren entomologischen Studien – vor allem in den ersten Jahren, als die Station noch sehr einfach war – intensivst um die Mitarbeiter gekümmert. Dafür meinen ganz herzlichen Dank.

4 Begriffsbestimmungen, Formen und Strategien des Vogelzuges

In den nachfolgenden Texten werden zahlreiche Fachtermini verwendet, mit denen bestimmte Phänomene bei der Wanderung von Tieren charakterisiert werden und die mit dem Zug der Vögel in enger Verbindung stehen. Dabei haben sich in der Literatur für die Fülle der verschiedenartigsten Formen der Tierwanderungen unterschiedliche Begriffe herausgebildet, die sich z. T. aus der jeweiligen Sicht der behandelten Tiergruppe ergeben. Teilweise meinen dabei verschiedene Begriffe auch das gleiche Phänomen (z. B. JOHNSON 1969, SCHÜZ 1971, BAKER 1978), sind aber unterschiedlich weit gefaßt und definiert. Hier wollen wir die verschiedenen Begriffe erklären, wobei einige in der Literatur verwendete Definitionen im folgenden eingeschränkt oder erweitert werden.

Jahreszeitliche Pendelzüge, Saisonwanderungen sind die klassische Form der Wanderung bei vielen Säugetieren, Fischen, Insekten und Vögeln.

Langstreckenzieher (LSZ): ausgeprägte Zugvögel, die in der Mehrzahl von Europa oder Asien aus auf ihrem Zug die Sahara überqueren (DORKA 1966), um im tropischen Afrika oder dem gemäßigten Südafrika zu überwintern. Der jahreszeitliche und tageszeitliche Verlauf ihrer Zugmuster ist oft deutlich von denen der Kurzstreckenzieher zu unterscheiden. Nachtzug ist hier mit Ausnahme der Schwalben weit verbreitet.

LSZ sind jedoch auch Nonpasseres, wie viele Anatiden und einige Limikolen aus dem sibirischen Raum, die im südlichen, mittleren oder westlichen Europa überwintern, aber ähnliche Strategien entwickelt haben wie die Saharaquerer. Als Folge der nur in enormen Abständen zur Verfügung stehenden Rastplätze, wie Wattenmeergebieten, ist der Zug hier eine Abfolge aus wochenlanger Rast mit Depotfettanreicherung und extremen Zugetappen.

Kurzstreckenzieher (KSZ): weniger ausgeprägte Zugvögel, deren Überwinterungsgebiete nördlich der Sahara liegen. Neben dem mediterranen Raum (Südeuropa und Nordafrika) kommen auch Großbritannien und der französischen Atlantikküste für mitteleuropäische Vögel bereits hohe Bedeutung als Winterquartier zu (Abb. 8.2.9) Bei diesen Arten kommen sowohl Tag- wie auch Nachtzug (z. B. Rotkehlchen) vor, die Mehrzahl der Tagzieher gehört in diese Kategorie.

Mittelstreckenzieher legen durchaus entsprechende Entfernungen zurück wie einzelne Langstreckenzieher. Drosseln, Häher, Kreuzschnäbel und viele andere, die aus Westsibirien kommend bis zu uns 6.000 km und mehr zurücklegen, können dies im Unterschied zu Langstreckenziehern in unzähligen Etappen machen und stehen deshalb von ihren zugphysiologischen Eigenschaften eher den Kurzstreckenziehern nahe.

Teilzieher (TZ): Arten, bei denen erhebliche Populationsanteile im Winter in Mitteleuropa bleiben. Ihr Wegzug wird neben dem wohl endogen programmierten Herbstzug (obligatem Teilzug) auch durch exogene Faktoren wie Kälte, Schnee und Frost ausgelöst. Fakultative Zugbewegungen reichen in Mitteleuropa über den Mittwinter hinaus. Ihre lokalen Zugperioden sind aufgrund des meist unvollständig erfaßten Zugendes in Wirklichkeit viel länger als es die üblichen Zugerfassungsprojekte wiedergeben. Eine eindeutige Abtrennung von KSZ ist nicht immer möglich; so bei der Wacholderdrossel, wo Brutvögel vor Ort überwintern können, gleichfalls aber ein Zuzug über Distanzen erfolgt, die solche von Transsaharaziehern übertreffen können.

Standvögel/Jahresvögel verlassen ihre Brutgebiete in der Regel nicht. Bei fast allen Arten gibt es aber Anteile, die über kurze bis mittlere Strecken gerichtet wandern.

Mischstrategen: Arten, bei denen Populationsanteile unterschiedliche Strategien mit jeweils nennenswerten Anteilen nutzen.

Doppelstrategen: Arten, bei denen nennenswerte Populationsanteile südlich und nördlich der Sahara überwintern (LSZ + KSZ), wie z. B. Zilpzalp und Mönchsgrasmücke.

Dreierstrategen: Arten, die nennenswerte Populationsanteile sowohl bei den LSZ, KSZ und den Stand-/Jahresvögeln haben. Beispiele sind Graureiher, Turmfalke, Gebirgsstelze.

Die Mischstrategien stellen eine Minimierung der Zug- und Überwinterungsrisiken in bezug auf die Arterhaltung dar. Ausfälle, z. B. der Sahelpopulation durch Dürre bzw. Zugverluste über der Sahara bei den LSZ-Anteilen einer Art, können durch den Anteil der KSZ-Strategen oder der Jahresvögel rasch aufgefangen werden. Umgekehrt können starke Winterverluste der Jahresvögel und hohe Prozentsätze der KSZ-Anteile, wie es 1962/63 bei der Gebirgsstelze der Fall gewesen sein könnte, durch überwiegend langstreckenziehende Anteile der Population wieder aufgebaut werden. Die Vorteile der Mischstrategien werden in Kap. 11 diskutiert.

Dispersion kennzeichnet den „Zustand der Verteilung von Individuen bzw. Paaren oder Kolonien im Raum, nicht aber die dazu führenden Verteilungsvorgänge" (Berndt & Winkel 1983).

Die **Dismigration** (Dispersionsmigration oder Zerstreuungswanderung) ist der aktive Ortswechsel von Individuen, der zu einer ± weiträumig wirkenden Veränderung bezüglich der Dispersion, hier einer Population, führt (Berndt & Winkel 1983). Das Verteilungsbild der Individuen im Raum wird jedoch häufig passiv durch den Wind, teilweise durch dessen jahreszeitliche Vorzugsrichtungen beeinflußt (Gatter 1981a). Bei diesen Zerstreuungswanderungen, besonders stark als nachbrutzeitliche Bewegungen ausgeprägt, an denen sich bei vielen Arten vor allem Jungvögel beteiligen, fänden unter topographisch und meteorologisch unbeeinflußten Bedingungen im klassischen Fall nach allen Richtungen streuende Bewegungen statt (Jugend-Dispersal). Sie führen bei einigen Arten nur über wenige Kilometer, bei anderen über Hunderte Kilometer und sind vom Umkehrzug oft nicht zu trennen (Kap. 11.5). Das Auftreten meist diesjähriger Jungvögel als Irrgäste aus Südeuropa oder Asien in Mitteleuropa geht oft auf Dismigration zurück, meist gefördert durch bestimmte Luftströmungen.

Die biologische Bedeutung der Dismigration liegt in der Vermeidung von Inzucht (Greenwood et al. 1978), im Kennenlernen einer vertrauten *„familiar area"* zur unmittelbaren oder späteren Ansiedlung (Baker 1978), zur Dichteregulierung und der Vermeidung von Konkurrenzdruck, der Meidung der unmittelbaren Nähe des Geburtsorts (Berndt 1960, Bauer 1987) sowie der Neubesiedlung bisher unbewohnter Habitate und kann sich weit über den Zeitpunkt der Jugendmauser bis über die Zugzeit hinaus dehnen (Hudde 1995). Das erschwert bei der Beobachtung dieser Phänomene die Trennung von Umkehrzugbewegungen, die z. B. osteuropäische und asiatische Arten bis in unseren Raum führen (z. B. Gatter 1972a, Sharrock 1974).

Die nachbrutzeitlichen Bewegungen sind bei den Vögeln der wesentlichste Teil des Dismigrationsgeschehens; ein mehr oder weniger (un)gerichtetes Umherstreifen nach der Brutzeit, aber überwiegend vor der eigentlichen Zugzeit. Sie lassen sich zeitlich und von ihren Zugrichtungen her oft klar vom eigentlichen Wegzug trennen und treten bei einigen Arten sogar als zeitlich klar abgegrenzter gerichteter Zwischenzug in Erscheinung. Für die visuelle Erforschung solcher Bewegungen bietet die Arbeit am RM gute Möglichkeiten (Kap. 11.5).

Umkehrzug: Zugbewegungen, die entgegen der normalen Zugrichtung weitgehend spiegelbildlich zu dieser verlaufen. Vom Umkehrzug wird hier gesprochen, wenn diese Bewegungen nicht vor, sondern während der Zugzeit oder gar nach deren Höhepunkt stattfinden (z. B. Gatter et al. 1979). Umkehrzug unterscheidet sich vielfach in der Zughöhe vom gleichzeitigen normalen Wegzug. Er ist im Binnenland oft mit Winden um Süd bis Südost gekoppelt und verläuft dann höher und unauffälliger als der gleichzeitig stattfindende Wegzug, der dann mit Gegenwinden verbunden ist (Kap. 11.5).

Invasion: Den Zug nicht alljährlich bzw. jährlich unterschiedlich stark wandernder Arten bezeichnet man im deutschen Sprachgebrauch als Invasionismus, da er sich hier meist als Einwanderung äußert. Aus der Sicht des Herkunftsgebiets sind es Evasionen oder Emigrationen, also Auswanderungen. Die Beobachtungen am RM ermöglichen bei zahlreichen Arten für das binnenländische Mitteleuropa einen Überblick sowohl über die Auslöser als auch über das Ausmaß dieser Bewegungen und den Wechsel im Status von Invasionsvögeln als Folge moderner Landbewirtschaftungsformen und klimatischer Veränderungen (Kap. 14 und 15.8).

Winterflucht: Fluchtbewegungen von Vögeln in Wegzugsrichtung, die durch Frost, Kälte und Vereisung ausgelöst werden. Beteiligt und betroffen sind vor allem Teilzieher. Ein fakultativer Anteil dieser Arten kann in einzelnen Wintern Standvogel sein, in anderen durch sich ständig wiederholende Wintereinbrüche mehrfach zum Weiterzug gezwungen werden. Vor allem zu Beginn und am Ende des Winters werden im Gebirge Vertikalwanderungen in die Täler beobachtet (Kap. 9.7).

Einige weitere Begriffe

Für Vergleiche von Durchzugskurven verschiedener Jahre und verschiedener Arten ist es sinnvoll, sie über einige Zahlwerte zu charakterisieren.

Symmetrische und schiefe Zugmuster: Kurven mit steilerem Anstieg und flacherem Abfall zum Zugende werden als rechtsschief bei BERTHOLD & DORKA (1969) bzw. linkssteil nach SACHS (1978) bezeichnet. Rechtssteile Zugmuster zeigen z. B. ziehende Mäusebussarde und Sperber in Abb. 11.1.2 oben, ein linkssteiles „Zugmuster" zeigen die anwesenden Mäusebussarde in der gleichen Abb. rechts unten. Erst langjährige Mittelwerte ergeben den charakteristischen Verlauf.

Mehrgipfliger Durchzug: Mehrgipfligkeit kann prinzipiell durch unterschiedliche Hauptzugzeiten verschiedener Populationen, der Geschlechter oder der Altersgruppen einer Art zustandekommen. Für jede Gruppe kann eine Normalverteilung angenommen werden.

Median: Eine symmetrische Normalverteilung kann durch Mittelwert und Streuung/Standardabweichung vollständig beschrieben werden. Wenn keine symmetrische Verteilung vorliegt, bietet der Median einen zutreffenderen Wert. Bei der Zugsaison ist dies der Termin, an dem 50 % der Durchzügler passiert haben. Als weitere Kenngrößen können die **Quartilen**, d. h. die Termine, an denen 25 % und 75 % der Vögel durchgezogen sind, sowie weitere Daten wie 5 % bzw. 95 % des Durchzugs genutzt werden. Bei symmetrischer Verteilung fallen Median und Mittelwert zusammen. Bei rechtssteiler Verteilung liegt der Median nach, bei linkssteiler zeitlich vor dem Mittelwert (Abb. 11.1.2). **Medianwerte der Einzeljahre (M_E)** machen unterschiedliche Anteile der Altersgruppen bzw. Geschlechter in den einzelnen Jahren ebenso sichtbar wie Langzeittrends. Als **kumulierter Medianwert (M_{kn})** wird hier der Median des durchschnittlichen bzw. aufsummierten Durchzugs aller erfaßten Jahre oder eines gewissen Zeitraumes bezeichnet. Als Vergleichswert bietet sich der **Mittelwert der Mediane** der Einzeljahre (M_M) eines gewissen Zeitraums an. Im Gegensatz zum kumulierten Medianwert, der ein mit der Durchzugsmenge gewichteter Mittelwert ist, gehen hier schwache und starke Zugjahre gleichwertig ein.

Zugperiode der zentralen 50 % und 90 % des Gesamtzuges (Z_{50} und Z_{90}): Die zentralen 50 % bzw. 90 % des gesamten Durchzugs sind geringer streuende, weniger vom Zufall geprägte Werte als Erst- und Letztdaten. Sie werden in der Folge als Zugperiode Z_{50} bzw. Z_{90} oder Zugperiode$_{50}$ bzw. Zugperiode$_{90}$ bezeichnet.

Zusammenfassung
4 Begriffsbestimmungen, Formen und Strategien des Vogelzuges

Bekannte und neue Begriffe zum Vogelzug und den Auswertungsmethoden werden hier vorgestellt. Sie sind besonders auch Bestandteil von Kap. 11.

Summary
4 Definitions of terms; forms and strategies in bird migration

Established and new terms in migration studies, as well as methods of analysis, are presented here. They also form an important element of Chapter 11.

5 Zugplanbeobachtung und Bestandserfassungen – Methodik und Vergleich

Das hauptsächliche Ziel ornithologischer Bestandsaufnahmen ist es, für bestimmte Arten, Artengruppen oder den gesamten Vogelbestand eines Gebietes möglichst genaues Datenmaterial zu ermitteln, um bestimmte Fragestellungen beantworten zu können.

Als wir vor über 30 Jahren mit den Untersuchungen am RM begonnen haben, waren in Deutschland außer den Darstellungen von WEIGOLD (1929) auf Helgoland wohl von kaum einem häufigen Singvogel Daten über komplette Zugabläufe verfügbar, die über zufällig gesammeltes Material hinausgingen. Die Möglichkeit, daß sich jahreszeitliche Zugabläufe im Verlauf von zwei Jahrzehnten kurzfristig ändern könnten, war damals ebenso außerhalb der Vorstellungskraft wie der Gedanke, daß sich das Artengefüge in zwei oder drei Jahrzehnten so stark verändern könnte, wie es hier gezeigt wird.

5.1 Erfassungsmethoden

Nur von wenigen selteneren Arten gibt es aus Mitteleuropa über längere Zeiträume recht genaue Bestandsdaten, wobei an erster Stelle der Weißstorch zu nennen ist. Aber auch über die Adler und den Wanderfalken liegen zumindest seit Mitte des 20. Jahrhunderts relativ genaue Bestandsangaben für Deutschland und auch für viele angrenzende Länder vor. Die Mehrzahl der in Mitteleuropa vorkommenden Arten kann jedoch nicht komplett erfaßt werden. Bei den zeitweise konzentriert auftretenden Arten wird versucht, einen großen repräsentativen Anteil des Gesamtbestandes zu erfassen. So von Kormoranen, Graureihern, Möwen und Seeschwalben zur Brutzeit in den Kolonien, von Gänsen, Schwänen, Enten und verschiedenen Limikolenarten im Herbst und Winter, wie bei der internationalen Wasservogelzählung. Dies ist jedoch bei den ganzjährig weit verteilt vorkommenden Arten nicht möglich. Alle Singvögel, aber auch Tauben, Spechte und die häufigeren Greifvögel zählen hierzu. Für die meisten Arten bieten sich Brutzeituntersuchungen an, die den Umstand nutzen, daß Vögel in dieser Zeit relativ ortstreu sind, weil sie gezwungen sind, ihre Eier stationär zu bebrüten. Hierbei werden von der Gesamtfläche ausgehend sehr kleine Stichproben nach verschiedenen Verfahren erfaßt. Zur Eignung und Aussagekraft der verschiedenen Erhebungen für Bestandsaussagen gibt es umfangreiche Literatur, z. B. OELKE 1970, MATTES 1977, TOMIALOJC 1980, 1983, GNIELKA 1990 und weitere in FLADE 1994 und BIBBY et al. 1995, wo auch eine kritische Würdigung der Methoden erfolgt. Vorrangiges Ziel sind dabei die Registrierung der Häufigkeit und Häufigkeitsänderungen. Die wichtigsten Methoden für regionale und

Abb. 5.1: Ziehende Ringeltauben *Columba palumbus*.

überregionale Aussagen sollen hier kurz vorgestellt werden.

5.1.1 Erfassungsmethoden lokaler Vogelbestände

Revierkartierung: Die am häufigsten angewandte, aber sehr zeitaufwendige Methode ist die Vollbestandsaufnahme durch die Kartierung aller revieranzeigenden Vögel eines abgegrenzten Gebiets. Sie ist die Reaktion darauf, daß viele Arten generell nur während der Brutzeit über Gesang oder andere territoriale Aktivitäten quantitativ erfaßt werden können. In Wäldern sollten die Untersuchungsflächen nicht unter 10 ha, in offenem Gelände nicht unter einem km² liegen. Für aussagekräftige Ergebnisse werden je nach Landschaftstyp und Autor 3 – 14 Begänge je Brutzeit vorgeschlagen, deren Gesamtaufwand bei 10 – 80 Stunden liegen kann.

Nesterzählung: Sie ermöglicht die genaueste Erfassung reproduzierender Vögel, ist aber bei kleinen Arten sehr zeitaufwendig. Sie ist unter anderem bei größeren Wiesenvögeln praktikabel und wird vor allem auch bei Großvögeln, die in geringer Dichte vorkommen, angewandt. Hier empfiehlt sie sich z. B bei Greifvögeln, deren Horste in unbelaubtem Zustand außerhalb der Brutzeit gesucht und zur weiteren Beobachtung vorgemerkt werden können. Nichtbrütende Populationsanteile lassen sich damit nicht erfassen.

Linientaxierung: Entlang eines Weges werden alle Vögel, die man sieht oder hört, notiert. Die Ergebnisse können dann Siedlungsdichten entsprechen, wenn ein Korridor bestimmter Breite links und rechts des Weges abgegrenzt wird und außerhalb festgestellte Vögel getrennt erfaßt werden. Wegen der größeren Ungenauigkeit der Flächenabgrenzung und der meist höheren Habitatvielfalt, die durchschnitten wird, können je nach Fragestellung mehr Untersuchungsflächen nötig sein als bei Revierkartierungen

Punkt-Stop-Zählung: die derzeit von den Mitarbeitern des Dachverbandes Deutscher Avifaunisten (DDA) neben der Revierkartierung propagierte und am häufigsten angewandte Methode. Um Doppelerfassungen zu vermeiden, werden an den Stops, die in Abständen von mindestens 300 – 500 m liegen, fünf Minuten lang alle Vögel notiert, die man hört oder sieht. Dabei werden 5 Erfassungen je Saison vorgeschlagen.

Neben zahlreichen Abwandlungen innerhalb dieser Methoden gibt es eine Reihe **halbquantitativer Erfassungsmethoden**, die vor allem in Atlasprojekten angewendet werden. Das erwünschte Ergebnis sind meist nur Größenordnungen, in denen die Art in dem untersuchten Raster vorkommt.

Diese Brutzeit-Methoden haben den Nachteil, daß nur Revierzahlen oder Männchen je Strecke oder Fläche quantitativ gleichmäßig erfaßt werden. Eine stille Populationsreserve, die ein mehrfaches der Reviervögel betragen kann, bleibt bei vielen Arten zu einem unterschiedlichen Anteil unberücksichtigt. Nichtbrüteranteile sind selbst im Offenland bei den meisten Arten nur schwierig zu erfassen, weil sie sich ohne Gesang oder Balzflüge etc. in der Vegetation kaum zählen lassen.

All diese Erfassungsmethoden sind mit zahlreichen systematischen, beobachterabhängigen und vom Verhaltens- und Aktivitätsmuster der Arten verursachten Fehlern belastet. Von allen genannten Methoden gilt die Revierkartierung als einzige auf größeren Flächen anwendbare Geländemethode, mit der für den größten Teil des Artenspektrums absolute Bestandszahlen für die Brutzeit gewonnen werden können (Flade 1994).

Änderungen innerhalb einer bestimmten Landnutzung, die sich in den letzten 30 Jahren ergeben haben (Kap. 15.2, 15.3, 15.8.2, 15.8.3), wie durch Eutrophierung oder älter werdende Wälder, können bisher in Bestandsauswertungen nur schwierig oder nicht berücksichtigt werden (z. B. Marchant et al. 1990) und lassen sich letztendlich nur mit großem Aufwand bewerkstelligen.

5.1.2 Erfassungsmethoden überregionaler Vogelbestände

Für überregionale Aussagen zur Entwicklung von Vogelbeständen kleiner Arten werden vor allem zwei Methoden angewandt, die davon ausgehen, daß an einem Ort gesammelte Daten von durchziehenden Arten Rückschlüsse auf die Bestandsentwicklung im Herkunftsgebiet ermöglichen: Dies ist einerseits die planmäßige Erfassung aktiv ziehender Vögel, meist an Verdichtungspunkten des Zuges, andererseits der Fang an Rastplätzen mit standardisierten Methoden.

Zugplanbeobachtung: Mit 200 – 300 Mann-Tagen lassen sich im Binnenland größenordnungsmäßig eine halbe Million Durchzügler je Saison erfassen. Die Grundlagen dieser Methode werden ausführlich in Kap. 1 behandelt. Die Erfassungsmethode an der Station RM, im Verbund mit den topographischen Voraussetzungen, hier vor allem die horizontale und vertikale Verdichtung, führen zur geringsten Schwankungsbreite jährlicher Durchzugszahlen zwischen europäischen Beobachtungsstationen, wie an Beispielen (GATTER 1978, EBENHÖH & GATTER 1991) gezeigt werden konnte (Abb. 5.2).

Im Gegensatz zu Schlüssen, die aus den räumlich extrem unregelmäßig verteilten Probeflächen in europäischen Ländern zu erwarten sind, aber in Beziehung zu einem bestimmten Landschaftstyp gesetzt werden können, stellen die Ergebnisse aus Planbeobachtungen des Vogelzuges einen unmittelbaren, artabhängig unterschiedlichen Ausschnitt aus der Gesamtpopulation einer Art dar (GATTER 1978, BUSSE 1980). Dabei läßt sich das Herkunftsgebiet nur grob über Verbreitung, Zugrichtung, Zugscheiden und andere Hinweise, die uns Beringungsergebnisse liefern, räumlich eingrenzen. Für Monitoringzwecke ist es aber mindestens ebenso wichtig, einen langjährigen Gesamtausschnitt aus den Durchzugspopulationen zu erhalten, wie mehr oder weniger repräsentative Beispiele ihrer lokalen Dichten.

Planbeobachtungen des Vogelzugs im Herbst repräsentieren bei Arten, deren Gesamtpopulation zieht, sowohl den Bestand an Brutvögeln, immaturen und brutreifen, aber revierlosen Nichtbrütern sowie über Jungvogelzahlen den jeweiligen Bruterfolg des Jahres.

Was Zugplanbeobachtung zum Populationsmonitoring beitragen kann, wurde in verschiedenen Untersuchungen dargestellt (EDELSTAM 1972, ULFSTRAND et al. 1974, GATTER 1978, GATTER & STEIOF 1992). Gleichzeitig gab es eine Reihe kritischer Beiträge, die vor allem unterschiedliche Beobachtereignung hervorhoben (Diskussion bei GATTER 1978). Sie ist jedoch kein spezifisches Problem der Zugbeobachtung, sondern ebenso ein Problem jeglicher Bestandserfassungen (FLADE 1994).

Veränderungen innerhalb einer Landnutzung bzw. ihrer Flächenanteile (Beispiel Kap. 15.8.5.3) spiegeln sich über Rückschlüsse in Beobachtungen des aktiven Zugs indirekt wider. Ein Nachteil der Methode ist die Wetterabhängigkeit, die dazu führt, daß in Einzeljahren der Zug – abhängig von Großwetterlagen – zu erheblichen Teilen auf anderen Wegen erfolgt, bzw. die vorherrschenden Windrichtungen über die Wahl unterschiedlicher Zughöhen dazu führen, daß unterschiedliche Prozentsätze erfaßt werden.

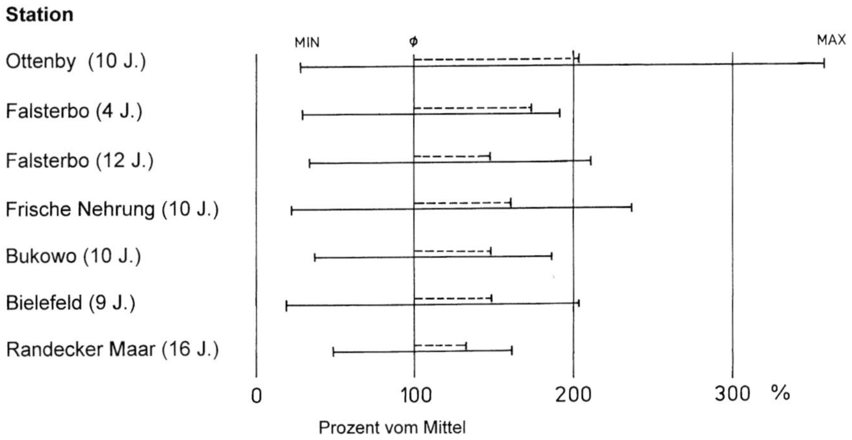

Abb. 5.2: Vergleich der relativen Schwankungsbreite in der Anzahl jährlich registrierter Wiesenpieper an verschiedenen Herbstzugstationen. Durchgezogene Linie: Minimum bis Maximum in Prozent vom Mittelwert. Gestrichelt: Standardabweichung in Prozent vom Mittelwert. Nach EBENHÖH & GATTER 1991. – *Comparison of relative variation in the number of* Anthus pratensis *recorded annually at different autumn migration observatories. Solid line: minimum to maximum as percent of mean; dashed line: standard deviation as percent of mean.*

Jahr zu Jahr-Unterschiede müssen deshalb bei der Zugbeobachtung vorsichtig beurteilt werden (Kap. 9.8, 9.9, 11, RABØL & LYNGS 1988). Umso wichtiger ist es, langfristige Daten zu haben. Ferner ist in diesem Zusammenhang zu erwähnen, daß kurzfristige Änderungen der Durchzugsstrategie eine Bestandsentwicklung vortäuschen könnten. Wie schwierig der Nachweis dafür ist und welche unerwarteten Faktoren hier Strategieänderungen vortäuschen können, zeigt sich bei den Tauben (Kap. 17 und 18).

Mit der Zugplanbeobachtung am RM können zahlreiche Arten in ein Monitoring aufgenommen werden, die in Deutschland nur extrem geringe Dichten aufweisen und mit den sonst üblichen Monitoring-Methoden in ihrer Bestandsentwicklung offensichtlich nicht einmal europaweit beurteilt werden können. Ein Beispiel dafür ist die Kornweihe *Circus cyaneus*. Trotz der Zunahme der Durchzugszahlen am RM um den Faktor 10 in den letzten 25 Jahren zeigen die offiziellen Angaben aller möglichen Herkunftsländer gleichbleibende bis abnehmende Trends (TUCKER 1994). Lediglich Südverlagerungen der Winterquartiere böten hier noch eine Erklärung, die sich aber weder mit der Landbewirtschaftung im Norden (Kap. 15.2, 15.3) noch mit den Klimatrends der letzten Jahrzehnte erklären ließe (Kap. 15.9).

Alle Radarmessungen, sofern sie überhaupt zur quantitativen Erfassung tieferer Anteile des Zuges geeignet sind, haben gezeigt, daß sich das „Hauptverkehrsband" innerhalb von 250 m über dem Boden hinzieht (BRUDERER 1989). Dies unterstreicht die Eignung der Zugplanbeobachtung als Methode des Zugvogel-Monitorings. Diesbezügliche Diskussionen werden in Kap. 8.1 geführt. Mit Ausnahme einiger weniger Wetterlagen trägt die vertikale Verdichtung am RM dazu bei, daß in den meisten Jahren ein repräsentativer Teil des Tagzugs erfaßt werden kann.

BUSSE & KANIA (1970) haben sich im Rahmen der Operation Baltic für **stündliche Teilerfassungen** mit Zählungen in jeder ersten Viertelstunde entschieden. In der verbleibenden Zeit arbeiten die Ornithologen an den Netzen. Auch hier gilt: in Langzcitprogrammen gleichen sich solche Fehler statistisch aus. Die Methode hat sich dort bewährt (BUSSE 1980).

Schließlich sollen noch die „Sparversionen" der Zugplanbeobachtung erwähnt werden. Mehr oder weniger spontane zufällige **tageszeitliche Teilerfassungen** konzentrieren sich meist auf großstädtische Bereiche, wo ein großes Beobachterangebot zur Verfügung steht. Die Beobachtungen sind in der Regel nicht standardisiert. Vergleiche von auf diese Art erarbeiteten historischen Zugbeobachtungen mit heutigen vom gleichen Ort liefern Beweise, daß sich die Artenzusammensetzung in langen Zeiträumen gravierend ändert. Beispiele sind MAUVE (1938) und BEAMAN & JAKOBSEN (1974) für den Bosporus oder die Daten der 1940/50er Jahre von ULFSTRAND et al. (1974) und die von ROOS (1996) für Falsterbo in Südschweden. Siehe auch GATTER & STEIOF (1992).

Bei tageszeitlichen Teilerfassungen wird selbst bei der Wahl fester Zeiten durch veränderliche Tageslängen ein ständig wechselnder prozentualer Ausschnitt aus dem Zug einer Art erfaßt, der sich mit Verzerrungen auf Zugmuster und Mediane auswirken muß. Üblich sind tageszeitliche Teilerfassungen, mit denen 2 – 5 Stunden (fast immer mit ungeregeltem Ende) des morgendlichen Zuggipfels erfaßt werden. Dabei wird meist nicht berücksichtigt, daß sich die tageszeitlichen Zugmuster während einer Zugzeit gravierend ändern (GATTER 1991, Kap. 12). Einer der Gründe ist die kürzer werdende Tageslänge mit 16 Stunden im August und 9 im November. Bei der Methode „ungeregelter Anfang und Ende" steigert sich die tägliche Beobachtungszeit meist mit der Zunahme der Durchzügler (z. B. RANDLER 1997, Kap. 11 und Abb. 12.3.1). Die beobachteten Stunden im Oktober sind gegenüber denen vom Juli bis September proportional zur Tageslänge überrepräsentiert. Erarbeitete Zugmuster von Arten mit Zughöhepunkt Ende September bis Mitte Oktober werden damit gut erfaßt, weil sich die Aktivität der Beobachter dem zu erwartenden Zugaufkommen anpaßt, während besonders Zugmuster früh- bzw. spätziehender Arten verzerrt werden.

Regionale Unterschiede in der Artenzusammensetzung des Tagzuges haben LENSINK (1994) und VAN GASTEREN (1994) für die Niederlande herausgearbeitet. Die Beobachtungen vom RM (773 m NN) und Vergleichsbeobachtungen an dem tiefer eingeschnittenen „Paß" Sattelbogen und dem weit ins Vorland ragenden Hohenbol (beide ca. 600 m NN, Abb. 1.2) geben interessante Aufschlüsse über kleinräumliche Unterschiede des Zuges, die zunächst als methodische Fehler erscheinen könnten. Der Zug bestimmter Vogelarten berührt das RM kaum, obwohl sie unmittelbar nördlich, parallel zum SW-NE verlaufenden Albsteilrand im Vorland regelmäßiger erscheinen. Einige Arten haben offensichtlich gewisse topographische Zugwegspräferenzen. Rotkehlpieper (*Anthus cervinus*), Beutelmeise (*Remiz pendulinus*), Lerchen (Alaudidae), Haus- und Feldsperlinge (*Passer domesticus* et *P. montanus*) ziehen am nur 3 km entfernten Sattelbogen zahlreicher durch. Bei beiden Lerchenarten (*Alauda arvensis*, *Lullula arborea*) sind die Durchzugszahlen am Sattelbogen drei- bis viermal, bei Schwalben doppelt so hoch wie am RM. An dem noch weiter westlich liegenden Hohenbol schließlich kann ein Mehrfaches an ziehenden Greifvögeln (Falconiformes), besonders vom Mäusebussard, gezählt werden.

Fangprogramme an feststehenden Fanganlagen: Sie stellen eine weitere Methode zur Beurteilung von Populationstrends dar und werden seit inzwischen 40 Jahren bei der Operation Baltic (Busse & Kania 1970) durchgeführt. Auf Nehrungen und Halbinseln mit enormen Zugverdichtungen werden dort große Kleinvogelmengen gefangen. Weit stärker standardisiert wurde beim Mettnau-Reit-Illmitz-Programm (MRI) (Berthold & Schlenker 1975). Der Ansatz sieht vor, daß konstante Habitatbedingungen einen prozentual gleichbleibenden Anteil aus den darüber hinziehenden Vögeln zur Rast anlocken. Hier werden pro Station und Saison mit einer Mannschaft von ca. 3 Mitarbeitern ungefähr 5.000 Vögel/Jahr gefangen.

Wie bei der Zugplanbeobachtung ist bei Fängen die Herkunft der Vögel fast immer unbekannt. Sie läßt sich aber in einigen Fällen indirekt über Körpermaße, die auf bestimmte Herkünfte schließen lassen – und letztendlich über eine ausreichende Zahl von Wiederfunden – eher eingrenzen als bei Zugbeobachtungen. Spitzenwerte des Durchzugs werden beim Fang wohl durch Rastplatzkapazität und die Technik des Verfahrens gedämpft (Hylbom 1951, Gatter 1978, G. Vauk, P. Busse mdl.). Wie bei der Zugplanbeobachtung ist ein Nachteil der Methode in der Wetterabhängigkeit zu suchen. Sie führt dazu, daß in den Einzeljahren, abhängig von Großwetterlagen, Windrichtungen aus Ost oder West vorherrschen können und der Zug dann zu erheblichen Teilen auf anderen Wegen erfolgt. Jahr zu Jahr-Unterschiede müssen deshalb wie bei der Zugbeobachtung vorsichtig beurteilt werden (Kap. 9.8, 9.9, 11, Rabøl & Lyngs 1988). Zahlen von Brut- und Jungvögeln der Umgebung fließen bei dieser Methode stark mit in die Ergebnisse ein. Der lokale Bruterfolg und Habitatänderungen des Umlands dürften die Ergebnisse auch dann stark beeinflussen, wenn versucht wird, Sukzessionsvorgänge in der unmittelbaren Umgebung der Fangorte zu steuern. Damit sind auch die Fangzahlen der Durchzügler von den Landschaftsveränderungen der Umgebung betroffen.

5.2 Bestandstrends und Erfassungsmethoden – Probleme und Ausblick

Bei einer Reihe von Arten ergeben sich je nach Erfassungsmethode erhebliche Unterschiede bezüglich der Bestandsentwicklung. Sie sind unter anderem durch die verschiedenen Erfassungszeiträume erst jüngst begonnener bzw. bereits wieder aufgegebener Monitoring-Programme geprägt, die eine Interpretation erschweren, wie sie auch der jüngst erschienene Brutvogelverbreitungsatlas erkennen läßt.

Die Ergebnisse aller Bestandsaufnahmen revierhaltender Vögel sind von vielen Faktoren, so auch vom momentanen Zustand des Habitats, also seiner Tragekapazität für Vögel abhängig. Bei ihrer Anwendung als Überwachungsmethode (Monitoring) für Bestände repräsentieren sie daher neben jährlichen Schwankungen vor allem auch Sukzessionsabläufe der Untersuchungsfläche. Sie gehen von Änderungen in der Bewirtschaftungsform bis hin zu geänderten Vegetationsvolumina, die selbst in mittleren Zeiträumen von wenigen Jahren erheblich sein können. Trotz Landschaftsanalysen sind auch die für Vögel wichtigen Veränderungen nur für den Vegetationsfachmann nachvollziehbar und auch nur, sofern entsprechende fortschreibungsfähige Aufnahmen vorliegen (z. B. Sebald 1992, siehe Abbildungen und Tabellen in Kap. 15.2, 15.3, 15.5, 15.8).

Der hohe Zeitaufwand all dieser Methoden und die vom Erfassenden über Jahre erwartete Kontinuität sind ursächlich dafür verantwortlich, daß relativ wenige und meist kleine Flächen bearbeitet werden. So sind es in ganz England derzeit jeweils 100 Wald- und Agrarflächen (Marchant 1990). Die meisten davon sind um Portsmouth und London gelegen. In Nordirland und Schottland liegen gerade 10 % dieser Flächen. In anderen Ländern, z. B. Finnland, verhält es sich ähnlich (Väisänen et al. 1989). In der Bundesrepublik gingen z. B. 1998 weniger als 60 Revierkartierungen in das Monitoring-Programm des Dachverbandes Deutscher Avifaunisten (DDA) ein. Von den 254 Punkt-Stop-Zählstrecken lagen nur etwa 10 % in Süddeutschland (Schwarz & Flade 1999). Attraktive Landschaftselemente werden dabei bevorzugt. Häufige Allerweltsbiotope wie unstrukturierte „Ackersteppen" sind ebenso unterrepräsentiert wie Buchen- oder Fichtenjungbestände.

In gut erfaßten Ländern, wie denen im zentralen Mitteleuropa, kommt auf 1.600 bis 8.000 km^2 eine Probefläche (Busse 1980). Zahlreiche Länder erreichen diese Richtwerte nicht annähernd.

Der Fang an festen Stationen hat mit ähnlichen Problemen zu kämpfen. Fast alle europäischen Fangstationen liegen entweder in Sukzessionsarealen ehemals landwirtschaftlich genutzter Bereiche, oder sie wurden in Forstkulturen begründet und liegen heute in älteren Wäldern. Die Befunde in Kap. 15 und Untersuchungen z. B. von Rabøl & Lyngs (1988) lassen erahnen, wie schwierig es ist, die enormen Landschaftsveränderungen in ganz Mittel- und Nordeuropa und ihre Auswirkungen auf die Fangergebnisse und -orte zu interpretieren.

Sich widersprechende „Bestandstrends" zwischen Fangzahlen und der Zugplanbeobachtung, deren Rahmenbedingung „Geländemorphologie" sich nicht verändert, müßten wohl verstärkt auf die Einflüsse von Veränderungen der Vegetation am Fangort untersucht werden.

Petryna (1976), Busse (1980, 1992) und Busse & Marova (1993) konnten zeigen, wie parallel die Kurven der Einzeljahresschwankungen verschiedener Arten an den Stationen der „Operation Baltic" über lange Zeiträume verlaufen. Busse (1980) wies auch auf die jährliche Parallelität von Fang- und Zugplanbeoabachtung bei seiner Methode hin. Deutlich wird aber neben dem kongruenten Verlauf der Einzeljahresschwankungen das Auseinanderdriften der Ergebnisse einzelner Fangorte als offensichtliche Folge unterschiedlicher Habitatentwicklung.

Auch die Auswirkungen rascher Veränderungen im Flächenangebot von Sonderhabitaten sind bisher nicht bekannt. Maisfelder etwa haben das Rastplatzangebot „Röhricht" für Rohrsänger, Laubsänger u. a. Arten in einer Zeit sonst kahler Felder drastisch erhöht (Tab. 15.2.3). Während das ursprüngliche Habitat Röhricht nur Promille-Bereiche der deutschen Gesamthabitate einnimmt, hat das Ersatzhabitat Mais von früher (1960) unbedeutenden Teilen der Agrarfläche bis 1990 in Deutschland auf weit über eine Million ha zugenommen (Abb. 15.2.5) Nach unseren Fängen in Maisfeldern ist grundsätzlich zu vermuten, daß sich diese „Bereicherung" um das im Spätsommer/Herbst bedeutende „Rasthabitat Maisfeld" verdünnend auf die Nutzung bisher selten vorhandener Habitate wie Hochstaudenfluren und Röhrichte auswirkt.

Zur Brutzeit ist die Anzahl der Territorien, die bei Siedlungsdichteuntersuchungen bestimmt werden, vielfach durch die Habitatkapazität limitiert. Vögel oberhalb dieser Kapazitätsgrenze stellen eine Art Populationsreserve dar und müssen in marginale Habitate ausweichen, die in der Regel auch für die Art suboptimal sind. Sie verhalten sich dort wie eine echte Populationsreserve und werden, solange sie keine Reviere etablieren (siehe Rabenkrähe und Elster in Kap. 17), mit den meisten Census-Methoden nicht oder artabhängig unzureichend erfaßt. Solange eine Populationsreserve besteht, werden die Schwankungen der Ergebnisse von Siedlungsdichteuntersuchungen gering sein (Busse 1980).

Bei zahlreichen Singvögeln gibt es Hinweise für unterschiedlichstes Verhalten der einzelnen Arten, so bei Höhlenbrütern wie Kleiber und Waldbaumläufer, die zwar anwesend sind, aber

Abb. 5.3: Mäusebussard *Buteo buteo* (links Ansicht von unten, rechts von oben). – *Common Buzzard (left from below, right from above).*

wegen Nisthöhlenmangel nicht singen und deshalb nicht erfaßt werden. Auch viele Eichelhäher etablieren in Jahren mit hoher Siedlungsdichte oder nach Invasionen offenbar keine Brutreviere. Dasselbe gilt anscheinend auch für Populationsanteile des Buntspechts, die nach nahrungsarmen Wintern weder trommeln noch zur Brut schreiten (eigene Untersuchungen). Weitere Hinweise zu dieser Nichtbrüterproblematik finden sich auch bei BATTEN & MARCHANT (1976) und STEIOF (1986).

Nach Beispielen bei BUSSE (1980) und HAAG (1988) können die von einer Art besiedelten suboptimalen Flächen um ein Vielfaches größer sein und den bedeutenderen Teil der Population beherbergen als die optimalen, in denen jedoch weitgehend die Reproduktion stattfindet. Gesamtpopulationen von z. B. Rabenkrähen *Corvus corone* oder Mäusebussarden *Buteo buteo* könnten derzeit in vielen Bereichen Mitteleuropas mehrere Jahre zurückgehen oder zunehmen, ohne daß sich dies auf die bei Brutzeiterhebungen ermittelte Dichte auswirken dürfte (Kap. 17).

BUSSE (1980) schließt daraus, daß uns methodisch zu eng angelegte Konzepte, wie sie SVENSSON (1978) für die Revierkartierungsmethode diskutierte, in die falsche Richtung führen, wenn es um Betrachtungen der Dynamik ganzer Populationen geht.

Die ungleiche räumliche Verteilung und die Flächengröße bei Siedlungsdichteaufnahmen scheint die eine, der Umstand, daß bestimmte Habitattypen fast oder gar nicht in Monitoring-Programme einbezogen werden, der andere Grund zu sein, daß sich Bestandsveränderungen wie die der Kornweihe in auffälligen Größenordnungen bewegen können, ohne bemerkt zu werden (Kap. 17, Eu-ATL). Ein weiterer Vorteil der Zugplanbeobachtung ist offensichtlich der, daß zum Einzugsgebiet der am RM durchziehenden Vögel riesige Gebiete gehören, in denen kein Monitoring-Programm greift, das in der Lage wäre, landesweite Bestandstrends zu erkennen. Dazu gehören wohl Weißrußland und Rußland. Schon dies ist ein wichtiger Grund, neben anderen Monitoring-Programmen langfristig angelegte Zugplanbeobachtungen an gleichbleibenden Stationen zu betreiben.

Letztendlich ist noch eine Kosten-Nutzen-Analyse hilfreich. Bei der Zugplanbeobachtung können mit einem Team von 2 – 3 Beobachtern in einer Saison 300.000 – 600.000 Vögel erfaßt werden. Zum Betrieb einer Wegzug-Saison am RM werden 200 – 300 Mann-Tage benötigt.

Am RM ziehen Vögel aus den Ländern Deutschland, Dänemark, Norwegen, Schweden, Finnland, NW-Rußland und Weißrußland, den Baltischen Staaten, Polen, Slowakei, Tschechien und der Ukraine durch. Wenn wir die Karten im europäischen Brutvogelatlas betrachten, sind zwei Drittel des Herkunftsgebiets der RM-Durchzügler nicht erfaßt. Bei einzelnen Arten dürften über 90 % der Durchzügler aus diesen Gebieten, besonders wiederum aus Weißrußland und Rußland, stammen,

Das am RM erarbeitete Material eröffnet uns also auch Einblicke in die Bestandsentwicklung der Vogelpopulationen von Ländern, aus denen wir sonst kaum andere Daten beziehen können.

Schon deshalb kann derzeit nicht eine Untersuchungsmethode allein alle Vogelarten in ausreichendem Maße berücksichtigen und nur die Vielzahl der Verfahren (siehe oben, auch BIBBY et al. 1995) kann das gesamte Artenspektrum erfassen. Eine teilweise Überlappung des Artenspektrums der unterschiedlichen Verfahren kann Vergleiche der Methoden untereinander ermöglichen und Hinweise für Unzulänglichkeiten liefern.

Somit kommen wir zu dem Schluß, daß allein zur vollen Abdeckung des Artenspektrums und zur Minimierung der Schwächen einzelner Methoden nur alle zusammen das bestmögliche Ergebnis liefern.

Folgerungen und Zusammenfassung
5 Zugplanbeobachtung und Bestandserfassungen – Methoden und Vergleich

Eine Vielzahl verschiedener Möglichkeiten wurde entwickelt, um Vogelbestände zu erfassen. Die meisten sind sehr zeitintensiv. Alle Methoden sind von Eigenheiten der Beobachter abhängig. Verhaltens- und Aktivitätsmuster unterschiedlicher Arten beeinflussen die Ergebnisse ebenso wie das Wetter. Langzeituntersuchungen sind zudem von sich verändernden Habitatbedingungen im Untersuchungsgebiet abhängig.

Zugplanbeobachtungen wie am Randecker Maar mit einem gleichbleibenden „Fenster" aus Gebirgshöhe und Paßbreite erlauben einen von Landschaftsveränderungen unabhängigen Ausschnitt aus dem Breitfrontzug über Mitteleuropa. Vor allem das Wetter und die unterschiedliche Beobachtereignung beeinflussen die Ergebnisse; Fehlerquellen, die sich aber in Langzeitprogrammen ausgleichen.

Das Herkunftsgebiet der Durchzügler erstreckt sich bis Schweden, Norwegen und Rußland im Norden und bis zur Slowakei und Ukraine im Osten. Zugplanbeobachtung deckt Gebiete ab, die mit anderen Monitoring-Methoden derzeit nicht beurteilt werden können. Gebirgshöhe und Paßbreite und die daraus resultierende Zugverdichtung machen die Methode unabhängig von Habitatveränderungen, die bei allen anderen Methoden schwer zu korrigieren sind. Südostzieher spielen kaum eine Rolle, da sie überwiegend nachts ziehen.

Conclusions and Summary

5 Measuring annual changes in bird population numbers by different survey methods and by standardized migration observations – methods and comparison

A wide variety of methods has been developed for evaluating breeding bird populations (territory mapping, point stop counts, line transects, constant effort mist-netting, etc.), most of them very time-consuming. All methods are dependent on subjective judgements and the idiosyncrasy of observers. The behaviour and activity patterns of different species influence results, as does the weather. Long-term studies of birds present in an area, breeding or on stopover, are, in contrast to those monitored in standardized migration observations, additionally affected by habitat changes in study areas. Regular long-term migration monitoring, such as that carried out at Randecker Maar, allows the observation of a section of the broad-front migration through Central Europe via a 'window' of constant altitude and pass width, independent of such landscape alterations. The data collected at Randecker Maar are influenced by weather and observer skill, sources of error that however balance out over the three decades of observation.

Standardized migration observation covers aspects that cannot be evaluated using other monitoring methods. The altitude of the hills and the width of the pass, and the concentration of movement resulting from them, make this method independent of the habitat changes that are difficult to correct for using other techniques. The countries of origin of the passage migrants range from Sweden, Norway, and Russia in the north, to Slovakia and Ukraine in the east. Birds moving SE play an insignificant role since their passage is overwhelmingly nocturnal.

6 Feldkennzeichen ziehender Passeres

Neben den inzwischen zahlreichen guten Feldführern gibt es Referenzwerke zur Vogelbestimmung (z. B. Adolfsson & Cherrug 1995), in denen eine Vielzahl von Literatur aufgeführt wird, die sich mit den Kennzeichen der einzelnen Arten befaßt. Während die derzeitigen Bestimmungswerke für die Bestimmung fliegender Großvögel, Greifvögel, Limikolen, Möwen usw. gute Voraussetzungen bieten, ist es doch erstaunlich, daß sich darin für den Bereich der kleinen Singvögel nach wie vor kaum Hinweise finden, die über die konservative Form der Bestimmung nach Habitus und Farbe hinausgehen und der Bestimmung auf große Distanz im Fluge Rechnung tragen.

Wer Vogelzugbeobachtungen quantitativ und qualitativ auswerten möchte, wird sehr rasch merken, daß er hier mit den gängigen Feldkennzeichen bald am Ende ist. Schlechte Lichtverhältnisse, große Entfernung, starke Windgeräusche und andere Faktoren machen die Bestimmung ziehender Vögel nach den üblichen in Feldführern genannten Kennzeichen schwer bis unmöglich. Wenn man aber unter solchen Bedingungen auch die artenreiche Vogelgruppe der Singvögel (Passeriformes), die meist sehr ähnliche Silhouetten aufweisen, sicher unterscheiden möchte, sind andere Bestimmungshilfen notwendig. Solche Merkmale wurden bei unserer Arbeit am Randecker Maar nach und nach erarbeitet (Gatter 1976a) und werden hier in einer Übersicht wiedergegeben. Körperhaltung, Flügelform und Flügelschlagfrequenz, Truppform und -dichte in Verbindung mit der Fluggeschwindigkeit und dem davon abhängigen interspezifischen Sozialverhalten müssen so interpretiert werden können, daß eine artliche Einordnung auch ohne Verhören der Zugrufe erfolgen kann.

Eine wichtige weitere Hilfe bietet die Kenntnis der Handflügelindices (nach Kipp 1959), die sich zur Deutung und Erklärung der Flugeigenschaften nahe verwandter Arten bewährt hat. Die Formel zur Berechnung findet sich in Kap. 13, Tab. 13.1.2, siehe auch Abb. 13.1.9.

Die Arten

Lerchen (Alaudidae)

Auf dem Zug fast immer in artreinen Trupps. Bei der Rast vielfach vergesellschaftet.

Ohrenlerche *Eremophila alpestris* – Fast pieperähnlich schlank wirkend. Ammerähnlich gestreifte Gesichtszeichnung. Verdunkelte Brust. Spitzflüglig. Klare „tsih ti ti" Rufe oder einfach „tsiep". Bei „tiet"-Rufen Verwechslungsgefahr mit Feldlerche. Kaum oder nie auf dem Zug mit dieser vergesellschaftet.

Heidelerche *Lullula arborea* – Auffallend kurzer, abgeschnittener Schwanz. Rundflüglig. Flug flatternder als bei der Feldlerche. Auf Grund anderer Flugeigenschaften (fliegt langsamer, Handflügelindex 29–33) selten mit dieser vergesellschaftet. Flugrufe sehr melodisch: „düdloi" oder „düdlui", „dlüd dlüd..." oder „lüd lüd lüd", das sich beim Abfliegen oder Einfallen zum fast trillernden, hohen 3–5silbigen „trüdüdüd..." steigern kann. Gelegentlich „dluië", wobei die letzte Silbe weniger betont wird. Zieht einzeln und in Trupps bis zu 100 Ex. Einzelne sind ruffreudiger als Trupps.

Abb. 6.1: Heidelerche *Lullula arborea* – *Wood Lark.*

Feldlerche ***Alauda arvensis*** – Spitzflüglig. Längerer Schwanz als Heidelerche. Schwanzgabelung gut sichtbar. Aus der Ferne zügiger, drosselähnlich wirkender Flug (Handflügelindex 34–37), wobei die Drosseln im Vergleich zum Körper kleinere Flügel haben. Verwechslungsmöglichkeiten auf sehr große Entfernung vor allem mit Rot-(Sing)drosseltrupps gegeben. Zugrufe: „türi dürü“, „trrieh“, „trüå“ oder „trüë“, wobei die letzte Silbe kaum betont wird, ferner „sieh“ und „zizi“. Zieht zum Teil in sehr großen, breit auseinandergezogenen Schwärmen.

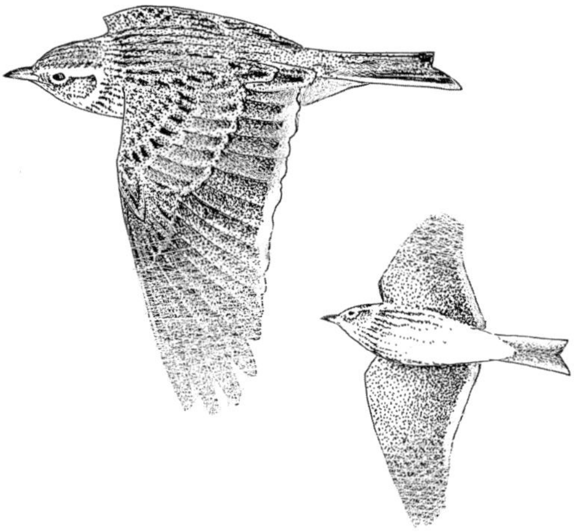

Abb. 6.2: Feldlerche *Alauda arvensis – Sky Lark.*

Schwalben (Hirundinidae)

In den kühlen Tagesstunden ziehen nichtjagende Schwalben vielfach sehr eilig in artreinen Trupps. Sobald es wärmer wird, vergesellschaften sich Zieher der drei Schwalbengattungen, Segler und in südlichen Ländern auch Bienenfresser. Der Zug wird mit der Jagd kombiniert. Dann wird eine ökologische Trennung der Zug- und Jagdbereiche in Höhenschichten deutlich. Im Gegensatz zu Seglern, die große Strecken ohne Flügelschlagpausen zurücklegen, schalten Schwalben viel

Abb. 6.3: Uferschwalben *Riparia riparia – Sand Martin.*

häufiger Gleitstrecken ein. Alle Schwalben ziehen gesellig, zum Teil in riesigen Schwärmen.

Uferschwalbe ***Riparia riparia*** – Oberseite und Kropfband braun. Unterflügeldecken dunkel, Schwingen durchscheinend. Flügelschläge schlaksig nach hinten wie bei der Rauchschwalbe, aber Frequenz höher (zwischen Rauch- und Mehlschwalbe). Am RM häufiger zusammen mit Rauch- als mit Mehlschwalben ziehend. Scheint auch in der Flughöhe eine Mittelstellung zwischen Rauch- und Mehlschwalbe einzunehmen.

Rauchschwalbe ***Hirundo rustica*** – Größer als Mehlschwalbe. Stahlblaue Oberseite, dunkle Kehle. Flügelschlagfrequenz geringer als bei Mehlschwalbe (wichtiges Kennzeichen auf große Entfernung). Der schießende Flug wirkt weicher, abrupte Bewegungen und senkrechtes Auf-

Abb. 6.4: Rauchschwalben *Hirundo rustica*, oben adulte, darunter diesjährige Vögel. – *Barn Swallow, adults above, first-winter birds below.*

steigen fehlen. Auf dem Jagdflug meist elegante, seitliche und vertikale Abweichungen (auf 1500 m zur Bestimmung brauchbar). In gemischten Zugschwärmen bodennäher ziehend als die Mehlschwalben, am frühen Morgen und an kühlen Tagen unter Ausnützung jeder Bodenwelle oft unter 1 m. Adulte haben lange Schwanzspieße, insbesondere die Männchen. Diesjährige haben tiefe Schwanzgabel ohne Spieße. Rufe: „witt", „zi witt", einzeln oder gereiht.

Mehlschwalbe *Delichon urbica* – Kehle, Unterseite und Bürzel weiß. Schwach gegabelter Schwanz. Flügelschlagfrequenz viel höher, Flug flatternder als bei der Rauchschwalbe. Beim Jagdflug vielfach abruptes Hochsteigen mit schwirrendem Flügelschlagen (vgl. Rauchschwalbe), ein auf mehrere km brauchbares Kennzeichen. In gemischten Zugschwärmen jagen und fliegen Mehlschwalben in der Vertikalen weit auseinandergezogen über den Rauchschwalben, die sich auf die untere Schwarmschicht beschränken. Rufe: „dschrb", „brrüd", „zr".

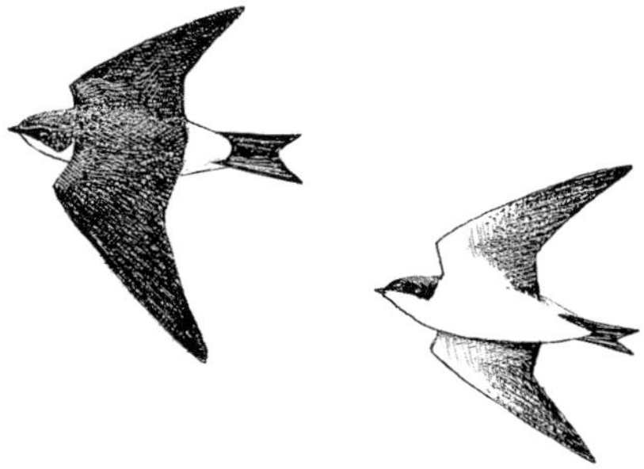

Abb. 6.5: Mehlschwalben *Delichon urbica – House Martin.*

Pieper und Stelzen (Motacillidae)

Stelzen sind sehr schlanke Vögel mit ruhigem förderndem Wellenflug, der bei den langschwänzigen Arten am ausgeprägtesten ist. Außer dem Vormittagszug auch verstärkte Zugbewegungen am Abend. Kennzeichnende Flugrufe.

Schafstelze *Motacilla flava* – Kurzschwänzigste Stelze mit schwachem Wellenflug. Unterseite gleichmäßig gelb. Herbstvögel können insgesamt fahl sandfarben (wie Brachpieper) wirken. Kein auffälliger Flügelspiegel. Rufe: „pzui" oder „psüip". Oft in beträchtlich großen, ziemlich dichten Trupps von fünfzig und mehr Individuen.

Abb. 6.6: Schafstelze *Motacilla flava – Yellow Wagtail.*

Gebirgsstelze *Motacilla cinerea* – Sehr langschwänzig. Flug mit sehr langen und ausgeprägten Wellen. Auffällige weiße Flügelbinde im dunklen Flügel. Bei Herbstvögeln Gelbfärbung nur im hinteren Drittel und Kehle hell. Rufe hart und scharf „zipp zizipp", gelegentlich einsilbig, aber auch bis zu viersilbig. Zieht einzeln oder in kleinen Gruppen von selten mehr als vier Vögeln.

Abb. 6.7: Gebirgsstelze *Motacilla cinerea*, beachte das helle Flügelfeld im dunklen Flügel. – *Grey Wagtail, note pale wing patch on dark wing.*

Bachstelze ***Motacilla alba*** – Nur angedeutete weiße Flügelbinde im insgesamt ziemlich hellen Flügel. Die weißen Partien können bei ungünstiger Beleuchtung gelb wirken und zu Verwechslungen führen. Bei Herbstvögeln immer schwarzes Kehlband. Schwanzlänge zwischen der von Schaf- und Gebirgsstelze, dasselbe gilt für den Wellenflug. Rufe: „zilip", nicht so hart wie bei der Gebirgsstelze. Im Flug mitunter ein gedämpftes „dscheb". Zieht gelegentlich in großen, lockeren Trupps.

Abb. 6.8: Bachstelze *Motacilla alba*, Ruhekleider. – *White Wagtail, non-breeding plumages.*

Pieper haben kennzeichnende Flugrufe. Alle haben mehr oder weniger weiße Schwanzaußenkanten. Sehr unterschiedliche Flugeigenschaften zwischen den weit und weniger weit wandernden Arten. Die meisten Arten ziehen ausgeprägt nur in den Vormittagsstunden. Fluggeschwindigkeit und Ausprägung des Wellenfluges nimmt vom Flatterflieger *A. pratensis* bis zum stelzenähnlich fliegenden *A. campestris* in folgender Reihenfolge zu: Wiesenpieper, Wasserpieper, Baum- und Rotkehlpieper, Brach- und Spornpieper. Verantwortlich dafür sind im wesentlichen das Gewicht, die Länge des Handflügels und die Schwanzlänge. Im Streckenflug wird der Schnabel fast waagerecht gehalten, im Suchflug dagegen abwärts (vgl. Heckenbraunelle).

Wiesenpieper ***Anthus pratensis*** – Wirkt kürzer und nicht so schlank wie Rohrammer und die anderen Pieper. Runde Flügel, ein zappelnder, wenig fördernder Flug, bei dem auf mehrere Zuckungen ein unterschiedlich langer, schwacher Bogen folgt. Fällt bei jedem Bogen stärker durch als Baumpieper, Heckenbraunelle oder Rohrammer. Auf dem Zug wird er von allen Stelzen und anderen Pieperarten überholt. Der Vogel wirkt einfarbig. Die Unterseite ist insgesamt dunkler als bei Baumpieper und Wasserpieper, kann aber bei speziellen Beleuchtungsbedingungen gelb wirken (vgl. Goldammer). Der Schnabel wird wie bei allen Motacilliden im Flug nur schwach abwärts gehalten (vgl. Heckenbraunelle). Rufe: „ist" oder „ist ist ist", „psiip", „sip". Kennzeichnend sind Rufe, die abrupt enden („psiip"). Nicht so stimmkräftig und Tonlage erscheint höher als beim Wasserpieper. Pieper vom *pratensis-spinoletta*-Typ, die stumm fliegen, sind fast ausschließlich Wiesenpieper (H. Ebenhöh briefl.).

Abb. 6.9: Wiesenpieper *Anthus pratensis* sind relativ rundflügelig. – *Meadow Pipits are relatively round-winged.*

Wasserpieper ***Anthus spinoletta*** – Größer und mit etwas längerem Schwanz und Flügeln als Wiesenpieper. Fliegt im Streckenflug ruhiger als letzterer. Der bei uns auftretende Bergpieper *A. sp. spinoletta* ist kontrastreicher gefärbt als Wiesenpieper: Oberseite dunkel, Unterseite hell, im Winterkleid dunkler. Wirkt weniger grün bzw. gelb als dieser. Rufe: „psst", „ps-scht", „hsst", „wisch"; auch Doppelrufe: „wiss-wisch", „wsch-wsch". Im Streckenflug ruft der Wasserpieper gewöhnlich nur einsilbig, aber nicht beim An- und Abflug (H. Ebenhöh & H. Mattes briefl.).

Baumpieper ***Anthus trivialis*** – Kontrastreich vom hellen Bauch abgesetzte dunkle Brust. Zügiger Flug, aber langsamer als Schafstelze und Brachpieper und etwas flatternder als dieser. Markanter Flugruf, ein meist absinkendes unreines „psie". Daneben häufig „zi zi" oder „zipp". Zieht einzeln und in kleinen Trupps, an guten Zugtagen aber auch in dichten Schwärmen von mehr als fünfzig Individuen. Hauptzug am frühen Morgen.

Abb. 6.10: Baumpieper *Anthus trivialis* haben spitzere Flügel und ziehen in dichteren Trupps. – *Tree Pipits have more pointed wings and migrate in relatively dense groups.*

Rotkehlpieper ***Anthus cervinus*** – Flugeigenschaften entsprechen denen des Baumpiepers. Ruf sehr kennzeichnend: ein scharfes, explosiv einsetzendes sehr langes, hohes „psiii" auf gleicher Höhe oder nur leicht absinkend, nicht völlig unähnlich Baumpieper, Beutelmeise oder Rohrammer (siehe diese). Am Randecker Maar ziehen Rotkehlpieper einzeln und in kleinen artreinen Trupps. Nichts spricht für echte Zugvergesellschaftung mit dem langsamer fliegenden Wiesenpieper, die wohl nur während der Rast vorkommt. Stumm ziehende Rotkehlpieper sind kaum von Baumpiepern zu unterscheiden.

Brachpieper ***Anthus campestris*** – Sandfarben bis fahlbraun. Keine Kontraste in der Körperzeichnung. Schlank und langschwänzig. Ansatz zum ruhigen Bogenflug der Stelzen. Rufe: zum Teil sperlingsähnlich, „diëb" „tschil" oder „tscheb tscheb tscheb" bzw. „djep djep djep". Zieht einzeln oder in meist kleinen Trupps vor allem in den frühen Morgenstunden.

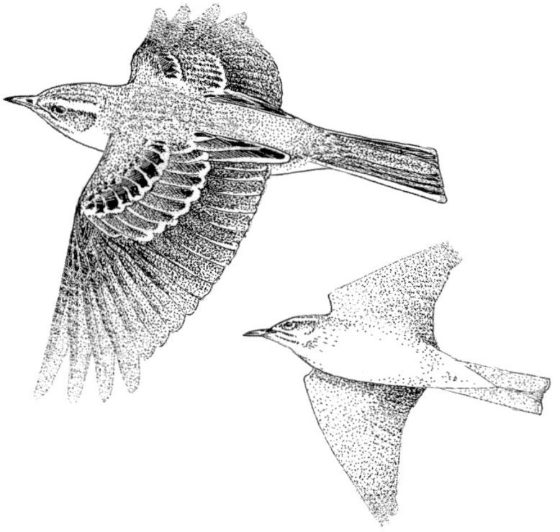

Abb. 6.11: Brachpieper *Anthus campestris* – *Tawny Pipit.*

Spornpieper ***Anthus richardi*** – In Flug und Färbung dem Brachpieper am ähnlichsten, doch oberseits dunkler und die Brust deutlicher von der hellen Unterseite abgesetzt als beim jungen Brachpieper. Fast drosselgroß. Beim Streckenflug des schweren Piepers lange, kraftvoll ausgeprägte Wellen. Er kann aber auf Kurzstrecken, vor allem auch durch den kräftig wirkenden Schnabel, drosselähnlich wirken. Der Spornpieper hat sperlingsartige Rufe, die durchaus mit denen des Brachpiepers verwechselt werden können. Daneben bringt er typische Rufe wie „tsrip", „tschirrip" oder „rrihp", die im Gegensatz zu Flugrufen des Brachpiepers ein deutliches „r" aufweisen.

Seidenschwänze (Bombycillidae)

Seidenschwanz ***Bombycilla garrulus*** – Die wenigen Zugbeobachtungen vom RM lassen folgendes erkennen: der Flug wirkt starenähnlich, aber „schwereloser" als bei diesem. Beim Wegzug kaum Überschneidungen mit dessen Zugzeit. Die Einzelvögel oder Trupps kommen zum Teil hoch an oder steigen nach Starenart am Berg hoch. Auch auf große Entfernung ist der gegenüber Staren kurze Schnabel auffällig (schnabelloses Gesicht), während die Haube kaum zu sehen ist. Rufe: hohes, frostig klingendes „sirrr" oder vibrierend „srii".

Wasseramseln (Cinclidae)

Wasseramsel ***Cinclus cinclus*** – Dunkel, weißer Latz, kurzschwänzig. Steigt – um die Zughöhe zu erreichen – in weiten Kreisen sehr hoch. Auf eine Anzahl schwirrender Flügelschläge folgt eine kurze Schlagpause. Daraus ergibt sich ein Flug in kurzen Bögen, der keinerlei Ähnlichkeit mit dem beständigen Schwirrflug über Wasser hat. Eine entfernte Ähnlichkeit besteht mit dem Kernbeißer, der aber in gestreckteren Bögen fliegt.

Zaunkönige (Troglodytidae)

Zaunkönig ***Troglodytes troglodytes*** – Unverkennbar. Winzig, dunkelbraun mit Schwirrflug. Bei Tag wird nur ausnahmsweise und nur über kurze überschaubare Strecken gezogen.

Braunellen (Prunellidae)

Heckenbraunelle ***Prunella modularis*** – Einfarbig, ohne Kontraste. Hält den Schnabel im Winkel von etwa 30° abwärts und erscheint dadurch stiernackiger als der in Silhouette und Flug etwas ähnliche Wiesenpieper. Wirkt von unten gesehen oft recht schlank. Die Flügelschläge wirken schwirrend, die Flügel sind extrem kurz und rund (Handflügelindex 24–26). Durch lange Flügelschlagsphasen mit nur kurzen Pausen fällt sie wenig durch, Wellenflug ist höchstens angedeutet. Der Flug ist unbeholfen und langsam mit häufigen Richtungswechseln. Heckenbraunellen ziehen allein bzw. in meist lockeren, weit auseinandergezogenen Trupps oder Ketten von 50 und mehr, die oft in weiten Kreisen oder Zickzacklinien hochsteigen. Ruf: unverkennbar klingend „zididi" oder „dididi", nach dem Einfallen auch gedehnt „zieht" (Gatter & Mattes 1973).

Kleine Drosseln/Erdsänger (Turdidae)

Die hierzu gehörenden Arten sind außer dem Hausrotschwanz überwiegend Nachtzieher, die jedoch im Herbst oft auch am Tage ziehend beobachtet werden. Von keiner Art hört man tags Zugrufe. Hausrotschwanz, in geringerem Maße auch Schwarzkehlchen sind kurz- und rundflügelig, die Langstreckenzieher Gartenrotschwanz, Steinschmätzer, Braunkehlchen dagegen lang- und spitzflüglig. Schlaksige, unregelmäßig wirkende Schlag- und Anhaltephasen sind kennzeichnend für den Streckenflug.

Steinschmätzer ***Oenanthe oenanthe*** – Hellgrau oder hellbraun. Großer weißer Bürzel und viel Weiß am Schwanz. Kein Weiß im Flügel.

Braunkehlchen ***Saxicola rubetra*** – Nur im Prachtkleid mit weißen Schultern und Flügelspiegel. Schlichtkleider mit gelegentlich im Flug sichtbar werdender weißer Schwanzwurzel. Augenstreif mehr oder weniger auffällig.

Hausrotschwanz ***Phoenicurus ochruros*** – Unter den vielen Tagziehern am Randecker Maar sind

Abb. 6.12: Heckenbraunelle *Prunella modularis*, extrem rundflügelig und „stiernackig". – *Dunnock, very round-winged and 'bull-necked'.*

Abb. 6.13: Hausrotschwanz *Phoenicurus ochruros*, Schlichtkleider. Bei Tag wandern offenbar nur Jungvögel. – *Black Redstart, non-breeding plumages. Apparently only immatures migrate during the day.*

nur ausnahmsweise schwarze Männchen mit weißem Flügelspiegel. Sonst grau mit rotbraunem Schwanz. Auf sehr runden Flügeln (wie ein Eichelhäher) unregelmäßig flatternd. Flug unsicher und wenig fördernd, mit häufigen Richtungswechseln. Steigt zur Erreichung der Zughöhe in weiten Kreisen oder mit starken Richtungswechseln hoch. Zieht gelegentlich in kleinen, weit auseinandergezogenen Trupps oder Linien bis maximal 15 Vögel. Der Flug des Hausrotschwanzes ist so kennzeichnend, daß selbst Einzelvögel bis auf 1500 m angesprochen werden können.

Große Drosseln (Turdidae)

Die Länge des Handflügels (Handflügelindex nach Kipp 1959) und das Gewicht sind wesentliche Grundlagen der Flugeigenschaften und der Truppform.

Kurzschwänzige Arten: Sing- und Rotdrossel sind außerhalb des Truppverbandes auf große Entfernung schwierig zu unterscheiden.

Singdrossel *Turdus philomelos* – Zimtfarbene Unterflügeldecken, hellbrauner Rücken, keine auffällige Gesichtszeichnung. Rascher geradliniger Flug. Zieht in kleinen, lockeren Trupps oder in Ketten. Flugruf: „zip".

Abb. 6.14: Singdrossel *Turdus philomelos – Song Thrush.*

Rotdrossel *Turdus iliacus* – Rotbraune Unterflügeldecken und Flanken. Auffällige Gesichtszeichnung. Schokoladebrauner Rücken. Spitzere Flügel als Singdrossel. Der Flug in oft großen, ziemlich dichten Trupps ist starenähnlicher als bei der Singdrossel (s. auch Feldlerche). Vergesellschaftung mit ziehenden Wacholderdrosseln, vor allem gegen Ende der Zugzeit. Ruf: ein etwas unrein klingendes, abfallendes, sehr stimmhaftes „zieh" (vgl. Amsel), wobei auf dem „i" das „s" mitgeführt wird. Nach dem Einfallen „gock" oder „göp".

Abb. 6.15: Die Rotdrossel *Turdus iliacus* ist spitzflügeliger und im Flug starenähnlicher als die Singdrossel. – *The Redwing has more pointed wings and is more* Sturnus-*like in flight than* T. philomelos.

Langschwänzige Arten: In der Reihenfolge ihrer Flugeigenschaften folgen aufeinander Misteldrossel, Ring- und Wacholderdrossel, Amsel.

Misteldrossel *Turdus viscivorus* – Einfarbig braune Oberseite. Einfarbig rahmbräunliche Unterseite. Hält (wahrscheinlich) den Kopf etwas höher, (dadurch?) wirkt die Rückenlinie fast gerade und der Vogel schlanker. Sehr ruhiger, ziel-

Abb. 6.16: Misteldrossel *Turdus viscivorus – Mistle Thrush.*

strebiger, fast taubenähnlicher Flug, bei dem auf etwa 7 – 15 Flügelschläge eine Pause (Anhaltephase) folgt. Die Variation der Schlagfrequenz scheint geringer zu sein als bei den anderen Arten, BRUDERER et al. (1972) ermittelten Werte zwischen 7,0 und 7,9 Hertz. *Turdus viscivorus* ist die langflügeligste Drossel (Handflügelindex 36–38). Zieht sowohl in ziemlich dichten Zugtrupps als auch in langen Linien bis zu 50 Exemplaren. Ruf: schnärrend.

Ringdrossel *Turdus torquatus* – Heller Mondfleck in mehr oder weniger starker Ausprägung (bis völlig fehlend). Durch weißliche Federsäume an Schwingen und Kleingefieder grau bis mattschwarz wirkend. Partiell albinotische Amseln sind kontrastreicher. Spitzere, längere Schwingen (Handflügelindex 33–35), zielstrebigerer Flug als Amsel. Auch Rückenlinie gerader als bei der Amsel, und weit besserer Flieger als diese. Nordische Ringdrosseln *T. t. torquatus* sind besonders langflüglig und auch langschwänziger als die der *alpestris*-Rasse. Die Amsel zeigt im Flug 5, die Ringdrossel 2 – 3 freie Armschwingen. Auf nahe bis mittlere Entfernung lassen die hellen Schwingensäume den Flügel oberseits grau wirken. Ganz schlicht gefärbte Vögel können im Flug nur an der anderen Silhouette, der Handschwingenform und am gestreckteren Flug von schlichten Amseln unterschieden werden. Am Randecker Maar einzeln und in kleinen Trupps. Rufe: im Flug „tschwierr“ oder „ssierk“, „tsrrk“, gelegentlich ein weiches „irig“. Nach dem Einfallen, gelegentlich noch im Flug, werden harte, hölzerne „tack, tack ...“-Rufe hervorgebracht.

Abb. 6.17: Ringdrossel *Turdus torquatus*. Jungvögel können auf große Entfernung nur an den spitzeren Flügeln und am gewandteren Flug von Amseln unterschieden werden. – *Ring Ouzel. Immature birds can be distinguished from* T. merula *at a distance only by their more pointed wings and more agile flight.*

Wacholderdrossel *Turdus pilaris* – Hell-dunkel-Kontraste auf Bauch und Rücken. Buckliger als Misteldrossel, fliegt schlechter als diese. Auf etwa 3 – 5 (7) Flügelschläge folgt eine Pause (Anhaltephase). Als Folge des unsteten Fluges verändern die lockeren, aber zum Teil sehr großen Trupps laufend ihre Form (Handflügelindex 34–35). BRUDERER et al. (1972) nennen Flügelschlagfrequenzen zwischen 6,5 und 8,8 Hertz. Rufe: schackernd und quiekend.

Abb. 6.18: Wacholderdrossel *Turdus pilaris* – *Fieldfare.*

Amsel *Turdus merula* – Schwarz oder dunkelbraun, adulte Männchen mit gelbem Schnabel. Sehr runde, kurze Flügel (Handflügelindex 24–25). Schlechtester Flieger unter den Drosseln. Wirkt bucklig. Fliegt in sehr lockeren Trupps oder Ketten und steigt zur Erreichung der Zughöhe in weiten Kreisen oder unter Richtungswechseln hoch. Unter den langschwänzigen Drosseln weist sie die größte Spanne der Flügelschlagfrequenzen mit 7,0 – 10,4 Hertz auf. Der unregelmäßig wirkende Flug ist darauf zurückzuführen, daß nach 1 – 3 Flügelschlägen sehr unterschiedlich lange Anhaltephasen eingeschaltet werden (STORK 1968, BRUDERER et al. 1972).

Abb. 6.19: Amsel *Turdus merula – Eurasian Blackbird.*

Rufe: „zieh“, dünner und feiner als bei Rotdrossel, daneben stimmhafte „zzzt“ auf „i“.

Laubsänger (Gattung *Phylloscopus)*

Fitis und Zilpzalp ziehen meist einzeln, oft niedrig über offenes Gelände, sonst in Wipfelhöhe und höher. Sie rufen während des Zuges nicht, meist aber unmittelbar nach dem Einfallen. Schwanz normal proportioniert, im Gegensatz zu den kurzschwänzigen Goldhähnchen, die auch gern gesellig ziehen. Für den geübten Beobachter bereitet die Bestimmung im Spätsommer nur selten Schwierigkeiten.

Zilpzalp *Phylloscopus collybita* – Olivgrüner bis zitronengelber Laubsänger mit verwaschenen Gelb- und Brauntönen. Stimmfühlungslaute während des Wegzugs ein fitisähnliches kurzes einsilbiges „huid“ oder „tui“. Am Randecker Maar nur in manchen Jahren häufig auch „sfiё“ oder „zije“. Dabei handelt es sich trotz teilweise anders lautender und oft selbst in sich widersprüchlicher Literatur wohl um andere Herkünfte. Die Rufe waren z. B. im Ostlagenjahr 1997 häufig, im Westwindjahr 1998 überhaupt nicht zu hören und fehlten auch im Jahr 1999 (Gaedecke & Gatter in Vorber.).

Fitis *Phylloscopus trochilus* – Längere Handflügel als Zilpzalp. Lindgrün, mit reinen Gelbtönen auf der Unterseite. Ruf: „huid“, mehr oder minder zweisilbig.

Goldhähnchen (Gattung *Regulus*)

Die Artdiagnose an Sommer- und Wintergoldhähnchens (*Regulus ignicapillus* und *Regulus regulus*) ist bei fliegenden Individuen nur in Einzelfällen möglich. Sommergoldhähnchen mit, Wintergoldhähnchen ohne Augenstreif. Goldhähnchen sind kurzschwänzig und von der Statur einer kleinen Tannenmeise oder eines kurzschwänzigen Laubsängers. Sie wandern einzeln oder in Trupps mit hohem Individualabstand, zum Teil sehr hoch. Um die Zughöhe zu erreichen, steigen sie oft in weiten Kreisen hoch. Auf große Entfernung Verwechslung nur mit Tannenmeise *Parus ater* möglich, die aber auffällige Schwarz-Weiß-Kontraste am Kopf zeigt und in viel dichteren Trupps zieht.

Abb. 6.20: Zilpzalp *Phylloscopus collybita – Common Chiffchaff.*

Abb. 6.21: Wintergoldhähnchen *Regulus regulus – Goldcrest.*

Fliegenschnäpper (Muscicapidae)

Flug und Flügelschlagmuster von Langstreckenziehern der Gattungen *Ficedula*, *Muscicapa* und der kleinen Drosseln *Saxicola* und *Oenanthe* sind sich sehr ähnlich. Spitze Flügel und schlaksige, unregelmäßig wirkende Schlag- und Anhaltephasen sind kennzeichnend für den Streckenflug.

Während die *Ficedula*-Arten vom *albicollis-hypoleuca*-Typ anhand ihrer weißen Schwanz- und Flügelabzeichen auf große Entfernung zu erkennen sind, zeichnet den Grauschnäpper *Muscicapa striata* neben Langschwänzigkeit das Fehlen jeglicher Färbungskontraste aus.

Schwanzmeisen (Aegithalidae)

Schwanzmeise *Aegithalos caudatus* – Unverkennbar. Ziehende Trupps nähern sich mit „zerrr"-Rufen einem günstigen Abflugplatz und steigen dann steil auf zur Erreichung der Zughöhe wie die *Parus*-Arten. Anteile von Weiß- und Streifenköpfigen können Aufschluß über Unterart geben.

Meisen (Paridae)

Sehr gesellig ziehende Arten, die auch auf große Entfernung noch an den Proportionen erkannt werden können. Ziehen in Schwärmen bis zu 100 Vögeln unter beständigem Rufen steil hoch, bis sie ihre Zughöhe erreicht haben.

Blaumeise *Parus caeruleus* – Schwanzlänge normal. Kopf auf große Entfernung ohne Kontrastzeichnung und vor allem bei Sonne weiß wirkend. Dadurch (?) kleinköpfiger aussehend als die schwarzköpfigen Arten. Gleiche Flugeigenschaften wie Kohlmeise und oft mit dieser vergesellschaftet. Rufe: „zit", „zih", „siht", beim Einfallen „zizididät".

Kohlmeise *Parus major* – Kopf- und Schwanzproportionen „normal". Kopf schwarzweiß. Äußerste Steuerfedern weiß. Oft mit Blaumeise vergesellschaftet. Rufe: im Flug „zizizizüt" oder „sisifuit". Einzeln Ziehende rufen ständig laut und wohlklingend, wie z. B. „zridi zridi fuit fuit fuit". Im Sitzen „pink pink".

Abb. 6.22: Blaumeise *Parus caeruleus* – *Blue Tit.*

Abb. 6.23: Kohlmeise *Parus major* – *Great Tit.*

Abb. 6.24: Tannenmeisen *Parus ater* sind dickköpfiger und kurzschwänziger als Blau- und Kohlmeise. – *Coal Tit, larger-headed and shorter-tailed than* P. caeruleus *and* P. major.

Tannenmeise *Parus ater* – Unproportioniert dickköpfig und kurzschwänzig. Kopf schwarzweiß (vgl. Goldhähnchen). Selten mit Kohl- und Blaumeise vergesellschaftet, welche schneller fliegen. Flug zielgerichteter als bei Goldhähnchen (*Regulus* spp.) Rufe: „zui", „zuieht" oder „zwiehd". Im Sitzen „zizizi" und während des Zuges häufiger als die anderen Meisen auch Gesang: „witze witze ...".

Sumpfmeise *Parus palustris* und Weidenmeise *Parus montanus* – Normal proportionierte kleine graue Meisen mit schwarzer Kopfplatte, die sich nur ausnahmsweise am Invasionsgeschehen der anderen Meisen beteiligen und sich beim Zug kaum mit diesen zusammenschließen. Beim Start und nach dem Einfallen die normalen arttypischen Kontaktrufe.

Abb. 6.25: Sumpfmeise *Parus palustris – Marsh Tit.*

Kleiber (Sittidae)

Kleiber *Sitta europaea* – Unverkennbares Flugbild mit auffällig langem Schnabel, überproportioniertem Vorbau und sehr kurzem Schwanz. Flache Flügelschläge mit unregelmäßig langen Intervallen. Rufe: im Flug stumm oder leise, hohe „witt"-Rufe. Zieht einzeln oder zu zweit – nicht sehr hoch. Steigt vor dem Weiterziehen über freies Feld unter erhöhter Rufaktivität „tschütt ..." in die Baumwipfel.

Baumläufer (Certhiidae)

Die in Nuancen unterschiedlichen Flügelmuster und Unterseiten beider Arten werden im Flug nur ausnahmsweise die Artunterscheidung ermöglichen. Ziehende Baumläufer legen kleine Freiflächen teilweise dicht über dem Boden zurück, größere Offenflächen werden in Baumkronenhöhe und in bis zu 50 m Höhe überwunden. Während des Zuges stumm, aber unmittelbar nach dem Einfallen werden oft die zur Artbestimmung nötigen Rufe gebracht: beim Gartenbaumläufer einzeln, oft aber gereiht vorgetragene „tüt" oder „tü" sind sichere Artmerkmale, wiederholte scharfe „sri" sprechen für Waldbaumläufer, doch Gartenbaumläufer haben dünnere „srih", deren eindeutige Zuordnung nur dem Artspezialisten möglich ist. Beide Arten treten am RM regelmäßig wandernd auf, aber nur der Waldbaumläufer neigt zu Invasionen.

Beutelmeisen (Remizidae)

Beutelmeise *Remiz pendulinus* – Kurzschwänzig. Gesichtsmaske während der Wegzugszeit auch schon bei den meisten Jungvögeln ausgeprägt. Rufe: kennzeichnende, hohe und dünne, langgezogene, oft abfallende „psiiiii", „ziiih" oder „psiiiüü", daneben manchmal kurze „psi".

Pirole (Oriolidae)

Pirol *Oriolus oriolus* – Männchen gelb und schwarz, Weibchen und Jungvögel grünlich, daneben alle Übergänge. Kurzschwänzig, ziemlich langflüglig. Rufe: spechtähnlich, meist dreisilbig „jik jik jik" und „uick uick ..."; von Rastenden auch immer wieder Gesang. Fliegt in gestreckten, flachen Wellen. Die unregelmäßigen, kräftigen Flügelschläge erinnern an die schlaksigen Bewegungen der Rauchschwalbe. Kopf und Rückenlinie wirkt bucklig wie ein Bogen, ein Eindruck, der durch den kurzen Schwanz noch verstärkt wird.

Würger (Laniidae)

Rotkopfwürger *Lanius senator* und Neuntöter *Lanius collurio* sind Nachtzieher, die nur ausnahmsweise am Tag ziehen. Der Raubwürger *Lanius excubitor* wird dagegen immer wieder auch tagsüber ziehend beobachtet. Am Randecker Maar ziehen Würger einzeln.

Neuntöter *Lanius collurio* – Kein Bogenflug. Zeigt mit seinen unregelmäßigen Flügelabschlägen und Schlagpausen bei langen Handflügeln eine gewisse Ähnlichkeit mit den nachtziehenden Arten von *Oenanthe, Ficedula* oder *Ph. phoenicurus*, ist aber am langen Schwanz deutlich von diesen zu unterscheiden. Tagzug im Herbst fast nur von farblich unauffälligen Jungvögeln.

Raubwürger *Lanius excubitor* – Der Flug unterscheidet sich von dem seiner fernstreckenziehenden Verwandten erheblich: auf eine Reihe schwirrender Flügelschläge folgt eine Pause, woraus sich ein ausgeprägter Bogenflug ergibt. Auffallend grau-schwarz-weiß mit weißem Flügelfeld in den Handschwingen.

Rabenvögel (Corvidae) und **Stare** (Sturnidae)

Eichelhäher ***Garrulus glandarius*** – Rundflüglig. Schwanz normal proportioniert (vgl. Abb. 6.26). Während des Zuges stumm, einzeln oder in lockeren Trupps oder Ketten hintereinander. Sehr wenig fördernder, flatternder Flug. Zieht sozusagen immer im ersten Gang.

Abb. 6.26: Eichelhäher *Garrulus glandarius* (Zeichnung: PIOTR KWIATKOWSKI nach Foto des Verfassers). – *Eurasian Jay (drawing by PIOTR KWIATKOWSKI from photo by the author).*

Tannenhäher ***Nucifraga caryocatactes*** – Kurzschwänzig, mit weißer Endbinde (vgl. Abb. 6.27), die bei sibirischen *N. c. macrorhynchos* im gefalteten Schwanz die weißen Unterschwanzdecken erreichen kann. Durch den kräftigen langen Schnabel und die Kurzschwänzigkeit wirkt der Kopf stärker vorgebaut als beim Eichelhäher. Durch relativ schnelle, aber unregelmäßige Flügelschläge ist der Flug kräftiger, durch längere Handflügel auch geradliniger und fördernder als der des Eichelhähers. Auf große Entfernung besteht Verwechslungsmöglichkeit mit dem Schwarzspecht. Dessen Flügelschlagfrequenz ist aber geringer, der Flug schwimmender und der kräftige Kopf, auf dünnem Hals, noch stärker vorgebaut.

Abb. 6.27: Tannenhäher *Nucifraga caryocatactes* – *Eurasian Nutcracker.*

Dohle ***Corvus monedula*** – Durch den wenig ausgepägten Schnabel wirkt die Dohle rundköpfiger als die anderen schwarzen Rabenvögel. Beim Zug in artreinen Trupps bildet sie mitunter dichte Schwärme. In den meist weit auseinandergezogenen Zuggesellschaften der Saatkrähe fliegt sie innerhalb der Trupps weit verteilt und ist dabei auf große Distanzen zu erkennen.

Abb. 6.28: Dohlen *Corvus monedula* – *Eurasian Jackdaw.*

Saatkrähe ***Corvus frugilegus*** – Nur selten einzeln ziehend. Oft in großen bis riesigen Trupps. Schwanz mehr gerundet als bei Raben- und Nebelkrähe. Langflügliger als die Aaskrähe. Dies ermöglicht ihr das Kreisen in der Thermik oder in Hangaufwinden, was bei den oft kilometerlangen Trupps zu fantastischen Flugspielen führen kann. Während das Ende eines solchen

Abb. 6.29: Saatkrähen *Corvus frugilegus*, unten ein Jungvogel. – *Rook, immature below.*

Schwarmes noch tief ankommt, können sich im Zentrum Hunderte in einem Aufwindschlauch hochtragen lassen, aus dem sich die zuerst angekommenen – inzwischen viel höher fliegenden – Tiere bereits wieder in Zugrichtung absetzen. Der schmale Flügelansatz ergibt beim Kreisen einen runden Flügelhinterrand.

Abb. 6.30: Rabenkrähen *Corvus c. corone* – *Carrion Crow.*

Aaskrähe *Corvus corone* – Kurzflügeliger als Saatkrähe. Gleichmäßig breite Flügel. Nur unter Ausnahmebedingungen in der Lage zu kreisen. Im westlichen Mitteleuropa außerhalb des Zuggebiets der Nebelkrähe *C. c. cornix* werden nur selten kleine Trupps oder Einzelvögel der Rabenkrähe *Corvus c. corone* ziehend beobachtet.

Kolkrabe *Corvus corax* – Sehr groß. Normalerweise nicht ziehend. Kraftvoller geradliniger Flug auf langen schmalen, oft spitzig wirkenden Flügeln. Durch riesigen Schnabel wirkt der Kopf stark vorgebaut und ergibt mit dem keilförmigen Schwanz im Kreisen ein kreuzförmiges Flugbild. Frontal gesehen im Kreisen nach unten durchgebogene Flügel.

Star *Sturnus vulgaris* – Abgesehen von der unauffälligen Fleckung im Alterskleid: einfarbig. Immature bis zum Frühherbst noch mehr oder weniger braun. Die Trupps ziehen oft stumm, die leisen Rufe sind von geringerer Bedeutung als das oft beachtliche Flügelgeräusch großer Trupps. Schneller, geradliniger Flug.

Abb. 6.31: Stare *Sturnus vulgaris* – *European Starling.*

Sperlinge (Passeridae)

Sperlinge ziehen in geballten Schwärmen und mit geradlinigem Flug. Die Flügelschläge sind schnell und schwirrend. An steilen Bergen wird die Zughöhe vielfach durch Aufsteigen in weiten Kreisen erreicht. Die beiden Arten sind auf große Entfernung ohne die Möglichkeit, Rufe und Färbung zu erkennen, kaum zu unterscheiden.

Haussperling *Passer domesticus* – Am Wegzug fast nur schlichtgefärbte Tiere beteiligt. Weibchen und Junge im Flug ohne auffällige Merkmale. Ausgefärbte Männchen mit deutlichem Flügelspiegel, weißen Wangen und ausgedehntem, schwarzem Kehlfleck (vgl. Feldsperling). Rufe: sowohl gedämpft als auch laut „tschuip“, „dschlui“ und „tschiä“ – mit Betonung auf der ersten Silbe.

Abb. 6.32: Haussperling *Passer domesticus*, Schlichtkleider. – *House Sparrow, non-breeding plumages.*

Feldsperling *Passer montanus* – Kontrastreiche Kopfzeichnung, kleiner schwarzer Kehlfleck. Weniger weiß im Flügel als Haus-

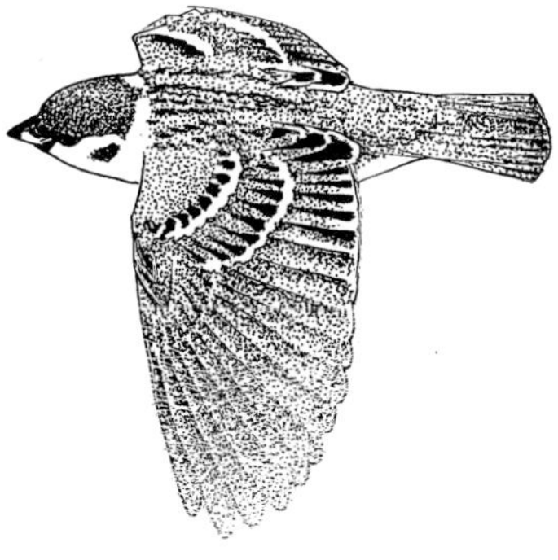

Abb. 6.33: Feldsperling *Passer montanus* – *Eurasian Tree Sparrow.*

sperlings-Männchen. Rufe: „tschett" oder „tett“ – auch gereiht – und ein gedämpftes „tschwil“.

Finkenvögel (Gattung *Fringilla*)

Der Buchfink fliegt langsamer als der Bergfink. Einzelne Buchfinken sind deshalb auch nur selten in Bergfinkentrupps anzutreffen, dagegen ziehen einzelne Bergfinken oft in Buchfinkentrupps. Bergfinkenschwärme überholen Buchfinken zügig.

Buchfink *Fringilla coelebs* – Kontrastlose Oberseitenzeichnung. Einfarbig graue bis rotbraune Unterseite. Weißer Flügelspiegel. Schwanz abgeschnitten oder kaum ausgebuchtet (vgl. Abb. 6.34 und 6.35) Handflügelindex 27–30. Rufe: „güb“ oder „jüp“. Häufigster Tagzügler. Zieht gelegentlich in sehr großen, lockeren Trupps oder bei Massenzug „von Horizont zu Horizont“ bzw. an Pässen zu Bändern verdichtet (kanalisiert).

Abb. 6.34: Buchfink *Fringilla coelebs.* Männchen (rechts) und Schlichtkleid. – *Common Chaffinch, male (right) and non-breeding plumage.*

Bergfink *Fringilla montifringilla* – Vom weißen Bauch kontrastreich abgesetzte, dunklere Brust. Weißer Bürzel, orange Schultern, tiefe Schwanzgabel. Schlichte Exemplare können – von Bauch und Bürzel abgesehen – düster wirken. Rufe: metallisch (härter als die des Buchfinken) „djek“ oder „djüp“ sowie lautes „quäih“ bzw. „quäk“. Fliegt zügiger, gestreckter als Buchfink und in dichteren Trupps; ein brauchbares Kennzeichen auf sehr große Distanz! Handflügelindex 31–35. Vor allem die Winterflüchter und Nahrungsgesellschaften fliegen oft in endlosen Verbänden.

Abb. 6.35: Bergfink *Fringilla montifringilla*. Adultes Männchen im Winterkleid (oben) und Schlichtkleidvogel (unten). – *Brambling, adult male in winter plumage (above) and female-type plumage (below).*

Girlitze (Gattung *Serinus*)

Girlitz ***Serinus serinus*** – Klein, mit sehr kurzem Schnabel und rundem Kopf. Kurzer, tief gegabelter Schwanz. Gelber Bürzel, aber kein auffallendes Gelb an den Schwanzwurzelseiten. Ohne oder mit nur unauffälligem Gelb im Schulter- und Armbereich. Rufe: „zgirlitz", „gitzilrick" oder kurz „zilrik". Fliegt langsamer als die kleinen Cardueliden, einzeln und in kleinen, lokkeren Trupps.

Abb. 6.36: Girlitz *Serinus serinus – European Serin.*

Zitronengirlitz ***Serinus citrinella*** – Flug und Truppformationen ähnlich Girlitz. Adulte im Flug ungestreift ähnlich Grünling. Gelber Bürzel. Breite gelbgrüne Binden im Schulter- und Armbereich. Flugrufe „tuit tuit", weich „twidewid". Selten außerhalb von Alpenraum und Schwarzwald.

Finkenvögel (Gattung *Carduelis*)

Alle Arten besitzen einen tiefgegabelten Schwanz, der aber unterschiedlich lang ist. Mit Ausnahme des Grünlings fliegen alle Arten in sehr dichten Trupps. Durch sehr ähnliche Flugeigenschaften gehören die kleinen Vertreter der Gattung auf große Entfernung zu den am schwierigsten anzusprechenden Passeres.

Grünling ***Carduelis chloris*** – Größter Cardueliden. Kontrastlose grüne bis graugrüne Körperfärbung. Gelbliche bis gelbe Handschwingen- und Schwanzwurzel. Der tief gegabelte Schwanz ist kürzer als bei den ebenso großen *Fringilla*-Arten. Rufe: „gib gib", weicher und leiser als bei *Loxia curvirostra*, auch zu kurzen Klingeltouren

Abb. 6.37: Grünfink *Carduelis chloris – European Greenfinch.*

gereiht (VOIGT 1961). Fliegt ruhiger und in lockereren Trupps als die kleinen Cardueliden. Die ähnlichen Kreuzschnäbel *(Loxia* spp.) fliegen viel schneller und gestreckter.

Stieglitz *Carduelis carduelis* – Unverkennbar mit großen, gelben Flügelbinden, die selbst auf große Entfernungen noch erkennbar sind. Weißer Bürzel. Ausgefärbte mit rotem Gesicht, Jungvögel mit bräunlichem Kopf. Rufe: „stigelitt" oder „didlit" ergeben aneinandergereiht ein niedliches Geplauder (VOIGT 1961). Stieglitze ziehen in ruffreudigen, wendigen und dichten Trupps.

Abb. 6.38: Stieglitz *Carduelis carduelis.* Zwei adulte (oben) und Jugendkleid (unten). – *European Goldfinch, two adults (above) and immature plumage (below).*

Erlenzeisig *Carduelis spinus* – Wirkt durch längeren Schnabel nicht so rundköpfig wie die beiden Girlitze. Schwanz gegabelt, kurzschwänziger als Bluthänfling, von dem er im übrigen aufgrund gleicher Truppstruktur auf sehr große Distanz schwierig zu unterscheiden ist. Erlenzeisige wirbeln aber mehr durcheinander als die „geordneter" fliegenden Hänflinge. Verschiedene jahres- und tageszeitliche Zugverteilung sind weitere Bestimmungshilfen. Bürzel- und Schwanzwurzelseiten gelb. Schmale gelbe Flügelbinde erstreckt sich in den Handbereich. Rufe: wehmütige „bäi" oder „deä" werden oft von Einzelnen oder Kleintrupps hervorgebracht. Von Trupps hört man meist „tett", einzeln oder gereiht. Trupps dicht, oft groß und sehr rasant.

Birkenzeisig *Carduelis flammea* – Am Randecker Maar in den meisten Jahren spärlich. Zeichnet sich dabei durch weit über dem Durchschnitt der anderen Cardueliden liegende Zughöhen aus und muß deshalb oft nur nach Gehör bestimmt werden. Rufe: hohe, weithin hörbare „dschädschä – dschä dschä"-Rufe, die von den bei uns auftretenden Einzelvögeln und Kleintrupps pausenlos vorgebracht werden.

Abb. 6.39: Birkenzeisig *Carduelis flammea – Common Redpoll.*

Bluthänfling *Carduelis cannabina* – Braun. Weiße Schwingensäume, die im angelegten Flügel noch auf mittlere Entfernung einen hellen, körperparallelen Strich ergeben. Langschwänziger als Zeisig *Carduelis spinus.* Körperzeichnung (vor allem die warm bräunliche Unterseite) kontrastlos (vgl. Bergfink, der in Truppform und Flug ähnlich ist). Rufe: meist als Doppelruf „djek djek", weicher als Bergfink, daneben Pfeiflaut, der auch als Element des Gesangs vorkommt. Zieht in dichten, wendigen Trupps (vgl. Erlenzeisig). Starke zeitliche Trennung der jahreszeitlichen Hauptzugzeit von dem im süddeutschen Binnenland spärlichen Berghänfling *Carduelis flavirostris.*

Berghänfling *Carduelis flavirostris* – Sehr ähnlich Bluthänfling. Schwanz wirkt etwas länger. Heller Armdeckensaum und andere Bürzelfärbung bei Ziehenden nur selten erkennbar, was vermehrt für den Schnabel gilt.

Abb. 6.40: Bluthänfling *Carduelis cannabina – Eurasian Linnet.*

Kreuzschnäbel (Gattung *Loxia*)

Fichtenkreuzschnabel *Loxia curvirostra* – Flügel braun. Körper kontrastlos graugrün, gelblich oder rot mit braun. Auch aus der Ferne gut erkennbarer, langer Hakenschnabel. Die Art wirkt dadurch langköpfiger als Kernbeißer und Grünling. Schwanz kurz und tief gegabelt. Rufe: laut und hart gestoßene „kipp kipp". Auch während des Zuges wird oft Gesang vorgetragen. Sehr rascher, gestreckter Bogenflug. Bei einem Handflügelindex von 39–42 der beste Flieger unter den Finken. Zieht in dichten Trupps oder breit auseinandergezogenen Linien. Kreuzschnäbel fallen oft schon – ehe sie überhaupt in Sichtweite kommen – durch ihre Rufe auf.

Abb. 6.41: Fichtenkreuzschnabel *Loxia curvirostra – Common Crossbill.*

Kiefernkreuzschnabel *Loxia pytyopsittacus* – Die meisten Lautäußerungen sind dem Fichtenkreuzschnabel so ähnlich (PALMER & BOSWALL 1974, SCHERNER 1969 u. a.), daß die Bestimmung im Flug nur dem mit der Art Vertrauten möglich ist.

Bindenkreuzschnabel *Loxia leucoptera* – Trotz des ähnlichen Flügelmusters sind Bindenkreuzschnäbel nie mit fliegenden Buchfinken zu verwechseln. Mit dem spitzen Handflügel, dem gegenüber dem Fichtenkreuzschnabel schlankeren Körperbau und dem etwas längeren Schwanz wirkt der Flug intermediär zwischen Hänfling und Fichtenkreuzschnabel. Bei allen Alterskleidern kontrastieren die dunklen Flügel stärker zum Körpergefieder. Die hellen Schirmfedern sind bei Vorbeiziehenden unauffällig. Für den Kenner der *curvirostra*-Rufe sind die weicheren, etwas dem Birkenzeisig ähnelnden Rufe auffällig.

Finkenvögel (Gattungen *Pyrrhula* und *Coccothraustes*)

Kernbeißer *Coccothraustes coccothraustes* – Massiger, brauner Finkenvogel mit kurzem, abgeschnittenem Schwanz und dickem, keilförmigem Schnabel. Auffallende weiße Flügelzeichnung und Schwanzendbinde (vgl. Kreuzschnabelarten). Rufe: „zicks" und gelegentlich ein gezogenes „zieh". Rascher, schwirrender Flug in gestreckten Bögen. Zieht in ziemlich dichten Trupps von bis zu 60 Vögeln.

Abb. 6.42: Kernbeißer *Coccothraustes coccothraustes – Hawfinch.*

Gimpel *Pyrrhula pyrrhula* – Selbst auf große Entfernung auch bei schlechter Beleuchtung: vorne dunkel, hinteres Körperviertel weiß. Schwanz abgeschnitten. Deutlicher Geschlechtsdimorphismus. Männchen unterseits rot, Weibchen grau. Rufe: „djü“ oder „düö“, gelegentlich auch kurz „ü“. Plump. Fliegt langsamer als alle anderen Finken in lockeren Trupps mit bis zu 30 Vögeln. Gimpel haben den kürzesten Handflügel unter unseren Finken (Handflügelindex 24–26); fast nie mit anderen Arten vergesellschaftet.

Abb. 6.43: Gimpel *Pyrrhula pyrrhula* – *Eurasian Bullfinch.*

Ammern (Emberizidae)

Auch hier gibt es Übergänge in den Flugeigenschaften vom Flatterflieger *E. schoeniclus* über die wenig besser fliegenden *E. citrinella* und *E. calandra* zum Fernwanderer *E. hortulana.* Dieser, wie auch die Bewohner der offenen Tundra, Spornammer *Calcarius lapponicus* und Schneeammer *Plectrophenax nivalis*, sind gewandtere Flieger und dadurch auch zu einen Singflug in der Brutzeit befähigt.

Rohrammer *Emberiza schoeniclus* – Männchen kontrastreich schwarz-weiß am Kopf. Schlichtkleider, die beim Wegzug fast ausschließlich vorkommen, zeigen im Flug einen weißen Vertikalstrich (Halsband) als Abschluß der Ohrgegend. Ähnlichkeiten mit Wasser- und Wiesenpieper, aber rundköpfiger und langschwänziger, mit sehr schmaler Schwanzwurzel. Der flatternde, nervöse Flug (Handflügelindex 22–25) mit seinen unregelmäßigen Flügelschlägen wirkt oft wie eine Aneinanderreihung unregelmäßiger,

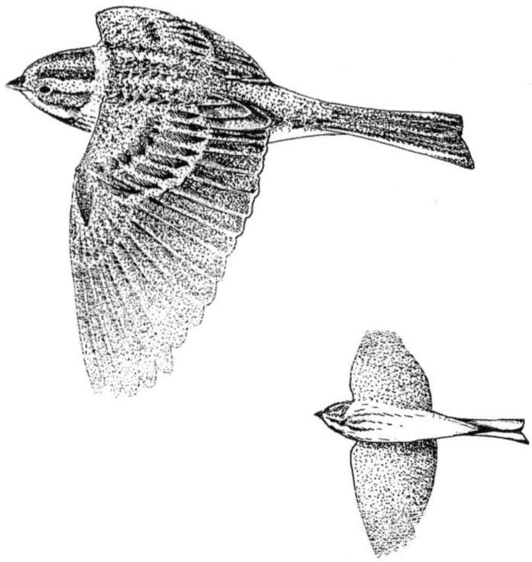

Abb. 6.44: Rohrammer *Emberiza schoeniclus.* Im hier abgebildeten Schlichtkleid ist der helle Halsring auch im Flug auffällig. – *Reed Bunting, non-breeding plumage, the pale collar is conspicuous also in flight.*

horizontaler und vertikaler Zickzackfolgen. Rufe: meist gedämpft „dsche“, seltener das sonst übliche „zieh“. Zieht einzeln und in kleinen, auseinandergezogenen Trupps und hängt sich gelegentlich wohl kurzfristig an Buchfinkentrupps an, die aber etwas schneller fliegen.

Goldammer *Emberiza citrinella* – Relativ langschwänzig. Schwanz schmal, besonders an der Wurzel. Unterseite gelblich bis grell gelb. Fliegt beim Langstreckenflug in gleichmäßigen, schwachen Bögen. Während des Aufsteigens wechseln Bögen unterschiedlicher Länge mit kurzen Flügelschlagphasen ab (vergl. Wiesenpieper). Rufe: „zip“ – weicher als bei Singdrossel; „dsche“ – klangloser als bei Rohrammer, mit kaum wahrnehmbarem Vokal; „szirp“. Im Gegensatz zu den großen Wintergemeinschaften während des Zuges einzeln oder in lockeren Trupps. Nur bei Schneefluchten größere Gesellschaften um 20 Vögel.

Grauammer *Emberiza calandra* – Kontrastlos graubraun. Eine große, plumpe Ammer. Körper gedrungen, nicht so zigarrenförmig wie bei anderen Ammern. Schwirrender Flügelschlag, ähnlich Sperling, aber mit geringerer Flügelschlagfrequenz. Schwanz ammernartig lang mit schmaler Basis. Rufe: „tzk tzk“, bei ziehenden Trupps Rufsalven = „knattern“ (H. EBENHÖH briefl.). Zieht nur selten über das Mittelgebirge.

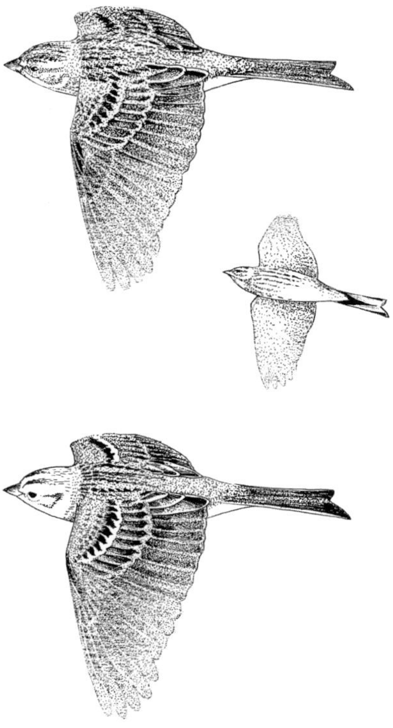

Abb. 6.45: Goldammer *Emberiza citrinella.* Männchen (unten) und Schlichtkleid (oben). Beachte, auch andere Arten können bei tiefstehender Sonne gelb wirken. – *Yellowhammer. Male (below) and non-breeding plumage (above). Note that other species can also appear yellow when the sun is low in the sky.*

Ortolan *Emberiza hortulana* – Gewandterer Flieger als die anderen *Emberiza*-Arten, Flug ähnelt dem Baumpieper, aber entsprechend dem höheren Gewicht ausgeprägtere gestreckte Wellen. Rufe: hoch „zjüg“, „bwüt“, „jiek““, ferner „zip“ und ein pfeifendes „ziüh“, „zjüå“ oder langgezogenes „zia“. Ähnlichkeiten bestehen zu Rufen des Stieglitzes, Baumpiepers und der Schafstelze. Zieht am Randecker Maar einzeln und in sehr kleinen Trupps. Nachts bestehen zur Wegzugszeit des Ortolans höchstens Verwechslungsmöglichkeiten mit ziehenden Singdrosseln, deren „zip“-Rufe aber schärfer sind.

Spornammer *Calcarius lapponicus* – Eine spitzflügelige Ammer (Handflügelindex 36–39). Fliegt viel gewandter und gestreckter als die Rohrammer. Auffällige Gesichtszeichnung bei Schlichtkleidern mit vertikalem Nackenband wie Rohrammer. Ruft während des Zuges „tüh“ oder „dülüh“ und rattert zaunkönig- bzw. hänflingsähnlich. Einzelne können sich ziehenden Feldlerchen anschließen.

Schneeammer *Plectrophenax nivalis* – Spitzflüglig, gewandter Flieger. Trupps mit adulten Vögeln sind auch auf große Entfernung unverkennbar (weiße Flügel mit schwarzen Spitzen). Bei Jungvögeln, die im Herbst einzeln tief in das Binnenland ziehen, kann das Weiß eng auf die Armschwingen oder gar auf Flügelbinden begrenzt sein und sie sind damit nicht nur auf große Entfernung unauffällig. Gerade im Binnenland mit seltenen Vorkommen sind die Rufe viel wichtiger. Ein häufiger Flugruf ist ein frostiges „bürr“ ähnlich den Rufen der Haubenmeise *Parus cristatus* und vor allem von Einzelvögeln ein weiches „djü“.

Abb. 6.46: Schneeammer *Plectrophenax nivalis.* Ein großer Teil der Herbstvögel im Binnenland läßt – mehr noch als der unten abgebildete Vogel – das viele Weiß vermissen und mischt sich unauffällig unter die anderen Arten. – *Snow Bunting. A large fraction of the autumn birds inland show very little white and can be very inconspicuous among the other species.*

Zusammenfassung
6 Feldkennzeichen ziehender Passeres

Quantitative und qualitative Untersuchungen des sichtbaren Tagzugs erfordern verläßliche Feldkennzeichen. Danach muß sich der Vogel auch auf sehr große Entfernung, bei schlechter Beleuchtung und ohne Verhören der Zugrufe bestimmen lassen. Solche Kennzeichen wurden an der Station Randecker Maar auf der Schwäbischen Alb für viele Arten der Passeres erarbeitet und auf ihre Anwendbarkeit hin überprüft.

Wesentliche Bestandteile dieser Bestimmungsmethode sind artspezifische Bewegungen, Silhouette, Flügelschlagmuster, Flug, Truppform und Truppdichte in Verbindung mit Fluggeschwindigkeit und dem davon abhängigen interspezifischen Sozialverhalten. Sie werden ergänzt durch herkömmliche Kennzeichen und Rufe.

Die Kenntnis des Handflügelindex nach Kipp 1959 hat sich zur Deutung und Erklärung der Flugeigenschaften nahe verwandter Arten bewährt.

Summary
6 Field characters of migrating passerines

Quantitative and qualitative investigations of the visible diurnal migration require the reliable recognition of field characters. It must be possible to identify a species at great distance, in bad light and without hearing its contact call. Such characters have been established at Randecker Maar for many passerines and tested for their practical application.

Important elements of this identification method are species-specific movements, silhouette, wing-beat pattern, flight, flock formation and density in conjunction with flight speed and its resulting intra- and interspecific social behaviour. These are supplemented by conventional characteristics and calls.

Knowledge of the Primary Index (after Kipp 1959) proved valuable for the interpretation and definition of the flight characteristics of closely related species.

7 Breitfrontzug und Schmalfrontzug über Mitteleuropa und am Randecker Maar

KLEMENS STEIOF, Berlin

„Der Zug verläuft nicht auf schmalen Straßen, die den Meeresküsten und Flußläufen folgen, sondern fächerförmig über den ganzen Kontinent."
EUGEN VON HOMEYER (1881)

Die Zugstrategien der verschiedenen Vogelarten und -populationen hängen von mehreren Faktoren ab. Sie werden neben der physiologischen Leistungsfähigkeit im wesentlichen von der Erreichbarkeit der Ressourcen beeinflußt. Entscheidend sind vor allem die räumliche und zeitliche Verteilung von Nahrungs- und Rastgebieten auf dem Weg von den Brut- zu den Überwinterungsgebieten.

Im allgemeinen wird eine Art, die auf dem Zugweg mit großer Wahrscheinlichkeit geeignete Habitate findet und ungeeignete Landschaftstypen problemlos überfliegen kann, in einer „breiten Front" ziehen. Demgegenüber zieht eine Vogelart, die räumlich nur begrenzt vorhandene Habitate nutzen muß und/oder die dazwischen liegenden ungeeigneten Landschaftstypen nicht problemlos überfliegen könnte, meist in einer „schmalen Front". Zwischen den beiden Extremen des Breitfront- und des Schmalfrontzuges gibt es alle erdenklichen Übergänge einer durch das Landschaftsrelief „geleiteten Breitfront".

Um die Zugstrategie einer Art zu erklären, stellen sich damit zunächst die Fragen nach den (ggf. im Jahresverlauf wechselnden) Habitatansprüchen und der Leistungsfähigkeit der Individuen, also ihrer Fähigkeit zu längerem Nonstopflug, ihrer Thermik- und Windabhängigkeit usw. Des weiteren sind die zwischen Brut- und Überwinterungsgebiet liegenden Räume zu betrachten: Sind geeignete Habitate gleichmäßig über die Zugstrecke verteilt? Gibt es nicht oder nur schwer passierbare Barrieren, wie z. B. Hochgebirge oder Wasserflächen?

7.1 Hindernisse und Leitlinien – der Weg durch Europa bis nach Afrika

Von rund 153 wegziehenden Brutvogelarten Europas überwintern 4 im tropischen Südasien, 97 in Afrika südlich der Sahara und 52 überwiegend in den wintermilderen Gebieten Westeuropas und des Mittelmeerraumes (SCHÜZ 1971). Als Hauptwanderrichtung in Mitteleuropa müßte sich danach ein überwiegend nach S bis (S)W gerichteter Wegzug ergeben. Von den mitteleuropäischen Singvögeln wandern 45 in südwestliche, 10 in südöstliche, 13 je nach Population in Richtung SE bis SW, und bei 16 Arten existiert eine Zugscheide, die SE- von SW-Ziehern trennt (BAIRLEIN 1985). Diese Abweichungen von der „idealen" Südrichtung haben ihre Hauptursachen in drei „geographischen Barrieren", die quer zu dieser Richtung liegen: Alpen, Mittelmeer und Sahara.

Die **Alpen** stellen mit ihrer 3000 – 4000 m hohen Hauptkette ein rund 800 – 900 km langes Hindernis in E-W-Ausdehnung dar und liegen damit praktisch quer zur Idealzugrichtung. Zwar ist eine Querung auf dem kürzesten Weg nur gut 100 bis 200 km lang, und Rasthabitate stehen für Landvögel auch überall zur Verfügung, doch ist der Höhenanstieg für bodennah fliegende Zugvögel mit erheblichem Energieaufwand verbunden. Zudem besteht das Risiko, plötzlich in ungünstige Witterung zu geraten (z. B. Gewitter, Schneefall). Nach BRUDERER & JENNI (1990) wandern viele Vögel im Herbst nordwestlich an den Alpen vorbei, vor allem niedrig und bei schwachem Wind ziehende. Höher und bei stärkerem Westwind ziehende Vögel werden mehr auf die Alpen zu verdriftet und dann zwischen den Ketten des Schweizer Jura und der Nordalpen kanalisiert, so daß das Schweizer Mittelland quasi als eine Leitlinie fungiert. An dessen Rändern können an paßähnlichen Einschnitten und anderen exponierten Stellen deutliche Zugbündelungen auftreten, wie z. B. an der Wasserscheide Gurnigel im westlichen Berner Oberland (SCHMID 1984). Alpenüberquerungen werden nach BRUDERER & JENNI (1990) vorzugsweise von Vögeln vorgenommen, die 1. aus nördlichen Populationen mit Südrichtung stammen und große Fettdepots aufbauen (Kap. 8.2), 2. von Langstreckenziehern mit noch langen Zugwegen, 3. von größeren Arten mit höherer Fluggeschwindigkeit (Kap. 13.1), 4. von Vögeln, die früh in der Nacht auf die Alpen stoßen, sowie 5. z. T. von erfahrenen Altvögeln. Stärker vermieden werden Alpenüberquerungen von Gleit- und Segelfliegern, wohl auch von Feuchtgebietsarten. Bei der Beutelmeise als Feuchtgebietsart und zugleich relativ schlechtem Flieger haben sich im Verlauf der Ausbreitung in Mitteleuropa Zugwege und Winterquartiere weit nach W verlagert (FLADE et al. 1986). Es hat sich sogar eine Zugscheide herausgebildet, die westlich und östlich der Alpen vorbeiziehende Populationen trennt (FRANZ 1993).

Das **Mittelmeer** mit seiner Ausdehnung in N-S-Richtung von rund 500 – 1000 km stellt für landbewohnende Vogelarten einen lebensfeindlichen Raum dar, dessen Überquerung zwar den meisten Vögeln im Nonstopflug möglich ist, gleichzeitig aber ein erhebliches Risiko in sich birgt. So können plötzliche Wetterumschwünge mit starken Gegenwinden die Kräfte des Vogels übersteigen, zu erheblichen Verdriftungen mit Flugwegverlängerung führen oder Niederschläge ein Landen notwendig machen. Besonders Kleinvögel sind über dem Wasser Angriffen von Greifvögeln, Möwen und Raubmöwen schutzlos ausgeliefert. Daher wird das Mittelmeer vorzugsweise nachts und bei Rückenwind überquert, von etlichen Arten aber östlich und westlich umflogen oder die Landbrücke über Italien genutzt. Vor allem Thermiksegler (viele Greifvögel, Störche) müssen das Mittelmeer, aber auch Schwarzes, Rotes und Kaspisches Meer umfliegen, weshalb an verschiedenen Punkten enorme Massierungen auftreten (PORTER & BEAMAN 1985).

Abb. 7.1: Schwarzstörche *Ciconia nigra* im Flug – *Flying Black Storks.*

Die Barrierewirkung der **Sahara** beruht überwiegend auf dem Mangel an Wasser und Nahrung. Zwar kann ein erschöpfter Vogel kurzfristig rasten, doch ist ein Auffüllen des Fett- und Wasservorrats nur an wenigen Stellen möglich. Das Erschöpfen der Fettreserven scheint hierbei die kritischere Größe zu sein (BIEBACH 1991). Die N-S-Ausdehnung der Sahara beträgt rund 1300 – 1400 km und verlängert sich im Frühjahr aufgrund der Trockenzeit um die direkt südlich angrenzende Sahelzone und somit auf rund 1800 km. Die meisten Arten überqueren die Sahara in Breitfront, manche sogar in einem Nonstopflug mit dem Mittelmeer. Konzentrationen des Vogelzuges in der Sahara gibt es im Anschluß an die westliche Mittelmeer-Umgehung im atlantischen Küstenbereich sowie nach einer östlichen Mittelmeer-Umfliegung im Niltal (MOREAU 1961, 1972). Bei der wahrscheinlich zulässigen Betrachtung von Mittelmeer und Sahara als eine zusammenhängende Vogelzugbarriere wird deutlich, daß die W- und E-Umgehung (Gibraltar – Atlantikküste oder Bosporus – Mittelmeerostküste – Niltal) erhebliche Vorteile bietet. Erstens, weil die lebensfeindlichen Abschnitte (Meer, Sandwüste) stark verkürzt sind, und zweitens bei Witterungsunbilden relativ unproblematisch eine Rast erfolgen kann, sogar mit gewisser Wahrscheinlichkeit, Nahrung aufnehmen zu können. Zur Bewältigung der Zugstrecke ist eine Ausnutzung des Windsystems über Afrika wahrscheinlich, was GATTER (1987b, 1997) für Westafrika zur Diskussion stellt.

Schon die Radaruntersuchungen von SCHÄFER (1969) in der SW-Sahara und die Befunde von HAAS & BECK (1979) in der Tanezrouft (Algerien, Mali) unterstützten die Auffassung von MOREAU (1961, 1972), der Nonstop-Flug mit vorherrschenden Winden sei die verbreitete Strategie zur Sahara-Überquerung.

Neuere Untersuchungen (BIEBACH et al. 1991) bestätigen die Zugrichtungen MOREAUs und SCHÄFERS im wesentlichen, kommen aber zu dem Schluß, daß bei einigen Arten wohl bis zu einem Viertel der Vögel Zwischenstops einlegt.

Die sich abzeichnende Erwärmung der Erdatmosphäre mit möglicher Verbreiterung des Sahara-Sahel-Blocks gibt Anlaß für Überlegungen, daß die Langstreckenzieher künftig einem erheblich stärkeren Selektionsdruck ausgesetzt sein können (BERTHOLD 1991, GATTER 1992). Die Entwicklung der Quartilen- und Medianwerte am Randecker Maar gibt Anlaß zu dem Schluß, das dies bereits heute in erheblichem Maße stattfindet (Kap. 11.4, Kap. 17).

Neben den ökologischen Barrieren wird das Erscheinungsbild des Vogelzuges ganz erheblich durch „Leitlinien“ beeinflußt. Dies sind im allgemeinen Grenzen unterschiedlicher Lebensräume, also z. B. Küsten, Gebirgsketten und Flußtäler (Kap. 8.2.6). Die bündelnde Wirkung wird verstärkt durch a) Barrierewirkung eines der Lebensräume (vor allem Meer, Gebirgskette), b) Länge der Leitlinie und c) Übereinstimmung mit der Primärzugrichtung. Knickt eine Leitlinie zu stark von der Zugrichtung ab, wird sie meist verlassen. Stark ausgeprägte Leitlinien führen zu erheblichen Bündelungen des Breitfrontzuges, wie z. B. die Nehrungsarme in der südöstlichen Ostsee. Oft sind die Endpunkte von Leitlinien spektakuläre Massenzugpunkte, wie z. B. Falsterbo, Ottenby oder Gibraltar. Bündelungen des Vogelzuges an Gebirgsbarrieren sind um so stärker, je höher die Barrieren sind und je mehr sie in Zugrichtung weisen; anderenfalls werden sie über- oder umflogen. Beispiele hierfür sind Täler und Pässe in den Alpen, aber auch in den Westpyrenäen und (schwächer ausgeprägt) in den Mittelgebirgen (Kap. 1). Ferner können Massierungen durch die sogenannte Inselwirkung verursacht werden. Hierbei muß nicht unbedingt ein geeignetes Rasthabitat in ansonsten lebensfeindlicher Umgebung vorhanden sein (Insel im Meer, Oase in der Wüste), sondern es kann auch ein Orientierungspunkt in der Landschaft wie z. B. ein Hügel im Flachland genügen. Massierungen in günstigen Rastgebieten (v. a. Feuchtgebieten) werden neben der Inselwirkung auch durch Tradition (gezieltes Ansteuern des Rastgebietes) erreicht. An einem Gebiet wie dem Bodensee-Nordufer werden mehrere dieser Mechanismen wirksam, die je nach Wetterlage den Zug der einzelnen Arten beeinflussen: Leitlinienwirkung der nur wenig von der eigentlichen Zugrichtung abweichenden Uferlinie, leichte Barrierefunktion der Wasserfläche, leitende Barrierefunktion der weithin sichtbaren steilen Alpenkette (s. o.) sowie Angebot an in Süddeutschland seltenen Feuchtgebieten (vgl. OAG BODENSEE 1983).

Alle diese Bündelungen sind geländemorphologisch bedingte Massierungen des Breitfrontzuges und, wie skizziert, stark witterungsabhängig. Sie müssen von dem eigentlichen Schmalfrontzug unterschieden werden. Echter Schmalfrontzug tritt nur bei einigen Arten(gruppen) auf und ist darauf zurückzuführen, daß die Vögel auf dem Zugweg (der „Schmalfront“) günstige und notwendige Ressourcen vorfinden müssen. Diese Zugwege werden meist traditionell genutzt. Als Schmalfrontzieher in Mitteleuropa können, wenn auch mit Einschränkungen, die folgenden Arten bezeichnet werden:

Kranich: Von den wenigen Sammel- und Rastplätzen im Ostseeraum (vor allem Mecklenburg-Vorpommern, daneben auch Brandenburg, Sachsen und Sachsen-Anhalt) brechen die Vögel massiert Ende Oktober/Anfang November auf und ziehen in einem schmalen Band, den Nordrand der deutschen Mittelgebirge schneidend, nach SW und verlassen Deutschland schwerpunktmäßig im Bereich der Grenze zu Belgien und Luxemburg, um über Frankreich die spanischen Winterquartiere zu erreichen. Nur wenige Kraniche ziehen weiter südlich und durchqueren dabei Süddeutschland. Ein Beispiel für das Abweichen von dieser Zugbahn durch einen Massenzug von über 10.000 Vögel um 150 km nach SE (2.11.1986) mit anschließendem Nonstopflug über Frankreich, wohl aufgrund günstiger Windverhältnisse, beschreiben PRANGE & MEWES (1989). Eine Tendenz zu südlicherer Herbstrast in Ostdeutschland mit entsprechend südlicherer Zugroute (PRANGE & MEWES 1991) und vermehrtem Auftreten am RM deutet sich in den letzten Jahren an (Kap. 17).

Saat-, Bleßgans: Während alle Meeresenten und Meeresgänse auf schmalen Routen ziehen, wandern diese beiden Arten in einem südlich an die Ostseeküste anschließenden Raum der Norddeutschen Tiefebene „auf schmaler Breitfront“ ein, wo sie länger verweilen und überwiegend zur Überwinterung bis in die Bereiche des Niederrheins weiterziehen. Große Feuchtlandschaften mit ausgedehnten Grünländereien (Nahrungshabitat) und Wasserflächen (Schlafplatz) sind notwendige Landschaftstypen, die in Deutschland nur im Norden ausreichend zur Verfügung stehen. Nur kleine Teile der etwas südlicher ziehenden Saatganspopulationen überqueren auch die Mittelgebirge und nutzen verstärkt bei Winterflucht die Oberrheinische Tiefebene Baden-Württembergs als Rastgebiet (HUMMEL 1984, 1988).

Goldregenpfeifer, Kiebitz: Beide Arten stellen Grenzfälle von Schmalfrontziehern dar. Von den nordosteuropäischen Brutgebieten ziehen die größten Populationsteile über die norddeutsche Tiefebene (Goldregenpfeifer ausgesprochen küstennah) in die westeuropäischen Überwinterungsgebiete. Auch dies hängt mit den bevorzugten Rasthabitaten (Feuchtgrünländereien) zusammen.

Weißstorch: Der Zug dieses klassischen Schmalfrontziehers verdichtet sich erst an der westlichen Schwarzmeerküste sowie an den Landbrücken westlich und östlich des Mittelmeeres (Gibraltar, Bosporus, Golf von Iskenderun, Israel) und vor allem im Bereich des Nahen Ostens (Israel, Sinai, Niltal) zur echten Schmalfront (vgl. SCHULZ 1988). In Mitteleuropa existiert für den Weißstorch eine Zugscheide, die nach SCHULZ (1988) von Holland über das Weserbergland bis Kyffhäuser nach SE, dann nach S über Regnitz und Lech bis an die Alpen reicht. Die Brutvögel westlich dieser Zugscheide ziehen nach SW, die östlich davon nach SE. Massierungen sind hier im Hochsommer allenfalls nahrungsökologisch bedingt, tradierte Zugwege sind nicht bekannt. Da Brutvögel westlich der Zugscheide im süddeutschen Raum inzwischen weitgehend fehlen, tritt die Art am RM nur noch selten auf.

Daneben gibt es eine ganze Reihe von Wasservögeln, die hauptsächlich den Küsten folgen (Ostsee, Nordsee, Atlantik), da sie in Küstengebieten ihre bevorzugten Nahrungs- und Rasthabitate finden. Einige Arten(gruppen) ziehen bevorzugt über dem Meer und treten nur bei stärkeren Winden in Küstennähe konzentriert auf. Bei etlichen dieser Arten ziehen gewisse Populationsteile vermutlich in einem hohen Nonstopflug mit Ziel Mittelmeer über das europäische Binnenland und werden hier nur in kleiner Anzahl festgestellt, verstärkt bei Schlechtwettereinbrüchen, die einen niedrigeren Zug (Kap. 8.1 und 9) oder gar eine Unterbrechung des Zuges zur Folge haben können. Beispiele hierfür sind Seetaucher, Meeresenten, Seeschwalben, Möwen, Raubmöwen (vgl. MEININGER & SØRENSEN 1986) und einige Limikolenarten.

Abb. 7.2: Weißstörche *Ciconia ciconia* – *White Storks.*

7.2 Rast und Zug in Nord- und Süddeutschland

Die räumliche Lage von Rastgebieten spielt nur für bestimmte Arten eine Rolle. Die Mehrzahl der ziehenden Arten kann die mitteleuropäische Kulturlandschaft mit Wäldern, Gehölzen, Brachen, Wiesen, Weiden, Äckern, Gärten usw. als Rast- und Nahrungshabitat nutzen. Diese Arten können ihre Wanderung fast beliebig zur Rast und Nahrungsaufnahme unterbrechen. Lediglich auf Feuchtgebiete angewiesene Arten haben südlich der norddeutschen Tiefebene Schwierigkeiten, geeignete Rastgebiete zu finden. Außer Rhein- und Donautal sowie den größeren Seen im Alpenvorland stehen kaum „Trittsteine" zur Verfügung. Es ist anzunehmen, daß beispielsweise Wasservögel gezielt den Bodensee anfliegen, auch wenn sie dafür von ihrer eigentlichen Zugrichtung abweichen müssen. Zur zusätzlichen Beeinflussung des Zugverhaltens von Wasservögeln in gewässerarmen Landschaften durch menschliche Störungen siehe STEIOF & BAUMUNG (1988).

Mit Ausnahme der oben genannten Schmalfrontzieher, die eine starke Bindung an die norddeutsche Tiefebene aufweisen, haben wir es im übrigen Mitteleuropa im wesentlichen mit Breitfrontzug zu tun. Die stärksten Massierungen treten an den wirksamsten Leitlinien im (Ostsee-) Küstenbereich auf. Daneben wird der Durchzug im Binnenland sowohl von den Mittelgebirgen, die ggf. als Barriere wirken, als auch von einzelnen Strom- oder Flußtälern mit Leitlinienwirkung beeinflußt. Barrierefunktion und damit Bündelung an den Rändern ist vom Harz (MEINEKE & GATTER 1982), Schwarzwald (WITT 1966a, b) und der Schwäbischen Alb (GATTER 1970d und KIẞLING 1998, Kap. 8.2.6) beschrieben. Daß die Lage der Mittelgebirge die Zugrichtungen in niedrigen und mittleren Höhen generell beeinflußt, haben Radaruntersuchungen gezeigt (Kap. 8.2). Angesichts der Tatsache, daß die Zughöhen des Tagzuges allgemein niedriger sind als bisher angenommen (Kap. 8.1), haben die Mittelgebirge auch in der südlichen Hälfte Deutschlands sowie in der Schweiz einen erheblichen Einfluß auf das Zuggeschehen. Bei entsprechender Wetterlage (v. a. Gegenwinden) können daher ständige reliefbedingte Richtungs- und Höhenwechsel die Folge sein.

Im mitteleuropäischen Raum gibt es Hinweise für eine überwiegend stark westlich ausgerichtete Hauptzugrichtung von Vögeln aus dem baltischen/ostskandinavischen Raum (z. B. PETRYNA 1976, EBENHÖH & GATTER 1991). Sie könnte u. a. evolutiv aus einer Umgehung der deutschen Mittelgebirgsschwelle entstanden sein (Kap. 8.2). In diesem Zusammenhang könnten auch die unterschiedlichen Zugmuster mittel-/osteuropäischer Starenpopulationen gesehen werden, die SCHÜZ (1971) zusammenfassend darstellt: die in den südlichen Ostseeländern brütenden Stare ziehen eher westwärts, während die weiter im Binnenland (Mittelgebirge) brütenden Stare nach SW abziehen (siehe HELBIG & LASKE 1986). Weitere Leitlinienfunktionen haben teilweise das Elbe- und das Wesertal (z. B. JELLMANN 1988), das Rheintal zwischen Frankfurt und der Burgundischen Pforte (SSW-Ausrichtung), das Donautal westlich von Regensburg (WSW-Ausrichtung; siehe Kap. 8.2), das mit der Leitlinie des Alpennordrandes im Bodenseegebiet keilförmig zusammenläuft und dort deshalb zu hohen Verdichtungen führt, sowie das Bodensee-Nordufer (vgl. OAG BODENSEE 1983). Daneben existieren zahlreiche weitere Voraussetzungen für Bündelungen des Breitfrontzuges, die evtl. nur bei bestimmten Wetterlagen wirksam werden.

7.3 Lokale Barrieren und Zugverdichtungen im südwestdeutschen Raum

Aufgrund der während des Wegzugs meist herrschenden Gegenwind-Wetterlagen wird der Vogelzug in die bodennahen Höhenschichten gedrängt (Kap. 8.1). Bei stärkeren Gegenwinden oder z. B. den bei Mittelgebirgs-Überquerungen stark erschwerenden Hochnebel-Wetterlagen wird die Reliefabhängigkeit des Vogelzugs besonders deutlich. Zwei süddeutsche Verdichtungsbereiche seien im folgenden genannt:

Der **„Alpenvorlandkeil"**. Die Untersuchungen von BRUDERER (z. B. 1977a und Kap. 8.1, 8.2) haben gezeigt, daß es im Schweizer Mittelland zwischen Alpen und Jura im Herbst zu beträchtlichen Verdichtungen durch Leitlinienwirkung kommen kann. Auch weiter östlich stauen sich am Alpenrand z. B. Greifvögel und Ringeltauben auf dem Weg nach SW.

Nördlich davon liegt das Alpenvorland, seinerseits begrenzt durch die Leitlinie des Donautales und der Schwäbischen sowie Fränkischen Alb. Bei Regensburg mißt die Entfernung der Alb zu den Alpen rund 140 km. Am Ostrand des Bodensees trennen Alpen und Alb noch knapp 70 km. Im Westen des Bodensees, an dessen Nordufer viele Zugvögel entlang ziehen (OAG Bodensee 1983), verengt sich der Abstand zwischen See und Alb auf unter 20 km. Bei vielen stark westgerichteten Zugvögeln ist dies zum großen Teil verantwortlich für die dortigen Massierungen. Kommen Wetterlagen wie Hochnebel oder starke westliche Winde hinzu, kommt es innerhalb des Alpenvorlandkeils zu besonders starken Verdichtungen.

Beispielhaft für eine Vogelart mit stark westlich ausgerichteter Zugrichtung sei hier die Saatkrähe (Zugrichtung am RM durchschnittlich 273°, Kap. 8.2) angeführt. Die von Osten kommenden Schwärme ziehen bevorzugt durch das Alpenvorland mit für sie günstigen Rastmöglichkeiten (Grünland, Äcker). Sie vermeiden zu einem großen Teil bewußt den Zug über die stärker bewaldete Fränkische und Schwäbische Alb, die von Osten her bei Schönwetter kein ernsthaftes Hindernis für sie darstellt. Die gegenüber dem RM und dem mittleren Neckartal hohen Zahlen ziehender Saatkrähen im W des Alpenvorlandkeils haben ihre Ursache sicher auch in traditionellen Zugwegen. Saatkrähen sind sehr gesellig und erreichen ein hohes Alter. Zugwege durch fruchtbares Tiefland mit optimalen Rastplätzen werden deshalb durch beteiligte erfahrene Altvögel auf dem Zug sicher bevorzugt aufgesucht. Bei den von diesen Zugwegen abweichenden Saatkrähen handelt es sich meist um Kleintrupps (evtl. ohne erfahrene Altvögel), die auf suboptimaler Route über die Alb fliegen und angesichts des Neckartales mit seinen guten Rastplätzen über dem RM von ihrer Hauptzugrichtung W nach NW abbiegen (siehe Kap. 8.2).

Der **„Neckarlandkeil"**. Arten, deren Zug mehr nach SW bis S orientiert ist, stoßen auf ihrer Wanderung durch das obere Neckarland auf die begrenzenden Mittelgebirge von Alb und Schwarzwald. Im Normalfall sind diese kein Hindernis auf dem Zug, was sich aber schon bei mäßig starken Gegenwinden ändern dürfte. Wenn im Oktober/November 100 – 300 m über den Tälern Hochnebel hängt, erhält dieser Landschaftskomplex den Charakter einer gigantischen Reuse, die nach oben abgeschlossen ist. Vögel, die in Täler einfliegen, finden die Talenden vom Nebeldach verschlossen und kehren wieder um. An solchen Tagen sind entlang von Alb-Nordrand und Schwarzwald-Ostrand starke Zugvogelkonzentrationen zu erwarten. Es gelangen verstärkt Nachweise von normalerweise sehr hoch ziehenden Arten, die den Hochnebel vermeiden wollen und nach zahlreichen Versuchen des Ausweichens an ungeeigneten Stellen rasten. Beispiele von der Umgebung des RM hierfür sind Kiebitzregenpfeifer *Pluvialis squatarola* und Steinwälzer *Arenaria interpres* an Feldwegen und Straßen sowie Raubseeschwalben *Sterna caspia* an Kleinstteichen. Im benachbarten Neidlinger- und Lautertal, östlich und westlich des RM gelegen, wurde das Umkehren und Zurückfliegen am Talende von regional seltenen Großvögeln wie Singschwänen, Kranichen, Kormoranen und sogar Schreiadler nachgewiesen; verirrte Höckerschwäne landeten zwischen Häusern. Besonders spektakulär waren mehrere „Notlandungen" von Kormoranen bei dichtem Nebel auf dem Turm und dem Burghof der Ruine Teck (W. Gatter pers. Mitt.).

Letztendlich sind in der Baar, wo sich beide Gebirge treffen, größere Konzentrationen zu erwarten, die aber noch des Nachweises bedürfen.

Zusammenfassung

7 Breitfrontzug und Schmalfrontzug über Mitteleuropa und am Randecker Maar

Nur bei wenigen Vogelarten finden die Wanderungen zwischen Brut- und Überwinterungsgebiet auf schmalen, traditionell festgelegten Zugwegen als „Schmalfrontzug" statt. Dies sind neben den Störchen vor allem an großflächige Feuchtgebiete gebundene Arten wie Schwäne, Gänse und Kraniche. Die weitaus meisten Arten wandern als „Breitfrontzieher" flächig über Europa. Dieser Zug wird durch „ökologische Barrieren" (große Wasserflächen, Wüsten, Gebirge) stark beeinflußt, von denen die für den westpaläarktischen Vogelzug bedeutendsten das Mittelmeer und die Sahara sind. Diese müssen um- oder möglichst in Nonstopflug überflogen werden.

Der mitteleuropäische Vogelzug wird durch die Barrierewirkung der Alpen und auch der Ostsee mitbestimmt, die von etlichen Vögeln umflogen werden. Dies trifft zum Teil auch auf die Mittelgebirge zu. Daneben lassen sich die Vögel durch in Zugrichtung weisende Grenzlinien leiten, wie z. B. Flußtäler. Die Beeinflussung des Vogelzuges durch diese „Leitlinien" und Barrieren ist stark witterungsabhängig und umso größer, je ungünstiger die Zugbedingungen sind (Gegenwind, schlechte Sicht, Wolkendecke).

Summary

7 Broad- and narrow-front migration through Central Europe and at Randecker Maar

Movement between breeding and wintering quarters using precise, long-established migration routes, narrow-front migration, is found in only a few species. Alongside Ciconia, *these are above all species dependent on large wetland areas, such as* Cygnus, Anser *and* Branta, *and the Gruidae. By far the majority of species move widely across Europe in a broad-front migration. This type of movement is strongly influenced by 'ecological barriers' (large water bodies, deserts, or mountains), the most important of them for western Palearctic birds being the Mediterranean and the Sahara. These must be skirted or crossed if possible in non-stop flight. Migration through Central Europe is shaped by the barrier effect of the Alps, and also of the Baltic, forcing many species to fly round them. This is also partly true for the higher hills ('Mittelgebirge'). Additionally, birds are guided by topographical boundary lines pointing along the direction of movement, e. g. river valleys. The extent of the influence of these leading lines and barriers on migration is strongly dependent on the weather, and rises with increasingly unfavourable conditions, such as headwind, poor visibility, or cloud cover.*

8 Richtung und Höhe des Vogelzuges

8.1 Beobachtungen zur Zughöhe

„Die Luftströmungen der oberen Luftschichten können nicht den Wegweiser bilden ..., weil viele Vögel auf ihren Zügen nahe der Erde hin oder dicht über dem Meere fliegen, wo dergleichen Strömungen ... doch wohl nicht so auf sie wirken könnten."

JOHANN FRIEDRICH NAUMANN,
Naturgeschichte der Vögel Deutschlands.
1820–1844

Bereits 1884 war in Wien auf dem 1. Internationalen Ornithologenkongreß eine systematische Erforschung des Vogelzuges beschlossen worden. Vogelzugbeobachtungsstationen wurden in der folgenden Zeit insbesondere an Konzentrationspunkten des Vogelzuges gegründet. Mit dem Erscheinen von GÄTKES „Vogelwarte Helgoland" (GÄTKE 1891) und der englischen Fassung „Birds of Heligoland" 1895 bekam die Erforschung des Vogelzugs nicht nur in Deutschland einen Schub. Dabei war schon damals einer der umstrittenen Parameter die Höhe, in der Vogelzug abläuft. Die Angaben GÄTKES führten in der Folgezeit zu Kontroversen. Seine teilweise extremen Schätzungen zur Höhe des Zuges über Helgoland waren unter anderem Schlußfolgerungen aus Beobachtungen sehr hoch fliegender Großvögel über den Anden durch HUMBOLDT, aus Versuchen zum Verhalten von Vögeln unter extremem Unterdruck und von Vergleichen mit der maximalen horizontalen Erkennbarkeit von vogelgroßen Objekten mit bloßem Auge. Seine Schätzungen wurden bereits früh in Frage gestellt. Es setzte eine Phase der Messungen von Flughöhen ein. Unter anderem bestimmte W. SPILL die Höhe aus Größenabschätzungen von Vögeln vor der Mond-, teilweise auch der Sonnenscheibe mit Hilfe eines astronomischen Fernrohrs. Als Maximum wurde 5000 m angegeben. Fast 90 % der knapp 1700 untersuchten Vögel flog in einer Höhe zwischen 1000 und 3000 m (KNAUER 1909). Der Vergleich der gemessenen Winkelausdehnung des fliegenden Vogels und der in der Hand ermittelten Maße dürfte zu Überschätzungen der Höhen geführt haben. Aufgrund von mit Drachen in definierte Höhen gebrachten Stopfpräparaten berichtet THIENEMANN (1931), daß ein Star immerhin noch in 870 m, Saatkrähen noch in 2000 m Höhe mit bloßem Auge zu erkennen sind. Neben subjektiven Angaben und groben Schätzungen tauchen in der Literatur in den ersten Jahrzehnten dieses Jahrhunderts Beobachtungen von Piloten auf, die genauere Höhenangaben liefern konnten. F. VON LUCANUS hatte um die Jahrhundertwende bei Luftschiffern und Ballonfahrern um Unterstützung geworben. So sah der bayrische Leutnant CASELLA 1899 in 1900 m Höhe eine Feldlerche neben dem Ballon herfliegen. Bei fast 100 Fesselballonaufstiegen des Meteorologischen Instituts Berlin wurde als größte Vogelflughöhe 1400 m verzeichnet (KNAUER 1909). Die Auswertung zahlreicher Meldungen von Fesselballon-, Luftschiff- und Flugzeugpiloten durch INGRAM (1919), MEINERTZHAGEN (1920), WEIGOLD (1920 in V. LUCANUS 1923) und V. LUCANUS (1923) führte damals zu dem Schluß, daß die Grenze des Vogelflugs (Tagzug) im allgemeinen in einer Höhe von 400 m über Boden überschritten ist und es zu den Ausnahmen gehört, wenn in Höhen über 1000 m Vögel angetroffen werden. Anders ausgedrückt, ein Großteil der Vögel zieht bodennah und gut erfaßbar. In der Folgezeit wurde immer wieder versucht, diesem Problem mit umfangreicheren Messungen beizukommen. So machte RITTINGHAUS (1957) im Kriege auf Mellum eine Vielzahl von Höhenmessungen mit optischen, damals beim Militär gebräuchlichen Entfernungsmessern. Limikolen, speziell Kiebitze, zogen nach diesen Messungen im Frühjahr bis 450 m, Corviden bis maximal 750 m hoch.

Für die Zeit nach dem 2. Weltkrieg seien Autoren wie SUTTER (1948), LACK & LACK (1953), WESTERNHAGEN (1957) und OELKE (1961) erwähnt, deren Namen mit teilweise umfangreicheren Untersuchungen des visuellen Tagzugs in Verbindung stehen. Doch bereits um diese Zeit gewann die Erforschung des Zuges durch Radar erheblich an Bedeutung. 1967 erschien das Buch „Radar Ornithology“ von E. EASTWOOD, das bereits einen umfangreichen Überblick von der tageszeitlichen Intensität über Richtungen des Zuges bis zur Höhenverteilung bei Tag und Nacht während der einzelnen Monate des Jahres lieferte. Die Höhenmessung war mit Hilfe des Radars relativ einfach geworden, wenn man vom notwendigen umfangreichen Gerätepark absieht. Das entscheidende Problem war damals und ist es noch heute, daß mit Radar keine Artbestimmung möglich ist. Die Feststellungen von Zugvögeln in großen Höhen liegen jedoch teilweise in den von GÄTKE angegebenen Größenordnungen.

8.1.1 Erfassung der Zughöhenverteilung: ein methodisches Problem?

Die verschiedenen Untersuchungsmethoden, wie visuelle Erfassung, Radaruntersuchungen, Registrierung von Zugrufen, Netz- oder Reusenfang, können jeweils nur eine gewisse Höhenschicht erfassen.

Obwohl schon in der frühen Geschichte der Luftfahrt klar war, daß der überwiegende Teil des Tagzuges über dem europäischen Kontinent in geringer Höhe verläuft, wurde diese Erkenntnis mit dem Einsatz des Radars für die Vogelzugforschung wieder verworfen. Jahrzehnte vergingen, bis sich die Einsicht durchsetzte, daß teilweise durch die technischen Beschränkungen der Radargeräte, die nicht zur Erfassung fliegender Vögel konstruiert wurden, der Zug in tieferen Lagen unterschätzt oder gar nicht registriert werden konnte. Zugplanbeobachtungen hatten deshalb lange Zeit mit dem Makel zu kämpfen, daß mit dem tiefsten Teil des Zuges nur einen Bruchteil des eigentlichen Geschehens registriert würde, ein Vorurteil, das erst in den letzten Jahren revidiert werden konnte.

Die intensive Radarforschung in England, Schweden und den Niederlanden hatte zu einer schwerpunktmäßigen Betrachtung der Zugverhältnisse mit Meeresüberquerungen und in Küstengebieten geführt (z. B. WILLIAMSON 1955, CORNWALLIS 1956), die zu einer Überbewertung des hohen Zuges führten. Neben dem teilweise hohen Zug der Singvögel über dem Meer dürfte dort insbesondere ein hoher Anteil Anatiden und Limikolen zu diesem Resultat beigetragen haben. In der Schweiz lagen die Zughöhen durchschnittlich niedriger (SUTTER 1957, GEHRING 1963).

Antworten auf die Frage nach einer geeigneten Erfassungsmethode des Vogelzugs zeichneten sich durch starke Widersprüche aus. ULFSTRAND (1960) legte dar, daß diese nicht zuletzt auf die unterschiedliche geographische Lage der europäischen Untersuchungsorte zurückzuführen sind.

Bei Planbeobachtungen im nordwestdeutschen Binnenland waren Tage mit sehr hohem Zug offenbar selten. HELBIG & LASKE (1986) hielten daher das Problem einer zughöhenbedingten Fehlerfassung für die Ermittlung von Zugmustern selbst im Flachland für vernachlässigbar.

Bis heute wird mit dem Radar v. a. der höhere Zug erfaßt. Da sich aber fast alle Analysen von Vogelzug und Wetter auf Radaruntersuchungen stützen, sind die meisten dieser Aussagen v. a. für den hohen Zug gültig (BERTHOLD 1990b, Kap. 9), aber nur eingeschränkt für den niederen – und damit größten Teil – des Tagzuges. Dieses Bild wurde durch neue Ergebnisse mit technisch verbesserten Geräten nur bedingt revidiert. Am RM wird die Zughöhe eines Teils der Durchzügler seit vielen Jahren mit verschiedenen Methoden erfaßt (Kap. 8.1.3 und 8.1.4). Durch die besondere topographische Lage nehmen die am RM und in seiner Umgebung erfaßbaren Zughöhen eine Sonderstellung zwischen der Radarornithologie und den Beobachtungsstationen im Flachland ein. Von einigen unterschiedlich hoch gelegenen Punkten in der näheren Umgebung, an denen Vögel vom Albvorland aus in unterschiedlichen Höhenzonen ankommen bzw. vorbeifluten, wurden Beobachtungen zur Flughöhe durchgeführt. Der tiefe und mittelhohe Tagzug aus dem Vorland passiert die Beobachtungsstation RM bodennah und der hohe Zug in mittlerer Höhe. Das heißt, fast die Gesamtheit der ziehenden Vögel kann an vielen Tagen durch Sichtbeobachtung erfaßt werden. Die quantitative Verteilung des Zuges in den verschiedenen Höhenzonen läßt sich durch den kilometerweiten Ausblick ins Albvorland und den Vergleich mit der Albrandhöhe abschätzen. Nur extrem hoher Zug, der aber bei einzelnen Wetterlagen durchaus das Gros der Singvögel umfassen kann, ist kaum beobachtbar. Vor allem im September gibt es über Mitteleuropa Wetterlagen, bei denen die Feldbeobachtung des Tagzugs als Methode zur quantitativen Erfassung versagt.

8.1.2 Zughöhen an den Nehrungen, Zug in den Alpen

Während eines Besuchs bei P. Busse, dem Leiter der Operation Baltic, beobachtete ich im Oktober 1997 auf der komplett bewaldeten Frischen Nehrung vom Beobachtungshochstand der dortigen Station in Höhe der Baumkronen den massiven Vogelzug. Nach Schätzwerten zogen bei Windstille 65 % der Durchzügler bis 10 m über dem Kronendach (überwiegend Erlenzeisig, *Fringilla*-Finken, Meisen, Eichelhäher), 19 % zogen zwischen 10 und 30 m und 5 % zwischen 30 und 50 m oberhalb der Baumspitzen. Hier dominierten *Fringilla*-Arten, Singdrossel, Amsel, Sperber und Nebelkrähe. Ringeltauben beherrschten den Luftraum zwischen 50 und 120 m. In größeren Höhen wurden fast nur noch Gänse beobachtet. Bereits ab Windstärke 3 Bft. aus SW zog ein nennenswerter Teil der Vögel sogar zwischen den Baumkronen.

Die enormen Zugverdichtungen an der Kurischen und Frischen Nehrung vor allem bei Gegenwind und Windstille sind lange bekannt und haben zur Gründung der Vogelwarte Rossitten geführt. Nichts demonstriert den extrem tiefen Tagzug besser als der dortige Massenfang aktiv ziehender Vögel in haushohen Reusen. Insgesamt spielt sich dort der Zug weitgehend in 3 bis 300 m Höhe ab (Thienemann 1928, 1931): Die Krähen ziehen bei Gegenwind in niedriger Höhe vielfach 30 – 50 m, teilweise bodennah, bei geringem Wind oder Rückenwind meist mehrere 100 m hoch, die Kleinvögel in deutlich geringerer Höhe.

Im Gegensatz zum Binnenland beeinflußt dort an der Küste die windabhängige Leitlinienwirkung die erfaßten Zughöhen. Bei Rückenwind fliegen auch die Kleinvögel hoch, die Leitlinienwirkung ist geringer. Bei Gegenwind sind die Vögel in geringer Höhe unterwegs und folgen der Küstenlinie. Dadurch erscheint aber der lokale Anteil hohen Zuges geringer, als er in Wirklichkeit ist. Deutlicher als an den in Zugrichtung verlaufenden Küstenlinien, wie der Kurischen Nehrung, wird dies an Küsten, die stärker von der Zugrichtung abweichen. In Südschweden ist Falsterbo als letzter Punkt des Festlandes insbesondere für die bei Gegenwinden niedrig fliegenden Vögel ein deutlicher Konzentrationspunkt. Bei den seltenen Rückenwinden fliegen die Singvögel und Tauben an der Südküste Schwedens in breiter Front auf die Ostsee hinaus.

Hohe Berge bilden Barrieren. Die geringen Steiggeschwindigkeiten der Vögel und das energieintensive Aufsteigen mit den an Bergkämmen vielfach starken Winden führt in den Alpen und anderen Gebirgen zur verstärkten Nutzung von Pässen und den bekannten Konzentrationen an diesen Punkten, bestens bekannt vom Col de Bretolet (Dorka 1966). Bei „Schönwetter" und „Bise" (Nordwind) vermuten Ryncher & Imboden (1965) hohen Zug ohne Konzentrationen an den Pässen. Bei Rückenwind kamen Finken schon bei Dämmerung hoch an. Die guten, sprich schnellen Flieger wie der Star neigen weniger zum Zug bei konstanter Flughöhe über dem Boden, sondern fliegen optimiert mit möglichst geringen Steigungswinkeln. Dies führt insbesondere an Berghängen dazu, daß sie diese Wege in sehr geringer Flughöhe zurücklegen. So fliegen neben dem Star auch Bergfinken, Feldlerchen und viele andere teilweise in sehr geringer Höhe an Berghängen hoch. Godel & de Crousaz (1958) berichten von Krähen, „die die letzte Strecke in ganz kurzen Flugetappen, in einzelnen Fällen sogar zu Fuß zurücklegen, wobei der Schnabel vor Anstrengung oder Erschöpfung geöffnet ist", Vergleichbares wird für die Rabenkrähe vom Hahnenmoospaß (CH) berichtet.

8.1.3 Zug über Süddeutschland

„Erfuhr durch das Beringungsverfahren unsere Kenntnis von der Richtung des Wanderfluges eine überaus wertvolle Bereicherung, so wurde zu gleicher Zeit mit Hilfe der Luftschiffahrt ... die Frage nach der Höhe des Vogelzuges wesentlich geklärt."

Friedrich von Lucanus (1923)

Fragen der Zughöhe wurden seit Gründung der Station RM mit verschiedenen Methoden angegangen:

1. Zughöheneinschätzung: Der tägliche subjektive Gesamteindruck der Stationsleiter zur Zughöhe wird seit 1980 notiert, von vier Zughöhenklassen (siehe Kap. 8.1.4) sind eine oder

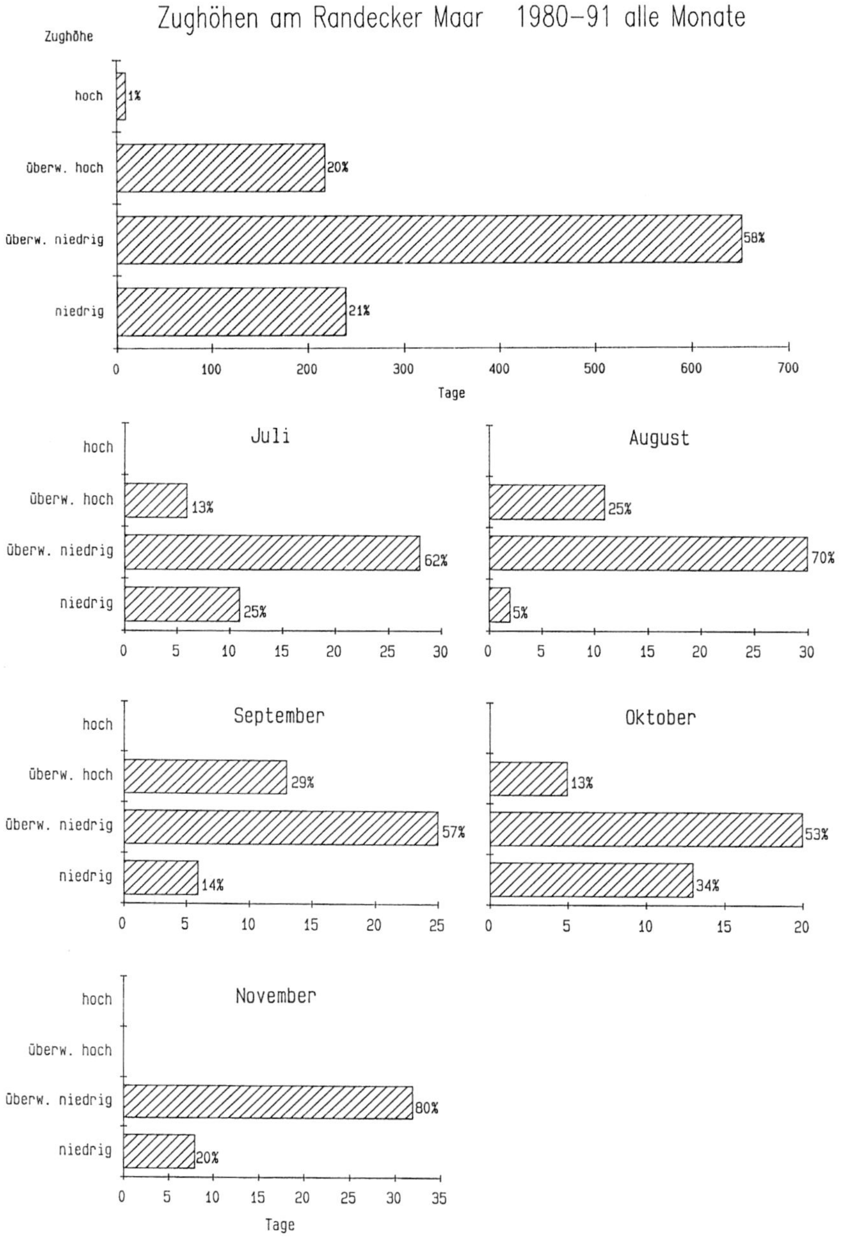

Abb. 8.1.1: Verteilung der Zughöhen 1980 – 1991 am Randecker Maar nach Einschätzung der Zugbeobachter in vier Höhenstufen.
Oben: alle Zugtage, d. h. windunabhängige Auswertung.
Unten: wie oben für die 50 zahlenstärksten Zugtage eines jeden Monats.

Fig. 8.1.1: *Distribution of migration altitudes at Randecker Maar 1980 – 1991 in 4 height classes assessed by the observers. From top to bottom: high, mainly high, mainly low, low.*
***Above:** all migration days; i. e. evaluation independent of wind.*
***Below:** as above for the 50 heaviest migration days in each month.*

ausnahmsweise zwei anzukreuzen. Hier wurden die Jahre 1980 – 1991 ausgewertet.

2. Höhenverteilung am Hohenbol (Hügel am Talhang) und am Römerstein (zentrale Albhochfläche): An den beiden Beobachtungspunkten Hohenbol (150 m über Talgrund) und Römerstein (Aussichtsturm 100 m über Albhochfläche) wurden in fünf Jahren an je 34 Tagen die Zughöhen ziehender Vögel zu Vergleichszwecken geschätzt und ausgewertet. Auch am Breitenstein und an der Teck (400 m über Umland) direkt am Nordabfall der Alb in Nähe des RM konnten Höhenabschätzungen vorgenommen werden.

3. Zughöhenverteilung am RM bei Gegen- und Rückenwind: Während der Planbeobachtungen am RM wurden seit 1985, besonders aber seit 1990 die Zughöhen von Schwärmen und Einzelvögeln geschätzt. Die Daten wurden zusammen mit Zugrichtungen und Windverhältnissen protokolliert, so daß Auswertungen zur Windabhängigkeit möglich waren.

4. Zughöhen nach Radaruntersuchungen im Albvorland: Ein Zielfolge-Radargerät vom Typ „Superfledermaus" der Schweizerischen Vogelwarte Sempach wurde 1987 für einige Wochen im Albvorland eingesetzt (Bruderer & Liechti 1998) und ließ einen Vergleich zwischen der Zugerfassung durch Beobachtung und durch Radar zu. Die Ergebnisse, die durch parallele visuelle Zugerfassung ergänzt wurden, werden in Abschnitt 8.1.11 wiedergegeben.

8.1.4 Subjektive Zughöheneinschätzung der Stationsleiter am RM

Beobachtern, die täglich 10–14 Stunden den Zug erfassen, entgeht auch extrem hoher Zug an der Grenze der Sichtbarkeit nicht völlig, etwa der Finkenschwarm, der die Flugbahn eines hoch ziehenden Greifvogels im Fernglas kreuzt, Saatkrähen, die im blauen Himmel vor den Kondensstreifen eines Düsenflugzeugs sichtbar werden, oder die Flügelschläge selbst im Fernglas unsichtbar bleibender Larolimikolen, von denen nur das regelmäßige Aufblitzen ihrer das Sonnenlicht reflektierenden Flügel wahrgenommen wird. Weder Art noch Anzahl können hier benannt werden, doch der subjektive Eindruck genügt für eine generelle Erfassung.

Das gesamte Zuggeschehen wurde unabhängig von konkreten Höhenmessungen täglich in folgenden Kategorien notiert:

- **Stufe 1.** Der Zug war allgemein niedrig (im folgenden „niedriger" Zug).
- **Stufe 2.** Der Zug war niedrig und in mittlerer Höhe. Nach meiner Ansicht wurde wenig übersehen („überwiegend niedriger" Zug).
- **Stufe 3.** Der Zug war relativ hoch. Nach meiner Ansicht wurde vieles übersehen („überwiegend hoher" Zug).
- **Stufe 4.** Der Zug war extrem hoch. Wahrscheinlich wurde der größte Teil übersehen („hoher" Zug).

Die Auswertung von zwölf Zugperioden ergab, daß an 79 % aller Tage der Zug als „niedrig" oder „überwiegend niedrig" eingeschätzt wurde, an 20 % als „überwiegend hoch" und nur an 1 % der Tage als „hoch" (Abb. 8.1.1a).

Bei einer Selektion der 50 zahlenstärksten Zugtage aller Jahre je Monat, also rund 13 % der Tage eines Monats, fehlt die Eintragung hoher Zug. Dieser „hohe" Zug folgt einem jahreszeitlichen Gang (siehe Kap. 9.3) und nimmt mit dem jahreszeitlichen Anteil der Hochdruckgebiete von Juli bis September kontinuierlich zu (maximal 29 %), sinkt anschließend im Oktober auf weniger als die Hälfte ab und liegt im November weit unter 1 % (Abb. 8.1.1 b). Der Anteil der beiden Kategorien „niedriger" und „überwiegend niedriger" Zug ist im Juli entsprechend seinen Zyklonallagen mit 87 % sehr hoch. Beeinflußt wird dieser Wert aber auch durch die Zuggewohnheiten von Mauersegler und Wespenbussard. Er sinkt im August auf 75 % und erreicht seine niedrigsten Werte mit 71 % im September. Erneut zunehmende Tiefdruckeinflüsse lassen den Wert im Oktober wieder auf 87 % ansteigen. Im November gehören dann alle Zugtage (100 %) den beiden niedrigen Kategorien an.

8.1.5 Zughöhen am Hohenbol (Tallage) und Römerstein (Albhochfläche) – ein Blick von oben auf die Vögel

Durch Beobachtung an Orten mit günstiger Topographie, wie dem Albrand und der Albhochfläche, kann das Zuggeschehen in Höhen zwischen 100 bzw. 200 m unter- und oberhalb

Tab. 8.1.1: Zughöhenverteilung an verschiedenen Beobachtungspunkten im Bereich der Schwäbischen Alb. Erläuterungen im Text. * Der tiefste (bodennahe) Bereich des Zuges wird unvollständig erfaßt, weil der Beobachter Vögel dort nicht mehr auffindet. – *Distribution of migration heights at different observation points in the Schwäbische Alb area. Explanations in text. * The lowest (just above ground) height zone is incompletely recorded because observers have trouble seeing the birds there.*

Beobachtungspunkt		Höhenstufe	Anteil in %	Lage des Beobachtungspunktes
Hohenbol		< 150 m	74 *	Vulkankegel im Albvorland, 150 m über Tal
Römerstein	Herbst	< 100 m	81 *	100 m über Albhochfläche
	Frühjahr	< 100 m	59 *	
Randecker Maar		< 50 m	58	400 m über dem Albvorland
		50 – 100 m	22	
		100 – 200 m	14	
		> 200 m	6	

Augenhöhe der Beobachter gut erfaßt werden. Auch die Flughöhe relativ zum Horizont kann hier genauer eingegrenzt werden. Steile Geländeabstürze, die den Blick von oben auf den vorbeiflutenden Zug ermöglichen, lassen Einblikke in das Zuggeschehen bis 300 – 400 m ü. B. zu. Die Beobachtungsorte Hohenbol, Teck und Breitenstein, 150 m bzw. 400 m über dem Vorland der Alb gelegen, zeigten uns, daß der Beobachter dort zur Erfassung des vorbeiflutenden Zuges fast immer zu hoch steht (GATTER 1970d).

Am Vergleichspunkt „Aussichtsturm Römerstein", 7 km südlich des RM, 100 m über der Albhochfläche, wurden unregelmäßig zwischen 1974 und 1991 insgesamt 114.000 Tagzieher (60 % davon im Frühjahr) gezählt. Am Hohenbol, 5 km nordwestlich des RM und nur 150 m über dem Albvorland gelegen, wurden 1968 – 1973 über 300.000 Vögel gezählt. Von 28.000 Vögeln wurden Notizen zur Zughöhe gemacht.

An den verschiedenen Beobachtungspunkten wurden vergleichbare Höhenverteilungen des Vogelzuges (Tab. 8.1.1) ermittelt. Wegen der Nichteinsehbarkeit des tiefsten Bereichs (Hohenbol) und wegen des generell schlechten Auffindens der Vögel über dunklem, stark strukturiertem Grund wurde der Durchzug in niedrigen Zughöhen unterschätzt.

8.1.6 Zughöhenverteilung am Randecker Maar – die meisten fliegen niedrig

Einerseits wurden die Zughöhen von Schwärmen und Einzelvögeln, die direkt über die Station zogen, geschätzt, andererseits solche, die westlich der Station in Entfernungen von 500 – 800 m die Albhochfläche überquerten. Letztere Entfernung bot einen günstigen Winkel für Höhenschätzungen im Vergleich zu Landmarken: ein 30 m hoher Waldrand, ein 100 m hoher Hügel, beide 1 km entfernt, und weitere Höhenmarken am Albrand und auf der Hochfläche gaben den Maßstab für den unteren Bereich. Artabhängig kamen zwischen 10 – 70 % aller Vögel aus ENE bis E bereits über der Albhochfläche an. Die Masse der SW-S-Zieher wurde aber 300 m bis ein km nach Überquerung des Albrandes, d. h. meist nach Aufstieg, auf der

Tab. 8.1.2: Grobe Zuordnung am Randecker Maar festgestellter durchschnittlicher Höhen des sichtbaren Zugs. – *Rough allocation of mean visible migration heights per species recorded at RM.*

Zughöhe	Art
20 m	Buntspecht, Wiesenpieper, Kohlmeise, Blaumeise, Kleiber, Waldbaumläufer, Star, Girlitz, Stieglitz, Erlenzeisig, Bluthänfling
30 m	Heidelerche, Baumpieper, Gebirgsstelze, Bachstelze, Rotdrossel, Fitis, Eichelhäher, Bergfink, Kernbeißer
40 m	Rauchschwalbe, Heckenbraunelle, Hausrotschwanz, Amsel, Singdrossel, Tannenmeise, Buchfink, Kreuzschnabel
70 m	Baumfalke, Merlin, Feldlerche,
80 m	Turmfalke, Mehlschwalbe
100 m	Rohrweihe, Kornweihe
150 m	Mäusebussard, Sperber, Wespenbussard
170 m	Kormoran, Graureiher, Schwarzstorch, Rotmilan, Ringeltaube
300 m	Saatkrähe

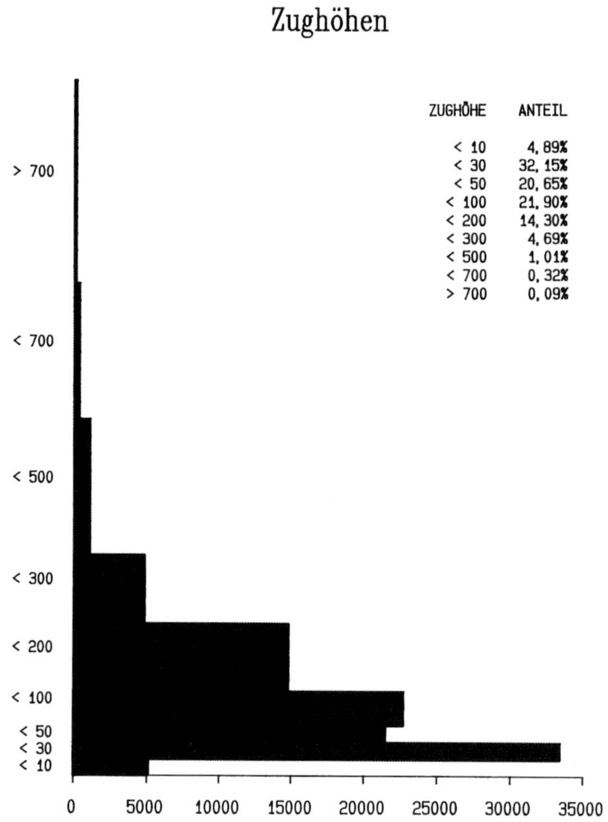

Abb. 8.1.2: Zughöhenverteilung der am RM erfaßten Arten. X-Achse: Zahl der ausgewerteten Individuen (Trupps wurden als Einzeltiere gewertet). – *Migration altitude distribution of species recorded at RM. Horizontal axis: number of evaluated individuals (flocks counted as single birds).*

Hochfläche erfaßt. Es war nicht Ziel der Untersuchung, ein allgemeines auf andere Regionen übertragbares Bild der Zughöhe des Tagzugs zu ermitteln. Die Betrachtung der Verteilung des Zuges auf die unterschiedlichen Höhenschichten sollte, neben dem Vergleich der einzelnen Arten untereinander, insbesondere auch der Abschätzung der Effektivität der Zählungen am RM dienen. Zum Vergleich mit anderen Orten können die absoluten Höhenangaben nur mit Einschränkungen herangezogen werden.

80 % aller 1989 – 1995 am RM registrierten Vögel zogen in Höhen unter 100 m, 43 % im Bereich bis 50 m, 32 % bis 20 m und 5 % unter 10 m. Lediglich 14 % der registrierten Arten flogen im Bereich zwischen 100 und 200 m. Es ist davon auszugehen, daß der Bereich darüber hier unterrepräsentiert ist (Abb. 8.1.2).

Die spitzflügeligen Vertreter sind im untersten Bereich stärker vertreten, wie die Artenpaare Rauch- und Mehlschwalbe, Buch- und Bergfink zeigen (Tab. 8.1.2, Abb. 8.1.4a, 8.1.4b). Unter den „mittelgroßen" Arten fliegt der Star am niedrigsten. Die weiteren Abstufungen sind im wesentlichen auch größen- und gewichtsabhängig, sehr kleine Arten fliegen bei Tage überwiegend in geringen Flughöhen von unter 50 m.

8.1.7 Zughöhe in Abhängigkeit vom Wind – Rückenwind begünstigt Höhenflug

Während des Herbstzugs überwiegen in Mitteleuropa die Gegenwinde. Dabei ist entscheidend, daß die Windgeschwindigkeit mit der Höhe zunimmt oder umgekehrt, daß bodennah die geringsten Windgeschwindigkeiten auftreten (Kap. 9.4). So ist zu erwarten, daß viele Zugvögel bei Gegenwind niedrige Flughöhen einhalten. September und Oktober sind die Monate stärksten Zuges der Kleinvögel. Leichte Gegen- bis Seitenwinde machen dann in den Stunden stärksten Zuges von 5 – 11 Uhr bei Schönwetter mit maximal 50 % Bewölkung 60 – 70 % des Angebots aus. Bei Betrachtung aller Tage liegt dieser Anteil sogar bei über 70 % (siehe Kap. 9.2). Stärkere Gegenwinde ab 4 Bft, aus S bis W, sind am RM in den stärksten Zugstunden von 5 – 11 Uhr im Juli mit 13 %, im August mit nur 9 %, im September dann mit 25 %, im Oktober mit 32 % und im November mit 35 % der Zeit vertreten. Seitenwinde aus NW und entsprechende starke Rückenwinde sind demgegenüber selten (siehe dazu Kap. 9.2).

Am RM wurde insgesamt bei über 300.000 Vögeln die Zughöhe zusammen mit Windrichtung und -stärke registriert.

Bei Gegenwind mit einer Windstärke von 0 – 1 Bft, gemessen in 20 m Höhe, erstreckt sich der sichtbare Hauptzug der Passeres von 0 – 500 (– 700) m Höhe (Abb. 8.1.3).

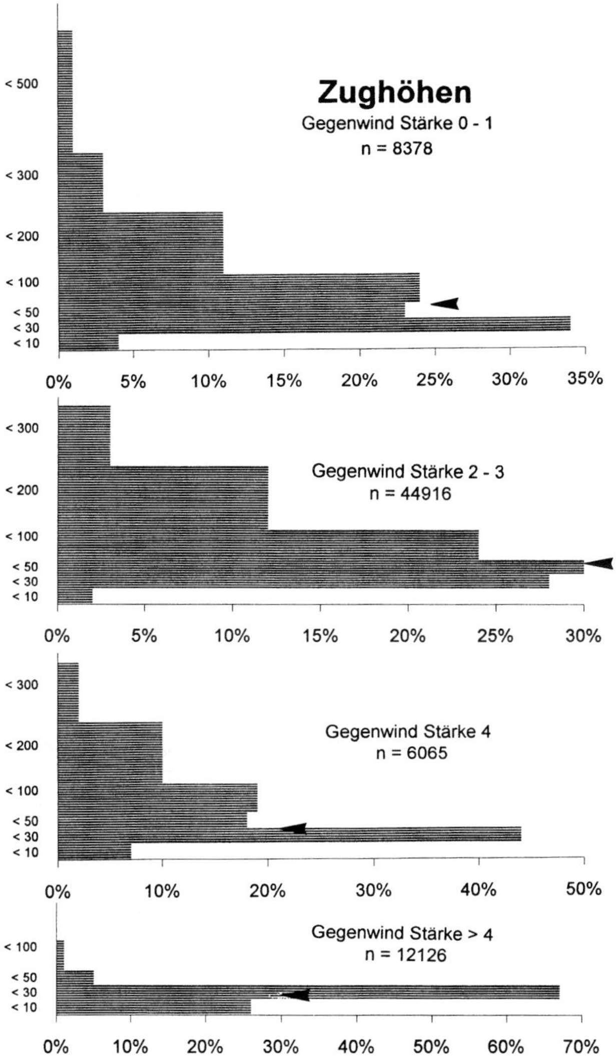

Abb. 8.1.3: Zughöhenverteilung von Singvögeln am RM bei Gegenwinden unterschiedlicher Stärke. – *Migration altitude distribution of songbirds at RM with headwinds of differing strengths from 0 to > 4 on the Beaufort scale.*

Die durchschnittliche Flughöhe liegt jedoch unter 50 m. Sichtbarer Zug über 500 m findet zu weniger als 1 % statt. Bereits bei Windstärken von bodennah 2 – 3 Bft reduzieren sich die Maximalhöhen weitgehend auf 300 m, die Durchschnittshöhe liegt weiterhin um 50 m. Bei Gegenwinden von Stärke 4 werden nur noch 12 % der Vögel oberhalb von 100 m, insgesamt 30 % oberhalb von 50 m registriert und die durchschnittlichen Zughöhen liegen jetzt bei knapp 30 m. Das heißt, der Zug paßt sich nun in verstärktem Maße an die Geländemorphologie an. Die Vögel umfliegen selbst sanfte Hügel. Bei Gegenwind der Stärke 5 und darüber kann nach wie vor noch starker Zug stattfinden, 26 % aller Vögel ziehen dann unterhalb von 10 m, weitere 67 % zwischen 10 und 30 m, nur noch 1 % fliegt zwischen 50 und 100 m. In der Praxis bedeutet das: Zug über offenem Gelände unter Baumhöhenniveau, im Windschatten von Waldrändern und Hängen und zwischen den Baumkronen.

Die untersten zehn Meter scheinen nicht für alle Arten optimal zu sein. Laufend stehen Hindernisse wie Bäume oder Hecken im Wege, die umflogen oder überflogen werden müssen. Die Übersicht für eine gewisse Vorausorientierung fehlt („Visierorientierung“, VLEUGEL 1955) und die Prädationsgefahr durch aus der Deckung herausstürzende Greife dürfte ansteigen. Nur bei stärkerem Wind scheint der geringere Energieverbrauch bei bodennahem Flug diese Nachteile aufzuwiegen.

Der Zug bei Schönwetter, Windstille oder Rückenwind spielt sich zu bedeutenderen Teilen in größeren Höhen ab als bei Gegenwinden.

Nach Höhenmessungen aus allen Windrichtungen ziehen am Randecker Maar 37 % des sichtbaren Zuges unter 30 m, 58 % unter 50 m und 94 % unter 200 m durch (Abb. 8.1.2).

Extreme Wetterlagen bewirken ebenfalls vom üblichen abweichende Zughöhen. „Schlechtwetterherbste“ (Kap. 9.8) mit ständigen Tiefdruckgebieten und westlichen Winden wie 1974 und 1998 fallen durch extrem niedrigen Zug aus dem Rahmen. Bei laufend westlichen Winden und vielfach schlechten Zugbedingungen nimmt der Zug von Nachtziehern bei Tage zu. Vergleichbares könnte wohl für die Tagzieher bei Nacht zutreffen. In „Schönwetterherbsten“ mit beständigen Hochdrucklagen wie 1972 und 1997 (Kap. 9) läßt sich insgesamt schwächerer Tagzug erkennen. Ein größerer Anteil zieht wohl in der Höhe. In beiden Fällen verlagern sich auch die

„Zugstraßen"! Während der Ostlagenherbst 1997 östliche Zilpzalpe in großer Zahl ans Randecker Maar führte, fehlten diese im Westlagenherbst 1998 völlig (GAEDECKE in Vorb.). Auch einige Arten skandinavischer Herkunft erschienen in diesem Westwindherbst nur in geringer Zahl.

8.1.8 Baumläufer ziehen niedrig, Bussarde hoch – einige Artbeispiele

Die in den Graphiken angegebenen Durchschnittshöhen bzw. Anteile in den oberen Höhenklassen sind nur im Vergleich zu gleich großen Arten relevant. Die obere Grenze der Sichtfeststellungen ist vor allem von der Größe der Objekte und den Beleuchtungsbedingungen abhängig.

Greifvögel. 4000 Zugtage am RM, an Teck, Hohenbol, Römerstein und Breitenstein zeigen, daß der Schwerpunkt des Greifvogelzugs im nördlichen Albvorland innerhalb eines Bereiches, der sich mit starken Ferngläsern überblicken läßt (fünf und mehr km), überwiegend recht niedrig liegt. Die meisten Greifvögel fliegen von diesen hohen Punkten aus betrachtet unterhalb des Horizonts. Ein Teil der vom RM aus sichtbaren Greifvögel überquert die Alb nicht, sondern zieht albparallel nach WSW ab. Dieser Zug findet im sichtbaren Bereich zu 90 % unterhalb Albniveau, also in Höhen bis 400 m über Boden statt. Das Gros der vorbeigleitenden Greife, v. a. Mäusebussard und Sperber, fliegt dabei unterhalb von 300 m über dem Vorland (Abb. 8.1.4a). Bei mehr SW-Richtung wird die Albrandhöhe vielfach erst mit langwierigem Hochschrauben erreicht. Auf Plateauhöhe angelangt, suchen sie meist kreisend eine für den Weiterflug günstige Gleithöhe auf. Ein hoher Anteil zieht im Ruderflug niedrig durch. Die Zughöhe liegt damit durchschnittlich weit niedriger, als es für Greifvögel nach verschiedenen Radaruntersuchungen zu erwarten ist. SCHMID et al. (1986) kommen jedoch für den Alpenraum anhand von Radarbeobachtungen zu ähnlichen Ergebnissen, wobei dort möglicherweise die untersten, bei uns dagegen die hohen Bereiche ungenügend erfaßt sind.

Die Zughöhe der Greifvögel nimmt zum Winter hin ab. Als Ursache für die jahreszeitliche Reduktion der Zughöhen ist die abnehmende Thermik und der Anstieg der Gegenwindgeschwindigkeiten im Verlauf des Herbstes anzusehen. Der Anteil niedrig ziehender Bussarde, Sperber und Kornweihen, die Ende Oktober und im November oft im Ruderflug unterhalb von 50 m ü. B. vorbeiwandern, steigt drastisch an. Er nimmt bei winterflüchtenden Bussarden weiter zu, wobei auch Schneeflucht vielfach im Ruderflug stattfindet. Beim Sperber, in geringe-

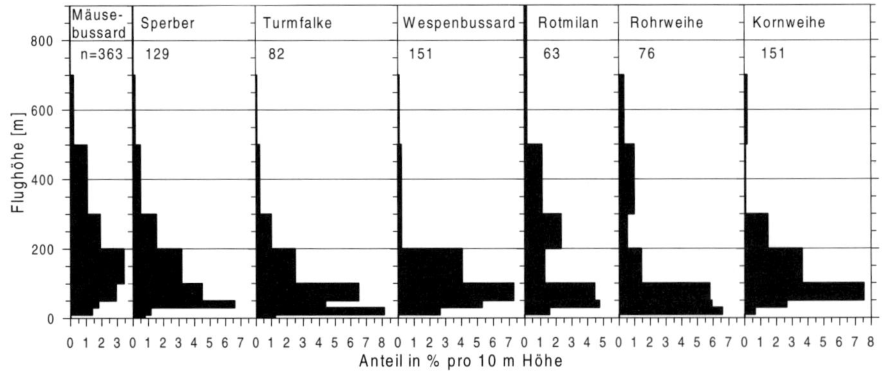

Abb. 8.1.4a: Zughöhenverteilung von Greifvögeln am RM. Beachte die von den Abb. 8.1.2 und 8.1.3 abweichende Skalierung. Dort sind die Mengen/Anteile für unterschiedlich ausgedehnte Höhenbereiche dargestellt. In Abb. 8.1.4a – f und 8.1.6 sind dagegen die Flächen proportional zum Anteil in den einzelnen Höhenabschnitten. Sie entsprechen damit dem realen Verhältnis. – *Migration altitude distribution of* Buteo buteo, Accipiter nisus, Falco tinnunculus, Pernis apivorus, Milvus milvus, Circus aeruginosus *and* C. cyaneus *at RM. Note that the scale differs from that in Figs. 8.1.2 and 8.1.3, where the numbers/share are shown in altitudinal sectors of differing sizes. By contrast, in Figs. 8.1.4a – f and 8.1.6 the areas in the graphs are proportional to the share of total numbers in individual altitude ranges and hence correspond to the relative values in reality.*

rem Umfang auch beim Mäusebussard, findet in den thermiklosen Stunden ein Wandern im Baumhöhenbereich statt, das einem Rastwandern mit häufigen Unterbrechungen entspricht. Zum Nachlassen der Thermik kommt ein weiterer Faktor. Die Zunahme des Körpergewichts gegen Ende der Zugzeit verringert die Steiggeschwindigkeit und führt zu durchschnittlich niedrigeren Zughöhen. Die Gewichtszunahme beträgt beim Mäusebussard im Verlauf der Wegzugzeit rund 100 g (Piechocki 1970). Dies erhöht die Flächenbelastung, die beim Mäusebussard im Mittel 0,42 g/cm^2 und beim Sperber 0,33 g/cm^2 beträgt (Schmid et al. 1986).

Auch nach Radarbeobachtungen von Schmid et al. (1986) unterscheiden sich beim Mäusebussard am Alpenrand Zugrichtungen im September deutlich von jenen im Oktober und werden dort mit lokalen topographischen Gegebenheiten und dem jahreszeitlich abnehmenden Angebot an Aufwinden in Verbindung gebracht. Insgesamt sind die Flughöhen ziehender Mäusebussarde und Sperber auch dort erstaunlich gering und sinken saisonal ab. Die beiden Arten erreichen die Pässe am Alpenrand und in den Alpen in relativ geringer Höhe. Die Autoren schließen daraus, daß bei Planbeobachtungen im Alpenraum kaum mit methodischen Fehlern (wegen stärkeren Zuges im hohen Bereich) zu rechnen sei. Aufgrund des Abbruchs dieser Radarbeobachtungen vor dem Ende der Zugzeit dürften die durchschnittlichen Zughöhenwerte für die Gesamtzeit des Wegzugs noch etwas niedriger liegen.

Wie bei den Passeres (Abb. 8.1.3) bewirken Gegenwinde auch bei Greifvögeln eine starke Reduktion der Zughöhe und damit eine Anpassung des Zuges an die jeweilige Geländetopographie. Als Folge davon überqueren gegen Ende der Zugzeit, wie auch bei Winterfluchten, prozentual weniger Greifvögel die Albhochfläche und folgen stattdessen verstärkt der hier von ENE nach WSW (240°) verlaufenden Albkante als Leitlinie.

38 % aller **Ringeltauben**schwärme ziehen unterhalb von 100 m, weitere 57 % zwischen 100 und 300 m. Die Anteile der über dem Albvorland oberhalb von 350 m ziehenden Schwärme sind gering, wie Winkelmessungen mit Spezialferngläsern zeigten. Nur etwa 1 % der Individuen, die im Albvorland in mehr als 1 km Abstand zum Albrand fliegen, befinden sich im Bereich oberhalb 500 m. Der Albrand fungiert als Leitlinie für die tief ziehenden Tauben. Zahlreiche Schwärme ziehen auch zwischen 30 und 100 m über der Albhochfläche. Sie halten nördlich der Station eine Richtung von etwa 250° ein und biegen westlich der Station auf etwa 220° ab, weil sie sonst schlagartig über dem angrenzenden Tal (ungeliebte ?) Zughöhen von 400 – 500 m über Boden hätten.

Zwischen **Mehl- und Rauchschwalbe** lassen sich deutliche Unterschiede der bevorzugten Zughöhe erkennen (Abb. 8.1.4b). Die Mehlschwalbe zieht höher als die Rauchschwalbe. 30 % fliegen unterhalb 50 m, fast 40 % ziehen zwischen 50 und 100 m, weitere 19 % zwischen 100 und 200 m Höhe. Bei der Rauchschwalbe ziehen dagegen 67,5 % unterhalb 50 m, 90 % unter 100 m. Die tageszeitlichen und täglichen Unterschiede der Zughöhen beider Arten sind enorm.

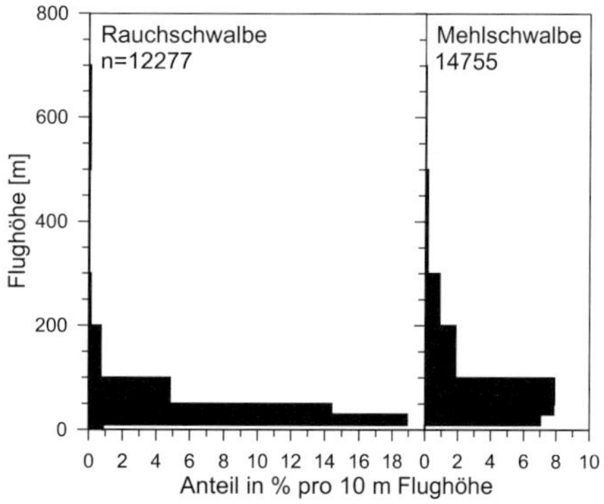

Abb. 8.1.4b: Zughöhenverteilung von Schwalben am RM. – *Migration altitude distribution of* Hirundo rustica *(left) and* Delichon urbica *at RM.*

Die Verteilung zeigt eine deutliche ökologische Trennung der beiden Flugjäger, die auch während des Zuges Insekten fangen. Die von Mehlschwalben genutzten, durchschnittlich kleineren Arthropoden wandern eher in größeren Höhen mit der Winddrift, während die von Seglern und Rauchschwalben erbeuteten Dipteren vielfach aktiv und oft im Rahmen regelmäßiger saisonaler Wanderungen gegen den Wind niedrig wandern (Gatter & Gatter 1973, Gatter 1981a, Gatter & Schmid 1990). Die hier für die Überquerung der Gebirgskante angegebenen Flughöhenzonen sind im Vorland weiter auseinandergezo-

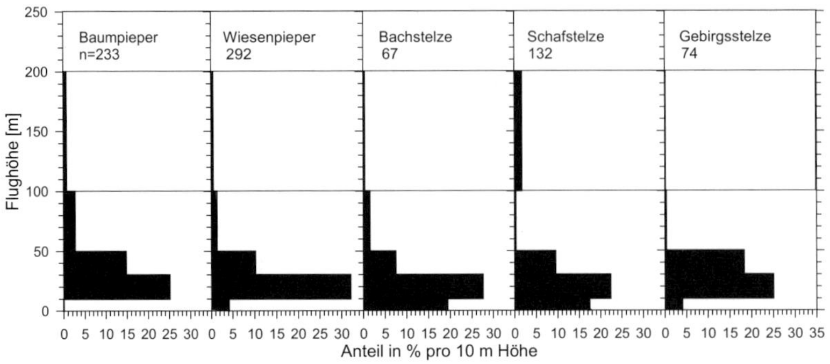

Abb. 8.1.4c: Zughöhenverteilung von Piepern und Stelzen – Motacillidae am RM. – *Migration altitude distribution of (from left to right)* Anthus trivialis, A. pratensis, Motacilla alba, M. flava *and* M. cinerea *at RM.*

gen, besonders die Mehlschwalbe steigt in große Höhen und bewegt sich dort bei fortgeschrittener Mittagszeit oft außerhalb des visuell erfaßbaren Bereichs.

Beim **Wiesen- und Baumpieper** (Abb. 8.1.4c) findet das Hauptzuggeschehen unterhalb von 50 m statt. Besonders der stark ausgeprägte morgendliche Zuggipfel des Baumpiepers verläuft sehr bodennah. Insgesamt mehr windschwache Wetterlagen während der früheren Zugzeit des Baumpiepers dürften für die durchschnittlich größere Flughöhe im Vergleich zum später ziehenden Wiesenpieper mit maßgebend sein (siehe *Fringilla*-Arten und andere Oktoberzieher).

Die **Lerchen** ziehen höher (Abb. 8.1.4d), die Feldlerche noch höher als die Heidelerche. 20 % der Feldlerchen, aber nur 10 % der Heidelerchen werden oberhalb einer Höhe von 100 m entdeckt. An Schönwettertagen können Feldlerchen beim Zug in großer Höhe nur noch unvollständig gezählt werden.

Meisen, Goldhähnchen. Meisenartige (Abb. 8.1.4e) und Goldhähnchen ziehen sowohl bodennah, zwischen oder knapp über Wald- und Gehölzgruppen, entlang Alleen etc., als auch in eindrucksvollem Zug in mittleren Höhen. Die Schwärme steigen dann unter einem Winkel von mehr als 30° in die Höhe und zumindest ein Teil der Kohl-, Blau- und Tannenmeisen erreicht Zughöhen von 200 m und mehr. Bei Hauben-, Sumpf- und Weidenmeise, bei **Baumläufern** und dem **Kleiber** werden nur selten Flughöhen weit oberhalb Baumwipfelhöhe beobachtet.

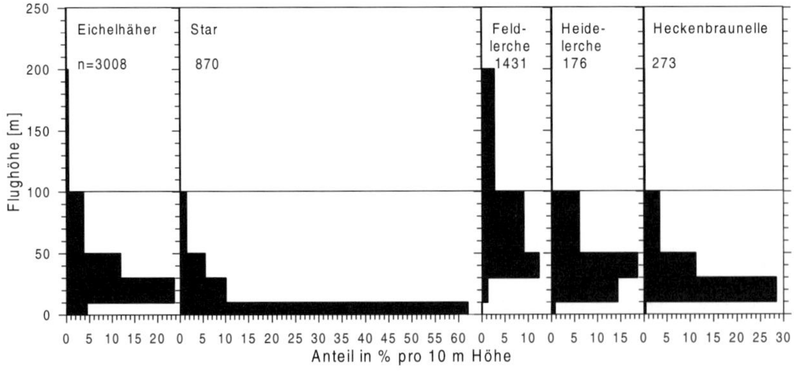

Abb. 8.1.4d: Zughöhenverteilung von Eichelhäher, Star, Feld- und Heidelerche sowie Heckenbraunelle am RM. – *Migration altitude distribution of* Garrulus glandarius, Sturnus vulgaris, Alauda arvensis, Lullula arborea *and* Prunella modularis *at RM.*

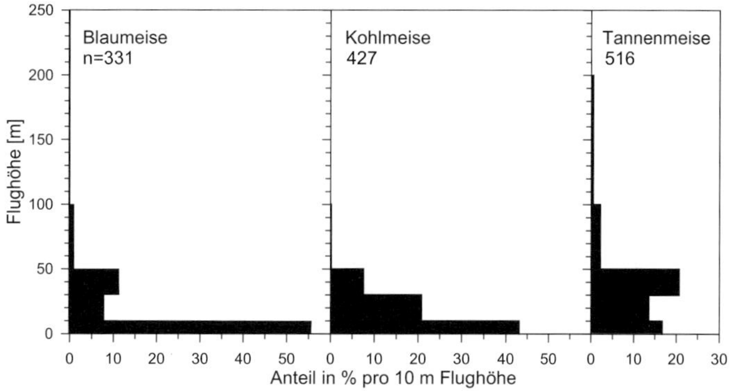

Abb. 8.1.4e: Zughöhenverteilung von Blau-, Kohl- und Tannenmeise am RM. – *Migration altitude distribution of* Parus caeruleus, P. major *and* P. ater *at RM.*

Finken. Im Bereich „niedriger" Zug lassen sich beide *Fringilla*-Arten deutlich unterscheiden. Der Bereich bis 30 m wird vom Bergfink deutlich mehr genutzt als vom Buchfink (Abb. 8.1.4f). Der engere, zeitlich mehr auf den frühen Morgen begrenzte Zug des Bergfinken spielt hier ebenso mit wie der spitzere Handflügel und damit geradlinigere Flug des Bergfinken. Er ermöglicht tiefen Zug bei hoher Fluggeschwindigkeit (Kap. 13.1). An dem oft hohen Zug während der Mittagszeit ist vorwiegend der Buchfink beteiligt. In großen Höhen ist aber eine Artunterscheidung und damit getrennte Zughöhenauswertung beider Arten nur noch bedingt möglich. Der längere Handflügel und damit schnellere Flug des Bergfinken (GATTER 1979, Abb. Kap. 13.1.9) ist dabei wohl nur in zweiter Linie eine Anpassung an den durchschnittlich längeren Zugweg (ECK & BUB 1992), sondern weit eher an die extremen Tageswanderungen während des Winters von den Massenschlafplätzen zum Auffinden von Buchenmastgebieten. Deren evolutiver Einfluß auf den Flügelbau dürfte höher gewesen sein, da Nahrungsflüge von Großschlafplätzen aus über einen Zeitraum unternommen werden, der dem doppelten der Summe beider Zugzeiten entspricht.

Unter den *Carduelis*-Arten ziehen die kurzflügeligen Vertreter wie der Grünling verstärkt im etwas höheren Bereich um 30 m. Spitzflügelige Arten wie Hänfling, Stieglitz und Zeisig (Abb. 8.1.4f) ziehen zu erheblichen Teilen sehr niedrig, über 80 % aller Vögel werden im Bereich unterhalb von 30 m erfaßt.

Fichtenkreuzschnäbel sind sehr gute Flieger und sie werden auch häufig in größerer Höhe gesehen oder gehört. Dennoch ist es auffällig, daß unter den vielen tausend Kreuzschnäbeln, die im

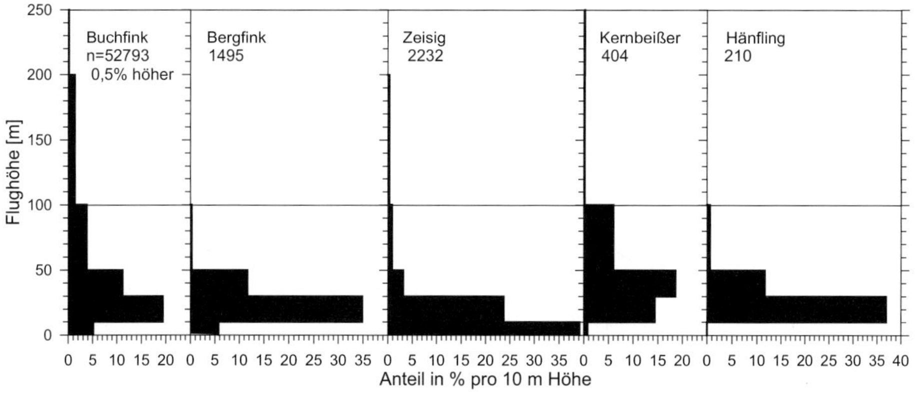

Abb. 8.1.4f: Zughöhenverteilung von Finken am RM. – *Migration altitude distribution of* Fringilla coelebs, F. montifringilla, Carduelis spinus, Coccothraustes coccothraustes *and* Carduelis cannabina *at RM.*

Bereich des RM ziehend beobachtet wurden, eine starke Bindung an die Geländemorphologie festzustellen ist. Neben Zug knapp über den Wipfeln ist in dem zerklüfteten Laubwald-Mittelgebirge der Zug entlang von Berglehnen und Tälern auffällig, der damit zum großen Teil unterhalb der Plateauhöhe der Alb verläuft und mit vielen Richtungswechseln verbunden ist. Dies betrifft durchaus nicht nur Zug gegen den Wind, sondern ist auf der Nordwanderung nach Invasionen im Mai in Verbindung mit Rückenwinden genauso auffällig.

Gut 26 % aller **Stare** (s. Abb. 8.1.4d) ziehen am RM im extrem bodennahen Bereich, d. h. in 0,3 – 10 m Höhe ü. Boden

Eichelhäher fliegen zu über 50 % unterhalb von 30 m, wobei offenes Gelände höher überflogen wird als gehölzreiche „sichere" Landschaften, über die vielfach in Wipfelhöhe gezogen wird. Vergleiche mit Berg- und Buchfink in bezug auf Flügelform und Flughöhe sind angebracht (Abb. 8.1.4d, Abb. 8.1.4f). Große waldfreie Gebiete werden von Hähertrupps oft in großer Höhe überflogen, wobei die durchschnittlichen Flughöhen im Frühjahr diejenigen im Herbst übertreffen, da die Flüge dann zu einem größeren Anteil mit Westlagen, also mit dem Wind erfolgen.

8.1.9 Zughöhe und Konstitution – Meidung von Hindernissen

Ein Vergleich der Tagessummen von LSZ und KSZ ermöglicht es, den Termin, an dem das Zahlenverhältnis zugunsten der KSZ umschlägt, für jedes Jahr und verschiedenen Orte festzulegen. Ein Vergleich dieser Termine des RM (750 m NN), die in Kap. 11.2.1 beschrieben sind, mit jenen der Beobachtungspunkte Sattelbogen und Hohenbol (jeweils 600 m NN) zeigt einen auffälligen Unterschied. Dort liegen diese Zeitpunkte fast alljährlich einige Tage später als am RM.

Die beiden tieferen Punkte werden vermehrt von Vögeln passiert, die parallel zur Alb wandern und damit ohne die Notwendigkeit ihrer Querung, die mit einem Anstieg auf 800 m verbunden ist (s. Abb. 1.2, 1.3, S. 2). Verantwortlich für das Umschlagen der Werte beider Gruppen sind v. a. der LSZ Rauchschwalbe und der KSZ Buchfink. Aus dem Verlauf ergibt sich folgendes:

Die spät ziehenden Rauchschwalben, überwiegend Junge der zweiten Brut, unterscheiden sich zugphysiologisch von den früher ziehenden Artgenossen:

1. Schwächere Konstitution ist bei diesen Vögeln anzunehmen. Sie äußert sich in der Umgehung von Extremleistungen wie vermeidbaren Paßüberquerungen. Junge Rauchschwalben haben kürzere Handflügel und sind damit schwächere Flieger (GATTER & BEHRNDT 1985, VAN DEN BRINK et al. 1997).
2. Die Schwalben ziehen verstärkt in tieferen, damit wärmeren Schichten, die mehr Nahrung während des Zuges versprechen und nehmen dabei Abweichungen (im Mittel 20°) von der am RM genutzten Zugrichtung in Kauf. Eine unterschiedliche Herkunft dieser späten Zieher mit anderem Zugziel ist zwar denkbar, aber unwahrscheinlich. Eher ist anzunehmen, daß der prozentuale Anteil spät ziehender Jungvögel am RM unter-, an den tiefer liegenden Punkten normal oder überrepräsentiert ist.

Übertragen auf andere Arten und auf generelle Zugprobleme, ist dies ein weiteres Indiz dafür, daß

1. ungünstiger werdende Wetterverhältnisse im Lauf des Herbstes Einflüsse auf die Zugstrategie ausüben;
2. die Zugrichtungen sich im Laufe des Herbstes am RM auch bei LSZ ändern und bei KSZ eine Drehung im Uhrzeigersinn Richtung West machen können (siehe dazu Kap. 8.2 Mäusebussard).

Ein weiteres Indiz, daß Gebirge als Zughindernisse auch auf die Arten unterschiedlich wirken, sind die prozentualen Anteile erfaßter Greifvögel an verschiedenen Beobachtungspunkten. Trotz der unterschiedlichen Erfassungszeiträume und Entwicklungen der Greifvogelbestände verschiedener Arten sprechen die Größenordnungen für sich. Wespenbussard, Turm- und Baumfalke überqueren die Alpen problemlos, Mäusebussarde meiden sie geradezu extrem (Tab. 8.1.3).

8.1.10 Radarerforschung des Vogelzuges

Die Radiowellen der Radargeräte sind wie das sichtbare Licht elektromagnetische Wellen. Die

Tab. 8.1.3: Greifvogelzug im binnenländischen Mitteleuropa. Die Prozentwerte zeigen vor allem die unterschiedlich ausgeprägte physiologische Fähigkeit, Gebirge zu überwinden. – *Inland raptor migration in Central Europe. The percentages mainly indicate the differences in physiological ability to overfly mountain ranges.*

Anteil in %	Randecker Maar	Bielefeld	Fort L'Ecluse (Jura/ Frankreich)	Col de Bretolet (Schweiz)	Gurnigel Berner Oberland (Schweiz)	
Zeitraum	1970 - 91	1980 - 85	1983	1964 - 65	1983	1980 - 85
Pandion haliaetus	1	1	1	1	2	
Pernis apivorus	14	10	22	34	6	12
Milvus migrans	0	0	5	1	1	1
Milvus milvus	2	3	4	1	1	1
Circus aeruginosus	5	4	7	7	16	13
Circus cyaneus	2	3	1	1	2	
Accipiter nisus	15	25	9	13	38	33
Buteo buteo	49	44	47	3	19	20
Falco tinnunculus	10	7	2	32	10	9
Falco columbarius	1	2	1	1	2	
Falco subbuteo	2	1	1	5	3	2
Quelle		HELBIG & LASKE (1989)	MULHAUSER et al. (1984)	THIOLLAY (1966)	SCHMID (1984)	SCHMID (1985)

Wellenlänge ist rund 10.000 x größer als beim sichtbaren Licht, aber sehr viel kleiner als Radiowellen. Aus physikalischen Gründen ist das Auflösungsvermögen entsprechend geringer. Bei Abtastung eines fliegenden Vogels durch Radar sind nicht viele Informationen zu erhalten, die einzige verfügbare Größe ist die reflektierte Energie. Diese wird entscheidend von der Wellenlänge des Radarsignals und der reflektierenden Fläche des Objekts bestimmt (komplexer Zusammenhang: Ein kleines Objekt kann unter Umständen größere Signale als ein größeres liefern!). Das empfangene Signal eines Vogels ändert sich mit der Richtung zum Radarstrahl, auch die Flügel verändern die Fläche des Reflektors. Diese wenigen Informationen führen nicht zu eindeutigen Artbestimmungen. BRUDERER (1971) unterscheidet grobe Vogelklassen aufgrund typischer Flügelschlagsequenzen. Zusätzlich verkomplizieren Schwärme, die nicht aufgelöst werden können, das Bild.

Alle in der Vogelzugforschung genutzten Radargeräte sind nicht für diese Zwecke konstruiert worden. In der Mehrzahl der Untersuchungen des überregionalen Zuges wurde auf Geräte zur Überwachung des Luftraumes, meist Rundumsichtradargeräte der Flughäfen, teilweise auch auf Höhenradar- und Echofolgeradargeräte zurückgegriffen. Um die Informationen eines dreidimensionalen Luftraums auf einem zweidimensionalen Bildschirm abzubilden, sind Kompromisse notwendig. So wird der bodennahe Luftraum bei Rundumsichtradaranlagen (Reichweite 50 bis > 100 km) im allgemeinen ausgeblendet, hier sind die Störungen durch feste Reflektoren (Gebäude, Berge, Bäume) zu groß. Je nach Standort der Radaranlage mit Flachland oder Bergen in der weiteren Umgebung nimmt die Empfindlichkeit mit der Höhe ab. Unterhalb 300 m können im allgemeinen keine relevanten Aussagen über den Vogelzug gemacht werden (JELLMANN 1979, HILGERLOH & BINGMAN 1992). Eine Höhen- und Entfernungsabhängigkeit der Empfindlichkeit verkompliziert quantitative Zugaussagen.

Erste brauchbare Überblicke über die qualitative Verteilung der Zugvögel in der Höhe in Mitteleuropa ergaben Radarmessungen in der Schweiz von SUTTER (1957), der auch interessante Höhenverteilungen des Tagzugs im Oktober relativ zu Wolken- und Hochnebelschichten wiedergibt. Bei einer Nebelschicht von 200 - 400 m über Boden konzentriert sich der vormittägliche Zug stark unter 150 m. Auch an einem anderen Tag wurden am Vormittag viele Echos im Bereich um 100 m Höhe erfaßt. Zugschwerpunkte oberhalb ca. 500 m ergaben Messungen in England von HARPER (1958, 600 - 900 m, teilweise bis zu 1500 m), LACK (1960a, b, 600 - 1500 m) und NISBET (1963, 450 - 750 m, 90 %

aller Vögel < 1500 m). Nach Stichproben über das ganze Jahr verlaufen 80 % des Tagzuges unter 3500 Fuß = 1067 m (EASTWOOD & RIDER 1965), mit Median bei 1000 Fuß = 305 m, im Herbst zogen 75 % der bei Tage erfaßten Objekte (Schwärme/Einzelvögel) unter 760 m (2500 Fuß), der Median lag bei 1300 Fuß (400 m). Der generell schneller verlaufende Heimzug im Frühjahr findet im Durchschnitt in größeren Höhen statt als der Herbstzug. Auch der Nachtzug spielte sich im Durchschnitt etwas höher als der Tagzug ab, 30 % der erfaßten Objekte flogen oberhalb 760 m. Bei diesen Untersuchungen ist auch Zug über dem Meer enthalten. Nach ALERSTAM (1975a) erfolgt der Zug bei Rotdrosseln über See in größerer Höhe als über Land, über Entsprechendes bei Buchfinken berichtet DEELDER (1949). Bei Enten zeichnet sich jedoch das umgekehrte Verhältnis ab (ALERSTAM et al. 1974). Auch bei Landvögeln erscheint eine Verallgemeinerung nicht sinnvoll, da oftmals Gegenteiliges beobachtet werden kann. Neben Seevögeln ziehen auch Landvögel – z. B. Sperber, Reiher und viele Singvögel wie Lerchen, Schwalben und Drosseln – über See bei stärkerem Wind teilweise in Wellentälern. GRIFFIN (1964) gibt für Cape Cod (USA) Höhen zwischen 450 und 750 m als mittlere Flughöhen der Mehrzahl der Vogelarten an. Nur 10 % flogen über 1500 m, wobei hier die unteren 30 m nicht erfaßt werden konnten. Zwischen den Vögeln über See und Land fand er keinen Unterschied. Eine den englischen Untersuchungen ähnliche Höhenverteilung (über Boden) ermittelte auch BRUDERER (1971) im Schweizer Alpenvorland. Hier wurden die untersten 30 m bzw. in einem anderen Jahr 65 m nicht erfaßt. 30 m entsprechen aber immerhin der Höhe eines etwa siebenstöckigen Wohnhauses. Nach BRUDERER & STEIDINGER (1972) spielt sich der Nachtzug in der Schweiz zu 50 % unterhalb von 700 m, mit den meisten Echos unterhalb von 250 m, ab.

BUURMA, LENSINK & LINNARTZ (1986) haben sich in einem kombinierten Beobachtungs- und Radarprojekt unter besten topographischen Voraussetzungen in der niederländischen Küstenebene der Höhenverteilung gewidmet. Die Ergebnisse werden bei der Erstellung eines Modells der Zughöhenverteilung des Tagzugs (Kap. 8.1.12) herangezogen.

Generell ist die quantitative Untersuchung des Tagzuges mit Radar schwieriger als die des Nachtzuges. Während der Nacht ziehen die Vögel generell höher als am Tage (EASTWOOD & RIDER 1965 u. a.) und damit ist der Zug in der toten Zone der Radaranlagen (je nach Radaranlage die untersten 20 – 300 m) von geringerer Bedeutung am Gesamtzug. Dabei ist bei allen Geräten bis heute ungeklärt, welcher Prozentsatz von Objekten im untersten Bereich registriert wird. Publikationen zur Auswirkung der vertikalen Wirksamkeit der Radarsysteme auf die quantitative Erfassung in den verschiedenen, insbesondere den bodennahen Höhenschichten fehlen weitgehend (siehe BUURMA et al. 1986). Der Zug bei Nacht wird im wesentlichen durch Einzelvögel bzw. Trupps mit sehr weiten Abständen untereinander (BRUDERER 1971, ALERSTAM 1976) getragen. Im Gegensatz zum Tage bilden sie wohl keine kompakten Schwärme, was eine quantitative Erfassung begünstigt. Beim Zug einzelner Vögel ergibt die Dichte der Echos auf dem Bildschirm des Radargerätes innerhalb gewisser Grenzen quantitativ interpretierbare Ergebnisse von Vögeln und Großinsekten und dementsprechend mit anderen Zugnächten vergleichbare Daten. Bei Tage fliegen die Vögel dagegen sowohl als Einzelvögel wie auch in Schwärmen. Ein Schwarm von 50 oder 1000 Vögeln kann auf dem Radargerät ein gleich großes Echo liefern. Die Fehler der Aussagen sind entsprechend groß. Dies versuchten einige Autoren zu mildern, indem sie die Anzahl der Radarechos mit der Zahl der gleichzeitig beobachteten Schwärme verglichen.

Eine quantitative Abschätzung des Gesamtzuges ist dann bei einzelnen im Radarbild erkennbaren Arten möglich, wenn gleichzeitig durch Feldbeobachtung ermittelte Truppgrößen verfügbar sind und eine Art das Gros des gerade stattfindenden Zuges stellt (ALERSTAM & ULFSTRAND 1974, ALERSTAM et. al. 1974).

Ein Artindiz können Schwarmform (GEHRING 1963), Zugwege (ALERSTAM et al. 1974), jahres- bzw. tageszeitliche Zugverteilung (ALERSTAM 1975a, 1976, GUDMUNDSSON 1994) und eingeschränkt auch die Geschwindigkeit sein. MASCHER et al. (1962) weisen jedoch auf unterschiedliche Verhaltensweisen bei verschiedenen mit Radar gut erfaßbaren Arten hin, welche die quantitative Interpretation von Radardaten erschweren: Während die Zunahme des Durchzuges von Kiebitzen und Krähen auf einer Vergrößerung der Schwärme basierte, nahm bei den Tauben die Zahl der Schwärme zu. So kann bei Tauben mit Radarerfassung eine Aussage bezüglich der Intensität möglich sein, bei den anderen beiden Arten nicht. ALERSTAM et al. (1974)

haben über Radardaten versucht, die Zahl der über Schweden hinwegziehenden Eiderenten und damit die Bestandsgröße der Brutvögel des Bottnischen Meerbusens und der östlichen Ostsee abzuschätzen.

Zur Ermittlung der am Zug beteiligten Arten wie auch zum quantitativen Vergleich wurde der Vogelzug mehrfach parallel von Beobachtern und mit Radar registriert (LACK 1960a, b, ALERSTAM & ULFSTRAND 1972, GEHRING 1963, RABØL & HINDSBO 1972, MASCHER et al. 1962, WILCOCK 1964, BUURMA et al. 1986). Erwartungsgemäß war Radar in mittleren und großen Höhen optimal, Feldbeobachtungen jedoch in niedrigen bis mittleren Höhen. Einzelne Exemplare hochfliegender größerer Arten (insbesondere Non-Passeriformes, z. B. Greife) und Schwärme z. B. von Krähen und Tauben in nicht zu großer Höhe werden in beiden Fällen wahrgenommen. Allerdings kann der Zug bei Entenvögeln auch so hoch erfolgen, daß Feldbeobachtungen weitgehend fehlen (ALERSTAM et al. 1974). Übereinstimmungen beim Singvogelzug sind im allgemeinen gering. Bei ALERSTAM & ULFSTRAND (1972) zeichnet sich in Südschweden zwar häufig Zug ähnlicher Intensität in beiden Systemen an gleichen Tagen ab, die Flugrichtungen unterschieden sich dann jedoch teilweise fundamental. So konnte auf dem Radarschirm hoher Mitwindzug erscheinen, während der bodennahe Zug überwiegend gegen Wind ausgerichtet war. RABØL & HINDSBO (1972) erhalten eine mit der Höhe zunehmende qualitative Übereinstimmung (Rangkorrelation) der Zählungen (ohne Beachtung der Zugrichtung) aus Feld- und Radardaten. Jedoch weichen auch hier die Zugrichtungen vielfach voneinander ab. Bei MASCHER et al. (1962) war die Übereinstimmung in Südschweden gering, Ähnliches gilt für die Untersuchungen von WILCOCK (1964) an der englischen Küste.

So hat sich neben der Nachtzugerfassung (großräumige Richtungen, Geschwindigkeiten, Größenordnung der Menge) die Vermessung der Flugwege von Einzelvögeln oder Trupps (Höhe, Richtung, Fluggeschwindigkeit, Änderungen dieser Größen) mit Zielverfolgeradaranlagen als eine Domäne der Radaruntersuchungen herausgebildet (BRUDERER 1971, 1978, 1982, ABLE 1978, 1982 u. a.). Neuere Befunde (BRUDERER & LIECHTI 1998) lassen methodische Verbesserungen bei der Erfassung im untersten Bereich erwarten.

Kurz zusammengefaßt: Für einen Feldbeobachter ist der erfaßte Ausschnitt aus dem Zug meist kleiner als bei Radaranlagen. Dagegen ist die Artbestimmung und Erfassung der Schwarmgrößen bei gleichzeitig zahlreichen Arten im Gegensatz zu Radaruntersuchungen möglich. Vorteile der Radaranlagen sind die beleuchtungsunabhängige Erfassung des Zuges und damit auch die Möglichkeit der Registrierung des Nachtzuges mit den Möglichkeiten zur Vermessung von Flugwegen einzelner Vögel (Höhe, Richtung, z. T. Flügelschlagfrequenz) in Stichproben und eine artübergreifende Darstellung der augenblicklichen Zugrichtung in einem großen Gebiet. Angesichts der in Mitteleuropa beim Wegzug meist geringen Zughöhen entgeht dem Radar aber ein großer Teil des tiefen Zuggeschehens und damit auch ein größerer Teil des Artenspektrums (Kap. 8.1.8).

8.1.11 Radar- und Sichtbeobachtungen am Rande der Schwäbischen Alb im direkten Vergleich

Für den Zeitraum vom 22. September bis 9. Oktober 1987 ergab sich die Gelegenheit, zusammen mit der Schweizerischen Vogelwarte Sempach mit dem Zielfolgeradargerät „Superfledermaus“ bei Ohmden, 8,5 km nördlich des RM im Albvorland, zu arbeiten und die Ergebnisse unserer parallelen Planbeobachtungen vom Radarstandort und der Station mit den Radarmessungen (BRUDERER & LIECHTI 1998) zu vergleichen. Diese Radaruntersuchungen brachten sowohl Einblicke in die Leitlinien- und gleichzeitig Zughinderniswirkung der Alb als auch den Nachtzug im weiteren Bereich des RM. Die Erfassung des Tagzuges war nicht primäres Ziel der Untersuchung, machte aber die Probleme der Methode deutlich, die in Kap. 8.1.12 durch die Untersuchungen von BUURMA et al. (1986) bestätigt und weiter diskutiert werden. Einige der Ergebnisse dieses kurzen Experiments sollen hier unseren gleichzeitig und in vielen Jahren davor und danach gewonnenen Erkenntnissen vom RM und benachbarten Punkten gegenübergestellt werden. Vor allem die Diskrepanzen im untersten, aber eindeutig am dichtesten beflogenen Bereich bis 100 m Höhe sollen näher betrachtet werden.

22. bis 30. September: In diesem Zeitraum war am RM an 7 von 9 Tagen niedriger Zug (Stufe 1), an dreien davon mit mittelhohem Anteil und an den restlichen zwei Tagen Stufe 2 notiert worden.

An diesen Tagen wurde die Radaruntersuchung tags mehrfach abgebrochen, weil trotz teils gutem, visuell festgestelltem bodennahem Zug mit Radar kaum oder keine Objekte erfaßt wurden. So am 23. und 24. bei kräftigem (Station RM Stärke 4 – 5, Radarstandort 2 – 3 Bft.) und am 25. September bei mäßigem SW-Wind. Am 23. und 24. September war am Radarstandort der Kleinvogelzug visuell fast ausnahmslos unter 30 m festgestellt worden, am 25. lag der Durchschnitt morgens nur wenig höher. Der 23. und 25. brachten an der Station RM durchschnittliche, der 24. unterdurchschnittliche Tagessummen.

Die Feldbeobachtung am Radarstandort von 7.00 – 9.00 Uhr am 23. September ergab Flughöhen bei Star und Rauchschwalbe von unter 1 – 10 m, bei Finken unter 30 m, bei den über 1500 gezählten Mehlschwalben 20 – 40 m, Eichelhäher knapp über Baumhöhe und Ringeltaube unter 80 m. Bei der gleichzeitigen etwa einstündigen Radarüberwachung konnte kaum ein sich in Zugrichtung fortbewegender Vogel oder Trupp erfaßt werden.

1. bis 5. Oktober: Nach den Radarergebnissen „war die Zugintensität in der Meßperiode 1.–5. Oktober sehr hoch und stärker auf die untersten Flugniveaus konzentriert: der Median lag unter 200 m, die 90 % Grenze bei 600 m“ und Bruderer & Liechti (1998) nehmen an, „daß die an sich vorteilhaften Zugbedingungen starken Zug begünstigt haben, daß aber die östlichen und zum Teil südöstlichen Winde über der Alb den Zug im Windschatten der Alb komprimierten“. Am RM auf 800 m waren die Winde am 1., 2. und 5. stärker, am 3. und 4. mit Windstärken um 2 bis 3 schwach. An allen Tagen förderte seitlicher Rückenwind aus E bis SE den Zug über die Alb. Besonders an den Tagen mit stärkerem Wind (aus SE) verzeichneten die Beobachter sowohl am Radarstandort als auch am RM niedrigeren Zug als am 3. Oktober bei gleicher Windrichtung, da die Starkwindtage bei größerer Zughöhe zu erhöhter Verdriftung geführt hätten. Parallel durchgeführte Radar- und Feldbeobachtungen am Radarstandort ergaben an diesem Tag unterschiedliche Ergebnisse bezüglich der Flughöhe. Während die Obergrenzen für beobachtete Singvögel geschätzt bei 400 m, gemessen mit Radar bei 460 m lagen, waren die Durchschnittswerte und die Untergrenzen gravierend verschieden. Beim Radar lag der Durchschnitt zwischen 200 und 250 m, die Untergrenze bei 80 m. Bei der Beobachtung war der Durchschnitt bei 60 m, der Schwerpunkt (siehe Abb. 8.1.6) sogar darunter und selbst der Bereich unterhalb von 30 m (Waldrandhöhe) war gut frequentiert. Vergleichen wir dies mit den Beobachtungen an der windexponierten Station auf der Albhochfläche: Wie die überwiegenden Windrichtungen SE-E (NE), gelegentlich S erwarten ließen, war der an allen Tagen überdurchschnittliche bis starke Zug bei fördernden seitlichen Rückenwinden an keinem Tag subjektiv als niedrig (Stufe 1) eingestuft worden. An allen Tagen schien er den Beobachtern als – überwiegend niedrig – im wesentlichen noch gut erfaßbar (Stufe 2, Abb. 8.1.1a). Diese Zughöheneinschätzung entspricht für diese Wetterlage unseren langjährigen Erfahrungen und Ergebnissen der Tagzugforschung von anderen Orten (Kap. 8.1.12). Am Radarstandort war die visuell festgestellte Durchschnittshöhe des Zuges aller Trupps bei knapp 50 m. Die Höhe der vom Radaroperator am Bildschirm gesuchten und von Feldornithologen am radarstrahl-parallelen Fernrohr bestimmten Vögel lag im Mittel bei 230 m (80 – 900 m).

6. bis 9. Oktober: Der 6. Oktober war am RM einer der stärksten Zugtage der Saison. Bei 2/8 Bewölkung, S-SW-Wind Stärke 2 Bft und guter Fernsicht herrschte am RM bereits nach 5.00 Uhr starker Zug von Drosseln (v. a. Singdrosseln und Amseln). Finkenzug setzte mit Tagesanbruch ein. Schon um 8.00 Uhr waren 50 % der Tagessumme aller Arten durchgezogen. Der Nacht- und Übergang zum Tagzug war am Radar als unbedeutend registriert worden („die Schlechtwetternächte vom 5.–9. Oktober trugen nur wenig zur Gesamtechozahl bei“). Angesichts des ausnahmslos niedrigen Tagzugs an Radarstandort und RM könnte man vermuten, daß wohl auch das Ende des Nachtzugs in Höhen stattgefunden hatte, die dem Radar nur teilweise zugänglich waren. In den ersten Morgenstunden zählten wir am Radarstandort durchschnittlich 500 Vögel/15 Min., fast generell unter 40 m. In den folgenden Tagen brachte schlechtes Wetter nur noch schwachen sehr tiefen Zug (Abb. 8.1.6). Ein „Übersehen“ offenkundig guten Nachtzugs am Morgen des 6.10. mit Radar ist durchaus nicht unwahrscheinlich. In Südschweden wurde bei Untersuchungen zu nächtlichen Zugrichtungen mit Hilfe gebündelter Lichtstrahlen starker Nachtzug zwischen 10 und 100 m festgestellt (Åkesson 1993). Auch die nicht seltenen Anflüge von Nachtziehern an Hochspannungsleitungen sprechen für regelmäßigen nächtlichen Zug in so geringen Höhen.

Innerhalb der 20tägigen Radar-Meßperiode ließ sich der Tagzug windbedingt also nur im Zeitraum 30. September – 5. Oktober bei seitlichen Rückenwinden und in der Nordwindperiode vom 27.–29. September gut erfassen.

Ergebnis für die Tagzugregistrierung: In der Periode 22.9. bis 25. 9. überwogen Winde aus West. Der sichtbare Zug war niedrig, teilweise extrem tief und war bei Zugbeobachtung im Vorland und am Maar gut zu erfassen. Am 26. regnete es. Mit Radar war diese Periode tags nicht zu registrieren. Dasselbe gilt offenbar für die Nacht, denn dieser Zeitraum erscheint nicht in der Auswertung von Bruderer & Liechti (1998, dortige Abb. 4).

Die Nordwindperiode vom 27. bis 29.9. brachte am Radar sehr gute, mit Feldbeobachtung durchschnittliche Ergebnisse. Dasselbe gilt für den durch Ostwind geprägten 30.9.

Im Zeitraum 1.–5.10. herrschten während der ersten drei Tage Winde um NE bis SE. Sie bescherten am Radar überdurchschnittlichen, am RM durchschnittlichen bis leicht überdurchschnittlichen Zug. Am 4. und 5.10. pendelte der Wind bodennah um Süd, also Gegenwind. Die Radarwerte fielen stark ab, während diese Wetterlage den Beobachtern am RM gute (4.10.), oder gar sehr gute Zahlen (5.10.) bescherte.

Vom 6.10. bis zum 9.10. herrschten unterschiedlichste Bedingungen. Am 6.10. drehte der Wind auf SW und brachte für das RM nach wolkenarmer Nacht nochmal einen Spitzenzugtag, beginnend mit starkem Nachtzug, der am Radar erwartungsgemäß nicht wahrgenommen werden konnte. Am Radar trugen „die Schlechtwetternächte vom 5.–9. Oktober nur wenig zur Gesamtechozahl bei“ (Bruderer & Liechti l. c.). Das schlechte Wetter begann erst in der Nacht vom 6. auf 7.10. und ließ an den folgenden Tagen/Nächten den Zug am Radar und am RM stark abfallen.

Bruderer & Liechti (1998) schreiben: „da die minimale Beobachtungsdistanz (des Zielfolgeradars) bei etwa 100 m liegt, könnten an sich mit niedrigen Elevationen Vögel bis knapp über dem Boden entdeckt und bis etwa 20 m über Boden verfolgt werden.”

Zu den technischen Möglichkeiten des Radars können wir uns nicht weiter äußern. Nach Bruderer & Liechti (l. c.) standen beim Standort Stuttgart auch für die untersten Luftschichten genügend große Stichproben zur Verfügung, um auch für den Tagzug einigermaßen verlässliche Angaben über die Höhenverteilung zu erreichen.

Die Ergebnisse lassen darauf schließen, daß die Erfassung tiefer Objekte in Einzelfällen möglich ist, aber die Praxis läßt kein den Tatsachen entsprechendes Bild erwarten. Die Parallelbeobachtungen und die Verlaufsdarstellung der Feld- und Radarergebnisse in Abb. 8.1.5 lassen darauf schließen, daß eine quantitative Radarerfassung des Singvogelzugs im Herbst über Mitteleuropa nur bei Nord- und Ostwinden, nicht jedoch bei den wesentlich häufigeren West- bis Südwinden möglich ist.

Bruderer & Liechti (l. c.) geben die Zusammensetzung der nördlich des RM identifizierten Radarziele (nahe vorbeifliegende, automatisch verfolgte Ziele) an (Tab. 8.1.4). Bei gleichzeitiger visueller Beobachtung (n = 60.000), zeigt sich, daß hier das Verfolgen mit Radar auch ohne die überproportional berücksichtigten Greifvögel eine Selektion zugunsten höher fliegender bzw. größerer Arten wie Lerchen, Drosseln und Tauben bewirkt und niedrig fliegende, kleine Arten unterbewertet werden (siehe auch Tab. 8.1.2).

Im Gegensatz zu Untersuchungen, die nur eine Vogelart betreffen und bei der Radarmessungen relativ zuverlässige Werte liefern können, dürfte die quantitative Erfassung des allgemeinen Tagzugs, bei dem viele Arten zusammen ziehen, durch Radar schwierig sein. Durch Umrechnen der erfaßten Echos in fiktive Truppgrößen (Bruderer & Liechti 1998) wird sich nur

Tab 8.1.4: Gegenüberstellung der wichtigsten vom Radar (links, nach Bruderer & Liechti 1998) am Tage festgestellten Vogelgruppen und die entsprechenden, gleichzeitig durch Sichtbeobachtung am Randecker Maar festgestellten Prozentwerte des Tagzugs. – *Comparison of the main bird families/groups recorded by radar during daytime (left, after Bruderer & Liechti 1998) and our corresponding percentages in visible diurnal migration recorded at the same time at RM. From top to bottom: Fringillidae, Hirundinidae, Alaudidae, Motacillidae, Turdidae, Columbidae, raptors.*

Art	Radar	Sichtbeobachtung
Finken	38 %	71 %
Schwalben	26 %	21 %
Lerchen	7 %	0,7 %
Pieper + Stelzen	3 %	2,0 %
Drosseln	4 %	1,0 %
Tauben	4 %	1,0 %
Greifvögel	15 %	0,2 %

schwer ein Bild des tatsächlichen Zuges formen lassen. Die Truppgrößen von Singvögeln ändern sich selbst innerhalb eines einzigen Beobachtungstages je nach Tageszeit und Flughöhe und den beteiligten Arten. Während der frühe Dämmerungszug der Tagzieher noch hohe Individualabstände ähnlich dem Nachtzug aufzuweisen scheint (z. B. Heckenbraunelle), formieren sich kurz darauf die artabhängig mehr oder weniger engen Trupps (Kap. 6). Rauchschwalben z. B. ziehen am frühen Morgen oft in Trupps von 5 – 20 Vögeln eilig und oft ausschließlich unterhalb von 5 m niedrig über dem Boden. Stunden später bewegen sie sich langsam, oft kreisend, viel höher und in Truppgrößen, die eher bei 100 Vögeln liegen.

Neben den ungeklärten Verhältnissen bei der Erfassung tieffliegender Vögel und den Problemen der Zuteilung zu Artengruppen (WILLIAMS & WILLIAMS 1990) läßt auch die Variabilität von Echos der einzelnen Objekte während aufgezeichneter Flugwege Fragen offen. Bei Radargeräten mit kurzwelligen Signalen bereitet selbst die Unterscheidung der Echos von Vögeln und Insekten Probleme (LA GRONE et al. 1964, GLOVER et al. 1966, SCHÄFER 1969) und eine befriedigende Lösung steht noch aus (LIECHTI 1992).

Die Erfassung des Kleinvogelzugs bei Tage scheint im Herbst in unserer Region der Erde, die von West-, also Gegenwinden dominiert wird, generell problembeladen zu sein. Abb. 8.1.5 zeigt, daß sich mit Radar selbst bei hervorragenden technischen Bedingungen diametral unterschiedliche Ergebnisse zur Sichtbeobachtung ergeben (Kap. 8.1 bis 8.1.10). Dabei stimmen die Intensitäten des Nachtzugs am Radar oberhalb einer Zughöhe von ca. 100 m fast nahtlos mit denen der Parallelbeobachtungen am Radar und am RM bei Tage überein, während sich innerhalb von Gegenwindsituationen mit naturgemäß tiefem Zug kaum Parallelitäten erkennen lassen.

Zur Lösung verschiedener Probleme des Vogelzuges ist die Radarornithologie die derzeit einzige mögliche Methode, insbesondere beim Nachtzug und beim hohen Zug. Darüber hinaus ist sie für den Tagzug über Mitteleuropa besonders für Großvögel geeignet. Die im Vergleich zum Nachtzug geringe Zahl von Untersuchungen des Tagzugs und die bevorzugte Konzentration auf Großvögel wie Krähen, Kiebitze,

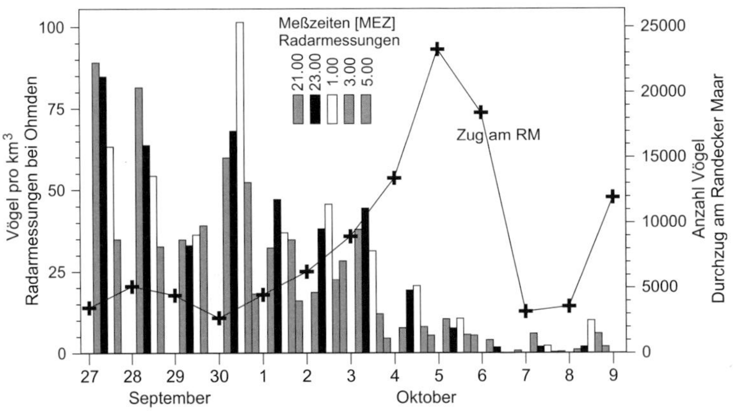

Abb. 8.1.5: Radarerfassung (Säulen) des saisonalen und tageszeitlichen Verlaufs des Nacht- und morgendlichen Dämmerungszugs nördlich des Randecker Maars (27.9.–9.10.1987) mit je vier bis fünf Messungen (BRUDERER & LIECHTI 1998). Die Stärke des mit Radar erfaßten Zuges unterscheidet sich gravierend von gleichzeitigen Sichtbeobachtungen des unmittelbar anschließenden Tagzugs (Kreuze). Radar zeigt bei Mitwindsituationen und hohem Zug realistische Bilder, ist aber nicht in der Lage, den bei Gegenwind tiefen Zug (der beim Wegzug überwiegt) quantitativ zu erfassen (siehe dazu Abb. 8.1.3). – *Radar records (columns) of seasonal and hourly distribution of nocturnal and dawn migration north of RM (27.9. – 9.10.1987) with four to five measurements each (BRUDERER & LIECHTI 1998). The volume of migration recorded by radar differs greatly from visual observation of the subsequent diurnal migration in the same period (crosses). Radar gives a realistic picture in situations of tailwind and high migration but is not able to quantitatively record the low-altitude migration taking place in headwinds (which is the majority of cases during autumn migration). See also Fig. 8.1.3.*

Greifvögel, Enten usw. (ALERSTAM & ULFSTRAND 1972, 1974, 1975, ALERSTAM 1994, SCHMID et al. 1986, SPAAR 1997, SPAAR & BRUDERER 1996, 1997a, b) ist wohl eine Reaktion auf dieses Problem. Mit modernen Radargeräten lassen sich wohl teilweise Ausschnitte aus dem sehr tiefen Zug erfassen. Eine quantitative Betrachtung ist aber derzeit nicht möglich. Eine vergleichende quantitative Untersuchung aus Radar- und Feldbeobachtung zur Untersuchung der Zughöhe des Singvogelzugs über dem küstenfernen Mitteleuropa steht dringend an. Bis dahin sind wir auf ein hypothetisches Bild angewiesen, wie es im folgenden Abschnitt versucht wird.

8.1.12 Ein Modell zur Höhe des Tagzugs aus Radar- und Sichtbeobachtung im Herbst

Trotz der jeweiligen methodischen Schwächen soll hier versucht werden, aus der Auswertung der bisher vorliegenden Radarmessungen sowie verschiedener Sichtbeobachtungen ein Modell zu erstellen, das die quantitative vertikale Verteilung der Vögel während des Herbstzuges bei Tage über Land beschreibt.

Als Grundlage dienen neben den Parallelbeobachtungen am Radargerät die folgenden Datensätze:

a) Die von BUURMA, LENSINK & LINNARTZ (1986) in der niederländischen Küstenebene unter optimalen Voraussetzungen durchgeführte Radarerfassung, die erstmals auch Einblicke in tiefere Bereiche des Tagzugs ermöglichte. Die Untersuchung wurde mit Sichterfassung kombiniert.

b) Die Radaruntersuchungen im südlichen Mitteleuropa von BRUDERER (1971) über allgemeine Zughöhen, von SCHMID et al. (1986) über Greifvögel, von BRUDERER & LIECHTI (1998) nördlich des RM mit Auswertungen des Nacht- und Tagzugs geben die Höhenschichtungen in 200-m- bis 250-m-Stufen an.

c) Die Sichtbeobachtungen am RM und die Zughöhenschätzungen an den Vergleichs-

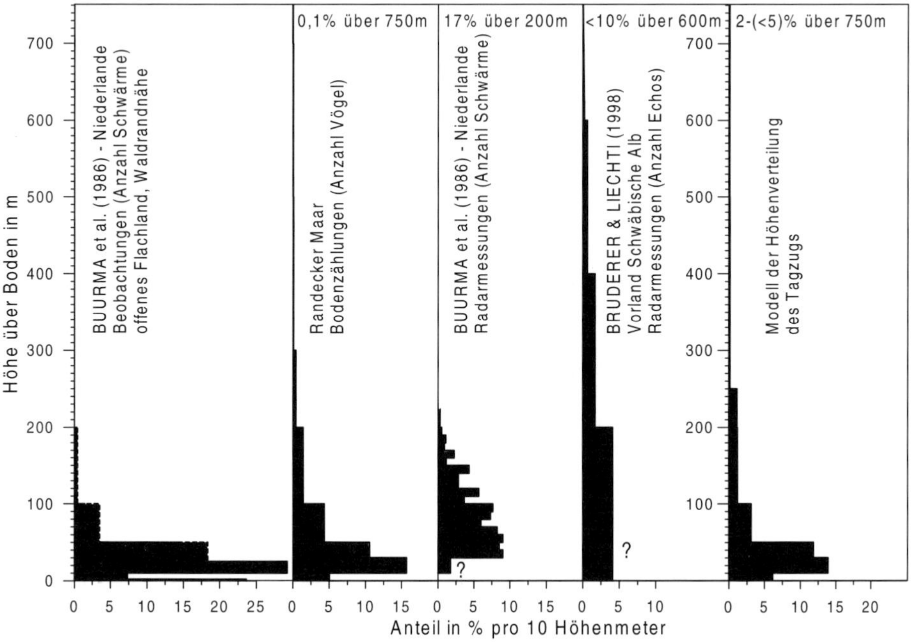

Abb. 8.1.6: Zughöhenverteilung nach Messungen verschiedener Autoren und verschiedener Meßmethoden (Radar, Feldbeobachtung). Das Modell rechts vereint die Ergebnisse aller vier Untersuchungen. – *Migration altitude distribution according to measurements by different authors and different methods (radar, field observation). The model (right) combines the results of all four studies.*

standorten Römerstein, Hohenbol und Breitenstein und nahe des Radarstandorts. Am RM findet 58 % des sichtbaren Gesamtzuggeschehens aller Wetterlagen unter 50 m und insgesamt 80 % unter 100 m statt. Am Hohenbol zogen 74 % unterhalb 150 m und am Römerstein 81 % unterhalb von 100 m (Näheres in Kap. 8.3).

Die Feldbeobachter in den Niederlanden hatten 80 % des Gesamtzugs unterhalb einer Höhe von 50 m registriert, das Radar fand die höchsten Dichten (38 %) zwischen 50 und 100 m, weitere 25 % zwischen 100 und 200 m. Trotz erheblicher Erfassungsmängel des Radars im untersten, am stärksten frequentierten Bereich waren 83 % aller ermittelten Echos unterhalb von 200 m gefunden worden. Für die visuelle Feldbeobachtung wurde dagegen eine Unterrepräsentation des Zuges oberhalb von 50 m festgestellt. Die feine Aufgliederung der Höhenstrata in der Untersuchung von Buurma et al. (l. c.) zeigte eine vertikale Abnahme der registrierten Vogelechos etwa in der Höhe, wo Feldbeobachter im Flachland die Obergrenze des starken Zuges registrieren (Abb. 8.1.6). Angesichts dieser und der in Kap. 8.1.6, 7 geschilderten Befunde ist anzunehmen, daß mit groben Höhenskalen in 250-m- bzw. 200-m-Abschnitten, und somit der Höhenausdehnung eines Mittelgebirges entsprechend, Echos v. a. im oberen Bereich dieser Zone registriert werden. Nach Alerstam & Ulfstrand (1972, 1975) machen die Radarleistung und der Zug in Schwärmen die Ergebnisse im untersten Bereich ohne parallele Feldbeobachtung unkalkulierbar.

In Abb. 8.1.6 sind die verschiedenen Ergebnisse der Zughöhenverteilung oben genannter Projekte und Autoren dargestellt und jeweils Teilbereiche als hypothetisch „verläßlich" bzw. „unvollständig erfaßt" angenommen. Die gemeinsame Darstellung ist zwar unvollkommen, dürfte jedoch ein realistischeres Bild der Zughöhenverteilung wiedergeben, als jede der beiden Erfassungsmethoden dies für sich allein liefern könnte. Abb. 8.1.2 ist nicht dichtebezogen dargestellt. Die anteilsmäßigen Angaben beziehen sich jeweils auf unterschiedlich ausgedehnte Höhenschichten, dies verzerrt die realen Verhältnisse.

Dieses Bild der Zughöhen des Tagzugs hat Konsequenzen: Die Abhängigkeit von der Geländemorphologie in Form kleinräumiger vertikaler und horizontaler Zugrichtungsänderungen ist aufgrund der niedrigen Zughöhen viel stärker als bisher angenommen. Das Vorherrschen des tiefen Zugs dürfte mit dem Überwiegen von Westlagen in Mitteleuropa zusammenhängen, die im Extremfall bis nahe 100 % der Zugzeit einer Art (1998, oder 1974 vom 18. September bis 5. November, Kap. 9.8) ausmachen. Dies dürfte in Mitteleuropa zur Ausprägung eines tiefen bodennahen Zuges bei den Kleinvögeln beigetragen haben. Ein evolutiv bedingter Zugweg vieler Arten aus dem nordosteuropäischen Raum mit stark westlich ausgerichteter Stoßrichtung zur Umgehung der deutschen und französischen Mittelgebirge wäre somit ebenfalls als ein Resultat dieser sehr niedrigen Flughöhen denkbar (siehe Kap. 7).

Der Tagzug in mittleren (300–1000 m) und großen Höhen (oberhalb 1000 m) im mitteleuropäischen Binnenland nimmt im Gegensatz zu bisherigen Erkenntnissen bei den meisten Wetterlagen einen unbedeutenden Anteil am gesamten Tagzug ein, womit frühe Ergebnisse vom Anfang dieses Jahrhunderts bestätigt werden. Mit Radar läßt sich selbst unter günstigsten Voraussetzungen speziell in Mittel- und Westeuropa mit seinen überwiegenden Westlagen der Herbstzug in dem durch Singvögel bei Tage meist frequentierten tiefsten Bereich nicht oder nur unbefriedigend erfassen. Diese Erkenntnis macht die Zugplanbeobachtung zu einer quantitativ und qualitativ effektiven Erfassungsmethode für den Tagzug über Land.

Zusammenfassung
8.1 Sichtbeobachtungen zur Zughöhe am Randecker Maar

Bereits zu Anfang des Jahrhunderts gab es umfangreiche Messungen, die belegten, daß große Teile des Tagzugs bodennah erfolgen und daß Zug oberhalb 1000 m am Tage selten ist. Erst mit der Radarforschung, die ein Bild des hohen Zuges ermöglichte, wurde versucht, dieses Bild zu revidieren.

Doch bis heute läßt sich offenbar mit keiner Radarmethode ein quantitatives Bild des tiefen Zugs erstellen. Dies führt dazu, daß die durch Radar festgestellten, von Vögeln bevorzugten Wetterlagen erheblich von solchen durch Sichtbeobachtung im tiefen Bereich erfaßten differieren. Parallele Feld- und Radarbeochtungen zeigten, daß der niedere Zug nur visuell erfaßt werden kann.

Unsere Untersuchungen an topographisch unterschiedlichst ausgeprägten Orten über viele Jahre belegen einen jahreszeitlichen Gang der durchschnittlichen Zughöhe, der wetter- und windbedingt von Juli bis September ansteigt und bis zum November wieder absinkt.

Aus Radar- und Feldbeobachtungen wird ein Modell der Zughöhenverteilung entwickelt.

Die Konstitution eines Vogels beeinflußt die Zughöhe bis hin zur Umgehung von Hindernissen.

Am Randecker Maar ziehen 58 % des sichtbaren Zugs unterhalb von 50 m. Dieses Bild der Zughöhen des Tagzugs hat Konsequenzen: Die Abhängigkeit von der Geländemorphologie in Form kleinräumiger vertikaler und horizontaler Zugrichtungsänderungen ist aufgrund der niedrigen Zughöhen viel stärker als bisher angenommen. Das Vorherrschen des tiefen Zugs dürfte mit dem Überwiegen von Westlagen in Mitteleuropa zusammenhängen, die im Extremfall einzelner Jahre bis zu 100 % der Zugzeit einer Art umfassen können und Gegenwinden entsprechen.

Dies dürfte in Mitteleuropa zur Ausprägung eines tiefen bodennahen Zuges bei den Kleinvögeln beigetragen haben. Ein evolutiv bedingter Zugweg vieler Arten aus dem nordosteuropäischen Raum mit stark westlich ausgerichteter Stoßrichtung zur Umgehung der deutschen und französischen Mittelgebirge wäre somit ebenfalls als ein Resultat dieser sehr niedrigen Flughöhen denkbar (siehe Kap. 7).

Zu den vermuteten Auswirkungen auf die Evolution des Tag- und Nachtzugs s. a. Kap. 12.

Summary
8.1 Sight observations relating to migration altitude at Randecker Maar

Detailed observations were made at the beginning of the century showing that a substantial fraction of daytime passage is close to the ground, while movement above 1000 m is rare. Attempts were made to revise this picture only following the invention of radar, which permitted images of high-altitude migration to be obtained. However, it still remains apparently impossible to gain a quantitative picture of low-level movements by radar observation. This means that the weather systems preferred by migrants and seen on radar differ substantially from those recorded by sight nearer the ground. Parallel field and radar observations have shown that low-altitude passage can be monitored only visually.

Our investigations over many years at different places, varying greatly in their topography, confirm a seasonal progression of mean passage altitude that rises, under the influence of weather and wind, from July to September, and falls towards November.

A model of migration altitude distribution was developed using both radar and field observations.

A bird's physical condition influences its migration altitude, including avoidance of obstacles.

At Randecker Maar, 58 % of visible movement takes place below 50 m. This picture of diurnal migration altitude has consequences: dependence on topography, in the form of small-scale vertical and horizontal changes in migration direction, is much greater than previously thought because of these low migration altitudes. The predominance of movement near the ground is most probably connected to the dominance of W winds in Central Europe, which in extreme single-year cases can persist for 100 % of the migratory period of a species and act as headwinds.

This has doubtless contributed to a well-defined low-altitude migration pattern in passerines through Central Europe, keeping close to the ground. An evolutionarily conditioned migration route in many species from NE Europe, with a strong W tendency in order to avoid the high uplands of France and Germany, could also have resulted from this very low flying height (see Chapter 7).

For the presumed effects on the evolution of diurnal and nocturnal migration, see also Chapter 12.

8.2 Sichtbeobachtungen zu Zugrichtungen am RM

„Die Richtung des Zuges ist im allgemeinen südwestlich, bald mehr, bald weniger nach Süden oder nach Westen zu. In dieser Richtung fließende Ströme, Flüsse, ... sind Heerstraßen; tiefe Sättel in hohen Gebirgen, ... stark besuchte Zugpässe.

ALFRED BREHM (1868), „Das Leben der Vögel“

Herkunfts- und Zielgebiete der wandernden Vögel bestimmen großräumig die Flugrichtungen. Unterwegs sind vielfach jedoch die lokale Topographie und die dortigen augenblicklichen Windströmungen für den Weg maßgeblich. Umwege werden bei Hindernissen wie z. B. Gebirgen in Kauf genommen.

Winde mit einer großen Komponente in Zugrichtung begünstigen den Zug in großer Höhe. So fliegen viele Arten – auch Passeres – vom nördlichen Nordamerika ins südamerikanische Winterquartier über dem Atlantik bei überwiegend fördernden Winden in sehr großen Höhen (z. B. RICHARDSON 1978a, b). In Mitteleuropa sind die Vögel auf dem südwestwärts gerichteten Herbstzug jedoch häufig gezwungen, gegen die überwiegend aus westlichen und südwestlichen Richtungen wehenden Winde anzufliegen, ihre Zugrichtung ist dann verstärkt der Geländemorphologie angepaßt. Auf dem Brokken, zentral in Mitteleuropa mit einer in alle Richtungen offenen Gipfellage (1142 m), liegen die während des Herbstzuges eher fördernden Windrichtungen bei 27 %, die als Gegenwind einzustufenden bei 73 % (DEUTSCHER WETTERDIENST). Die durchschnittliche Stärke der Winde um SW liegt bei 6,2, die der fördernden Winde bei 4,8 Bft.

Die Streuung oder Bündelung der Flugrichtungen kann unter Umständen Auskunft über die Beteiligung unterschiedlicher geographischer Populationen geben und Hinweise zum weiteren Fortgang des Zuges bis hin zu dem oder den wahrscheinlichen Wegen ins Winterquartier liefern.

Sichtbeobachtungen und Radarstudien beantworten Fragen zu Zugrichtungen, deren Konstanz und Variabilität, aber auch zu Einwirkungen von Topographie, Jahreszeit und Wetterfaktoren (z. B. BOURNE 1978, BRUDERER 1977a, b, BRUDERER & LIECHTI 1990). Radarmessungen ermöglichen genaueste Angaben über Zugrichtungen insgesamt und Eigenrichtungen einzelner Vögel in mittleren und größeren Höhen sowie über Windkompensation und anderes, eignen sich aber zur Erfassung des tiefen Anteils des Tagzuges und wohl auch des Nachtzuges nur mangelhaft (z. B. ÅKESSON 1993).

Zur Ermittlung des Zugweges wurden in der Vergangenheit ein Jahrhundert lang vorwiegend die Wiederfunde beringter Vögel herangezogen. Dabei erhalten entweder bereits Jungvögel im Nest oder auf dem Zuge gefangene Tiere Fußringe mit einem speziellen Code, mit dem Ort und Zeitpunkt der Beringung ermittelt werden können. Durch Wiederfunde kann man Rückschlüsse auf die Zugweite und teilweise über den Zugweg ziehen (ZINK 1973). Mit Hilfe der Beringung erhält man jedoch nur sehr grobe Angaben, wie z. B. „zieht überwiegend nach SW“, weil meist nur Beringungsort und Fundort bekannt sind. Deren Verbindung durch Linien als theoretischer Zugweg hat jedoch schon zu zahlreichen Fehldeutungen geführt, obwohl schon frühzeitig darauf hingewiesen wurde, daß die Verbindungslinie nicht dem Zugweg entspricht.

Am RM wurden Daten (auf 5 – 10° genau) über Zugrichtungen der Vögel und deren Eigenrichtungen (Haltung der Körperachse = *Heading*) über Jahre hinweg zusammen mit Beobachtungen zur Höhenzone, der Truppgröße, Tageszeit, Windstärke und -richtung gesammelt. Dies ermöglicht vor allem Einblicke in den Bereich des bei Tage stärksten Zugbandes unterhalb 200 m ü. B., der dem Radar nur teilweise zugänglich ist. Obwohl die Ergebnisse hier nur exemplarisch dargestellt werden können, zeigen sie doch die vielfältigen Möglichkeiten dieser einfachen und effektiven Methode.

Trupps gingen in die Auswertungen mit ihrer Individuenzahl ein, weil unter anderem auch das Schwarmverhalten bei der Orientierung eine Rolle spielt. Große Trupps werden in der Regel eine geringere Zugrichtungsstreuung aufweisen als zahlreiche Einzelvögel (HAMILTON 1967, WALLRAFF 1978, HELBIG & LASKE 1986). Zugtrupps verfügen über „geballte“ Erfahrung. Bei Einzelvögeln über Land können Faktoren wie Rastplatzsuche usw. eine Ursache größerer Abweichungen sein. Bei Berücksichtigung der Schwarmgröße wird die Zugrichtung einer Vogelpopulation realistischer dargestellt, als wenn Radarechosignale (mal Einzelvogel, mal Gruppe) die Grundeinheit bilden. Die Betrachtung von Radarechos führt zu einer Überbewertung von Richtungsabweichungen, wie z. B. von Dismigrations- und Umkehrzugbewegungen, wie Vergleiche von parallelen Sicht- und Radarerfassungen zeigten (siehe Abb. 8.2.1 – 8.2.7 und BRUDERER & LIECHTI 1998)

Die Abbildungen 8.2.1 bis 8.2.8 geben die am RM beobachtete Richtungsverteilung in 10°-Schritten wieder. Die Länge der Linien außerhalb des Kreises ist proportional der Anzahl erfaßter Vögel. Innerhalb des Kreises ist die mittlere Zugrichtung nach BATCHELET (1981) dargestellt, die Länge des Vektors r ist ein Maß für die Streuung, wobei der Außenring r = 1 entspricht, d. h. in diesem Fall fliegen alle Vögel in die gleiche Richtung. r = 0 bedeutet dementsprechend ungerichtete Flugbewegungen. Diese Vektorlänge gibt also Auskunft über die Zielstrebigkeit, mit der eine Vogelart ihr Überwinterungsgebiet oder Etappenziel ansteuert, bzw. über den Anteil von Zerstreuungswanderungen und Umkehrzug. Eine derartige Mittelwertbildung kann aber bei zwei oder mehr Hauptzugrichtungen, z. B. mehreren Populationen mit unterschiedlicher Herkunft und/oder Winterzielen, zu keinen realistischen Aussagen führen.

8.2.1 Süd oder West? – Wohin fliegen unsere Durchzügler?

Die Zugrichtungen am RM liegen zwischen S bei spät ziehenden Mauerseglern, die im tropischen Afrika überwintern, und W bei der Saatkrähe, die aus dem kontinentalen Europa ins atlantisch geprägte W-Europa zieht. Alle Richtungen zwischen SE und NW führen von hier aus letztendlich in potentielle Überwinterungsgebiete. Eigentliche Südostzieher treten bei uns schon deshalb nicht in Erscheinung, weil sie praktisch ausnahmslos Nachtzieher sind. Die Alb, die im Raum Geislingen-Metzingen eine Ausrichtung von ± 240° hat, wird nur von Vögeln überquert, deren Zugrichtung davon nach Süden abweicht. Die mittlere Zugrichtung aller am RM untersuchten Arten liegt bei 220° (Tab. 8.2.1).

Die tief durch das RM ziehenden Vögel haben sich bereits von der Leitlinie Albrand gelöst und sich für die Überquerung des Mittelgebirges entschieden. Die am RM nach Überquerung des Passes auf der Albhochfläche ankommenden Vögel mit mehr als 70 m Flughöhe sind sicher weniger von der jetzt rechts liegenden Leitlinie Albrand abhängig, dafür von Kuppen, die sich vom Plateau der Hochfläche bis zu 100 m hoch erheben.

Die Durchschnittsrichtung von 21 untersuchten Langstreckenziehern (LSZ) liegt am RM bei 211°. Sie weist damit im Mittel auf eine Überquerung der Westalpen. Weitere Richtungsetappen wären, sofern keine wesentliche Richtungsänderung erfolgt, das Rhonedelta, die Balearen und Ostspanien, mit einer Mittelmeerüberquerung im westlichsten Bereich. Dabei sind nur die späten Mauersegler echte Südflieger. Die meisten Arten fliegen zwischen 200° und 223°, der Schwarzstorch mit 235° ist eine Ausnahme. In den Winkelbereich 210° (206° – 215°) fliegen dabei gleich viele Arten wie nach 220° (216° – 225°).

32 Arten ausgewerteter Kurzstreckenzieher (KSZ) fliegen in eine westlichere Richtung, im Mittel 223°. Allerdings sind auch hier die Klassen um 210° und 220° am stärksten besetzt. Überwinterungsgebiete der KSZ wären nach unseren Zugrichtungen von England bis Italien, in Afrika von Marokko bis Libyen zu erwarten und sind auch durch Ringfunde belegt. Saatkrähe, Ringeltaube, Feld- und Heidelerche haben jedoch eine deutlich westlichere Ausrichtung. Der Kormoran, mit 208° eher südorientiert, dürfte zunächst den Bodensee und die Schweizer Voralpenseen ansteuern. Die Mehrzahl der Individuen bei den KSZ-Arten umgeht wohl die Alpen im Westen. Die Richtungen weisen auf die Burgundische Pforte, das Schweizer Mittelland und auf eine Umgehung der Alpen hin. Weitere Etappen wären das Gebiet um Lyon, das französische Zentralmassiv, das klimatisch begünstigte Tiefland von Gascogne und Les Landes. Für noch weiter ziehende Arten kommt eine Pyrenäenüberquerung im mittleren bis tatsächlich hochfrequentierten westlichen Bereich in Frage, wie sie für Ringel- und Hohltaube, Rotmilan und Schwarzstorch gut belegt ist (JEAN & RAZIN 1993, JEAN 1996).

Zugrichtungen am RM weisen bei einer Reihe von Vogelarten auf unterschiedliche Zugwege verschiedener Populationen bzw. Altersgruppen hin. Hier können nur wenige Beispiele behandelt werden. Das umfangreichste Material dazu liegt vom Mauersegler vor. Aber auch die Ergebnisse bei anderen Arten geben Aufschlüsse über interessante Zugstrategien.

Tab. 8.2.1: Durchschnittliche Zugrichtung und Richtungsstreuung ausgewählter Vogelarten am RM. Trupps gingen in ihrer Individuenstärke in die Auswertung ein, da Trupps (mit wenigen Ausnahmen, z. B. Mauersegler) zielgerichteter ziehen als Einzeltiere.
* aus GATTER & PENSKI (1978), hier Zahl der Trupps; berücksichtigt wurden nur Trupps, die unbeeinflußt von der Topographie, direkt über die Station zogen.
n = Zahl der in die Auswertung eingegangenen Daten.
r = Streuungsmaß; ist r = 1, so ziehen alle Vögel in die gleiche Richtung; je kleiner r, desto größer die Richtungsstreuung. Siehe Abb. 9.4.5.

Mean migration direction and direction scatter "r" of selected species at RM. Flocks were evaluated according to their size, as they follow a more consistent direction than do individual birds (with few exceptions, e. g. Apus apus*).*
** from GATTER & PENSKI (1978), here number of flocks. Only those flocks are included which passed directly over the station, without being influenced by the topography. n = the number of data included in the evaluation; r = vector length as a measure of the scatter – if r = 1, then all birds were migrating in the same direction. The smaller the r value, the larger the direction scatter. See Fig. 9.4.5.*

Artname	Zug-richtg.	n	r
Bachstelze	218°	351	0,79
Blaumeise	214°	687	0,91
Baumpieper August	223°	233	0,91
1.-10.9.	214°	491	0,89
11.-30.9.	211°	997	0,96
Bergfink	217°	10863	0,90
Birkenzeisig (Invasion)	215°	360	0,87
Brachpieper	222°	65	0,90
Buchfink	225°	52912	0,96
Erlenzeisig	221°	3121	0,80
Feldlerche	236°	2439	0,95
Feldsperling	228°	95	0,97
Gebirgsstelze	221°	238	0,53
Gimpel	210°	87	0,66
Girlitz	211°	351	0,93
Goldammer	221°	109	0,78
Hausrotschwanz	216°	99	0,91
Heidelerche	231°	636	0,96
Heckenbraunelle	216°	804	0,92
Kernbeißer	214°	3149	0,80
Kohlmeise	217°	739	0,94
Mauersegler 1.7.-15.7.	200°	4533	0,93
16.7.-22.7.	209°	7320	0,88
23.7.-10.8.	184°	8522	0,50
ab 11.8.	183°	2858	0,80
Mehlschwalbe	209°	48028	0,89
Misteldrossel	224°	640	0,90

Artname	Zug-richtg.	n	r
Ortolan	209°	25	0,73
Rauchschwalbe	213°	21865	0,92
Ringdrossel	201°	46	0,97
Rohrammer	224°	55	0,76
Rotdrossel	209°	504	0,89
Schafstelze	214°	937	0,93
Star	220°	2594	0,88
Tannenmeise	220°	707	0,88
Uferschwalbe	218°	62	0,88
Wiesenpieper	224°	987	0,93
Baumfalke	204°	109	0,79
Fischadler	222°	132	0,91
Habicht	210	34	0,84
Mäusebussard	219°	1411	0,80
Merlin	208°	48	0,85
Rohrweihe	213°	380	0,90
Rotmilan	222°	214	0,77
Schwarzmilan	206°	35	0,86
Sperber	213°	404	0,84
Turmfalke	205°	436	0,88
Wespenbussard	222°	1219	0,88
Graureiher	222°	242	0,43
Kormoran RM	207°	2112	0,77
Ringeltaube 1990-95	244°	14937	0,94
Ringeltaube *	238°	* 206	
Saatkrähe	275°	16775	0,91
Schwarzstorch	234°	81	0,91

8.2.2 Zugrichtungen einzelner Arten – Hinweise auf den Zugweg?

Der **Mauersegler** zieht zu einer Zeit am RM, in der noch nicht viele Vögel unterwegs sind. Dies prädestiniert ihn für umfangreichere Untersuchungen durch die Mitarbeiter an der Station. Die Segler zeigen eine ausgeprägte jahreszeitliche Änderung der Zugrichtung (Abb. 8.2.3). In den ersten drei Juliwochen ist der Zug deutlich Richtung SSW ausgerichtet, wobei nur eine geringe Richtungsstreuung festzustellen ist (r = 0,93 bzw. 0,88). Während der darauffolgenden Periode vom 23. Juli bis 10. August machen sich drei Hauptflugrichtungen bemerkbar, SW, SE und S. In der anschließenden letzten Durchzugsphase sind die Flugrichtungen wieder recht stark konzentriert, jetzt allerdings in Südrichtung.

Am Zug im Juli dürfte ein hoher Anteil von Nichtbrütern beteiligt sein, die – nach Ankunft in Mitteleuropa vielfach erst im Juni – jetzt bereits im bodennahen sichtbaren Bereich bei zyklonalem Wetter wieder weg ziehen (Kap. 9). An den Wanderungen um die Monatswende

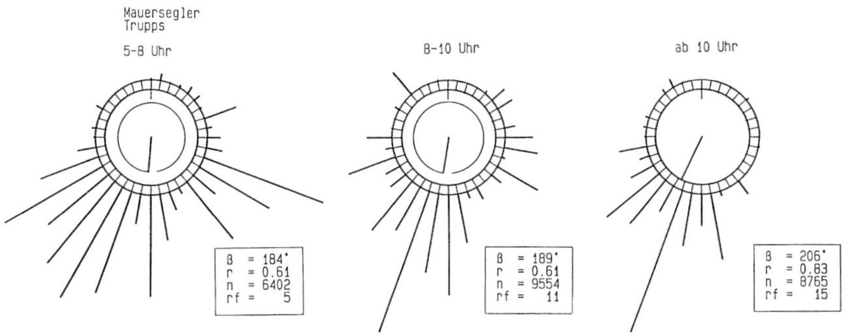

Abb. 8.2.1: Änderung der Flugrichtung von Mauerseglertrupps (*Apus apus*) im Tagesverlauf. Abkürzungen: ß = Winkel der mittleren Zugrichtung im Uhrzeigersinn von N aus gerechnet; r = Maß für die Streuung der Anzahl ausgewerteter Vögel; n = Anzahl der erfaßten Vögel, rf = Reduktionsfaktor der Darstellung (Maßstabsfaktor für die Länge der in alle Richtungen weisenden Striche , der jedoch nur von Interesse ist bei Vergleich verschiedener Richtungsdiagramme). Siehe Abb. 9.4.5. – *Changes in flight direction of* Apus apus *flocks in the course of the day. Abbreviations: ß = angle of mean migration direction in clockwise direction, calculated from N; r = value representing the scatter of the number of evaluated birds; n = total number of monitored birds; rf = reduction factor of the diagram (scale factor for the length of the lines pointing in all directions, which is however only of interest when comparing different direction diagrams). See Fig. 9.4.5.*

können dann bereits viele diesjährige Segler beteiligt sein und damit Jugendstreuung vor dem Wegzug für die wenig gerichteten Bewegungen mit verantwortlich sein. Die SW-gerichteten frühen Wellen zielen auf einen Weg, der über Spanien und das westliche Mittelmeer nach Afrika weist und Vögel betrifft, die aus Mittel- und NE-Europa stammen. Für die Südkomponente um die Monatswende und den fast ausschließlichen Südzug nach dem 10. August sind wohl später wandernde Skandinavier verantwortlich. Auf Falsterbo/Schweden zieht sich der Zeitraum des stärksten Zuges bis etwa 10. August hin (ULFSTRAND et al. 1974). Diese Vögel werden zu größeren Teilen die Alpen überqueren und ihre Überwinterungsgebiete im tropischen und südlichen Afrika über das zentrale Mittelmeer und die zentrale Sahara erreichen. Stark südlich orientierter Zug von skandinavischen Langstreckenziehern ist bekannt (PETTERSSON & HEDENSTRÖM 1986, HEDENSTRÖM & PETTERSSON 1987). Dieses Verhalten kann als Anpassung an die kurzen skandinavischen Sommer angesehen werden. Der oft sehr viel spätere Brutbeginn führt trotz Raffung jahresperiodischer Abläufe von Brut und Mauser zu einer späteren Zugzeit als bei Mittel-

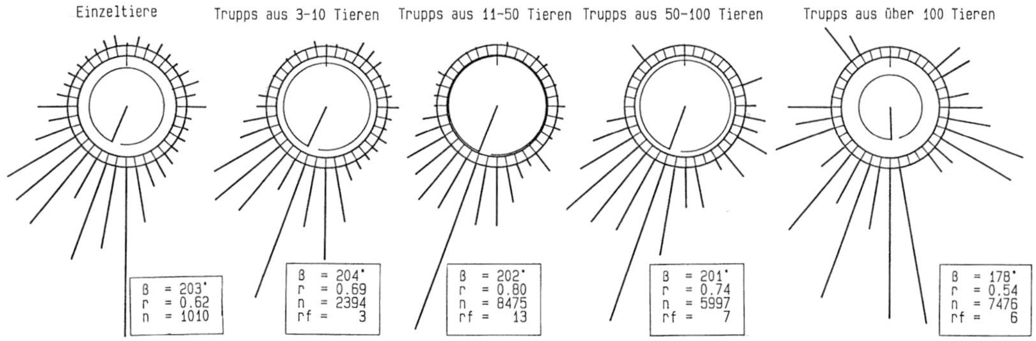

Abb. 8.2.2: Flugrichtung und deren Streuung von ziehenden Mauerseglern (*Apus apus*) in Abhängigkeit von der Truppgröße. Abkürzungen siehe Abb. 8.2.1. – *Flight direction (and its scatter) of migrating* Apus apus *as a function of flock size. Abbreviations as Fig. 8.2.1.*

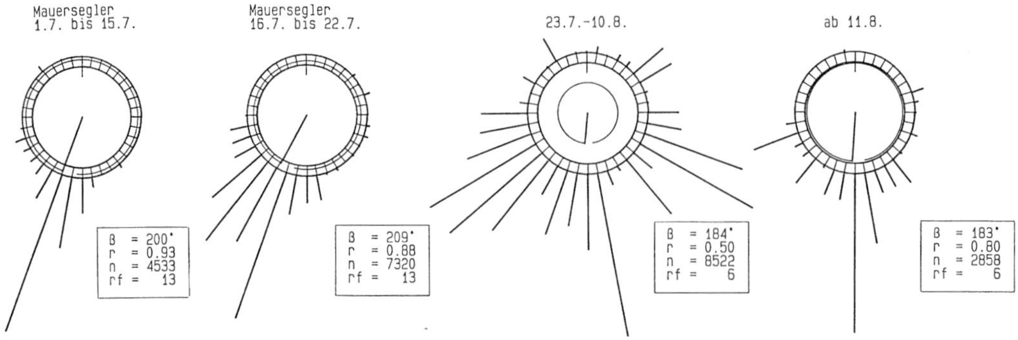

Abb. 8.2.3: Änderung der Zugrichtung von Mauerseglern (*Apus apus*) im Verlauf der Wegzugperiode. Abkürzungen siehe Abb. 8.2.1. – *Changes in migration direction of* Apus apus *in the course of the autumn migration period. Abbreviations as Fig. 8.2.1.*

europäern, so bei Sylviden (GWINNER 1968a), Spechten (GATTER 1973a, 1977e) und vielen anderen Arten, was sich z. B. im Vergleich südschwedischer Daten (EDELSTAM 1972, ENQUIST & PETTERSEN 1986, ROOS 1984a etc.) zum RM zeigt.

In den frühen Morgenstunden weist die mittlere Flugrichtung des Mauerseglers nach S (184°), wobei zahlreiche Einzelflugwege auch nach SE zeigen. Die Vorliebe für Flüge gegen den Wind und ein im Vergleich relativ hohes SE-Windangebot zu dieser Tageszeit dürften dies beeinflussen. Nächtliche Verdriftungen während der „Schlafflüge" werden möglicherweise auch ausgeglichen. Im Laufe des Tages dreht die bodennahe Durchschnittswindrichtung mehr nach W (Kap. 9). Die Zugrichtung der Segler ist von 8.00–10.00 Uhr um 5° (189°) westlicher ausgerichtet als in den Stunden zuvor und dreht nach 10.00 Uhr um weitere 17° auf 206°. Die Ursache dieses Phänomens muß zunächst offenbleiben, dürfte aber in erster Linie damit zu tun haben, daß auf die im Laufe des Tages „nach rechts" im Uhrzeigersinn drehende Hauptwindrichtung (HANN & SÜRING 1951) zugewandert wird (GATTER 1981b).

Die Ausrichtung der Zugrichtungen nimmt im Laufe des Tages zu. In den ersten Stunden (r = 0,61) finden teilweise auf Nachtzug oder Übernachtungsdrift folgend vermehrt ungerichtete Nahrungsflüge oder von der Zugrichtung abweichende Kurskorrekturen statt. Nach 10.00 Uhr sind die Bewegungen mit r = 0,83 deutlich zielgerichteter (Abb. 8.2.1).

Ein Vergleich der mittleren Flugrichtungen von einzelnen Mauerseglern und Gruppen bis zu 100 Vögeln zeigt nur geringe Unterschiede (201° - 204°). Bei Trupps oberhalb 100 Individuen zeigt sich eine mehr südliche Komponente, die Streuung nimmt aber zu und eine bereits bei Trupps zwischen 50 und 100 Ex. erkennbare östliche sekundäre Zugrichtung verstärkt sich. Auch diese großen Truppbildungen und ihre Richtung sind wahrscheinlich von Insektendrift an warmen Sommermorgen im Hochdruckgebiet beeinflußt, die häufig mit SE-Winden einhergehen (siehe Abb. 8.2.2).

Eine bevorzugte Umkehrrichtung im Spätsommer nach NE, die als Anzeichen für Rückkehr von Schlechtwetterfluchten nach diesen Juliwanderungen gelten könnte, ist nicht erkennbar.

Die Streuung ist bei großen Trupps relativ stark (r = 0,54) und ist in erster Linie mit Abweichungen von der Zugrichtung durch Nahrungsflüge oder/und zyklonalen Wetterflügen zu erklären. Große Ansammlungen betreffen zumindest eher nahrungssuchende Segler, die, beeinflußt von Hangaufwinden oder thermischen Luftbewegungen, immer wieder neu entstehende Nahrungsgründe aufsuchen und dabei langsam weiterziehen. Individuenreiche Wetterfluchten mit mehreren tausend Seglern, wie sie im Albvorland beobachtet werden, kommen am RM nicht vor. Diese Fluchtbewegungen verlaufen tags meist unterhalb von 100 m Höhe, folgen der Leitlinie der Schwäbischen Alb und können vom Hohen Bol (Kap. 1) aus besser beobachtet werden, obwohl dessen ungeachtet selbst die Alpen für Segler kein Hindernis bilden (GODEL & CROUSAZ 1958).

Der langflügelige **Fischadler** scheut eine Meeresüberquerung wesentlich weniger als andere Greifvögel. Dies deutet sich auch in seiner geringen Konzentration an Bosporus bzw. in Israel, Italien und Gibraltar an (z. B. FINLAYSON

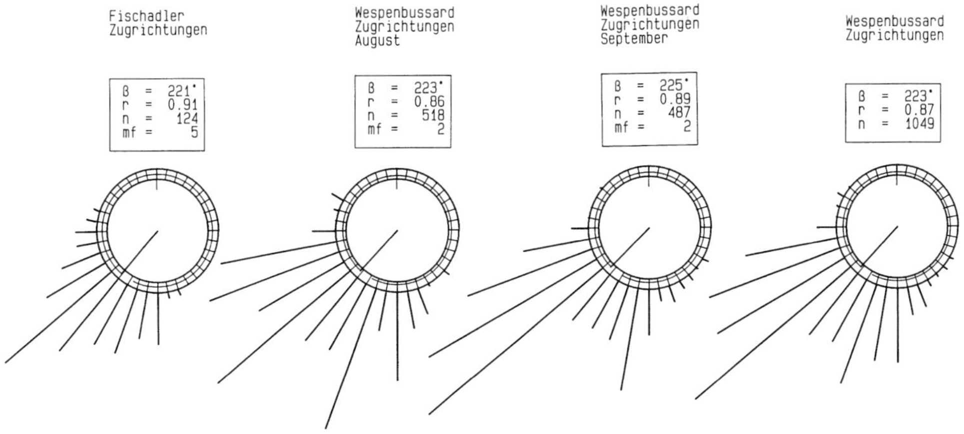

Abb. 8.2.4: Zugrichtungen von Fischadler (*Pandion haliaetus*) und Wespenbussard (*Pernis apivorus*). Abkürzungen siehe Abb. 8.2.1. – *Migration directions of* Pandion haliaetus *and* Pernis apivorus. *Abbreviations as Fig. 8.2.1.*

1992). Die mittlere Zugrichtung des Fischadlers am RM beträgt 221° (Abb. 8.2.4). Die Masse deutet mit 220° bis 240° auf eine Mittelmeerüberquerung im Bereich von Spanien. Die starke Komponente mit Richtungen von 180° bis 210° könnte auf einen erheblichen Anteil von Alpenquerern hinweisen. Eine alleinige Ausrichtung auf Bodensee und andere große Voralpengewässer kann angesichts der zahlreich beteiligten Jungvögel ausgeschlossen werden. Unterschiedliche Herkünfte sind möglich. Eine lineare rückwärtige Verlängerung der Zugrichtung der vorwiegend WSW-SW (220° – 240°) fliegenden Vögel könnte für eine Herkunft aus dem baltisch/finnischen Raum sprechen. Die mit 180° – 200° ziehenden Vögel sind wohl eher dem skandinavischen bis ostdeutschen Raum und damit dem Westrand des Verbreitungsgebietes zuzuordnen. Die Fischadler fliegen von den Brutgebieten aus fächerförmig über ganz Europa hinweg, dies wird besonders bei Darstellung der finnischen Ringvögel deutlich (SAUROLA 1995). Extrem unterschiedliche Zugwege deuten zwei per Satelliten verfolgte schwedische Adler an. Ein adultes Weibchen flog auf geradem Wege (SSW) über Tschechien, Korsika/Sardinien, übers offene Mittelmeer und mitten durch die Sahara nach Westafrika, ein zweites Weibchen dagegen nach ESE. Es rastete fast einen Monat nördlich des Kaspischen Meeres, um dann auf geradem Weg nach SSW über die arabische Halbinsel zum Winterquartier am Cabora Bassa Stausee in Mosambique im südöstlichen Afrika zu fliegen (KJELLEN et al. 1997). Zumindest der letztere Vogel flog auf wohl weitgehend gleichem Wege zurück, bis er in der östlichen Türkei abgeschossen wurde.

Wie beim Fischadler deuten auch die am RM durchgeführten Messungen an 1219 **Wespenbussarden** zwei Hauptzugrichtungen an (Abb. 8.2.4). Die Vorzugsrichtung weist mit ca. 220° –250° auf eine Route über Gibraltar und Marokko in den westafrikanischen Küstenraum und folgt damit wohl dem europäisch-westafrikanischen Zugbogen (GATTER 1987a, b, 1997). An ihnen sind Altvögel überdurchschnittlich beteiligt. Die vielen stark südlich ausgerichteten Werte, an denen Jungvögel einen auffällig hohen Anteil haben, lassen auf eine direkte Alpen- und Mittelmeerüberquerung schließen. Späte Septembervögel sind noch stärker südlich orientiert und sprechen wie beim Mauersegler für vermehrt skandinavische Herkunft mit Alpenquerung. Südostabweichungen am RM dürfen weder beim Wespenbussard noch beim Fischadler oder anderen Großvögeln mit dem Einschlagen einer SE-Route gleichgesetzt werden, die sich neuerdings mit Satellitentelemetrie an einer Reihe von Arten eindrucksvoll belegen ließ (MEYBURG & MEYBURG 1997). Sie werden in der Regel eher aus der augenblicklichen Situation wie dem Ansteuern eines Thermikschlauchs entstehen. Grundsätzlich muß angemerkt werden, daß keiner der SE-Zieher, wie der Schreiadler usw., regulär am RM zu erwarten ist.

Mäusebussard (SW, r = 0,79; Abb. 8.2.5) und **Kormoran** (SSW, r = 0,77) sind **Kurzstrecken-**

zieher (KSZ) mit großer Streuung der Zugrichtungen (kurzer Vektor r). Beim Kormoran dürfte dies sowohl auf verschiedene Herkunfts- als auch Überwinterungsgebiete bzw. gezielt angeflogene, bereits bekannte Rastgewässer zurückzuführen sein. Da in den Trupps Altvögel überwiegen, wird Traditionsbildung eine große Rolle spielen. Die Überwinterungsgebiete liegen im Voralpenraum, von wo aus ein Teil der Vögel anschließend die Alpen überquert bzw. umgeht, und sie reichen von SW-Europa bis ins westliche Mittelmeergebiet. Hinzu kommt, daß sich einzelne Trupps zwischen den parallel verlaufenden Leitlinien Albrand und Neckartal halten, andere sich zur Albüberquerung entschließen. Beim Mäusebussard ist nach den Schilderungen von THIOLLAY (l. c.) anzunehmen, daß die auf die Alpen weisenden Vögel, soweit sie nicht in deren Vorland überwintern, später vor allem dann alpenparallel nach WSW abbiegen, wenn es sich um erstmals ziehende Jungvögel ohne Erfahrung handelt.

Beim **Rotmilan** (SW, r = 0,77) sind wenig zugdisponierte Vögel, die den Zug mit der Jagd vereinbaren, für die hohe Streuung verantwortlich. Bei Trennung in Zughöhen von unter und über 100 m ergeben sich für den tiefen Zug paßbeeinflußt 215°, für den hohen Zug 237°.

Graureiher nutzen Großgewässer weniger als Kormorane. Sie werden vielfach in den Albtälern auf Wiesen und Äckern angetroffen und streuen stark in den Flugrichtungen. Neben teils nicht trennbaren lokalen Flugbewegungen sind die ausgeprägten, auch jahreszeitlich gedehnten Zwischenzugbewegungen Ursache der starken Richtungsstreuung (r = 0,43).

Dagegen sind **Ringeltaube** (r = 0,94; Abb. 8.2.5), **Heidelerche** (r = 0,96), **Feldlerche** (r = 0,95) Beispiele für **Kurzstreckenzieher mit geringer Richtungsstreuung** (r nahe 1). Ursache hierfür dürften ihre eng begrenzten Überwinterungsgebiete vorwiegend im westmediterranen bis atlantischen Westeuropa sein. Bei den meisten dieser Arten sind keine nennenswerten Anteile von Alpenquerern zu erwarten. Selbst Mittelgebirge wie die Alb werden zu einem höheren Anteil umflogen als bei den Langstreckenziehern. Die durchschnittlichen Zugrichtungen der KSZ liegen am RM zwischen 235° und als extremer Wert im Fall der genau von E nach W wandernden Saatkrähe bei 275° (siehe dazu Kap. 6).

Die meisten **Langstreckenzieher (LSZ)** haben eine starke Richtungskonstanz (r nahe 1; siehe z. B. **Rauch- und Mehlschwalbe** Abb. 8.2.5). Ihre durchschnittlichen Zugrichtungen liegen grundsätzlich südlicher als 224° (Ausnahme Schwarzstorch). Eine gewisse Tendenz zur Überquerung von Alpen, zentralen Mittelmeer- und Saharabereichen kann aus den Zugrichtungen am RM bei zahlreichen Arten geschlossen werden.

Bei einzelnen Arten wie dem **Baumpieper** deuten sich zwei Hauptzugrichtungen und populationsspezifische bzw. sich jahreszeitlich än-

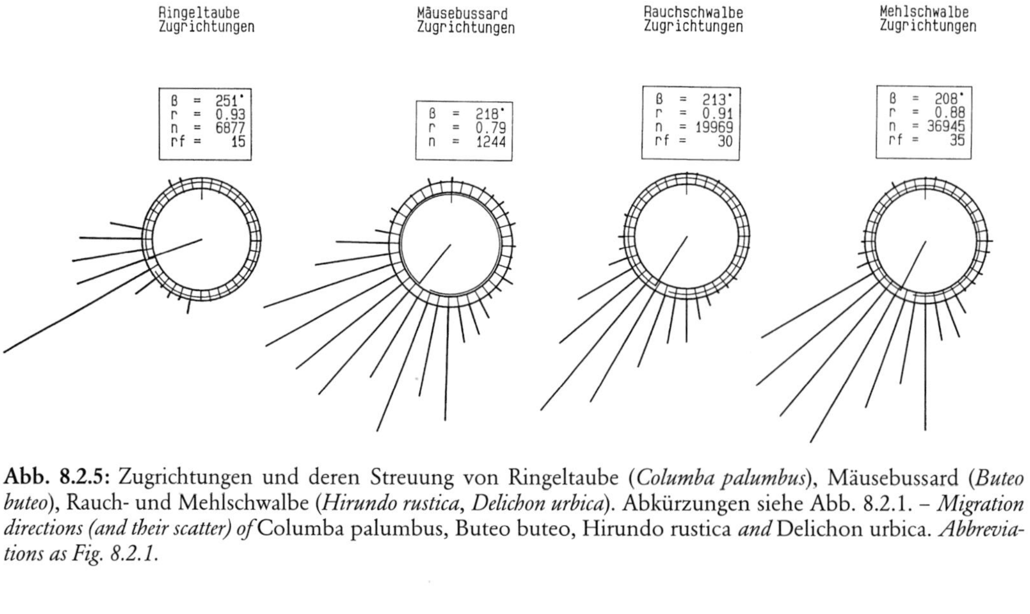

Abb. 8.2.5: Zugrichtungen und deren Streuung von Ringeltaube (*Columba palumbus*), Mäusebussard (*Buteo buteo*), Rauch- und Mehlschwalbe (*Hirundo rustica, Delichon urbica*). Abkürzungen siehe Abb. 8.2.1. – *Migration directions (and their scatter) of* Columba palumbus, Buteo buteo, Hirundo rustica *and* Delichon urbica. *Abbreviations as Fig. 8.2.1.*

dernde Zugstrategien an (Tab. 8.2.1). Die zeitig ziehenden Baumpieper halten westlicher, sind auf Grund ihrer Ankunftsrichtung überwiegend kontinentaler Herkunft und umgehen die Alpen. Die späten Vögel sind wohl eher skandinavischen Ursprungs. Ihre Zugrichtung läßt in vielen Fällen auf eine Überquerung der Zentral- und Westalpen schließen. Entsprechend dem Mauersegler und dem Wespenbussard haben wir eine Linksdrehung von SW im Laufe der Zugzeit auf mehr S.

Im Gegensatz dazu steht die offensichtliche, aber hier nicht weiter ausgewertete Rechtsdrehung der Zugrichtung bei vielen KSZ im Laufe des November und Dezember mit Richtungen, die dann vielfach im Bereich um 240° – 260° und mehr liegen und auf atlantisch geprägte Ziele weisen.

8.2.3 Populationstrends und Zugrichtung

Regionale Populationsanteile einer Art können sich im Laufe von 25 Jahren gravierend ändern. Dies kann durch Zunahme der einen und Abnahme einer anderen Population ohne Auswirkung auf die Durchzugszahlen (DZZ) bleiben, oder sich im Rückgang der DZZ, wie z. B. bei der Ringeltaube, ganz gravierend auswirken (Gatter et al. 1990). Zugrichtungen von Schwärmen der 1970er Jahre ergaben am RM eine Mittelrichtung von 238° (Gatter & Penski 1978), solche der 1990er Jahre 251° (Tab. 8.2.1). In der Zwischenzeit haben sich die Zug- und Überwinterungsgewohnheiten der finnischen und baltischen Populationen verändert. In Polen und Nordostdeutschland überwintern enorme Zahlen von Vögeln als Folge agrarstruktureller und möglicherweise auch klimatischer Veränderungen (Tomialojc briefl.). Die geringeren DZZ am RM (Abb. Kap. 17) scheinen dies zu belegen und lassen die Herkunft der heutigen Durchzügler zu einem prozentual größeren Teil im kontinentalen Bereich von Südpolen, Slowakei, Tschechien und Rußland vermuten (siehe auch Kap. 18).

8.2.4 Zugrichtungsstreuung bei Invasionsvögeln

Bei Invasionsvögeln kommt es nur alle paar Jahre zu ausgedehnten Wanderungen. Eine schwächer ausgeprägte Kompaßorientierung als bei normalen Zugvögeln wäre bei so „ungeübten" Zugvögeln zu erwarten. Der Zweck der Invasion, aus einem Gebiet mit Überbevölkerung und Nahrungsmangel zu fliehen, um bessere Gebiete aufzufinden, kann auf verschiedene Weise erreicht werden. Eine radiale Abwanderung würde, geeignete Habitate in allen Richtungen vorausgesetzt, am schnellsten zu einer Ausdünnung führen. Weit entfernt vom Invasionsherd kann dann bei radialer Abwanderung unter Umständen eine recht einheitliche Richtung angetroffen werden. Bei Arten, bei denen die Entstehungsgebiete der Invasionen zu einem bedeutenden Teil oder ausschließlich in Mitteleuropa liegen, wären demzufolge aber höhere Streuungen zu erwarten. Es ist bisher wohl nicht untersucht worden, ob eine möglichst hohe individuelle Richtungsstreuung der Überlebensrate einer Population mehr nützt als eine einheitliche Abzugsrichtung. Die Konzentration der Flugrichtungen ist bei Arten mit überwiegend mitteleuropäischer Herkunft sehr unterschiedlich. Invasionen von Meisen weichen dabei in der Streuung der Richtungen kaum von normalen KSZ ab, **Eichelhäher** streuen extrem und stellen für dieses Thema eines der interessantesten Studienobjekte im Felde dar. Die Streuung der Flugrichtungen ist in Jahren ohne Invasion, wo nur Zerstreuungswanderungen stattfinden, am größten. Die jährlichen Bewegungen beginnen und enden alljährlich mit erheblicher Streuung, zeigen aber während des Höhepunktes Mitte September bis 10. Oktober (Hauptzugzeit) eine Bevorzugung westlicher bis südlicher Richtungen. Der Abschluß solcher Bewegungen kann von nördlichen bis östlichen Richtungen dominiert sein. Sie lassen vermuten, daß auch die Wanderungen der Eichelhäher Explorationscharakter haben wie die beim Kreuzschnabel (Gatter 1993) und Umkehr unmittelbar nach erfolgter Exploration und damit während der gleichen Zugperiode erfolgen kann. Die zurückgelegten Entfernungen sind in schwachen Jahren wahrscheinlich unbedeutend und die Stoßrichtungen selbst kleinräumig unterschiedlich. Am Randecker Maar zeigte die schwache Wanderung 1981 durchschnittlich nach 205° (r = 0,67), 1985 nach 306 °(r = 0,53) und 1988 mit wohl überwiegend nur Dismigrationscharakter sogar nach 14° (r = 0,44), also nach Norden! Starke Invasionen wie 1972 und 1977 hatten Vorzugsrichtungen zwischen S und W bei insgesamt hoher Streuung des Gesamtzuges. Für die Teilabschnitte waren aber jeweils deutlich stärker gerichtete Bewegungen (r = 0,67 bzw. 0,82) typisch.

Auffällig und auch wahrscheinlich ist der Einfluß der Luftdruckverteilung von Hoch- und Tiefdruckgebieten und damit der Windrichtung auf die Zugrichtung der Häher. In mehreren Fällen von Umkehrzug lagen ausgedehnte Hochdruckgebiete über Osteuropa (Gatter et al. 1979). Bei NE- bis SE-Winden sind Zugrichtungen nach E überdurchschnittlich häufig.

8.2.5 Zugrichtung und Windeinfluß, Verdriftung und Kompensation

Der Flugweg eines Vogels über Grund kann als Vektorsumme der Luftbewegung (Windrichtung und Geschwindigkeit) und des Fluges vom Vogel relativ zur ruhenden Luft (Eigenrichtung, Eigengeschwindigkeit) ausgedrückt werden. Vögel, die unabhängig vom herrschenden Wind eine konstante Eigenrichtung einhalten, werden je nach Windstärke und Windrichtung in unterschiedliche Richtungen (über Boden) fliegen. Ein breiter Fächer von Richtungen dürfte zu verzeichnen sein. Es ist anzunehmen, daß dieser Fächer schmaler wird, wenn die Vögel versuchen, den augenblicklichen Wind zu kompensieren. Bis zu einem gewissen Maß versuchen Vögel, dieser Verdriftung bereits während des Fluges entgegenzusteuern. Jedoch auch eine nachträgliche Kompensation von vorausgegangenen Verdriftungen ist möglich und würde zu einer sehr breiten Richtungsstreuung beitragen. Es kann vermutet werden, daß auf Verdriftung nach W, wie sie sich regelmäßig bei SE- und E-Lagen beobachten läßt, nach Windberuhigung mit verstärkter Kompensation nach S reagiert wird. Ein offensichtlicher Verzicht tieffliegender Vögel auf volle Kompensation bei schwachem SE-Wind (siehe Buchfink) wurde von Bruderer & Liechti (1990) als möglicherweise erwünschte W-Verdriftung interpretiert. Beides, Verdriftung und Kompensation, trägt zu einem großen Richtungsspektrum bei.

Im Zusammenspiel mit unterschiedlicher Herkunft und verschiedenen Zielen ergeben die über lange Zeiträume gesammelten Zugrichtungen in allen Fällen ein fächerartiges Muster mit unterschiedlich breiter Richtungsstreuung (Abb. 8.2.1 – 8.2.7). Die dabei festgehaltenen Flugwege sind nicht gleichzusetzen mit dem angestrebten End- oder Tagesziel. Zwischen Start und Ziel kann der Weg aus unzähligen zickzackförmigen Teilstrecken zusammengesetzt sein, die von Vogel zu Vogel verschieden sind, vor allem wegen der sich zeitlich und räumlich ändernden Wetter- und Windeinflüsse.

Das Problem ist in zahlreichen Arbeiten v. a. mit Hilfe von Radar behandelt worden (z. B. Alerstam 1976, Bruderer & Liechti 1990, Richardson 1991), aber durch Feldbeobachtungen auch für den bodennahen Bereich (Gatter & Penski 1978).

Ein ziemlich unbekanntes Phänomen sind die pausenlosen Richtungsänderungen tief ziehender Kleinvögel bei starken Seitenwinden, gleich dem Kreuzen eines Segelschiffs. Niedrig fliegende Vögel reagieren im bodennahen Bereich auf die Verdriftung bei Windstärken ab 4 – 5 Bft. häufig mit einer dauernden Abfolge aus Verdriftung und Kompensation. Bei Bergfinken und Zeisigen mit Flughöhen zwischen 30 und 100 m wechselte die Zugrichtung z. B. am 23.10.1994 beständig zwischen 200° und 270°. Auf Verdriftungsstrecken mit 250°, zeitweise 270°, wechselten Kompensationsstrecken mit 200° ab. Erreicht wurden letztendlich Zugrichtungen der Trupps, die bei ca. 230° – 240° lagen und damit nur unwesentlich von der Hauptrichtung abwichen. **Misteldrosseln** wechselten bei starkem Seitenwind aus 130° zwischen Kompensationsstrecken von 190° (bei Eigenrichtungen von 170°) und Verdriftungsstrecken von 230° ab. Selbst Ringeltauben reagieren so. Bei hohen Windgeschwindigkeiten mit 5 – 7 Bft. aus 130° wechselten lange Verdriftungsstrecken um 260° – 270° mit kurzen Kompensationsstrecken ab, die bei 220° – 230° lagen.

Ringeltauben ließen sich von ihrer Normalzugrichtung aber nur geringfügig ablenken, wenn Gegen- und Rückenwinde im Bereich der Normalzugachse (238°) herrschten. Dagegen wird bei Seitenwinden sowohl aus NW(-N) als auch SE(-S) gegengesteuert, um einer starken Verdriftung vorzubeugen (Gatter & Penski 1978).

Die Zugrichtungen des **Mauerseglers** sind ebenso wie seine Nahrungsflüge während der Brutzeit stark wetterabhängig. Die sichtbaren Bewe-

Abb. 8.2.6: Abhängigkeit der Zugrichtung ziehender Mauersegler von der Windrichtung. Abkürzungen siehe Abb. 8.2.1. **a:** Trupps, **b:** Einzeltiere. – *Migration direction of* Apus apus *as a function of wind direction. Abbreviations as Fig. 8.2.1.* ***a:*** *Flocks,* ***b:*** *individuals.*

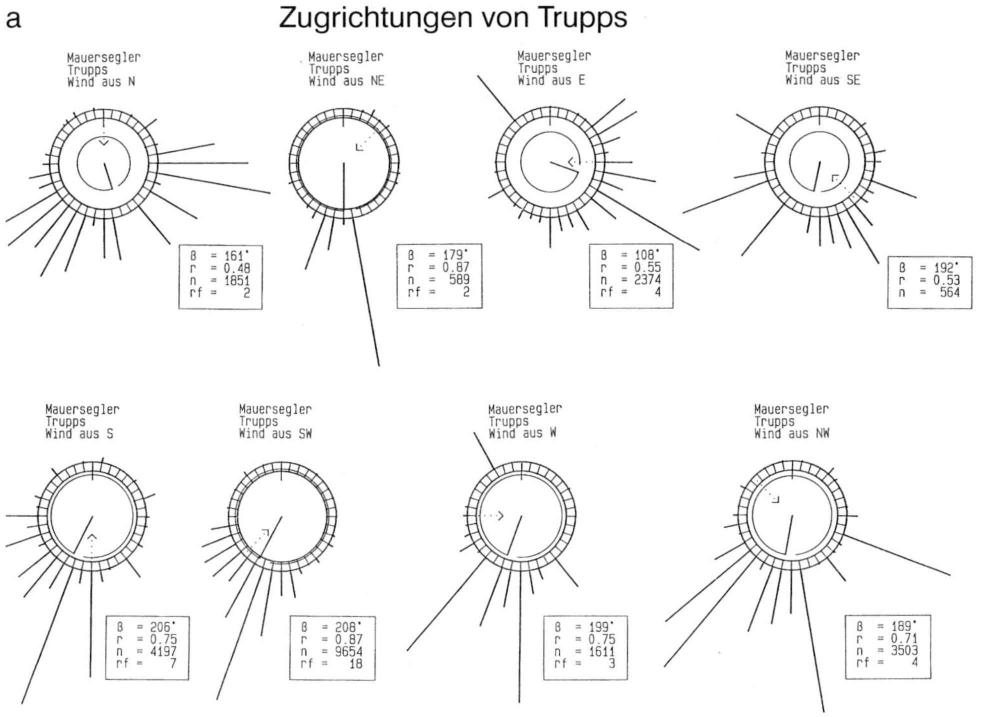
a
Zugrichtungen von Trupps
Mauersegler
Trupps
Wind aus N
β = 161°
r = 0.48
n = 1851
rf = 2
Mauersegler
Trupps
Wind aus NE
β = 179°
r = 0.87
n = 589
rf = 2
Mauersegler
Trupps
Wind aus E
β = 108°
r = 0.55
n = 2374
rf = 4
Mauersegler
Trupps
Wind aus SE
β = 192°
r = 0.53
n = 564
Mauersegler
Trupps
Wind aus S
β = 206°
r = 0.75
n = 4197
rf = 7
Mauersegler
Trupps
Wind aus SW
β = 208°
r = 0.87
n = 9654
rf = 18
Mauersegler
Trupps
Wind aus W
β = 199°
r = 0.75
n = 1611
rf = 3
Mauersegler
Trupps
Wind aus NW
β = 189°
r = 0.71
n = 3503
rf = 4

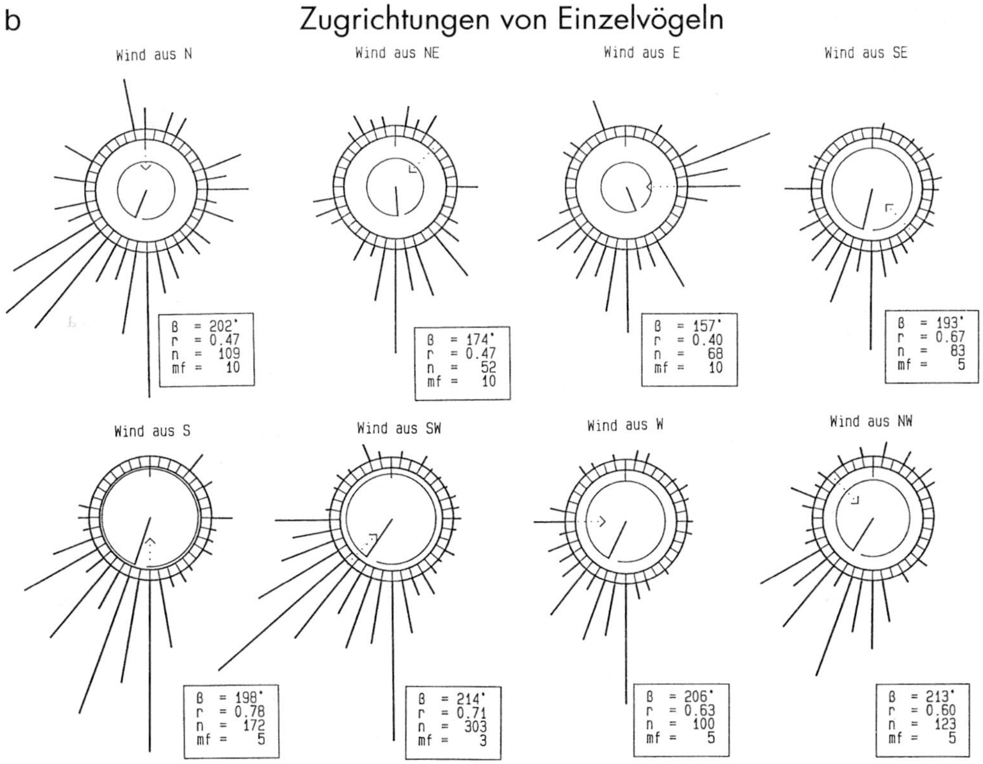
b
Zugrichtungen von Einzelvögeln
Wind aus N
β = 202°
r = 0.47
n = 109
mf = 10
Wind aus NE
β = 174°
r = 0.47
n = 52
mf = 10
Wind aus E
β = 157°
r = 0.40
n = 68
mf = 10
Wind aus SE
β = 193°
r = 0.67
n = 83
mf = 5
Wind aus S
β = 198°
r = 0.78
n = 172
mf = 5
Wind aus SW
β = 214°
r = 0.71
n = 303
mf = 3
Wind aus W
β = 206°
r = 0.63
n = 100
mf = 5
Wind aus NW
β = 213°
r = 0.60
n = 123
mf = 5

gungen während des Tages sind bisher noch nicht an einem großen Material untersucht worden, selbst LACKS (1958) vielzitierte Beschreibung zyklonaler Wetterflüge basiert auf nur wenigen Daten. Die meisten Publikationen berichten dabei über Massierungen entlang von Leitlinien.

Die Flugwege dieses Luftjägers sind nicht mit denen anderer Zieher am RM, wie z. B. dem unten näher behandelten Buchfinken, vergleichbar. Als einziger europäischer Landvogel verbringt der Mauersegler sein Leben, außer in der Brutzeit, Tag und Nacht in der Luft. Im Laufe des Jahres legt er wahrscheinlich etwa das hundertfache seiner jährlichen Zugstrecken von 12.000 – 20.000 km als Gesamtflugleistung zurück. Seine Vorliebe, gegen den Wind zu fliegen, bedingt tageszeitlich wechselnde Flugrichtungen. Innerhalb seiner enormen täglichen Flugleistungen (24 h x ca. 40 km/h = 960 km), spielen Winddrift, Kompensation und Richtungswechsel zur Erreichung eines Zieles eine untergeordnete Rolle.

Die vielen in der Literatur beschriebenen Fälle von Wetterfluchten bei Mauerseglern (Lit. in HVM 1980, KOSKIMIES 1950, WEITNAUER 1949, dort weitere Lit.) sind meines Erachtens trotz vielfach anderer Deutung größtenteils endgültige Zugbewegungen mit Vorzugsrichtung SW, ohne eine allzu bedeutende Zahl von Rückkehrern. Dies belegen vor allem Orte mit Dauerbeobachtung wie Ottenby (EDELSTAM 1972) und RM. In Mitteleuropa fällt der überwiegende Teil dieser Beobachtungen auf den Juli und betrifft Nichtbrüter, die das tropische Westafrika zum Teil erst im Mai zur Nordwanderung verlassen (GATTER 1997).

Bei der Windnutzung durch ziehende Segler haben wir widersprüchliche Aussagen von Radar- und Sichtbeobachtung. Die durch Radarbeobachtungen gewonnenen Ergebnisse über den Zug in großer Höhe belegen einen Zusammenhang zwischen Zug und günstigen Rückenwinden, v. a. in den Übergangszonen zwischen Tief- und Hochdruckgebieten (BRUDERER & WEITNAUER 1972). Die Beobachtungen im sichtbaren, tiefen Bereich zeigen dagegen, daß Gegenwinde deutlich mehr genutzt werden. Die Hauptursache dafür ist wohl die Verbindung von Zug und Nahrungssuche, also die Erbeutung mit dem Wind driftender Insekten während des Zuges.

Die Analyse der stärksten 400 bzw. 200 Zugstunden am RM und ein Vergleich mit dem Windangebot (Abb. 8.2.6a, b) belegen, daß bei überwiegendem S-Windangebot südwestliche und südliche Winde überproportional genutzt werden. N- und NW-Winde werden entsprechend dem (schwachen) Angebot genutzt. Bei E und SE-Winden findet im Juli kaum, im August wenig bodennaher Zug statt. Wohl entsprechend der starken Nutzung von Gegenwinden sind auch die Zughöhen tagziehender Mauersegler meist im Bereich unter 100 m und kaum oberhalb von 300 m, zumal die kompaßorientiert um diese Zeit wandernden Massenarten unter den Insekten – vor allem Syrphidae – bei Gegenwinden ebenfalls niedrig ziehen (GATTER & GATTER 1973, GATTER 1980, GATTER & SCHMID 1990).

Die Auswertungen der Einflüsse verschiedener Windrichtungen auf den Zug von Mauerseglern belegen bei Winden aus E und N sowohl bei Einzeltieren als auch bei Trupps hohe Richtungsstreuungen mit bedeutendem Anteil von scheinbarem Umkehrzug, der aber überwiegend auf die Erbeutung von Driftinsekten ausgerichtet ist. Die Zugrichtungen von Trupps sind deutlicher nach E ausgerichtet (161° bzw. 108°) als die von Einzeltieren (202° bzw. 157°). Auch bei Winden aus SW bis NW tritt dieses Phänomen auf, jetzt allerdings mit entsprechender Ausrichtung nach S; die Richtungsstreuung ist bei beiden Gruppen gering.

Der **Buchfink** zieht am RM im Durchschnitt in Richtung SSW (225°). Die windabhängige Variation ist dabei sehr gering, zwischen 221° bei S-Wind und 233° bei SE-Wind. Die Eigenrichtung variiert bei den verschiedenen Winden stärker. Mit Winden von 1 – 3 Bft halten die bodennah ziehenden Buchfinken fast ausnahmslos ihre auch ohne Windeinfluß eingehaltene Normalzugrichtung bei und reagieren auf die verschiedenen Windrichtungen lediglich mit veränderter Eigenrichtung. Mit Windstärken über 3 Bft. aus NW kommt es dagegen zu einer Verdriftung um 18° nach S (Abb. 8.2.7).

Die Kompensation von Winden folgt gewissen Regeln. Unter NW-Windeinfluß wird die Eigenrichtung stärker westlich ausgerichtet (245°), um die Verdriftung auszugleichen. Auf SE und S-Winde wird mit einer leichten Kompensation der Eigenrichtungen nach S reagiert. Die Flugrichtungen entsprechen bei S-Wind fast der Durchschnittsrichtung mit leichter Korrektur auf S, während bei SE-Winden eine Verdriftung um 10° nach W gemessen wurde. Dies könnte angesichts sonst meist vorherrschender Winde aus W-Richtungen einer durchaus erwünschten Ver-

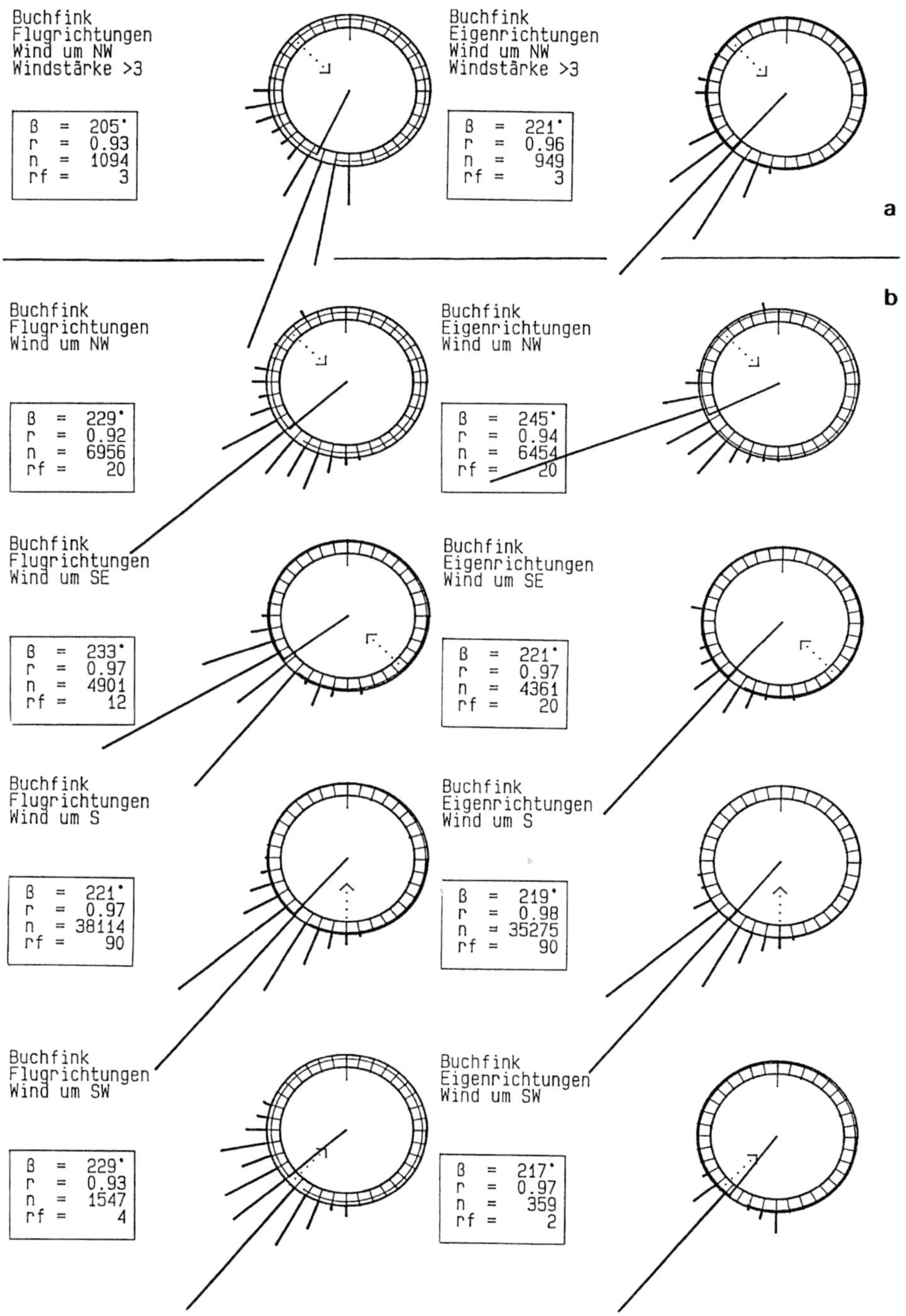

Abb. 8.2.7: Einfluß von Windstärke und -richtung auf die Flug- und Eigenrichtungen des Buchfinken. Abkürzungen s. Abb. 8.2.1. – **a:** Einfluß der Windstärke am Beispiel von Starkwinden aus NW. Vgl. hierzu erste beide Kreisdiagramme der Abb. b. – **b:** Einfluß verschiedener Windrichtungen bei Windstärke 0 – 3 Bft.
Influence of wind strength and direction on flight direction and heading of Fringilla coelebs. *Abbreviations as Fig. 8.2.1. – **a:** Effect of wind strength taking example of strong NW winds. Compare with the first two diagrams of Fig. b. – **b:** Effect of different wind directions at wind strengths 0 – 3 on the Beaufort scale.*

driftung entsprechen (Bruderer & Liechti 1990). SW-Winde müssen kaum kompensiert werden. Die Eigen- und die Flugrichtungen liegen hier um den Mittelwert.

Die exemplarisch herausgegriffenen Arten zeigen für den Bereich unterhalb von 50 – 100 m die verschiedensten Reaktionen. Die Ergebnisse unterscheiden sich beim Mauersegler gravierend von den in großer Höhe mit Radar gewonnenen. Dasselbe gilt für den Zug im tropischen Afrika: Bei Vermessungsflügen über Liberia konnte ich über einer Wolkenschicht (1000 m über Boden) im April fortlaufende Bewegungen nach NW notieren, während unterhalb der Bewölkung richtungslose Nahrungsflüge stattfanden. Bei anderen Arten kann Wind je nach Richtung und Stärke zu Verdriftung führen, die mehr oder weniger kompensiert wird. Die Kompensation nimmt aber nicht entsprechend der Windstärke zu. Schwache Seitenwinde werden fast vollständig, starke Seitenwinde teilweise kompensiert. Sehr starke Seitenwinde aus Südost werden von vielen Kleinvögeln, wie schon beschrieben, über das „Kreuzen" entsprechend einem Segelschiff kompensiert.

Bei Rückenwinden entstehen trotz stark streuender Eigenrichtungen Flugrichtungsspektren, die nicht wesentlich vom Grundmuster abweichen. Seitenwinde erzeugen eine mit der Windgeschwindigkeit zunehmende Verdriftung, da die Vögel ihre Kompensationsanstrengungen nicht entsprechend der Windgeschwindigkeit steigern können oder wollen. Entsprechende Feststellungen machten Bruderer et al. (1989) mit Radar, einen Überblick gibt Richardson (1991). Generell sind die Mechanismen der Windkompensation im bodennahen Bereich dieselben. Geringe Flughöhen sind aber sicher ein wirkungsvolles Instrument, der Verdriftung zu entgehen, was aber andererseits im Hügel- und Bergland mit Umwegen erkauft werden muß. Da Westwindsituationen in Mitteleuropa generell dominieren, ist es plausibel, wenn SE-Winde weniger konsequent kompensiert werden als N- und NW-Winde, da eine Verfrachtung nach W später viel leichter ausgeglichen werden kann als eine solche nach S oder gar SE. Dies wird einer der Gründe sein, daß SE-Winde innerhalb des Windangebots von vielen Arten beim bodennahen Zug klar bevorzugt werden, wie die Detailauswertungen in Kap. 9.2 bis 9.4 zeigen. Ob über das normale Maß hinausgehende westgerichtete Wanderungen von SW-Ziehern an Tagen mit nur schwachen Winden eine Folge tagelanger starker West- oder gar Nordwestwinde mit resultierender Südverdriftung sind, muß offenbleiben (siehe auch 8.2.2).

8.2.6 Die Schwäbische Alb als Leitlinie und Barriere

Die Schwäbische Alb steigt von S nach N sanft an und bricht am Nordrand steil ab. Damit unterscheidet sie sich deutlich von der Mehrzahl der gerundeten Mittelgebirge. Dieser nördliche Steilabfall steht wie eine Wand in der Landschaft, ein Einfluß, der bei speziellen Wetterlagen wie Hochnebel bzw. Wolken unterhalb des Albrandes noch verstärkt wird. Dann besteht nur die Möglichkeit, unter der Wolkendecke entlang des Albrandes zu fliegen. Durch die Wolken stoßen nur wenige Vögel hindurch. Auch bei stürmischen Winden wird eine Querung des Albrandes oftmals vermieden. Dies können sich ziehende Vögel leisten, da die Alb mit etwa 240°, d. h. ENE – WSW, nur wenig von der allgemeinen Zugrichtung abweicht. Insbesondere für Vögel mit SW-Kurs, die sich aus verschiedenen Gründen nicht zur Gebirgsüberquerung entschließen, bringt dies nur eine geringfügige Westabweichung mit sich (siehe Kap. 7 *Neckarlandkeil*). Für Vögel, die den Albrand am RM erst einmal überwunden haben, steht dagegen die breite Palette aller Zugrichtungen von W bis E offen.

Neben dieser Barrierewirkung kann der nördliche Albrand auch als „Waldweg" nach SW betrachtet werden. Während das Vorland nur gering bewaldet ist, zieht sich hier am Rande des Juragebirges ein mehrere hundert km langes grünes Band aus Laubwäldern am Hang entlang, das von Bayern und Baden-Württemberg über die Schweiz bis nach Frankreich reicht und für manchen Waldvogel mit der „Wunschrichtung" übereinstimmen wird.

Die Barrierewirkung des hoch aufragenden Albrandes ist jedermann verständlich. Verblüffend ist, daß umgekehrt der Rand auch eine Grenze für die nach Norden strömenden Vögel bilden kann. Viele schrecken teilweise vor der Überquerung des Geländeabsturzes zurück, d. h. sie vermeiden den Flug in großer Höhe. Geländeorientiert und niedrig ziehende Vögel kommen entweder schon entlang der Steilrandkante an oder schwenken nach Erreichen derselben auf den Verlauf des Gebirgszuges ein. Wird er verlassen, ist dies beim Flug ins Albvorland häufig mit einer Absenkung der Flughöhe verbunden.

Die Leitlinienwirkung der Alb ist wetterabhängig (also von Tag zu Tag) und von Art zu Art recht unterschiedlich, wie an windabhängig unterschiedlichen Zugwegen und -richtungen von Greifvögeln ersichtlich ist.

Beim **Sibirischen Tannenhäher** *Nucifraga caryocatactes macrorhynchos* war während der Invasion 1968 die Leitlinienfunktion der Gebirgskette klar zu erkennen. Zahlreiche Tannenhäher nutzten dieses „Waldband". Sie folgten dem Verlauf der verkarsteten Alb, die mit ihrem eher kontinentalen Habitus als Sporn Hunderte von Kilometern in die atlantisch geprägten Regionen hineinragt. In ihrem Vorland und im Neckarland wurden hingegen nur wenige Vögel gesehen (GATTER 1969).

Ringeltaubenschwärme, die mit Zugrichtungen von 230° die Albhochfläche erreichen, ziehen hier ungehindert weiter. Tieffliegende Schwärme, die mit 250° schon aus E über der Hochfläche ankommen, passen sich bei Erreichung des nördlichen Steilabfalls mit einer Drehung der Zugrichtung nach links dem Albverlauf an. Hoch fliegenden Trupps mit gleicher Anflugrichtung reduzieren nach Erreichung des tieferen Vorlands ihre Flughöhe, ein Phänomen, das auch bei der Saatkrähe und vielen anderen Arten beobachtet wird und mit regelmäßigen Richtungsknicks verbunden ist.

Im Albvorland (nicht aber am RM) werden bei schlechtem Wetter im Juli starke Zugbewegungen nach SW (Kap. 8.3) mit mehreren tausend **Mauerseglern** beobachtet. Sie verlaufen sehr tief, oft weit unterhalb 50 m Höhe und folgen offensichtlich der Albnordkante, die dann eine Südabweichung verhindert. Dies würde zumindest erklären, weshalb derartige Massenfluchten zwar unterhalb des Hohen Bol, nie jedoch am RM oder Sattelbogen beobachtet werden.

Fichtenkreuzschnäbel haben am RM im Sommer und Herbst als einzige Art gleichzeitig reguläre Wegzugs- und Heimzugswanderungen, von GATTER (1993) als Explorations- (S-gerichtet) bzw. Fortpflanzungszug (N-gerichtet) bezeichnet. Über 3000 Richtungsbestimmungen vom Weg- und Heimzug aus über 20 Jahren liegen den Auswertungen zugrunde. 1166 betreffen Einzelvögel. Deren Zugrichtung streut mehr als die der Trupps. Insgesamt zeigen aber beide Gruppen ein weitgehend gleichartiges Verteilungsmuster mit der nach SW gerichteten Keule des Wegzugs und Heimzugsrichtungen zwischen E und ENE. Warum liegen sie nicht in Gegenrichtung des Wegzugs, sondern sind um etwa 40° verdreht?

Tieffliegende Trupps und besonders Einzelvögel halten sich vielfach an den kleinräumigen Verlauf des Albrandes und biegen damit sogar auf Richtungen von E nach W beim Wegzug und W nach E beim Heimzug ein. Ganz offensichtlich führen die Kreuzschnäbel hier beim Zug in die Herkunftsgebiete nach Norden einen an der Leitlinie des Mittelgebirges orientierten Zug von WSW nach ENE aus (Abb. 8.2.8). Der Gebirgsrand kann hier also die gleiche Leitlinienfunktion ausüben wie die Grenze zwischen Land und Meer an der Ostsee. Mit 40° – 50° „heimziehende" Kreuzschnäbel kom-

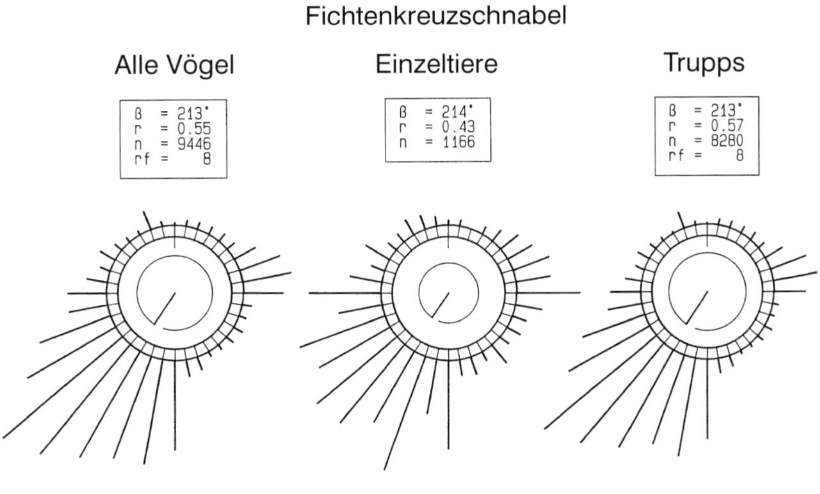

Abb. 8.2.8: Zugrichtungsvektoren aller (links), einzeln (Mitte) bzw. in Trupps (rechts) ziehender Fichtenkreuzschnäbel *Loxia curvirostra.* Siehe Abb. 9.4.5. – Loxia curvirostra *migration direction vectors of all (left), single individuals (middle) and flocks (right). See Fig. 9.4.5.*

men in einer durchschnittlichen Höhe von unter 100 m über dem RM an und würden beim Weiterflug ins Vorland plötzlich eine Flughöhe von 500 m haben. Die Scheu vor dem hohen Weiterflug über dem Tiefland ist wohl die Hauptursache für die Ablenkung. Denkbar ist jedoch auch, daß Kreuzschnäbel bevorzugt dem geschlossenen Laubwaldband des Albsteilrandes folgen.

Bei SW-Winden im Oktober/November überqueren **Mäusebussarde** und **Kornweihen** mit Zugrichtungen von 220° - 230° den Albrand, zogen aber bei SE-Winden, wie z. B. am 3./4.11.94, nach 240° - 250° und folgten damit der Leitlinie des Albrandes. Es kam offensichtlich zu einer „erwünschten Verdriftung" bei Eigenrichtungen um 220°.

8.2.7 Kurzstreckenzieher und Klimagradienten – das atlantische Überwinterungsgebiet von Irland, England bis Iberien und Maghreb

Die Zugrichtungen einzelner Vogelarten differieren am RM zwischen WNW und S, Durchschnittsrichtungen um SE fehlen. Langstreckenzieher überqueren zu einem höheren Prozentsatz die Alpen und das Mittelmeer direkt (Kap. 8.2.1 bis 8.2.3). Die KSZ steuern Überwinterungsgebiete an, die überwiegend westlich von uns zwischen Irland und Spanien bis zum westlichen Maghreb liegen, und fliegen nur zu einem geringen Teil auch in Richtung S.

Die 5–10°-Januar-Isothermen verlaufen in ± Nord-Süd-Richtung von Irland nach Spanien. Nur im Südwesten der Iberischen Halbinsel und in Nordwestafrika liegen die Januartemperaturen sogar oberhalb von 10° C. Nirgendwo in Europa lassen sich mit entsprechend hoher Sicherheit frostfreie Winter verbringen und gleichzeitig riesige zusammenhängende Tiefländereien finden wie am Westrand des Kontinents. Ein Beispiel mag dies verdeutlichen: Eine 1000-km-Wanderung von Berlin nach W (Südengland) bringt bezüglich der Januar-Isothermen einen Temperatursprung von +5 bis 10°. Eine Wanderung mit der gleichen Entfernung nach SW (Lyon) bringt nur geringe, eine solche nach SE (Belgrad) dagegen keine klimatischen Vorteile (Abb. 8.2.9).

Die Wanderung skandinavischer Buchfinken über Norddeutschland und Holland nach England ist also ebenso logisch wie der Zug baltischer Stare und Kiebitze nach England. Ein Vogel, der in SW-Richtung vergleichbare Bedingungen finden möchte, muß etwa doppelt so weit fliegen und dabei zahlreiche Mittelgebirge und die Pyrenäen überwinden. Im Süden stehen, abgesehen von der notwendigen Überwindung von Alpen und Balkangebirgen im nordmediterranen Bereich, flächenmäßig nur geringe Küstenebenen mit günstigem Klima zur Verfügung.

Die W-SW-Richtung ist damit für viele Vögel aus dem ost- und mitteleuropäischen Raum die erfolgversprechendste, was den Temperaturgewinn bei ausreichendem Flächen-/Nahrungsangebot betrifft. Diese dürften damit auch als (arterhaltende) evolutionswirksame Faktoren bei der Herausbildung von Zugrichtungsspektren die wesentlichste Rolle gespielt haben, zumal dieselben (positiven) Faktoren schon während der Eiszeit und später während der Wiederbesiedlung neuer Räume für die meisten Arten wirksam waren. Englands Westküste beherbergte selbst während der letzten Eiszeit Relikte von Kiefernwäldern.

Zugrichtungen zwischen SSW und S sind insofern für mitteleuropäische KSZ von Bedeutung, als sich jenseits des Mittelmeers riesige Überwinterungsräume im Maghreb (Tunis/Kl. Syrte bis Agadir) anschließen, die vom RM aus mit Richtungen von S (180°) bis SSW zu erreichen wären. Sie bieten im Gegensatz zu Gebieten östlich davon genügend Winterniederschläge und milde Temperaturen. Der Weg dorthin ist aber für viele KSZ, die keine so guten Flieger sind, schwieriger und mit höheren Verlusten verbunden. Bei gleicher Zugentfernung bieten das kontinentale SE-Europa und Kleinasien mit strengen Wintern ungünstige Bedingungen.

Dieser Unterschied läßt sich deutlich am Beginn der Apfelblüte demonstrieren. Der Blühbeginn bei Madrid (40° N) liegt um den 25. März, in vergleichbarer Höhenlage und auf gleicher geographischer Breite bei Ankara/Inneranatolien aber Ende April. Umgekehrt läßt sich am phänologischen Fortschritt des Frühlingseinzugs auch der Vorteil des WSW-Zuges der KSZ verdeutlichen (Abb. 8.2.10). Während der Frühlingseinzug in E-Europa mit dem Breitengrad von S nach N vorrückt, ist es in W-Europa eher eine Bewegung von West nach Ost. Einige Zahlen machen den klimatischen Gewinn des Zuges von E- nach W-Europa deutlich. Zwischen Beginn der Apfelblüte in Westirland und Mos-

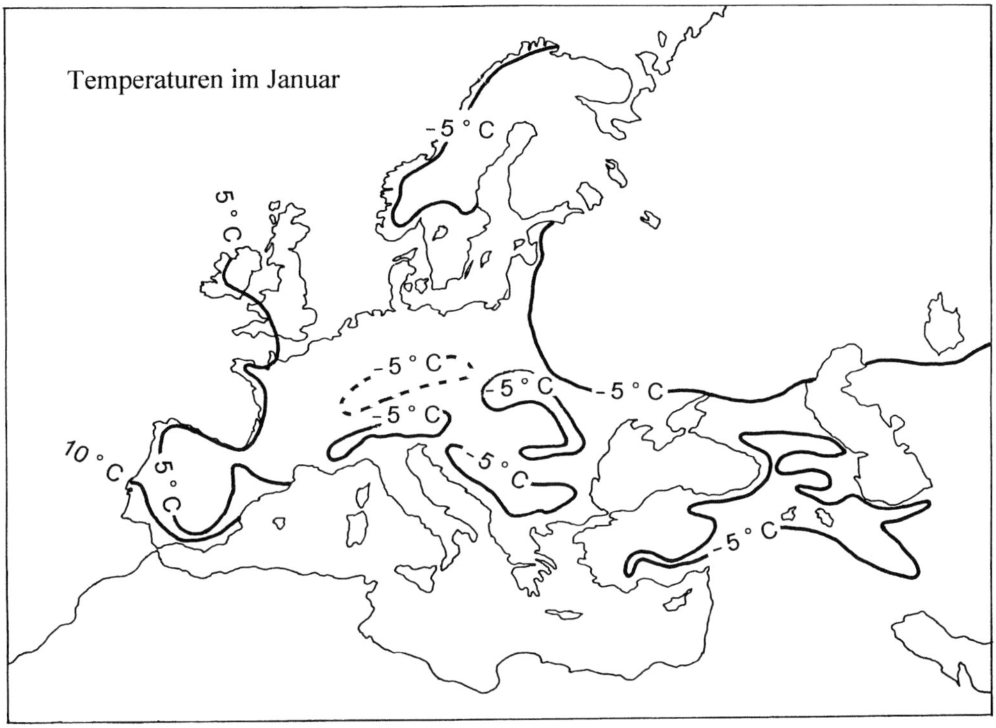

Abb. 8.2.9: Januar-Isothermen in Europa. – *January isotherms in Europe.*

kau, auf gleicher geographischer Breite gelegen, vergehen 35 Tage, zwischen Lissabon und Stockholm/Leningrad etwa 80 Tage.

Für LSZ gibt Schüz (1971) zahlreiche Beispiele des Festhaltens an Zugwegen, die den vermutlichen Einwanderungswegen entsprechen.

Für die Beibehaltung historischer Zugwege sprechen differenzierte Ringfundauswertungen einzelner Arten, wie sie Busse (1987) anhand umfangreichen Materials bei einer Reihe von Arten, wie z. B. der Singdrossel, ausgeführt hat, ebenso wie Darstellungen bei Zink (1973, 1975, 1981, 1985).

Kompaßorientiert ziehende Jungvögel werden häufig andere Richtungen einschlagen als navigierende, einem bekannten Ziel zustrebende erfahrene Altvögel. So ist bei Jungvögeln dann auch eine geringere Kompensation von Winden zu erwarten. Über diesen Weg ist aber auch eine rasche Anpassung an sich verändernde Umweltbedingungen möglich, die fallweise Erweiterungen oder Einengungen von Zugzielen bewirken können.

Die dargestellte Richtungsstreuung einiger Arten (Abb. 8.2.1 – 8.2.8) läßt ahnen, wie breit individuelle Richtungswahl sein kann. Ob sich aus Zugrichtungen am äußersten Spektrum stabile Winterpopulationen entwickeln, hängt von den Umweltfaktoren ab. In England überwintern Mönchsgrasmücken aus einem großen Einzugsgebiet, das von Norwegen im NE bis Süddeutschland im SW reicht.

Englische Mönchsgrasmücken überwintern andererseits vom Libanon im SE bis zum äußersten SW Iberiens und dem äußersten Süden W-Afrikas. Gleichzeitig ist anzunehmen, daß sich als Folge waldgeschichtlicher Entwicklungen und des gegenüber früher viel höheren durchschnittlichen Waldalters die Bestände der Mönchsgrasmücke in den letzten Jahrzehnten zu Lasten der Gartengrasmücke vervielfacht haben (Kap. 15.8). Eine Notwendigkeit zur Erweiterung des Überwinterungsgebiets und möglicherweise des Zugrichtungsspektrums ergibt sich in solchen Fällen dann, wenn die Aufnahmekapazität bisheriger Überwinterungsgebiete nicht

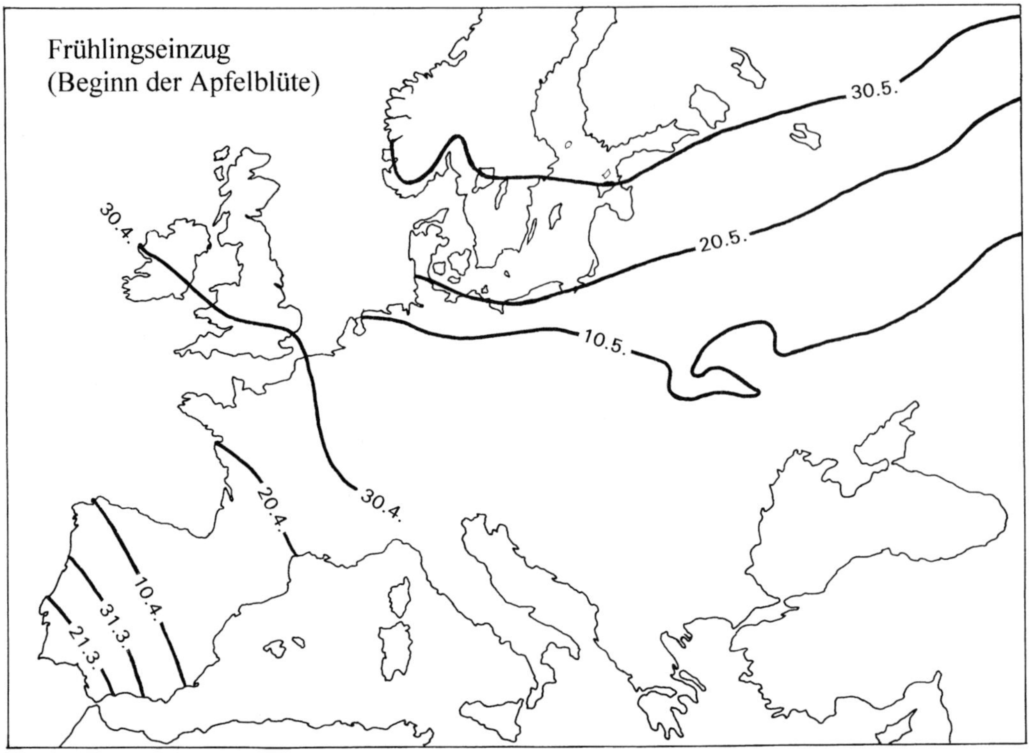

Abb. 8.2.10: Beginn der Apfelblüte. – *The coming of spring. Start of apple flowering.*

mitwächst, an anderer Stelle aber freie Nischen vorhanden sind bzw. neu entstehen (Kap. 17).

Sich verändernde Umweltbedingungen können relativ rasch Verlagerungen von Überwinterungsgebieten nach sich ziehen. Reisanbau und Bewässerung in Westafrika führten zu Norderweiterungen bei Watvögeln. Gleichzeitig führen Schrumpfungen von Sümpfen am Tschadsee und am Niger zu großräumigen Verlagerungen während der letzten 100 Jahre und zu entsprechend veränderten Zugrichtungen. Weltweit nachlassende Verfolgung und Zunahme von Reiherarten brachte im gleichen Gebiet Süderweiterungen des Winterareals mit sich (Büttikofer 1890, Gatter 1988a, 1997). Auch in Mitteleuropa können agrarstrukturelle Änderungen, gefördert durch klimatische Faktoren, zur Verlagerung der Überwinterungsschwerpunkte beitragen. Daß sich damit ebenfalls durchschnittliche Zugrichtungen an einem Ort ändern, wurde bei der Ringeltaube angedeutet (Tab. 8.2.1). Speziell die Wiederbewaldung Mittel- und Westeuropas während der vergangenen 200 Jahre sowie Englands in den vergangenen 50 Jahren (Kap. 15.8) muß besonders bei Waldvögeln bedeutende Auswirkungen auf Zugrichtungen und gewählte Überwinterungsgebiete gehabt haben.

Wie schnell sich Verbreitungsgebiete und Zugrichtungen ändern können, zeigt die Ausbreitung des Pazifischen Prachttauchers *Gavia pacifica (arctica)* und des Kanadakranichs *Grus canadensis* nach Ostsibirien mit der Herausbildung anderer Überwinterungsgebiete ebenso wie die jüngste Ausbreitung von Blaukehlchen, Fitis, Zitronenstelze und Rotkehlpieper nach Alaska (Andreev 1998). Inwieweit dies von anthropogenen Faktoren abhängt, ist noch kaum geklärt.

Rückkoppelungen veränderter Gleichgewichte zwischen den Tragekapazitäten von Brut- und Überwinterungsgebieten und den damit zusammenhängenden Zugrichtungsspektren sind wohl häufig, aber bisher wenig untersucht. Analysen der historischen Landschaftsentwicklung und sozio-ökonomische Faktoren der letzten 250 Jahre dürften in vielen Fällen ebenso erfolgreich sein wie zugphysiologische oder klimatische Deutungen (Kap. 15.8, 15.9, 15.10, 17 und 18).

Folgerungen und Zusammenfassung
8.2 Sichtbeobachtungen zu Zugrichtungen am Randecker Maar

SE-Zieher treten hier kaum in Erscheinung, weil die wenigen möglichen Arten überwiegend Nachtzieher sind. Die Ausrichtung des Gebirges an der Station liegt bei 240°. Die durchschnittliche Zugrichtung aller Arten liegt bei 220°. Die der Transsaharazieher liegt bei 211°, während sie bei Kurzstreckenziehern mit 223° stärker nach Westen zeigt.

Bei Mauersegler und Baumpieper kommt es während der Zugzeit zu einer Linksdrehung der Zugrichtung. Spätere (nordische?) Vögel neigen vermehrt zur Mittelmeerüberquerung. Beim Mauersegler gibt es auch tageszeitlich Unterschiede. Bei Arten wie Fischadler und Wespenbussard deuten sich mit SW- und S-Routen Gibraltar- und Alpenüberquerer an. Kormoran und Mäusebussard zeigen eine hohe Richtungsstreuung, viele andere Kurzstreckenzieher ziehen viel gebündelter. Lerchen und Ringeltaube zeigen z. B. eine geringe Richtungsstreuung. Bei einigen Arten läßt die Neigung zur Gebirgsüberquerung, verbunden mit Richtungsänderung, im späten Herbst nach und bei vielen Arten weicht die Richtung hoch ziehender von den paßbeeinflußt tief ziehenden nach West ab. Bei der Ringeltaube hat sich während der letzten 30 Jahre die durchschnittliche Zugrichtung wohl durch quantitative Verschiebungen der durchziehenden Populationen verändert. Zahlreiche Invasionsvögel haben sehr enge Zugrichtungsspektren, der Eichelhäher streut jahreweise stark.

Wind, Verdriftung und Kompensation, im bodennahen Bereich kaum untersucht, werden an Beispielen diskutiert. Die Ergebnisse weichen z. B. beim Mauersegler gravierend von den in der Höhe mit Radar festgestellten ab. Bei vielen Arten besteht eine hohe Bereitschaft, Verdriftung durch extrem tiefen Zug zu vermeiden und dafür Umwege in Kauf zu nehmen.

Die Schwäbische Alb übt aber nicht nur eine Barrierefunktion aus, die zu Richtungsabweichungen führt. Einige Arten folgen der Topographie des Gebirgsrandes bzw. dessen bewaldetem Band ohne Zwang und weichen dabei deutlich von ihrer vorherigen Zugrichtung ab.

Zum Abschluß werden Überlegungen zum atlantischen Wintergebiet und Vergleiche zu anderen Zugzielen von Kurzstreckenziehern angestellt. NW-SW-Richtungen können weit vorteilhafter sein als S- und SE-Richtungen. W bis SW dürften damit seit der Eiszeit die erfolgreichsten Zugrichtungen sein. Neben den klimatisch und flächenmäßig besten Bedingungen im SW-europäisch-atlantischen Bereich fördern die häufigen SW-Strömungen eine rasche Besetzung selbst weit nordöstlich liegender Brutgebiete im Frühjahr. Sozioökonomischen, forst- und agrarstrukturellen Veränderungen, neuerdings auch klimatischen Faktoren könnte nicht nur in bezug auf Zugentfernungen, sondern auch auf Zugrichtungsänderungen eine stärkere Bedeutung zukommen als bisher angenommen.

Conclusions and Summary
8.2 Sight observations relating to migration headings at Randecker Maar

Migrants heading SE are an extreme rarity because the few species involved are nocturnal migrants in the main. The Schwäbische Alb hills at the observatory have an alignment of 240° and the mean heading of all birds is 220°, with trans-Sahara migrants heading 211° on average and short-range migrants 223°, or more to the W.

Apus apus *and* Anthus trivialis *gradually tend to the left in the course of the migration season. Later (northern?) birds show an increasing tendency to cross the Mediterranean. There are also differences according to time of day in* Apus apus. *The SW and S headings of migrants like* Pandion haliaetus *and* Pernis apivorus *indicate that these are species that cross the Alps and the Straits of Gibraltar. After crossing the Alps, the birds heading south can follow the Italian peninsula or cross the Mediterranean directly.* Phalacrocorax carbo *and* Buteo buteo *show a high scattering in their headings, but in many other short-distance migrants the headings are much more concentrated, with Alaudidae and* Columba palumbus *for example showing very little scattering. The inclination to cross mountains, combined with a change of heading, decreases in late autumn in many species, while heading followed by high-altitude migrants is more westerly than that of birds that fly lower, through the narrow pass. The mean migration heading of* Columba palumbus *has altered during the last 30 years, probably as a result of quantitative shifts within the migrant populations. Many eruptive species have extremely narrow heading spectra;* Garrulus glandarius *heading can vary considerably from year to year.*

Wind, wind-drift, and compensation, hardly studied near ground-level, are discussed with examples. In (e. g.) Apus apus *the findings differ greatly from values ascertained by radar at high altitude. Many species are prepared to keep very low in order to avoid problems of drift, even where it means having to make detours.*

The Schwäbische Alb does not just function as a barrier, forcing changes of heading. Some species 'voluntarily' follow the topography of the upland edge, or its forested belt, thus deviating considerably from their previous heading.

Finally, the question of Atlantic wintering areas is discussed and comparisons with the destinations of other short-distance migrants made. NW-SW headings can be much more advantageous than those in a S or SE direction. W to SW migration headings are therefore the most successful, probably since the Ice Age. In addition to the ideal climatic and topographical conditions found in the SW Europe-Atlantic region, the dominant SW airstream promotes a rapid occupation of breeding areas even far to the NE in spring. The many alterations in the socioeconomic situation, forestry, and agriculture, amplified in recent years by changing climatic factors, will have a much more powerful effect on both migration distance and headings than previously thought.

9 Vogelzug bei Wind und Wetter

Das Wetter ist eine der wichtigsten Einflußgrößen beim Vogelzug, schreibt GÄTKE (1891, 1900) zu seinen Beobachtungen über den Vogelzug auf Helgoland. Trotzdem weiß man auch heute noch recht wenig über die Zusammenhänge zwischen Zugintensität, den verschiedenen Wetterparametern und den Großwetterlagen. Die Komplexität der Verhältnisse und die Verknüpfung der verschiedenen Größen miteinander wirft große Probleme, ja teilweise Widersprüche bei der Interpretation der Daten auf.

Insbesondere im 19. und in der ersten Hälfte des 20. Jahrhunderts findet man in den verschiedensten ornithologischen Zeitschriften eine große Anzahl phänomenologischer Darstellungen: Es wurde versucht, Bezüge zwischen dem lokalen Zug und den verschiedenen Wetterkomponenten herzustellen. Aber auch Fragen zum Zugfortschritt in Verbindung mit der großräumigen Witterung fanden zunehmendes Interesse. Die Erstankünfte in Beziehung zu Isothermen (z. B. SOUTHERN 1938a, 1938b, 1939, 1941) oder zur Großwetterlage (SCHENK 1925) waren interessante Ansätze. Das Auftreten von Seltenheiten oder starken Einflügen wurde vielfach anhand von Wetterkarten gedeutet (z. B. WILLIAMSON 1956). SCHENK (1925) stellte beispielsweise die großräumigen Wetterbedingungen beim herbstlichen Massenzug der Waldschnepfe dar, ALERSTAM (1975a) solche bei Rotdrosselzug und HUMMEL (1977) bei der Winterflucht von Gänsen. Eine Vielzahl verschiedener Zugereignisse im Jahresverlauf und Wetterkarten zu jeweils typischen Fällen geben WILLIAMSON (1958, 1961, 1962, 1963), HÜLSMANN & JOERN (1974) und ELKINS (1988) wieder.

Für eine systematische Untersuchung der Zusammenhänge zwischen Vogelzug und Wetter fehlten meist die kontinuierlichen Zugbeobachtungsreihen. Der zunehmende Flugverkehr nach dem 2. Weltkrieg, insbesondere der von niedrig fliegenden Militärmaschinen auf den Zugwegen der Vögel und die hier verzeichneten Kollisionen führten dazu, daß Untersuchungen zur Abhängigkeit von Vogelzug und Wettergeschehen intensiviert wurden. Radaranlagen erlauben eine automatische Aufzeichnung der Intensität des Zuggeschehens auch in der Nacht. Die mühsame manuelle Erfassung des Vogelzuges entfiel und das routinemäßige Registrieren ermöglichte langfristige Korrelationen zwischen Wetter und Vogelzug. Im Gegensatz zu den optischen Beobachtungen erlaubt das Radar allerdings keine Artunterscheidung der Vögel und die Zugintensität kann nur ungenügend abgeschätzt werden. Hinzu kommt, daß der Tagzug im Herbst wohl zu 80 – 90 % unterhalb 200 m stattfindet. Mit Radar kann je nach Untersuchungsmethode aber oft nur der Bereich oberhalb von 300 m verläßlich erfaßt werden (Kap. 8.1). So stellt sich die Frage, ob die bei Radaruntersuchungen gewonnenen Erkenntnisse zur Wetterabhängigkeit auf den tieferen Zug übertragbar sind.

Für Aussagen zur Wetterabhängigkeit des Vogelzugs werden am RM parallel zu den Vogelzählungen stündlich, maximal von 4.00 bis 20.00 Uhr, die aktuellen Werte erfaßt: Windrichtung und -stärke, Bewölkungsgrad, Temperatur, Sicht (anhand von markanten Geländepunkten von 100 m bis über 100 km Entfernung) und besondere Wettererscheinungen, wie Gewitter, Regen oder Nebel. Mit diesen Wetteraufzeichnungen liegt ein umfangreiches Material für Interpretationen des zeitgleich erfaßten Vogelzuges vor. Eine Zuordnung der Zugtage zu Großwetterlagen (GWL), wie sie BECKER (1979) zu Radaranalysen des hohen Zuges nutzte, stellt eine Möglichkeit dar, die „gebündelte" Wirkung einer Vielzahl von meteorologischen Größen über einen längeren Zeitraum auf den Vogelzug zu untersuchen. Aussagen über den Einfluß des Witterungsverlaufs selbst oder über einzelne Witterungsfaktoren können hiermit jedoch nicht gemacht werden. Unser Ziel war es daher, mit den Daten vom RM zunächst artunabhängig festzustellen, ob unterhalb von ca. 600 m ziehende Vögel GWL dem Angebot entsprechend nutzen oder meiden.

Die folgende Auswertung ist angesichts des komplexen, vieljährigen Materials sicher nur vorläufig. Größtenteils ungelöst sind noch die Probleme, die sich aus der Lage der Station an einer Mittelgebirgskante mit Tiefland im Norden und einem Hochplateau im Süden ergeben. Die Deutung der Windabhängigkeit ist hier besonders schwierig.

9.1 Ein Hoch über Mitteleuropa – Grundlagen des Wettergeschehens

Durch die allgemeine planetarische Zirkulation bildet sich auf der Nordhalbkugel im Mittel ein subtropischer und ein polarer Gürtel aus Hochdruckgebieten (Antizyklonen), der von einem subpolaren Gürtel aus Tiefdruckgebieten (Zyklonen) getrennt ist. Wetterbestimmend sind vor allem blockierende Hochdruckgebiete, die durch einen polwärtigen Vorstoß oder eine Abschnürung des Subtropenhochs entstehen und sich über Tage und Wochen in Europa halten können (Blüthgen & Weischet 1980, Lamb 1975). Sie unterbrechen die vorherrschend westliche Strömung und lenken Störungen im Uhrzeigersinn um sie herum.

Hochdruckgebiete (Antizyklone) sind Regionen sich absenkender Luft, die auf ihrem Abstieg auf der nördlichen Hemisphäre im Uhrzeigersinn um das Zentrum des Hochs bewegt wird. Innerhalb dieser Gebiete herrschen meist hoher bzw. steigender Luftdruck, schwacher Wind, geringe Bewölkung, geringe Luftfeuchtigkeit und gute Sicht.

In den **Tiefdruckgebieten** (Zyklonen) wird dagegen im Gegenuhrzeigersinn drehend subtropische Warmluft mit polarer Kaltluft vermischt. In einem typischen Tief, das aus NW über Mitteleuropa hinwegzieht, geschieht dies durch den Vorstoß eines Warmluftkeils aus SW gegen das Zentrum. Diese Warmluft gleitet an der Warmfront in einem flachen Winkel auf die polare Kaltfront auf und verursacht noch etwa 200 km vor der Front Niederschläge. Dahinter klart es in der Regel bei SW-Winden im Warmsektor wieder auf, eine Situation, die für den Vogelzug bedeutend sein kann. Der Kaltfrontdurchgang bringt erneut Niederschläge, die aber im allgemeinen schnell in Schauer übergehen und schließlich ganz nachlassen. Der Kaltfrontdurchgang geht mit dem Um-schlagen des Windes auf NW einher, der beim Weiterziehen des Tiefs auf N bis NE wechselt. Die Luftfeuchtigkeit ist im Warmsektor hoch, die Sicht schlecht, während in der polaren Kaltluft die Sicht gut ist und die Feuchtigkeit zurückgeht.

In Tiefdruckgebieten, die aus Westen (Labrador) gegen Mitteleuropa vorstoßen, wechselt der Wind von SE – SW im Warmsektor auf SW – NW hinter der Kaltfront. Eine Abkühlung wird nur an höher gelegenen Stationen gemessen, während in der Ebene oft eine Erwärmung erfolgt. In südatlantischen Störungen dreht der Wind von SE – S auf S – W, eine Temperaturänderung ist nach der Front in der Regel nicht meßbar.

Die Situation im Herbst. Bedeutend für den Vogelzug ist die im Herbst herrschende mittlere Druckverteilung der nördlichen Hemisphäre. Im September/Oktober bilden sich südlich des 45. Breitengrades Hochdruckgebiete in Europa und den USA. Die Haupttiefdruckgebiete liegen über dem Nordatlantik, nördlich des 45. Breitengrades, d. h. der Linie Bordeaux – Mailand – Belgrad, südwestlich von Island und über dem Nordmeer. Skandinavien und der Nordatlantik liegen somit unter dem Einfluß vorherrschend südwestlicher Winde. Nur selten, nach Kaltfrontdurchgängen, wird dem süd- oder südwestwärts gerichteten Vogelzug Rückenwind beschert.

Über Westeuropa erleichtern die sich bildenden Hochdruckgebiete, die in dieser Zeit häufig blockierend wirken, den Herbstzug (September/Oktober-Maximum der Hochdrucklagen in Europa, Hess & Brezowski 1993). Das Hoch über Zentralasien, das sich in den Winter hinein verstärkt, fördert möglicherweise den Westflug von Vögeln der Ostpaläarktis (Elkins 1988).

Zusammenfassung
9.1 Ein Hoch über Mitteleuropa – Grundlagen des Wettergeschehens

Einige wesentliche Grundlagen, die das Wetter der Nordhalbkugel insgesamt und besonders im Herbst bestimmen und damit den Vogelzug ganz wesentlich beeinflussen, werden kurz geschildert.

Summary
9.1 High pressure area over Central Europe – principles underlying weather events

The chapter outlines some of the basic principles that determine the weather in the northern hemisphere as a whole, particularly in autumn, and which have a substantial effect on migration.

9.2 Regen, Wind und Wolken – der Einfluß des Wetters auf den Vogelzug im Überblick

Die Wetterabhängigkeit des Zuggeschehens ist durch die von Tag zu Tag stark schwankende Zugintensität direkt sichtbar. Wettereffekte wirken sich dabei sowohl im Startgebiet als auch während des Fluges und im Etappen- oder Endziel aus. Sie beeinflussen das Nahrungsangebot im Ruhegebiet und auf dem Zug (Flugjäger), den Energieverbrauch durch Gegen- oder Mitwind und den bei der Rast durch Temperatur oder Niederschlag sowie die Orientierung und damit die Überlebenswahrscheinlichkeit.

Untersucht man die zugauslösenden Wirkungen einzelner Wetterfaktoren, ist ihre enge Koppelung zu beachten. Außerdem können sonst zughemmende Faktoren durch andere Rahmenbedingungen, wie Verschlechterung des Nahrungsangebots oder langanhaltende Regenperioden, überspielt werden, was die Interpretation der Daten zusätzlich erschwert. Auch langanhaltendes gutes Zugwetter führt im allgemeinen nur an den ersten Tagen zu überdurchschnittlich starkem Zug.

Einer der wichtigsten Wetterfaktoren ist sicherlich der **Wind**. „Viele Ornithologen sind für die Annahme eingetreten, daß das Wandern der Vögel gegen den Wind erfolgt, weil ihnen ein von hinten in die Federn blasender Wind unangenehm ist". Dieser Satz aus KNAUER (1909) bringt uns heute zum Schmunzeln, aber die Beobachter im letzten Jahrhundert hatten nicht die optische Ausrüstung und meist nicht die physikalischen Kenntnisse heutiger Ornithologen. Schon PLINIUS (in LENZ 1856) hatte aber erkannt, daß Wachteln das Mittelmeer mit Rückenwind überqueren, „weil ihr Körper so schwer ist". **Windrichtung und -stärke** haben Einfluß auf den Energieverbrauch beim Flug. Unterschiedlich starker Zug bei den verschiedenen Windrichtungen wird ab dem vorigen Jahrhundert erwähnt und ist durch umfangreiche Radarstudien belegt (Zusammenfassungen bei RICHARDSON 1978a, b, 1990a, b, 1991). Jahreszeitlich und geograpisch verläßlich auftretende Winde haben den Zug in vielerlei Hinsicht beeinflußt und sind unter anderem für Schleifenzüge in Afrika verantwortlich. An den Konzentrationspunkten des Vogelzugs, besonders im Küstenbereich (Kap. 8.1), wird vielfach deutlich, daß das für den Feldbeobachter erkennbare Zuggeschehen der Kleinvögel bei Gegenwind zunimmt. Die Vögel fliegen aufgrund des bodennah geringeren Windes niedriger und folgen dann in verstärktem Umfang Leitlinien, was in einem deutlichen Anstieg des sichtbaren Zugaufkommen resultiert. Dies führte zu der früheren Fehlinterpretation, daß starker Zug besonders bei Gegenwind zu verzeichnen ist. In vielen Radaruntersuchungen konnte dagegen eine deutliche Übereinstimmung von Windrichtung und Zugrichtung des hohen Zuges nachgewiesen werden. Diese beiden Aussagen, Rückenwind = stärkerer hoher Zug (Radar), Gegenwind = stärkerer niedriger Zug (nur visuell erfaßbar) lassen erkennen, daß mit den bisherigen Methoden jeweils alleine eine Gesamtschau schwierig ist.

Die mit Radar festgestellte Übereinstimmung von Wind- und Zugrichtung führte zur Entwicklung des Pseudodrift-Konzeptes. Es besagt, daß unterschiedliche Populationen mit verschiedenen Zielrichtungen verschiedene Windrichtungen nutzen und so je nach Wetterlage andere Hauptzugrichtungen eingeschlagen werden (NISBET & DRURY 1968). Nach einer weiteren Hypothese von ALERSTAM (1979) sollte ein Zugvogel zur optimalen Nutzung der Windverhältnisse in großer Entfernung vom Ziel eine gewisse Verdriftung durch starke Winde in der Höhe tolerieren, um erst bei Annäherung an das Ziel durch bodennahe Flüge in naturgemäß schwächeren Winden die Drift wieder zu kompensieren.

Ein Faktor, der gleichzeitig auch eine gewisse Aussagekraft über die großräumigen Wetterbedingungen hat (Kap. 9.1), ist der **Luftdruck.** Verschiedene Untersuchungen fanden einen Zusammenhang zwischen hohem oder steigendem Luftdruck und herbstlichem Zug nach SSW – W. Nach SE – SSE fliegende Vögel zeigten eine Tendenz zum Zug bei niedrigem, aber (meist) steigendem Luftdruck. RICHARDSON (1978a, b) erklärt dies mit den unterschiedlichen Zugzeiten im Verhältnis zum Durchzug von Tiefdruckgebieten und damit verbundenen Kaltfronten. Während SE-Flieger recht schnell nach einer durchgezogenen Kaltfront aufbrechen, fliegen SW-Zieher erst in größerem Abstand zur Front, etwa einen Tag später, wenn bereits im W, NW oder N ein Hoch steht. In beiden Fällen dürften jeweils fördernde Winde den Zug mehr beeinflussen als der Luftdruck selbst. Umfangreiche Untersuchungen an Ringeltauben (GATTER & PENSKI 1978) haben gezeigt, wie vielfältig dieses Problem schon durch den tageszeitlichen Gang der Luftdruckgradienten ist. Klare Zusammenhänge konnten nur bei abendlichen Zugeinsätzen erkannt werden, die überwiegend mit Druckabfall auftraten, obwohl sich Druckanstieg häufiger anbot.

Die **Temperatur** ist über ihre Auswirkungen auf das Nahrungsangebot und den Energieverbrauch ebenfalls ein wichtiger Wetterfaktor. Niedrige Temperatur erfordert höheren Energieverbrauch zur Aufrechterhaltung der Körpertemperatur am Boden, schafft jedoch günstigere Bedingungen für den Zug durch Kühlung der überhitzten Flugmuskeln (NACHTIGALL 1987). Die vielfach starke Korrelation von fallenden oder niedrigen Temperaturen mit dem Herbstzug kann allerdings in vielen Untersuchungen nicht von dem Effekt eines Kaltfrontdurchgangs getrennt werden. Für Greifvögel ist im Herbst eine Bevorzugung von hohen Temperaturen ermittelt worden, die mit der besseren Thermik zusammenhängt (ALERSTAM 1978). Eine Regelhaftigkeit, daß der Hauptwegzug mit fallenden Temperaturen und steigendem Luftdruck, der Hauptheimzug mit steigenden Temperaturen und fallendem Luftdruck zusammenfällt (BERTHOLD 1990b), sollte man aufgrund der unzähligen abweichenden Ergebnisse nicht zu hoch bewerten. Unsere Auswertungen der Temperatur beschränken sich auf Beispiele wie Winterfluchten (Kap. 9.7) oder den Herbst 1974, der mit seinen anhaltend niedrigen Temperaturen u. a. eine „Schwalbenkatastrophe“ bewirkte (Kap. 9.8).

Niederschlag unterdrückt in der Regel den Zug, wirkt aber kurz davor und danach belebend. Das Umfliegen von großräumigen Niederschlagsgebieten ist von RICHARDSON (1978a) beschrieben worden. An der Station RM wurde dies mehrfach (zuletzt im Jahr 1993) als Ursache für insgesamt geringe Durchzugszahlen angenommen. Die Toleranzschwelle, bei Niederschlägen zu ziehen, ist bei den verschiedenen Arten unterschiedlich hoch. Besonders der Kernbeißer zeichnet sich dadurch aus, den Zug selbst bei widrigem Gegenwind und Regen nicht zu unterbrechen.

Geschlossene **Bewölkung** wird für eine allgemeine Unterdrückung des Zuges verantwortlich gemacht (z. B. ELKINS 1988) und die Erklärung dafür in der geringeren Verfügbarkeit von Richtungsinformationen gesucht. Das Ausweichen vom Sonnenkompaß auf andere, weniger stabile Orientierungsmechanismen wie den Wind kann man unter speziellen Bedingungen bei zuziehendem Himmel beobachten. Unter schließlich komplett bewölktem Himmel kann sich die Zugrichtung im Winkel der sich drehenden Windrichtung ändern. Große Brachvögel z. B. flogen unter konstantem Winkel zur einzigen noch verfügbaren Orientierungshilfe (SCHÜTT pers. Mitt., siehe hierzu auch RICHARDSON 1991). Über dem Meer dient anscheinend die Wellenrichtung bei Bewölkung als Bezugsrichtung (ALERSTAM & PETTERSSON 1976).

Eine Möglichkeit zur witterungsunabhängigen Orientierung stellt das Erdmagnetfeld dar. Nach den bisherigen Versuchen zeigt sich, daß der magnetische Kompaß des Vogels nicht mit einem technischen Kompaß zu vergleichen ist. Der Vogel holt die Richtungsinformation aus der Inklination des Magnetfeldes. Eine große Bedeutung besitzt dieses System bei der Kalibrierung der anderen richtunggebenden Methoden (WILTSCHKO & WILTSCHKO 1999).

Nach WILTSCHKO & WILTSCHKO (1999) „scheint der Sonnenkompaß beim Vogelzug am Tage kaum eine Rolle zu spielen“. Sie betrachten den Inklinationsmagnetkompaß als entscheidende Größe für die Bestimmung der Richtung während des Zuges. Für die Nachtzieher werden dagegen Sternenkompaß sowie Sonnenuntergangsfaktoren als Lieferanten der wichtigen Richtungsinformationen angesehen. Dies würde in der Konsequenz jedoch bedeuten, daß für Nachtzieher ein zumindest teilweise wolkenloser Himmel (Sterne) eine entscheidende Bedeutung für die Auslösung und Beibehaltung des Zuges hat, während beim Tagzug die Himmelsbedeckung ohne Einfluß bleiben sollte. Dies stimmt jedoch nicht mit der allgemeinen Erfahrung im Felde überein. Sowohl Tag- wie Nachtzug zeigen eine deutliche Tendenz zu starkem Zug bei Sicht auf den Himmel und vermindertem oder fehlendem Zug bei dichter Wolkendekke (GATTER & MATTES 1973, GATTER 1973a).

Zum Sonnenkompaß schreiben WILTSCHKO & WILTSCHKO (1999): „die Südversetzung während des Herbstzuges erfordert ein kontinuierliches Nacheichen der Kompensationsmechanismen, etwaige Ost-West-Versetzungen ein Nachstellen der inneren Uhr. Damit scheint der Sonnenkompaß für die Fernorientierung über Tausende von Kilometern weitgehend ungeeignet". Sie bemerken weiter, daß Tagzieher den Sonnenkompaß wahrscheinlich während der stationären Phasen im Brutgebiet und im Winterquartier benutzen, für den Zug aber auf andere, besser geeignete Mechanismen umschalten.

Doch betrachten wir den Zug eines Kleinvogels in Europa. Auf Zugetappen von einigen Kilometern bis wenigen hundert Kilometern erfolgen meist mehrere Rasttage. Anders ist der langsame Zugfortschritt durch Europa nicht zu erklären (Kap. 11, 13.2). Zugvögel hätten also genügend Zeit, ihren Kompaß nachzueichen. Damit könnte die Bedeutung dieses Referenzsystems im Verbund mit der Magnetorientierung doch höher sein als bisher angenommen.

Auch die physikalischen Grenzen bei der Registrierung des Magnetfeldes könnten bei einzelnen Flugarten überschritten sein. Betrachten wir einen Buchfinken mit seinem stark wellenförmigen Flugweg. Die Länge der Wellen und ihre Amplitude ist z. B. beim Buchfinken keine fest vorgegebene Größe. Sie ist unter anderem windabhängig, hängt aber auch vom augenblicklichen Flugweg ab, der ansteigen oder abfallen kann. Die Inklinationsbestimmung dürfte unter diesen Bedingungen schwierig sein. Die Mehrzahl der Orientierungsversuche wurde an nicht fliegenden Vögeln vorgenommen. Hier kann der Vogel in Ruhe die Magnetfeldparameter bestimmen.

So könnte als plausibles Kompaßsystem der Tagzieher mit den Einschränkungen von WILTSCHKO & WILTSCHKO (1999) eine Neukalibrierung der Sonnenbahn anhand des Magnetfeldes zwischen Zugende und Weiterzug möglich sein. Dies würde auch die oben dargestellten Beobachtungen erklären, bei denen Vögel nach Verschwinden der Sonne unsichere Referenzsysteme (Meereswellen, Wind) nutzten.

Eine Kalibrierung der Windrichtung durch Magnetkompaß als Notbehelf ist in diesen Fällen zumindest theoretisch denkbar. In Extremjahren mit langen Schlechtwetterperioden zeigten die Beobachtungen am RM, daß nur bei ausreichendem Angebot an Schönwetter eine geschlossene Wolkendecke den Zug unterdrückt. Starker Zug findet in kontinuierlichem Schlechtwetter auch bei geschlossener Wolkendecke statt. Zeitfenster mit aufgerissener Bewölkung werden aber auch dann klar bevorzugt und Nachtzieher wandern (wegen mangelnder Sternkompaßorientierung ?) in solchen Jahren verstärkt am Tag (Kap. 9.5, 9.8).

In Kap. 9.5 werden Beispiele für die teilweise Bevorzugung dichter Bewölkung und in Kap. 9.6 solche zum zugauslösenden Einfluß zu- oder abnehmender Sichtweiten angeführt.

Bei Betrachtung der großräumigen Wetterverhältnisse (Kap. 9.3) zeigen vor allem Radarergebnisse zum hohen Zug über Nord- und Ostsee folgende Zusammenhänge (Kap. 8): Im Herbst finden die Vögel gute Bedingungen innerhalb eines Hochdruckgebietes mit schwachen, wechselnden Winden oder an seinem östlichen bis südöstlichen Rand, der nördliche bis nordöstliche Winde bei gleichzeitig guter Sicht bietet. In einem arktischen Tief sind die besten Verhältnisse für südlich gerichteten Zug hinter einer Kaltfront, also westlich bis nordwestlich seines Kerns. Besonders die Beobachtungen zur Ankunft isländischer und grönländischer Zugvögel in Schottland nach Kaltfrontdurchgängen führten daher zur Hypothese des „cyclonic approach" (ELKINS 1988). Die Beobachtungen an Stationen in der Schweiz zeigen eine vergleichsweise geringe Abhängigkeit des Zuggeschehens von Kaltfronten, die aber eventuell durch die größere Distanz zu den Zyklonenzugstraßen oder durch den Einfluß der Alpen verursacht sein kann (BRUDERER 1967).

Zusammenfassung

9.2 Regen, Wind und Wolken – der Einfluß des Wetters auf den Vogelzug im Überblick

Das Kapitel gibt einige Hinweise auf wichtige Parameter, die den Vogelzug beeinflussen.

Summary

9.2 Rain, wind and clouds – the influence of weather on bird migration: an overview

The chapter deals with the major parameters affecting bird migration.

9.3 Vogelzug und Großwetterlagen

Nach Baur (1963) versteht man unter einer Großwetterlage (GWL, *Large scale weather pattern*) die mittlere Luftdruckverteilung eines Großraums, mindestens der Größe Europas, während eines mehrtägigen Zeitraums (mindestens 3 Tage), in welchem gewisse Züge aufeinanderfolgender Wetterlagen, obwohl diese verschieden sein können, erhalten bleiben (Tab. 9.3.1 mit Abkürzungen). Heute wird die Bestimmung der täglichen GWL anhand der Boden- und Höhenwetterkarte von einem Meteorologenteam vorgenommen, wodurch subjektive Einflüsse ausgeschaltet werden sollen. Ein gewisses Maß an Subjektivität ist jedoch geblieben, was an den fließenden Übergängen innerhalb von Großwettertypen erkennbar ist (Cappel 1975). Großwettertypen sind die Zusammenfassung mehrerer verwandter GWL und zwar im allgemeinen aufgrund der Luftzufuhr, das heißt der Windrichtung. Zudem wird bei einem Umschlagen der Wetterlage ein bestimmter Tag oft der vorhergehenden oder nachfolgenden GWL zugeordnet, obwohl dies nicht immer eindeutig möglich ist (siehe Hess & Brezowski 1993). Großwetterlagen haben heute für die Wetterprognose nur noch eine geringe Bedeutung und werden eher für die nachträgliche Beurteilung herangezogen.

Es ist schwierig, den GWL eindeutig bestimmte Wetterelemente zuzuordnen, und es ist selbst in den ausgeprägtesten antizyklonalen GWL nicht auszuschließen, daß Fronten durchziehen. Trotz allem stellt die Zuordnung zu Großwetterlagen eine einfache Möglichkeit dar, die „gebündelte" Wirkung einer Vielzahl von meteorologischen Größen auf den Vogelzug zu untersuchen. Aussagen über den Einfluß des Witterungsverlaufs können jedoch nicht gemacht, sondern nur angenommen werden. Ein eindrucksvolles Beispiel der Brauchbarkeit ist jedoch der Vergleich der Nutzung von GWL durch zeitgleich nach N und S ziehende Kreuzschnäbel (Abb. 9.3.3m).

Becker (1979) hat Zusammenhänge von GWL und Vogelzug anhand von Radarergebnissen erarbeitet. Danach ist starker Zug im Herbst auf wenige GWL beschränkt, so auf das Hoch über Fennoskandien (HFA, Tab. 9.3.1) mit 48 % und das Hoch über Mitteleuropa (HM) mit 18 % aller georteten Vögel. Alle übrigen GWL fallen mit 10 % (WW) oder weniger (SWA, SWZ und BM) kaum ins Gewicht. Hermann et al. (1973) fanden in Süddeutschland im September 90 % und im Oktober 80 % des Zuges bei hohem Luftdruck über Mitteleuropa (HM) oder Osteuropa (BM, HFA, SA, TRW). Dieses Bild der Wetterabhängigkeit des Vogelzuges ist aber viel zu stark durch die technischen Möglichkeiten des Radars beeinflußt und gilt für große Höhen, nicht aber für den meist unter 300 m ablaufenden Kleinvogelzug (siehe Kap. 8.1).

9.3.1 Das überregionale Wetter und der Durchzug am Randecker Maar

Die relative Häufigkeit der einzelnen GWL wurde den Aufzeichnungen des Deutschen Wetterdienstes für die Jahre 1975 bis 1992 entnommen. Der Beobachtungszeitraum wurde in die beiden Zeiträume 15. Juli bis 15. September und 16. September bis 6. November („1. bzw. 2. Hälfte der Wegzugperiode") aufgeteilt, um das Verhalten von Lang- und Kurzstreckenziehern getrennt beurteilen zu können (Abb. 9.3.1a, b). Im ersten Beobachtungszeitraum überwiegen zahlenmäßig die LSZ, vor allem durch Pieper und Stelzen, Mehl- und Rauchschwalbe, in der letzten Septemberdekade schlägt das Verhältnis zugunsten der KSZ um, wenn die Finken, allen voran der Buchfink, als Massenzieher auftreten.

In einem ersten Schritt wurde die „Nutzung" der einzelnen GWL mit dem „Angebot" verglichen, also die Menge der Vögel, die am RM bei einer bestimmten GWL, relativ zur gesamten Anzahl der Durchzügler, gezogen ist. Dann wurde die Anzahl der Spitzenzugtage innerhalb einzelner GWL ermittelt. Für die Halbmonatsabschnitte wurden die in Tab. 9.3.2 angeführten Tagessummen als untere Grenze für Spitzenzugtage festgelegt. Diese unterschiedlichen Grenzwerte für die Spitzenzugtage in den unterschiedlichen Monaten stellen eine Gewichtung gemäß dem jahreszeitlich stark schwankenden Zugaufkommen dar. Für 1975 – 1992 fallen in den ersten Zeitabschnitt 15. Juli – 15. September 173 Spitzenzugtage. Im späteren Zeitraum vom 16. September – 6. November wurden 183 Spitzenzugtage erfaßt.

Die Auswertung aus 18 Jahren Sichtbeobachtung (Abb. 9.3.1a, b) ergab, daß sich zwischen dem Angebot und der Nutzung der GWL durch Zugvögel an allen Tagen kaum und an den Spitzenzugtagen keine sehr auffallenden Unterschiede ergeben. Unter 30 GWL findet sich nur eine, zudem seltene GWL, bei der nie ein Spitzenzugtag auftrat. Einzelne Arten zeigen unterschiedliche Wetterpräferenzen, die eine bevorzugte Verteilung auf unterschiedliche GWL ergeben können. Gleichzeitig ist im europäischen Binnenland auch eine weit geringere Bedeutung von länger anhaltenden, für Zugvögel negativen Großwetterlagen anzunehmen. Sie können – im Gegensatz zur Situation bei der Überquerung von Meeren oder Wüsten – jederzeit zwischenlanden. Zugvögel nutzen im zentralen Mitteleuropa bei ausreichender Zugdisposition wahrscheinlich jedes sich anbietende „Wetterfenster", selbst wenn sie dabei auf Schlechtwettergebiete zufliegen (z. B. TRW). Nach Tagessummen und tageszeitlichen Verläufen ist anzunehmen, daß sie auf solche teils viele Stunden vorher reagieren können [siehe folgende Erläuterungen zur Meidung von Trögen in Mitteleuropa (TRM)].

Betrachtet man die Abweichungen der Nutzung vom Angebot an GWL in den beiden Hälften der Wegzugperiode detaillierter (Abb. 9.3.1a, b, 9.3.2), werden Unterschiede erkennbar. LSZ scheinen auch bodennah eher Hochdrucklagen zu bevorzugen, KSZ eher zyklonale GWL.

Grundlegende Unterschiede der Nutzung zyklonaler und antizyklonaler GWL

Der Spätsommer mit dem Zughöhepunkt der LSZ bietet statistisch mehr Hochdruckwetterlagen als die dann folgende Zugzeit der KSZ. Bei der Überwindung der Zughindernisse Mittelmeer/Sahara muß sich bei LSZ im Laufe der Evolution eine Selektion sicherer Wetterlagen herausgebildet haben, die wohl auch schon in Mitteleuropa zum Tragen kommt (Kap. 11.2 – 11.4). Viele LSZ haben gedehntere Zugzeiten als KSZ und größere Abstände zwischen den Spitzenzugtagen (Kap. 11.2, Gatter 1990). Das höhere Angebot von Hochdrucklagen zur Zugzeit der LSZ ermöglicht es ihnen auch, „strengere" Kriterien an die Wetterlage für Zugtage anzulegen. LSZ neigen zu massiertem Zug (Kap. 11.2) an wenigen günstigen Tagen. Dies führt auch innerhalb von stabilen Hochdruckgebieten einerseits zu wenigen starken Zugtagen, die hier als Spitzenzugtage eingehen, andererseits zu vielen sehr schwachen Zugtagen.

Den KSZ steht ein vergleichsweise geringeres Angebot stabiler Wetterlagen zur Verfügung. Ihre gedrängte Zugzeit (abgesehen von klassischen Teilziehern) bringt beim Zug über Land erhebliche Vorteile, wie etwa geringeren Feinddruck (Kap. 11.2, 13.2, 13.3, 13.4). Dafür müssen sie jede sich bietende Möglichkeit, auch innerhalb zyklonaler Wetterlagen, nutzen. Die Neigung der KSZ, innerhalb ihrer Zugzeit in vielen Etappen zu ziehen, führt in stabilen Hochdrucklagen zu täglichen mittelstarken Bewegungen, die dann aber nicht als Spitzenzugtage in die Auswertung eingehen, in deren Summe aber trotzdem mehr Vögel ziehen als im kurzen, aber stark genutzten „Wetterfenster" innerhalb oder zwischen zyklonalen Wetterlagen. Das führt zu generellen Unterschieden bei der Nutzung von GWL, die zum allgemeinen Verständnis der Deutungen wichtig sind, andererseits aber die Vergleichbarkeit erschweren.

In Tab. 9.3.1 werden GWL mit einer Häufigkeit über 3 % im Gesamtzeitraum vorgestellt. TM und TB werden als bemerkenswerte GWL mit angeführt. Die stärksten Abweichungen ihrer Nutzung an allen Zugtagen, sowie an Spitzenzugtagen, werden in oben genanntem Sinne interpretiert. Eine Übersicht über die eher zyklonalen bzw. antizyklonalen GWL gibt die Legende zu Abb. 9.3.1.

Die Bevorzugung der **antizyklonalen Westlage** (WA) in der ersten Hälfte der Wegzugperiode dürfte auf die guten Flugbedingungen für LSZ im Hochdruckgebiet zurückzuführen sein. In der zweiten Hälfte der Wegzugperiode verteilt sich der Zug eher. KSZ ziehen in stabilen Hochdrucklagen verteilt auf mäßig gute Zugtage in kurzen Abständen, die den einzelnen Spitzenzugtag ersetzen. Die **Winkelförmige Westlage** (WW) nimmt nach Radaruntersuchungen mit 10 % einen nicht unbedeutenden Anteil des hohen Wegzuges ein, wird jedoch im tiefen Bereich entsprechend dem Angebot oder sogar unterdurchschnittlich genutzt. Im ersten Zeitabschnitt wird die **zyklonale Westlage** (WZ) ihrer Häufigkeit entsprechend genutzt, in der zweiten Hälfte dagegen deutlich bevorzugt. Die einzige Erklärung liegt wahrscheinlich in der Wetterverschlechterung durch Serien zugauslösender Kaltfronten. Die überdurchschnittliche Nutzung fällt bei Betrachtung der Spitzenzugtage noch gravierender aus, da WZ zum allergrößten Teil ab Ende Oktober auftritt (z. B. Saatkrähe und Bergfink, siehe Artgruppen).

Tab. 9.3.1: Die wichtigsten Großwetterlagen: Bezeichnung und Kurzbeschreibung nach BAUR (1963). Zu deren Häufigkeit siehe Abb. 9.3.1. – *The most important large-scale weather patterns: terms and brief description after BAUR (1963). The three columns in the table are: large-scale weather pattern (left); abbreviation (middle); description (right).*

	Abkürzung	
Antizyklonale Westlage *Anticyclonic W-pattern*	WA	Mitteleuropa (ME) ist überwiegend unter antizyklonalem Einfluß, Fronten greifen, wenn überhaupt, nur abgeschwächt auf diesen Raum über. Süddeutschland meist freundlich, mäßige SW- bis W-Winde. – *Central Europe (CE) mostly under anticyclonic influence. Effect of fronts very weak over the area. Weather in S Germany mainly fine with moderate SW to S winds.*
Winkelförmige Westlage *Angled W-pattern*	WW	Atlantische Frontalzone, die über ME an Westflanke eines blockierenden russischen Hochs nach Norden umbiegt. Störungen überqueren westliches Europa. Östliches Mitteleuropa im Einflußbereich eines kontinentalen Hochs. – *Atlantic frontal zone diverted to the N over CE by the W flank of a blocking Russian high. Disturbances cross W Europe. Eastern CE under the influence of a continental high.*
Zyklonale Westlage *Cyclonic W-pattern*	WZ	Einzelstörungen wandern mit eingelagerten Zwischenhochs von westlich Irland über GB, Nord- und Ostsee nach Osteuropa. Unbeständig, teils langanhaltende Niederschläge, lebhafte bis stürmische Winde, halb- bis ganztägige Aufheiterungen, milder als normal. – *Single disturbances, interspersed with highs, move from W Ireland across GB, North and Baltic Seas to E Europe. Changeable, at times continuous precipitation, fresh to stormy winds, sunny periods lasting half or all of the day, milder than normal.*
Antizyklonale SW-Lage *Anticyclonic SW-pattern*	SWA	Entlang einer Frontalzone von südwestlich Irlands bis NW-Rußland wandern Einzelstörungen, die aber nur das westeuropäische Küstengebiet streifen, der größte Teil von ME steht unter antizyklonalem Einfluß. Südlich der Mittelgebirge überwiegend heiter und trocken, in der kälteren Jahreszeit aber auch verbreitet Nebel und Hochnebel. – *Single disturbances move along a frontal zone from SW Ireland to NW Russia, but they only touch the coastal areas of W Europe; the largest part of CE is under anticyclonic influence. Mostly sunny and dry S of the German uplands, but in the cold months widespread fog and low stratus*
Zyklonale SW-Lage *Cyclonic SW-pattern*	**SWZ**	ME überwiegend unter zyklonalem Einfluß. Fronten beeinflussen ME nachhaltig. Unbeständig, niederschlagsreich, lebhafte bis stürmische W- bis SW-Winde. – *CE mainly under cyclonic influence. Sustained influence of fronts over CE. Changeable, heavy precipitation, fresh to stormy W to SW winds.*
Zyklonale NW-Lage *Cyclonic NW-pattern*	**NWZ**	Über öst- bis südöstlichen ME befindet sich ein Trog (Tiefdruckrinne in der Höhe, z. B. 500-hPa-Niveau),über der W-Biskaya eine vorgeschobene Subtropenhochzelle, durch die Störungen nach E gelenkt werden. Über Oberitalien häufige Ausbildung von ostwärts ziehenden Teilstörungen. Sehr unbeständige Witterung, ergiebige Niederschläge, lebhafte Winde aus W bis N. – *A trough of low pressure, e.g. 500 hPa level, within a high pressure area, over E to SE CE; a protruding subtropical cell of high pressure diverted to the E over W Biscay by the disturbance. Frequent emergence of E-moving partial disturbances over N Italy. Extremely changeable weather, very heavy precipitation, brisk W to N winds.*
Hoch über Mitteleuropa *High over C Europe*	**HM**	Ganz ME liegt unter einem ausgedehnten Hochdruckgebiet. In Süddeutschland sollten östliche Strömungen vorherrschen. – *All of CE lies under an extensive area of high pressure. In S Germany E airstreams should dominate.*
Hochdruckbrücke über Mitteleuropa *High pressure bridge over C Europe*	**BM**	Zwischen Subtropenhoch über Azoren und osteuropäischem Hoch besteht über ME eine Verbindung hohen Luftdrucks. Vielfach heiter und trocken, bei einzelnen Frontdurchgängen aber auch Durchzug von Regengebieten. – *Over CE an area of high pressure connecting a subtropical high over Azores and E European high. Mostly sunny and dry, but belts of rain occurring during passage of some fronts.*
Tief über Mitteleuropa *Low over C Europe*	**TM**	Über Mitteleuropa liegt abgeschlossenes Tief. Häufig treten ergiebige, fast stationäre Niederschläge auf. –*An isolated depression covers CE. Extremely heavy, almost stationary precipitation occurs.*

Forts. Tab. 9.3.1: Die wichtigsten Großwetterlagen. – *The most important large-scale weather patterns.*

	Abkürzung	
Hoch über Britischen Inseln *High over British Isles*	**HB**	Abgeschlossenes Hoch liegt mit Kern über GB, häufig mit kaltem Polarhoch (Grönland/Island) verbunden. Weit nach S reichender Trog über Osteuropa, an dessen Westflanke Störungen nach SE ziehen, die das östliche ME nur streifen. Bei nördlicher Luftzufuhr in ME überwiegend freundlich und trocken, in der kalten Jahreszeit aber auch trüb mit zäher Hochnebeldecke. – *Isolated high with nucleus over GB, commonly associated with cold polar high (Greenland/Iceland). Trough over E Europe extending far to the S, on the W flank of which disturbances move to the SE, only touching E CE. With N airstream in CE mainly clear and dry, but in the cold months also dull with persistent low stratus cover.*
Trog über Mitteleuropa *Trough over Central Europe*	**TRM**	Trog über Nord- und Mitteleuropa. Störungen ziehen über Nordfrankreich, das südliche ME nach NE (Vb-Lage, Vb bezeichnet dabei eine Zyklonenzugstraße nach J. VAN BEBBER). Im Westen Deutschlands zu kalt, unbeständig mit schauerartigen Niederschlägen, im Osten mild mit ausgedehnten ergiebigen Niederschlägen. – *Trough over N and C Europe. Disturbances move across N France and S CE to the NE (Vb situation: Vb here denotes a cyclonic route, after J. VAN BEBBER). Too cold in W Germany, changeable with shower-like precipitation, in the E mild with long-lasting and heavy precipitation.*
Trog über Westeuropa *Trough over W Europe*	**TRW**	
Hoch über Fennoskandien, antizyklonal *High over Fennoscandia, anticyclonic*	**HFA**	Umfangreiches Hoch bedeckt ganz Fennoskandien, oft auch N-Rußland. Kräftige Frontalzone reicht vom Mittelatlantik zu den Britischen Inseln und biegt dort scharf nach N ab. Überwiegend heiter und trocken. Im Sommer keine nennenswerten Gewitter, im Herbst kälter als normal, „Ostlage". – *Extensive high covers all of Fennoscandia, often also N Russia. Powerful frontal zone extends from mid-Atlantic to British Isles, turning sharply N there. Predominantly sunny and dry. In summer very few thunderstorms, in autumn colder than usual, 'easterly weather'.*
Tief über Britischen Inseln *Low over British Isles*	**TB**	Zentraltief über GB steuert Einzelstörungen vom mittleren Atlantik über die Biskaya, Frankreich und das westliche ME nach N. Über westlichem ME herrscht unbeständiges, aber nicht durchweg unfreundliches Wetter. In wärmerer Jahreszeit zeitweilig Gewitter. Niederschläge im Winter als Regen, wärmer als normal. Nach E ist es vielfach aufgeheitert, Nordalpen föhn. – *Depression centred over British Isles steers single disturbances from mid-Atlantic through Bay of Biscay, France and W CE to the N. Changeable, but not always inclement weather, dominates W CE. In the warm months occasional thunderstorms. Precipitation in winter as rain, warmer than usual. Often sunny to the E, Föhn in N Alps.*

Bis Mitte September entspricht die Verteilung der Spitzenzugtage in **antizyklonalen SW-Lagen** (SWA) der Häufigkeit dieser GWL, die Nutzung durch die Gesamtzahl ziehender Individuen ist allerdings viel geringer und deutet auf eine Meidung hin. Später ist dagegen eine Bevorzugung zu erkennen, die durch den Durchzug von Schlechtwettergebieten im Norden begünstigt sein kann.

Zu Beginn des Wegzuges entspricht die Nutzung der **zyklonalen SW-Lage** (SWZ) dem Angebot. In dieser Zeit werden vermutlich die Tage mit regnerischem Wetter gemieden und günstigere Tage zum Ausweichen vor dem Schlechtwetter genutzt, ein Effekt, der sicher für eine ganze Zahl von zyklonalen Wetterlagen gilt. Die Bevorzugung von SWZ in der zweiten Hälfte der Wegzugperiode ist wahrscheinlich wiederum auf zugauslösendes Schlechtwetter zurückzuführen. **Zyklonale NW-Lage**n (NWZ) werden dagegen im gesamten Zeitraum gemieden, starke Niederschläge und kräftige, ungünstige Seitenwinde dürften hier entscheidend sein.

Bis in den September wird das **Hoch über Mitteleuropa** (HM) aufgrund der guten Zugbedingungen bevorzugt genutzt, während später der Eindruck einer Meidung entsteht (s.o., Bemerkungen zu WA und Artkapitel). Auch bei einer **Hochdruckbrücke über Mitteleuropa** (BM) fällt in der ersten Hälfte der Wegzugperiode die bevorzugte Nutzung auf, die sicher wiederum auf die allgemein günstigen Zugbedingungen innerhalb der Hochdrucklagen zurückgeht und durch die manchmal auftretenden

Fronten noch verstärkt wird. In der zweiten Hälfte wird diese GWL entsprechend ihrem Angebot genutzt. Während der gesamten Zugzeit werden **Tiefs über Mitteleuropa** (TM) gemieden. Trotzdem gab es auch hier Spitzenzugtage (2. Hälfte der Wegzugperiode), die in jenem speziellen Fall in eine langanhaltende Schlechtwetterperiode im Extremherbst 1974 (vom 22.09. – 2.11.) fielen (fast ausschließlich TM, TRM und TRW; Kap. 9.8).

Die meisten Spitzenzugtage bei **Hochs über den Britischen Inseln** (HB) fallen auf die zweite Julihälfte, insgesamt jedoch zu dieser Zeit dem Angebot entsprechend. Diese Wetterlage wird in erster Linie von Mauerseglern genutzt, die vor den HB-typischen Gewittern ziehen. Im späteren Verlauf wird HB gemieden, was wahrscheinlich auf die trotz der Nordströmung schlechten Sichtbedingungen zurückzuführen ist, die in den Herbst hinein noch ungünstiger werden. Spitzenzugtage in der ersten Hälfte der Wegzugperiode sind gleichfalls bei **Tiefs über den Britischen Inseln** (TB) vor allem durch Mauersegler bedingt, die vor Regenfronten und Gewittern ziehen. Die sonst geringe Nutzung läßt sich wie bei HB begründen. In der zweiten Hälfte entspricht die Nutzung dem Angebot.

Der Weg der Zyklonen, die im Beobachtungsgebiet selbst oder nur wenig westlich, südwestlich oder südlich davon Niederschläge verursachen und damit eine „Zugbarriere" bilden, könnte Ursache der Meidung von **Trögen in Mitteleuropa** (TRM) durch Zugvögel sein. Ein außergewöhnlicher Einflug von Raubmöwen im Herbst 1976 am RM und im übrigen mitteleuropäischen Binnenland (Seitz & Wicht 1980) fiel auf diese Wetterlage. Bei einem **Trog über Westeuropa** (TRW) verläuft Vogelzug bodennah und ist insgesamt unbedeutend. Bei hoch ziehenden Arten tritt gelegentlich wohl starker Zug auf (Hermann et al. 1973).

HFA **(Hoch über Fennoskandien, antizyklonal)** löst hohen Zug aus. Mit Radar stellte Becker (1979) 48 % des höheren Zuges über Deutschland in Verbindung mit dieser GWL fest. Im Gegensatz dazu kann aus den Daten des sichtbaren Zugs vom RM, unterhalb 600 m, keine deutliche Bevorzugung abgelesen werden. In der ersten Hälfte der Wegzugperiode entspricht ihre Nutzung der Verteilung. Die Bevorzugung innerhalb der sichtbaren Bereiche in der zweiten Hälfte ist nur schwach. Der bodennahe Bereich wird hier weniger genutzt.

9.3.2 Bei welchen Großwetterlagen ziehen einzelne Arten verstärkt?

Der Zug der Singvögel allgemein

Die vorausgehende Betrachtung des Einflusses der GWL auf die Tagessummen berücksichtigt natürlich vor allem die saisonal jeweils häufigsten Durchzügler am RM, wie Pieper und Stelzen, Schwalben und Finken. Sie war für den Vergleich mit den dort diskutierten, stark abweichenden Radardaten notwendig. Für Aussagen zum Zusammenhang zwischen GWL und dem Zug einzelner Arten wurden die 6 besten Zugtage je Art und Jahr (aus insgesamt 21 Jahren) ermittelt und die Häufigkeit der GWL an diesen 126 Tagen bestimmt. Grundsätzlich beziehen sich unsere Aussagen auf den tiefen Zug.

Wie bei der artübergreifenden Betrachtung (Abb. 9.3.1a, b, Tab. 9.3.3) ist eine Selektion auch bei den einzelnen Arten eher gering und es gibt Arten wie Mauersegler, Feld- und Haussperling, die häufigere GWL an Spitzentagen so nutzen, wie es deren Auftreten entspricht. Speziell bei den Sperlingen mit ihren wohl kurzen Zugetappen ist offensichtlich weniger die Wetterlage als die momentane Zugdisposition der Individuen entscheidend. Man findet außerdem keine deutlichen Parallelen innerhalb verwandter Artgruppen, wie z. B. der Stelzen oder Drosseln, sondern eher zwischen Arten mit eng zusammenliegenden Medianen oder ähnlichem Zugverhalten (LSZ oder KSZ). So sind deutliche Verschiebungen der „Vorlieben" einzelner Arten während des Beobachtungszeitraumes zu erkennen.

Tab. 9.3.2: Definition der Spitzenzugtage. Mindestdurchzugssummen wurden in Abhängigkeit vom Durchzugstermin festgelegt. – *Definition of days of peak passage. Lowest passage numbers specified depending on passage dates. The table shows two categories: first or second half of month (above) and daily total (below).*

	Juli	August		September		Oktober		November
Monatshälfte	2.	1.	2.	1.	2.	1.	2.	1.
Tagessumme	500	1000	2000	4000	9000	20.000	12.000	2000

Die innerhalb der Herbstmonate mit 7 – 10 % im Angebot vertretene **antizyklonale Westlage** (WA) ist bei Lang- sowie Kurzstreckenziehern eine vielgenutzte Wetterlage. Bei Baumpieper, Brachpieper, Schafstelze und Mehlschwalbe ist dies die am zweithäufigsten genutzte GWL. Aber auch Kurzstreckenzieher wie Fichtenkreuzschnabel, Gebirgsstelze und Hausrotschwanz, Stieglitz und später im Jahr noch Tannenmeise, Gold- und Rohrammer sowie der Grünling nutzen sie weit überproportional. Dagegen wandern während **antizyklonaler NW-Lage** (NWA) nur einige später ziehende Arten (Singdrossel, Wacholderdrossel) über das Angebot hinaus. **Antizyklonale SW-Lagen** (SWA) werden bis weit in den Herbst hinein von Kernbeißern (Median 17.10.) bevorzugt. Nur Brachpieper und Stieglitz zu Beginn der Beobachtungsperiode und die Rotdrossel an deren Ende meiden diese GWL eher. Auch die **antizyklonale SE-Lage** (SEA) wird in der gesamten Beobachtungsperiode von vielen Arten überproportional genutzt, was nur teilweise bei **antizyklonaler und zyklonaler S-Lage** (SA, SZ) gilt. Hier stellt sich die Frage, ob viele Arten eine starke Selektion von den dann verstärkt auftretenden südlichen oder südöstli-

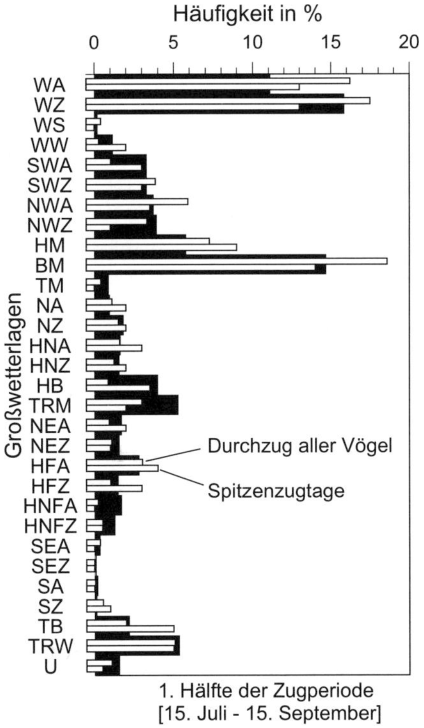

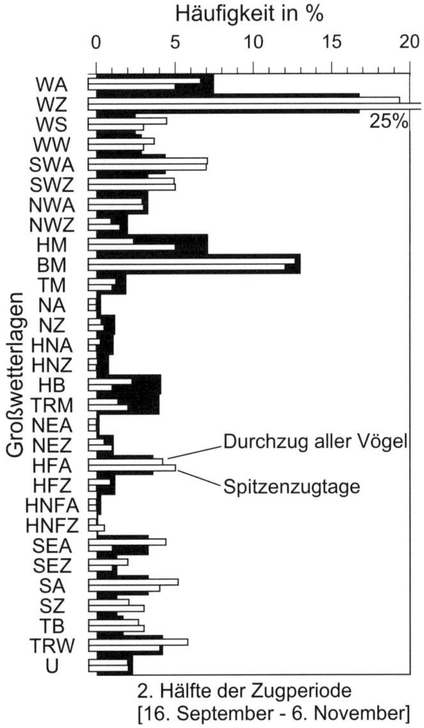

Abb. 9.3.1: Vergleich des Angebots an Großwetterlagen (schwarz) mit ihrer Nutzung an allen Zugtagen (obere weiße Säulen) und an Spitzenzugtagen (untere weiße Säulen). – Zum allgemeinen Verständnis der GWL hier ganz kurz deren grobe Einteilung (Bedeutung der Abkürzungen siehe Tab. 9.3.1, U bedeutet unklar): eher zyklonale Wetterlagen sind WZ, WS, WW, SWZ, NWZ, TM, NZ, HNZ, TRM, NEZ, HFZ, HNFZ, SEZ, SZ. TB. TRW; eher antizyklonal sind WA, SWA, NWA, HM, BM, NA, HNA, HB, NEA, HFA, HNFA, SEA, SA. **a** (links): Zeitraum 15. Juli bis 15. September, **b** (rechts): Zeitraum 16. September bis 6. November.
Relative frequency of prevailing large-scale weather patterns (black bars) and their exploitation on all passage days (upper white bars) and on peak days (lower white bars). For easier understanding of these weather patterns, they are principally divided into more cyclonic (WZ, WS, WW, SWZ, NWZ, TM, NZ, HNZ, TRM, NEZ, HFZ, HNFZ, SEZ, SZ, TB, TRW), and more anticyclonic patterns (WA, SWA, NWA, HM, BM, NA, HNA, HB, NEA, HFA, HNFA, SEA, SA). For explanation of some of these abbreviations, see Table 9.3.1.
***a** (left) Period 15 July – 15 September, **b** (right) Period 16 September – 6 November.*

Tab. 9.3.3: Vergleich der Bevorzugung und Meidung, d. h. Nutzung größer oder kleiner als das Angebot, von Großwetterlagen (GWL) mit zyklonalem bzw. antizyklonalem Einfluß in der 1. und 2. Hälfte der Zugzeit. Nur GWL mit einer Häufigkeit > 3,0 % im Gesamtzeitraum werden aufgeführt. – *Comparison of preference and avoidance, i. e. exploitation greater or less than availability of large-scale weather patterns with cyclonic or anticyclonic influence in the first and second halves of the migration period. Only weather patterns with a frequency > 3.0 % of the entire period are given. The table shows, left, first half of the autumn migration period, July to mid-September (anticyclonic and cyclonic); right, second half, mid-September to November. The three categories referring to use of large-scale weather patterns are: preferentially used (above); use as availability (middle); avoided (below).*

	1. Hälfte der Wegzugperiode Juli – Mitte September		2. Hälfte der Wegzugperiode Mitte September – November	
GWL werden	antizyklonal	zyklonal	antizyklonal	zyklonal
bevorzugt genutzt	WA, HM, BM	–	SWA	WZ, SWZ
gemäß Angebot genutzt	SWA, HB	WZ, SWZ	WA, BM	NWZ
gemieden	–	NWZ, TRM	HM, HB	TRM

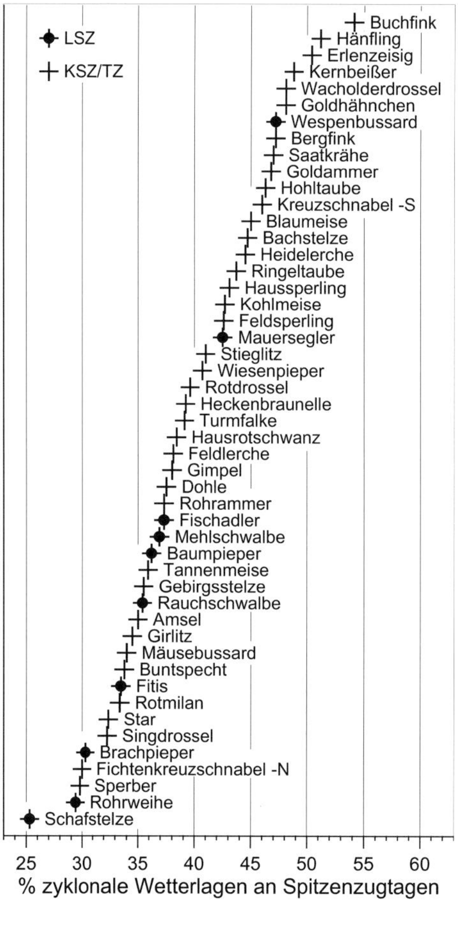

Abb. 9.3.2: Anteil zyklonaler Wetterlagen an Spitzenzugtagen (sichtbarer Zug) bei den am Randecker Maar durchziehenden Arten. Die Langstreckenzieher (LSZ) sind besonders hervorgehoben. – *Percentage of cyclonic weather patterns on days of peak passage (visible migration) at Randecker Maar.* LSZ = *long-distance migrants;* KSZ/TZ = *short-distance/partial migrants.*

chen Winden betreiben, um mit einer erwünschten Verdriftung einen Ausgleich zu den bedeutend häufigeren westlichen Wetterlagen zu erreichen. Die drei Hochdrucklagen **(Hoch über Mitteleuropa** [HM], **Hoch über Fennoskandien** [HFA] und **Hochdruckbrücke über Mitteleuropa** [BM]) bieten sicher die denkbar besten Flugbedingungen unter allen GWL. HM wird von fast allen Arten überproportional genutzt, Massenzugtage der Schafstelze beispielsweise treten während dieser Wetterlage doppelt so häufig auf, wie eine zufällige Verteilung erwarten läßt. Nur einige späte Arten wie Kernbeißer, Gimpel und Saatkrähe fallen mit einer unterdurchschnittlichen Nutzung aus dem Rahmen. BM ist nach WZ die häufigste GWL, und so fliegt selbst bei unterdurchschnittlicher Nutzung immer noch ein großer Teil der Vögel bei dieser Wetterlage. BM wird nur von LSZ (Brachpieper, Schafstelze, Rauchschwalbe), aber auch von der Heckenbraunelle verstärkt wahrgenommen, von den meisten KSZ jedoch eher gemieden. Besonders deutlich ist dies bei der Bachstelze. Auch Goldammer, Zeisig und Kernbeißer fliegen seltener bei BM. HFA als relativ seltene Wetterlage wird hingegen von vielen Arten, wie Schwalben, Star, Saatkrähe, einigen

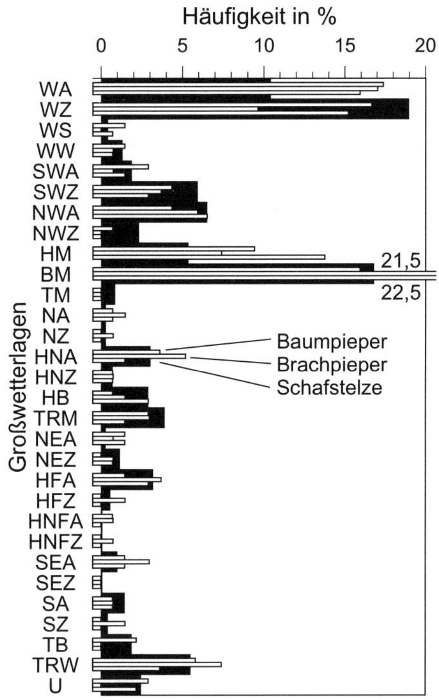

Abb. 9.3.3a: Das Angebot an Großwetterlagen während des zentralen Durchzugs der betreffenden Art, definiert als Zeitraum von der 25 %- bis 75 %-Quartile (schwarze Balken). Die überliegende weiße Säule stellt die Nutzung der Großwetterlagen an Spitzenzugtagen dar. Baumpieper, Brachpieper und Schafstelze. – *Relative frequency of large-scale weather patterns during the main passage period of (from top to bottom)* Anthus trivialis, A. campestris, *and* Motacilla flava, *defined as the interval between 25 % and 75 % quartiles (black bars). The overlying white bars show the exploitation of these weather patterns on days of peak passage.*

Die Nutzung zyklonaler Lagen ist weit geringer, sie werden eher gemieden. Ein unterdurchschnittlicher Zug bei **zyklonaler NW-Lage** (NWZ) tritt bei LSZ deutlicher als bei KSZ hervor. Unter den sehr spät ziehenden Arten finden sich nur drei, außerdem kräftige Arten (Saatkrähe, Bergfink und Grünling), die **zyklonale Westlage** (WZ) stärker nutzen. Vermutlich bewegt diese Wetterlage mit ihren Zyklonenfamilien und oft kurz aufeinanderfolgenden Störungen während der kurzen Wetterbesserungen doch zum Weiterzug. Mit ihren stärkeren Winden ist sie zwar für Zugvögel nicht so günstig, aber erst bei einem Teil der KSZ mit Medianen zwischen dem 3.10. und 10.10. fällt die Meidung auf. Darunter sind einige weniger gute Flieger wie Singdrossel, Amsel, Wiesenpieper und Girlitz. Die niederschlagsreiche **zyklonale SE-Lage** (SEZ) nutzen nur zwei Arten verstärkt, wobei besonders die Heidelerche auffällt. Im Gegensatz zu NWZ meiden sie nur wenige Arten. In Zeiten **zyklonaler SW-Lagen** (SWZ) ziehen allein frühe KSZ und Schwalben verstärkt. Bei den Schwalben könnte die Verschlechterung des Nahrungsangebots den Abzug hervorrufen oder

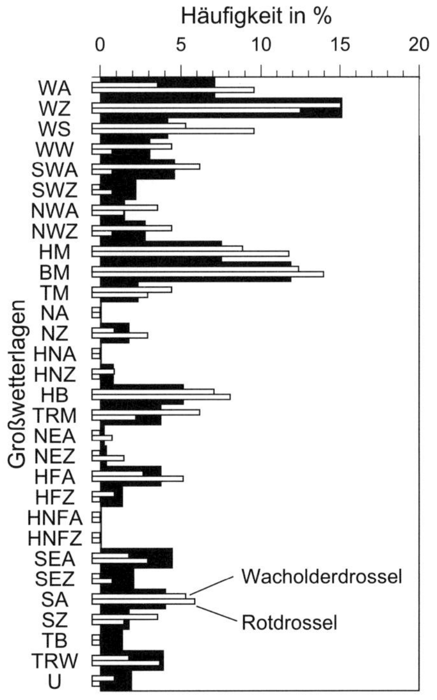

Abb. 9.3.3b: *Turdus pilaris* and *T. iliacus*, see Fig. 9.3.3a.

Drosseln und Finken überdurchschnittlich stark genutzt. Kohlmeise, Bach- und Gebirgsstelze treten sogar durch eine besonders starke Nutzung von HFA heraus. Im **Hoch über den Britischen Inseln** (HB) zieht die Mehlschwalbe im Gegensatz zur Rauchschwalbe überdurchschnittlich stark. Dies dürfte mit deren etwas stärker nach Süd ausgerichtetem Zug in Zusammenhang stehen und könnte eine erwünschte Verdriftung darstellen (Kap. 8.2). Sonst wird HB vermutlich trotz der damit verbundenen Nordströmungen gemieden und nur einige späte KSZ ziehen verstärkt, wohl im Rahmen der damit oft einhergehenden Temperaturabsenkungen.

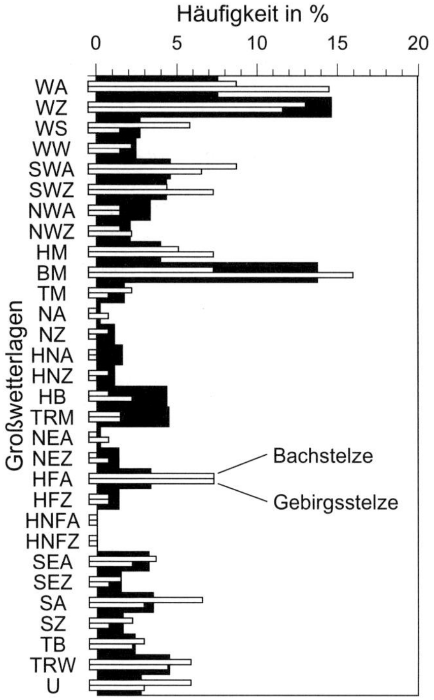

Abb. 9.3.3c: *Motacilla alba* and *M. cinerea*, see Fig. 9.3.3a.

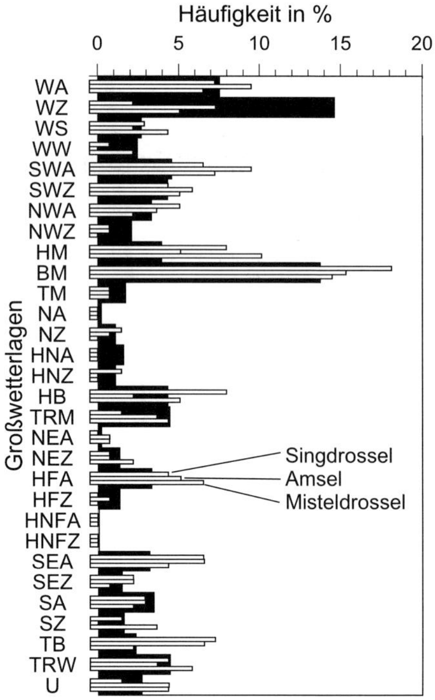

Abb. 9.3.3d: *Turdus philomelos*, *T. merula* , and *T. viscivorus*, see Fig. 9.3.3a.

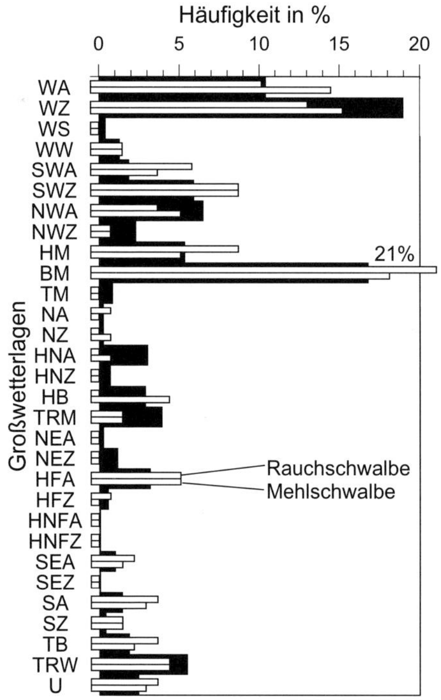

Abb. 9.3.3e: *Hirundo rustica* and *Delichon urbica*, see Fig. 9.3.3a.

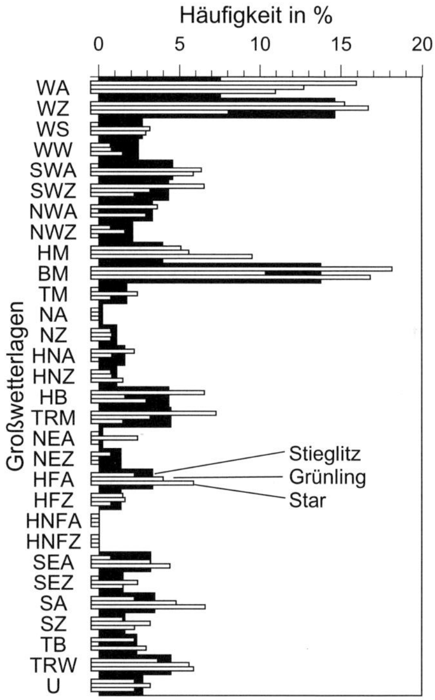

Abb. 9.3.3f: *Carduelis carduelis*, *C. chloris*, and *Sturnus vulgaris*, see Fig. 9.3.3a.

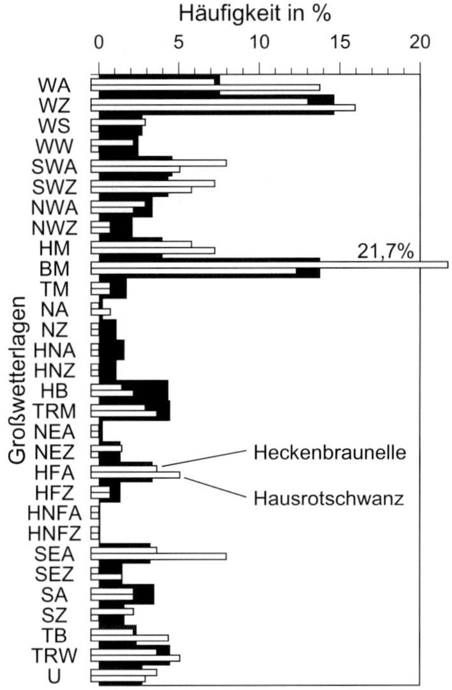

Abb. 9.3.3g: *Prunella modularis* and *Phoenicurus ochruros*, see Fig. 9.3.3a.

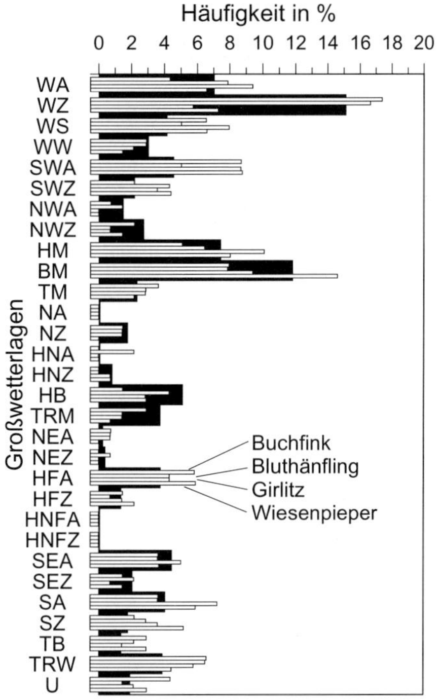

Abb. 9.3.3h: *Fringilla coelebs*, *Carduelis cannabina*, *Serinus serinus*, and *Anthus pratensis*, see Fig. 9.3.3a.

es wird bei kräftigen W- und SW-Winden mit tiefem Zug eine intensivere Nutzung vorgetäuscht. Für eine derartige Interpretation spricht auch, daß man bei HM und HFA keine Bevorzugung durch Schwalben findet, gegen diese Vermutung spricht, daß BM stärker genutzt wird. Bei BM könnte aber auch der hypothetisch starke, aber hohe Zug bei Frontdurchgängen und damit W-Wind zum Boden verlagert werden. Der eher zyklonal geprägte **Trog über Westeuropa** (TRW) kann in Mitteleuropa auch schöne Abschnitte aufweisen. Diese Mischung ist wahrscheinlich der Grund für die auffallende Nutzung durch einige späte KSZ und den Brachpieper als einziger Ausnahme unter den Langstreckenziehern. **Trog über Mitteleuropa** (TRM) wird mit Ausnahme von Stieglitz und Wacholderdrossel vielfach gemieden. Dies dürfte durch die für den Zug sehr ungünstigen, teilweise ergiebigen Niederschläge begründet sein.

Wenn auch zeitgleich ziehende Arten oft gleiche GWL nutzen, ergibt die Betrachtung der einzelnen Arten teilweise erhebliche Unterschiede in der Nutzung von Wetterlagen. **Heckenbraunelle** und **Hausrotschwanz** (Abb. 9.3.3g) ziehen tags mit Median um Anfang Oktober. Beide zeichnen sich durch runde Flügel mit geringen Handflügelindices als schlechte Streckenflieger aus. Beim Hausrotschwanz liegen 8 % der starken Zugtage innerhalb von SEA, der mit nur 1 – 3 % im Angebot steht, WA wird gleichfalls deutlich über Angebot genutzt, WZ und BM entsprechend dem GWL-Angebot. Die Ansprüche der Heckenbraunelle sind deutlich anders, WA und WZ werden unterdurchschnittlich wahrgenommen, BM dagegen deutlich bevorzugt.

Beim **Buchfinken** ragen Massenzugtage nicht so stark aus der Menge der Zugtage heraus wie bei der Mehrzahl der LSZ. Sie sind, wie auch die der anderen KSZ, breit über alle Wetterlagen gestreut (Abb. 9.3.3h). Über dem Angebot werden verschiedene zyklonal geprägte GWL vom Buchfinken genutzt (WZ, WS, SWZ, TRW, TB). Mit zusammen gleichfalls 10 – 12 % liegen die antizyklonalen WA, HM, BM und HB unterhalb des Angebots, HFA und SWA jedoch darüber.

In seiner Nutzung der GWL ähnelt der **Bluthänfling** bis auf einige wenige GWL weitgehend

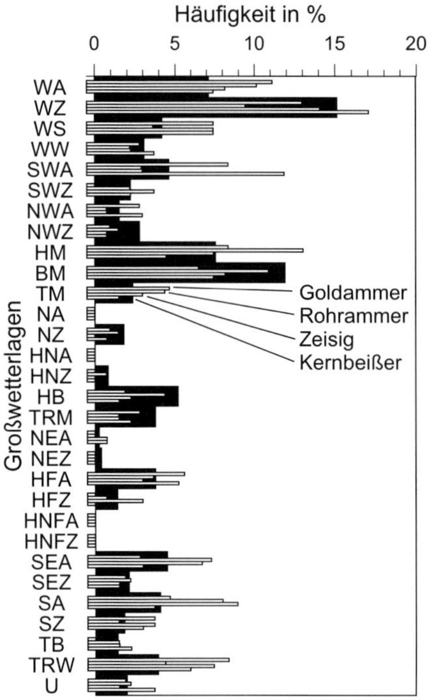

Abb. 9.3.3i: *Emberiza citrinella, E. schoeniclus, Carduelis spinus* and *Coccothraustes coccothraustes*, see Fig. 9.3.3a.

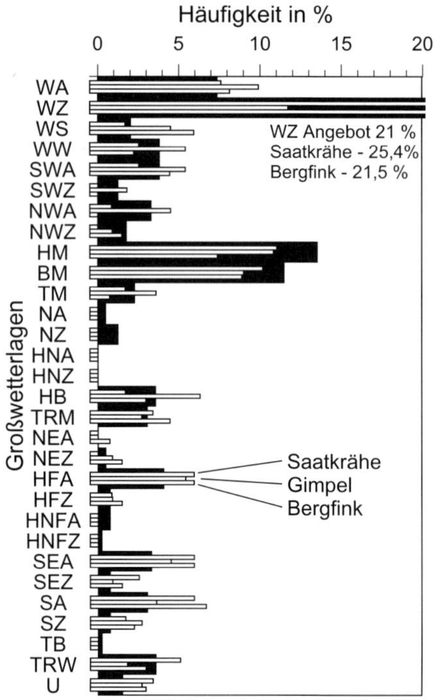

Abb. 9.3.3.j: *Corvus frugilegus, Pyrrhula pyrrhula*, and *Fringilla montifringilla*, see Fig 9.3.3a.

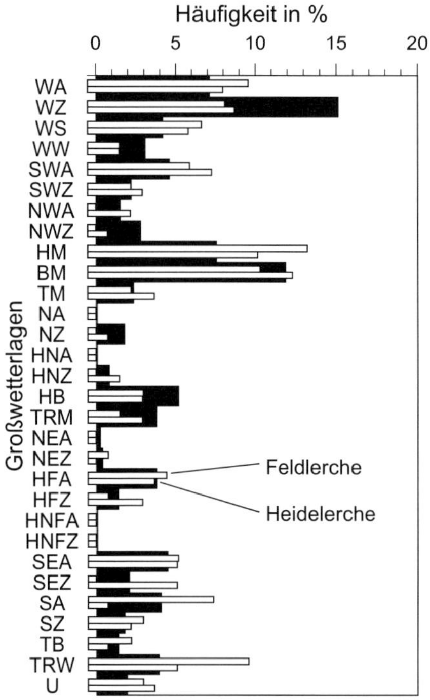

Abb. 9.3.3k: *Alauda arvensis* and *Lullula arborea*, see Fig. 9.3.3a.

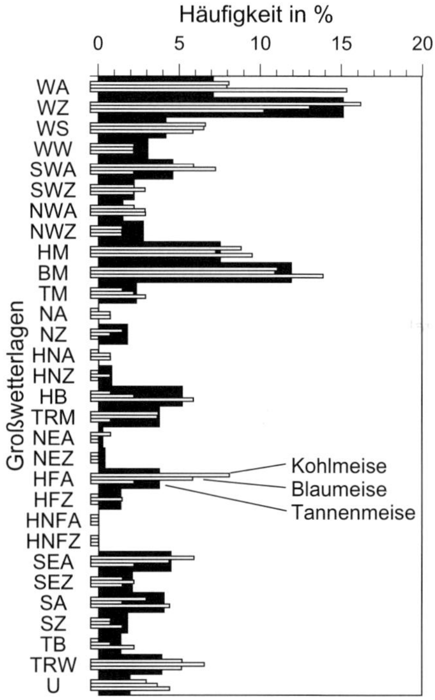

Abb. 9.3.3l: *Parus major, P. caeruleus*, and *P. ater*, see Fig. 9.3.3a.

dem Buchfinken. Der **Girlitz** meidet auffallend WZ, in der Nutzung liegt er um 11 % unterhalb des Buchfinken oder 9 % unter Angebot. Bei anderen Wetterlagen sind die Differenzen geringer. Wenn auch Girlitze HM, WA und SA über Angebot nutzen, so meiden Buchfinken und teilweise auch Hänflinge diese leicht. Während der Buchfink an über 54 % aller Spitzenzugtage innerhalb eher zyklonalen Wetterlagen zieht, ist dies beim Girlitz nur in einem Drittel und beim Wiesenpieper wiederum in 41 % aller starken Zugtage der Fall. Grundsätzliche Unterschiede in der Nutzung der GWL zwischen zwei gleichzeitig ziehenden Arten wie Girlitz und Buchfink könnten daher rühren, daß die Hauptzugrichtungen und damit die Ziele voneinander abweichen (Tab. 8.2.1), wie es die Vorzugswindrichtungen bestimmter GWL tun.

Bei den später ziehenden langflügeligen Finken **Kernbeißer** (Abb. 9.3.3.i) und **Bergfink** (Abb. 9.3.3j) fallen 49 bzw. 47 % der Spitzenzugtage auf eher zyklonal geprägte GWL. Die um diese Zeit nach WZ häufigsten Hochdruckwetterlagen HM und BM werden im sichtbaren Bereich von beiden Arten unterdurchschnittlich genutzt. Der **Gimpel** als weniger guter Flieger bevorzugt dagegen antizyklonale GWL.

Wie der **Wiesenpieper** meiden beide **Lerchenarten** WZ, die am stärksten im Angebot vertretene GWL. Die nächsthäufigen Wetterlagen, die antizyklonalen Lagen HM und BM, werden von der Heidelerche an starken Zugtagen dem Angebot entsprechend oder gering darüber genutzt. Bei der Feldlerche ist eine deutliche Bevorzugung für HM zu finden, deren Nutzung mit 13 % nahezu doppelt so groß wie das Angebot von etwas über 7 % ist. Dasselbe gilt für TRW, dessen Nutzung mit fast 10 % das Angebot von 4 % weit übersteigt. Spitzenzugtage der Heidelerche liegen zu 45 %, die der Feldlerche mit knapp einer Woche späterem Median nur zu 38 % in eher zyklonalen Lagen. Sie bevorzugt gegenüber dem jahreszeitlichen Angebot Hochdrucklagen überdurchschnittlich.

Die unbestimmten **Goldhähnchen** (ca. 95 % Wintergoldhähnchen) lohnen als kleinste Tagzieher am RM einen zusätzlichen Blick. Fast die Hälfte, über 48 %, der besten Zugtage liegt in vorwiegend zyklonal geprägten Wetterlagen. Dabei fällt vor allem die starke Bevorzugung von SWZ mit 12 % im Oktober auf, die in dieser Zeit nur mit 2 – 3 % beteiligt ist. Die Charakteristik der zyklonal geprägten Wetterlage (Tab. 9.3.1) zwingt möglicherweise verstärkt zum Tagzug.

In den Hauptzugzeiten des **Fitis** beträgt das Angebot zyklonaler GWL an den jeweils sechs besten Zugtagen aller Jahre ca. 45 %, deren Nutzung 33 %. Die Nutzung antizyklonaler GWL durch den Fitis nimmt von Juli bis August zu (siehe auch Kap. 9.4). HM wird stark genutzt, aber auch NEA, HFA und NEZ fallen auf.

Süd- und Nordzug des Fichtenkreuzschnabels

Da *Loxia curvirostra* während des Sommers und Herbstes sowohl nach SW als auch nach NE gerichtete Wanderungen durchführt (Gatter 1993), kann die Auswahl der GWL durch praktisch gleichzeitig nach Süden bzw. nach Norden ziehende Kreuzschnäbel als simultaner Herbst- und Frühjahrszug angesehen werden. Dafür sprechen auch die unterschiedlichen Anteile der Färbungs- und Altersklassen.

Ein Vergleich der GWL an Spitzenzugtagen von Kreuzschnäbeln mit südlicher bzw. nördlicher Zugrichtung zeigt große Unterschiede (Abb.

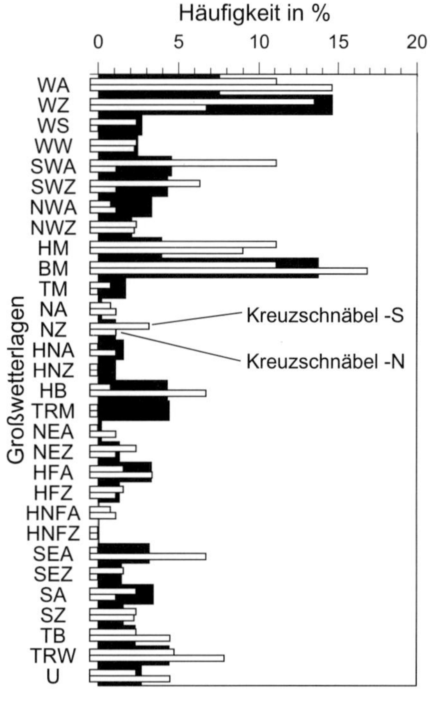

Abb. 9.3.3m: Herbstnachweise des Fichtenkreuzschnabels mit südlicher und nördlicher Zugrichtung (siehe Abb. 9.3.3 a). – *Autumn records of* Loxia curvirostra, *with northerly and southerly headings (see Fig. 9.3.3a).*

9.3.3m). Erstaunlich ist, daß die Nordflieger dabei nicht in erster Linie GWL nutzen, die mit Rückenwind verbunden sind, sondern diese Wetterlagen meiden (WZ, SWA, SWZ, NWA). Als Ausnahme wird WA stärker genutzt, was vermutlich auf die weit nördlich liegende Frontalzone zurückzuführen ist, die zumindest in einem Raum bis weit östlich des Randecker Maares mit freundlichem Wetter guten Zug ermöglicht. Nordflieger nutzen auch weitere GWLs, die gutes Wetter in einem großen Raum in Richtung Zielgebiet erwarten lassen (BM, HB, HFA und SEA) oder „fliehen" vor Wetterlagen, die im Herkunftsgebiet Schlechtwetter bringen (TRW). TRW wird dagegen von SW-Fliegern gemäß Angebot genutzt, TRM wird von Süd- und Nordfliegern gemieden. Der Anteil zyklonaler Wetterlagen an den besten Zugtagen ist bei N-Ziehern mit 30 % sehr gering, bei Südziehern liegt er mit 46 % beim Angebot (Abb. 9.3.2).

Großwetterlagen und Greifvögel

Einige Greifvogelarten wie **Fischadler, Rohrweihe, Rotmilan, Turmfalke** führen mit jeweils drei Abweichungen von der GWL-Verteilung bei fast allen Wetterlagen Zugbewegungen aus, teils sogar mit starkem Zug. Sie warten oft nicht günstigere Situationen ab, wie man es bei ihren sicher großen Tagesetappen erwarten könnte. Bei den deutlich bevorzugten Lagen handelt es sich aber um antizyklonale GWL mit besserer Ausbildung von Thermik bei Hochdruck, obwohl alle vier Arten nur bedingt darauf angewiesen sind (Abb. 9.3.4, 9.3.5). Allgemein werden zyklonale GWL eher gemieden, teilweise entsprechend ihrer Verteilung genutzt. Einzige Ausnahme ist die im Vergleich sehr niederschlagsarme, relativ seltene zyklonale Südlage (SZ), die beim Wespenbussardzug auffällt.

Bei der Überquerung von größeren Wasserflächen, z. B. der Ostsee, weist der **Wespenbussard** ein vom **Mäusebussard** abweichendes Zugverhalten auf. Während der Mäusebussard überwiegend erst bei vorhandener Thermik zieht, beginnt der Wespenbussard bereits am frühen Morgen und zieht dann, häufig in geringer Höhe und thermikunabhängig, im Aktivflug aufs Meer hinaus.

Dadurch haben Leitlinien einen sehr viel stärkeren Einfluß auf den lokalen Zug des Mäusebussard als beim Wespenbussard und lassen ihn dort anspruchsvoller in bezug auf die Selektion bestimmter Wetterlagen erscheinen.

Im Gegensatz zu den Beobachtungen in Falsterbo (Alerstam 1994, Rudebeck 1950) ist bei uns der Wespenbussard mit 8 Abweichungen im Hinblick auf das Wetter wählerischer als der Mäusebussard. Im mitteleuropäischen Binnenland hat der Mäusebussard nicht die Schwierigkeiten, die ihm selbst die Überquerung schmaler Ostseebereiche bereitet. Hier über Land gilt erneut der schon herausgearbeitete Unterschied zwischen KSZ und LSZ: Wenige schubweise auftretende Zugtage des Wespenbussards und eine verstärkt gleichmäßigere Verteilung beim Mäusebussard, der jede günstig erscheinende Wetterlage nutzt.

Die drei im **September** herausragenden Großwetterlagen – WA, BM mehr als WZ – werden von den um diese Zeit häufigen Greifvogelarten stark, aber nicht allzu abweichend vom Angebot genutzt. Beim Rotmilan fällt die weit überdurchschnittliche Nutzung von SWA auf,

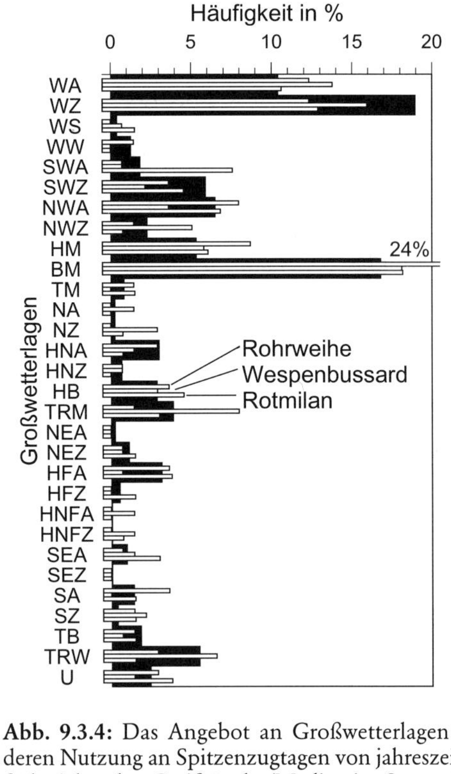

Abb. 9.3.4: Das Angebot an Großwetterlagen und deren Nutzung an Spitzenzugtagen von jahreszeitlich früh ziehenden Greifvögeln (Median im September); siehe Abb. 9.3.3a. – *Large-scale weather patterns and their exploitation on peak passage days by early-migrating raptors* (Circus aeruginosus, Pernis apivorus, Milvus milvus) *with median in September; see Fig. 9.3.3a.*

die weder beim Wespenbussard noch bei der Rohrweihe eine Bedeutung hat, während der Wespenbussard bei NWZ und TRM verstärkt zieht (Abb. 9.3.4).

Im **Oktober** sind WZ und BM, gefolgt von WA und HM, die häufigsten GWL. Der Turmfalke, der zum weit überwiegenden Teil im Ruderflug auch ohne Thermik zieht, weicht in seiner Auswahl am wenigsten vom GWL-Angebot ab. Der **Sperber**, der teilweise im Schleich-Jagdzug unterhalb Baumhöhe und ohne große Rücksicht auf das Wetter zieht, nimmt aber an den Spitzenzugtagen entsprechend seines kombinierten Zuges aus Kraftflug und Kreisen eine Zwischenstellung zu **Turmfalke** und **Mäusebussard** ein. Auffällig und im Gegensatz zum Angebot (wie auch zum Turmfalken) steht die Meidung von WZ. Extrem ist dagegen die Nutzung von HM und der eher antizyklonalen SA. Deutlich über Angebot liegt auch die Nutzung von WA.

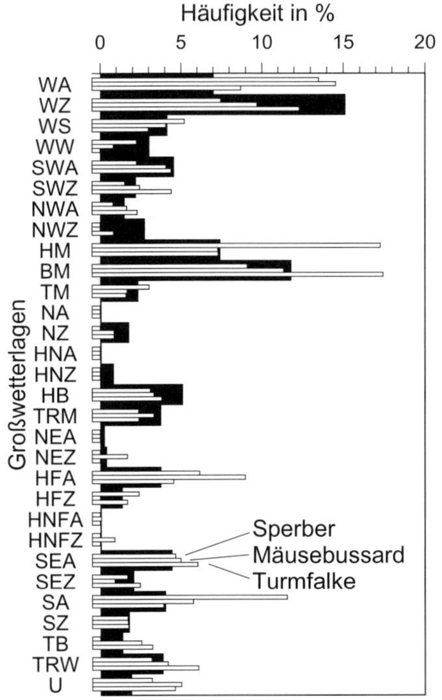

Abb. 9.3.5: Das Angebot an Großwetterlagen und deren Nutzung an Spitzenzugtagen von spät ziehenden Greifvögeln mit Median im Oktober; siehe Abb. 9.3.3a. – *Large-scale weather patterns and their exploitation on peak passage days by late-migrating raptors* (Accipiter nisus, Buteo buteo, Falco tinnunculus) *with median in October; see Fig. 9.3.3a.*

Der Mäusebussard zeigt an Spitzentagen gleichfalls eine auffällige Bevorzugung von WA und eine Meidung von WZ. Die antizyklonalen GWL HM und BM werden entsprechend dem Angebot, HFA dagegen überdurchschnittlich bevorzugt, da es wohl die ideale Kombination von Thermik bei stabiler antizyklonaler Lage mit einem Kälteeinbruch von NE bietet (Abb. 9.3.5).

Weitere Nonpasseres: Der **Mauersegler** ist die einzige im Juli am RM in größerer Zahl ziehende Art. Er tritt häufig im unmittelbaren Zusammenhang mit Störungen und starken Gegenwinden um S – W (NW) auf. Stark, aber etwa angebotsentsprechend werden WA und WZ, überdurchschnittlich dagegen BM genutzt. Die von den meisten LSZ bevorzugte HM wird eher gemieden, während die allgemein kaum genutzte TB als viertstärkste GWL wahrgenommen wird. Beim Mauersegler wird möglicherweise die Erfaßbarkeit eine größere Rolle als bei anderen Arten spielen, da diese beim niedrigen „Schlechtwetterzug" besser ist. In der Skala der Nutzung zyklonaler Wetterlagen steht er weit abseits der anderen LSZ, um-

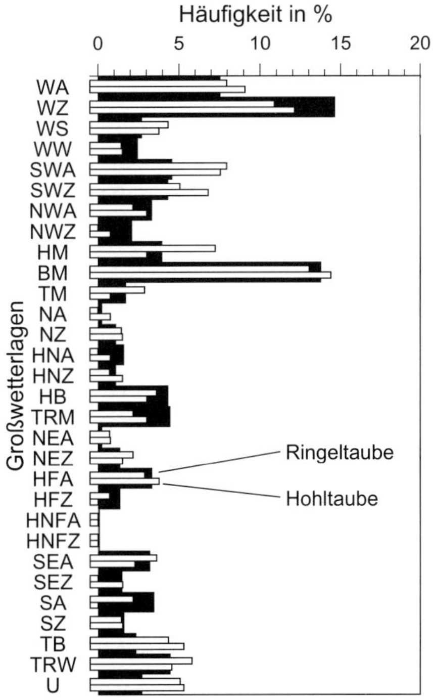

Abb. 9.3.6: *Columba palumbus* and *C. oenas*, see Fig. 9.3.3a.

geben von KSZ (Abb. 9.3.2). Näheres zu den zyklonalen Wetterflügen dieser Art siehe Kap. 9.2.

Die Wetterabhängigkeit des **Taubenzugs** am RM wurde bereits ausführlich beschrieben (Gatter & Penski 1978). Nachdem ein großer Teil der Hohltauben in Ringeltaubenschwärmen mitzieht, ist die Nutzung der GWL beider Arten ähnlich (Abb. 9.3.6).

Folgerungen und Zusammenfassung
9.3 Vogelzug und Großwetterlagen

Eine Großwetterlage kennzeichnet die mittlere Luftdruckverteilung eines Großraums während eines Zeitraums von mehr als 3 Tagen. Nach Radaruntersuchungen werden im Herbst nur wenige GWL stärker für den Zug genutzt. Dieses Bild ist aber zu stark durch die technischen Möglichkeiten des Radars beeinflußt. Der bodennahe Zug über dem Binnenland ist weit weniger von bestimmten Wetterlagen abhängig. Vögel nutzen hier eher jede sich bietende Verbesserung des Wetters. Bei den LSZ hat sich im Laufe der Evolution wohl eine Selektion „sicherer Wetterlagen" herausgebildet. Sie stellen strengere Kriterien an das Zugwetter und haben jahreszeitlich meist ein höheres Angebot geeigneter Wetterlagen zur Verfügung. Ihre gedehnteren Zugzeiten bieten zudem mehr Wahlmöglichkeiten. Den KSZ steht ein geringeres Angebot stabiler Wetterlagen zur Verfügung. Sie müssen deshalb jede sich bietende Gelegenheit auch innerhalb zyklonaler Wetterlagen nutzen. In stabilen Hochdrucklagen führen sie täglich mittelstarke Bewegungen aus, in deren Summe mehr Vögel ziehen können als im stark genutzten Wetterfenster einer zyklonalen Wetterlage. Bei einzelnen Arten übersteigt die Nutzung zyklonaler Wetterlagen selbst an den herausragenden besten Zugtagen im langjährigen Durchschnitt 50 %. Der Anteil von Großwetterlagen zyklonalen Charakters sinkt im Erfassungszeitraum von Juli über August bis zum September ab und steigt dann über Oktober und November wieder an. Der September ist somit der beste Monat für Schönwetterzieher und gleichzeitig als Konsequenz daraus die Zeit, in der quantitativ der größte Anteil aller LSZ Mitteleuropa verläßt (siehe auch Kap. 11 und 15.10).

Unter den ausgewerteten Arten zeigt die Schafstelze die höchste Bevorzugung antizyklonaler Lagen (Abb. 9.3.2), die sich auch in ihrer Präferenz geringer Bewölkung beim Zug äußert (Abb. 9.5.1). Der gleichzeitig ziehende, aber tageszeitlich später wandernde Wespenbussard ist dagegen eine der Arten, die im tiefen sichtbaren Bereich mit den höchsten Anteilen zyklonaler Wetterlagen wandern. Auch nach Süden ziehende Fichtenkreuzschnäbel gehören dazu. Sie stehen damit als Ausnahmen innerhalb spät ziehender KSZ. Aus dem Rahmen fallen einige jahreszeitlich spät ziehende „Nachtzieher". Sie zeigen beim Tagzug niedrigere Anteile zyklonaler Wetterlagen als die gleichzeitig ziehenden echten Tagzieher. Dies gilt besonders für Singdrossel, Amsel (Abb. 9.3.3d) und Rotdrossel (Abb. 9.3.3b). Hier ist anzunehmen, daß der Tagzug eine Fortsetzung des Zuges in vorangegangenen sternklaren Nächten ist.

In der zweiten Hälfte der Zugzeit übersteigt der Anteil zyklonaler GWL an ausgewählten Spitzenzugtagen jenen, der sich aus dem Durchzug aller Vögel ergibt. Das Ergebnis darf allerdings nicht losgelöst von den definierten Mindestsummen für Spitzenzugtage betrachtet werden (Tab. 9.3.2). Dennoch dürfte das Resultat die für KSZ treibende, zugauslösende Kraft von atmosphärischen Störungen allgemein und die von Tiefdruckgebieten im speziellen demonstrieren. Es zeigt gleichzeitig auch die geringe Notwendigkeit der Nutzung scheinbar optimaler Wetterlagen für den Zug im bodennahen Bereich und demonstriert damit ein weiteres Mal die von den Radarergebnissen divergierenden Ergebnisse, die sich auf überwiegend hohen Zug beziehen.

Conclusions and Summary
9.3 Bird migration and large-scale weather systems

A weather system is characterized by the mean distribution of air pressure over a wide geographic area during a time period of more than 3 days. According to radar studies in autumn, only a few weather systems are exploited for migration. However this data is too strongly dependent on the technical possibi-

lities of radar. Inland low-level migration is only weakly influenced by certain weather systems. Low-flying migrants simply make use of any small improvements in the weather. In the course of the evolution of long-distance migrants there has presumably been selection pressure for the 'safe weather situation'. Their requirements of the weather situation during the migration period are stricter, but they have at their disposal a high number of suitable weather systems at this time of year. Their longer migration seasons also increase their range of choice. Short-range migrants are faced with far less stable weather, and so have to make use of every opportunity, including within cyclonic systems. In stable high pressure areas they undertake medium-scale movements daily, in the sum of which more birds can move than in the heavily-exploited weather window of a cyclonic system. The use of cyclonic systems by some species, even on days of the heaviest movements, is on average around 50 % over many years. During the study period, the frequency of cyclonic weather systems falls from July through August to September, then rises from October and November. Hence September is the best month for fair-weather migrants and consequently the time when the highest proportion (quantitatively) of all long-distance migrants leaves Central Europe (see also Chapters 11 and 15.10).

Of the species studied in detail, Motacilla flava *shows the highest preference for anticyclonic situations (Fig.9.3.2), which is also expressed in its preference for migrating when cloud cover is slight (Fig. 9.5.1). By contrast,* Pernis apivorus, *on passage at the same time but later in the day, is one of the species that moves most frequently in cyclonic systems; S-heading* Loxia curvirostra *is another, and so is an exception among the short-range migrants. Other species showing unusual patterns of movement are some 'nocturnal' migrants that move late in the year. In daytime they exploit cyclonic systems to a lesser extent than the true diurnal migrants moving at the same time. This is especially true of* Turdus philomelos, T. merula *and* T. iliacus *(Figs. 9.3.3d and 9.3.3b). It can be assumed that these daytime movements are a continuation of those of preceding cloudless nights.*

In the second half of the migration season, the proportion of birds exploiting cyclonic systems on selected peak migration days is greater than that calculated from the passage of all birds. This result, however, cannot be seen in isolation from the defined minimum totals for days of peak passage (Tab. 9.3.2). Nevertheless, the result would appear to demonstrate the power of atmospheric disturbances in general, and of low pressure areas in particular, to initiate and influence the movements of short-range migrants. It also illustrates that in low-level migration it is not necessary for birds to take advantage of every apparently optimal weather situation, and demonstrates yet again how much the results diverge from those gained in radar studies, which on the whole apply only to high-altitude movements.

9.4 Windstille – Brise – Sturm – Auswirkungen des Windes auf den Vogelzug

Der Wind ist neben Niederschlägen die bedeutendste auf den Zug einwirkende Einzelkomponente des Wetters. Die Nutzung von Wetterlagen mit stärkeren Gegenwinden wird durch die Leistungsfähigkeit des Vogels begrenzt. Die Mehrzahl der Singvögel zieht bei Gegenwinden von über 4 – 5 Bft. (Beaufort) nicht mehr. Der mit der Eigengeschwindigkeit des Vogels anwachsende Energieverbrauch läßt auch bei leistungsfähigen Fliegern den Zug bei starkem Gegenwind zum Erliegen kommen. Da die Windgeschwindigkeit zum Boden hin abnimmt, geht mit der Zunahme von Gegenwind meist eine Verringerung der Flughöhe einher (Kap. 8.1). Umgekehrt steigt der Vogelzug in die Höhe, wenn Rückenwind die Reisegeschwindigkeit erhöht. Vögel (Eastwood & Rider 1965, Alerstam & Ulfstrand 1975) wie auch Insekten (Gatter 1981a, Gatter & Schmid 1990) wählen dabei zur Migration die Zughöhen aus, die ihnen im Einklang mit Körperbau und Flugeigenschaften die besten Voraussetzungen bieten.

Seitenwinde führen zu Verdriftungen, wenn der Vogel nicht gegensteuert. Da jedoch optimale Winde nur unregelmäßig, teilweise in großen zeitlichen Abständen auftreten, muß ein Zugvogel vielfach mit dem „kleineren Übel" vorliebnehmen. Windrichtungen sind nicht in allen Höhenstufen gleich. So kann ein Zugvogel durch Wahl einer vorteilhaften Höhe seinen Zug zumindest theoretisch optimieren.

9.4.1 Das Windangebot

Jahreszeitliches Windangebot: Durch die Lage der Station in der Westwindzone sind ganzjährig SW-Winde vorherrschend, sie machen gut 50 % des Windangebotes und das Doppelte des Angebotes an Rücken-(Mit-)winden aus (Abb. 9.4.1). Seitenwinde aus SE sind mit 6 – 10 % des Angebots selten, solche aus NW mit 10 – 20 % etwas häufiger. Die Windmessungen am RM zeigen jedoch, daß im Laufe eines Jahres graduelle Unterschiede im Richtungsangebot auftreten, die für den Vogelzug bedeutsam sein können. Ähnliches gilt für das tageszeitlich unterschiedliche Windangebot (s. u.).

Über die Monate August bis November ergibt sich eine Zunahme der Gegenwinde (aus S – W) um etwa 16 %. Rückenwinde (N – E) und Seitenwinde aus NW gehen entsprechend von August bis November kontinuierlich zurück. Betrachtet man nur Schönwettertage (Bedekkungsgrad < 4/8; Abb. 9.4.1), so zeigen sich deutliche Abweichungen vom mittleren Windangebot. Für Juli, August und September sind Rückenwinde an schönen Tagen etwa um 10 % häufiger als im Mittel aller Tage. Im Oktober gleicht sich das Angebot der Rücken- und Gegenwinde an Schönwettertagen dem Monatsangebot an. An Schönwettertagen findet man außerdem durch die bei Hochdrucklagen vorherrschend östlichen Winde deutlich häufiger Seitenwinde aus SE als im Mittel aller Tage und weniger Seitenwinde aus NW.

Da in allen Wegzugmonaten Gegenwinde überwiegen, die im Laufe des Herbstes zunehmen, steigt für einen SW-Zieher die Wahrscheinlichkeit, vermehrt gegen den Wind anfliegen zu müssen mit fortschreitender Jahreszeit an. Für Rückenwinde geht sie zwischen August und November um 8 % zurück und ist im Oktober/November am geringsten (Abb. 9.4.2). Den früh ziehenden LSZ steht somit ein höheres Mitwindangebot zur Verfügung als den später ziehenden KSZ. Auch eine Auswahl „schöner" Tage durch die Spätzieher verspricht im Spätherbst, im Gegensatz zum Frühherbst, keinen deutlich erhöhten Rückenwindanteil. Mit fortschreitendem Herbst nimmt außerdem die durchschnittliche Bewölkung zu und die Zahl der Schönwettertage ab.

Die Windgeschwindigkeiten liegen von Mai bis Oktober im allgemeinen für alle deutschen Wetterstationen unter dem Jahresdurchschnitt. Sämtliche GWL sind in dieser Zeit in Europa mit schwächeren Winden verbunden. Hochdrucklagen treten von der zweiten Augusthälfte bis in den Oktober hinein am häufigsten auf,

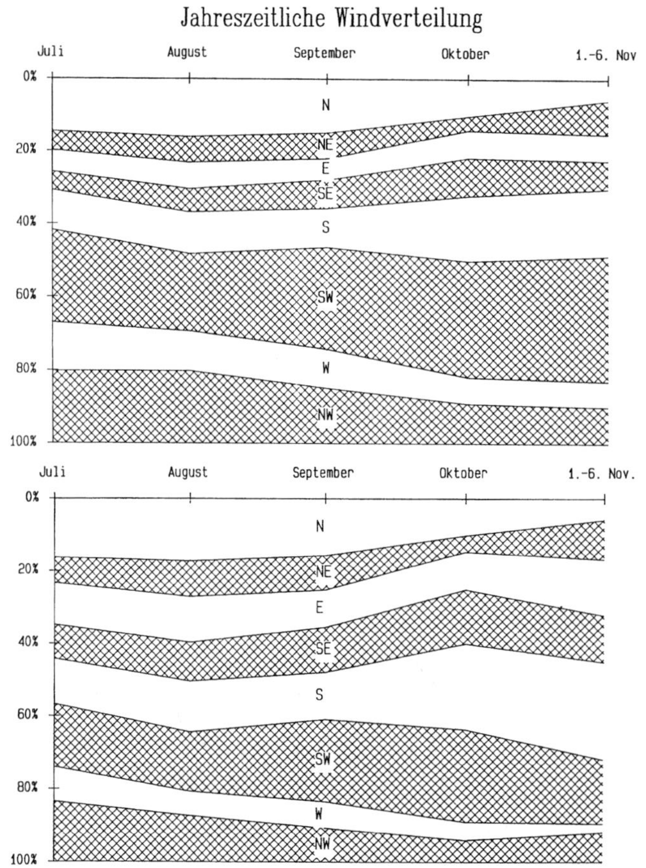

Abb. 9.4.1: Mittlere Windrichtungsverteilung der Monate Juli bis November an allen Tagen (oben) und Schönwettertagen (Bewölkung < 4/8; unten) am Randecker Maar; dies zeigt die Zunahme der Gegenwinde aus S – NW im Verlauf der Zugzeit. – *Average distribution of wind direction during July – November on all days (above) and on fine weather days (cloud cover < 4/8; below) at Randecker Maar; this illustrates the increase in headwinds from S – NW as the migration period progresses.*

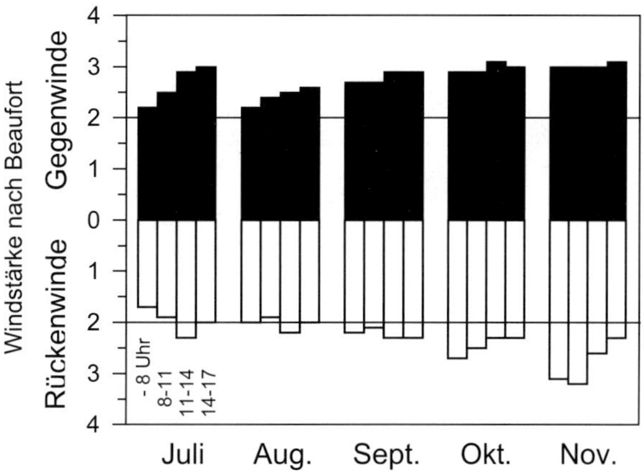

Abb. 9.4.2: Mittlere Stärke der Gegenwinde (180 - 270°, gemessen in Bft.) und Rückenwinde (0 - 90°) in den Monaten Juli bis November in Abschnitten von 3 Stunden am Randecker Maar. – *Average strength of headwinds on the* Beaufort *scale (180 - 270°; black) and tailwinds (0 - 90°; white) during July - November at Randecker Maar in 3-hour periods.*

daher werden im August und September an den meisten Stationen die niedrigsten Windstärken gemessen (CHRISTOFFER & ULBRICHT-EISSING 1989). Auch am RM verzeichnen wir im August das Windstärkenminimum (Abb. 9.4.2). Von August bis November steigt die Windstärke kontinuierlich an. Die Stärke der Rückenwinde liegt, bedingt durch ihr häufigeres Auftreten in einem Hoch, immer unterhalb der von Gegenwinden. Die Zunahme der mittleren monatlichen Windgeschwindigkeit während des Beobachtungszeitraums beträgt für Gegen- wie für Rückenwinde nicht mehr als eine Windstärke [nach Beaufort ca. 2 m/s]. Dies erscheint unerheblich, bedeutet im Jahresgang jedoch eine Abnahme günstiger Zugbedingungen. In der dritten Oktoberdekade kommt es zu einer erheblichen Umstellung der atmosphärischen Zirkulation mit einer Zunahme zyklonaler GWL und der Sturmtätigkeit. Dies könnte auch den starken Rückgang des Zuges nach dem 20. Oktober erklären, der sich durch andere Faktoren (wie z. B. Nahrung) nicht begründen läßt. Daß 74 von 84 der am RM häufiger durchziehenden Arten ihren Median vor diesem Tag haben (GATTER 1991), könnte also eine direkte Anpassung an diesen Wetterwechsel sein.

Tageszeitliches Windrichtungsangebot: Abgesehen von lokalen Windsystemen wie Land-See- oder Berg-Talwinden gibt es über Landflächen eine regelmäßige tägliche Winddrehung. Sie wirkt sich insbesondere an heiteren, windschwachen Tagen aus und wurde zunächst von HELLMANN (in HANN & SÜRING 1951) für Madrid (kastilische Hochebene) beschrieben, hat aber für ungestörte Lagen überregionale Bedeutung. Danach dreht der Wind dort am Morgen von nordöstlichen Richtungen auf E, mittags auf SE bis S, am Spätnachmittag auf W und gegen Mitternacht auf NW. Großräumig ist zu erwarten, daß bodennah ziehende Vögel auf dem Herbstzug bei uns in den frühen Morgenstunden über Landflächen mit einem überdurchschnittlichen Anteil von NE- bis E-Winden rechnen können. Ein Effekt, der jedoch durch die nachlassende Kraft der Sonne von August bis November immer schwächer wird. Derselbe tägliche Gang findet sich mit zeitlicher Verzögerung auch auf Berggipfeln von 2000 - 4000 m. Infolge der Einstrahlung am Tage wird diese Drehung mit der Sonne durch vertikalen Austausch von Luftmassen ausgelöst, was zu einer Verzahnung von Boden- und Höhenwind führt. Dem am Boden durch die Reibung nach links abweichenden Wind wird nun eine Rechtsdrehung aufgezwungen. Die Phase des Maximums der einzelnen Windrichtungen ist jedoch uneinheitlich. Lokale Windsysteme ausgeschlossen, ist dieses Phänomen aber für Zugvögel (und migrierende Insekten) wohl durchaus von Bedeutung, da es gerade in den Morgenstunden und wiederum am Abend und in den ersten Nachtstunden die Häufigkeit fördernder Rückenwinde erhöht (GATTER 1977b, GATTER 1981a, b, Abb. 9.4.3). Es stellt damit eine von mehreren - dennoch sicher nur sekundär mögliche - Ursache für die Massierung von Ziehern in den ersten Tagesstunden und teilweise am Abend dar (Kap. 12).

Lokale Winde: Am RM wird dieser normale Gang der Winddrehung teilweise von einem anderen Einfluß überlagert. Durch die am Tage stärkere Erwärmung der Luftschichten über einer tiefliegenden Ebene werden die Isothermen dort kräftiger angehoben als über der höher gelegenen Albhochfläche. Dadurch entsteht am Rand der Hochfläche ein Wind, der auf diese Hochebene gerichtet ist. Naturgemäß ist dieser

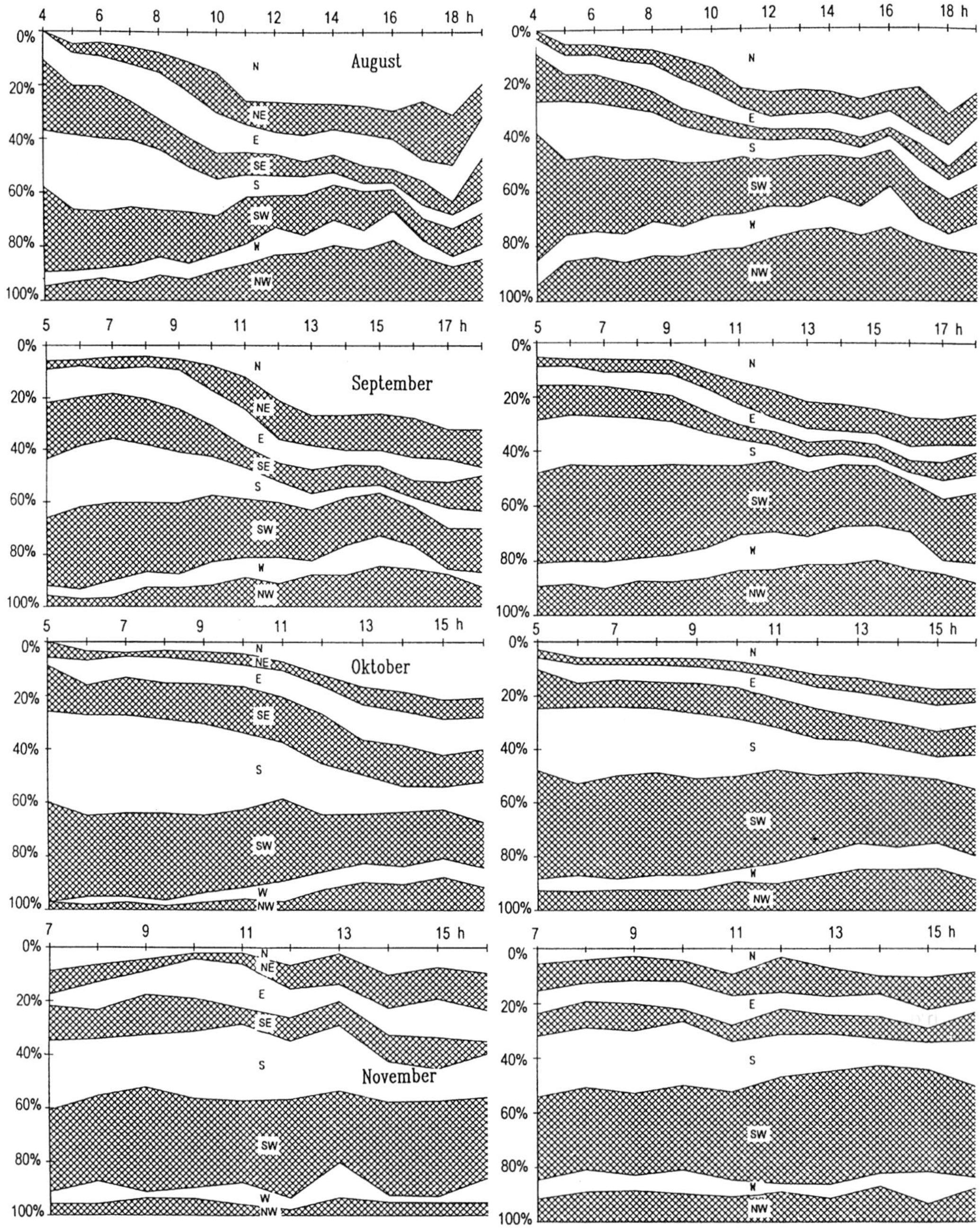

Abb. 9.4.3: Tageszeitliche mittlere Windrichtungsverteilung der Monate August (oben) bis November. Rechte Spalte an allen Tagen, links an Schönwettertagen mit Bewölkung < 4/8 am Randecker Maar. Auffällig ist die tageszeitliche Drehung des Windes in den warmen Monaten und die Zunahme von Gegenwinden in der zweiten Hälfte der Zugzeit. – *Diurnal pattern of average wind direction during August – November. Right: on all days; left: on fine weather days (cloud cover < 4/8) at Randecker Maar. Note the change in wind direction during the day in the warm months and the increase in headwinds in the second half of the migration period.*

Wind in der Zeit der größten Erwärmung, also dem frühen Nachmittag, am stärksten ausgeprägt und bildet sich insbesondere bei Hochdrucklagen aus. Nachts weht er in der umgekehrten Richtung von der Hochebene herab. Durch eine rasche Angleichung der Isothermen mit der Höhe ist diese Strömung auf die untersten Schichten begrenzt (HANN & SÜRING 1951). Am Steilabfall der Schwäbischen Alb entsteht nun ein solches Windsystem tageszeitlich drehender Winde, das sich in der Zunahme von N und NW-Winden über den Tag bis zu einem Maximum zwischen 14.00 und 18.00 Uhr von Juli bis Oktober zeigt. Eine vorangegangene nächtliche Drehung des Windes führt von 6.00 – 9.00 Uhr, also in den Stunden der größten Zugintensität, besonders auch an Schönwettertagen zu einem deutlichen Überwiegen lokaler Winde aus S – SW (Abb. 9.4.1, 9.4.3), die teilweise im Gegensatz zu der normalen täglichen Winddrehung steht.

Tageszeitliches Windstärkenangebot: Die Windstärke nimmt im Tagesgang für gewöhnlich durch die verstärkte Konvektion im bodennahen Bereich bis 100 m über Grund zu und erreicht zwischen 14.00 und 16.00 Uhr ihr Maximum, während sie in der Nacht bei stabiler Schichtung der Atmosphäre immer mehr nachläßt und zwischen Mitternacht und etwa 6.00 Uhr ein Minimum aufweist. Für die Gegenwinde (Abb. 9.4.2) trifft dieser Tagesverlauf am RM sehr gut zu (Bodentyp des Tagesganges), während die Stärke der Rückenwinde ein Maximum am Morgen aufweist, was auf die Berglage der Station für NE- und N-Winde zurückgeht (Höhentyp des Tagesganges). In allen Fällen ist die Amplitude des Tagesganges klein und bedingt durch die Lage der Station im Binnenland nicht größer als eine Windstärke nach Beaufort.

9.4.2 Windangebot und Windnutzung durch Zugvögel im Vergleich

Die Windrichtungen beeinflussen mit ihrem jahreszeitlichen und tageszeitlichen Gang den Vogelzug. In den Abbildungen dieses Kapitels sind das Windangebot und die Nutzung dieser Winde während der Hauptzugzeit für verschiedene Arten dargestellt.

Durch die Lage der Station RM zwischen Plateau-Hochfläche und dem ca. 400 m tiefer liegenden Vorland kommt es im Hochdruckgebiet bei windschwachen Lagen nahe dem Kalmenbereich verstärkt zu südlichen Winden am Morgen und nördlichen Winden am Nachmittag und Abend. Dieser Umstand beeinflußt alle Windnutzungs-Graphiken gleichermaßen, ohne jedoch charakteristische jahres- und tageszeitliche sowie artspezifische Änderungen zu verdekken. Mit der Darstellung der Selektion bester Zugstunden kann gezeigt werden, ob eine Bevorzugung bestimmter Windrichtungen festzustellen ist.

Greifvögel, Schwarzstorch und Kormoran: Insgesamt ist insbesondere bei diesen häufig hoch fliegenden Arten zu beachten, daß unsere beobachteten Windrichtungen die des bodennahen Windes sind, die nicht mit dem in der Höhe übereinstimmen müssen. Das heißt auch: je größer der Vogel, umso weiter ist er für den Beobachter sichtbar und umso stärker kann die Abweichung der gemessenen Windrichtung von derjenigen sein, in welcher der Vogel fliegt. Innerhalb der Greifvögel findet man eine Reihe von Arten, die in ihrer Windnutzung nur geringe Unterschiede zur Windverteilung an Schönwettertagen aufweisen. Das heißt, im bodennahen Bereich spielt die Windrichtung im Hochdruckgebiet keine so dominierende Rolle. Dazu gehören mit Fischadler, Kornweihe, Merlin, Rotmilan, Schwarzmilan und Wespenbussard Arten, die auf dem Zug zwar Thermik nutzen, häufig aber auch im Ruderflug ziehen (s. a. Kap. 9.3). Beim Schwarzstorch entsprechen sich Windangebot und Nutzung fast völlig. Meist sind hier die thermischen Bedingungen im Hochdruckgebiet bzw. bei Gewittern für den Zug entscheidend. Bei guter Sicht sind alle diese Arten in der Lage, Verdriftungen zu erkennen und bereits während des Zuges zu korrigieren. Für Kraniche konnte ALERSTAM (1975b) dies explizit nachweisen, bei Greifvögeln deuten windrichtungsabhängige Zugrichtungen darauf hin (HOLSTEIN 1945, ALERSTAM 1978). Die häufig zu beobachtende starke Translokation kreisender Greifvögel läßt oftmals starke Winde in großer Höhe erkennen. Wespenbussarde ziehen als LSZ sehr früh weg und haben jahreszeitlich bedingt in der Regel ein hohes Angebot fördernder Winde innerhalb windschwacher Schönwetterlagen zur Verfügung. Wenn sich in der Hauptzugzeit Tage mit widrigen S- bis W-Winden summieren, wie 1994, kann es vorkommen, daß letztendlich trotzdem gezogen wird. Am 8. und 9.

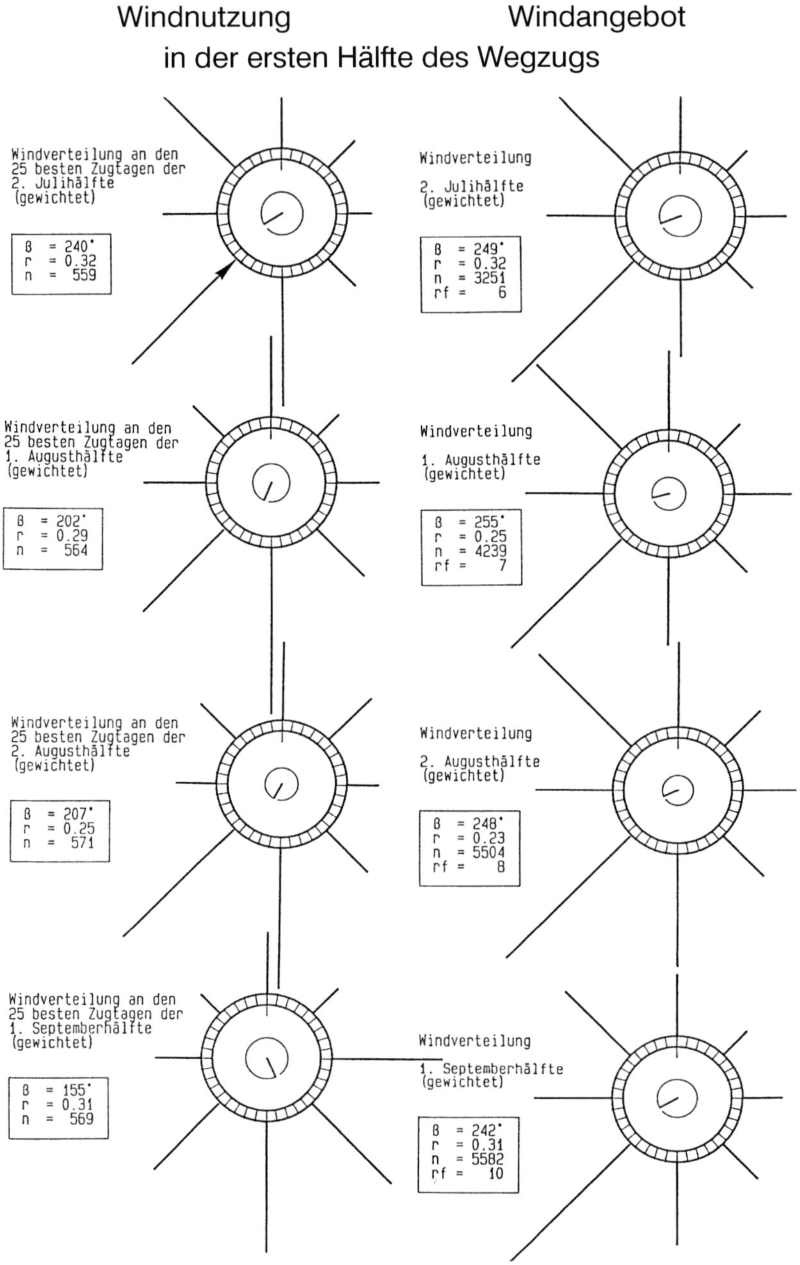

Abb. 9.4.4a: Windnutzung (links) an den besten 25 Zugtagen je Monatshälfte und entsprechendes Windangebot (rechts) von Juli bis Mitte Sept. Die einzelnen Tagesstunden wurden entsprechend dem Zugaufkommen gewichtet (n = Anzahl Stunden). Bei der Nutzung zeigt sich von Juli bis Mitte September zunächst nur eine geringe Abweichung vom Angebot, später ein Wechsel der Bevorzugung von S – E unter Meidung von SW – NW. Abkürzungen und Erläuterungen siehe Abb. 9.4.5 – *Exploitation of wind (left) on the 25 days of heaviest passage in each half month and corresponding prevailing wind (right) from July to mid-September. Individual hours of the day are weighted according to the volume of passage (n = number of hours). During July – September, wind use differs only slightly from availability at first, but later there is a change in preference away from S – E, and an avoidance of SW – NW. For abbreviations and explanations, see Fig. 9.4.5.*

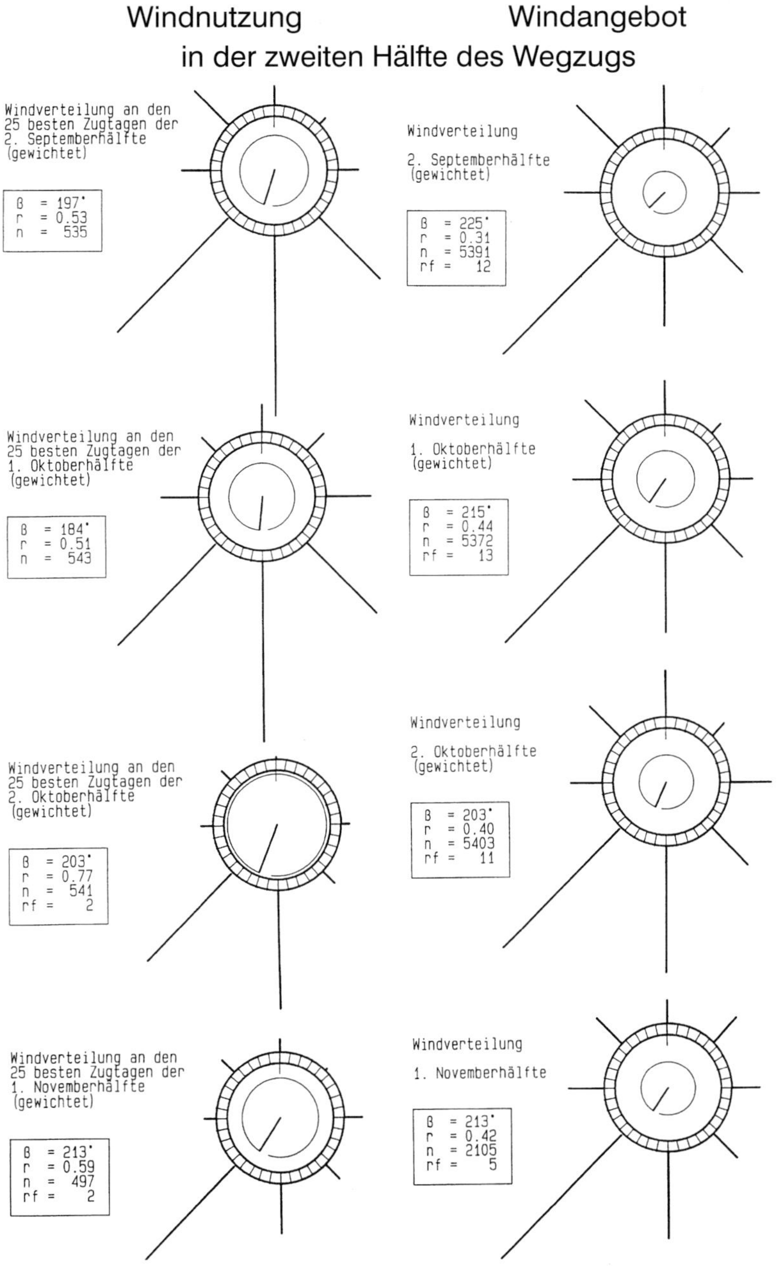

Abb. 9.4.4b: Windnutzung (links) an den besten 25 Zugtagen je Monatshälfte und entsprechendes Windangebot (rechts) von Mitte Sept. bis Nov. Die einzelnen Tagesstunden wurden entsprechend dem Zugaufkommen gewichtet (n = Anzahl Stunden). Ab Mitte Sept. bis Nov. zeigt sich mit fortschreitender Zugzeit eine zunehmend überdurchschnittliche Nutzung von Gegenwinden. Abkürzungen und Erläuterungen siehe Abb. 9.4.5. – *Exploitation of wind (left) on the 25 days of heaviest passage in each half month and corresponding prevailing wind (right) from mid-September to November. An increasingly above-average use of headwinds can be discerned later in the migration period, from mid-September to November. For abbreviations and explanations, see Fig. 9.4.5.*

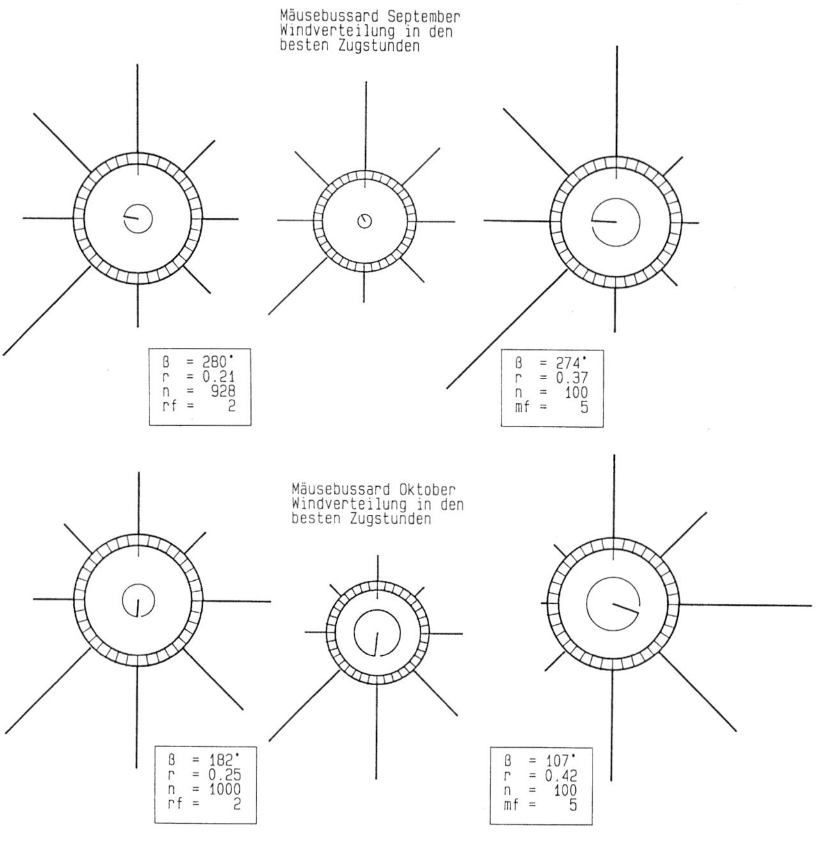

Abb. 9.4.5: Mäusebussard. Unterschied in der Windnutzung zwischen allen 928 (links) und den besten 100 (rechts) Zugstunden im September (oben) und im Oktober (1000 bzw. beste 100 Stunden) und dem Windangebot. In dieser und in den folgenden Abbildungen zeigt die kleine Kreisgraphik (Mitte) das Windangebot und den Windrichtungsvektor während der tageszeitlichen Hauptzugzeit der Art. Die großen Graphiken geben die Winde während der besten Zugstunden wieder (Nutzung). Die Windrichtungen, eingeteilt in 45°-Klassen, sind im Außenbereich des Kreises dargestellt, die Länge der Balken ist proportional zur Häufigkeit. Im Innern des Kreises weist der Richtungszeiger in die mittlere Windrichtung, bestimmt nach BATCHELET (1981). Die Länge (Vektorlänge), hervorgehoben zusätzlich durch einen unvollständigen Innenkreis, ist ein Maß der Streuung der Windrichtungen (Regression r); bei r = 1 weht der Wind die gesamte Periode aus einer Richtung, bei r = 0 verteilen sich die Winde gleichmäßig auf alle Richtungen. Eine gezielte Auswahl von Winden durch Vögel ist nur anzunehmen, wenn sich Vektorlänge (r) der Windnutzung deutlich vom Angebot unterscheidet. – **ß** = mittlere Windrichtung (Winkel, zu lesen als: Wind aus...); **r** = relative Streuung der Windrichtung; **n** = Anzahl ausgewerteter Stunden; **rf, mf** = Reduktionsfaktor bzw. Multiplikationsfaktor der Darstellung.
Buteo buteo. *Difference between wind use and availability in all 928 migration hours (left) and the 100 best passage hours (right) in September (above) and October (1000 and 100 hours of heaviest passage). In this and following figures, the small circular graphic shows the diurnal wind availability during the main passage period of the respective species. The large graphic shows the wind during the hours of heaviest passage (exploitation). The wind directions, divided into 45° classes, are shown in the outer part of the circle, the length of the line being proportional to the frequency. Inside the circle, the direction indicator shows the average wind direction, calculated after BATCHELET (1981). The length (vector length), additionally emphasized by an incomplete inner circle, is a measure of the wind direction scatter (regression r); when r = 1 the wind comes from one direction for the whole period, when r = 0 the wind directions are equally distributed. A definite preference by birds for particular winds can only be assumed if the wind-use vector length (r) clearly differs from the wind availability. –* ***ß*** *= average wind direction (vector: angle to be read as 'wind from...');* ***r*** *= relative wind direction scatter;* ***n*** *= number of hours evaluated;* ***rf, mf*** *= reduction/multiplication factor of the graphic.*

September konnten wir damals bei Windstärken von bodennah 5 – 6 Bft. (= 27 – 44 km/h) 12 einzelne Wespenbussarde über eine Strecke von 3 km verfolgen. Der Durchschnittswert der Geschwindigkeit über Boden lag bei 14,9 km/h, die Flughöhen zwischen 10 und ca. 100 m. Gleitstrecken waren steil und ineffektiv. Alle, auch die nicht gemessenen Vögel, hielten sich zu 70 % der Zeit unterhalb der umliegenden ca. 50 m hohen Hügelkuppen und flogen in deutlicher Anlehnung zum Windschatten der Waldränder unterhalb der Baumhöhe. Am 9. September zog ein Schwarzstorch die ganze Strekke im Ruderflug unterhalb Baumhöhe.

Beim Wespenbussard wie beim gleichzeitig ziehenden Schwarzmilan ist in allen Auswertungen auch eine Bevorzugung von NW-Strömungen, also Seitenwind erkennbar, ohne daß daraus auf Verdriftungen zu schließen wäre. Beide Arten haben aber einen relativ hohen Anteil von Südziehern und dies würde sich dann als Mitwindsituation auswirken. NW-Winde werden, außer von Kormoranen, am RM sonst kaum überproportional als fördernd genutzt. Die gelegentliche Bevorzugung von NW-Wind hängt bei den jahreszeitlich frühen Arten ganz offensichtlich auch damit zusammen, daß sie am RM häufiger mit Gewittern oder vor Wetterfronten ziehen, die mit dieser Windrichtung einhergehen. Im Hochdruckgebiet ist aber diese Richtung vor allem gegen Mittag, der tageszeitlichen Hauptzugzeit von Thermikziehern, häufig. Beim überwiegenden Teil der früh wegziehenden Greifvögel unterscheidet sich die zum Zug genutzte Windrichtungsverteilung kaum vom Angebot, das heißt, es wird weitgehend unabhängig von der derzeit herrschenden Windrichtung gezogen. Bei den später im Jahr ziehenden Greifvögeln sind die Verhältnisse anders. Beim Mäusebussard werden im September verstärkt Winde um W ausgesucht. Im Oktober, wenn sich das Windangebot stärker auf S verlagert, dreht sich der Vektor der mittleren Windnutzung gegenüber dem des Septembers fast um 180° auf SE (Abb. 9.4.5). Winde aus östlichen Richtungen (SE – NE) werden dann verstärkt genutzt. Die Auswahl der besten Zugstunden läßt auf eine Selektion von SE-Winden auch durch die Kornweihe und von E-NE-Winden durch den Sperber schließen. Sonst ähneln sich bei diesen Arten Angebot und Nutzung. In den besten Zugstunden des Rotmilans überwiegen SW-, also Gegenwinde, beim Turmfalken südliche und nördliche Winde. Beim Merlin, der als leistungsfähiger Flieger meist mit hoher Geschwindigkeit im Kraftflug durchzieht, ist keine Auswahl spezieller Winde zu verzeichnen und Angebot und Nutzung entsprechen sich erwartungsgemäß.

Mauersegler und Schwalben: Beim Mauersegler wird die Bevorzugung zyklonaler Wetterlagen mit bodennahem Zug in oft starken Gegenwinden deutlich (Kap. 9.3). Dies deckt sich mit den früheren Untersuchungen im skandinavischen Raum (Koskimies 1950, Svärdson 1951, Alerstam 1978). Es ist offensichtlich, daß die Masse tief ziehender Mauersegler in sehr geringer Höhe über dem Albvorland zieht und den Mittelgebirgskamm meidet. Vor allem im Juli sind Winde von SW bis NW und N deutlich über-, E und SE-Lagen deutlich unterrepräsentiert. Im August entspricht das Bild aller Zugstunden weitgehend dem Angebot, während in den besten Zugstunden SW und S stärker repräsentiert sind als NW. Mehr als durch die GWL dürfte die Flugrichtung von den mit dem Luftstrom driftenden Insekten beeinflußt werden. Auch bei der Mehlschwalbe werden SW

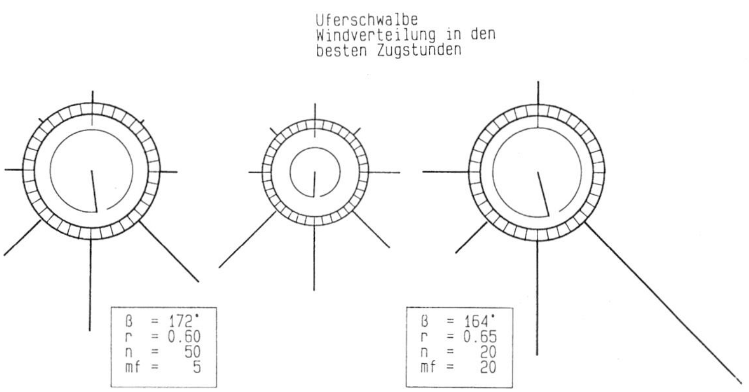

Abb. 9.4.6: Der bodennahe Zug der Uferschwalbe zeigt in den 50 besten (links) eine leichte, in den 20 besten Zugstunden eine extreme Bevorzugung südöstlicher Winde gegenüber dem Angebot (kleiner Kreis). Abkürzungen s. Abb. 9.4.5. – Riparia riparia, *when migrating close to the ground, shows in the 50 best passage hours (left) a slight, and in the 20 best passage hours an extreme preference for SE winds with respect to wind availability (small circle). For abbrevations, see Fig. 9.4.5.*

und NW-Winde stärker genutzt, als das Angebot erwarten läßt. Dagegen zeigt die Rauchschwalbe bei Berücksichtigung aller Zugstunden nur leichte, in den besten 100 Stunden aber eine deutliche Bevorzugung südlicher Winde, während Uferschwalben (Abb. 9.4.6) in allen Fällen SE-Winde präferieren.

Weitere langstreckenziehende Passeres: Insgesamt nutzen die LSZ-Arten fördernde Winde auch im bodennahen Bereich in einem über dem Angebot liegenden Umfang. Damit ist ihr Zug gezielter in der Auswahl günstiger Zeiten und damit effektiver als derjenige von KSZ, ein Umstand, der durch die Zugdehnung und Zugkonzentration (Kap. 11) sichtbar wird. Trotz zunächst gleicher Ziele südlich der Sahara und der Erwartung, daß Rückenwinde stärker genutzt werden als bei KSZ-Arten, gibt es doch erhebliche Unterschiede innerhalb der LSZ.

Vom Pirol etwa wird die nördliche Hälfte des Windrichtungsspektrums überdurchschnittlich genutzt. Pirole überwintern im tropischen Afrika von E nach W abnehmend. Möglicherweise werden während des Tagzugs in Mitteleuropa zu Anfang des Zuges alle oben genannten Windrichtungen als fördernd betrachtet.

Trotz nahezu entsprechenden Windangeboten von 4 – 8 Uhr im Juli und August werden bei Tage ziehende **Fitisse** im Juli stärker bei SW-Winden, im August auffallend oft im Zusammenhang mit E-Winden (Abb. 9.4.9a) beobachtet. Verspäteter Zug bzw. der Zug später ziehender Populationen oder Altersgruppen erfordert anscheinend andere Zugstrategien. Dies trifft auch auf von uns nicht bestimmte Laubsänger (Fitis und Zilpzalp) zu, während im September (fast nur Zilpzalpe) die SW-Windpräferenz für Tagzieher deutlich zutage tritt. Auch der bisher stärkste Massenzug von Zilpzalpen am 17. Ok-

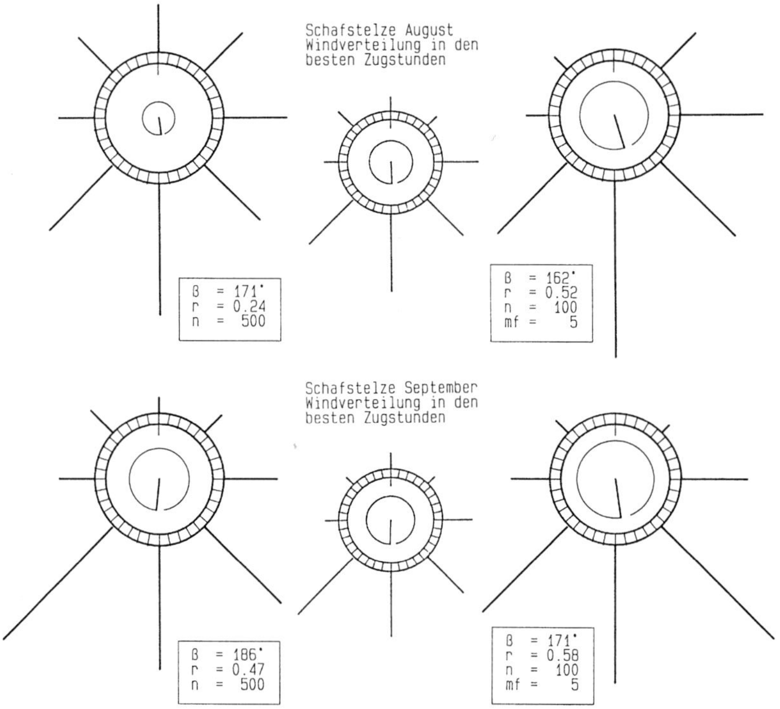

Abb. 9.4.7: Bei der Schafstelze zeigen die 500 besten Zugstunden im August (links oben) eine leichte Bevorzugung nördlicher Winde, die Auswahl sehr starker Zugsstunden eine solche von SE-S unter Meidung von N. Im September steigt die Bevorzugung von SE weiter, die sich in einer deutlichen Verlängerung des Windrichtungsvektors zeigt. Siehe Abb. 9.4.5. – *The 500 best passage hours of* Motacilla flava *in August (above, left) show a slight preference for northerly winds, but a selection of hours of very heavy passage shows a preference for SE – S, and an avoidance of N wind. The preference for SE winds increases further in September (below), seen in a clear lengthening of the wind direction vector. See Fig. 9.4.5.*

tober 1998 trat bei SW-Winden auf. Bei Berücksichtigung aller Zugstunden ist im August vom **Grauschnäpper** gleichfalls eine deutliche Bevorzugung von Winden um N – NE erkennbar, während der besten 20 Stunden sind dagegen NE – E stärker repräsentiert. Dieser Nachtzieher nutzt also ebenso wie der Fitis beim aktiven Tagzug fördernde Winde. Der bei diesen Arten (wie auch Sylviden) meist als Schleichzug in Erscheinung tretende Tagzug ist wohl meist als Fortsetzung starken Nachtzugs am Vormittag zu sehen (Abb. 9.4.9b).

Bei **Brachpieper und Schafstelze** sind in der Hauptzugzeit 50 % der Vögel bereits um 7 Uhr durchgezogen. Unter Berücksichtigung aller Zugstunden ziehen beide Arten gegenüber dem Windangebot etwas verstärkt mit nördlichen Winden. Bei ausschließlicher Betrachtung der besten Zugstunden ziehen Brachpieper nahezu dem Windangebot entsprechend, Schafstelzen wählen verstärkt Tage mit SE-Winden. Dies steht in auffälligem Gegensatz zur **Gebirgsstelze**, die überwiegend KSZ ist. Während im September ziehende Schafstelzen deutlich vom Windangebot abweichend SE-Winde bevorzugen, zeigen Gebirgsstelzen eine über das Windangebot hinausreichende Wahl von SW-Winden (Abb. 9.4.7 und 9.4.8), ein Unterschied, dem wir bei den KSZ öfter begegnen werden.

Kurzstreckenziehende Passeres: Unter den 27 ausgewerteten KSZ sind bis auf Ringeltaube und Buntspecht alles Singvögel. Bei 6 Arten werden keine Windpräferenzen festgestellt. Bei den anderen wurden fördernde Winde (N – SE) nur zu einem Drittel, Gegenwinde zu zwei Dritteln verstärkt genutzt. Gegenwinde nehmen während der Zugzeit der KSZ-Arten deutlich zu.

Zu den Arten, die bei zunehmender Selektion bester Zugstunden nur leichte oder keine Bevorzugungen einer bestimmten Windrichtung erkennen lassen, gehören mehrere Drosseln, beide Lerchen, die Bachstelze, Wiesenpieper, Kohlmeise, Wintergoldhähnchen, Hänfling, Erlenzeisig,

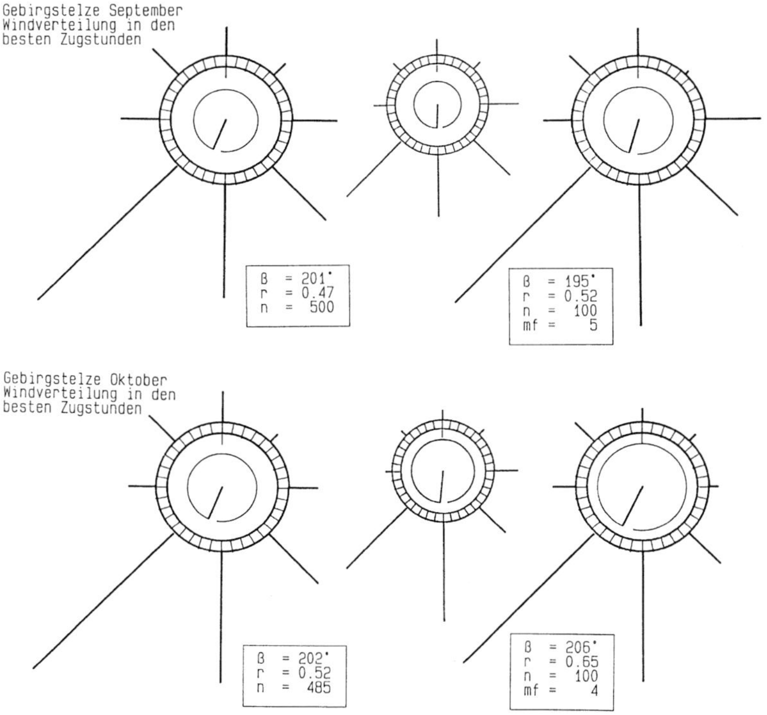

Abb. 9.4.8: Bei der Gebirgsstelze zeigen die besten Zugstunden im September und im Oktober eine gegenüber dem starken Angebot südlicher Windrichtungsvektoren (ß) eine besondere Bevorzugung von SW-Winden. Siehe Abb. 9.4.5. – *The best passage hours of* Motacilla cinerea *in September and October show a strong preference for SW winds, compared with the predominance of S wind direction vectors (ß). See Fig. 9.4.5.*

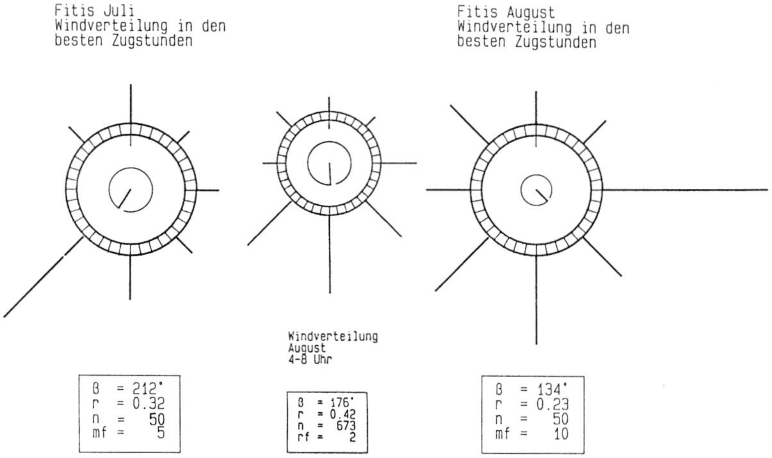

Abb. 9.4.9a: Der Tagzug am frühen Morgen zeigt beim Fitis im Juli eine gegenüber dem Angebot deutliche Bevorzugung südwestlicher Strömungen, im August eine starke Bevorzugung östlicher Strömungen. Das Windangebot (kleiner Kreis) entspricht sich während der tageszeitlichen Hauptzugzeit in beiden Monaten. Siehe Abb. 9.4.5. – *The early morning diurnal migration of* Phylloscopus trochilus *in July (left) shows a clear preference for SW winds with respect to availability, and in August for E winds. The diurnal wind availability (small circle) is the same in both months during the main migration period. See Fig. 9.4.5.*

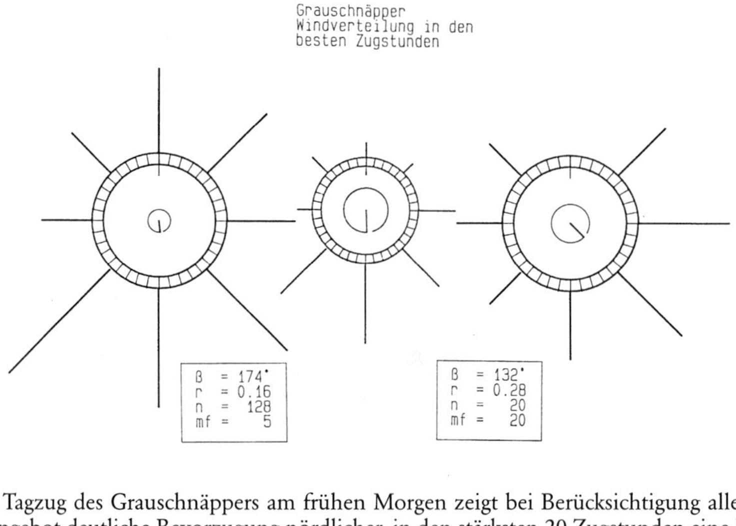

Abb. 9.4.9b: Der Tagzug des Grauschnäppers am frühen Morgen zeigt bei Berücksichtigung aller Daten eine gegenüber dem Angebot deutliche Bevorzugung nördlicher, in den stärksten 20 Zugstunden eine Bevorzugung östlicher Strömungen. – *The early morning diurnal migration of* Muscicapa striata *shows, when all data are evaluated (left), a strong preference for N winds, in the 20 best passage hours a preference, with respect to wind availability, for E winds. See Fig. 9.4.5.*

Rohrammer und Saatkrähe. Während im Oktober auch beim Hausrotschwanz die Windrichtungsnutzung dem Angebot gleicht, zeigen die früher im September ziehenden eine deutliche Präferenz für SW-Winde. Auch weitere Arten, wie die Heckenbraunelle und die großen Finken, wie Kernbeißer, Gimpel und Bergfink, lassen eine Bevorzugung von SW-Winden, teilweise zu Lasten der Winde um N und E, erkennen. Es ist kaum wahrscheinlich, daß sich diese Arten durch die Nutzung von Rückenwinden und hohem Zug der Beobachtung mehr entziehen als die LSZ. Beim Buchfinken zeigt sich gegenüber dem Angebot eine Bevorzugung des Zuges bei S- und SE-Winden.

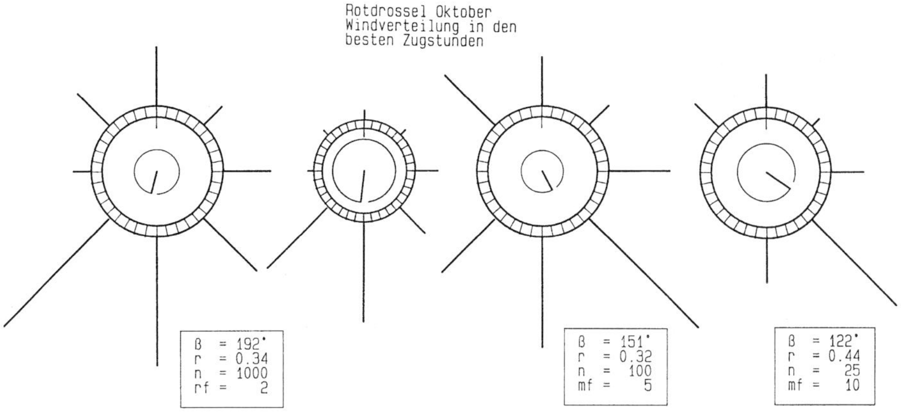

Abb. 9.4.10: Bei der Rotdrossel zeigen die besten 1000 Zugstunden im Oktober eine schwache Bevorzugung von Winden um Nord. Mit zunehmender Auswahl stärkster Zugstunden eine gegenüber dem Angebot hervortretende Bevorzugung von NW-N und von SE-Winden. Siehe Abb. 9.4.5. – *The 1000 best passage hours of* Turdus iliacus *in October show a weak preference for northerly winds. With selection of increasingly heavy passage hours there is an ever stronger preference, with respect to availability, for NW-N and SE winds. See Fig. 9.4.5.*

Rotdrosseln nutzen bei Berücksichtigung aller Stunden nördliche Winde stark und SW-Winde leicht überproportional, aber fast entsprechend dem Angebot (ß 192°). In den besten Zugstunden zeigt sich dann jedoch eine deutliche Bevorzugung von SE-Winden, mit dem Vektor ß 122° (Abb. 9.4.10). Entsprechendes gilt für den Star mit sehr ähnlichem Flugstil. In Schweden wurde hoher Massenzug der Rotdrossel mit Radar bei Rückenwinden erfaßt (ALERSTAM 1975a).

Fichtenkreuzschnabel: Am RM ziehen in allen Monaten der Saison Teile von Kreuzschnabelpopulationen nach S wie nach N. Ihre tageszeitliche Zugverteilung ist dabei weitgehend identisch. Bei deutlichen Unterschieden in der Nutzung der GWL (Kap. 9.3) ist es erstaunlich, daß die Nutzung der Winde unabhängig von der Zugrichtung zunächst gewisse Übereinstimmungen zeigt. Bei den früh im Sommer nach S ziehenden Kreuzschnäbeln ist bei überwiegendem Angebot südlicher Winde eine deutliche Bevorzugung von Winden aus N bis E, also fördernden Winden zu erkennen. Ab Oktober und noch deutlicher im November tritt eine Bevorzugung von SW-Winden, also Gegenwinden, zutage. Bei den in entgegengesetzter Richtung, nach NE, fliegenden Vögeln fällt im August eine wenig selektive Nutzung auf. Nur Gegenwinde aus E und N werden überproportional genutzt. Dies gilt teilweise noch für den September, in dem allerdings bereits Rückenwinde aus SW deutlich bevorzugt werden. Die Präferenz für fördernde SW-Winde verstärkt sich im Oktober und November. Während die Windwahl im Sommer (Nichtbrutzeit) bei den dann geringeren Windstärken offenbar unerheblich ist, scheint die Wahl fördernder Mitwinde beim Fortpflanzungszug nach NE (GATTER 1993) mit zunehmender Nähe zur Brutzeit im Winter eine ähnliche Bedeutung zu gewinnen wie während des Heimzugs anderer Arten im Frühjahr: verstärkte Nutzung fördernder Winde zur raschen Erreichung des Brutgebiets.

9.4.3 Laue Lüfte, stürmischer Wind ⊥ Windstärke und Vogelzug

Bei der folgenden Übersicht über den Zusammenhang zwischen Windstärke und Vogelzug werden nur die Zugbewegungen bei Gegenwinden (180° - 270°) und Rückenwinden (1° - 90°) berücksichtigt (Abb. 9.4.2). Der Teil des Zuges, der bei Seitenwinden aus SE stattfindet, wird hier ebenso ausgeklammert wie derjenige bei Winden aus NW. Dabei wird die Nutzung der Winde um SE in dem vom Boden aus sichtbaren Bereich als überwiegend fördernd empfunden; von den Vögeln also gerne genutzt, während NW-Winde wenig genutzt und häufig mit

– von Vögeln offensichtlich als widrig empfundenen Begleiterscheinungen – einhergehen.

Windstille ist am RM angesichts der extremen Lage ein fast unbekanntes Phänomen. Im bodennahen Bereich zieht der weitaus größte Teil der Vögel bei Gegenwinden. Unter den Oktoberziehern liegt der Schwerpunkt der Durchzugszahlen bei Windstärke 1 Bft. bis 4 Bft., gemessen in ca. 20 m Höhe. Die hochziehenden Vögel dürften dabei meist mit höheren Windgeschwindigkeiten zu kämpfen haben. Die Stärke des Zuges nimmt beim **Buchfink** und **Bergfink** in der Reihenfolge der Windstärke 3 – 2 und 4 – 1 – 5 – 6 Bft. ab, wobei am späten Vormittag und mittags eher eine Verlagerung auf schwächere Gegenwinde notiert wird (Abb. 9.4.11 und 9.4.12). Dies ist teilweise auf den im Laufe des Tages abnehmenden lokalen südlichen Wind von der Hochebene der Alb ins Vorland zurückzuführen. Insbesondere Gegenwind mit Windstärke 1 dürfte vielfach Windstille im Vorland entsprechen. Bei Rückenwinden ist eine relativ gleichmäßige Nutzung bei Windstärken von 1 bis 3 Bft. durch Buch- und Bergfink zu erkennen, schwacher Zug wurde im Extrem noch bis zu 9 Bft. verzeichnet. Auf eine breitere Nutzung treffen wir bei der **Feldlerche** (Abb. 9.4.13). Gegenwinde mit 1 bis 3 Bft. werden ziemlich gleichmäßig, 4 und 5 Bft. nur unwesentlich schwächer genutzt, was bei diesem guten Flieger wenig überrascht. Mit stärkeren Rückenwinden werden sie nur selten beobachtet, wobei offen bleiben muß, ob dann in größerer Höhe noch Durchzug stattfindet. Zu allen Tageszeiten bevorzugen sie hier im sichtbaren Bereich windschwache Lagen von 1 Bft., die im Zusammenhang mit ruhigem Hochdruckwetter stehen.

Bei den meisten Arten erlischt der Zug oberhalb 6 Bft. (40 km/h). Einzelne, die noch bei Windstärken bis 9 Bft. ziehen, nutzen allerdings geringe Flughöhe oder den Windschatten von Hängen und Wäldern, somit Zonen geringerer Windstärken (Kap. 8.1, 8.2).

Die Mitwindbewegungen der **Ringeltaube** (Abb. 9.4.14) verteilen sich fast gleichmäßig auf

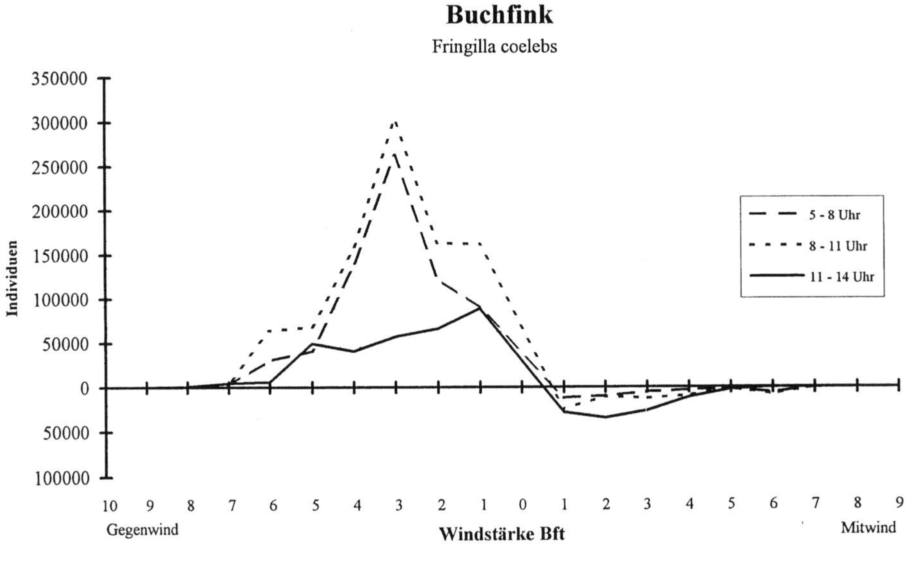

Abb. 9.4.11: Durchzug des Buchfinken in Abhängigkeit von Windrichtung und Windstärke im Rahmen von wetterabhängigen Messungen zur Zughöhe. Die Windrichtung ist hier reduziert auf Rücken- und Gegenwinde. Drei Zeitabschnitte sind hier aufgeführt, früher Morgen (5.00 – 8.00), Vormittag (8.00 – 11.00) und die Mittagszeit (11.00 – 14.00). Man erkennt einen starken Durchzug bei Gegenwinden zwischen 1 und 4 Beaufort während der drei Zeitabschnitte und geringen sichtbaren Zug bei Mitwinden. – *Relationship between* Fringilla coelebs *passage numbers and wind direction and strength, within the limitations of weather-dependent measurements at passage altitude. Wind direction is here reduced to tail- and headwinds (left to right is headwind to tailwind). Three time-periods are given: early morning (5.00 – 8.00), morning (8.00 – 11.00), and noon (11.00 – 14.00). A heavy passage in headwinds of between 1 and 4 on the Beaufort scale is evident during all three periods, but in tailwinds there is little visible migration.*

Windstärken von 1 bis 5 Bft. mit Bevorzugung von 4 und 5 Bft. (19 bis 35 km/h). Starke Winde von 6 bis 9 Bft. spielen nur eine unbedeutende Rolle. Zug bei Rückenwind tritt deutlicher hervor. Da wir bei der Ringeltaube im Gegensatz zu den kleinen Passeres keine Hinweise haben, daß am RM oberhalb gut erfaßbarer Höhen Zug stattfindet, dürfte die anteilige Nut-

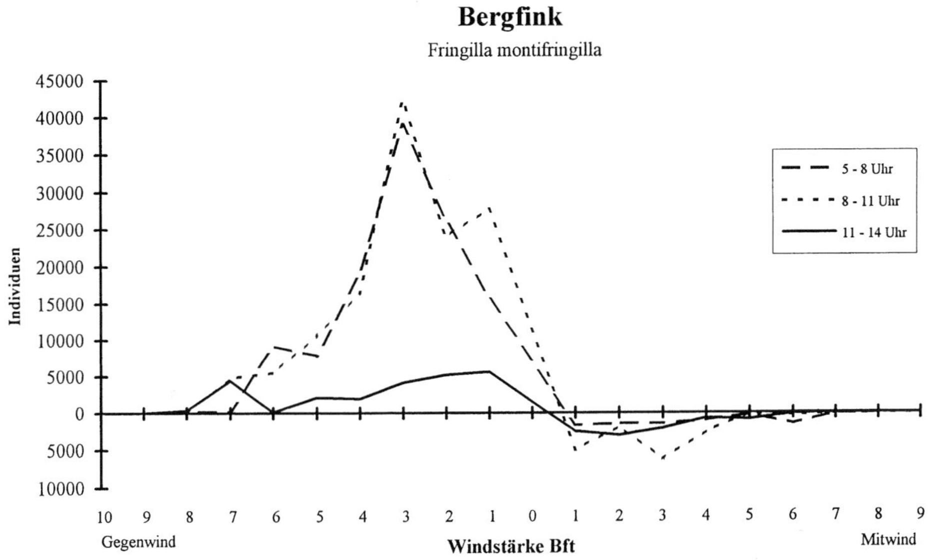

Abb. 9.4.12: Durchzug des Bergfinken in Abhängigkeit von Windrichtung und Windstärke. Siehe Abb. 9.4.11. – *Relationship between* Fringilla montifringilla *passage numbers and wind direction and strength. See Fig. 9.4.11.*

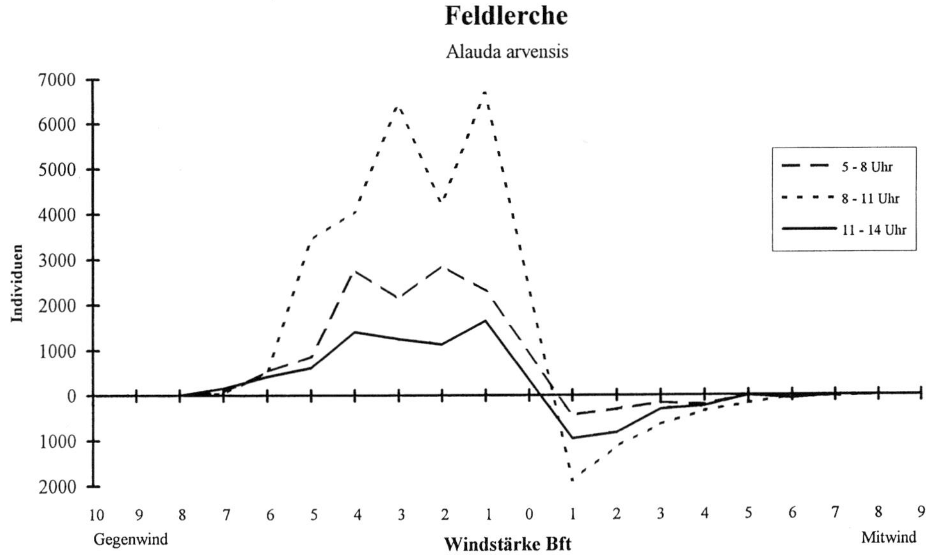

Abb. 9.4.13: Durchzug der Feldlerche in Abhängigkeit von Windrichtung und Windstärke. Man erkennt, daß die Feldlerche auch noch bei starken Gegenwinden von 5 Bft. stärker zieht als die Finken. Siehe Abb. 9.4.11. – *Relationship between* Alauda arvensis *passage numbers and wind direction and strength. Note that* A. arvensis *passage is heavier than that of Fringillidae even in strong headwinds of 5 on the Beaufort scale. See Fig. 9.4.11.*

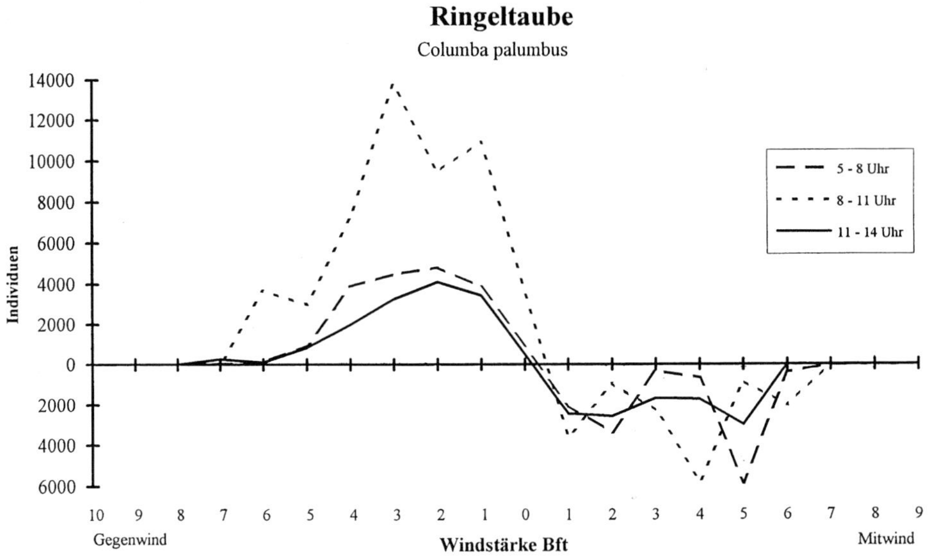

Abb. 9.4.14: Durchzug der Ringeltaube in Abhängigkeit von Windrichtung und Windstärke. Siehe Abb. 9.4.11. – *Relationship between* Columba palumbus *numbers and wind direction and strength. See Fig. 9.4.11.*

zung von Mit- und Gegenwinden der tatsächlichen Verteilung entsprechen. Das Mitwindangebot reicht in vielen Jahren nicht aus, um den Zug allein unter energetisch günstigen Bedingungen auszuführen (siehe auch Kap.13.1, 13.2). Der hohe Anteil von Wanderungen im Gegenwind dürfte damit zu erklären sein.

Tiefer Zug bei Wirbelsturm: Ein Tief brachte ab dem 23. August 1986 wechselhaftes Wetter und kalte Meeresluft nach Mitteleuropa. Am 25. August verlagerte sich ein Sturmtief unter Intensivierung nordostwärts, das als „Charley“ in die meteorologischen Aufzeichnungen einging, und erreichte vom 26. auf den 27. August den Höhepunkt seiner Entwicklung. Obwohl seine Auswirkungen in Süddeutschland moderat blieben, zeigte das Zuggeschehen bei bedecktem bis heiterem Himmel und Windstärken von bis zu 7 Bft. aus SW – NW eine Umkehr der sonstigen Verhältnisse: Am 200 m tiefer liegenden Sattelbogen, einem „Paß“ westlich des Maars am Rande der Alb nahe dem Albvorland, lagen die Stundenwerte bei Schwalben zwei- bis dreimal, im Albvorland bei Bissingen – wo der Zug sonst schwach ist – bis viermal höher als am RM und nur im Albvorland waren auch ständig Mauersegler unter die Schwalben gemischt. An den Orten mit der normalerweise geringsten Zugverdichtung waren die Zahlen jetzt also am höchsten. Am RM zogen Wespenbussarde niedrig zwischen den Baumkronen und am Sattelbogen wie im Albvorland verlief das gesamte Zuggeschehen fast ausschließlich unterhalb von 50 m und konzentrierte sich, soweit Stichproben zeigten, unmittelbar am Albrand und in dessen Windschatten. Das RM und damit die Überquerung der Mittelgebirgskante wurden offensichtlich von vielen Vögeln gemieden.

Folgerungen und Zusammenfassung
9.4 Windstille – Brise – Sturm – Auswirkungen des Windes auf den Vogelzug

Die Zusammenfassung von Vogelarten gleicher Zugstrategie gibt Auskünfte über Bevorzugung oder Vermeidung von Windangeboten, wobei eine Art während mehrerer Zugmonate ihre Präferenzen wechseln kann. Arten können einerseits ihre Strategien während der Zugzeit ändern, oder die zu unterschiedlichen Zeiten durchziehenden Populationen können durch ein abweichendes Zeitbudget dazu gezwungen werden. So könnten „Mitteleuropäer" einfach bei „schönem Wetter" in kurzen Zugetappen wandern. „Nordeuropäer", deren jahresperiodische Vorgänge auf Grund der kurzen Sommer gedrängter ablaufen, werden bei Auftreten der selteneren zugfördernden Winde in großen Etappen ziehen.

Die Präferenzen der LSZ zeigen eine höhere Ausnutzung fördernder Winde und sie sind in der Auswahl günstiger Zeiten somit selektiver und ziehen damit effektiver als die KSZ, was sich auch in der Auswahl von GWL, bei der Dehnung von Zugzeiten und der Zugkonzentration zeigt (Kap. 11.1, 11.2). Interessant ist in diesem Zusammenhang die jahreszeitlich wechselnde Windpräferenz tagziehender Fitisse und Grauschnäpper und die verstärkte Auswahl fördernder Winde in der zweiten Hälfte der artspezifischen Zugzeit. Bei Wanderungen im (windschwachen) Hochdruckgebiet spielt die Nutzung tageszeitlich nach bestimmten Regeln drehenden Windrichtungen innerhalb des 24-Stunden-Tags offenbar eine Rolle. Gegenwinde nehmen zwar während der Zugzeit der KSZ-Arten deutlich zu, aber abweichend von den LSZ läßt sich bei vielen Arten eine klare Bevorzugung südwestlicher Winde feststellen. Westlagenjahre wie 1974 und 1998 zeigen, daß KSZ oft gar keine andere Möglichkeit haben, als ihr Ziel mit Gegenwinden zu erreichen.

Verschiedene Windrichtungen sind weitgehend, von regelmäßigen tageszeitlichen Schwankungen abgesehen, mit bestimmten Wetterlagen gekoppelt. Einige Windrichtungen wurden bei niedrigem Zug von den meisten Arten mit Ausnahme der Segelflieger gemieden. Dazu gehört NW: Neben dem damit verbundenen Wetter würden entsprechende Verdriftungen später starke Ausweichbewegungen - z. B. entlang der Alpen - erfordern. Eine weitere Ursache ist, daß in SW-Deutschland nach SE ziehende Arten am Tage quantitativ keine Rolle spielen. NE-Wind, bei hohem Zug sicher bevorzugt, spielt in den unteren 500 m über dem Boden ebenfalls eine untergeordnete Rolle.

Der Schwerpunkt des bodennahen Tagzugs liegt am Randecker Maar bei Gegenwinden von 1 - 4 Bft. und 1 - 3 Bft. bei Rückenwinden. Bei besseren Fliegern nimmt die Gegenwindtoleranz zu, bei Gegenwinden um 40 km/h erlischt der Tagzug selbst bodennah weitgehend. Mit zunehmendem Gegenwind sinkt die Flughöhe in den Bereich des Windschattens von Wäldern, Hekken und Hängen. Bei sehr starken Winden wird versucht, die Mittelgebirge zu umgehen.

Conclusions and Summary
9.4 Calm – breeze – storm: effects of wind on bird migration

The collection of data on bird species employing the same migration strategy clarifies their 'likes' and 'dislikes' concerning winds, though a single species can change its preferences over the course of a few months during migration. Species can alter their strategies during the migration period, or else populations moving at different times can be forced to do so by a diverging time budget. So 'Central Europeans' could simply migrate in short stages in fine weather, while 'Northern Europeans', whose annual cycles are more compressed because of the shorter summer, will move in longer stages when the rarer favourable winds occur.

The preferences of long-distance migrants indicate a greater use of supporting winds and they are therefore more selective in the choice of favourable times, thus migrating more effectively than short-distance migrants. This is also shown in their selection of weather systems, in the lengthening of migration duration, and in migration concentration (Chapter 11.1, 11.2). What is interesting in this connection is the changing wind preference, depending on time of year, of diurnally migrating Phylloscopus trochilus *and* Muscicapa striata, *and the increased selection of favourable winds in the second half of their respective migration periods. The exploitation of wind directions that change regularly at different times of day within a 24-hour period is important for movement in high pressure areas where winds are weak. While it is true that headwinds clearly increase over the migration season of short-distance migrants, many species do show a clear preference for SW winds, in contrast to long-distance migrants. Years of strong W winds, like 1974 and 1998, show that short-distance migrants often have no other choice than to reach their destination against headwinds.*

Different wind directions are on the whole coupled with certain weather systems, apart from fluctuations occurring regularly at the same time of day. With the exception of gliding birds, some wind directions are avoided by most low-level migrants. These include NW winds; apart from the weather associated with these winds, the wind-drift resulting from them would later necessitate substantial avoiding manoeuvres, for example along the Alps. A further reason is that here in SW Germany, species heading SE in daytime are of little importance. A NE wind, preferred at high altitude, has little influence in the airspace below 500 m above the ground.

Diurnal passage near the ground at Randecker Maar is heaviest in headwinds of force 1 – 4 on the Beaufort *scale, and in tailwinds of 1 – 3. Headwinds are more easily tolerated by good fliers, but movement, even close to the ground, ceases almost totally when the windspeed reaches 40 km/h. Flight altitude in the wind shadow of woodlands, hedges, and slopes decreases with increasing headwind. When the wind is very strong birds try to fly around the high uplands* (Mittelgebirge).

9.5 Grauer Himmel oder Sonnenschein – Vogelzug und Bewölkung

Erfahrene Ornithologen werden an bewölkungsarmen Tagen stärkeren Zug erwarten als bei geschlossener Wolkendecke. Dies bestätigen zahlreiche Autoren (z. B. LACK 1960b, GATTER & MATTES 1973, GATTER 1973a, RICHARDSON 1978a). Ein Einfluß der Bewölkung auf den Tagzug (Sichtbeobachtungen) in Südschweden war bei vielen Arten erkennbar (ALERSTAM 1978). 39 % der Änderungen des täglichen Zuges konnten durch das Wetter erklärt werden. Dabei war der Wind jedoch fast für die Hälfte (47 %), die Bewölkung immerhin noch für im Durchschnitt 6 % verantwortlich. Mit Ausnahme des Mauerseglers nahm der Zug dort mit abnehmender Bewölkung zu, unter den 15 betrachteten Arten war der Einfluß bei Dohle und Nebelkrähe mit 24 % bzw. 20 % am größten. Es ist anzunehmen, daß diese Einflüsse bei einer Station wie dem RM mit auch vertikaler Verdichtung anders sind. Bei mit Radar erfaßtem Nachtzug in den USA war jedoch der Einfluß der Bewölkung im Herbst unter den 14 untersuchten Parametern einer der schwächsten (ABLE 1973). Dies dürfte aber vor allem daran liegen, daß beim Radar alle Vogelarten zusammengefaßt betrachtet werden. Felduntersuchungen mit Artdiagnose zeigen erhebliche Unterschiede.

Zu jeder vollen Stunde wird am RM der Bewölkungsgrad in Achteln auf dem Protokollblatt notiert (0/8 = unbewölkt, 8/8 = komplett bewölkt). Dies ermöglicht einen Vergleich zwischen dem durchschnittlichen Bewölkungsgrad (= „Angebot") und dessen Nutzung durch Zugvögel. Die mittlere Wolkenbedeckung in allen Zugstunden einer Art ergibt einen Durchschnittswert (= „Nutzung"), der mit dem zeitlich entsprechenden Bewölkungsangebot verglichen wird.

Aus dem Gesamtmaterial wurden stufenweise die 10.000, 5000, 1000, 300 und schließlich 100 individuenstärksten Zugstunden ausgewählt und hierfür jeweils die mittlere Wolkenbedekkung bestimmt. Dabei entspricht der höchste Stundenwert in etwa dem Gesamtmaterial aller Stunden, in denen eine Art als ziehend nachgewiesen wurde. Mit abnehmender Stundenzahl erfolgt also durch die Vögel eine zunehmende Selektion auf die bevorzugte Bewölkungsdichte. Nimmt nun mit zunehmendem mittleren Durchzug der Bewölkungsgrad stufenweise ab, so läßt dies auf die Bevorzugung von Wolkenarmut (Schönwetter), also z. B. antizyklonalem Wetter beim Zug, schließen. Entsprechend kann kontinuierliche Zunahme des genutzten Bewölkungsgrades darauf hinweisen, daß zyklonale Wetterlagen oder durchziehende Störungen bevorzugt werden (Abb. 9.5.1).

Es ist allerdings zu berücksichtigen, daß aus methodischen Gründen der Zug unterrepräsentiert sein kann (vgl. Zug bei Rückenwind). Sofern kein merklicher Gegenwind weht, spielt sich Vogelzug bei Schönwetter häufig in beträchtlichen Höhen ab. Je weniger Wolken sich dabei am Himmel befinden, desto weniger hoch fliegende Vögel wird man optisch wahrnehmen. Dies liegt erstens an der besseren Kontrastwirkung eines Vogels vor Wolken (im Gegensatz zu überstrahltem Himmel), zweitens an der Möglichkeit für das

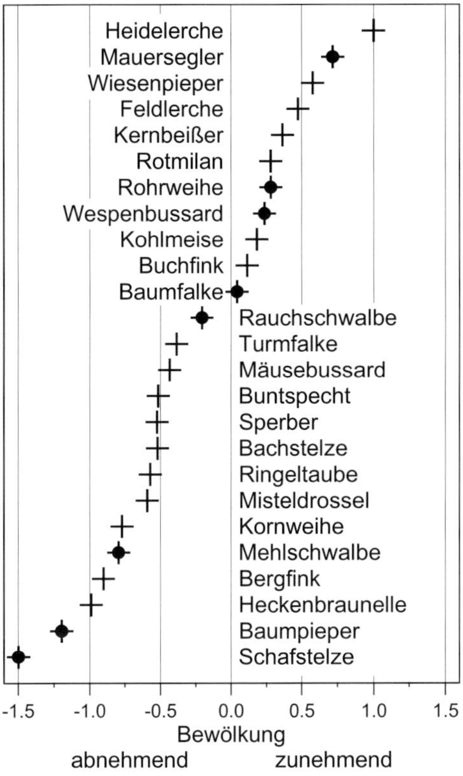

Abb. 9.5.1: Abweichung der Nutzung des Bewölkungsgrades in Achteln zwischen allen (Null-Linie der Abb.) und den individuenstärksten 100 Zugstunden von 25 Vogelarten. Die Null-Linie entspricht knapp 4/8 Bewölkung. Die Schönwetterzieher sind unten, die bei überdurchschnittlicher Bewölkung ziehenden oben dargestellt. LSZ sind durch einen zusätzlichen Punkt gekennzeichnet. Siehe Abb. 9.5.2a – c. – *Difference in cloud cover exploitation (in eighths) between all passage hours (O-line in figure) and the 100 best passage hours of 25 species. Fine weather migrants are shown on the left, those moving during above average cloud cover on the right. Long-distance migrants are marked by a closed circle. See Figs. 9.5.2a – c.*

menschliche Auge, auf Wolken besser fokussieren zu können und dabei hoch fliegende Vögel zu entdecken. Vor diesem Hintergrund sind die dargestellten Werte von oft hochfliegenden Arten etwas zu relativieren.

Bewölkungsangebot. Im Jahresverlauf nimmt die durchschnittliche Bewölkung von Juli auf August ab und steigt anschließend zum November hin kontinuierlich an. Im Tagesverlauf ist die Bewölkung im Juli und August während der Mittagsstunden am dichtesten, im September und Oktober mehr oder weniger konstant, im November nimmt sie im Laufe des Tages leicht ab.

Bewölkungsnutzung. Zugtage sind generell eine positive Auslese von Wetterereignissen aus dem Gesamtwettergeschehen. Bei „schlechtem“ Wetter wie lang anhaltendem Regen findet kaum Vogelzug statt. Schon die durchschnittliche Bewölkung in allen Zugstunden liegt deshalb am RM bei allen untersuchten Arten unter dem entsprechenden jahreszeitlichen Angebot.

Für verschiedene Arten zeichnet sich eine, wenn auch geringe, Korrelation zwischen durchschnittlichem stündlichen Zug und Bewölkung ab. Nur bei wenigen Arten ergibt sich eine klare Differenz zwischen Spitzenzugstunden und Gesamtzugzeit von 1 bis 1,5 Achtel Bedeckung. Beispiele für die bevorzugte Nutzung geringerer Bewölkung sind Schafstelze und Baumpieper. In Stunden mit starker Bedeckung ziehen Heidelerche, Mauersegler, Wiesenpieper und Kernbeißer verstärkt (Abb. 9.5.2b, c).

Die LSZ ergeben kein einheitliches Bild. Baumpieper, Schafstelze und Mehlschwalbe sind Schönwetterzieher und bevorzugen geringe Bewölkung, die Rauchschwalbe (Abb. 9.5.1, 9.5.2c), wie auch der beim Zug oft jagende Baumfalke, lassen keine Abhängigkeit erkennen. Wespenbussarde bevorzugen überdurchschnittliche Bewölkung ebenso wie Mauersegler. Starke Zugstunden beider Arten stehen oft im Zusammenhang mit Frontdurchgängen und Gewittern. Die Luft strömt spiralförmig entgegen dem Uhrzeigersinn auf das Tief zu, um es aufzufüllen. Mauersegler ziehen im Uhrzeigersinn gegen den Wind um das Zentrum des Zyklons auf den wärmsten Sektor des Tiefdruckgebiets zu (Koskimies 1950, HVM, Kap. 8). Das Schema dieser Wanderungen, die vielfach unter geschlossener Bewölkung stattfinden, reicht bis in die Tropen. Massenwanderungen von Seglern werden auch dort vielfach im Bereich von Regenfronten, oft in Tornados, teilweise wohl unweit von deren Zentrum beobachtet (Gatter 1987a und unveröff., Spierenburg 1998).

Unter den KSZ findet man bei den Buch- und Bergfinken auffallend unterschiedliche Ansprüche.

Der Buchfink zeigt auch bei ansteigender Zugdichte keine Bevorzugung hoher oder niederer Bewölkungsdichte. Bei allen Stufen ergibt sich eine mittlere Bewölkungsdichte von knapp 4 Achtel

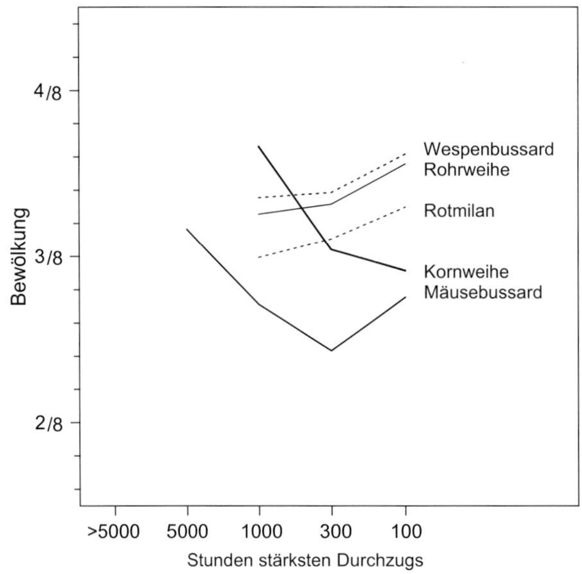

Abb. 9.5.2a: Mittlere Bewölkung während der 10.000, 5000, 1000, 300 und 100 individuenreichsten Zugstunden der jeweiligen Greifvogelart. Abfallende Kurven deuten eine Selektion wolkenarmer Wetterlagen an, aufsteigende auf eine Nutzung von Wetterlagen mit stärkerer Bewölkung. – *Average cloud cover during the 10 000, 5000, 1000, 300, and 100 best passage hours of the respective species. Falling curves indicate a selection of weather patterns with little cloud cover, rising curves a use of patterns with more cloud cover. Vertical axis: cloud cover in eighths; horizontal axis: hours of heaviest passage. Raptors:* Pernis apivorus *(above),* Circus aeruginosus, Milvus milvus, C. cyaneus, Buteo buteo.

mit nur geringer Schwankungsbreite (Abb. 9.5.2b). Dies bedeutet, daß beim Buchfink die Bewölkung keine Rolle spielt. Sie liegt mit rund 0,6 Achteln nur geringfügig unter dem Angebot im Hauptzugmonat Oktober und dürfte dem Mittel ohne Regenphasen entsprechen. Ein wichtiges Ergebnis daraus ist aber, daß bei Radaruntersuchungen ohne Artdifferenzierung eine zahlenmäßig stark dominierende Art dafür verantwortlich zeichnet, ob die Bewölkung beim Zug eine Rolle spielt oder nicht.

Der nur unwesentlich später ziehende Bergfink zeigt demgegenüber bei Berücksichtigung aller Zugstunden mit 3,6 Achteln bereits Werte, die um 0,8 Achtel weniger Bedeckung als das Angebot aufweisen. Er steigert seine Ansprüche für die besten Zugstunden auf 2,7 Achtel Bedeckung und zeigt damit hohe Anforderungen an das Wetter. Er ähnelt darin der Heckenbraunelle wie auch den beiden LSZ Baumpieper und Schafstelze.

Auch bei Misteldrossel, Ringeltaube und in weit geringerem Umfang bei der Bachstelze zeichnet sich mit zunehmender Zugstärke die Auswahl geringerer Bewölkung ab (Abb. 9.5.2b und 9.5.2c). Dagegen haben Feldlerche und Wiesenpieper eine höhere „Schlechtwettertoleranz". Die Auswertung von 36 Spitzenzugtagen des Wiesenpiepers aus 16 Jahren zeigte, daß diese Massenzugtage am RM ohne jeden Sonnenschein ausnahmslos Tage mit diffuser, geschlossener Bewölkung waren und oft im Zusammenhang mit Hochdruckgebieten standen (Ebenhöh & Gatter 1991). Das heißt, auch Tage mit völlig bedecktem Himmel schließen stabiles Wetter mit z. B. fördernden Ostwinden und damit guten Zugbedingungen nicht aus. Auch beim Kernbeißer und in extremem Maße bei der Heidelerche sind zunehmende Zugstärke mit stärkerer Bewölkung verbunden. Kernbeißer ziehen am RM un-

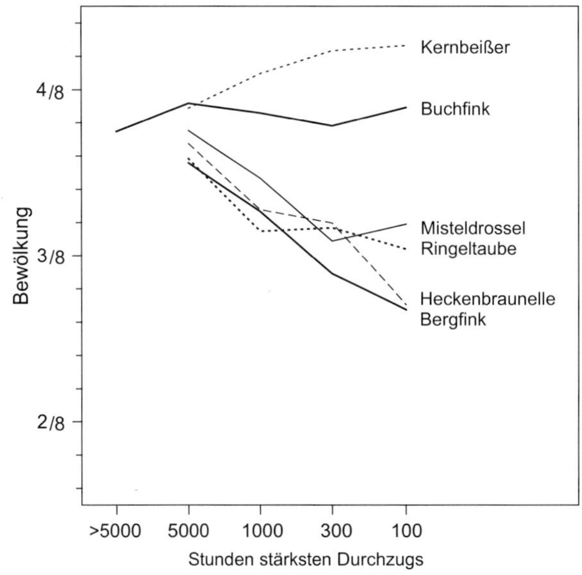

Abb. 9.5.2b: *Coccothraustes coccothraustes (*oben/ *above), Fringilla coelebs, Turdus viscivorus, Columba palumbus, Prunella modularis, Frigilla montifringilla.* Siehe Abb. 9.5.2a. *See Fig. 9.5.2a.*

Abb. 9.5.2c: *Lullula arborea* (oben/*above*), *Anthus pratensis*, *Apus apus*, *Alauda arvensis*, *Hirundo rustica*, *Motacilla alba*, *Delichon urbica*, *Anthus trivialis*, *Motacilla flava*. Siehe Abb. 9.5.2a. *See Fig. 9.5.2a.*

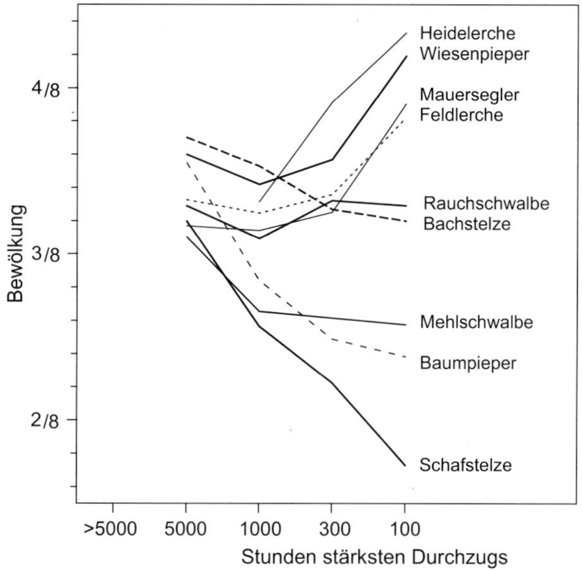

beeindruckt von geschlossener Bewölkung auch noch bei kräftigem Regen weiter.

Die Bewölkungsnutzung durch **Greifvögel** unterscheidet sich nicht auffallend von der bei Singvögeln. Eine ausgeprägte Präferenz wolkenarmer Wetterlagen ist nicht zu erkennen. Der Mäusebussard zieht überwiegend bei geringer Bewölkung. Die abnehmende Bewölkung bei zunehmendem Durchzug ist zunächst nur mit den geringen Bedeckungen vergleichbar, welche die Schafstelze beim Zug bevorzugt. Die Differenz zwischen den 300 und 100 besten Zugstunden zeigt aber, daß in Spitzenzugstunden beim Mäusebussard auch noch andere Faktoren auslösend wirken müssen, die mit einer Zunahme der Bewölkung einhergehen. Winterfluchten blieben in dieser Auswertung unberücksichtigt, dort gelten wieder andere Regeln (Kap. 9.7).

Die Kornweihe zeigt eine deutliche Selektion wolkenarmer Schönwetterperioden, allerdings ausgehend von jahreszeitlich bedingten hohen Bewölkungsgrundwerten. Bei den relativ früh ziehenden Arten Wespenbussard, Rohrweihe und Rotmilan ist eine zwar schwache, aber einheitliche Bevorzugung von Wetterlagen erkennbar, die durch zunehmende Bewölkung gekennzeichnet sind (Abb. 9.5.2a). Der Umstand, daß Vögel unterhalb der Wolken besser sichtbar sind, kann diese Ergebnisse zwar beeinflussen, doch zeigt die parallele Betrachtung von Artenpaaren, daß dies allein nur eine unwesentliche Rolle spielen kann.

Zusammenfassung
9.5 Grauer Himmel oder Sonnenschein – Vogelzug und Bewölkung

Unterschiedliche Kriterien an die Auswahl der Zugtage und den Bewölkungsgrad zeigen selbst im gleichen Zeitraum ziehende nahe verwandte Arten wie Buch- und Bergfink, Rauch- und Mehlschwalbe, Baum- und Brachpieper. Dies führt dazu, daß Spitzenzugtage vielfach nicht zusammenfallen.

Die Untersuchungen zeigen, daß die generelle Aussage „Wolkenarmut = besserer Zug“ zwar bei der überwiegenden Zahl der Arten zutrifft, bei einem nicht unbedeutenden Teil die Auslöser jedoch völlig anders liegen: Wetterlagen und Ereignisse mit teils massiver Zunahme der Bewölkung, wie z. B. herannahende oder durchgezogene Störungen, fördern hier den Zug.

Summary
9.5 Grey sky or sunshine – bird migration and cloud cover

Even closely related species moving at the same time, like Fringilla coelebs *and* F. montifringilla, Hirundo rustica *and* Delichon urbica, Anthus trivialis *and* A. campestris, *use different criteria in the selection of migration days and cloud cover level. This means that days of peak movement of different species often do not coincide.*

Our studies show that while the general statement 'little cloud = heavier passage' is true for the majority of species, the initiating factors for a not inconsiderable minority are completely different: migration is favoured by weather systems and events with an at times huge increase in cloud cover, e. g. approaching disturbances.

9.6 Vogelzug und Sicht

Eine ausreichende Sicht darf als obligatorische Voraussetzung für tagziehende Vögel gelten. Die Literatur nennt unzählige Beispiele für Desorientierung in Nebel und Wolken. Doch was ist eine ausreichende Sichtweite? Für einen in der Ebene bodennah fliegenden Vogel dürfte es unbedeutend sein, ob ein Kirchturm in 10 km oder 50 km noch erkennbar ist. Ein hoch fliegender Vogel kann sich bei guter Fernsicht jedoch an weit entfernten Punkten orientieren und damit z. B. eine windbedingte Verdriftung ausgleichen oder gar, wie im Falle des RM denkbar, große Umwege durch die Alpenumgehung von vornherein vermeiden. Nach den in Kap. 8.1 geschilderten Bedingungen hat der größte Prozentsatz – nämlich die unter 400 m Flughöhe – der am Randecker Maar ankommenden Vögel die gleichen Voraussetzungen: Sicht nur bis zum Steilabfall der Alb.

Alerstam (1978) nutzte die Sichtverhältnisse als eine Komponente in der multivariaten Analyse des Tagzugs in Südschweden. In Falsterbo hatten die Sichtverhältnisse je nach Auswertmethode bei 25 bis 60 % der betrachteten Arten einen, wenn auch teilweise sehr kleinen, Einfluß auf die Zugbewegungen. Nur bei der Nebelkrähe war der Einfluß der Sicht gleichbedeutend mit anderen wichtigen Witterungsfaktoren, wie Wind und Luftdruck. Da dort jedoch eine Meeresüberquerung ansteht, dürfte die Sicht von wesentlich größerer Bedeutung sein als im mitteleuropäischen Binnenland: Bei geringen Sichtweiten fliegen die Vögel in Falsterbo auf ein unbegrenztes Meer hinaus, bei guter Fernsicht ist jedoch die gegenüberliegende Küste erkennbar. Im Binnenland ist das überflogene Gelände nicht lebensfeindlich. Bei Meisen, Kleibern, Goldhähnchen und beim Tageszug von Laubsängern und Grasmücken kann ein erkennbares Ziel, wie der nächste Wald, wichtig sein. Bei der Überquerung vegetationsfreier Flächen oder Gewässer scheuen sie den Überflug und ziehen oftmals erst nach mehreren abgebrochenen Versuchen. Besonders zu Beginn der Zugzeit kehren sie teilweise um oder nehmen lange Umwege in Kauf (Gatter 1974a).

Es ist anzunehmen, daß das RM nicht gezielt von Vögeln aus großer Entfernung angeflogen wird. Bei Annäherung aus nördlichen Richtungen ist es kein markanter Punkt in der Landschaft, eine bessere Fernsicht dürfte keinen verstärkten Zug durch diesen „Paß“ bewirken.

Methode: Die Sicht reicht am Randecker Maar über 100 km nach Norden. Der entfernteste markante Geländepunkt liegt 70 km entfernt. Ihn schwach wahrzunehmen wird mit 70 km, gut mit 100 km und sehr gut (Fensterhöhlen in der dortigen Ruine mit Fernrohr zu erkennen) mit >100 km notiert. Sichtweiten unter einem Kilometer gingen nicht in die folgende Auswertung ein. Sicht 100 km bedeutet für

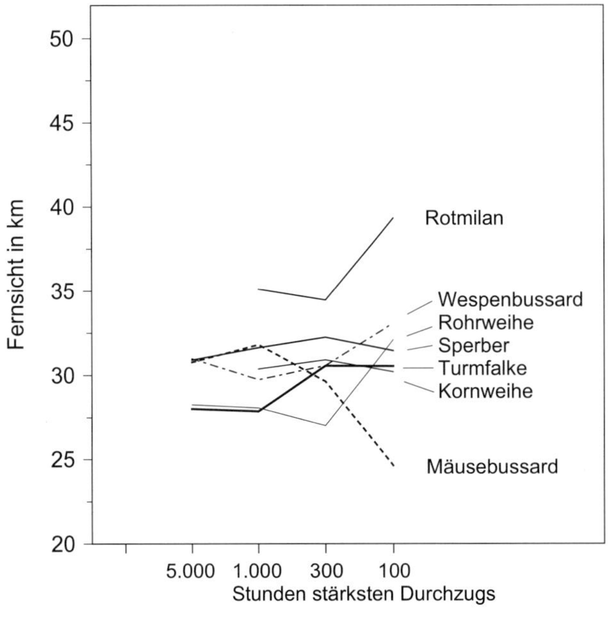

Abb. 9.6.1a: Sicht in den 10.000, 5000, 1000, 300 und 100 individuenreichsten Zugstunden der jeweiligen Art. Abfallende Kurven deuten auf zunehmenden Zug bei Wetterlagen mit geringerer Sichtweite, aufsteigende auf eine Präferenz für Wetterlagen mit größerer Sichtweite. – *Average visibility during the 10 000, 5000, 1000, 300, and 100 best passage hours of the respective species. Falling curves indicate increased movements in weather patterns with poor visibility, rising curves a preference for patterns with good visibility. Vertical axis: visibility in km; horizontal axis: passage hours.* Milvus milvus, Pernis apivorus, Circus aeruginosus, Accipiter nisus, Falco tinnunculus, Circus cyaneus, Buteo buteo.

Abb. 9.6.1b: *Columba palumbus* (oben/ *above*), *Delichon urbica*, *Prunella modularis*, *Hirundo rustica*, *Alauda arvensis*, *Lullula arborea*, *Apus apus*, *Sturnus vulgaris*. Siehe Abb. *(see Fig.)* 9.6.1a.

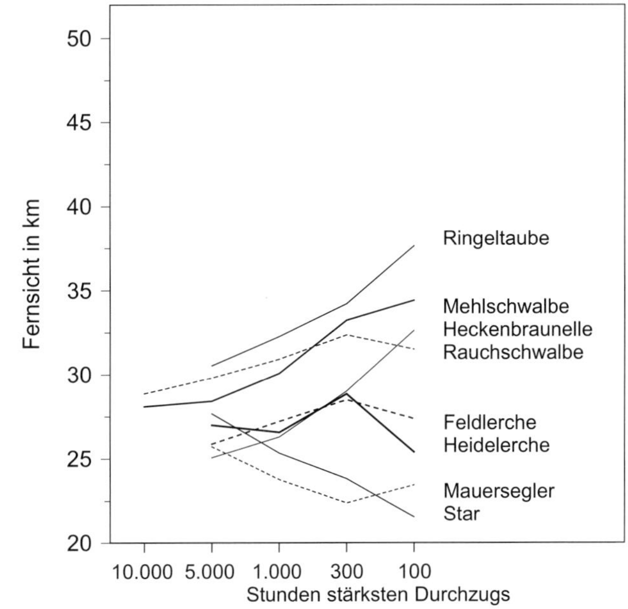

einen in 300 – 400 m über dem Albvorland ankommenden Vogel etwa gleiche Sichtbedingungen wie für die Beobachter. Das heißt er sieht bis zum Albrand. Ein 500 m über dem Vorland ankommender oder 100 m über der Station fliegender Vogel wird bei diesen Bedingungen an vielen Tagen 150 km südlich bis 300 km südwestlich das Hindernis der Alpenkette sehen. In dieser Größenordnung sind von den umliegenden Höhen bei bestimmten Wetterlagen die Alpengipfel für den Beobachter auch vom Boden aus erkennbar.

Sichtangebot: Die Berechnungsgrundlagen zum Zusammenhang zwischen Zugintensität und Sichtweite gleichen denjenigen der Bewölkung (Kap. 9.5). Am RM sind die durchschnittlichen Sichtweiten in den luftfeuchten Sommermonaten Juli und August vor allem am Morgen niedrig, sie steigen von September zum November an.

Die Sichtbedingungen für niedrig ankommende Vögel dürften an der Nordkante des Albplateaus oftmals schlechter sein als für die Beobachter und damit auch schlechter als die hier dargestellten Sichtweiten. Aufsteigende Warmluft führt insbesondere über niedrig- oder unbewachsenen Feldern bei starker Sonneneinstrahlung zu bodennahen Schlieren und damit zu einer Verringerung der Sichtweiten. Es ist nicht ausgeschlossen, daß dies mit ein Grund für die Meidung der untersten 10 m bei vielen Vogelarten ist.

Sichtnutzung: Die Mittelung aller Zugstunden einer Art („Nutzung“) ergibt Werte, die der durchschnittlichen Sicht („Angebot“) während der Hauptzugzeit nahe kommen. Die Abbildungen 9.6.1a, b, c lassen verschiedene Kategorien der Zugbeeinflussung durch die Sichtverhältnisse bzw. hiermit verbundene Wetterverhältnisse erkennen:

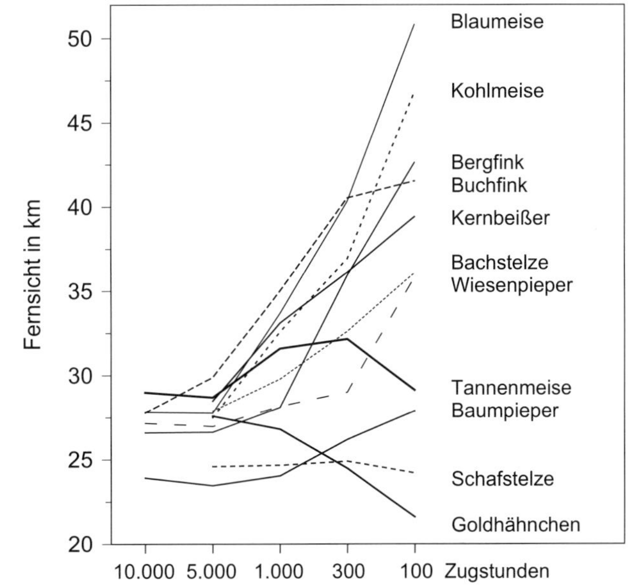

Abb. 9.6.1c: *Parus caeruleus* (oben/*above*), *Parus major*, *Fringilla montifringilla*, *Fringilla coelebs*, *Coccothraustes coccothraustes*, *Motacilla alba*, *Anthus pratensis*, *Parus ater*, *Anthus trivialis*, *Motacilla flava*, *Regulus* spp. Siehe Abb. *(see Fig.)* 9.6.1a.

1. Kein Zusammenhang zwischen der Sichtweite und der Zugintensität besteht z. B. bei Schafstelze, Tannenmeise, Sperber, Kornweihe und Turmfalke.
2. Eine Korrelation zwischen Zug und Sicht deutet sich an. Mit dem stärker werdenden Zug gehen größere Sichtweiten z. B. bei Finken, Piepern, Schwalben, Ringeltaube einher.
3. Zug und Sicht sind korreliert, jedoch nimmt mit dem Anwachsen des Zuges die Sichtweite ab. Spitzenzugstunden sind oft mit unterdurchschnittlicher Sicht gekoppelt (z. B. Star, Goldhähnchen, Mauersegler).
4. Die Entwicklung der Nutzung guter Sichtbedingungen zeigt einen „Knick". Zwischen „allen Zugstunden" (5000 – >10.000 Std.) und guten Zugstunden (1000 – 300 beste Std.) erfolgt eine Nutzung zunehmend besserer Sicht. Während der besten 100 Zugstunden ist die durchschnittliche Fernsicht dann wieder geringer. Dies ist durch eine Überlagerung zweier Effekte erklärbar: einer größeren Sichtweite bei steigenden Durchzugszahlen und der Auslösung von Massenzug beim Durchzug von Störungen, die mit schlechter werdender Sicht verbunden sind. Arten wie Lerchen und Mäusebussard signalisieren typischerweise herbstliche Wetteränderungen, die wohl mit hoher Luftfeuchtigkeit einhergehen.
5. Eine starke Korrelation zwischen bester Fernsicht und Massenzug zeigen zum Beispiel Blau- und Kohlmeise (Abb. 9.6.1c).

Die häufig durchziehenden vier Pieper- und Stelzenarten demonstrieren die Palette unterschiedlicher Ansprüche (Abb. 9.6.1c). Die Schafstelze zieht bei der durchschnittlichen Sicht von 24 km, ohne Stunden mit besserer Sicht zu selektieren, wählt aber wolkenarme Tage aus. Baum-, Wiesenpieper und Bachstelze ziehen dagegen in den individuenreichsten Zugstunden bei Wetterlagen mit größeren Sichtweiten. Dabei steigen die Ansprüche von Baumpieper, der früh im Jahr mit deutlich geringerem Sichtangebot fliegt, über den Wiesenpieper (Kap. 9.5, Abb. 9.5.2b) bis zur Bachstelze an.

Der Buchfink gehört zu jenen Arten, die verstärkt bei überdurchschnittlicher Sicht fliegen, nur während der stärksten Zugstunden wird er vom Bergfinken überrundet. Auch der Kernbeißer als „Allwetterzieher" (Kap. 9.5) wandert verstärkt bei überdurchschnittlicher Fernsicht durch, was angesichts der Wettersituationen Ende Oktober und im November kein Widerspruch ist (Abb. 9.6.1c).

Das verblüffendste Ergebnis war, daß gerade die scheinbar meist in nur geringer Höhe von Baum zu Baum fliegenden Kohl- und Blaumeisen während der besten Fernsichtbedingungen aller Arten zogen. Tatsächlich spielt sich auch bei ihnen über unbewaldetem Gelände Zug in größerer Höhe ab, wo sich die Vorteile der Fernsicht nutzen lassen. Die Spitzenzugstunden (100 beste Zugstunden) der Blaumeise wurden bei durchschnittlich 50 km, die der Kohlmeise bei 47 km Fernsicht erfaßt.

Bei der noch stärker zu Invasionen neigenden Tannenmeise deutet sich zu Beginn mit zunehmender Zugstärke gleichfalls einen Anstieg an. Er setzt sich aber bei starkem Durchzug nicht mehr fort, sie zieht dann bei durchschnittlicher Sicht. Bei höherer Zugintensität der Goldhähnchen nimmt die Sicht bis unter das Angebot ab. Zyklonale Wetterlagen mit hoher Luftfeuchtigkeit könnten dafür mit verantwortlich sein. Die ziemlich gravierend unterschiedliche Nutzung zyklonaler und antizyklonaler Wetterlagen durch Goldhähnchen und Tannenmeise bei gleicher Zugzeit ist auffällig (Abb. 9.3.2). Bei den Goldhähnchen mit hohen Nachtzuganteilen dürften den schlechteren Sichtbedingungen am Tage oft auch nächtlich ungünstigere Sicht- und Wetterbedingungen entsprechen, die zum verstärkten Tagzug zwingen. Von den Nadelwaldbewohnern Tannenmeise und Goldhähnchen werden still sitzende Beobachter am RM immer wieder als vermeintliche Sitzwarten angeflogen, was bei Blau- und Kohlmeise nie passiert. Ist gute Sicht für diese Arten möglicherweise bedeutungslos, weil sie ohnehin nur Silhouetten erkennen?

Wie bei der Tannenmeise zeichnet sich bei Heidelerche und Feldlerche eine Umkehr zu abnehmender Sicht in den besten 100 Zugstunden ab. Sie liegt bei der Heidelerche sogar unter dem jahreszeitlichen Mittel.

Die drei LSZ und Jäger fliegender Insekten Mauersegler, Mehlschwalbe und Rauchschwalbe (Abb. 9.6.1b) zeigen deutliche Unterschiede. Während die Schwalben in Zeiten etwas überdurchschnittlicher Sicht ziehen, nutzt der Mauersegler Wetterbedingungen mit Sichtweiten gemäß dem jahreszeitlichen Angebot, in Spitzenzugstunden sogar darunter. Dies kennzeichnet wieder seine Ausnahmestellung, häufig im Zusammenhang mit Regen- bzw. Gewitterfronten und herabgesetzter Sicht zu ziehen.

Der Zug der Heckenbraunelle und der Ringeltaube ist schönwetterabhängig (GATTER & MATTES 1973, GATTER & PENSKI 1978). Sowohl die Heckenbraunelle (32,6 km) als auch die nur geringfügig später ziehende Ringeltaube (37,6 km) bevorzugen in den Spitzenzugstunden Sichtweiten über dem Durchschnitt (Abb. 9.6.1b). Der Unterschied ist nicht nur durch die tageszeitlich unterschiedliche Sichtweite erklärbar. Am frühen Morgen während des Zuges der Heckenbraunelle ist im Durchschnitt die Fernsicht deutlich geringer als später, wenn die großen Ringeltaubenschwärme unterwegs sind.

Umgekehrt ist es beim Star. Die Sichtnutzung bei 5000 Stunden mit 28 km liegt knapp über dem jahreszeitlichen Angebot, bei zunehmender Auswahl der Spitzenzugstunden sinkt sie aber kontinuierlich auf 21 km.

Im Gegensatz zu vielen Kleinvögeln können thermikabhängige, hoch ziehende Segelflieger von ausgezeichneter Fernsicht profitieren. Optimale Zugwegplanung zwischen Aufwindzonen ist zusätzlich anhand der Wegweisung durch dort bereits kreisende Vögel möglich. Der Zug spielt sich hauptsächlich in den Mittagsstunden ab. Die Sichtweite ist besonders im Spätsommer und Frühherbst mittags fast immer größer als am frühen Morgen. Die Resultate bei den Greifvögeln waren unerwartet. Alle Greife ziehen bei einer Fernsicht, die deutlich unter jener liegt, die Buch- und Bergfink, oder Kohl- und Blaumeisen auswählen. Man kann aber annehmen, daß ein Teil der Greifvögel diesen Nachteil mit durchschnittlich größeren Flughöhen auszugleichen versucht, die ihnen eine bessere Fernsicht erlauben, sobald sie den Mittelgebirgskamm überwunden haben.

Von den jahreszeitlich früh ziehenden Arten zeigt die Rohrweihe mit 28 km Sichtweite geringere Ansprüche als der Wespenbussard mit 31 km Sicht. Dies entspricht weitgehend der durchschnittlichen Sicht unter Berücksichtigung ihrer tageszeitlich unterschiedlichen Schwerpunkte. Bei den später im Oktober ziehenden Arten ist vom verstärkt aktiv ziehenden Turmfalken über die im kombinierten Kraft-Thermikflug fliegenden Sperber und Kornweihen keine Präferenz für größere Sichtweiten zu erkennen. Dagegen nutzt der Rotmilan, ein Zugvogel über mittlere Entfernungen, stets Sichtweiten, die oberhalb des jahreszeitlichen Angebots liegen. Mit 40 km Sichtweite in seinen Spitzenzugstunden gehört er diesbezüglich zu den anspruchvolleren Arten. Auch der zu vergleichbar großen Teilen im Oktober ziehende Mäusebussard selektiert zunächst in den besseren Zugstunden Wetterlagen mit größeren Sichtweiten. Stunden mit Spitzenzug im Oktober fallen jedoch oft auf Wetterlagen, die weit unterdurchschnittliche Sicht aufweisen. Hier sind andere Witterungsfaktoren dominant. Er reiht sich damit in die Gruppe von Goldhähnchen, Star und Heidelerche ein (Abb. 9.6.1a). Kurioserweise gewinnt mit der sich immer mehr verspätenden Zugzeit des Mäusebussards eine konträre Entwicklung an Gewicht. An den zunehmend beobachteten Spitzentagen im November werden Föhntage genutzt, die mit extremer Fernsicht einhergehen.

Zusammenfassung
9.6 Vogelzug und Sicht

Zusammenhänge zwischen Sicht und Vogelzug müssen zweifellos im Zusammenhang mit umfassenden Wetteranalysen gesehen werden. Schlechte Sicht ist häufig mit starker Bewölkung und Niederschlag verknüpft. Doch auch eine Reihe von antizyklonalen Wetterlagen ist mit teils extrem „diesigen“ Bedingungen verbunden. Noch mehr als beim Faktor Bewölkung spielen bei der Sicht als zugbeeinflussendem Wetterfaktor komplexe Abläufe eine Rolle.

Die Sichtverhältnisse tauchen nur selten in Untersuchungen zum Zug auf, wenn man von Nebel oder Zug innerhalb von Wolken einmal absieht. Verschiedene Autoren fanden bei Radaruntersuchungen eine positive Korrelation zwischen Zugintensität und guten Sichtbedingungen, andere wiederum keine. Da die verschiedenen Arten, wie hier gezeigt, extrem unterschiedlich reagieren, ist dies auch zu erwarten. Bei Analysen des Tagzugs in Südschweden trat, mit Ausnahme der Nebelkrähe, die Sicht gegenüber den Wetterkomponenten Wind und Regen deutlich in den Hintergrund. Immerhin deutet sich dort, zumindest zeitweise, ein signifikanter Zusammenhang bei 8 von 15 untersuchten Arten an, so bei Mäusebussard, Sperber (morgens), Lachmöwe, Ringeltaube, Dohle, Rauchschwalbe und (nur im Oktober) beim Star.

Beim Zug im mitteleuropäischen Binnenland scheint der Sichtweite bei vielen Arten doch eine höhere Bedeutung zuzukommen. Dabei ist in einigen Fällen offen, ob die zugauslösende Wetterlage nicht mit besserer Sicht verbunden ist und die Nutzung nur ein Symptom darstellt.

Ein 500 m über dem Vorland ankommender oder 100 m über der Station fliegender Vogel sieht an vielen Tagen 150 km südlich bis 300 km südwestlich das Hindernis der Alpenkette. Dies dürfte auch Zugrichtungen beeinflussen. Schafstelze und Mauersegler zeigen keine Bevorzugung guter Sicht an starken Zugtagen, ausgeprägt ist die Selektion guter Sicht bei Rotmilan, Ringeltaube, Berg-, Buchfink und Kernbeißer, extrem ist sie bei Blau- und Kohlmeise.

Für die Masse der Durchzügler stellen die topographischen Bedingungen am Randecker Maar eine gute Voraussetzung für eine solche Untersuchung dar, weil alle unter 400 m Höhe fliegenden Vögel mit einer Sichtbegrenzung – nur bis zum Albrand – gleiche Voraussetzungen haben.

Summary

9.6 Bird migration and visibility

Relationships between visibility and migration must be seen in conjunction with detailed weather analyses. Poor visibility is often coupled with heavy cloud and precipitation. However, a series of anti-cyclonic weather systems can be associated with often extreme 'hazy' conditions. As a migration-influencing factor, the degree of visibility is often the result of complex processes, even more so than cloud cover.

Visibility levels are rarely mentioned in migration studies, apart from fog or when birds are flying in cloud. Some authors have found a positive correlation between migration intensity and good visibility in radar observations, others however have found none. Since different species can react in various ways, as shown here, this is only to be expected. In diurnal migration studies in southern Sweden, visibility was of far less importance (with the exception of Corvus corone cornix*) than other weather components like wind and rain. Nevertheless, there were indications of a significant relationship, at least occasionally, in 8 of 15 species studied, including* Buteo buteo, Accipiter nisus *(mornings*), Larus ridibundus, Columba palumbus, Corvus monedula, Hirundo rustica, *and (in October only)* Sturnus vulgaris.

Visibility does, however, seem to be of some importance to many species in Central European inland migration, though for some of them it is unclear whether the better visibility is not simply a product of the migration-initiating weather system, and its exploitation is thus only a symptom.

A bird flying at 500 m above the foothills or 100 m over the observatory would, on many days, be able to see the obstacle of the Alps 150 km to the S and up to 300 km to the SW. This must affect migration heading. On days of heavy passage, Motacilla flava *and* Apus apus *show no preference for good visibility, while it is preferred by* Milvus milvus, Columba palumbus, Fringilla *species, and* Coccothraustes coccothraustes, *and very strongly so by* Parus caeruleus *and* P. major.

In the case of the great majority of migrants, the topographical situation at Randecker Maar creates optimum conditions for such a study because all birds flying below 400 m are subject to the same precondition, namely that they can only see as far as the edge of the Schwäbische Alb.

9.7 Winterfluchten

Der Einfluß der Temperatur auf den Vogelzug läßt sich nur mittelbar deuten, da die Temperatur Ausdruck bestimmter Wetterereignisse ist. So werden in den folgenden Kapiteln die Auswirkungen von Temperaturextremen wie Kälteeinbrüchen, langanhaltender naßkalter Witterung und langanhaltender trockener Witterung beschrieben.

Den naturverbunden Menschen früherer Generationen ist nicht verborgen geblieben, daß Vögel auf nahende Wetteränderungen Stunden oder Tage vorher reagieren können. Sowohl vor als auch nach Schneefall oder Frosteinbrüchen kann es zur Wetterflucht kommen. Dies betrifft im Herbst wie im Frühjahr bevorzugt KSZ, die hier in Mitteleuropa überwintern, und Teilzieher, die an solche Ereignisse angepaßt sind. Gänse und Enten, die als Mittelstreckenzieher bei Vereisung oder Schnee ihr Winterquartier verlagern, spielen am RM im Artenspektrum keine Rolle.

Begriffsbestimmungen: Im Bereich der Zugerscheinungen, die durch Kälte und hier besonders durch Schnee oder Frost ausgelöst werden, herrscht keine nomenklatorische Klarheit.

HAILA et al. (1986) bezeichnen den Versuch von Zugvögeln, im Brutgebiet zu überwintern – unter Beibehaltung der Möglichkeit zum Wegzug, wenn die winterlichen Bedingungen untragbar werden – als **Zugverzögerung**. Sie bringt nur für solche Vogelarten Vorteile, bei denen auch die Wintergebiete keine unbedingt verläßlichen Nahrungsmengen stellen, während in den Brutgebieten noch bis in den Herbst und Winter hinein Nahrung zu finden ist. Die geographischen Gegebenheiten müssen bei Einsetzen untragbarer Wetterbedingungen einen schnellen Süd- oder Westzug ermöglichen. HAILA et al. (1986) möchten den Begriff „Winterflucht" nicht mit Zugverzögerung gleichsetzen, sondern höchstens für deren extreme Fälle verstanden wissen.

SCHÜZ (1971) verwendet für Fluchtbewegungen in Wegzugsrichtung, die durch entsprechende Wetterfaktoren zwischen Herbst und Frühjahr ausgelöst werden, **wahlweise Wetter-, Kälte-, Schnee-, Frost- und Winterflucht**, ohne die Begriffe gegeneinander abzugrenzen. Noch verwirrender wird es, wenn Kälte beim Heimzug zu Fluchtbewegungen führt, die zu einer Umkehr der normalen Heimzugsrichtung führen und diese Bewegungen entweder mit Winterflucht oder mit dem anderweitig belegten Begriff Umkehrzug (Kap. 4, 11 und 14) benannt werden.

Zur Vereinheitlichung wird der selbst im Englischen eingeführten Begriff **„Winterflucht"** beibehalten. Darunter fallen im folgenden alle Formen wetterbedingter Wegzugbewegungen im Herbst, Winter und Frühjahr, die durch Temperaturabfall, teilweise noch oberhalb des Gefrierpunktes, und sowohl kalendarisch als auch witterungsmäßig vor und nach winterlichen Ereignissen ausstrahlen.

Nach der zeitlichen Lage lassen sich zwei Typen von Winterfluchten nach Schnee, Frost oder Temperaturabfall unterscheiden:

a) Winterflucht von Herbst bis Januar/Februar mehr oder weniger in Wegzugsrichtung.

b) Winterflucht auf dem Heimzug als Umkehr der Heimzugsrichtung um $\pm$ 180°. Sie ist im Einzelfall nicht von den bei SCHÜZ (l. c.) als „Wetterpendeln" bezeichneten Bewegungen unterscheidbar. Solche Fälle von winterlichem Zug auf das Brutgebiet hin, wie sie bei milden Perioden vorkommen, sind im Felde wenig spektakulär und zeitlich weniger gedrängt als die oft unmittelbar anschließende eventuell 2. oder 3. Flucht während eines Winters.

Kälteeinbrüche und Schneefälle mit Flucht können in einer Wegzugperiode ganz ausbleiben oder erst im Januar oder Februar auftreten, in anderen Jahren kann der ganze Winter eine Abfolge kontinuierlicher Fluchtbewegungen sein.

Winterfluchtereignisse am Randecker Maar

Ende November ist der sichtbare Tagzug aller Arten über das Mittelgebirge weitgehend abgeschlossen. Ohne ausgefallene Wettereinflüsse werden kaum mehr ziehende Vögel beobachtet. Am RM sind dann besonders die Fluchten von Lerchen, Finken, Drosseln und Mäusebussarden eindrucksvoll. Aber auch schon früh im September können Schneefälle Fluchtbewegungen auslösen. Hier können aus einigen hundert Fällen nur wenige herausragende Ereignisse dargestellt werden. Sie werden zur Demonstration des jahreszeitlichen Artenwechsels in kalendarischer Reihung ohne Berücksichtigung des Jahres dargestellt.

Vertikale Winterfluchten sind kleinräumige Erscheinungen beim Wegzug und Heimzug. Voraussetzung sind vorübergehend gefrorene Böden bzw. geschlossene Schneedecken oder winterliche Verhältnisse im (Mittel-) Gebirge, nicht jedoch in den Tälern und Niederungen. Zwischen der Schwäbischen Alb und dem Vorland bestehen auf kurze Entfernung Höhenunterschiede von bis zu 600 m: Die hierdurch bedingten klimatischen Unterschiede sind am augenfälligsten bei Schneelage. Beim Erreichen der von N nach S in die Hochfläche eingeschnittenen Täler biegen aus E übers Gebirge ankommende Vögel nach NW bis N ab (z. B. Lenninger Tal u. a.) und erreichen so das tiefer liegende, oft schneefreie Vorland.

Beispiele:

- 24./25. September 1974: Eine nördliche Strömung brachte polare Kaltluft nach SW-Deutschland, die am 25. September zu Schneefällen auf der Alb führte. Als Folge davon trat „Schneeflucht“ von Hausrotschwänzen, Steinschmätzern, Amseln, Eichelhähern, Goldammern u. a. nach W bis NW ins Albvorland auf.

- 16. November 1979: Nach leichtem Schneefall auf der Alb kam es zu lokaler Flucht, bei der u. a. Feldlerchen und Goldammern zogen.
- 25./26. November 1977: Temperaturabfall von 3 – 4 °C und leichter Schneefall. Es zogen u. a. Buchfinken und Gimpel, 615 Wacholderdrosseln und 63 Saatkrähen. Am 27. November wurde die Winterflucht, überwiegend nach NW, fortgesetzt. Unter anderem zogen 47 Gimpel, 209 Goldammern, 132 Saatkrähen, 813 Wacholderdrosseln.

Großräumige Winterfluchten im Herbst: Wenn Niederungen und Hochlagen gleichermaßen von Bodenfrost und/oder Schnee betroffen sind, kommt es zu großräumigen Winterfluchtbewegungen. Sie bringen Verschiebungen der Vogelbestände mit sich, die weit über das unmittelbar betroffene Gebiet hinausreichen können. Zugrichtungen entsprechen bis in den Hochwinter ± der Wegzugsrichtung, bei einer nicht nur durch die Alb bedingten, mehr westlichen Ausrichtung (siehe Kap. 8.2).

Beispiele:

- 11. Oktober 1974: Seit dem 8. Oktober war der Luftdruck um 13 hPa gestiegen, die Temperatur leicht gefallen. Windstilles, niederschlagsarmes Wetter führte zum besten Zugtag der Saison. Am 12. Oktober war der Luftdruck dann nochmals um 4 hPa gestiegen. Am Nachmittag und Abend zogen nach weiterer Temperaturabsenkung ab 16.00 Uhr 367 Amseln, die höchste Zahl aller Jahre. Ab 18.15 Uhr fiel Schnee, Rufe deuteten auf Massenzug in der Nacht, weitere 92 Amseln zogen am 13. Oktober bei inzwischen geschlossener Schneedecke.
- Der 13. November 1977 brachte ganztägigen Schneefall, im Vorland Regen. Bis zum 15. November blieb die Schneedecke (12 cm), ohne daß Schneeflucht einsetzte. Erst am 16./17. November zogen dann 200 Goldammern, über 500 Wacholderdrosseln und 17 Eichelhäher.
- Vom 19. auf den 20. November 1971 gab es Schneefälle, die 10 cm Schnee im Albvorland und 20 cm auf der Alb brachten. Stichproben am 20. November am Tecknordfuß ergaben u. a. 73 Gimpel, 52 Goldammern, 2 Spornammern und 648 Wacholderdrosseln. Am 21. November fiel erneut Schnee mit Verwehungen auf der Alb (bis 50 cm) und im Vorland (20 cm). Nochmals zogen 722 Wacholderdrosseln, 220 Kiebitze u. a. Im Albvorland bei Kirchheim zogen zwischen 10.00 und 12.00 Uhr weit über 1000 Wacholderdrosseln.
- 20. November 1998: Nach starken Schneefällen auf der Alb ab dem 16. November, lag erstmals am 20. November auch im Vorland eine bescheidene Schneedecke. In deren Folge zogen am 20. und 21. bei mehrstündigen Stichproben 549 Mäusebussarde.
- 22. November 1988: 146 Mäusebussarde und 8 Sperber, aber kaum Drosseln zogen, nachdem starker Schneefall am 20./21. November zu einer geschlossenen Schneedekke geführt hatte (Alb 30 cm, Vorland 20 cm).
- Nach Schneefällen von 22. – 27. November 1975 zogen am 28. November bei Tauwetter 2472 Wacholderdrosseln nach WSW.
- Am 22./23. November 1976 fiel Schnee oberhalb von 500 m über NN. Danach zogen u. a. 639 Bergfinken, 160 Goldammern und 120 Wacholderdrosseln am Albrand entlang. Am 24. November kam es zu weiteren Schneefällen. Neben 92 Goldammern zogen 4 Ohrenlerchen.
- Nach einer Woche konstanter Schneelage mit Tiefdruck und starker Bewölkung sank am 24. November 1985 die Temperatur auf –4 °C und der Himmel klarte auf. Es zogen unter anderem 204 Goldammern, 962 Wacholderdrosseln, 43 Amseln, 312 Mäusebussarde. Am 27. November fiel die Temperatur nochmals um 8° auf –12 °C. 148 Grünlinge, 216 Goldammern, 347 Wacholderdrosseln, 304 Mäusebussarde sowie weitere Arten flohen.
- Nach Regen und leichtem Schneefall am Vortag zogen am 26.11.1973 nach geringer Wolkenauflockerung und Nordwinden 216 Goldammern (höchste Tagessumme des Jahres) über die verschneite Alb nach West. Am Fuß der Alb war der Zug bei Stichproben noch stärker. Die folgenden Tage brachten einen kontinuierlichen Anstieg der Schnee-

höhe mit bis zu 48 cm auf der Albhochfläche und über 20 cm im Albvorland bei Kirchheim. Ein solcher Fall hat offensichtlich zur plötzlichen Räumung weiter Teile Süddeutschlands durch den zu diesem Zeitpunkt zugbereiten Populationsanteil bei der Goldammer geführt. Am 30. November war es dann bei erneut einsetzender Schneeflucht sonnig: 43 Goldammern, 42 Wacholderdrosseln, 21 Mäusebussarde zogen und am 1. Dezember setzte sich die Flucht mit 95 Mäusebussarden und einem Rauhfußbussard fort.

- Bis zum Morgen des 27. November 1969 hielten starke Schneefälle in ganz Deutschland an. Am 28. November klarte es örtlich auf und war weitgehend niederschlagsfrei; ab 13 Uhr kam es wiederum zu zunehmender Eintrübung. Zwischen 9 und 15 Uhr zogen u. a. 210 Mäusebussarde nach S bis SW.

Großräumige Winterfluchten im Hochwinter: Starker Zug kommt jetzt nur noch in Gang, wenn sich die Verhältnisse gegenüber den vorangegangenen Bedingungen stark verschlechtern.

Beispiele:

- 13. Dezember 1976: zweite „Schneeflucht" dieses Winters. Bei Stichproben zogen 134 Mäusebussarde, am 14. Dezember nochmals 70.
- 1. Januar 1979: Nach geringem Neuschnee zogen am 2. Januar 4423 Wacholderdrosseln und 9 Mäusebussarde.
- 12. Januar 1977: nach Schneefall (Alb 40 cm, Vorland 15 cm) dritte Fluchtbewegung dieses Winters. Bei Stichproben wurden 8 Gimpel, 9 Amseln (Männchen), 415 Wacholderdrosseln, 6 Mäusebussarde erfaßt, am 13. Januar nochmals 10 Gimpel, 34 Goldammern, 19 Amseln (überwiegend Männchen), 114 Wacholderdrosseln, 11 Mäusebussarde und anderes mehr.
- 16./17. Januar 1970: Ein skandinavisches Tief schob sich bis zu den Mittelgebirgen und hüllte Norddeutschland in eine Schneedecke. Im Süden Tauwetter, im Albvorland teilweise schneefrei und Dauerregen. Am 16. Januar zogen ca. 100 Wacholderdrosseln in kleinen Trupps nach SW, am 17. Januar (jetzt auch Alb teilweise schneefrei) mehr als 450 Wacholderdrosseln in großen Trupps Richtung SW – S, Goldammern waren mit 270 Exemplaren die zweithäufigste Art.
- Am 22. Januar 1972 kam es nach Winterflucht vom 19./20. November 1971 erstmals wieder zu Fluchtbewegungen von u. a. 440 Wacholderdrosseln und 84 Mäusebussarden.

Wetterpendeln oder Wegzugswinterfluchten? Mit Wetterpendeln werden Zugbewegungen bezeichnet, bei denen auf Wettermilderung im Winter mit Wanderungen in Heimzugsrichtung reagiert wird, um beim nächsten Kälteeinbruch erneut in Wegzugsrichtung zu fliehen. Viele Vogelarten lassen sich von dieser kräftezehrenden Spielart des Vogelzuges nicht beeindrucken, sondern bewegen sich – Flucht um Flucht – auf wärmere Gebiete zu, bis die Zeit des tatsächlichen Heimzugs kommt.

Beispiele:

- Dezember 1976/Januar 1977: Zwischen 20.12.1976 und 11.1.1977 war das Albvorland schneefrei und auf der Alb waren neben Stellen mit bis zu 40 cm Schnee jetzt schon viele Stellen aper. Die Alb wurde gleichzeitig vor allem von zahlreichen Wacholderdrosseln wiederbesiedelt. Sie rekrutierten sich trotz milder Temperaturen weiterhin aus einem schwachen, aber nicht abreißenden Zug nach SW. Die Ursache der Wiederbesiedelung des Mittelgebirges war also nicht Wetterpendeln, wie wohl oft falsch interpretiert, sondern das Fortschreiten des winterlichen Wegzugs. Tagelange starke Schneefälle vom 12. bis 17. Januar lösten wiederum eine mehrtägige, allmählich nachlassende Flucht von Amseln, Gimpeln, Meisen, Bussarden etc. aus.

Heimzugswinterfluchten: Diese Zugbewegungen gehören eigentlich nicht in die Thematik dieses Buches, sind aber zeitlich nicht immer von Wegzugswinterflucht zu trennen und fallen oft noch in den Bereich des winterlichen Wetterpendelns (SCHÜZ 1971, HARENGERD & PRÜNTE 1970). Kennzeichnend für solche Bewegungen ist häufig, daß unterschiedliche Arten in entgegengesetzte Richtung ziehen. So können bei Schneefall Fischadler, Rohrweihen und Kormorane nach NE ziehen, während bodenabhängige Arten wie Mäusebussarde, Kiebitze, Lerchen, Drosseln und Finken gleichzeitig auf Wegzugsrichtung SW drehen, doch Regeln scheint es nicht zu geben.

Jahreszeitlich spät während des April und Mai kommt schnee- und frostunabhängige Heimzugswinterflucht bei zurückgehenden Temperaturen vor, die dann vor allem die um diese Zeit nachtziehenden LSZ betrifft. Braunkehlchen, Steinschmätzer, Fliegenschnäpper kehren nachts um und ihr plötzliches gehäuftes Erscheinen wird gerne als Zugstau gedeutet, wenn nicht gleichzeitig Tagzieher, z. B. Mauersegler (GATTER & GATTER 1977), den Fluchtcharakter demonstrieren.

Beispiele:

- 15./16. März 1964: Trotz ganztägigem Schneefall ziehen 5633 Vögel ungehindert nach NE, darunter 3861 Feldlerchen, 967 Buchfinken, 426 Stare und 231 Heidelerchen. Gleichzeitig führen einige hundert Vögel, vor allem Rot-, Misteldrosseln und Amseln, Heimzugswinterflucht nach SW aus.
- 10. April 1973: Schneelage und Schneefall auf der Alb. 11.000 Berg- und 5000 Buchfinken fliehen vom RM Richtung Albvorland nach NW.
- 27. bis 29. März 1970: Nach Schneefall fliehen 535 Rotdrosseln und 212 Wacholderdrosseln nach SW.

Folgerungen:

Es gibt unzählige Freiland- und Laborbefunde die besagen, daß Kälte und Nahrungsverknappung zugauslösend wirken (z. B. VÄLIKANGAS 1933, DORKA 1966, BERTHOLD in SCHÜZ 1971, GATTER 1974a, b, STOLT 1977). Die verstreuten Zugbeobachtungen geben ein uneinheitliches Bild und beschränken sich fast ausschließlich auf herausragende Einzelereignisse (z. B. JAKOBS 1971, HARENGERD & PRÜNTE 1970, HUMMEL 1977, RINNHOFER 1968). Eine Berücksichtigung der vielen schwachen Winterfluchtbewegungen kann jedoch die Interpretation verbessern.

Vertikalwanderungen sind für einen großen Teil der **kleinräumigen Winterfluchten** in den Übergangszeiten vom Herbst zum Winter bzw. Frühjahr verantwortlich. Bei Temperaturen um 0 °C fällt Schnee oft nur in den höheren Lagen der Mittelgebirge. Schneefälle führen je nach Vogelgruppe unmittelbar oder erst nach dem Aufklaren zu Fluchtbewegungen in die Täler. Artenzusammensetzung, Ausmaß, Zugrichtung und Fluchtentfernung sind u. a. von der Jahreszeit abhängig.

Bei Schneefällen im September flüchten an der Station RM Hausrotschwanz, Laubsänger und Steinschmätzer, wie am 24.9.1974 (s. o.), oder Ringdrosseln und Wiedehopf. Die Fluchtrichtung entspricht dabei der Wegzugsrichtung, doch wird angesichts des Albrandes bzw. bei Erreichen der nach N gerichteten Täler auf NW ins Tiefland gedreht. Bei solchen Wetterlagen kommt es unmittelbar unterhalb der Schneegrenze zum Ende der Flucht. Bei Schneefällen im Oktober/November, die meist ebenfalls auf Hochlagen beschränkt bleiben, sind es dann Drosseln, Finken, Ammern und Feldlerchen, die das Gros der Gebirgsflüchter stellen. Auch diese Bewegungen haben auf der Albhochfläche WSW-Richtung und wenden sich bei Erreichen des Gebirgsrandes nach NW ab und kommen dort rasch zum Erliegen. Es kann unterhalb der Schneegrenze zu beachtlichen Konzentrationen kommen.

Hochgebirgsvögel sind an kleinräumige Winterflucht in besonderem Maße angepaßt. Dies geht bis zur täglichen Winterflucht in die Täler, wie die langflüglige Drossel *Grandala coelicolor* des Himalaya demonstriert. Bei uns ist die Alpenbraunelle ein eindrucksvolles Beispiel (SCHMID 1986) und beim Heimzug bietet die Ringdrossel (überwiegend *Turdus t. torquatus*) auf der Alb im April/Mai fast alljährlich dieses Schauspiel.

An **großräumigen Winterfluchten** im Spätherbst und Winter sind fast ausschließlich Teilzieher beteiligt. Wetterfluchten sind ein wichtiger Bestandteil ihrer Zugstrategie, die sie auch noch während des Hochwinters aus dem nördlichen Mitteleuropa bis ins Mittelmeergebiet führen kann, wie bei der Goldammer (GALARZA 1987). Die ersten Fluchtbewegungen sind in vielen Jahren zeitlich eng mit dem herbstlichen Wegzug verknüpft und die auslösenden Faktoren für den Zug, wie z. B. Temperaturabsenkung oberhalb 0 °C bzw. Frost und Schnee, lassen sich nicht immer trennen. Während starke Fröste, die den Boden bei meist klarem Himmel mehr als nur wenige Stunden gefroren halten, unmittelbare Flucht von Krähen, Drosseln, Ammern etc. auslösen, ist die Situation nach

Schneefällen anders. Nach Abklingen der Niederschläge und oft geschlossener Bewölkung setzt Flucht von Passeres unmittelbar ein. Die Reaktion von Bussarden läßt dagegen oft tagelang bis zum Aufklaren auf sich warten.

Bei beiden Gruppen kann Flucht mehrere Tage anhalten, wird aber meist in deren Verlauf schwächer. Ein Grund ist die Räumung des Großraumes mit kontinental-winterlichen Merkmalen wie Dauerfrost und geschlossener Schneedecke durch zugbereite Vögel. Für das Abklingen ist auch die Erschöpfung durch Abbau der Fettreserven verantwortlich, wenn keine aperen Gebiete erreicht werden. Der minimale Energieaufwand beim Zug ist um 8- bis 12mal höher als bei der Rast (Masman & Klaasen in Jenni-Eiermann & Jenni 1991). Wenn die genannten Wetterbedingungen über längere Perioden anhalten und den Zugang zu ausreichender Nahrung versperren, führt dies zu Verlusten.

Sind die energetischen Ressourcen zur Flucht geschwunden, so bringen langanhaltende strenge Schnee- und Frostlagen wie z. B. vom Dezember 1962 bis Februar 1963 enorme und auch nachhaltige Einbrüche bei teilziehenden Arten wie Goldammer, Zaunkönig, Gebirgsstelzen, Eisvogel, Schleiereule, Mäusebussard mit sich. Sie können zum weitgehenden Totalverlust der Standvogelanteile einer Art führen, die sich in der Folge, wie nach 1963 bei der Gebirgsstelze, wohl überwiegend aus den Populationsanteilen der KSZ und LSZ regenerieren mußten (Kap. 11).

Winterflucht oder Bleiben ist also eine weitreichende Entscheidung für den Vogel, die auch von den Energiereserven abhängig ist.

Bei einzelnen Arten ist zu erwarten, daß die zahlenmäßigen Verschiebungen der Bestände im Winter denjenigen im Herbst durchaus entsprechen oder sie sogar übertreffen können. Bei Mäusebussard, Wacholderdrossel und Goldammer können die höchsten Tagessummen der Fluchten die der Spitzenzugtage während des Wegzugs deutlich übersteigen. Bei der Wacholderdrossel können die Zahlen eines Winterfluchttages (z. B. 2. Januar 1979) die Jahressummen des Wegzugs übertreffen. Ein nicht unbedeutender Teil der Fluchtbewegungen wird zudem ungesehen nachts erfolgen, wie das Beispiel der Amsel vom 11./12. Oktober 1974 zeigt (vgl. Kap. 12).

Zusammenfassung
9.7 Winterfluchten

Im Bereich der Zugerscheinungen, die durch Kälte und hier besonders durch Schnee oder Frost ausgelöst werden, herrscht keine nomenklatorische Klarheit. Zur Vereinheitlichung wird der selbst im Englischen bekannte Begriff „Winterflucht" als Überbegriff vorgeschlagen. Darunter fallen im folgenden alle Formen wetterbedingter Winterflucht im Herbst, Winter und Frühjahr, nach Temperaturabfall, aber teilweise noch oberhalb des Gefrierpunktes.

Nach der zeitlichen Lage lassen sich zwei Typen von Winterfluchten unterscheiden:

a) Winterflucht von Herbst bis Januar/Februar mehr oder weniger in Wegzugsrichtung,
b) Winterflucht auf dem Heimzug als Umkehr der Heimzugsrichtung um ± 180°.

Vertikalwanderungen sind für einen großen Teil der kleinräumigen Fluchten in den Übergangszeiten vom Herbst zum Winter bzw. Frühjahr verantwortlich, die in umliegende Täler und ins Tiefland führen.

Ende November ist der sichtbare Tagzug aller Arten über das Mittelgebirge weitgehend abgeschlossen. Ohne ausgefallene Wettereinflüsse werden kaum mehr ziehende Vögel beobachtet. An großräumigen Winterfluchten im Spätherbst und Winter sind fast ausschließlich Teilzieher beteiligt. Wetterfluchten sind ein wichtiger Bestandteil ihrer Zugstrategie (siehe auch Kap. 11, 12), die sie auch noch während des Hochwinters aus dem nördlichen Mitteleuropa bis ins Mittelmeergebiet führen können.

Summary
9.7 Hard weather migration

There is no terminological clarity in the field of migration phenomena triggered by cold, and here by snow and frost in particular. As an overall term, 'Winterflucht' *is suggested, since it is sometimes used in English. This chapter therefore includes all forms of weather-initiated* Winterflucht *in autumn, winter, and spring following a drop in temperature to a level that can still be above freezing point*

Two types of Winterflucht *can be distinguished according to when they occur: a)* Winterflucht *from autumn to January/February, more or less in a normal autumn migration heading, and b)* Winterflucht *on spring migration, in the form of a ± 180° reversal of the normal spring heading. Vertical displacements are responsible for a large part of the small-scale evasive movements noted in the transition times between autumn and winter, and winter and spring, that bring the birds into surrounding valleys and lowland.*

Visible diurnal migration of all species over the Mittelgebirge *is more or less over by the end of November. Hardly any migrating birds are observed after this time except in exceptional weather conditions. The birds involved in large-scale* Winterflucht *in late autumn and winter are almost exclusively partial migrants.* Winterflucht *is an important element in their migratory strategy (see also Chapters 11, 12), which can take birds from N Central Europe to the Mediterranean area even in midwinter.*

9.8 Der „Extremherbst" 1974 – eine Wetterkatastrophe als Jahrhundertereignis

Der kalte und viel zu nasse Herbst 1974 erwies sich für Zugvögel als katastrophales Ereignis. Als „Schwalbenkatastrophe 1974" ging er nicht nur in die ornithologische Literatur ein (SCHMITT 1975, RUGE 1975, BRUDERER 1975, 1979), sondern konfrontierte die Bevölkerung direkt oder über die Medien mit dem Phänomen Vogelzug.

Mit den Zugbeobachtungen von 1974 lassen sich im Vergleich zu vorhergehenden und späteren Jahren Teilaspekte des komplexen Themas „Witterungseinflüsse und Vogelzug" bis hin zu seiner genetischen Fixierung betrachten. Für die Zugforschung bot sich damals die Chance neuer Erkenntnisse. Denn die von Mitte September bis Anfang November 1974 registrierte, 55 Tage dauernde Kälteperiode kam in ihrer Einheitlichkeit experimentellen Versuchsbedingungen nahe (GATTER 1976b).

Die große Zahl der Vogelarten, die gerade 1974 Abweichungen vom Zugmuster aufweisen, zeigt, daß die Witterungsverhältnisse die Ursache für die auffälligen Veränderungen waren.

Die Wetterlage 1974: Im September verursachten Tiefdruckgebiete nach spätsommerlich warmem Wetter in der ersten Monatshälfte, bis etwa 19.9.74, für den Rest des Monats zeitweise stürmisches, regnerisches und für die Jahreszeit um 4° – 6° zu kaltes Wetter. Der **Oktober 1974** war gleichfalls sehr kalt und erheblich zu naß, er zählt zu den extremsten Oktobermonaten seit Beginn regelmäßiger Wetterbeobachtungen (DEUTSCHER WETTERDIENST). Ein sich ständig erneuerndes Tiefdrucksystem über Mitteleuropa führte täglich zu Niederschlägen, die im Flächenmittel der BRD rund 200 % der Norm betrugen. Die Temperaturen blieben an allen Tagen unter den langjährigen Durchschnittswerten. Am RM wurden im Oktober 1974 28 Niederschlagstage notiert, an 15 Tagen fiel Schnee oder Schneeregen bzw. es lag eine geschlossene Schneedecke. Extrem niedrig war die Gesamtsonnenscheindauer dieses Monats, die z. B. in Konstanz nur 5 Std. betrug. Nur an wenigen Tagen im September und Oktober 1974 herrschten günstige Witterungsbedingungen für den Zug. Während eines über 7wöchigen Zeitraumes gab es keine fördernden Mit- oder Seitenwinde. Dreiviertel aller am RM ziehenden Arten mußten somit während der gesamten Zugzeit gegen ständige, teilweise stürmische SW- bis NW-Strömungen ankämpfen.

Die Schwalbenkatastrophe 1974 – Folgerungen nach 25 Jahren

Da kaum Insekten flogen, hatten die Schwalben als Flugjäger unter der extremen Witterung stark zu leiden. Nach zwei schlechten Tagen (18./19.9.) war am RM die Sicht noch für einige Tage recht gut. Auf den ersten Nachtfrost am 20./21.9. zogen 3 Tage lang relativ viele Rauch- und Mehlschwalben. Aufgrund von Bewölkung, starkem Wind und Regen waren die Zugverhältnisse ab dem 23.9. schlecht. In der Schweiz verlief der Schwalbenzug bis zum 22.9. normal, am 22.9. kam es auch auf den Alpenpässen Hahnenmoos und Col de Bretolet im Vorfeld eines Temperatursturzes zu sehr starkem Schwalbenzug. Eine neue Kaltfront in der Nacht vom 23./24.9. mit Schneefällen ab 800 m über NN unterbrach den Schwalbenzug über die Alpen für mehrere Tage. In der Folge kamen viele Schwalben um. Am Bodensee wurden bis zu 100.000 Mehlschwalben (OAG Bodensee 1983), in ganz Süddeutschland wohl einige Millionen Opfer von Unterernährung und Kälte. In der Schweiz waren in der ersten Oktoberhälfte etwa 80 % der Opfer Mehlschwalben, nach dem 19. Oktober dann mehr als 90 % Rauchschwalben (Bruderer 1975).

Bereits 1931 hatte es in der zweiten Septemberhälfte eine ähnliche Katastrophe gegeben, die zu zahlreichen Ringfunden der drei Schwalbenarten geführt hatte (Drost & Rüppell 1932), 1936 folgte eine weitere, aber weniger dramatische (Bohmann 1937). Ein Kälteeinbruch in der ersten Oktoberwoche führte damals zu einem Stau von vornehmlich Rauchschwalben (97 – 98 % Jungtiere).

1974 war am RM der Median wie auch der 75-%-Wert der Mehlschwalbe, verglichen mit den Vorjahren 1970 bis 1973, kaum verschoben (vgl. Kap. 11.2 und Abb. 17.31). Die Gesamtzahl der Durchzügler 1974 liegt nur um 13 % unterhalb der des Vorjahres. 2342 Mehlschwalben zogen noch sehr spät am 11. und 12.10.74 nach einer 9tägigen Zugpause durch. 90 % aller unserer Novemberbeobachtungen der Jahre 1970 – 1996 fielen auf 1974.

Die Beeinträchtigung des Zuges am RM war bei der etwas später ziehenden Rauchschwalbe deutlich größer. Nur die Hälfte (49 %) der Vögel des Durchschnittes von 1970 – 1973 wurden während der Zählungen erfaßt. Mit 25 % der Beobachtungen im Oktober lag 1974 zwar im bis 1973 üblichen Rahmen, doch deutet der um 8 Tage auf den 15. September verfrühte Median darauf hin, daß ein großer Teil der 2. Zughälfte entfiel. Viele Schwalben, der spät ziehende Populationsteil und Jungvögel, waren durch die lang anhaltende Periode schlechten Wetters kaum mehr in der Lage, den Kraftaufwand zur Überquerung von Hindernissen wie Alb oder gar der Alpen aufzubringen und verendeten. Trotz der schlechten Witterung wurden jedoch am RM noch viele Rauchschwalben im Oktober und November gezählt (74 % aller Novemberbeobachtungen aus 22 Jahren). Diese Tiere befanden sich in erster Linie auf Futtersuche und waren stark geschwächt. Die an den wenigen schönen Tagen gesammelten Kraftreserven reichten nicht zum Weiterzug.

Betroffene Populationen. Als Herkunftsraum der betroffenen Rauchschwalbenpopulation lassen die publizierten Daten von Ringfunden u. a. den Bereich der Vogelwarten Stockholm, Hiddensee und Helgoland erkennen (Ruge 1975). Aus Dänemark stammten 37 der hauptsächlich in Deutschland und der Schweiz aufgefundenen Rauchschwalben (Møller 1978). Schweizer Funde (Bruderer 1979) stammten schwerpunktmäßig aus Skandinavien (5 Ringfunde) und „westlichen“ Ländern (16 Ringfunde), aber auch aus „östlichen“ Richtungen (11 Ringfunde).

Der Zugfortschritt war nach verschiedenen Publikationen erheblich reduziert. Durchzugszahlen von Falsterbo/Südschweden (wie unsere eigenen der Folgejahre) geben jedoch keine Hinweise darauf, daß die schwedischen Populationen nachhaltig unter den Wetterbedingungen 1974 gelitten hätten (Roos 1977a, b). Unterschiedliche lokale Abnahmen der Brutbestände der Rauchschwalbe wurden in Dänemark (Møller 1978) und in der Schweiz erfaßt (Bruderer & Muff 1979). Insgesamt waren die Einflüsse auf beide Arten in Mitteleuropa sehr uneinheitlich. In einzelnen Regionen waren Rückgänge bei Rauchschwalben von 1974 auf 1975 um 50 – 70 % zu verzeichnen. Trotz spätem Zugende (95-%-Wert am 15.10.) dürfte von den am RM durchgezogenen Rauchschwalben wohl mehrheitlich nur der Teil überlebt haben, der die Alpen bis zum 23.9. überquert oder umgangen hatte. Wenn im Oktober nicht noch nennenswerte Zahlen die Alpen und das nordwestliche Vorland passiert haben sollten, könnten bis zu 50 % der Zügler umgekommen sein. Bei den Mehlschwalben dürften etwa 75 % die Katastrophe überstanden haben.

Betroffene Altersgruppe. Die Alterszusammensetzung einer während der Katastrophe in der Schweiz ausgezählten Stichprobe entsprach mit einem Jungvogelanteil von 75 % der auf Alpenpässen festgestellten Norm (Bruderer 1979). Am RM ist das langjährige Verhältnis alter zu junger Rauchschwalben wie 1:3,7. Eine im Bereich des RM am 20.10.74 gefangene Stichprobe von 103 Rauchschwalben bestätigt mit 20 adulten und 83 diesjährigen dieses Verhältnis. Wir nehmen an, daß die Verluste junge wie alte Rauchschwalben fast gleichermaßen betroffen hatten. Totfunde dänischer Ringvögel deuteten mit 5 alten und 32 diesjährigen höhere Jungvogelverluste an (Møller 1978). Bei Mehlschwalben dominierten die Jungvogelverluste dort deutlicher.

Bei **genetisch festgelegten Zugzeiten**, wie sie zumindest bei den LSZ zu erwarten sind, kann der Verlust großer Anteile der spät ziehenden Populationen zu einer Verschiebung der Zugzeit der Art führen. Es stellt sich nun die Frage, ob sich infolge dieses „Katastrophenjahres" eine Tendenz zu früherem Zug herausselektiert hat. In den auf 1974 folgenden Jahren war der Median der Mehlschwalbe in 6 von 7 Jahren früher als der Durchschnitt der Jahre 1970 – 1974, langfristig, bis heute jedoch konstant. Der zeitliche Verlauf der zweiten Hälfte des Durchzugs (75-%-Wert) war jedoch nach 1974 verändert, über 7 Jahre lag dieser Zeitpunkt deutlich früher. Bei der Rauchschwalbe mit größeren Verlusten unter den Spätziehern ist aber über alle Jahre ein Trend zu einem früheren Median erkennbar und eine geradezu dramatische Vorverlegung der 75-%-Quartile um fast 10 Tage (vgl. Abb. 17.30 und 17.31). Der Einfluß des verlustreichen Jahres 1974 ist jedoch nicht abschätzbar. Entweder wandert die spät ziehende Populationshälfte heute schneller als vor 25 Jahren durch oder der späte Anteil fehlt. Einflüsse in Afrika sind hier ebenso denkbar und würden zum eher allgemeinen „erwarteten" Trend bei den LSZ passen, wie dem Rückgang später am RM ziehender Populationen. Auch bei der Mehlschwalbe läßt sich bis 1981 eine starke Vorverlegung der 75-%-Quartile, aber auch deren generelle Verfrühung über den Gesamtzeitraum feststellen. Vor allem letzteres gilt auch für die Uferschwalbe. Wie kompliziert die Verhältnisse sind, verdeutlichen aber auch die Abb. 11.2.3 bis 11.2.6.

Der Zugablauf anderer Vogelarten im Herbst 1974

Bei Feldlerche, Hausrotschwanz, Gimpel und Star, den großen nachtziehenden Drosseln und einigen anderen Arten behinderten die in nicht abreißender Folge durchziehenden Tiefdruckgebiete mit beständiger Bewölkung und Westwinden den Zug der Nacht- wie der Tagzieher am RM gleichermaßen.

Einzelne Nachtzieher, die in anderen Jahren kaum als Tagzieher am RM beobachtet wurden, hatten sich 1974 offensichtlich so verspätet, daß sie den Tag zum Zug nutzen mußten. Ein Rotkopfwürger am 21.10.1974, ein Wendehals, ein Wiedehopf und mehrere Neuntöter erfreuten die Beobachter durch Tagzug im Oktober.

Die tagziehenden Drosseln zeigten in jenem Jahr die Bandbreite möglicher Reaktionen auf Kälteeinbrüche und frühe Schneefälle (Kap. 9.7): Extreme Kältereaktion wurde bei der Misteldrossel, „Wetterignoranz" bei der Wacholderdrossel festgestellt, Ringdrossel und Amsel zogen verstärkt am Tage. Die Schwelle der Wetterflucht liegt bei der Wacholderdrossel offensichtlich viel höher als bei anderen Drosseln.

Für die bei einzelnen Arten erfaßten Verschiebungen der Mediane (–8 bis +28 Tage) und die der Durchzugszahlen (–69 % bis +1930 %) lassen sich mehrere Gründe annehmen:

a) Kälte kann Zug auslösen, frühe Kälteeinbrüche können Mediane bei Teilziehern vorverlegen (z. B. Gimpel, Gatter 1976b).

b) Andauernde Bewölkung, Niederschläge und Gegenwinde können den Zug verzögern und damit Medianwerte nach hinten verschieben.

c) Spät ziehende Populationsanteile von LSZ sterben während des Zuges als Folge der unter a,b genannten Kriterien und bewirken damit scheinbare Medianvorverlegungen (z. B. Schwalben).

d) Durch das schlechte Wetter und daraus resultierende Verzögerungen kann der Zug von Tagziehern verstärkt auf die Nacht oder umgekehrt bei Nachtziehern auf den Tag verlegt werden. Nehmen größere Anteile der Population diese Möglichkeit wahr, kann es zu scheinbaren Verfrühungen oder Verspätungen des Medianwertes kommen. Die Zugzahlen sollten dann allerdings merklich differieren. Dies war offensichtlich 1974 bei Feldlerche, Wiesenpieper, Bachstelze und Ringdrossel der Fall.

Von Punkt b waren die meisten Arten betroffen. So z. B. Bachstelze, Wiesenpieper, Feldlerche, Goldammer, Rohrammer, Saatkrähe, Dohle und Star. Arten wie Buchfink, Girlitz und

Grünling scheinen sich dagegen in ihrer Zugzeit kaum durch Witterungsbedingungen beeinflussen zu lassen (siehe auch „Bewölkungstoleranz“ in Abb. 9.5.1 und die Nutzung zyklonaler Großwetterlagen durch den Buchfinken in Abb. 9.3.2).

Folgerungen:

Ein einmaliger Eingriff, bzw. Wiederholungen in 50- oder 100jährigem Abstand, mit dem Verlust aller spätziehenden Populationsanteile wie bei dieser Schwalbenkatastrophe haben wohl direkte Auswirkungen auf den endogenen Kalender solcher Arten. Die relativ schnelle Vererbung der Zugcharakteristika (Richtung, Zeit) bei Kreuzungen aus Stand- und überwiegenden KSZ-Populationen der Mönchsgrasmücke im Labor (Berthold et al. 1990) läßt vermuten, daß dies auch auf andere Arten und Eigenschaften übertragbar ist. Somit wäre anzunehmen, daß die Ausschaltung aller genetisch auf späten Rückzug fixierten Populationsanteile einer Art langanhaltende Auswirkungen hat. Insofern werden es die Ausnahmejahre sein, welche das Ausmaß von Verfrühungen oder Verspätungen des Zuges von LSZ regeln.

Ein Vergleich mit einer anderen häufigen Gruppe der LSZ-Passeres, den Motacilliden, vom RM zeigt bei zwei von drei Arten ebenfalls Verfrühungen der 75-%-Quartile, aber keine auffallende Veränderung im Bereich nach 1974. Somit ist anzunehmen, daß hier mehrere Faktoren zusammenspielen:

a) Der Herbst 1974 hat sich durch Auslöschung spätziehender Anteile verschiedener Populationen mindestens einige Jahre lang ausgewirkt.

b) Sich verändernde Verhältnisse in Afrika, Dürren im Sahel und dem Süden des Kontinents und zurückgehende Niederschläge andernorts (Kap. 11, Kap. 15.10) erzwingen einen früheren Wegzug. Den Zwangspunkt dazu dürften die Trockenheiten im Sahel bilden. Es ist anzunehmen, daß hier Vögel ausselektiert werden, die zu spät nach den dortigen Regenfällen eintreffen.

c) Ursachen innerhalb Europas dürften ebenfalls nicht auszuschließen sein, obwohl bei den KSZ im wesentlichen ein umgekehrter Trend zur Verspätung festzustellen ist (Abb. 11.2.2, Kap. 15.9, Kap. 17). Unterschiedliche Entwicklungen spätziehender nordeuropäischer, und früher abziehender mitteleuropäischer Populationen können Analysen extrem erschweren (siehe Baumpieper in Kap. 11). Insgesamt ist die Schwalbenkatastrophe 1974 ein eindrucksvolles Beispiel dafür, wie das Wetter in die circannuale Periodik von LSZ eingreift und Zugmuster einengt.

Im zeitlichen Ablauf des Zuges anderer Arten weisen 1974 von 24 bewerteten Arten nur 2 einen um 4 oder mehr Tage vorverlagerten Median auf, dagegen ist er bei 12 um 4 oder mehr Tage verspätet. Die vielen „sensationellen“ Spätdaten 1974 zeigen, daß außergewöhnliche Wetterverhältnisse Zugerscheinungen verursachen können, die man bis dahin für unmöglich hielt, und wie vorsichtig man mit der Einstufung historischer Extremdaten als „zweifelhaft“ sein muß.

Zusammenfassung
9.8 Der „Extremherbst“ 1974 – eine Wetterkatastrophe als Jahrhundertereignis

Der Herbst 1974 war viel zu naß und mit einer 55tägigen Periode von Mitte September bis November viel zu kalt. Für die Zugforschung bot sich die Chance neuer Erkenntnisse bis hin zur genetischen Fixierung des Vogelzugs. Die ganze Periode war durch Westlagen und damit von Gegenwinden geprägt.

Bei den Schwalben, die von der Katastrophe am stärksten betroffen waren, lag die 75-%-Quartile in den sieben Jahren nach der Katastrophe deutlich früher als in den Jahren davor.

Bei der Rauchschwalbe mit größeren Verlusten unter den Spätziehern ist aber über alle Jahre ein Trend zu einem früheren Median erkennbar und eine geradezu dramatische Vorverlegung der 75-%-Quartile um fast 10 Tage. Entweder wandert die spät ziehende Populationshälfte heute schneller als vor 25 Jahren durch oder der späte Anteil fehlt. Die Auslöschung spätziehender Populationsanteile hat sich mindestens einige Jahre auf die Zugzeiten ausgewirkt. Einflüsse in Afrika sind hier zusätzlich denkbar und würden zum allgemeinen Trend bei den LSZ passen. Auch bei der Mehlschwalbe läßt sich bis 1981 eine starke Vorverlegung der 75-%-Quartile, aber auch deren generelle Verfrühung über den Gesamtzeitraum feststellen. Vor allem letzteres gilt auch für die Uferschwalbe. Insgesamt ist die Schwalbenkatastrophe 1974 ein eindrucksvolles Beispiel dafür, wie das Wetter in die circannuale Periodik von LSZ eingreift und Zugmuster einengt.

Ein einmaliger Eingriff, bzw. Wiederholungen in 50- oder 100jährigem Abstand, mit dem Verlust aller spätziehenden Populationsanteile wie bei dieser Schwalbenkatastrophe, haben wohl direkte Auswirkungen auf den endogenen Kalender solcher Arten. Wie die mögliche relativ schnelle Vererbung der Zugcharakteristika bei Kreuzungen der Mönchsgrasmücke vermuten läßt, ist anzunehmen, daß auch umgekehrt die Ausschaltung aller genetisch auf späten Wegzug fixierten Populationsteile im Sinne einer ansonsten für LSZ positiv zu wertenden Zugdehnung (Kap. 11.2.3) langanhaltende Auswirkungen hat. Insofern werden es die Ausnahmejahre sein, welche das Ausmaß von Verfrühungen oder Verspätungen des Zuges von LSZ regeln.

Bei zahlreichen anderen Vogelarten verschoben sich die Medianwerte und zeigten überwiegend Verspätungen. Einige Nachtzieher zogen verstärkt auch am Tage.

Summary
9.8 The 'autumn of extremes' of 1974 – a once-in-a-century weather catastrophe

The autumn of 1974 was much too wet, and during a 55-day period from mid-September to November much too cold. For migration studies, this was an opportunity to gain new insights, even into the genetic programming of bird migration. The whole period was dominated by westerly weather and therefore headwinds.

The Hirundinidae were heaviest hit by the disaster, so that in the following 7 years their 75 %-quartile occurred clearly earlier than in the preceding years.

For Hirundo rustica, *which suffered the highest losses among the late migrants, although a trend to an earlier median value is discernible over all years, with a movement of almost 10 days the 75 %-quartile was dramatically early. Either the late-migrating part of the population moves through faster today than 25 years ago, or it is now absent. The elimination of that fraction of the population that migrates later has had an effect on migration times, at least for a few years. It is possible that factors in Africa play an additional role, and this would fit the general trend for long-distance migrants. The 75 %-quartile also fell considerably earlier in* Delichon urbica *until 1981, although there is a general trend for it to occur earlier over the entire study period, which is also especially true for* Riparia riparia. *On the whole, the Hirundinidae disaster of 1974 was an impressive example of how weather can have a regulating effect on the circannual rhythms of long-distance migrants, preventing migration patterns from becoming 'too spread-out'.*

Such a unique disturbance, or its repetition every 50 or 100 years, with the consequent loss of all the late-migrating elements of a population, as in this hirundine disaster, will most likely affect the endogenous calendar of such species directly. Judging by the relatively rapid inheritance of migration characteristics seen in crossings between different Sylvia atricapilla *populations, it can be assumed that the reverse is true, and that the elimination of all the elements in a population that are genetically programmed to migrate later will have long-lasting consequences. Late migration, on the other hand, produces the otherwise beneficial effect (for long-distance migrants) of extension of migration (GATTER 1990, Chapter 11.2.3). It is therefore the exceptional years like 1974 that determine the degree of earliness or lateness in the movement of long-distance migrants.*

The median values of many other species were also displaced but they fell mostly later. Some nocturnal migrants moved to a greater extent in daytime.

9.9 Der „Schönwetterherbst“ 1997 – hoher Zug und wenig Rast?

Das Jahr 1997 gilt als das weltweit wärmste Jahr seit Beginn der Wettermessungen. Der uns interessierende Zeitraum von Ende August bis Anfang November war in Mitteleuropa mit ziemlich kontinuierlichen Ostlagen und beständigem antizyklonalem Wetter ein Kontrastprogramm zum Herbst 1974 (Kap. 9.8). Erst die Auswertung beider Jahre zusammen hat uns einer Beurteilung der vollen Bandbreite des Tagzuges nähergebracht.

„Normale“ Wegzugsperioden in Mitteleuropa sind meist durch einen regen Wechsel von Tief- und Hochdrucklagen gekennzeichnet, Kaltfronten ziehen in oft kurzen Abständen durch. Besonders ab Ende September werden in „Normaljahren“ die subjektiv eher negativ empfundenen Begleiterscheinungen des mitteleuropäischen Herbstwetters häufiger: Dazu gehören kurze bis längere Schlechtwetterperioden mit Schauern oder Dauerregen, mit starken Winden aus SW – NW, hohen Bewölkungsanteilen bis zur fast totalen Bedeckung über Wochen, verbunden mit dunklen sternlosen Nächten (Kap. 9.5 und Kap. 11).

Der Herbst 1997 bot ein völlig anderes Bild. Ein Hochdruckgebiet löste das andere ab. Selbst Perioden mit durchziehenden Störungen blieben oft wolkenlos. Über Monate war der Himmel fast pausenlos blau und ohne ein Wölkchen, die Nächte sternklar. Windstille und sehr schwache Winde herrschten vor. Das Angebot schwacher Strömungen aus N war am RM weit überdurchschnittlich. In Skandinavien brachte der August die höchsten Temperaturwerte seit Beginn meteorologischer Messungen und auch im September wies der gesamte nordatlantische Bereich, Europa und große Teile Nordafrikas, überdurchschnittliche Temperaturen auf. In SW-Deutschland fielen überwiegend nur 20 – 40 % des normalen Niederschlags, und die Sonnenscheindauer lag bei 140 – 160 %.

Der am RM erfaßte Durchzug aller Arten lag unter den langjährigen Durchschnittswerten. Das Dauerangebot windschwacher Hochdrucklagen mit Schönwetter bot beständige Zugmöglichkeit bei Tag und Nacht. Das hohe Angebot fördernder Rückenwinde aus N – NE (E – SE) führte offensichtlich

a) zu großen Zughöhen, die die Funktion des RM als Trichter außer Kraft setzten und methodisch bedingt zu einer Untererfassung beitrugen. Da laufend optimales Zugwetter bestand, kam es dank Mitwind-Unterstützung
b) zu großen Zugetappen und damit wohl zu weniger Rastetappen.
c) zu nicht schubweisem Durchzug: Die Medianwerte wurden pünktlich eingehalten. Bei keiner „pünktlichen“ Art folgten, wie in Westlagenjahren häufig, spätere Durchzugswellen. Einzelne Arten waren sowohl ziehend als auch rastend kaum zu beobachten.
d) zu verstärktem Nachtzug bei einzelnen Arten.

Durch Rückenwind bedingte größere Zugetappen, die bei einem geringeren streckenbezogenen Energieverbrauch möglich sind, haben den Fang auf den Beringungsstationen der südlichen Ostseeküste stark beeinflußt. Hinzu kommt, daß bei Gegenwind die Vögel dort niedrig über den Wellen ankommen, teilweise sogar in den Wellentälern fliegen und die erstbeste Rastmöglichkeit ausnutzen. Bei Rückenwind kommen die Vögel in größerer Höhe über der Ostsee an und ziehen offensichtlich weiter bis tief ins Binnenland hinein. Sie haben ihre Energiereserven noch nicht verbraucht und ihre „Tageszugzeit“ bei Erreichen der Küste noch nicht abgeleistet. Auf der Greifswalder Oie verlief der Fang rastender Vögel enttäuschend (F. Bairlein, pers. Mitt.), auch auf der Frischen Nehrung an der polnischen Ostseeküste zeichnete sich der Herbst 1997 durch extrem geringe Fangzahlen aus (P. Busse, pers. Mitt.). Viele dieser Konzentrationspunkte an der Küste werden ihrem Ruf nur bei Gegenwinden gerecht, nur dann findet hier eine Bündelung des Zuges bzw. eine Notwendigkeit zur Rast statt.

Erwünschte und unerwünschte Verdriftung führt bei einem Überangebot von östlichen Winden über Mitteleuropa offensichtlich auch zur Verlagerung von Zugwegen und damit wohl auch von Rastschwerpunkten. Für die Pyrenäen machte mich A. Jean (*in litt.*) auf ungewöhnliche Verlagerungen der Hauptzugströme bei der Ringeltaube und anderen Arten weiter nach Westen bei den Pyrenäenüberquerungen im Oktober 1997 aufmerksam. Am Randecker Maar tauchten gleichzeitig größere Zahlen östlicher Zilpzalpe auf, die z. B. im Westwindjahr 1998 völlig ausblieben (GAEDECKE & GATTER in Vorber.).

Die beiden gegensätzlichen Extremjahre – 1974 und 1997 – machen deutlich, welch lange Zeitreihen unter Umständen nötig sind, um einen ungefähren Überblick über die Bandbreite der Reaktionen der Vögel während der herbstlichen Wanderungen auf Wetterphänomene zu bekommen. Manche Erscheinung wird erst nach sehr langer lückenloser Erfassung registriert werden können. Derartig extreme Wetterlagen zeigen allerdings auch die Anfälligkeiten aller Erfassungsmethoden, wie die von Rastbeständen, dem Fang rastender und ziehender Vögel sowie von Zugzählungen auf. Eine Betrachtung von Bestandsänderungen anhand ziehender Vögel über einen kurzen Zeitraum unter Einschluß derartiger Extremjahre kann je nach Lage innerhalb der Periode zu einer zu optimistischen oder pessimistischen Beurteilung der Bestandsentwicklung führen.

Zusammenfassung

9.9 Der „Schönwetterherbst" 1997 – hoher Zug und wenig Rast?

1997 waren Ostlagen häufig. Ein Hochdruckgebiet löste das andere ab. Der am RM erfaßte Durchzug lag weit unter den langjährigen Durchschnittswerten. Das Dauerangebot windschwacher Hochdrucklagen mit Schönwetter bot beständige Zugmöglichkeit bei Tag und Nacht. Das hohe Angebot fördernder Winde führte offensichtlich zu großen Zughöhen (mit schlechterer Erfassung auch am RM), die Mitwind-Unterstützung zu großen Zugetappen und damit wohl zu weniger Rastetappen. Erwünschte und unerwünschte Verdriftung bei einem Überangebot von östlichen Winden über Mitteleuropa brachte andere Rastschwerpunkte und die Verlagerung von Zugwegen, die westwärts bis in die Pyrenäen bemerkt wurden, führte aber auch in großer Zahl östliche Zilpzalpe an das Randecker Maar.

Summary

9.9 The 'fine weather autumn' of 1997 – high altitude migration and few stopovers

In 1997 there was much easterly weather; one high pressure area followed another. The passage observed at Randecker Maar was far below the long-term average. The continued presence of a calm, high pressure situation with good weather provided constant opportunity for migration day and night. The high frequency of favourable winds resulted in high-altitude movements; the good tailwinds meant long migration stages and hence less stopovers. Wind-drift, favourable and unfavourable, caused by an abundance of E winds over Central Europe, created new stopover centres and the displacement of migration routes, noted to the W as far as the Pyrénées, and brought a large number of eastern Phylloscopus collybita *to Randecker Maar.*

10 Tagzug und Mond

von Wulf Gatter & Rainer Schütt

Sonne und Sterne mit ihren immer wiederkehrenden zeitlichen Rhythmen dienten dem Menschen schon seit Vorzeiten als wichtige Zeitgeber und Hilfe zur Orientierung und Navigation. Auch Vögel benutzen nachweislich die Himmelskörper zu ihrer Orientierung (Sonnen- und Sternkompaß). Daneben kann aber auch noch das Magnetfeld der Erde (Magnetfeldkompaß) zur Navigation herangezogen werden (Übersicht über das Zusammenwirken der drei Kompaßmechanismen in Wiltschko & Wiltschko 1999).

Im Gegensatz zu einigen Insekten und Krebstieren scheint die Orientierung der Vögel während der Wanderungen jedoch unbeeinflußt vom Mond zu erfolgen. Aufgrund seiner Helligkeit wäre der Mond als Wegweiser eigentlich besser geeignet als die Sterne, allein, man kann ihn nur zu bestimmten, wechselnden Zeiten am Himmel finden.

Um mit Hilfe des Mondes eine Richtung zu ermitteln („Mondkompaß") müßte der Vogel neben seinem diurnalen Rhythmus (der „Sonnenzeit"), der durch den Tag-Nachtzyklus synchronisiert wird, über eine zweite interne Uhr mit einer etwas langsameren Laufzeit und einer andersartigen Synchronisation verfügen (siehe Able 1980).

Der Mond hat als zweitgrößter wahrnehmbarer Himmelskörper mit seiner Periodik von 29,53

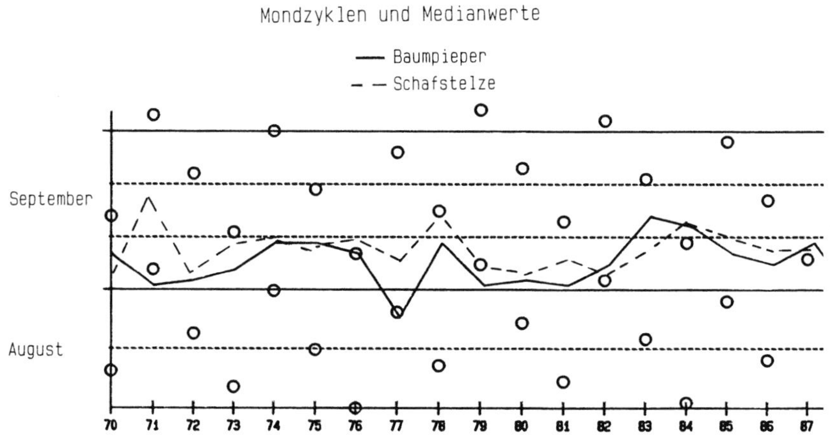

Abb. 10.1: Innerhalb der beiden letzten Monatsdekaden des August (gestrichelte Linien sind der 10. bzw. 20. eines Monats) und des vollen Septembers sind die Medianwerte ME von den zwei ungefähr zeitgleich ziehenden Langstreckenziehern Schafstelze und Baumpieper in den Jahren 1970 – 1987 und die dazugehörigen Mondzyklen (Kreise = Vollmond) eingezeichnet. Beide Arten sind in Mitteleuropa Tagzieher mit wechselnden Anteilen von Nachtzug und wechseln ab dem Mittelmeergebiet zu überwiegendem Nachtzug, der in Afrika vorherrscht (Näheres siehe Text). Dabei soll die Abbildung weniger die Nähe der Medianwerte zum Vollmond demonstrieren als den von reinen Tagziehern abweichenden wellenförmigen Verlauf der Einzeljahresmediane.

Fig. 10.1: *The medians of the two long-distance migrants* Anthus trivialis *(solid line) and* Motacilla flava *(which migrate at roughly the same time) during 1970 – 1987, plus the corresponding lunar cycles (circle = full moon), are indicated for the last two 10-day periods in August and the whole of September (dotted lines show the 10th and 20th of each month). Both species are diurnal migrants in Central Europe, though also with varying levels of nocturnal migration, which increases in the Mediterranean region and then becomes dominant in Africa (see text for details). The figure demonstrates not so much the closeness of the median to the full moon but rather that the course of the medians in individual years results in a wave form, different from that of exclusively diurnal migrants.*

Tagen einen bedeutenden Einfluß sowohl auf die Lichtverhältnisse der Erde als auch durch die unterschiedlich wirkenden Anziehungskräfte zwischen Erde und Mond, die sich am deutlichsten für den Menschen im Phänomen von Ebbe und Flut zeigen. Sicher sind die wechselnden Lichtverhältnisse bei unterschiedlichen Mondphasen (dunkle Nächte um Neumond wechseln mit hellen während der Vollmondphase) auch für Vögel auffällige Phänomene.

Durch Beleuchtung der Landschaft sind positive, durch Überstrahlung des Sternenhimmels aber auch negative Einflüsse des Mondes denkbar. In der folgenden Darstellung geht es aber nicht um Orientierungsprobleme, sondern nur darum, ob der Mond irgendeinen Einfluß auf die Zugaktivität hat und damit jahreszeitliche Abläufe beeinflussen kann.

Die am RM bei einer Reihe von Arten oft in wellenförmigen Zyklen verlaufenden Mediane der Einzeljahre (Abb. 10.1, Kap. 11) hatten neugierig gemacht, Beziehungen zwischen Zuggeschehen und der Position des Mondes zu untersuchen, da sich die Schwankungen mit dem Wetter allein nicht erklären ließen. Können Zugschwerpunkte, die eine Lage des Medians beeinflussen, also zeitlich von Phasen vollen oder abnehmenden Mondes beeinflußt werden (Abb. 10.1)? Bei vielen tagziehenden Vögeln fällt die höchste Zugaktivität auf die frühen Morgenstunden (Kap. 11). Einige brechen bereits in der frühen Dämmerung auf und ziehen unter bestimmten Voraussetzungen auch nachts (Kap. 12). Bei anderen verlagern sich gegen Ende der Zugzeit stärker werdende Teile auf die Nacht. Somit ist eine Beeinflussung auch bei scheinbar „klassischen Tagziehern“ denkbar.

Bei Nachtziehern können Phasen dunkler wolkenverhangener Nächte zu gravierenden Verspätungen führen (Kap. 9.8). Wolkenlose Nächte sind dagegen förderlich für den Zug. Zugverspätungen nach wetterbedingten Zugstaus führen dazu, daß Tagzieher wie die Rohrweihe nachts wandern können (Gatter 1984b) und Nachtzieher wie die Rotdrossel ihren Zug während des ganzen Tages fortsetzen.

Eine Betrachtung der Mediane der Einzeljahre (M_E, siehe Kap. 11) zeigte, daß diese nicht

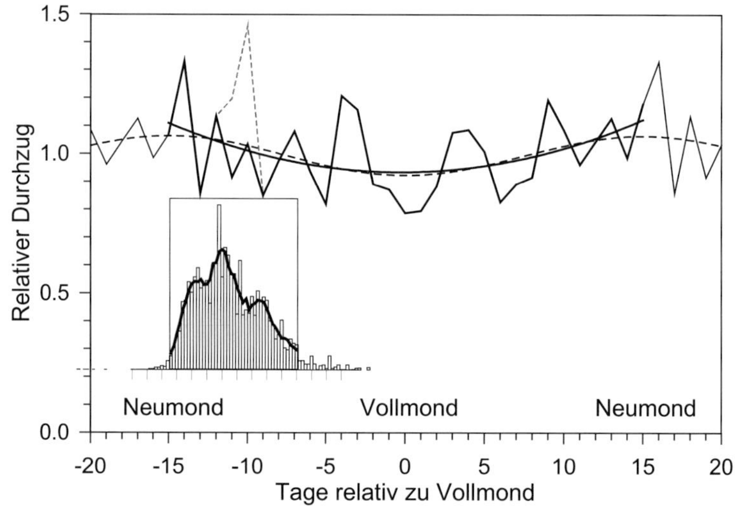

Abb.10.2: Der Tagzug des Wiesenpiepers in Abhängigkeit von den Mondphasen. Nach einer Normierung des jährlichen Durchzugs zwischen dem 25. September und dem 6. November mit dem geglätteten mittleren Gesamtdurchzug (fette Linie im eingefügten Durchzugsdiagramm) erfolgte eine mondphasentreue Stapelung (Addition) auf die Tage −15 bis +15 relativ zum Vollmond. Hieraus resultiert der dargestellte cosinusförmige Verlauf (siehe auch Text).

Fig. 10.2: *Relationship between diurnal migration of* Anthus pratensis *and the lunar phases. Following a standardization of annual passage between 25 September and 6 November, using the smoothed mean of total migration (line on the passage histogram insert), a summation resulted that was synchronized with the lunar phases, concentrated in the days −15 to +15 (new moons) relative to the time of the full moon (day 0). The consequence of this is the sine curve shown (see also text). Vertical axis shows relative passage.*

immer zufällig verteilt waren, sondern in einigen Fällen eine deutliche Relation zwischen Medianwert und Mondphasen zu verzeichnen war. Um Aussagen über die Lage der M_E zu den Mondphasen zu erhalten, wurden die Mediane aus 21 Jahren auf vier Siebentagesabschnitte, beginnend ab Vollmond, verteilt. Dabei zeigten fünf von 25 Arten eine signifikante Bevorzugung bestimmter Mondphasen (χ^2 Homogenität, SACHS 1978).

Der Wiesenpieper wurde für eine detailliertere Betrachtung des Gesamtdurchzugs herangezogen (Abb. 10.2), da er als scheinbar klassischer Tagzieher offenbar erhebliche Nachtzuganteile hat (HANSEN 1954), die einen wesentlich späteren Median zeigen als beim Tagzug dieser Region. Nach einer Normierung der einzelnen Jahre mit Hilfe des Gesamtdurchzuges (gleitendes 5-Punkt-Mittel) erfolgte eine mondphasentreue Stapelung (Addition) der einzelnen Durchzugsperioden. Der Durchzug zwischen dem 25. September und dem 6. November wurde dafür auf die Tage −15 bis +15 relativ zu Vollmond aufgeteilt. Es konnte jedoch nicht berücksichtigt werden, ob der Mond sichtbar oder durch Wolken verdeckt war. Eine Gleichung 2. Grades beschreibt den Zusammenhang gut ($r = 0{,}42$). Sinnvoller ist jedoch ein cosinusförmiger Verlauf, wie man ihn bei Fortsetzung der Kurve erhält (relativer Durchzug $y = 0{,}99 + 0{,}07 \cdot \cos[(x-15) \cdot 3{,}14/15]$; x = Tag relativ zu Vollmond). Der am RM erfaßte Durchzug des Wiesenpiepers am Tage des Vollmonds liegt also um 7 % unterhalb, der bei Neumond um 7 % oberhalb des Durchschnittswertes. 1997 wurden die letzten Tage der Zugsaison aus der Auswertung gestrichen, da fast 40 % des Gesamtdurchzugs an 3 Tagen im November erfolgte (gestrichelte Spitze inklusive dieser Werte). Wenn man berücksichtigt, daß auch wolkenverhangene Tage in die Auswertung eingingen, dürfte der Einfluß des sichtbaren Mondes größer sein als die hier gemittelte Differenz von 7 %.

Es ist nicht völlig zu klären, ob die niedrigen Werte des Durchzugs bei Tage nicht durch einen erhöhten Zug außerhalb der Beobachtungszeit (z. B. am späten Abend, nachts oder in der Morgendämmerung) „kompensiert" werden oder ob der Zug bei Vollmond teilweise unterdrückt wird. In diesem Fall könnte eine mögliche Ursache für den verringerten Zug in einer Störung von Sonnen- und Sternkompaß durch das Mondlicht und einer daraus resultierenden Desorientierung liegen.

In der Literatur finden sich nur für „klassische" Nachtzieher Beschreibungen zum Verhalten bei Voll- bzw. Neumond. Langzeituntersuchungen fehlen. Für die nachts ziehende Bekassine beschreibt TUCK (1972) einen deutlich durch Vollmond geprägten nächtlichen Zug. An windarmen Tagen innerhalb eines 10tägigen Abschnitts um Vollmond beobachtete er in Nordamerika den stärksten Zug. Auch mit Sendern versehene Amerikanische Waldschnepfen *(Scolopax minor)* zogen während des abends sichtbaren Mondes, 11 Tage vor bis zum Vollmond, ab (COON et al. 1976). RICHARDSON (1978a, b) fand allerdings bei Limikolen keine Tendenz zum verstärkten Aufbruch bei Mondlicht. Auf Helgoland verzeichnete DROST (1960) die größten Limikolenrastbestände während der Neumondphase. Ein Einfluß des Leuchtfeuers in diesen dunklen Nächten kann nicht ausgeschlossen werden.

In Massachusetts/USA zogen in mondhellen Nächten besonders wenige Vögel. Bei Bewölkung zeigte der Mond jedoch keine Wirkung (NISBET & DRURY 1968). ABLE (1973), der die Bewölkung nicht berücksichtigte, verzeichnete bei Radaruntersuchungen keinen Einfluß des Mondes auf die Zugintensität. Auf Helgoland beobachtete DROST (1935) bei Vollmond wie bei Neumond nächtlichen Vogelzug, fand aber keine Bevorzugung mondheller Nächte. Quantitative Aussagen waren ihm nicht möglich. Eine Auswertung der dortigen Fänge rastender Nachtzieher im Frühling und Herbst wurde dahingehend interpretiert, daß keine Abhängigkeit von der Mondphase besteht (KRAMER 1952). Die dortige Grafik für den Herbst deutet jedoch an, daß die Fänge mehrerer Jahre bei größerer Streuung in der Monatshälfte um Neumond um 1/4 höher lagen als während der Vollmondphase. Die berühmten „Helgoländer Zugnächte" sind um Neumond zu finden. Dann ist allerdings die Wirkung des Leuchtfeuers am stärksten. Sie könnte den Zug bündeln (DROST 1935) und die dortigen Fänge positiv beeinflussen. VLEUGEL (1954) verhörte die größte Zahl rufender, nächtlich ziehender Drosseln gleichfalls in mondlosen Nächten, wobei zu berücksichtigen ist, daß die Rufintensität nicht unabhängig von Bewölkung und Helligkeit ist.

Wenn man die beiden auch sonst nächtlich aktiven Schnepfen ausnimmt (s. o.), für die außerhalb der Zugzeiten ausgeprägte Aktivitätsphasen in mondhellen Nächten beschrieben werden, deutet sich als Resümee eine zumindest leichte Unterdrückung des nächtlichen Zuges durch den hellen Mond an. Orientierungsprobleme könnten eine bedeutende Rolle spielen (Richardson 1978a). So schreibt auch Waterman (1989): „Das helle Licht des Mondes, etwa Vollmond, kann manchmal nächtliche Zugvögel von ihrem eigentlichen Weg ablenken." Aussagen zum Verhalten nachts ziehender Tagzieher sind derzeit nicht möglich. Sie können vom Verhalten der eigentlichen Nachtzieher abweichen. Nächtliche Leuchtfeueranflüge, die regelmäßigen Nachtzug von „Tagziehern" belegen, werden besonders in dunklen Nächten bzw. bei Schlechtwetter verzeichnet und liefern daher keine zusätzlichen Erkenntnisse zu diesem Thema.

In Käfigen zur Registrierung der Zugunruhe von Nachtziehern zeigte sich bereits früh, daß bei absoluter Dunkelheit die Zugaktivität total unterdrückt wird (z. B. Besserer & Drost 1935). Erhebliche Unterschiede der Zugunruhe, jedoch unabhängig von den Mondphasen, lassen sich mit dem Helligkeitsgrad der Nacht in Verbindung bringen (Drost 1935). Unter natürlichen Bedingungen zeigten Rotkehlchen und Gartenrotschwänze im Mittel eine längere Zugunruhe bei Vollmond. Manche Tiere waren jedoch „um Neumond nachts länger aktiv als in den Nächten zuvor oder danach" (Gwinner 1967). In verschiedenen anderen Zusammenstellungen wird von atypischem, gestörtem bzw. verschlechtertem Orientierungsverhalten durch den Mond bei gekäfigten Vögeln berichtet (Metthews 1971, Richardson 1978a, Berthold 1996).

Insgesamt ergibt sich aus den bisher vorliegenden Daten kein einheitliches Bild. Eine leichte Unterdrückung des Zuges bei Vollmond und erhöhte Zugwerte bei Neumond könnten sich sowohl bei Nachtziehern als auch bei einigen von uns untersuchten „Tagziehern" vermuten lassen. Jedoch wurde bei der Bekassine, einem Nachtzieher, auch eine Zugförderung bei Vollmond registriert (Tuck 1972).

Ein höherer Anteil des Nachtzuges als bisher angenommen spielt sich im bodennahen Bereich ab (Kap. 8.1, Bruderer & Liechti 1998). Hier bringt die nächtliche Beleuchtung der Landschaft bei Mondschein eine bessere Erkennbarkeit des Bodenreliefs mit sich. Die Situation ist dann mit der frühen Dämmmerungsphase am Morgen bzw. später am Abend vergleichbar. Ein erhöhter Nachtzuganteil von „Tagziehern" wie Star oder Feldlerche könnte damit durch Voll- bzw. abnehmenden Mond gefördert werden und damit zu einer Annäherung von Zughöhepunkt oder Median an die spezielle Mondphase führen.

Es könnte erfolgversprechend sein, dieses Problem mit Daten von „Erstfängen" aus Fangstationen zu beleuchten bzw. unser Material mit anderen Methoden differenzierter aufzubereiten.

Zusammenfassung
10 Tagzug und Mond

Eine Anzahl von Untersuchungen belegt unterschiedliche Einflüsse des Mondes auf den nächtlichen Vogelzug. Wellenförmige Verlaufskurven der Medianwerte des Durchzugs von Tagziehern regten dazu an, eventuelle Mondeinflüsse zu untersuchen. Am Beispiel des genauer untersuchten Wiesenpiepers konnte wahrscheinlich gemacht werden, daß der jahreszeitliche Zugverlauf nicht nur der Nachtzieher, sondern auch der Tagzieher durch den Mond beeinflußt wird.

Summary
10 Diurnal migration and the Moon

A number of studies have confirmed various effects of the Moon on nocturnal migration. We were encouraged to investigate a possible lunar influence on diurnal migrants by the wave-shaped curve of the daytime passage median values. Using the well-studied example of Anthus pratensis, *it did appear to be a possibility that the seasonal course not only of nocturnal but also of diurnal migration is indeed influenced by the Moon.*

11 Das Wegzuggeschehen am Randecker Maar im Überblick: Jahreszeitliche Abläufe von Wegzug, Jugendstreuung und Umkehrzug

„Der Schöpfer, der den Vögeln den wundersamen Trieb, um ihrer Erhaltung willen, in einen andern Welt-Teil zu ziehen, beygeleget, hat ihnen auch hinreichende Kräfte und Witz verliehen, den Zug zu rechter Zeit zu unternehmen."

Johann Heinrich Zorn *(1742)*

Gätke hat auf Helgoland im 19. Jahrhundert eine Vielzahl von Zugdaten erfaßt. Weigold hat dann von 1910 – 1923 (abgesehen von einer kriegsbedingten Pause) die Zugbeobachtungen auf der Insel systematischer fortgesetzt. Er veröffentlichte seine und einen Teil von Gätkes Tagebuchdaten in Form von jährlichen Durchzugskurven, einer Mischung aus Zug- und Rastdaten (Weigold 1929). Bis heute gibt es keine weitere derartig umfassende Darstellung des Zuges eines großes Artenspektrums in Mitteleuropa.

Von der Kurischen Nehrung in Rositten gab Thienemann (1931) in seinem Buch eine mehr allgemeinverständliche Darstellung verschiedener Zugphänomene. Auch dort wurden neben der Beringung tägliche Zugplanbeobachtungen durchgeführt, veröffentlicht wurde aber nur wenig (z. B. Schüz & Dumkow 1936, Krätzig 1936). Auch an anderen Punkten in Deutschland und in den Nachbarstaaten wurden in der ersten Hälfte dieses Jahrhunderts Vogelzugbeobachtungs- und Beringungsstationen gegründet.

Die Phänologie des Vogelzugs der häufigeren Singvögel wurde nach dem 2. Weltkrieg wenig beachtet. Noch vor 30 Jahren war es ungewöhnlich, sich mit dem Zug dieser Kleinvögel zu befassen. Während Wasservögel einmal monatlich längst in einem europaweiten Netz zu festgelegten Zeiten gezählt wurden, kümmerte sich niemand um die gezielte Erfassung phänologischer Abläufe bei Kleinvögeln. Analysen langjähriger und ganztägiger Studien des Tagzuges fehlten völlig. Die Untersuchungen Dorkas (1966) auf Schweizer Alpenpässen brachten erste wegweisende Ergebnisse und waren einer der Auslöser für die Gründung der Station Randecker Maar. Umfangreiche und langjährige Auswertungen von Sichtbeobachtungen des Vogelzuges liegen von zwei schwedischen Stationen vor: vom südschwedischen Falsterbo (Ulfstrand et al. 1974, zahlreiche Publikationen von Roos) und von Ottenby auf der Insel Öland (Edelstam 1972). Deren Ergebnisse sollen hier stets mit in die Auswertungen einfließen.

Nach schwierigen Anfängen seit 1967 und den darauffolgenden 30 Jahren lückenloser Beobachtung am RM lassen sich inzwischen die Zuggipfel mancher Arten unter Berücksichtigung der Wetterverhältnisse fast auf den Tag genau vorhersagen. In den folgenden Teilen des Kapitels soll zunächst auf das Zuggeschehen am RM selbst und anschließend auf die verschiedenen Faktoren, die dieses beeinflussen, eingegangen werden.

Bereits in den Sommermonaten von Juni bis Mitte August kann erheblicher Tagzug stattfinden, so beim Kreuzschnabel und Mauersegler (Kap. 8). Die Maximalzahl der an einem Tag ziehenden Arten beträgt im Juni etwa 12 und wächst im Juli rasch auf bis zu 28 an. Bis Mitte August bleibt jedoch die Individuenzahl insgesamt gering. Mit dem Einsetzen stärkeren Zuges von Piepern und Stelzen, Schwalben und kleinen Finken ab Mitte des Monats steigt neben den maximalen Tagessummen auch die Artenzahl oft auf über 30. Anfang September können dann schon bis zu 40, Ende des Monats gegen 70 ziehende Arten je Tag registriert werden. Fast regelmäßig wird diese höchste Artenzahl jahreszeitlich vor den höchsten Individuenzahlen erreicht, denn um die Monatswende September/Oktober sind noch Nachzügler fast aller Frühzieher zu erwarten, während die ersten Individuen der spätziehenden Arten wie Gimpel, Bergfink, Rotdrossel bereits beteiligt sind. Erst in der 29. Jahresdekade (8. - 17. Oktober) werden die größten durchziehenden Mengen erfaßt, ausnahmsweise 60.000 - 90.000 Vögel/Tag. Im November gehen sowohl die Artenzahl als auch die Anzahl durchziehender Vögel rasch zurück. Nach wie vor sind noch bis zu 30 Arten und maximal 10.000 Durchzügler pro Tag möglich. Der tageszeitliche 25-%-Wert wird bei vielen Arten jetzt schon kurz nach der Morgendämmerung erreicht, wohl weil die Tage zur Nahrungssuche benötigt werden und manche tagziehende Art am Ende ihrer Zugzeit gar verstärkt nachts wandert (Kap. 12).

Maximale Dezember- und Januarwerte übersteigen selten 1000 Vögel. Anfang Dezember ziehen nur noch bis zu 13, um die Jahreswende und im Januar noch 5 – 8 Arten je Tag. Dieser späte Zug im Winter ist in der Regel das Ergebnis von Winterfluchten nach Kälte oder Schnee (Kap. 9.7).

Besonders die Artenzahlen/Tag haben heute im Vergleich zu einer früheren Übersicht (Gatter et al. 1986) zu diesem Thema zugenommen. Eine der Ursachen dafür ist die Zunahme früher seltener Großvögel, die von Schutzmaßnahmen und einem Verbot persistenter Pestizide profitiert haben.

Aus diesem Material gewonnene artspezifische „Zugmuster“ sind eine Fundgrube für Deutungen biologischer Abläufe nicht nur des eigentlichen Wegzugs, sondern auch für die „Randerscheinungen“ – andere Formen der Ortsveränderung –, die sich im Binnenland bei den meisten Arten fast unsichtbar abspielen und schwierig zu erfassen sind. Zunächst wird in Kap. 11.1 versucht, Methoden darzustellen, mit deren Hilfe sich solche Zugmuster beschreiben lassen. In Kap. 11.2 werden die Veränderungen der Zugmuster in den vergangenen Jahrzehnten angesprochen und einige grundlegende Unterschiede des Zugablaufs bei Lang- und Kurzstreckenziehern herausgearbeitet. Dann wird in Kap. 11.3 versucht, Differenzen in der Exaktheit der jahreszeitlichen Zugabläufe von fakultativ wandernden „Standvögeln“ und Teilziehern herauszufinden. Kap. 11.4 beleuchtet schließlich die vielfältigen Einwirkungsmöglichkeiten von Außenfaktoren auf die Zugzeiten und Kap. 11.5 behandelt die wenig bekannten Ortsveränderungen während der Dismigration und des Umkehrzugs.

11.1 Die jahreszeitlichen Zugmuster

„Die Isepiptesen der Ankunftsdaten einer Vogelart verbinden alle Orte mit gleichen Ankunftsdaten durch Linien miteinander, analog zu den Isothermen klimatischer Karten.“
A. v. Middendorff in "Memoires de l'Academie des Sciences de St. Petersburg" (1855).

Noch vor 35 Jahren waren Erst- und Letztdatum einer Zugperiode oft die wichtigsten und einzigen Kriterien, den Verlauf des Zuges einer Art in Europa darzustellen (z. B. Middendorff 1855, Stresemann 1948, Southern 1938a, b, 1941, Bruns 1961). In Finnland werden bereits seit 1750! Erstankunftsdaten aufgezeichnet (v. Haartman & Söderholm-Tana 1983). Obwohl diese Werte bei ausschließlich lokaler Betrachtung von vielen Zufälligkeiten abhängen, führten sie doch zu ausgesprochen interessanten Ergebnissen. Durch die über Aufrufe gewährleistete großräumige Beteiligung zahlreicher Mitarbeiter war es dank der großen Anzahl von Beobachtern möglich, ein Bild des Zugfortschritts aufzustellen (Isepiptesen). Doch selbst heute gelingt dies bei vielen häufigen Arten wie Rauchschwalbe, Fitis, Kuckuck oder bei der selteneren Waldschnepfe auf anderem Wege nur sehr unvollständig.

Durch Auswertung ganzer Zugzeiten erhält man ein „Zugmuster“, das die zeitliche Verteilung und Dichte der Durchzügler im Jahresverlauf widerspiegelt. Zugmuster aus Einzeljahren erlauben vielfach Rückschlüsse auf den Brutablauf der Art im „Einzugsgebiet“. Die Formen von Zugmustern aus Einzeljahren wie aus langjährig summierten Daten zeigen artspezifische Charakteristika, die auf unterschiedliche Zugstrategien hinweisen. Ihre Änderung nach Jahren kann auf geänderte Populations- bzw. Herkunftsstrukturen unter den Durchzüglern hinweisen (z. B. Ringeltaube in Kap. 8 und Kap. 17).

11.1.1 Die Definition einiger Kenngrößen

Für Vergleiche von Durchzugskurven verschiedener Jahre und verschiedener Arten ist es sinnvoll, sie über einige Zahlwerte zu charakterisieren (siehe NIEMEYER 1974).

Median: Eine symmetrische Normalverteilung kann durch Mittelwert und Streuung/Standardabweichung vollständig beschrieben werden. Da teilweise jedoch keine symmetrische Verteilung vorliegt, bietet der Median einen zutreffenderen Wert. Bei der Zugsaison ist dies der Tag, an dem 50 % der Durchzügler passiert haben. Als weitere Kenngrößen können die Quartilen, d. h. die Termine, an denen 25 % und 75 % der Vögel durchgezogen sind, sowie weitere Daten wie 5 % bzw. 95 % des Durchzugs genutzt werden. Bei symmetrischer Verteilung fallen Median und Mittelwert zusammen. Bei rechtssteiler Verteilung liegt der Median nach, bei linkssteiler zeitlich vor dem Mittelwert (Abb. 11.1.2). Der Median ergibt jedoch nur dann einen sinnvollen Wert, wenn die volle Zugperiode des Vogels erfaßt und Nichtzieher, Umkehrzügler etc. klar getrennt werden können (siehe die Lage der Quartilen- und Medianwerte in Abb. 11.5.7a und b).

Medianwerte der Einzeljahre (M_E) machen unterschiedliche Anteile der Altersgruppen bzw. Geschlechter in den einzelnen Jahren ebenso sichtbar wie Langzeittrends. Ein später M_E kann z. B. bei der Rauchschwalbe auf wetterbedingten Ausfall der Erstbrut hinweisen oder eignet sich zur Betrachtung von Detailfragen wie in Abb. 10.1.

Für verschiedene Fragestellungen kann es sinnvoll sein, neben Medianen von Einzeljahren unterschiedlich zusammengefaßte Werte heranzuziehen (GATTER 1991).

Als **kumulierter Medianwert (M_{kn})** wird hier der Median des aufsummierten Durchzugs aller erfaßten Jahre oder eines gewissen Zeitraumes bezeichnet. Die Daten vom RM zeigen, daß bei 32 untersuchten Arten bereits nach im Mittel 6,6 Jahren keine Abweichung mehr vom Median (M_{kn}) über die folgenden Jahre zu verzeichnen waren, je nach Vogelart bei 5 – 15 Jahren (Abb. 11.1.3, GATTER 1991). Bei der Bachstelze etwa wurde dieser „endgültige“ M_{kn} bereits im 5. Jahr erreicht und wich später nicht wieder davon ab. Neuere Untersuchungen zeigen jedoch, daß sich bei vielen Arten der Median über Faktoren wie das Klima systematisch verschiebt und letztlich damit auch der M_{kn} (GATTER 1992, Kap. 11.2).

Als zusätzliche Kenngröße und Vergleichswert zwischen Teilperioden aus langen Beobachtungs-

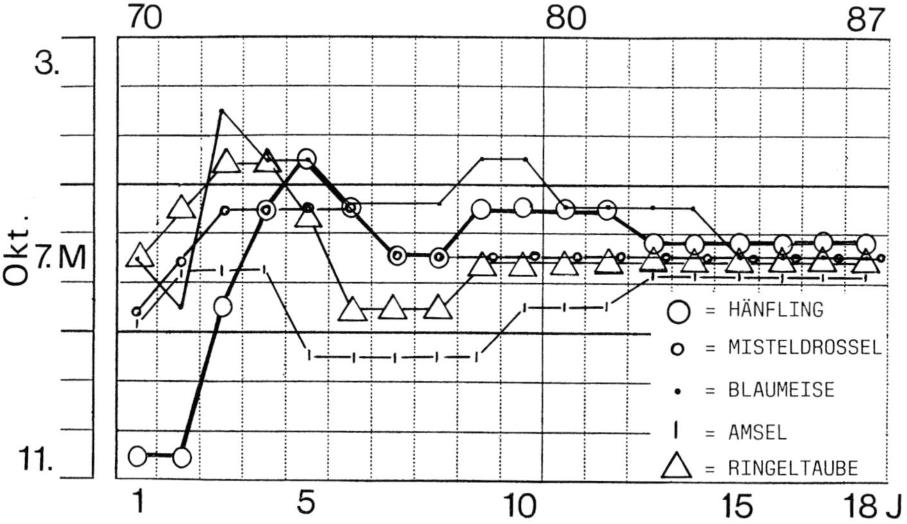

Abb. 11.1.1: Verlauf der kumulierten Medianwerte von 5 Arten mit „endgültigem“ M_{kn} 18 Jahre = 7. Oktober. – *Progression of cumulative median values for 5 species with final M_{kn} 18 years = 7 October.* Carduelis cannabina = *large open circles,* Turdus viscivorus = *small open circles, Parus caeruleus = dots,* Turdus merula = *vertical lines,* Columba palumbus = *triangles.*

reihen bietet sich der **Mittelwert der Mediane** der Einzeljahre **(M_M)** eines gewissen Zeitraums an. Im Gegensatz zum kumulierten Medianwert, der ein mit der Durchzugsmenge gewichteter Mittelwert ist, gehen hier schwache und starke Zugjahre gleichwertig ein.

Bei Erfassung von Teilzeiträumen oder wenn eine Trennung von Sommerwanderung und Herbstzug nicht möglich ist, kann eine Betrachtung der zeitlichen Lage des Durchzugsmaximums, ein zeitlicher Vergleich der Anstiegsflanke oder des Abfalls des Durchzugsdiagramms sinnvoller als der Median sein. Insbesondere bei Vergleichen mit Fremddaten ist dies z. T. sinnvoll (EBENHÖH & GATTER 1991).

Zugperiode der zentralen 50 % und 90 % des Gesamtzuges (Z_{50} und Z_{90}), Spitzenzugtage und Zugkonzentration

Eine Zugzeitdefinition anhand von Randdaten (z. B. BRUNS 1961) ist durch viele Zufälle geprägt. Bei vielen Arten wäre aufgrund des vom 15. Juli bis Ende November oder Dezember festgelegten Erfassungszeitraums gar keine Eingrenzung möglich. So sind die zentralen 50 % bzw. 90 % des gesamten Durchzugs geringer streuende Werte, die weniger vom Zufall geprägt sind und in der Folge als Zugperiode Z_{50} bzw. Z_{90} oder Zugperiode$_{50}$ bzw. Zugperiode$_{90}$ bezeichnet werden.

Zugperiode$_{50}$ wurde für die meisten Vergleiche aus dem alljährlich erfaßten Zeitraum 29. August – 6. November berechnet, zur Beurteilung der wahren Länge wurden die von Juli bis Ende November erfaßten Jahre 1970 bis 1987 herangezogen (Kap. 1).

Als **Spitzenzugtage** werden die besten Tage einer Saison mit den höchsten Durchzugszahlen der betrachteten Art bezeichnet und hier durch willkürliche Definition auf die 8 zugstärksten Tage einer Saison begrenzt. Als weitere charakteristische Kenngröße kann der Abstand zwischen den Spitzenzugtagen betrachtet werden, also die Zeit zwischen zwei Tagen mit sehr starkem Zug. Einzelne Vogelarten absolvieren ihren Wegzug an wenigen guten Zugtagen, dazwischen liegen mehr oder weniger große Zeitspannen ohne nennenswertes Zugaufkommen. Typische Vertreter sind Saatkrähe und Ringeltaube (GATTER & PENSKI 1978).

Diese Verteilung wird hier als **Zugkonzentration** charakterisiert und bezeichnet die Anzahl der Zugtage mit hohen Durchzugszahlen, die notwendig sind, um den entsprechenden Anteil der Durchzugssumme zu erreichen. Als Index wird jeweils der betrachtete Anteil an der Durchzugssumme angeführt (z. B. Zugkonzentration$_{25}$ = 25 % der Durchzugssumme). Ein gleichförmiger Durchzug mit geringen Änderungen von Tag zu Tag ergibt eine geringe Zugkonzentration. Bei einem auf wenige Tage verteilten Zug ist dieser Wert groß. Bei einigen Arten ziehen 25 % oder gar 50 % aller Individuen an wenigen Tagen durch. Siehe dazu Abb. 11.2.11.

11.1.2 Symmetrische und schiefe Zugmuster

Beim zeitlichen Verlauf des Legebeginns und damit auch bei Schlüpfterminen und dem Flüggewerden der Jungvögel ist bei der Mehrzahl der KSZ- und LSZ-Arten eine symmetrische Normal- oder GAUß-Verteilung erkennbar. Durch Gelegeverluste und Nachgelege kann sie linkssteil werden. Arten mit zwei Jahresbruten können zwei aufeinanderfolgende, sich überlappende GAUß -Verteilungen erkennen lassen. Dabei erscheint die zweite Brut im allgemeinen deutlich kleiner und regional verschieden (siehe hierzu LACK 1950, 1954). Linkssteile Verteilungen des Legebeginns werden durch den „Kalendereffekt“ etwas abgemildert. So haben späte Bruten mit geringerer Eizahl eine kürzere Legedauer. Bei spät geschlüpften Individuen süddeutscher Mönchsgrasmücken verläuft die Jugendentwicklung schneller (BERTHOLD 1988) und die einzelnen Phasen, wie Mauserbeginn, überlappen sich stärker als bei frühen Bruten. Vergleichbares berichten DOLNIK & BLYUMENTAL (1967) für Kohlmeise und Buchfink. Für nordeuropäische Populationen vieler gesamteuropäisch verbreiteter Arten trifft es ebenfalls zu. So dürften der Verlauf der Mauser sowie das Dispersal der Jungvögel bereits wieder verstärkt symmetrisch verteilt sein. Andere Beispiele werden in Kap. 11.5 gezeigt.

BERTHOLD & DORKA (1969) sehen den gemäß einer symmetrischen GAUß-Verteilung ablaufenden Zug als Kennzeichen endogen gesteuerten Zuges an. Wenn jedoch ein gravierendes, den Zug stark behinderndes oder förderndes Ereignis im ersten oder zweiten Zugabschnitt eintritt, wird die Kurve „schief“. Dies kann z. B. ein synchron einsetzender zweiter Brutbeginn sein, ausgelöst durch kaltnasse Tage mit Verlust aller vorherigen Gelege. In die Abweichungen von der Normalverteilung wurde seitdem viel hineininterpretiert. Kurven mit steilerem Anstieg und flacherem Abfall zum Zugende [rechtsschief bei BERTHOLD & DORKA (1969) bzw. linkssteil nach SACHS (1978)] wurden ausgeprägten Zugvögeln (LSZ) zugeschrieben, solche mit langsamem Anstieg bis zum Höhepunkt und steilem Abfall zum Zugende (rechtssteil/linksschief) als typisch für KSZ angesehen. Die Problematik zeigt sich schon im Vergleich der an einem Ort von den gleichen Leuten mit unterschiedlichen Methoden erfaßten Vögel einer Art. Rechtssteile phänologische Muster zeigen z. B. ziehende Mäusebussarde und Sperber in Abb. 11.1.3 oben. Ein linkssteiles „Zugmuster" zeigen dagegen die Zahlen der gleichzeitig stündlich erfaßten Höchstzahlen am RM anwesender Mäusebussarde in der gleichen Abb. rechts unten, während die ebenso erfaßten Sperber eine weitgehende GAUß-Verteilung „ergeben". Bei beiden Arten stellen rastende Durchzügler den größten Anteil der anwesenden Vögel.

Bei vielen Vogelarten ziehen Jung- und Altvögel nacheinander (zahlreiche Beispiele HVM). Zuggeschwindigkeit und Zugfortschritt sind bei Jungvögeln geringer (GATTER & BEHRNDT 1985, ELLEGREN 1993). Bereits mit diesen Größen und dem jährlich wechselnden Bruterfolg lassen sich großräumig und jahrweise unterschiedliche Durchzugsmuster mit rechts- wie auch linkssteilem Verlauf voraussagen. Wenn außerdem verschiedene Populationen am Durchzug beteiligt sind, können sie weiteren Anlaß für einen jahrweise unterschiedlichen Durchzugsverlauf liefern. Dieser zeitversetzte Zug ist für jeden Feldbeobachter am nacheinander ablaufenden Frühjahrszug der verschiedenen Schafstelzenunterarten sichtbar.

In jedem Jahr wird ein individueller Durchzugsverlauf erfaßt. Erst ein langjähriger Mittelwert ergibt den charakteristischen Verlauf. Durchziehende LSZ zeigen zu 47 % eine symmetrische GAUß-Verteilung, KSZ sogar zu 57 %.

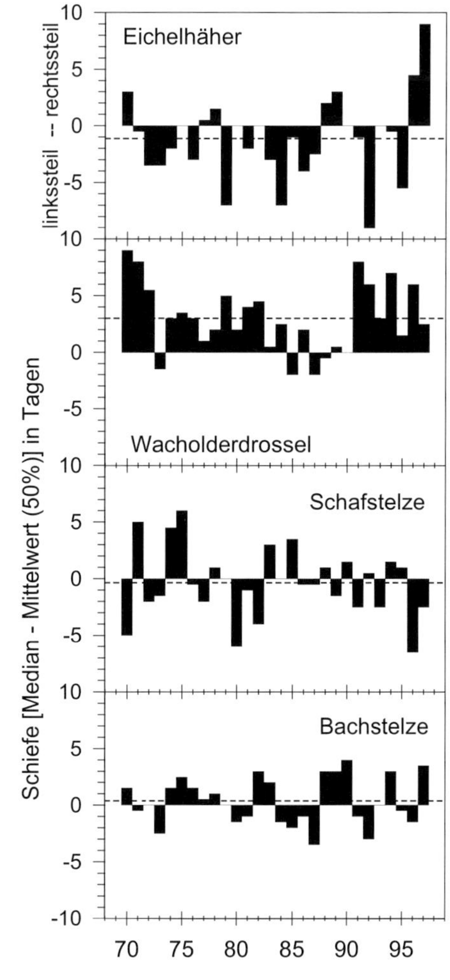

Abb. 11.1.2: Der jährliche Durchzug ergibt in den seltensten Fällen eine symmetrische Normalverteilung, wie sie z. B. Abb. 11.5.4 zeigt. Die Schiefe variiert von Jahr zu Jahr, hier dargestellt als Differenz von Median und Mittelwert der zentralen 50 % der Zugperiode. Der Eichelhäher ist eine Art mit überwiegend linkssteilen Verteilungen. Die Wacholderdrossel hat einen hohen Anteil fakultativer Zieher, der Durchzug erscheint meist rechtssteil, weil das Zugende abgeschnitten wird. Schafstelze (LSZ) und Bachstelze (KSZ) weisen im Mittel symmetrische Normalverteilungen auf, auch wenn in der Mehrzahl der Jahre die Verteilungen schief sind. Gestrichelt jeweils die Mittelwerte. – *It is only in the rarest cases that the annual passage has the pattern of a symmetrical normal distribution. The skewness varies from year to year, shown here as the difference in the median and mean of the central 50 % of the migration period.* Garrulus glandarius *is a species showing a mainly left-skewed distribution.* Turdus pilaris *populations have a large fraction of facultative migrants; passage appears mostly right-skewed because the end of the migration period is cut off.* Motacilla flava *(long-distance migrant) and* M. alba *(short-distance migrant) show on average symmetrical normal distributions, despite the fact that the distributions in the majority of years are skewed. Vertical axes: skewness in days [median - mean (50 %)]; means are shown as dashed lines; left-skewed distribution below line, right-skewed above.*

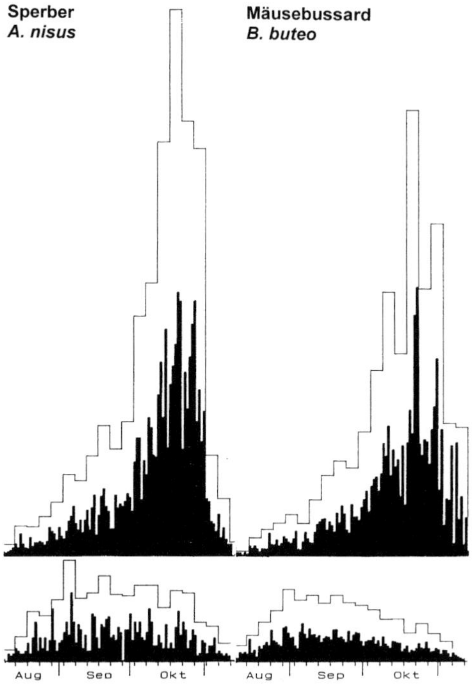

Abb. 11.1.3: Jahreszeitliche Verteilung der Tages- und Pentadensummen von ziehenden (oben) und nichtziehenden (unten) Mäusebussarden und Sperbern am RM. – *Annual distribution of observations of migrating (above) and non-migrating (below)* Buteo buteo *(right) and* Accipiter nisus *at Randecker Maar.*

Eine Folge guter bzw. schlechter Brutjahre mit der Summe der Zugmuster ihrer Teilgruppen ergibt zwangsläufig stark wechselnde Verläufe, die sich erst im Laufe der Jahre ausgleichen (Abb. 11.1.2).

Jährlich unterschiedliche Anteile von Tag- und Nachtzug und die damit von Jahr zu Jahr unterschiedliche Beteiligung von Altersgruppen bzw. Populationsanteilen am Tagzug beeinflussen die Zugmuster ebenfalls (Kap. 12).

Bei großräumigem Schneefall oder Frost kann ein Großteil der bis dahin verbliebenen Vögel einer Art nahezu gleichzeitig aufbrechen und binnen weniger Tage abziehen, und das Zugmuster wirkt abgeschnitten. Auch hier erhält man vielfach durch Mittelung über viele Jahre noch ein ausgeglichenes Durchzugsdiagramm. Die Arten mit nahezu jährlichen oder besonders ausgeprägten Winterfluchten, z. B. Mäusebussard, ergeben jedoch auch langjährig gemittelt deutlich rechtssteile Verteilungen (Abb. 11.1.3). Doch auch bei ihnen müßte man die nicht mehr erfaßten, in den einzelnen Wintern verschieden späten oder gar ausbleibende Fluchten voll berücksichtigen (Kap. 9.7)

11.1.3 Mehrgipfliger Durchzug

„Schwalben, die auf dem Rückzuge in der zweiten Februarhälfte in Nordafrika ankommen, können unmöglich identisch sein mit den Vögeln, die erst im März von Südafrika aufbrechen."

W. L. Sclater in „The migration of birds in South Africa", British Association, Johannesburg (1905).

Mehrgipfligkeit kann prinzipiell durch unterschiedliche Hauptzugzeiten verschiedener Populationen (z. B. Petryna 1976, s. o. Schafstelze), der Geschlechter (z. B. Gatter 1976b) oder der Alt- und Jungvögel einer Art (Kap. 17) zustandekommen. Für jede Gruppe kann eine Normalverteilung angenommen werden. Ein auffälliges Beispiel ist der Sichelstrandläufer, bei dem erst die roten Altvögel im Brutkleid und später, weitgehend getrennt, die unscheinbaren Jungvögel durch Mitteleuropa ziehen.

Neben diesem mehrgipfligen „echten Wegzug" können nachbrutzeitliche Wanderbewegungen einen zusätzlichen „Vorgipfel" erzeugen, der nicht immer vom eigentlichen Wegzug getrennt werden kann. Besonders schwierig wird dies bei Erfassungen der rastenden Vögel, wenn kein Bestandsminimum vor dem Wegzugbeginn auftritt. Mit seinen sehr auffälligen Spätsommerwanderungen ist der Star ein in der Literatur vielfach angeführtes typisches Beispiel.

So ist auch das Grundmuster des jahreszeitlichen Auftretens zwischen Brutzeit und Winter am RM in verschiedenen Fällen zweigipflig. Dabei können die Gipfel nicht ohne weiteres zugeordnet werden, wenn die nachbrutzeitlichen Bewegungen nicht aufgrund anderer Kriterien getrennt werden können (z. B. Jenni 1984b). Das Zugmuster wird dann durch die zeitliche Lage des eigentlichen Wegzugs und die des nachbrutzeitlichen Umherstreifens bestimmt. Starke nachbrutzeitliche Bewegungen und Umkehrzug fließen an Fangstationen häufig in die eigentlichen Zugmuster ein, wenn Zugrichtungen nicht festgestellt werden (Jenni 1984b). Bei der Zugplanbeobachtung können sie nach den Zugrichtungen geordnet werden (s. Abb. in Kap. 11.5).

11.1.4 Jahreszeitliche Zugabläufe aus unterschiedlichen Erhebungsmethoden

Methodisch unterschiedlich gewonnene Zugmuster und damit auch die Kenngrößen (Zugbeobachtung, Rastplatzzählung, Fang) können voneinander abweichen, wie an zahlreichen Beispielen belegt wurde (GATTER 1991). Auch bei Zugbeobachtungen des Wegzugs kann Dismigration in südliche Richtungen zunächst nicht vom normalen Wegzug unterschieden werden. Wenn jedoch in nördliche Richtungen ziehende Vögel unter „Zwischen- bzw. Umkehrzug" erfaßt werden, ermöglichen sie die Abgrenzung der verschiedenen Phasen. Den Durchzugsmaxima (Peaks) kann hier für Vergleichszwecke eine höhere Bedeutung zukommen.

Abb. 11.1.3 macht deutlich, daß zumindest für einen Teil der Arten aus dem „Rastbestand" kein Durchzugsverlauf rekonstruiert werden kann. Beim Mäusebussard zeigt das Auftreten von Nichtziehern ein flaches Plateau von Ende August bis Anfang Oktober. Dieser Rastbestand setzt sich aus anwesenden „Reviervögeln" und einem – bei dieser farblich variablen Art gut nachvollziehbaren – ständig wechselnden Potential von Durchzüglern zusammen. Auch beim Sperber weist das Muster anwesender Vögel kaum Ähnlichkeit mit dem der aktiv ziehenden auf. Doch nicht nur bei diesen in der Region brütenden Arten unterscheiden sich phänologische Abläufe stark. Dasselbe wurde zwischen ziehenden und rastenden bzw. umherstreifenden Merlinen festgestellt (THIOLLAY 1966, GATTER 1970b). Andere Arten lassen erkennen, daß der Einzug ins Gebiet durch unauffällige Formen der Ortsveränderung erfolgen muß (Schleichzug, Nachtzug, Dismigration, Kap. 11.5), die sich zeitlich deutlich vom tags erfaßbaren Zuggeschehen unterscheiden.

Zusammenfassung
11.1 Die jahreszeitlichen Zugmuster

Das Kapitel behandelt Grundzüge der Deutung und Wertung von Zugmustern, Zugkonzentrationen und die Vergleichbarkeit von Materialien aus verschiedenen Erhebungsmethoden.

Summary
11.1 The annual migration pattern

The chapter deals with the basics of interpretation and analysis of circannual migration patterns, migration concentrations, and the comparability of data obtained from different monitoring methods.

11.2 Welche Faktoren beeinflussen die Zugabläufe am Randecker Maar?

Die Zugstrategie einer Art bildet sich mit ihren Komponenten wie Dauer, Verteilung und Konzentration in den Zugmustern ab. In den folgenden Abschnitten sollen diese Zusammenhänge dargestellt werden. Hierbei werden oft die „Zugstrategie-Grundtypen" (vgl. Kap.4) Langstreckenzieher (LSZ), Kurzstreckenzieher (KSZ) und Teilzieher (TZ) zusammen betrachtet, um die jeweiligen Gemeinsamkeiten herauszustellen.

11.2.1 Zeitliche Lage und Veränderungen der Mediane

Mehl- und Rauchschwalben, Baumpieper und Schafstelze, LSZ also, dominieren am RM das Zuggeschehen im August/September. Finkenarten, Star, Ringeltaube, Saatkrähe und andere KSZ, die nördlich der Sahara überwintern, treten anschließend als häufigste Arten in Erscheinung. Entsprechend verteilt liegen auch die Mediane der LSZ und KSZ (Abb. 11.2.1, GATTER 1991).

Dem Zug vorangehende physiologische Veränderungen (Mauser, Aufbau von Fettdepots, Änderungen im Ernährungs- und Aktivitätsverhalten, Änderungen im hormonellen Gefüge) sind eng mit der Tageslänge korreliert, deren jahreszeitlich bedingte Veränderung als Zeitgeber dient. LSZ ziehen im allgemeinen bereits aus Europa ab, wenn hier noch kein Nahrungsmangel herrscht. Der rechtzeitige Abzug wird also durch andere Faktoren in Europa, z. B. Extremklimawerte (siehe Rauchschwalben, Kap. 9.8), oder zeitweisen Nahrungsmangel im Durchzugs- oder Winterquartier beeinflußt. Dasselbe ist bei diesen Arten für den Heimzug zu erwarten (BROWN & BROWN 1999). Auch wenn das Zugprogramm streng endogen gesteuert wird, so spielen doch exogene Faktoren langfristig bei der Terminierung des Zuges die entscheidende Rolle (Kap. 9.8). Bei der Mehrzahl der europäischen LSZ dürfte das heutige endogen gesteuerte Zugverhalten im Laufe vieler Generationen durch die regelmäßigen annualen Einflüsse in Afrika (Regenzeiten, Nahrungsangebot, Kap. 15.8) und Europa (unzeitgemäße Kälteeinbrüche) herausselektiert worden sein. D. h., der einzelne Vogel wandert endogen bestimmt und bei der Art als Gesamtheit wird dieser endogene Kalender ständig durch exogene Faktoren „justiert". Wenn z. B. alle spät ziehenden Vögel im Rast- oder Winterquartier nicht ausreichend Nahrung fanden und verstarben, bleiben im Genpool letztendlich nur die Vögel mit mehr oder weniger optimaler Ankunftszeit. Ein solches endogen gesteuertes Zugprogramm, das einen „termingerechten" Abzug unabhängig von noch günstigen Lebensbedingungen im Brutgebiet ermöglicht, ist auch für tagziehende LSZ nachgewiesen (Kap. 11.3). Mit fortschreitendem Herbst wird allerdings auch die Aussicht, Mitteleuropa, Alpen, Pyrenäen und Mittelmeer bei geeigneten Wetterlagen zu überqueren, statistisch gesehen zunehmend schlechter. In der zweiten Septemberhälfte liegt eine relativ deutliche Wettergrenze. Mit dem Ende des Altweibersommers, einer mit besonders großer Regelmäßigkeit wiederkehrenden Wettereigentümlichkeit, geht ein Rückgang stabiler Hochdruckgebiete und eine Zunahme der Westlagen einher (Kap. 9).

Wie stark solche Dinge aber selbst kleinräumig durch die Topographie beeinflußt werden können, zeigen Vergleiche zwischen den nur 5 km auseinanderliegenden Beobachtungspunkten Hohenbol, am Fuß der Schwäbischen Alb gelegen, und dem RM, auf der Mittelgebirgshöhe. In genau der Hälfte aller untersuchten Fälle ließ sich das „Kippen" der DZZ von LSZ auf KSZ mit einem deutlichen Wetterwechsel begründen. Das Einsetzen von stärkerem Finkenzug, gelegentlich begleitet von höheren Taubenzahlen, fiel in diesen Fällen mit Tiefdruckeinflüssen zusammen, die schlagartig höhere KSZ-Zahlen auslösten und damit gleichzeitig die doch starke exogene Beeinflussung der KSZ demonstrieren. Ein Vergleich der Zugdaten vom RM mit jenen vom Sattelbogen und Hohenbol aus den Jahren 1967 – 1973 sowie unregelmäßig aus späteren Jahren (besonders dank der Mitarbeit von R. ROCHAU) zeigte, daß dieses Umkippen dort, rein quantitativ betrachtet, in 10 von 12 Jahren um 2 – 4 Tage später erfolgte als am RM. Der zeitliche Unterschied zwischen Mittelgebirge und nördlichem Gebirgsfuß läßt nur folgenden Schluß zu: zahlreiche spät ziehende Schwalben (die die Menge der LSZ bilden) meiden mit dem Eintreten kühlerer Temperaturen und schlechtem Wetter zunehmend die Überquerung des Gebirges und neigen zur Umfliegung der Alb (Näheres dazu Kap. 8.2).

Das langjährige mittlere Datum, an dem die DZZ der KSZ schließlich die der LSZ übertreffen, fällt am RM für die Jahre 1967 – 1994 auf den 27. September.

Die Lage des jährlichen Durchzugsmedians einer Vogelart variiert in Abhängigkeit von vielen Faktoren. Bruterfolg, Witterung und Wetter zur Zugzeit sind nur einige der Einflußgrößen. Insgesamt deutet sich bei vielen Arten langfristig eine systematische Lageverschiebung an.

Median-Trends der ersten zwei Jahrzehnte aus komplett erfaßten Zugzeiten

Der Zeitraum von 1970 bis 1990 wurde in 3 Abschnitte zu zweimal 7 und einmal 6 Jahren unterteilt und für diese jeweils der M_{kn} bestimmt. Bis einschließlich 1987 wurde noch von Mitte Juli bis nach Mitte November erfaßt und damit der komplette Zugzeitraum für die Mehrzahl der Arten (Kap. 1). Die Medianwerte dieser ersten voll erfaßten Jahre zeigt Abb. 11.2.1.

Bei einer Reihe von Arten haben sich die Mediane zwischen den Abschnitten in diesem Zeitraum verschoben (siehe auch GATTER 1991). 42 häufige LSZ, KSZ und TZ wurden deshalb genauer überprüft.

Bei zwei Dritteln der KSZ unter den Singvögeln verschob sich der M_{kn} des dritten Siebenjahreszeitraums gegenüber dem ersten auf spätere Zeiten, bei jeder zweiten Art sogar kontinuierlich über die drei Zeiträume. Jeweils vier bzw. fünf Arten zeigten entweder keine Abweichung des ersten vom dritten Zeitraum oder es ergab sich eine Vorverlegung. Auch bei den kurzstreckenziehenden Non-Passeres verschoben fünf Arten ihren M_{kn} über die Siebenjahresintervalle kontinuierlich nach hinten.

Unter den langstreckenziehenden Singvögeln zeigten die beiden häufigen Schwalben Vorverlegungen der Medianwerte (Kap. 9.8), Schafstelze und Brachpieper jedoch spätere Daten.

Unter den langstreckenziehenden Großvögeln wiesen Baumfalke und Rohrweihe kontinuierliche Vorverlegungen auf, der Fischadler vier Tage Verspätung, der Wespenbussard blieb unverändert.

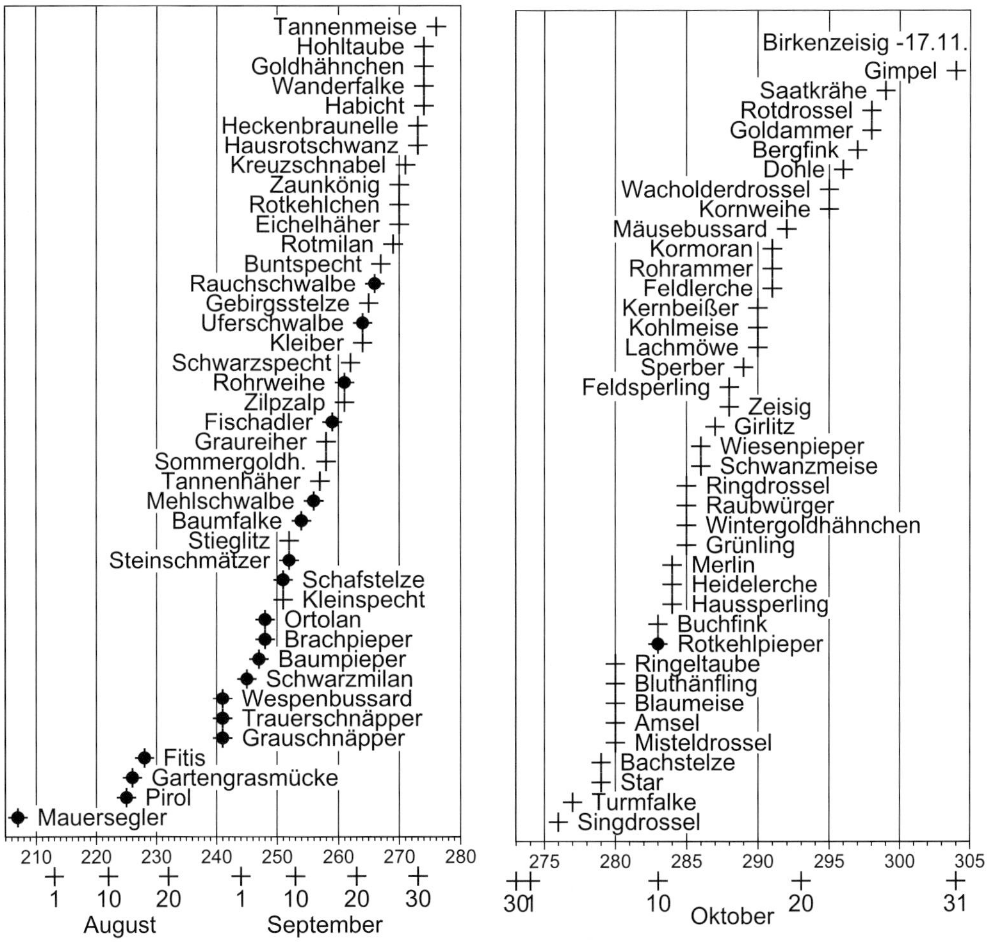

Abb. 11.2.1: Über 18 Jahre kumulierte Mediane (M_{kn}) der am Randecker Maar regelmäßig durchziehenden Arten aus komplett erfaßten Zugzeiträumen (Mitte Juli bis nach Mitte November). Es wurden alle Arten berücksichtigt, von denen innerhalb dieser Jahre mehr als 100 Vögel erfaßt wurden. Arten mit Punkt = LSZ. Verändert nach GATTER 1991. – *Cumulative medians of regular passage migrants over 18 years (M_{kn}) at Randecker Maar compiled from all monitored complete migration periods (mid-July to mid-November). The data are based on all species of which more than 100 individuals were recorded in these years. Species marked with dot = long-distance migrants. Altered after GATTER 1991.*

Kurzstreckenzieher verspäten sich, Langstreckenzieher wandern früher – Median- und Quartilen-Trends für 1970 – 1997 im gekürzten standardisierten Erfassungszeitraum

Ab 1988 wurde die zuvor weitgehend komplett erfaßte Zugzeit auf den Zeitraum vom 29. August bis 6. November eingeschränkt. Davor und danach wurden wetterbedingt geeignete Zeiten soweit wie möglich verfolgt, in dieser Auswertung aber nicht berücksichtigt. Für sehr frühe Arten wie Wespenbussard und Mauersegler wird damit der Zugbeginn, bei sehr späten Ziehern wie Gimpel und Saatkrähe das Ende des Zuges nicht mehr erfaßt. Je nach Größe des wegfallenden Anteils und zeitlicher Verteilung bewegen sich Median und Quartilen vom Anschnitt weg. Zeitdifferenzen werden in diesen Fällen kleiner, in Extremfällen wie beim Mauersegler nicht mehr bestimmbar.

Mediane verschieben sich beim Anschnitt der Durchzugskurve weniger als die 25-%- und 75-%-Quartilen. Trends, die auf Medianen basieren, sind dann sicherer und weichen geringer vom „wahren" Tag ab als solche der Quartilen. Die zeitlichen Verlagerungen der Abb. 11.2.2 sind deshalb diesen Mediantrends entnommen. Bei der Blaumeise (Abb. 11.2.3) lag der aus der Trendgeraden bestimmbare Medianwert 1970 am 4. Oktober, 1997 dagegen am 17. Oktober

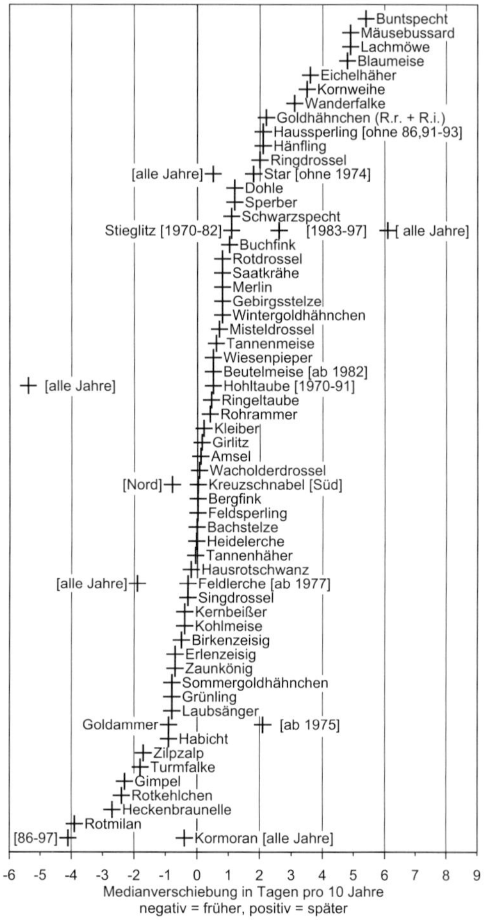

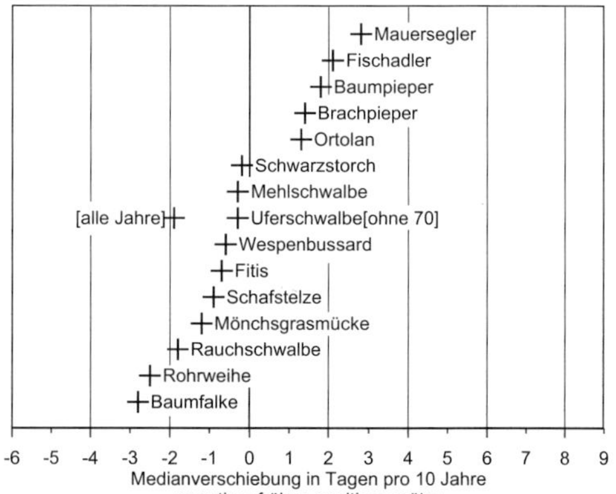

Abb. 11.2.2: Systematische zeitliche Verschiebung des Medians aller häufigen Arten sortiert nach Abweichung über alle Jahre (1970 – 1997) innerhalb des Standarderfassungszeitraums (29.8. – 6.11.). Die Zahlenwerte wurden den Steigungen der linearen Trends durch die Mediane der Einzeljahre entnommen (siehe z. B. Abb. 11.2.3 und Text auf folgender Seite). **a)** (oben) Kurzstrecken- und Teilzieher, **b)** (unten) Langstreckenzieher. – Bei den frühen Langstreckenziehern und den späten Kurzstreckenziehern wurde der Durchzug der meisten Arten nicht komplett erfaßt. Die wahren Medianänderungen dürften größer sein. – *Systematic shift in timing of median for all common species, listed according to deviation within the standardized study period (29.8 – 6.11) over all years (1970 – 1997); the values are derived from the gradients of the linear trends drawn through the medians of individual years (see, e. g., Fig. 11.2.3 and the text on the next page).* ***a)*** *(above) short-distance and partial migrants,* ***b)*** *(below) long-distance migrants. – Monitoring did not cover the complete passage of early long-distance migrants, and late short-distance migrants, so actual median shifts are probably greater. Shift in median timing in days per 10 years: negative = earlier, positive = later.*

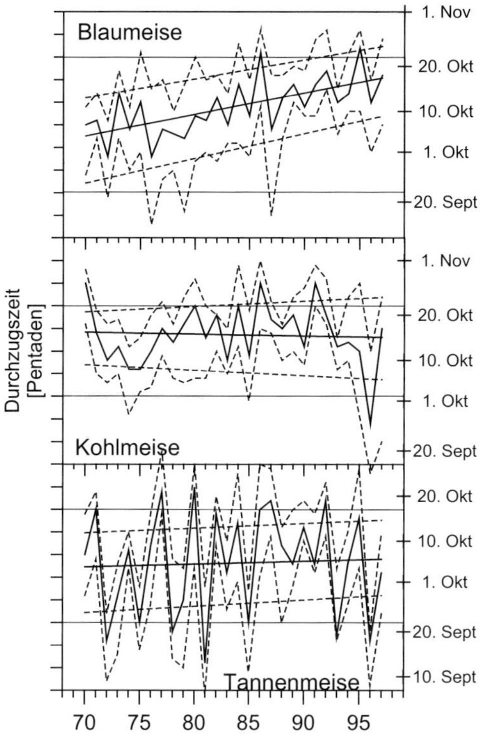

Abb. 11.2.3: Durchzug von Blaumeise, Kohlmeise und Tannenmeise. Lage von Median (ausgezogene Kurve) sowie 25-%- und 75-%-Quartile (gestrichelt) über alle Jahre und deren lineare Trends. – *Passage of* Parus caeruleus, P. major, *and* P. ater *(from top to bottom). Timing of median (solid line) plus 25 % and 75 %-quartiles (dashed lines) over all years and their linear trends. Vertical axis: timing of passage in pentads.*

(Abb. 11.2.2, vierte Art von oben) und verspätete sich damit um knapp 5 Tage/Jahrzehnt. Für die Zeitverschiebung in die entgegengesetzte Richtung steht der in Abb. 17.90b dargestellte Gimpel. Bei derselben Vorgehensweise verlagerte sich sein Median vom 26. Oktober auf den 20. Oktober. Dies entspricht einer Zugverfrühung um 2,3 Tage/Jahrzehnt (fünfte Art von unten in Abb. 11.2.2).

Auffallend sind die Unterschiede innerhalb einzelner Vogelgruppen. Während sich der Median der Blaumeise kontinuierlich um zwei Wochen zum Winter hin verschob, blieb er bei der im gleichen Habitat brütenden und gleichfalls durch die Menschen geförderten Kohlmeise konstant (Abb. 11.2.2a, 11.2.3). Der Median des aus dem Norden zuziehenden Bergfinken blieb über den gesamten Erfassungszeitraum gleich, dagegen zieht der in ganz Europa brütende Buchfink heute drei Tage später (Abb. 11.2.4).

Auch zwischen Zugzahlen und Zugzeiten bestehen offensichtlich Zusammenhänge. Die Durchzugsmenge der Greifvögel hat innerhalb des untersuchten Zeitraumes zugenommen. Rohrweihen und Baumfalken als LSZ ziehen heute mehr als eine Woche früher (Abb. 11.2.2 b). Der gleichfalls in zunehmender Zahl erfaßte, nach Afrika wandernde Fischadler zieht dagegen heute eine Woche später, der Rotmilan als KSZ bei steigenden DZZ am RM inzwischen mehr als 10 Tage früher (Abb. 11.2.2a). Dagegen verspäten sich die heute häufigeren und auch vor Ort überwinternden Mäusebussarde mit zwei Wochen und Sperber mit fünf Tagen immer mehr. Dasselbe gilt für die zuwandernden Kornweihen und den Merlin. Beim Turmfalken ist bei leichter Zunahme der Durchzugsmenge eine geringe Vorverlegung des Medians bei deutlich längerer Zugperiode$_{50}$ zu verzeichnen.

Im Gegensatz zu den vorher betrachteten Arten ziehen die Vertreter der großen Drosseln auffallend konstant. Bei allen Arten ist trotz unterschiedlicher Zugstrategien und Bestandstrends die Änderung des Medians kleiner als 1 Tag/ Jahrzehnt (Abb. 11.2.2a).

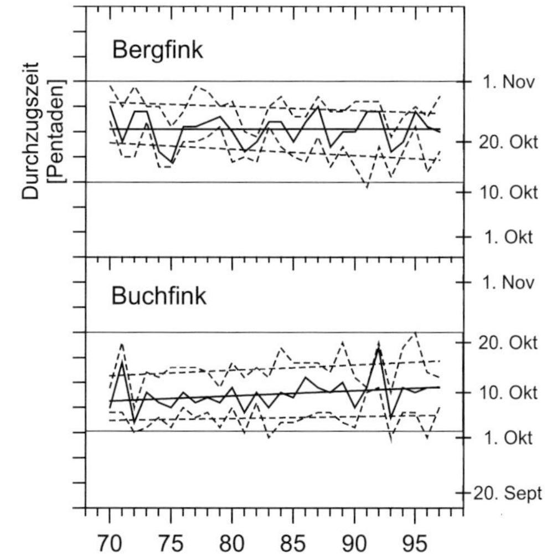

Abb. 11.2.4: Durchzug von Bergfink (oben) und Buchfink (unten). Siehe Abb. 11.2.3. – *Passage of* Fringilla montifringilla *(above) and* F. coelebs *(below). See Fig. 11.2.3.*

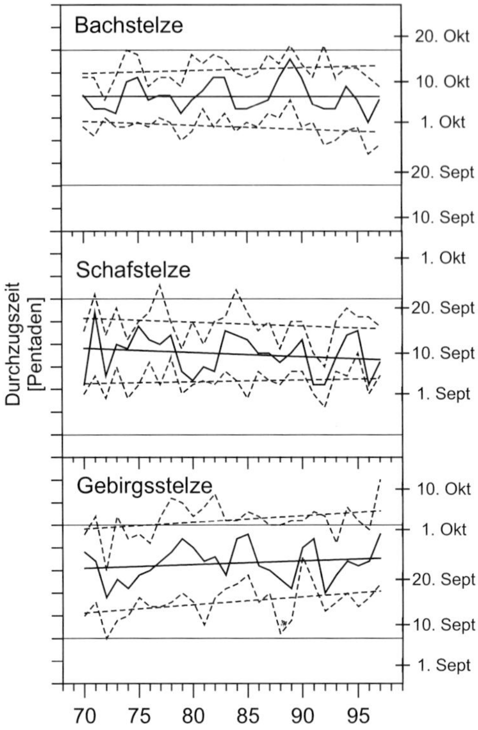

Abb. 11.2.5: Oben Bachstelze (Kurzstreckenzieher), Schafstelze (Langstreckenzieher) und Gebirgsstelze, ein Dreierstratege. Siehe Abb. 11.2.3. – Motacilla alba *(above: short-distance migrant),* M. flava *(long-distance migrant), and* M. cinerea, *a triple strategy species (resident, short-distance and long-distance migrant). See Fig. 11.2.3.*

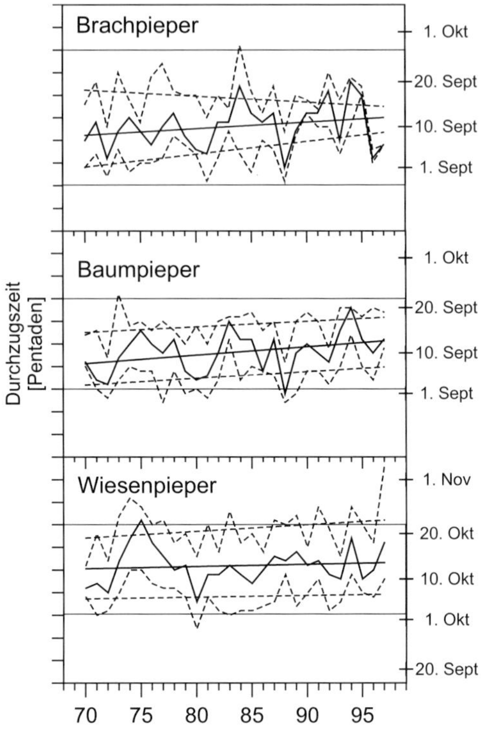

Abb. 11.2.6: Brachpieper (oben) und Baumpieper sind Langstreckenzieher, der Wiesenpieper ist Kurzstreckenzieher. Siehe Abb. 11.2.3. – Anthus campestris *(above) and* A. trivialis *are long-distance,* A. pratensis *a short-distance migrant. See Fig. 11.2.3.*

Bei zwei der drei Schwalben, die als LSZ und ausgeprägte Zugvögel nach Afrika ziehen, verzeichneten wir einen recht konstant liegenden Median. Sowohl die spärlich durchziehende Uferschwalbe (ohne Jahre mit sehr geringem Durchzug) wie auch die häufigste hier durchwandernde Schwalbe, die Mehlschwalbe, weisen mit –0,3 Tage/10 Jahre nur unbedeutende Änderungen auf. Die Rauchschwalbe, der am spätesten ziehende LSZ, hat dagegen ihren Zug mit –1,8 Tagen/10 Jahre inzwischen um über 5 Tage vorverlegt. Hier dürfte die Schwalbenkatastrophe 1974 nicht ohne Einfluß geblieben sein, indem sie spät ziehende Populationsanteile auslöschte (siehe Kap. 9.8).

Die Familie der Stelzen hat Vertreter aller Zugstrategien. Die kurzstreckenziehende Bachstelze zieht seit drei Jahrzehnten ohne zeitliche Änderung. Die in den Tropen überwinternde Schafstelze hat ihren Zug um 3 Tage vorverlegt und die Gebirgsstelze als Teilzieher in gleicher Größenordnung nach hinten (Abb. 11.2.5). Bei allen drei Arten hat sich in der Menge der durchziehenden Vögel nichts Bedeutendes getan.

Die nahe verwandten Pieper haben ihren Median allesamt auf etwas spätere Zeiten verlegt (Abb. 11.2.6). Dies gilt sowohl für den intrapaläarktisch ziehenden Wiesenpieper (zwei Tage) wie auch für die nach Afrika wandernden Baumpieper und Brachpieper mit jeweils ca. 5 Tagen im Berichtszeitraum. Beim Brachpieper ist der Bestand in dieser Zeit zusammengebrochen.

Die im ähnlichen Habitat wie der Brachpieper vorkommende Heidelerche, ein KSZ, mit insgesamt gleichfalls negativem Bestandstrend, hat ihren Zugverlauf über alle Jahre dagegen nicht verlagert. Bei der Feldlerche, mit überregionalem Abwärtstrend, findet sich zwar über alle Jahre betrachtet auch ein Trend zur Vorverlegung, von 1977 bis heute hat sich der Median

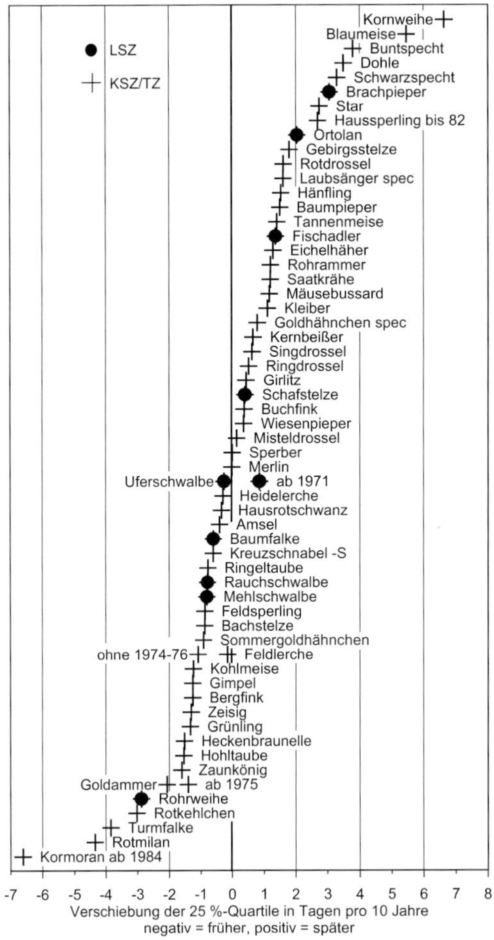

Abb. 11.2.7: Langzeittrend aller Arten mit Lageänderung der 25-%-Quartilen über den gesamten Beobachtungszeitraum 1970 – 1997 aus dem Standarderfassungszeitraum 29. August – 6. November in Tagen/Jahrzehnt. Die Quartilenänderung wird bei sehr frühen, wie bei sehr späten Arten durch die nicht vollständig erfaßte Zugzeit beeinflußt.– *Long-term trend of all species, i. e. the shift in timing (in days/decade) of the 25 %-quartiles over the entire observation period 1970 – 1997, based on the standardized study period 29 August – 6 November. The quartile shift is influenced in very early as well as in very late species by the fact that their migration period was not monitored in full.* LSZ = *long-distance migrants;* KSZ/TZ = *short-distance/partial migrants; negative = earlier, positive = later.*

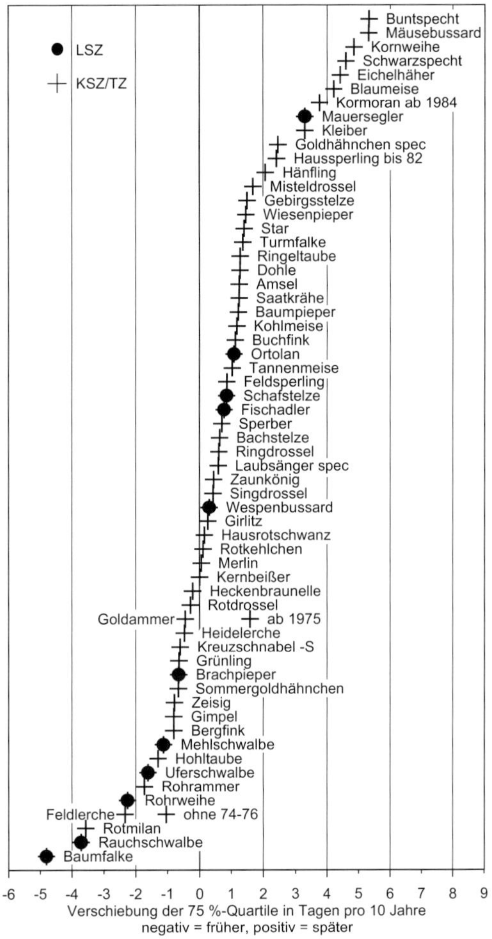

Abb. 11.2.8: Lageänderung der 75-%-Quartile für alle Arten 1970 – 1997 in Tagen/Jahrzehnt. Hier können die späten Arten durch den standardisierten Zeitraum beeinflußt sein. Siehe Abb. 11.2.7. – *Shift in timing of the 75 %-quartiles of migration of all species 1970 – 1997 in days/decade. The late species data could be affected by the position of the standardized study period. See Fig. 11.2.7.*

jedoch nur noch unwesentlich um –0,6 Tage verschoben und liegt damit seit 20 Jahren am gleichen Tag.

Unter den Finkenvögeln findet man Vorverlegungen des Medians wie auch Verspätungen (Abb. 11.2.2a).

Bei Arten, die Mitteleuropa weitgehend verlassen (Girlitz, Rohrammer, Hänfling), gibt es geringe und stärkere Verspätungen. Unter Arten, die hier sowohl brüten als auch im Winter zuziehen, gibt es sowohl Verspätungen als auch früheren Zug (früher bei Gimpel und Grünling, später bei Feldsperling und Buchfink). Die Mediane der überwiegend in Invasionen auftretenden Arten haben sich langjährig nur gering verändert. Beim Erlenzeisig sind es −0,1 (alle Jahre) bzw. +1 Tag/10 Jahre für die Invasionsjahre. Eine Vorverlegung des Medianwerts für den Wegzug des Erlenzeisigs um drei Pentaden, wie sie BEZZEL (1995) für den Nordalpenraum an Daten rastender Erlenzeisige aus 40 Jahren beschreibt, kann durch unsere Zugdaten nicht bestätigt werden.

Der Stieglitz zeigt abrupte Änderungen der erfaßten Zahlen und Zugzeiträume (Abb. 17.85). Bis 1982 zogen durchschnittlich 7.350 Ex./Jahr, in den folgenden Jahren im Mittel nur noch 2.250. Gleichzeitig machte der Median einen Sprung vom 13. auf den 24. September, mit sehr großen zeitlichen Sprüngen zwischen den Einzeljahren und die Zugperiode$_{50}$ stieg von 16 auf 24 Tage an. Eine potentielle Erklärung wäre, daß der stark zunehmende Raps- und Sonnenblumenanbau im Albvorland ab den 1980er Jahren eine Veränderung der Zugwege entlang der Alb statt über die Alb mit sich brachte. Tatsächlich sind die Kohldistelbestände *Cirsium* südlich des RM heute im Gegensatz zu früher kaum mehr genutzt, während nördlich des RM Tausende von Stieglitzen in den Feldern sitzen.

Der Baumpieper mit relativ konstantem Bestand zieht bei konstanter Dauer der Zugperiode$_{50}$ laufend später. Die zwei anderen LSZ mit Verspätungen, Brachpieper und Ortolan, weisen beide starke Bestandseinbrüche auf. Der Ortolan mit nur noch geringen DZZ verspätete sich insgesamt, während sich beim Brachpieper zwar der Median verspätete, der heutige Durchzugszeitraum aber noch immer innerhalb der früheren Durchzugsperiode liegt (Abb. 11.2.6). Die Rauchschwalbe ist bei relativ konstanten DZZ unter den erfaßten LSZ-Singvögeln die einzige Art mit bedeutender Verfrühung (Kap. 9.8).

Unter den intrapaläarktisch ziehenden Singvögeln haben heute 3 Arten ihren Median um mehr als 1 Tag/10 Jahre früher, 8 Arten später. Auch wenn die Änderung von ± 1 Tag/10 Jahre klein erscheint, so bedeutet dies doch, daß sich innerhalb des Zeitraumes, in dem die Station RM betrieben wurde, der Median um drei Tage verschoben hat.

Bei 11 Arten liegt der Median nach 28 Jahren noch am gleichen Tag. Ein stärkerer „Anschnitt“ der Zugzeit durch die begrenzte Beobachtungsperiode verringert die Medianverschiebung. So kann beispielsweise bei Gimpel und Feldlerche die Verfrühung, bei Saatkrähe und Dohle die Verspätung größer sein als die Daten erkennen lassen.

Zusammenfassung

11.2.1 Zeitliche Lage und Veränderungen der Mediane

Die 25-%-Quartilenwerte zeigen sowohl bei LSZ als auch bei KSZ gleichermaßen Verfrühungen und Verspätungen (Abb. 11.2.7). Während die Medianwertentwicklung bei den LSZ ziemlich ausgeglichen ist bzw. bei den Singvögeln eher Verfrühungen erkennen läßt, ist bei den KSZ der deutliche Trend zur Verspätung mit bis zu zwei Wochen zu erkennen (Abb. 11.2.2a, b). Die Entwicklung der 75-%-Quartilen zeigt die gravierendsten Veränderungen. Zwei Drittel aller Arten weisen heute spätere Werte auf. Sie liegen in einer Reihe von Fällen drei bis fünfeinhalb Tage/Jahrzehnt später. Das bedeutet, daß bei diesen Arten die 75-%-Marke des Durchzugs heute 9 bis 16 Tage später erreicht wird als noch um 1970 (Abb. 11.2.8). Ohne den auf 6. November begrenzten Erfassungszeitraum wären diese Werte noch extremer.

Nahe verwandte Arten mit überwiegend gleicher Herkunft können unterschiedliche Mediantrends aufweisen, wie Blau- und Kohlmeise zeigen (Abb. 11.2.3). Neben klimatischen Einflüssen sind weitere Faktoren für die Veränderungen verantwortlich, die in den folgenden Kapiteln behandelt werden.

Gleichzeitig gibt es aber eine Vielzahl weiterer Möglichkeiten, die zusätzlich zu jenen des Klimas berücksichtigt werden müssen und deren Einflüsse möglicherweise gravierender sind. Die Grundlagen zum Verständnis der folgenden Auswertungen finden sich in den Kap. 15 bis 17.

Summary
11.2.1 Timing of medians and shifts over time

The 25%-quartile values fall earlier or later in equal measure for both long-distance and short-distance migrants (Fig. 11.2.7). Whereas the timing of the median for long-distance migrants is more or less balanced between earlier and later, with a slight tendency to occur earlier in passerines, for short-distance migrants there is a clear trend towards falling up to two weeks later (Fig. 11.2.2 a, b). The timing of the 75%-quartile values shows the greatest changes, with two-thirds of all species now falling later, in many instances by 3 – 5.5 days/decade. This means that for these species the 75 % mark during passage is reached today 9 – 16 days later than around 1970 (Fig. 11.2.8). These values would be even more extreme if the recording period had extended beyond 6 November.

Closely related species can show differing median trends, illustrated by Parus caeruleus *and* P. major *(Fig.11.2.3). This can be caused by factors other than the influence of climate, which are examined in the chapters following.*

11.2.2 Zugzeitdauer und beeinflussende Faktoren

Wenn mehrere Regionalpopulationen mit gegeneinander verschobenen Medianen am Durchzug beteiligt sind, dürften die Zugmuster länger werden. Solche Regionalanteile addieren sich dann abhängig vom Beobachtungsort unterschiedlich. Wenn von KSZ oder obligaten TZ bedeutende Bestände in Herkunftsrichtung verbleiben, bei ungünstiger Witterung aber jahrweise doch ziehen, wie bei Mäusebussard und Wacholderdrossel, so addieren sich zum Normalzugmuster orts- und wetterspezifische Kurven, die sich überlagern. Regional verschieden ist die Dauer der sekundären Wanderungen, wie der Winterflucht. Die Zugperiode$_{50}$ (zentrale 50 %) ist dann vom Erfassungsgebiet abhängig und keine rein arttypische Größe mehr. Der witterungsabhängige, fakultative Teilzug ist schwer einzuordnen, da keine feste Kalenderverknüpfung besteht. Letztendlich determiniert in diesen Fällen das Wetter und die Zugänglichkeit der Nahrung die zeitliche Verteilung. Da sich keine zwei Winter gleichen, bestimmt die Zusammensetzung der Jahre die kumulierten Mediane.

Bei vielen Vögeln, vom LSZ bis zum obligaten TZ, findet man primäre und spätere „sekundäre" Zugbewegungen. Bei LSZ sind sie uns nur dann unbekannt, wenn wir uns auf den Ablauf innerhalb Europas beschränken (Kap. 11.2.3 und 15.10).

Vom regulären Wegzug zeitlich oft deutlich getrennte Zugbewegungen kann man bei KSZ hier in Mitteleuropa allerding nur erfassen, wenn die Beobachtungszeit bis in den Winter hineinreicht. Bei Schneefall oder Frost nicht mehr erreichbare Nahrung löst diese dann als Winterflucht (Kap. 9.7) beobachtete sekundäre Wanderung aus. Diese Bewegungen entziehen sich aber wohl vielfach generell der Erfassung, da sie oft nachts stattfinden, wie sowohl unsere Befunde (Kap. 12) als auch Leuchtturmanflüge zeigen (Hansen 1954). Etwas Äquivalentes findet man in Afrika bei den LSZ. Das Weiterwandern wird dort durch Faktoren wie die austrocknenden Passatwinde ausgelöst, die Nahrungs- und Wassermangel verursachen. Zugvögel werden dann nach teilweise längerem Aufenthalt in den Trockensavannen weiter nach Süden gedrängt (Gatter 1987a, b, 1997, Kap. 15.10).

Der Durchzug der zentralen 50 % einer Art liegt am RM zwischen 9 und 51 Tagen, der Durchschnitt aus 90 Arten bei 25 Tagen. Die kürzesten Werte bei voll erfaßten Zugzeiten (1970 –1987) liegen mit 9 Tagen bei Ringeltaube, mit 10 bei Buchfink und Wespenbussard, gefolgt von 11 bei Bergfink, Heidelerche, Ringdrossel und 12 Tagen bei Bachstelze und Misteldrossel. Unter den letzten 15 Arten mit 26 – 51 Tagen sind 14 Teilzieher (in den Abb. 11.2.9 a, b werden die Werte für Z_{90} dargestellt).

Zunächst würde man erwarten, daß die eher endogen programmierten LSZ kürzere Zugzeiten und weniger streuende Medianwerte haben. Dies ist nicht der Fall (Kap. 11.2.1, Gatter 1991).

Die Länge der Hauptzugzeit der KSZ ist oft eher kürzer als die der LSZ. Aber auch die kompletten Zugzeiten Z_{90} sind bei den LSZ länger als bei den klassischen KSZ (Abb. 11.2.9), jedoch wiederum kürzer als die der TZ, die sich nicht wesentlich von den Invasionsvogelarten unterscheiden.

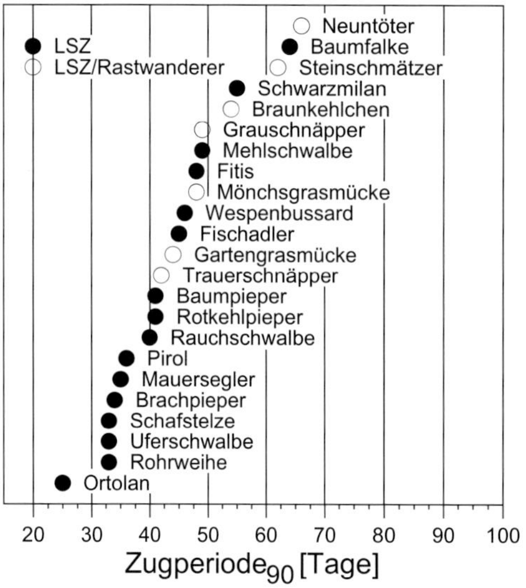

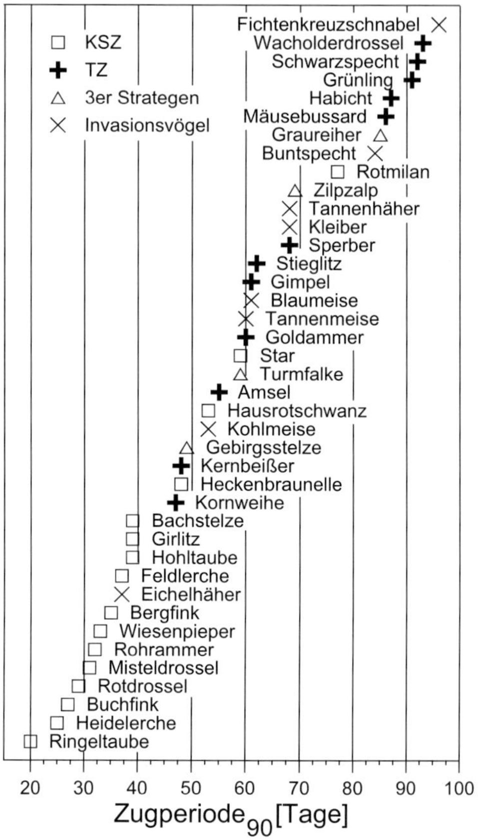

Abb. 11.2.9: Dauer des Durchzugs der zentralen 90 % in Tagen (Zugperiode$_{90}$). Auswertungen der kumulierten Daten von 1970 – 1991 für (oben) Langstreckenzieher und (rechts) intrapaläarktische Zugvögel (KSZ, TZ, Invasionsvögel). – *Duration of passage of central 90 % of migrants in days (passage period$_{90}$). Analysis of the cumulative data 1970 – 1991 for (above) long-distance migrants, and (right) intrapalearctic migrants (□ = short-distance migrants; + = partial migrants; △ = triple strategy species; x = eruptive species).*

Durchzugszeit und Durchzugsmenge: In gewissem Maße hat die Menge der jährlich durchziehenden Vögel einer Art einen Einfluß auf die Durchzugszeit. Dies zeigt sich sowohl beim Vergleich häufiger und seltener Arten als auch innerhalb der Arten, wenn sich deutliche Änderungen der Durchzugszahlen ergeben haben.

Dies ist z. B. der Fall, wenn die Brutbestände im Herkunftsgebiet anwachsen, was am RM besonders deutlich beim Kormoran zu beobachten ist, dessen Brutbestand sich im Ostseeraum exponentiell entwickelt hat und dessen Brutareal sich gleichzeitig vergrößerte. Von 5 – 10 Tagen in der 2. Hälfte der 1980er Jahre stieg die Dauer der Z_{50} bei heute etwa fünffachen Jahressummen auf inzwischen 20 Tage an (Abb. 11.2.10a). Bereits weniger deutlich ist die Bestandsabhängigkeit beim Mäusebussard (Abb. 11.2.10b). Zu Beginn der Untersuchungen und mit kleinen Durchzugsmengen von einigen hundert Vögeln zogen die zentralen 50 % innerhalb von 20 Tagen durch. Heute sind es bei der mehrfachen Anzahl 25 Tage, wobei allerdings inzwischen wegen der starken Medianverschiebung das Zugende aus dem Erfassungsrahmen fällt. Bei der Rohrammer deutet sich gleichfalls eine längere Zugperiode bei stärkerem Durchzug an (Abb. 11.2.10e). Für den stark im Bestand zurückgegangenen Brachpieper ist ebenfalls eine deutliche Korrelation zwischen Menge und Zugdauer zu erkennen, wobei allerdings schon allein die heute kleine Zahl der Durchzügler zu stark streuenden Werten führt (Abb. 11.2.6 und 11.2.10d).

Bei den LSZ Baumpieper und Schafstelze wird dagegen eine Verkürzung der Zugperiode mit zunehmender Jahressumme beobachtet. Hier könnte ein jahrweise wechselnder Anteil von Nachtzug jedoch die Werte beeinflussen. Die Hinweise dafür sind allerdings spärlich (Abb. 11.2.10c, f, Hansen 1954).

Blaumeisen mit besonders deutlicher Konzentration in Jahren starken Zugs dürften kaum einem Nachtzugeinfluß unterliegen. Auch bei Stieglitz, Bachstelze und Wiesenpieper konzentriert sich der beobachtete Durchzug mit steigender Durchzugszahl.

In „Normaljahren“ bis 1000 Ex/Jahr und hoher Streuung der Z_{50} zeigt der Eichelhäher einen starken Abfall der Dauer. Lokale erntende bzw. nur dismigrierende Vögel dürften darauf Einfluß haben. In starken Zugjahren ziehen die zentralen 50 % innerhalb von 15 Tagen durch (Abb. 11.2.10g).

Bei Tannenmeisen wird die Zugerfassung nicht durch lokale Brutbestände beeinflußt. Im Bereich kleiner DZZ bis 3000 Ex/Jahr wird aber auch eine starke Streuung verzeichnet. Oberhalb 3000 ist der Durchzugszeitraum dann mit 14 – 17 Tagen relativ konstant. Im extremen Invasionsjahr 1974 zogen in 8 Tagen konzentriert 50 % der Vögel durch. Der gesamte Durchzug in jenem Jahr zog sich jedoch besonders lang hin. Während er in „normalen“ Invasionsjahren Anfang November endet, zeigten Stichproben nach Abschluß der Beobachtungssaison, daß er in diesem Jahr bis Ende Dezember weiterging

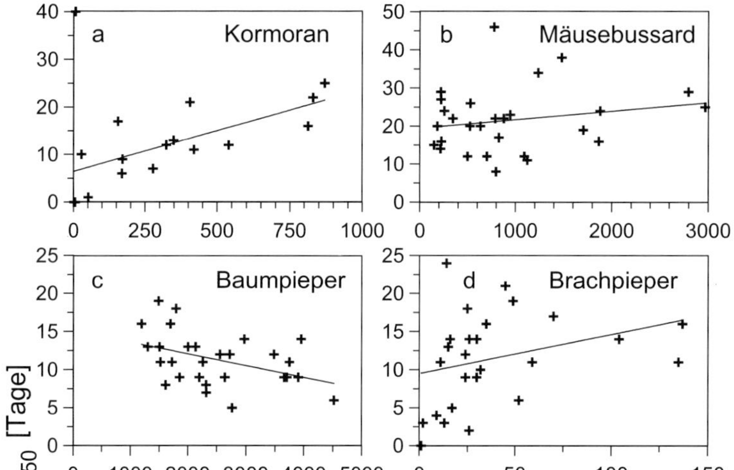

Abb. 11.2.10 a – h: Die jahrweise variierende Dauer der Zugperiode$_{50}$ wurde hier für einige Arten in Abhängigkeit von der Durchzugsmenge dargestellt. –*The between-years variable duration of the passage period$_{50}$ is here shown against passage volume for 8 species.* ***a)*** Phalacrocorax carbo, ***b)*** Buteo buteo, ***c)*** Anthus trivialis, ***d)*** Anthus campestris, ***e)*** Emberiza schoeniclus, ***f)*** Motacilla flava, ***g)*** Garrulus glandarius, ***h)*** Parus ater.

(GATTER 1977a, Abb. 11.2.10h), die Zugkurve verlief also extrem asymmetrisch mit steilem Anstieg und langem Abfall.

Die zentralen 50 % ziehen sich beim Erlenzeisig über alle Jahre relativ konstant über 13 Tagen hin, nur einige Jahre mit geringem Durchzug fallen mit sehr kurzen Durchzugszeiten aus dem Rahmen. Dasselbe gilt für Kleiber, Fichtenkreuzschnabel und Buntspecht. Auch hier dürfte Dismigration teilweise nicht vom „echten Zug" zu trennen sein und die Güte der Aussage ist bei geringen Mengen klein.

Unter den Drosseln weisen Rot- und Ringdrossel, die beide nicht im Umkreis brüten und bereits lange Zugwege hinter sich haben, eine kurze konzentrierte Zugperiode auf. Nur wenig länger ist die der Misteldrossel, die hier brütet, aber das Gebiet im Winter fast komplett verläßt. Wacholderdrosseln, die bei uns teilweise den Winter verbringen, in großer Zahl zuziehen, aber auch in der Umgebung brüten, weisen mit mehr als 4 Wochen einen wenig konzentrierten Durchzug auf. Die Amsel als TZ und die Singdrossel als KSZ liegen zwischen der ersten Gruppe und der Wacholderdrossel. Insbesondere bei diesen beiden weitgehend einzeln oder in Kleintrupps ziehenden Arten ist Nachtzug viel ausgeprägter als bei den anderen Drosseln (Kap. 17).

Gibt es Unterschiede zwischen Kurz- und Langstreckenziehern? Wir können am RM nur innerhalb weniger Familien sowohl LSZ wie auch KSZ beurteilen. Dazu gehören die Pieper, die bei komplett erfaßten Zugperioden innerhalb gleich langer Zeiträume durchziehen. Innerhalb der Stelzen liegt die Z_{50} bei Bachstelze (KSZ, 12 Tage) und Schafstelze (LSZ, 16 Tage) niedriger als bei der in geringerer Anzahl durchziehenden Gebirgsstelze (19 Tage), die eine Dreierstrategie aus Standvogel, KSZ und LSZ verfolgt. Die beiden Lerchenarten als KSZ weichen mit 11 – 13 Tagen nur gering von den Schwalben (LSZ) ab, die 13 – 17 Tage benötigen. Die größten innerfamiliären Differenzen sind bei der großen Gruppe der tags ziehenden Finkenvögel zu finden. Von 11 Tagen beim Bergfinken und 10 Tagen beim noch häufigeren Buchfinken bis zu 33 Tagen beim teilziehenden Grünling ist alles anzutreffen.

Unter den Greifvögeln reicht die Palette bei den Afrikaziehern bei Z_{50} von 10 – 25 Tagen. Bei den KSZ Merlin und Kornweihe ist es mit 13 und 16 Tagen ein eher kurzer Zeitraum, bei anderen, eher TZ-Arten, reicht Z_{50} von 25 – 28 Tagen.

Die zentralen 90 % des Zuges (Abb. 11.2.9), die Z_{90}, zeigt sehr viel deutlichere Unterschiede als die Z_{50}. KSZ, die im Stationsbereich außerhalb der Zugzeit kaum in Erscheinung treten, ziehen durchschnittlich in 33 Tagen durch (z. B. Misteldrossel, Wiesenpieper), LSZ benötigen dafür durchschnittlich 43 Tage. Bei Invasionsarten sind es 66 Tage und bei Teilziehern im Schnitt 71 Tage (Abb. 11.2.9b). Besonders bei der letzten Gruppe ist der tatsächliche Zugzeitraum natürlich noch viel länger, weil er weit über unseren Erfassungszeitraum hinausreicht.

Die jährlichen Schwankungen der Zugdauer können groß sein. Bei einigen Arten wie Bachstelze, Heidelerche und Rohrammer als KSZ, Schafstelze und Baumpieper als LSZ sind sie jedoch deutlich kleiner als der Durchschnitt. Wesentlich größer zeigen sie sich bei Rauch- und besonders Uferschwalbe als LSZ und bei den KSZ Star und Hänfling. Im Mittel über alle Singvögel ist die Streuung um einen linearen Trend bei LSZ und KSZ vergleichbar groß, aber nur halb so groß wie bei den TZ (Abb. 11.2.9). Der jährliche wechselnde Anteil fakultativer Zieher unter den TZ dürfte für die großen jährlichen Unterschiede der Zugperiode$_{50}$ maßgebend sein. Aber selbst unter den TZ sind mit Kohl- und Blaumeise Arten mit auffallend geringer Streuung der Zugdauer anzutreffen, die sogar unterhalb des Mittelwerts aller KSZ bzw. LSZ liegen.

Zusammenfassung
11.2.2 Zugzeitdauer und beeinflussende Faktoren

Bisher ging man davon aus, daß die Dauer der Zugzeit (durch einen bestimmten Ort), pendelnd um den Medianwert, eine mehr oder weniger konstante Größe ist. Am RM liegt die Länge der Zugzeit (zentrale 90 %) bei den Langstreckenziehern mehrheitlich zwischen 32 und 65, durchschnittlich bei 40 Tagen. Bei Kurzstreckenziehern ist sie mit 20 bis 60, durchschnittlich 35, Tagen eher kürzer. Erheblich länger ist sie wiederum bei Teilziehern mit knapp

50 bis über 90, durchschnittlich etwa 60 Tagen. Da bei den Teilziehern das Zugende nicht erfaßt wird, ist die Zugzeit hier in der Realität weitaus länger.

Inzwischen wissen wir aber, daß Faktoren wie Populationsgröße, Dichte, Alterszusammensetzung und vor allem die prozentuale Zusammensetzung der an einem Ort durchziehenden geographischen Populationen diese Werte variabel machen.

Generell muß man hier beachten, daß an einer Beobachtungsstation nur ein Moment aus dem gesamten Zugablauf eines Vogels erfaßt wird. Insofern sind diese Werte vorsichtig zu interpretieren. Wenn man bei Langstreckenziehern die weiterhin nach Süden führenden Mittwinterbewegungen in Afrika mitrechnet (Kap. 15.10) kommt man auf eher längere Zugzeiten als bei den Teilziehern.

Summary

11.2.2 Passage duration and its determining factors

It was always assumed until now that the duration of passage (through a certain locality) was more or less constant, fluctuating around a median value. At the Randecker Maar this period of time (the central 90 % of passage) is around 32 to 65 days (with an average of ca. 40 days) for long-distance migrants, and about 20 to 60 days (average 35 days) for short-distance migrants. It is considerably longer for partial migrants at almost 50 to over 90 days (ca. 60 days on average), even more so in reality because the final days of passage fall outside the study period.

However, in the meantime we know that factors like population size, density and age structure, and especially the proportions of the different geographic elements constituting the populations that pass through one locality, mean that these values are variable.

It has to be kept in mind that only a moment in the total course of a bird's migration is registered at an observatory, therefore this data must be interpreted with caution. If the additional midwinter southward movements of long-distance migrants in Africa are included (Chapter 15.10), then the total migration periods would be longer than for partial migrants.

11.2.3 Konzentration auf wenige Tage oder gleichmäßiger Zug – zwei Strategien

Einzelne Vogelarten wie die Ringeltaube absolvieren ihren Wegzug an wenigen guten **Spitzenzugtagen** (Kap. 11.1.1), zwischen denen mehr oder weniger große Zeitspannen ohne nennenswertes Zugaufkommen liegen (GATTER & PENSKI 1978). Andere Arten wie der Grünling verfolgen dagegen die Strategie, mit mäßigen Zahlen fast täglich zu ziehen. Die **„Zugkonzentration"** der ersten Gruppe ist deutlich größer als die der zweiten (Kap. 11.1.1).

Von 29 beispielhaft ausgewerteten Arten (Abb. 11.2.11) zeigen 15 eine hohe Zugkonzentration$_{25}$, d. h., bei ihnen zogen an weniger als drei Spitzenzugtagen mehr als 25 % der Jahressumme durch (Saatkrähe bis Mäusebussard). Darunter sind 80 % der LSZ, aber nur 40 % der KSZ. Unter den Arten, die 3 oder mehr Spitzenzugtage benötigen, ist unter den LSZ nur die Mehlschwalbe, aber mit 14 Arten sind es fast 60 % der KSZ. Damit ist die Zugkonzentration$_{25}$ der LSZ mit 2,3 Tagen (6 Arten) deutlicher ausgeprägt als die der KSZ mit 3,1 Tagen (24 Arten). Bemerkenswert ist jedoch, daß die höchste Zugkonzentration$_{25}$ von 4 KSZ erreicht wurde, die an ein bis zwei Tagen 25 % ihres Jahresdurchzugs absolvierten. So zog bei der Ringeltaube in 16 von 24 Jahren über ein Viertel der Jahressumme an einem starken Zugtag.

Ein eindrucksvolles Beispiel bietet die Rauchschwalbe. Nichtbrütende oder solche mit verlorener zweiter Brut etc. leiten die Zugzeit ein. Junge der ersten Brut bilden die erste bedeutende Welle, später folgen die Adulten und der langgestreckte Zug von Jungen der nachfolgender Bruten (GATTER & BEHRNDT 1985). Trotz dieser Trennung und dem von Mitteleuropa bis ins nordboreale Gebiet reichenden Herkunftsgebiet der RM-Durchzügler ziehen im Schnitt 25 % des erfaßten Jahresdurchzugs an den zwei besten Zugtagen, 50 % an weniger als 6 Tagen. Bei methodisch bedingten Abweichungen zu oben (volle Zugzeiten bei dieser Art 1972 – 1987, Zählung der als alt oder diesjährig erkannten Durchzügler) beträgt der Durchzug der zentralen 50 % bei adulten Rauchschwalben etwa 16 Tage, bei jungen ca. 28 Tage, wobei an Massenzugtagen nur eine unterproportionale Anzahl ausgezählt werden kann. Dies liegt daran, daß die Jungvögel der ersten Brut vielfach vor, die der zweiten Brut mit und nach den Adulten ziehen.

Weitere Informationen zur **Zugkonzentration** (Kap. 11.1.1) erhält man über die Abstände der besten Zugtage eines Jahres zueinander, für die hier jeweils die 8 individuenstärksten Tage herangezogen wurden (Abb. 11.2.12). Bei je fünf KSZ und LSZ betrug der durchschnittliche Abstand der Spitzenzugtage zwischen 2 Tagen (Bachstelze) und nahezu 4 Tagen (Wespenbussard). Bei den KSZ folgen die Spitzenzugtage mit 2 – 3 Tagen Abstand aufeinander. Alle 5 ausgewerteten LSZ zeigen mit 3 – 4 Tagen größere Durchschnittswerte. Auch verwandte Arten können große Unterschiede aufweisen. Die Bachstelze als KSZ weist die größten Abstände mit 5 – 6, die Schafstelze dagegen jahrweise mit 9 – 19 Tagen auf (Abb. 11.2.13). Ähnlich verhält es sich bei zwei nicht verwandten Arten, Buchfink und Rauchschwalbe, die sich aber in Brutareal, Brutenanzahl und selbst im Wegzugtermin nicht allzusehr unterscheiden. Die größten Abstände betragen hier beim KSZ maximal 8 – 10, beim LSZ dagegen bis zu 19 Tage. Zwischen zwei KSZ mit sehr kurzer Z_{50}, der vielbrü-

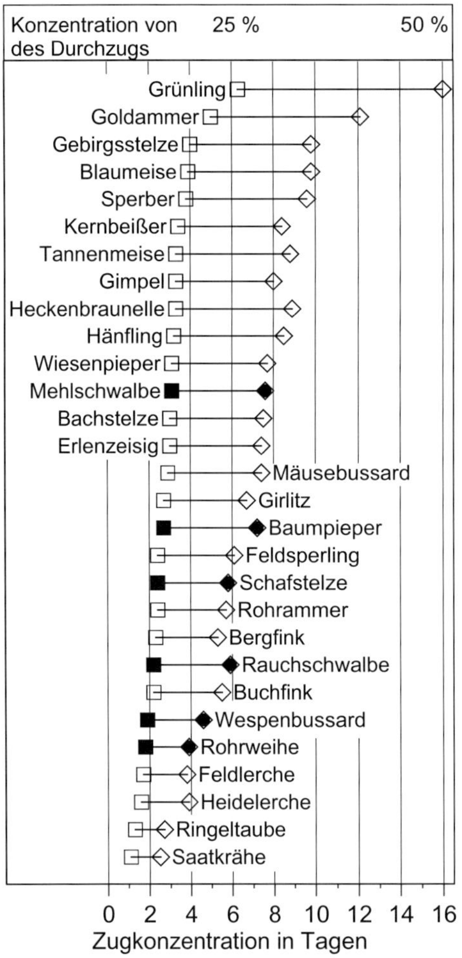

Abb. 11.2.11: Zugkonzentration als Zahl der Spitzenzugtage, innerhalb der 25 % (□) bzw. 50 % (◊)der Durchzugssumme die Station passieren. Schwarze Symbole bei Langstreckenziehern. – *Migration concentration shown as number of peak passage days within which 25 % (□) and 50 % (◊) of total individuals pass through Randecker Maar. Long-distance migrants indicated by black symbols.*

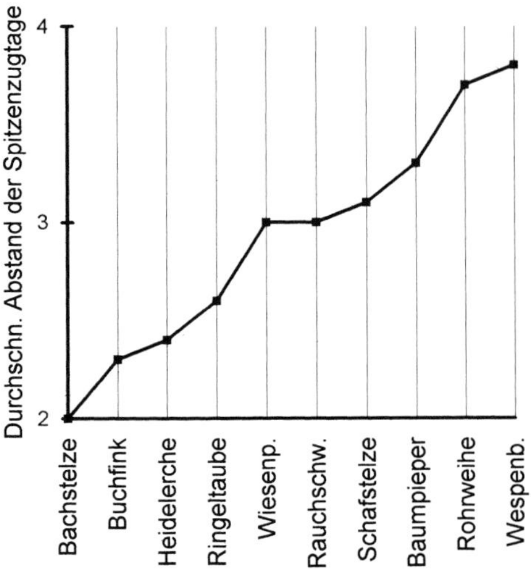

Abb. 11.2.12: Durchschnittlicher Abstand der 8 besten Zugtage von 5 KSZ- und von 5 LSZ-Arten am RM. – *Average interval between the 8 best passage days (vertical axis) of 5 short-distance migrants (first 5 species) and 5 long-distance migrants at Randecker Maar.*

tigen Ringeltaube und der Heidelerche mit ein bis zwei Bruten, zeigen sich dagegen kaum Unterschiede.

Insgesamt deutet sich damit an, daß der Durchzug der LSZ mehr schubweise, der der KSZ eher kontinuierlich erfolgt. Für den Buchfinken wird von der Kurischen Nehrung über wellenförmigen Wegzug mit überwiegend 2 – 3 Zugtagen gefolgt von ±3-tägigen Ruhephasen berichtet, die nicht mit dem Wetter in Verbindung gebracht werden konnten (DOLNIK & BLYUMENTAL 1967).

Eine Konzentration von 25 – 50 % des Durchzugs auf wenige Tage erfordert ein hohes Maß an Koordination über geographische Räume von wenigstens mehreren hundert Kilometern Tiefe, aus denen ein Großteil der Population gleichzeitig aufbricht. Diese Konzentration auf wenige Zugtage kann

1. eine Folge der Auswahl bester oder spezifischer Wetterbedingungen für den Zug sein (Kap. 9),
2. das Resultat jahreszyklischer Abläufe sein, also einer straffen endogenen Programmierung, die durch das Wetter gefördert wird, oder
3. vom zugphysiologischen Status und damit z. B. von der Fettdisposition abhängen.

Besonders das Wetter kann den Zug gleichzeitig innerhalb großer Gebiete in Gang bringen. Die gleichzeitige großräumige Zugumkehr der Eichelhäher 1979 von Süddeutschland bis nach Schleswig-Holstein (GATTER et al. 1979) zeigt, daß die Wetterlage über Mitteleuropa durchaus in der Lage sein kann, den Zug entsprechend zu stimulieren.

Als Vorteil der großen Anzahl gleichzeitig ziehender Vögel ist auch ein verringertes Prädationsrisiko anzunehmen (GATTER 1990). Die Konzentration des Zuges kann durch Bündelung von Erfahrungspotential auch eine erfolgreiche Strategie gegenüber dem „explorierenden" Einzelzieher darstellen (Kap. 13).

Bei Arten mit mehreren Bruten pro Saison ist nicht anzunehmen, daß alle Individuen zur gleichen Zeit zugbereit sind. Ein ungleicher Start kann die Zugperiode verlängern und damit Einfluß auf das Bild der Zugkonzentration nehmen. Jungvögel erster Bruten treten ihre Wanderung meist in höherem Alter an als Junge zweiter Bruten, und beide Termine müssen nicht mit denen der Altvögel übereinstimmen. Eine breitere Streuung stärkerer Zugtage wäre daher nicht überraschend. Die

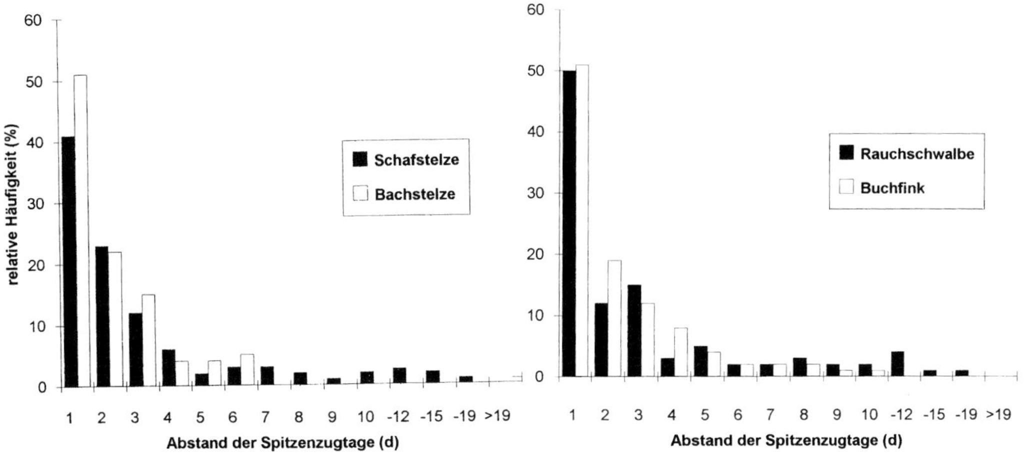

Abb. 11.2.13: Häufigkeitsverteilung der Abstände der 8 besten Zugtage von **a)** Bachstelze (KSZ) und Schafstelze (LSZ), **b)** Rauchschwalbe (LSZ) und Buchfink (KSZ), die beide zwei Bruten in der Saison aufziehen und ein vergleichbar großes Areal nördlich des RM besiedeln. – *Relative frequency of the intervals between the 8 best days of **a)** (left)* Motacilla flava *(long-distance migrant, black column) and* M. alba *(short-distance migrant); **b)** (right)* Hirundo rustica *(long-distance migrant, black column) and* Fringilla coelebs *(short-distance migrant), both of which raise 2 broods per season and occupy comparatively large breeding ranges north of Randecker Maar.*

hohe Konzentration bei der „mehrbrütigen" Ringeltaube spricht dafür, daß die Auslösung des Wegzuges wie oben angedeutet durch eine sehr spezifische Wetterlage verbunden mit einem Kalendereffekt (Tageslänge) erfolgt. Vögel aus einer über 500 km tiefen Zone könnten sich dann innerhalb eines Tages über die Station hinwegbewegen (Kap. 8, Kap. 13). Das Verbreitungsgebiet dehnt sich in Richtung NE über 2000 km aus, kann also theoretisch in wenigen Zugtagen „geleert" werden. Die Zugpausen zwischen den einzelnen Massenzugtagen dienen dem erneuten Aufbau der Fettreserven. Obwohl hier Tauben aus einem riesigen Raum, der sich bis Finnland und Rußland erstreckt, durchziehen, wandern dennoch 25 % des jährlichen Durchzugs bereits am besten, 50 % an den besten 2,7 Zugtagen durch (Abb. 11.2.12, GATTER & PENSKI 1978). Traditionelle Wanderwege, Führung der Jungvögel durch die Alten, sind hier, wie bei Gänsen und Schwänen, aber auch bei Kormoranen (Kap. 8.2.2) zu vermuten.

Neben Ringeltauben, Saatkrähen und Dohlen ist auch bei den LSZ ein starker impulsartiger Zugablauf zu beobachten. Während bei den späten KSZ, speziell bei der oft günstige Thermik nutzenden Saatkrähe, geeignete Wetterbedingungen an erster Stelle stehen, könnte es bei den LSZ eher die Fettdisposition sein. D. h., innerhalb ruhiger Wetterlagen, die ihnen anläßlich des früheren Zugs vermehrt zur Verfügung stehen, bestimmen Ab- und Aufbau von Depotfett die Impulse.

Sowohl bei LSZ wie KSZ haben wir verschiedene geographische Herkunftsgebiete und hätten somit entsprechende Voraussetzungen in bezug auf das „Aussehen der Zugmuster" zu erwarten. Zugwellen sind aber bei vielen KSZ zeitlich weniger getrennt, die Gesamtzugmuster somit schon bei Summierung weniger Jahre „eingipfliger". Trotzdem zeigen Transsaharazieher öfter deutlich mehrgipflige Zugkurven, die wie bei Brachpieper oder Rauchschwalbe auf eine stärkere zeitliche Trennung von Alt- und Jungvögeln zurückgehen, während sich bei KSZ eher eine unterschiedliche geographische Herkunft abzeichnet (z. B. BUSSE 1985, EBENHÖH & GATTER 1991).

Die Ausführungen in Kap. 9 haben gezeigt, daß LSZ in stärkerem Maße als KSZ auf günstige Wetterbedingungen angewiesen sind bzw. sie stärker nutzen. Eine höhere Konzentration auf „günstige" Zugtage wäre auch deshalb zu erwarten.

Beim Zug über den europäischen Kontinent bietet eine zeitlich geraffte Zugzeit wohl die größten evolutiven Vorteile. Es ist bekannt, daß größere Schwärme einen besseren Schutz gegen Prädatoren bieten. Auch kann über dem Festland der Zug bei ungünstigem Wetter fast jederzeit unterbrochen werden, so daß eine geringere Gefahr besteht, daß ein Großteil einer gleichzeitig ziehenden Population von Wetterunbilden dezimiert wird. Die von nördlichen Regionen aus notwendigen Meeresüberquerungen im Nord- und Ostseebereich sind nicht so lang, daß sie die anderen Vorteile eines gestrafften Zuges aufheben könnten. Auch das erzwungene Überfliegen von Nebelbänken (STEIOF & BAUMUNG 1988) spielt wohl keine entscheidende Rolle, obwohl hier im Umfeld des RM am Gebirgsrand Unfälle bei Schwänen und Kormoranen nicht selten sind.

Bei LSZ liegen die Verhältnisse anders. Die Überquerung des Mittelmeers, teilweise des Ostatlantiks, und vor allem der Sahara birgt enorme Gefahren. Die unsicheren Niederschlagsverhältnisse am Sahara-Südrand mit nur lokalem oder gänzlich fehlendem Regen und damit Nahrungsausfall stellen einen weiteren bestandsbedrohenden Faktor für die LSZ dar. Eine Streckung der Zugzeiten könnte hier einen arterhaltenden Einfluß haben. Das Wetter unterwegs oder ausgebliebene Regenfälle am Südrand der Sahara können verheerende Auswirkungen auf gerade ziehende oder gleichzeitig ankommende Populationen haben. Die zeitliche Staffelung der Querung und Ankunft kann dazu beitragen, Verluste zu streuen und zu minimieren. Mit zunehmendem Abstand von der Sahara nach Norden könnten sich diese Merkmale verwischen. Ein Vergleich mit den Werten von Gibraltar (BERNIS 1980, TELLERIA 1981, FINLAYSON 1992) zeigt, daß die jahreszeitlichen Zugphasen der KSZ auch hier enger ausfallen als die der LSZ, während die Zahl der Rastenden durch Überwinterungswillige bei den KSZ sehr breit angelegt ist. Viele Zugmuster von LSZ sind bei Gibraltar länger und teilweise noch stärker gedehnt als am RM (GATTER 1990).

Zusammenfassung
11.2.3 Konzentration auf wenige Tage oder gleichmäßiger Zug – zwei Strategien

Bei einigen Vogelarten ziehen 25 % der Jahressumme an ein bis zwei Tagen, 50 % an weniger als vier guten Zugtagen durch. Bei anderen Arten verteilt sich dies auf mehr als zehn Zugtage.

Eine Konzentration von 25 –50 % des Durchzugs auf wenige Tage erfordert ein hohes Maß an Koordination über geographische Räume von großer Tiefe, aus denen ein Großteil der Population gleichzeitig aufbricht.

Ein Vorteil zahlreicher gleichzeitig ziehender Vögel ist ein verringertes Prädationsrisiko. Die zeitliche Konzentration des Zuges bündelt Erfahrungspotential und stellt wohl eine erfolgreiche Strategie gegenüber dem „explorierenden" Einzelzieher dar.

Für KSZ über den europäischen Kontinent bietet eine geraffte Zugzeit wohl die größten Vorteile, da der Zug jederzeit unterbrochen werden kann. Bei LSZ dagegen birgt die Überquerung von Mittelmeer, Ostatlantik und Sahara Gefahren und die unsicheren Niederschlagsverhältnisse an ihrem Südrand sind ein weiterer bestandsbedrohender Faktor. Eine Dehnung mit zeitlicher Staffelung der Querung und Ankunft könnte hier arterhaltend und verlustmindernd wirken.

Summary
11.2.3 Concentration in a few days or evenly spread migration – two strategies

In some birds 25 % of the annual total passes through in one or two days, 50 % in less than 4 good migration days. This can be spread over more than 10 migration days in other species.

A concentration of 25 % to 50 % of the passage into a few days requires a high degree of coordination over extensive geographical areas, with simultaneous departure of the majority of the population.

One advantage of many birds migrating together is a reduction in predation risk. The concentration of migration in time raises the life-experience potential of the flock, presumably representing a more successful strategy than that of the 'exploration' of the solitary migrant.

A shortened passage time has many advantages for short-distance migrants over the European continent, since migration there can be interrupted at any time. By contrast, for long-distance migrants the crossing of the Mediterranean, eastern Atlantic, and Sahara contains many dangers, increased by the unpredictability of the rainfall on the southern borders of these areas. A lengthening of movement duration, with such crossings and arrival staggered over time, could have the effect of reducing losses and increasing survival rates.

11.3 Ausdehnung und Präzision der Zugzeit bei Teilziehern

Viele Verhaltensmuster und physiologische Funktionen sind an die periodischen Wechsel ihrer Umgebung und ganz besonders an den Naturtag und das Jahr angepaßt. Bei Zugvögeln sind circannuale Programme an der Festlegung von Zugablauf, Entfernung und Richtung des Zuges beteiligt (GWINNER 1996).

Schon innerhalb von zwei bis fünf Generationen kann aus einer Zugvogelpopulation, wie bei der Mönchsgrasmücke im Experiment nachgewiesen, eine Standvogelpopulation werden und umgekehrt (BERTHOLD et al. 1990). Der jahreszeitlich straffe Beginn und Ablauf des Zuges läßt bei vielen Vogelarten auf eine endogene (innen-/hormonell gesteuerte) Programmierung der Zugzeiten schließen, die jedoch durch Außenfaktoren „justiert" werden (Kap. 9.8).

Auch bei wenig ausgeprägten Zugvögeln und bei Standvögeln ergaben Laboruntersuchungen eine circannuale Periodik. Selbst beim Fichtenkreuzschnabel mit seinem ungewöhnlichen Zugverhalten wurde eine klare Jahresperiodik des Gewichtes (Fettansatz zur Zugzeit), deutlich getrennt von der brutzeitlichen Gewichtszunahme, gekennzeichnet durch Gonadenentwicklung, festgestellt (BERTHOLD 1977). So ist auch bei TZ und Invasionisten latent ein endogen gesteuertes Zugverhalten zu erwarten, das von bestimmten Umweltbedingungen beeinflußt werden kann (Kap. 14, Kap. 8).

Nach TERRILL & ABLE (1988) unterteilt sich der Zug in eine obligate und eine fakultative Phase. Obligate Teilzieher sind Arten, bei denen ein Teil der Population endogen gesteuert wegzieht. Der andere Teil besteht aus fakultativen Ziehern, d. h. sie ziehen bei Nahrungsmangel oder anderen ungünstigen Umweltbedingungen ab, wie Enten beim Zufrieren der Gewässer.

Wie unsere Ergebnisse (s. o.) zeigen, sticht keine der registrierten Gruppen obligater Zieher durch eine erhöhte Präzision des Zugablaufs im Freiland hervor. Sowohl die Lage der Mediane wie Beginn und Ende des Zuges oder die Zugperiode$_{50}$ sind vergleichbar genau determiniert. KSZ und selbst TZ weisen oft Wegzugmuster auf, die sich an Präzision nicht von denen der LSZ unterscheiden; KSZ und selbst die obligaten Zieheranteile einiger „Fast-Standvögel“ haben sogar weniger streuende Medianwerte als LSZ (Kap. 11.2).

Das läßt darauf schließen, daß die annuale Periodik bei allen betrachteten Vogelarten von einem ähnlich präzisen inneren Kalender gesteuert wird, der aber von einigen Arten nur „fallweise“ genutzt wird.

Obligater Wegzug ist nur aus solchen Gebieten erforderlich, die in der Mehrzahl der Winter kritische Nahrungs- und Klimabedingungen aufweisen. Treten untragbare Umweltbedingungen nicht alljährlich auf, so setzen sich Mischstrategien durch. Die Unter- oder Überschreitung eines oder mehrerer zusammenspielender Schwellenwerte aus Populationsdichte, Wetter und Nahrungsverfügbarkeit spielt nicht nur bei obligaten und fakultativen TZ und Invasionsvögeln eine Rolle, sondern wohl bei vielen KSZ. Die Winterarealverlagerungen selbst bei LSZ im tropischen Afrika zeigen, daß die Bandbreite dieser Fähigkeiten den meisten Arten mit ziehenden Populationsanteilen eigen ist. In Zusammenhang mit Dürre, Wasser- und Nahrungsverknappung wird dort – außerhalb der bekannten Zugzeiten – weit über den Jahreswechsel hinaus weitergewandert, was man mit unseren europäischen Winterfluchten vergleichen könnte (GATTER 1987a, b, 1997, Kap. 15.10).

Jahreszeitliche Zugverzögerung bringt den Vogelarten Vorteile, die gewisse winterliche Bedingungen im Brutgebiet tolerieren können. Solche Arten können auch Nahrungsressourcen nutzen, die von Jahr zu Jahr stark variieren, wie z. B. Beeren oder Zapfen, aber mit großer Sicherheit innerhalb eines für sie erreichbaren Gebietes zur Verfügung stehen. Sie müssen dann physiologisch auch noch spät im Winter in der Lage sein wegzuziehen, wenn extremere Witterungsbedingungen oder Nahrungsmangel dies erfordern. Der Selektionsdruck hin zur Zugverzögerung dürfte dann besonders groß sein, wenn die Nahrungsmenge in den südlicheren Wintergebieten begrenzt ist, wie es noch vor weniger als 100 Jahren beim Zapfenangebot war (Kap. 15.8). Ausharren im Brutgebiet kann dann die erfolgversprechendere Methode sein (HAILA et al. 1986).

Bei zahlreichen TZ sind die Verhaltensweisen – Ziehen oder Nichtziehen – in beträchtlichem Umfang genetisch determiniert (SCHWABL 1983, DHONDT 1983). Unter obligaten TZ spielen genetische Steuerungsfaktoren für das Zug- und Standvogelverhalten eine wichtige Rolle. Für keine Art liegen bislang gegenteilige Ergebnisse vor (BERTHOLD 1990b).

Auch die phänologischen Befunde vom RM lassen aufgrund der Regelmäßigkeit des Zugablaufs vieler TZ vermuten, daß Populationsteile obligates Zugverhalten aufweisen. Ein klassisches Beispiel dafür ist der Feldsperling mit einer Z_{50} von 14 Tagen über alle Jahre. Bei anderen Arten dehnt sich die Wegzugszeit oft über ein halbes Jahr und das Ende geht verschwommen in Winterfluchtbewegungen über, die weit über den Mittwinter hinausreichen können (Kap. 9.7). Obligate TZ-Anteile verschiedener Populationen vermischen sich dann mit den Anteilen fakultativer Zieher, die vor allem in der zweiten Hälfte des Wegzugs überwiegen.

Selbst bei einigen Invasionsarten lassen die Zugmuster und alljährliche Medianwerte vom RM sowohl fakultative als auch obligate Zuganteile erwarten. Als unmittelbarer Auslöser des fakultativen Anteils sind „Gedrängefaktoren“ infolge eines Ungleichgewichts zwischen Nahrungsangebot und Populationsdichte (BERNDT & HENẞ 1967, CORNWALLIS & TOWNSEND 1968) nur teilweise verantwortlich (GATTER 1977a, 1993). Der z. B. bei Meisen am RM jahreszeitlich ebenfalls oft streng „programmierte“ Zug – auch in Jahren mit niedriger Populationsdichte – entspringt wohl einer genetischen Fixierung, der des obligaten Anteils. Bei einer Untersuchung an Blaumeisen in Südschweden stellten Smith & Nilsson (1987) fest, daß vorwiegend die Jungvögel und die Weibchen abwandern. Sie deuten dies als Verdrängung der Schwächeren durch die dominanten Männchen. Generell stellt sich die Frage, ab wann solche Bewegungen zum obligaten Repertoire gehören und welche Rolle solche intra- und interspezifischen Einflüsse wie Konkurrenz auf den Zeitpunkt des Zuges spielen (Kap. 11.4.4 und 11.4.5). „Programmierte" Ausweichbewegungen beschreibt Berthold (1986) für eine teilziehende südfranzösische Mönchsgrasmückenpopulation. Es sind dort gleichfalls überwiegend die Weibchen, die vor der Konkurrenz nordischer Überwinterer flüchten.

Die im Vergleich zur Tannenmeise regelmäßigeren Durchzugsverläufe von Kohl- und Blaumeisen am RM (Abb. 11.2.3) können wohl mit einem größeren obligaten Anteil bei diesen Arten gedeutet werden. Beim Buntspecht ist ein höherer Anteil obligater TZ zu vermuten als beim Eichelhäher. Die inzwischen alljährlich ziehenden Häher, die früher kaum auffielen, sind bei scheinbar programmierter Zugzeit wohl die Folge einer steigenden Populationsdichte (Kap. 17). Völlig offen scheint dabei, in wieweit Dichtefaktoren in der Lage sind, ein normalerweise ungerichtetes streuendes Dispersal in gerichteten Zug zu verwandeln (Kap. 11.5, Abb. 11.5.2).

Die evolutive Einflußnahme auf die Zugzeiten ausgeprägter Zugvögel (LSZ) erfolgt bei den frühen LSZ mit Median im Juli/August oder Anfang September weitgehend nicht innerhalb Europas, sondern auf dem Wege von dort zum bzw. im Winterquartier. Nur bei den späten LSZ mit Median Mitte bis Ende September können ähnlich starke Kräfte schon im europäischen Durchzugsgebiet einwirken, wie die Schwalbenkatastrophe 1974 zeigte (Kap. 9.8).

Zusammenfassung
11.3 Ausdehnung und Präzision der Zugzeit bei Teilziehern

Viele Verhaltensmuster und physiologische Funktionen sind an die periodischen Wechsel von Naturtag und Jahr angepaßt. Bei Zugvögeln sind circannuale Programme an der Festlegung von Zugablauf, Entfernung und Richtung des Zuges beteiligt. Der jahreszeitlich straffe Beginn und Ablauf des Zuges läßt bei vielen Vogelarten auf eine endogene Programmierung der Zugzeiten schließen. Außenfaktoren greifen korrigierend in dieses Geschehen ein. Die phänologischen Befunde lassen aufgrund der Regelmäßigkeit des Zugablaufs bei vielen Teilziehern Populationsteile mit obligatem Zugverhalten vermuten. Ein klassisches Beispiel dafür ist der Feldsperling, dessen zentrale 50 % innerhalb von 14 Tagen durchziehen. Bei anderen Arten dehnt sich die Wegzugszeit oft über ein halbes Jahr. Selbst bei einigen Invasionsarten lassen Zugmuster und jährliche Medianwerte obligate Zuganteile erwarten. Als unmittelbarer Auslöser des fakultativen Anteils sind „Gedrängefaktoren" infolge eines Ungleichgewichts zwischen Nahrungsangebot und Populationsdichte nur teilweise verantwortlich. Der bei Meisen – auch in Jahren mit niedriger Populationsdichte – jahreszeitlich oft streng „programmierte" Zug entspringt wohl ebenfalls einer genetischen Fixierung, der des obligaten Anteils.

Summary
11.3 Length and exactness of migration duration in partial migrants

Many behaviour patterns and physiological functions are adapted to daily and annual rhythms. In migratory birds, circannual programs contribute to the fixing of the migration sequence, distance, and heading. The seasonally 'disciplined' start and progress of migration indicate that many species possess an endogenous timing programming. External factors intervene correctively in this process. Given to the regularity of the movements of partial migrants, phenological findings suggest that substantial parts of their populations are obligate migrants. A classic example of this is Passer montanus, *where the central 50 % of the total passes through inside 14 days. Autumn movement in other species often extends over 6 months. Even in some eruptive species, migration patterns and annual median values lead us to expect that an element in the population consists of obligate migrants. The immediate trigger for the part of the population that are facultative migrants are 'bottleneck' factors resulting from an imbalance between food supply and population density, but they are only partly responsible. The seasonally often predictable movements in the Paridae presumably also arise from innate programming, this time of the obligate fraction of the population, since they also occur in years of low population density.*

11.4 Weitere Ursachen jahreszeitlicher Änderungen

Die Ursachen für Änderungen von Arealgrenzen, Bestandszu- und -abnahmen werden neuerdings vielfach in Klimaänderungen gesucht (Kap. 15.9).

Erklärungen für langfristig kontinuierliche Zugzeitverschiebungen und Änderungen in der Dauer des Durchzugs müssen aber auch in quantitativ veränderten Durchzugspopulationen gesucht werden. In Frage kommen Änderungen

a) in der Alterspyramide langlebiger Arten,
b) im Brutstatus (bei zunehmender Population kann der Anteil Nichtbrüter zunehmen und umgekehrt),
c) im Mengenverhältnis der verschiedenen durchwandernden Regionalpopulationen,
d) im Anteil obligater Zieher bei TZ.

Im Zusammenhang mit Punkt d ist eine verbesserte Nahrungssituation im Winter zwischen Herkunftsgebiet und RM denkbar, die in verkürzte Zugwege mündet.

11.4.1 Änderung der Alterspyramide

Nach Pestizid- und Jagdverboten um 1970 (siehe Kap. 15.4, 15.7) und der anschließenden Erholung der Greifvogelbestände ist anzunehmen, daß sich die altersmäßige Zusammensetzung der Greifvogel-Populationen verändert hat. Bei Höchstaltern von 10 bis 20 Jahren sind eingependelte Verhältnisse erst nach langer Zeit zu erwarten. Der Median sollte sich dann nicht kontinuierlich verschieben, sondern müßte nach Erreichen eines ausgeglichenen Altersklassenaufbaus einem Grenzwert zustreben.

Bei vielen Greifvögeln unterscheiden sich die Mediane des Durchzugs der Adulten und Juvenilen. Daten liegen vom RM (Gatter 1972b) und Falsterbo (Kjellén 1992) vor.

Bei den **Langstreckenziehern** wandern die Adulten schneller und meist vor den Jungvögeln durch. Mediane adulter Baumfalken und Wespenbussarde liegen in Falsterbo zwei Wochen, beim Fischadler drei Tage vor den Jungvögeln. Bei der Rohrweihe werden dort die Jungvögel geringfügig früher beobachtet. Bei uns am RM ist es bei dieser Art umgekehrt. Da adulte LSZ schneller ziehen, ist dies kein Widerspruch.

Bei einem Teil der **Kurzstreckenzieher** ziehen in Schweden gleichfalls die Adulten vor den Jungen. Der Median junger Kornweihen liegt 3 Wochen, der junger Mäusebussarde 11 Tage nach dem der Adulten. Bei den Merlinen fand Kjellén (1992, 1998) folgende Abfolge: adulte Weibchen, Jungvögel, adulte Männchen. Am RM ist der Durchzug weitgehend von Jungvögeln geprägt. Alte und junge Turmfalken verlassen Falsterbo simultan. Wir unterteilen am RM in alte Männchen und schlicht gefärbte Turmfalken. Trotz un-

Kornweihen – *Circus cyaneus.*

terschiedlicher Zugmuster stimmen die Mediane auch hier überein (Abb. 11.4.1a, b). Junge Rotmilane und Sperber wandern sowohl in Südschweden als auch am RM etwas vor den Altvögeln (Sperber am RM: Median alter Männchen 19.10., Schlichtkleider 12.10.).

Damit lassen sich unsere Daten der sukzessiv späteren Mediane bei den KSZ Mäusebussard, Kornweihe und beim LSZ Fischadler wie auch die früheren bei Rohrweihe (LSZ) und Rotmilan (KSZ) teilweise mit zunehmenden Jungvogelanteilen erklären. Abb. 11.4.2 zeigt, daß mit Erreichung eines ausgeglichenen Altersaufbaus die Medianwerte tatsächlich solchen Grenzwerten zustreben. Die zeitliche Änderung des Medians am RM ist beim Rotmilan für eine solche Erklärung zu groß. Zahlreiche Beobachtungen weisen hier neben intraspezifischer und interspezifischer Nahrungskonkurrenz zu anderen Greifvögeln (?) auch auf eine solche zur Rabenkrähe hin (Kap. 17). Entsprechende Hinweise gibt es für das Verhältnis von Turmfalke zu Mäusebussard (Kap. 11.4.4).

Generell ist davon auszugehen, daß sich auch bei anderen langlebigen Arten wie Corviden, Graureiher und Kormoran, die erst in fortgeschrittenem Alter brüten, dank des Schutzes und angestiegener Bestände der Altersaufbau ihrer Populationen stark verändert hat. Nichtbrüter – immature wie adulte – können ganz unterschiedliche Anteile an einer Population ausmachen und daher die Form und den jahreszeitlichen Aufbau

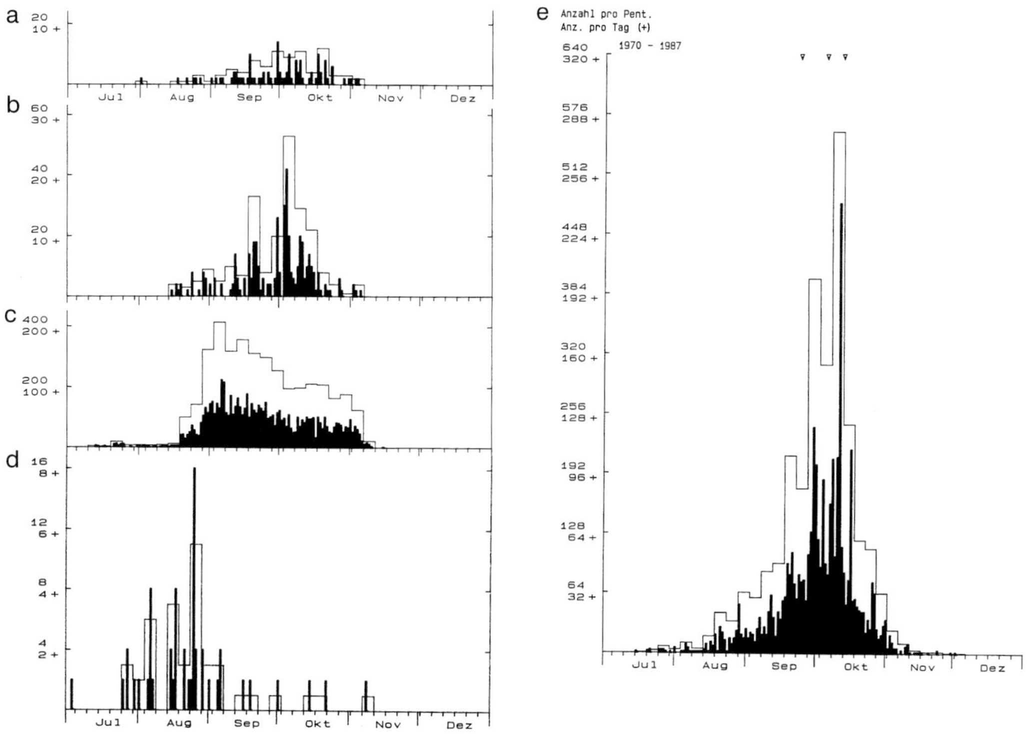

Abb. 11.4.1: Verteilung der Turmfalkenbeobachtungen: **a)** Links oben durchziehende adulte Männchen (Median 2. Oktober), **b)** darunter Durchzug Schlichtkleider (Median 3. Oktober), **c)** nichtziehende, anwesende Falken, **d)** ganz unten Dismigration in nördliche Richtungen (NW bis E) bzw. Umkehrzug (Median 23. August), **e)** Gesamtdurchzug nach Süd (Median 4. Oktober, 25 % am 23.9., 75 % am 11.10.). – *Distribution of* Falco tinnunculus *observations, from top to bottom: **a)** passage of adult males (median 2 October), **b)** passage of birds in non-breeding plumage (median 3 October), **c)** non-migratory local birds, **d)** dismigration in northerly direction (NW-E) or retromigration (median 23 August), **e)** total passage heading south (median 4 October; 25 % on 23 September, 75 % on 11 October). – Vertical axes show numbers per pentad and per day (+), in (e) small triangles show position of 25 %, 50 %, and 75 %-quartile values.*

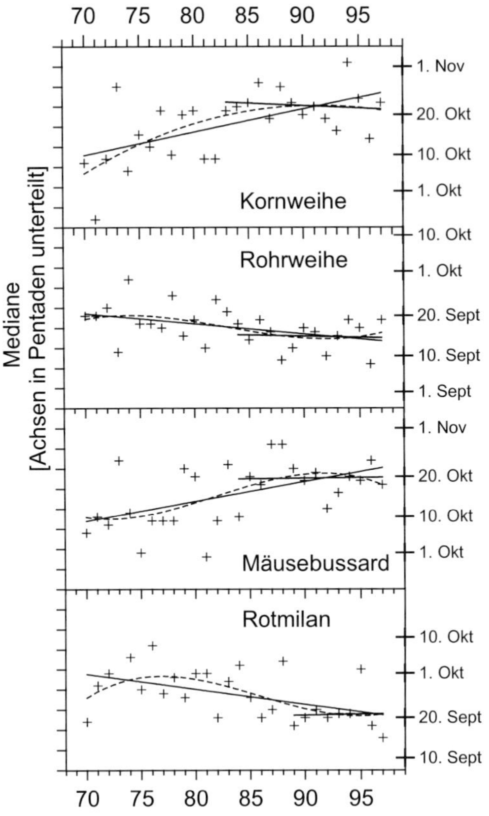

Abb. 11.4.2: Ein veränderter Altersaufbau der Durchzügler ist die mögliche Ursache der Medianverlegung bei vier Greifvögeln. In erster Näherung (lineare Regression – dünne Linie) ergibt sich über alle Jahre für diese Arten eine kontinuierliche Verschiebung des Medians zu früheren oder späteren Zeiten. Eine Einpassung eines Polynoms 3. Grades (gestrichelt) ergibt zwar nur gering kleinere Werte der quadratischen Abweichung als die Gerade durch alle Daten (zwischen 4 % für Rohrweihe und 14 % für Rotmilan), deutet jedoch an, daß in den letzten Jahren ein Grenzwert erreicht wurde. Für unterschiedlich lange Perioden ist bei den 4 Arten während der letzten Jahre ein nicht mehr systematisch weglaufender, praktisch konstanter Median zu verzeichnen. – *One possible cause for the shift in the timing of the median in four migrating raptor species* (Circus cyaneus, C. aeruginosus, Buteo buteo, Milvus milvus) *over all years is a change in the age structure of their populations. Following the abolition of hunting and a reduction in the use of persistent poisons in agriculture in the early 1970s, the number of raptors has recovered very slowly and the population age pyramid has only gradually adapted to the new stable situation. An initial approximation over the study period (linear regression: thin line) resulted in a continual shift of the median towards earlier or later dates. Although a fitted third degree polynomial (dashed line) results in squared deviation values only very slightly smaller than a straight line through all points (between 4 % for* Circus aeruginosus *and 14 % for* Milvus milvus*), it does indicate that a limit has been reached. In recent years the timing of the median for all four species, over periods of varying duration, has been practically constant, with no systematic deviation. Left vertical axis has scale in pentads.*

der Zugmuster in kaum vorhersagbarer Weise beeinflussen, sofern sie abweichende endogene Zugzeiten haben, die dann durch exogene Faktoren noch modifiziert werden können (siehe Kap. 17).

11.4.2 Gemeinsamkeiten beim jährlichen Zugablauf verschiedener Arten?

Eine Änderung im Brutstatus kann mit der eben behandelten Alterspyramide erklärt werden. Bei limitierten Brutmöglichkeiten (fehlende Bruthöhlen oder keine freien Reviere) können sich die Nichtbrüteranteile, also die Populationsreserve ändern. Diese Nichtbrüter mausern vielfach früher und ziehen zu anderen Zeiten als Brutvögel. Langjährige Änderungen im Populationsaufbau haben damit einen Einfluß auf den zeitlichen Ablauf des Zuges.

Die relativen Änderungen der Einzeljahre für verschiedene Arten können auf gleichen Einflußfaktoren beruhen. Dann sollten die Abweichungen miteinander korreliert sein.

Setzt man die jährlichen Abweichungen des Medians von verschiedenen „Vogelpaaren“ in Beziehung zueinander (Abb. 11.4.3), so kann man feststellen, daß es einige Vögel gibt, bei denen die Medianabweichungen in den verschiedenen Jahren einen gleichen Trend aufweisen (Abb. 11.4.3a, 11.2.5, 11.2.6). Dies trifft z. B. für Schafstelze und Baumpieper zu, die für sich alleine jeweils keinen eindeutigen Abweichungstrend haben, sondern in manchen Jahren früher, in anderen später gekommen sind. Wie man aus Abb. 11.4.3a sieht, zeigen diese beiden Vogelarten jedoch jeweils in den gleichen Jahren eine gleiche Abweichungsrichtung, d. h., sie sind entweder beide zu früh gekommen oder beide zu spät. Dies läßt darauf schließen, daß exogene Faktoren hier eine Rolle spielen. Das Wetter zur Zugzeit wäre eine mögliche Ursache, gleiche Brutbedingungen oder Abweichungen im Nahrungsangebot eine andere. Auch für die im

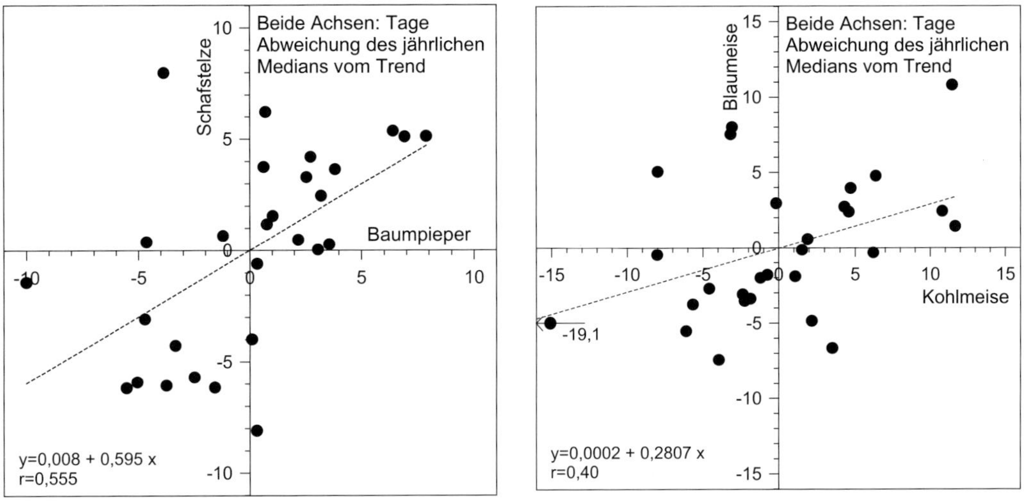

Abb. 11.4.3: a) Ähnlichkeit der jährlichen Abweichungen des Medians vom langfristigen Trend für zwei Westafrika-Überwinterer, Schafstelze und Baumpieper. Für jedes Jahr liegt ein Wertepaar vor. Jeder Punkt steht somit für beide Arten. Der Punkt links oben bedeutet beispielsweise, daß in jenem Jahr die Schafstelze um 8 Tage später, der Baumpieper dagegen um 4 Tage früher zog als nach langjährigem Trend zu erwarten war. Im Idealfall würden bei gleichartiger Zugzeitbeeinflussung alle Punkte auf einer ansteigenden Geraden liegen. Wenngleich die Punkte hier streuen, so liegt doch die Mehrzahl der Punkte in den Quadranten 1 und 3, d. h. die Abweichungen sind beide gleichzeitig positiv oder negativ. Nur wenige Punkte liegen außerhalb. Dieses Verhalten deutet auf eine gleichartige zeitliche Beeinflussung des Zuges. ($r = 0,56$, $p < 0,05$.)
b) Wie bei a) wird hier die Ähnlichkeit der zeitlichen Abweichungen vom langjährigen Trend für Blaumeise und Kohlmeise dargestellt, deren jährliche Variation des Zuges von ähnlichen Faktoren beeinflußt werden dürfte. Die Korrelation ist kleiner als bei der Kombination a), jedoch noch signifikant ($p < 0,05$).
Fig. 11.4.3: a) *Comparison of annual deviations of the migration median from the long-term trend in two long-distance migrants wintering in W Africa,* Motacilla flava *(vertical axis) and* Anthus trivialis. *Paired values are given for each year; each point therefore represents both species. For example, the point to the top left means that* Motacilla flava *passage was 8 days later,* Anthus trivialis *by contrast 4 days earlier than expected from the long-term pattern. In the ideal case, the factors influencing migration time were consistent, all points would lie on a rising straight line. Although there is some scatter of points here, most of them do occur in quadrants 1 and 3, i. e. in most years both species are later or earlier than expected. Very few points are outside this pattern, and this behaviour points to similar factors influencing the timing of migration in both species ($r = 0.56$; $p < 0.05$).*
b) *As above, but for two short-distance migrants,* Parus caeruleus *(vertical axis) and* P. major, *whose timing is presumably triggered by similar factors. The correlation is less than in a), though still significant ($p < 0.05$).*

gleichen Habitat brütenden Blau- und Kohlmeisen sind vergleichbare Ursachen für einen jährlich späten oder frühen Zug anzunehmen, doch die Korrelation (r) ist bereits deutlich geringer (Abb. 11.4.3b, 11.2.3). Wenn wir aus beiden Gruppen die Art mit langfristiger Zugzeitverspätung herausgreifen, so ist zwischen Blaumeise und Baumpieper kein Zusammenhang zu finden (Abb. 11.4.3c). Dies ist als Hinweis darauf zu betrachten, daß für die Verlegung des Medians zu späteren Zeiten bei diesen Arten unterschiedliche Ursachen maßgebend sind. Beim Baumpieper ist das Auseinanderdriften der Populationsentwicklung in N- und M-Europa die wahrscheinlichste Ursache (Kap. 17). Zwischen den nahe verwandten Tannen- und Blaumeisen, die unterschiedliche Habitate bewohnen, zeichnet sich gleichfalls keine Korrelation unter frühen und späten Jahren ab, wohl aber Gemeinsamkeiten zwischen der im gleichem Habitat brütenden Blaumeise und dem Buchfinken (Abb. 11.4.3d, 11.2.3, 11.2.4).

Für die Tabellen 11.4.1a – c wurde der langfristige Trend vor der Betrachtung subtrahiert. Die jährliche Variation gleicher Ursachen für Zugzeitverlagerungen wird so deutlicher. Da der langfristige Trend des Medians bei den verschiedenen Arten unterschiedliche Ursachen haben

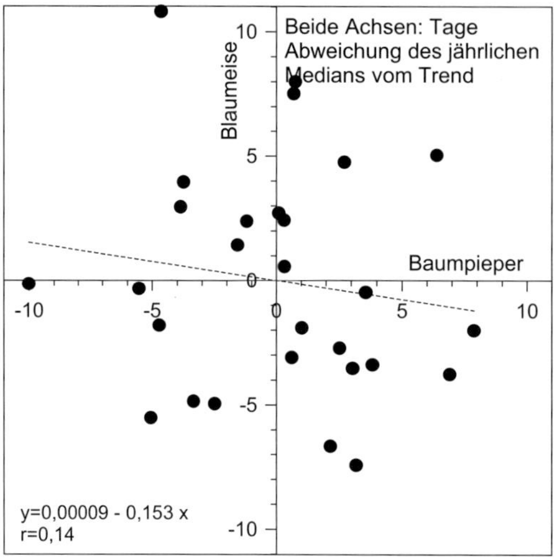

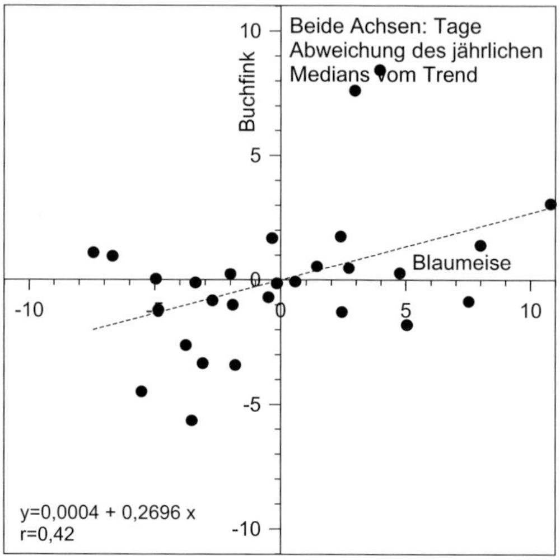

Forts. Abb. 11.4.3: Ähnlichkeit der jährlichen Abweichungen des Medians vom langristigen Trend.
c) Ein Vergleich mit je einer Art aus a und b, Blaumeise und Baumpieper zeigt, daß kein Zusammenhang zwischen den auslösenden Faktoren für späten bzw. frühen Zug im Jahr bei diesen Arten besteht. Die Punkte sind recht gleichmäßig über alle 4 Quadranten verteilt.
d) Mit Buchfink und Blaumeise werden hier 2 nicht verwandte Arten des gleichen Habitats verglichen. Es deuten sich noch ähnliche Auslöser frühen oder späten Zuges an.
Die Korrelationen der verschiedenen Arten untereinander in Tab. 11.4.1a – c wurden auf diese Art bestimmt.
Fig. 11.4.3 continued: *Comparison of annual deviations of the migration median from the long-term trend.*
c) A comparison ot two species from (a) and (b), Parus caeruleus *(vertical axis) and* Anthus trivialis, *shows that there is no correlation between the factors responsible for later or earlier movement in the same year. The points are distributed equally among all four quadrants.*
d) Here, two unrelated short-distance migrants frome the same habitat are compared, Fringilla coelebs *(vertical axis) and* Parus caeruleus, *resulting in an indication of similar triggering factors for earlier or later movement.*
The correlations of the various species with each other in Tab. 11.4.1 were derived using this method.

kann, würden stärkere Langzeitverschiebungen beim Artenvergleich ohne Reduktion des Trends zu Scheinzusammenhängen führen. In den Tabellen deuten sich Ähnlichkeiten, aber auch deutliche Unterschiede der Ursachen jährlicher Medianverschiebungen an. Bei einigen LSZ, die stark schubweise zu gleicher Zeit ziehen, könnte das Wetter zur Zugzeit die dominierende Größe sein. Die Mehrzahl der LSZ zeigt abweichende Verhältnisse von den KSZ und TZ.

Unter den Greifvögeln zeigen nur wenige Arten ähnliche Verschiebungen im Median. Fünf intrapaläarktisch ziehende Greifvogelarten, wie die Bodenjäger Mäusebussard, Kornweihe und Turmfalke, weisen gewisse Ähnlichkeiten auf. Auch die Vogeljäger Merlin und Sperber zeigen Parallelen. Die restlichen Arten, die LSZ und der Rotmilan, korrelieren weder miteinander noch mit den Arten, die in großem Umfang in Mitteleuropa überwintern (Tab. 11.4.1a – c).

11.4.3 Herkunft als Zeitfaktor beim Durchzug

Beim Wiesenpieper wird der Durchzug durch verschiedene Zugwellen unterschiedlicher Herkunft bestimmt (Ebenhöh & Gatter 1991). Bei Änderung der relativen Zusammensetzung von Regionalpopulationen ist eine Zugzeitverschiebung zu erwarten.

Wie in Kap. 15.8 gezeigt werden wird, haben die borealen und mitteleuropäischen Wälder in den letzten Jahrzehnten starke strukturelle Veränderungen durchgemacht, die in nördlichen und mitteleuropäischen Regionen sehr gegensätzlich verlaufen sind. Diese Veränderungen haben sicher die Populationszusammensetzung nicht nur der Brutvögel, sondern auch der Durchzügler stark beeinflußt. Nördliche Populationen des Fitis (Hedenström & Pettersson 1987) ziehen später als südliche. Zahlreiche Vogelarten wandern an

Tab. 11.4.1: Ähnlichkeit der relativen zeitlichen Lage der jährlichen Mediane für verschiedene LSZ, KSZ und TZ. Der generelle Trend wurde zuvor abgezogen. Schwarze Punkte deuten Artenkombinationen an, deren jährliche zeitliche Abweichungen vom Mittel ähnlich sind (siehe Abb. 11.4.3). Bei ihnen dürften gleiche Faktoren die relative Lage des jährlichen Medians bestimmen. Schwarzer Punkt = signifikanter Zusammenhang ($p < 0{,}05$), ++ ($0{,}10 > p > 0{,}05$), + $p > 0{,}1$ (jedoch positiver Korrelationskoeffizient), – negative Korrelation. Zahlenwerte (n = Anzahl Jahre) unterhalb des Namens sind angegeben, wenn nicht der komplette Zeitraum für die Korrelationsanalyse verwandt werden konnte. – *Comparison of the relative timing of the annual migration medians of various long-distance, short-distance, and partial migrants, after subtracting the general trend. The dots indicate species combinations whose annual deviations from the mean are similar (see Fig. 11.4.3). In these species, the same factors most likely determine the relative timing of the annual median. Black dot (significant correlation, $p < 0.05$), ++ ($0.10 > p > 0.05$), + ($p > 0.10$, but correlation coefficient is still positive), – (negative correlation coefficient, not significant). – Values below names (n = number of years) are given if the entire time period was not used for the correlation analysis.*

	Schafstelze	Baumpieper	Brachpieper	Wiesenpieper	Gebirgsstelze	Bachstelze	Rohrammer	Feldlerche	Heidelerche	Uferschwalbe	Rauchschwalbe
Anzahl Jahre n =								25		27	
Schafstelze											
Baumpieper	●										
Brachpieper	●	●									
Wiesenpieper	-	+	+								
Gebirgsstelze	+	+	+	-							
Bachstelze	-	+	+	+	-						
Rohrammer	-	++	+	+	-	+					
Feldlerche	-	+	+	-	-	-	+				
Heidelerche	+	+	-	+	+	++	-	-			
Uferschwalbe	●	●	+	+	+	-	-	-	-		
Rauchschwalbe	+	+	+	+	●	-	+	-	-	●	
Mehlschwalbe	+	+	+	+	+	+	+	-	+	+	++

▲ **a)** Einige Vögel des Offenlandes sowie die Schwalben als weitere LSZ. – *Some species of open habitats, with Hirundinidae as additional long-distance migrants.*

	Mäusebussard	Kornweihe	Turmfalke	Sperber	Merlin	Rotmilan	Baumfalke	Rohrweihe	Fischadler
Mäusebussard									
Kornweihe	●								
Turmfalke	●	++							
Sperber	+	●	●						
Merlin	+	+	+	●					
Rotmilan	+	+	+	+	-				
Baumfalke	-	+	+	+	+	+			
Rohrweihe	-	-	+	+	-	+	-		
Fischadler	+	+	-	++	+	+	+	+	

▲ **c)** Greifvögel. – *c) Raptors.*

	Buntspecht	Heidelerche	Baumpieper	Zaunkönig	Rotkehlchen	Amsel	Wacholderdr.	Singdrossel	Rotdrossel	Misteldrossel	Goldhähnch.sp	Sommergoldh.	Tannenmeise	Blaumeise	Kohlmeise	Kleiber	Eichelhäher	Buchfink	Bergfink	Zeisig	Kreuzschn. -S	Kreuzschn. -N
Anzahl Jahre n =				26	19		26									21					26	17
Buntspecht																						
Heidelerche	-																					
Baumpieper	-	+																				
Zaunkönig	+	+	-																			
Rotkehlchen	+	-	-	+																		
Amsel	+	●	-	+	-																	
Wacholderdr.	-	+	-	+	++	+																
Singdrossel	+	+	-	+	+	●	+															
Rotdrossel	+	-	-	+	+	+	+	-														
Misteldrossel	●	+	-	+	-	●	-	+	●													
Goldhähnch.sp	-	+	+	+	-	●	+	+	+	+												
Sommergoldh.	+	+	+	+	-	●	-	+	-	+	-											
Tannenmeise	+	+	-	+	-	+	+	+	●	●	+	+										
Blaumeise	++	+	-	●	-	+	++	●	+	+	+	+	+									
Kohlmeise	+	+	-	+	+	+	+	●	●	+	+	+	●	●								
Kleiber	+	++	-	+	-	●	+	+	+	++	++	+	●	+	+							
Eichelhäher	+	●	-	+	-	+	+	+	+	+	+	+	+	+	+	●						
Buchfink	●	-	-	+	-	+	+	-	●	●	+	+	●	●	++	+	+					
Bergfink	●	--	-	-	-	-	-	-	++	+	+	-	+	+	++	-	-	+				
Zeisig	++	+	+	+	-	-	+	-	+	+	+	-	+	+	-	+	+	++	++			
Kreuzschn. -S	++	-	+	+	-	-	+	-	●	+	+	-	●	-	+	-	+	●	●	++		
Kreuzschn. -N																					●	
Kernbeißer	+	-	-	+	-	+	+	+	+	+	+	-	●	+	●	+	++	+	●	+	+	

▶ **b)** Vögel des Waldes. Man beachte die deutliche Differenz des Baumpiepers sowie des Rotkehlchens von den anderen Arten, die Mehrzahl der Korrelationen mit diesen Arten ist negativ. – *Woodland species; note clear difference between* Anthus trivialis *and* Erithacus rubecula *and the other species, the majority of the correlations with these species being negative.*

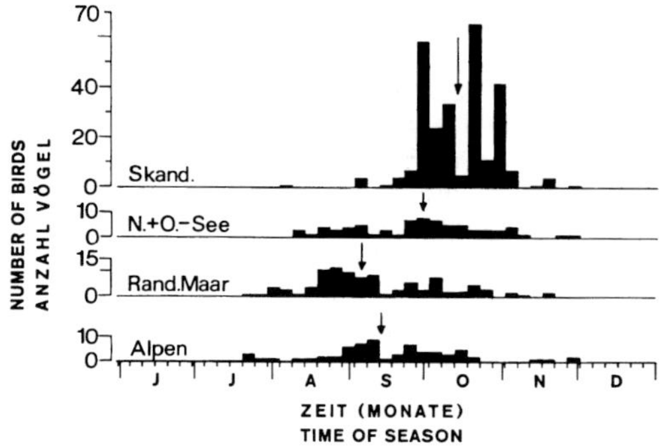

Abb. 11.4.4: Durchzugszeiten von Schwarzspechten in Skandinavien, der Nord- und Ostsee sowie Randecker Maar und den Alpen nach GATTER (1977c). Nördliche Populationen ziehen später als die südlichen. – *Passage periods of* Dryoscopus martius *in (from top to bottom) Scandinavia, North and Baltic Seas, Randecker Maar and the Alps, after* GATTER *(1977c). Northern populations migrate later than southern ones.*

den skandinavischen Stationen zeitgleich oder später als am RM (EDELSTAM 1972, ULFSTRAND et al. 1974, Kap. 11, Abb. 11.2.1). Soweit sie am Durchzug bei uns beteiligt sind, werden sie für späte Zugwellen verantwortlich sein. Ein zeitversetzter Durchzug von Vögeln aus unterschiedlichen Regionen wurde bei verschiedenen Limikolen (z. B. PROKOSCH 1988), aber auch bei Spechten (GATTER 1973a, 1977c, Abb. 11.4.4) nachgewiesen. Ein zeitlich verschobener Zug verschiedener regionaler Teilpopulationen ist für alle großräumig verbreiteten Singvögel anzunehmen. Selbst bei früherem Abzug im Norden wäre es Zufall, wenn er genau so terminiert wäre, daß diese Vögel auf die weiter südlich aufgebrochene Zugwelle treffen. Eine Änderung der relativen Anteile einzelner Populationen, z. B. eine sukzessive Abnahme der mitteleuropäischen bei konstanter nordosteuropäischer Population, wird sich deshalb in einer Verschiebung des Medians auswirken (siehe Baumpieper in Kap. 17).

11.4.4 Mehr Konkurrenz – früherer Zug

Inter- und intraspezifische Konkurrenz bestimmt vielfach auch den Zug. Sie nimmt mit Nahrungsmangel zu. Invasionen werden durch hohe Populationsdichte und (oder) unzureichende Nahrung ausgelöst (Kap. 14). Zugweglänge und Zugzeit werden dadurch beeinflußt. Die jahrweise sehr unterschiedliche Ausdehnung des Winterverbreitungsgebietes von Seidenschwänzen und nordischen Birkenzeisigen machen dies deutlicher als jene unserer mitteleuropäischen Invasionsarten, die wohl alle einen größeren Anteil obligaten Teilzugs aufweisen.

Wie bereits dargestellt, weichen Mönchsgrasmücken-Weibchen in Südfrankreich vor den hinzukommenden Wintergästen aus und ziehen ab. Die zunehmende mitteleuropäische Population (Kap. 17) könnte also zu verstärkten Ausweichbewegungen südlicher Vögel führen. Entsprechender Zwang zum Zug für Weibchen und Jungvögel als Reaktion auf die dominanten Männchen ist für Blaumeisen aus Südschweden beschrieben (Kap. 11.3). Auch Populationsänderungen können sich über die Artgrenze hinaus auf den Zug anderer Arten auswirken. Daß innerhalb des Invasionszuges granivorer, mastabhängiger Meisen, Spechte und Häher ganzjährig insectivore Arten wie Baumläufer und Goldhähnchen mitwandern, dürfte ebenfalls eine Folge des interspezifischen Konkurrenzdrucks sein. Bei Mangel an pflanzlicher Nahrung weichen Meisen und Spechte verstärkt auf Insekten aus und bedrängen damit die Insectivoren, die dann aus einem interspezifischen Gedrängefaktor heraus emigrieren. Bei der Blaumeise könnte intraspezifische (SMITH & NILSSON 1987) in Verbindung mit interspezifischer Konkurrenz zur Kohlmeise dominanter Auslöser für diese Entwicklung sein. Hohe Dichten der zwei Arten, die sich angesichts der Zunahme beider Arten auch durch Emigration nicht auflösen, könnten analog zu den mit der Tannenmeise gemachten Erfahrungen (GATTER 1977a) für Veränderungen der Zugzeit verantwortlich sein. Ein erhöhter Konkurrenzdruck der Kohlmeise auf die schwächere, weil kleinere Blaumeise als Folge steigender Dichten beider Arten (Kap. 17) käme dann unter diesen Umständen auch als eine Ursache für die einseitige Verspätung der Blaumeise um 10 Tage in Frage (Abb. 11.2.3). Der Gedrängefaktor kann sich auch nach der Beendigung der Zugzeit der Kohlmeise weiterhin auf die unterlegene Blaumeise auswirken.

Im winterlichen Offenland waren Schwärme aus Saatkrähen und Dohlen früher ein typischer Anblick. Heute trifft man vielerorts auch im Sommer Krähenschwärme an. Allerdings handelt es sich bei uns um Rabenkrähen. Dadurch sind die Saatkrähen heute verstärkt der Nahrungskonkurrenz durch Rabenkrähen ausgesetzt, die in vielen Gegenden zunehmend große Junggesellentrupps bilden. Ob die Abnahme der

DZZ bei Saatkrähen allein auf die Zugverspätung (Abb. 11.2.2) zurückgeht oder Ursachen in den Heimatgebieten mitspielen, muß offenbleiben. Sicher ist aber, daß sich der Populationsdruck der Rabenkrähe auf andere Arten auswirkt. Die seit Mitte der 1980er Jahre beobachtete Zunahme des Rotmilans (Kap. 17) und dessen Ernährungsgewohnheiten am RM weisen hier auf unmittelbare Nahrungskonkurrenz zur ebenfalls zunehmenden Rabenkrähe hin. Zeitgleiche Nutzung beschränkt verfügbarer Ressourcen auf frisch gepflügten Äckern und gerade gemähten Wiesen sind die täglichen Berührungspunkte beider Arten (vgl. Abb. 17.76d). Dies könnte Milane zu früherem Abzug motivieren (Kap. 17).

Entsprechend klare Hinweise gibt es für das Verhältnis zwischen Turmfalke und Mäusebussard nicht. Mit einer Verfrühung von zwei Tagen/Jahrzehnt beim Turmfalken und einer Verspätung von 5 Tagen/Jahrzehnt beim Mäusebussard könnten die Trends die Hinweise auf interspezifische Konkurrenz bestätigen (siehe Reichholf 1977, Kap. 17) und der stärker zunehmende Bussard verstärkt den Druck auf den Turmfalken. Bei Invasionsvögeln löst hohe intra- und interspezifische Dichte den Zug in Verbindung mit Nahrungsmangel früher aus. Neben zahlreichen Beispielen vom RM war die „Jahrhundertinvasion" beim Sibirischen Tannenhäher 1968 ein klassischer Fall (Gatter 1969). Sie erreichte Norddeutschland schon ab Juli, während zahlenschwächere Einflüge sonst erst im September bemerkt werden. Nahrungsmangel durch eine Fehlmast der Zirbelkiefer *Pinus sibirica* und extrem hohe Dichten hatten den „Exodus" beschleunigt.

Daß sich diese Mechanismen aus Dichte und Nahrungsmangel bei normalen KSZ- und TZ-Arten grundsätzlich anders auswirken, ist sicher ein Trugschluß und ein in der Ornithologie bisher vernachlässigtes Problem, dessen Tragweite über die Zugforschung hinausgeht. Im nächsten Kapitel soll deshalb versucht werden, dafür weitere Belege zu finden.

11.4.5 Mehr Nahrung – späterer Zug – nachlassender Zug – Standvogel

Eine günstige Nahrungsversorgung kann Zugvögel zu vermehrtem und verlängertem Ausharren nördlich des RM veranlassen. Zahlreiche Beispiele dafür finden sich in den Invasionsberichten aus Skandinavien (Reinikainen 1937, Svärdson 1957, Eriksson 1970a, b). Entsprechendes können sozio-ökonomische Veränderungen und veränderte Anbaumethoden in der Land- und Forstwirtschaft bewirken. Krähen und Möwen z. B. werden dadurch und über Müllkippen besonders begünstigt. Eine Verkürzung des Zugweges ändert dann den zeitlichen Verlauf am RM, wenn sich der Umfang des neuen Überwinterungsgebiets nördlich des Beobachtungsorts vergrößert. Derartige Zugwegverschiebungen können den Durchzug unvorhersehbar verändern. Die Ringeltaube zeigt am RM nur eine geringe Verschiebung des Medians nach hinten, hat aber zwischenzeitlich veränderte durchschnittlichen Zugrichtungen (Kap. 8.2, Tab. 8.2.1). Offensichtlich ziehen gegenüber den 1970er Jahren weniger Vögel aus dem baltisch/finnischen Raum durch, da diese heute verstärkt in Polen überwintern (Tomiałojc briefl.), während die Zahlen aus dem kontinentalen Bereich wohl gleichbleiben. Zunehmende Überwinterung nahe dem Brutgebiet ist für viele Arten speziell im Ostseebereich belegt (z. B. Klafs & Stübs 1987) und vom Rotmilan in Schweden schon seit langem bekannt (Ulfstrand 1970). Seit Jahren überwintern Stare in Großstädten des nördlichen M-Europa, Nebelkrähen erreichen SW-Mitteleuropa kaum mehr und Feld- und Haussperlinge haben als Durchzügler am RM in stärkerem Umfang abgenommen als ihre Bestände im Hinterland (Kap. 17).

Änderungen in der Land- und Forstwirtschaft sind als primäre Ursachen für zeitliche Veränderungen in der Lage der Zugperiode verschiedener Arten anzusehen. Überwinternde Ringeltauben in Großbritannien profitierten vom zunehmenden Anbau von Winterraps (Inglis et al. 1990). Selbst Kleinigkeiten wie Umstellungen im Sortengemisch können das Verhalten im Winterhalbjahr beeinflussen. Der vor einigen Jahren begonnene Anbau von Winterraps ohne Bitterstoffe, sogenannter 00-Raps und dessen Nachfolgeprodukte, sind für zunehmende Bestände von Höckerschwänen auf diesen Feldern in Norddeutschland verantwortlich (R. Schütt, pers. Mitt.). Durch die verstärkte Einfuhr von preiswertem Obst aus Südeuropa und den Tropen nimmt die Menge des nicht geernteten heimischen Obstes zu. Hinzu kommt ein seit Jahren zunehmendes Angebot vieler nicht zum menschlichen Verzehr angebauter Beerensträucher und -bäume in Gärten und entlang von Straßen, die von Vögeln als Nahrung genutzt werden. Diese Zunahme an im Herbst und Winter verfügbaren Nahrungsquellen ermöglicht unter anderem Arten wie Gimpel, Amsel und Wacholderdrossel ein Verbleiben im Brutgebiet oder es verzögert zumindest den Abzug (Kap. 17). Klimatische Faktoren müssen hier zur Erklärung nicht bemüht werden. Um das Ausmaß dieses Wandels zu verstehen, müssen wir uns vor Augen halten, daß während des Zweiten Weltkriegs Anbauverbote für Zierblumen und Ziersträucher in Gärten bestanden. Die gesamte Produktion des Gartens war dem menschlichen Genuß vorbehalten (Kap. 15.2, 15.3, 15.9).

Fehlende Stoppelbrachen, bedingt durch den heute üblichen Umbruch der Felder bereits kurz nach der Ernte, könnten dagegen bei anderen Arten zu schnellerem und früherem Durchzug beigetragen (Abb. 11.2.8).

Kluijver (1952) und Lack (1958) wiesen darauf hin, daß die Temperaturen im Vorfrühling den Brutbeginn steuern und dabei wohl das parallel zur Vegetationsentwicklung zunehmende Nahrungsangebot beteiligt ist. Diese Übereinstimmung erfolgt wohl über den Zusammenhang zur allgemeinen Vegetationsentwicklung und damit vor allem über die Arthropodenentwicklung. Ein eng mit dem Nahrungsangebot korrelierter Brutbeginn deutet sich bei Meisen an. Zusatzfutterversorgung bewirkt hier zeitigere Bruten (Källander 1974, Brömssen & Jansson 1980, Clamens & Isenmann 1989, Kraft 1995). Bei Heckenbraunelle (Davies & Lundberg 1985), Elster (Högstedt 1981, Hoachka & Boag 1987), Rabenkrähe (Yom-Tov 1974), Sperber (Newton & Marquiss 1981) und vielen anderen Arten gibt es Versuche mit entsprechendem Ergebnis.

Ein Einfluß, der in ganz West-und Mitteleuropa stark auf die Vegetation und damit auf die Verfügbarkeit pflanzlicher und tierischer Nahrung einwirkt, ist die Eutrophierung des Bodens. Die zunehmende Stickstoffanreicherung im Boden (Kap. 15.5) führt zu einer immer dichteren Vegetation und einer früheren und länger anhaltenden Vegetationsperiode. Sie wirkt über eine Zunahme des Vegetationsvolumens in Mooren, Heiden, Agrarflächen und Wald und wird sichtbar an den ständig steigenden auf die Fläche bezogenen Agrarerträgen und an europaweit steigenden Holzvorräten der Wälder und damit einhergehend höherer Samenproduktion (Kap. 15.2, 15.5, 15.8). Sie kann für viele Arten – nicht nur KSZ – eine Vorverlegung der Brutsaison, höhere Zahl von Bruten und verringerte Jugendverluste bedeuten und andererseits durch Zunahme der Nahrungsressourcen späteren, im Extremfall ausfallenden Wegzug und geringere Wintermortalität bewirken. Die Verlängerung der Vegetationsperiode wirkt sich auf zahlreiche Arten positiv aus. Früherer Vegetationsschluß erlaubt zeitigere Brut und gewährt erhöhten Prädationsschutz (Kap. 17). Für andere Arten wirkt sich dies negativ über die Beeinflussung des Bestandesklimas z. B. im Grünland aus, das feuchter und kühler wird (Kap. 15.5). Die dichte, hohe Vegetation zur Hauptbrutzeit erschwert den Zugang zur Nahrung, senkt damit den Bruterfolg und zwingt zu Nachbruten (Kap. 17, z. B. Bluthänfling, Hohltaube), die wiederum zu Verspätungen des Zuges führen können. Ein früher Brutbeginn muß also nicht in frühem Wegzug enden. Die Zahl der Zweitbruten kann bei früher Rückkehr auch bei LSZ zunehmen (Lawn 1980). Die Auswirkungen der Eutrophierung auf die Vegetation sind in mancher Hinsicht mit denen einer Klimaerwärmung vergleichbar und weitgehend nicht von dieser zu trennen und können additiv wirken.

Eine starke Einwirkung der Nahrungssituation auf den Verlauf der Zugzeit lassen folgende Beispiele erkennen.

Der Median des **Bergfinken** am RM zeigt keine langfristige zeitliche Änderung, deutet aber eine Abhängigkeit von der regionalen Samenproduktion der Buche an (Abb. 11.2.4, 11.4.5). In Vollmastjahren zieht er im Mittel drei Tage später als in Jahren ohne Bucheckern durch. Eine starke Mast nördlich des RM wird hier zugverzögernd wirken, denn auch die starken Wintereinflüge in das südliche Mitteleuropa bleiben bekanntlich aus, wenn es im Norden gute Mast gibt. Beim verwandten Buchfinken, der insgesamt mit geringeren Schwankungen durchzieht, zeigt sich keine derartige Abhängigkeit. Aber auch die Blaumeise zeigt am RM in Mastjahren der Buche einen Trend zu späterem Zug und Eichelhäher ziehen in Abhängigkeit von guten Eichenmastjahren später (Abb. 11.4.13c).

Die Zunahme der Masterträge läßt bei granivoren Waldvögeln positive Auswirkungen auf die Fitness erwarten. Zunehmend werden Reste der Mast bis ins Frühjahr verfügbar sein und wetterbedingte Mangelsituationen im Arthropodenbereich ausgleichen (Kap. 15.8.2 – 15.8.4). Dies würde die Veränderungen in den Wäldern, allem voran die Zunahme der Masterträge und des Vegetationsvolumens (Kap. 15.8.2 – 15.8.4), neben den Klimafaktoren zum ebenbürtigen

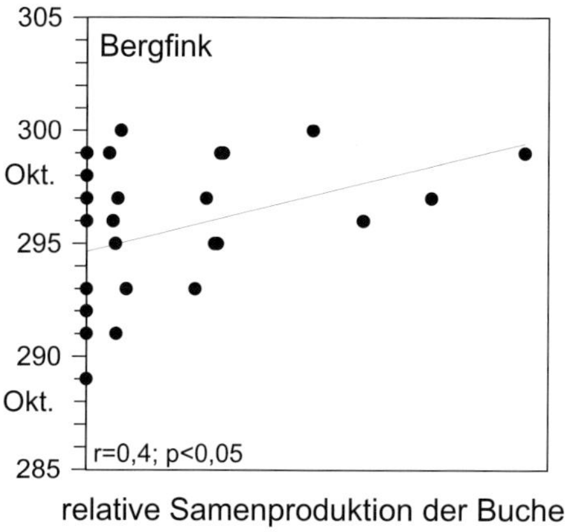

Abb. 11.4.5: Lage des Herbstzugmedians des Bergfinken in Abhängigkeit von der relativen Samenproduktion der Buche in Baden-Württemberg. Die relative Samenproduktion wurde abgeschätzt nach den Mastangaben in Abb. 15.8.13, dem steigenden Durchschnittsalter der Bestände und dem mit dem Alter anwachsenden Ertrag (Abb. 15.8.9). Es deutet sich ein späterer Durchzug bei größerem Bucheckernangebot an. – *Relationship between the timing of the autumn passage median of* Fringilla montifringilla *and the relative seed crop of beech* Fagus sylvaticus *in Baden-Württemberg. This suggests a later passage in times of a better beechmast supply. Horizontal axis: relative beechmast supply, increasing from left to right (see Fig. 15.8.13).*

oder gar entscheidenden Auslöser der Zugzeitverlagerungen machen. Die Vegetationsentwicklung, die das Nahrungsangebot weitgehend mitbestimmt, wird sowohl über hohe Temperaturen als auch über die verbesserte Nährstoffsituation beeinflußt.

Eutrophierung führt zu früherem Vegetationsbeginn und insgesamt längerer Vegetationsperiode (Kap. 15.5) und kann damit sowohl für Verfrühungen wie Verspätungen des Durchzugs verantwortlich sein.

11.4.6 Wie beeinflußt die Klimaerwärmung die Zugzeit im Herbst?

In Kap. 11.1.2 zeigten die Median- und Quartilentrends an, daß sich diese Werte bei vielen Arten kontinuierlich ändern. Bei den KSZ sind es zum Teil gravierende Verspätungen, bei den LSZ ist eher ein Trend zur Verfrühung erkennbar. In beiden Gruppen verläuft dies nicht einheitlich.

Für die Suche nach den Ursachen bei langfristigen Änderungen des Durchzugs bieten sich als Deutung die Veränderungen des Erdklimas an (Kap. 15.9). Viele wissenschaftliche und populäre Publikationen haben sich im letzten Jahrzehnt mit diesem Thema beschäftigt. Deutlich zeigt sich diese Entwicklung bei uns an der Vorverlegung des Frühlingsbeginns und am sukzessiv späteren Herbstbeginn (Rapp & Schönwiese 1994, Abb. 15.9.4).

Sicher ist der Einfluß des Klimas bei einzelnen Arten erheblich. Gleichzeitig wurden andere Faktoren zu wenig beachtet (Kap. 15.8.5, 15.9).

Temperaturbedingte frühere Ankunft und späterer Abzug können zu einer Verlängerung der Brutsaison genutzt werden. Eine vermutlich erhöhte Fitness bei zunehmender Verweildauer im Brutgebiet aufgrund der heute besseren Verfügbarkeit von Nahrung wird in Kap. 15 und 17 für viele Arten beschrieben. Eine Art mit verlängertem Aufenthalt auch in nördlicheren Brutgebieten ist der Star. Er kommt in Finnland seit der Jahrhundertwende parallel zum früher beginnenden metereologischen Frühling zunehmend früher an (v. Haartman & Söderholm-Tana 1983). Bei uns blieb der Wegzugsmedian gleich, aber die 75-%-Quartile hat sich um 5 Tage verspätet.

Der Brutbeginn korreliert vielfach mit den Frühlingstemperaturen. Die Schneearmut der Winter und die Wärmezunahme im April könnten über einen früheren Brutbeginn Vögel „produzieren“, die im Herbst zeitiger in Zugdisposition kommen. Verfrühungen der Brut bei TZ könnten auch durch Abnahme des obligaten Zieheranteils in einer Population erklärt werden. Das heißt aber zunächst, daß fast jegliche Form von Veränderungen zumindest theoretisch mit dem Klima erklärbar wäre.

Bei LSZ mit nur einer Brut haben Frühjahrsankunft und Brutbeginn Auswirkungen auf den Wegzug. Südschwedische Blaukehlchen ziehen früher weg, wenn die Brut früh begonnen werden konnte (Ellegren 1990). Eine kontinuierliche Temperaturerhöhung mit zeitigerem Frühjahrsanfang könnte so einen immer früheren Abzug erklären.

Huin & Sparks (1998) zeigten, daß die großräumige Ankunft der Rauchschwalbe in Großbritannien sowohl mit der lokalen als auch mit der weiter südlich auf dem Zugweg in Europa gemessenen Temperatur korreliert. Bei einer Reihe von Arten wurde innerhalb eines Zeitraums von 50 Jahren eine signifikante Vorverlegung der Erstankunft in England beobachtet (Mason

1995). Schilfrohrsänger, Zilpzalp, Uferschwalbe und Mönchsgrasmücke erschienen signifikant früher, später dagegen Baumpieper, Braunkehlchen, Garten- und Dorngrasmücke. Bei ausschließlicher Betrachtung des Zeitraums ab 1970 sind dort auch die Ankunftstermine dieser letzten vier Arten konstant oder leicht verfrüht.

Frühe Brut kann auch bei mitteleuropäischen Arten frühen Wegzug ermöglichen. Das mittlere Schlüpfdatum des Trauerschnäppers lag bei Braunschweig während der Jahre 1989 – 1995 drei Tage vor dem der vorangegangenen 19 Jahre; insgesamt ein Trend zu früherem Legebeginn, der mit den Temperaturen zur Zeit der Ankunft korreliert (WINKEL & HUDDE 1997).

Brutdaten britischer Vögel aus den Jahren 1971 – 1995 ergaben bei 20 Arten einen über diesen Zeitraum signifikant früheren Legebeginn zwischen 4 und 17 Tagen und nur bei einer Art einen späteren Termin. Im Mittel waren es 8,8 Tage (CRICK et al. 1997). Unter den LSZ waren Baumpieper, Fitis, Waldlaubsänger, Gartenrotschwanz und Gartengrasmücke mit früherem Brutbeginn vertreten.

Das sind jedoch Größenordnungen, die teilweise den möglichen Einfluß der postulierten Klimaerwärmung übertreffen. Andere Gründe müssen also ebenfalls beteiligt sein. Sie können im Winterquartier, auf dem Zugweg oder in den gegenüber früher im Brutgebiet angetroffenen veränderten Bedingungen liegen. Am gravierendsten und damit wahrscheinlichsten ist der Einfluß der Eutrophierung (Kap. 11.4.5 und 15.8.3.6), der sich über früheren Vegetationsbeginn ebenfalls auf eine Vorverlegung der Schlüpftermine von Massenarthropoden auswirken dürfte.

Die festgestellte Klimaänderung (z. B. RAPP & SCHÖNWIESE 1994, Kap. 15.9) zeichnet sich nicht in einer überregional einheitlichen Zunahme der Temperatur rund ums Jahr ab. In Baden-Württemberg sind neben einer generellen Erwärmung der Frühjahrs- und Herbstmonate der August und der November die Spitzenreiter der Wärmezunahme. Wenn wir Polen und Skandinavien als Herkunftsgebiet eines größeren Teils unserer Durchzügler betrachten, so sind dort die Temperaturen von Juni bis November zwischen den Zeiträumen 1955 – 1974 und 1975 – 1994 leicht zurückgegangen, während Dezember bis Mai gleichzeitig deutlich wärmer wurden (NICHOLLS et al. 1995).

Zwei bei uns in größerer Zahl durchziehende Singvogelarten, Rotdrossel und Bergfink, die nahezu ausschließlich in dem borealen Bereich brüten, weisen deutlich geringere Verschiebungen auf als die vielen über Nord- und Mitteleuropa verbreiteten Arten.

Bei der Frage, was die Zugzeit des Einzeljahres beeinflußt, haben wir bereits eine Reihe gewichtiger Faktoren behandelt. Sie zeigen, wie komplex die Materie ist. Vor vereinfachenden Lösungen muß also gewarnt werden. Ein Versuch, das Material vom RM auf unmittelbare Wettereinflüsse zu untersuchen, bietet sich dennoch an.

Es ist, wie schon gesagt, einfach, Frühjahrsankunft und Legebeginn mit Winterende oder Frühjahrstemperaturen an einem Ort zu korrelieren. Ungleich schwieriger ist es, eine Korrelation zu Daten wegziehender Vögel zu finden, die aus einem riesigen und vor allem nicht genau bekannten Raum stammen und die mit „Hypotheken“ vorbelastet sind, die ihre annuale Zyklik während des ganzen vorangegangenen halben Jahres beeinflußt haben.

Zunächst dürfte das Wetter einer Jahreszeit den jährlichen Ablauf des Wegzugs beeinflussen. Doch welche Elemente sind als Ansatzpunkte zu Korrelationen maßgebend? Sind es die Mittel-, Maximal- oder Minimaltemperaturen, ist es der Niederschlag, die Sonnenscheindauer oder andere Komponenten? Ist die Temperatur zur Brutzeit, während der Mauser oder zu Beginn des Wegzuges für die Auslösung der Südwanderung eines obligaten Ziehers ausschlaggebend?

Zur Überprüfung der Abhängigkeit der Zugzeit von der Temperatur benötigen wir Temperaturwerte bzw. die jährlichen Änderungen der einzelnen Monate. Ideal wären gewichtete Mittelwerte des jeweiligen Herkunftsgebietes unserer verschiedenen Durchzügler. Wir kennen jedoch weder diese Herkunftsgebiete noch liegen uns 30jährige Temperaturreihen großräumiger monatlicher Mittelwerte für die entsprechenden Gebiete vor. In Anbetracht der Tatsache, daß die Charakteristika des Wettergeschehens einer Wetterstation in der norddeutschen Tiefebene dennoch für einen Großraum repräsentativ sind, greifen wir zur Überprüfung die Daten von Potsdam heraus (vgl. auch Abb. 15.9.3). Es liegt 500 km nordöstlich des RM in Herkunftsrichtung der meisten unserer Durchzügler. Eine Betrachtung dieser Temperaturwerte ergibt für die Mehrzahl der Monate zwischen 1970 und 1997 im Trend leicht ansteigende Temperaturwerte. Die Änderung/Jahrzehnt liegt für den Monat Mai bei +0,25 °C, der Maximalwert bei +0,8 °C/Jahrzehnt im April. Die Monate Juni, Septem-

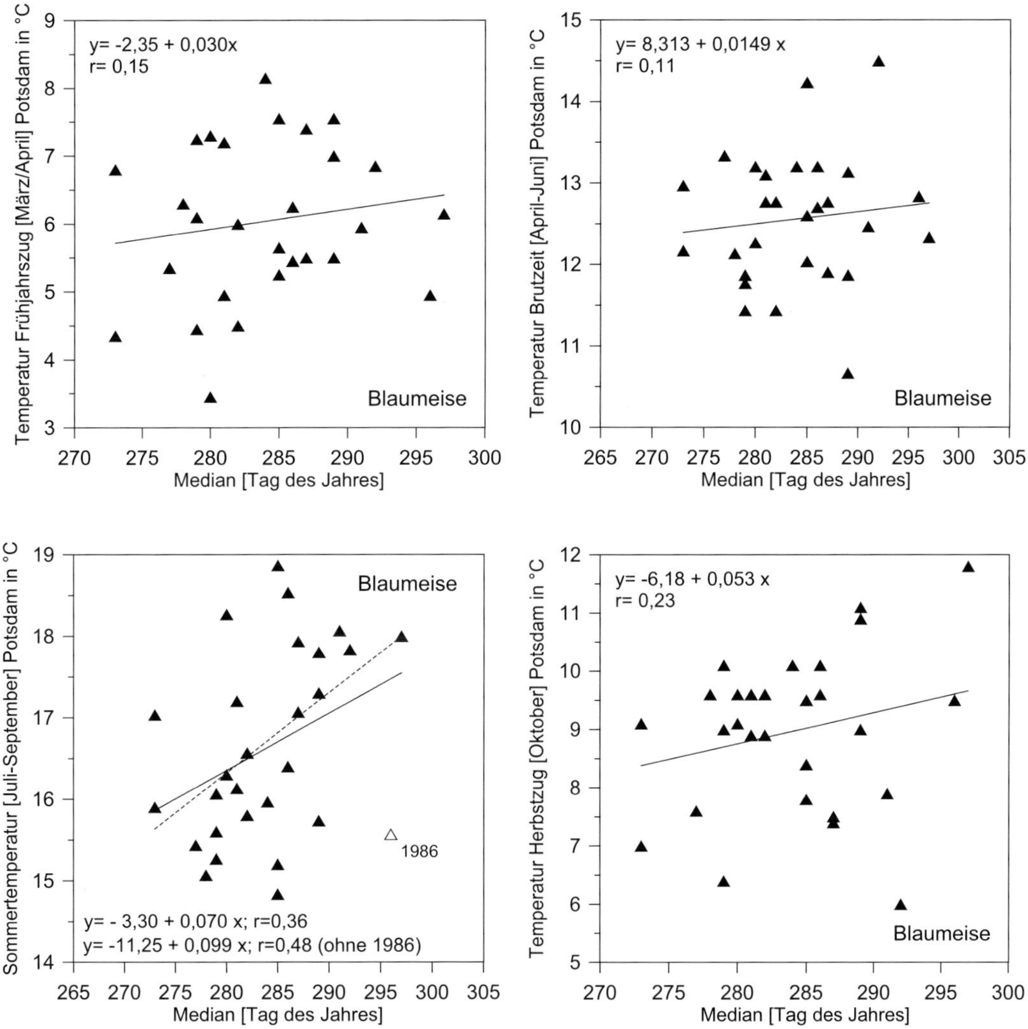

Abb. 11.4.6 a – d: Versuch einer Klärung der Ursache jährlich unterschiedlicher Wegzugsmediane der Blaumeise. Dazu wurden die Wegzugsmediane den mittleren Temperaturen eines fiktiven Herkunftsgebiets (Potsdam) der Zeitabschnitte Frühjahrszug, Brutzeit, Nachbrutzeit und Herbstzug zugeordnet. Nur für die Nachbrutzeit ergibt sich bei Ignorierung des abweichenden Wertes des Jahres 1986 ein signifikanter ($r = 0{,}48$; $p < 0{,}05$) Zusammenhang. Bei ausschließlicher Betrachtung der jährlichen Abweichungen vom Langzeittrend ergibt sich ein höherer Korrelationskoeffizient ($r = 0{,}52$), der auch noch signifikant bleibt, wenn der Ausreißer des Jahres 1986 nicht entfernt wird.

An attempt at explaining the cause of the annual variation in the autumn migration median of Parus caeruleus. *The autumn medians were plotted against the mean temperatures in the same year of the separate periods (a) spring migration (top left), (b) breeding (top right), (c) post-breeding, and (d) autumn migration at a random place of origin (Potsdam; horizontal axis). A significant correlation ($r = 0.48$; $p < 0.05$) was found only for the post-breeding period, if the rogue value for 1986 is ignored. However, if annual deviations from the long-term trend only are taken into consideration, then a higher correlation coefficient ($r = 0.52$) results, which still remains significant when the value for 1986 is included.*

ber, November und Dezember zeigen langfristig leicht fallende Temperaturen. Die große jährliche Variation verdeutlichen die Abb. in Kap. 15.9).

Blaumeise und Baumpieper, beide mit starken Verspätungen des Durchzugsmedians am RM, zeigen keinen signifikanten Zusammenhang der Einzeljahre mit den Variationen der Brutzeittemperaturen. Dabei ist Potsdam als Herkunftsort von Blaumeisen durchaus realistisch, für Baumpieper eher nicht weit genug entfernt. Beim Wegzugsmedian des Baumpiepers ist weder mit der Temperatur zur Zeit des Heimzugs (April) noch mit der zur Zeit des Wegzugs (September) eine signifikante Korrelation zu verzeichnen. Es ist wahrscheinlich, daß die nachgewiesene Zunahme im borealen Waldgürtel (Kap. 15.8.5) und die Abnahme in Mitteleuropa (Kap. 17) die Verspätung des Medians verursachen. Für die Blaumeisen ist gleichfalls kein eindeutiger Zusammenhang zwischen dem jährlichen Herbstzugmedian und den jährlichen Änderungen der Mitteltemperaturen zu beiden Zugzeiten zu finden (Abb. 11.4.6a, d), wohl aber eine signifikante Korrelation mit den Temperaturdaten nach der Brutzeit von Juli bis September (Abb. 11.4.6c). Dies bedeutet jedoch nicht, daß die Temperatur direkter Auslöser dieser starken Zugzeitverschiebung sein muß. Indirekte Abhängigkeiten über das Nahrungsangebot sind möglich.

Ein Zusammenhang zwischen den durchziehenden Mengen und den Temperaturwerten im Herkunftsgebiet existiert nicht bzw. wurde nicht gefunden.

Bei Kohlmeise, Blaumeise und Kleiber lagen die mittleren Schlüpftermine von Erstbruten in NW-Deutschland zwischen 1970 und 1995 immer früher (WINKEL 1996a, WINKEL & HUDDE 1996, 1997). Die Schlüpftermine des Kleibers ließen sich mit der steigenden mittleren Märztemperatur korrelieren, die der Meisen mit Temperaturen im März und April.

Ein Vergleich von Daten aus der Schweiz (JENNI 1984b), vom RM (GATTER 1977a, 1991) und südskandinavischen Stationen (EDELSTAM 1972, ULFSTRAND et al. 1974, LYNGS et al. 1990) zeigt bei vielen Arten spätere Zugzeiten im Norden, die mit späterem Brutbeginn verknüpft sind. Eine am RM bei vielen Arten zu vermutende Zugwegverkürzung von mitteleuropäischen KSZ kann über die Zunahme der Nordeuropäer zu späteren Zugzeiten dieses Populationsgemisches führen.

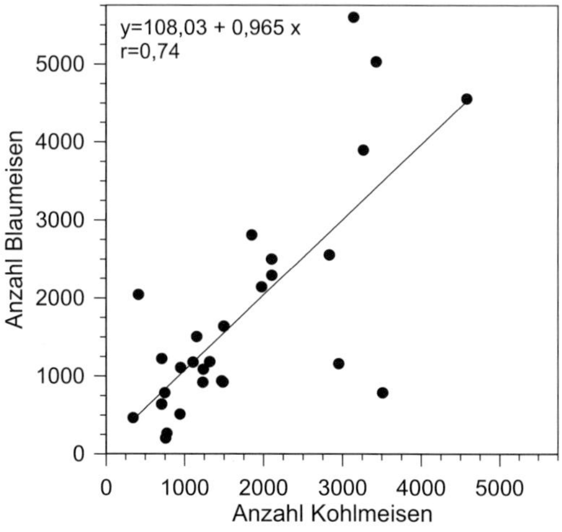

Abb. 11.4.7: Die Durchzugszahlen der Kohl- und Blaumeisen in den einzelnen Jahren sind positiv miteinander korrelliert. – *There is a positive correlation between passage numbers of* Parus major *(horizontal axis) and* P. caeruleus *in individual years.*

Vor allem die Zunahme des Vegetationsvolumens und ein Anstieg der Samenproduktion als Folge des zunehmenden durchschnittlichen Waldalters in ganz Mitteleuropa ermöglichte wohl in erster Linie die Zunahme von Kohl- und Blaumeise (Kap. 15.8.2). Die DZZ (Abb. 11.4.7) der beiden Meisen korrelieren positiv, bei gleichfalls positiver Korrelation der Brutbestände (WINKEL & FRANTZEN 1991). Erhöhter Konkurrenzdruck auf die schwächere Blaumeise, bei gleichzeitig späterem Unterschreiten einer limitierenden Grenznahrungsdichte, könnte als eine Ursache der Zugverspätung in Frage kommen. Die Temperatur könnte damit als Ursache der Zugzeitverlagerung von untergeordneter Bedeutung sein.

Wenn die Langzeitänderungen beider Größen gegen die jährlichen Schwankungen (Temperatur, Median) groß sind, kann jedoch auch ohne ursächlichen Zusammenhang eine signifikante Korrelation berechnet werden. Kein deutlicher Zusammenhang zeichnet sich mehr ab, wenn zuvor der Langzeittrend des Medians von der Variation der Einzeljahre abgezogen wird (Erläuterungen in 11.4.2). Eine eindeutige Aussage ist nicht möglich, ein Scheinzusammenhang kann nicht ausgeschlossen werden.

11.4.7 Welche Temperaturparameter beeinflussen die Zugzeit?

Wenn eine klimatisch bedingte Verschiebung der Zugzeit angenommen wird, so sollte der jährlich variierende Median mit der Temperatur eines entscheidenden Zeitraums des Jahres korrelieren. Tatsächlich lassen sich diese Bezüge bei einer größeren Zahl von Arten finden. Gleichzeitig ist aber auffällig, daß es eine Reihe von Arten gibt, die keine Temperaturabhängigkeit erkennen lassen. Dazu gehören z. B. Star, Buchfink, Misteldrossel und Rohrammer.

Bei der **Heckenbraunelle** weist der Herbstmedian einen signifikanten Zusammenhang mit den Temperaturen des April auf. Auf niedrige Apriltemperaturen und wohl späte Ankunft am Brutort folgt ein späterer Abzug (Abb. 11.4.8). Der Monat April zeigt die deutlichste Erwärmung über die Jahre, die Heckenbraunelle die deutlichste Vorverlegung des Herbstzugmedians aller häufigen KSZ-Singvögel (Abb. 11.2.2a). Auch hier gilt wiederum: Wenn die Langzeitänderungen der beiden Größen Temperatur und Median gegenüber den jährlichen Schwankungen groß sind, kann sich ohne ursächlichen Zusammenhang eine signifikante Korrelation errechnen. Wieder zeichnet sich bei Betrachtung der um den Langzeittrend des Medians reduzierten Variationen der Einzeljahre kein deutlicher Zusammenhang mehr ab (Erläuterungen in Kap. 11.4.2). Eine eindeutige Aussage ist also nicht möglich und ein Scheinzusammenhang kann nicht ausgeschlossen werden.

Bei der **Bachstelze** zeigt sich eine deutliche Abhängigkeit des Wegzugs von der Temperatur,

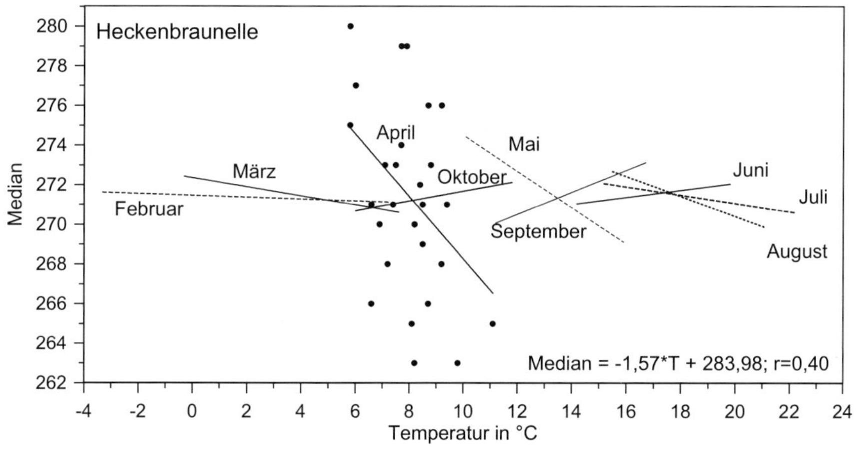

Abb. 11.4.8: Bei der Heckenbraunelle finden sich signifikante Zusammenhänge des jährlichen Durchzugsmedians. Die vertikale Achse stellt den fortlaufenden Tag des Jahres mit den mittleren Temperaturen des Monats April dar. Da bei Reduktion des Langzeittrends die Korrelation verschwindet, ist ein Scheinzusammenhang nicht ausgeschlossen (siehe Text).

Vergleichbar mit den Abb. 11.4.6 wurden hier und in den Abb.11.4.9 – 11.4.13 ein Zusammenhang zwischen dem Herbstzugmedian und der Mitteltemperatur der verschiedenen Monate gesucht. Da sich die mittleren Monatstemperaturen im Jahresverlauf unterscheiden, konnten alle Regressionsgeraden in eine Abbildung eingezeichnet werden. Der Übersichtlichkeit halber wurden nur dort die Datenpunkte eingezeichnet, wo eine signifikante Korrelation gefunden wurde ($p \leq 0,05$ bei $r \geq 0,374$), alle andere Monate weisen nicht signifikante Zusammenhänge auf.

There are significant correlations in the annual passage medians of Prunella modularis. *The vertical axis shows the days of the year on which the median occurs, with the mean April temperatures. Since the correlation disappears with the reduction of the long-term trend it is possible that the relationship is only apparent (see text). As in Fig. 11.4.6, the attempt is made here and in the figures 11.4.9 – 11.4.13 to establish a relationship between the autumn migration median and the mean temperatures of the various months. Since the monthly mean temperatures change in the course of the year, all regression lines can be shown in a graph. For the sake of clarity only those data points are given where a significant correlation was found ($p \leq 0.05$, where $r \geq 0.374$); all other months show no significant correlations.*

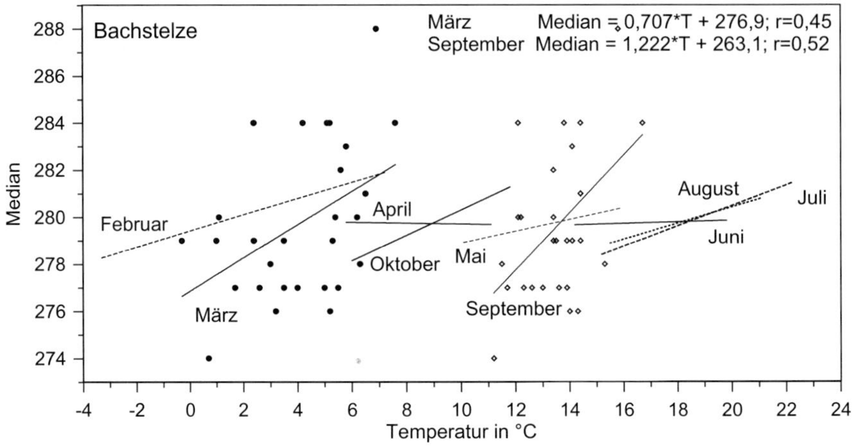

Abb. 11.4.9: Bei der Bachstelze finden sich signifikante Zusammenhänge der jährlichen Durchzugsmediane im Herbst mit den Temperaturen des Frühjahrs- und denen zu Beginn des Herbstzuges. Zur Erklärung s. Abb. 11.4.8. Die Richtung des Zusammenhangs mit der Märztemperatur – hohe Temperaturen – später Herbstabzug – dürfte durch eine größere Anzahl Zweitbruten bestimmt werden. Zum Durchzug s. auch Abb. 11.2.5.
There are significant correlations between the annual autumn passage medians of Motacilla alba *with the temperatures during spring migration and those at the start of autumn migration (see Fig. 11.4.8). The correlation trend with the March temperature (higher temperatures – later autumn migration) is probably determined by a higher number of second broods. For passage see also Fig. 11.2.5.*

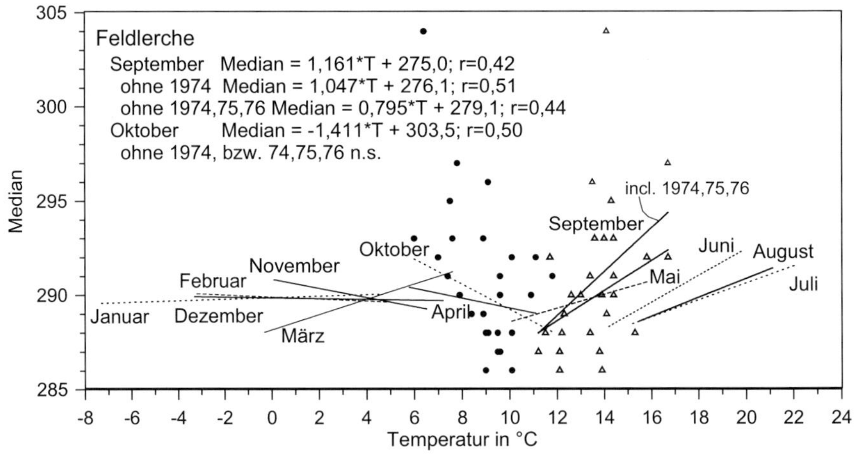

Abb. 11.4.10: Bei der Feldlerche wurden während der Jahre 1974 – 1976 späte Mediane, die mit der 75-%-Quar-tile übereinstimmten, aufgrund von wetterabhängigem sehr spätem Zug gefunden. So wurden die Zusammenhänge mit der Temperatur einmal ohne, einmal mit diesen Jahren untersucht. Der September zeigt für alle Fälle einen signifikanten Zusammenhang: späterer Zug bei höherer Temperatur. Die Oktobertemperatur hat jedoch nur einen deutlichen Einfluß, wenn die späten Wetterfluchten mitberücksichtigt werden. Für den Beobachtungszeitraum bis zum 6. November deutet sich dann ein späterer Zug bei niedriger Temperatur an, wenn in diesen Jahren Winterflucht mitspielt (siehe Abb. 11.4.8).
In the years 1974 – 1976, late medians were calculated for Alauda arvensis *which coincided with the 75%-quartiles on account of the very late passage caused by the weather. Therefore the correlations with temperature were examined with and without these years. September showed a significant correlation in all cases: later migration with higher temperature. In October, however, the temperature only has a clear influence when the late movement associated with approaching adverse weather is included. A later movement during lower temperatures is indicated for the observation period up to 6 November, if* Winterflucht *is involved in those years (see Fig. 11.4.8).*

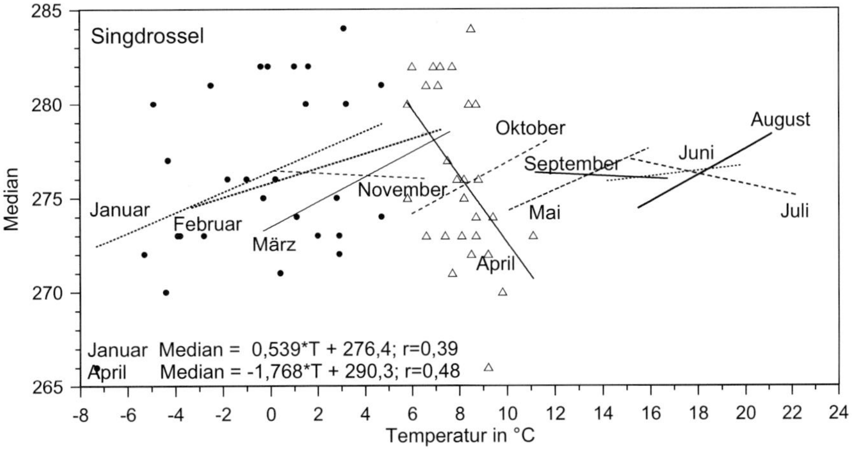

Abb. 11.4.11: Der Zusammenhang des Herbstzugs der Singdrossel mit der Apriltemperatur ist plausibel – niedrige Temperatur – später Brutbeginn – später Abzug; ob der Zusammenhang im Januar sinnvoll ist, ist nicht klar. Zur Erklärung siehe Abb. 11.4.8.
he correlation of Turdus philomelos *autumn movement with April temperature is plausible: low temperature – late start to breeding – late departure, but it remains unclear whether the correlation in January is meaningful. See also Fig. 11.4.8.*

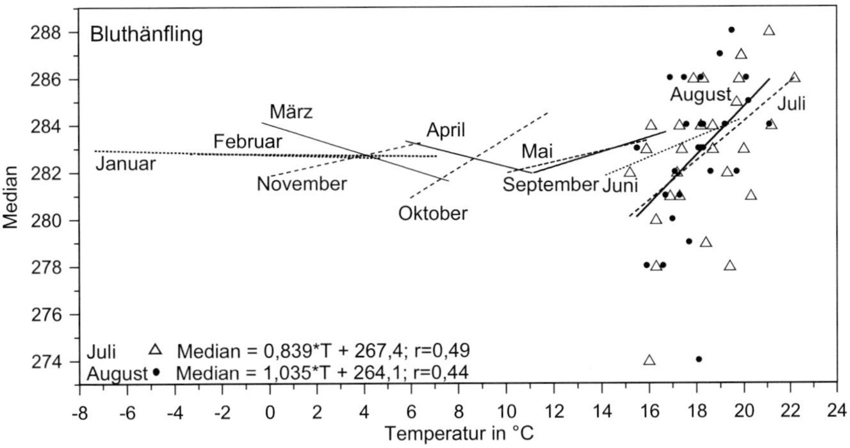

Abb. 11.4.12: Der Herbstzug des Bluthänflings wird durch die Sommertemperatur beeinflußt. Warme Juli- und Augustmonate dürften hier über Begünstigung später Bruten den Zug hinauszögern. Siehe auch Abb. 11.4.8.
Autumn migration of Carduelis cannabina *is influenced by summer temperature. Warm Julys and Augusts may delay departure by favouring later breeding. See also Fig. 11.4.8.*

sowohl zur Zeit des Frühjahrszuges (März), wie der bei Beginn des Herbstzuges im September (Abb. 11.4.9). Der langjährige Median ist bei dieser Art trotzdem auffallend konstant. Die **Feldlerche** zieht mit zunehmender Temperatur im September später (Abb. 11.4.10). Die **Singdrossel** läßt zwei Monate mit signifikantem Zusammenhang erkennen (Abb. 11.4.11). Eine negative Korrelation mit den Apriltemperaturen ist plausibel: niedrige Apriltemperatur – spä-

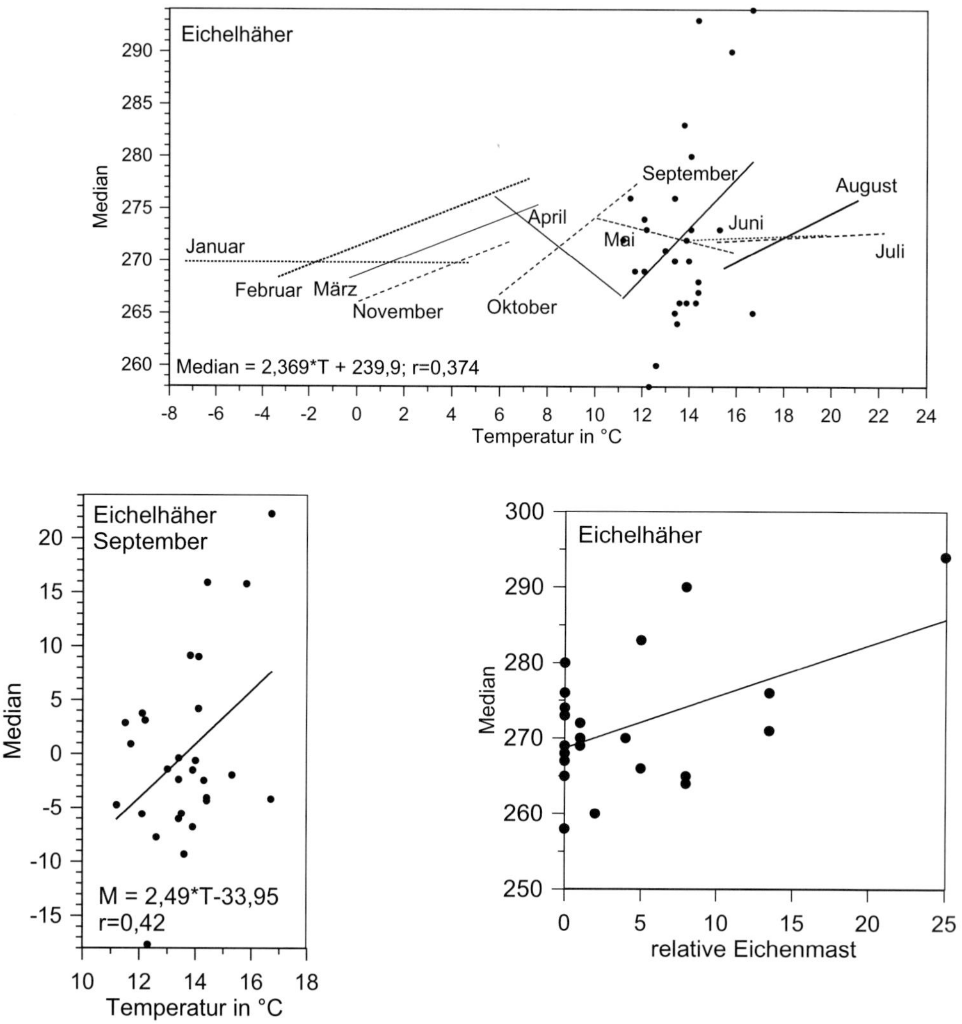

Abb. 11.4.13: Neben der Blaumeise wird beim Eichelhäher die größte Verlegung des Herbstmedians unter den intrapaläarktisch ziehenden Singvögeln verzeichnet (siehe Abb. 11.2.2 a).

a) Ein Zusammenhang zwischen dem Herbstzug und den Temperaturen im September ist gerade noch signifikant. (Siehe Abb. 11.4.8.)

b) Bei einer Reduktion der Daten um den starken Trend wird die Korrelation der Abweichungen mit den mittleren jährlichen Septembertemperaturen deutlicher.

c) Die wahrscheinliche Ursache für den großen langjährigen Trend, das Nahrungsangebot, ist dem Median gegenübergestellt. Ohne Berücksichtigung der wahren Mastmenge (siehe Kap.15.8) deutet sich verspäteter Zug bei starker Eichenmast an. Als relative Eichenmast wird hier die Summe von Trauben- und Stieleiche aus Abb. 15.8.13 benutzt.

Apart from Parus caeruleus, Garrulus glandarius *shows the largest shift in the autumn median of all intrapalearctic passerine migrants (see Fig. 11.2.2 a).*

***a)** A correlation between autumn passage and September temperatures is barely significant.*

***b)** If the data is reduced by the strong trend then the correlation between the shift and the annual mean September temperatures becomes clearer.*

***c)** The probable cause of the long-lasting clear trend, the food supply, is compared with the median. Without taking the actual mast supply (see Chapter 15.8) into account, there appears to be delayed movement when there is a heavy acorn crop. (See Fig. 11.4.8.)*

te Brut – später herbstlicher Abzug und umgekehrt.

Bluthänflinge haben ihren Zug mit 2 Tagen/ Jahrzehnt verspätet. Sie zeigen eine signifikante Korrelation ($p < 0,05$, auch trendbereinigt) mit der Temperatur zweier Sommermonate (Abb. 11.4.12). Die Temperaturen von Juli und August dürften bei dieser Art direkt oder indirekt die Zahl und den Erfolg von Zweit- bzw. Drittbruten beeinflussen. Viele späte Bruten bei gutem Sommerwetter resultieren in verspätetem Herbstzug.

Der **Eichelhäher** läßt bei einer Zugverspätung von 10 Tagen in 3 Jahrzehnten einen Zusammenhang zwischen den mittleren Temperaturen des Septembers und dem Herbstmedian sichtbar werden. Im Gegensatz zur oben behandelten Heckenbraunelle wird hier bei Reduktion der Daten um den ansteigenden Langzeittrend des Medians (Erläuterungen in 11.4.2) der Zusammenhang deutlicher. Gleichzeitig oder zusätzlich dürfte für die langjährige Verschiebung des Medians auf spätere Daten die Eichenmast maßgeblich sein, zu der sich ein Zusammenhang mit dem Median andeutet (Abb. 11.4.13, Kap. 15.8.4).

Wie in Kap. 11.4.6 angesprochen, zieht der Baumpieper nicht korreliert mit den europäischen Temperaturen. Gleiches gilt für Schafstelze und Rauchschwalbe. Eine frühere oder spätere Ankunft in Europa, abhängig von den Frühlingstemperaturen, könnte zu verspätetem oder frühem Abzug führen, wird aber aus unseren Daten nicht erkennbar.

Die erfaßten **Mehlschwalben** zeigen eine Abhängigkeit von der Augusttemperatur in Potsdam. Je wärmer der Monat ausfällt, umso später ziehen sie am RM durch.

Der Durchzug der **Ringeltaube** weist über alle Jahre eine recht konstante Lage auf und korreliert mit den August- und Septembertemperaturen: Diese zeigen über alle Jahre zwischen Norden und Süden leicht gegenläufige Trends auf, was in diesem Fall eine der Ursachen des kaum veränderten Medians sein könnte.

Unter den intrapaläarktisch ziehenden **Greifvögeln** ist bei Turmfalke, Mäusebussard und Kornweihe keine Temperaturabhängigkeit des Herbstzugmedians zu finden. Die sehr deutlich ansteigenden Trends der DZZ werden hier über Änderungen der Alters- und Regionalzusammensetzung Medianverschiebungen bewirken und mögliche Temperaturabhängigkeiten überlagern (Abb. 11.4.1). Auch der Sperber, dessen DZZ gleichfalls deutlich zugenommen haben, der allerdings nur einen Bruchteil der Verspätung von Mäusebussard und Kornweihe aufweist, zeigt Abhängigkeiten von der September- und Oktobertemperatur. Trendbereinigt bleibt nur noch die Korrelation mit der Septembertemperatur signifikant.

11.4.8 Temperatur, Eutrophierung und Waldalter als treibende Kräfte phänologischer Veränderungen des Vogelzugs

Wie aus dem bisher Gesagten deutlich wurde, ist es schwierig, die Ursachen für Zugzeitverschiebungen eindeutig abzugrenzen. Änderungen in der Landnutzung und die Vegetationsentwicklung als mögliche Ursachen sind großräumig quantitativ praktisch nicht zu erfassen. Insgesamt zeichnet sich aber bei weniger Arten als erwartet ein unmittelbarer Zusammenhang zwischen Zugzeiten und möglicherweise auslösenden Temperaturen ab.

Welche Zugzeitverschiebungen kann man nun erwarten, wenn sich die Temperatur überregional langfristig ändert? In Potsdam würde eine Temperaturerhöhung um 0,5 °C im September und Oktober die Temperaturgrenzen um etwas über drei Tage Richtung Winter verschieben. Die Regressionsgerade von 1970 bis 1997 ergibt für den Berliner Raum einen Anstieg der Jahresmitteltemperaturen um 0,43 °C. Verspätungen von ca. drei Tagen wären damit direkt durch die lokale Temperaturerhöhung erklärbar.

Der Herbstbeginn zeigt für Frankfurt zwischen 1950 und 1990 eine sehr diskontinuierliche (1970 – 1972 massiv unterbrochene) Verspätung um 9 Tage (Rapp & Schönwiese 1994). Das Ausmaß der Zugverzögerung liegt bei vielen Arten in einem Rahmen, der sich durch diese Temperaturänderung erklären läßt (Abb. 11.2.2, 11.2.4 – 11.2.6). Bei einer Reihe von Arten, wie z. B. der Blaumeise (Abb. 11.2.3), sprengen die Werte diesen Rahmen allerdings erheblich. Hier müssen weitere der schon genannten Ursachen mitwirken.

Da neben den Temperaturen auch die Eutrophierung einen starken Einfluß auf die Vegetationsentwicklung hat, müssen beide Parameter berücksichtigt werden (Kap. 15.5, 15.8.2 – 15.8.4).

Die große Zahl potentieller Einflußgrößen in Europa wird bei den LSZ um solche in Afrika erweitert. Südlich der Sahara werden die Zugzeiten durch die Regenzeiten und die davon abhängende Vegetationsentwicklung bestimmt. So können langfristige Entwicklungen der Zugzeiten und des Brutbeginns der LSZ durch Faktoren in Afrika (Kap. 15.10) und die Temperaturen während der Rückkehr in Europa bestimmt werden. Warme Sommer in den 1940er Jahren, aber auch Regenmengen im Sahel, die jene der 1970er und 1980er Jahre deutlich übertrafen, können eine damals, im Vergleich zu späteren Jahren, frühe Rückkehr nach Europa beeinflußt haben. Entsprechend können späte Rückkehrtermine in den 1970er Jahren durch Dürre im Sahel wie auch niedrigere Temperaturen in Europa erklärt werden. Eine Vielzahl von Arten erschien in dieser Zeit spät (z. B. LAWN 1980, MASON 1995). Immer frühere Bruten, auch von LSZ (CRICK et al. 1997, WINKEL & HUDDE 1997), seit jener Zeit können dann gleichfalls sowohl durch die seit Ende der 1980er Jahre verbesserten Bedingungen im Sahel mit entsprechend früher Rückkehr wie auch durch die wärmeren Frühjahre bzw. frühere Vegetationsentwicklung in Europa hervorgerufen werden. Nur ein Teil der LSZ kann von einer verlängerten Brutperiode profitieren und Zweit-, im Extremfall auch Drittbruten (AEBISCHER & MEYER 1998) aufziehen. Der Termin des Herbstzuges wird wieder durch die Bedingungen im Sahel diktiert. Durch den Monsun ergrünt die Vegetation dort im Mittel zwischen Ende Juli und Oktober (Kap. 15.10). So verlassen die LSZ die Nordhemisphäre im allgemeinen auch lange vor einer Verknappung der Nahrung in Europa. Nur in Ausnahmefällen (Kap. 9.8) greift das hiesige Klima verstärkt in die evolutionäre Entwicklung der Herbstzugzeit der LSZ ein.

Zu frühe wie zu späte Ankunft im Durchzugs-/Winterquartier jenseits der Sahara kann hohe Verluste zur Folge haben. Das Verlassen Europas und der Mittelmeerregion richtet sich also weniger an der Verknappung der Nahrung aus (die auch für viele Insektivore erst später eintritt) als an dem artspezifisch günstigsten Ankunftstermin südlich der Sahara.

Die Unzuverlässigkeit der Regenzeit im Norden des Monsuneinflusses (MOREL 1973) kann zur Entwicklung einer jahreszeitlich breiter angelegten Migrationsphase bei LSZ beigetragen haben (Kap. 11.2.3, GATTER 1990).

Eine Erwärmung kann für KSZ eine Reihe von Vorteilen gegenüber LSZ ergeben. Die Verlängerung der Brutsaison kann die jährliche Reproduktionsrate erhöhen. Eine eutrophierungsbedingt längere Vegetationsentwicklung kann die Überlebensrate im Sommer erhöhen und eine stärkere Samenproduktion die Überwinterung von immer mehr Vögeln ermöglichen. Eine dadurch erhöhte Fitness kann wiederum frühere Brut begünstigen.

Der in den letzten Jahrzehnten stark gestiegene Anbau von immergrünen Gehölzen in und außerhalb des Waldes fördert Frühbruten mikroklimatisch und durch besseren Bruterfolg zusätzlich. Vor Ort überwinternde oder früh zurückkehrende KSZ sind damit gegenüber den LSZ bei der Revierbesetzung im Vorteil.

Die enorme allgemeine Zunahme des Vegetationsvolumens, vor allem aber die der Wälder verbunden mit einem Anstieg der Samenproduktion als Folge des zunehmenden durchschnittlichen Waldalters in ganz Mitteleuropa ermöglichte bei zahlreichen Vogelarten Veränderungen des circannualen Ablaufs, die sich auf alle Lebensphasen erstrecken. Sie verändern die Nahrungsverhältnisse und damit das interspezifische Konkurrenzgefüge.

Innerhalb der sich stark verändernden Umweltfaktoren ist die bisherige Klimaerwärmung der vergangenen Jahre mit Sicherheit ein herausragender Faktor für die Bestandsänderungen vieler Vogelarten. Die gleichzeitig starke Ausbreitung zahlreicher borealer und montaner Elemente und der Rückgang vieler wärmeliebender LSZ (Kap. 15.9, Kap. 17, 18), aber auch einiger KSZ, zeigt jedoch, daß den z. T. entsprechend rasch ablaufenden Veränderungen der Vegetation (Kap. 15.2 – 15.6 und 15.8) eine ebenso große, wahrscheinlich in vielen Fällen sogar größere Bedeutung zukommt als dem Klima. In diesem komplexen Geschehen, einschließlich der daraus resultierenden Veränderungen der interspezifischen Konkurrenz, sind dringend weitere Untersuchungen nötig.

Zusammenfassung
11.4 Weitere Ursachen jahreszeitlicher Änderungen

Die Suche nach Korrelation zwischen Temperatur und Wegzugsmedian deckt bei weniger Arten als erwartet Zusammenhänge auf. Bei einer Reihe von Arten gibt es positive Korrelationen zu allerdings artabhängig unterschiedlichen Zeiträumen.

Die Tabellen 11.4.1a – c deuten die Ähnlichkeiten und Abweichungen der jährlichen Medianverschiebungen bei verschiedenen Arten an. Die Mehrzahl der LSZ zeigen abweichende Verhältnisse von den KSZ und TZ.

Die zunehmende Verspätung des Wegzugs der KSZ am RM scheint zunächst leicht mit der Klimaerwärmung der vergangenen Jahrzehnte in Einklang zu bringen zu sein. Bei näherer Betrachtung sind die Zusammenhänge komplizierter. Verschiebungen der Mediane und der 75-%-Quartilen von 3 – 6 Tagen wären mit dem Klima zu erklären. Manche Änderungen gehen aber darüber hinaus.

So verursachen neben dem Klima die Änderungen in der Alterspyramide von Populationen Verschiebungen der Zugzeiten. Dasselbe gilt, wenn sich das prozentuale Gefüge der Herkunftspopulationen untereinander ändert. Wenn sich Gewichtungen zwischen Arten mit ähnlicher Einnischung verschieben, ändert sich auch die Konkurrenzsituation. Konkurrenzbedingte Verfrühungen werden bei Rotmilan und Turmfalke diskutiert. Bei speziellen Konstellationen, vor allem im Zusammenhang mit starken Bestandszunahmen oder vermehrter interspezifischer Konkurrenz, sind wohl auch Verspätungen bzw. länger anhaltender Zug möglich. Mehr Nahrung durch steigende Hektarerträge und neue Sorten in der Landwirtschaft, steigende Waldalter, Vegetationsvolumen- und Mastzunahme in den Wäldern beeinflussen vor allem KSZ überwiegend positiv. Bei hohem Samenangebot ist der Wegzug bei einigen Arten positiv mit späterem Zug am RM korreliert. Übertragen auf die Verspätung der Mediane ist anzunehmen, daß das zunehmende Nahrungsangebot der Wälder maßgeblich an der Entwicklung beteiligt ist. Fälle von verkürztem Zug und vermehrter Neigung zum Standvogel können ebenfalls mit dem steigenden Nahrungsangebot in Forst- und Landwirtschaft in Verbindung gebracht werden.

Während Korrelationen von Ankunft bzw. Brutbeginn und der Temperatur leicht zu erbringen und vielfach wohl auch schlüssig sind, ist dieser Nachweis beim Wegzug schwieriger. Die zunehmende Bodeneutrophierung mit immer dichter werdender Vegetation und länger anhaltender Vegetationsperiode hat mit Sicherheit erheblichen Einfluß auf die Zugzeiten. Die gleichzeitige Ausbreitung zahlreicher borealer und montaner Arten im Tiefland Mitteleuropas macht die Vegetationsänderungen als wesentlichen Einfluß der Veränderungen in der Avifauna wahrscheinlich.

Summary
11.4 Additional causes of seasonal changes

The search for a correlation between temperature and median autumn departure reveals connections in fewer species than expected. There are positive correlations in a series of species, although at various time periods depending on species.

Tables 11.4.1a – c indicate the similarities and differences of the annual median shifts in various species. The majority of long-distance migrants show different patterns from short-distance and partial migrants.

The increasing tendency for the autumn migration of short-distance migrants at Randecker Maar to occur later seems at first sight to be simply associated with the warming of the climate in recent decades, but on closer study the causes appear more complex. Displacements of the median and the 75 %-quartile by 3 – 6 days could be explained by climatic factors, but some changes are greater than this.

Shifts in the timing of migration are caused not only by climate changes but also by alterations in the age pyramid of the population. The same is true when the percentage structure within the different regio-

nal source populations alters. When the weightings between species occupying similar niches shift, the competition between them will also alter. Trends towards earlier migration caused by competition are discussed for Milvus milvus *and* Falco tinnunculus. *Later migration, or an increase in migration duration, are most likely also possible, given particular constellations, above all in connection with increases in both population and interspecific competition.*

More food as a result of rising crop yields and new crop varieties, the increasing age of woodlands, the rise in the volume of woodland vegetation and seed crop (mast), have had a mainly positive influence on short-distance migrants in particular. In times of high seed production, autumn departure of some species is positively correlated with a later passage at Randecker Maar. If this is applied to the increasing lateness of many median values then it can be assumed that increasing woodland food supply plays an important part, more so than climate warming, in this development. Cases of shortened migration, and an increasing tendency to sedentariness, can also be related to the rise in woodland and agricultural food supply.

While it is fairly straightforward to establish correlations, most of which are also conclusive, between spring arrival or start of breeding and temperature, this is much more difficult where autumn departure is concerned. Increasing soil eutrophication, with ever denser vegetation and a longer growing season, doubtless has a considerable effect on the timing of migration. The simultaneous spread of numerous boreal and montane bird species into the lowlands of Central Europe strengthens the hypothesis that alterations in the avifauna are indeed caused by vegetational changes.

11.5 Dismigration, Zwischen- und Umkehrzug

Nach Erlangung der Selbständigkeit wandern viele Jungvögel im Sommer, vor dem „eigentlichen" Zug, vom Schlüpfort fort. Dieser Wegzug kann ein Umherstreifen über wenige hundert Meter in der Umgebung des elterlichen Nestes sein oder über große Entfernungen führen. Nähere Erläuterungen finden sich in Kap. 4.

Vögel vieler Arten siedeln sich später meist im unmittelbaren Nahbereich des Geburtsortes an, obwohl sie nach dem Flüggewerden über mehr oder weniger große Distanzen umherschweifen. Baker (1982, 1993) stuft diese Bewegungen deshalb als Exploration ein. Die Distanz nachbrutzeitlicher Bewegungen von Jungvögeln korreliert nicht mit der Distanz ihres späteren Brutplatzes von ihrem eigenen Schlupfplatz (Baker 1993). Die Dominanz des Individuums, hohe oder niedere Populationsdichte können die Streuwanderungen beeinflussen (Bauer 1987).

Aufgrund der Ähnlichkeit der Begriffe Dispersion, Dispersal, Dismigration und des unterschiedlichen Gebrauchs finden man in der Literatur widersprüchliche Angaben dazu. Die hier betrachtete nachbrutzeitliche Dismigration oder auch Dispersal hat nichts oder wenig zu tun mit der späteren Dispersion, d. h. der Ansiedlungsstreuung während der ersten Brutzeit relativ zum Geburtsort. Auch die Verteilung der Wiederfunde beringter Vögel während ihres ersten Winters, die man teilweise in der Literatur unter dem Begriff Dispersal findet, stellen nicht unbedingt die reine nachbrutzeitliche Dismigration dar, sondern dürften eine Kombination aus dieser, dem Herbstzug sowie teilweise auch der Winterfluchtbewegungen sein. Die nachbrutzeitliche Dismigration erfolgt typischerweise mehr oder weniger ungerichtet. Leitlinien wie Küsten und Gebirgszüge kanalisieren jedoch auch diese Wanderungen und beschränken unter Umständen die möglichen Wanderrichtungen.

Wie die Richtungsstreuungen bei Invasionen von Meisen, Kleibern und Hähern, an denen sich fast ausschließlich junge Vögel beteiligen und die sich oft nicht vom normalen Zug unterscheiden (Kap. 8.2), innerhalb der Phänomene der Zerstreuungswanderung einzuordnen sind, ist bis heute oft unklar. Explorativer Charakter dürfte hier hohe Bedeutung haben, da Rückwanderung während der Invasion oder im Jahr danach viel häufiger vorkommt als bisher angenommen (Gatter 1977a, Gatter et al. 1979, Gatter 1993).

Die Alterszusammensetzung ist bei nachbrutzeitlichen Wanderungen der verschiedenen Singvögel unterschiedlich (Jenni 1984b). Bei einigen

Arten sind nahezu ausschließlich Jungvögel beteiligt. Bei Kohl-, Blau-, Tannenmeise und Amsel nahe 100 %, bei Zaunkönig und Wacholderdrossel über 90 %. Bei anderen Arten wurde auf dem Col de Bretolet (Schweiz) ein wohl der Populationszusammensetzung entsprechender Durchschnitt gefangen. Diesjährige waren beim Rotkehlchen mit 48 %, Girlitz 53,6 %, Baumpieper 60,3 %, Singdrossel 60,8 %, bei Gimpel und Stieglitz mit 69 % und beim Buchfink mit 70 % vertreten. Bei weiteren Arten mit zwischen 75 und 90 % Jungvögeln vermutet JENNI ein verstärktes Umherstreifen der Jungvögel bei verringerter Mobilität der Altvögel aufgrund der nachbrutzeitlichen Großgefiedermauser. Nachbrutzeitliche Wanderungen lassen sich bei Fänglingen meist vom Wegzug trennen, da diese von noch unvermauserten Jungvögeln durchgeführt werden, so z. B. bei Rotkehlchen, Zaunkönigen, Zilpzalp, Blau- und Kohlmeise. Der eigentliche Wegzug wird erst nach abgeschlossener Jugendmauser durchgeführt. Bei anderen Arten wie Baumpieper, Heckenbraunelle, Amsel, Singdrossel, Buchfink, Tannenmeise zeigte dort ein starker Anstieg des Jungvogelanteils mit abgeschlossener Jugendmauser den Zugbeginn an. Auch der mittlere Pneumatisierungsgrad des Schädeldachs hat dann bei Beginn des „echten" Wegzugs deutlich zugenommen.

Auffallend ist, daß auch bei einer Reihe nächtlich ziehender Arten die Dispersionsbewegungen wohl mehr oder weniger ausschließlich bei Tage durchgeführt werden (Kap. 12). Sehr deutlich zeigt sich dies beim Star, bei dem in Dänemark nächtliche Leuchtturmanflüge erst mit dem Einsetzen des Herbstzuges ab der letzten Septemberdekade verzeichnet wurden (HANSEN 1954). Neben obigen Kennzeichen deutet sich das Einsetzen des Zuges auch vielfach mit einem deutlichen Gewichtsanstieg durch Depotfett (DOLNIK & BLYUMENTAL 1967) und in einer verstärkten Konzentration der Zugrichtungen an.

Bei der Mehrzahl der Singvogelarten gehen die nachbrutzeitlichen Wanderungen wohl nur über geringe Distanzen. Alle diesbezüglich auf dem Bretolet-Paß gefangenen Singvögel sind auch Brutvögel der Schweiz (JENNI 1984b). Die Wiederfangentfernung junger Rohrammern im Herbst lag in Finnland bei wenigen Kilometern (HAUKIOJA 1971), die für Kohlmeisen im Ruhrgebiet überwiegend bei wenigen hundert Metern (HUDDE 1995), in der Schweiz bei 3 – 7 km (PLATTNER 1946). Blaumeisen scheinen nach Ringfunden etwas weiter umherzustreifen (PLATTNER 1947). Streubewegungen von jungen Meisen halten bis weit in den Winter hinein an (z. B. HUDDE 1995), wobei sich die Frage stellt, ob es tatsächlich noch eine nachbrutzeitliche Streuung ist, deren Ende sinnvollerweise durch die beendete Jugendmauser definiert wird (LÖHRL 1959, JENNI 1984b).

Wanderungen über große Entfernungen entgegen der Zugrichtung im Sommer und früh im Herbst werden auch bei vielen anderen Singvögeln verzeichnet. Deren Einordnung ist nicht immer einfach. So wanderte eine in der 2. Junihälfte beringte junge Tannenmeise aus der Gegend Stockholms bis zum 10. September über 700 km NNE bis Kemi/Finnland (LÖHRL 1977). Bei größeren Vögeln finden Dispersionswanderungen regelmäßig über große Entfernungen statt, bei Graureihern über mehrere hundert km (SCHÜZ 1971). Das Beispiel ostpreußischer Graureiher, deren Aufenthaltsraum sich im Laufe der Sommermonate sukzessive ausdehnt, ist in vielen Vogelzugbüchern zu finden. Auch bei anderen Reihern und beim Braunen Sichler ist der sommerliche „Zwischenzug" von Jungvögeln sehr ausgeprägt und auffällig, da viele als Raritäten weit außerhalb ihres Brutareals beobachtet werden.

Junge „Brieftauben" müssen die Umgebung ihres Schlages kennenlernen, um aus größerer Entfernung später wieder den heimatlichen Schlag zu finden. Halsbandschnäpper streifen vor dem Wegzug etwa 6 – 7 Wochen umher. LÖHRL (1959) verfrachtete eine Gruppe Jungvögel nach dem Selbstständigwerden und ließ sie 10 – 12 Tage nach dem Ausfliegen in einem nicht vom Halsbandschnäpper besiedelten Gebiet frei, eine zweite Gruppe wurde 4 – 5 Wochen nach dem Ausfliegen und eine weitere erst nach beendeter Jugendmauser, etwa der Zeit des normalen Wegzugbeginns, aus dem Käfig entlassen. Während Jungvögel aus den ersten beiden Gruppen im Folgejahr an den Auflaßort zurückkehrten, kam kein Vogel der spät ausgesetzten Vögel zurück. So deutet sich an, daß die Jugendstreuung, das Umherwandern, zur Prägung auf den Heimatort und zur Orientierung unerläßlich ist und die generelle Bedeutung der rundum streuenden Bewegungen als Grundlage für die spätere Navigation wichtiger ist als bisher angenommen (z. B. LIEPA 1994).

Der zeitliche Schwerpunkt der Jugendstreuung liegt vor dem des Wegzugs, gleiches gilt für den Zwischenzug; **Umkehrzug** kann jedoch erst auftreten, wenn der eigentliche Wegzug im Gange ist, eine streng jahreszeitliche Bindung ist sicher nicht vorhanden.

Am RM bot sich die Möglichkeit, die aktiven Wanderungen in tausenden von Fällen zu beobachten und dies in das Gesamtgeschehen einer Art einzuordnen. In der Auswertung ist es weniger die Einzelbeobachtung als die Summe aller Beobachtungen, die eine Aussage bezüglich Dispersionsbewegungen oder Umkehrzug zuläßt. Zerstreuungswanderungen in den Sektor Süd gehen zunächst wie ein „Vorgeplänkel" (gelegentlich als deutlicher Vorgipfel) scheinbar im allgemeinen Wegzug unter, erst die gleichzeitig NW- bis E-gerichteten Bewegungen machen deutlich, was abläuft (Abb. 11.5.2, 11.5.7a).

Hier folgen einige Ergebnisse dieses Schwerpunktprogramms der Jahre 1976 – 1979 und 1984 – 1987, die detaillierter in den geplanten Artbearbeitungen eines weiteren Bandes behandelt werden. Voraussetzung für die Berücksichtigung einzelner Vögel war, daß solche Wanderungen zielgerichtet über lange Distanzen verfolgt werden konnten. Niedrig fliegende und nur kurze Strecken zurücklegende Tiere wurden nicht registriert. Aufgrund dieser Restriktionen sowie mangels vertikaler und horizontaler Verdichtung dieses Zuggeschehens sind die erfaßten Mengen der Wanderungsbewegungen in nördliche Richtungen viel niedriger als die des Südzugs.

Die zeitliche Lage dieser Bewegungen erlaubt die Einstufung als Jugendstreuung, gerichteten Zwischenzug bzw. als Umkehrzug erst indirekt über die Ergebnisse. Der Umkehrzug geht aus einer meist wetterbedingten Umkehr ansonsten ins Wintergebiet ziehender Vögel hervor (WILLIAMSON 1959, RABØL 1969, GATTER 1972a, GATTER et al. 1979). Bei der Betrachtung der nachbrutzeitlichen Bewegungen am RM fallen grundsätzliche Unterschiede dieser jahreszeitlichen Zugmuster auf.

11.5.1 Artbeispiele

Turmfalke: Eine klare Häufung von Dismigrationsbewegungen, überwiegend NW-E gerichtet, ist am RM in der Zeit von Ende Juli bis Anfang September festzustellen. Zwischenzugbewegungen führten Schweizer Falken im Juli und August bei mäßiger Streuung bis zu 350 km, durchschnittlich 135 km, nach NW. Altvögel scheinen nicht oder nur in sehr geringem Maße beteiligt zu sein (SCHIFFERLI 1965). Die zeitliche Verteilung und der Vergleich mit den ZWZ-Daten vom RM spricht dafür, daß diese Vögel ziemlich unmittelbar oder wenige Wochen nach ihrer Nordwanderung zum Südzug aufbrechen. Der Höhepunkt der Dismigration am RM liegt 6 Wochen vor dem Wegzugsmedian. Eine Einleitung des Wegzugs durch Jungvögel ist erkennbar. Diese ersten nach Süden ziehenden Vögel sind sicher teilweise noch Bestandteil der Dismigration, die stärkere Richtungsbündelung dabei topographisch bedingt. Sowohl die nach S als auch die nach N-E gerichteten Dismigrationen konzentrieren sich stark auf die frühen Morgenstunden und heben sich damit vom späteren Wegzugsgeschehen tageszeitlich auffällig ab (Abb. 11.5.1, 11.4.1d).

Mauersegler: Außerhalb der Brutzeit sind Mauersegler Tag und Nacht in der Luft. Wetterbedingte Ausweichbewegungen können tagelang andauern und sowohl in Europa als auch in

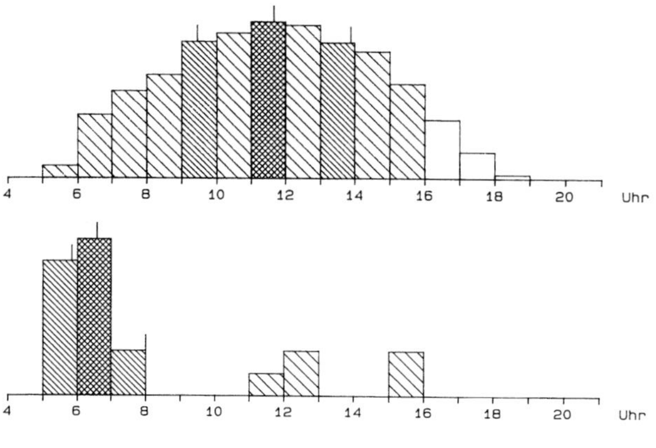

Abb. 11.5.1: Tageszeitliche Verteilung nach S ziehender Turmfalken (oben) und darunter die der nach N streuender Dismigranten (relative stündliche Häufigkeit, siehe auch Abb. 11.4.1). – *Diurnal pattern of* Falco tinnunculus *migrating southwards (above), and wandering northwards on dismigration (below) (relative frequency per hour; see also Fig. 11.4.1).*

Afrika viele 100 km betragen (z. B. WEITNAUER 1980, GATTER 1997, SPIERENBURG 1998). Umkehrzug wird häufig beobachtet und überwiegend als Rückkehr von solchen Ausweichbewegungen betrachtet (z. B. LACK 1958). Die umfangreichen Beobachtungen vom RM zeigen aber, daß diese Rückkehrbewegungen hier im Binnenland innerhalb des Gesamtgeschehens eine eher geringe Rolle spielen. Zwischen Umkehrzug und Wegzug herrscht zudem Zeitgleichheit. Nichtbrüter, die wohl einen erheblichen Anteil an der Gesamtpopulation haben (KAISER 1992), verbringen offensichtlich nur die Zeit von Anfang Juni bis um den 20. Juli in Mitteleuropa. Deren früher Wegzug im Zusammenhang mit Tiefdruckgebieten wird vielfach als vorübergehende Wetterflucht von Brutvögeln gedeutet (Kap. 8, Kap. 9).

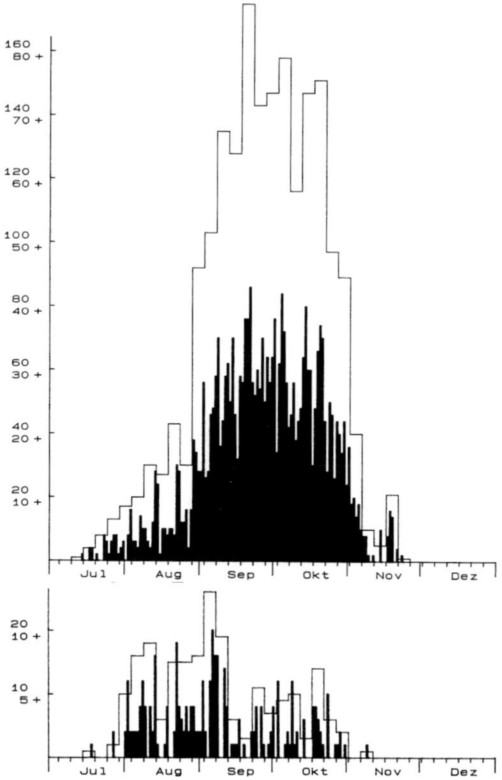

Abb. 11.5.2: Unten das jahreszeitliche Dismigrationsmuster nach NW-E ziehender Buntspechte (Median 6. September) und zum Vergleich darüber der Zug nach Süden aus dem entsprechenden Zeitraum der Dismigrationserhebungen mit Median am 28. September. – *Annual dismigration pattern of* Dendrocopos major *migrating NW-E, with median 6 September (below), and for comparison migration southwards during the period used to gather the dismigration data, with median 28 September.*

Buntspecht: Aus N-Europa sind spektakuläre Massenwanderungen von Buntspechten nach Norden unmittelbar nach der Brutzeit bekannt geworden, so von Ende Juni bis September 1968 bei Revtangen in Norwegen (THIEDE 1972) und im Juli/August in Litauen (SVAZAS & ZALAKEVICIUS 1991). An diesen Bewegungen waren überwiegend alte Männchen beteiligt!

Am RM lassen sich Umfang und Bedeutung von Dispersionsbewegungen der hier wohl überwiegend jungen Buntspechte nur im Vergleich mit dem Zug nach S klären. Das reguläre Wegzugsmuster mit Median am 28. September zeigt hohe DZZ von Mitte September bis Anfang Oktober. Setzen wir die nach N gerichteten Bewegungen mit der zeitlichen Verteilung der Dispersion in alle Richtungen gleich, dann liegt der Median 22 Tage vor dem des Wegzugs, mit hohen Zahlen im August und Anfang September (Abb. 11.5.2). Nordgerichtete Dismigrationsbewegungen von Vögeln, die über das Maar hinaus ins Vorland ziehen, gehen bis zum Beobachtungsende im November. Sie könnten aber auch Vögel betreffen, die aus ihrer explorierenden Dismigration in Herkunftsrichtung umkehren, um Winter-/Brutquartiere nahe des Ge-

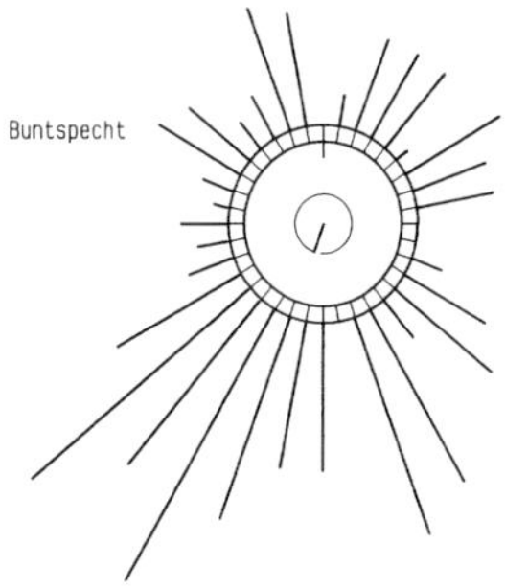

Abb. 11.5.3: Richtungsstreuung dispergierender Buntspechte im Juli und August außerhalb von Invasionsjahren (n = 215, ß 199°). Dargestellt sind die Flugrichtungen in 10°-Sektoren, die relative Zahl der in diese Richtung geflogenen Vögel wird durch die Länge der Striche dargestellt (siehe auch Text zu Abb. 9.4.5). – *Direction scatter of dispersing* Dendrocopos major *in July and August, excluding irruption years (n = 215, ß 199°). Headings are shown in 10° sectors, and the relative number of birds flying in this direction is represented by the length of the line (see also text to Fig. 9.4.5).*

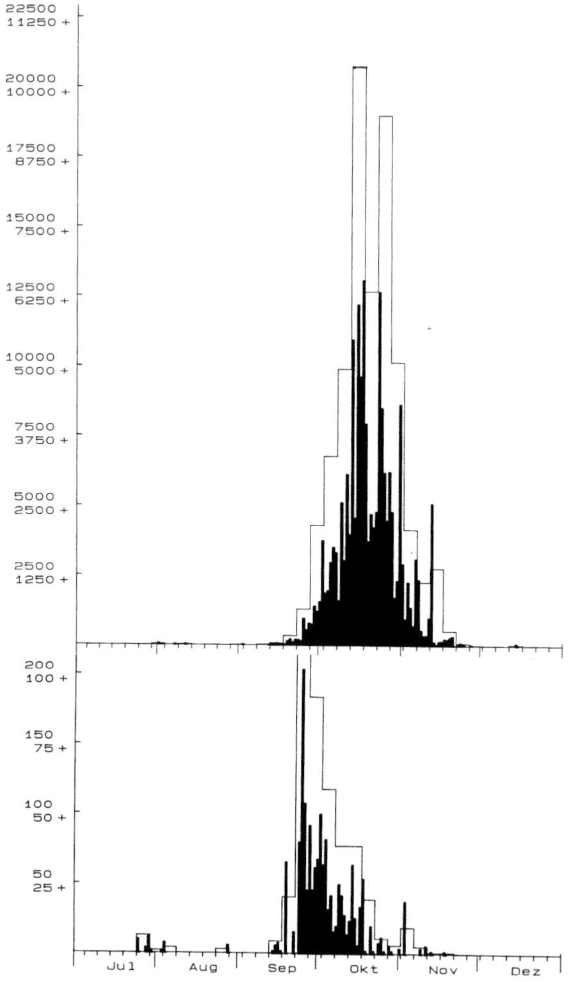

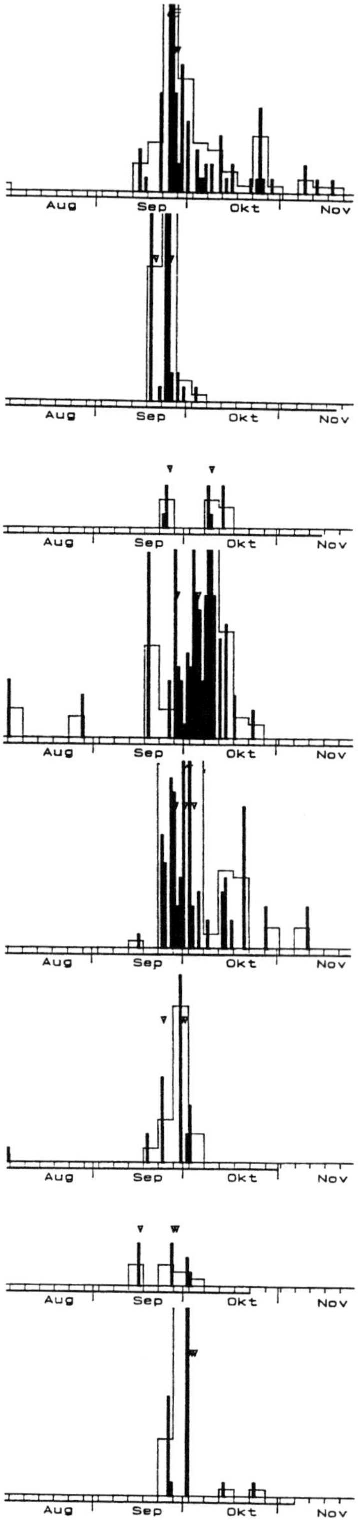

Abb. 11.5.4: Links unten: Jahreszeitliches Zugmuster der in nördliche Richtungen fliegenden Feldlerchen 1976 – 1987 (Median 1. Oktober), links oben der Wegzug 1970 – 1987 mit Median am 18. Oktober. Rechte Spalte: Dismigrationszugmuster der Jahre 1976 (oben) –1983 (unten), die zeigen, daß die Dismigration zu programmierten Zeiten abläuft. – *Annual pattern of northerly migrating* Alauda arvensis *1976 – 1987, with median 1 October (left below), and autumn migration 1970 – 1987, with median 18 October (left above). Right: dismigration pattern in selected years 1976 (above) – 1983, showing that dismigration occurs at fixed times. See Fig. 11.4.1.*

burtsorts anzusteuern. Die Beobachtung von 10 nach N wandernden Buntspechten am 6. September 1981 stammt aus einem Jahr, das sich nicht durch Invasionswanderungen auszeichnete. Die Streurichtung dispergierender Buntspechte ist am Maar durch die Topographie des Passes überwiegend auf N- und S-Bewegungen geteilt. Die stärkere Beteiligung der S-Bewegungen dürfte dabei auch der zweidimensionalen Verdichtung durch den Paß zuzuschreiben sein (Abb. 11.5.3).

Feldlerche: Regulärer Zugbeginn liegt in den meisten Jahren nach dem 20. September. Der 5-%-Wert des Wegzugs aus diesem Zeitraum liegt am 2., der Median am 18. Oktober (Abb. 11.5.4). Das Zugmuster weist eine symmetrische Gauß-Verteilung auf. Der Dismigrationsverlauf zeigt einen steilen Anstieg. Der Beginn nach N liegt etwa zeitgleich mit dem der südgerichteten Bewegungen. Sein Höhepunkt setzt in den meisten Jahren nach dem 22. September ein und ist in vielen Jahren um das Monatsende, in anderen um den 10. Oktober überschritten (Median ZWZ = 1. Oktober, Abb. 11.5.4). Diese Bewegungen laufen im Oktober kontinuierlich aus. Spektakuläre UKZ-Bewegungen während und nach der Hauptzugzeit folgen nicht. Somit dürfte fast alles Dismigration sein. In Anbetracht der breiten Richtungsstreuung der N-gerichteten Bewegungen (Abb. 11.5.5) darf man annehmen, daß innerhalb der ersten 5 % des Wegzugs ein erheblicher, danach bis um den 15. Oktober ein unbedeutenderer Anteil ebenfalls den Dismigranten zuzuordnen ist. Der tageszeitliche Zugverlauf der nord- und südgerichteten Wanderungen läßt während der Dismigrationszeit keine gravierenden Unterschiede erkennen (Abb. 11.5.6). Unter der Annahme, daß sich überwiegend Jungvögel beteiligen, lassen die in einzelnen Jahren zeitlich eng begrenzte Nordwanderung und der über zwei Wochen später liegende Zughöhepunkt vermuten, daß diese Bewegungen unmittelbar nach der Jugendmauser einsetzen und rasch in normalen Wegzug umschlagen. Nach N ziehende Feldlerchen nutzen SE-Winde stärker als S-Zieher.

Rauchschwalbe: Ab Mitte Juli werden am RM sowohl S- als auch N-gerichtete Flüge notiert. Vom 10. August bis etwa 20. September waren die täglichen Mengen nach N fliegender Schwalben kon-

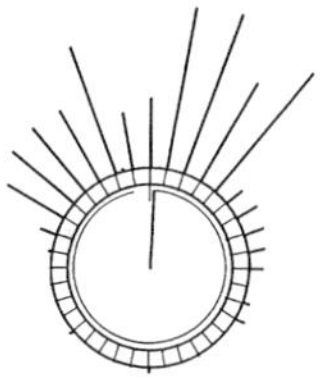

Abb. 11.5.5: Richtungsstreuung N-gerichteter Bewegungen der Feldlerche im September und Anfang Oktober (n = 796, ß = 3°; siehe auch Abb. 11.5.3.). – *Direction scatter of northerly heading* Alauda arvensis *in September and early October (n = 796, ß = 3°; see also Fig. 11.5.3).*

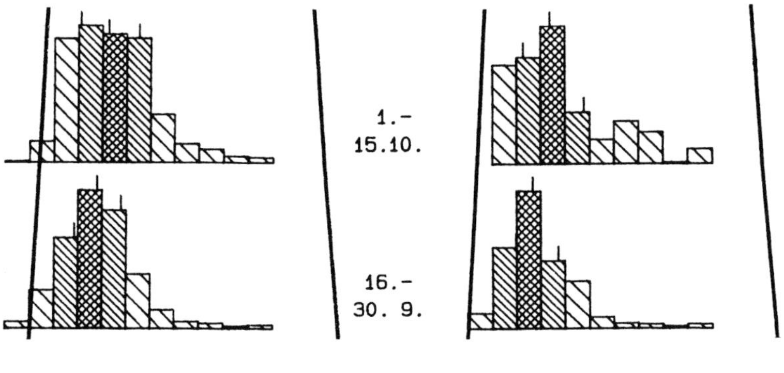

Abb. 11.5.6: Tageszeitliche Verteilung nach S (links, n = 26.908) und nach N ziehender Feldlerchen (rechts, n = 701) während der Zeit der Dismigration. Dargestellt ist die relative stündliche Häufigkeit (siehe Abb. 12.3.7). – *Diurnal pattern of* Alauda arvensis *to the south (left, n = 26 908) and the north (right, n = 701) during the dismigration period; (relative frequency per hour; see also Fig. 12.3.7).*

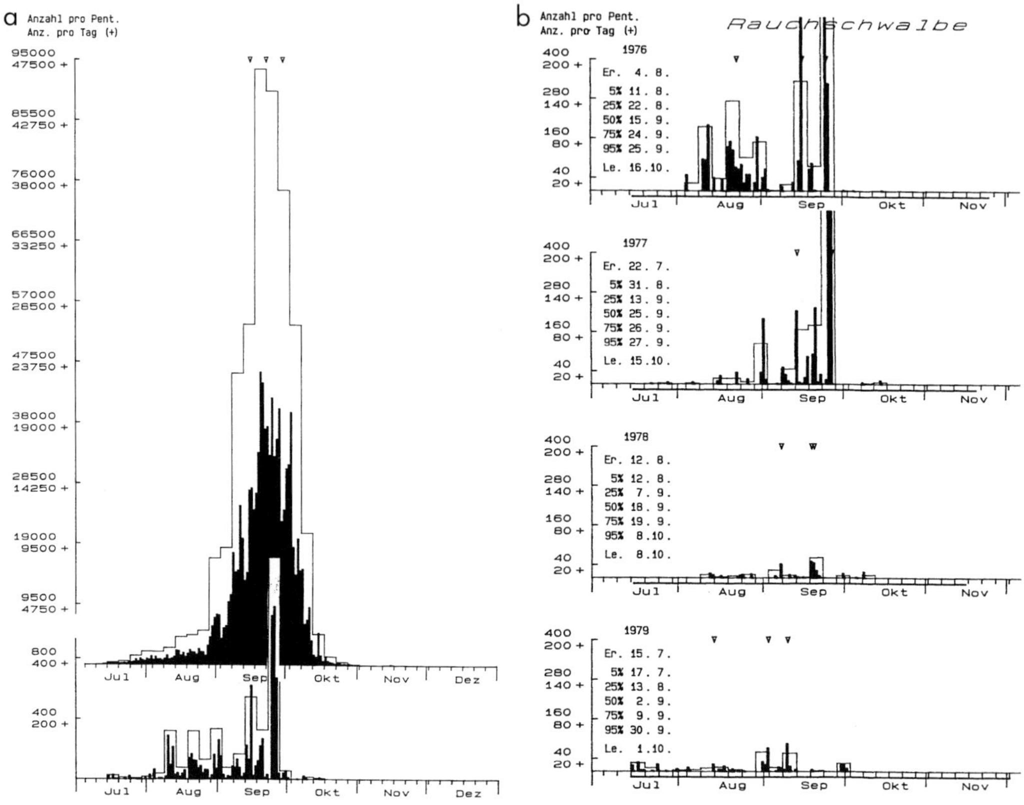

Abb. 11.5.7: a) Jahreszeitliche Zugmuster nach N ziehender Rauchschwalben 1976 – 1984 unten, darüber Wegzugsmuster 1970 – 1987, rechts **b)** in den Einzeljahren 1976 (oben) bis 1979 nach N fliegende Vögel. – ***a)*** *(left) Annual migration pattern of northwards heading* Hirundo rustica *1976-1984 (below), and autumn migration pattern 1970 – 1987;* ***b)*** Hirundo rustica *numbers heading north in single years 1976 (above) to 1979 (see also Fig. 11.4.1).*

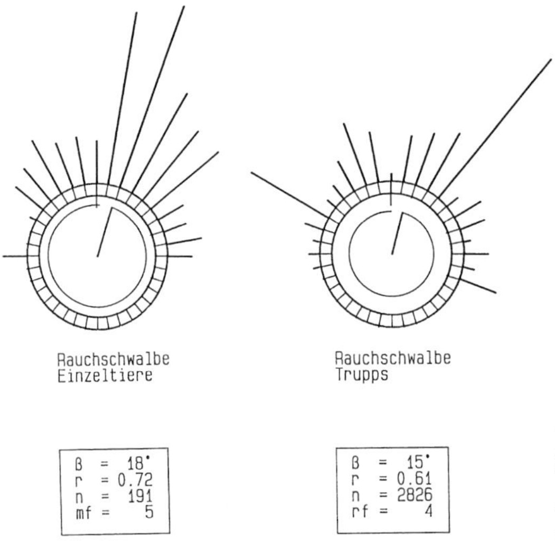

Abb. 11.5.8: Richtungsstreuung N-gerichteter Dismigration der Rauchschwalbe. Links Einzelvögel, rechts Trupps (siehe auch Abb. 11.5.3.). – *Direction scatter of northerly dismigration of* Hirundo rustica*; left, single birds, right, flocks (see also Fig. 11.5.3).*

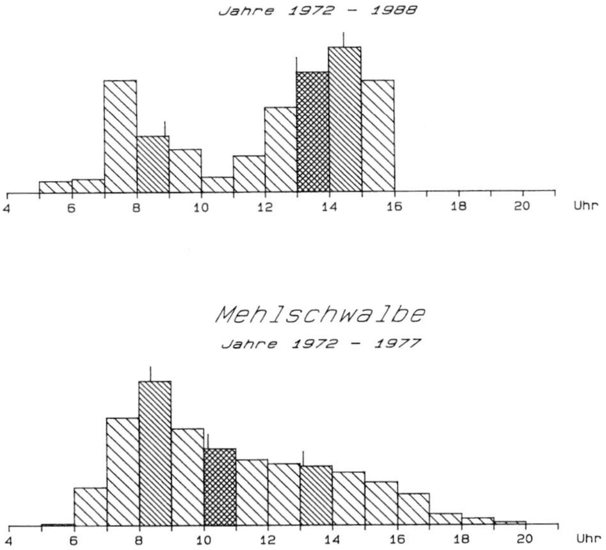

Abb. 11.5.9: Tageszeitliches Zugmuster nach N ziehender Mehlschwalben (oben, n = 8.584) und des südgerichteten Zuges (unten, n = 218.370) in relativer stündlicher Häufigkeit. – *Diurnal migration pattern of north-heading (above, 1972 – 1988, n = 8 584) and south-heading (below, 1972 – 1977, n = 218 370)* Delichon urbica, *in relative frequency per hour.*

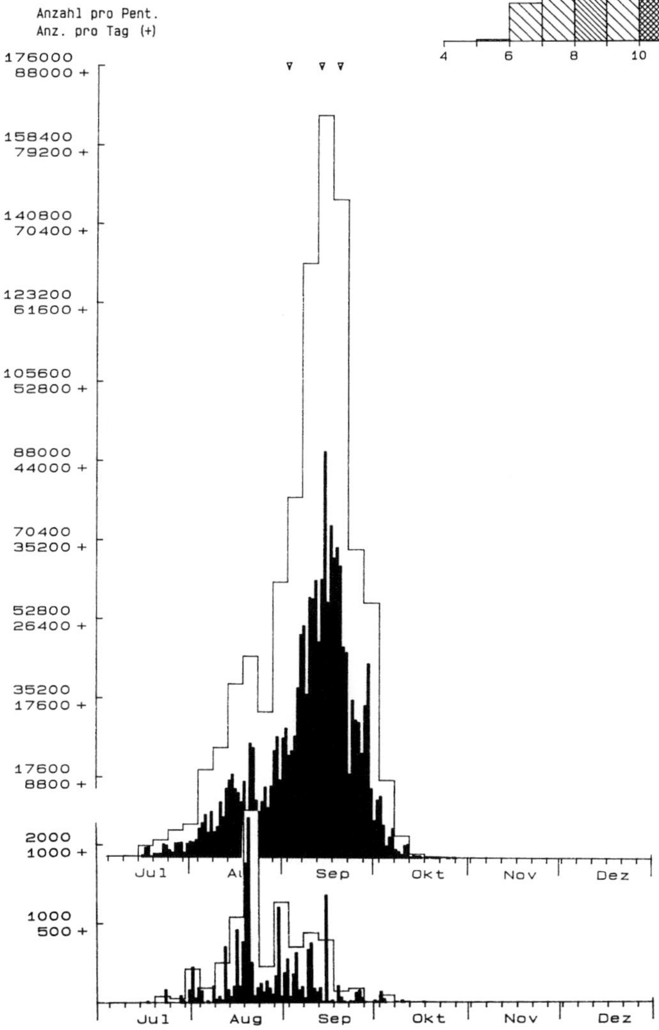

Abb. 11.5.10: Unten: jahreszeitliche Verteilung nach N ziehender Mehlschwalben 1976 – 1984, darüber Wegzugsmuster 1970 – 1987 (siehe Abb. 11.4.1). – *Annual distribution of north-heading* Delichon urbica *1976 – 1984 (below), and autumn migration pattern 1970 – 1987 (above); see also Fig. 11.4.1.*

stant. 1976 und 1977 flogen besonders in der dritten Septemberdekade bis 535 Rauchschwalben/Tag nach Norden (Abb. 11.5.7). Ringfunde (DROST & DESSELBERGER 1932) von vorzugsweise N-gerichteten Bewegungen bis etwa 50 – 100 km zeigten eine jahreszeitliche Verteilung, die den Bewegungen am RM entspricht. Der Median von Dismigration und UKZ liegt mit dem 15. September etwa eine Woche vor dem des Wegzugs (21. September). SUNKEL (1938) berichtet über den „Zwischenzug“ eines Jungvogels von Hessen bis zum Polarkreis in Norwegen. Das Eintreffen Anfang Oktober, eventuell früher, und der lange Aufenthalt dort lassen Dismigration oder Umkehrzug als Ursache vermuten.

Die Windverteilung während der N-Bewegungen weicht stark vom Windangebot ab. N- und NE-Winde sind beim normalen Wegzug nur mit 4 – 6 %, bei N-Wanderungen dagegen mit 36 % beteiligt. Eine Ursache könnte darin liegen, daß auch bei südlichen Winden N-gerichtete Dismigrationswanderungen stattfinden, aber aufgrund der dann größeren Flughöhen übersehen werden. Die durchschnittlichen Zugrichtungsvektoren von Einzelvögeln liegen bei 18°, für Trupps bei 15° (= NNE) (Abb. 11.5.8). An den Dismigrationswanderungen, die einzeln und in Kleintrupps erfolgen, beteiligen sich fast ausschließlich Jungvögel.

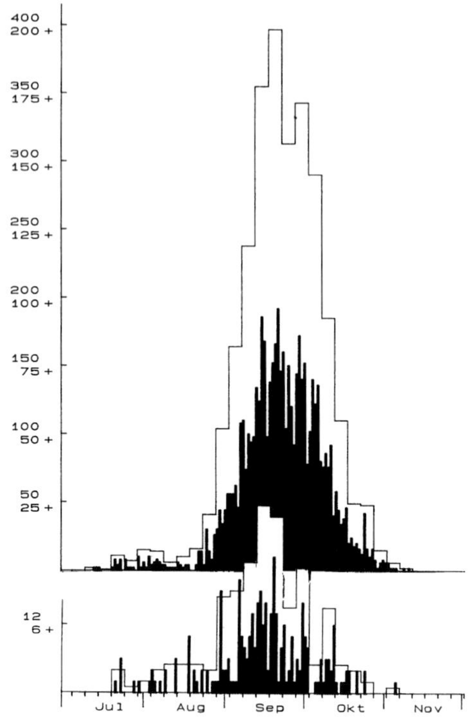

Abb. 11.5.11: Jahreszeitliches Zugmuster nach N ziehender Gebirgsstelzen 1976 – 1988 (unten, Median 15. Sept.) im Vergleich zum regulären Wegzug (oben, Median 22. Sept.), siehe Abb. 11.4.1. – *Annual distribution of north-heading* Motacilla cinerea *1976 – 1988, with median 15 September (below), and regular autumn migration, with median 22 September; see Fig. 11.4.1.*

Mehlschwalbe: Das tageszeitliche Dismigrationsmuster der Mehlschwalbe mit auffälligem Nachmittagsgipfel könnte glauben machen, daß die um diese Tageszeit häufigen Nordwinde zu Gegenwindflügen führen, um Winddriftinsekten zu fangen (Abb. 11.5.9). Dafür, daß hier Dismigration mitbeteiligt ist, spricht die jahreszeitliche Verteilung dieser Bewegungen. Der Median liegt am 22. August, derjenige des Wegzugs am 13. September (Abb. 11.5.10).

Gebirgsstelze: Ab Juni erscheinen junge Gebirgsstelzen in unserem Bereich weit abseits der Brutplätze. Das Bach-/Flußsystem des Geburtsorts wird aber in dieser Zeit offenkundig noch nicht verlassen. Erst ab Mitte Juli überqueren Vögel die Alb sowohl nach S wie nach N, womit dann ein Austausch zwischen den Flußsystemen von Rhein und Donau zustande kommt. Die zeitliche Übereinstimmung mit dem Beginn des Wegzugs läßt in beiden Fällen streuende Dismigration als Ursache vermuten.

Sowohl stärkerer S-Zug als auch N-Zug beginnt Ende August. Der 5-%-Wert der N-Bewegungen liegt am 7. August, drei Wochen früher als beim Wegzug, während der Medianwert der N-Bewegungen nur noch eine Woche vor dem des Wegzugs liegt. Beide Bewegungen klingen Anfang November aus (Abb. 11.5.11). Explorative Dismigrationswanderungen scheinen während der ganzen Zugzeit vorzukommen. Für wetterbedingte schubartige UKZ-Auslöser gibt es keine Hinweise und die tageszeitlichen Zugmuster N- bzw. S-gerichteter Bewegungen unterscheiden sich nicht (Abb. 11.5.12). Die geringe Zeitdifferenz der beiden Medianwerte von 7 Tagen läßt vermuten, daß für die Dismigrationswanderungen zum überwiegenden Teil Jungvögel mit Neigung zum Standvogel bzw. Kurzstreckenzug verantwortlich sind, nachdem anzuneh-

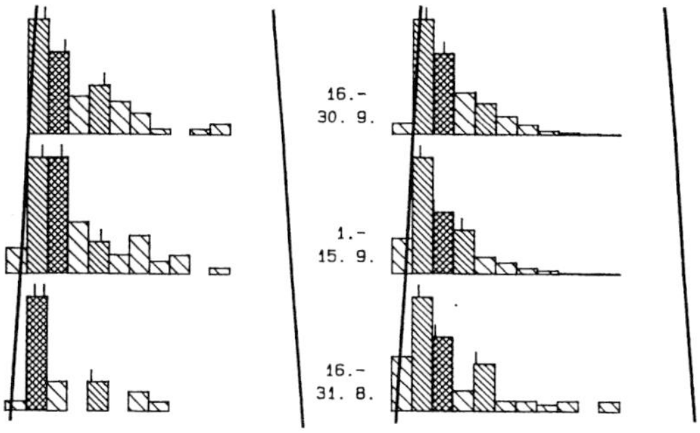

Abb. 11.5.12: Tageszeitliche Verteilung nach N streuender Gebirgsstelzen (links, n = 156) und gleichzeitig nach S ziehender (rechts, n = 1573). Dargestellt ist die relative stündliche Häufigkeit (siehe Abb. 12.3.7). – *Diurnal distribution of* Motacilla cinerea *wandering northwards (left, n = 156) and, at the same time, migrating southwards (right, n = 1573), in relative frequency per hour (see Fig. 12.3.7).*

men ist, daß ein obligater LSZ-Anteil dieses Dreierstrategen (Kap. 5) zur Saharaüberquerung früh wegziehen muß (Kap. 11.2.3). Auch mit dem frühen Wegzugsmedian nimmt die Gebirgsstelze unter den überwiegend kurzstreckenziehenden Arten eher eine Sonderstellung ein. Nach N gerichteter Zug während der gesamten Zugzeit (Abb. 11.5.13) und Wiederfunde beringter Vögel nördlich des Brutgebietes im Winter (Zink 1975), wohl auch mit Ansiedlungen verbunden, sind ein Teilaspekt des nordgerichteten Ausbreitungspotentials der Art in den vergangenen 100 Jahren (Kap. 17).

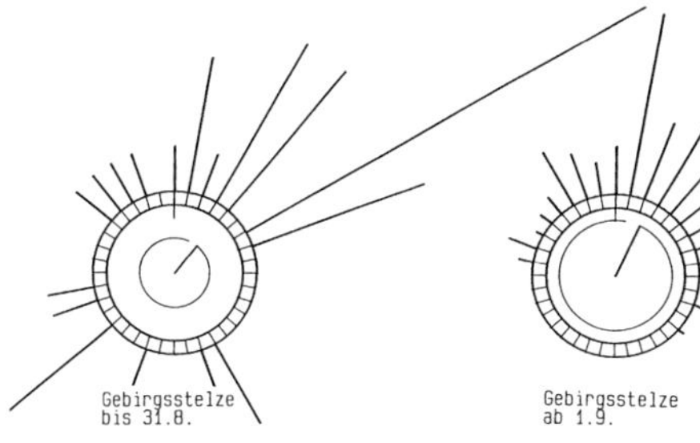

Abb. 11.5.13: Links Richtungsstreuung der Bewegungen von Gebirgsstelzen im August (n = 41) und rechts N-gerichtete Bewegungen im September/Oktober (n = 169) (siehe auch Abb. 11.5.3.). – *Direction scatter of* Motacilla cinerea *migration in August (left, n = 41) and northwards movement in September/October (right, n = 169); see also Fig. 11.5.3.*

Hausrotschwanz: Die Dismigration bzw. der Zwischenzug des Hausrotschwanzes gestaltet sich recht eindrucksvoll. Am Breitenstein, einem Felsabsturz nordwestlich des RM, sind die jungen Rotschwänze an manchen Tagen wie eine Perlenschnur am Fels aufgereiht. Ab Ende Juni erscheinen sie hier und sind im Juli/August nicht weniger auffällig. Immer wieder bricht einer über den Wald nach N ins 400 m tiefer liegende Albvorland auf. Dabei scheint es, daß es die individuelle Veranlagung ist, die darüber entscheidet, ob die Wanderung in 400 m Höhe und wohl über längere Distanz stattfindet oder, wie bei der Mehrzahl, dicht über dem Wald zu den fruchtbaren Äckern am Fuße des Berges geht. Auch direkt an der Station erscheinen diese Vögel. Für die meisten endet die Wanderung dann vorläufig an den Felsblöcken im Heidegelände des Maars, andere werden über große Entfernungen mit dem Fernglas verfolgt (Abb. 11.5.14). Dismigranten mit N-Richtung haben

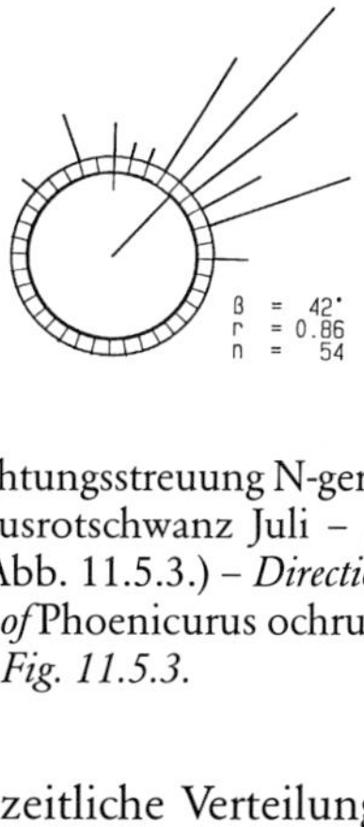

Abb. 11.5.14: Richtungsstreuung N-gerichteter Dismigration beim Hausrotschwanz Juli – Mitte September. (Siehe auch Abb. 11.5.3.) – *Direction scatter of northerly dismigration of* Phoenicurus ochruros, *July to mid-September; see also Fig. 11.5.3.*

eine klare tageszeitliche Verteilung, die zentralen 50 % ziehen in wenig mehr als einer Stunde, bei den S-Ziehern in mehr als zweieinhalb Stunden durch (Abb. 11.5.15). Eine endogene Steuerung der tageszeitlichen Dismigrationsphase scheint ebenso offensichtlich wie das zeitlich von der Dämmerung gelöste Muster, das mehr noch als der S-Zug – und typisch für die Zerstreuungsphase – echten Tagzug demonstriert, wobei in beiden Fällen ziemlich ausschließlich weibchenfarbene Vögel beteiligt sind.

Beim **Kernbeißer** ist die Neigung zu unsteten Invasionen und Evasionen auch auf die nachbrutzeitlichen Bewegungen zu übertragen. Sie sind bei Beobachtungsbeginn zwar schon im

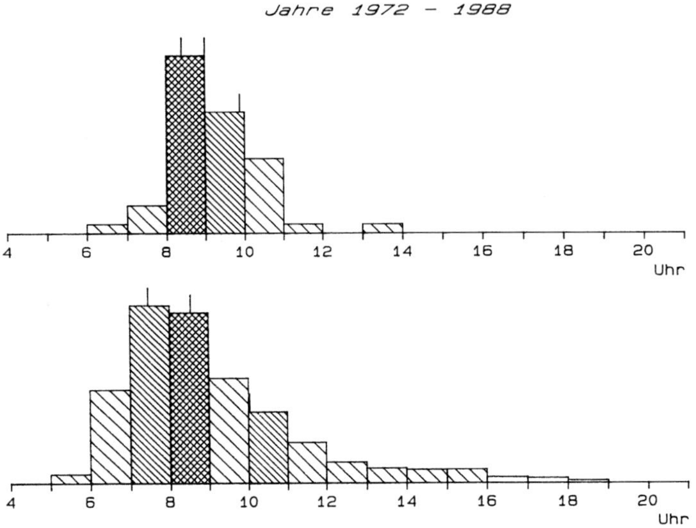

Abb. 11.5.15: Tageszeitliche Verteilung um NE streuender dismigrierender Hausrotschwänze (oben, n = 46), darunter die der Wegziehenden (n = 2655); in relativer stündlicher Häufigkeit. –*Diurnal distribution of* Phoenicurus ochruros *on north-easterly dismigration headings 1972 – 1988 (above, n = 46), and on regular autumn migration (below, n = 2655), in relative frequency per hour.*

Gang, aber vom zeitlichen Verlauf und der Stärke völlig unvorhersehbar, wie die starken UKZ- bzw. Dismigrationsjahre 1980 – 1981 verdeutlichen (Abb. 11.5.16). 1980 war deutlicher ZWZ kleiner Trupps Mitte Juli, 1981 Ende Juli/Anfang August. Im Invasionsjahr 1980 (8.359 Ex.) gingen die hauptsächlichen N-Bewegungen aus dem S-gerichteten Invasionszug hervor, waren also möglicherweise UKZ-Bewegungen der kurz zuvor nach S Durchgewanderten oder, anders ausgedrückt, Rückkehr nach erfolgter Exploration. Der Median des UKZ lag dabei einige Tage nach dem der S-Wanderung. 1981 zogen mit 545 Ex. wiederum überdurchschnittlich viele Kernbeißer in zwei Wellen nach N. Zu dem schwachen Wegzug (1.869 Ex.) bestand kein zeitlicher Zusammenhang. Der große zeitliche Abstand der beiden Dismigrationsgipfel von zwei Monaten schließt aber wohl auch aus, daß es die Zerstreuungsphasen erster und zweiter Bruten sind. Selbst der zweite Gipfel lag deutlich vor dem Wegzug, UKZ ist also auszuschließen. In manchen Jahren fallen solche Dismigrationen weitgehend aus.

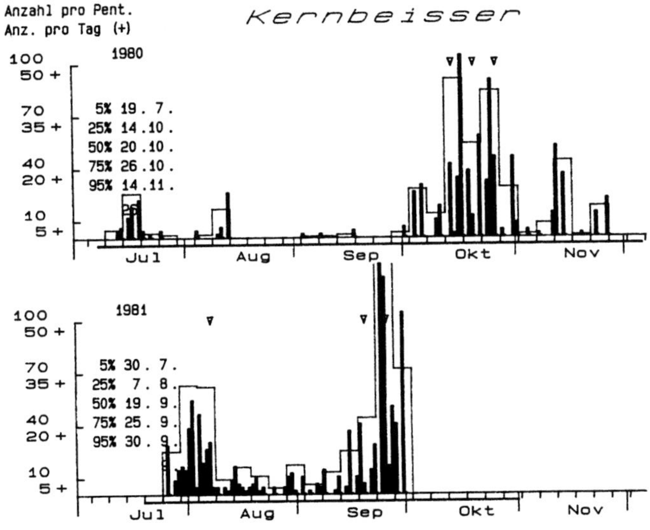

Abb. 11.5.16: Jahreszeitliche Dismigrationszugmuster der Jahre 1980 und 1981 mit nach N fliegenden Kernbeißern in zwei starken „Zwischenzugjahren", die zeigen, wie unregelmäßig solche Bewegungen bei Invasionsvögeln sein können, siehe Abb. 11.5.7. – *Annual dismigration pattern of north-heading* Coccothraustes coccothraustes *in 1980 and 1981, two strong 'inter-migration years', showing how irregular such movements can be in eruptive species; see also Fig. 11.5.7.*

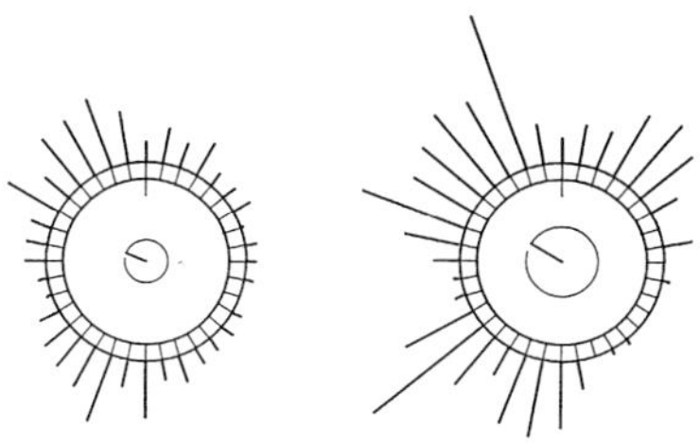

Abb. 11.5.17: Richtungsstreuung dispergierender Kernbeißer im Juli und August. Einzelvögel links (n = 300); rechts Trupps (n = 1007, siehe auch Abb. 11.5.3). – *Direction scatter of dispersing* Coccothraustes coccothraustes *in July and August; left, single birds (n = 300), right, flocks (n = 1007); see also Fig. 11.5.3.*

Bei den N-gerichteten Bewegungen spielen SW-Winde (48 %) gegenüber dem Angebot eine herausragende Rolle, während Windangebot und -nutzung beim Wegzug speziell für diesen ausgeprägten Allwetterzieher eine untergeordnete Rolle spielt.

Im Verlauf der Dismigrationswanderungen im Juli/August ist neben den Vorzugsrichtungen SW und NE jahrweise auch NW so stark vertreten, daß es zu einem durchschnittlich NW-gerichteten Zugrichtungsvektor führt (Abb. 11.5.17). Die tageszeitlichen Zugmuster N- bzw. S-gerichteter Bewegungen während der Dismigrationszeit unterscheiden sich nicht. Beim UKZ während der Hauptzugzeit liegt der tageszeitliche Median jedoch später als beim gleichzeitigen Wegzug.

Buchfink: Angesichts der Häufigkeit der Art sind sowohl sichtbare Dismigrationsbewegungen als auch UKZ in und nach der Zugzeit extrem schwach ausgeprägt und offenbaren den Unterschied zu dem wohl eher explorierenden, zu Invasionen neigenden Bergfinken und einigen Cardueliden (s. u.). In Schweden (ALERSTAM 1978, LINDSTRÖM & ALERSTAM 1986) und Finnland (v. HAARTMAN 1945) wird dort, wo das Land im Süden am Meer endet, häufiger „Umkehrzug“ festgestellt. Die tageszeitlichen Muster jenes UKZ bei Buchfinken weichen dort vom normalen südwestwärts gerichteten Zug ab. Die Gewichte der Umkehrzügler waren geringer als die der in Normalrichtung ziehenden Vögel, und Jungvögel waren überproportional vertreten (LINDSTRÖM & ALERSTAM 1986). Diese Umkehr betrifft vermutlich verstärkt Vögel, deren Zugmotivation nicht ausreicht, auf die unbegrenzte Ostsee hinauszufliegen. Sie kehren um und fliegen zu geeigneten Nahrungshabitaten ins Binnenland zurück. Dies entspricht dem Verhalten von Meisen, die das Überfliegen einer Freifläche scheuen und in vielen Fällen selbst nach bereits längerem Zug über Acker- oder Wasserflächen wieder in das schützende Gehölz zurückkehren. Die Vögel fliegen noch einmal in günstige Nahrungshabitate zurück, um die für die Überwindung der „Zugbarriere Ostsee“ notwendigen Fettdepots und die Zugmotivation aufzubauen, UKZ ist also Schutz gegen das Verhungern. Diese Gefahr besteht für einen Generalisten im Binnenland nicht. DOLNIK & BLYUMENTAL (1967) beschreiben für die Kurische Nehrung schwache, N-gerichtete Dismigrationsbewegungen für den Juli. Am RM werden zu dieser Zeit sehr schwache ungerichtete Bewegungen festgestellt. Der 5-%-Wert der N-Bewegungen liegt am 8., der nach S am 28. September.

Girlitz: Regulärer Wegzug tritt ab 20. September auf. Davor liegt eine Zugwelle ab Ende Juli, in der etwa 5 % der Girlitze nach S wandern. Sie deckt sich zeitlich mit stark streuenden Wanderungen meist einzelner Individuen in andere Richtungen (links in Abb. 11.5.18). Die Streuung der N-Bewegungen ändert sich auch bis Oktober nicht. Für eigentlichen UKZ spricht deshalb wenig, wogegen Dismigration wohl bis Oktober anhält. Das Verteilungsmuster in Abb. 11.5.19 könnte zwei Wellen dismigrierender Erst-/Zweitbrut-Vögel andeuten, wobei der Median der ersten zwei Monate, derjenige der zweiten zwei Wochen vor dem Wegzugsmedian liegen würde. Ausgeprägte Zerstreuungswanderungen nach N wie beim Girlitz oder nach NE wie beim Hausrotschwanz könnten eine wichtige

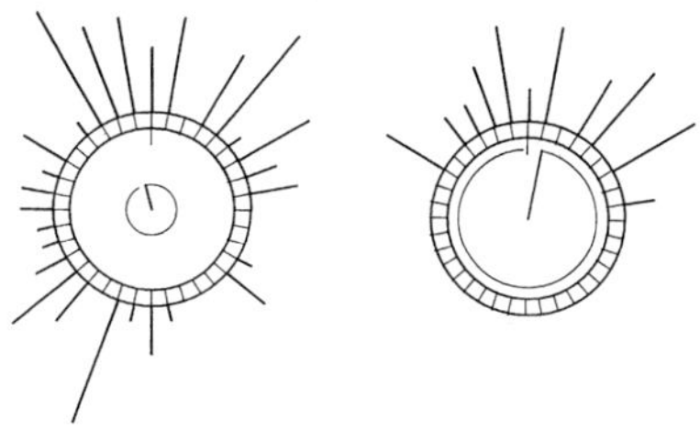

Abb. 11.5.18: Richtungsstreuung dispergierender Girlitze im Juli und August (links, n = 92). Rechts Richtungsstreuung umkehrender nach dem 1. Oktober (n = 43; siehe auch Abb. 11.5.3). – *Direction scatter of dispersing* Serinus serinus *in July and August (left, n = 92), and direction scatter of retromigrants after 1 October (right, n = 43); see also Fig. 11.5.3.*

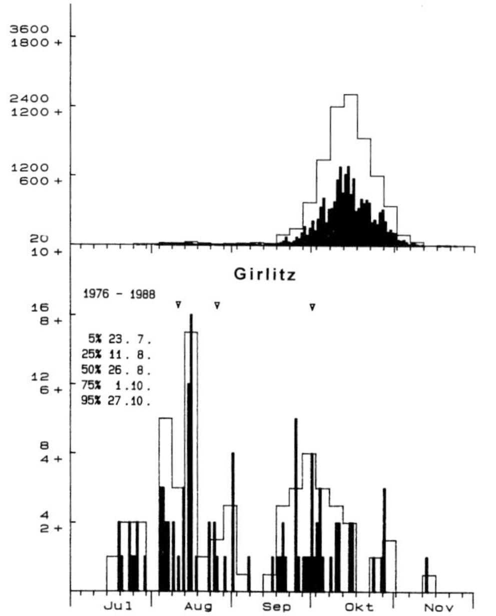

Abb. 11.5.19: Jahreszeitliche Zugmuster nach N ziehender Girlitze 1976 – 1988 (unten) im Vergleich zum regulären Wegzug (oben). Das Verteilungsmuster der N-Wanderer könnte zwei Wellen dismigrierender Erst-/Zweitbrut-Vögel andeuten, wobei der Median der ersten Welle zwei Monate, derjenige der zweiten kaum zwei Wochen vor dem Wegzugsmedian liegen würde. *Annual pattern of north-heading* Serinus serinus *1976 – 1988 (below) compared with regular autumn migration (see also Fig. 11.4.1). The distribution pattern of those heading N could indicate two waves of dismigrating first/second-brood birds, where the median of the first wave would fall 2 months, that of the second barely 2 weeks before the regular autumn median.*

Voraussetzung für die erfolgreiche Exploration neuer Brutgebiete darstellen, wie sie gerade bei diesen beiden Arten und der Gebirgsstelze seit 100 Jahren in extremer Weise stattfindet, ohne bis heute abgeschlossen zu sein.

Unter der als unstet bekannten Gruppe der Cardueliden fällt der **Bluthänfling** auf, der im Hochsommer einzelner Jahre einen ausgeprägten ZWZ in Wegzugsrichtung ausführt.

Bei all diesen bisher beschriebenen Arten spielt UKZ im üblichen Sinn eine untergeordnete Rolle und auch die Dismigrationen sind zahlenmäßig gegenüber dem Wegzug eher unbedeutend. Bei den nun folgenden Arten sind zeitlich und mengenmäßig andere Bewegungen zu beobachten:

Eichelhäher und **Tannenhäher**: Die Neigung des Eichelhähers zu Richtungswechseln während des Zuges wurde mehrfach beschrieben (Küchler 1932, Putzig 1938, Berndt & Dancker 1960, Gatter 1974b). Fünf Fälle beim Eichelhäher und ein Fall beim Tannenhäher werden bei Gatter et al. (1979) beschrieben. In allen Fällen lagen östlich des Beobachtungsraumes z. T. sehr ausgeprägte Hochdruckgebiete, westlich davon aber zughemmende Tiefdruckgebiete. Alle Umkehrzugsituationen beim Eichelhäher hatten zusätzlich gemeinsam, daß Verschiebungen maritimer Warmluftmassen (Advektion) das Ende kalten (4 x) bis kühlen (1 x) Wetters im Umkehrzuggebiet mit sich brachten und somit wahrscheinlich exogene Faktoren den UKZ auslösten. Bei der Invasion Sibirischer Tannenhäher 1968 kehrte sich die Zugrichtung eines Anteils der Invasoren in Finnland noch im August um. Funde reichten im September/Oktober bis zu 3.300 km nach E in die möglichen Ausgangsgebiete der Invasion. Dabei lag über der Ostsee ein Tief mit kühlen Temperaturen. Aus E schob sich währenddessen warme Festlandsluft vor.

Die während der Eichelhäherinvasion 1977 am RM vom 25. bis 29. September beobachtete Zugumkehr zeigte folgende Charakteristika: a) Bei der plötzlichen Richtungsänderung der Eichelhäher läßt sich keine Unregelmäßigkeit im Diagramm der Tagessummen feststellen. b) Die Richtungsänderung nahezu aller Eichelhäher erfolgte synchron. Es trat beim Übergang von einer Richtung zur anderen kein Zugtag auf, an dem beide Richtungen stark vertreten waren. Keine andere Vogelart zeigte gleichzeitig UKZ. Auf 1.000 km N-S-Ausdehnung von Schleswig-Holstein bis Süddeutschland, wanderten Eichelhäher praktisch über ganz Mitteleuropa entgegen ihrer normalen Wegzugrichtung. Diese Massenzugumkehr, wohl das eindruckvollste und auffälligste UKZ-Ereignis, das bislang im mitteleuropäischen Raum beschrieben wurde, ging mit einsetzender oder anhaltender Verschiebung maritimer Luftmassen vom Atlantik einher (Abb. 11.5.20 aus Gatter et al. 1979). Die jahreszeitliche Darstellung aller umkehrenden Eichelhäher ergibt als Median den 25., die der wegziehenden den 26. September. Schon dieser Umstand macht eine eingehende Betrachtung der Bedeutung dieser bei Gatter et al. (1979) behandelten Wanderungen nötig. Im starken Invasionsjahr 1972 lag der Wegzugsvektor bei 260°, im schwachen Zugjahr 1981 bei 205° und 1988 gar bei 14°, sozusagen einem reinen Um-

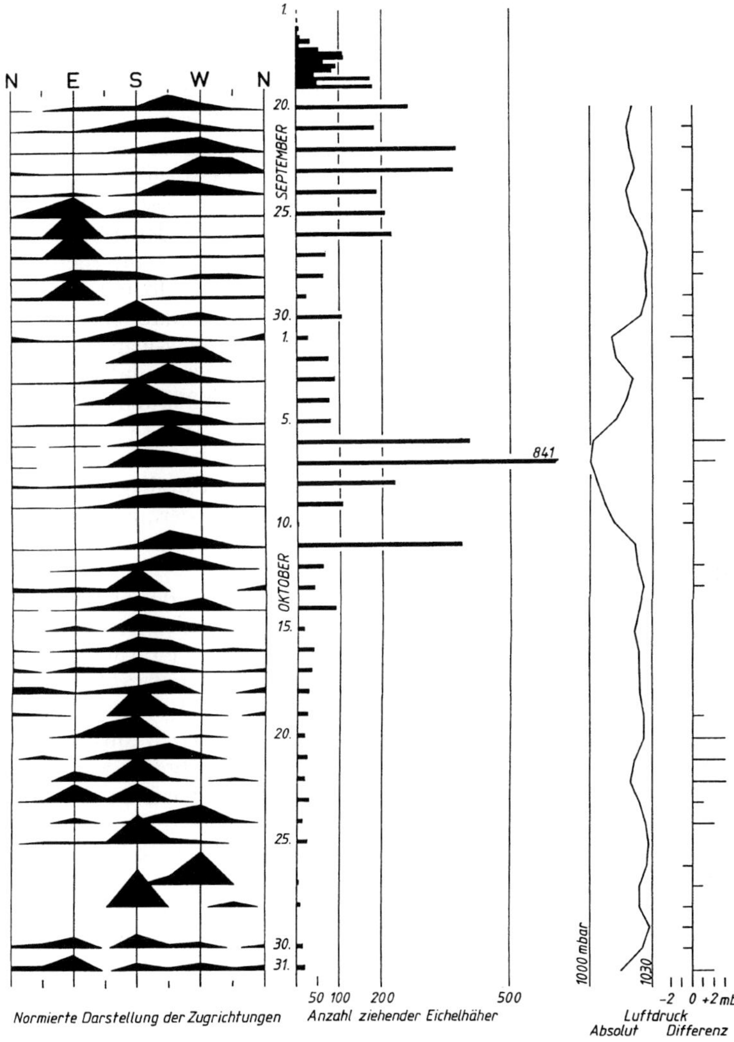

Abb. 11.5.20: Eichelhäherinvasion am Randecker Maar 1977 (aus GATTER et al. 1979).
Links: Normiert dargestellte Zugrichtungsverteilung.
Mitte: Tägliche Anzahl wandernder Eichelhäher vom 1. September und 31. Oktober.
Rechts: Der Luftdruck (13.00 Uhr, reduziert auf NN) aus den Berliner Wetterkarten. Als absolut werden hier die Luftdruckwerte vom Randecker Maar bezeichnet. Als Differenz ist hier der Luftdruckgegensatz in Ost-West-Richtung (Luftdruck 100 km westlich des Randecker Maars subtrahiert vom Luftdruck 100 km östlich) bezeichnet.

Fig. 11.5.20: Garrulus glandarius *irruption at Randecker Maar in 1977 (from* GATTER *et al. 1979).*
Left: standardized distribution of migration headings.
Middle: daily number of moving Garrulus glandarius *from 1 September to 31 October.*
Right: air pressure (13.00 h, reduced to sea-level) from Berlin weather maps. 'Absolut' = pressure at Randecker Maar; 'Differenz' = pressure gradient from east to west (air pressure 100 km west of Randecker Maar subtracted from that 100 km to the east).

kehrzugsjahr mit hoher Richtungsstreuung (Abb. 11.5.21), was wiederum Fragen nach der generellen Bedeutung solcher Wanderungen aufwirft. Der bei GATTER et al. (1979) für den Tannenhäher geschilderte Fall nimmt insofern eine Sonderstellung ein, als er außer dem Hochdruckeinfluß auf Gebiete mit stärkerer Erwärmung bzw. direkt auf die Richtung der einfließenden Warmluft zu gerichtet war. Dies wiederum erinnert an ähnliche Fälle, die sich mit dem Erscheinen südöstlicher Arten im Bereich der Nordsee befassen. In Verbindung mit Hochdruckwetterlagen und hohen Temperaturen über England kehren Arten wie Karmingimpel, Sperbergrasmücke und asiatische Laubsänger und andere nach SE abwandernde Arten ihren Zug im Herbst um (WILLIAMSON 1959, NISBET 1962, RABØL 1969). Die eigentümliche Verteilung herbstlicher Zwergschnäpperfunde im nordwestlichen Europa nördlich einer Linie NW-Deutschland, Niederlande, Mittelengland wird von fördernden Winden aus S bis SE an der Rückseite von Hochdruckgebieten unterstützt, scheint aber ansonsten einer genauen Umkehr der Wegzugsrichtung zu entsprechen (GATTER 1972a, SHARROCK 1974).

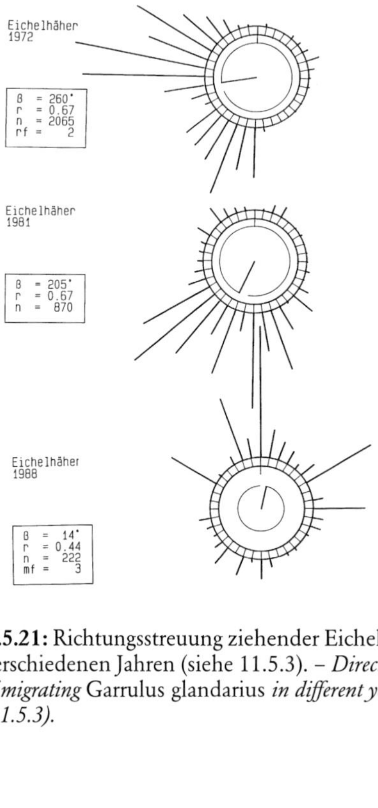

Abb. 11.5.21: Richtungsstreuung ziehender Eichelhäher in verschiedenen Jahren (siehe 11.5.3). – *Direction scatter of migrating* Garrulus glandarius *in different years (see fig. 11.5.3).*

Erlenzeisig: Die Brutbestände der Art im südlichen Mitteleuropa sind zahlenmäßig unbedeutend. S-gerichtete Bewegungen werden schon bei Beobachtungsbeginn, N-gerichtete ab Anfang September festgestellt. Stärkere Umkehrbewegungen setzen gleichzeitig mit dem regulären Wegzug ein. Sie entstehen wohl überwiegend aus der unmittelbaren Umkehr wegziehender Vögel, wie im Oktober/November 1980, als ein Großteil aller N-Wanderungen registriert wurde. Am 14. November zog bei schönem Wetter und leichtem SW-Wind kein einziger Zeisig nach S, aber von 8 bis 17 Uhr waren ständig Einzelvögel und kleine Trupps nach NE unterwegs, und über der umliegenden Alb wurde großflächig UKZ notiert, an dem tausende Vögel beteiligt gewesen sein müssen.

Bergfink: Die typischen UKZ-Tage bei dieser Art sind Schönwettertage mit S- bis E-Wind. So zogen am 18.11.1976 627 Vögel nach NE, nur 175 nach SW und am 11.11.1980 416 nach NE, 337 nach SW. In 1979, einem Fehlmastjahr der Buche, wanderten am 27.10. südlich des RM, wo der Beobachter nicht durch die Beobachtung des kanalisierten Zuges abgelenkt wird, Tausende von Bergfinken in Kleintrupps stundenlang nach NE. Während bei SE-Wind niedriger Zug durchs RM ging, verlief der UKZ extrem hoch. Der Verdacht auf Umkehr nach negativer Exploration der Buchenwälder liegt hier nahe. Während beim SW-Zug eine dem Angebot nahe kommende Nutzung der Winde aus SW festzustellen war, überwiegt beim UKZ SE-Wind überproportional. Der Wegzugsmedian fällt auf den 24. Oktober, der des UKZ liegt mit dem 13. November 20 Tage später und ist somit durch das Beobachtungsende stark beeinflußt. Ganz allgemein ist Umkehr nach Exploration die wahrscheinlichste der Erklärungsmöglichkeiten.

11.5.2 Interpretation der Streu- und Umkehrzugbewegungen

Die Migrationsrichtungen während der Zerstreuungsphase lassen möglicherweise auch Schlüsse auf den Schwerpunkt von Ausbreitungsrichtungen zu. Die Ausbreitungstendenz mitteleuropäischer Landvögel ist in Europa vor allem nach NW gerichtet (Kap. 17). Die in Kap. 11.5.1 gezeigten Beispiele weisen bevorzugt in diese Richtung. Exploration während der Dismigrationsphase könnte auch angesichts vorherrschender Winde aus SW größere Explorationsentfernungen nach NE begünstigen und wäre damit neben der Form der zur Verfügung stehenden Landmasse eine Erklärung für diese, bei Arealerweiterungen bevorzugte Stoßrichtung. Beispiele dafür sind die bei Gebirgsstelze und Hausrotschwanz dargestellten Vorzugsrichtungen (Abb. 11.5.13, 11.5.14).

Im Gegensatz dazu – und ohne Pendant bei anderen Arten – stehen die starken Spätsommerwanderungen einiger Jahre beim Kernbeißer, besonders 1980 in einem frühen Zeitraum, in dem während der letzten Jahre nicht mehr regelmäßig beobachtet wurde (Abb. 11.5.16, 11.5.17).

Diese Wanderungen im Juli, August und September waren stark streuend. Neben S-SW dominierten Richtungen um N mit deutlicher Häufung um NW. Die unsicheren Richtungswechsel nach Erreichen des nördlichen Steilabfalls der Alb 1500 m NW der Station ließen vermuten, daß diese Flüge auf größere Entfernung geplant waren und wenig mit lokalen Samenangeboten zu tun hatten.

Obwohl Jugendstreuung am RM bei zahlreichen Vogelarten beobachtet wird, spielt sie als sichtbares Zuggeschehen nur bei einer beschränkten Zahl von Arten eine größere Rolle. Bei den visuell wahrnehmbaren Streu- und Umkehrbewegungen am RM handelt es sich um verschiedene Phänomene, die zudem bei den verschiedenen Arten in unterschiedlichem Maße auftreten. Wenn bei einer Art südlich des RM keine nennenswerten Populationen vorkommen, ist naturgemäß nur Streuen in dem Sektor um S zu erwarten. Diese Bewegungen werden zunächst als Wegzug gedeutet.

Die Jugendstreuung wird, wie der Wegzug, wahrscheinlich endogen gesteuert. Zumindest das abrupte, zeitlich vorhersehbare Einsetzen von Streubewegungen nach N, exakt terminiert wie bei der Feldlerche am RM, läßt an einer endogenen Steuerung dieser Vorgänge kaum Zweifel, doch gibt es unterschiedliche Abläufe, wie der Girlitz zeigt.

Sichtbare Dispersionsbewegungen am Tage zeigen bei den meisten Arten von Jahr zu Jahr enorme Unterschiede im Umfang der Bewegungen. Die Großwetterlage und die Hauptwindströmungen während der Dismigrationszeit beeinflussen offenbar neben der Zughöhe nicht nur die Richtung der Dismigration, sondern möglicherweise auch deren quantitatives Ausmaß und nicht zuletzt, wie beim Umkehrzug, die dabei zurückgelegten Entfernungen (Kap. 11.5.1 bei den Hähern). Aus Feld- und Radaruntersuchungen sind zahlreiche Fälle bekannt geworden, die UKZ von Nachtziehern unmittelbar nach Sonnenaufgang schildern. Dieses Phänomen ist häufig am RM als morgendlicher Zug von Drosseln gegen den Wind nach NW oder E beobachtet worden. Es wird in der Literatur kontrovers diskutiert (Rabøl 1969, Gauthreaux 1978). Dabei werden unter anderem offenbar nächtliche Verdriftungen korrigiert. Im Bereich von Meeresküsten, vor allem aus dem Bereich der Ostsee, sind zahlreiche solche Fälle von Zugumkehr im Herbst bekannt geworden. Auch dort wird auf bestimmte Wetterereignisse vor der Überquerung des Meeres mit Flucht zurück ins Land reagiert. Jungvögel und magere Tiere, welche die Meeresüberfliegung scheuen, scheinen davon überproportional betroffen zu sein (Lindström & Alerstam 1986). Über dem Nordatlantik ist die Umkehr der Zugrichtung bei Dämmerungsbeginn eine oftmals bei Drosseln beobachtete Strategie (Myres 1964). Für die in der Dunkelheit aufs Meer hinausgeflogenen/verdrifteten Vögel – ohne Landkarte und Kenntnis der genauen eigenen Position – ist beim Anblick der unbegrenzt ausgedehnten Wasserfläche ein um 180° zurückgerichteter Zug die einzige relativ sichere Möglichkeit, jemals in ihrem Leben wieder Land unter die Füße zu bekommen. Auch andere deutliche Zugrichtungsänderungen über dem Meer oder großflächigen Seen Richtung Land am frühen Morgen (Gauthreaux 1978) dürften vermutlich eher als „Lebensrettungsflüge“ denn als Umkehrzug bewertet werden.

Unter topographisch „ungestörten“ Bedingungen im zentralen Mitteleuropa sind diese Verhältnisse zwar leichter zu studieren, aber in der Regel unauffällig und schon deshalb kaum erforscht. Der Umstand, daß bei diesen Dispersionsbewegungen junger, noch unsicherer Vögel kurze Etappen mit häufiger Rast bzw. Richtungswechseln ausgeführt werden, hemmt oft die richtige Einschätzung und Notierung solcher Beobachtungen.

Die tageszeitlich gedehnten Muster der Dismigrationszeit dürften bei vielen Arten auch durch intraspezifische Konkurrenz zustande kommen, weil sie ständig mit den Territorien von Revierinhabern kollidieren. Hausrotschwänze z. B. verteidigen ihre Reviere bis Oktober. Junge Hausrotschwänze reagieren auf diesen Konkurrenzdruck, indem sie Habitate auswählen, die nicht von Brutvögeln beansprucht werden. Auf Kahlschlägen und Felsen im Wald kann es von Juni bis September zu Konzentrationen von 100 Vögeln kommen, an denen nicht ein einziges altes ♂ beteiligt ist.

Über mehrere Tage währende Zugumkehr einer großen Anzahl von Vögeln ist hier ein eher seltenes Phänomen und die Auslöser dafür sind meist recht ähnlich (Kap. 11.5.1). Östliche bis südliche Winde bei Hochdruckwetterlagen sind als häufiger Auslöser für spektakuläre Einflüge von Raritäten beschrieben worden. Aber auch Bienenfresser, Wiedehopf und Alpensegler ziehen bei solchem Wetter am RM in geringer Höhe nach N, wobei die Jungvogelanteile unbekannt bleiben. Auch bei den unmittelbar auf den Einflug zurückflutenden Invasionsvögeln spielen SE-Winde und Hochdruckwetterlagen eine bedeutende Rolle. Bei diesem Phänomen kann man wetterbedingt hohe Windgeschwindigkeiten und damit ungewollte Verdriftung ausschließen. Eine Umkehr der normalen Zugrichtung um 180° wurde häufig diskutiert, ebenso die Tatsache, daß ihre Artgenossen zum meist späten Zeitpunkt ihres Auftretens in N- oder NW-Europa schon eine ebenso große Entfernung in Richtung auf das normale Wintergebiet zurückgelegt haben. Der Dismigrationsphase kommt, wie gezeigt, eine hohe explorative Bedeutung zu. Ebenso, wie es Vögel gibt, deren Dismigrationswanderung vor der Jugendmauser in dieselbe Richtung geht wie der spätere Herbstzug, behält vermutlich ein Prozentsatz NW-NE gerichteter Dismigranten diese Richtung nach der Jugendmauser bei. Dies würde, bei Überleben, den Explorationserfolg erhöhen. Solche Individuen wären damit als Speerspitze bei der Erkundung und Besiedlung neuer Brut-und Überwinterungsgebiete zu sehen.

Im Gegensatz dazu steht die Verdriftung, bei der die Richtung nicht gewollt eingeschlagen wird und Windgeschwindigkeiten in größeren Höhen – oft größer als die Eigengeschwindigkeit – dazu beitragen, daß Vögel ihr Fortkommen nicht mehr selbst bestimmen können (siehe Kap. 13.1). Es ist nicht bewiesen, daß die bei Nacht wandernden Vögel in der Lage sind, derartige Verdriftungen wahrzunehmen.

Auffällig ist, daß sich am RM Massenereignisse umkehrender Vögel auf Arten mit Invasionsneigung beschränken. Bei Buntspecht und Schwarzspecht sind solche Bewegungen auffällig, bei den grünen Spechten spielen sie überhaupt keine Rolle. In der großen Familie der Finken ist dieser explorierende Zug mit nachfolgender Umkehr im selben Jahr am stärksten ausgeprägt. Fichtenkreuzschnabel, Kernbeißer, Erlenzeisig und Bergfink ragen als die auffälligsten heraus. Die breite Palette außergewöhnlicher Modelle, mit denen Invasionsarten auf schwierige Bedingungen reagieren (Gatter 1977a, 1993), läßt die frühere Hypothese des Totwanderns (Schüz 1952, 1971) immer unbedeutender erscheinen, wonach der größte Teil des abfließenden Bestandes verlorengeht, weil Beobachtungen von rückwandernden Tieren weitgehend fehlen. Die Deutung dieses UKZ als Ergebnis erfolgloser Exploration von Nahrungsgründen südlich bis westlich der Brutgebiete gewinnt hier mehr Bedeutung (Gatter 1993, Kap. 14, Kap. 8.2.4). Die Antwort reicht wohl von der unmittelbaren Umkehr (Gatter 1993) über den verspäteten Heimzug (Gatter 1977a) bis zum Hängenbleiben im Invasionsgebiet (Berndt & Henß 1967) mit unterschiedlich hohen Verlusten in allen Fällen. Nachdem sich an Invasionen überwiegend Jungvögel beteiligen, ergibt sich die Verbindung zu der Hypothese, wonach auch die Jugenddispersion neben Orientierungsversuchen in erster Linie der Exploration möglicher Siedlungsräume dient (Baker 1993).

Zusammenfassung
11.5 Dismigration, Zwischen- und Umkehrzug

Die sichtbaren Dismigrationsbewegungen sind im Binnenland relativ unauffällig und verteilen sich bei vielen Arten während des ganzen Tages. Sie sind bei manchen Arten exakt terminiert und neben einer Auslösung durch intraspezifische Konkurrenz ganz offensichtlich endogen gesteuert. Wetterlage und Windströmungen beeinflussen Dismigrationsrichtung und Entfernung, Flughöhe und damit die Sichtbarkeit. Streubewegungen nördlicher Arten treten nur als südgerichtete Bewegungen in Erscheinung und sind somit zunächst nicht vom Wegzug zu unterscheiden. Die Vorzugswindrichtung SW fördert möglicherweise nach NE gerichtete Dismigration und wirkt unterstützend auf Ausbreitungsvorgänge speziell in diese Richtung. Innerartliche Konkurrenz zu Revierinhabern führt bei Hausrotschwanz, Gebirgsstelze und wohl bei weiteren Arten zu anderer Habitatwahl der jungen Dismigranten. Umkehrzug nach vorheriger Südwanderung ist häufig verbunden mit ruhigen Hochdrucklagen und am RM sind starke Bewegungen weitgehend auf Arten mit Invasionsneigung beschränkt. Umkehrzug ist offensichtlich Bestandteil der Zugstrategie vieler Invasionsvogelarten nach erfolgloser Exploration (Gatter 1993) und die Ursachen sind deutlich getrennt von dem zu sehen, was sich als Umkehr am Südrand von Landsockeln, Halbinseln und ähnlichen Orten im Bereich von Nord- und Ostsee abspielt.

Summary
11.5 Post-fledging and post-breeding dispersal, and retromigration

Visible dispersal (dismigration) movements are relatively inconspicuous in inland areas, and in many species are spread throughout the day. These movements are very regular in time in some species and are clearly triggered endogenously as well as by intraspecific competition. Dispersal direction, distance, and altitude (and hence visibility) are influenced by weather patterns and wind direction. Such wanderings by northern species appear only as southward movements and so are initially indistinguishable from autumn migration. The prevailing SW wind possibly encourages dispersal especially to the NE, thus contributing to range expansion. Intraspecific competition with territory holders in Phoenicurus ochruros, Motacilla cinerea, *and presumably other species, leads to juvenile dispersers moving to new areas. Retromigration following a movement to the S is often linked to calm high-pressure conditions; at Randecker Maar, strong movements of this type are generally restricted to species that tend to be eruptive.*

Retromigration seems to be part of the migratory strategy of many eruptive species following unsuccessful exploration of food habitats (Gatter 1993), the causes of which should be clearly separated from the type of retromigration seen at the southern margin of the continental shelf, peninsulas, and similar locations in the region of the North and Baltic Seas.

12 Tageszeitliche Zugmuster des Wegzugs

12.1 Grundlagen tageszeitlicher Rhythmen

Daß Kraniche meist bei Tage wandern, Wachteln aber bei Nacht, war schon ARISTOTELES und PLINIUS bekannt (LENZ 1856). Jedes Verhalten, das solche tagesperiodische Charakteristika zeigt, setzt voraus, daß das Tier in der Lage ist, eine bestimmte Periodik unter wechselnden äußeren Bedingungen einzuhalten, es also über eine „innere Uhr" verfügt. Dabei gilt es nicht nur Tages- (circadiane), sondern auch Jahresrhythmen (circannuale Rhythmen) einzuhalten. Die grundlegenden Erkenntnisse zur „inneren Uhr" von Tier und Mensch sowie ihrer Steuerung verdanken wir ASCHOFF (1954, 1984).

Als Zeitgeber für die 24-Stunden-Periodik können demnach alle mit der Erddrehung gekoppelten periodischen Umweltprozesse kontinuierlicher oder diskontinuierlicher Art dienen, die für Mensch und Tier reizwirksam sind. Unter natürlichen Bedingungen sind immer mehrere Zeitgeber gleichzeitig tätig, von denen meist einer, als der beherrschende, die Phasenlage der tierischen Periodik bestimmt; jedoch kann es auch zum Wettstreit mehrerer Zeitgeber kommen.

Eine Koppelung zwischen Tages- und Jahresrhythmik erfolgt durch die Schwingungsbreite des Helligkeitswechsels, also das Verhältnis von Licht- und Dunkelzeit und die Dämmerungsdauer. Dabei ist die Änderungsgeschwindigkeit zwischen definierten Helligkeitsschwellen von besonderer Bedeutung. Die genannten Parameter ändern sich im Laufe des Jahres aufgrund des unterschiedlichen Sonnenstandes in gesetzmäßiger Weise. Sie ändern sich im Herbst mit fortschreitender Jahreszeit vom Sommer zum Winter und abnehmendem Breitengrad vom Pol zum Äquator. Unter extremen, z. B. arktischen Lichtbedingungen können andere Parameter wie der Wechsel der spektralen Zusammensetzung des Lichts oder die Azimutposition der Sonne genutzt werden (POHL 1988).

Insgesamt ist der Zug der Vögel in vielfacher Weise von den genannten periodischen Phänomenen bestimmt und zeigt deutliche Tages- und Jahresmuster, die aber nicht, wie in Kap. 12.2 gezeigt wird, eine so klare Abgrenzung zwischen Tag-und Nachtzug erlauben, wie es diese Begriffe suggerieren. In Kap. 12.2 wird deshalb ein kurzer Überblick über das bereits Bekannte gegeben. Es macht uns gleichzeitig klar, daß wir zwar wissen, welche „überwiegenden Nachtzieher" tags ziehend beobachtet wurden, daß jedoch bei fast allen Arten unbekannt ist, zu welchem Anteil dies Ausnahmen oder einen geregelten Anteil betrifft. Noch viel schwieriger ist es bei den „Tagziehern", das Ausmaß von Nachtzuganteilen zu definieren. In den Kap. 12.3 und 12.4 wird deshalb versucht, mit der lückenlosen Ganztagsbeobachtung des Wegzugs über viele Jahre hinweg einen Einblick in gewisse Gesetzmäßigkeiten zu erlangen.

12.2 Tag- und Nachtzug im Literaturüberblick

von RAINER SCHÜTT

Beobachtungen des sichtbaren Tagzugs stellen nur einen Ausschnitt aus dem 24stündigen Zuggeschehen dar. Schon allein von der Jahreszeit und der geographischen Breite abhängige Unterschiede der Hell- und Dunkelzeit lassen vermuten, daß starres Festhalten an Termini wie „Tagzieher" und „Nachtzieher" nicht weiterführt. Hochnordische Limikolen, die in Mitteleuropa in größerem Umfang auch nachts ziehen, erreichen und verlassen teilweise die Brutgebiete während eines 24 Stunden hellen Tages.

Und auch in Mitteleuropa fühlen sich viele Vögel nicht an eine feste Klassifizierung gebunden. GÄTKE (1900), SAXTORPH (1917), v. LUCANUS (1923), THIENEMANN (1931), HANTGE &

SCHMIDT-KOENIG (1958), DIESSELHORST et al. (1958), DIERSCHKE et al. (1992), um nur einige Beispiele aus der unüberschaubaren Fülle entsprechender Literatur zu nennen, beschreiben Fälle einer insgesamt großen Artenvielfalt tagsüber wandernder „Nachtzieher“. Der gut zu erfassende Tagzug typischer Nachtzieher wird in verschiedensten Regionen beobachtet. Neben Beobachtungen aus Zonen mit gemäßigtem Klima (Eurasien, Nordamerika) finden sich in der Literatur auch Beobachtungen einer Vielzahl von Arten aus dem äquatornahen Afrika (ASH 1993, CURRY-LINDAHL 1981, GATTER 1987a, b, 1997, THIEDE 1987).

Neben dem direkten Tagzug von „Nachtwanderern“ in der Höhe, wie auch bodennah, wird ein langsames Weiterwandern während des Tages beobachtet. Bei diesem „Rastwandern“ (SCHMIDT-KOENIG 1980) bewegen sich die Vögel während der Nahrungssuche unaufhaltsam in Zugrichtung vorwärts. Laubsänger und Grasmücken ziehen verstärkt entlang von Leitlinien, Steinschmätzer im offenen Feldgelände. Neuerdings wurde dieses Rastwandern wieder in Frage gestellt. BASTIAN & BERTHOLD (1991) meinen aufgrund von Mehrfachnetzfängen auf der Mettnau nachweisen zu können, daß dieses Verhalten nicht zur Zugstrategie von Nachtziehern in Mitteleuropa gehört. Der Grund für die dortigen Ergebnisse liegt aber eher in der Topographieabhängigkeit des Tagzuges und an der Lage der Mettnau im Bodensee. Scheu vor einer Überquerung des Bodensees wurde schon von JACOBY et al. (1970: 34) und später wieder von der OAG BODENSEE (1983: 42) beschrieben. Die Mettnau liegt quer zur Hauptzugrichtung im See. Nachschub von bei Tage ziehenden Nachtziehern wird dem Nordufer des Sees folgen, ohne die Mettnau zu berühren. Ein dem mitteleuropäischen Normalfall entsprechendes Ergebnis ist deshalb dort wohl nicht zu erwarten.

Tagzug kann oft nur einen bestimmten zeitlichen Ausschnitt innerhalb des Zuggeschehens einer Art, einer Population oder eines Individuums umfassen. Regionale und jahreszeitliche Änderungen auf dem Zugweg und innerhalb einer Zugsaison sind viel weiter verbreitet als angenommen, und die Vögel müssen zudem auf außergewöhnliche Wetterlagen reagieren können (Kap. 9.8, 9.9). Unsere Kenntnisse darüber sind sehr gering. Auch mit der Planbeobachtung des Vogelzugs am Tage kann ein repräsentativer Populationsanteil nur von einem Teil des Artenspektrums der Singvögel erfaßt werden und dies offensichtlich bei einem Teil der Arten wiederum nur zu einem sich während der Zugzeit verändernden Anteil (Kap. 12.3, 12.4).

Es sind vor allen Dingen Kurz- und Mittelstreckenzieher, deren Winterquartier nördlich der Sahara liegt, die den hellen Tag nutzen. Ihre Zugaktivität ist vielfach auf die frühen Morgenstunden konzentriert. Tägliche Zugleistungen liegen wohl oft bei weniger als 150 km. Viele dieser Arten sind zumindest außerhalb der Brutsaison vorwiegend Körner- und Beerenfresser und ziehen in teilweise großen Schwärmen. Großteils tagsüber wandernde Langstreckenzieher sind neben Schwalben Baum-, Brach- und Rotkehlpieper sowie Schafstelzen. Primär nachts ziehen Grasmücken, Rohrsänger, die meisten Laubsänger und andere überwiegend insektenfressende Langstreckenzieher. Zugleistungen dieser Arten können 300 – 600 km in einer Nacht betragen. Ausgesprochene Nachtzieher lassen sich jedoch auch unter den Kurzstreckenziehern finden. Es sind einige der schlechteren Flieger mit niedrigem Handflügelindex (KIPP 1959) wie Rotkehlchen, Wasseramsel und Zaunkönig sowie z. B. die Rallen.

Die Thermiksegler wie Störche und Greifvögel sind ausgesprochene Tagzieher, bei denen es nur wenige Nachweise von Nachtzug gibt (z. B. BOUET 1950, BRAMLEY 1979, HANSEN 1954). Die meisten liegen außerhalb Mitteleuropas und stammen zudem mehrheitlich vom Heimzug. Am RM liegen indirekte Nachweise für den Nachtzug der Rohrweihe vor, die als „zur Einhaltung des endogenen Zugkalenders“ dienend gedeutet wurden (GATTER 1984b). Besonders die weniger thermikabhängigen kleinen Greifvögel wie Turmfalke und Sperber ziehen im Bereich der Ostsee durchaus auch nachts, wie Leuchtturmanflüge während des Wegzugs in Dänemark zeigen (HANSEN 1954). Radaruntersuchungen belegen Nachtzug beim Kurzfangsperber während des Frühjahrszuges in Israel (STARK & LIECHTI 1993). Wir müssen jedoch nach den bisherigen Erfahrungen aus Mitteleuropa annehmen, daß Zählungen des Tagzuges von Greifvögeln im Herbst zu insgesamt guten quantitativen Resultaten führen und der Nachtzug in Mitteleuropa als Fehlerquelle zumindest bei den thermikabhängigen Arten vernachlässigt werden kann.

Klare **Tag- und Nachtzieher** sind die Gänse- und Entenvögel. Bei diversen Arten wird sowohl Tagwie Nachtzug in größerem Umfang festgestellt (Alerstam et al. 1974, Berndt & Busche 1991, 1993). Teilweise ziehen sie ohne Unterbrechung Tag und Nacht (Pennycuick et al. 1996), solange es die Witterung zuläßt. Gleichfalls weniger an eine Tageszeit gebunden und mit tageszeitlichen Etappen, die von der Lage geeigneter Rastgebiete abhängen, ziehen Limikolen. Verschiedene Arten brechen im tidenbeeinflußten Küstenbereich zumindest teilweise bei einsetzender Flut auf und damit unabhängig von der Tageszeit (Evans 1985, Prokosch 1988). Auf Island wurde aber auch ein verstärkter Aufbruch unabhängig von den Gezeiten am späten Nachmittag beobachtet (Gudmundsson 1993). Über Südschweden zogen von den mit Radar bei Tag und Nacht verfolgten Knutts während des Frühjahrszuges 60 % der Trupps (nicht identisch mit Anzahl der Individuen!, siehe Kap. 8.1) bei Dunkelheit (Gudmundsson 1994). Am RM sind viele der europäischen Limikolenarten bei Tage ziehend nachgewiesen worden, und vieles spricht auch für einen regelmäßigen Tagzug in großer Höhe über Mitteleuropa.

Nachtzug: Während der Tagzug durch Planbeobachtungen der ziehenden Vögel heute an verschiedenen Orten wie Ottenby, Falsterbo und RM systematisch erfaßt wird, sind entsprechende Aufnahmen des Nachtzugs wesentlich schwieriger. Auf dem Schweizer Alpenpaß Bretolet werden Nachtzieher während des Zuges gefangen. Im allgemeinen beschränkt man sich sonst auf einen indirekten Nachweis nächtlichen Zuges mittels Fang der Rastvögel bei Tage (z. B. MRI Programm).

Eine wichtige, aber weitgehend verkannte Fundgrube zur Klärung der Frage des Tag- und Nachtzuges sind die von Hansen (1954) ausgewerteten Anflüge an dänischen Leuchtfeuern aus einem halben Jahrhundert (Tab. 12.2.1).

Doch warum ziehen Vögel überhaupt nachts? Da viele Arten Nachtzieher sind, ist zu erwarten, daß dieses Verhalten Vorteile für die Vögel bringt. In der Literatur findet man Hinweise auf verschiedene mögliche Ursachen, wobei auch eine gleichzeitige Wirkung mehrerer Faktoren möglich ist:

- Reduzierter Feinddruck bei Dunkelheit (z. B. im Mittelmeerraum durch den Eleonorenfalken), denn es gibt keine nächtlichen Jäger im freien Luftraum.
- Zeitgewinn durch nächtlichen Zug und Nahrungssuche am Tage. Zumindest zu Beginn der Zugzeit dürfte dies kein entscheidender Grund sein, da während der Jungenaufzucht wesentlich mehr Nahrung beschafft werden muß. Bei 4 Jungvögeln muß jeder Altvogel sich selbst plus zwei Jungvögel bei nur gering längerem Tag versorgen. Ausreichend Zeit für die durchschnittlichen 2 Flugstunden wäre immer noch vorhanden, um im Mittel 50 km/Tag zurückzulegen.
- Energieersparnis auf Grund überwiegend ruhigeren Wetters in der Nacht oder Orientierung anhand des Sternenhimmels sind zwei weitere vielfach angeführte Faktoren (z. B. Berthold 1990b).
- Thermoregulation: Eine wichtige Rolle bei der Wahl der tageszeitlichen Zugzeit dürfte die Umgebungstemperatur für ziehende Vögel spielen (Dorka 1966). Nur etwa ein Viertel der umgesetzten Energie wird für Auftrieb und Vortrieb genutzt, der Rest fällt als Wärme an (Nachtigall 1987). Bei Kleinvögeln ist der Wirkungsgrad teilweise noch geringer (Rayner 1990). Diese Wärme muß größtenteils abgeführt werden. Viele kleinere Vogelarten gemäßigter Zonen scheinen keiner intensiven Atemwegskühlung fähig zu sein (Marshall 1961, McNab in Dorka 1966) und bei hohen Umgebungstemperaturen wird sich ein Kleinvogel einer erheblichen thermoregulatorischen Streß-Situation gegenübersehen (Dorka 1966). Untersuchungen an Tauben und anderen Arten ergaben, daß das bei der Verbrennung von Fett freigesetzte Wasser nur bei Umgebungstemperaturen bis 10 °C ausreicht, den Bedarf zur Kühlung der Muskulatur über Verdunstungskälte zu decken. Bei höherer Temperatur wird das Wasser dem Kreislauf entzogen, was im Extremfall zur Dehydration führen kann, wenn kein Trinkwasser zur Verfügung steht (Nachtigall 1987, 1990). Um der Gefahr einer Überhitzung bzw. einer Dehydration vorzubeugen, sollten Zugvögel deshalb mit Hinsicht auf möglichst niedrige Umgebungstemperaturen entweder große Flughöhen wählen (im Normalfall fällt die Temperatur mit der Höhe), nachts wandern oder öfters trinken (Berthold 1990b).

Tab. 12.2.1: Geschätzte Lage der Zughöhepunkte von dänischen Leuchtfeueropfern (Nachtzug) nach HANSEN (1954) im Vergleich zu den umliegenden Stationen. Die Höhepunkte des Nachtzugs liegen vielfach deutlich später als die des Tagzugs.
(Z) überwiegend Zugbeobachtungen, (R) Fang und Beobachtung rastender Vögel, (F) nur Fänge. Deutlich spätere Zughöhepunkte sind grau eingefärbt.
Tab. 12.2.1: Estimated timing of peak autumn passage from casualties at Danish lighthouses and beacons (nocturnal migration), after HANSEN (1954), compared with surrounding observatories. Nocturnal migration peaks very often occur later than those of diurnal migration.
(Z) mainly passage observations; (R) trapping data and observations of birds at stopovers; (F) trapping data only. Distinctly later peak passages coloured grey.
Christiansø/ Bornholm/DK: LYNGS, FALDBORG & RASMUSSEN 1990 (Z, R); Ottenby/S.: EDELSTAM 1972 (Z), ENQUIST & PETTERSON 1986 (R); Falsterbo/S.: ULFSTRAND et al. 1974 (Z), diverse Arbeiten von ROOS (various publications by ROOS) (S+R), KARLSSON 1987 (R), BERINGERKOLLEKTIV (F), KARLSSON (1993); Helgoland: GÄTKE (G) und WEIGOLD (W) in WEIGOLD 1929 (R+Z); BUB et al. 1981 (F).

Art	Leuchtfeuer Dänemark (Nachtanflüge)	Christiansø/ Bornholm/DK	Falsterbo/S	Ottenby/S	Helgoland
Heidelerche	21.10.	15.10.	4.10.	16.10.	
Feldlerche	24.10.	13.10.	10.10.	13.10.	20.10. (G+W)
Baumpieper.	22.9. (20 % in Okt.)	4.9.(F)	31.8. (F) 22. 8. (Z)	4.9.(F)	5.9.(G+W)/11.9.(F)
Wiesenpieper	6.10.	9.10.	3.10. (F) 30. 9. (Z)	4./5.10.	1.10.(G+W)/28.9.(F)
Gartenrotschwanz	16.9.	14.9. (F)	13.9. (F)		10.9.(F)
Rotkehlchen	14.10.	3.10. (F)	24.9. (F)		9.10.(F)
Ringdrossel	6.10.		6.-10.10. (F)	11.10.	2.(W)/8.(F)/10.10(G)
Amsel	5.11.	21.10. (F)	20.10.	24.10.	1./2.11.(G+W)/27.10. (F)
Singdrossel	13.10.	1.10.(F)	3.10. (F)	2.10.	5.-7.(G+W)/8.10.(F)
Rotdrossel	24.10.	18.10. (F)	15.10. (F)/19.10.	19.10.	22.(G+W)/19.10.(F)
Zilpzalp	6.10.	7.10. (F)	6.10. (F)	7.10.(F)	2.10.(F)
Fitis	1. 9.	29.8. (F)	23.8. (F)	26. 8.	2.9.(G+W)/26.8.(F)
Wintergoldh.	18.10.	6.10.(F)	12.10. (F)	8.10.	13.10. (F)
Kohlmeise	19.10.	19.10.	10.10.		24.10. (F)
Star	24.10.	23.10.	18.10.	17./20.10.	25.(W)/24.10.(F)
Buchfink	13.10.	7.10.	8.10.	3./4.10.	5.(G+W)/8.10.(F)
Bergfink	15.10.	10.10./17.10.(F)		12.10.	18.10. (F)
Rohrammer	12.10.	12.10.	4.10.	9.10.	8.(G+W)/10.10.(F)

Die Überquerung der Sahara ist deshalb ganz besonders als Nadelöhr in bezug auf den Wasserhaushalt anzusehen. Dort besteht kaum Möglichkeit, verbrauchtes Wasser zu ersetzen. Die relativ früh im Spätsommer wandernden Langstreckenzieher ziehen dort sowohl in größerer Höhe, der einzigen Möglichkeit, um bei Tage eine Kühlung zu erwirken, wie auch verstärkt nachts (BIEBACH 1991, BIEBACH et al. 1991). Auch die tageszeitlichen Zugmuster der Tagzieher in Europa, mit Zughöhepunkten am kühlen frühen Morgen (Kap. 12.3) bzw. jahreszeitlich relativ spät im Herbst, könnten als thermoregulatorische Anpassung hieran gesehen werden.

Für die Mehrzahl der europäischen Nachtzieher sind Zugnachweise bei Tag erbracht worden. Der umgekehrte Fall ist schwieriger zu belegen. Nur für wenige Arten wurden bisher Abschätzungen zur Verteilung von Tag- und Nachtzug veröffentlicht (ALERSTAM et al. 1974, DORKA 1966, GUDMUNDSSON 1994, JENNI 1984b). Dies wird verständlich, wenn man berücksichtigt, daß die Verfahren, die eine direkte quantitative Erfassung von Tag- bzw. Nachtzug ermöglichen, jeweils unterschiedliche Teilmengen registrieren. Allein die unterschiedlichen Flughöhen einer Art bei Helligkeit und Dunkelheit (ALERSTAM 1975a, 1976, BRUDERER 1971, DORKA 1966) bewirken, daß bei Netzfängen auf Pässen (DORKA 1966,

JENNI 1984a, b) bzw. Radaruntersuchungen (ALERSTAM et al. 1974, GUDMUNDSSON 1994) die Ergebnisse bei Tag und Nacht nur eingeschränkt vergleichbar sind. Bei Radaruntersuchungen kann die vielfach beobachtete Aufspaltung von Zugtrupps beim Übergang vom Tag- zum Nachtzug und umgekehrt (ALERSTAM 1975a, BRUDERER 1971) eine quantitative Abschätzung erschweren bzw. unmöglich machen. In der Zukunft wird, zumindest bei größeren Arten, eine direkte Verfolgung einzelner mit Sendern versehener Vögel hier mehr Einzelheiten zu den Zugstrategien liefern. Einige Singschwäne verfolgten PENNYCUICK et al. (1996) bereits auf diese Art zwischen den britischen Winterquartieren und Island. Störche und Adler lieferten auf ihrem Zug nach Süden ebenfalls aufschlußreiche Ergebnisse (BERTHOLD et al. 1995, MEYBURG & MEYBURG 1997).

Bei Singvögeln wird man sich noch länger mit herkömmlichen Methoden zufriedengeben müssen. Eine vergleichende Betrachtung mit den oftmals detailliert veröffentlichten früheren Untersuchungen kann jedoch manche zusätzlichen Informationen liefern. Die an dänischen Leuchtfeuern (HANSEN 1954) nächtlich umgekommenen Vögel umfassen ein weites Artenspektrum. Auffällig ist die teilweise deutliche Diskrepanz zwischen den Zughöhepunkten, die sich aus den Leuchtturmopfern ergeben, und denjenigen, die wir Tagzugbeobachtungen/Fangverteilungen von Rastvögeln zwischen Helgoland (WEIGOLD 1929), Falsterbo/S-Schweden (ULFSTRAND et al. 1974) und Ottenby/Öland/Schweden (EDELSTAM 1972) entnehmen. In diesem Raum der westlichen Ostsee und östlichen Nordsee liegen bei den Zugvögeln mit überwiegendem Tagzug die „Zughöhepunkte" der nächtlichen Anflüge im Herbst deutlich später als diejenigen der Tagzugregistrierungen. Bei reinen Nachtziehern stimmen sie jedoch weitgehend überein (Tab. 12.2.1). Dies läßt bei den Tagziehern auf eine stärkere Verlagerung des Zuges auf die Nacht während der zweiten Hälfte der Zugsaison schließen, wie wir sie mit unseren Ergebnissen am RM bestätigen können (Kap. 12.3, 12.4). Besonders auffällig ist dies beim Baumpieper. Die Ergebnisse der Leuchtturmanflüge können auch Aufschlüsse über die relative Häufigkeit des Nachtzuges bei einzelnen Arten geben. HANSEN (1954) präsentiert unter den primär tagziehenden Arten als Opfer nächtlicher Leuchtturmanflüge in der Reihenfolge ihrer Häufigkeit Feldlerche, Star, Berg-, Buchfink, Rohrammer und Wiesenpieper. Deutlich zeichnet sich ab, daß Feldlerchen und Stare regelmäßig bei Nacht ziehen, die Finkenvögel dagegen sehr viel seltener. So wurden 22.718 Feldlerchen, aber vom wesentlich häufigeren Buchfinken nur 532 Individuen gefunden. Der Bergfink verendete an Leuchtfeuern aber 31 mal häufiger als der Buchfink. In Ottenby/S. ist der Bergfink sowohl beim sichtbaren Zug als auch bei den Tagesfängen mit weniger als 50 % der Buchfinkenzahlen vertreten (EDELSTAM 1972, ENQUIST & PETTERSON 1986), was auf einen deutlich stärkeren Nachtzuganteil des Bergfinken hinweist. Tag- und Nachtfänge von den Schweizer Pässen deuten auch dort bei einigen Arten auf einen mit der Jahreszeit variablen Anteil von Tag- und Nachtzug (DORKA 1966, JENNI 1984b).

Daß für die aus den Befunden von HANSEN abzuleitenden Ergebnisse nicht nur besondere Wetterlagen (z. B. mit Nebel) ausschlaggebend sind, spricht sowohl der Umstand, daß der früh im Jahr wegziehende Baumpieper ebenso betroffen ist, wie der bei den reinen Nachtziehern fehlende Unterschied zwischen den Daten von Fang und Beobachtung einerseits und Anflügen andererseits.

Neben diesem jahreszeitlichen Wechsel von Tag- zu Nachtzug im Laufe des Herbstes gibt es einen geographischen Übergang von Nord nach Süd. Viele Arten, die am RM als häufige Tagzieher registriert werden, wie Baumpieper und Schafstelze, ziehen bereits im Mittelmeerraum offenkundig weitgehend nachts (MOREAU 1961, 1972). In Äquatorialafrika verläuft der Hauptzug fast aller paläarktischen Singvogelarten weitgehend nachts, auch wenn es von vielen Arten Tagzugbeobachtungen gibt (ASH 1993, CURRY-LINDAHL 1981). Hier muß allerdings beachtet werden, daß in großer Höhe, von Bergen oder vom Flugzeug aus, Tagzug häufig beobachtet werden kann, der vom Boden aus nicht sichtbar ist. Das trifft besonders für Schwalben und Segler, aber auch für den Fitis und andere Sylviiden zu (Kap. 8, GATTER 1987a, b, 1997).

Bei der Überquerung von Meeren und Wüsten oder beim Fehlen geeigneter Rastplätze setzen Zugvögel zwangsweise ihren Zug zu ungewohnter Zeit fort. Ein Teil der Leuchtturmopfer rund um Dänemark (HANSEN 1954) wird solchen Umständen zuzuschreiben sein. Ein Mangel an Rastplätzen kann für Limikolen und Entenvögel im mitteleuropäischen Binnenland ausschlaggebend sein. Zug über Nebeldecken führte im Bereich des RM bei Schwänen und Kormoranen nach Erschöpfung mehrfach zu Unfällen mit Verlusten (Kap. 9). Bei den Singvögeln ist dies für eine Fortsetzung des Zuges zumindest in Mitteleuropa von untergeordneter Bedeutung. Die während des Zugtages zurückgelegte Wegstrecke variiert in einem weiten Bereich. In der Mehrzahl der Arten legen Nachtzieher (LSZ) um rund 60 % größere Distanzen zurück als die Tagzieher (ELLEGREN 1993). Die durchschnittliche Vorrückgeschwindigkeit während des Herbstzuges liegt für viele Singvögel zwischen 30 und 70 km/Tag (Kap. 13.1, 13.2). Ein oder mehrere Zugtage oder -nächte wechseln mit Zugpausen ab. Schönwetter nach langen Schlechtwetterperioden kann dann die Fortsetzung des Nachtzuges am Tage ebenso fördern wie vorteilhafte Windbedingungen nach ungünstigen Zeiträumen (Kap. 9). Beobachten kann man dies fast alljährlich bei Sing- und Rotdrossel, seltener bei Laubsängern, Fliegenschnäppern, Braunkehlchen und Steinschmätzern.

Die nächtliche Zugunruhe beginnt bei Fitis und Zilpzalp bereits ohne Fettansatz (GWINNER 1969). Unter Einbeziehung unserer Ergebnisse der tageszeitlichen Verteilung von Dismigrationswanderungen und der dort und bei Zugbeginn viel längeren tageszeitlichen Zugphase (Kap. 11.5, 12.3) kann Rastwandern mit dem bei Zugbeginn noch nicht für lange Flugstrekken ausreichenden Energievorrat begründet werden (siehe auch ELLEGREN & FRANSSON 1992, KAISER 1992). Die gleichartigen Mediane vom Tagzug am RM und den Fänglingen an anderer Stelle auf der Schwäbischen Alb (BERTHOLD & BERTHOLD 1968, GWINNER 1969) sprechen gegen eine Wanderung bei Tage nur unter Extrembedingungen wie nach Zugverzögerung durch Schlechtwetter.

HANTGE & SCHMIDT-KOENIG (1958) bestimmten bei tagsüber rastwandernden, primär nächtlich ziehenden Steinschmätzern im Herbst Geschwindigkeiten von 2 km/h, die sich bei Fortbewegung über viele Stunden des Tages und bei vielen Wochen Zug zu beträchtlichen Strecken aufsummieren können. Wenige Stunden täglich können schnell zu mehr als 10 % rastwandernd zurückgelegter „Zugstrecke“ führen. Damit kann dies entgegen BASTIAN & BERTHOLD (1991) durchaus von Bedeutung sein, zumal beim Rastwandern nicht das für den Dauerflug gespeicherte Fett verbraucht wird (siehe NACHTIGALL 1987). Bei dem als überwiegender Nachtzieher charakterisierten Zilpzalp und vor allem bei jungen Hausrotschwänzen, deren Tagzug allerdings nicht als Rastwandern bezeichnet werden kann, wird ein großer Teil der Zugstrecke bei Tage zurückgelegt werden. Auch beim Fitis lassen Beobachtungen an Einzeltagen am RM Zugleistungen von 20 km und mehr bei Tage auf breiter Front vermuten, während Rohrsänger hier wohl nur unwesentliche Strecken meistern. In Maisfeldern, die in Zugrichtung von der Station RM wegführen, läßt sich Rastwandern von LSZ mit Netzen auch in der Vegetation feststellen (siehe auch Tab. 15.2.3).

Der Normalfall bei Goldhähnchen, Laubsängern, Fliegenschnäppern etc. ist aber hier der Aufstieg auf die Hochebene der Alb, wohl oft in engem Kontakt zum Wald. Anschließend folgt eine Mischung aus Rast in günstigen Vegetationskomplexen und freiem Flug in 10 – 30 m Höhe zum nächsten Gehölz oder je nach Zugdisposition des Individuums über dieses hinweg. Zusätzlich gibt es Tage, an denen Nachtzieher wie der Fitis tags in großer Höhe ziehen, oder aktiven Massenzug von Zilpzalpen.

KSZ haben ihre höchste Zugaktivität auf die Dämmerungs- und frühen Tagesstunden verlegt. In dieser Zeit kann die Nahrungssuche nicht nur durch Kühle, Nässe, Tau, Reif und Schnee wenig effektiv sein, sondern Zug bei niedrigen Temperaturen ist für sie ein weiterer Vorteil für den Zug zu dieser Zeit (s. o.). Wanderung am frühen Morgen, wie am späten Nachmittag, hat einen weiteren nicht zu unterschätzenden Vorteil. Sie erleichtert die Orientierung anhand der Sonne, die bei flachem Stand sehr viel einfacher und genauer sein dürfte als zur Mittagszeit.

12.3 Artbeispiele tageszeitlicher Zugmuster am RM

von WULF GATTER

Weil europaweit fast ausschließlich tageszeitliche Teilerfassungen der besten Zugstunden gemacht werden und dies oft nur in der erfolgversprechendsten Jahreszeit, sind die Gesetzmäßigkeiten circadianer Zugabläufe und ihre Einbettung in circannuale Rhythmen speziell in Mitteleuropa bis heute kaum bekannt. Ein Beispiel für die Diskrepanzen zwischen möglichen Zug-

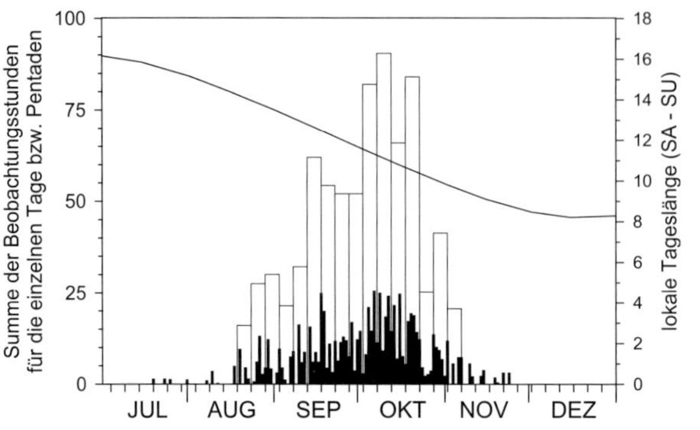

Abb. 12.3.1: Abnehmende Tageslänge (horizontale Kurve) und Beispiel einer Summierung tageszeitlicher Teilerfassung vieler Jahre, die sich an der Häufigkeit der zu erwartenden Durchzügler ausrichtet (vereinfacht nach RANDLER 1997), während sich die tageszeitliche Erfassung am RM an der Tageslänge ausrichtet. – *Decreasing day length (horizontal curve) and an example of a summation of counts over many years covering only parts of the day, based on the frequency of migrants anticipated at a particular time of day and time of year (simplified after RANDLER 1997), whereas the counts at Randecker Maar were based on day length. Left vertical axis shows the sum of observation hours for single days or pentads; right vertical axis shows hours from sunrise to sunset.*

zeiten, sprich Tageslänge, und tatsächlicher Erfassungszeit zeigt Abb. 12.3.1 (aus RANDLER 1997).

Gute Ansätze für die Erfassung circadianer Zugmuster finden sich für Nordeuropa z. B. bei EDELSTAM (1972) und ULFSTRAND et al. (1974) und für die Westalpen bei DORKA (1966). Obwohl die Einfügung des Zuges in das normale tageszeitliche Schema von Nahrungssuche, Ruhe und Schlaf sicher eine komplizierte Anpassung an die sich rasch verkürzenden Tageslängen erfordert, sind die Änderungen der tageszeitlichen Zugperiodik im Verlauf der Zugperiode und die Gründe dafür bisher ungenügend erforscht.

Es ist anzunehmen, daß sich die verschiedenen Zugstrategien der einzelnen Arten auch in den tageszeitlichen Zugmustern ausdrücken. Dabei ist zu unterscheiden zwischen Vögeln, die fast ausnahmslos tags oder nachts ziehen und solchen mit unterschiedlichen Anteilen von Tag- und Nachtzug.

Zu Beginn des Wegzugs und ebenfalls während der Dismigrationsphase wird weitgehend ohne Fettreserven gewandert. Diese Phase des Zuges ist somit getrennt zu betrachten. Zugunruhe setzt z. B. bei Fitis und Berglaubsänger 5 – 8 Tage vor dem Beginn der Gewichtszunahme, beim Zilpzalp gar 26 Tage vorher ein (GWINNER 1969). Zumindest theoretisch werden für leichtere Vögel geringere Zuggeschwindigkeiten erwartet (PENNYCUICK 1969, Kap. 13). Gegenüber der zweiten Hälfte der Zugzeit sind geringere Tagesleistungen und damit ein langsamerer Zugfortschritt zu erwarten. Tatsächlich sprechen auch viele Beobachtungen für ein gemächliches Anlaufen des Zuges junger Vögel während der Dismigrationsphase und allgemein beim Beginn des regulären Wegzugs (Kap. 11.4, 11.5).

Die sich im Laufe des Wegzugs verändernde Zugdisposition wirkt sich unmittelbar auf die tageszeitlichen Zugmuster aus. Sie lassen sich am besten an Beispielen aus den Jahren 1972 – 1977 demonstrieren, als am RM von Tagesanbruch bis zum Einbruch der Nacht lückenlos beobachtet wurde.

Die zahlreichen Zugnächte, die den Beobachtern in den vergangenen 30 Jahren durch die ständige Anwesenheit nicht entgehen konnten, sind bei den einzelnen Arten eher nur summarisch erwähnt. Dies besonders dann, wenn sie

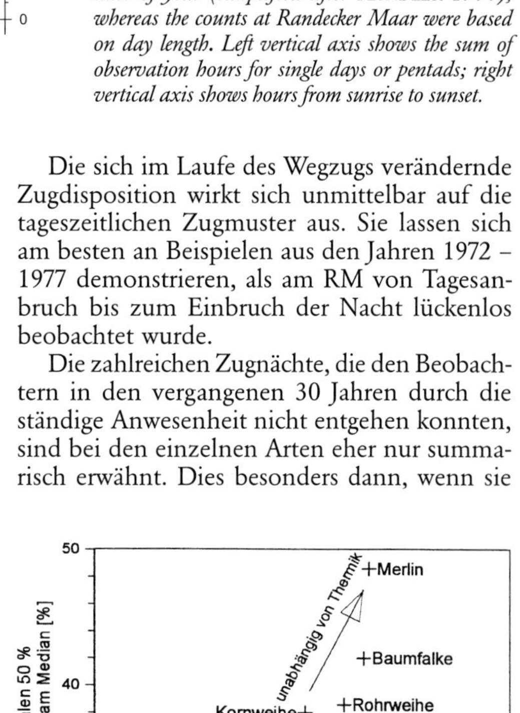

Abb. 12.3.2: Die Thermikabhängigkeit der genannten Greifvogelarten nimmt von links nach rechts ab. – *Dependence on thermals of the raptors shown decreases from left to right: From top to bottom:* Falco columbarius, Falco subbuteo, Circus aeruginosus, Circus cyaneus, Falco tinnunculus, Pandion haliaetus, Pernis apivorus, Accipiter nisus, Milvus milvus *and* Buteo buteo.

Abb. 12.3.3: Tageszeitliches Durchzugsmuster der Rohrweihe. Oben adulte Männchen (n = 301), unten Weibchen und Jungvögel (n = 1430) (siehe Abb. 12.3.7). – *Diurnal passage pattern of* Circus aeruginosus *throughout the autumn from sunrise to sunset; adult male above (n = 301), female and immature below (n = 1430). (See Fig. 12.3.7.)*

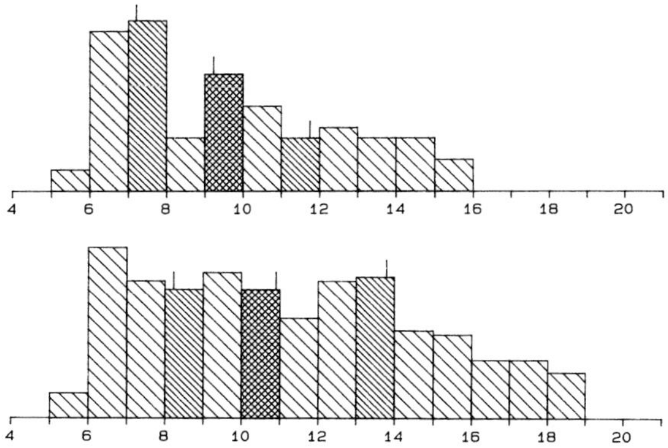

sich phänologisch vom Tagzug unterscheiden und insofern Hinweise auf den Wechsel von Tag- auf Nachtzug geben können.

Greifvögel: Bei nahezu allen Arten wurden einzelne ziehende Vögel bereits kurz nach Sonnenaufgang, aber auch noch kurz vor Sonnenuntergang beobachtet. Bei den meisten Arten konzentriert sich der Zug deutlich um die Mittagszeit, d. h. auf die wärmsten Stunden des Tages. Es läßt sich eine Rangfolge des Thermikfluges von den weitgehenden Thermikfliegern und damit den konzentriertesten Mittagsziehern Mäusebussard – Rotmilan – Sperber, über den Wespenbussard bis hin zu den thermikunabhängigen Arten aufstellen (Abb. 12.3.2). Da zur Zugzeit des Merlins die Tage viel kürzer sind als beim Baumfalken, ist er die Art mit der geringsten Thermikabhängigkeit. Im Gegensatz zur Mehrzahl der Arten scheut der Fischadler Meeresüberquerungen und damit einen relativ langen Aktivflug nicht. Dies macht sich bei uns am RM durch Zug bis zum Abend bemerkbar. Auch in den Alpen (THIOLLAY 1967a, b) zieht er während des gesamten Tages ohne ausgesprochene Höhepunkte durch. Mit Ausnahme des Fischadlers liegt der tageszeitliche Median der Greife am RM jeweils nahe 12.00 Uhr.

Die angeführten tageszeitlichen Verteilungen lassen sich mit der Differenz des spezifischen Energieverbrauchs bei Aktiv- und Segelflug erklären. Während Bussarde beim Aktivflug das 3–4fache an Energie im Vergleich zum Segelflug verbrauchen, ist bei Falken, Sperbern und Weihen der streckenbezogene Energieverbrauch nur doppelt so groß (ALERSTAM 1994). Damit sind die tageszeitlich längeren Zugzeiträume bei Merlin, Baumfalke und Rohrweihe plausibel.

Teilweise zeigen Alt- und Jungvögel eine unterschiedliche tageszeitliche Verteilung. Der tageszeitliche Median (Zeitpunkt, zu dem 50 % der Tagessumme durchgezogen sind) der adulten Rohrweihenmännchen liegt etwa eine Stunde vor dem der Jungvögel und Weibchen, bei der 75-%-Quartile sind es gar zwei Stunden (Abb. 12.3.3).

Baumfalken, die während des Zuges Vögel jagen, ziehen (weit mehr als z. B. Wespenbussarde) unabhängig von Thermik und Tageszeit (Abb. 12.3.4).

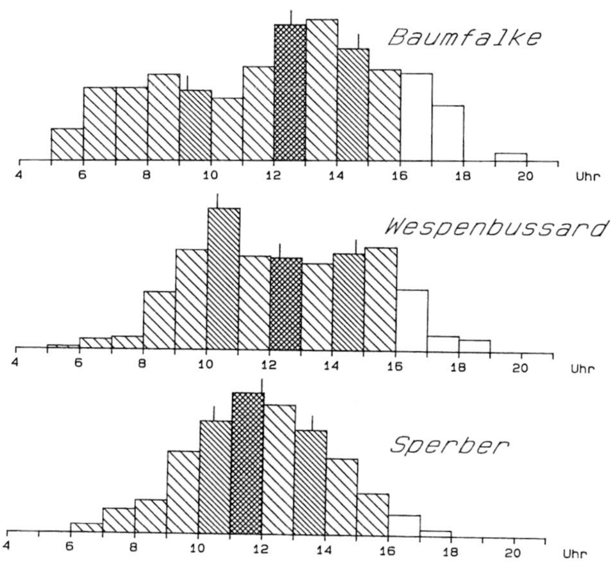

Abb. 12.3.4: Das tageszeitliche Zugmuster demonstriert die Thermikabhängigkeit von Greifvögeln (siehe Abb. 12.3.7). – *The diurnal passage pattern demonstrates dependence of raptors on thermals; from top to bottom:* Falco subbuteo, Pernis apivorus *and* Accipiter nisus *(see Fig. 12.3.7).*

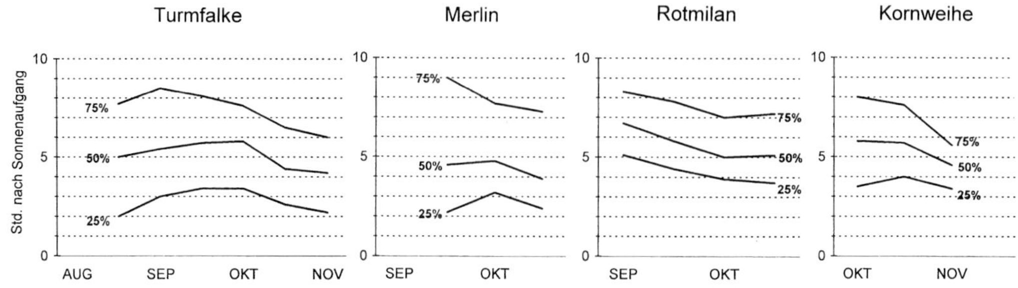

Abb. 12.3.5: Tageszeitliche Drift des Erreichens der 25-%-, 50-%-, 75-%-Werte während des Wegzugs. – *Diurnal shift of 25 %, 50 %, and 75%-quartile values during autumn passage of, from left to right,* Falco tinnunculus, F. columbarius, Milvus milvus *and* Circus cyaneus. *Vertical axis shows hours after sunrise*

Der Turmfalke wandert weitgehend ganztags mit einer Konzentration auf die Mittagsstunden. Während der Dismigrationsphase beginnen die Wanderungen bereits früh am Morgen, zum Ende des Zuges wird der Zeitraum bezogen auf die Tageslänge nur geringfügig kürzer. Auffällig ist sein weitgehendes Fehlen unter den winterflüchtenden Greifvögeln, obwohl die Zahlen danach durch Wegzug zurückgehen und Nachtzug damit nahe liegt. Unter dänischen Leuchtturmopfern entfallen über 50 % aller nachts verunglückten Greifvögel auf den Turmfalken. Hansen (1954) äußert angesichts der geringen Zahl von Tagziehern bei dieser Art gar den Verdacht auf hauptsächlichen Nachtzug mit speziellem Hinweis auf nächtliche Winterfluchtopfer. Der Merlin ist am RM der extremste Ganztagszieher. Die Hälfte dieser kleinen Falken wandert während 50 % des hellen Tages durch (Abb. 12.3.5) und sowohl am frühen Morgen wie Abend fliegen Vögel am RM nach S. Dagegen zieht der Sperber, entgegen der Erwartung, sehr viel stärker als andere Arten weitgehend während der Stunden mit Thermik (Abb. 12.3.6). Inwieweit die Abnahme des täglichen Zugzeitraumes zum Ende der Saison bei Sperber, Mäusebussard und Kornweihe neben der immer weiter abnehmenden Thermik auch durch fehlenden bzw. reduzierten Zugtrieb bewirkt wird, weil sie bereits im bzw. nahe dem Winterquartier sind, muß offenbleiben.

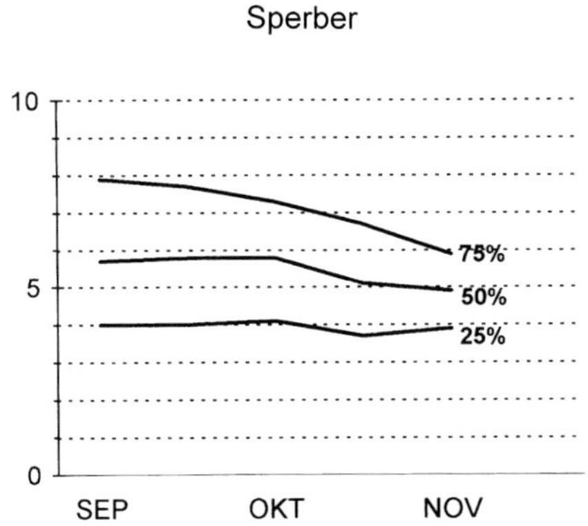

Abb. 12.3.6: Tageszeitliche Drift der 25-%-, 50-%-, 75-%-Werte ziehender Sperber. – *Diurnal shift of 25 %, 50 %, and 75 %-quartile values of* Accipiter nisus *(see Fig. 12.3.5).*

Der Mäusebussard als der extremste Thermiksegler verengt seinen täglichen Zugzeitraum zum Ende der Zugzeit immer stärker. Die zentralen 50 % ziehen im August während 4 h, im November während der wärmsten 2 h durch (Abb. 12.3.7). Bussarde sind im November fetter und damit schwerer als zu Anfang der Zugzeit (Kap. 8), sie können nur noch bei sehr guter Thermik effektiv kreisend hochsteigen. Sie haben dann vor allem beim Überqueren von Gebirgen Probleme (Thiollay 1967a, b), kapitulieren häufig selbst vor der Paßüberquerung am RM und ziehen die gebirgsparallele Wanderung vor (Kap. 8.2). Zwei Faktoren, Nahrung und Thermik, beeinflussen die tageszeitliche Verteilung ziehender Greifvögel im Binnenland. Während die Möglichkeit der Verbindung von Nahrungsbeschaffung (Jagd) und Zug einiger Arten eine weitgehend tageszeitunabhängige Wanderung ermöglicht, schränkt die mehr oder weniger starke Thermikabhängigkeit die Verteilung während des Tages wieder ein.

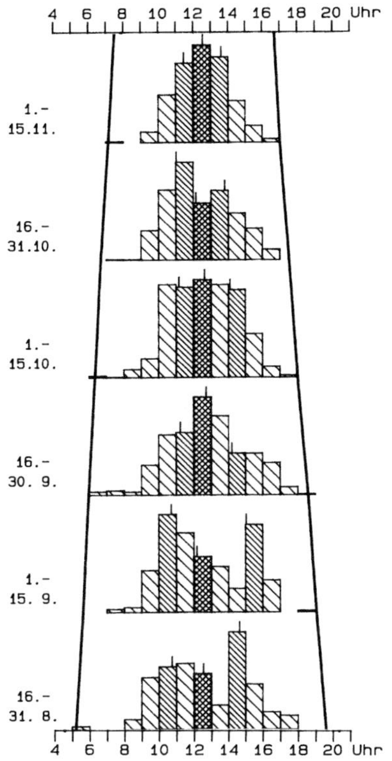

Abb. 12.3.7: Tageszeitliche Zugmusterverteilung des Mäusebussards 1972 – 1988 in Halbmonatswerten von August bis November (n = 6423). Die Tageszeit ist auf der Abszisse aufgetragen. Die flankierenden Begrenzungslinien zeigen den Zeitpunkt des Sonnenauf- und Sonnenuntergangs für Stuttgart. Die Stunde, die den 50-%-Wert enthält, ist kreuzschraffiert, die mit 25-%- und 75-%-Werten sind enger schraffiert. Die Strichmarkierungen über diesen Säulen bezeichnen die errechnete Lage des 25-%-, 50-%- und 75-%-Wertes. Die Höhe der Maximalwerte der Einzeldiagramme ist vereinheitlicht. Die Werte der Stunden > 16 Uhr sind aus den voll erfaßten Jahren 1972 - 1977 hochgerechnet. - *Diurnal passage patterns of southbound* Buteo buteo *throughout the autumn from sunrise to sunset (n = 6423). Horizontal axis shows time of day; the sloping side lines show the time of sunrise and sunset at Stuttgart. Each diagram shows the diurnal pattern of a fortnight between August and November 1972 – 1988. Percentages after 16.00 h are calculated by extrapolation of afternoon observations from 1972 – 1977 with observation activity over the whole period of investigation from sunrise to sunset. The hour column containing the 50 %-quartile is cross-hatched, those of the 25 % and 75 % values are narrowly hatched. The small lines above the columns indicate the calculated 25 %, 50 % and 75 %-quartiles. The height of the maximum values of the individual diagrams is standardized.*

Segler und Schwalben: Die Luftjäger, Schwalben wie auch Segler, sowie in wärmeren Ländern die Bienenfresser, sind in bezug auf die tageszeitliche Verteilung des Zugs anders zu beurteilen als die Mehrzahl der LSZ, bei denen Rast und Zug weitgehend getrennt sind. Bei Schwalben gibt es kaum Hinweise auf Nachtzug, beim Mauersegler ist beides, Tag- und Nachtzug, die Regel. Bei diesen Arten ist die tägliche Zugzeit relativ konstant und wird auch mit abnehmender Tageslänge kaum kürzer, wenn man von den letzten Nachzüglern bei den Schwalben absieht. Zu dieser späten Zeit im Jahr entfällt wohl eine effektive Nahrungsaufnahme während des Zuges übers Mittelgebirge angesichts niedriger Temperaturen (Kap. 9.8). Bei **Rauch- und Mehlschwalbe** unterscheidet sich der Zug tageszeitlich. Während bei Rauchschwalben der Zug zeitlich parallel zum Sonnenaufgang abläuft und 25 % der Vögel zwischen August und November jeweils 2 h nach Sonnenaufgang durchgezogen sind, verschiebt sich bei den Mehlschwalben die Zugzeit so, daß der tägliche Zug relativ konstant zur Mittagszeit bleibt. 50 % des täglichen Durchzugs sind jeweils etwa 1 h 30 min vor dem höchsten Sonnenstand, 75 % der täglichen Menge etwa eine Stunde danach durchgezogen (Abb. 12.3.8a, b).

Während am RM noch im Juni die letzten Rauchschwalben nach Norden eilen, ziehen Anfang Juli bereits erste Vögel nach Süden. Es sind Altvögel mit langen Schwanzspießen, die ihre Bruten verloren oder keine begonnen hatten. Sie ziehen meist allein oder zu zweit und erreichen wohl teilweise ohne große Verzögerung das Winterquartier. Schon zwischen dem 11. und 19. August erscheinen alljährlich die ersten Altvögel im Regenwald Liberias auf 6° N. Ab Mitte Juli ziehen am RM in kleinen Grüppchen die ersten jungen Rauchschwalben. Kenntlich an den blassen Kehlen und fehlenden Schwanzspießen, machen sie sich ohne Führung durch Altvögel auf den Weg nach Westafrika, dessen tropische Küsten die ersten Jungen Anfang September erreichen (Gatter 1987a). In den letzten Tagen des August setzt am RM massiver Zug ein. Jungvögel der ersten Brut stellen den größten Anteil. Dem aufmerksamen Beobachter entgeht dabei nicht, daß sich die Jungen auch anders verhalten. In der ersten Zugstunde am Morgen sind sie, relativ gesehen, häufiger als Altvögel und ihr morgendlicher Zuggipfel liegt früher als bei adulten, deren Zugaktivität am frühen Nachmittag noch stärker

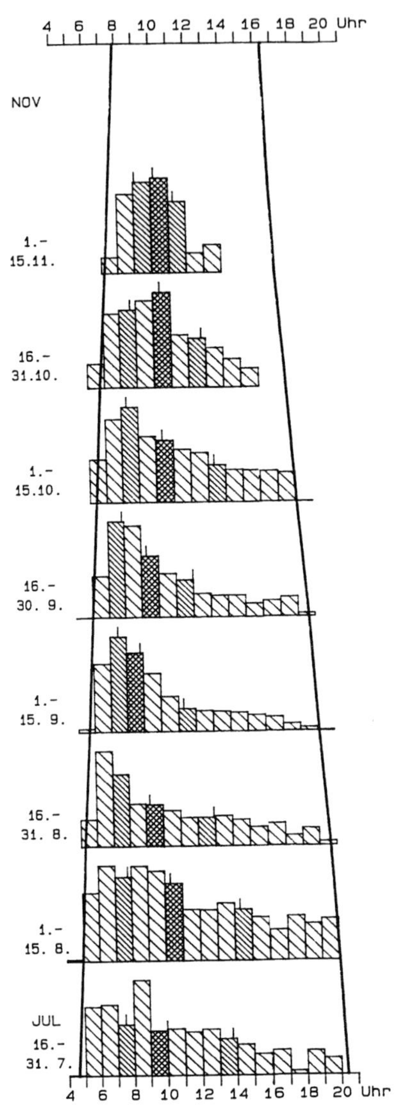

Abb. 12.3.8a: Tageszeitlicher Zug der Rauchschwalbe (n = 174.818). Siehe Abb. 12.3.7. – *Diurnal passage pattern of* Hirundo rustica *(n = 174 818). See Fig. 12.3.7.*

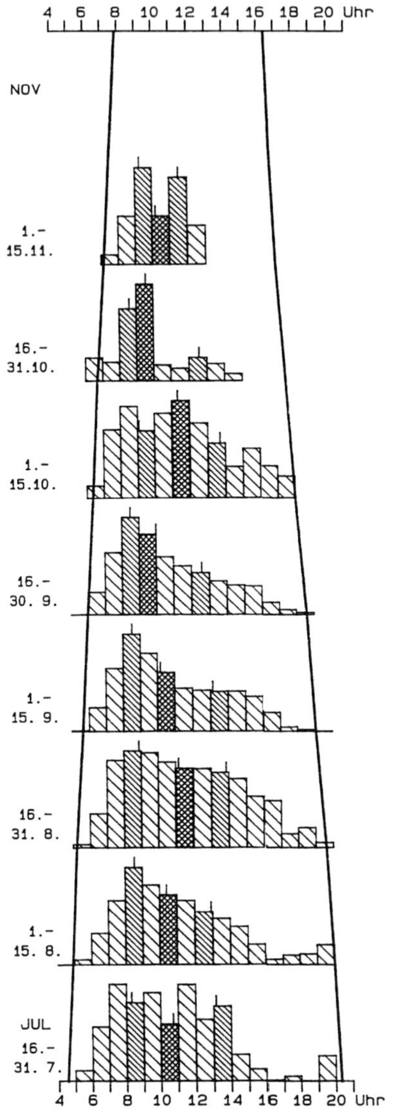

Abb. 12.3.8b: Tageszeitlicher Zug der Mehlschwalbe (n = 225.018). Siehe Abb. 12.3.7. – *Diurnal migration of* Delichon urbica *(n = 225 018). See Fig. 12.3.7*

ausgeprägt ist. Während einzelne Jungvögel bis zum Einbruch der Nacht ziehen, endet die tageszeitliche Zugaktivität der Alten schon früher (Abb. 12.3.9). Zwischen 19.00 und 20.00 Uhr ziehen nur noch 0,2 % der alten, aber immerhin 2,0 % der jungen Schwalben durch. Der Zugbeginn, der tageszeitliche Zugverlauf wie auch das abendliche Zugende geben Hinweise darauf, daß die durchschnittliche tägliche Migrationszeit junger Rauchschwalben beim Wegzug länger sein dürfte als bei adulten Vögeln.

Trotz vieler altersmäßig gemischter Trupps besteht ein großer Teil der ziehenden Grüppchen und Schwärme entweder aus alten oder jungen Rauchschwalben. Was steckt dahinter? Dem Zugbeobachter drängt sich der Eindruck

Abb. 12.3.9: Tageszeitliche Zugmuster junger (unten) und alter Rauchschwalben je Stunde von August bis Oktober ohne Berücksichtigung des Sonnenaufgangs (1972 – 1977). Siehe Abb. 12.3.7. – *Diurnal passage pattern of immature (below) and adult* Hirundo rustica *for August to October (1972 – 1977), without taking sunrise into account. See Fig. 12.3.7.*

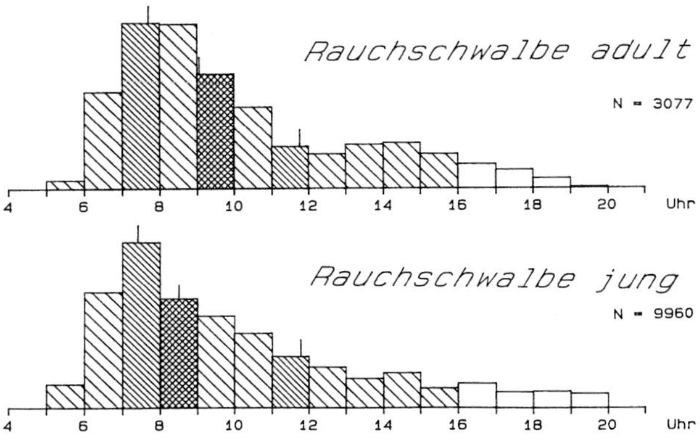

auf, daß adulte Rauchschwalben bei stärkerem Gegenwind Bodenwellen und Hindernisse mit Wirbeln und Schwachwindzonen geschickter ausnutzen, um Energie zu sparen, als immature Vögel. Erfahrung, möglicherweise in Verbindung mit den morphologischen Unterschieden der längeren Flügel und Schwanzspieße, könnten zu Vorteilen beim Verhältnis Energieaufwand : Zugfortschritt führen. Schon geringe Unterschiede im Flugverhalten fördern aber die Entmischung aktiv ziehender Vogeltrupps (siehe Kap. 13). Wie bei vielen anderen Arten (z. B. ALATALO et al. 1984) ziehen auch junge Rauchschwalben mit kürzerem Handflügel als alte (GATTER & BEHRNDT 1985), ein Umstand, der sich auch noch während der Überwinterung ungünstig auswirkt und wohl auch für höhere Verluste bei Trockenheitsstreß im südafrikanischen Winterquartier mitverantwortlich ist (BRINK et al. 1997).

Die Veränderungen des tageszeitlichen Zugmusters der Schwalben sind noch eine weitere Betrachtung wert (Abb. 12.3.8). Während der Zug von Mitte Juli bis Mitte August tageszeitlich breit angelegt ist, bildet sich danach ein starker Morgengipfel aus. Der erste Zeitraum fällt in das jahreszeitlich absolute Nahrungsoptimum (GATTER & SCHMID 1990) und erlaubt wohl beständigen Zug in Verbindung mit Nahrungssuche. Der zweite Zeitraum, die Hauptzugzeit, ist noch nahrungsreich, aber Mittelgebirge und viele sonst durchwanderte Gebiete sind nicht unbedingt optimales Nahrungshabitat. Der dritte Abschnitt ab Anfang Oktober ist ganz offensichtlich von Nahrungsmangel geprägt. Die Abnahme geeigneter Wetterlagen und der Rückgang der Temperaturen führt innerhalb der verbleibenden geeigneten „Zugfenster" zu fast ganztägigem Zug, während die diurnale Rhythmik am Ende des Zuges im November bereits deutlich vom Hunger geprägt ist (Kap. 9.8).

Weitere Singvögel: Bei anderen LSZ-Singvögeln ist das erste Drittel des Tagzugs bereits 30 – 60 Minuten nach Sonnenaufgang erreicht. Doch auch hier sind die tageszeitlichen Muster enormen Veränderungen unterworfen (GATTER 1991). Beim **Baumpieper** wird am Anfang der Zugzeit, zeitlich deckungsgleich mit der Dismigrationsphase, während des ganzen Tages, jedoch mit deutlichen Morgen- und Abendgipfeln gezogen (Abb. 12.3.10). Vom August zum September verschiebt sich der Beginn des sichtbaren Zugs – nicht nur bei uns am RM – immer mehr auf die Zeit vor Sonnenaufgang (EDELSTAM 1972, SARTOR 1984). In der Hauptzugzeit verlagern sich die 25-%- und 50-%-Werte zum Tagesbeginn. Zum Zugende liegt die erste Tagesquartile, wahrscheinlich weit mehr, in der Dämmerung (Rufe in der Dämmerung werden generell als 1 Vogel notiert, danach die tatsächlichen Truppgrößen) und gewandert wird ohne Abendgipfel während des ganzen Tages. Grundsätzlich dürften die frühen Zieher vor Mitte August geringere Körpergewichte haben und in einem Überangebot günstigen Wetters in vielen kurzen Etappen ziehen (Kap. 9.3.2). Die späten Zieher wandern wohl auch in längeren Etappen und gleichzeitig mit steigendem Dämmerungs- und wohl zunehmendem Nachtzuganteil. Dieser dürfte in N-Europa noch bescheiden sein, wie Vergleiche der Gesamtzahlen von Wiesen- und Baumpieper bei EDELSTAM (1972), ULFSTRAND et al. (1974) mit HANSEN (1954) vermuten lassen. Auch am Col de Bretolet treten Nachtfänge erst gegen Ende der Zugzeit auf (JENNI 1984b), und die Vögel sind um 40 % schwerer als Tagfänge (DORKA

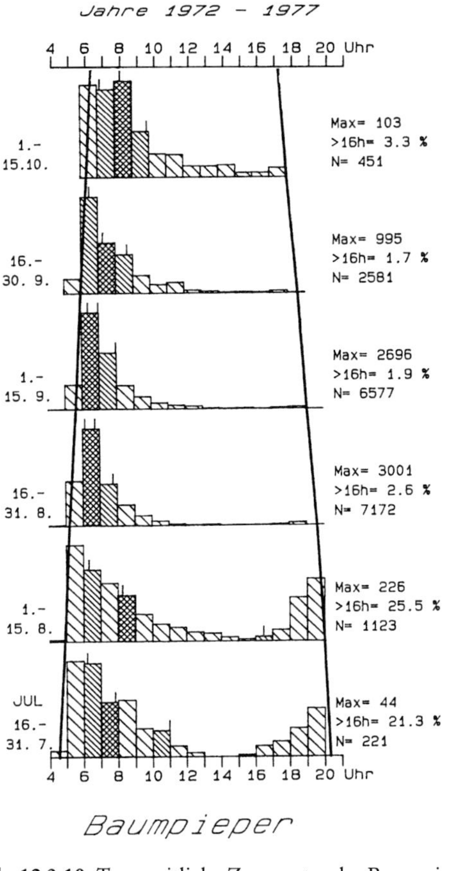

Abb. 12.3.10: Tageszeitliche Zugmuster des Baumpiepers im Jahresverlauf nach Beobachtung in den Jahren 1972 – 1977 (Erfassung von der Morgen- bis zur Abenddämmerung). Siehe Abb. 12.3.7. – *Diurnal passage pattern from dawn to dusk of* Anthus trivialis *for mid-July to mid-October 1972 – 1977. See Fig. 12.3.7.*

1966), aber bereits im Mittelmeergebiet überwiegt Nachtzug. Am RM sind Zugrufe bei völliger Dunkelheit erst etwa nach dem 10. September zu hören. Der 25-%-Wert fällt von Juli bis Ende September auf 6 Uhr, obwohl sich der Sonnenaufgang gleichzeitig um über eine Stunde verspätet. Der Höhepunkt der Leuchtturmopfer in Dänemark liegt über zwei Wochen nach demjenigen der umliegenden Beobachtungsstationen (Tab. 12.2.1) und scheint diese graduelle Verlagerung in die Nacht zu belegen.

Ortolane ziehen sowohl bei Helligkeit wie Dunkelheit. Dorka (1966) fand verstärkten Nachtzug während der Hauptzugzeit in der 2. und 3. Septemberpentade. Am Zugbeginn und Zugende ist dort ein Überwiegen des Tagzuges zu erkennen. Am RM fallen bis in den September hinein bereits 25 % der Durchzügler auf die Zeit bis Sonnenaufgang, gegen Ende der Durchzugsperiode beschränken sich die Beobachtungen nur noch auf den Tagesanbruch. 50 % sind bei Sonnenaufgang bereits vorbeigewandert, und auch die 3. Quartile wird bereits eine halbe Stunde später überschritten. Ob allerdings die noch um 8 Uhr hoch ankommenden Ortolane im August eine längere zusammenhängende Zugstrecke seit den späten Nachtstunden hinter sich hatten, ist ungeklärt. Generell besteht die Möglichkeit, daß die am 2000 m hohen Bretolet im September spät am Vormittag wandernden Ortolane zugphysiologisch (z. B. Körpermasse) anders zu beurteilen sind als die niedrig am RM wandernden.

Eine zeitliche Trennung zwischen Tag- und Nachtzug ist beim **Fitis** und **Zilpzalp** wohl für viele Tage anzunehmen, aber schwer nachzuweisen, weil diese stumm ziehenden Arten anders als der relativ häufig rufende Ortolan in der frühen Dämmerung kaum nachzuweisen sind. Die in Abb. 12.3.13 dargestellten Werte werden deshalb in der ersten Stunde grundsätzlich viel zu niedrig geschätzt sein.

Beim Zilpzalp mit sicher großem, aber schwer zu quantifizierenden Anteil von Nachtzug (siehe Hansen 1954, Dorka 1966) ist die Dauer des Tagzugs im Vergleich zu anderen KSZ nach der Dismigrationsphase relativ lang. Die Häufigkeitsrelationen zwischen Fitis und Zilpzalp am Bretolet lassen die Frage nach einem höheren Prozentsatz von Alpenquerern beim Fitis und vermehrter Umgehung beim Zilpzalp aufkommen. Beim Zilpzalp ist es am RM überwiegend Rastwandern, an manchen Tagen aber massiver hoher Zug, der quantitativ kaum zu fassen ist. Erstaunlich ist dabei, daß die tageszeitlichen Muster ziehender Fitisse in den einzelnen Monatshälften sich nicht allzusehr von denen des Zilpzalps unterscheiden.

Die **Heidelerche** ist im Nord-/Ostseebereich fast ausschließlicher Tagzieher (Hansen 1954), die Feldlerche dagegen ausgeprägter Tag- und Nachtzieher. Die Größenordnung des Tagzugs am RM, das Hinterland der Verbreitung und die Häufigkeit der **Feldlerche** als Durchzügler am RM läßt darauf schließen, daß sogar ein großer Anteil der Feldlerchen nachts zieht. Auch die Anwesenheit großer Trupps am frühen Morgen, deren Ankunft am Abend nicht bemerkt worden war, zeigt oft den Zug in der vergangenen Nacht an. Der Median aus den eher unregelmä-

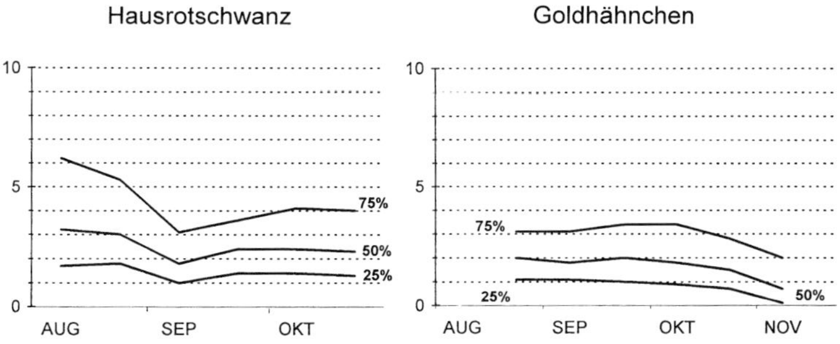

Abb. 12.3.11: Tageszeitliche Drift des Erreichens der 25-%-, 50-%-, 75-%- Werte während des Wegzugs. – *Diurnal shift of 25 %, 50 %, and 75%-quartiles during autumn passage of* Phoenicurus ochruros *(left) and* Regulus *sp.; see Fig. 12.3.5.*

ßig erfaßten Zugnächten am RM deutet darauf hin, daß der Höhepunkt des Nachtzugs der Feldlerche etwa 10 Tage nach dem des Tagzugs liegt. Dieser Befund wird gestützt durch die Diskrepanz der Daten zwischen den nächtlichen Leuchtturmanflügen in Dänemark und den Zughöhepunkten an den umliegenden Beobachtungsstationen in der südwestlichen Ostsee (Hansen 1954 und Tab. 12.2.1). Das tageszeitliche Muster der Heidelerche ist breit angelegt. Während Feldlerchen wohl eher dazu neigen, die Tagesetappe durch eine zeitlich getrennte Nachtetappe zu erweitern, belegen zahlreiche Beobachtungen vom RM, daß die kurzflügeligen Heidelerchen (Kap. 13) den Zug an optimalen Tagen auf mehrere Etappen verteilen. Dieses Verhalten ist bei tagziehenden KSZ ein klarer Bestandteil des Zugablaufs und für fast alle Arten am RM und im Albvorland belegt. Es ist damit nicht allein durch die Belastung beim Aufstieg auf Albhöhe bedingt. Zugtrupps kommen an und fallen zur Rast ein. Nach kurzer, unter Umständen auch mehrstündiger Rast wird weitergezogen. Diese Strategie, beim **Buchfink** auch von Gruys-Casimir (1965), von Helbig & Laske (1986) für den **Star** fürs Binnenland beschrieben, wirkt sich am RM im Mittel bei keiner der bisher untersuchten Arten so aus, daß ein mehrgipfliger Zug am Vormittag entsteht. Das heißt, es sind keine regelmäßigen Stops an bestimmten Orten anzunehmen. Am RM könnte die physische Belastung durch den Albaufstieg vermehrt Pausen erzwingen. Der Durchzug in tageszeitlichen Wellen ist jedoch an vielen Einzeltagen zu vermerken, ohne jedoch nachvollziehbaren zeitlichen Regeln zu unterliegen.

Beim **Hausrotschwanz** (Abb. 12.3.11) zeigen die Quartilen- und der Medianwert einen Knick, der zeitlich in etwa zwischen Dismigrationsphase und Beginn der Zugzeit fällt. Bei jungen Hausrotschwänzen im Labor (Berthold 1983) beginnt starke Körpergewichtszunahme zu einem Zeitpunkt, wenn diese Art Deutschland weitgehend verlassen hat. Eine erste leichte Gewichtserhöhung im Juli und August, noch teilweise vor der Jugendmauser, deckt sich mit den Dismigrationsbewegungen der Art, die am RM ta-

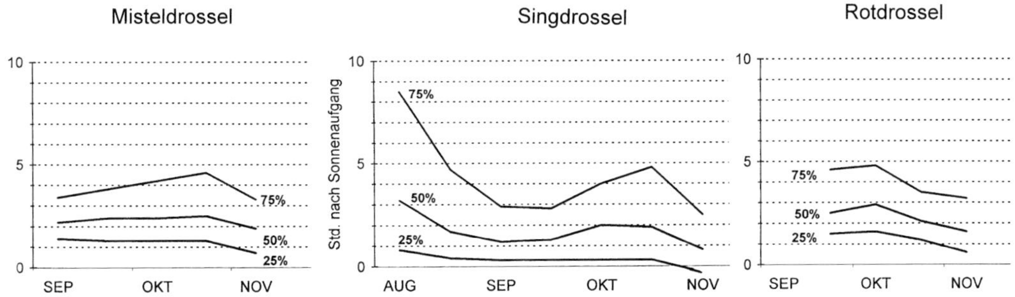

Abb. 12.3.12: Tageszeitliche Drift des Erreichens der 25-%-, 50-%-, 75-%- Werte während des Wegzugs. – *Diurnal shift of 25 %, 50 %, and 75%-quartiles during autumn passage of, from left to right,* Turdus viscivorus, T. philomelos, *and* T. iliacus; *see Fig. 12.3.5.*

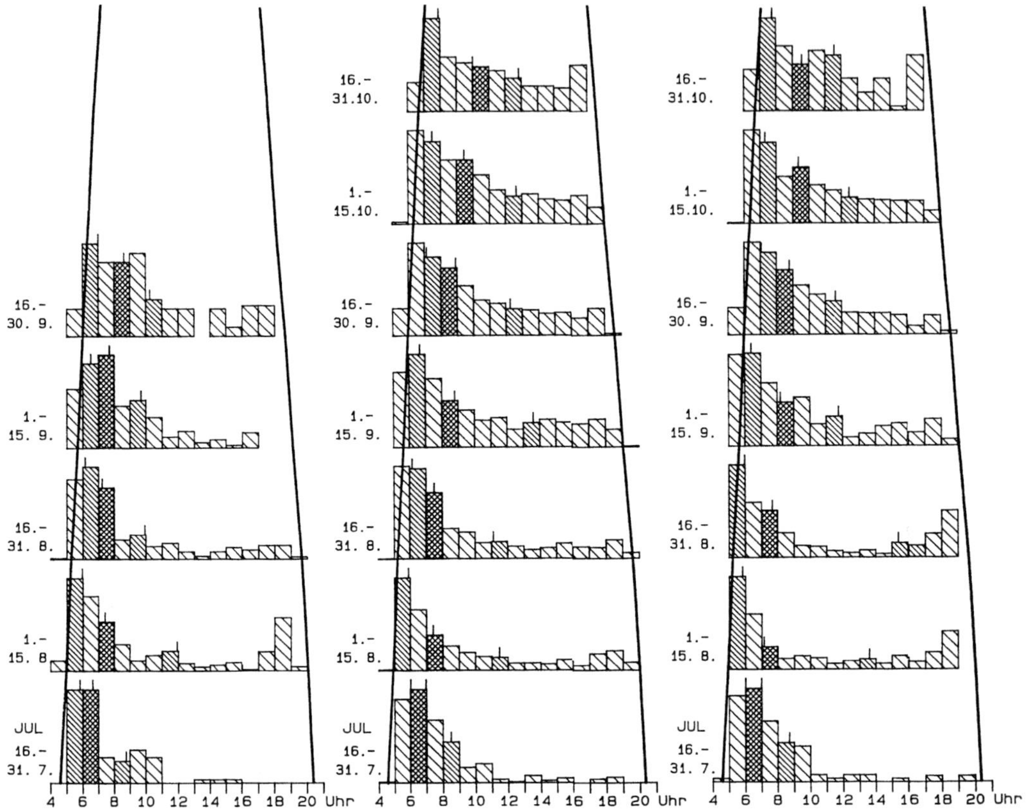

Abb. 12.3.13: 2 Tageszeitliche Zugmuster von Laubsängern. Links Fitis (n = 680), Mitte unbestimmte Laubsänger (n = 7988), rechts Zilzalp in den Jahren 1972 - 1988 (n = 1209). Siehe Abb. 12.3.7. – *Diurnal passage patterns of* Phylloscopus *warblers 1972 – 1988; from left to right* P. trochilus *(n = 680), unidentified* Phylloscopus sp. *(n = 7988), and* P. collybita *(n = 1209). See Fig. 12.3.7.*

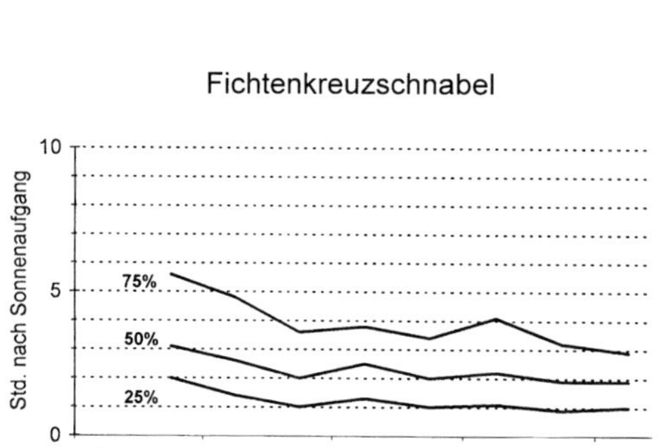

Abb. 12.3.14: Tageszeitliche Drift des Erreichens der 25-%-, 50-%-, 75-%-Werte während des Wegzugs. – *Diurnal shift of 25 %, 50 %, and 75 %-quartiles during autumn passage of* Loxia curvirostra; *see Fig. 12.3.5.*

geszeitlich breit gestreut sind. Sie erfolgen im aktiven Flug über lange Strecken, teilweise unauffällig von Baum zu Baum sowohl nach S als auch nach N (Kap. 11.5). Ein großer Teil der Dismigration und der Zugphase junger Vögel in Mitteleuropa erfolgt einzeln und in Trupps bis 15 Ex. bei Tag (Gatter 1976a). Selbst das bewaldete Mittelgebirge mit Höhenunterschieden von 300 m wird, sich kreiselnd hochschraubend, ohne Rast überwunden. Der völlig unbedeutende Anteil mehrjähriger Männchen am Tagzug läßt den Schluß auf überwiegenden Nachtzug der Altvögel zu.

Auch beim **Fitis** (Abb. 12.3.13) lassen die tageszeitlichen Muster am RM in Verbindung zu den Laborbefunden Gwinners (1969) den Schluß zu, daß am Anfang der Zug-/Dismigrationszeit Rastwandern und aktiver Tagzug schon vor der

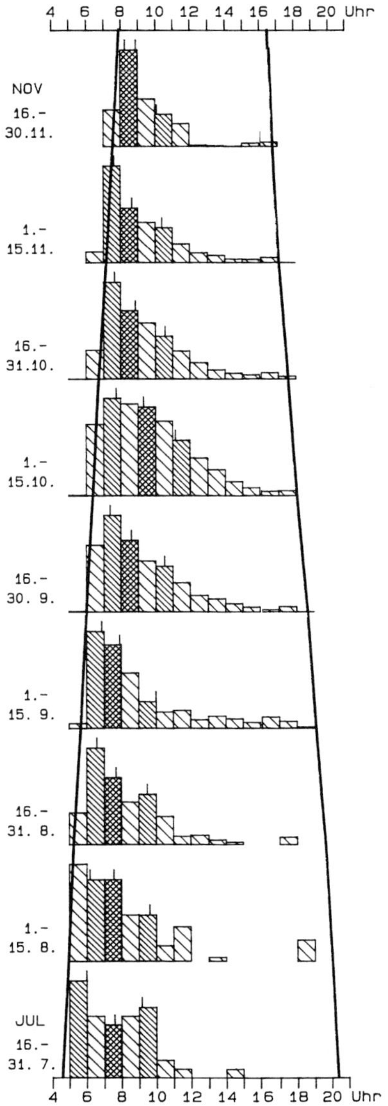

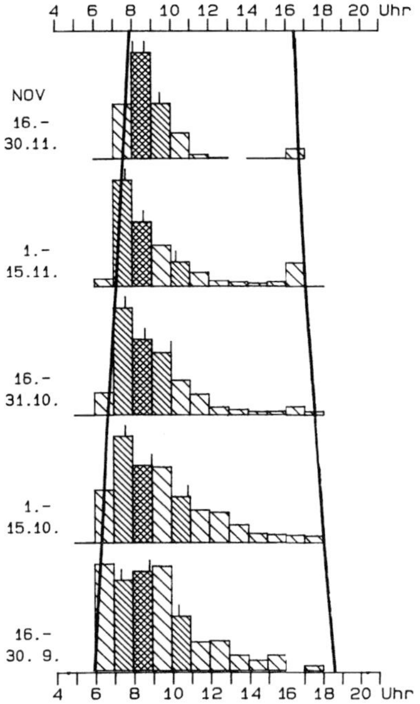

Abb. 12.3.15: Tageszeitliche Zugmuster von links Buchfink (n = 2.806.238), rechts Bergfink (n = 369.627) 1972 – 1988. – *Diurnal autumn passage pattern of* Fringilla coelebs *(n = 2 806 238) on the left and* F. montifringilla *(n = 369 627) 1972 – 1988; see Fig. 12.3.7.*

Anlage von Depotfett und noch während der Jugendmauser erfolgen. Fitisse wandern auch im tropischen Afrika tags während der Großgefiedermauser sowohl im Dezember nach S als auch im Februar nach NW (GATTER 1987b, 1997).

Bei den **Goldhähnchen** (überwiegend *R. regulus*) läßt die Vorverlegung des 25-%-Wertes um eine Stunde noch in der Hauptzugzeit zwei Überlegungen zu: einen kontinuierlichen Übergang zu höheren Nachtzuganteilen oder ein Freihalten größerer Bereiche der nur sehr kurzen Tage für die Nahrungssuche; bei einem so kleinen Vogel mit hohem Stoffwechselumsatz sicherlich ein wichtiger Faktor (Abb. 12.3.11).

Singdrosseln neigen während der Dismigrationszeit den ganzen Tag über zu Ortsveränderungen. Als Nachtzieher zeigen die Rufe später im Jahr massiven Zug zwischen Dämmerungsbeginn und Sonnenaufgang. Während der Hauptzugzeit im Oktober verteilen sich die Ziehenden bei Tage auf einen längeren Zeitraum als zuvor, und vor allem in der zweiten Hälfte der Zugzeit fallen Tage mit massivem Zug von Trupps auf, die noch spät am Vormittag gerichtet ziehen. Der 25-%-Wert wird im September schon Minuten nach Sonnenaufgang erreicht, Anfang November sogar noch früher. Bei einem Teil der Beobachtungen handelt es sich um Platzwechsel nach der Wahl ungünstiger Rastplätze bei Nacht. Die nächtlich verhörten Rufe sind im Vergleich zum Tagzug in der zweiten Hälfte des Wegzuggeschehens häufiger und lassen prozentual gesehen auf eine zunehmende Verlagerung in die Nacht schließen.

Die **Rotdrossel**, ein ausgeprägter Nachtzieher, zieht in sehr großem Umfang wetterstimuliert. Nach Durchzug von Kaltfronten beginnt sie in Skandinavien mit dem Zug unabhängig davon, ob es Abend, späte Nacht oder Tag ist (ALERSTAM 1975a, 1994). Als Vogel arktischer Regionen mit relativ langen Flügeln und fast starenähnlich gewandtem Flug scheint die Tageszeit von untergeordneter, die Nutzung optimalen Zugwetters von primärer Bedeutung. Am RM erscheint sie unstet und manchmal in großer Zahl aktiv tags ziehend, in anderen Jahren wandert sie überwiegend nachts durch und erscheint am Tage dann nur als unauffälliger Rastwanderer. Der Tagzug ist deutlicher vom Nachtzug getrennt als jener der Singdrossel (Abb. 12.3.12). Der Median nächtlicher Massenzugtage liegt am RM jahreszeitlich fast 10 Tage nach dem des Tagzugs und zeigt damit eine zunehmende Verlagerung des tageszeitlichen Zugschwerpunkts in die Nacht an. Die Ergebnisse der nächtlichen Leuchtturmanflüge in Dänemark (HANSEN 1954) im Vergleich mit denen der umliegenden Beobachtungsstationen bestätigen diese zunehmende Verschiebung in die Nacht.

Auch bei der **Amsel** zeichnet sich eine erhebliche Diskrepanz zwischen dem Median des Tagzugs am 8. Oktober und dem Höhepunkt der starken Zugnächte ab, die wesentlich später, etwa um die Monatswende zum November liegen und sich, wie bei den oben schon diesbezüglich erwähnten Arten, nicht mit einer Zunahme nebliger oder bewölkter Nächte begründen lassen.

Einige **Teilzieher**, die im Sommer insectivor, während der Zugzeit und im Winter teilweise oder überwiegend fructivor sind, wie Buntspecht, Eichelhäher und Kohlmeise, zeigen während der ganzen Zugzeit gleich breit angelegte tageszeitliche Muster, die bei der Kohlmeise allerdings aus tageszeitlich langen Dismigrationsbewegungen hervorgehen (siehe Kap. 11.5).

Herbivore und fructivore KSZ, die überwiegend tags ziehenden Arten, wie Gold- und Rohrammer, Fichtenkreuzschnabel (Abb. 12.3.14), Buchfink (Abb. 12.3.15a), Bluthänfling, Kernbeißer und Haussperling, zeigen alle rechtsschiefe Verteilungen. Am frühen Morgen setzt der Zug schnell, teilweise noch vor dem Sonnenaufgang ein, um sich dann lange hinzuziehen.

12.4 Erkenntnisse aus den tageszeitlichen Zugmustern am Randecker Maar

Einige der regelmäßig auftretenden Verhaltensweisen, die wir aus den tageszeitlichen Verlaufskurven ziehender Vögel am Randecker Maar erahnen können, finden sich auch bei Nahrungssuche und Gesangsaktivität. Die von PALMGREN (1943) veröffentlichten tageszeitlichen Verläufe der Hüpfaktivität gekäfigter Vögel lassen eine ähnliche zeitliche Charakteristik erkennen wie die tageszeitliche Verteilung der Fänge rastender Vögel (BRENSING 1989).

Der arttypische Aktivitätsanfang und das Ende dürften zur Brutzeit am deutlichsten durch den Beginn des Gesangs, im Winterhalbjahr durch den Ab- bzw. Einflug an den Schlafplätzen erkennbar werden. Für eine Reihe von Arten stellt die „bürgerliche Dämmerung“ (Sonnenstand ≤ 6° unter Horizont) eine zeitliche Grenze dar, andere werden erst später aktiv. WITT (1984) fand beim Bergpieper einen mit abnehmender Tageslänge im Winter früheren Aktivitätsbeginn. Vergleichbares wird von anderen Arten berichtet.

Der tageszeitliche Zughöhepunkt der Nachtzieher ist am stärksten zu Beginn der dunklen Phase, der Tagzug zu Beginn der hellen (DORKA 1966, BRUDERER 1971, GATTER & MATTES 1973, LENSINK 1986). Verstärkter Zug von Nachtziehern und teilweise wohl auch von Tagziehern in den letzten Nachtstunden zum Morgen hin ist zahlreich belegt. Die spät im Jahr intrapaläarktisch ziehenden Drosseln fliegen tageszeitlich deutlich stärker wetterbeeinflußt ab als die rein nächtlich ziehenden LSZ. Sie brechen in großem Umfang erst spät in der Nacht auf und ziehen dann bis in den Morgen (ALERSTAM 1975a). Trotz großem Datenumfang sind die Regeln tageszeitlicher Anpassungen an den Zug weder in Nordeuropa (ALERSTAM 1994) noch in Mitteleuropa näher analysiert. Einige Grundsätze lassen sich aus unserem Material herausarbeiten.

12.4.1 Tageszeitliche Verteilung der Dismigrationsflüge

Zahlreiche Zugmuster am RM ziehender Vögel weisen zu Beginn der Zugzeit eine sehr breit angelegte tageszeitliche Zugaktivität auf, die mit den längeren Tagen nicht erklärt werden kann. Bei näherer Betrachtung der Dismigrations- und Umkehrzugrichtungen zeigt sich, daß nicht nur sie, sondern auch die süd- bis westgerichteten Bewegungen vieler Arten am Anfang der Zugzeit, während der Dismigration, überwiegend jungen Vögeln zuzuschreiben ist. Bei vielen Arten, die am Tage ausgeprägte Dismigrationsbewegungen ausführen, zeigt sich der typische Unterschied der tageszeitlichen Verteilung von Dismigrations- und regulären Wegzugsmustern. Der zeitlich längste Anteil der Dismigration verläuft oft oder immer noch vor der Jugendmauser.

Dismigrationsflüge erfolgen bei vielen Arten verteilt über den ganzen Tag und auch der Beginn des Zuges spielt sich wohl vermehrt am Tage ab.

Solche ganztägig ablaufenden Dismigrationsbewegungen sind bei Fitis, Zilpzalp und Singdrossel, überwiegenden Nachtziehern, genauso auffällig wie bei Heckenbraunelle, Kohlmeise, Grünling, Bluthänfling, Girlitz und weiteren Finken, die ohnehin tags ziehen. LSZ wie der Baumpieper gehören genauso dazu wie der Turmfalke als KSZ mit LSZ-Anteil (Abb. 12.3.10). Vom Star sind in dieser Zeit keine nächtlichen Leuchtturmanflüge bekannt (Hansen 1954). Die große Tageslänge dürfte Ursache für die Verknüpfung von Fortbewegung und Nahrungssuche sein. Auch Konkurrenz zu adulten Reviervögeln wird mitspielen. Die konsequent andere Habitatwahl junger dismigrierender Hausrotschwänze spricht für diese These (Kap.11.5). Auch am Col de Bretolet kommen in dieser Zeit praktisch keine Nachtfänge vor (Jenni 1984b). Dismigration scheint somit bei vielen Vögeln küstenferner Gebiete in Mitteleuropa ausschließlich am Tage abzulaufen. Dies fördert das Kennenlernen des Heimatgebiets durch die Jungvögel und erleichtert die Orientierung bei der Heimkehr aus dem Winterquartier (siehe Kap. 8.2). Nur Vögel, die vor dem Wegzug umherstreifen konnten, finden ins Ursprungsgebiet zurück (Löhrl 1959, Kap. 11.5).

12.4.2 Tageszeitliche Zugmuster des Wegzugs

Der typische Zugablauf über dem mitteleuropäischen Binnenland ist eine Abfolge aus wenigen Hauptzugtagen, an denen fast alle gut zugdisponierten Vögel „in der Luft sind“, und vielen Tagen, an denen kleine Anteile einer Art überwiegend kurze Strecken zurücklegen. Bei LSZ sind diese Ruheetappen länger als bei KSZ (Kap. 11.2).

Beim sichtbaren, bodennahen (Tag-)Zug spielen herausragende Wetteränderungen eine weit bescheidenere Rolle als veröffentlichte Radarerfassungen andeuten. Diese berücksichtigen die „besseren Zugtage, insbesondere solche mit Rückenwinden“ und langen Einzelstrecken, die ein Hochsteigen in größere Höhen lohnen, weit mehr als die Masse der kleinen in ihrer Summierung bedeutenden Zugbewegungen, die oft nur in Baumhöhe stattfinden.

Die Anteile von Tag- und Nachtzug können bei einigen Arten, unabhängig vom Verhalten ihrer geographischen Einzelpopulation und von Jahr zu Jahr schwankend, offensichtlich die volle Palette abdecken.

Bei vielen Greifvögeln erklärt die Nutzung von Aufwinden die tageszeitliche Einbettung des Zuges.

Bei Singvögeln ziehen mit Ausnahme der Schwalben weit über 80 % der Tagessummen vormittags durch. In einer Reihe von Fällen ist der Zugbeginn über den größten Teil der Zugperiode recht konstant, aber viele Arten zeigen ab der zweiten Hälfte der Zugzeit eine zunehmende Annäherung an den Sonnenaufgang bzw. an die späte Nacht. Gleichzeitig scheinen die tageszeitlichen Zugmuster eine Verkürzung der Zugdauer am Tage anzudeuten. Nachts verunglücken Bergfinken an Leuchttürmen viel öfter als der weit häufigere Buchfink (Hansen 1954), und Laborbefunde (Stolt 1978) deuten ebenso wie Zugrufe, die am RM schon mehr als eine Stunde vor Sonnenaufgang zu hören sind, auf einen – dann erhöhten – Dämmerungs-/Nachtzuganteil hin (Abb. 12.3.15a, b). Weitere Hinweise zu anderen Arten finden sich in den Fangergebnissen und Beobachtungen am Col de Bretolet (Dorka 1966, Jenni 1984b). Am Col de Bretolet zeigen die Zugmuster von Hausrotschwanz, der Zugbeginn der Goldammer, die Verteilung der Zippammern, des Zilpzalps und Rotkehlchens und ganz besonders die der Singdrosseln Schwerpunktverlagerungen vom „frühen Morgen“ zur Dämmerung bzw. Nacht (Dor-

KA 1966, mit weiteren Hinweisen zum Nachtzug von Tagziehern usw.). Der Star erscheint dort ab der letzten Oktoberdekade nur noch nachts, und eine getrennte Betrachtung der Tag- und Nachtfänge hätte einen etwa um 7 Tage späteren Nachtfang-Median zur Folge und erklärt damit manche zeitliche Diskrepanz zwischen nächtlichen Leuchtturmanflügen in Dänemark und Sichtbeobachtungen in der Region (Tab. 12.2.1).

Die meisten am RM durchziehenden Arten wandern weitgehend am frühen Morgen. Zu dieser Zeit ist die Temperatur niedrig, der frühe Zug energetisch optimal. Während ein ruhender Vogel noch Energie ausschließlich zur Aufrechterhaltung der Körpertemperatur verbraucht, fällt diese Wärme beim Flug kostenlos als „Abfall" an. Außerdem ist die Abfuhr von Überschußwärme bei niedriger Umgebungstemperatur mit geringeren Wasserverlusten möglich. Später am Tage, bei hoher Temperatur, ist beim ruhenden Vogel weniger Energie zur Aufrechterhaltung der Eigentemperatur nötig und die Wärmeabfuhr wird schwieriger; Zeit also für weniger anstrengende Tätigkeiten.

Niedrige Temperaturen, die auf den langen Flugwegen über der Sahara die Gefahr einer Dehydration verringern, spielen für den Tagzug der KSZ eine weniger wichtige Rolle, da Wasser jederzeit aufgenommen werden kann.

Niedrige Temperaturen am frühen Morgen erschweren die Nahrungssuche bei visuell suchenden Insektenfressern. Die Beutetiere sind wenig mobil, daher schwieriger zu entdecken und nicht nur die Insectivoren werden beim Schlüpfen durch Gras oder Gebüsch naß durch Tau oder Reif.

Die Ermittlung einer Zugrichtung mit Sonnenkompaß ist am Morgen und Abend durch den niedrigen Stand der Sonne genauer und einfacher möglich, das Ziel kann sicherer angesteuert werden.

12.4.3 Tageszeitliche Zugmuster und Wind

In Kap. 9 wurde gezeigt, daß im windschwachen und damit zuggünstigen Hochdruckgebiet durch die tageszeitliche Drehung des Windes (HELLMANN in HANN & SÜRING 1951, GATTER 1981a, b) im Binnenland in der späten Nacht und am frühen Morgen der Wind bodennah mehr aus N bis E, mittags aus SE bis S, am Spätnachmittag aus W, gegen Mitternacht aus NW weht. Günstige Bedingungen für den bodennahen Zug nach S bis W durch fördernde Rückenwinde herrschen demnach eher in den späten Nachtstunden und am frühen Morgen. Sie stellen damit eine mögliche, wenn auch sicher keine primäre Ursache für die Konzentration von Ziehern in den ersten Tagesstunden dar (Kap. 9).

Der Tagzug, vor allem der kleinen spät ziehenden Singvögel, verdient aber unter den Bedingungen der Westwindzone eine neue Würdigung. Gegenwinde können bei der Mehrzahl der kleinen und mittelgroßen Arten tiefen, ja sogar extrem tiefen Zug erfordern (Kap. 8.1, 9.8). Beim Nachtzug ist dies zu gefährlich. Da Tagzug den zur Verfügung stehenden Zeitraum zur Futtersuche einschränkt, ist der Zug kleiner Singvögel mit Ausnahme der Luftjäger (Schwalben)

a) eine Strategie zur Vermeidung von Kollisionen bei Nacht,
b) eine Anpassung an den hohen Anteil von Gegenwinden während ihres Zuges, deren negative Auswirkungen nur bei Tag effektiv durch Unterfliegen des Windes gemildert werden können.

12.4.4 Tageslänge und tageszeitliche Zugmuster – vom Tagzug zum Nachtzug

Grundlage zur Beurteilung circadianer Zugmuster ist die abnehmende Länge des hellen Tages von ca. 16 Stunden im Juli auf ca. 8 Stunden zu Beginn des Winters. Von 56 ausgewerteten Arten nähern 43 die Lage der 25-%-Quartile im Laufe der Zugzeit dem Sonnenaufgang an bzw. verlagern sie in die Dämmerung. Die stärkere Annäherung betrifft in den meisten Fällen auch den 50-%- und oft noch den 75-%-Wert. Nur bei 13 Arten bleibt der zeitliche Abstand zum Sonnenaufgang etwa gleich. Die meisten Arten verlegen also mit fortschreitender Zugzeit den tageszeitlichen Hauptgipfel immer mehr zum Tagesbeginn und manche in die Nacht, wie die Untersuchungen von DORKA (1966) belegen und die Medianwerte und Zughöhepunkte bei HANSEN (1954, Tab. 12.2.1) im Vergleich mit Beobachtungsstationen bekräftigen. Unsere bei den Drosseln und der Feldlerche aufgezeigten Differenzen (Kap. 12.3) zwischen den Medianwerten des Tagzugs und des Nachtzugs, der teilweise erheblich später ist, lassen erkennen, daß es wohl zahlreiche Tagzieher bzw. Tag-/Nachtzieher gibt, bei denen die zweite Hälfte des Zuges bevorzugt in der Nacht stattfindet.

Damit stehen die helleren, trockeneren und wärmeren Tagesstunden weiterhin für die Nahrungssuche zur Verfügung.

Die niedrigen Temperaturen am frühen Morgen, bereits als gewichtiger Faktor für den Nachtzug von Lang- und Kurzstreckenziehern genannt (Kap. 9), spielen demnach für den Tagzug nicht die absolut dominierende, aber möglicherweise eine gleichbedeutende Rolle. Die verbleibende Zeit zur Nahrungssuche und deren effektive zeitliche Einteilung sind ganz offensichtlich bei den meisten Arten die wichtigsten Gesichtspunkte. Für den Bergfinken werden zwei Stunden bei Aufnahme von Raps, vier Stunden beim Fressen von Bucheckern als ausreichend erachtet (LINDSTRÖM nach HVM), doch sind dies Werte, die bei optimalen Voraussetzungen gelten.

Verständlicher ist diese Verlegung auf Nacht und Dämmerung bei KSZ zu fortgeschrittener Jahreszeit. Bei Singdrossel, Wintergoldhähnchen, Heckenbraunelle und Bergfink haben die ersten wahrnehmbaren 25 % der Durchzügler am Ende der jahreszeitlichen Zugzeit noch in der Dämmerung oder unmittelbar nach Sonnenaufgang passiert. Der tatsächliche Anteil ist natürlich viel höher, da die registrierten Zugrufe und in der späten Dämmerung die mühsam erkannten Trupps die Zahlenverhältnisse gegenüber den folgenden hellen Stunden verzerrt wiedergeben.

An der ersten Priorität, durch Zug am frühen Morgen bzw. in der Nacht Zeit zur Nahrungssuche zu gewinnen, ändert auch der Umstand nichts, daß die Verteilung der starken Zugtage darauf schließen läßt, daß nur alle paar Tage kräftig gewandert wird.

Bei LSZ kann der Wechsel vom Tagzug zum Nachtzug zusätzliche eine langsame Adaption von kurzen bis fehlenden Nächten und kühleren Temperaturen im Norden an die vom mediterranen bis zum tropischen Bereich länger werden Nächte und die hohen Temperaturen darstellen.

Zusammenfassung
12 Tageszeitliche Zugmuster des Wegzugs

Bei zahlreichen Arten sind Zugbewegungen während der ersten Phase der Wanderungen über den ganzen Tag verteilt. Dies kann durch die vermehrt in kurzen Etappen erfolgenden Dismigrationswanderungen erklärt werden. Bei vielen Arten sind überwiegend Jungvögel beteiligt. Dismigration am Tage wird sowohl bei den später nächtlich ziehenden LSZ wie bei KSZ beobachtet.

Im Anschluß an die Dismigrationsphase ist bei vielen Arten eine deutliche Verkürzung der Aktivitätsphase bei Helligkeit zu verzeichnen. Mit Ausnahme der Greifvögel, die Aufwinde nutzen, liegen die Zugzeiten vor allem am frühen Morgen, der Beginn vielfach bereits in der Dämmerung. Bei 43 von 56 Arten verfrüht sich der tageszeitliche Verlauf mit fortschreitender Zugzeit. Die 25-%-Quartile nähert sich dem Sonnenaufgang bzw. verschiebt sich sogar in die Dämmerung. Einige Tagzieher und Tag-/Nachtzieher werden in der zweiten Hälfte der Zugzeit zu überwiegenden Nachtziehern mit deutlich verschiedenen Daten der Zughöhepunkte zwischen Tag- und Nachtzug. Bei den restlichen 13 Arten zeichnet sich eine relativ zum Sonnenaufgang zeitlich konstante Lage des Durchzugs ab. Gleichzeitig verkürzen einige Arten die Zugdauer am Tage.

Der Zug kleiner tagziehender Singvögel verdient unter den Bedingungen der Westwindzone eine neue Würdigung. Sie ziehen meist spät im Jahr (Kap. 11). Gegenwindjahre wie 1974 dürften hier evolutionswirksam sein (Kap. 9.8). Gegenwinde können bei der Mehrzahl der Arten tiefen, ja sogar extrem tiefen Zug erfordern (Kap. 8.1). Beim Nachtzug ist dies zu gefährlich. Der Tagzug der kleinen Singvögel ist damit sowohl eine Strategie zur Vermeidung von Kollisionen bei Nacht, als auch eine Anpassung an das hohe Angebot an Gegenwinden während ihres Zuges, deren negative Auswirkungen nur bei Tag effektiv durch Unterfliegen des Windes gemildert werden können.

Die Faktoren, die zur Ausbildung eines frühmorgendlichen Zuggipfels und am Ende der Zugperiode zu einer Verlagerung Richtung Dämmerung und Nacht führen sind höchstwahrscheinlich:

1. die weitere Ermöglichung der Nahrungssuche während des größten Teils des Tages;
2. Zug während physiologisch günstiger Temperaturen;
3. die Nutzung der tageszeitlich günstigsten Windrichtungen im Hochdruckgebiet;
4. die Nutzung der windschwächsten Stunden am frühen Morgen als Vorteil in der Westwindzone (Kap. 8, 9, 11);
5. Vermeidung nächtlicher Kollisionsgefahr bei niedrigem Zug;
6. erhöhte Genauigkeit der Richtungsbestimmung bei tiefstehender Sonne, sofern man von der Nutzung eines Sonnenkompasses ausgeht;
7. bei LSZ wohl zusätzlich eine Adaption an die nach Süden kürzer werdenden Tage und heißer werdenden Temperaturen.

Summary
12 Basic elements of diurnal movements

Movement during the first phase of migration takes place throughout the entire day in many species. This can be explained by the increasing occurrence of short-stage dismigration movements. In many species this involves mainly juvenile natal dispersal. Diurnal dismigration is observed both in long-distance migrants, which later move at night, and short-distance migrants.

In many species an obvious lessening of daytime activity occurs after the dispersal phase. With the exception of raptors, which use thermal uplift, peak migration time is early morning, beginning often before sunrise. In 43 out of 56 species, movement became progressively earlier in the day over the season. The timing of the 25%-quartile approached sunrise, sometimes even just before. A few diurnal and diurnal/nocturnal migrants became exclusively nocturnal in the second half of the migration period, with clearly different peaks between diurnal and nocturnal migration. In the remaining 13 species, passage was constant in time relative to sunrise. At the same time some species shortened the duration of their movements during the day.

Movements of small passerine daytime migrants in a region dominated by W winds deserve to be examined more closely. They migrate mainly late in the year (Chapter 11). Years when headwinds are dominant, like 1974, could exercise a strong natural selection effect (Chapter 9). Headwinds can force the majority of species to fly low on migration, even extremely low (Chapter 8). At night this is dangerous. The diurnal movement of small songbirds is therefore both a strategy for avoiding collisions at night and an adaptation to the high frequency of headwinds during their migration, the negative effects of which can only be countered by flying below the wind during the day.

Most likely the factors resulting in a migratory peak in the early morning, and to its displacement at the end of the migration period towards sunrise and earlier are:

1. *extended opportunities for foraging during the main part of the day;*
2. *movement takes place in physiologically convenient temperatures;*
3. *in a high-pressure area, use can be made of varying favourable wind direction according to time of day;*
4. *use can be made of the less windy early morning hours, an advantage in a W wind zone (Chapters 8, 9, 11);*
5. *avoidance of danger of nocturnal collisions during low-altitude migration;*
6. *increased directional accuracy due to the sun being low in the sky (assuming the use of a sun compass);*
7. *in long-distance migrants presumably an adaptation to the shortening days and increasing temperatures as they move south.*

13 Zuggeschwindigkeiten und Sozialverbände ziehender Vögel

Der größte Teil der Vögel, die den Albrand am RM passieren, zieht nicht einzeln. Sie sind Bestandteil sozialer Verbände aus einer oder mehreren Arten. Unterschiedlicher Körperbau, Flugweise und Fluggeschwindigkeit sind einige der Ursachen, daß die Zusammenstellung solcher Zugtrupps Regeln folgt, die bestimmte Verbindungen fördern und andere ausschließen.

Dieser Zusammenschluß der verschiedenen Arten auf dem Zug wirft viele Fragen auf. Interessante Ansätze zur Untersuchung der Unterschiede beim Zugverhalten und zur Zusammensetzung der Trupps bietet neben dem Einfluß des Flügelbaus die Körpermasse, die jahreszeitlichen Schwankungen unterliegt. Der allgemeine Zugfortschritt eines einzelnen Vogels oder einer Art (Kap. 11 und 13.2) kann davon genauso abhängig sein wie das tageszeitliche Zugmuster (Kap. 12). Vor allem bei Singvögeln fliegen Alte wohl oft etwas schneller als Junge (Kap. 12). Feine Unterschiede im Flügelbau können durch ihren Einfluß auf die Flugeigenschaften unterschiedlicher Populationen sogar für unterschiedliche Zugwege verantwortlich sein (Kap. 8.1, 8.2). Letztlich entscheiden all diese kleinen Differenzen auch, welche Individuen bzw. welche Arten miteinander ziehen (Kap. 13.4).

13.1 Vogelflug und Zuggeschwindigkeiten

Über die Fluggeschwindigkeiten verschiedener Vogelarten liegen zahlreiche Einzelbeobachtungen vor. Erste Zusammenstellungen finden sich bei Meinertzhagen (1920, 1955), Cooke (1933, 1937) und Thienemann (1931). Die meisten Messungen wurden zufällig durch Vergleiche mit der Geschwindigkeit von Autos, Booten oder Flugzeugen gemacht. Ein Nachteil vieler publizierter Fluggeschwindigkeiten sind die fehlenden Angaben zur Meßmethode und zum Wind. Windrichtung und -stärke haben aber einen erheblichen Einfluß auf die Reise- und teilweise auch auf die Eigengeschwindigkeit und bedingen damit große Unterschiede selbst innerhalb einer Art, denn die Mehrzahl der Vögel kann die eigene Fluggeschwindigkeit innerhalb eines weiten Bereichs variieren. Sowohl beim langsamen als auch beim sehr schnellen Flug wird viel Energie verbraucht. Deshalb fliegen nichtsegelnde Vögel nur kurzzeitig oder in Ausnahmefällen sehr langsam. Viele Vogelarten sind in der Lage, bei schnellem Flügelschlag (und hohem Energieverbrauch) in der Luft zu stehen. Zahlreiche Arten vom Gimpel bis zum Goldhähnchen rütteln zeitweise bei der Nahrungsaufnahme. Sehr schneller Flug wird bei der Flucht vor einem Feind oder auch bei der Jagd eingesetzt. Die optimale Zuggeschwindigkeit stellt keine Höchstleistung dar (Schüz 1971), sondern ist eine im Hinblick auf den Energieverbrauch „optimale" Reisegeschwindigkeit. Zwischen Maximal- und Minimalwert ist der Energieverbrauch pro Zeiteinheit (= Leistung) geringer. Die Leistungs-Geschwindigkeitskurve hat einen U-förmigen Verlauf und es gibt eine Fluggeschwindigkeit minimalen Energieverbrauchs (Abb. 13.1.1, Pennycuick 1969, 1975). Bei einem Non-Stop-Flug mit vorgegebenem Energie-(Fett-)Vorrat ist sie nicht gleichbedeutend mit der Geschwindigkeit maximaler Reichweite. Der Wert, der für einen ziehenden Vogel die günstigste Geschwindigkeit darstellt, ist von den Windbedingungen abhängig, was besonders deutlich bei der Überquerung von Wüsten oder Meeren zum Tragen kommt. Je stärker der Rückenwind, desto geringer ist der Energieverbrauch. Pennycuick (1969) hat eine Formel entwickelt, mit der man für Vögel mit vergleichbarem Flügelbau anhand von Spannweite und Masse diese Geschwindigkeitswerte bzw. die erforderliche Leistung abschätzen kann. Ein schwerer Vogel sollte demnach aus energetischen Gründen schneller fliegen. Die Flügellänge geht umgekehrt proportional zur Quadratwurzel der Spannweite ein. Die optimale Fluggeschwindigkeit sollte mit zunehmender Flügellänge abnehmen. Bei Betrachtung vieler Vogelarten stimmt der beobachtete Trend hiermit überein. Der U-förmige Lei-

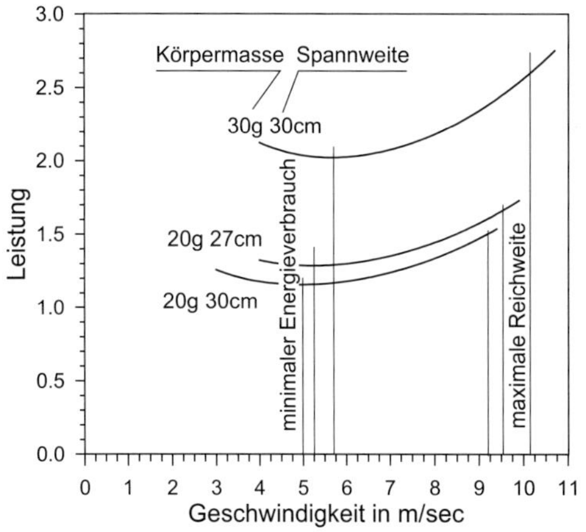

Abb. 13.1.1: Geschwindigkeiten minimalen Energieverbrauchs, d. h. maximaler Flugzeit und maximaler Reichweite bei Windstille für einen Vogel unterschiedlichen Gewichts (Masse) und unterschiedlicher Flügellänge. Leistungskurven nach modifiziertem Programm 1 in Pennycuick (1989). – *Speeds of minimum power* (minimaler Energieverbrauch), *or in other words maximum flying time, and for maximum range* (maximale Reichweite) *in calm conditions for a model bird with 2 different masses* (Körpermasse) *and wing spans* (Spannweite). *Power curve calculated using modified Program 1 in Pennycuick (1989). Horizontal axis: speed in m/s; vertical axis: power.*

stungs-Geschwindigkeitsverlauf wurde im Windkanal bestätigt (z. B. Nachtigall 1985), und die prognostizierte Geschwindigkeitszunahme aufgrund abnehmender Dichte der Luft mit zunehmender Flughöhe wurde bei Radaruntersuchungen beobachtet (z. B. Bruderer 1971).

Ein Mensch ist ohne Bezugspunkte nicht in der Lage, seine Absolutgeschwindigkeit zu bestimmen. Ein Ballonfahrer ohne Bodensicht kann ohne technische Hilfsmittel nicht feststellen, ob er auf der Stelle steht oder mit der Luftströmung in eine Richtung treibt. Nur durch ständige Ortsbestimmung oder kontinuierliche Beschleunigungsmessung ist für Flieger eine Bewegung meßbar. Bei geringer Geschwindigkeit erfordert dies einen sehr hohen Meßaufwand. So gehen auch die Meinungen in der Literatur darüber auseinander, ob ein Vogel in der Lage ist, eine Luftströmung wahrzunehmen. Nur dann kann er sich neben der Auswahl von Rükkenwindsituationen auch mit der Geschwindigkeit größter Reichweite vorwärtsbewegen. Bei Bodensicht ist es zumindest theoretisch auch bei großer Flughöhe möglich, die Geschwindigkeit über Grund festzustellen.

Dafür, daß Luftbewegungen zumindest teilweise vom Vogel registriert werden können, gibt es in der Literatur verschiedene Hinweise (z. B. Richardson 1991). Hierzu zählen Verhaltensweisen wie a) Ausrichtung der Flughöhe nach den günstigsten Winden, b) Kompensation von Verdriftungen, c) mit dem Wind verlaufende Flüge bei fehlender Orientierung und d) Änderungen der Eigengeschwindigkeit mit der Windgeschwindigkeit. Weite Verdriftungen legen jedoch den Schluß nahe, daß Vögel dazu nicht immer in der Lage sind. Per Satellit verfolgte Singschwäne berücksichtigten während des Fluges die Winddrift über dem Meer, setzten den Flug jedoch bei Bewölkung wegen fehlender Orientierungsmöglichkeit nicht fort (Pennycuick et al. 1996).

In Bodennähe kann ein Vogel seinen zurückgelegten Weg gut erfassen. Er wird hier deutlicher auf unterschiedliche Winde reagieren und bei hohen Windgeschwindigkeiten oder starker Verdriftung den Flug abbrechen.

Vom bodennahen Zug der Singvögel liegen bisher kaum systematische **Geschwindigkeitsmessungen** unter Freilandbedingungen vor. Meist wird in der Literatur für eine Vogelart eine Zuggeschwindigkeit ohne oder mit nur geringem Schwankungsbereich angegeben. Angaben über die Windverhältnisse fehlen fast immer.

Heute gibt es Möglichkeiten, Geschwindigkeiten von Vögeln relativ zu einem festen Bezugspunkt sehr genau zu messen. Das Ergebnis ist die Reisegeschwindigkeit, also die Geschwindigkeit über Boden. Die Bestimmung der Eigengeschwindigkeit des Vogels ist jedoch mit einem größeren Fehler behaftet, da bei allen Verfahren nicht gleichzeitig und an gleicher Stelle eine Messung der Luftbewegung relativ zum Boden erfolgt. Bei stabiler Wetterlage und größerer Höhe ist dieser Fehler oft klein. Die Vorzüge, aber auch die Schwierigkeiten der Radarmessung (z. B. Zuordnung der Windgeschwindigkeit im Bereich v. a. unterhalb 200 m), werden von Liechti (1992) aufgezeigt. Einige der Ergebnisse werden im folgenden Abschnitt dargestellt.

13.1.1 Bestimmung von Zuggeschwindigkeiten mit Hilfe von Radar nördlich des Randecker Maars

B. BRUDERER und F. LIECHTI

Wie in Kap. 8.1.11 bereits erwähnt, wurde Ende September/Anfang Oktober 1987 nördlich des Randecker Maars im Albvorland bei Ohmden der Vogelzug in diesem Gebiet mit Hilfe eines Zielfolge-Radargeräts untersucht. Der Ort liegt rund 8 km nördlich des RM, im dort etwa 400 m niedrigeren Vorland der Schwäbischen Alb. Dabei wurde auch die Fluggeschwindigkeit der ziehenden Vögel sowohl im Horizontal- als auch im Steigflug bestimmt, die hier kurz behandelt wird. Nähere Angaben zur Methodik und zu den örtlichen Gegebenheiten siehe LIECHTI (1992) und BRUDERER & LIECHTI (1998).

Die mittlere Eigengeschwindigkeit horizontal fliegender Nachtzieher bei Ohmden betrug 44 km/h, diejenige der Tagzieher gut 41 km/h. Streubereich und Modus zeigten keine Unterschiede. Die mittleren Fluggeschwindigkeiten über Boden waren im Nachtzug mit 48 km/h etwas höher als die Eigengeschwindigkeiten (d. h. mehrheitlich mit Rückenwind), im Tagzug mit 40 km/h etwas niedriger. Abb. 13.1.2 zeigt deutlich die große windbedingte Variationsbreite der Fluggeschwindigkeiten (1 – 100 km/h), während die Eigengeschwindigkeiten eng begrenzt sind (Extremwerte unter 18 und über 72 km/h dürften aufgrund von zeitlich weit auseinander liegenden Windmessungen zustande gekommen sein). Die mittleren Steigraten von abends zum Nachtzug aufsteigenden Vögeln liegen um 0,5 m/s (BRUDERER et al. 1995), während des Zuges sind die Steigraten geringer. Hier wurden Vögel mit Steigraten > 0,25 m/s als „steigend" taxiert. Diese steigenden Vögel hatten mittlere Fluggeschwindigkeiten von 44,6 km/h im Nachtzug und 38 km/h im Tagzug; die Eigengeschwindigkeiten betrugen 39 km/h im Nachtzug und 37 km/h im Tagzug. Die geringeren Eigengeschwindigkeiten im Tagzug sind dadurch bedingt, daß Gruppen von nicht geradlinig fliegenden Vögeln mit Eigengeschwindigkeiten um oder unter 20 km/h eingeschlossen sind. Werden im Tag- und Nachtzug nur die geradlinig fliegenden Vögel eingeschlossen, entfällt dieser Geschwindigkeitsunterschied. Die im Tagzug überwiegend von RM-Mitarbeitern identifizierten Radarziele bestanden zu zwei Dritteln aus Finken (38 %) und Schwalben (26 %). Greifvögel wurden gegenüber anderen Zielen etwas bevorzugt und machten 15 % aus. Ferner

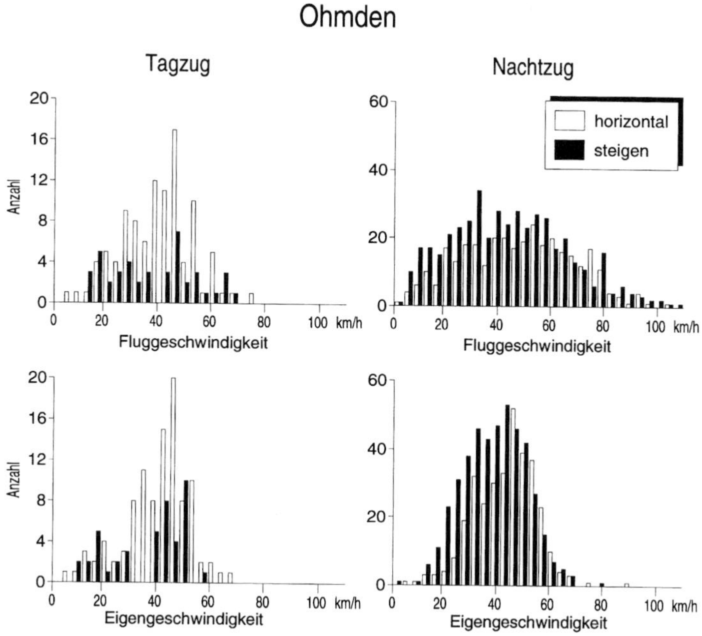

Abb. 13.1.2: Verteilung der Flug- und Eigengeschwindigkeit für den Tagzug und für den Nachtzug unter 1000 m ü.B., je aufgeteilt in horizontal fliegende (Vertikalgeschwindigkeit < ± 0,25 m/s) und steigende Vögel (Vertikalgeschwindigkeit > 0,25 m/s). Tagzug $n_{horizontal}$ = 102, $n_{steigend}$ = 43, Nachtzug n_h = 328, n_s = 446. – *Distribution of groundspeed (above) and airspeed for diurnal (left) and nocturnal (right) migration below 1000 m a. g. l.; each distribution for horizontally flying birds (white columns; vertical speed < ± 0.25m/s) and for climbing birds (black columns; vertical speed > ± 0.25 m/s). Diurnal migration $n_{horizontal}$ = 102, $n_{climbing}$ = 43; nocturnal migration n_h= 328, n_c = 446.*

waren Lerchen mit 7 %, Ringeltauben und Drosseln mit je 4 % sowie Pieper und Stelzen mit 3 % vertreten. Weitergehende Artbestimmungen sind wegen der Vibration des parallel zum Radarstrahl montierten Fernrohrs oft nicht möglich (Kap. 8.1).

13.1.2 Zuggeschwindigkeit im bodennahen Bereich am Randecker Maar

Wulf Gatter und Rainer Schütt

Zur Bestimmung der Geschwindigkeit der Vögel während des Zuges wurde am RM 150 – 200 m von der Station entfernt und 30 m tiefer in der Hauptzugschneise eine „100-m-Meßstrecke" aufgebaut. Deren Beginn und Ende wurden senkrecht zur Hauptzugrichtung (220°) mit Fluchtstäben und Bändern gekennzeichnet. Ein am Endpunkt in 3 m Höhe angebrachter Windmesser (Handanemometer) erlaubte in Verbindung mit 40facher Optik Ablesungen der Windgeschwindigkeit auf 0,5 m/s Genauigkeit aus der Ferne.

Die Zeit, welche ziehende Vögel für diese 100 m benötigen, wurde mit Stoppuhr gemessen. Im Optimalfall fliegt der Vogel in geringer Höhe auf horizontaler Bahn über „Start und Ziel" hinweg. Gemessen wurden Vögel bis in eine Höhe von etwa 20 m über der Versuchsstrecke. Flugwege mit Richtungsänderungen bzw. Diagonalflug zur Meßstrecke wurden nicht berücksichtigt. Meßfehler sind bei dieser Methode jedoch nicht auszuschließen. So geht die – mit der Flughöhe zunehmende – Windgeschwindigkeit hier ebenso als Fehler ein wie perspektivische Verzerrungen. Im Verhältnis zum innerartlichen Schwankungsbereich ist dies jedoch unbedeutend. Außerdem belegen zahlreiche Beispiele, daß innerhalb von Trupps auf der 100-m-Strecke Vögel vom Truppende die Führungsposition übernehmen. In größeren Trupps wurde die Truppspitze gemessen. Ansonsten wurde versucht, das Einzelindividuum zu verfolgen. Die Windrichtungen waren durch die Lage der Meßstrecke zwischen zwei Hügeln auf Gegen- bzw. Rückenwinde ausgerichtet.

Die Messungen wurden teilweise beeinflußt durch folgende Faktoren:

a) Ansteigen der Meßstrecke: Die Ziellinie ist am südwestlichen Ende 1 m, am südöstlichen Ende 2 m höher als die Startlinie, weil das Bodenniveau ansteigt.

b) Steigflug: Einige Vögel versuchten nach Erreichen der Albhochfläche, vor allem bei Windstille, wieder größeren Abstand zum Boden, d. h. ihre normale Flughöhe zu gewinnen.

c) Erschöpfte Vögel: Die Meßstrecke beginnt kurz nachdem die Zugvögel die Höhe des Albsteilrandes erreicht haben und auf dem Weg dorthin im Extremfall mehrere 100 m auf wenigen km aufsteigen mußten.

Die gemessenen Durchschnittswerte stellen im Vergleich zum Streckenzug unter bodennahen Normalbedingungen daher möglicherweise unterdurchschnittliche Werte dar. Die von uns angestrebten Ergebnisse des Vergleichs zwischen verwandten Arten sind von den Punkten a – c allerdings nicht betroffen, da die Bedingungen für alle Arten gleich sind. Insgesamt wurden knapp 1500 Messungen ziehender Vögel ausgewertet. Bei Rückenwind wurde die Meßstrecke verstärkt in größerer Höhe überflogen, so daß nur relativ wenige Flugzeiten ermittelt werden konnten. Günstigste Meßbedingungen mit niedrigen Flughöhen herrschen bei schwachen bis mittleren Gegenwinden von ca. 2 – 3 Bft. (ca. 6 – 19 km/h). Daher wurden unter diesen Bedingungen auch die meisten Messungen durchgeführt. Im folgenden wird ein Gegenwind von 0 – 1 m/s (= 0 – 3,6 km/h) als schwach, ein solcher von 2 – 3 m/s (= 7,2 – 10,8 km/h) als stark bezeichnet (siehe Tab.13.1.1).

Die aus den ermittelten Zeiten für „100-m-Flüge" bestimmten Reisegeschwindigkeiten liegen zwischen 21 km/h beim Eichelhäher und 88,8 km/h beim Star.

Buchfinken durchflogen bei schwachen Gegenwinden von 0 – 1 m/s die 100-m-Meßstrecke in 7,9 sec. Dies entspricht einer durchschnittlichen Geschwindigkeit über Boden von 45,4 km/h. Die einzelnen Meßwerte liegen zwischen 44,6 und 58,5 km/h. Bei starkem Gegenwind werden durchschnittlich 36,5 km/h erreicht. Die schwereren **Bergfinken** erreichten unter entsprechenden Voraussetzungen 52,4 km/h bzw. 41,2 km/h. Der Bergfink fliegt damit etwa 13 – 15 % schneller (Abb. 13.1.3). Die Eigengeschwindigkeit, d. h. die Geschwindigkeit relativ zur bewegten Luft, ist damit für den Buchfinken bei niedrigen Windgeschwindigkeiten für beide Windklassen praktisch konstant. Der Bergfink scheint mit Zunahme des

Tab. 13.1.1: Durchschnittliche Reisegeschwindigkeit (in km/h; v) von ziehenden Vögeln am RM bei unterschiedlichem Wind, sortiert nach den Fluggeschwindigkeiten bei geringem Gegenwind (0 – 1 m/s). Angegeben sind die Anzahl (n) der Messungen und die jeweiligen Spitzenwerte, v_{max} sowie Gewichte (nach BEZZEL 1993) und Handflügelindex nach KIPP (1959). – *Mean groundspeed in km/h (v) of migrants at Randecker Maar in tailwinds* (Mitwind) *and headwinds* (Gegenwind) *of two different speeds. Columns from left to right: species, in brackets* KIPP*'s (1959) primary index, in order of groundspeed in a slight headwind (0 – 1 m/s); speed, with maximum values (v_{max}) in brackets, (n) = number of observations; mass (after* BEZZEL *1993).*

	Gegenwind				Mitwind				
	0-1 m/s		2-3 m/s		0-1 m/s		2-3 m/s		
Art	v	(n)	v	(n)	v	(n)	v	(n)	Masse in g
(Handflügelindex)	(v_{max})		(v_{max})		(v_{max})		(v_{max})		
	Reisegeschwindigkeiten v in km/h								
Star	55,2	(11)	49,5	(29)	60,6	(8)	72,0	(8)	M 57 - 107
(34-37)	(74,0)		(67,7)		(71,3)		(88,8)		W 46 - 101
Bergfink	52,4	(9)	41,2	(108)	-	-	-	-	M 22 - 37
(31-35)	(59,5)		(60,5)						W 18 - 33
Feldlerche	49,6	(1)	39,2	(8)	-	-	-	-	M 34 - 52
(38-40)	(49,6)		(49,6)						W 29 - 45
Erlenzeisig	49,5	(7)	46,6	(7)	-	-	-	-	M 12 - 15
(37-39)	(65,0)		(52,2)						W 11 - 16
Misteldrossel	48,7	(4)	39,4	(13)	-	-	-	-	99 - 120
(36-38)	(55,0)		(51,4)						
Hänfling	46,6	(10)	40,0	(25)	-	-	-	-	M 17 - 23
(37-38)	(68,8)		(68,8)						W 17 - 22
Bachstelze	45,7	(15)	36,5	(56)	-	-	-	-	M 20 - 25
(34-36)	(56,5)		(49,6)						W 18 - 22
Buchfink	45,4	(32)	36,5	(273)	-	-	-	-	M 19 - 26
(27-30)	(58,5)		(58,5)						W 18 - 25
Wacholderdrossel	44,2	(20)	39,5	(50)	56,4	(23)	51,1	(9)	M 80 - 120
(34-35)	(67,7)		(51,4)		(74,0)		(68,8)		W 76 - 128
Uferschwalbe	42,4	(4)	47,5	(5)	-	-	-	-	M 11 - 17
(57)	(47,0)		(56,3)						W 11 - 16
Stieglitz	41,8	(9)	36,2	(35)	51,1	(4)	51,3	(5)	M 14 - 18
(36-37)	(65,0)		(47,3)		(67,4)		(57,3)		W 14 - 17
Schafstelze	41,3	(9)	39,7	(45)	45,7	(8)	48,8	(6)	M 13 - 20
(35-37)	(63,8)		(57,7)		(60,5)		(65,0)		W 12 - 18
Baumpieper	40,3	(11)	40,3	(7)	-	-	-	-	M 19 - 25
(33-35)	(58,5)		(57,3)						W 19 - 24
Wiesenpieper	40,1	(16)	34,8	(36)	-	-	-	-	M 18 - 19
(26-28)	(65,0)		(48,7)						W 17 - 18
Rauchschwalbe	38,7	(87)	36,6	(128)	40,5	(22)	42,6	(16)	M 16 - 21
(55-57)	(53,4)		(60,5)		(46,2)		(61,5)		W 16 - 24
Girlitz	36,5	(3)	33,3	(7)			52,4	(4)	M 10 - 14
(30-34)	(42,7)		(39,2)				(57,3)		W 10 - 14
Rabenkrähe	36,1	(30)	32,3	(20)	47,9	(8)	45,7	(17)	M 620 - 655
(38-40)	(46,2)		(46,2)		(60,8)		(71,3)		W 480 - 530
Eichelhäher	35,5	(5)	21,5	(2)	43,8	(1)	35,0	(7)	M 153 - 197
(18-21)	(37,2)		(22,0)		(43,8)		(39,3)		W 135 - 188
Mehlschwalbe	35,0	(7)	30,3	(4)	-	-	-	-	M 15 - 22
(56-57)	(47,3)		(44,3)						W 14 - 22

Windes langsamer zu werden. Von den untersuchten **Carduliden** flog der Erlenzeisig im Schnitt am schnellsten, gefolgt von Hänfling und Stieglitz (Abb. 13.1.3). Die höchste Einzelgeschwindigkeit dieser Gruppe ermittelten wir bei Hänflingen mit jeweils 68,8 km/h bei schwachen und starken Gegenwinden. Der **Girlitz** fliegt langsamer als alle Cardueliden.

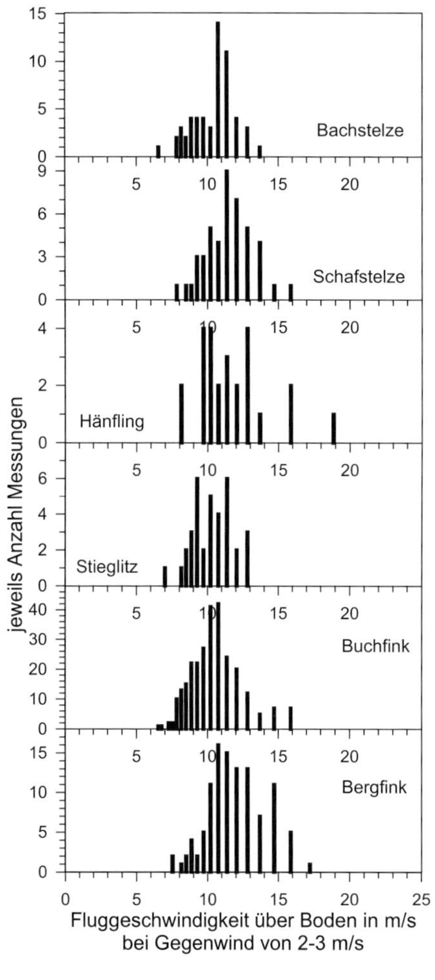

Abb. 13.1.3: Fluggeschwindigkeiten verschiedener ziehender Arten bei Gegenwind von 2 – 3 m/s, dargestellt an den Artenpaaren Bachstelze (*Motacilla alba*) und Schafstelze (*M. flava*), Bluthänfling (*Carduelis cannabina*) und Stieglitz (*C. carduelis*), Buchfink (*Fringilla coelebs*) und Bergfink (*F. montifringilla*). Die Meßwerte werden in gleichbreite Klassen auf der Zeitskala angeordnet. Daher sind die Geschwindigkeiten hier nicht für den gesamten Bereich im gleichen Abstand dargestellt. – *Groundspeed in m/s of pairs of closely related species in headwind of 2 – 3 m/s: from top to bottom,* Motacilla alba, M. flava, Carduelis cannabina, C. carduelis, Fringilla coelebs, *and* F. montifringilla. *Vertical axis shows number of records.*

Wiesen- und Baumpieper erreichten bei schwachem Gegenwind nahezu identische Werte. Bei stärkerem Gegenwind deutet sich an, daß der Baumpieper mit 40,3 km/h bzw. 34,8 km/h unter Umständen weit schneller fliegt als der Wiesenpieper. Bei schwachem Gegenwind fliegen sowohl **Bach-** als auch **Schafstelzen** etwas schneller als die Pieper, die schwerere Bachstelze im Mittel schneller als die Schafstelze. Bei mäßigen Gegenwinden dreht sich das Verhältnis um (Tab. 13.1.1). Die Langstreckenzieher Baumpieper und Schafstelze fliegen insgesamt mit recht ähnlicher Geschwindigkeit.

Während von der Rauchschwalbe eine große Anzahl von Messungen vorliegt, konnten von anderen Schwalben nur wenige Zeiten ermittelt werden. Die Reihenfolge der Fluggeschwindigkeiten bei leichten und mäßigen Gegenwinden ist absteigend von **Uferschwalbe** als schnellster Art über die **Rauchschwalbe** bis zur relativ langsamen **Mehlschwalbe**. Eine größere Anzahl Messungen bei Ufer- und Mehlschwalbe kann unter Umständen diese Reihenfolge noch verändern, die schnellste Einzelmessung war eine Rauchschwalbe (Tab. 13.1.1). Im Gegensatz zu Rauch- und Mehlschwalbe jagt die Uferschwalbe bei der Albquerung nicht. Geschwindigkeitsmessungen bei Gegenwinden von 1 - 2 m/s ergaben für Altvögel der Rauchschwalbe (n = 16) im Durchschnitt 34,5 km/h, für Jungvögel (n = 31) 31,7 km/h (siehe Gatter & Behrndt 1985). Die neueren Messungen bestätigen die früheren Ergebnisse, daß Jungvögel im Mittel etwas langsamer fliegen als Altvögel. Bei Rauchschwalben ist das „Unterfliegen von stärkeren Gegenwinden" besonders ausgeprägt; Zug findet dann oft unter 1 m Höhe statt. Altvögel mit längeren Handflügeln und Schwanzspießen fliegen durchschnittlich tiefer als Jungvögel (Gatter & Behrndt 1985) und können damit wohl besser manövrieren (Tsvelykh 1982). Dabei erreichen sie knapp über dem Boden noch relativ hohe Geschwindigkeiten. Bei Gegenwind von 8 m/s wurde noch ein Durchschnittswert von 27,7 km/h gemessen (Abb. 13.1.4). Hinweise, daß junge Rauchschwalben zugphysiologisch schwächer sind, finden sich in Kap. 11 und Kap. 12. Altvögel könnten von Verwirbelungen im bodennahen Bereich zusätzlich gefördert werden, wobei zu den morphologischen Vorteilen noch die Flugerfahrung kommen mag.

Misteldrosseln und die leichteren **Wacholderdrosseln** (Abb. 13.1.5, Tab. 13.1.1) sind weitaus schneller als die rundflügelige **Amsel**, die auf der Versuchsstrecke noch Werte um 35 km/h erreichte. **Stare** erbrachten bei ihren oft geringen Flughöhen von nur 0,5 – 2 m die höchsten Werte. Mit 55,2 km/h Durchschnittsgeschwindigkeit und Zeiten zwischen 11,9 und 20,6 m/s entsprechend 42,7 – 74,0 km/h fliegen sie bei geringem Gegenwind schneller als alle anderen erfaßten Arten (Tab. 13.1.1).

Bei sehr starken Gegenwinden ist es für Vögel nicht mehr sinnvoll, weiterzuziehen, weil der Energieverbrauch zu groß wird. Da die Windgeschwindigkeit mit der Höhe zunimmt, versuchen einige Arten mit sehr niedrigen Flughöhen den Wind zu unterfliegen während weniger gute Flieger rasten. Mit zunehmendem Ge-

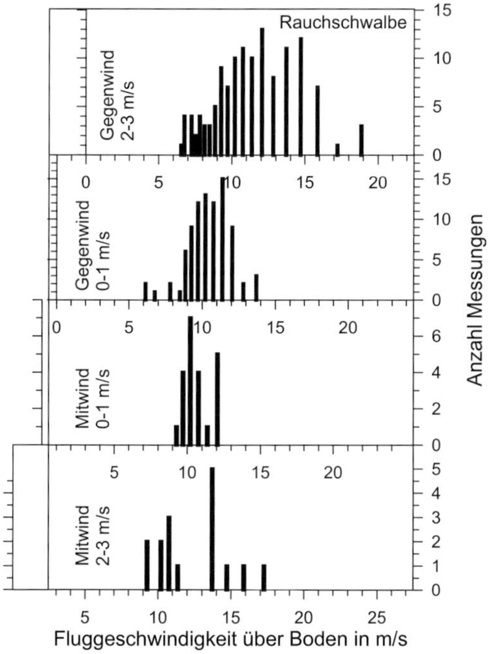

Abb. 13.1.4: Fluggeschwindigkeit ziehender Rauchschwalben bei unterschiedlichen Winden. Die 4 Verteilungen der Meßwerte für verschiedene Gegen- und Mitwindgeschwindigkeiten sind so dargestellt, daß gleichschnell zur bewegten Luft fliegende Vögel untereinander erscheinen. Man erkennt, daß Rauchschwalben bei stärkeren Gegenwinden (oben) schneller relativ zur Luft fliegen. – *Groundspeed of migrating* Hirundo rustica *in different wind conditions (*Gegenwind = *headwind;* Mitwind = *tailwind), showing how the birds increase their airspeed in stronger headwinds. The distribution of groundspeeds is arranged so that birds flying at the same airspeed are one below the other; right vertical axis shows number of records.*

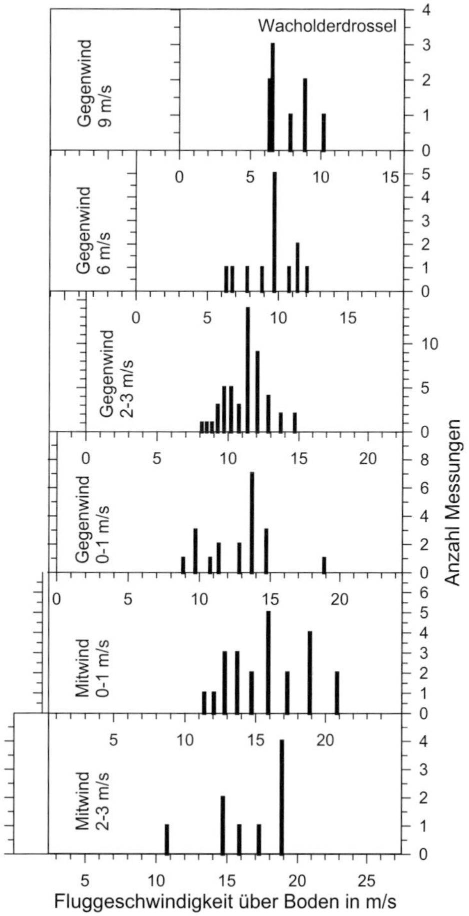

Abb. 13.1.5: Fluggeschwindigkeit ziehender Wacholderdrosseln bei unterschiedlichen Winden. Man erkennt, daß die Wacholderdrosseln (im Gegensatz zur Rauchschwalbe) selbst bodennah innerhalb des Meßfehlers weitgehend mit konstanter Eigengeschwindigkeit fliegen. – *Groundspeed of migrating* Turdus pilaris *in different wind conditions; see Fig. 13.1.4. In contrast to* Hirundo rustica, T. pilaris *maintains a virtually constant airspeed, even close to the ground.*

genwind ziehen immer weniger Arten. Bei Gegenwinden von 5,5 – 7 m/s (20 – 25 km/h) erscheinen noch 15 Arten mit jeweils mehreren Individuen in unseren Listen. Unter diesen Bedingungen wandern Buchfink, Wacholderdrossel, Misteldrossel, Wiesenpieper, Goldammer und Feldlerche noch regelmäßig, Rauchschwalben vereinzelt. Goldhähnchen und Laubsänger und fast alle Meisen stellen den Zug ein. Bei Gegenwinden von mehr als 8,9 m/s (32 km/h) wurden noch zwölf Arten notiert. Dabei war die Wacholderdrossel am häufigsten, gefolgt von Buchfink, Goldammer und gelegentlichen Rauchschwalben und Staren. Die Windabhängigkeiten der Geschwindigkeit werden beispielhaft an der Wacholderdrossel gezeigt (Abb. 13.1.5). Manche Vogelarten verblüffen bei starken Winden den Beobachter. Unter den wenigen bei Windstärken von mehr als 6 Bft. ziehenden Vögeln können auch die subjektiv lei-

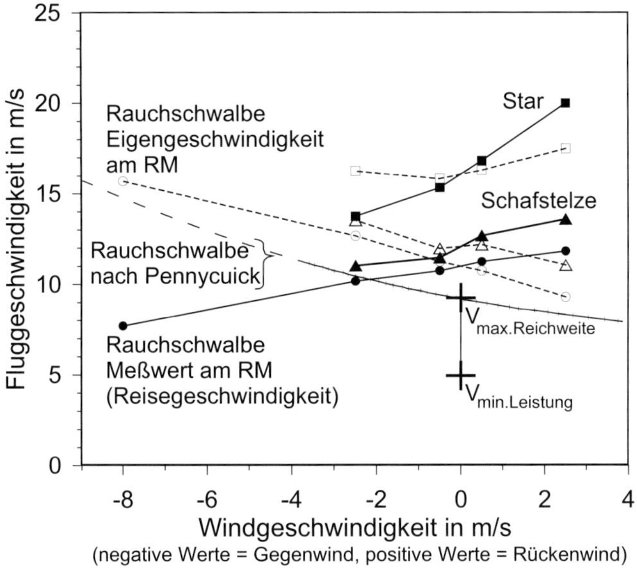

Abb. 13.1.6: Zusammenhang von Flug- und Windgeschwindigkeit. Für Rauchschwalbe (*Hirundo rustica*), Schafstelze (*Motacilla flava*) und Star (*Sturnus vulgaris*) sind gemittelte Meßwerte der Reisegeschwindigkeit als durchgezogene und berechnete Eigengeschwindigkeiten als gestrichelte Linien für Mit- und Gegenwind dargestellt. Der Star fliegt eine etwa konstante Eigengeschwindigkeit. Rauchschwalben und Schafstelzen berücksichtigen den Wind und erhöhen bei Gegenwind ihre Eigengeschwindigkeit. Eine Berechnung des Zusammenhangs nach PENNYCUICKS (1989) Programm 1 (Daten für die Rauchschwalbe, Masse 20 g; Spannweite 0,335 m nach von VIETINGHOFF-RIESCH 1955) zeigt die gestrichelte Kurve unterhalb der Eigengeschwindigkeit der Rauchschwalbe. Die berechnete Leistungs-Geschwindigkeitskurve erlaubt nur die Berücksichtigung eines geringen Gegenwindes, daher wurde eine Extrapolation der Kurve vorgenommen. Da verschiedene für die Ableitung der Gleichung benutzte Annahmen bei diesen Parametern möglicherweise stärker abweichen, stellt der gestrichelte Verlauf eine grobe Näherung dar. Innerhalb der Grenzen von Theorie und Praxis stimmt der Kurvenverlauf überein, die berechneten Geschwindigkeitswerte liegen allerdings etwas niedrig. – *Relationship between flight speed and wind speed. For* Hirundo rustica, Motacilla flava, *and* Sturnus vulgaris *mean groundspeed* (Reisegeschwindigkeit) *values are shown as solid lines, and calculated airspeeds* (Eigengeschwindigkeit) *in tail- and headwind conditions as short-dashed lines.* S. vulgaris *flies at an almost constant airspeed, while* H. rustica *and* M. flava *allow for the wind, raising their airspeed in a headwind. Data calculated using Program 1 from PENNYCUICK (1989) (values for* H. rustica: *mass 20g, wing span 33.5 cm). The calculated curve of power against speed only allows a light headwind to be taken into account, therefore an extrapolation of the curve was carried out. Since some of the assumptions made in the derivation of the equation might deviate more strongly using these parameters, the long-dashed extrapolation line represents only a rough approximation. The path of the curve is possible within the limits of theory and practice, though the calculated speeds are rather low. Horizontal axis: wind speed in m/s; negative values = headwind, positive = tailwind. Vertical axis: flight speed in m/s.* $V_{max.\ Reichweite}$ *= speed for maximum range;* $V_{min.\ Leistung}$ *= speed of minimum power.*

stungsschwachen Tannenmeisen sein. Sie nutzen, solange es geht, die Deckung durch Bäume, können aber auch hoch von einem Wald zum anderen ziehen, obwohl sie dabei immer wieder von Böen zurückgeworfen werden.

Bei Mitwind nehmen die Reisegeschwindigkeiten erwartungsgemäß zu (Tab. 13.1.1, Abb. 13.1.4, 13.1.5). Allerdings ist die Zahl unserer Messungen aufgrund des dann in größerer Höhe stattfindenden Zuges klein.

Ein Vergleich mit den Geschwindigkeitsmessungen durch Radar ist schwierig. In Kap. 13.1.1 wurde dargestellt, daß die mit einem Echo-Folge-Radargerät bestimmten Eigengeschwindigkeiten in größeren Höhen bis 1000 m etwas unter 11,1 m/s (40 km/h) liegen. Der vom Radar erfaßte hohe Zug bestand zu zwei Dritteln aus Schwalben und Finken. Dazu kamen etwa 15 % Greifvögel. Der mit Radar ermittelte Durchschnittswert der Eigengeschwindigkeiten liegt unterhalb der von uns bodennah gemessenen Geschwindigkeiten dieser Arten. Dieser Unterschied könnte dadurch entstehen, daß durch die meist zu fortgeschrittener Tageszeit durchgeführten Tagzugerfassungen viele kreisende Vögel erfaßt wurden. Der Radarstrahl folgt in diesem Fall nicht dem Einzelvogel, sondern springt innerhalb des Trupps von einem Individuum zum anderen. Bei hoch ziehenden Mehlschwalbentrupps wurden mehrfach Geschwindigkeiten zwischen 20 und 30 km/h gemessen. Wenn man diese Verlangsamung durch das Kreisen berücksichtigt, kann von einer vergleichbaren mittleren Eigengeschwindigkeit ausgegangen werden. Unsere Meßwerte für Kleinvögel stammen ausschließlich aus dem bodennahen Bereich in den unteren 50 m, der beim Tagzug am stärksten frequentiert wird (Kap. 8.1). Für diesen Höhenbereich gibt es bisher noch kaum Radarmessungen zum Vergleich.

Bei den Artbeispielen wurde schon angedeutet, daß der Buchfink mit einer mittleren Eigengeschwindigkeit fliegt, die zumindest im unteren Windstärkenbereich unabhängig vom Gegenwind ist. Ein gleichartiges Verhalten zeigt auch der Star. Gemessen über einen etwas weiteren Windgeschwindigkeitsbereich von Gegen- wie Rückenwinden, ändert sich seine Eigengeschwindigkeit innerhalb unserer Meßgenauigkeit nicht (Abb. 13.1.6). Vergleichbares gilt auch für andere Kurzstreckenzieher wie Bachstelze, Wiesenpieper, Hänfling und Stieglitz. Ganz im Gegensatz hierzu zeigen die LSZ Rauchschwalbe, Schafstelze und Baumpieper eine deutlich windabhängige Eigengeschwindigkeit. Zwar nimmt auch bei ihnen mit zunehmendem Gegenwind die Reisegeschwindigkeit ab, sie zeigen aber selbst innerhalb dieses kleinen Gegenwindbereichs eine deutliche Zunahme der Eigengeschwindigkeit (Abb. 13.1.7). Obwohl bei den Artenpaaren Wiesenpieper – Baumpieper oder Bachstelze – Schafstelze die KSZ jeweils einen

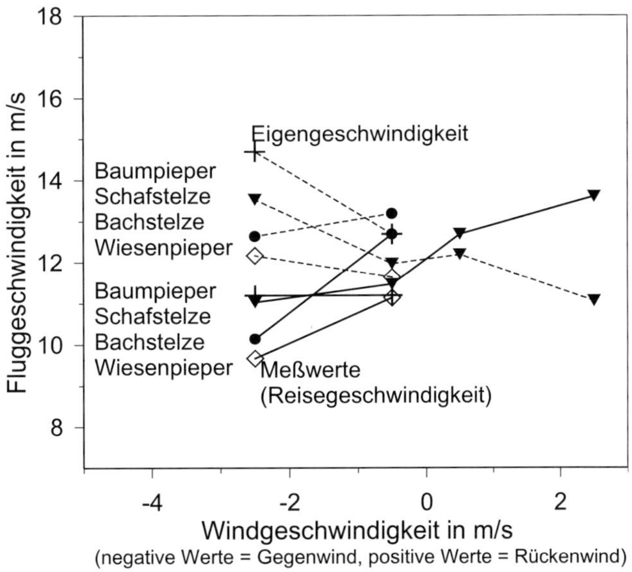

Abb. 13.1.7: Durchschnittliche Fluggeschwindigkeit (Reise- und Eigengeschwindigkeit) in Abhängigkeit von der Windgeschwindigkeit für 2 Kurz- und 2 Langstreckenzieher. Reisegeschwindigkeit durchgezogene, Eigengeschwindigkeit gestrichelte Linie. Die LSZ kompensieren innerhalb gewisser Grenzen den Gegenwind, KSZ zeigen eine vom Wind mehr oder weniger unabhängige Eigengeschwindigkeit. – *Average flight speed (groundspeed and airspeed) as a function of wind speed for 2 short-distance* (Anthus pratensis, Motacilla alba) *and 2 long-distance migrants* (A. trivialis, M. flava). *Groundspeed is shown by a solid line, calculated airspeed by a dashed line. The long-distance migrants compensate for the headwind, within certain limits; the short-distance migrants show an airspeed more or less independent of the wind. See also Fig. 13.1.6.*

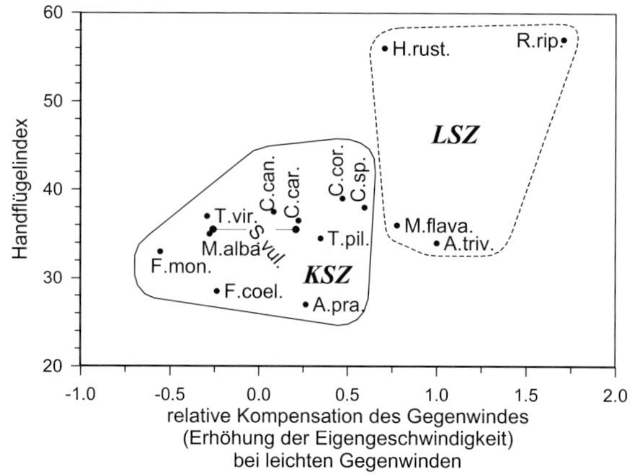

Abb. 13.1.8: Kompensation des Gegenwindes bei verschiedenen Vogelarten dargestellt gegen den Handflügelindex nach KIPP (1959). Als Kompensation wird die Differenz der Reisegeschwindigkeit bei 2 Windgeschwindigkeiten dividiert durch die Differenz der Windgeschwindigkeiten bezeichnet. Die LSZ (H. rust. – Rauchschwalbe, R. rip. – Uferschwalbe, M. flava – Schafstelze, A. triv. – Baumpieper) erhöhen bei Gegenwind ihre Geschwindigkeit, während die KSZ (A. pra. – Wiesenpieper, M. alba – Bachstelze, T. vir. – Misteldrossel, T. pil. – Wacholderdrossel, S. vul. – Star, C. can. – Bluthänfling, C. car. – Stieglitz, C. sp. – Zeisig, F. mon. – Bergfink, F. coel. – Buchfink, C. cor. – Rabenkrähe) ihre Eigengeschwindigkeit in etwa beibehalten. – *Compensation for headwind (horizontal axis) by various species plotted against KIPP's (1959) primary index (vertical axis). Compensation is defined as the difference between the groundspeed in 2 different wind speeds divided by the difference between these wind speeds. The long-distance migrants (LSZ)* (Hirundo rustica, Riparia riparia, Motacilla flava, Anthus trivialis) *increase their speed in headwinds, whereas the short-distance migrants (KSZ)* (Anthus pratensis, Motacilla alba, Turdus viscivorus, T. pilaris, Sturnus vulgaris, Carduelis cannabina, C. carduelis, C. spinus, Fringilla montifringilla, F. coelebs, Corvus c. corone) *more or less maintain their airspeed.*

deutlich stärkeren Wellenflug aufweisen, ist nicht davon auszugehen, daß sie an der Grenze ihrer Leistungsfähigkeit angelangt sind. Wie in Abb. 13.1.1 dargestellt, gibt es eine Geschwindigkeit maximaler Reichweite, die oberhalb der Geschwindigkeit des geringsten Energieverbrauchs liegt. Eine derartige Reisegeschwindigkeit ist besonders für die hier angeführten Transsaharazieher von Bedeutung. Sie sollten mit ihrem Energievorrat möglichst ökonomisch umgehen, um weit zu kommen. Es deutet sich an, daß sich die drei angesprochenen LSZ mit zunehmender Eigengeschwindigkeit über den Bereich von Rückenwind bis Gegenwind an eine derartige Geschwindigkeit maximaler Reichweite annähern (Abb. 13.1.7). Setzt man die Fähigkeit zur Windkompensation in Relation zum Handflügelindex verschiedener Arten, so zeigt sich keine klare Trennung zwischen LSZ und KSZ (Abb. 13.1.8). Das kann daran liegen, daß die Zahl unserer Meßwerte für viele Arten zu gering ist, es können aber auch andere Faktoren maßgebend sein.

Messungen mit Radar erlaubten BRUDERER (1971) die Betrachtung eines erweiterten Windgeschwindigkeitsbereichs. Beim Buchfinken deutet sich eine teilweise Kompensation des Gegenwindes an. Sie liegt mit einer relativen Kompensation von 0,3 im Bereich unserer Messungen beim Wiesenpieper und damit noch im Bereich von uns erfaßter KSZ (Abb. 13.1.8).

Bei einem Artengemisch von Nachtziehern ermittelte er, daß diese überwiegend langstrekkenziehenden Vögel ihre eigene Leistung bei Rückenwind um 1/3 bis 1/4 senken. LIECHTI (1992) fand hingegen bei nächtlich ziehenden Vögeln mit Rückenwinden nur wenig verringerte Eigengeschwindigkeiten. Bei Gegenwinden glichen sie jedoch bis zu 3/4 aus. Dies nähert sich mehr dem prognostizierten Verhalten für maximale Reichweiten an. Mit zunehmenden Rückenwinden sollte die Änderung der Eigengeschwindigkeit geringer werden und sich bei sehr großen Windgeschwindigkeiten dem Wert für den minimalen Energieverbrauch nähern.

Unter den Zugvögeln weisen die Fernwanderer einen erheblich spitzeren Flügel als verwandte Standvogelarten auf. Der von KIPP (1959) definierte Handflügelindex (HI) eignet sich zur Betrachtung der relativen Handflügellänge.

Er nimmt mit länger werdenden Handschwingen zu. Ein spitzer Flügel ruft einen geringer bremsenden Luftwirbel am Flügelende hervor als ein stumpfer, so daß der Energieverbrauch eines Vogels mit zunehmendem HI kleiner wird. Fast generell gilt, daß die Arten/Unterarten mit dem längeren Zugweg über den größeren Handflügelindex verfügen (Tab. 13.1.2, KIPP 1959, FIEDLER 1998b, siehe aber auch ECK & BUB 1992). Neben Flügellänge und Handflügelindex hat auch die Fettdisposition Einfluß auf das Flugverhalten. Sie beeinflußt die maxi-

Tab. 13.1.2: Handflügelindices verschiedener Unterarten von Buchfink und Steinschmätzer (Kipp 1959 und pers. Mitt.) weitgehend auf Balgmaßen basierend.
Der Handflügelindex wird am geschlossenen Flügel gemessen und wird berechnet nach der Formel

$$\text{HI} = \frac{\text{Abstand (1. Armschwinge bis Flügelspitze) x 100}}{\text{Flügellänge}}$$

Primary indices of various subspecies of Fringilla coelebs *and* Oenanthe oenanthe *(Kipp 1959 and pers. comm.), mainly taken from skins. Place of origin of subspecies from top to bottom: Central Europe, Morocco/Algeria, Tenerife, Greenland, Central Europe, Macedonia.*
The primary index is measured on the closed wing and is derived using the formula

$$\text{HI} = \frac{\textit{Distance from tip of } 1^{st} \textit{ secondary to wing tip x 100}}{\textit{wing length}}$$

Art	Handflügelindex	Herkunft
Fringilla coelebs coelebs	27 - 30	Mitteleuropa
Fringilla coelebs spodiogenys	26 - 28	Marokko, Algerien
Fringilla coelebs tintillon	21 - 22	Teneriffa
Oenanthe oenanthe leucorrhoa	34 - 36	Grönland
Oenanthe oenanthe oenanthe	32	Mitteleuropa
Oenanthe oenanthe libanotica	31	Mazedonien
Oenanthe oenanthe seebohmi	26 - 28	Algerien

male Flugzeit und maximale Reichweite gleich auf zwei Wegen: erstens über einen mit zunehmender Körpermasse notwendig werdenden größeren Auftrieb, der bei höherer Geschwindigkeit erreicht wird, zweitens über den Strömungswiderstand (Querschnitt), da mit den Fettdepots auch das Körpervolumen anwächst.

Wie Abb. 13.1.1 zeigt, ist es für einen schweren Vogel vom Energieverbrauch her sinnvoller, unter sonst gleichen Bedingungen schneller zu fliegen als ein leichter gleichartiger Vogel. Übertragen auf LSZ bedeutet dies, daß der bei gleichen morphologischen Voraussetzungen fettere Vogel einer Art die Mittelmeer- und Saharaüberquerung in kürzerer Zeit bewältigt als ein leichterer Artgenosse (z. B. Wood 1982). Voraussetzung ist, daß er mit der für ihn spezifischen Geschwindigkeit maximaler Reichweite fliegt.

Was bedeutet das nun für Zuggesellschaften von Kleinvögeln? Zunächst variieren innerhalb einer Art die Gewichte wie auch die Abmessungen. Die Spanne der Körpergewichte wird durch die jeweilige Fettdisposition der Einzelvögel noch erweitert. Auch die Flügellänge und damit der HI variieren innerhalb einer wie auch zwischen verschiedenen Populationen. Damit ist zu erwarten, daß für die verschiedenen Vögel unterschiedliche Geschwindigkeiten optimal sind. Da die Vögel nicht nur mit der optimalen Geschwindigkeit fliegen können, sondern sowohl schneller als auch langsamer, kommen noch andere Faktoren hinzu, die Einfluß auf die Truppzusammensetzung haben. Das kann z. B. die geringere Gefährdung durch Prädatoren für den Einzelvogel im Schwarm sein oder ein geringerer Energieverbrauch bei Zug im Verband. Dadurch kann es für einen normalerweise langsamer fliegenden Vogel sinnvoller sein, etwas schneller im Schwarm einer anderen Art mitzufliegen oder umgekehrt.

Buch- und Bergfinken zeigen kaum Überschneidungen bei den HI- Werten. Die Unterschiede verdeutlicht Abb. 13.1.9, die den Flügel des Bergfinken (*Fringilla montifringilla*), und des Buchfinken (*F. coelebs spodiogenys*) zeigt. Die maximale Körpermasse männlicher Bergfinken kann doppelt so groß wie die von leichten Buchfinkenweibchen sein (Tab. 13.1.1). Betrachtet man diese Unterschiede, so ist es nicht verwunderlich, daß Bergfinken (ø 52,4 km/h), die in Buchfinkentrupps (ø 45,4 km/h) mitziehen, meist vorn im Trupp fliegen und dabei langsamer ziehen als in ihren artreinen Trupps. Einzelnen Buchfinken ist es hingegen kaum möglich, in Bergfinkenschwärmen mitzuhalten. Bergfinkentrupps überholen Buchfinkenschwärme zügig (Gatter 1979) und fliegen zudem bei stärkeren Gegenwinden durchschnittlich tiefer als Buchfinken (s. Kap. 8.1). Dies bedeutet wieder-

Abb. 13.1.9: Unterschiedliche Ausprägung der Handflügel von Bergfink (oben) und Buchfink (*Fringilla coelebs spodiogenys*). – *Different shape of primaries of* Fringilla montifringilla *(above) and* F. coelebs spodiogenys.

um einen Geschwindigkeitsvorteil für den Bergfink, da im bodennahen Bereich geringere Windgeschwindigkeiten wirken. Seine im Vergleich zum Buchfinken besseren Flugeigenschaften sind wohl die Voraussetzung zur Nutzung von Massenschlafplätzen weitab der Nahrungsgründe, die ihn befähigen, lange tagesperiodische Wanderungen zur Erreichung noch nicht ausgebeuteter Bucheckerngebiete auszuführen.

Die von uns gemessenen artspezifischen Geschwindigkeitsunterschiede bei den Schwalben können teilweise als Folge unterschiedlicher Lebensweisen gedeutet werden. Uferschwalben (ø 42,4 km/h), die am RM höchste Durchschnittsgeschwindigkeiten erreichen, ziehen zielstrebiger als die anderen Arten, da sie verstärkt an Gewässern jagen und Mittelgebirge zügig überwinden. Rauch- (ø 38,7 km/h) und Mehlschwalben (ø 35,0 km/h) hingegen jagen hier auf dem Zug. Tsvelykh (1982) fand bei vier von ihm untersuchten Schwalbenarten die höchsten Geschwindigkeiten (wie auch wir) bei den Uferschwalben, die niedrigsten bei Rauchschwalben.

Von zahlreichen Vogelarten ist bekannt, daß der Zug sowohl nach Geschlechtern als auch nach dem Alter getrennt erfolgt. Faktoren wie Mauser, Selbständigwerden und die unterschiedliche Zugdisposition sind Gründe dafür (z. B. Prill 1975). Aber auch morphologische Unterschiede können ausschlaggebend sein. Beobachtungen bei der Rauchschwalbe, bei der man Jung- und Altvögel im Felde deutlich unterscheiden kann, deuten darauf hin. Altvögel haben im Durchschnitt längere Handflügel und längere Schwanzspieße als Jungvögel (z. B. Gatter & Behrndt 1985). Bei 94 Vögeln, die im Sept./Okt. 1974 am RM auf dem Zug verhungerten (Kap. 9.8), wurden folgende Flügelmaße genommen: 59 diesjährige Vögel: 113 – 124 mm, ø 116 mm. 35 Altvögel: 116 – 126 mm, ø 122 mm. Bei im Mittel 5 % kürzerem Handflügel fliegen die Jungvögel im Durchschnitt 8 % langsamer als die Adulten. Auch bei den morphologisch ähnlichen Buch- und Bergfinken erreicht der Bergfink bei durchschnittlich 15 % größerem HI um 10 % höhere Geschwindigkeiten (Abb. 13.1.3 und 13.1.9, Tab. 13.1.1, Gatter 1979).

Ellegren (1993) zeigte anhand von Ringfunden, daß Altvögel im allgemeinen größere Zugfortschritte machen als Jungvögel. Eine Erklärung hierfür wären geringere Geschwindigkeiten der Jungen. Einjährige Individuen haben bei vielen Kleinvogelarten rundlichere Flügel als die Adulten (Alatalo et al. 1984). Bei Jungvögeln wurden auch durchschnittlich längere Rastphasen während des Zuges ermittelt (z. B. Blaukehlchen, Ellegren 1990). Hinzu könnten noch kürzere Zugphasen kommen. Bei Rauchschwalben und Rohrweihen zeigten Junge längere tageszeitliche Zugmuster. Längere Tages-Zugdauern von Individuen können daraus jedoch nicht unmittelbar abgeleitet werden (Kap. 12).

Bei nahe verwandten Arten, wie Bach- und Schafstelze oder Buch- und Bergfink, ist die Effektivität des Flügelbaus, d. h. seine Eignung für den Streckenflug, ein wesentlicher Faktor. Der Bautyp des Flügels läßt sich durch viele Methoden, am einfachsten durch den HI als Kennzeichnung darstellen. Die Fluggeschwindigkeit wird aber in hohem Maße beeinflußt durch die Körpermasse des Einzelvogels und damit auch durch dessen Fettdisposition, Motivation und Windabhängigkeit. Alle Komponenten zusammen entscheiden maßgeblich über die Zuggeschwindigkeit.

Bei vielen relativ rundflügligen Singvögeln sind die Energiekosten für schnellen Geradeausflug so hoch, daß es sich lohnt, Flügelschlag-

und Gleitphasen, die mit angelegten Flügeln zum Wellenflug führen, zu verbinden (ALERSTAM 1994). Eichelhäher, Schwarzspechte und Hausrotschwanz beherrschen sogar dieses nicht und fliegen sozusagen immer im ersten Gang. Wasseramseln, über Wasser im energieaufwendigen Schwirrflug, schalten bei hohem Zug auf Wellenflug um (GATTER 1976a, Kap. 6). Allerdings erreichen sie nur mit dem Schwirrflug die über Bächen notwendige Manövrierfähigkeit.

Zusammenfassung
13.1 Zuggeschwindigkeiten von Vögeln im bodennahen Bereich

Geschwindigkeitsmessungen bei Rückenwind und Gegenwind im bodennahen Bereich des RM deuten bei KSZ eine Reisegeschwindigkeit an, der eine konstante Eigengeschwindigkeit zugrunde liegt. LSZ zeigen dagegen eine vom Wind abhängige Eigengeschwindigkeit, die bei Gegenwind ansteigt und bei Mitwind abnimmt, ein Hinweis auf die Nutzung einer Geschwindigkeit maximaler Reichweite nach PENNYCUICK beim bodennahen Flug.

Mit steigendem Gegenwind wächst der Energieverbrauch an. Da die Windgeschwindigkeit auch mit der Höhe zunimmt, fliegen gute Flieger bei starken Gegenwinden niedrig, weniger gute Flieger rasten. Mit zunehmendem Gegenwind ziehen immer weniger Arten.

Die in Bodennähe gewonnenen Werte weichen nicht prinzipiell von den Radarmessungen in der Höhe ab, wobei die dort unbekannte Artenzusammensetzung und Flugtechnik keine direkten Vergleiche erlauben.

Fernwanderer weisen spitzere Flügel auf als verwandte Standvögel. Neben der Flügelmorphologie beeinflußt die Fettdisposition die Geschwindigkeit maximaler Flugzeit und Reichweite. Große Unterschiede in Flügelabmessungen und Körpermasse führen innerhalb einer Art zu unterschiedlichen Eigengeschwindigkeiten und damit zur Aufspaltung der Trupps.

Die unterschiedlichen Werte von Flügellänge und Körpermasse bei Männchen und Weibchen von Buch- und Bergfinken deuten den weiten Bereich der Flugeigenschaften an.

Längere Handflügel der Altvögel, bei Rauchschwalben auch längere Schwanzspieße, verbessern die Flugeigenschaften, zusätzlich kommt wohl noch die Lebenserfahrung hinzu. Bei Gegenwind erlaubt dies beispielsweise alten Rauchschwalben einen Flug in geringerer Höhe als Jungvögeln und damit einen effektiveren Zug mit geringerem Energieverbrauch. Zum anderen deuten sich bei Jungvögeln längere Rastzeiten an. So ist der Zugfortschritt der Altvögel bei vielen Singvögeln größer als der der Jungvögel. Generell nimmt wohl der Zugfortschritt mit der Dauer des Zuges zu.

Summary
13.1 Flight speeds close to the ground and measurements at Randecker Maar

Speed measurements in tail- and headwinds close to the ground at Randecker Maar show a groundspeed for short-distance migrants indicating that the birds fly at a constant airspeed. The airspeed of long-distance migrants on the other hand is dependent on the wind, increasing in a headwind, decreasing in a tailwind, an indication of the employment of PENNYCUICK's 'speed for maximum range' when flying near the ground.

Energy consumption rises in a strengthening headwind. Because wind speed also rises with altitude, strong fliers keep low in high headwinds, weaker fliers rest. Ever fewer species continue their migration with increasing headwinds.

The values measured close to the ground basically do not differ from those noted by radar at high altitude, although since the species composition of these troops is unknown direct comparisons are ruled out.

Long-distance migrants have more pointed wings than related sedentary species. In addition to wing morphology, fat deposition plays a role in both of the predicted speeds of PENNYCUICK (1989), in maximum range as well as minimum power speed. Considerable differences in wing measurements and body mass within a species mean that different individuals fly at different airspeeds and so troops split up.

The different values of wing length and body mass seen in male and female Fringilla coelebs *and* F. montifringilla *are an indication of the wide variation in flight characteristics.*

In adult birds, longer primary feathers, and also longer streamers in Hirundo rustica, *improve flight performance, and life experience can presumably be added too. This allows adult* Hirundo rustica *in a headwind, for instance, to fly lower than young birds, in a more efficient and energy-saving manner. Additionally, juveniles spend more time resting at stopovers. So in many passerines progress made by older birds on migration is greater than that of juveniles. The rate of progress presumably increases with migration duration.*

13.2 Zugleistungen und Zugfortschritt

An spektakulären Nachweisen für enorme Zugstrecken einzelner Singvögel innerhalb eines oder weniger Tage fehlt es nicht (z. B. HILDÉN & SAUROLA 1982, ELLEGREN 1993, ZINK 1975). Einige dieser von den genannten Autoren ermittelten Zugleistungen werden in den folgenden Kapiteln bei den Artbeispielen genannt. Wir können dazu keine eigenen Angaben machen, denn dies bleibt der Beringung mit anschließendem Fang und neuerdings der Satellitentelemetrie vorbehalten. Wir wollen im folgenden aber an einigen Arten aufzeigen, wie Zugwellen das Randecker Maar erreichen bzw. von dort weitergehen könnten, ein schwieriger Versuch, da südlich der Küsten von Nord- und Ostsee europaweit kaum Stationen zur Ermittlung von Vergleichsdaten existieren.

Als ich 1968 auf einer Ornithologentagung aus mitteleuropäischen Felddaten und der tageszeitlichen Zugdauer beim Brachpieper auf durchschnittliche Tagesleistungen in Mitteleuropa von 32 – 38 km schloß (GATTER 1970c), kam es zu erregten Diskussionen. Wie kann ein Langstreckenzieher, der südlich der Sahara überwintert, mit solchen Zugleistungen sein Ziel erreichen? Heute können wir aus zahlreichen Indizien und Belegen schließen, daß solche geringen durchschnittlichen Zugstrecken sowohl für LSZ in der Anfangsphase des Zuges als auch für KSZ eher normal sind. Abweichungen davon beschreibt ALERSTAM (1994) z. B. für den Schilfrohrsänger, der möglicherweise aus dem gemäßigten Europa Nonstop bis nach Westafrika fliegt.

Bei einigen Arten geben die Vergleiche von Zugwellen und Medianwerten anderer Stationen, sowohl aus Herkunftsrichtungen wie Schweden, Polen, Estland und Rußland als auch in Wegzugrichtung (z. B. Col de Bretolet, Pyrenäen, Gibraltar), interessante Aufschlüsse zur Frage der Zugleistung, worauf bei den einzelnen Artbeispielen eingegangen wird.

Die beim Zug zurückgelegten Entfernungen muß man im Vergleich zu den Strecken sehen, die ein Vogel im übrigen Teil des Jahres ohne angelegte Fettreserven zurücklegt, ohne an Grenzen der physischen Belastbarkeit zu stoßen. Speziell zur Zeit der Jungenaufzucht ist die Belastung der Altvögel hoch. Bei einem Kohlmeisenrevier von 0,8 ha Größe und angenommenem Nisthöhlenstandort in der Mitte, liegt bei einem kreisförmigem Revier die Hälfte der Fläche unterhalb 35 m Entfernung, die andere außerhalb. Die fütternden Altvögel fliegen im Durchschnitt während der Nestlingszeit je nach Gelegegröße bis über 500 mal die Nisthöhle mit Futter an. Unter der Annahme, daß beide Partner gleichmäßig beteiligt sind und die Fläche gleichmäßig besuchen, legt jeder Vogel etwa 17,5 km/Tag zurück. Ohne an die Grenzen der Leistungsfähigkeit zu kommen, kann ein einzelner Vogel nach Entfernung des Partners bei 6 Tage alten Jungen diese allein aufziehen (HVM). Ein Fitis sucht Nahrung „im allgemeinen" 30 – 80 m vom Nest entfernt, eine realistische Reviergröße brütender Vögel von 0,7 ha ergäbe als Kreis betrachtet eine mittlere Entfernung von 33 m. In Finnland wurde beim Fitis mehr als 400 x/Tag gefüttert, wobei in den meisten Fällen das Weibchen mit 85 – 95 % deutlich dominierte. Dieses Weibchen würde bei einem jeweiligen Flugweg von 33 Metern rund 25 km täglich zurücklegen (nach Daten von SCHÖNFELD 1984). NACHTIGALL (1987) schätzt für die Blaumeise sogar 200 km/Tag. Selbst die oben von uns konservativ abgeschätzten täglichen Flugstrecken liegen in der Größenordnung durchschnittlicher täglicher Zugentfernungen. RÜPPELL (1937) verfrachtete

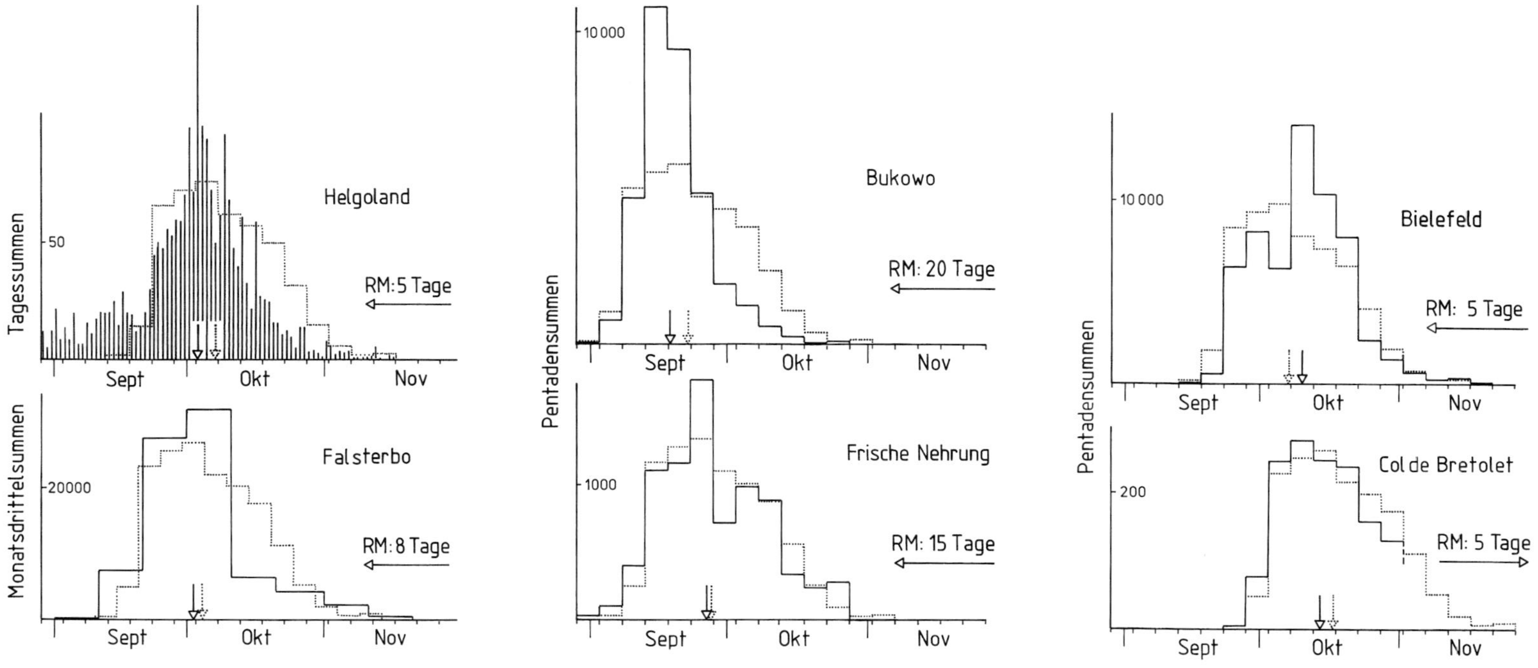

Abb. 13.2.1: Wiesenpieper-Herbstzugmuster verschiedener Stationen, normiert auf Flächengleichheit des Histogramms. Das Zugmuster vom Randecker Maar (RM, punktiert) wurde jeweils nach Augenmaß darübergeschoben, die Verschiebung steht über dem Pfeil, der die Richtung der Verschiebung anzeigt. Senkrechter Pfeil: Median (Nach EBENHÖH & GATTER 1991). – *Autumn migration pattern of* Anthus pratensis *at various observatories, standardized by the equalization of the histogram area. The pattern at Randecker Maar (dotted line) has been superimposed by eye, and the shift in days is given above the horizontal arrow indicating shift direction; the vertical arrow indicates the median. All totals are 5-day totals, except Falsterbo (10-day) and Helgoland (daily).*

Rauchschwalben während der Brutzeit, d. h. ohne Fettvorrat, über große Entfernungen bis 1850 km. Bei Annahme einer Rückkehr auf kürzestem Wege flogen sie mit Durchschnittsgeschwindigkeiten bis zu 210 km/Tag heim. Von den Staren war einer in 5 Tagen aus 500 km Entfernung wieder zurück. So ist anzunehmen, daß die vielfach kurzen täglichen Zugstrecken keine besonderen physischen Belastungen für die Vögel darstellen. Im Gegensatz zur Brutzeit bleibt ihnen sehr viel Zeit für die eigene Nahrungsversorgung. Wie hier anhand eines Kurz- und eines Langstreckenziehers demonstriert, können Strecken im Bereich von 50 km vermutlich ohne Fettvorrat bzw. ohne vollständigen Verbrauch des Vorrats zurückgelegt werden.

13.2.1 Der Zug des Wiesenpiepers in Mitteleuropa

Von diesem häufigen Tagzieher liegen Daten von vielen Stationen vor. Sie wurden von PETRYNA (1976) und EBENHÖH & GATTER (1991) zusammengetragen. Abb. 13.2.1 zeigt die Zugmuster verschiedener Herbstzugstationen mit dem (zeitlich verschobenen) Zugmuster vom RM. Während die Stationen RM, Frische Nehrung/PL und Bielefeld breite Verteilungsmuster aufweisen, ist die Zugperiode bei Falsterbo/S und Bukowo/PL deutlich kürzer. Auch die Rastbestände von Helgoland zeigen einen langen Anstieg vor dem deutlich schmäleren Hauptzuggipfel. Gibt es dafür eine Erklärung?

Die Wiesenpieper des europäischen Festlandes ziehen im Herbst recht genau südwestwärts (ZINK 1975). PETRYNA (1976) fand an der polnischen Ostseeküste drei Zugwellen unterschiedlicher Herkunft: die erste aus dem nördlichen Skandinavien umfliegt den Bottnischen Meerbusen und die mittlere Ostsee sowohl östlich als auch westlich; die zweite stammt aus Mittelfinnland und dem mittleren Skandinavien; die dritte schließlich aus der westlichen ehemaligen Sowjetunion. Sie trennen sich in eine iberisch-atlantische und eine italienisch-mediterrane Zugroute. Demnach ziehen die Wiesenpieper Finnlands und der östlich angrenzenden Gebiete vor allem über die Kurische und Frische Nehrung nach Oberitalien und Südfrankreich, während die übrigen Skandinavier ein westlicheres Winterquartier aufsuchen. Dabei kann deren Zugweg sowohl über Schwedens Südspitze (Falsterbo) als auch über die mittlere Ostsee und durch das polnische und norddeutsche Tiefland führen. Die Trennung der Winterquartiere und der Zugwege ist jedoch keineswegs scharf. Frische Nehrung/PL (Mierzeja Wislana), Randecker Maar und Col de Bretolet/CH, auf einer Linie von NE nach SW, bieten sich zur Ermittlung der Wanderungsgeschwindigkeit an. Nur relativ wenige Wiesenpieper kommen innerhalb Mitteleuropas aus Gebieten südlich von Polen hinzu. Die Zugströme und Zugmuster sowie die

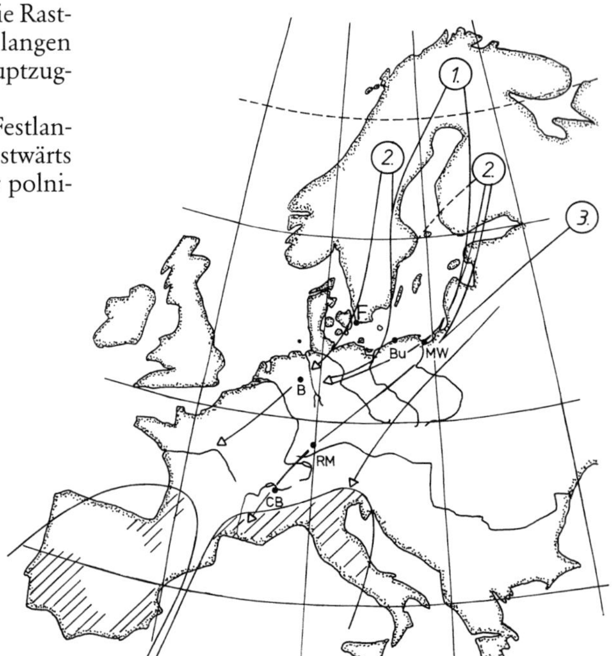

Abb. 13.2.2: Zugwege (Pfeile) und Winterquartiere (schraffiert) des Wiesenpiepers nach PETRYNA (1976). Die Zahlen in den Kreisen bezeichnen die Herkunftsgebiete der 1., 2. und 3. Zugwelle (s. Text). Herbstzugstationen/Observatories: F = Falsterbo, Schweden/Sweden, Bu = Bukowo, Polen/Poland, MW = Mierzeja Wislana (Frische Nehrung), Polen/Poland, B = Bielefeld, RM = Randecker Maar, CB = Col de Bretolet, Schweiz/Switzerland. – *Migration routes (arrows) and winter quarters (hatched) of* Anthus pratensis, *after PETRYNA (1976). The circled numbers indicate areas of origin of the three waves of migration through Poland.*

Lage der Beobachtungsstationen zeigt Abb. 13.2.2. Da am Col de Bretolet/CH der Fang deutlich vor dem Ende des Zuges eingestellt wird (DORKA 1966, JENNI 1984b), werden zum Vergleich Flankenanstiege herangezogen. Daraus ergeben sich folgende mittlere Wanderungsgeschwindigkeiten:

Frische Nehrung - RM: 950 km in 15 - 16 Tagen, d. h. 59 - 63 km pro Tag.

RM - Col de Bretolet: 330 km in (4–) 5 Tagen, d. h. 66 (- 82) km pro Tag.

Frische Nehrung – Col de Bretolet: 1280 km in 20 - 21 Tagen, d. h. 61 -64 km pro Tag.

HILDÉN & SAUROLA (1982) ermittelten für finnische Wiesenpieper nach 8 Wiederfunden bei unterschiedlicher Berechnungsmethode eine Zuggeschwindigkeit von 71 bzw. 64 km pro Tag, ELLEGREN (1993) errechnete 57 bzw. 55 km/Tag für solche aus Schweden. Der schnellste Wiesenpieper legte 3720 km in 21 Tagen oder 177 km/Tag zurück, der zweitschnellste 80 km/Tag.

Die etwas höhere Wanderungsgeschwindigkeit vom RM zum Col de Bretolet/CH ließe

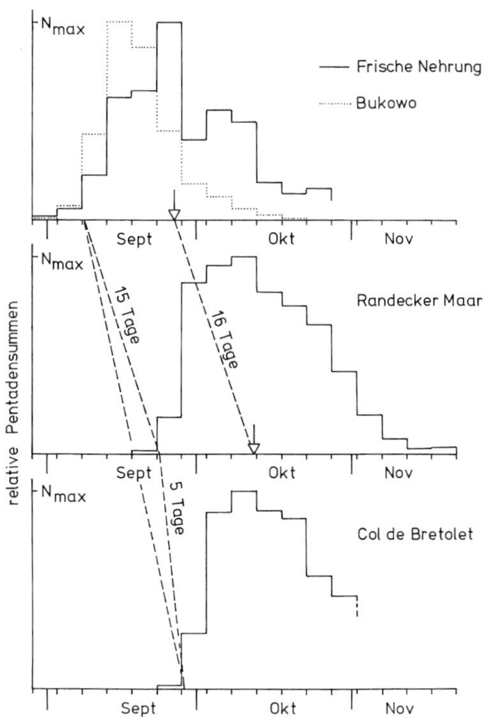

Abb. 13.2.3a: Vergleich der Wegzugmuster (Pentadensummen) der Stationen Frische Nehrung, Randecker Maar und Col de Bretolet zur Ermittlung der Wanderungsgeschwindigkeit. Pfeil auf Datum: Median. Zum Vergleich ist auch das Zugmuster von Bukowo (punktiert) dargestellt. – *Comparison of autumn migration patterns (5-day totals) at the observatories at Bukowo/Mierzeja Wislana, Randecker Maar, and Col de Bretolet to calculate migration speed. Arrow on horizontal axes shows passage median.*

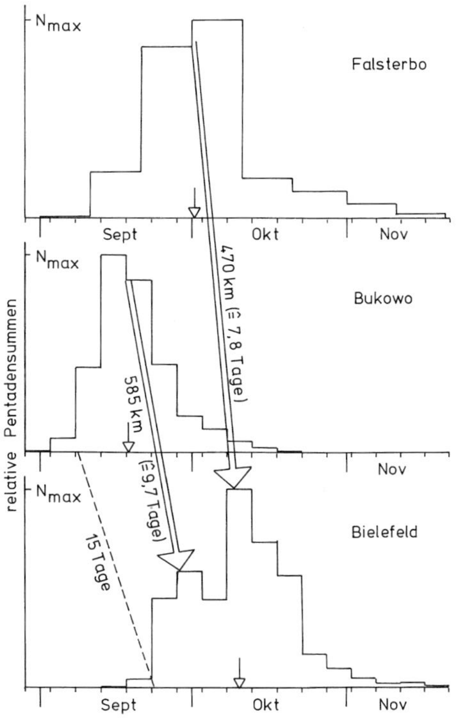

Abb. 13.2.3b: Wegzugmuster von Falsterbo (Monatsdekadensummen), Bukowo und Bielefeld (Pentadensummen). Pfeil auf Datum: Median. Die großen Pfeile zeigen, wieviel Zeit die Wiesenpieper bei einer mittleren Wanderungsgeschwindigkeit von 60 km pro Tag von Falsterbo bzw. von Bukowo nach Bielefeld benötigen würden. – *Comparison of autumn migration patterns at the observatories at Falsterbo (10-day totals), Bukowo, and Bielefeld (5-day totals). The large arrows indicate how much time* Anthus pratensis *requires at an average migration speed of 60 km per day to get from Falsterbo and Bukowo to Bielefeld. Arrow on horizontal axes shows passage median.*

bei Populationsgleichheit vermuten, daß sich die Zuggeschwindigkeit im Laufe der Zugperiode erhöht. Ähnliches ist vom Brachpieper (GATTER 1970c) und zahlreichen anderen Arten bekannt (z. B. ELLEGREN 1993) und spiegelt sich in der zunehmenden Fettdisposition wieder. Dabei ist anzunehmen, daß sich die Körpermassen im Laufe der Zugzeit erhöhen, die Vögel gegen Ende der Zugzeit schwerer sind (Kap. 8.1.9, BERTHOLD 1990b).

Route Falsterbo – Bielefeld und Bukowo – Bielefeld. Im Unterschied zum RM und zum Col de Bretolet/CH zeigt sich bei Bielefeld ein zweigipfliges Zugmuster (Abb. 13.2.3), weil dort Zugströme sowohl von Falsterbo als auch vom polnischen und norddeutschen Tiefland zu erwarten sind (PETRYNA 1976).

Die Zugmuster von Falsterbo/S. und Bukowo/PL ergeben für die Strecke Bukowo – Bielefeld (585 km) eine mittlere Wandergeschwindigkeit von 36 – 39 km pro Tag. Die nur in Monatsdritteln veröffentlichten Falsterbo-Daten lassen sich nur bedingt vergleichen. Bei einer angenommenen Geschwindigkeit von 60 km/Tag ergibt sich für Falsterbo – Bielefeld eine Mindestzeit von rund 8, für Bukowo – Bielefeld von etwa 10 Tagen (Pfeil in Abb. 13.2.3b). Die Falsterbo-Vögel werden für den zweiten, die Bukowo-Vögel für den ersten Bielefelder Gipfel verantwortlich sein, eine Deutung, die durch Zugrichtungsmessungen bei Bielefeld (HELBIG et al. 1987) gestützt wird. Von September bis November dreht die mittlere Zugrichtung von 228° auf 216°, also mehr südwärts. Die aus Richtung Polen kommenden Pieper, die früher ziehen, müssen in der Tat eine mehr westliche Zugrichtung einhalten als die aus Richtung Falsterbo kommenden.

13.2.2 Birkenzeisige, Invasion aus der Tundra

Von Jahr zu Jahr zunehmend, wenngleich immer noch in wenigen Exemplaren, erscheinen Birkenzeisige an der Station RM. Die mitteleuropäische Unterart *C. f. cabaret* breitet sich neuerdings in Deutschland aus (z. B. ERNST 1988, 1997). Nur zweimal, 1972 und 1986, erreichten uns während des Herbstes große Birkenzeisig-Scharen aus dem Norden. Der Verlauf des Jahres 1972 ist durch Beobachtungen gut belegt und der Fortschritt der Zugwellen läßt sich nachvollziehen (Abb. 13.2.4, MØLLER 1973, BUSCHE et al. 1975).

Die 250 km von der SW-Spitze Finnlands bis Stockholm und die 500 km von Stockholm nach Ottenby/S. mit Meeresüberquerungen wurden demnach in Tagesetappen von 250 km zurückgelegt. Für die Strecke Stockholm – Falsterbo/S. waren es noch 69 Tageskilometer. Von Stockholm nach Rostock/Lübeck lassen sich Tagesetappen von 41 bzw. 31 km berechnen. Bei der Überquerung der südlichen Ostsee scheint der Strom (wetterbedingt?) gehemmt gewesen zu sein. Die Strecken Falsterbo – Lübeck und Ottenby – Berlin weisen nur 12 km/Tag auf, während die 680-km-Strecke von Rostock zum RM (28 Tage) auf 24 km/Tag schließen läßt. Für die in 46 Tagen zurückgelegte Gesamtstrecke von der Insel Stora Träskön/Finnland am Eingang zum Finnischen Meerbusen bis zum RM ergäbe sich eine durchschnittliche Tagesleistung von 35 km. Ringfunde belegen diese Zugstrecke aus dem Ostseebereich bis nach Ostdeutschland (MØLLER 1973) und ihre Richtung weist etwa auf das RM. Daraus läßt sich ableiten, daß sich die Tagesstrecken im Laufe der Invasion von anfänglichen 250 km in Nordskandinavien über ca. 70 km in Südschweden auf 23 – 24 km/Tag zwischen Ottenby/S. und

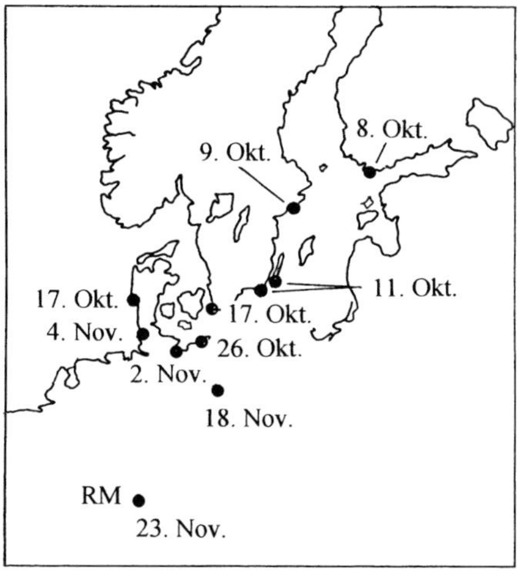

Abb. 13.2.4: Zugfortschritt der Birkenzeisiginvasion 1972 nach Durchzugsgipfeln in Europa (Daten aus MØLLER 1973, BUSCHE et al. 1975, RM-Daten). – *Progress of* Carduelis flammea *influx through Europe in 1972; dates are peak passage days (data from MØLLER 1973, BUSCHE et al. 1975, Randecker Maar).*

dem RM, wie auch von Rostock zum RM, reduzierten. Es ist anzunehmen, daß der Dichtefaktor (Kap. 14) anfänglich eine hohe Zugbereitschaft induziert, die sich mit zunehmender Entfernung vom Invasionsherd und damit nachlassender Dichte abschwächt. Dies manifestiert sich in immer geringer werdenden Tagesetappen. HILDÉN & SAUROLA (1982) nennen für den Birkenzeisig nach Ringfunden vergleichbare Werte, nämlich eine maximale Tagesleistung von 180 km (einen Tag nach der Beringung) und Durchschnittsleistungen von 37 – 40 km/Tag. ERIKSSON (1970a) kommt für fennoskandische Vögel, die in früheren Invasionen nach Russland wanderten, auf 70 – 100 km im Durchschnitt (siehe auch ERNST 1997).

13.2.3 Ringeltauben auf dem Weg nach Spanien

Über dem RM sind Zugströme aus Finnland, den baltischen Staaten und solche aus Polen bis zur Slowakei zu erwarten. Von hier ziehen die Tauben weiter über die Burgundische Pforte und das Zentralmassiv, um die Pyrenäen dann im Westen zu überqueren. Vom RM bis zum 1000 km entfernten Organbidexka-Paß/F sind die Tauben nach Medianwerten beider Stationen zwischen 5 und 20 Tage, im Durchschnitt vieler Jahre 14,9 Tage unterwegs (P. JEAN briefl. und Station RM). Unabhängig von den starken jährlichen Schwankungen, die wohl in erster Linie wetterbedingt sind (GATTER & PENSKI 1978), entspricht das einer durchschnittlichen Tagesleistung von 67 km und maximalen Durchschnittsleistungen von 200 km. Bei einer mittleren Zuggeschwindigkeit von 57 – 60 km/h wären 17 Flugstunden für die 1000 km bis zu den Pyrenäen notwendig.

Da Ringeltaubenschübe das RM meist mit Unterbrechungen von einigen Tagen passieren (Kap. 11.2.2) und die tageszeitliche Zugverteilung meist für nur wenige Zugstunden am Tag spricht, ist anzunehmen, daß sie diese Strecke in 4 oder 5 Tagesetappen von jeweils 3 bis 4 Flugstunden und 200 – 250 km zurücklegen. Hier sind große Unterschiede innerhalb West- bzw. Ostwindlagen zu erwarten (Kap. 9.4).

13.2.4 Wie lang ist ein Zugtag?

Die nach Halbmonatsperioden aller Jahre in Kap. 12 zusammengefaßten tageszeitlichen Zugmuster ergeben sich aus der Summe mehrerer hundert Zugtage und lassen daher nur bedingt Rückschlüsse über den Verlauf des Zuges an einem einzelnen Tag zu.

Eine ganz sichere Auskunft über den gesamten „Zugtag“ eines Vogels kann man nur über Satellitentelemetrie erlangen. Dazu gibt es bei Großvögeln schon einige Daten. Für Singvögel ist die Anwendung dieser Methode bisher jedoch noch nicht möglich. Deshalb ist die reelle Erfassung der Zeit, in der sich ein Vogel an einem Zugtag auf dem Weg befindet, äußerst schwierig. Bei unseren Zugbeobachtungen am RM erfassen wir ja nur einen „Ausschnitt“ aus dem gesamten Zugtag eines Vogels. Aus vielen der bei uns gewonnenen Daten lassen sich aber Rückschlüsse auf den Zugtag des einzelnen Vogels ziehen. So kann angenommen werden, daß die Rastplätze der Vögel – sowohl der einzeln ziehenden als auch der Schwärme – bei den meisten Arten in dem „Herkunftsgebiet“ relativ gleichmäßig verteilt sind. Nimmt man weiterhin an, daß die Vögel der einzelnen Arten zu ähnlichen Tageszeiten von ihren Rastplätzen aus „starten“, dürften sie nicht in „Wellen“ bei uns am RM eintreffen. Aus dem Abstand der „Wellen“ zueinander, dem Zeitpunkt des Einsetzens und dem völligen Abflauen von Zugbewegungen kann man gewisse Rückschlüsse ziehen, wie lange sich die Vögel vom Abflug bis zur nächsten Rast in der Luft befunden haben. Auch der Umstand, daß an schwachen Zugtagen oft nur eine frühmorgendliche Welle, an starken Zugtagen aber später am Tag weitere Wellen folgen, läßt den Schluß auf Zugunterbrechungen während des Tages zu. Weiterhin kann man aus den „Zugwellen“ an verschiedenen Tagen schließen, ob kontinuierlicher Zug stattfindet oder ob mehrtägige Rasten eingelegt werden.

Anhand von Baumpieper und Buchfink sollen verschiedene Varianten des Durchzuges demonstriert werden. Dazu wurden jeweils 100 sehr gute Zugtage von Baumpieper und Buchfink individuell ausgewertet.

Es erfolgte eine Berechnung:

1. der Häufigkeitsverteilung von aufeinanderfolgenden Spitzenzugstunden, wobei die Fälle summiert werden, an denen während 6, 5 oder 2 aufeinanderfolgenden Stunden etwa gleichbleibend hohe Stundensummen erreicht wurden. Dabei wird hypothetisch angenommen, daß sich in diesen Stunden alle zugbereiten Vögel in der Luft befanden.

2. dasselbe bei Zugstunden, in denen zumindest noch 10 % der Tagessumme aktiv ziehen.

Der ins tropische Afrika ziehende Baumpieper hat einen jahreszeitlich langen Zugzeitraum. 90 % der Pieper ziehen innerhalb eines Abschnitts von 40 Tagen durch, und Tage mit stärkerem Zug liegen verstreut innerhalb dieser Zeit. Nur selten folgen zwei Tage mit hohen Durchzugszahlen aufeinander wie im September 1980, als nach 4 Tagen mit Gegenwinden und wenigen Baumpiepern am 2. September 1077 und am 3. nochmals 716 Pieper zogen. An beiden Tagen begann der Zug bei Dunkelheit. Der Durchzug kulminierte zwischen 6 und 7 Uhr (Sonnenaufgang 5.40 MEZ). Nach der tageszeitlichen Verteilung dürfte ein großer Teil nur wenig länger als eine Stunde, ein weiterer bis zu drei Stunden gewandert sein. Am 28./29. August 1988 folgten wieder 2 starke Zugtage mit 1081 bzw. 899 Piepern aufeinander. Davor lagen 3 Tage ohne und weitere Tage mit nur schwachem Zug. Der Zug begann in der Dämmerung und 50 % bzw. 70 % der Tagessumme zogen in jeweils einer Stunde durch. Auch hier legt die tageszeitliche Verteilung nahe, daß nur geringe Anteile der ziehenden Vögel tags länger als 2 oder 3 Stunden gewandert sind.

Beim saharaquerenden Baumpieper konzentriert sich an 59 % der besten Zugtage der Zug auf nur eine oder gar nur auf den Teilbereich einer Stunde, nur an 4 % der Tage ist ein kontinuierlich starker Zug über 3 Stunden zu verzeichnen. Mäßig guter Zug kann weitere 1 – 3 Stunden anhalten.

Demgegenüber ist das Zugmuster des überwiegend im Mittelmeerraum überwinternden Buchfinken enger. 90 % des jährlichen Durchzugs werden während 27 Tagen erfaßt. Dabei verteilt sich der Gesamtdurchzug gleichmäßiger auf eine größere Anzahl von Tagen. Spitzenzugtage spielen eine weniger herausragende Rolle als beim Baumpieper. Gute Zugtage sind tageszeitlich viel breiter angelegt, die Zugaktivität fällt nur in 37 % der Fälle bereits nach 1 Stunde stark ab, an 36 % nach 2 und an 19 % der sehr guten Zugtage nach 3 Stunden. Tage mit bis zu 4 und 5 Stunden gleichbleibend starkem Durchzug kommen noch vor. Meist werden sie von 1 bis 3, ausnahmsweise bis zu 6 Stunden mäßig guter Zugaktivität begleitet. Tageszeitliche Zugunterbrechungen sind aber an vielen dieser Tage die Regel (Kap. 12).

Mit den hier angenommenen Zugzeiten und einer Eigengeschwindigkeit von etwa 40 km/h, – windunterstützt weit mehr – wird der Buchfink noch regelmäßig Strecken von 120 km/Tag zurücklegen. Für den Baumpieper würde dies jedoch bedeuten, daß selbst an guten Zugtagen nur Entfernungen von unter 100 km, vielfach sogar unter 50 km bei Tage zurückgelegt werden. Da auf Zugtage vielfach Tage ohne Zug folgen, wird der mittlere Zugfortschritt klein sein. Dies ist nicht in Übereinstimmung zu bringen mit den recht hohen mittleren täglichen Zugstrecken von 60 km, die für Baumpieper aus Finnland und Schweden ermittelt wurden. Wenngleich bei diesen an Ringvögeln festgestellten Entfernungen der Überflug der Ostsee ohne Rastmöglichkeit die mittlere tägliche Zugstrekke hochtreibt, die täglichen Zugwege in der Anfangsphase des Zuges ansonsten aber deutlich geringer sind, so dürfte der aus unseren Daten abzuschätzende Wert zu klein sein. Andererseits könnte der größte Teil unserer Durchzügler mitteleuropäischer Herkunft sein und, wie beim Brachpieper, eher die kurzen Etappen des Zugbeginns bei gleichzeitigem Tagzug aufweisen. Dafür sprechen die jahreszeitlichen Diskrepanzen der Zughöhepunkte von Nachtzug (Hansen 1954) und Tagzug (Edelstam 1972, Ulfstrand et al. 1974, Tab. 12.2.1) im südlichen Ostseeraum, die dort auf andere Zugstrategien der skandinavischen Baumpieper schließen lassen. Der dort an den Leuchttürmen nachweisbare und zeitlich gegenüber dem Tagzug jahreszeitlich viel spätere Nachtzug läßt auch bei uns Nachtzuganteile vermuten, bei deren Berücksichtigung die Tagesetappen länger würden.

Solche hier beispielhaft dargestellten Durchzugszeiten zeichnen sich bei vielen Arten ab. Die einzelnen Tagesprotokolle zeigen, daß 70 % der Vögel einer Art oftmals in nur 1 – 3 Stunden durchziehen. Daneben gibt es aber auch Tage nach Schlechtwetterperioden oder nach dem Einsetzen günstiger Winde, an denen die Zugstärke vor allem bei KSZ von der Morgendämmerung bis über den Mittag hinaus kaum nachläßt. Eine Zugdauer von 6 – 8 und mehr Stunden mit Tagesleistungen von über 250 km ist dann bei den schneller fliegenden Arten denkbar. Aber selbst bei der scheinbar relativ schlecht fliegenden Rohrammer wurde ein schwedischer Ringvogel nach 16 Tagen 1660 km entfernt registriert (Ellegren 1993). Dies bedeutet eine durchschnittlich zurückgelegte Entfernung von 104 km/Tag. Und wenn man noch annimmt, daß die einzelnen Zugphasen von Rast-

Tab: 13.2: Durchschnittlicher Zugfortschritt finnischer und schwedischer Ringvögel (HILDÉN & SAUROLA 1982, ELLEGREN 1993). Rückmeldungen über kurze Strecken und lange Zeiten oder sehr geringe Geschwindigkeiten (< 10 km/d) wurden nicht berücksichtigt. Der Zug über lange unwirtliche Strecken treibt bei den LSZ die durchschnittlichen Werte in die Höhe, doch wurden sowohl KSZ wie LSZ bereits nach einem Tag aus Entfernungen von teilweise weit über 100 km zurückgemeldet. – *Mean autumn migration speed of Finnish and Swedish ringed migrants over more than 10 days and more than 50 km (HILDÉN & SAUROLA 1982, ELLEGREN 1993). Recoveries over short distances, after long periods of time, or very slow migration progress (< 10 km/d) were not taken into account. Migration over long inhospitable stretches increases the average speed of long-distance migrants, but some short-distance and long-distance migrants were retrapped after one day having covered distances of often much more than 100 km. – Columns show from left to right: distance/day; diurnal short-distance migrants; mainly nocturnal short-distance migrants; mainly diurnal long-distance migrants; nocturnal long-distance migrants.*

	KSZ (Tagzieher)	KSZ (überwiegend Nachtzieher)	LSZ (überwiegend Tagzieher)	LSZ (Nachtzieher)
< 25 km/Tag	Kohlmeise, Blaumeise, Waldbaumläufer, Gimpel, Berghänfling, Birkenzeisig			
25–40 km/Tag	Tannenmeise, Zeisig, Rohrammer	Amsel, Zaunkönig, Heckenbraunelle		
41–50 km/Tag	Buchfink, Bergfink, Bachstelze	Mönchsgrasmücke, Wintergoldhähnchen		Teichrohrsänger, Blaukehlchen
51–60 km/Tag	Wiesenpieper	Rotdrossel, Singdrossel, Rotkehlchen	Baumpieper, Schafstelze	Gartengrasmücke, Dorngrasmücke, Klappergrasmücke
> 60 km/Tag		Zilpzalp		Fitis, Gartenrotschwanz, Steinschmätzer, Braunkehlchen, Trauerschnäpper, Grauschnäpper

tagen unterbrochen werden, so scheint selbst diese Art in der Lage zu sein, große tägliche Strecken zurückzulegen. Für viele Vogelarten zeigte ELLEGREN (1993), daß die tägliche Zugstrecke mit dem Zugweg zunimmt. Vögel, die zwischen 500 km und 1500 km vom schwedischen Beringungsort gefunden wurden, hatten um ein Drittel längere Tagesstrecken aufzuweisen als solche, die unter 500 km gefunden wurden. Eine noch weitergehende Steigerung zeichnet sich bei Entfernungen über 1500 km ab. Dies deckt sich mit unseren oben geschilderten Erfahrungen und den von ELLEGREN (1993) und HILDÉN & SAUROLA (1982) dargestellten Durchschnittswerten (Tab. 13.2).

Aufgrund der noch sehr geringen Fettdepots schätzte KAISER (1989) für Fänglinge am Bodensee die mittleren Zugstreckenleistungen nachts ziehender Kleinvögel, die sich zumindest teilweise in der Anfangsphase des Wegzugs befanden, auf nur etwa 150 km. Man beachte jedoch, daß, wie oben an Brutzeitvögeln dargestellt, auch ohne Fettdepots lange Strecken möglich sind.

DIERSCHKE & DIERSCHKE (1991) berechnen für den aus dem eurasischen Tundrengürtel kommenden Rotkehlpieper innerhalb Mitteleuropas 49 km/Tag. Sie befinden sich hier auf dem halben Weg zum Wintergebiet in Westafrikas Savannen und damit in fortgeschrittener Zug- und Fettdisposition. Brachpieper mit 32 – 38 km/Tag (GATTER 1970c) stehen in Süddeutschland dagegen am Anfang ihrer Reise und dürften entsprechend geringe Fettdepots haben.

Radaruntersuchungen (Kap. 8.1) wie auch Beobachtungen russischer Ornithologen vor der Mondscheibe (DOLNIK 1985) zeigen, daß Nachtzug oft schon 2 Stunden nach Einbruch der Dunkelheit wieder aufhört, was einer Flugstrecke von 70 – 100 km entspräche (Kap. 13.1).

Mittlere Flugstrecken betragen im Bereich der Ostsee 163 km/Nacht. Die Flugstrecken von Tagziehern waren dort signifikant kürzer als die der Nachtzieher (LINDSTRÖM 1991). Dies läßt sich von der Grundaussage her wahrscheinlich auf Tagzieher im zentralen Mitteleuropa übertragen. Da Fettreserven beim Zug vor allem über Land in der Regel nicht voll abgebaut werden (PETTERSSON & HASSELQUIST 1985, BAUER 1987), sind kurze tägliche Zugstrecken bei KSZ sicher eher die Regel als riesige Strecken, wie wir sie von fernziehenden Limikolen kennen. Die jahres- und tageszeitlich engen Zuggipfel vieler LSZ und KSZ am RM bestätigen die oft eher kurzen „Sprünge" ebenso wie die von Nahrungs- und Rastpausen unterbrochenen Tageswanderungen vieler Arten (Kap. 12).

Auch die breit angelegten jahreszeitlichen Zugmuster der Teilzieher wie Grünling und Wacholderdrossel und ihr fast täglicher Zug ohne ausgesprochene Spitzenzugtage läßt unter Normalbedingungen eher kleine tageszeitliche Zugleistungen vermuten. Sie und die KSZ verfügen deshalb ständig über genügend Depotfett und sind damit in der Lage, bei Schneefall, Eis und Kälte entweder sofort aufzubrechen oder Zeiten mit schlechten Zugbedingungen zu überbrücken, um dann, mit nach wie vor ausreichendem Fettdepot, zu starten (Kap. 9.7).

Die geringen Durchschnittsleistungen von im Schnitt „nur" 30 – 60 km/Tag, teilweise selbst bei LSZ, ergeben sich also aus der Folge von Zug- und Rasttagen. Wind und andere Wetterfaktoren modulieren die Abfolge dieser Phasen stark. Wenn ungünstiges Wetter zur Hauptzugzeit den Zug hemmt, kann es danach zur Stauauflösung mit mehreren guten Zugtagen in Folge kommen (Kap. 9).

Bei vielen „Tagziehern" nimmt ferner der prozentuale Anteil des Nachtzuges im Verlauf der Zugzeit zu (Kap. 12, HANSEN 1954, DORKA 1966) bzw. Tagzieher wechseln zum Nachtzug. Bei LSZ ist der zeitliche Anteil für die Saharaquerung im jahreszeitlichen Ablauf zwischen Mittelmeerpassage und Ankunft am Südrand der Sahara aus naheliegenden Gründen kurz. Nach der Saharadurchquerung ist der Zugfortschritt wieder extrem langsam. Die meisten Mauersegler lassen sich beim Zug vom Saharasüdrand bis an die westafrikanischen Regenwälder am Golf von Guinea drei Monate Zeit. Rauchschwalbe und Schafstelze durchwandern diese 1100 – 1400 km in einem Monat (36 – 47 km/Tag), Braunkehlchen, Nachtigall und Rotkopfwürger in bis zu drei Monaten (12 – 16 km/Tag) und der Baumpieper liegt mit vier Monaten bis zur Küste des Golfs von Guinea bei ± 10 km/Tag (GATTER 1987a, b, Kap. 15.10).

Zusammenfassung
13.2 Zugleistungen und Zugfortschritt

Bei Kurz- und Langstreckenziehern erhöhen sich die zurückgelegten Tagesleistungen mit zunehmender Zugzeit und Fettdisposition. Bei Invasionsvögeln wie dem Birkenzeisig verringern sie sich mit zunehmendem Abstand vom Invasionsherd und damit abnehmendem Dichtefaktor. Die täglichen Zugleistungen einiger LSZ liegen zu Beginn ihres Zuges unter denen von KSZ. Durchschnittlich benötigen Ringeltauben für 1000 km 15 Tage, die auf ca. 17 Flugstunden verteilt in 4 – 5 Tagesetappen zurückgelegt werden. Langstreckenzieher legen offensichtlich mehr Rasttage zwischen den Zugtagen ein als KSZ. TZ ziehen eher in vielen kleinen Etappen und greifen das Depotfett nur im „Ernstfall" bei Winterflucht an. Bei nicht wenigen Arten von Tag- und Tag/Nachtziehern erfolgt eine graduelle Zunahme des Nachtzuganteils im Laufe der Wegzugsaison. Sie macht eine Beurteilung des Zugfortschritts nur nach der tageszeitlichen Länge des sichtbaren Zuges schwierig.

Die tägliche Zugdauer am RM kann sehr unterschiedlich sein. Wenige Tage mit starkem Zug liegen beim LSZ Baumpieper weit verteilt in der langen Zugperiode. Massiver Zug konzentriert sich an 59 % der besten Zugtage auf eine Stunde, starker Zug über 3 Stunden wurde nur an 4 % der Tage erfaßt. Beim KSZ Buchfink läuft der Durchzug gleichmäßiger ab, Spitzenzugtage spielen keine so herausragende Rolle und an guten Zugtagen verteilt sich der Zug auf mehrere Stunden.

Summary
13.2 Migration performance and its change over the season

The daily distance covered by both short- and long-distance migrants increases with time over the migration period and with increasing fat deposition. Daily distances travelled by eruptive species like Carduelis flammea *decrease with increasing distance from the centre of eruption and hence with decreasing population density; the daily distances covered by some long-distance migrants are less than that of short-distance migrants at the outset of migration. On average,* Columba palumbus *covers 1000 km in 15 days, achieved in c. 17 flying hours spread over 4 – 5 daily stages. Long-distance migrants apparently have more rest days between movements than short-distance migrants. Partial migrants cover the distance rather in many short stages, making use of deposited fat only in 'emergencies' such as escaping hard-weather movements* (Winterflucht). *Probably not a few diurnal and diurnal/nocturnal migrants gradually increase the proportion of night flying in the course of autumn migration. This makes migration study difficult when observations are based on visible daytime movements.*

Daily migration duration at Randecker Maar can vary enormously. For the long-distance migrant Anthus trivialis *a few days of heavy movement are evenly distributed throughout the long migratory season. On 59 % of days of heavy movement, very high numbers of this species were concentrated into a single hour, and heavy passage of 3 hours or more was recorded on only 4 % of days. Passage of the short-distance migrant* Fringilla coelebs *is more evenly distributed, with days of peak movement playing a less important role, while movement was spread over many hours on days of heavy* F. coelebs *migration.*

13.3 Innerartliche Truppbildung und Zug als Einzelvogel

Viele Vogelarten sind zumindest zeitweise gesellige Tiere. Brut in teilweise riesigen Kolonien, Vollmauser vieler Wasservögel in größeren Ansammlungen, gemeinschaftliche Schlafplätze außerhalb der Brutzeit, Nahrungssuche im Schwarm wie auch gemeinsamer Zug gehören dazu. Die Mehrzahl der Singvögel verteidigt ein Brutrevier gegen Artgenossen, trotzdem finden sich viele außerhalb der Brutzeit zu Trupps zusammen. Da diese Verbände nicht zufällig entstehen, ist anzunehmen, daß der Einzelvogel hiervon profitiert. Der hohe Anteil einzeln ziehender Vögel wirft aber auch die Frage nach dem Vorteil für das Individuum auf.

Nur wenige Vögel sind ganzjährig gesellig wie die Saatkrähe. Sie brütet in Kolonien, wandert in größeren Schwärmen, geht truppweise auf Nahrungssuche und nächtigt im Winterhalbjahr an Schlafplätzen mit zigtausend Vögeln.

Beim Zug schließen sich aber auch sonst nur bedingt gesellige Vogelarten zusammen. Gründe für gemeinsames Ziehen sind:

1. Energieeinsparung beim Flug: Ziehen in regelmäßigen V- oder Linienformationen bei Großvögeln wie Gänsen, Enten, Kranichen, Pelikanen bis hin zum Goldregenpfeifer bedeutet einen verringerten Energieaufwand. Bei Gänsen kann der Energiegewinn gegenüber dem Alleinflug bis fast 20 % betragen (HUMMEL 1973, HUMMEL & BEUKENBERG 1989). Auch Vögel in dichten Schwärmen erzielen hieraus noch einen geringen energetischen Vorteil (ALERSTAM 1994).
2. Der Schutz vor Prädatoren wird als die wohl wichtigste Ursache für Agglomerationen angesehen: Bei der Nahrungssuche, beim Zug wie auch am Schlafplatz sind Vögel durch Räuber gefährdet. Prädatoren werden von Schwärmen früher entdeckt. Für jedes einzelne Individuum verringert sich mit zunehmender Gruppengröße die Wahrscheinlichkeit, Opfer eines Räubers zu werden. Innerhalb eines Schwarms kann das einzelne Individuum seinen Zeitanteil für das Sichern mit zunehmender Gruppengröße reduzieren. Bei Gänsen wurde beobachtet, daß die erfahrenen Altvögel häufiger sichern und damit die Jungen schützen, die dann mehr Nahrung aufnehmen können. Neuerdings wird dies als Grund zur Schwarmbildung wieder in Frage gestellt. LINDSTRÖM (1989) fand keine Korrelation zwischen Truppgrö-

ße und dem Risiko, Beute eines Jägers zu werden. In anderen Fällen wird es jedoch sehr deutlich, daß Schwärme sogar ausschließlich zur Prädatorenabwehr gebildet werden. Ein typisches Beispiel ist das Bläßhuhn. Beim Auftauchen eines Seeadlers ballen sich die Bläßhühner auf freien Wasserflächen innerhalb kürzester Zeit zu einem sehr dichten flügelschlagenden Trupp zusammen. In diesen Trupps wird vom Seeadler keines geschlagen. Einzelvögel ohne Versteckmöglichkeit sind gegenüber einem erfahrenen Seeadler dagegen praktisch chancenlos. Ähnlich dürfte die Schwarmbildung des Stars beim Auftauchen eines Sperbers zu beurteilen sein. Größere Gruppen werden von Feinden weniger häufig angegriffen (z. B. GLÜCK 1986), große Ansammlungen jedoch von Räubern auch eher entdeckt. Einerseits reagieren Vögel in Schwärmen vielfach empfindlicher auf Störungen als Einzelvögel, müssen also energieaufwendig häufiger fliegen, andererseits können Tiere, die mit den ortsüblichen Störungen vertraut sind, die Fluchtreaktionen von Neuankömmlingen vermindern. Warum auch extrem schlechte Flieger unter den KSZ wie der Zaunkönig ausschließlich nachts ziehen, könnte damit erklärt werden, daß es im freien Luftraum keine nächtlichen Jäger gibt.

3. Der Austausch von Informationen am Schlaf- und Sammelplatz (z. B. GADGIL 1972, GÖPFERT 1986).
4. Die Reduzierung der Wärmeabgabe nach außen bei dichten Übernachtungsgemeinschaften von Schwalben, Baumläufern (LÖHRL 1955) und Schwanzmeisen (BREHME 1970) durch die Verkleinerung der nach außen weisenden Gesamtoberfläche. Obwohl die meisten Arten, wie auch der Bergfink, am Schlafplatz auf eine gewisse Individualdistanz achten, läßt sich für dessen Millionen umfassende Schlafschwärme eine leichte Erwärmung der Umgebungstemperatur errechnen (JENNI 1984a).
5. Die bessere Ausnutzung örtlich und zeitlich beschränkter Nahrungsangebote durch Großschwärme (JENNI 1984a, b, LINDSTRÖM 1989) in Verbindung mit Punkt 3.
6. Bei Gänsen, Schwänen, Raubseeschwalben usw., die in Familienverbänden ziehen, dürften die erfahrenen, mit Zugweg und Rastmöglichkeiten vertrauten Altvögel die Jungen sicherer zum Ziel führen. Die bessere Orientierung bei Großvögeln im Trupp (THAKE 1980, BLACK 1988) ist in einem geringeren Maße auch für Kleinvögel anzunehmen. Dabei muß aber immer beachtet werden, daß die Ziele des Einzelvogels andere sein können als die des Trupps. Zugende, Rastplatzsuche oder gar das Aufsuchen eines bereits bekannten Rastplatzes durch Altvögel usw. könnten eine weniger exakte Orientierung nur vortäuschen. Bei zahlreichen Arten ziehen offenkundig Alt- und Jungvögel in den gleichen Trupps, wenn auch nicht unbedingt auf Dauer (Kap. 8.2), und bei der Saatkrähe ist Rastplatztradition und damit auch Zugwegetradition auf dem Zug offenkundig (Kap. 7 und 8.2).

Die Truppgrößen

SWADDLE & LOCKWOOD (1998) schließen aus verschiedenen Studien, daß ein runder Flügel, entsprechend einem geringen Handflügelindex, zunächst eine bessere Manövrierfähigkeit ermöglicht und damit gleichzeitig das Prädationsrisiko verringert. Für Singvögel scheinen jedoch beim Zug die Vorteile eines spitzen Flügels zu überwiegen. Dies geht offenbar soweit, daß der Zug am Tage für die rundflügeligsten Arten zu gefährlich ist (siehe auch Abb. 13.3.12).

Bei Singvögeln fällt auf, daß praktisch ausschließlich Tagzieher bzw. Tag-/Nachtzieher Schwärme bilden und dies gleichermaßen bei Zug, Nahrungssuche und am Schlafplatz. Viele Nachtzieher migrieren und rasten in der Mehrzahl solitär, einige verteidigen, wie das Blaukehlchen, selbst unterwegs Rastreviere (ELLEGREN 1990). Nur die bei Tag und Nacht ziehenden Drosseln wie auch viele Nonpasseres sind beim Zug und der Nahrungssuche gesellig.

Am RM wurden von allen Durchzüglern – mit Ausnahme von Buch- und Bergfink – die Truppgrößen notiert. Tab. 13.3.1 und die Abb. 13.3.1 –13.3. 11 geben einige der Ergebnisse wieder.

Eine Beobachtung soll in die Problematik der Schwarmbildung und die Zusammenhänge zwischen Zugdisposition und Wetter einführen: Ein Rasttrupp von rund 8000 Buchfinken, der sich zwischen dem 11. und 12. Oktober 1980 südlich unserer Station gebildet hatte, begann sich nach Ende des Dauerregens aufzulösen. Der Schwarm erhob sich immer wieder kurzfristig in wilden Schwenkungen vom Rastplatz. Sobald die Masse der Vögel bei einem der Schwenks aus der Südrichtung auf Ost oder West abbog, lösten sich oft an mehreren Stellen Trupps von 20 bis 100 Vögeln und zogen ab. Um 11 Uhr waren noch etwa 2000 Vögel da, die in den Nachmittagsstunden durch etwa 500 einfallende Zieher ergänzt wurden. Erst am folgenden Morgen löste sich der Schwarm völlig auf.

Die bei der Auflösung von Rastgemeinschaften gebildeten Zugtrupps scheinen bei den meisten Singvögeln selbst innerartlich eher zufällige Zusammenschlüsse von Individuen zu sein, die einen momentan gleichen zugphysiologischen Zustand aufweisen.

Die Mehrzahl der „Zugeinheiten“ besteht bei fast allen Arten aus Einzelvögeln und dennoch zieht die Mehrheit der Individuen bei den mei-

Tab. 13.3.1: Truppgrößen. I* in Invasionsjahren, N* in Normaljahren. – *Flock sizes; columns show from left to right: species; mean flock size; percentage proportion of individual birds in flocks of different sizes; percentage frequency of different flock sizes. I* during irruptions, N * normal years*

	Durchschnittliche Truppgröße	Prozentualer Anteil der Individuen in der Zugverbandsgröße					Prozentualer Anteil der Zugverbandsgröße an allen Zugverbänden				
Art		1	2 – 5	6 – 10	11– 50	> 50	1	2 – 5	6 – 10	11 – 50	> 50
Rotmilan	2,43	20,9	48,4	30,7	–	–	50,8	38,3	10,9	–	–
Kornweihe	1,19	73,5	22,6	3,9	–	–	87,5	11,9	0,6	–	–
Rohrweihe	1,24	65,5	31,6	2,9	–	–	81,9	17,6	0,5	–	–
Sperber	1,17	73,7	26,3	–	–	–	87	13	–	–	–
Mäusebussard	2,27	24,8	45,3	13,2	16,7	–	56,1	37,4	4,1	2,4	–
Heidelerche	7,08	3,9	13,7	22,4	56,1	3,9	27,4	31	20	21,1	0,5
Feldlerche	14,77	1,3	5,9	10,9	42,7	39,2	18,7	27,4	20,7	26,4	6,8
Brachpieper	2,11	22,7	65,6	11,7	–	–	48	48,6	3,4	–	–
Baumpieper	3,57	11,6	36	22,9	21,3	8,2	41,3	43,1	10,9	4,3	0,4
Schafstelze	3,73	11,9	30,6	19,6	37,9	–	44,4	38,2	9,8	7,6	–
Gebirgsstelze	1,53	42,1	56,5	1,4	–	–	64,3	35,4	0,3	–	–
Bachstelze	2,74	14,1	54,8	15,7	15,4	–	38,5	53,1	6	2,4	–
Singdrossel	1,59	46,1	40,9	9,9	3,1	–	73,2	24,2	2,2	0,4	–
Rotdrossel	4,39	7,8	30,1	22,5	32,8	6,8	34,4	44,1	12,9	8,2	0,4
Misteldrossel	2,80	18	41	22,5	16,8	1,7	50,3	37,8	8,8	3	0,1
W'goldhähnchen I *	3,53	8,5	46,2	20,7	24,6	v	29,8	55,1	10	5,1	–
W'goldhähnchen N *	1,77	29,2	67,8	3	–	–	51,7	47,1	1,2	–	–
Tannenmeise	4,45	7,6	28,6	23,8	39,2	0,8	33,9	42,7	13,8	9,5	0,1
Blaumeise	4,56	7	28,7	25	38,5	0,8	32	44,1	14,6	9,2	0,1
Kohlmeise	5,60	4	24,8	19,5	42,5	9,2	22,2	48,7	14,2	14,3	0,6
Saatkrähe	98,59	0,1	0,3	0,8	8,1	90,7	6,1	11,3	10,3	27,2	45,1
Star	21,13	0,6	4,5	5,9	35,9	53,1	12,2	29,1	16,2	31,7	10,8
Girlitz	2,17	24,7	50,7	16,5	8,1	–	53,6	40,1	5,1	1,2	–
Stieglitz	7,32	3,5	15,8	17,1	54,1	9,5	25,7	38,4	16,4	18,4	1,1
Erlenzeisig	8,77	2	12,3	17,7	61,6	6,4	17,9	33,1	20	28,1	0,9
Hänfling	5,10	5,8	18,5	24,4	49,9	1,4	29,5	38,7	16,8	14,9	0,1
Gimpel	2,62	15	57,5	26,4	1,1	–	39,1	51,3	9,4	0,2	–
Kernbeißer	6,18	2,5	24,7	25,1	46,1	1,6	15,3	48	20,2	16,3	0,2
Rohrammer	1,22	67,7	31,2	1,1	–	–	82,8	17	0,2	–	–

sten tagziehenden Singvögeln nicht solitär. Nur wenige Arten weisen einen nennenswerten Prozentsatz von Truppgrößen über 50 Individuen auf. Die am RM ermittelten Werte sind wohl auf weitere Orte mit normalem Breitfrontzug und geringer Kanalisierung innerhalb Mitteleuropas übertragbar, nicht aber auf Brennpunkte des Zuges mit großer Verdichtung wie z. B. Falsterbo, Kurische Nehrung und andere Punkte an der Ostseeküste oder Gibraltar und Bosporus am Mittelmeer.

Während am RM die Truppgrößen des **Wespenbussards** nur ausnahmsweise oberhalb 30 Exemplaren liegen, die häufigste Zugeinheit jedoch „1" ist, berichten BERNIS (1980) von Gibraltar über Trupps mit 90 und KARLSSON (1993) von Falsterbo/S. über solche mit 200 Tieren. Entsprechendes gilt für die meisten anderen Greifvogelarten. Beim scheinbar zuggeselligen **Mäusebussard** ziehen am RM 25 % aller Individuen als Einzelvögel (Abb. 13.3.1). Trupps mit mehr als 40 Individuen sind selten. Ähnliche Verteilungen scheinen für das mitteleuropäische Binnenland normal zu sein (z. B. HELLMANN 1990). An Zugknotenpunkten wie Fehmarn ist dagegen mit Trupps von mehreren 100 Individuen zu rechnen (LOOFT & BUSCHE 1981), in Falsterbo/S. mit solchen bis zu 2000 (KARLSSON 1993). Obwohl der **Rotmilan** seltener ist, zieht er gesellig. 30 % aller Individuen ziehen aber allein, wobei dieser Anteil mit der Zunahme als Durchzügler in den letzten Jahren geringer wird. Große Trupps mit bis zu 40 Individuen werden am RM nur ausnahmsweise und dann vor der Zugzeit bei der gemeinsamen Nahrungssuche auf frisch gemähten Wiesen beobachtet. 88 % aller Zugeinheiten der **Kornweihe** sind Einzelvögel, womit 74 % der Tiere erfaßt sind. Nur 26 % aller Kornweihen fliegen gesellig mit anderen. Hier wie bei der **Rohrweihe** und im Gegensatz zum **Sperber** läßt sich aber echter Truppzusammenhalt erkennen. Sowohl bei Milanen wie bei Weihen sind auch außerbrutzeitliche Schlafgemeinschaften zu finden. Beim Sperber entfallen wohl auch 74 % aller Vögel auf solitär Ziehende. Doch bereits 3 – 4 zusammen wandernde Sperber sind eine Ausnahme und wohl weniger soziale Einheiten als eher thermikbedingte Zusammenschlüsse.

Graureiher und **Kormoran** haben in den vergangenen 25 Jahren kontinuierlich zugenommen. Gleichzeitig sind sowohl die durchschnittlichen als auch die maximalen Truppgrößen ständig angestiegen.

Kleiber, Bunt- und Schwarzspecht: Alle drei Arten sind außerhalb der Brutzeit Einzelgänger (LÖHRL 1967, BLUME 1968) und wandern normalerweise allein, wobei offen bleiben muß, ob Kleintrupps von 2 – 3 Vögeln aus einem gegenseitigen Vertreiben heraus entstehen, ohne daß eine soziale Bindung besteht. Aber auch hier gilt, daß bei regelmäßig ziehenden und häufigen Kleiberarten wie in Nordamerika der Zug in Trupps erfolgen kann (MATTHYSEN 1998).

Auch die beiden **Lerchenarten** demonstrieren den Zusammenhang zwischen Truppgröße

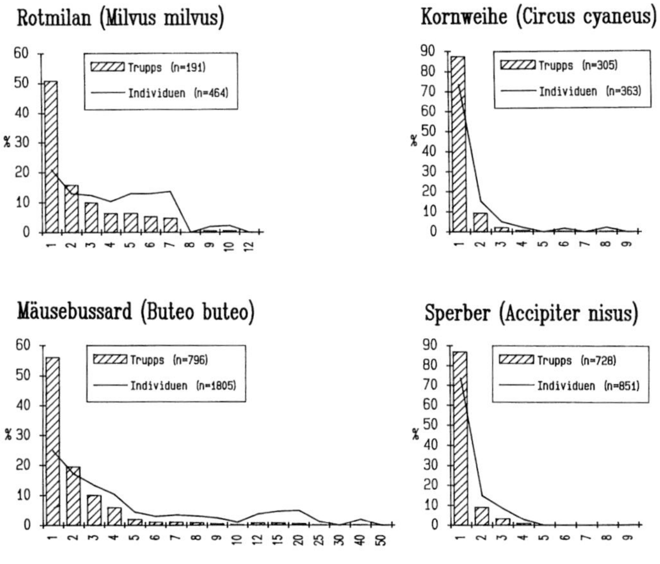

Abb. 13.3.1: Truppgrößenverteilung von vier Greifvögeln am RM. – *Flock-size distribution of four raptor species at Randecker Maar. Columns show the percentage frequency of flocks of various sizes, and the line shows the percentage of individuals within these flocks.*

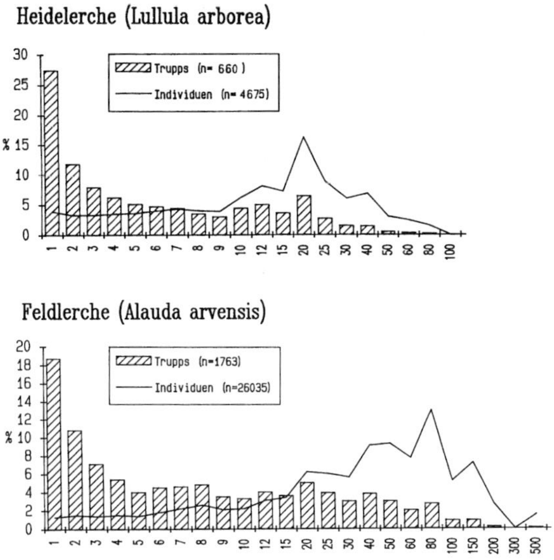

Abb. 13.3.2: Truppgrößenverteilung bei Lerchen am RM. Siehe Abb. 13.3.1 – *Flock-size distribution of* Lullula arborea *and* Alauda arvensis *at Randecker Maar; see Fig. 13.3.1.*

und Häufigkeit einer Art (Abb. 13.3.2). Die Häufigkeitsverteilungen beider Arten verlaufen bis zu Truppgrößen von 20 Vögeln nahezu parallel, doch erreichen die größten Trupps bei der Heidelerche gerade 90 (ø = 7,1 Ex.), bei der häufigeren Feldlerche dagegen 480 (ø = 14,8 Ex.) Vögel. Deshalb schlägt sich die Zahl der Einzelzieher bei der Heidelerche stärker nieder als bei der Feldlerche: die Truppgrößen der Heidelerche am RM entsprechen jenen anderer Orte in Mitteleuropa (DAUNICHT 1985, FRÖHLING & PRÜNTE 1967). Auch dort sind unter den „Zugverbänden" Einzelvögel mit weitem Abstand dominierend. Auf Helgoland zeigt die Truppverteilung bei geringem Zugaufkommen maximal 12 Vögel bei einer durchschnittlichen Truppgröße von 1,5 (MORITZ 1989).

Ein Paradebeispiel für unterschiedliche innerartliche Sozialbindung auf dem Zug sind die drei **Stelzen**. 42 % aller Individuen der Gebirgsstelze ziehen allein. Maximalverbände umfassen 7 Individuen. Die Art rastet vorwiegend an unübersichtlichen Bachläufen, was den Rufkontakt und die Truppfindung erschwert. Bei den beiden Offenlandarten Schaf- und Bachstelze ist der Anteil einzeln ziehender Vögel viel geringer (12 % bzw. 14 %), während ein hoher Anteil in Trupps von 20 und mehr Vögeln zieht.

Im Gegensatz zu der Gebirgsstelze sind beim Brachpieper die Truppstärken von seiner Seltenheit geprägt. Die dominierende Zugeinheit ist der Einzelvogel. Der größte Trupp am RM umfaßte 12 Vögel. RINNHOFER (1970) und ROOS (1984b) berichten von ähnlichen Truppverteilungen. An Rastplätzen kann es zu größeren Ansammlungen kommen. Der viel häufigere Baumpieper bildet Zugtrupps mit 50 und mehr Individuen und auch seine durchschnittliche Truppgröße (3,6) ist größer als beim Brachpieper (Tab. 13.3.1, Abb. 13.3.3).

Während der Brutzeit leben **Heckenbraunellen** in Revieren, die, abgesehen von Singwarten aus, keinen Sichtkontakt zu Reviernachbarn ge-

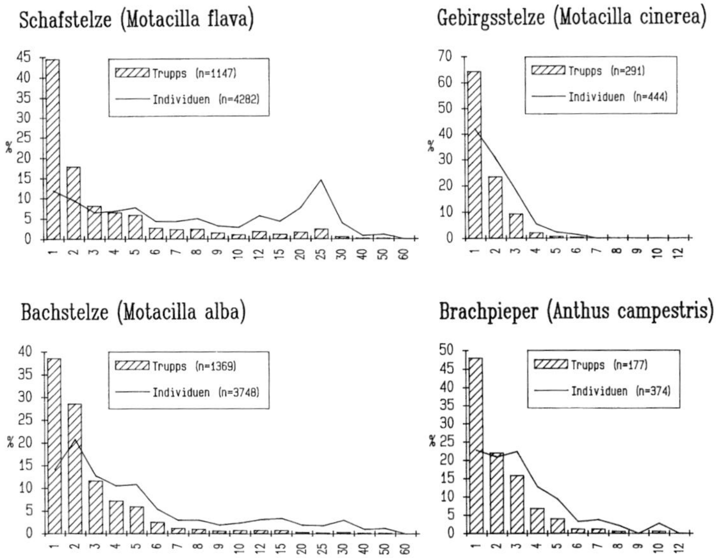

Abb. 13.3.3: Truppgrößenverteilung der Motacilliden am RM. Siehe Abb. 13.3.1. – *Flock-size distribution of Motacillidae at Randecker Maar; see Fig. 13.3.1.*

währen. Obwohl Heckenbraunellen denkbar schlechte Flieger sind, schließen sie sich auf dem Zug zu Trupps von bis zu 70 Vögeln zusammen. Große Trupps sind dabei vor allem auf die tages- und jahreszeitlichen Hauptzugzeiten beschränkt und Einzelzieher häufen sich in den Randzeiten (Abb. 13.3.4). Trotz des Auftretens großer Zugtrupps (Petitmermet 1965, Gatter & Mattes 1973) sind 45 % aller Vögel Einzelzieher und nur 11 % aller Individuen wandern in Trupps von 6 und mehr Vögeln.

Bis auf die am RM seltene Ringdrossel, die hier nur in Trupps bis zu 3 Vögeln zieht (rastend bis zu 10), sind die großen **Drosseln** häufig, was eine ähnliche Truppgrößenverteilung bei diesen Arten erwarten läßt. Man findet jedoch klare Unterschiede und zwei Typen der Zuggeselligkeit (Abb. 13.3.5). Über 46 % der Singdrosseln ziehen als Einzelvögel, mehr als 5 Vögel zusammen sind die Ausnahme und Verbände von 6 bis 20 Vögeln kommen nur bei bestimmten Wetterkonstellationen vor. Entsprechendes gilt für die Amsel. Mistel- und Rotdrossel sowie Wacholderdrossel zeigen dagegen ein völlig anderes Sozialverhalten. 10 % der Rotdrosseln und 20 % der Wacholderdrosseln ziehen in Trupps von mehr als 50 Individuen. Bei beiden Arten wandern weniger als 10 % allein. Ein ähnliches Verteilungsmuster zeigt die Misteldrossel. Die beiden eher solitär ziehenden Drosselarten sind wesentlich stärkere Nachtzieher als die anderen Arten und beide bewegen sich zur Nahrungssuche in eher unübersichtlichem Gelände (vgl. Gebirgsstelze).

In Normaljahren ist der Anteil der allein wandernden **Wintergoldhähnchen** mit 29 % viel höher als in Invasionsjahren (8,5 %). Während Invasionen stellen Trupps aus 2 – 5 Vögeln 55 % (in Normaljahren 47 %). In schwachen Jahren umfassen die größten Trupps 6 – 10, in Invasi-

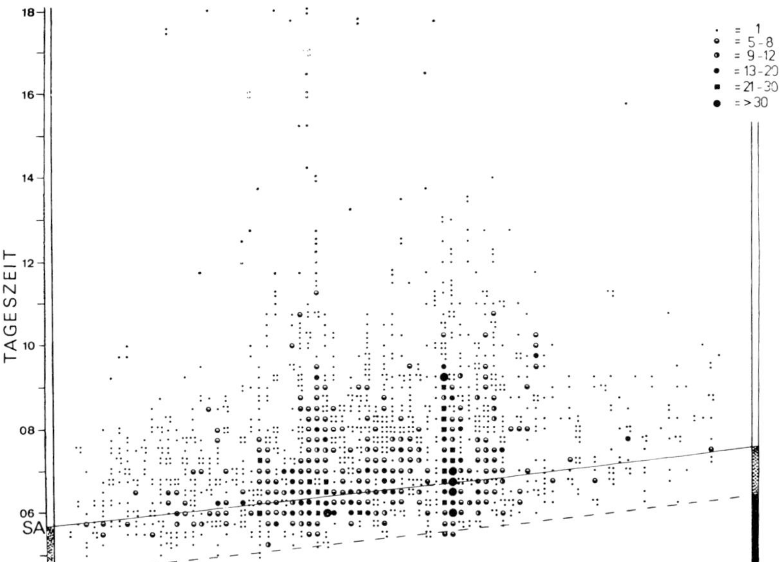

Abb. 13.3.4: Jahres- und tageszeitliche Verteilung von 4400 Durchzüglern der Heckenbraunelle (*Prunella modularis*) im Jahresverlauf am RM. Die Zeit der großen Stundensummen ist auch die Zeit der großen Trupps. SA und durchgezogene Linie = Sonnenaufgang. Gestrichelte Linie = Dämmerungsbeginn (aus Gatter & Mattes 1973). – *Annual and diurnal distribution of migrating* Prunella modularis *(n = 4400) at Randecker Maar. Periods of heavy migration activity coincide with the occurrence of large flocks over the day. SA and solid line = sunrise; dashed line = approximate first light. Horizontal axis shows August – November, vertical axis time of day (from Gatter & Mattes 1973).*

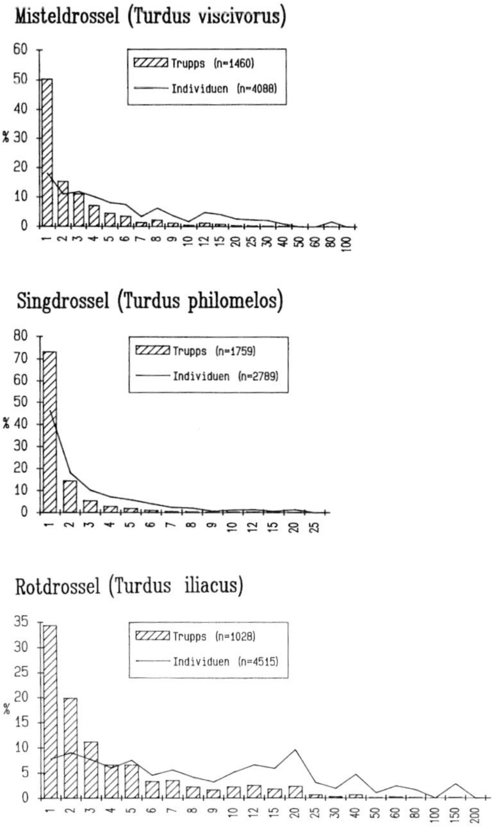

Abb. 13.3.5: Truppgrößenverteilung einiger Drosselarten am RM. Siehe Abb. 13.3.1. – *Flock-size distribution of some Turdidae at Randecker Maar; see Fig. 13.3.1.*

onsjahren bis zu 50 Vögel (Abb. 13.3.6). Auch bei den Meisen sind Truppgrößen dichteabhängig und deshalb an Knotenpunkten des Vogelzuges auch viel größer als am RM. Von der **Blaumeise** wurden am RM ausnahmsweise Trupps bis zu 70 Vögeln, bei Falsterbo/S. dagegen solche von 500 bis 1000 beobachtet (Roos 1993). Die durchschnittliche Truppgröße betrug in Falsterbo/S. 70 Vögel, am RM dagegen nur 4,6 Individuen. Während Invasionen ziehen am RM Trupps, die bei der Kohlmeise über 100 und bei der Tannenmeise bis zu 60 Individuen erreichen können. An der baltischen Station Kabli wurden Schwärme von 300 und mehr Tannenmeisen beobachtet (Vilbaste 1976). Bei allen drei häufig ziehenden Meisenarten wandern am RM nur 4 – 8 % aller Vögel allein und weitere 25 – 29 % in Trupps bis zu 5 Vögeln (Abb. 13.3.7).

Der **Star** (Abb. 13.3.8) ist während des ganzen Jahres geselliger als die Mehrzahl unserer Singvögel. Beim Zug wandern nur 0,6 % aller Individuen einzeln. Größte Trupps umfassen bis zu 480 Vögel. Verglichen mit den früher bei uns teilweise riesigen Schlafplatzgesellschaften (Kap. 17) fallen auch diese Schwärme dennoch klein aus.

Saatkrähen und **Ringeltauben** bilden neben den *Fringilla*-Finken am RM die größten Trupps. Bei der Saatkrähe ziehen nur gut 1 % aller Individuen in kleinen Schwärmen bis zu 10 Vögeln, aber z. B. 24 % aller Vögel in Schwärmen von 500 –1000 (Abb. 13.3.8). Ähnliche Verteilungsmuster beschreibt Knoblauch (1986). Mit dem Nachlassen starker Zugjahre sind jedoch auch die großen Trupps in den vergangenen Jahren kleiner geworden.

Buch- und **Bergfink** ziehen am RM an guten Zugtagen in nicht enden wollenden Bändern, die eine Trennung in Einzeltrupps nicht mehr zulassen. Bei schwächerem Zug entspricht die Truppgrößenverteilung derjenigen der häufigen Cardueliden.

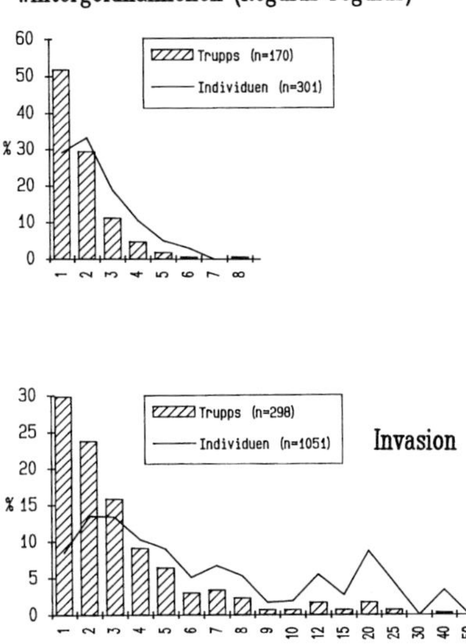

Abb. 13.3.6: Truppgrößenverteilung des Wintergoldhähnchens am RM. Oben Normaljahre, unten Invasionsjahre. – *Flock-size distribution of* Regulus regulus *at Randecker Maar; normal years above, irruption years below. See Fig. 13.3.1.*

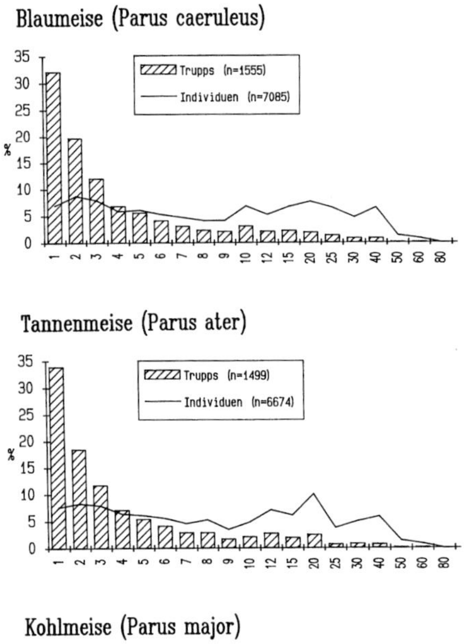

Abb. 13.3.7: Truppgrößenverteilung von 3 Meisenarten am RM. – *Flock-size distribution of Paridae species at Randecker Maar; see Fig. 13.3.1.*

Beim **Stieglitz** können wir sowohl auf Schlafplatzflüge als auch auf Zugdaten zurückgreifen. Sie unterscheiden sich in der Truppgrößenverteilung jeweils nur unbedeutend (Abb. 13.3.9). 24 – 28 % der „Zugverbände" (das sind aber nur 3 – 5 % der Individuen) bestehen aus Einzelvögeln. GLÜCK (1982) berichtet hingegen „nie einzeln ziehende Stieglitze, sondern immer Gruppen von 3 – 100" beobachtet zu haben. Der Rückgang der Bestände am RM (Kap. 17) hat auch bei dieser Art zu abnehmenden Truppgrößen geführt. Beim **Bluthänfling** (Abb. 13.3.10) bestehen 29,5 % aller „Trupps" aus einzelnen, 17 % aus 2 Vögeln. Wie beim Stieglitz sind in den vergangenen Jahren die durchschnittlichen Truppgrößen parallel zu den Durchzugszahlen stark zurückgegangen, Trupps von über 15 sind heute eher die Ausnahme. Der **Erlenzeisig** ist durch die Zunahme der Fichte in ganz Europa wohl einer der Gewinner im Gefolge steigender Nadelwaldanteile und zunehmendem Waldalter (Kap. 15.8). Seine Truppgrößen sind wie bei Goldhähnchen, Kernbeißer und anderen Invasionsvögeln dichteabhängig. Große Trupps von 80 – 200 Vögeln wurden auf dem Zug abseits der Nahrungsreviere nur bei Invasionen festgestellt (Abb. 13.3.10).

Gimpel und **Girlitz** gehören zu den spärlicheren Finkenarten am RM. Ihre Sozialverbände unterscheiden sich aber deutlich voneinander (Abb.13.3.10). Der Gimpel neigt zum Kleintrupp in Familienverbandsgröße, doch spricht das Geschlechterverhältnis der Trupps nur selten für familiäre Bindungen. Große Trupps sind bei beiden Arten selten. Die Anteile der Einzelzieher sind extrem hoch (39 bzw. 54 % aller Verbände und 15 bzw. 25 % aller Individuen), wobei zu beachten ist, daß beim Girlitz, im Gegensatz zum Gimpel, ein größerer Teil der Einzelzieher in Trupps anderer Arten mitzieht.

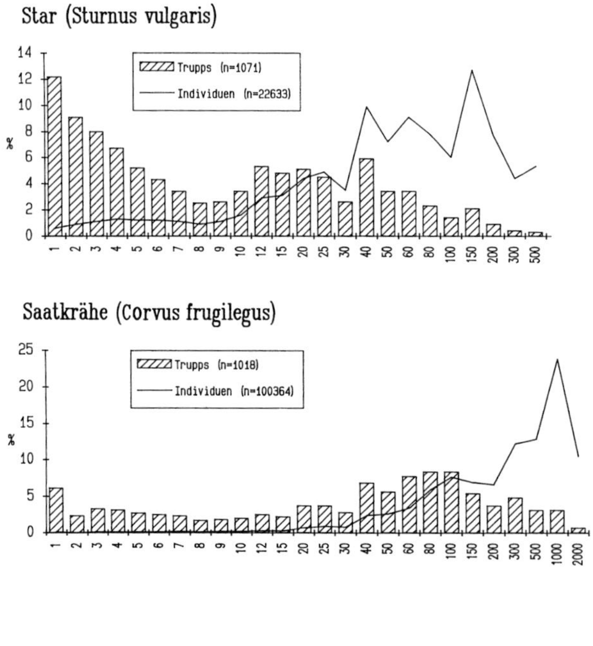

Abb. 13.3.8: Truppgrößenverteilung von Star und Saatkrähe am RM. – *Flock-size distribution of* Sturnus vulgaris *and* Corvus frugilegus *at Randecker Maar; see Fig. 13.3.1.*

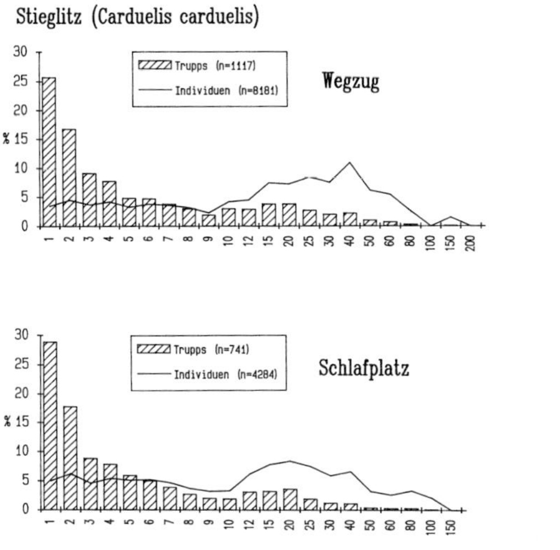

Abb. 13.3.9: Truppgrößenverteilung vom Stieglitz am RM. Oben Wegzug, unten Schlafplatzflug. – *Flock-size distribution of* Carduelis carduelis *at Randecker Maar; autumn migration above, roosting flights below. See Fig. 13.3.1.*

Beim **Kernbeißer** wurde die Korrelation zwischen Durchzugsstärke und Truppgröße am RM für Normal- und Invasionsjahre untersucht. Auch hier wächst die Truppgröße mit der Durchzugsstärke. Vergleicht man Truppgröße und Pentadensumme der Invasionsjahre mit denen aus Normaljahren, so unterscheiden sich die Regressionskoeffizienten hoch signifikant ($p < 0{,}001$). Dieser Unterschied entsteht dadurch, daß in Invasionsjahren große Schwärme auftreten, die in Normaljahren fehlen. Trotzdem zieht auch in Invasionsjahren nur ein kleiner Teil in sehr großen Verbänden (SCHMID & GATTER 1986, Abb. 13.3.11).

Folgerungen: Wenn geselliger Zug in Trupps optimal ist, sollte ein geringer Anteil der Vögel solitär ziehen und eine große Anzahl in mittleren bis größeren Zugverbänden. Da bei Kleinvögeln, außer den hochgeselligen Arten, vielfach von einem zufälligen Zusammentreffen der Einzelvögel ausgegangen werden kann, sollten Schwarmgrößen auch räumlich und zeitlich mit dem Zugfortschritt anwachsen. Im Gegensatz zu Kranichen, einigen Limikolen und Enten, die sich an einer begrenzten Anzahl von Rastplätzen mit räumlich fortschreitendem Zug zu immer größeren Schwärmen zusammenfinden, spielt dies aber bei Singvögeln eine untergeordnete Rolle. Die Mehrzahl findet flächig verteilt geeignete Rastplätze. Eine obere Grenze der Ansammlungen ist meist durch die Kapazität der Rastplätze und teilweise der Schafplätze ge-

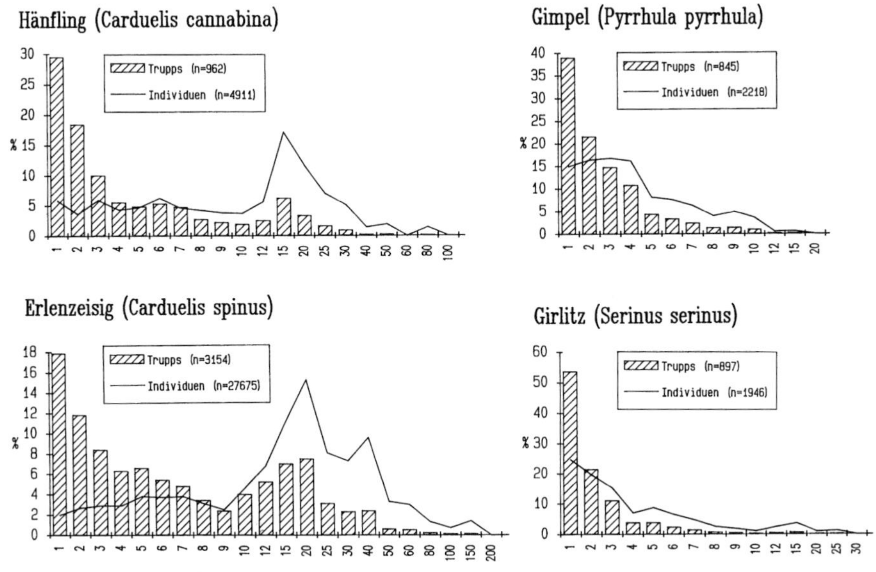

Abb. 13.3.10: Truppgrößenverteilung von 4 Finkenarten am RM. – *Flock-size distribution of some Fringillidae at Randecker Maar; see Fig. 13.3.1.*

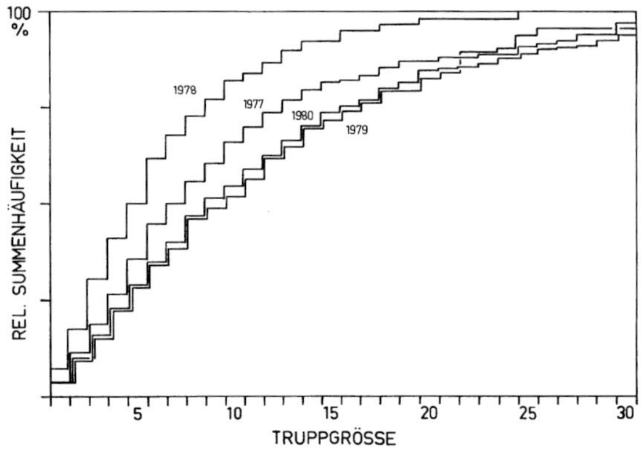

Abb. 13.3.11: Relative Summenhäufigkeit über der Truppgröße des Kernbeißers *(Coccothraustes coccothraustes)* in den Invasionsjahren 1977 und 1980 sowie in den Normaljahren 1978 und 1979 am RM zeigt nur geringe Unterschiede. Aufgenommen sind Truppstärken bis 30 Expl. Die Treppenkurven entstehen durch Addition der Prozentanteile der einzelnen Truppgrößen am gesamten Herbstzug des jeweiligen Jahres (= 100 %). Ablesebeispiel: 1977 zogen 50 % der Vögel in Trupps von 1 – 7 Expl., 1980 75 % in Trupps mit weniger als 16 Expl., 1978 zogen ca. 10 % in Vierertrupps. Aus Schmid & Gatter 1986. – *Relative summed frequency (vertical axis) against flock size of* Coccothraustes coccothraustes *(up to 30) in the years of irruptive migration 1977 and 1980, and the normal years 1978 and 1979 at Randecker Maar shows only slight differences between the two situations. The stepped curves are the result of summing the percentage share of each flock size in the total autumn migration volume of the respective year. For example, in 1977 50 % of birds passed through in flocks of 1 – 7; in 1980 75 % in flocks of 16 or less; in 1978 ca. 10 % in flocks of 4 birds.*

geben. Das Auflösen der teilweise riesigen Schlafgemeinschaften von Staren und Schwalben zu Zugtrupps deutet aber an, daß beim Zug oberhalb einer gewissen Truppgröße die Vorteile nicht mehr anwachsen. Für die Auflösung großer Ansammlungen dürfte aber auch die individuell unterschiedliche Leistungsfähigkeit und Zugmotivation eine Rolle spielen, wie zu Eingang dieses Unterkapitels gezeigt wurde. Die „endlosen" Zugbänder des Buchfinken am RM sind als eine lokale Spezialität von Konzentrationspunkten in der Landschaft zu betrachten. Buchfinken ziehen im nördlichen Albvorland in großen Schwärmen. Das Maar bzw. der Albaufstieg konzentriert dann die auf breiterer Front eintreffenden Trupps und führt sie zusammen. Weiter südlich ist von einer erneuten Bildung von Einzeltrupps auszugehen, wie sie schon für die Auflösung großer Rastgesellschaften geschildert wurde.

Die Daten zeigen, daß keine Vogelart stets einzeln zieht und keine nur in Trupps, sondern daß sich alle Arten, sofern sie als Durchzügler mit einer bestimmten Mindesthäufigkeit vorkommen, zumindest gelegentlich zu Gruppen zusammenschließen. Dennoch gibt es artabhängig klare Unterschiede in der Neigung und im Vermögen, Zugtrupps zu bilden. Im folgenden seien einige Gründe zusammengetragen, die für derartige Unterschiede in Frage kommen.

1. Die Häufigkeit einer Art: Seltene Durchzügler werden weniger in der Lage sein, große Trupps zu bilden. Nahe verwandte Arten wie Brach- und Baumpieper, Heide- und Feldlerche verdeutlichen dies. Zurückgehende Durchzugszahlen bei einer Art spiegeln sich nicht nur am RM, sondern auch andernorts in kleiner werdenden Trupps wider, wie unsere Daten bei Hänfling, Stieglitz und Brachpieper zeigen. Zunehmende Bestände können andererseits zu anwachsenden Truppgrößen führen, besonders deutlich wird dies beim Kormoran, dessen Bestand im nördlichen Mitteleuropa exponentiell angewachsen ist. Weniger drastisch nahm die durchschnittliche Größe der Zuggemeinschaften beim Graureiher zu.

2. Die Übersichtlichkeit von Rastplätzen – ein-, zwei- oder dreidimensionale Rasträume: Vogelarten, die in offenen Feldlandschaften rasten, bilden am RM die größten Trupps: Saatkrähe und Ringeltaube, gefolgt von Star und Feldlerche.

Der optische Kontakt tatsächlicher und potentieller Truppmitglieder ist offensichtlich ein wichtiges Kriterium für den Fortbestand und die Bildung von Zugverbänden. Je übersichtlicher die zur Verfügung stehenden Lebensräume, umso eher bilden die darin vorkommenden Arten Großtrupps, wie es See-, Strand- und Meeresvögel sowie Arten offener Agrarlandschaften demonstrieren. Den Luftjägern, Schwalben und Seglern, stehen gar unbegrenzte dreidimensionale Nahrungsräume zur Verfügung. Diese Habitate ermöglichen den Zusammenhalt großer Rasttrupps, der häufig durch die Nutzung großer gemeinsamer Schlafplätze noch gefördert

Tab. 13.3.2: Begrenzende und fördernde Faktoren der Truppbildung bei Singvögeln. – *Factors influencing the flock size of migrating songbirds. Columns show from left to right: influencing factor; aspect tending to increase flock size; aspect tending to decrease flock size. From top to bottom: commonness of species: common, uncommon; stopover structure: open, restricting; stopover size: extensive and three-dimensional, linear; roost: communal, solitary; food distribution: localized and high density, evenly distributed and low density; foraging tactics: social, solitary (often with feeding territory on stopover); intraspecific aggression: low, high (territorial defence); time of day of migration: diurnal, nocturnal.*

Truppbildung	fördernd	hemmend
Häufigkeit einer Art	häufig	selten
Rastplatzstruktur	übersichtlich	unübersichtlich
Rastplatzausdehnung	flächig, dreidimensional	linear
Schlafplatz	Gemeinschaftsschlafplätze	Einzelschläfer
Verteilung der Nahrung	lokal begrenzt, hohe Dichte	gleichmäßig verteilt, geringe Dichte
Jagdverhalten, Nahrungssuche	sozial	solitär (während der Rast vielfach Nahrungsreviere)
Innerartliche Aggressivität	gering	stark (Revierverteidigung)
Tageszeit des Zuges	Tagzieher	Nachtzieher

wird. Unübersichtliche Nahrungs- und Rasthabitate können dagegen die Bildung großer Trupps behindern (Tab. 13.3.2).
Bei der Gebirgsstelze scheinen außer ihrer relativen Seltenheit im Vergleich zu anderen Stelzen noch andere Gesichtspunkte mitzuspielen, warum sie überwiegend einzeln zieht. Selbst Tagesreviere von Kleinsttrupps während des Zuges verteilen sich auf mehrere 100 m Waldwege, Bach- oder Flußufer und andere nur linear, nicht flächig vorhandene Strukturen. Soziale Bindungen wie Sicht- und Rufkontakt gehen dabei ab einer gewissen Entfernung verloren und fördern die Bildung kleiner Sozietäten. Bei verschiedenen Arten kommt noch die Etablierung und Verteidigung von Tagesrevieren als hemmender Faktor hinzu.

Für Vogelarten flächiger Nahrungshabitate stellten wir bereits fest, daß Offenlandarten größere Zugverbände bilden als Arten unübersichtlicher Waldhabitate. Bei den großen Drosseln fällt das sehr unterschiedliche Truppverhalten besonders auf. Die Arten, die in offenem Gelände unter Sichtkontakt der Nahrungssuche nachgehen, wie Rot-, Mistel- und Wacholderdrossel, bilden während des Zuges große bis sehr große Trupps. Die eher in Deckung bleibenden Arten, Singdrossel und Amsel, bilden dagegen trotz ihrer Häufigkeit eher kleine Gemeinschaften. Hier könnte, neben der Wahl unübersichtlicher Rasthabitate, der dominierende, solitäre Zug bei Nacht wie auch am Tage als Erklärung herangezogen werden. Zumindest die Amsel findet sich aber außerhalb der Brutzeit lokal in großen Schlafgemeinschaften.

Bei den Luftjägern wie Schwalben und Seglern kommt es zwar am RM, wo Luftströmungen große Mengen von Insekten wie z. B. Blattläusen zusammentreiben, ebenfalls zu sehr großen Ansammlungen von bis zu 20.000 Vögeln. Die aktiv weiterziehenden Trupps sind aber viel kleiner. Bei starkem Zug schließen sich jedoch auch diese Schwärme, wie bei Finken, bedingt durch topographische Faktoren zu Bändern zusammen.

3. Jagdverhalten und die notwendige Größe des Nahrungshabitats: Endglieder in den Nahrungsketten, wie die Greifvögel, sind aus Gründen der Nahrungskonkurrenz eher genötigt, einzeln zu ziehen. Bei ihnen entfällt im allgemeinen auch die Notwendigkeit eines Schutzes gegen Prädation.

4. Zwangsweises Aufeinandertreffen, Aggressivität und Streß: Einige Arten sind überwiegend intraspezifisch Einzelgänger, obwohl sie sich außerhalb der Brutzeit oft in gemischten Trupps aus mehreren Arten aufhalten können. Spechte oder Kleiber „treffen" sich beispielsweise am RM gelegentlich im letzten südwestlichsten Baum vor dem Überfliegen einer großen Freifläche (Gatter 1973a, 1974a). Soziale Bindungen entstehen daraus wohl nicht, und das Verhalten spricht tendenziell für eine durch Streß verringerte Aggressionsbereitschaft, die aus der Scheu vor dem Überqueren weiter, offener Flä-

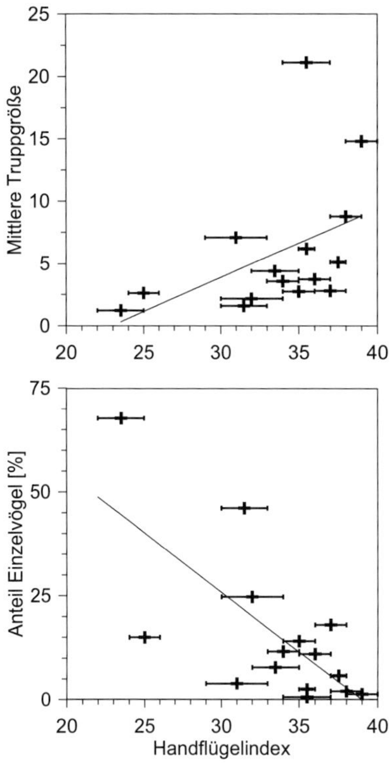

Abb. 13.3.12: Das Flugvermögen der Singvögel äußert sich auch im Schwarmverhalten. Hier wird das Flugverhalten durch den Handflügelindex nach Kipp ausgedrückt. Truppgröße und Einzelvogelanteil wurden der Tab. 13.3.1. entnommen. Meisen wurden hier nicht berücksichtigt. Vögel mit rundem Flügel fliegen verstärkt einzeln. Schnelle Vögel mit spitzem Flügel und damit großem Handflügelindex können in dichteren Trupps fliegen, die Gefahr von Kollisionen ist bei diesen Arten geringer. Dies zeichnet sich in der mittleren Truppgröße wie im Anteil der Einzelzieher ab. – *The flight characteristics of songbirds are also manifested in flock behaviour. In the graphs, flock behaviour is related to Kipp's primary index (horizontal axis); flock size and percentage share of solitary birds are taken from Tab. 13.3.1. Paridae are not included. Birds with rounded wings are more likely to be solitary migrants; fast fliers with pointed wings, and hence a higher primary index, are able to fly in denser flocks since the danger of collisions is less. This is shown in the average flock size (above) and the percentage share of solitary birds (below).*

chen hervorgeht. Bei Spechten und Kleibern liegt die durchschnittliche Truppgröße am RM auf dem Zug bei etwa 1,1 Vögeln. In Verdichtungsarealen des Vogelzugs können selbst Arten wie Adler nicht nur gesellig ziehen, sondern auch rasten. Bei solchen Massierungen an Orten wie Gibraltar, Bosporus und Sinai ist am Verhalten deutlich zu erkennen, daß es bei Bussarden und Adlern im Gegensatz zu Milanen und Störchen oft eher thermik- und topographisch bedingte Massierungen ohne gesuchten sozialen Zusammenhalt sind.

5. Flügelmorphologie und Truppbildung: Es besteht eine auffällige Parallele zwischen den Truppformen und der Flügelmorphologie von Singvögeln. Der längere Handflügel ermöglicht Bergfinken nicht nur schnelleren Flug, sondern auch den Zug in dichteren Trupps als dem Buchfinken. Auch die vom Buchfinken abweichende Winterökologie mit den Millionen umfassenden Trupps und weiten Nahrungsflügen ist vom Flügelbau abhängig (Abb. 13.1.9). Dabei sind die Auswirkungen so deutlich, daß sie sich als Feldkennzeichen auf über 1000 m Entfernung eignen. Das läßt sich auf zahlreiche Singvogelarten übertragen. Krasse Beispiele sind die lockeren Trupps der Gimpel und Girlitze im Vergleich zu den dichten Schwärmen der Hänflinge, Zeisige und Kreuzschnäbel. In Abb. 13.3.12 werden die Ergebnisse aus Tab. 13.1.1 grafisch aufgetragen, die zeigen, daß unter den kurz- und rundflügeligen Arten auch der prozentuale Anteil der einzeln ziehenden höher ist.

Zusammenfassung
13.3 Innerartliche Truppbildung und Zug als Einzelvogel

Unter den Singvögeln bilden tagsüber fast ausschließlich Tagzieher bzw.Tag/Nachtzieher Schwärme, während viele Nachtzieher, wie z. B. Sylviiden, am Tage solitär ziehen. Der Individualabstand der Tagzieher ist innerhalb der Schwärme auf Sichtkontakt aufgebaut. Gesellige Nachtzieher müssen wegen der Kollisionsgefahr größere Abstände einhalten. Vögel, die am Schlafplatz gesellig sind, werden auch auf dem Zug eher in Trupps angetroffen. Dies ist unter anderem bei Greifvögeln wie Milanen und Weihen im Gegensatz zu solitär wandernden Falken und Sperbern der Fall.

Der optische Kontakt der Truppmitglieder während der Rast begünstigt die Bildung großer Verbände beim Zug, während sie durch unübersichtliche Rasthabitate behindert werden. Vögel offener Feldlandschaften bilden am RM die größten Trupps. Zugtrupps sind häufig kleiner als Rasttrupps.

Zurückgehende Durchzugszahlen bei einer Art spiegeln sich nicht nur am RM, sondern auch andernorts in kleiner werdenden Trupps wider, wie sich umgekehrt zunehmende Bestände in anwachsenden Truppgrößen äußern. Bei vielen Arten zieht ein überrraschend hoher Prozentsatz allein. Teile davon ziehen in Verbänden anderer Arten mit. Spitzflügelige Arten ohne Wellenflug wie der Star können in dichten, riesigen Trupps wandern. Rundflügelige Arten mit unruhigem Wellen- oder Flatterflug ziehen mit hohen Individualabständen. Auch die Zahl der Einzelzieher ist bei diesen Arten größer.

Summary

13.3 Single-species flock formation and solitary migration

Within the passerines it is practically only diurnal and diurnal/nocturnal migrants that form flocks; many purely nocturnal migrants, e. g. Sylviidae, move solitarily by day. Individual distance between diurnal migrants is maintained within flocks by sight contact. Gregarious nocturnal migrants, on the other hand, have to keep a large distance between individuals because of the danger of collision, and depend instead on contact calls. Species forming communal roosts tend to migrate in flocks. This is also the case for raptors such as Milvus *and* Circus, *as opposed to solitary migrants like* Falco *and* Accipiter. *Optical contact among flock members at stopovers promotes the formation of large troops on migration, while this is hindered by the use of stopover habitats with dense or linear (e. g. along streams and rivers) vegetation. Birds of open agricultural landscapes account for the largest flocks at Randecker Maar. Migratory flocks are often smaller than resting flocks.*

Declining passage numbers of a species are reflected in ever smaller flocks, not only at Randecker Maar but also elsewhere, while conversely increasing numbers are signalled by increasing flock size. A surprisingly high percentage of many species are solitary migrants. Some move within flocks of other species. Species with pointed wings that do not travel with an undulating flight, such as Sturnus vulgaris, *are able to migrate in huge, dense flocks. Round-winged species with an uneven undulating or fluttering flight keep a greater distance between individuals. The number of solitary migrants is higher in these species.*

13.4 Mischgeselligkeit und interspezifisches Sozialverhalten

Im Gegensatz zu den Tropen, wo gemischte Schwärme das ganze Jahr über anzutreffen sind (z. B. Haffer 1988, Gatter 1997), treten Mischgesellschaften in den gemäßigten Breiten überwiegend bei der Nahrungssuche, am Rastplatz und während des Zuges und somit außerhalb der Brutzeit auf.

Nachts ziehende Kleinvogelarten wandern einzeln oder halten große Individualabstände ein (Dorka 1966, Alerstam 1994), während Tagzieher häufig dichte Schwärme bilden (Kap. 13.3). Ein artreiner Trupp kann jedoch nur gebildet werden, wenn eine ausreichende Anzahl zusammenfindet. Unter anderem deshalb schließen sich Einzelvögel oder Kleingruppen geselliger Vögel regelmäßig auch Zugschwärmen anderer Arten an. Derartige interspezifische Vergesellschaftungen wurden von uns über Jahre ausführlich erfaßt, wobei insbesondere auch Führungspositionen innerhalb der gemischten Trupps interessierten.

Schwärme und damit auch Mischgesellschaften können sich am Schlafplatz, im Rast-/Nahrungsgebiet oder erst während des Zuges zusammenfinden. Dies kann die potentielle Artzusammensetzung der Trupps beeinflussen. Wenn als Nahrungsrevier ein Ruderalfeld der Ausgangspunkt ist, werden sich Stieglitze, Hänflinge und Grünlinge verstärkt dort treffen, während dies auf einem Stoppelfeld Buch- und Bergfinken, Gold- und Rohrammern, auf kurzrasigen Wiesen dagegen eher Drosselarten sind. Ein gemeinsamer Aufbruch vom Schlafplatz könnte z. T. ähnliche Artengemeinschaften zusammenführen. Vielfach schlafen Pieper und Ammern in Wiesen gemeinsam, dennoch ist der gemeinsame Weiterzug eher die Ausnahme.

Die Beobachtungen aus vielen Jahren demonstrieren vielmehr, daß die meisten der gemeinschaftlichen Zugtrupps erst unterwegs, im Laufe eines Zugtages, entstehen. So schließen sich einzeln ziehende Vögel häufig Fremdtrupps einer etwas langsameren Art an, deren Schwarm sie einholen. Insgesamt ist jedoch davon auszugehen, daß nur Vögel mit ähnlichen Eigengeschwindigkeiten und vergleichbarem Flugstil über längere Zeit zusammenbleiben.

Die bei der Auflösung von Rastgemeinschaften gebildeten Zugtrupps scheinen bei den meisten Singvögeln sowohl innerartlich (Kap. 13.3) als auch in Mischtrupps eher zufällige Zusammenschlüsse von Individuen zu sein, die einen momentan gleichen zugphysiologischen Zustand aufweisen.

So wie die Zugdisposition der Einzelindividuen den Aufbruch steuert, werden sich die aus Rastgemeinschaften entstandenen Zugschwärme im Laufe der Zeit gemäß der Dauerleistungsfähigkeit ihrer Mitglieder aufspalten.

Die Flugeigenschaften dürften im Mittel- und Hochgebirge eine stärkere Selektion bewirken als dies im Flachland der Fall ist. Bei Rückenwind und damit höherem Zug wird diese geringer sein als bei Gegenwind.

Doch nicht nur die Geschwindigkeit, sondern auch der Flugstil ist entscheidend. Zugverbände mit großem Individualabstand, wie Buchfinken, eignen sich als Gastgeber für andere Arten eher als die dichten Schwärme von Star, Rotdrossel oder gar Strandläufern. Dichte Schwärme setzen einen weitgehend gleichartigen, nicht nur gleich schnellen Flug voraus. Ein stark hüpfend oder wellenförmig fliegender Vogel, extrem bei der Gebirgsstelze, kann auch bei gleicher Eigengeschwindigkeit nicht im dichten Schwarm einer geradlinig fliegenden Art mitfliegen. In den sehr schnell und geradlinig fliegenden Starenschwärmen ziehen am RM nur recht selten andere Arten wie z. B. einzelne Alpenstrandläufer und, wie schon mehrfach beobachtet, kleine entflogene Sittiche mit vergleichbarem Flugstil.

Teilweise reduzieren Vögel einer Art ihre Zuggeschwindigkeit erheblich, um nicht allein oder in Kleingruppen fliegen zu müssen. Ein Beispiel sind die im artreinen Verband sehr schnellen Goldregenpfeifer. Einzelvögel oder Kleingruppen kommen hier am RM bespielsweise mit den Trupps von ziehenden Ringeltauben, in Norddeutschland mit den langsameren Kiebitzen an. Ein Hindernis bei der Truppbildung dürften dabei die unterschiedlichen Zugrichtungen sein. Auch bei anderen größeren Arten zeigt sich, daß einsame schnelle Flieger sich langsameren Trupps anschließen. So fliegen an der Ostseeküste die schnellen Krick-, Spieß- und Pfeifenten regelmäßig in langsameren Gänsetrupps mit, ja, sie ordnen sich teilweise sogar mitten in die Formation ein.

Aus unzähligen Beobachtungen zur Truppbildung am RM geht hervor, daß solche Gesellschaften oft nur kurzzeitige Zusammenschlüsse sind und starken Veränderungen der beteiligten Individuen unterliegen. Fälle wie der folgende wurden von uns mehrfach täglich beobachtet: Ein ziehender Schwarm von etwa 60 Buchfinken mit 5 Bergfinken an der Spitze, die das Tempo augenscheinlich in die Höhe trieben, sowie einem Girlitz am Ende flogen langsam an einen Buchfinkenschwarm von etwa 20 Vögeln heran und überholte diesen schließlich. Dabei lösten sich aus dem Ende des schnelleren großen und höher fliegenden Trupps einige Buchfinken und der Girlitz und schlossen sich dem langsamer fliegenden Verband an.

Die Bildung von Mischschwärmen wollen wir an einigen Beispielen aufzeigen:

Segler (*Apodidae*) und Schwalben (*Hirundinidae*): Die Vergesellschaftungstendenzen der **Schwalben** sind wetterabhängig: bei schlechtem Wetter ziehen sie zügig in artreinen Trupps. Bei schönem Wetter mit großer Insekten-Aktivität kombinieren sie den Zug mit der Jagd, wobei es zur Durchmischung von Schwalbenschwärmen kommt. Vergesellschaftungen zwischen Mehl- und Rauchschwalbe sind am RM alltäglich, wobei allerdings der Zug in der warmen Mittagszeit zu einem gemächlichen Jagd-Rast-Wandern mutiert, bei dem eine diffuse vertikale Trennung zu fin-

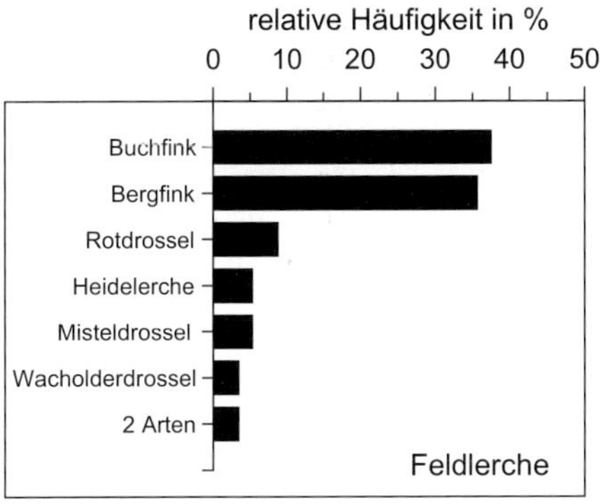

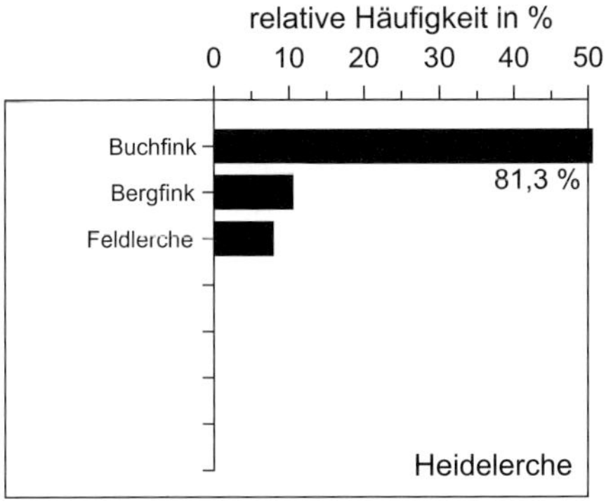

Abb. 13.4.1: Vergesellschaftungsmuster der Feldlerchen und Heidelerche. – *Pattern of mixed-species flocks of* Alauda arvensis *(left) and* Lullula arborea; *horizontal axis shows relative frequency.*

den ist (GATTER 1976a). Die Uferschwalbe ist die zahlenmäßig spärlichste Schwalbe am RM und wird häufiger in Vergesellschaftung mit der Rauchschwalbe beobachtet, was sich mit den ähnlichen tageszeitlichen Hauptzugzeiten und Flughöhen, weniger mit den dicht beieinander liegenden Medianen erklären läßt. Mit anderen Arten sind Zuggemeinschaften der Schwalben selten, nur in den Trupps der Mauersegler sind sie zu finden. Dies betrifft allerdings überwiegend gemeinsam jagende, sich langsam vorwärtsbewegende Trupps und weniger den direkten schnellen Zug. Der Handflügelindex HI (71 – 72) des Mauerseglers ist extrem und erlaubt ihm sehr hohe Spitzengeschwindigkeiten. Die Zuggeschwindigkeit in größerer Höhe ist mit Ø 40 km/h (WEITNAUER 1980) jedoch gering. Von allen Wegzüglern am RM weist der Mauersegler den frühesten Median auf (kumulierter Medianwert M_{kn} 23. Juli) und ist von daher kein häufiger Partner. Während es zur Zeit des Hauptdurchzugs der Segler kaum Mischtrupps gibt, ist es auffällig, daß fast alle späten und meist einzelnen Segler ab September zusammen mit Schwalben ziehen.

Lerchen (*Alaudidae*): Heidelerche (M_{kn} 11. Oktober) und Feldlerche (M_{kn} 18. Oktober) sind ein Beispiel dafür, daß Verwandtschaft und weitgehend gleiche Zugzeiten nicht unbedingt zu gemeinsamem Zug führen. Aufgrund der unterschiedlichen Flugeigenschaften zwischen der kurzflügeligen und kurzschwänzigen Heidelerche und der langflügeligen, langschwänzigen Feldlerche ist dies sogar sehr selten (Abb. 13.4.1). Insgesamt neigen Lerchen zu artreinen Trupps. Gemäß der Häufigkeit potentieller Schwarmpartner ziehen Heide- und Feldlerche am ehesten mit den beiden *Fringilla*-Finken zusammen, wobei sich die Feldlerche relativ oft mit dem wohl etwa gleichschnellen Bergfinken, die Heidelerche mit dem langsameren Buchfinken vergesellschaftet, was aufgrund der Flugeigenschaften zu erwarten ist. Auf dieselben Gründe, aber auch auf Ähnlichkeiten im Flug, dürften die Vergesellschaftungen der Feldlerche mit verschiedenen Drosselarten zurückzuführen sein.

Pieper und Stelzen (*Motacillidae*): Baumpieper und Schafstelze ziehen relativ früh im Jahr, beide sind gleich häufig und ziehen zur selben Tageszeit. Handflügelindices, Gewichte (Tab. 13.1.1) und Zugstrecken zum Äquator sind weitere Parallelitäten. Trotzdem kommt es nur extrem selten zu Mischtrupps beider Arten. Be-

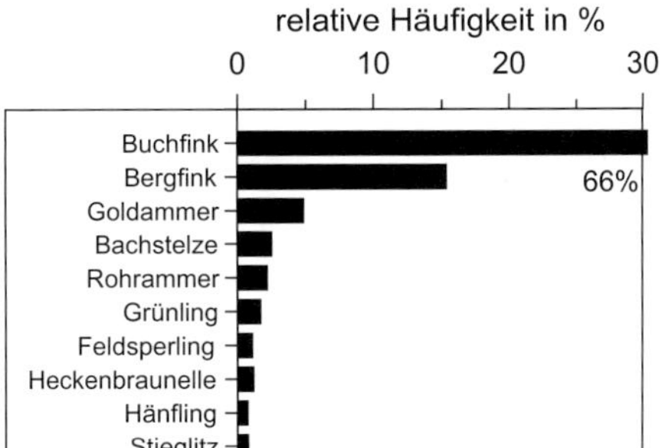

Abb. 13.4.2: Vergesellschaftungsmuster des Wiesenpiepers. – *Pattern of mixed-species flocks of* Anthus pratensis.

sonders gegen Ende ihrer Zugzeit wird gelegentlicher Anschluß an Trupps des Buchfinken beobachtet. Gemeinsamer Zug von Schafstelzen mit Bach- und Gebirgsstelze kommt trotz Zugzeitüberschneidung ebenfalls kaum vor. Die unterschiedliche Wellenlänge des Fluges, am ausgeprägtesten bei der Gebirgsstelze, am geringsten bei der Schafstelze, und vor allem die speziellen Rasthabitatansprüche der Gebirgsstelze dürften Mischtrupps entgegenstehen.

Das Spektrum der Partnerarten des Wiesenpiepers ist ähnlich breit wie das der Buch- und Bergfinken, da sein Median (M_{KN} 13. Oktober) in den Zeitraum der höchsten Anzahl ziehender Arten am RM fällt und er selbst gemein ist (Abb.13.4.2). Am häufigsten zieht er mit dem ähnlich fliegenden Buchfinken. Bergfinken werden als Partner des Wiesenpiepers fast nur dann festgestellt, wenn es sich um Mischtrupps mit Buchfinken handelt. Dabei ist auffällig, daß sich immer die Pieper den Finken anschließen, der umgekehrte Fall aber wohl nicht vorkommt.

Finken (*Fringillidae*): Aufgrund ihrer Häufigkeit werden bei Buch- und Bergfink die meisten Gastvögel beobachtet. Über 35 weitere Arten

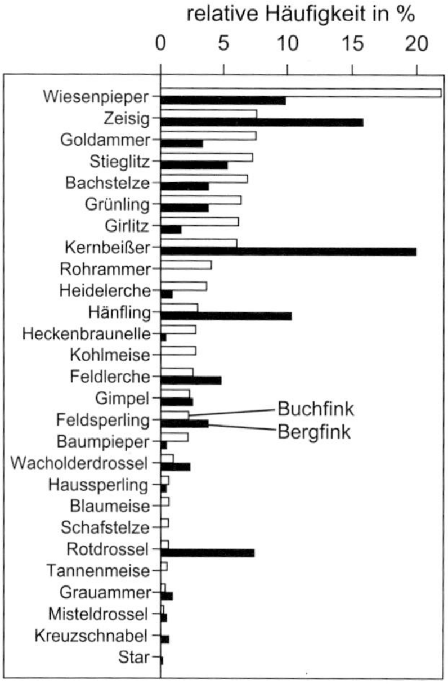

Abb. 13.4.3: Vergesellschaftungsmuster von Buchfink (weiße Säulen) und Bergfink (schwarze Säulen). – *Pattern of mixed-species flocks of* Fringilla coelebs *(white bar) and* F.montifringilla *(black bar).*

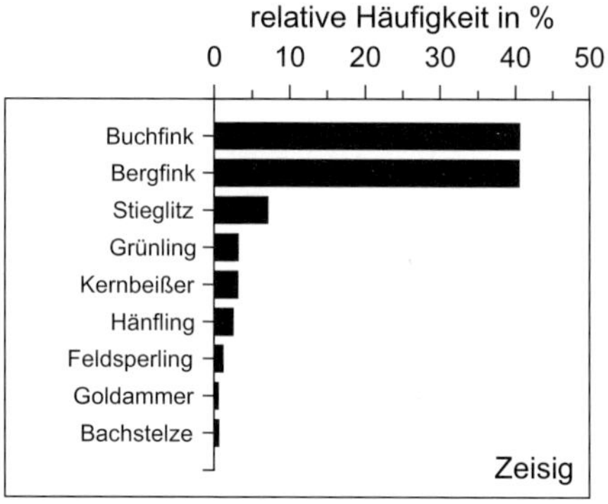

Abb. 13.4.4: Vergesellschaftungsmuster des Erlenzeisigs. – *Pattern of mixed-species flocks of* Carduelis spinus.

wurden in Schwärmen der Buchfinken zumindest ein Mal festgestellt, fast Vergleichbares gilt für die Bergfinken. Die 25 wichtigsten Zugpartner sind in Abb.13.4.3 dargestellt. Diese beiden Finken sind im Oktober die häufigsten Tagzieher. Besonders zahlreich treten Bergfinken zu Anfang ihrer Zugzeit als Partner des durchschnittlich etwas langsameren Buchfinken auf. Diese häufigen Fälle sind in der Grafik nicht mit aufgeführt (siehe Gatter 1979 und Kap. 13.1.2). Deutlich regelmäßiger als andere Arten fliegt der Wiesenpieper in Buchfinkenschwärmen mit, die ähnlich häufigen, aber schnelleren Zeisige und Stieglitze (Abb. 13.4.4, 13.4.5) schon wesentlich seltener. Die Goldammer ist im Verhältnis zum Gesamtdurchzug wieder häufiger mit dem Buchfinken anzutreffen, und Gleiches gilt für die Bachstelze, wobei sich wiederum Buchfinken nie

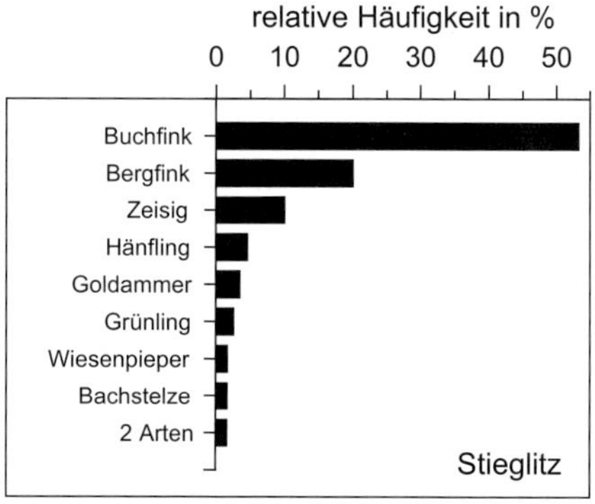

Abb. 13.4.5: Vergesellschaftungsmuster beim Stieglitz – *Pattern of mixed-species flocks of* Carduelis carduelis.

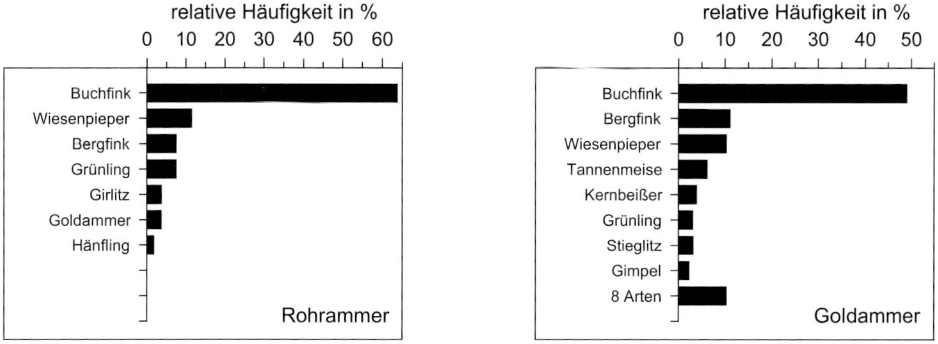

Abb. 13.4.6: Vergesellschaftungsmuster von Rohrammer und Goldammer. – *Pattern of mixed-species flocks of* Emberiza schoeniclus *(left) and* E. citrinella.

den Trupps der Ammern und Stelzen anschließen. Beim Bergfinken finden wir eine andere Reihenfolge der Partnerarten. Nach dem Buchfink treten Kernbeißer, Erlenzeisig und Hänfling in Erscheinung (Abb. 13.4.3). Unter Berücksichtigung von Häufigkeit und Medianwerten bei den einzelnen Arten zeigt sich, daß sich dem Bergfink eher Arten anschließen, die durchschnittlich höhere HI, höhere Gewichte oder gar beides aufweisen und damit schneller fliegen als die Partnerarten des Buchfinken (Tab. 13.1.1). Arten mit relativ kleinem HI ziehen selbst dann bevorzugt mit Buchfinken, wenn ihre Zugzeit mit der des Bergfinken übereinstimmt. Obwohl Kernbeißer weit eher mit dem Buchfinken ziehen könnten, wählen sie den Bergfinken als bevorzugten Schwarmpartner. Seltener ist Mischgeselligkeit mit anderen Finkenarten und dem Feldsperling. Der Erlenzeisig zieht in der ersten Hälfte der Zugzeit gelegentlich mit Buchfinken, in der zweiten Hälfte ab etwa 10. Oktober häufig mit Bergfinken. Das Überwiegen der Mischgesellschaften bestehend aus Buch- und Bergfink und mitfliegenden Erlenzeisigen scheint zunächst dem Angebot zu entsprechen. Der Median des Zeisigs liegt zwischen dem beider Arten. Die scheinbar gleichhäufige Wahrnehmung von Buch- und Bergfinkentrupps täuscht aber darüber hinweg, daß auch während der späteren Hauptzugzeit des Bergfinken Buchfinkentrupps viel häufiger sind. Erlenzeisige präferieren statistisch das Ziehen mit den schnelleren Bergfinken sehr viel stärker (Abb. 13.4.4). Girlitze fliegen häufig bei Buchfinken mit. Unsere gemessenen Fluggeschwindigkeiten liegen für einzelne Girlitze und deren artreine Trupps aber deutlich unter denen des Buchfinken, und es ist deshalb nicht überraschend, daß sie besonders an den Truppenden gefunden werden.

Ammern *(Emberizidae)*: Auch Rohrammern und Goldammern ziehen am zahlreichsten mit Buchfinken. Obwohl Rohrammern im Ruhekleid in gemischten Trupps auf große Entfernung schwierig zu entdecken und zu identifizieren sind, werden sie auffallend oft in Buchfinkenschwärmen gefunden und ihre Bestimmung auf Entfernungen von 500 m und mehr gilt als Domäne für fortgeschrittene Beobachter. Einzelne Rohrammern bilden dabei praktisch immer das Schlußlicht im Finkenschwarm und es gibt Beobachtungen, daß diese Vergesellschaftungen nur kurzfristig halten (Abb. 13.4.6).

Als einer der schwächsten Flieger (HI 24 – 26) unter den KSZ zeigt die **Heckenbraunelle** selten gemeinschaftlichen Zug mit anderen Arten, zieht aber innerartlich sehr gesellig. Gelegentlich mischen sich Braunellen kurzzeitig unter die ebenfalls flugschwachen Wiesenpieper, vor allem jedoch häufigkeitsbedingt wiederum unter Buchfinken, seltener unter Meisen. Dennoch dürften alle hier beobachteten Mischverbände aufgrund sehr unterschiedlicher Flugeigenschaften ebenfalls von nur kurzer Dauer sein.

Drosseln *(Turdidae)*: Amsel, Singdrossel und Misteldrossel ziehen, soweit nicht einzeln, doch weit überwiegend in artreinen Trupps, Wacholderdrosseln und Rotdrosseln dagegen häufig auch in gemeinsamen Schwärmen (Abb. 13.4.7). Dabei gibt der Flügelbau von Wacholder-, Rot-

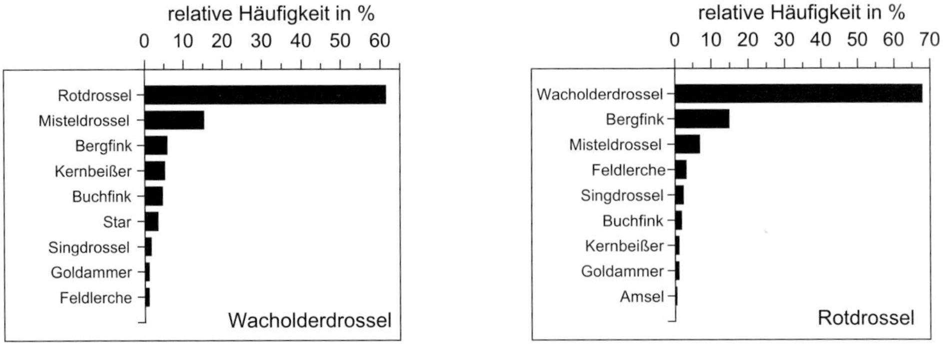

Abb. 13.4.7: Vergesellschaftungsmuster von Wacholderdrossel und Rotdrossel. – *Pattern of mixed-species flocks of* Turdus pilaris *(left) and* T. iliacus.

und Misteldrossel keine ausreichenden Hinweise, weshalb sich der Flugstil so deutlich unterscheidet. Der starenähnlich geradlinige Flug der Rotdrosseln (HI 32 – 35) weicht stark vom bogenförmigeren der Wacholderdrosseln ab. Bei den beiden großen Arten wechseln Schlagphasen und Gleitphasen in unterschiedlichem Maße miteinander ab (Kap. 6). Die fast taubenähnlich fliegenden Misteldrosseln (HI 36 – 38) ziehen nur selten gemeinsam mit Rotdrosseln, da ihr HI, aber auch die Zugzeit stärker von jenen abweicht als zur Wacholderdrossel (HI 34 – 35). Der Median der Wacholderdrossel liegt 15 Tage nach dem der Misteldrossel und drei Tage vor dem der Rotdrossel. Die Übereinstimmung zwischen Wacholder- und Rotdrossel ist folglich größer, aber keinesfalls Ursache der häufigeren Mischgesellschaften. Daneben erklärt der Vergleich der Medianwerte deutlich, warum wiederum zu Anfang des Durchzugs Mischgesellschaften von Wacholder- mit Misteldrossel, gegen Ende dagegen solche mit Rotdrosseln überwiegen. An starken Zugtagen wandern Rotdrosseln in artreinen Trupps. Beim weniger zielgerichteten Rastwandern ist dagegen Vermischung häufig. Zusätzlich können verschiedene Strategien des Tag- bzw. Nachtzugs und Rastplatzpräferenzen für die Unterschiede verantwortlich sein.

Obwohl die **Goldhähnchen *(Regulus spec.)*** ähnlich häufig sind wie die drei Meisenarten, es zudem Zugzeitüberlappung gibt und alle Arten hier aus Laubgehölzen starten, werden fast nur Vergesellschaftungen mit der Tannenmeise beobachtet. Dies hängt mit den ähnlicheren Flugeigenschaften zusammen, möglicherweise aber auch mit dem gegenseitigen „Verstehen", da beide im Wald die häufigsten Partner innerhalb gemischter Schwärme sind.

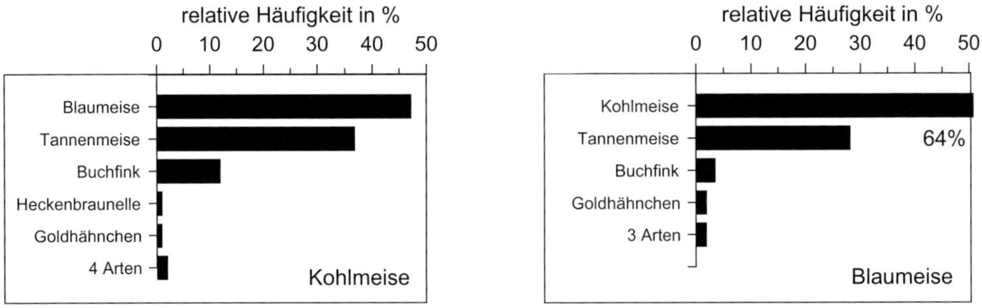

Abb. 13.4.8: Vergesellschaftungsmuster von Kohlmeise und Blaumeise. – *Pattern of mixed-species flocks of* Parus major *(left) and* P. caeruleus.

Meisen *(Paridae)*: Blaumeisen ziehen deutlich häufiger mit Kohl- als mit Tannenmeisen (Abb. 13.4.8). Obwohl sich die Häufigkeiten der drei Meisenarten entsprechen und sich die Zugzeiten überschneiden, erklärt nur die bessere Übereinstimmung der Flugeigenschaften die häufigere Vergesellschaftung. Die möglicherweise „erprobtere Sozialbindung" dieser beiden auch außerhalb des Zuges oft vergesellschafteten Laubwaldmeisen könnte wie bei der Zugpartnerschaft zwischen Tannenmeisen und Goldhähnchen eine Rolle spielen. Während Invasionen kommt es zu gemischten Meisentrupps, an denen bis zu fünf Arten beteiligt sein können. Sonstige Mischtrupps aus Meisen und Arten anderer Familien sind generell selten.

Tauben *(Columbidae)*: Ringeltauben ziehen oft in großen artreinen Trupps. Innerhalb dieser Verbände fliegt aber dennoch ein insgesamt großer Teil aller am RM durchziehenden Hohltauben mit. In den 1970er Jahren lag ihr Anteil in den Schwärmen bei 0,5 %, ist aber inzwischen höher (Kap. 17). Die Tatsache, daß Hohltauben gleichermaßen die Führungs- bzw. die „Schlußlichtposition" einnehmen können, läßt auf sehr ähnliche Flugeigenschaften oder hohe Anpassungsbereitschaft schließen. Die schnelleren Brieftauben (oder Straßentauben?) fliegen sehr selten in derartigen Trupps. Dabei könnte neben der Geschwindigkeit allerdings auch die meist deutlich abweichende Flugrichtung eine entscheidende Rolle spielen. Die angeflogenen Überwinterungsgebiete stimmen bei Hohl- und Ringeltaube weitestgehend überein. Aufgrund teilweise gleicher Rasthabitate (Felder) fliegen in Taubentrupps immer wieder einzelne Großlimikolen, vor allem Goldregenpfeifer, mit. Als Kuriosität wurden am RM zweimal einzelne große Sittiche (*Psittacidae*) innerhalb der Schwärme beobachtet (GATTER & PENSKI 1978).

Rabenvögel *(Corvidae)*: Mischgeselligkeit zwischen Saatkrähe und Dohle ist nicht – wie bei der Mehrzahl der betrachteten Arten – selten, sondern die Regel: Eine Aufspaltung nach Arten ist verstärkt nur bei Kleintrupps zu beobachten. Die dann sehr dichten Trupps der Dohle überholen Saatkrähen zügig. Große Verbände sind vielfach sehr locker und können flächenhaft über hunderte von Metern oder gar einen Kilometer ausgedehnt sein. Da der Zug in den warmen Tagesstunden eine Mischung aus Thermikkreisen und flügelschlagunterstützten Gleitstrecken ist, spielt eine Gleichartigkeit von Fluggeschwindigkeit und Flugstil eine untergeordnete Rolle. Geringere Effektivität beim Kreisen kann durch zwischenzeitlich schnelleren Flug wieder wettgemacht werden. Bei beiden Arten liegt die Hauptzugzeit Ende Oktober. In ziehenden Saatkrähentrupps werden gelegentlich einzelne Kiebitze beobachtet. Saatkrähen und Dohlen haben eine verstärkt westliche Wanderrichtung. Entsprechend beschränkt sind die Möglichkeiten der Mischgeselligkeit, da sie neben ähnlichen Flugeigenschaften auch ähnliche Wanderziele voraussetzt.

Obwohl in den vergangenen Jahren viele tausend Eichelhäher durchgezogen sind, wurde wie beim selteneren Tannenhäher keine einzige Mischgesellschaft ziehender Häher festgestellt.

Greifvögel *(Falconiformes)*: Piloten von Segelflugzeugen orientieren sich wie Greifvögel am nächsten Aufwindschlauch. Die meisten Arten bilden weitgehend erst während des Zuges lokkere Gemeinschaften (Kap. 13.3). Das nur lokale Auftreten von Thermik und Hangaufwinden fördert die Konzentration. Bei guter Sicht können die Segelflieger – neben den Greifen auch Störche und teilweise Kormorane, Krähen und Kraniche – in der Ferne die kreisenden Vögel im nächsten Aufwindschlauch bereits sehen und sich an ihnen orientieren. Da die Effektivität der verschiedenen segelnden Arten beim Aufstieg und Gleiten sehr unterschiedlich ist, sind es häufig weniger interspezifische Zugschwärme, sondern kurzzeitig gemeinsam kreisende Zufallsgemeinschaften, die sich bereits auf dem nächsten Gleitweg wieder trennen.

Zusammenfassung
13.4 Mischgeselligkeit oder interspezifisches Sozialverhalten

Während Mischgeselligkeit bei Singvögeln Zweckverbände sind (Kap. 13.3), handelt es sich bei Greifvögeln und anderen Segelfliegern vielfach um kurzfristige Zufallsgemeinschaften in Aufwindzonen. Unterschiedliche Flugeigenschaften führen nach Verlassen der Thermikbereiche wieder zur Trennung.

Da Vögel sowohl schneller wie auch langsamer als mit der optimalen Eigengeschwindigkeit fliegen können, kann es sinnvoll sein, im Schwarm einer anderen Art mitzufliegen. Viele Mischgesellschaften halten bei Singvögeln nur über kurze Zeit. Zugverbände mit großem Individualabstand wie beim Buchfinken eignen sich eher als Gastgeber für andere Arten als die dichten Trupps von Star, Kernbeißer oder Zeisig. Dichte Schwärme setzen einen gleichartigen Flug voraus.

Bei Singvögeln sind Vergesellschaftungen erwartungsgemäß unter den Arten am häufigsten, die ähnliche Zugzeiten, Flugleistungen und Flugstil aufweisen. Fluggeschwindigkeit, Flügelmorphologie und Flugeigenschaften limitieren die potentiellen Partner. Extreme Flatterflieger wie Heckenbraunelle, Hausrotschwanz und Eichelhäher werden selten oder nie in gemischten Trupps angetroffen. Besonders nahe verwandte Arten mit ähnlichem Flugverhalten wandern zusammen. Einige Arten wie z. B. der Stieglitz treten in Relation zu ihrer Häufigkeit relativ selten in Mischgesellschaften auf, der Wiesenpieper dagegen oft. Dabei ist seine Art der Zug-Mischgeselligkeit symptomatisch für zahlreiche andere Vergesellschaftungen auf dem Zug. Kaum eine Art schließt sich den Trupps der unstet fliegenden Wiesenpieper an, einzelne Wiesenpieper fliegen dagegen häufig im Schutz der Schwärme anderer Arten mit. Unterschiedliche Flughöhen begrenzen die Vergesellschaftung bei Schwalben. Hier ist die Präferenz der Mehlschwalbe für größere Flughöhen auch dann gegeben, wenn nicht gejagt wird.

Summary
13.4 Mixed-species flocks or interspecific behaviour

While mixed-species passerine flocks are associations for mutual benefit (Chapter 13.3), those of raptors and other soaring birds are often short-term random groupings in thermal zones. On leaving a thermal, their differing flight habits mean that the species once again separate.

Since birds can fly faster or slower than their optimal airspeed, it can be useful for them to attach themselves to flocks of another species. Many of these passerine mixed-species flocks are only temporary and do not last long. Migratory flocks with plenty space between individual members, e. g. Fringilla coelebs, *are more suitable as host flocks for other species than the closely packed troops of* Sturnus vulgaris, Coccothraustes coccothraustes, *or* Carduelis spinus. *A homogeneous mode of flight is a prerequisite for such flocks.*

The creation of mixed-species songbird flocks is, as expected, commonest among species with similar migratory seasons, flying speeds, and flight characteristics. Wing morphology, flight speed and characteristics limit the number of potential partners. Extreme 'flutterers' like Prunella modularis, Phoenicurus ochruros, *and* Garrulus glandarius *are seldom, if ever, found in mixed-species troops. Closely related species with similar flight behaviour migrate together. Some birds, such as* Carduelis carduelis, *are rare in mixed flocks relative to their abundance, while* Anthus pratensis *on the other hand is often found in such troops. The migratory associative habits of* A. pratensis *are symptomatic of numerous other mixed-species groupings on migration. Hardly any other species joins* A. pratensis *troops, with their irregular flying style, but individuals of the species often seek protection in flocks of other birds. The associative behaviour of the Hirundinidae is limited by their differing altitudes on migration,* Delichon urbica *keeping higher even when not foraging for insects.*

14 Invasionsvögel

Invasionen sind sehr vielgestaltige Erscheinungen, entsprechend den großen Unterschieden in der Ökologie und verwandtschaftlichen Zugehörigkeit dieser Gruppe von Zugvögeln. SCHÜZ (1971) faßt darunter die mehr oder weniger auffallenden unregelmäßigen Wanderungen zusammen. Nach Diskussion der unterschiedlichsten Termini – auch je nach Standort des Betrachters als Invasion, Evasion, Emigration oder Immigration bezeichnet, kommt er zu dem Schluß, die Invasion als Überbegriff für das nach Jahren sehr verschiedene Auftreten im Zuggebiet zu verwenden. SVÄRDSON (1957) faßt das Ergebnis seiner Invasionsstudie kurz und prägnant in den Satz: „Vogelzug ist Anpassung an die jahreszeitlichen, Invasionismus an die jährlichen Unterschiede im Nahrungshaushalt. Beides wirkt arterhaltend."

Da sich die Nahrungsverfügbarkeit in den letzten Jahrzehnten gravierend verändert hat, sind auch die Bedingungen für die Invasionsvögel heute anders als früher. Weitere Querverbindungen zu diesen und anderen Fragen, die das Problem des Invasionismus betreffen, finden sich in Kap. 11.2 – 11.5 und in Kap. 15.8.3 –15.8.6.

Schilderungen ausgedehnter Invasionen von Bergfinken, Birkenzeisigen und Seidenschwänzen gehen bis ins Mittelalter zurück (KINZELBACH 1995). Erste Analysen der Ursprungsursachen und des Ablaufs dieser Ereignisse stammen aus dem ersten Drittel des 20. Jahrhunderts. Die meisten sind an den damals noch jungen Vogelzugstationen der Nordsee, besonders aber rund um die Ostsee entstanden, an Orten, wo, geographisch bedingt, starke Verdichtungen des Herbstzuges stattfinden.

Die ersten Invasionen, die seit den 1960er Jahren an der Station Randecker Maar registriert wurden, veranlaßten uns, einige dieser Einflüge näher zu untersuchen. Neben Parallelen ergaben sich eine ganze Reihe erheblicher Unterschiede zu den früheren Resultaten, die überwiegend aus dem Großraum um Nord- und Ostsee stammten. Eine der Ursachen anderer Ergebnisse war die viel südlichere geographische Lage der Station Randecker Maar, eine weitere, nicht weniger gewichtige, dürfte in den heute veränderten Umweltbedingungen, aber auch in einer teilweise anderen Einschätzung der beobachteten Phänomene liegen.

Am RM und in der Umgebung konnte aber auch der Frühjahrszug beobachtet werden. Die Stationen an der Ostsee wurden zwar im Herbst von verdichteten Vogelscharen überflutet, lagen im Frühling aber weniger günstig. Dies führte zu einer Überbewertung der Abwanderungen (Evasionen). Der scheinbar fehlende oder schwach ausgeprägte Heimzug der Invasionsvögel führte zu der Annahme, die Invasoren wandern sich tot, kommen in großer Zahl im Zielgebiet der Invasion um, bleiben dort hängen oder gliedern sich in der dortigen Population ein. Für all dies gibt es tatsächlich genügend Hinweise.

Dennoch ist der Heimzug bei vielen Invasionsvögeln sehr viel stärker ausgeprägt als damals angenommen wurde. Bei vielen Arten dürfte kein quantitativer Unterschied zu anderen Zugvögeln bestehen, wie die Untersuchungen an Eichelhäher, Tannenmeise und Fichtenkreuzschnabel gezeigt haben (GATTER 1974b, 1977a, GATTER et al. 1979, Abb. 14.2). Wesentliche Unterschiede zum Zug normaler Zugvögel scheinen die Auslöser des Heimzugs zu betreffen, der oft zeitlich verzögert stattfindet, wohl aber auch unmittelbar aus dem Wegzug heraus umschlagen kann, wie bei den Hähern und Kreuzschnäbeln. Die Exploration der durchwanderten Gebiete nach Nahrungsressourcen ist wohl ein wesentlicher Punkt der Invasionen und die oft unmittelbare Umkehr, die bei beiden Häherarten, bei Bergfink und Erlenzeisig beobachtet werden konnte (Kap. 11.4, 11.5.1, Abb. 11.5.20), auch ein Resultat erfolgloser Exploration (GATTER 1993).

Als Ursache für den verspäteten Heimzug kommen verschiedene Hypothesen in Frage:

a) Eine zu große Entfernung zur Heimat als Folge des streckenmäßig verlängerten Wegzugs (Tannenmeise).

b) Ein wie schon beim Wegzug wirkender anhaltender Dichteeffekt, der eine andauernde Streßsituation bewirkt, die wiederum verzögernd auf das Einsetzen des Heimzuges wirkt. Dabei könnte gehemmtes Gonadenwachstum eine Rolle spielen. Daß Sexualhormone den Heimzug stimulieren können, ist bekannt, obwohl den Gonaden wahrscheinlich nur eine modifizierende Rolle zukommt. Bei Vogelarten, die erst in späteren Jahren brutreif werden (Störche, Greifvögel und verschiedene Larolimikolen), deutet man die verspätete Heimkehr und das Verbleiben im Winterquartier oder in Durchzugsgebieten dahingehend, daß diesen Vögeln infolge fehlender oder zu schwacher Gonadenentwicklung der Impuls für den Heimzug fehlt.

c) Eine gegen Winterende oder schon vorher auftretende Nahrungsverknappung, die eine Auslösung des Heimzugs hemmt (Kap. 11, 15.10).

Die Auswirkungen des verspäteten Heimzugs konnten 1997 an einer Brutpopulation des Eichelhähers verfolgt werden. Auf 25 Revierkartierungsflächen wirkte sich die pausenlose Anwesenheit revierloser, bzw. durchwandernder Häher der 1996er Invasion störend aus. Die Bildung von Brutrevieren wurde offensichtlich durch die Eindringlinge verhindert und eine Abgrenzung von Revieren war beim Kartieren weitgehend unmöglich (H. HAUSSMANN, E. VOTTELER, Verf.). Teilweiser Brutausfall nach der Invasion dürfte die Populationsentwicklung im Durchzugs- und Heimatgebiet in einem solchen Fall mehr beeinträchtigen als unmittelbare Verluste (GATTER 1977a).

Daß die Nahrungsverhältnisse nicht nur für den Ablauf des Heimzugs der Invasoren, sondern auch schon für den Zeitpunkt ihrer Ankunft am RM verantwortlich sind, konnte am phänologischen Ablauf des Herbstzuges bei Bergfink, Eichelhäher und Meisen gezeigt werden (Kap. 11.4.5, Abb. 11.4.13c).

Invasionsvögel früher und heute

Für den Eichelhäher haben sich die Ernährungsverhältnisse in den vergangenen 100 Jahren durch ältere Wälder und die veränderte Mastsituation bedeutend verbessert (Kap. 15.3, 15.4, Kap. 17). Dasselbe gilt praktisch für alle anderen, aus Wäldern stammenden, granivoren Invasionsvögel. Das Brutareal der Tannenmeise hat sich durch den Koniferenanbau seit Ende des letzten Jahrhunderts flächenmäßig vervielfacht. Entsprechendes gilt für das Nahrungs- und Habitatangebot der von Norden nach Mitteleuropa kommenden Invasionsscharen dieser Art. Während die Invasionen zu NAUMANNS und

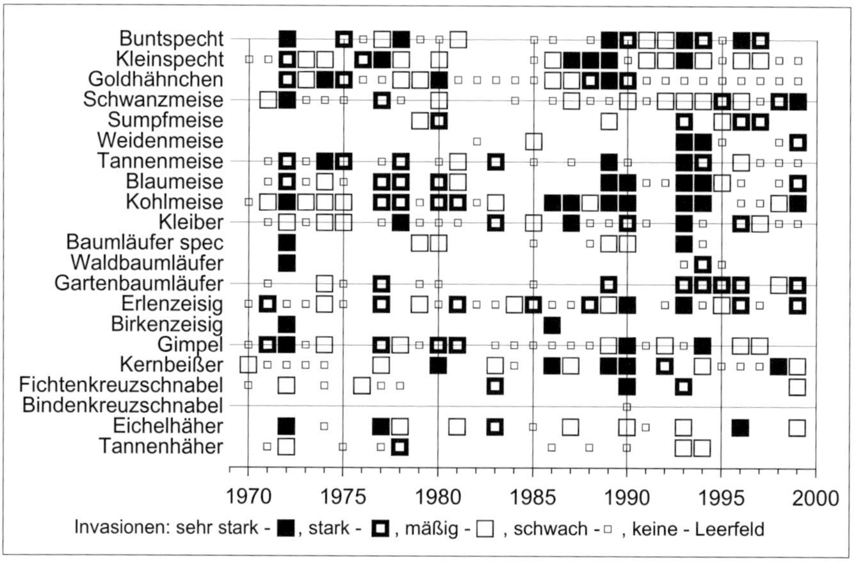

Abb. 14.1: Invasionen an der Station Randecker Maar in den Jahren 1970 – 1999. – *Irruptions at Randecker Maar in the years 1970 –1999. Symbols from left to right: very strong, strong, medium, weak, none (space).*

GÄTKES Zeiten durch und in weitgehend entwaldete Gebiete führten und Fichtenwald auf höhere Mittelgebirge beschränkt war, finden Tannenmeisen und Zeisige heute einen um mehr als 15 Breitengrade nach Süden erweiterten Nadelwaldgürtel vor, dessen Samenerträge mit dem der borealen Region konkurrieren können. Ebenso kraß haben sich die Verhältnisse für den Fichtenkreuzschnabel (Abb. 14.2) und eine Reihe anderer Invasionsvögel verändert (GATTER 1993, 1994b, Kap. 15.8.2 - 15.8.4, Kap. 17).

Schon die Verhältnisse von 1960 lassen sich mit den heutigen kaum mehr vergleichen. Verantwortlich dafür sind die Auswirkungen von Veränderungen der Kulturlandschaft, die sich bei einigen Arten auf Bestandstrends, bis hin zu Arealerweiterungen auswirken. Dies muß bei einer Beurteilung von Ergebnissen aus den Anfängen der Invasionsvogelforschung und Vergleichen zu heute berücksichtigt werden, da sonst Fehleinschätzungen hinsichtlich des Gesamtbilds von Invasionen, ihrer Intervalle und jahreszeitlichen Phänologie möglich sind. Beim Eichelhäher haben sich die Invasionsabstände in diesem Jahrhundert offensichtlich immer mehr verkürzt (GATTER 1974b).

In diesem Zusammenhang ist es bedauerlich, daß die Beringung der Meisen als den häufigsten Invasionsvögeln in mehreren Stufen reduziert wurde (FIEDLER 1998a). Die Möglichkeiten, klimatische Faktoren oder Veränderungen der Wälder über Beringung und Wiederfang und damit z. B. sich ändernde Zugentfernungen zu klären, sind dadurch weitgehend geschwunden.

Im Kap. 17 wird versucht, die Auswirkungen der Veränderungen des Ökosystems Wald (Kap. 15.8) auf die einzelnen Arten darzustellen. Eine weitergehende Analyse, die auch die Auswirkungen auf phänologische und quantitative Aspekte mit einschließt, wird ausführlichen Artbearbeitungen vorbehalten bleiben müssen.

In Abb. 14.1 erfolgt eine schematische Darstellung der Invasionsstärken bzw. des Auftretens von Invasionsarten am RM von 1970 bis 1997.

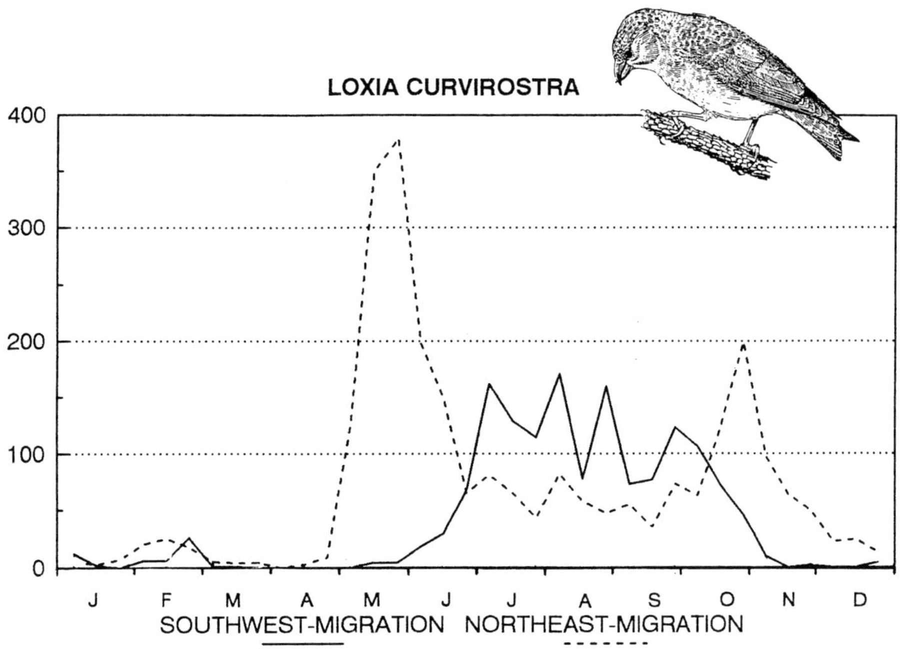

Abb. 14.2: Zufallsbeobachtungen ziehender Fichtenkreuzschnäbel über Laubwäldern der Schwäbischen Alb nach mehr als 1000 Beobachtungen 1969 - 1992. Die durchgezogene Linie zeigt den nach Süden gerichteten Zug, die gestrichelte Linie den nach Norden (aus GATTER 1993). – *Random observations of migrating* Loxia curvirostra *above deciduous forest in the Schwäbische Alb from more than 1000 records 1969 – 1992. The solid line shows the movement to the south, the dashed line to the north.*

Zusammenfassung
14 Invasionsvögel

Die meisten der frühen Schilderungen bemerkenswerter Invasionen stammen aus dem Raum um Nord- und Ostsee. Dort kommt es im Herbst an vielen Orten zu auffälligen Verdichtungen des Zuges, während der Frühjahrszug sehr viel unauffälliger verläuft. Dies war einer der Gründe für die Überbewertung des sogenannten „Totwanderns", die Emigration ohne Wiederkehr.

Inzwischen zeigt sich, daß der Heimzug stärker ausgeprägt ist als bisher angenommen und daß weitere Regulationsmechanismen existieren. Im Extrem erfolgt die Rückwanderung noch im gleichen Herbst, wohl als Resultat erfolgloser Exploration von Nahrungsgründen im Durchzugsgebiet, oder zu spät im folgenden Frühjahr, um noch zur Brut zu schreiten. Auslösende Faktoren der Invasion und solche, die den Heimzug hemmen bzw. unmittelbar auslösen, werden an Hand der Erfahrungen bei Tannenhäher, Eichelhäher, Fichtenkreuzschnabel, Erlenzeisig, Bergfink und Tannenmeise geschildert.

Vor allem die veränderte Situation in mittel- und nordeuropäischen Wäldern (Kap. 15.8, 18) hat (neben klimatischen Faktoren) den wesentlichsten Einfluß auf ein heute, gegenüber dem Anfang des letzten Jahrhunderts, verändertes Invasionsverhalten. Abb. 14.1 zeigt in groben Klassen die Stärke des Auftretens von Invasionsvögeln am Randecker Maar.

Summary
14 Eruptive species

Most of the early descriptions of noteworthy irruptions come from the regions around the North Sea and the Baltic. In many places there a striking concentration of autumn passage is observed, while spring movements are much more unobtrusive. This was one of the reasons for the overestimation of the so-called 'death wandering' phenomenon, i.e. emigration not followed by a return. However, it is now clear that spring migration is stronger than had been supposed and that additional regulatory mechanisms exist. The most extreme of these is when return migration actually occurs in the same autumn, presumably as a result of being unable to find adequate feeding grounds on passage. Such unsuccessful explorations (Gatter 1993) have been observed in Loxia curvirostra, Garrulus glandarius, Nucifraga caryocatactes, Carduelis spinus *and* Fringilla montifringilla. *Additionally, birds can return too late in the following year to make a breeding attempt (see Chapter 11.5; Gatter 1977a). The factors initiating eruptions, and those that check or trigger return migration, are discussed using the examples of* Nucifraga caryocatactes, Garrulus glandarius, Loxia curvirostra, Carduelis spinus, Fringilla montifringilla, *and* Parus ater.

Most importantly, the strongest influence on eruptive behaviour today, compared with the different situation at the beginning of the 20th century is, possibly along with climatic factors, the altered condition of the forests of Central and northern Europe (Chapters 15.8, 18). Figure 14.1 shows in broad classes the frequency of occurrence of eruptive species at Randecker Maar.

15 Die Kulturlandschaft im Umbruch – Potentielle Ursachen für Veränderungen in der Vogelwelt

„In der biologischen Evolution kommt es zu einer Adaption der Eigenschaften an die Gegebenheiten der Umwelt. In der kulturellen Evolution paßt der Mensch die Umwelt seinen Eigenschaften (Bedürfnissen) an."
G. Osche 1972

Rasch wechselnde Arteninventare in den letzten drei Jahrzehnten lassen den Schluß zu, daß eine Reihe im Einzelfall jeweils schwierig einzuschätzender Einflüsse unterschiedlich stark auf die einzelnen Arten einwirkt. Neben den Folgen der Landbewirtschaftung sind es weitere anthropogene Faktoren, die in ihrer Summierung für einzelne Arten bestandsbedrohend sein können.

Wenn man die Gesamtheit der Durchzugszahlen am RM über 30 Jahre betrachtet, so scheinen sich die negativen Faktoren nicht auf die Individuensumme aller Arten ausgewirkt zu haben. Jedoch zeigen sich über die Jahre deutliche Veränderungen bei einzelnen Arten oder Artengruppen. So werden Bestandsrückgänge der einen Art durch Bestandszunahmen einer anderen in der Gesamtheit des Zahlenmaterials kompensiert. Das riesige Datenmaterial erlaubt es, gerade im Hinblick auf einzelne Arten, Rückschlüsse auf bestandsverändernde Faktoren in den Herkunftsgebieten zu ziehen. Vergleicht man die Daten des RM mit solchen aus den Brutgebieten über einen langen Zeitraum, kann man Faktoren erkennen, die rasche Veränderungen bzw. langzeitige Schwankungen der Bestandszahlen erklären.

Vögel reagieren durch kontinuierliche Anpassungsprozesse auf Veränderungen in der Umwelt. Der Gesamtbestand der Vögel wie auch der einzelner Arten befindet sich in einem Fließgleichgewicht, in dem zahlreiche Vogelarten ab- oder zunehmen können, ohne daß sich die Zahl der Vögel insgesamt bzw. deren Biomasse deshalb verändern muß.

Einige Grundlagen, so beispielsweise Umweltaspekte, sind für die Deutung der jüngsten Bestandsveränderungen unabdingbar. Der Einfluß unmittelbarer Verlustfaktoren wie der durch Pestizide oder die Jagd, respektive durch Land- und Forstwirtschaft ist vielfach dargestellt worden. Hier wie dort spielen die unmittelbaren Eingriffe in der Diskussion bisher die wichtigste Rolle. Können wir aber von der Addition augenfälliger Gefährdungsursachen auf Bestandstrends schließen? Oder anders gefragt und auf den Menschen übertragen: Ist z. B. die in den vergangenen 70 Jahren fast stetig steigende Zahl der Verkehrstoten schuld am Bevölkerungsrückgang in Deutschland? Wir müssen deshalb auch manche bisherige Deutung von Bestandsveränderungen kritischer hinterfragen (Kap. 17).

Wenn sich die Rahmenbedingungen landschaftsverändernder Faktoren in so gravierender Weise gleichzeitig verändern, wie wir es in den letzten Jahrzehnten erlebt haben, kann man davon ausgehen, daß wir die Beurteilung von Veränderungen im Artengefüge bzw. den Rückgang einzelner Arten sicherlich multifaktoriell angehen müssen. Deshalb sollen im vorliegenden Kapitel einige der vielzitierten Gesichtspunkte und einige der weniger diskutierten, aber möglicherweise weit gravierenderen Faktoren umfassender geschildert werden. Weitere Verknüpfungen werden in Kap. 17 hergestellt.

Da ist zunächst die **Aufgabe von 2,7 Millionen Bauernhöfen** in der Europäischen Union seit 1970 zu nennen, ein Minus von 42 % (dpa 15.3.2000). Dies führt zu einer zweigeteilten Entwicklung in der Landwirtschaft. Der immer intensiveren Bewirtschaftung der guten und ebenen Flächen einerseits stehen andererseits die riesigen Gebiete im Hügel- und Bergland bzw. auf den armen Standorten gegenüber, die der Sukzession oder direkt dem Wald zufallen (Kap. 15.2, 15.3). In bezug auf die Wälder (Kap. 15.8) werden von verschiedener Seite Faktoren vorgetragen, die angeblich bestandsgefährdend wirken. Durchforstungen und zu geringe Hiebsalter sind wohl die beliebtesten. Doch durchforstet wurde schon immer, und noch nie in den vergangenen 200 Jahren war das Durchschnittsalter der Waldbestände in Deutschland so hoch wie heute. Weitaus wirksamere Faktoren wie ständig **steigende Zuwachszahlen,** damit dunklere Bestände und **immer höhere Holzvorräte** und anwachsende Samenmast, die bisher kaum Gegenstand der Diskussion sind, haben die europäische Fauna aber mehr als vieles andere verändert (Kap. 15.8.2 – 15.8.4). Zu dem Verständnis der Geschehnisse innerhalb des Ökosystems Wald, in dem ein Generationszyklus mehrere hundert Jahre dauert, ist es wichtig, geschichtlich weit zurückzugreifen (Kap. 15.8).

Einige Faktoren wirken auf alle Lebensräume verändernd ein. Obwohl sie zum großen Teil durch die Landwirtschaft hervorgerufen werden, ist es sinnvoller, sie wegen ihrer Bedeutung und Komplexität innerhalb eines eigenen Abschnitts abzuhandeln. Führen die direkte **Überdüngung** einerseits und die Stoffeinträge aus der Luft andererseits über Vegetationsveränderungen zu einem Wechsel der Bestandsklimate in allen Bereichen vom Grasland über Getreidefelder bis zum Wald (siehe Kap. 15.5)?

Das **Verbot des Feuers** als ein über Jahrtausende bis in die 1960er Jahre gängiges Instrument der Landbewirtschaftung in Wald und Feld wurde jahrzehntelang als einer der großen Erfolge des Naturschutzes angesehen. Das Abflämmen war eine der Ursachen für die Existenz offener Heiden und Raine sowie waldsteppenähnlicher Habitate in unseren Breiten, und es ist anzunehmen, daß in niederschlagsarmen Gebieten Ostdeutschlands große Landschaften mit gelegentlichen Feuern dauerhaft waldfrei zu halten waren. Muß heute – nach 30 Jahren Flämmverbot – die Bedeutung des Feuers in der Landschaft und für den Artenschutz neu definiert werden (siehe Kap. 15.6)?

Vögel sind aufgrund der spezifischen autökologischen Wahl ihrer Brutplätze, ihres Auftretens in allen Biotoptypen und der guten Erfaßbarkeit als Bioindikatoren hervorragend geeignet. Allerdings besitzen nur einige Vogelarten eine enge Habitatpräferenz, viele nutzen für Brut, Nahrungserwerb und als Winterhabitat die unterschiedlichsten Lebensräume. Einige Arten haben in den vergangenen Jahrzehnten bzw. Jahrhunderten ihre Habitatpräferenzen total verändert bzw. erweitert, weil ihr ursprünglicher Lebensraum in dieser Form nicht mehr existiert. Besonders gewonnen haben dabei die Arten, die sich mit den modernen Siedlungsformen des Menschen, besonders den geschichtlich recht jungen Formen des Konglomerats aus Gebäuden, Gärten und Parks arrangieren konnten (Kap. 15.9.2.4). Andere Arten sind durch die Veränderungen weitgehend verschwunden. Dies bringt einerseits Schwierigkeiten für ihre Eignung als Indikatoren spezieller Habitate mit sich, erlaubt aber auf der anderen Seite nicht nur Aussagen über großräumige Umweltveränderungen, etwa innerhalb Mitteleuropas, sondern ist gleichzeitig Ansporn für historische Rückblicke als Grundlage eines Verstehens dieses Artenwandels (z. B. Kap. 15.8.2).

Wie schwer wiegt der Tod einer begrenzten Anzahl Vögel, beispielsweise durch Jagd, im Vergleich zur Veränderung ganzer Habitattypen? So gilt es etwa, **Vogelverluste durch die Bejagung** – vor allem im Mittelmeerraum (Massa & Bottoni 1989) – mit den Verlusten, die allein durch Habitatumwandlung innerhalb Deutschlands verursacht wurden, zu vergleichen. Auch Fragen, ob die weltweite Antipelzkampagne mit deshalb **nachlassender Prädatorenbejagung**, die Tollwutimpfung beim Fuchs oder die europaweite Förderung von Großomnivoren, wie dem Wildschwein (Kap. 16, 18), einzelne Vogelarten stärker beeinflussen können als Verluste z. B. durch die Forst- oder gar Landwirtschaft, sind Gesichtspunkte, die nur mit synökologischen Ansätzen beantwortet werden können. In einem Abschnitt über Jagd und Störungen (Kap. 15.7) und in den Kap. 16 und 18 werden einige dieser Probleme angerissen. Zusätzlich werden sie innerhalb der Artbearbeitungen im Kap. 17 verstärkt berücksichtigt.

15.1 Entstehung der Artenvielfalt in Europa

15.1.1 Frühere Landnutzung und Vegetationsgeschichte

Bis vor kurzem bestand weitgehendes Einvernehmen, daß Mitteleuropa in den letzten Jahrtausenden weitgehend bewaldet war, daß großflächig unbewaldete Regionen außerhalb der Moore und Hochgebirge nicht existierten. Moore nahmen in der Norddeutschen Tiefebene sicher mindestens 10 – 15 % der Fläche ein. Noch im 18. Jahrhundert waren es 13 % in Schleswig-Holstein (HEYDEMANN & MÜLLER-KARCH 1980), 9 % um 1800 in Niedersachsen (HECKENROTH 1985), 10 % in Brandenburg (SUCCOW in RUTSCHKE et al. 1987). Im südlichen Deutschland spielten sie nur im Alpenvorland eine gewisse Rolle. Lichtungen entstanden in diesen weiten Wäldern durch Windbruch, Schnee und Feuer. In diesem „Weltbild" kommt dem frühen Menschen keine landschaftsgestaltende Rolle zu. Dieses Vegetationsbild einer „potentiellen natürlichen Vegetation" (pnV) wird neuerdings kontrovers diskutiert. GEISER (1992), BEUTLER (1992) und inzwischen zahlreiche weitere Autoren vertreten die Ansicht, daß auch große Huftiere auf den Normalstandorten in Mitteleuropa parkartig offene heterogene Strukturen erzeugten (Megaherbivorentheorie), wie sie in späteren Jahrhunderten durch domestizierte Huftiere geschaffen wurden (Kap. 15.8.1). In diesem Fall müßte man sich unter dem stärker werdenden Einfluß des Menschen eine sukzessive Ablösung der durch Wildtiere offen gehaltenen Flächen durch Weidevieh vorstellen. Frühe Jägerkulturen dürften sich – lange vor dem Neolithikum – mit Feuer offene Weideflächen und Jagdmöglichkeiten geschaffen haben (GATTER 1996, Kap. 15.6), zumal man sich die nacheiszeitliche Waldsituation zunächst boreal, mit ohnehin ausgeprägten natürlichen Feuerzyklen vorzustellen hat. Offenlandarten haben dementsprechend wohl schon immer zur mitteleuropäischen Fauna gehört (siehe GEORGE 1996), was auch für die Flora gelten dürfte.

Nach konservativer Betrachtungsweise kam es zwischen 1000 v. Chr. und 1000 n. Chr. zu einer fortschreitenden Umgestaltung dieser natürlichen Landschaft in eine stärker strukturierte Mosaiklandschaft. Dabei ist von beträchtlichen regionalen Unterschieden und einem deutlichen Nord-Süd-Gefälle auszugehen. In siedlungsfreundlichen Regionen wie dem klimatisch günstigen Rheingebiet sind Waldrodungen, Akkerbau und eine für jene Zeit relativ hohe menschliche Siedlungsdichte schon seit etwa 1000 v. Chr. belegt. Sie erreichten zum Ende der Römerzeit (ca. 400 n. Chr.) einen ersten Höhepunkt (WALTER 1973). Als Bild Mitteleuropas, wie es mehr als zwei Jahrtausende hindurch gültig war, darf man sich eine Landschaft vorstellen, in der je nach Grad und Dauer des menschlichen Einflusses und der Standortverhältnisse extensiv beweidete offene Triften mit bebuschten oder parkartigen Landstrichen, gelockerten Baumbeständen und eigentlichen Wäldern abwechselten (ELLENBERG sen. 1986). Dabei dürfte die Intensität des menschlichen Einflusses mit zunehmender Entfernung von den Siedlungen abgenommen haben. Die Waldmast der Schweine und Waldweide von Rindern und Kleinvieh in den Laub- und Mischwäldern sind für diese Zeit typisch. Höhenlagen der Mittelgebirge mit nährstoffarmen Böden wurden erst etwa in der Zeit der hochmittelalterlichen Rodungen von etwa 700 – 1300 n. Chr. erschlossen (z. B. GREES 1983) und teilweise wohl nur als Sommerweiden genutzt. Weiter im Norden, in Mecklenburg, war der Laubwald noch bis in die Rodungsperiode des 12. und 13. Jahrhunderts das beherrschende Landschaftselement und war nur wenig verändert worden (KLAFS & STÜBS 1987).

Um die Wende des ersten Jahrtausends kam es zu einer erheblichen Ausweitung der waldfreien Kulturlandschaft. Hohe Erträge im Akkerbau waren meist jedoch nur von kurzer Dauer. Nach Kahlschlag, den man sich wohl im Gegensatz zu KÜSTER (1995) seit dem Neolithikum großenteils als Brandkultur (Kap. 15.6, 15.8.1, 2) vorzustellen hat, werden Stickstoffvorräte schneller mobilisiert als im stehenden Wald. Die günstige Nährstoffversorgung dauert aber meist nur 2 – 3 Jahre an (HEYDEMANN & MÜLLER-KARCH 1980). Das führte zwangsweise mit Zunahme der Bevölkerung zu einer Ausdehnung der Rodungsflächen.

Diese Entwicklung hin zu immer mehr freien Flächen erreichte im 18. Jahrhundert ihren Höhepunkt. Dabei muß man sich auch die verbliebenen Waldungen völlig anders vorstellen als unsere heutigen Wälder, nämlich vielfach als offene holzarme Hutungen und Weidewälder – Zeugen jahrhundertelanger ersatzloser Austragsnutzung. Ihr größtes Ausmaß erreichte die Waldverwüstung in der Neuzeit, als Industrien, Bergwerke, Salinen und Glashütten heute kaum mehr vorstellbare Massen von Holz verfeuerten (Kap. 15.8.2).

Ackerbau und Viehwirtschaft sind in Mitteleuropa mehr als 5000 Jahre alt. Bis in die Neuzeit hinein dominierte die Dreifelderwirtschaft, in der sich Wintergetreide, Sommergetreide und Brachland im dreijährigen Turnus abwechselten: In vielen Regionen verfügten die Dörfer darüberhinaus noch über gemeinschaftliches Weideland, die Allmende. Im Brachejahr bot die Fläche dem Vieh Nahrung, wurde von ihm aber gleichzeitig auch gedüngt (ELLENBERG sen. 1986). Die Schäfer der Schwäbischen Alb erhalten noch heute für das Pferchen der Herde auf fremden Grundstücken Geld oder Naturalien (Verf.).

Wenig beeinflußt durch den Menschen blieben zunächst die Flußauen, die Mehrzahl der Moore und die großen Waldgebiete der Mittelgebirge und des Alpenraumes. Im 18. Jahrhundert begann dann auch die großflächige Kultivierung von Sumpf- und Moorland.

Besonders auf die Veränderungen in den letzten 200 Jahren wird in den folgenden Kapiteln eingegangen.

15.1.2 Anstieg der Habitatvielfalt und Diversität

Über die Veränderungen der Avifauna in den vergangenen 250 Jahren ist viel geschrieben worden. Dabei sind in erster Linie immer wieder die Verluste beklagt worden. Was hat sich gegenüber damals wirklich gewandelt? Die wesentlichste Veränderung war die bis heute anhaltende Umwandlung nährstoffarmer Böden in nährstoffreichere. Damit einhergehen müßte eine Erhöhung des Vegetationsvolumens in Wald und Offenland, die zwangsläufig eine Zunahme der Biomasse der davon lebenden Tiere nach sich zieht. Im Umkehrschluß müßten Tierarten der armen Standorte verschwinden oder selten werden.

Wie verlief nun diese Entwicklung im Detail? Als sich vor etwa 250 Jahren eine Forstwirtschaft auf der Basis nachhaltiger Nutzung zu entwickeln begann, waren die meisten Böden in Mitteleuropa durch Nährstoffentzug und Bodenauswaschung stark verarmt. Diese Verarmung – nicht nur des Ackerlandes, sondern auch vieler Heide-, Rasen- und Waldböden – war einerseits die Folge der stärkeren Auswaschung von leicht löslichen Salzen und Kalk, andererseits das Ergebnis des ständigen Stoffaustrags durch den Menschen, der Pflanzen, Laub und Humusdecke als Stalleinstreu und anschließend als Dünger auf seinen Äckern benötigte. Im Ackerbau sind die Nährstoffdefizite mit Hilfe von Kunstdünger längst ausgeglichen, während Teile der Grünland- und vor allem der Waldwirtschaft immer noch mit diesem Erbe vergangener Jahrhunderte belastet sind. Auf diesen Umstand muß nach ELLENBERG sen. (1986) nachdrücklich hingewiesen werden, weil Düngung die Pflanzendecke Mitteleuropas und damit auch die Fauna wesentlich stärker mitgestaltet hat, als es den meisten bewußt ist. Doch gerade in den Wäldern vollzieht sich heute ein rascher Wandel zu größerem Nährstoffreichtum (Kap. 15.8.2, 15.8.3).

Auch wenn man die Megaherbivorentheorie (Kap. 15.8.1) akzeptiert, nach der schon früh eine hohe Diversität der Landschaft zu erwarten war, erhöhte der Mensch durch sein Wirken die Diversität der Landschaft Mitteleuropas ganz entscheidend. Zahlreiche neue Ökosysteme entstanden, Felder unterschiedlichster Typen, Wiesen, Weiden, Obstäcker und -wiesen, Hecken, Feldgehölze, Nieder- und Mittelwälder, Teiche und Gärten. Die Landschaftsräume waren nunmehr Mosaike von Agrar- und Forstökosystemen mit Resten naturnaher Ökosysteme (BUCHWALD 1978, HASEL 1985, MANTEL 1990, GATTER 1994b) – bei fortschreitender Trennung von Land- und Forstwirtschaft. Aus dieser Mosaiklandschaft entwickelte sich mit dem Anwachsen der menschlichen Siedlungen zusätzlich die Siedlungs- und Urbanlandschaft und in den letzten rund 150 Jahren schließlich die industrielle Produktionslandschaft (BEZZEL 1982). Als ebenso junges Element kamen letztendlich die in den Siedlungsraum integrierten Gärten, die in Mitteleuropa im wesentlichen eine Entwicklung des 19. Jahrhunderts sind (KÜSTER 1998).

Die Landwirtschaft wurde jetzt stark intensiviert, um die rasch wachsende Bevölkerung der Städte zu versorgen. Die landwirtschaftlich genutzte Fläche wurde weiter ausgedehnt, die Kartoffel wurde zur wichtigsten Hackfrucht, Rinder und Schweine lösten immer mehr die Schafe ab. Die Zeit des Handelsdüngers begann (Übersichten z. B. in GEORGE 1996, speziell zu Mecklenburg siehe KLAFS & STÜBS 1987).

Da verschiedene Habitate ihre jeweils eigene, allerdings teilweise übereinstimmende Floren- und Faunenausstattung einbringen, hängt die regionale Artenvielfalt vom Strukturreichtum und der Anzahl der unterschiedlichen Habitate ab (Kap. 15.2). Nach der konservativen Theorie, daß Mitteleuropa ein Areal überwiegend geschlossener Wälder war, wäre die Einwanderung zahlreicher Tier- und Pflanzenarten dem Einfluß des Menschen zuzuschreiben. Dies wird beispielsweise aus der Artenzahl abgeleitet, die bei floristischen Kartierungen gefunden wurden (HAEUPLER 1974). Demnach gedeihen in den „naturnächsten“, fast ganz von Hochwald bewachsenen Gebieten viel weniger Pflanzenarten als in solchen mit einem Mosaik von ungleich bewirtschafteten Feldern, Wäldern, Heiden, Magerrasen und anderem Grünland. Gleiches gilt demnach für die Tierwelt und damit auch speziell für Vögel.

Heutige Acker- und Waldhabitate sind aber nicht vergleichbar mit denen vor 100 Jahren, und auch die Relationen von Wald und Offenland waren völlig andere.

Die Mosaik-Zyklus-Theorie von REMMERT (1990), neuere Erkenntnisse zum Einfluß der Megaherbivoren, zum natürlichen Einfluß des Feuers und der Feuernutzung durch frühe Jäger (Kap. 15.6, 15.8), aber auch archäologische Funde (PETERS et al. 1972, TEICHERT & LEPIKSAAR 1977) lassen die Hypothese, daß viele Offenlandarten erst mit dem stärker werdenden Einfluß des Menschen Mitteleuropa eroberten, immer mehr verblassen.

Zusammenfassung
15.1 Entstehung der Artenvielfalt in Europa

Der rasche Wechsel der Artenzusammensetzung am Randecker Maar innerhalb von nur drei Jahrzehnten zeigt, daß die Vogelwelt Mittel- und Nordeuropas auf Änderungen der Umweltfaktoren unmittelbar reagiert. Scheinbar unbedeutende Veränderungen in der Landbewirtschaftung oder im Verhältnis zwischen Mensch und einer Tierart haben kaum voraussehbare Folgen für zahlreiche andere Tierarten. Vor dem Versuch einer Deutung dieser Veränderungen in den Kap. 16 – 18 soll deshalb ein geschichtlicher Rückblick erfolgen. Dabei sollen auch einige neue Hypothesen und Erkenntnisse der Entwicklung unserer Fauna und Flora nicht ausgeklammert werden.

Summary
15.1 Origin of species diversity in Europe

The considerable shift in species composition at Randecker Maar just within the last three decades shows that the birds of Central and northern Europe react rapidly to environmental changes. Apparently unimportant alterations in agricultural methods, or in the relationship between man and a particular animal species, can have barely forseeable consequences for numerous other animals. A historical review should therefore be made before attempting an interpretation of these changes in Chapters 16 – 18. Included in this are some new hypotheses and findings relating to the development of our flora and fauna.

15.2 Flächenveränderungen und Dynamik von Habitaten in den letzten Jahrzehnten

Als dominierende Ursache für Bestandsveränderungen in der Vogelwelt müssen heute neben den Habitatqualitäten die Flächenverschiebungen angesehen werden. Aus Flächenverlusten des einen Habitats resultieren Flächenzugewinne eines anderen, wie bei der Umwandlung von Ackerland in dörflich und städtisch geprägte Habitate oder von Wiesen in Äcker. Da verschiedene Habitate sehr unterschiedliche Brutvogeldichten beherbergen, kann Flächenumwidmung enorme Veränderungen der Siedlungsdichte auf dieser Fläche zur Folge haben. Umwandlung von Ackerland in aufgelockerte Vorstadtsiedlungen kann zur Steigerung der Siedlungsdichte um den Faktor 10 – 20 auf derselben Fläche führen.

Aber auch ohne nennenswerte Flächenverschiebungen kommt es im Laufe der Zeit zu Änderungen der Siedlungsdichten wie beispielsweise durch Intensivierungen im Agrarbereich. Ihr Ausmaß kann nur durch Siedlungsdichteerhebungen über längere Zeiträume quantifiziert werden (z. B. BUSCHE 1997, 1999, Kap. 17).

Ein Ziel der folgenden Kapitel ist es, aus den Schwankungen der Durchzugszahlen am RM im Zusammenspiel mit der Herkunft der Vogelarten gewisse Parallelitäten herauszuarbeiten. Dazu muß die Zu- oder Abnahme einer Art zunächst direkt bewertet und anschließend mit den Flächenänderungen bzw. Veränderungen ihrer Habitate und ihren mittleren Dichten im Brut- und Überwinterungsgebiet verglichen werden. Ein eigenes Kapitel über Flächenveränderungen in den Großhabitaten erscheint daher gerechtfertigt.

15.2.1 Flächenveränderungen der wichtigsten Lebensräume

In Deutschland haben sich seit dem 2. Weltkrieg teilweise erhebliche Verschiebungen in der Flächennutzung ergeben (Abb. 15.2.1 und folgende), deren Werte überwiegend aus den Statistischen Jahrbüchern für die BRD entnommen wurden (STATISTISCHES BUNDESAMT 1949/50 – 1997). Ein Zahlensprung bei den meisten Flächenangaben und Graphiken von 1978 auf 1979 ist einer neuen Flächennutzungs- und Bodenerhebung zuzuschreiben.

Die Flächennutzung der Bundesrepublik nach Fortschreibung der Liegenschaftskataster verteilte sich 1993 folgendermaßen: Den größten Flächenanteil stellte nach wie vor die Landwirtschaft mit 54,8 % (53,5 % alte Bundesländer). Davon sind 0,9 % in den alten Bundesländern als Moor und Heide aufgeführt, gefolgt vom Wald mit 29,2 % (30 % alte Bundesländer) und bebauten Flächen (städtisch geprägte Flächen, Siedlungen, Gewerbegebiete mit 7,7 % (8,3 %). 0,7 bzw. 0,9 % davon sind Parkanlagen, Kleingärten, Friedhöfe und Freizeitanlagen. Verkehrsflächen, die auch Häfen und Flughäfen umfassen, bedecken 4,6 % (5,1 %). Davon sind 86,5 % in den neuen und 91 % in den alten Bundesländern Straßen. Die verbleibende Fläche – 2,1 % (1,5 %) – umfaßt eine Vielzahl von Landschaftformen von Stränden, Dünen bis zu stillgelegten Abbauflächen (STAT. JAHRB. 1997).

Eine satellitenbildgestützte aktuellere, da nicht auf Fortschreibung beruhende Erhebung der Bedeckungsarten, die aufgrund begrenzter Auflösung allerdings nur Einzelflächen > 25 ha (= 500 x 500 m) berücksichtigt, kam zu etwas abweichenden Ergebnissen. Insbesondere die schmalen Verkehrswege oder schmale Waldrandsukzessionen sind dort unterrepräsentiert. Nach der Satellitenbildauswertung ist die Landwirtschaft mit 61 % – 21.661km^2 (60 % – 14.864 km^2 alte Bundesländer) vertreten.

Die größten relativen Flächenzugewinne von 1970 bis 1993 hat der Siedlungs- und Verkehrsbereich mit 33,8 % (+732 km^2) zu verzeichnen, gefolgt von Waldflächen, die in den alten Bundesländern um 4,2 % oder 3003 km^2 anwuchsen. Die größten Flächenverluste liegen im landwirtschaftlichen Sektor mit –3993 km^2 oder –2,9 % der Ausgangsfläche.

Innerhalb der letzten 100 Jahre sank der Anteil der Erwerbstätigen in der Landwirtschaft von etwa 40 % auf unter 5 % der Gesamtbevölkerung. Im Zeitraum seit 1970, dem Beginn der regelmäßigen Zählungen am RM, nahm die landwirtschaftliche Nutzfläche zwischen 1,6 % und 12,5 %, je nach Datengrundlage, ab. Die Verluste verteilen sich auf Acker- bzw. Grünland. In der damaligen DDR, Ursprungsgebiet eines größeren Teils unserer Durchzügler, nahm diese Fläche zwischen 1970 und 1989 um 1,8 % ab. Gleichzeitig nahm die Produktion in allen Bereichen deutlich zu.

Die moderne Landwirtschaft gilt heute als eine der Hauptursachen des Tier- und Pflanzenartenschwundes (RIBBE & WEIGER 1991). Die Artenverluste sind inzwischen hoch. Die Gefähr-

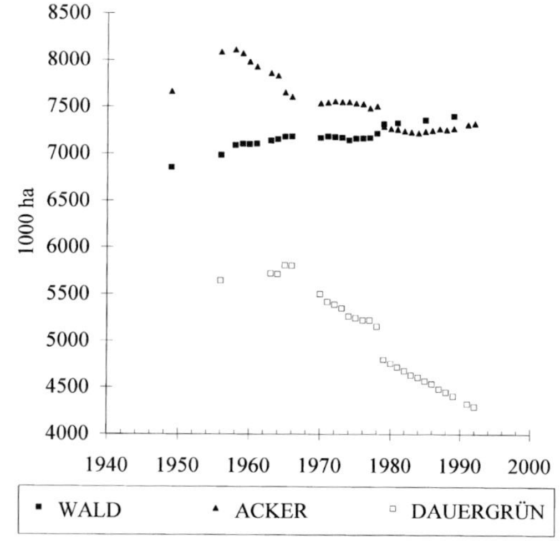

Abb. 15.2.1: Flächenentwicklung von Wald, Acker und Dauergrünland in den alten Bundesländern (STATISTISCHES BUNDESAMT 1949/50 – 1993). – *Change in area of forest (filled square), arable land (triangle), and permanent grassland (open square) in the former West Germany.*

dung von 68 % der Gefäßpflanzen der Roten Liste der BRD wird der Landwirtschaft allein oder wenigstens als Mitverursacher angelastet (SUKOPP in BUND 1991).

Grünland: Dauergrünland wird in den Statistischen Jahrbüchern in Wiesen, Mähweiden, Weiden und Streuwiesen/Hutungen unterteilt ausgewiesen (Abb. 15.2.1). Als „Wiese" wird Grünland bezeichnet, das jährlich ein- bis dreimal oder auch häufiger gemäht wird, als „Weide" das durch Grasen von Vieh genutzte Grünland. „Mähweiden" sind Mischtypen. „Streuwiesen" werden erst spät im Jahr gemäht, wenn die Vegetation strohig geworden ist, um das Mähgut als „Streu" im Stall zu verwenden. Sie werden in der Regel nicht gedüngt. Auf ihnen ist die Fauna um 1000 – 1300 Arten reicher als auf ein- bis dreimal gemähten Wiesen unter gleichen ökologischen Bedingungen (HEYDEMANN 1997). Dauergrünland machte 1970 noch 22,2 %, 1996 nur noch 16,8 % aus. Seit Stationseröffnung ging damit ein Viertel verloren (Abb. 15.2.1). Aber selbst die statistisch nicht faßbare Umwandlung zweischürigen Grünlands in drei- bis fünfschürige Wiesen bringt für Vögel enorme Veränderungen, indem Wiesenbrüter verschwinden, während einige Nahrungsgäste enorm profitieren können.

Neben Flächenverlusten durch Umwandlung in Ackerland erfolgten Aufforstung, Brachfallen und Bebauung. Wiesen gingen von 1970 bis 1996 um 38,7 % zurück, in ähnlichem Umfang verloren Weiden und Almen 37,9 % ihrer Fläche. Die größten Verluste aber sind bei den extensiv genutzten Streuwiesen und Hutungen zu verzeichnen, deren Fläche seit 1970 um 47,6 % abnahm. In Bayern wurden Streuwiesen innerhalb der letzten 100 Jahre bis 1974 zu zwei Dritteln melioriert. Lokal wurden allein zwischen 1974 und 1979 etwa 20 % des gesamten Bestandes entwässert und zum Teil in Maisäcker umgewandelt (RINGLER 1980). Inzwischen sind sie in weiten Teilen Bayerns so gut wie verschwunden und nur noch am Alpenrand häufiger anzutreffen, wo viele auch der Waldsukzession zum Opfer fielen.

Lediglich sogenannte Mäh- oder Umtriebsweiden, Weiden, die nur kurz als solche genutzt und zur Vernichtung von Weideunkräutern zusätzlich gemäht werden, nahmen um 53,6 % zu. In der DDR nahm Grünland zwischen 1970 und 1989 um 14,4 % ab, ein Vorgang, der sich in den letzten Jahren noch beschleunigte.

Der größte Anteil des hier behandelten Grünlandes ist anthropogenen Ursprungs. Nach konservativer Betrachtungsweise und unter Klimabedingungen, die den heutigen entsprechen, waren nur Feuchtwiesen wie wahrscheinlich an der Biebrza in Polen und Bereiche oberhalb der Baumgrenze in Mitteleuropa großflächig offenes Grünland, doch bestehen auch dazu konträre Ansichten. Temporär ist von Grasland auch nach Waldbränden auszugehen. Nachweise für offene Wiesen und Weiden in größerem Umfang liefern Pollenanalysen aus oberschwäbischen Seen ab 2000 v. Chr. (CLARK et al. 1989).

Ackerland: Die Ackerfläche nahm zwischen 1970 und 1996 in bezug auf die Gesamtfläche um 1,5 % oder von 7,5 auf 7,38 Mio. ha ab. Relativ zur landwirtschaftlichen Nutzfläche nahm Ackerland jedoch von 55,5 % auf 62,7 % zu (Abb. 15.2.1). Die relativ geringen Änderungen beim Ackerland resultieren daraus, daß die erheblichen Flächenverluste für Siedlungen, Industrie und Verkehrswege durch Umwandlung von Grünland in Acker ausgeglichen wurden. Etwa zwei Drittel der ausgeschiedenen Flächen fallen den Siedlungs- und Verkehrsflächen zu, das restliche Drittel fiel brach oder wurde aufgeforstet. In der DDR nahm Ackerland von 1970 bis 1989 von 4,62 auf 4,68 Mio. ha leicht von 73,5 auf 75,8 % zu, seitdem auf 4,46 Mio. ha (1996) ab. Die neu geschaffenen Ackerflächen sind vielfach über Meliorationen aus vormals feuchterem Grünland entstanden.

Typisch für Ackerland ist die regelmäßige Bodenbearbeitung. Zeitweise liegt der Boden ohne Bewuchs offen und ist Sonne und Regen ausgesetzt. Neben dem bei weitem dominierenden Getreide (56,7 %) werden Ölfrüchte (7,2 %), Hülsenfrüchte (1 %), Hackfrüchte (Kartoffeln, Rüben, verschiedene Feldgemüse) (8 %) sowie Futterpflanzen (Klee, Luzerne, Gras, Mais) mit 15,4 % angebaut. 12,5 % laufen unter „alle anderen Ackerflächen".

Obstbaumwiesen: Die Obstanlagen, in denen auch die Obstwiesen enthalten sind, gingen zwischen 1970 und 1996 um 42 % zurück.

In Baden-Württemberg wurde die gesamte Obstbaufläche 1957 auf 130.000 ha geschätzt. Davon wurden von 1957 – 1974 14.382 ha Streuobstfläche mit Landesmitteln und von 1970 – 1973 weitere 1.722 ha mit EG-Prämien beseitigt (LUCKE 1980). Hinzu kamen Beseitigungen ohne Zuschüsse, Überbauung und der natürliche

Abgang ohne Nachpflanzungen, so daß der Flächenrückgang mehr als 50 % betragen dürfte (RSU 1985).

Nach einer Erhebung in Nordrhein-Westfalen sind die Obstbaumbestände dort zwischen 1950 und 1985 um 65 % und in Hessen alleine während der vergangenen 20 Jahre um 70 % zurückgegangen (z. B. NIEMEYER-LÜLLWITZ 1993). Diese Flächenrückgänge sind insbesondere im Zusammenhang mit den gleichzeitigen Verlusten an lichten Wäldern (Kap. 15.8.2, 15.8.2.8) zu sehen, die ursprünglich vielfach die gleichen Vogelarten beherbergten. Insgesamt hat die alte Kulturform der Obstbaumwiesen schon heute in vielen Landschaftsräumen nur noch museale Bedeutung und wird ihren heutigen Flächenanteil trotz öffentlicher Förderung nicht halten können.

Wald: Die Waldfläche (Abb. 15.2.1) nimmt bundesweit zu. Zwischen 1970 und 1990 betrug die Zunahme etwa 3,6 %. Sowohl bei der Zunahme der Flächenfortschreibung wie bei der satellitengestützten Überwachung werden die Sukzessionen nur unzureichend erfaßt. Die tatsächlichen Flächenzugänge zu jungem Wald dürften deshalb prozentual weit höher eingeschätzt werden.

Neben den Flächenanteilen veränderte sich auch die Zusammensetzung der Wälder. Die ursprüngliche Waldgesellschaft SW-Deutschlands hatte 800 v. Chr. etwa 20 % Koniferenanteile. Diese betrugen 1950 im öffentlichen Wald 60 %, 1980 ca. 64 % (MOOSMAYER 1977, KARIUS 1992). Gleichzeitig ging die Umwandlungswelle von Laubwald in Nadelwald im Privatwald unvermindert weiter und Neuaufforstungen spielten sich praktisch ausschließlich im Bereich Fichte, Kiefer und Douglasie oder hohen Anteilen davon ab. In neuerer Zeit ist eine Stagnation des Nadelholzanbaus im öffentlichen Wald zu verzeichnen. Allerdings steht ihr ein weiter anhaltender Nadelholzzuwachs im Privatwald und auf privaten ehemals landwirtschaftlich genutzten Flächen gegenüber (Kap. 15.2, 15.8.2).

Hecken, Bach- und Feldgehölze: Viele Kilometer Hecken und Knicks wurden im Rahmen der Flurbereinigung aber auch normaler Bewirtschaftung vernichtet (z. B. EIGNER 1978, BUSCHE 1991). In Schleswig-Holstein verringerte sich die Gesamtknicklänge in den letzten 5 Jahrzehnten um 40 % (HEYDEMANN 1997). Die Entwicklung der Heckenbestände in der Westfälischen Bucht (WITTIG 1979) oder in Oberfranken werden mit Verlusten von 41 % bis 64 % auf die Flurbereinigung zurückgeführt (REIF et al. 1982).

Auf einzelnen Gemarkungen der Schwäbischen Alb, so Krebsstein, Kreis Esslingen, und Strohweiler, Kreis Reutlingen, wurde während der Flurbereinigung der vorhandene reiche Heckenbestand zu 100 % vernichtet, ohne Ersatzpflanzungen anzulegen. In anderen Flurbereinigungsverfahren, z. B. Böhringen, Kreis Reutlingen, wurden 90 % der historischen Hecken entfernt. Etwa 30 % wurden durch Neupflanzungen ersetzt, die von vornherein als Baumreihen geplant wurden. Das dabei in vielen modernen Flurbereinigungen praktizierte Verfahren, verschiedene, verstreut liegende Hecken zu einem größeren Bestand zusammenzufassen, ist aus landschaftsökologischer Sicht in der Regel erheblich ungünstiger als die gestreute Lage (KAULE 1978, RIESS 1974).

Agrarsukzessionen auf dem Weg zum Wald: Der Entfernung von Hecken stehen lokal großflächig Gehölzsukzessionen vor allem an Böschungen und Hängen gegenüber. Sie werden flächenmäßig häufig dem Wald zugerechnet. Die auf Satellitenbilder gestützte Flächenerfassung erbrachte immerhin eine Fläche von 306 km^2 bzw. 232 km^2 für die alten Bundesländer an Wald-Strauch-Übergangsstadien, was 0,3 % der Waldfläche entspricht. Ihr tatsächliches Ausmaß ist viel größer, da schmale Gehölzsukzessionen wegen der geringen Bildauflösung ungenügend erfaßt werden. Ihre Entstehung verdanken sie der vernachlässigten Mahd, Beweidung und dem Flämmverbot. Flächenangaben zur Entstehung von Feldgehölzen oder Wald allein durch Nutzungsaufgabe und Sukzession liegen uns nicht vor. In Albgemeinden des Kreises Esslingen (BWü.) betrugen die Sukzessionszugänge von Agrarland und Schafweiden zum Wald nach 1950 bis zu 27 %.

Ödland, Brachen, Heiden, extensiv genutzte Habitate und Abbaugebiete: Aufgrund mehrfacher Änderung der Zuordnung von Ödländereien, Brachen, Mooren, Heiden usw. seitens des Statistischen Bundesamtes sind Änderungen der Flächen dieser Habitate zahlenmäßig nicht bekannt. Moore und Heiden sowie alle extensiv genutzten Flächen haben aber im Bestand stark abgenommen und nehmen weiterhin ab (Tab. 15.2.1; z. B. MATTERN et al. 1980, 1992).

Tab. 15.2.1: Verlorengegangene Heideflächen im Regierungsbezirk Stuttgart zwischen 1900 und 1990. Quelle: MATTERN et al. (1980, 1992). – *Area of heathland lost in Stuttgart administrative region between 1900 and 1990. Columns from left to right: district; area of heathland 1900 – 1990; loss 1960 – 1980; loss 1980 – 1990.*

Landkreis	Heiden				Verlust zwischen 1960 und 1980		Verlust zwischen 1980 und 1990	
	um 1900 ha	um 1960 ha	um 1980 ha	um 1990 ha	ha	%	ha	%
Esslingen	660	510	381	348	129	25	33	9
Göppingen	2070	1340	595	519	745	56	76	13
Heidenheim	2180	2030	1421	1278	609	30	143	10
Aalen	1830	1290	708	621	582	45	87	12
Schwäbisch Hall	680	440	201	127	239	54	74	3
Summe	7420	5610	3306	2893	2304	41	413	12

Der heutige Restbestand (1990) gliedert sich wie folgt (erste Zahl alte, zweite Zahl in Klammern neue Bundesländer):

Wald-Strauch-Übergangsstadien	0,1 %	(0,07 %)
Heiden und Moorheiden	0,2 %	(0,5 %)
natürliches Grünland	0,5 %	(0,7 %)
Strände, Dünen, Sandflächen	0,05 %	(0,05 %)
Felsflächen ohne Vegetation	0,07 %	(-)
Flächen mit spärlicher Vegetation	0,1 %	(0,06 %)
Sümpfe	0,1 %	(0,2 %)
Torfmoore	0,4 %	(0,01 %)
Feuchtflächen an der Küste	0,06 %	

Heidegebiete werden vom Statistischen Bundesamt erst seit 1979 gesondert aufgeschlüsselt und dann auch nur, soweit sie innerhalb der landwirtschaftlich genutzten Fläche liegen. Allein diese gingen zwischen 1979 und 1989 um 47 % zurück.

Trocken- und Halbtrockenrasen: Ihre Ausdehnung ist zum Beispiel in der Fränkischen Alb zwischen 1850 und heute von 20 % auf 1 % zurückgegangen (PFEIFER 1995), die Verhältnisse auf der Schwäbischen Alb dürften vergleichbar gewesen sein.

Flächenveränderungen in anderen nord- und mitteleuropäischen Herkunftsgebieten unserer Zugvögel: In anderen Ländern Europas sieht die Entwicklung ähnlich aus. Beispielhaft seien hier Daten aus Ländern in Herkunftsrichtung der RM-Vögel genannt (Tab. 15.2.2). In Finnland nahm die Ackerfläche von 1970 bis 1986 um 12 % ab, die Waldfläche um 19 % zu. In Polen zeigt das Ackerland zwischen 1970 und 1990 einen Verlust von 3 %, Dauergrünland von gut 7 % und die Waldfläche einen Zuwachs von 2 % (STATISTISCHES BUNDESAMT 1949/50 – 1993; ANDRZEJEWSKI & BARANOWSKI 1993). Ähnliche Flächenverschiebungen zeichnen sich in Tschechien und der Slowakei ab. Ackerflächen gingen zwischen 1970 und 1986 um fast 4 %, Dauergrünland um fast 7 % zurück, Wald dagegen nahm um 3 % zu. Die Datenangaben der alten UdSSR lassen auf einen leichten Rückgang der Ackerfläche um 0,3 % und eine erhebliche Zunahme der Waldfläche um 4 % schließen (STAT. BUNDESAMT 1970 – 1989, BEMMANN 1995; Kap. 15.8.5).

In Nord- und Nordosteuropa gehen Zunahmen der Waldfläche vor allem auf Sukzessio-

Tab. 15.2.2: Entwicklung der Flächennutzung in einigen nord- und mitteleuropäischen Ländern 1970 – 1986 (STATISTISCHES BUNDESAMT). – [1] Veränderungen von 1979 bis 1990 (ANDRZEJEWSKI & BARANOWSKI 1993); [2] Veränderungen von 1946 bis 1990 (ANDRZEJEWSKI & BARANOWSKI 1993). – *Land-use changes in some North and Central European countries 1970 – 1986. – [1] Changes during 1979 – 1990; [2] Changes during 1946 – 1990. Country (from left to right): Finland, Poland, former Czechoslovakia, former USSR. Land-use (from top to bottom): arable, pasture, forest.*

Land Habitat	Finnland	Polen*	Tschechien Slowakei	ehem. Sowjetunion
Ackerland	– 12 %	-3 % (– 4 % [1])	-4 %	– 0,3 %
Grünland	?	– 4 %	-7 %	?
Wald	+ 19 %	+2 % (+7% [2])	+ 3 %	+ 4 %

nen und Aufforstungen von Heiden, Mooren und Grünland zurück. Dies ist besonders in Finnland, England und Schottland gut dokumentiert (AVERY & LESLIE 1990, FULLER 1995). Dabei nimmt mit Ausnahme von Rußland (Kap. 15.8.5) bevorzugt die Koniferenfläche mit Fichte *Picea abies* und Waldkiefer *Pinus sylvestris* stark zu. Bei der natürlichen Sukzession in Mitteleuropa und Südskandinavien sind dagegen die Flächengewinne für das Laubholz stärker. In Mitteleuropa sind massive Sukzessionszugewinne an Koniferenfläche besonders in den höheren Lagen nach Aufgabe der Weide- und Grünlandwirtschaft zu bemerken.

Die generell festzustellenden Zunahmen der Waldflächen von 2 – 5 %, in Finnland bis 1999 sogar weit über 20 %, dürften sich, was Flächenveränderungen im Herkunftsgebiet der Durchzügler des Randecker Maars betrifft, zahlenmäßig am gravierendsten auswirken. Die Verluste an Acker- und Grünland werden sich zwar bei den Einzelarten, wegen der geringen Siedlungsdichten in diesen Habitaten jedoch weniger bei den Gesamtdurchzugszahlen zeigen.

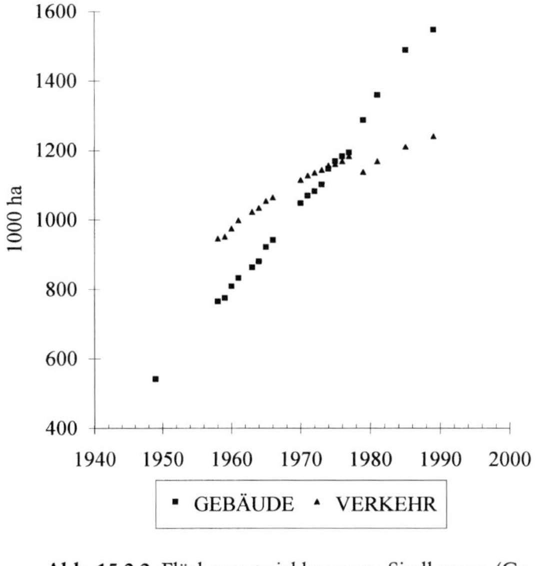

Abb. 15.2.2: Flächenentwicklung von Siedlungen (Gebäuden und Freiflächen wie Gärten) und Verkehrsflächen in den alten Bundesländern (STATISTISCHES BUNDESAMT 1949/50 – 1993). – *Change in area of settlements (buildings and open areas such as gardens; square) and of roads, railways, etc. (triangle) in the former West Germany (1949/50 – 1993).*

Siedlungs-, Gewerbe- und Verkehrsflächen: Siedlungen bedeckten 1970 um 4,2 %, 1993 bereits 6,5 % der bundesdeutschen Fläche, ein Anstieg um mehr als 50 %. Ähnlich verhält es sich mit Verkehrsflächen, die 1970 4,5 % und heute über 5 % der deutschen Wirtschaftsfläche beanspruchen (Abb. 15.2.2). Der Flächenverbrauch hat sich verlangsamt, hält aber bei nahezu stagnierenden Bevölkerungszahlen nach wie vor an. Industrie und Gewerbegebiete entstehen fast ausnahmslos auf ebenen, zuvor ackerbaulich genutzten Flächen.

15.2.2 Habitatdynamik der wichtigsten Lebensräume

Eine Reihe von Faktoren, welche die Habitate des Offenlandes beeinflussen, lassen sich nicht auf bestimmte Lebensräume begrenzen und werden deshalb vorangestellt bzw. in eigenen Kapiteln näher behandelt.

Mineraldüngung und chemischer Pflanzenschutz: Beides hat wesentlich zum veränderten Erscheinungsbild der Agrarlandschaften beigetragen. Durch Mineraldüngung wurden die Brachäcker überflüssig. Sie führte zu höherer und dichterer Vegetation und machte den Anbau zahlreicher Feldfrüchte erst lohnend. Durch den chemischen Pflanzenschutz wurden große Monokulturen ermöglicht und ein Wechsel in der Fruchtfolge weitgehend überflüssig. Die damit zusammenhängenden Faktoren werden in Kap. 15.4 und Kap. 15.5 behandelt.

Flurbereinigung: Die behördlich wie betriebsintern durchgeführte Flurbereinigung gilt als wichtigstes Instrument zur Anpassung der Grundbesitzstruktur an die technischen und betriebswirtschaftlichen Erfordernisse der modernen Landbewirtschaftung. Die behördliche Flurbereinigung findet besonderes Interesse, weil sie einerseits den Charakter eines legalisierten Eingriffes in die Landschaft besitzt und andererseits beachtliche Biotopveränderungen und -vernichtungen nach sich zog und zieht (RSU 1985).

Allein zwischen 1945 und 1982 wurden etwa zwei Drittel der heutigen Landwirtschaftsfläche flurbereinigt. Hauptsächliche Einzelmaßnahmen sind die Vergrößerung der Schläge, eine starke Erhöhung der Wegedichte, Befestigung von Wirtschaftswegen, Begradigung und Verrohrung von Bächen und Gräben sowie im Zuge von Meliorationen vorgenommene Umbrüche, Dränungen und Planierungen (RSU 1985). Bei den klassischen Verfahren der Flurbereinigung steht die ökonomische Orientierung im Vordergrund. Ein weiteres Verfahren betrifft die Bereitstellung von Land für Unternehmen. Um den entstehenden Landverlust auf einen größeren Kreis von Eigentümern zu verteilen, kann ein Verfahren eingeleitet werden. Die Praxis läßt jedoch erkennen, daß diese eher von dem Ziel geprägt werden, die den Landwirten drohenden ökonomischen Enteignungswirkungen zu mildern. In der Praxis wird daher versucht, durch Meliorationen neue landwirtschaftliche Intensivflächen zu gewinnen, wobei es nicht selten zur Zerstörung ökologisch wertvoller Biotope kommt. Die Zahl dieser ökologisch besonders kritisch einzustufenden Verfahren steigt weiterhin. Bemühungen, dem Anliegen des Naturschutzes und der Landschaftspflege Rechnung zu tragen, sind unverkennbar, gemessen am Anteil bereinigter Flächen jedoch kaum meßbar (RSU 1985), und scheitern vielfach auch heute noch am Ökologieverständnis der Ingenieure.

Die Erhöhung der Produktivität bei gleichzeitiger Abnahme der Beschäftigtenanzahl konnte nur durch eine erhöhte Mechanisierung und eine Vergrößerung der Schläge erfolgen. Im Zeitraum von 1950 bis Anfang der achtziger Jahre stieg dabei die Zahl der Schlepper von 1 auf 11 je 100 ha (RSU 1985).

Feldwege: Unbefestigte oder geschotterte Wege sind wichtige ökologische Bestandteile der Agrarlandschaft. Sie beherbergen eine reiche Fauna, die sich aus dem Artenspektrum der Äcker, Raine, Waldränder, Flußschotterbänke, Brand- und Erosionsflächen rekrutiert. Der Bau befestigter Wege mit Asphalt oder Beton in der Landwirtschaft nahm im Verlauf der Flurbereinigung etwa seit 1970 insgesamt stark zu. Sie wurden damit für schwere Maschinen und schnelle Fahrzeuge ausgelegt. Im Gegensatz zu unbefestigten bzw. Schotterwegen, die als Biotop vor allem zu Jahreszeiten hoher Vegetation große Bedeutung haben (Feldlerche, Rebhuhn u. a.), sind die Wege mit fester Decke ökologisch weitgehend wertlos. Nach Angaben des Rates von Sachverständigen für Umweltfragen wurden allein zwischen 1975 und 1983 im Bundesdurchschnitt 4,9 km ländliche Wirtschaftswege je 100 ha Fläche im Rahmen der Flurbereinigung neu geschaffen (RSU 1985).

Die ökologischen Vorbehalte gegen den Wegebau gründen sich auch auf die Zerschneidungswirkung (Mader et al. 1988) und auf den unberechtigten Verkehr mit erheblicher Beunruhigung (RSU 1985, Belting & Belting 1992, Kap. 15.7). Bestimmte Tierarten werden damit aus der Landschaft „herausgestört" (Zande et al. 1980, Boschert 1993, Bruns et al. 1994). Rastende Gänse lassen sich etwa erst im Abstand von 400 m von Straßen nieder (Keller 1991, Gerdes 1994). Die Autobefahrbarkeit der Wege macht Störungen zudem unabhängig von der Witterung, Tages- und Jahreszeit und damit für Tiere unkalkulierbar. In Ländern mit hohem Anteil von Sonderkulturen wie Rheinland-Pfalz wird die Feldflur mit 87 m/ha, d. h. etwa im 100-m-Abstand von Wegen zerschnitten. Die beachtlichen Zunahmen der Schlaggrößen sollten theoretisch eine Verkürzung der Wegenetze mit sich bringen. Das Gegenteil ist der Fall.

Ca. 73 % der ländlichen Wirtschaftswege der Bundesrepublik Deutschland wurden im Rahmen der Flurbereinigung hergestellt (RSU 1985). Ökologisch bedenklich sind dabei die vielen Ortsverbindungswege über Markungsgrenzen hinweg, die ehemals ruhigen Winkeln vor allem viel illegalen Autoverkehr bescheren.

Meliorationen: Das größte Hindernis für die Ausdehnung der Ackerbauflächen war ein ungeeigneter Bodenwasserhaushalt mit zu hohem Grundwasserstand oder Staunässe. Entwässerungstechniken ab Mitte des 18. Jh. erlaubten die Verbesserung der landwirtschaftlichen Nutzungsflächen, seither als „Landeskultur" bezeichnet. Dadurch werden solche Standorte, auch im Sinne eines jederzeit maschinengerechten Bodenzustands, ackerfähig (Meisel 1984).

Das gegenwärtige Klima in unserer Region, vor allem NW-Deutschlands, ist atlantisch geprägt. Die Verdunstung ist kleiner als die Regenmenge, ein Umstand, der wohl für den weit überwiegenden Teil der Herkunftsgebiete der RM-Durchzügler zutrifft (European Climate Support Network 1995). Für den „optimalen" Ackerbau versucht der Mensch aber mittels Melioration sukzessive den ökologischen Zustand der „Steppe" zu erzeugen, um Kulturfruchtarten mit Steppenanspruch anbauen zu können.

In der DDR wurden jährlich Drainagen für die Entwässerung in Größenordnungen zwischen knapp 40.000 und 115.000 ha fertiggestellt. Insgesamt umfaßte dies zwischen 1960 und 1989 34 % der landwirtschaftlichen Nutzfläche. Gleichzeitig wurden Kapazitäten zur Beregnung von 0,9 Mio. ha geschaffen (STAT. JAHRB. DDR 1990). Ziel ist es, einen landwirtschaftlichen Einheitsstandort mittlerer Feuchte und guter Nährstoffversorgung und damit eine landwirtschaftliche Standardlandschaft zu schaffen. Dieser Wandel zeichnete sich bereits um 1850 ab, setzte aber erst seit etwa 1950 mit voller Kraft ein und ist noch nicht abgeschlossen. Er beendete eine jahrhundertelange Periode, in der sich die Landwirtschaft an die standörtlichen Gegebenheiten anpassen mußte (HABER & SALZWEDEL 1992).

Habitatveränderungen des Grünlandes: Heute ist die Grünlandnutzung zu großen Teilen auf feuchte Niederungen, flachgründige Böden, Hanglagen und allgemein höhere Lagen beschränkt. Der Rückgang ging auch mit der Abnahme der Freilandrinderhaltung einher. Futter für die weiterhin etwa konstanten Rinderbestände wurde und wird, wie z. B. Soja, teilweise importiert oder auf Äckern erzeugt. In zunehmendem Maße wird Mais als Silage/Grünfutter angebaut (siehe Ackerland). Selbst Silage-Grasland ist heute in der Regel kein Dauergrünland mehr und wäre treffender bei Grasäckern einzustufen.

Die Stoffverluste bei der (zwei- bis mehrfachen) Mahd werden auf dem größten Teil der Flächen durch regelmäßige Düngung ausgeglichen, meist sogar überkompensiert (BLAB 1993, HEYDEMANN 1997). Wiesen anthropogenen Ursprungs sind auf die fortgesetzte Nutzung angewiesen. Wiesenvögel „brauchen“ den Eingriff der Mahd, der die Sukzession immer wieder verhindert. Es ist aber kein Widerspruch, daß manche Arten ohne Mahd in den ersten Brachestadien weitaus bessere Lebensbedingungen vorfinden (RECK 1992); für viele Tagfalter sind frühe Brachen die hervorragendsten Lebensräume in der Kulturlandschaft (RANDLER 1995), und erst in den weiteren Stadien brechen die Vorkommen dann zusammen (ERHARDT 1985).

Grünland verliert seit Ende der 1950er Jahre an Habitatvielfalt. Besondere Techniken der Wiesenbewirtschaftung, wie z. B. die der Wässerwiesen, gingen verloren (KONOLD 1994). Extremstandorte wie Feuchtwiesen, Trocken- und Magerrasen mit ihrer typischen Flora verschwinden, während stickstoffanzeigende Kräuter und Gräser durch Düngung, Nährstoffeintrag aus der Luft oder andere Ursachen gefördert werden. Der Anteil von Gräsern und Kräutern auf Wirtschaftsgrünland verschob sich deutlich zugunsten der Gräser (BLAB 1993).

Bestandsklimatische Veränderungen sind die Folgen dieser eutrophierungsbedingt höheren und dichteren Vegetation, die sich auf zahlreiche Wirbellose, einige Reptilien und diverse Vogelarten negativ auswirken (Kap. 15.5, Kap. 17 und 18). Als Folge des veränderten Bestandsklimas verändert sich das Nahrungsangebot: größere Insekten nehmen ab, verschwinden ganz oder sind im dichten Bewuchs nur noch nach der Mahd greifbar (siehe Rabenkrähe in Kap. 17). Dasselbe trifft für Regenwürmer zu.

Die viel dichter und höher gewordene Vegetation trocknet schlecht ab, bewirkt höhere Brutverluste, wenn nasse Vögel ihre Jungen hudern, und vergrößert den „Raumwiderstand“ für „Schlüpfer“ wie den Wachtelkönig (REICHHOLF 1991).

Beweidung beeinflußt durch Tritt und Verbiß sowohl die Flora wie die Wirbellosenfauna und die Vogelwelt. Deutliche Unterschiede ergeben sich zwischen Schaf- und Rinderbeweidung und folgerichtig in einer unterschiedlichen Selektion der Pflanzen und Tiere. Bei Schafen verbleibt eine deutlich kürzere Grasnarbe bzw. ausschließlich die Bodenrosette. Natürliche Weideökosysteme sind in der Artenzusammensetzung auch von der Beweidungsintensität abhängig. Üblich sind heute 3,5 – 5 mehrjährige Rinder oder 8 – 10 Schafe/ha. Als extensive Beweidung mit deutlich höherer Artendichte der Pflanzen ist erst eine Weidedichte von weniger als 0,5 Rindern oder 1,5 Schafen/ha anzusehen (HEYDEMANN 1997), die dann auch Bodenbrütern Chancen eröffnet (z. B. WITT 1986). Bei den heute üblichen Beweidungsdichten sind die Bruterfolge der Wiesenbrüter gering.

Durch die intensive, maschinelle Bewirtschaftung, das Walzen und die Düngung, die einen frühen Grasschnitt ermöglichen, ist es für viele Bodenbrüter nahezu unmöglich geworden, eine Brut aufzuziehen. Da stark gedüngte Wiesen bereits ab Mitte Mai im Abstand von 3 – 4 Wochen geschnitten werden, können auch alle Ersatzgelege zerstört werden (WITT 1986, WINK 1992 u. a.). Die negativen Einflüsse moderner Wiesenbewirtschaftung sind heute für eine Reihe europäischer Länder bestens dokumentiert (BEINTEMA et al. 1985 für die Niederlande, SMITH 1983 für England, BÖLSCHER 1992 für Norddeutschland und DYRCZ et al. 1985 für Polen, um nur einige zu nennen). Obwohl Wiesenbrüter umlernen können und die durchschnittlichen Bebrütungstermine z. T. langfristig vorverlegen (BEINTEMA et al. 1985, siehe auch Kap. 15.9), sind sie vielerorts nicht in der Lage, die durch die Veränderungen auftretenden Verluste auszugleichen. Heute sind Wiesen im deutschen Binnenland in den meisten Regionen frei von Brutvögeln (siehe Braunkehlchen in Kap. 17). Die Siedlungsdichten in diesem Habitat sind vernachlässigbar. Selbst im klassischen Wiesenbrüterland Schleswig-Holstein sind die Bestände der meisten Arten zwischen 1970 und 1992 um 60 – 90 % zurückgegangen. Die Feldlerche verlor innerhalb knapp 20 Jahren 80 % ihres Bestandes. Unter den Passeres konnte lediglich der Wiesenpieper seinen Bestand in etwa halten (BUSCHE 1994a, b). In Mecklenburg-Vorpommern ist der Kiebitzbestand innerhalb von 30 Jahren auf 10 – 20 % geschrumpft (SCHMIDT & STRACHE 1997). WITT (1986) geht aufgrund von Bestandsaufnahmen soweit, das Brüten von Limikolen in Wiesen als „irrtümliche“ Biotopwahl zu bezeichnen.

Für die Erhaltung der Fruchtbarkeit der Böden Mitteleuropas war die Verknüpfung von Akkerbau und Viehhaltung zunächst unverzichtbar. Durch die Ernte entzogene Nährstoffe wurden dem Boden vor allem über die Ausbringung von Mist und Jauche zurückgegeben. Solange Wiesen und Weiden als Hauptgrundlage der Viehernährung und der Stallmistdüngung der Äcker benötigt wurden, waren sie mit 20 – 30 % an der landwirtschaftlichen Nutzfläche vertreten. Mit dem Beginn der mineralischen Düngung wurde diese Abhängigkeit durchbrochen, so daß Grünland zunehmend in Ackerland umgewandelt werden konnte. Viele Betriebe gaben die Viehhaltung zudem ganz auf oder stellen die Fütterung auf Acker- und Importfutter um. Ein zunehmender Teil der Rindermast gründet sich etwa auf dem Anbau von Silomais. Schweine und Hühner werden mit Futtergetreide, -kartoffeln und -rüben, also über den Ackerbau ernährt. Futtermittel nicht landwirtschaftlicher Herkunft wie Fischmehl gewinnen an Bedeutung. Neue Meliorationstechniken erlauben ferner die Umwandlung von bisher zum „absoluten Grünland“ gezählten Flächen in Ackerland (HABER & SALZWEDEL 1992).

Habitatveränderungen des Ackerlandes: Die floristische und faunistische Ausstattung der Äcker hängt stark von Bodenart sowie der Art und Intensität der Bewirtschaftung und der Höhenlage ab (u. a. TISCHLER 1980, INGRISCH et al. 1989, HEYDEMANN 1997).

Den Acker-Zoozönosen Mitteleuropas gehören über 3.000 Organismenarten an; ein Großteil davon sind Wirbellose. Diese Lebensgemeinschaften konnten wohl mit dem Vordringen des Ackerbaus in Mitteleuropa seit ungefähr 5.000 Jahren ihre Artenvielfalt erhöhen.

Die Auswirkungen der Flächenänderung sind die eine, Änderungen in den angebauten Feldfrüchten und Anbaumethoden die andere Einflußgröße. Die landwirtschaftliche Intensivierung der Bodennutzung wurde möglich, als das Problem, ausreichende Mengen organischen Düngers aus der Tierhaltung zu beziehen, durch die chemische Industrie mit unbegrenzten Mengen mineralischen Düngers gelöst wurde. Bessere Nährstoffversorgung der Pflanzen machte von einem Fruchtwechsel unabhängiger. Aufkommende Monokulturen, schnelleres Pflanzenwachstum usw. zwangen jedoch zum erhöhtem Einsatz von Pestiziden (ELLENBERG 1992). So wird heute bei geringerer Ackerfläche wesentlich mehr produziert als vor 30 Jahren.

Unter den Vögeln des Ackerlandes befindet sich nur eine kleine Anzahl wirklicher Freiflächenvögel. Diese Bodenbrüter sind Arten des Graslandes oder der Steppen wie Feldlerche, Grauammer, Wachtel und Rebhuhn. Die Mehrzahl der Vögel mitteleuropäischer Ackerlandschaften sind Arten des offenen Buschlandes, wie es bis in die 1950er Jahre weitgehend vorherrschte: eine überwiegend kleinflächige Mosaiklandschaft aus Wiesen und Ackerflächen unterschiedlicher Kulturen, mit holzarmen Hekken und Knicks. Typische Vertreter sind Goldammer, Dorngrasmücke, Hänfling, Neuntöter und Raubwürger. Sie brüten in der Mehrzahl nicht am Boden. Diese Arten sind heute bei überwiegend nicht mehr genutzten Gehölzen den Arten des Waldrandes und der früheren Allmende gewichen, einer Gruppe, die auch in Gartenstädten, Neubaugebieten, Parkanlagen und Kleingärten enorme Gewinne erzielt hat. Beispiele sind Arten wie Amsel, Rotkehlchen, Zaunkönig, Zilpzalp, Mönchsgrasmücke, Hekkenbraunelle, Grünfink, Wacholderdrossel, Elster und Rabenkrähe.

Voraussetzung für hohe Siedlungsdichten in der ursprünglichen Ackerflur sind vielfach Refugialräume wie Hecken, Büsche, Ackerraine oder sumpfige Stellen in erreichbaren Entfernungen. Die für revierhaltende Vögel nötigen kurzen Flugstrecken sind durch die Vergrößerung der Schläge und die Beseitigung von Kleinstrukturen heute in vielen Bereichen überschritten. Dies führt automatisch zu einer Ausdünnung der Siedlungsdichten (LACK 1992). Insgesamt wurden durch die

Intensivierung der Landwirtschaft heute Rückzugsmöglichkeiten spezialisierter Tierarten in großem Umfang beseitigt oder die Verfügbarkeit ihrer Nahrung zeitweise stark eingeengt. Ganz besonders massiv wurden extensiv genutzte grasige und krautige Kleinstrukturen in den Randbereichen vernichtet. Ackerbiozönosen sind dadurch europaweit artenärmer geworden (Zusammenstellungen bei O'Connor & Shrubb 1986, Eislöffel 1996, Rösler & Weins 1996).

Gute Flieger unter den Arten der anschließenden Gehölze, die Acker und Grünland zur Nahrungssuche nutzen, können dagegen von der heutigen Entwicklung profitieren. Dazu gehören etwa Mäusebussard, Rotmilan, Ringeltaube, Wacholderdrossel, Krähen und regional Kolkraben, weil sie die offenen Flächen auch ohne die Nähe von Gehölzen nutzen können und weite Strecken bei der Nahrungssuche fliegen. Im Gegensatz zu den oben angeführten Singvögeln verteidigen Krähen, Star und Wacholderdrossel keine Nahrungsreviere, sondern gehen durchaus auch zur Brutzeit gemeinschaftlich weitab des Brutplatzes auf Nahrungssuche. Für Ringeltaube, Wacholderdrossel, Elster, Rabenkrähe, Mäusebussard und viele andere ist als Folge der nachlassenden Heckennutzung auch das Acker- und Grünland zum Brutrevier geworden, was über Habitatgewinne zu Zunahmen führt.

Während Arten wie Austernfischer, Brachvögel und Kiebitze nur auf Ackerflächen brüten, solange der Bewuchs niedrig und Gehölze weit entfernt sind, nutzen einzelne Arten in geringem Maße die Felder mit hohem Bewuchs. Insbesondere in Raps sind neuerdings Einwanderer wie Dorngrasmücken zu finden (Berndt 1995), und die Schafstelze wird gelegentlich in Getreide und sogar Mais gefunden (Stiebel 1997). Quantitativ spielt dies bisher für keine dieser Arten eine Rolle.

Für nahezu alle, nicht nur die höheren Feldtiere stellt der Acker heute einen suboptimalen bis pessimalen Lebensraum dar (z. B. Bezzel 1982, Kaule 1983, Heydemann 1997). Ganze Populationen haben – wie der Kiebitz – im Akkerland so geringe Reproduktionsraten, daß sie auf ständigen Zuzug aus optimaleren Habitaten angewiesen sind (Matter 1982, Witt 1986, Schmidt & Strache 1997). Auf der anderen Seite spielen Felder als Nahrungsgebiet für Vogelarten, die in den eingestreuten Gehölzen bzw. im benachbarten Wald oder in Siedlungen brüten, eine wichtige Rolle. Als Rast- und Nahrungsbiotope für Durchzügler und Überwinterer sind sie nach wie vor von enormer Bedeutung. Durch die häufigen Störungen, die das dichte Wegenetz mit sich bringt, können Äcker für viele große Vogelarten dieser Funktion jedoch nur noch eingeschränkt gerecht werden (Kap. 15.7).

Beim **Getreideanbau** hat eine Umschichtung des Anbaus stattgefunden, die Vögel stark beeinflußt. Bei der früher üblichen Dreifelder-Wirtschaft wechselten Wintergetreide, Sommergetreide und Brache miteinander ab. Später wurden im dritten Jahr Grünfutter oder Hackfrüchte angebaut. Nach der Wintergetreideernte blieb das Stoppelfeld über Winter liegen, ein Nahrungsraum für Finken und Ammern. Bauer & Ranftl (1996) zeigten, daß diese Arten – wie

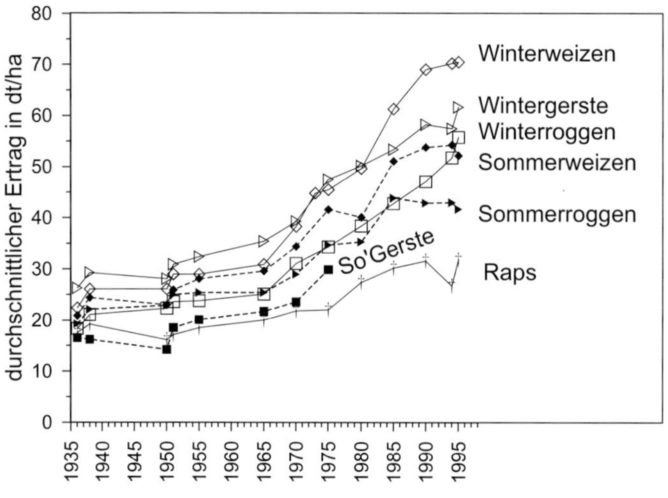

Abb. 15.2.3: Steigerung der Hektarerträge bei Getreide und Raps. – *Increase in yield per ha of cereals and oil-seed rape; from top to bottom: winter wheat, winter barley, winter rye, summer wheat, summer rye, summer barley, rape.*

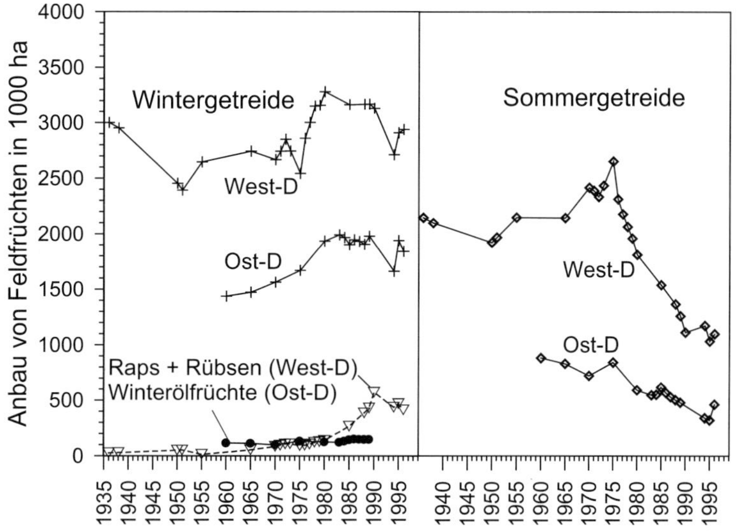

Abb. 15.2.4: Entwicklung der Anbau-Flächen von Getreide und Ölsaaten in den alten (West-D) und neuen Bundesländern (Ost-D). – *Change in area under cereal and oil-seed cultivation in the former West Germany (West-D) and GDR (Ost-D). Left: winter cereals (above), oil-seed rape and turnip rape, winter oil-seeds; right: summer cereals.*

auch das Rebhuhn – bei einer Wahlmöglichkeit zwischen umgebrochenen Ackerflächen und Winterstoppelfeldern letztere bevorzugen. Während die Anbaufläche für Sommergetreide sowohl in den alten wie den neuen Bundesländern innerhalb der letzten 30 Jahre halbiert wurde (Abb. 15.2.3), nahm die Anbaufläche für Wintergetreide zu. Aufgrund der Düngung und des Einsatzes von Pflanzenschutzmitteln ist heute der ununterbrochene Anbau von Wintergetreide möglich. Daneben wurde vermehrt Raps, zunehmend Winterraps, angebaut. Die Wintersaaten erbringen höhere Erträge als die entsprechenden Sommerprodukte (Abb. 15.2.4). Wintersaaten erfordern frühzeitig abgeerntete Felder. Sie können beispielsweise nicht nach Mais oder spät beernteten Hackfrüchten angebaut werden. Aussaat und Keimung erfolgen zwischen August und Oktober. Dies führt zu bereits im Winter grünen Pflanzen, die Nahrung für große Mengen von Tauben, Gänsen, Schwänen und Enten liefern. In Großbritannien wird die Zunahme der Wintersorten von Raps und Getreide als Ursache für eine Verschiebung des Brutzeitraumes Richtung Vorfrühling bei der Ringeltaube angesehen (O'Connor & Shrubb 1986), und die Rapsanbaufläche bestimmt dort und in Polen den überwinternden Bestand (Inglis et al. 1990, Tomiałojc pers. Mitt.) und sorgt damit wahrscheinlich für zurückgehende Durchzugszahlen im westlichen Mitteleuropa, ohne daß die Bestände abnehmen. Die in England geschossenen Tauben sind heute schwerer als die früher von Klee lebenden Wintervögel. Landwirte erhalten europaweit Millionensummen als Ausgleich für Fraßschäden durch Wintergäste (z. B. Owen 1990, van Eerden 1990).

Die früher übliche flächige Aussaat mit anschließendem Eineggen des Saatguts hinterließ größere Mengen von Saatgut auf der Oberfläche als das heutige Drillen. Mit Ausnahme weniger Arten (z. B. Mais durch den Kranich, Wei-

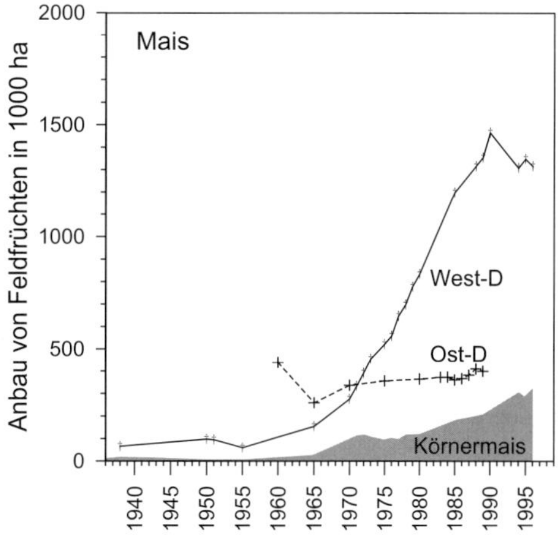

Abb. 15.2.5: Flächenentwicklung des Maisanbaus in den alten (West-D) und neuen Bundesländern (Ost-D). – *Change in area of maize cultivation in the former West Germany (West-D) and GDR (Ost-D); shaded area = grain maize.*

zen usw. durch Krähen) ist daher das Saatgut heute für Körnerfresser wie Ammern und Finken schwerer erreichbar als früher.

Auch der **Maisanbau** (Abb. 15.2.5) brachte weitreichende ökologische Veränderungen mit sich. Die Anbaufläche ist von 58.000 ha (1951) bis 1996 auf 1,7 Mio ha gestiegen, was einer Steigerung von fast 3.000 % entspricht (HESPELER 1999). Silagemais ersetzt heute in großem Umfang Futterpflanzen wie Klee, Luzerne und Gras, hat also ursächlich zum Verlust von Grünland geführt. Der Ertrag von Grünmais ist mehr als fünf mal so groß wie der anderer Futterpflanzen. Mais ist außerdem die einzige Nutzpflanze, die sehr hohe Güllegaben verträgt, daher ideal zum Futteranbau der Viehzuchtbetriebe, die dort ihre Gülle ausbringen bzw. „entsorgen" können. Die bis 3 m hohen und sehr dichten Bestände schaffen am Boden ein kühles, feuchtes Bestandesklima. Mit Ausnahme extremer Frühjahrsbrüter, wie Kiebitz und Feldlerche, die bei noch niedrigem Pflanzenbewuchs und damit offenem, stark besonnten Boden brüten, stellen Maisflächen keine produktiven Brutflächen für Vögel dar. Maisfelder bieten jedoch im Spätsommer und Herbst für Durchzügler, die einen hohen Deckungsgrad bevorzugen, Rastmöglichkeiten. Dieses Angebot ist auf die Zeit des Wegzugs beschränkt und stellt eine Alternative zu Schilfrastplätzen dar (Kap. 5). SCHWABL (1988) fand Maisfelder als Mauserplätze zahlreicher Amseln. Zum einen suchen Meisen, Finken, Ammern, Sperlinge, Eichelhäher und Buntspechte die Maisfelder zur Nahrungssuche auf, zum anderen können Maisfelder in offenen Agrarlandschaften für Heckenbraunelle, Pieper, Stelzen, Drosseln, Laub- und Rohrsänger inzwischen durch den flächenmäßigen großen Anteil am Gesamtackerland je nach Art im Herbst bedeutender oder wichtigster Rastbiotop sein. Fangergebnisse in Maisfeldern im Rahmen unserer Untersuchungen zum Rastwandern bzw. zum Tagzug von Nachtziehern zeigt Tab. 15.2.3.

Tab. 15.2.3: „Rastwanderer", „Schleichzieher" und Nahrungsgäste in Maisfeldern der Umgebung des Randecker Maars. Summen der Netzfänge geordnet nach Häufigkeit (1990 mit Unterbrechungen bis 1998). – *Nocturnal migrants and others continuing of their directed migratory movements close to the ground in daytime and visitors feeding in maize fields around Randecker Maar. Totals of mist-netted birds ordered according to their frequency (1990 to 1998 with interruptions). Regular visitors but not trapped:* Pica pica, Corvus c. corone.

	20.8.-31.8.	1.9.-10.9.	15.9.-30.9.	1.10.-10.10.	Summe
Blaumeise	10	28	83	144	265
Buchfink	2		24	98	124
Heckenbraunelle	2	9	63	39	113
Zilpzalp	15	33	38	16	102
Kohlmeise	3	8	42	46	99
Fitis	51	19	10		80
Goldammer	4		26	47	77
Tannenmeise	1		16	31	48
Grünling		1	12	32	45
Feldsperling			18	21	39
Teichrohrsänger	18	6	1	1	26
Bergfink				23	23
Rotkehlchen			1	17	18
Baumpieper	6	10	2		18
Rohrammer				18	18
Singdrossel		2	9	4	15
Amsel			4	7	11
Eichelhäher			3	7	10
Stieglitz	9				9
Haussperling				6	6
Wi'goldhähnchen			3	5	8
Hausrotschwanz			5	2	7
Buntspecht				4	4
Girlitz				3	3
Wiesenpieper				1	1
Bachstelze	1				1
Kleinspecht				1	1

Regelmäßige Besucher, aber nicht gefangen: Elster, Rabenkrähe.

Noch wichtiger ist, daß Maisäcker das Nahrungsangebot für Gänse, Corviden und andere körnerfressende Passeres im Herbst und teilweise im Winter/Frühjahr positiv beeinflussen. Die Abfälle bei der Ernte/Silierung sind teilweise höher als bei Brotgetreide und die Ernte fällt in die Wegzugszeit. Über die Zunahme von Kleinsäugern könnte sich der Maisanbau auch indirekt positiv auf die Bestände von Mäusebussard, Turmfalke und vergleichbare Arten auswirken, doch stehen entsprechende Untersuchungen noch aus.

Hecken, Bach- und Feldgehölze, Obstbaumwiesen: Knicks und Hecken sind heute nur noch in begrenztem Umfang betriebswirtschaftlich nutzbare Landschaftsstrukturen. Während ihre Bedeutung zur Gewinnung von Brennholz, Stangen und Pfählen verlorengegangen ist, ist in windexponierten Regionen jedoch der Schutz vor Winderosion von Bedeutung. Mangelnde Pflege führt heute in ganz Mitteleuropa dazu, daß Bäume durchwachsen, die Hecken unten verkahlen, Straucharten verschwinden und damit die Struktur eines Waldrandes oder Feldgehölzes entsteht. Die Zusammensetzung der Brutvögel wechselt von Heckenbrütern zu Feldgehölz- und Waldarten. In Hecken kommen mehr Gehölzarten vor als in Wäldern. Daraus ergibt sich eine kaum zu übertreffende Nahrungsvielfalt für Pflanzenfresser auf kleinem Raum. Die reiche Fruchtbildung der Heckensträucher, die weniger zu Mastjahren neigen als Waldbäume, weil bei Beeren das Gefressenwerden zur Fortpflanzungsstrategie gehört, trägt dazu bei. Sowohl Hecken wie auch Bachgehölze entsprechen in ihrer Ausprägung den bachbegleitenden Galeriewäldern der Trockengebiete, die Waldarten das Vordringen in Savannen und Steppen ermöglichen. Gehölzsukzessionen auf Agrarland gleichen diese Verluste vielfach aus, allerdings mit anderer Artenzusammensetzung und regional beschränkt auf Grenzertragsböden. Mit der zunehmenden Verwaldung von Hecken werden Beerensträucher durch Baumarten wie Esche und verschiedene Ahornarten verdrängt, was auch mit der nachlassenden Materialentnahme und der damit einhergehenden Nährstoffanreicherung im Boden einhergeht (Kap. 15.5).

Das Ökosystem **Obstbaumwiesen** beherbergt zahlreiche Arten, die früher typische Bewohner von Nieder- und Mittelwäldern bzw. von Kahlschlägen waren. So können Rotkopfwürger, Raubwürger, Wiedehopf, Turteltaube, Grün- und Grauspecht, die bis in die 1960er Jahre auch auf den damals noch weit verbreiteten Großkahlschlägen beheimatet waren, geradezu als Charakterarten der Obstwiesen gelten. Wiedehopf und Turteltaube hatten 1965 nach eigenen Untersuchungen im württembergischen Strom- und Heuchelberggebiet hohe Dichten sowohl in den Obstwiesen als auch in Wäldern und sind mit dem Ende der Kahlschlagswirtschaft aus den Wäldern und fast gleichzeitig aus den immer mehr eutrophierten Wiesen verschwunden.

Der Niedergang der Obstwiesen begann mit Flurbereinigungen und Rodungsprämien vor etwa 35 Jahren. Bedingt durch die Umlegung der Grundstücke, den Bedarf an Ausgleichsflächen für Ackerlandverluste und das Desinteresse am heimischen Obst sind viele Obstbäume der Axt zum Opfer gefallen. Der ursprüngliche Obstwiesengürtel um Dörfer und Städte herum wurde den wachsenden Neubaugebieten geopfert und ist heute nicht mehr oder nur noch lükkig vorhanden (Ullrich 1975, Diehl 1988), hat aber flächenmäßig am Albrand in der Umgebung des RM nach wie vor hohe Bedeutung.

Heiden, Trocken- und Halbtrockenrasen, Ödland und Brachen: Die hierunter zusammengefaßten Habitate und Bewirtschaftungsformen sind das beste Zeugnis dafür, daß Flächen des Offenlandes einem extremen Wandel unterworfen sind. Was sich uns heute als Wald darbietet, war oft noch vor einer Generation Wiese oder vor 40 Jahren Heide. Nirgendwo sonst haben sich in so kurzer Zeit solche Flächenverschiebungen zugunsten intensiv bewirtschaftetem Land ergeben wie hier. Ebenso gravierend muß man sich den Rückgang der an diese Vegetationsformen angepaßten Vogelarten vorstellen.

Heiden sind baumlose Zwergstrauchbestände, die auf den nährstoffarmen Sandböden Norddeutschlands von *Calluna vulgaris* (Heidekraut, Besenheide), auf stark sauren Böden der Mittelgebirge eher mit Ginster-Arten und Heidelbeere bewachsen sind (Meisel 1984). Insbesondere die subozeanischen Heiden des nördlichen Mitteleuropa entstanden durch die Rodung bodensaurer Wälder mit nachfolgender Schafbeweidung, Plaggenhieb und Abbrennen (Blab 1993). Früher war „Heide“ vor allem auch ein Rechtsbegriff für den nicht ackerbaulich genutzten Teil der Gemarkung: Der Begriff war oft synonym mit „Allmendflächen“ und „Wüsteneien“, d. h. mit dem gemeinsamen Weideland, das auch den Gemeindewald einschloß. Relikt der ursprünglichen Bedeutung ist der in Süddeutschland vor allem auf der Schwäbischen Alb bekannte Begriff der „Wacholderheide“, einer Trokkenrasengesellschaft (Tab. 15.2.1).

Trocken- und Halbtrockenrasen sind kräuterreiche Rasengesellschaften trockener bis wechseltrockener Böden auf Fels (vor allem Kalk), Sand oder Kies. Ihr Biotopcharakter und enormer Artenreichtum an Pflanzen, durch Gestein und Boden bedingt, ist von Gradmann (1936) beschrieben worden. Infolge der spärlichen Vegetationsdecke werden Witterungseinflüsse kaum ausgeglichen, was starke Temperaturschwankungen im Tages- und Jahresverlauf sowie hohe Verdunstungsraten mit sich bringt (Kap. 15.5). Entsprechende Standorte sind einst anstelle standörtlich entsprechender Wälder durch Beweidung und Waldzerstörung in enormem Umfang entstanden und zunächst durch Schafbeweidung oder einschürige Mahd (Mähder) erhalten geblieben. Hauptverbreitungsgebiet der Halbtrockenrasen sind die Muschelkalk-, Jura- und Kreidegebiete Süddeutschlands (Mattern 1985, Gradmann 1936, Meisel 1984). Ihre ehemals großflächige natürliche Verbreitung –

GRADMANNS Steppenheide und Steppenheidewald – muß heute bezweifelt werden, da ihre Fläche ohne Beweidung bzw. Holznutzung rapide in normale mesophile Buchenwälder übergeht (GATTER 1994b, 1997c).

Auf trockenen und feuchten Standorten leben die meisten höheren Pflanzen Mitteleuropas, ein Großteil der Insektenfauna, darunter fast alle tagaktiven Schmetterlingsarten, sowie ein großer Teil der bedrohten Vogelarten.

Trocken- und Halbtrockenrasen beherbergen aufgrund ihrer lückigen Vegetation und den damit verbundenen Temperaturschwankungen eine Fauna aus wärmeliebenden und -bedürftigen Arten und solchen, die für die Nahrungssuche eine offene Vegetationsstruktur benötigen. Heiden und Trockenrasen leiden unter zunehmender Vergrasung, Verbuschung und Bewaldung, weil sie einerseits nicht mehr ausreichend beweidet, andererseits nicht mehr gebrannt werden und entsprechen somit auch nach landschaftspflegerischen Maßnahmen nur noch selten ihrem früheren Erscheinungsbild und ihrer früheren Artenzusammensetzung.

Arten wie Dorn- und Klappergrasmücke, Baum-, Brachpieper, Heide- und Feldlerche, Zippammer, Neuntöter und Raubwürger, Ziegenmelker, die grünen Spechte und viele andere fanden hier ideale Bedingungen. Mit Ausnahme der Feldlerche und des Neuntöters haben z. B. in Süddeutschland all diese Arten extreme Bestandseinbußen hinnehmen müssen.

Klassische **Brachen** umfassen alle landwirtschaftlich genutzten Flächen, die seit mindestens einem Jahr nicht mehr bewirtschaftet werden (SCHWARZ 1973). Die Abgrenzung zu Ödland ist fließend. **Ödland** wurde zunächst über zwei Jahrhunderte wieder zunehmend in Wald überführt. Heute werden die Reste zunehmend bebaut, im Rahmen der Flurbereinigung melioriert, weiter aufgeforstet oder gezielt als Erholungsflächen ausgewiesen. Mit dem Flächenrückgang steigt der Erholungsdruck auf den verbleibenden Flächen.

Man könnte annehmen, daß Brachland im Rahmen von Flächenstillegungsprogrammen und der Aufgabe landwirtschaftlicher Betriebe künftig zunehmen wird. Unter dem Begriff „Stillegung" versteht die EG-Verordnung Nr. 2296/92 (1992) allerdings nur Flächen, die frei von „Marktordnungsfrüchten" sind, also weder Getreide noch Ölsaaten oder Hülsenfrüchte tragen, welche für den Verzehr bestimmt sind. Dem Landwirt stehen trotz „Stillegung" drei Nutzungsmöglichkeiten zur Auswahl (KRAUSE 1993), die mit Brachen im eigentlichen Sinne überwiegend nichts zu tun haben:

1. Brachen, die nach ihrer letzten Ernte einfach sich selbst überlassen werden und sich selbst begrünen. Eine einmalige Mähverpflichtung im Juli wurde später wieder aufgehoben.
2. Die stillgelegte Fläche wird eingesät und damit zur „Grünbrache". Dafür ist Saatgut von diversen Gräsern, Markstammkohl, Kleearten, Luzerne, Pannonische und Zottelwicke, Esparsette, Phacelia, Gelbsenf und Ölrettich zugelassen. Unter der dichten Pflanzendecke kommt kein nennenswerter Wildpflanzenwuchs hoch.
3. Die stillgelegte Fläche wird normal bewirtschaftet, jedoch nur mit „nachwachsenden Rohstoffen". Diese dürfen für Industriezwecke, jedoch weder für „Zwecke der Ernährung oder der Tierfütterung" noch der Aussaat verwendet werden. Zugelassen sind schnell wachsende Gehölze, diverse Getreidearten, Kartoffeln, Ölsaaten und Hülsenfrüchte bis hin zu Arten wie dem Riesengras *Miscanthus sinensis* aus Fernost. Für „nachwachsende Rohstoffe" sind sogar Düngergaben und Pestizide zugelassen. Dementsprechend kommt auch diese Art der Flächenstillegung nicht dem Naturschutz zugute.

2. und 3. sind für die Vogelwelt daher ziemlich wertlos und haben mit Brache im eigentlichen Wortsinn nichts zu tun.

Die verbliebenen Reste des Ödlands und der Brachen aus der Zeit vor den Flächenstillegungen sind einerseits durch Weideintensivierung (Koppelhaltung), andererseits durch Verbuschung infolge Nutzungsaufgabe bedroht und unterliegen bei der natürlichen Wiederbewaldung lokal differierenden Sukzessionsabläufen. In mittel- und nordeuropäischen Küstenländern wird seit den 1960er Jahren neben dem flächigen Rückgang der Heiden ein verstärktes Eindringen von Gräsern beobachtet (HEIL & DIEMONT 1983, BERDOWSKI & ZEILINGA 1987). In Heiden des nördlichen Mitteleuropa verliert *Calluna vulgaris* mit zunehmender Bodeneutrophierung und durch das Abflämmverbot an Konkurrenzkraft. Ob bei hohem externen Nährstoffeintrag überhaupt noch ein Heidemanagement sinnvoll sein kann, wird derzeit kontrovers beurteilt (vgl. MATZNER 1980 in STEUBING & BUCHWALD 1989). Auf Brachen und Heiden schreitet die Sukzession heute eutrophierungsbedingt rascher als früher voran (KAULE 1976, Kap. 15.5). Die Wiedereinführung des Flämmens (GATTER 1996, WEBB 1997, WEGENER 1997, GOLDAMMER et al. 1997, Kap. 15.6) könnte weitere Flächen- und Artenverluste verhindern.

Seit Wolle- wie Fleischpreise durch Importe sanken, verlor und verliert die Schafhaltung zunehmend an Rentabilität. Sinkende Preise machten schon gegen Ende des 19. Jahrhunderts die Schafhaltung unrentabel, was sich deutlich in den rückläufigen Schafzahlen z. B. in der Lüneburger Heide widerspiegelt: um 1880 750.000 Schafe, 1950 weniger als 25.000 (ELLENBERG sen. 1982). In Süddeutschland war es nicht anders. In Bissingen, dem RM benachbart, waren 1835 noch 28 Schäfer (MOSER 1842), heute ist es noch einer. Damit ging und geht jedoch eine Wirtschaftsform verloren, die für die Offenhaltung großer Flächen von Magerstandorten verantwortlich war und sie weiter gewährleistete. Heideflächen scheinen schon etwa um 3000 v. Chr. einen Flächenhöhepunkt erfahren zu haben. Ein erneutes Maximum ist im 4. bis 5. Jahrhundert n. Chr. nachgewiesen. Zuvor und danach bewaldeten die Heiden sich teilweise wieder, so während des 30jährigen Krieges (ELLENBERG sen. 1978). Vor etwa 200 Jahren begann ihr rapider Rückgang auf der Schwäbischen Alb (GRADMANN 1936, HÖLZINGER 1987). Riesige Magerrasen wurden nun unabhängig vom Viehbestand in mehrschürige Wiesen, in Ackerland, oder, meist erst viel später, in Wald umgewandelt.

Eindrücke über das Ausmaß der Heiden noch zu Anfang diesen Jahrhunderts finden wir bei GRADMANN (1936). Weitere eindrucksvolle Beispiele von der Schwäbischen Alb schildern SCHLENKER (1982) und DÖDDERER et al. (1982). Einen Eindruck der Verluste geben Flächenberechnungen für die verwandten Wacholderheiden der Schwäbischen Alb (MATTERN et al. 1980, 1992; Tab. 15.2.1), die von 1960 bis 1980 Verluste von 41 % und bis 1990 nochmals von 12 % belegen. Von den umgewandelten Flächen wurden bis 1980 73 % zu Wald (26 % gezielt aufgeforstet, 47 % durch Sukzession), 17 % wurden seitdem intensiv landwirtschaftlich genutzt und 10 % gingen durch sonstige Nutzungen verloren.

Die verbleibenden Schafweiden verdienen häufig diese Bezeichnung nicht mehr, weil nachlassende Beweidung hier zu Nährstoffanreicherung führt und sie sich, dadurch gefördert, bereits im Zustand junger Sukzession zu Gehölzen befinden. Mit oft flächigen Beständen beginnender Verwilderung durch Rosen, Brombeeren, Schlehen etc. haben sie bereits wesentliche Teile ihres Arteninventars verloren.

Siedlungs-, Gewerbe- und Verkehrsflächen: Generell ist innerhalb der Siedlungsbereiche infolge der Biotopvielfalt auf engstem Raum und der unterschiedlichen menschlichen Nutzungsgradienten auch eine hohe Vielfalt an Tierarten zu erwarten (ERZ 1967, KLOSE & VIDAL 1979, FLADE 1994, BRAUN 1999). Selbst die Verkehrsflächen fördern mit ihren Begleitpflanzungen ein enges Spektrum von Generalisten.

Die bis in die 1950er Jahre überwiegend engen Dorf- und Stadtanlagen sind zunehmend Siedlungsbauweisen gewichen, die erhebliche unbebaute Flächen beinhalten. Sie bieten verschiedene Biotoptypen, die in ähnlicher Form auch außerhalb der Städte und Dörfer vorkommen. Diese Siedlungsflächen weisen hohe Brutvogeldichten auf. Sie entsprechen oder übertreffen die vogelreichsten Wälder und ermöglichen auf großen Flächen mit die höchsten Siedlungsdichten, die wir von Singvögeln in Mitteleuropa kennen. Eine Umwidmung von Ackerland oder Grünland in Siedlungs- oder Industriefläche bedeutet deshalb in vielen Fällen eine Zunahme der Brutvogeldichten (Kap. 17).

Gärten als Bestandteil der Siedlungen sind eine Entwicklung, die erst relativ spät von Italien nach Frankreich, England und Deutschland gekommen ist. Zunächst reichen Bürgern und dem Adel vorbehalten, fanden sie im wesentlichen nicht vor dem 19. Jahrhundert Eingang in Städte und Dörfer (KÜSTER 1998). Der **Nutzgarten** des vergangenen 19. Jahrhunderts hat sich erst mit der beginnenden Industrialisierung und zunehmendem Wohlstand zu dem gewandelt, was wir bis in die 1950er Jahre kannten, also einer auf Obst-, Beeren- und Gemüseanbau ausgerichteten Bewirtschaftung mit ein paar Blumen, oft mit kleiner, offener Hühnerhaltung. Diese „Mischnutzung“ hat insbesondere während der letzten 30 bis 40 Jahre mehr und mehr dem **Ziergarten** Platz gemacht. Gemüse- und Blumenbeete sowie Anbauflächen mit offenem Boden sind zurückgegangen und flächenhaft dem Zierrasen und „Bodendeckern“ gewichen. Der Obstanbau im Garten spielt nur noch eine geringe Rolle. In Deutschland gibt es etwa 13

Millionen Gärten mit einer Gesamtfläche, die dem doppelten aller Naturschutzgebiete entspricht. Ihre enorme flächenhafte Zunahme bedeutet eine Vervielfachung dieses überaus abwechslungsreichen Habitats in wenigen Jahrzehnten. Sie unterliegt aber auch innerhalb des Zeitraums der letzten 40 Jahre einer nicht zu unterschätzenden Habitatdynamik. In älteren Siedlungsgebieten von 1960 lebt heute eine Vogelgesellschaft, die eine Reihe von Charakterarten beherbergt, die den 20 Jahre später entstandenen Baugebieten (noch) fehlt. Während in den älteren Gärten vielfach Arten der Wälder wie Mönchsgrasmücke, Buchfink und Kohlmeise dominieren, sind es in den jüngeren Gärten noch Bluthänfling, Garten- und Klappergrasmücke.

Der Urbanisierungsgradient nimmt in Mitteleuropa überall zum Zentrum der Stadt hin zu. Das führt in mitteleuropäischen Städten, unabhängig vom Ausgangszustand und der geographischen Lage, zu einer typischen Gliederung der Brut- und Wintervogelgesellschaft zwischen grünflächenarmen Innenstädten und Gartenvororten (SUKOPP 1983, OAG Berlin/West 1992).

Die Einflüsse jeder veränderten Flächennutzung, besonders das veränderte Gartenbild, auf Artenzusammensetzung und -dichte sind erheblich. Ziergehölze, vielfach immergrüne Arten, stehen heute in der Mehrzahl der Hausgärten. Die Bedeutung von Koniferen und anderen immergrünen Gehölzen für den Wandel der Vogelwelt in den vergangenen Jahren wurde bisher nur ungenügend gewürdigt. Sie erhöhen den Bruterfolg zahlreicher Arten generell und ermöglichen aus Gründen des Prädationsschutzes und des Mikroklimas frühere Bruten. So dürfte der hohe Anteil locker stehender Koniferen und Birken, ein Vegetationstyp, der früher auf Moore und die alpine und boreale Baumgrenze begrenzt war, den Verstädterungsprozeß und die Ausbreitung einiger Arten gefördert haben. Die innerhalb von zwei bis drei Jahrzehnten erfolgte Arealerweiterung des Birkenzeisigs *Carduelis flammea* über ganz Mitteleuropa (z. B. RHEINWALD 1993, ERNST 1997) ist die wohl auffälligste Entwicklung in dieser Richtung (GATTER 1994b).

Gegenüber dem Umland zeichnen sich die Städte durch ein wärmeres Urbanklima aus, das sich auch auf Vögel auswirkt. Durch den höheren Anfall von Nahrung durch Abfälle und Fütterung werden außerdem Bedingungen geschaffen, die zahlreiche Vogelarten begünstigen. Als Überwinterungsgebiet von Ringeltaube, Amsel, Gebirgsstelze, Grünling, Star, Saatkrähe, Rotkehlchen und Zaunkönig sind städtische Lebensräume weit überdimensional beteiligt. Windschutz, Abwärme in städtischen Bächen und Flüssen sowie die Erwärmung durch Heizungen, Autos und Industrie schaffen Temperaturen, die bis zu mehreren Grad gegenüber dem freien Umland erhöht sein können.

Ein hoher Prozentsatz der Jahresvögel, Teil- und Kurzstreckenzieher profitiert heute in den Siedlungen Skandinaviens, Mitteleuropas und in England von der Winterfütterung und der wieder modern gewordenen Kompostierung von Garten- und Küchenabfällen. Bei der Mönchsgrasmücke wurden sogar kleine überwinternde Populationen im atlantisch beeinflußten England mit der Winterfütterung begründet (BERTHOLD & TERRILL 1988). Früher, d. h. bis vor rund 40 Jahren, fiel Nahrung für überwinternde Vögel eher zufällig an und war ganz anders zusammengesetzt (z. B. offene Hühnerhaltung). In Jahren mit fehlender Waldmast von Buche, Esche, Ahorn, Fichte, Lärche sowie von Beerenmast, z. B. im Winter 1993/1994, ergaben Wintervogeluntersuchungen in Siedlungen 38mal höhere Werte als im Wald. Im Winter 1992/1993 mit einer Mast praktisch aller Baumarten und einer Rekordmast bei der Fichte waren die Verhältnisse umgekehrt und die Zahl von Vögeln in den gleichen Wäldern 6mal höher als in den Ortschaften (eigene Erhebungen).

Insgesamt haben all diese Veränderungen im menschlichen Siedlungs- und Verkehrsbereich eine starke flächige Ausdehnung der Areale mit sich gebracht, die am ehesten mit den offenen holzarmen Wäldern vergangener Zeiten zu vergleichen sind. Damit wurde auch ein ähnliches Artenspektrum gefördert. Durch das, im Gegensatz zu diesen früheren Wäldern, ganzjährig gute Nahrungsangebot in den Siedlungsbereichen haben dabei die nichtziehenden Populationsanteile hohe Gewinne erzielt. Trotz möglicherweise höherer Gesamtbestandszahlen von Vögeln kann aber unter anderem deshalb die Zahl der ziehenden zurückgehen.

Zusammenfassung
15.2 Flächenveränderungen und Dynamik von Habitaten seit 1970 und davor

Unterschiedliche Lebensräume beherbergen nicht nur unterschiedliche Vögel, sondern sind auch sehr unterschiedlich dicht besiedelt. Die Veränderungen in der Zusammensetzung der verschiedenen Großlebensräume waren in den vergangenen 30 Jahren so groß, daß sie sich auf einzelne Arten gravierend auswirken müssen. Die Habitatdynamik innerhalb der einzelnen Großlebensräume, wie z. B. Grünland oder Wald, ist wiederum so bedeutend, daß einzelne Arten zwangsläufig stark zu- oder abnehmen müssen.

Summary
15.2 Changes in habitat area and dynamics before and since 1970

Different habitats do not only harbour different birds but are also settled in very different densities. The changes in the composition of landscapes over the last 30 years have been so great that they must have had serious impacts on some bird species. Habitat dynamics within individual landscape types, e.g. pasture or woodland, has also been considerable, necessarily causing significant population increases or decreases in individual species.

15.3 Nutzungsumwidmungen und Siedlungsdichten von Vögeln

Zahlreiche Bearbeitungen von Bestandstrends bei Vögeln gehen davon aus, daß Stabilität der Normalfall ist und Abnahmen oder Dominanzverschiebungen bedrohlich sind. Daß mittel- und langfristige Änderungen in der Landnutzung erhebliche Veränderungen von Siedlungsdichten nicht nur im entsprechenden Bruthabitat, sondern auch in anderen Bereichen des Jahreslebensraumes mit sich bringen können, wird nur ausnahmsweise berücksichtigt. So sollte sich eine Zunahme des Rasthabitats bei gleichbleibenden Bedingungen im Brutareal im Durchzugsgebiet mit geringeren Rastzahlen/Flächeneinheit äußern.

Rabenvögel etwa nehmen, gefördert durch höhere landwirtschaftliche Erträge, Zunahme des Mais- und Wintergetreideanbaus sowie durch Schutzbestimmungen, als Nahrungsgäste im Grün- und Ackerland zu, brüten aber außerhalb. Dies dürfte die Dichte von Brut- und Rastvögeln der Agrarlandschaft zumindest in Zeiten von Nahrungsengpässen zur Brutzeit (Kap. 15.5) und im Winter über Nahrungskonkurrenz beeinträchtigen (Kap. 17, 18).

Bei solchen Beeinflussungen ist es zunächst egal, aus welchem veränderten Habitat die Zunahme eines Konkurrenten resultiert.

Allein aus Flächennutzungsveränderungen vor Ort und in den Herkunftsgebieten Nord- und Mitteleuropas können sich Arten- und Dichteverschiebungen ergeben, die für die Beurteilung von Bestandsentwicklungen entscheidend sein können. Auch für die Durchzugszahlen am RM können sich dadurch zweifellos beachtliche Verschiebungen ergeben.

Strukturreiche Dörfer und Gartenstädte weisen im mitteleuropäischen Binnenland extrem hohe Vogelsiedlungsdichten auf, wie sie in Wäldern nur ausnahmsweise erreicht werden (Kap. 18). In baumartenreichen Mischwäldern leben normalerweise mehr Vögel als in Laub- oder Nadelwäldern, stark abhängig natürlich vom Alter, von der Zusammensetzung und weiteren Strukturmerkmalen des Waldes (Tomiałojc et al. 1984, Flade 1994, Gatter 1994b). In Süddeutschland beherbergen Nadelwälder nicht nur höhere Paarzahlen als in Norddeutschland und in borealen Wäldern, sondern auch höhere Winterbestände. Zunahmen der Nadelwaldfläche über Umwandlungen aus Laubwald, wie sie in Mitteleuropa jahrzehntelang üblich waren, werden deshalb über eine Verbesserung der Überwinterungsbedingungen für nordische Nadelwaldvögel Zunahmen der Brutbestände in deren Heimat selbst dann nach sich ziehen, wenn sich die Gesamtwaldfläche weder bei uns noch dort verändert (Kap. 15.8, 17, 18). Die Durchzugszahlen bei uns werden ansteigen, Rastplatz- und Winterdichten/Flächeneinheit dagegen eventuell sogar abnehmen, weil die Gesamt-Nadelwaldfläche erheblich anwächst (Beispiele Kap. 15.8 und 17).

In der freien Landschaft bedeuten Nutzungsänderungen, daß mit der Bebauung von beispielsweise 10 ha ehemaligem Ackerland Raum für ca. 5 bis 10 Paare von Offenlandarten verloren geht, durch die Bebauung jedoch 60 bis über 200 BP, die an Siedlungen angepaßt sind, neuen Lebensraum finden.

Nur ein geringer Teil der Rückgänge bei den Agrararten läßt sich allerdings damit begründen. Wichtige Ausnahmen werden in Kap. 17 behandelt. Der starke Rückgang von Vogelarten der Heiden und des Ödlandes läßt sich zu einem guten Teil über die Flächenverluste, des weiteren über die veränderten Habitate erklären (Kap. 15.5). Bei den vielen zunehmenden Arten der Gehölze und der Wälder sind die Flächenzugänge zum Siedlungs- und Waldbereich immerhin ein nicht zu unterschätzender Faktor (Kap. 15.8).

Im Laubwald werden auf 10 ha zwischen 25 und 180 Reviere, in Nadelwäldern lediglich 15 bis 60 genannt (Tab. 15.3.1). Unsere Untersuchungen in Süddeutschland zeigen, daß die in den vergangenen 100 Jahren häufig durchgeführte Begründung von Buchen-Fichten-Mischwäldern, dort wo vorher reine Buchenwälder standen, zu einer Erhöhung der Siedlungsdichten geführt hat (GATTER 1994b und unveröff.).

Die Richtung der Dynamik von Avizönosen auf den umgewandelten Flächen ist in vielen Fällen prognostizierbar und nimmt vielen der zu erwartenden Veränderungen die Dramatik. Ein Beispiel mag dies verdeutlichen: Naturschutzverwaltungen und -verbände fordern die Ausweisung großer Waldanteile als Bannwald, verurteilen die Kahlschlagswirtschaft und stellen gleichzeitig – wie in Baden-Württemberg geschehen – den Fitis auf die Rote Liste, ohne die Ursachen für den Rückgang zu verstehen (siehe dazu jedoch Kap. 15.8, 17). Die heutigen Kenntnisse der ökologischen Ansprüche reichen bei vielen Arten aus, gewisse Trends, die mit der Habitatdynamik zusammenhängen, vorauszusagen. Erhebliche Unsicherheitsfaktoren ergeben sich u. a. aber aus der parallel dazu verlaufenden Entwicklung von Konkurrenten und Prädatoren (Kap. 16, 17, 18).

Für Monitoring-Projekte bieten Nutzungsumwidmungen im Verein mit Flächenverschiebungen, als Quelle überregionaler Aussagen, besonders bei der Deutung von Rast- und Winterzählungen, bisher ungelöste Probleme.

Tab. 15.3.1: Siedlungsdichte von Vögeln in verschiedenen Habitaten Norddeutschlands (nach FLADE 1994 und BRAUN 1999); BP = Brutpaare. – *Population density of birds in various north German habitats; BP = breeding pairs. From top to bottom: decidous woodland, coniferous woodland, settlements, arable, pasture.*

	Extreme BP/10 ha
Laubwälder	25 - 180
Nadelwälder	15 - 60
Siedlungen	59 - 239
Ackerland	3 - 8
Grünland	2 - 5

Zusammenfassung
15.3 Nutzungsumwidmungen und Siedlungsdichten von Vögeln

Die meisten der heute erfolgenden Nutzungsumwandlungen – mit der Ausnahme Grünland zu Ackerland – sind mit höheren Siedlungsdichten von Vögeln verbunden. Dies trifft besonders beim Wechsel von Agrarland zu Siedlungen und von Agrarland zu Wald zu. Diese Entwicklungen gehen oft zu Lasten seltenerer Arten und fördern überwiegend Kurzstreckenzieher und Teilzieher. Viele dieser Entwicklungen auf umgewandelten Flächen sind für die kommenden Jahrzehnte auf Grund bisheriger Erfahrungen vorhersagbar. Die synökologische Deutung der interspezifischen Auswirkungen von Nutzungs- und Flächenveränderungen im Rahmen großräumiger Bestandsanalysen ist bisher wissenschaftliches Brachland.

Summary
15.3 Land-use changes and bird population densities

Most present-day land-use changes, with the exception of pasture into arable land, lead to increased bird population densities. This is especially true of the change from agricultural land to settlement or woodland. These developments often take place at the expense of rarer species, promoting mostly short-distance migrants and partial migrants. The course of many of these processes taking place on converted areas is, on the basis of past experience, predictable over the next few decades. The ecological interpretation of the impacts of these changes in land-use and habitat area on plant and animal communities, within the context of large-scale population analyses, is at present in its scientific infancy.

15.4 Pestizide und andere Umweltgifte (= Biozide)

Kaum ein anderer Faktor, der Vogelbestände beeinflußt, wurde in den vergangenen Jahren intensiver und anhaltender diskutiert als derjenige der Pestizideinflüsse. Der Beginn der Stationsarbeit Ende der 1960er Jahre fiel nicht nur in den Höhepunkt dieser Diskussion, sondern war deckungsgleich mit dem Populationstiefpunkt vieler Arten. Das Thema wird deshalb hier ausführlicher behandelt, weil die Populationsentwicklung vieler Arten am RM sonst nicht zu verstehen wäre. Neben der direkten Giftwirkung werden die Vogelbestände nachhaltig und wohl weit stärker über die Beeinflussung der Nahrungsbasis beeinträchtigt. Augenfällige Beispiele außerhalb der Vogelwelt sind das weitgehende Verschwinden des Maikäfers für Jahrzehnte ebenso wie der Bestandszusammenbruch der Fledermäuse.

15.4.1 Chemischer Pflanzenschutz

Neben der Düngung war dies ein entscheidender Faktor für die Entwicklung der modernen Landbewirtschaftung. Er trug zur Steigerung der Flächenerträge und der Arbeitsproduktivität bei, hat aber gleichzeitig die wildlebenden Pflanzen und Tiere beeinträchtigt. Die Zahl der zugelassenen Pflanzenschutzmittel und die verbrauchten Wirkstoffmengen sind für die wichtigsten Wirkstoffgruppen bis 1980 stetig angestiegen (Abb. 15.4.1). Der Verbrauch in den alten Bundesländern stieg zwischen 1970 und 1985 um mehr als 60 % (RSU 1985, HABER & SALZWEDEL 1992). Der mengenmäßig nahezu gleichhohe Einsatz von Pflanzenschutzmitteln in der viel kleineren DDR deutet auf eine höhere Flächenbelastung hin. Allerdings sind über die Menge aufgrund anderer Wirkstoffe keine Aussagen zu Auswirkungen auf Flora und Fauna möglich. Die Pflanzenschutzmittel wurden in der DDR auf den riesigen Schlägen großflächig verstärkt mit Flugzeugen versprüht, was Bodenbrütern zwar nicht das Gift, aber zumindest ein Plattwalzen der Nester erspart hat. Chemische Unkrautbekämpfung anstelle der mechanischen führt zum fast vollständigen Ausfall der Wildkrautflora und damit auch eher zum Verschwinden der an diesen Pflanzenarten lebenden Tiere. Herbizide sind aber oft auch direkt für die Fauna toxisch (z. B. BASEDOW 1985). Einige dieser Pestizide hatten zusammen mit bestimmten Industriehilfsstoffen, die beide als Biozide zusammengefaßt werden, vor allem in den 1950er bis 1970er Jahren bedenkliche Folgen für die Lebewelt. Sie machten sich besonders in Vergiftungen und Populationsrückgängen von Endgliedern der Nahrungskette, bekannt bei Greifvögeln, aber auch Fledermäusen (GATTER 1997a, b, Kap. 16), bemerkbar. Schwermetallbelastungen trugen zu einem erheblichen Anteil dazu bei. In der Folge führte diese Entwicklung zu Verboten und Anwendungseinschränkungen.

15.4.2 Biozide und ihre Auswirkungen

RACHEL CARSONS „Silent Spring" hat Anfang der 1960er Jahre weltweit die Umweltschäden von Pestizidanwendungen ins Blickfeld gerückt. Die unkritische Anwendung von Giften hatte nicht nur für die Vogelwelt immense Folgen. Wenn auch die Verhältnisse im „reichen" Amerika seit den 1940er Jahren noch viel gravierender waren als im Europa nach dem 2. Weltkrieg, so wurden doch auch hier erhebliche Auswirkungen auf Vögel verzeichnet. Ein umfangreicher Symposiumsband (ELLENBERG jun. 1981) faßte nach dem Höhepunkt des Geschehens das Erfahrungspotential aus Mitteleuropa mit Schwerpunkt auf den Greifvögeln zusammen.

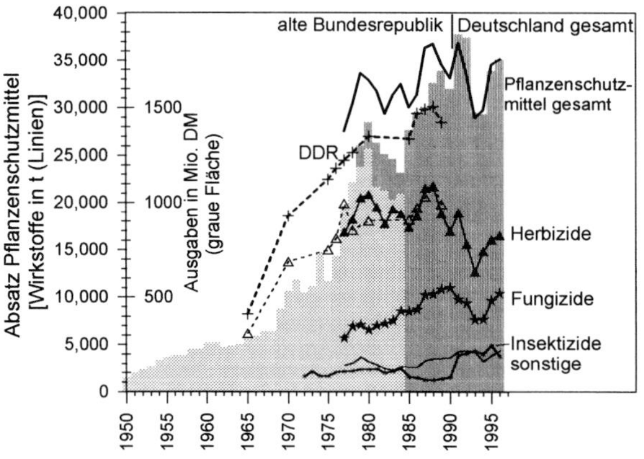

Abb. 15.4.1: Absatz von Pflanzenschutzmitteln in Deutschland (Statistische Jahrbücher der BRD und DDR). Bis 1990 getrennt für Westdeutschland und DDR (gestrichelte Linien) ist die Menge der jährlich verkauften Pflanzenschutzmittel (Wirkstoffmenge), sowie der Herbizide, Fungizide und Insektizide dargestellt, nach 1991 für Deutschland gesamt. Insgesamt ist eine Interpretation der Wirkungen schwierig, da die Wirkstoffe immer wieder wechseln. Da nur ein Teil der Zeit abgedeckt ist, wurde der vorausgegangene Verlauf über die monetären Ausgaben für die Pflanzenschutzmittel in der Landwirtschaft (graue Flächen) verdeutlicht (alte Bundesrepublik, ab 1991 Deutschland gesamt). Die Art der Datenerhebung änderte sich mehrfach im Laufe der Jahre. Nur z. T. war eine Korrektur möglich. Ab 1984 wurden die Werte anders bestimmt, für die Jahre zwischen 1979 und 1984 wurden jedoch noch parallel Vergleichswerte angeführt (unterschiedliche Graufärbung) (nach R. SCHÜTT).– *Pesticide turnover in Germany (from the statistical yearbooks of the former West Germany and GDR). The total amount of pesticide sold annually in Germany (in t; dashed line = GDR before 1990; solid line West Germany to 1990 then all of Germany), with component elements below (herbicide, fungicide, insecticide, others). An interpretation of the effects is difficult since the active ingredients are often changing. Because data exists only for a part of the period, prior developments are indicated by the amount of money spent (in 10^6 DM; grey areas) on agricultural pesticides in the former West Germany to 1991, then all of Germany. The method of data collection was changed several times over the years and the necessary readjustment of the figures was often impossible. The values were determined differently after 1984, but for the period between 1979 and 1984 parallel values were used for comparison (differing shades of grey).*

Unter **Pestiziden** versteht man in erster Linie Pflanzenschutzmittel: Insektizide (Insektengifte), Herbizide (Unkrautvernichter), Fungizide (Pilzvernichter), Rodentizide (gegen Nager) und Wachstumsregler. **Biozide** ist ein Oberbegriff für alle Stoffe, die lebende Organismen schädigen können.

Pestizide hatten – und haben teilweise immer noch – gravierende Auswirkungen auf freilebende Tiere. Hier sind zu nennen:

1. **Akut toxische Wirkung** mit Todesfolge.
2. **Indirekt toxische Wirkung**, die die Lebenserwartung und die Fortpflanzungsrate herabsetzen, da sie sich im Organismus, oft auch über die Nahrungskette, anreichern.
3. **Nahrungsmangel** über Reduktion der Populationsdichten durch die Vernichtung der pflanzlichen oder tierischen Ernährungsgrundlage.
4. Die **schwer abbaubaren** – chemisch stabilen – Substanzen reichern sich von Stufe zu Stufe in der Nahrungskette an und werden über Wasser, Wind und Organismen von Pol zu Pol verbreitet. Sie zeigen selbst dort wo sie nie ausgebracht worden sind, ihre Auswirkungen.

Über sofortige toxische Wirkungen wurde – wenn man die von CARSON (1962) aus Amerika genannten Fälle unberücksichtigt läßt – nur selten berichtet. Teilweise waren sie beabsichtigt.

Bei Obstbaumspritzungen mit DDT wurden in England in erster Linie Amseln, gefolgt von Singdrosseln tot gefunden. Der Brut- und Ausfliegeerfolg war geringer, die Population ging jedoch durch Zuwanderung nicht zurück. Der Einfluß der lokal begrenzten Begiftungsaktionen wurde als zusätzlicher Reduktionsfaktor gesehen, der die Überschußrate ansonsten gesunder Populationen schmälert, weil er sich zu den anderen Verlustursachen addiert (MORETON & KITE 1975).

Unmittelbar nach Verblasen von DDT-Stäuben wurden 1968 bei Aktionen gegen Borkenkäfer auf Sturmflächen nahe Ulm/Donau zahlreiche sterbende Vögel gefunden. Dabei standen zahlenmäßig 24 Rotkehlchen an der Spitze, weil sie unmittelbar die entrindeten Bäume nach Käfern absuchten. Weitere Funde waren 4 Buchfinken, 3 Ringeltauben, Singdrosseln und Eichelhäher, je zwei Kohlmeisen und Heckenbraunellen und Einzelfunde von 9 weiteren

Arten (D. GATTER, Verf.). Die Flächen wurden in den Folgejahren nicht von Neuntötern besiedelt (Kap. 17).

In den 1950er Jahren wurden in Deutschland Sperlinge mit vergiftetem Strychningetreide bekämpft (STEINIGER 1951, PRZYGODDA 1954a, b, SCHMIDT 1954), in Afrika werden Blutschnabelweber in großem Umfang mit Giften getötet (DREES 1980, GTZ 1982, GRIMMETT 1987), offenbar waren auch große Mengen Paläarkten betroffen. In den Niederlanden wurden 1960 durch illegal ausgelegtes, mit Parathion getränktes Getreide und Erbsen etwa 27.000 Vögel aus 55 Arten getötet (BRUNS 1966).

Ein erhebliches akut toxisches Potential wiesen bis in die 1970er Jahre die Getreidebeizmittel auf. Sie führten zum qualvollen Tod vieler Vögel. Orientierungslose, gleichgewichtsgestörte Vögel sah man in den 1960er Jahren ab und zu auf den frisch eingesäten Feldern. Quecksilberhaltige Substanzen, aber auch Dieldrin waren hier die Ursache. Große Mengen von Körnerfressern wie Ammern, Finken, Tauben, Krähen und Feldhühner kamen ums Leben (LJUNGGREN 1971, O'CONNOR & MEAD 1984). Der Einsatz von Methylquecksilber wirkte sich in Schweden auf die dortigen Ringeltaubenbestände aus (LJUNGGREN 1971), die vor allem im nahrungsarmen Frühjahr viel Saatgut fressen. Ein in den 1950er Jahren in England beobachteter Bestandsrückgang um 90 % bei Hohltauben wird gleichfalls auf Beizmittel zurückgeführt (O'CONNOR & MEAD 1984). Die enorme Bestandszunahme seit dem Verbot der hochtoxischen Mittel Anfang der 1960er Jahre ließ deren vorherigen Einfluß deutlich werden (MARCHANT et al. 1990). Beizmittel dürften auch für die damals starken Rückgänge deutscher Hohltauben, die in Frankreich und Spanien überwintern, verantwortlich sein (Kap. 17).

Während sich quecksilberhaltige Mittel gut nachweisen ließen, konnte beispielweise Dieldrin noch Anfang der 1960er Jahre aufgrund der unausgereiften Analytik kaum festgestellt werden. Trotzdem ergaben beispielsweise Untersuchungen von in Großbritannien in großen Mengen tot aufgefundenen Vögeln (incl. Straßenverkehrsopfer) einen Anteil von 41 %! Giftopfern (MACDONALD 1962).

Etwa 10 Jahre nach den ersten Anwendungen von Quecksilberverbindungen als Saatgutbeize in Schweden (1940 – 1966) wurden maximale Konzentrationen in Greifvögeln gemessen. Anhand der Zugzahlen über Falsterbo ließen sich Bestandsabnahmen – bedingt durch tödliche Vergiftungen – bei Mäusebussard, Sperber, Turmfalke und Merlin ab den 1950er Jahren nachweisen, beim Wanderfalken bereits vorher. Nach dem Verbot von Alkyl-Quecksilber (und DDT) stiegen die Bestände Schwedens jedoch zunächst nur beim Sperber auf die Ausgangswerte, beim Merlin auf die Hälfte, beim Mäusebussard nur geringfügig. Wander- und Turmfalke zeigten selbst lange nach dem Verbot noch keine Zunahmen (WALLIN 1984). BUSCHE et al. (1998) führen die Zunahme der Beobachtungen von Wanderfalken in Schleswig-Holstein insbesondere seit der 2. Hälfte der 1980er Jahre auf eine positive Bestandsentwicklung in Fennoskandien, insbesondere Schweden zurück.

Indirekte toxische Wirkung: Die Mehrzahl der Mittel und der Anwendungen waren und sind für die Vögel nicht akut toxisch. Dies erschwert nicht nur den eindeutigen Nachweis der schädigenden Wirkung, sondern macht ihn heute bei der Vielzahl der verschiedenen in der Natur eingebrachten Stoffe und deren unterschiedlichen Wirkungsmechanismen nahezu unmöglich.

In den USA wurde **DDT** in den 1950er und 1960er Jahren unter anderem großflächig zur Bekämpfung des Ulmensplintkäfers ausgebracht, der das Ulmensterben, eine Pilzkrankheit, überträgt. Viele, später besonders an Greifvögeln beobachtete Effekte, wie Brut auf leeren Nestern, abgestorbene Embryonen usw., beschreibt CARSON (1962) bereits zu jener Zeit von Singvögeln, deren Bestandsabnahmen lokal 90 % betrugen. Die Anreicherung von DDT in der Nahrungskette, angefangen bei niederen Tieren wie Regenwürmern (BARKER 1958), war schon damals als Ursache für diese Beeinträchtigungen bekannt. Dennoch wurde DDT in den Industrieländern erst nach 30jähriger Anwendung und teilweise katastrophalen Auswirkungen Anfang der 1970er Jahre verboten. In anderen Ländern wird es wegen der geringen Herstellungskosten noch heute ausgebracht.

Die persistenten (langlebigen) Biozide wie DDT werden teilweise in abgewandelter Form akkumuliert. So wird von Lebewesen DDT im Organismus in DDE umgewandelt (metabolisiert) und aus Aldrin wird Dieldrin. Diese Stoffe sind nicht weniger giftig, aber nicht immer eindeutig mit der Herkunft in Verbindung zu bringen. Die Anreicherung langlebiger Biozide innerhalb der Nahrungskette wurde verstärkt für aquatische Ökosysteme untersucht. Von tierischem Plankton (0,004 ppm DDT) über die hiervon lebenden kleinen Fische (0,23 ppm) zu den sie erbeutenden Hornhechten (2,07 ppm) stieg die Konzentration im Körper an. Fischfressende Vögel hatten noch höhere Werte. Seeschwalben hatten 3,15-6,4 ppm, Reiher etwa 3,5 ppm und Möwen 3,5 – 18,5 ppm. Arten, die verstärkt von den kleineren Fischen leben, lagen also im mittleren Konzentrationsbereich. Weit höhere Werte fanden sich bei Fischadler (13,8 ppm), Gänsesäger (22,8 ppm) und beim Kormoran mit 26,4 ppm DDT (WOODWELL 1967). Dies entspricht einer ca. 6.000fachen Konzentrierung. Zum zusätzlichen Verhängnis wird den Jägern ihre Vorliebe für bereits geschädigte Beutetiere, z. B. vergiftete und langsamer reagierende Fische. EHRLICH & EHRLICH (1970) fanden bei Greifvögeln gelegentlich eine millionenfache DDT-Konzentration gegenüber dem Pestizidgehalt des Gewässers, in dem die Beutetiere lebten.

Biozide werden meist im Fett gespeichert und nicht ausgeschieden. So sammelt sich bei langlebigen Vögeln selbst bei relativ geringen täglichen Dosen eine größere Menge an. Die subletalen Wirkungen der Pestizide können sich in einer Vielzahl von Symptomen äußern. Sowohl Verhaltens- wie Gleichgewichtsstörungen, verlangsamte Reaktionen, Hypernervosität mit Abbruch der Brut, Fressen der Eier oder der Jungvögel sind einige der Folgen (CONRAD 1978, 1981).

Greifvögel: Insbesondere bei den langlebigen Greifvögeln wurden viele dieser Störungen beobachtet. Aufsehen erregt haben vor allem die erhöhte Embryonensterblichkeit, verkrüppelte Jungvögel und Dünnschaligkeit von Greifvogeleiern in den 1960er und frühen 1970er Jahren, mit der Folge, daß die Greifvogelbestände vieler Arten europaweit bedrohlich abnahmen.

In Extremfällen, z. B. bei Abbau des Fettes aufgrund von Nahrungsmangel im Winter, kann es dann zu Todesfällen kommen (CONRAD 1981, HEIDMANN et al. 1987), die wohl auch bei extremen Zugleistungen wie der Saharaquerung erwartet werden müssen.

Ein ursächlicher Zusammenhang zwischen dem Gehalt an DDT/DDE und der Eischalenstärke ist beim Sperber in zahlreichen Untersuchungen nachgewiesen worden (NEWTON 1979). Die Abnahme der Eischalendicke setzte in Großbritannien nach den ersten ausgedehnten DDT-Anwendungen in der Landwirtschaft ein (COOKE 1973, NEWTON & HAAS 1984). Gleiches gilt für die Niederlande. Die dort seit 1945 deutlich abnehmende Eischalendicke erreichte ihr Minimum übereinstimmend mit dem Höhepunkt der DDT-Anwendungen zwischen 1960 und 1971 (KOEMAN et al. 1972). Der Sperber verschwand als Brutvogel regional auch in Deutschland aus der Landschaft (LOOFT & BUSCHE 1981, LITZBARSKI 1987).

Beim Seeadler, dessen Horste in Schleswig-Holstein bewacht wurden, war der Bruterfolg nahe Null. Alle nicht geschlüpften Eier wiesen hohe Pestizidkonzentrationen auf. In Mecklenburg-Vorpommern war die Eischalendicke bis 1946 deutlich stärker als zwischen 1968 und 1975 (OEHME 1987). Bei heutiger Betrachtung alter Untersuchungsergebnisse ist die Darstellung von TROMMER (1971) wichtig, der Sperbereier untersuchen ließ. Ein damit beauftragtes deutsches Institut fand keine, ein holländisches Spezialinstitut in allen Proben aber hohe Anteile verschiedenster Pestizide. So sind negative Ergebnisse auch noch zu Beginn der 1970er Jahre mit Vorsicht zu betrachten.

Die Art und Menge der Biozide, die sich in den verschiedenen Greifvogelarten ansammeln, hängt stark von deren Beutespektrum ab. Insektizide wie DDT sind bei Insektenfressern von Vögeln über Fleder- und Spitzmäuse und deren Prädatoren wie dem Wanderfalken und Sperber stark vertreten. Die Gifte der Beizmittel wie Quecksilber und HCB finden sich dagegen vermehrt in Mäusen und Saatgut fressenden Vögeln und entsprechend bei deren Prädatoren (Turmfalke, Mäusebussard, Habicht, Sperber). Fischfressende Arten wie Fisch- und Seeadler sind besonders betroffen, da die Anreicherung in den Gewässern recht groß ist. Heute weisen viele Seevögel hohe PCB-Kontaminationen auf (BECKER et al. 1985a, b, HEIDMANN et al. 1987). Greifvögel, die Seevögel fressen, sind entsprechend hoch kontaminiert, wie der Wanderfalke in Großbritannien (NEWTON et al. 1989). Der Turmfalke ist dagegen aufgrund der überwiegend geringen Kontamination seiner Hauptbeute auffallend gering belastet (CONRAD 1977) und Vergleichbares gilt für den Mäusebussard.

In Großbritannien wird ein Zusammenhang mit der nach Norden abnehmenden Intensivlandwirtschaft bei der Verteilung von DDT (DDE) und Aldrin/Dieldrin in den Eiern von Wanderfalken deutlich. Sowohl beim Wanderfalken (NEWTON et al. 1989) als auch beim Steinadler (NEWTON & GALBRAITH 1991) nahm die Konzentration dieser Stoffe nach deren Verbot deutlich ab, die Eischalendicke zu. Während jedoch beim Steinadler keine signifikante Änderung des Bruterfolgs zu verzeichnen war, nahm bei Wanderfalken die Jungvogelzahl pro Paar mit zunehmender DDE-Kontamination ab. PCB und Quecksilber, die keinen nachweisbaren Einfluß auf den Bruterfolg hatten, waren in Eiern von Küstenvögeln mehr als bei Greifvögeln zu finden. Diese Kontamination nimmt im Gegensatz zu den anderen Chemikalien im Schnitt zu. Seevögel insbesondere im Mündungsbereich großer Flüsse sind hoch kontaminiert (BECKER et al. 1985a, b, HEIDMANN et al. 1987, NEWTON & HAAS 1988).

In Ackerbaugebieten Großbritanniens betrug die Zahl der pro Brutversuch großgezogenen Sperber vor 1947 noch 4,0, zwischen 1947 und 1955 noch 2,1 und von 1956 bis 1970 nur 1,6 Jungvögel. Der Rückgang der Fortpflanzungsleistung ging sowohl auf verminderte Jungvogelzahlen pro erfolgreicher Brut als auch auf steigende Häufigkeit von Totalausfällen zurück (NEWTON 1974, 1986). Brutausfälle durch direkte menschliche Nachstellungen sind bei dieser Zusammenstellung ausgeschlossen worden. In den Niederlanden hatte TINBERGEN (1946) zwischen 1931 und 1943 3,7 Junge pro erfolgreicher Sperberbrut bzw. 2,6 Junge pro Brutversuch festgestellt. 1964 – 1971 betrugen diese Werte nur noch 2,9 bzw. 1,9 (KOEMAN et al. 1972). OPDAM et al. (1987) fanden in der Folgeperiode 1970 – 1983 eine allmähliche Abnahme der Totalausfälle. Für belgische Mäusebussarde wurde eine verminderte Kontamination ab Mitte der 1970er Jahre nachgewiesen (JOIRIS et al. 1979). Gleichzeitig ging die Zahl geschossener Tiere unter den Ringfunden nach 1970 zurück (DE MEULENAER 1982).

In dieses allgemeine Bild passen belgische Beobachtungszahlen (DRAULANS 1986). Von 1949 bis Anfang/Mitte der 1960er Jahre nahmen alle Greifvogelzahlen mehr oder weniger stark ab. Bereits um 1960 erreichten Wiesenweihe, Turmfalke und Merlin ihren Bestandstiefpunkt, Kornweihe, Habicht, Sperber, Mäusebussard und Wanderfalke erst einige Jahre später, um 1966. Ausnahmen betreffen die Rohrweihe, die dort in dieser Zeit der höchsten Organochlorideinsätze lediglich eine Wachstumsverzögerung aufweist, was auf die Jagd als den zuvor bestandsbeeinflussenden Faktor deutet (Kap. 15.4.5). Alle Greifvögel, mit Ausnahme von Wiesenweihe und Wanderfalke, konnten sich in Belgien inzwischen von den Bestandseinbußen erholen.

Auswirkungen auf Singvögel: Darüber ist in Europa relativ wenig bekannt. Dabei sind solche Untersuchungen an kleinen Singvögeln besonders wichtig. Sie tragen mit dazu bei, nicht nur die geringe Zahl ziehender Greifvögel am Randecker Maar zu erklären, sondern auch diejenige zahlreicher Passeres zu Beginn unserer Untersuchungen. Für Singvögel fallen in der ornithologischen Literatur der 1960er Jahre Deutungsversuche zur Harmlosigkeit verschiedener Mittel auf, wonach nicht das Gift selbst für den Tod von Singvögeln verantwortlich war, sondern z. B. das kalte Wasser der Suspension eine Unterkühlung der Jungvögel herbeigeführt habe (BAUER 1956, PRZYGODDA 1954a, b, 1961, LÖHRL 1954). Auf der anderen Seite werden klare Vergiftungsfälle dargestellt (MAYER 1960). Nach einer Maikäferbekämpfungsaktion mit Dieldrin fand v. NEUENSTEIN (1957) in den Nisthöhlen junge und adulte Meisen tot vor, und auch noch in den später neu gebauten Nestern und Nachgelegen starben die Meisen. Eine entsprechende Aktion gegen Maikäfer 1956 oder 1957 gehört zu meinen Jugenderlebnissen. In Eichenwäldern bei Kirchheim/Teck lagen flächendeckend tote Maikäfer und in den Nistkästen fast ausnahmslos tote Bruten (C. BERROTH, Verf.), wobei ungeklärt blieb, ob es direkte Vergiftung oder Tod durch Verhungern war. Diese Flächenvergiftungen wirkten sich nicht nur unmittelbar z. B. auf Neuntöterbestände aus, sondern über die Vernichtung langlebiger Großinsekten, wie Laufkäfer oder Käfer mit mehrjährigen Generationsfolgen über mehrere Jahrzehnte, zum Teil bis heute (Kap. 17). Maikäfer mit drei bis vierjähriger Generationsfolge haben sich jetzt – nach 40 Jahren – nur partiell erholt, der Hirschkäfer bis heute nicht.

Erfolglos bebrütete Eier süddeutscher Neuntöter enthielten relativ hohe Pestizidgehalte, insbesondere DDE (POLTZ 1975). Allerdings zeigten weder Gelegegrößen noch Schalendicken Änderungen parallel zum Pestizideinsatz. Der massive Rückgang um 1960 (Kap. 17) könnte teilweise auf unmittelbaren Nahrungsmangel als Folge der Insektizideinsätze zu sehen sein. Noch in der ersten Hälfte der 1970er Jahre fanden MATTES et al. (1980) in Gebieten mit Intensivanbau von Obst eine signifikant reduzierte Eischalendicke bei Meisen, wohl durch Pestizide bedingt. Auf diesen Flächen mit vielfachen Insektizidspritzungen war die Reproduktionsrate jedoch nicht durch Bruch der Eier beeinträchtigt. Aber unbefruchtete Eier und solche mit abgestorbenen Embryos enthielten deutlich höhere Rückstände als Zufallsproben aus nicht gespritzten Regionen. In 12 % der Bruten traten Entwicklungsstörungen auf, die bei der Hälfte der betroffenen Nestlinge zum Tode führten. Sie enthielten vor der Erkrankung auffällig höhere Rückstände als nicht erkrankte Vögel (MATTES et al. 1980).

Interessant ist in diesem Zusammenhang auch die langfristige Entwicklung der Bestände von **Waldfledermäusen**. In einem Monitoring-Projekt der Forstverwaltung Baden-Württemberg mit bis zu 200.000 Nistkästen wurden die Fledermäuse mit erfaßt. Die ca. 50.000 Besetzungen mit Fledermäusen aus vier Jahrzehnten zeigten in ihrer Verteilung mehr oder weniger kontinuierliche Bestandsrückgänge von 1950 bis 1980. Seitdem steigen die Bestände ebenso kontinuierlich wieder an (Abb. 16.12). Dabei lagen die Besetzungsraten in den industriell und landwirtschaftlich stärker genutzten Tieflagen mit geringem Waldanteil Mitte der 1980er Jahre niedriger (0,7 %) als in den klimatisch weniger günstigen Mittelgebirgen (0,5 – 1,8 %). Dies läßt auf eine stärkere Biozidbelastung in den tieferen Lagen schließen, was den Erwartungen entspricht. Der Bestandsanstieg verläuft in den vergangenen Jahren in wärmeren Lagen rascher als im Mittelgebirge (GATTER 1997a, b).

Die Ursachen für die heute gegenüber den 1960er Jahren spätere Ankunft von Langstreckenziehern wie dem Neuntöter bei gleichzeitig abnehmender durchschnittlicher Gelegegröße (LUDER 1986) könnte, wenn wir die Erfahrungen vom Weißstorch (z. B. RHEINWALD et al.1989) auf Singvögel übertragen, ihre Ursachen auch in Pestiziden haben, die über einen Mangel an Nahrung auf den Zugwegen zu verminderter Fitness führen.

Weitere Umweltfaktoren, die auf Vogelpopulationen einwirken, seien hier nur angedeutet. In den Niederlanden wurde in Wäldern mit sauren Böden verstärkt eine Zunahme der Eischalendefekte bei Kohlmeisen festgestellt. Geringe Eischalendicke, die zum Zerbrechen während der Brut führen kann, wird ursächlich darauf zurückgeführt, daß die Kohlmeisen keine ausreichende Menge Calcium über Schalenfragmente von Gehäuseschnecken aufnehmen konnten, da die Schnecken abgenommen hatten (GRAVELAND 1996).

Schwermetallbelastungen (besonders Blei und Cadmium) führten bei Kohlmeise und Haustauben zu geringerem Bruterfolg (SAWICKA & KAPUSTA 1995) und bei Sperlingen zu verzögertem Wachstum der Nestlinge (PINOWSKI 1995).

Nahrungsmangel: Eine schwerwiegende Folge von Pestizideinsätzen, die während der letzten Jahrzehnte die bisher genannten Auswirkungen direkter Vergiftungen und verminderter Fortpflanzungsrate übertreffen dürfte, ist die Vernichtung potentieller pflanzlicher wie tierischer Nahrung. Pflanzenschutzmittel werden häufig als Hauptursache für den Rückgang der Agrarvogelarten angesehen. Wirksame Herbizide reduzieren die Dichte und Vielfalt der Begleitflora stark bis vollständig. Für herbivore, granivore wie insektivore Vogelarten ergibt sich dadurch direkt oder indirekt über die Einengung des Nahrungsspektrums schnell eine Nahrungsmangelsituation. Die Arthropodenfauna wird durch den Einsatz von Insektiziden reduziert. Fungizide und Herbizide wirken z. T. nicht sehr selektiv, sondern treffen auch andere Organismen wie Regenwürmer und Arthropoden. Da sie meist kombiniert ausgebracht werden, sind synergistische Effekte nicht auszuschließen. Die Zusammenhänge sind jedoch sehr komplex und bislang nicht erfaßt (WINK 1992).

Ein eindrucksvolles Beispiel ist der Bestandseinbruch und die Räumung weiter Areale durch das Rebhuhn, die mit der aufkommenden „Akkerhygiene“ einherging. Die Rebhuhnküken sind wie die meisten Jungvögel auf Insekten angewiesen, die mit Insektiziden direkt und über Herbizide indirekt vernichtet wurden. POTTS (1986) führt den Rückgang in Sussex/GB auf die indirekten ökologischen Folgen der Pestizideinsätze zurück. MATTER (1982) konnte beim Kiebitz einen Zusammenhang zwischen Bruterfolg und Länge der Ackerrandstrukturen (die in der Regel nicht gespritzt werden) nachweisen. Die Rückgänge von Feldlerche (40 %), Hänfling (50 %), Rohrammer (50 %), Grauammer (60 %) und Feldsperling (75 %) in Großbritannien zwischen 1977 und 1988 werden auf ähnliche indirekte Ursachen zurückgeführt (MARCHANT et al. 1990).

Die oben geschilderte Vergiftungsaktion mit Dieldrin an Maikäfern bei Kirchheim/Teck, unweit des Randecker Maars, hatte bei den Meisen keine den späteren Bestand beeinflussenden Folgen. Die Nistkästen waren im nächsten Jahr offenbar über Zuzug wieder in ähnlicher Dichte belegt. Auf Neuntöter hatten diese Flächenvergiftungen aber langandauernde Auswirkungen mit weitgehendem Populationszusammenbruch, die wohl über die dauerhafte Schädigung bzw. Vernichtung der Großinsekten erfolgte. Dafür spricht auch, daß sich Vogelsukzessionen in Sturmflächen des Jahres 1967 nahe Ulm, auf denen bis zum Folgejahr noch erhebliche Mengen DDT ausgebracht worden waren, ohne Neuntöter entwickelten, während sie sich auf räumlich naheliegenden Windwurfflächen des Jahres 1990 in erfreulichen Dichten einstellten (Verf.). Daß sich Nahrungsmangel zur Brutzeit auf den Bruterfolg auswirkt, wird von uns seit vielen Jahren an Dohlen beobachtet. Diese haben in der Umgebung des Randecker Maars in Jahren mit nennenswerten Maikäferzahlen deutlich höheren Bruterfolg als in schwachen Maikäferjahren, wo sie in Konkurrenz mit Krähenschwärmen auf Acker- und Grünland Nahrung suchen (siehe Kap. 17).

Gegenüber der genannten dauerhaften Vernichtung der Nahrungsgrundlage kann jedoch ein kurzfristig vermindertes Nahrungsangebot von Vögeln in gewissen Grenzen ausgeglichen werden. Feldsperlinge reagieren auf einen plötzlichen Insektenschwund nach Insektizidspritzungen mit erhöhter Aktivität, so daß keine höhere Jungvogelsterblichkeit auftreten muß (Riedel & Riedel 1992). In Kombination mit Schlechtwetterperioden kann Nahrungsmangel aber erfahrungsgemäß rasch dramatische Formen annehmen. Sie entsprechen dann auch in Tieflagen den Brutverlusten, wie sie in Hochlagen der Mittelgebirge bei Kälteeinbrüchen mit Regen im Juni die Regel sind (Monitoring-Programm der Forstverw. Baden-Württemberg, Verf.; H. Mattes pers. Mitt.).

Hochproblematisch ist, daß die Spitze der Anwendungszeiten von Pflanzenschutzmitteln großteils mit den Brutzeiten der Vögel des Agrarlandes zusammenfallen (Gemmeke 1992).

In den 1980er und 1990er Jahren wurden in Europa und in Amerika zahlreiche Fälle sogenannter Frühlingsvergiftungen festgestellt. Greifvögel fielen dabei dem Insektizid-Nematizid Carbofuran zum Opfer, das sie auf Feldern über vergiftete Regenwürmer aufgenommen hatten (Jenni-Eiermann et al. 1996).

15.4.3 Kontamination während des Zuges

Bühler (1991) untersuchte Lang-, Mittel- und Kurzstreckenzieher sowie Standvögel auf ihren Grad der Pestizidkontaminationen hin. Mittelweit ziehende carnivore Arten wiesen höhere DDE-Konzentrationen auf als kaum migrierende Arten. Als Ursache wurden die verhältnismäßig hohen DDE-Belastungen im Mittelmeerraum vermutet, die sich auch in der Muttermilch beim Menschen nachweisen ließen (Reichert et al. 1986). Carnivore Langstreckenzieher weisen demgegenüber nur geringe DDE-Konzentrationen auf. Dies stimmt mit Befunden von Ulfstrand & Södergren (1972) überein, die bei Arten, die in Ostafrika heimisch sind, nur sehr geringe DDE-Konzentrationen fanden. Der DDT-Einsatz stieg in vielen Entwicklungsländern noch um 1980, wohingegen er in Europa vom Ende der sechziger Jahre an unterbunden wurde (Goldberg 1975, Conrad 1981, Kap. 15.10).

Schwedische Dorngrasmücken nahmen ihre DDE-Fracht zu einer Zeit, als DDT noch angewandt wurde, verstärkt auf ihrer Wanderung durch Europa auf (Persson 1971, 1972, 1974).

Bei PCB als einem früher vielfältig eingesetzten Begleitstoff der Industrie ist mit einem umgekehrten Gefälle von N nach S zu rechnen. Tatsächlich tritt eine Abnahme der PCB-Konzentrationen carnivorer Vögel mit zunehmender Zugdistanz von Europa nach Afrika zutage. Bereits der Mittelmeerraum ist weniger mit PCB belastet als die Schweiz, was wiederum mit den Rückständen in Muttermilch (Reichert et al. 1986) übereinstimmt. Selbst innerhalb Mitteleuropas lassen sich Unterschiede in der PCB-Belastung nachweisen, die auf verschieden große Distanzen zu industrialisierten Ballungsräumen zurückgehen (Ziegler et al. 1978, Beyerbach et al. 1987).

Das zunehmende Ungleichgewicht zwischen Lang- und Kurzstreckenziehern, mit Bestandseinbußen vor allem bei den Langstreckenziehern, läßt sich neben weiteren in den Kap. 15.5 bis 15.10, 16 und 18 diskutierten Problemen sicher auch durch eine ganze Reihe von Belastungen, deren Ursachen in Mitteleuropa liegen, begründen. Daß Biozidwirkungen, die durch Nahrungsmangel im Überwinterungsgebiet ausgelöst werden, dabei eine Rolle spielen, ist zumindest für einige Arten als weitgehend gesichert anzunehmen (Schulz 1988, Rheinwald et al. 1989, Biber 1990).

15.4.4 Die heutige Biozidsituation und ihre Auswirkungen

Organochlorid-Kontaminationen lassen sich auch heute noch in zahlreichen europäischen Vögeln, vor allem in Greifvögeln, nachweisen. Anwendung in den Überwinterungsgebieten Afrikas und dem Mittelmeerraum kommen hierfür in Frage. Rückstände sind etwa beim Merlin immer noch festzustellen und evtl. für verminderten Bruterfolg (NEWTON & HAAS 1988) und die ausbleibende oder sehr schwache Erholung der skandinavischen Bestände (ROOS 1991) verantwortlich (siehe jedoch Kap. 17). Das Biozidproblem ist innerhalb der EG durch Gesetze zwar entschärft, aber nicht aufgehoben worden (siehe Abb. 15.4.1). Es ist durch die Pestizidexporte und mittlerweile weltweit nachzuweisenden Industriehilfsstoffe zu einem globalen Problem geworden, dessen Auswirkungen jedoch schwer abzuschätzen sind.

Biozide sind nicht in allen Fällen die primär erkennbare Ursache für Bestandseinbrüche. Die Witterung ist zumindest bei kurzlebigen Arten häufig von größerer Bedeutung (Kap. 9.7, 11, 17). Am Randecker Maar läßt sich dies nicht nur an den Gesamtzahlen des Durchzugs nachvollziehen, sondern bei Arten wie der Rauchschwalbe unmittelbar über den Jungvogelanteil feststellen. Eine Folge mehrerer verregneter Brutzeiten mit kaltem Juniwetter kann rasch zu extremen Populationseinbrüchen führen. Dabei können Pestizide allerdings die entscheidende Rolle spielen. Über die Absenkung der Nahrungsdichte, ausgelöst durch Herbizide und Insektizide, kommt es u. a. zu längeren Nahrungsflügen, größeren Fütterungsabständen, geringeren Huderzeiten, damit Unterkühlung und generell zu Mangelernährung (z. B. MATTES et al. 1980). Zusätzlich zu den in Kap. 15.2 und 15.8 genannten Gründen kann dies dazu beitragen, daß die weniger betroffenen Wald- und Gehölzbrüter davon überproportional profitieren. Im Wald ist der Pestizideinsatz seit Jahren rückläufig und Herbizide werden praktisch nicht mehr eingesetzt. Die in den Wäldern der BRD ausgebrachten Mittel entsprechen etwa 0,1 – 0,2 % der insgesamt ausgebrachten Wirkstoffmenge (WEIDENBACH & KOHNLE 1993). Eine Reihe von Gehölz- und Waldbrütern, die als gute Flieger das durch Biozide reduzierte Nahrungsangebot in der Feldflur besser nutzen können als Feldvögel mit eng begrenzten Revieren, werden durch die Situation im Agrarbereich besonders gefördert (Kap. 17) und haben wohl unter anderem auch deshalb die Feldbrüter an Biomasse in vielen Bereichen inzwischen bei weitem überflügelt.

BÜHLER (2000) schließt aus dem Vergleich der Zeitreihen 1978 – 1981 und 1992 – 1994 beim Sperber auf zwar verschiedene, aber in den Auswirkungen etwa gleichbleibende Fortpflanzungsstörungen, die vermutlich durch Schadstoffbelastungen hervorgerufen werden.

Studien am Kiebitz (MATTER 1982), an der Feldlerche (SCHLÄPFER 1988, JENNY 1990a – c) und am Baumpieper (MEURY 1989, 1991) erbrachten kaum Hinweise auf direkte toxische Einwirkungen der in den letzten Jahren verwendeten Pestizide. Es zeigte sich aber, daß moderne konventionelle Bewirtschaftungsmaßnahmen als Komplex, in dem Pflanzenschutzmittel eine wichtige Stellung einnehmen, einen sehr starken Einfluß auf den Bestand und den Bruterfolg haben können.

15.4.5 Die Entwicklung der Greifvogelbestände – Pestizide oder Jagd als Rückgangsursache?

Während des Monitorzeitraums am RM von fast 30 Jahren haben sich die Durchzugszahlen der meisten Greifvögel positiv verändert. Diese zunächst erstaunliche Entwicklung läßt sich rückblickend erklären. Unmittelbar vor unseren Erfassungen haben Greifvögel, teils weltweit, die schon diskutierten teilweise enormen Bestandseinbußen erlitten. Einige Arten hatten Populationsgrößen erreicht, die ein baldiges Aussterben befürchten ließen. Die Greifvogelzahlen in Europa waren in den 1950er Jahren bereits sehr niedrig und/oder fielen weiter kontinuierlich ab. Die meisten Arten erreichten Anfang der 1960er Jahre einen Bestandstiefpunkt, von dem sich einige Arten ab Anfang der 1970er Jahre z. T. recht schnell wieder erholten (Abb. 15.4.2).

Als Ursache für die starken Rückgänge, besonders der Greifvögel, zwischen 1950 und 1970 gilt nicht nur die Pestizidbelastung der Umwelt, sondern auch die Bejagung. Sie hat Greifvogelbestände im 20. Jahrhundert immer stark beeinflußt (z. B. HOCKENJOS 1995) und hat bis in die 1950er Jahre unvermindert angehalten. Erst mit Beginn der 1960er Jahre begann ein Umdenken, das über die Diskussion um den Rückgang der Bestände durch den Pestizideinsatz angeregt wurde. In der Folge wuchs das Bewußt-

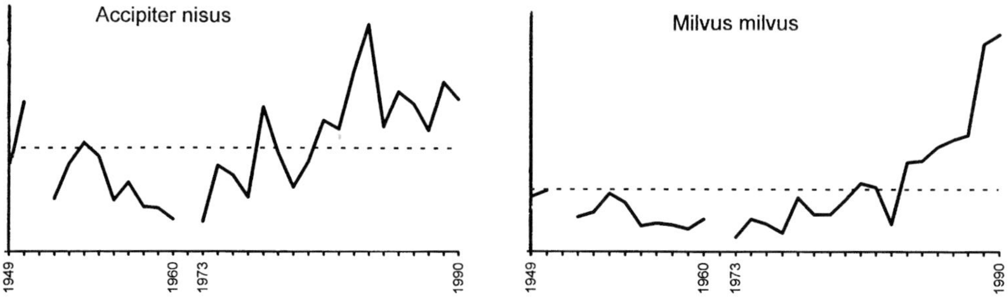

Abb. 15.4.2: Trends ziehender Sperber und Rotmilane über Falsterbo/Südschweden nach ULFSTRAND et al. (1974) und ROOS (1991). Die gestrichelte Linie kennzeichnet den langjährigen Durchschnitt der beiden Zeitreihen. – *Dynamics of migrating* Accipiter nisus *und* Milvus milvus *as revealed by observation over Falsterbo/southern Sweden after* ULFSTRAND *et al. (1974) and* ROOS *(1991). The dashed line shows the average of both time series.*

sein, daß nicht nur die Pestizide, sondern auch die Jagd mit für den Rückgang der Vogelbestände verantwortlich sein könnte. So fällt der Beginn sich erholender Greifvogelzahlen um 1970 mit Pestizidverboten, aber auch mit zahlreichen staatlichen Schutzmaßnahmen wie Jagdverboten für Greifvögel in Dänemark, Norwegen und Deutschland zusammen (CONDER 1977). In Belgien war dies bereits 1966 der Fall, in den Niederlanden noch früher (DRAULANS 1986).

Bei den süddeutschen Wanderfalken nahmen in dieser Zeit trotz erhöhter Schadstoffbelastungen die Brutverluste nicht zu. Unter dem Einfluß beginnender Schutzmaßnahmen hatte sich die Anzahl erfolgreicher Bruten bereits 1979 verdoppelt (SCHILLING 1981). Der anthropogene Einfluß durch Aushorstungen, Störungen und Zerstörung der Gelege war hier offensichtlich entscheidender für die vorangegangene Bestandsentwicklung. Die hohen Verluste durch Jagd (60 %! aller Ringfunde betrafen Abschüsse; MEBS 1960) dürfte in der norddeutschen Tiefebene entscheidend zum Aussterben des Wanderfalken beigetragen haben.

Der auffallende Zusammenhang zwischen Greifvogelzahlen und den beiden Gefahren Pestizideinsatz/Umweltgifte sowie Jagd/Verfolgung (bzw. mit den Gesetzen, die beides einschränken oder gar verbieten) darf als ausreichender Nachweis dafür angesehen werden, daß diese beiden Gefahrenquellen die Bestandsdichte von Greifvögeln bestimmten und dies vermutlich weiterhin tun.

Für Großbritannien zeigte NEWTON (1972b) die Bestandszahlen britischer Sperber (beringte Jungvögel) zwischen 1932 und 1970. Er stellte den Einfluß von Perioden starker Verfolgung und starken Pestizideinsätzen dem raschen kriegsbedingten Bestandsanstieg durch den Jagdrückgang gegenüber. Alle drei Faktoren stellten sich als gravierende Ursachen der Veränderungen heraus.

Andere mögliche Impulse wie etwa Habitatveränderungen treten im Vergleich zu Jagd und Pestiziden bei den meisten Greifvogelarten in den Hintergrund. Eine Gewichtung beider Hauptfaktoren ist jedoch schon wegen ihrer zeitlichen Übereinstimmung kaum möglich. Hinzu kommen z. T. starke Unterschiede in den einzelnen Ländern, was die Jagdaktivität, die Menge ausgebrachter Pestizide und den landwirtschaftlich genutzten Flächenanteil an der Landesfläche anbelangt. Die Hauptursachen dürften also nicht nur von Land zu Land differieren, sondern werden auch vom Zugstatus der einzelnen Arten/Populationen und somit von den Belastungen in den Überwinterungsgebieten abhängig sein.

Zusammenfassung
15.4 Pestizide und andere Umweltgifte

Biozide, vor allem langlebige chlorierte Kohlenwasserstoffverbindungen, waren bis in die 1970er und 1980er Jahre von erheblicher Bedeutung für die negative Populationsentwicklung zahlreicher Greifvogel- und Seevogelarten. Auch Singvögel, Hühner und Tauben waren in erheblichem Maße betroffen. Quecksilberhaltige Mittel und Dieldrin richteten hier offenbar die größten Schäden an. Für Singvögel liegen bedeutend weniger Untersuchungsergebnisse vor.

Das Monitoring am RM setzte zu einem Zeitpunkt ein, als die Bestände zahlreicher Arten ihren Tiefpunkt erreicht hatten. Pestizide und Jagd hatten die Greifvögel auf tiefste Werte gedrückt. Der Beginn der Dürren im Sahel mit Bestandsrückgängen von Vogelpopulationen begann um diese Zeit. Dies muß bei der Beurteilung der Bestandstrends in Kap. 17 berücksichtigt werden.

Der Schwerpunkt heutiger Einflüsse von Bioziden (vor allem Herbiziden und Insektiziden) liegt mit der Reduktion der Artenzahl und Individuendichte von Arthropoden und auch Sämereien vor allem in der Schaffung eines permanenten Nahrungsmangels. Die zeitliche Übereinstimmung von Anwendungshöhepunkten und der Brutzeit ist besonders problematisch. Langlebige Insekten und Insektenarten mit mehrjähriger Generationsfolge haben sich von Vergiftungsaktionen Ende der 1950er Jahre bis heute nicht erholt.

Während durch Pestizide indirekt ausgelöste Zugzeitverspätungen beim Heimzug aus Afrika bekannt sind, steht der Nachweis für den Herbstzug offenbar aus. Da sich das Nahrungsangebot während des Wegzugs auf die Medianwerte von Waldvögeln auswirkt (Kap. 11), kann nicht ausgeschlossen werden, daß die bei zahlreichen Arten festgestellten Zugzeitverschiebungen auch durch solche Faktoren beeinflußt werden.

Die räumlich ungleiche Verteilung von toxischen Wirkstoffen (in Wäldern werden weniger als 0,2 % dieser Stoffe ausgebracht) läßt Waldvögel von der heutigen Entwicklung profitieren. Die jeweiligen Einflüsse der Faktoren Pestizide, Eutrophierung und Klima lassen sich kaum voneinander trennen.

Summary
15.4 Pesticides

Pesticides, principally persistent organochlorines, played a considerable role in the negative population development of many raptor and seabird species in the 1970s and 1980s. Passeriformes, Galliformes and Columbiformes were also badly affected. Mercury-containing substances and Dieldrin were responsible for most of the damage. Fewest studies have been published concerning passerines.

Monitoring at Randecker Maar started just as numbers of many species were reaching their lowpoint. Pesticides and hunting had brought raptor numbers to their lowest levels; the Sahel drought also began at this time, resulting in decreases of bird populations. This has to be taken into account when evaluating the population trends in Chapter 17.

Today, the main effect of pesticides (chiefly herbicides and insecticides) is the reduction in the number of species and abundance of arthropods and seeds and above all through the creation of a permanent shortage of food. The fact that the application of pesticides frequently coincides with the breeding season is a particular problem. Long-lived arthropods and insect species with generations lasting for several years have yet to recover from the widespread use of poisons at the end of the 1950s.

While cases of delayed spring migration from Africa indirectly caused by pesticides are known, evidence for similar effects on autumn movements has yet to be shown. Since the level of food supply does affect autumn migration median values (Chapter 11) of woodland birds, the possibility cannot be excluded that the shift in migration timing recorded for many species has also been influenced by such factors.

The imbalance in the distribution of toxic pesticides means that at present it is forest species that benefit, since less than 0.2% of pesticide application is in this habitat.

The respective impacts of the possible main factors pesticides, eutrophication, and climate are extremely difficult to separate from each other.

15.5 Eutrophierung und Immissionen

15.5.1 Flächendeckende Eutrophierung und das Wesen ihrer Elemente

Ein Faktor, der in den vergangenen Jahren zu gravierenden Veränderungen der Umwelt beigetragen hat, wird bisher in seinen Auswirkungen auf die Vogelwelt noch ungenügend berücksichtigt. Die flächendeckende Eutrophierung des Bodens und der Gewässer beeinflußt den Lebensraum zahlreicher Pflanzen- und Tierarten erheblich. Eine unmittelbare „Düngung" der Pflanzen durch eutrophierende Einflüsse kann auch aus der Luft erfolgen, da viele wachstumsfördernde Stoffe direkt über die Blätter aufgenommen werden. Eine umfassende Faktensammlung zu diesem Thema hat ELLENBERG jun. (1992) zusammengetragen. Durch Eutrophierung werden Unterschiede der ursprünglichen Bonität weitgehend nivelliert. Dies bedeutet einen Verlust an Biotop- und Lebensraumvielfalt. Eutrophierung beeinflußt durch früheren Austrieb und späteres Ende des Wachstums die Länge der Vegetationsperioden und wird in den folgenden Abhandlungen als einer der wichtigsten Faktoren für die Veränderungen der Vogelwelt dargestellt (vgl. auch Kap. 15.8.3 und 15.8.4, 15.9.2, 16 bis 18).

Chemische Grundlagen: Als Eutrophierung bezeichnet man (unerwünschte) Nährstoffanreicherungen in Böden, Gewässern und im Grundwasser. Eutrophierend wirken zunächst diejenigen Stoffe, die am betroffenen Standort Mangelfaktoren darstellen. Auf Normal- und Trokkenstandorten dürfte dem Stickstoff (N) die größte Bedeutung zukommen, gefolgt von Phosphor und für saure Böden auch von den Basen Ca^{2+}, Mg^{2+} und K^{+}, die von Pflanzen in größeren Mengen benötigt werden (RUTHSATZ 1989). Auf nieder- oder anmoorigen Böden und für die Vegetation auf Mineralböden scheinen Phosphor und Kalium größere Bedeutung als Stickstoff zu haben (EGLOFF 1987, BAUMANN & KORIATH 1959).

Anorganische Stickstoffverbindungen wie Nitrate sind leicht wasserlöslich und werden daher schnell ausgewaschen. Ein Teil des Stickstoffs geht infolge Denitrifikation gasförmig an die Luft verloren. Calcium, Magnesium, Ammonium, Kalium und Phosphat werden dagegen vorwiegend an Bodenpartikel sorbiert und durch die Luft oder entlang der Bodenoberfläche verlagert (OBERMANN 1982, WOHLRAB et al. 1983, RUTHSATZ 1989). Nur auf sauren organischen Böden und sauren Sandböden spielt auch für Phosphor die Auswaschung eine Rolle (EGLOFF 1987).

Eutrophierungsursachen: Als wirksame Eutrophierungsursachen sind folgende Faktoren bekannt:

- direkte Düngung,
- Nährstoffanreicherung durch fehlenden Nährstoffentzug (= indirekte Düngung/autogene Eutrophierung),
- Entwässerung (und damit Mineralisierung von Mooren und Feuchtgebieten),
- Einträge aus der Luft.

Stoffeinträge aus der Luft und ihre enorme Bedeutung für die gesamten Naturkreisläufe werden langsam erkannt. Sie scheinen auch mit zu den hauptsächlichen Verursachern beschleunigten Waldwachstums zu gehören (Kap. 15.8.3).

Direkte Düngung dient neben einer guten Nährstoffversorgung auf Nutzflächen vor allem der Überführung von Magerstandorten in produktive Nutzflächen wie Grünland oder Äcker, gelegentlich Wald.

1950 lag die Menge eingesetzten Mineraldüngers in der BRD noch auf einem ähnlich niedrigen Niveau wie vor dem Krieg. Der auf die Fläche bezogene Düngereinsatz hat seitdem aber laufend zugenommen. Erst während der letzten Jahre verringerte sich der Einsatz wieder (Abb. 15.5.1). In der DDR war der Anstieg ähnlich. Zwischen 1970 und 1989 nahm die Menge eingesetzten Düngers um 70 % bei Stickstoff und um 60 % bei Kalk zu. Der Einsatz von Phosphat und Kali war nach einem Anstieg in den Nachkriegsjahren bis 1965 praktisch konstant (Stat. Jahrb. der DDR 1990). Während die Ernteerträge der 1960er Jahre noch auf Vorkriegsniveau lagen, war neben der Züchtung ertragreicherer Sorten der zunehmende Düngereinsatz und das Spritzen mit vielfältigen Pflanzenschutzmitteln einer der Hauptgründe für eine Verdopplung oder noch größere Steigerung des Ernteertrages bei sämtlichen Getreidesorten in den alten Bundesländern (Abb. 15.2.3). In der DDR war der Anstieg etwas geringer.

Diese Steigerungen in die Nähe des oberen Ertragsgrenzwertes ließen sich nur mit einem überproportional hohen Nährstoffaufwand erzielen. Der Aufwand an mineralischen Düngemitteln je ha landwirtschaflicher Nutzfläche stieg von 25,6 kg/ha (1950/51) auf bis zu 133,9 kg/ha (1987/88). Er liegt heute meist zwischen 50 und 150 kg N/ha. Auch der Phosphor- und Kaliverbrauch stieg nach dem 2. Weltkrieg an, stagniert aber bereits seit den 1960er Jahren (Haber & Salzwedel 1992). Hinzu kommt Stickstoff aus Wirtschaftsdünger, wobei die Gründüngungsmengen wie Stroh und Reststoffe nicht statistisch erfaßt werden. In Regionen mit Massentierhaltungsbetrieben trägt auch die Gülle-Entsorgung stark zur Eutrophierung bei. Auf Grünland stiegen so vor allem die Durchschnittserträge von unter 60 dt/ha (1958 – 1960) auf 83,6 dt/ha im Jahr 1995 (Statistisches Bundesamt 1949/50 – 1997). Bei Gülledüngung kann allerdings schnell eine Überlastung von Grünlandflächen auftreten. Nach der Gülleverordnung sind 210 kg N/ha/a (1996) erlaubt, was bei Schweinegülle 35 m^3/ha entspricht. Für Schleswig-Holstein gibt Heydemann (1997) 20 – 25 m^3 /ha als oberen erträglichen Grenzwert an. Nährstoffeinträge aus Stallmist betrugen 1987/1988 70,3 kg/ha Stickstoff, 35,2 kg/ha Phosphat und 98,5 kg/ha Kali, hierbei wurde allerdings die angefallene Menge gleichmäßig auf die gesamte landwirtschaftliche Nutzfläche umgerechnet (Haber & Salzwedel 1992).

Indirekte Düngung über Nährstoffanreicherung wird auch als autogene Eutrophierung bezeichnet. In Wäldern wurden dem Boden früher durch Entfernen des Holzes im Nieder- und Mittelwaldbetrieb viel mehr Nährstoffe entzogen als heute. Selbst Feinreisig, Streu- und Humusschicht wurden entnommen. Diese Austragsnutzungen führten zu einer starken Verarmung der Böden, die bei der heutigen Nutzung entfällt. Als Folge der ständigen Austragsnutzung waren Bodenmorphologie und Bodenflora in den Wäldern früher völlig anders als heute, was sich auch auf die Vogelgesellschaften der Wälder deutlich auswirkte. Ärmste Agrarböden wurden aufgeforstet. Die Humusanreicherung führt heute auf allen, jungen wie alten Waldböden zu einem besseren Wachstum der jeweils folgenden Waldgeneration und wird durch Stoffeinträge aus der Luft noch verstärkt. Die Geschichte der Landnutzung hat einen viel bedeutenderen Einfluß auf das heutige Wachstum von Wäldern

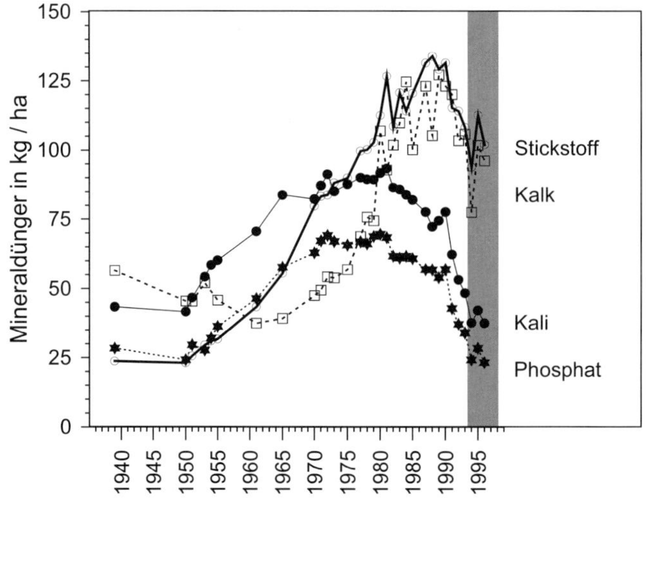

Abb. 15.5.1: Entwicklung der Mineraldüngergaben pro ha landwirtschaftlicher Nutzfläche in Deutschland; bis 1993 in den alten Bundesländern, ab 1994 (gerastert) in den alten und neuen Bundesländern. – *Changes in amount of artificial fertilizer used (kg per ha) on agricultural land in Germany; before 1993 in the former West Germany, from 1994 (shaded) all of Germany; from top to bottom: nitrogen, lime, potash, phosphate.*

Abb. 15.5.2: Große Mengen an Stickstoff werden bei Verbrennung organischen Materials aller Art als „NO_x“ frei und an die Luft abgegeben. Diese Emissionsdichte ist positiv korreliert mit dem Industrialisierungsgrad und dem Straßenverkehrsaufkommen (SCHMÖLLING & JÖRSS 1983). – *Large volumes of nitrogen are released into the atmosphere as 'NO_x' (here NO_2) by the burning of organic matter of all kinds. The emission density is positively correlated with the level of industrialization and intensity of road traffic (SCHMÖLLING & JÖRSS 1983); 9 t/km²/y is equivalent to 27.4 kg N/ha/y.*

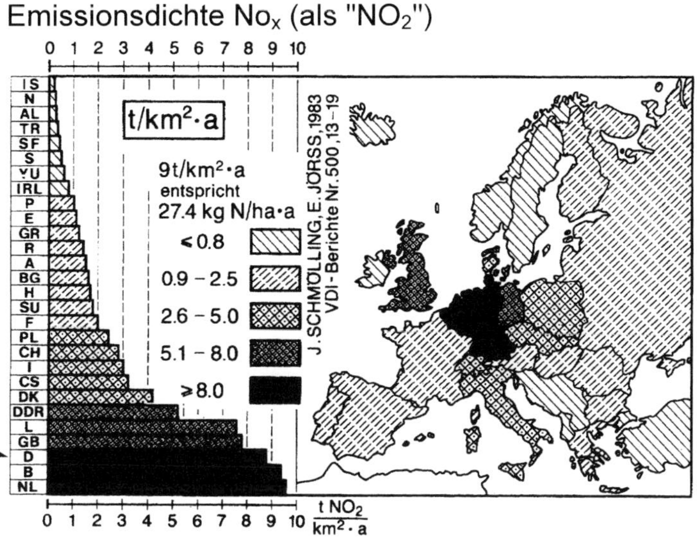

als bisher angenommen wurde. Die gegenüber früher stark veränderte Waldbewirtschaftung mit einer heute wesentlich geringeren Nährstoffentnahme dürfte einer der wichtigsten Gründe für das verstärkte Waldwachstum auf vielen Standorten sein (Kap. 15.8.3).

Anthropogene Eutrophierung führt ebenso wie mangelnder Schnitt zur beschleunigten Verlandung von Schilfgebieten (GRÜLL 1991). Auch die Entwässerung von Feuchtstandorten leitet Eutrophierungsprozesse ein, da vorher nicht pflanzenverfügbare Nährstoffe durch Mineralisierung aus der toten organischen Substanz mobilisiert werden.

Düngereintrag kann auch durch Abspülungen oder Auswehungen von benachbarten Äkkern erfolgen und beeinträchtigt damit benachbartes ungedüngtes Heide- und Ödland. Dies ist besonders in ausgeräumten flurbereinigten Gebieten zu erkennen und oft auf Schnee deutlich sichtbar. Es stellt damit den Übergang zu den Stoffeinträgen aus der Luft her.

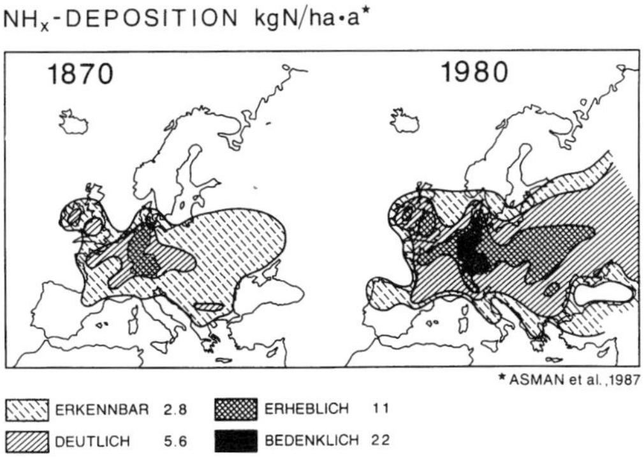

Abb. 15.5.3: NH_x-Depositionsraten pro Hektar und Jahr auf der Grundlage von großräumigen Modellkalkulationen. Diese berücksichtigen die Emissionsdichte auf der Grundlage vor allem von Angaben über Viehbestände pro Flächeneinheit zu bestimmten Zeitpunkten, die aus landwirtschaftlichen Statistiken greifbar sind. Diese werden multipliziert mit Faktoren für die Produktion an reaktionsfähigen gasförmigen N-Verbindungen (vor allem NH_3) pro Stück Vieh. Weitere Parameter sind die Depositionsgeschwindigkeit (für die trockene Deposition) sowie Konzentration im Niederschlag und Niederschlagsmenge (Näheres siehe ASMAN et al. 1987 und ELLENBERG jun. 1989). – *NH_x deposition per ha and year based on modelling for large areas. These calculations take into account emission densities based principally on information on livestock stocking levels per unit area at particular points in time obtained from agricultural statistics. These are then multiplied by factors derived from the production of reactive nitrogen compounds in gaseous form (mainly NH_3) per head of livestock. Additional parameters are the speed of deposition (for dry deposition), the concentration in precipitation, and precipitation levels (see also ASMAN et al. 1987 and ELLENBERG jun. 1989). The four deposition classes are: measurable 2.8 kg N/ha/y, distinct 5.6, serious 11, alarming 22.*

Verschiedene chemische Verbindungen in Abgasen, Aerosolen oder Stäuben werden durch Regen, Nebel, Reif oder Schnee in gelöster Form als Säuren oder Salze flächendeckend in den Boden eingetragen. Sie stammen überwiegend aus der Verbrennung organischen Materials und der Landwirtschaft. Bei Verbrennungsvorgängen entstehen, seit etwa 150 Jahren exponentiell

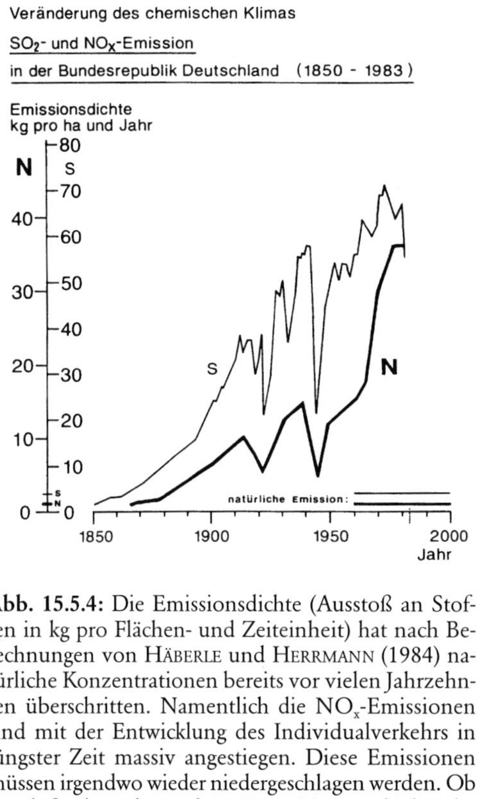

Abb. 15.5.4: Die Emissionsdichte (Ausstoß an Stoffen in kg pro Flächen- und Zeiteinheit) hat nach Berechnungen von HÄBERLE und HERRMANN (1984) natürliche Konzentrationen bereits vor vielen Jahrzehnten überschritten. Namentlich die NO_x-Emissionen sind mit der Entwicklung des Individualverkehrs in jüngster Zeit massiv angestiegen. Diese Emissionen müssen irgendwo wieder niedergeschlagen werden. Ob das als feuchte oder trockene Deposition geschieht oder ob die gasförmigen Stoffe von den lebenden Pflanzen direkt assimiliert werden, hängt von Witterung, Exposition, Struktur der Pflanzendecke, Jahreszeit usw. ab und ist im einzelnen nur schwer zu differenzieren (nach ELLENBERG jun. 1989). – *Emission density (kg of matter per unit area and time) was already in excess of natural concentrations many decades ago. Specifically, NO_x emissions have increased enormously in recent times with the rapid development of individual mobility. These emissions must eventually be deposited, and whether in precipitation or as dry matter, or whether to be directly assimilated by plants when in gaseous form, depends on weather, topography, vegetation structure, season, etc. and can only be differentiated in individual cases with great difficulty. Vertical axis shows emissions of SO_2 and NO_X in kg/ha/y in the former West Germany 1850 – 1983.*

ansteigend, neben Kohlendioxid (CO_2) und Wasser (H_2O) vor allem Schwefeldioxid (SO_2) und nitrose Gase (NO_x). Schwerwiegende Probleme ergeben sich auch aus den Emissionen der Massentierhaltung (HABER & SALZWEDEL 1992, OECD in KRAMBECK 1989).

Während NO_x-Emissionen in engem Bezug zur Industrie- und Verkehrsdichte stehen (Abb. 15.5.2), konzentrieren sich NH_y-Einträge auf Gebiete mit großen Viehdichten (Abb. 15.5.3).

Schon für das Jahr 1983 rechneten HÄBERLE & HERRMANN (1984) die Stickstoffemissionen aus Verbrennungsprozessen (NO_x) auf den vermutlichen Hektareintrag pro Jahr um und kamen auf diesem Wege zu Einträgen von etwa 40 kg N/ha/a (nach HABER & SALZWEDEL 1992 30 kg/ha/a). Diese Menge entspricht dem aktiven Düngereintrag, wie er in den 1930er und frühen 1950er Jahren in der Landwirtschaft üblich war (Abb. 15.5.4).

Ammoniak (NH_3) oder – in Kombination mit verschiedenen Anionen – Ammonium (NH^+_4) ist eine zweite Klasse, in der Stickstoff als reaktionsfähige Verbindung in der Luft auftritt. Etwa 90 % des NH_3 in der Luft stammt aus der Intensiv-Tierhaltung. Mit SO_2 aus Verbrennungsprozessen reagiert NH_3 in Anwesenheit von Wasser rasch zu $(NH_4)_2SO_4$, dem leicht löslichen und besonders düngewirksamen Ammonsulfat, das schnell und oft in unmittelbarer Umgebung der Emissionsquellen deponiert wird (ELLENBERG jun. 1989, 1992). Im Gegensatz zu NH_3 können NH^+_4-Verbindungen über weite Strecken transportiert werden und damit zu „Fern-Immissionen" beitragen (ELLENBERG jun. 1989).

Durch diese Immissionen bleiben kaum noch Flächen übrig, auf denen wie früher Stickstoffmangel herrscht. Die wenigen finden sich, wenn überhaupt, weit entfernt von Industrie und Verkehr in Gebieten, in denen intensive Tierhaltung eine geringe Rolle spielt (Abb. 15.5.5, ELLENBERG jun. 1992). Wälder können dazu beitragen, die eingestreuten Freiflächen vor Stoffeinträgen aus der Luft abzuschirmen, eutrophieren dann aber im Nahbereich durch Laubeintrag.

Stickstoffhaltige Immissionen werden von Pflanzen entweder über die geöffneten Stomata der Blätter gasförmig aufgenommen oder als feuchte Deposition bzw. gelöste Substanzen, etwa nach Regen, über die Wurzeln (ELLENBERG jun. 1989). Im Sommerhalbjahr wird offenbar sogar der größte Teil der ankommenden Stickstoffverbindungen auf diese Weise, also direkt assimiliert.

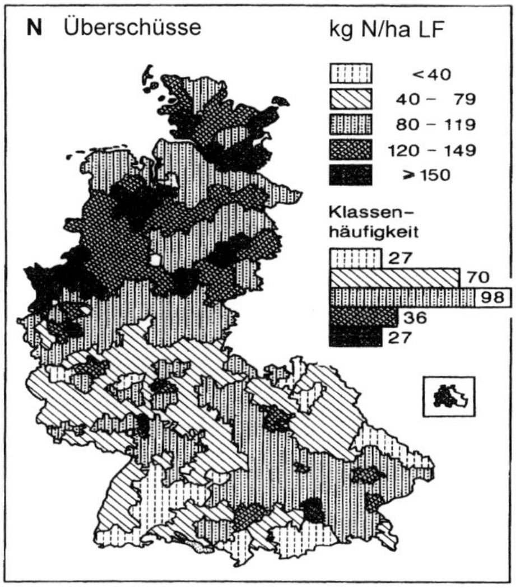

Abb. 15.5.5: Nur ein Teil der Nährstoffeinträge durch Düngung wird durch Ernte wieder entnommen. Die „Überschüsse" – hier berechnet als Differenz aus aktiven Stoffeinträgen minus Stoffaustrag durch Ernte bzw. durch Beweidung am Beispiel des Stickstoffs (N) – gehen als Nitrat ins Grundwasser, werden im Humus festgelegt, werden denitrifiziert zu N_2 oder N_2O oder verdunsten (nach ELLENBERG jun. 1989). LF = landwirtschaftliche Fläche. – *Only a fraction of the nutrients entering the soil via fertilizer use is later extracted through harvesting. The 'surpluses', calculated here as input of active matter minus matter extraction by harvesting or grazing, using the example of nitrogen (N), end up as nitrate in groundwater, are fixed in the humus, are denitrified to N_2 or N_2O, or evaporate. Map shows surpluses in kg N/ha in the former West Germany and frequency of the five classes. LF = agricultural area.*

Zumindest werden im Sommer trotz der vergrößerten Konzentrationen in der Luft, die dem erhöhten Verkehrsaufkommen und temperaturbedingt steigenden Ammoniak-Emissionen zugeschrieben werden können, oft kleinere Depositionsraten in der „Kronentraufe" gemessen als im Winter, wenn die Lebensprozesse der meisten Pflanzen ruhen (ELLENBERG jun. 1992).

Die Größe der Gesamtoberfläche der Vegetation und die Dauer der Einwirkung der luftgetragenen Schadstoffe bestimmt die Deposition (HEIL et al. 1987, 1988). So konzentrieren sich Stoffeinträge aus der Luft auf nicht landwirtschaftlich genutzten Flächen, weil diese nicht alljährlich abgeerntet werden und die Vegetation mit großer Gesamtoberfläche länger überdauert als landwirtschaftliche Nutzpflanzen. Dies gilt besonders für Heiden, Hecken, Wälder und mehrjährige Altgrasbestände. Alte *Calluna*-Heide oder *Molinia*-Gräser weisen im Vergleich zum Freiland mindestens doppelte Depositionsraten auf. Unter windexponierten Waldrändern wurden in der Kronentraufe fünfbis achtfach erhöhte Depositionsraten gemessen (GRENNFELT & HASSELROT 1987).

Die tatsächlichen Stickstoffeinträge aus der Luft betragen in Habitaten wie Hochmooren, Zwergstrauchheiden und Grünland bereits heute das 1,3- bis 8fache, in Nadelwäldern bis zum 20fachen der Werte, deren dauerhaftes Überschreiten unvermeidlich Änderungen der Artenzusammensetzung dieser terrestrischer Ökosysteme mit sich bringen wird (BLAB 1993).

15.5.2 Eutrophierungs- und immissionsbedingte Vegetationsänderungen

Vor allem im Zusammenhang mit den neuartigen Waldschäden sind auch die Zusammenhänge zwischen den Stoffeinträgen und der **Mykorrhiza** von Bäumen verstärkt ins Blickfeld wissenschaftlicher Untersuchungen geraten.

Mykorrhiza ist die Bezeichnung für eine Symbiose, d. h. eine Lebensgemeinschaft zum gegenseitigen Nutzen, zwischen den Feinstwurzeln von Pflanzen und Pilzen. Die Mykorrhiza beeinflußt Wachstum und Gesundheit von Bäumen.

Zahlreiche Bodenbedingungen, wie z. B. die Intensität des Gasaustausches sowie die Stoffwechselprodukte von Begleitmikroorganismen, können die Mykorrhizapilze in ihren Funktionen hemmen oder fördern. Säureeintrag vermag die Aktivität von Begleitorganismen zu reduzieren und gleichzeitig die Bedingungen für den Gasaustausch zu verschlechtern (MEYER 1989).

Ein extremer Mangel wie auch ein Überschuß an mineralischem Stickstoff hemmt die Mykorrhizabildung (MEYER 1989). Das zunehmende Ungleichgewicht im Angebot von Stickstoff zu den übrigen Nährstoffen wird damit für das Funktionieren der Mykorrhiza immer problematischer. Säureeintrag („Saurer Regen") führt zu Basenauswaschung, während gleichzeitig das Stickstoffangebot steigt. Nach ZEZSCHWITZ (1985) hat sich in den letzten Jahrzehnten das Verhältnis Kohlenstoff zu Stickstoff (C/N) im Waldhumus in zahlreichen Bodentypen zugunsten des Stickstoffs verschoben. Es sind weniger die direkten Folgen dieser Störungen als vielmehr Veränderungen im Bestandsaufbau, im Dekkungsgrad und damit in der Bodenvegetation, die sich auf Vogelbestände auswirken.

Neuartige Waldschäden: Die Ursachen sind, wie bei den vorangehenden Kapiteln dargestellt, auf Stoffeinträge, also Immissionen zurückzuführen. Nach zahlreichen Berichten über zu erwartende und schon bestehende Auswirkungen auf die Vogelwelt vor allem aus den 1980er Jahren (umfangreiche Literatur bei bei MÖCKEL 1992a, b) müssen diese heute differenzierter betrachtet werden.

In einem europaweiten Zusammenhang gesehen lassen die Ergebnisse der Waldzustanderhebungen auf eine derzeit weniger dramatische Entwicklung der Waldschäden schließen als Anfang der 1980er Jahre häufig prognostiziert. Es gibt aber dennoch Anzeichen für eine allmähliche großräumige Verschlechterung des Waldzustandes in den vergangenen Jahren. In SW-Deutschland wird für 1997/98 von einem Stillstand berichtet. Darüber hinaus sind in einigen Regionen, insbesondere in den Hauptschadensgebieten Mitteleuropas, rapide Schadentwicklungen zu verzeichnen. Die Schäden werden einerseits als Folge überwiegend herkömmlicher Stressoren erklärt, nämlich durch Insekten- und Pilzkalamitäten sowie durch Witterungseinflüsse, andererseits vor allem in Mitteleuropa durch Luftschadstoffe als maßgeblicher Faktor in einem Komplex verschiedener Ursachen erachtet, der auch die Kalamitäten begünstigt. Starke Waldschäden auf Standorten mit hohen Luftschadstoffkonzentrationen sind dabei häufig die Folge von Nahemissionen und weniger die Wirkung ferntransportierter Luftschadstoffe. Der anhaltende Trend zur Verschlechterung des Waldzustandes ist nicht durch herkömmliche Stressoren allein erklärbar, sondern könnte flächendekkend immissionsbedingt sein. Deshalb stimmen die meisten Teilnehmerstaaten der Waldschadenserhebungen darin überein, daß weitere Maßnahmen zur Luftreinhaltung erforderlich sind.

Die multifaktoriellen Ursachen der Walderkrankungen, die sich in sehr verschiedenen Symptomen äußern, sind von dem Gesamtkomplex der Eutrophierung nicht zu trennen. Viele der schädigenden Faktoren greifen ineinander und wirken sich je nach Wuchsstandort und Baumart unterschiedlich aus. IRSLINGER (1994) faßte die wichtigsten Hypothesen zusammen:

- Die **Versauerungshypothese** geht davon aus, daß die Wälder durch Säureeintrag aus der Atmosphäre und so verursachte Bodenversauerung (s. o.) destabilisiert werden. Bodenversauerung ist als schleichender kumulativer Prozeß besonders bedrohlich. Sie ist als Basis auch der anderen Waldsterbens-Hypothesen zu deren Erklärung notwendig.
- Die **Schadgashypothese** geht davon aus, daß die Bäume durch direkten Angriff der Schadgase geschädigt werden, wobei allerdings die Bodenversauerung als ursächlicher und die Schadgas-Belastungen erst als auslösender Stressor anzusehen sind. Mg^{2+}-Mangel infolge einer Versauerung etwa führt zu Chlorophyllabbau und Vergilbung durch Photooxidation auf der Blattoberseite. Auch NO_x kann Mangelsymptome und Kronenverlichtung auslösen, zudem synergistisch mit SO_2, wobei noch nicht berücksichtigt ist, daß es als Ozonbildner weitere toxische Wirkungen auf die Pflanze ausüben kann.

  Schadgase bewirken meist zunächst eine Versauerung am Wirkort (s. o. Versauerungshypothese). Die Pflanze kann unter Normalbedingungen kurzfristige Spitzenkonzentrationen an Säuren mit Hilfe ihrer Basenvorräte kompensieren. Bereits eine leichte, aber langfristige Belastung zehrt jedoch ihre Basenvorräte schnell auf und setzt sie den eigentlichen Schadgasbelastungen aus. Auf tiefgründigen Böden dauert dieser Prozeß länger als auf armen. Gehölze enthalten außerdem beträchtliche Kationenmengen in Splintholz und Bast, die für die Säurepufferung ebenfalls herangezogen werden. Bis diese Vorräte aufgebraucht sind, können Jahre oder Jahrzehnte vergehen. Damit lassen sich chronische Waldschäden plausibel erklären.
- Die Hypothese der komplexen **Hochlagenerkrankungen** (Ozonhypothese) geht davon aus, daß Frost, mechanische Beschädigung oder Insektenfraß, aber auch hohe Konzentrationen von Schwefeldioxid, Stickoxiden und Ozon zu Membranschäden führen. Zusammen mit starker Säurebelastung führt diese Schädigung zu erhöhter Auswaschung von Magnesium aus Blättern und Nadeln. Dies führt zum Auftreten von Magnesium-Mangelerscheinungen besonders an älteren Nadeln und schließlich zu einer Nadelschütte mit Verkahlung der Krone. Der Vorgang kommt einer Säurepufferung im Kronenraum gleich. Diese Hypothese ähnelt sehr stark der Schadgashypothese. Beide Ansätze ergänzen sich zwanglos.
- Die **Stickstoffhypothese** führt akute Nadelvergilbungen und ggf. Nadelverluste auf Nährstoffungleichgewichte, insbesondere von Stickstoff zu den metallischen Nährstoffen, zurück. Hohe Stickstoffzufuhr führt zunächst zu einer selektiven Ammoniumaufnahme, wobei Nitrat im Boden zurückbleibt und zusammen mit Ca^{2+} und Mg^{2+} aus dem Boden ausgewaschen wird. Bodenversauerung und Basenverluste sind die Folge.

Das erhöhte Stickstoffangebot führt zunächst zur Produktionssteigerung (Kap. 15.8). Wegen des versauerungsbedingten Mangels an Basen entsteht jedoch ein Mißverhältnis zwischen Nadelmasse und Magnesiumversorgung, das zu einem frühzeitigen Schütten der Nadeln führt.

Die einzelnen Schadenshypothesen widersprechen sich nicht, sondern ergänzen sich gegenseitig. Insgesamt scheint sich der Schadstoffeinfluß aus der Atmosphäre in Form einer Vergreisung der Wälder zu äußern, die Bäume werden nicht mehr so alt wie früher. Die Herabsetzung möglicher Höchstalter steht jedoch nicht im Widerspruch zum ansteigenden Durchschnittsalter bewirtschafteter Bestände (Kap. 15.8.2.6).

„Critical loads" für Stickstoff, d. h. Stoffeintragsraten, die unaufhaltsam zu einer Veränderung der betroffenen Ökosysteme führen, wurden vor 10 Jahren auf der Grundlage der bestmöglichen verfügbaren Kenntnisse von ELLENBERG jun. (1989) mit 15 – 20 kg N/ha/a für reiche Laubwälder und 10 – 15 kg N/ha/a für Nadelwälder angegeben. Diese Werte werden heute vielfach weit überschritten (SPIEKER et al. 1996).

Kritischer als die sichtbaren Walderkrankungen wird heute von vielen Fachleuten die Versauerung der Böden beurteilt. Viele Waldböden sind heute bis zu 100mal saurer als vor 70 Jahren. Schwermetalle haben eine enge Bindung an Humus. Säure kann diese Bindung aufheben (FORSTL. VERSUCH- UND FORSCHUNGSANSTALT BADEN-WÜRTTEMBERG unveröff.).

Daß mit der Erhöhung des CO_2-Gehalts bei Bäumen Zuwachssteigerungen in zweistelligen Prozentbereichen erreicht werden können (DELUCIA et al. 1999) weist den weltweiten CO_2-Anstieg in der Luft als weitere, für verstärktes Wachstum und eine Erhöhung des Vegetationsvolumens verantwortliche Ursache aus (Kap. 15.8.3).

15.5.3 Folgen der Vegetationsänderungen

Derzeit sind meßbare Auswirkungen des „Waldsterbens" auf die Vogelwelt lokaler Natur und beschränken sich auf Gebiete mit (teils historischen) Schadgasimmissionen vor allem in einigen industriell hoch belasteten Mittelgebirgen wie dem Riesengebirge (HVM 13/I) und z. B. der Kola-Halbinsel sowie auf Gebiete mit sogenannten Hochlagenerkrankungen der Silikatmittelgebirge und der Alpen (Kap. 15.8).

Während schädigende oder gar toxische Auswirkungen von Immissionen lokal schwerwiegend sein können, scheinen derzeit überregional die wachstumsfördernden Faktoren aus den Stoffeinträgen für die gesamte Vegetation von größerer Bedeutung zu sein. Die Auswirkungen dieser wachstumsfördernden Stoffeinträge sind besonders auf normalerweise nicht gedüngten Flächen wie Wäldern, Gehölzen, Heiden und Ödland offenkundig. In manchen besonders belasteten Regionen kann jedoch gerade die Kombination aus Wachstumsförderung durch Eutrophierung einerseits und Schädigung des Blattwerkes durch Immissionen andererseits zu einer erheblichen Belastung des Waldes und einem schnelleren Alterungsprozess des einzelnen Baumes führen (16. WALDSCHADENSBERICHT HESSEN 1999).

Da Stickstoff ein wesentlicher wachstumsbegrenzender Faktor für Pflanzen ist, muß Stickstoffeintrag in Ökosysteme Veränderungen in der floristischen Zusammensetzung und in der räumlichen Struktur der Pflanzendecke bewirken.

Zunächst werden Spezialisten von schnellwüchsigen Generalisten verdrängt, es kommt zu einer Ausbreitung dieser Arten (Löwenzahn, Brennessel). Toleranz von Stickstoffmangel, für viele, insbesondere niedrigwüchsige Pflanzenarten typisch, erweist sich im Konkurrenzkampf als immer weniger vorteilhaft. Lichtbedürftige Hungerkünstler, das heißt Arten, die unter Stickstoffmangel-Bedingungen „noch gut" leben konnten, können gegen die rascher und höher wachsenden Arten nicht mehr erfolgreich konkurrieren. Gute Nährstoffversorgung stimuliert früheres, rasches, hohes und breit ausladendes Pflanzenwachstum (ELLENBERG jun. 1989). Bei guter Stickstoffversorgung endet die Vegetationsperiode später. Getreide- und Grasbestände werden dichter und höher, letztere können dadurch früher und häufiger gemäht werden.

Rein durch phänologische Freilanduntersuchungen ist jedoch nicht zu klären, ob die angeführten Veränderungen in der Vegetation auf großklimatische Veränderungen („Klimaerwärmung") oder auf Eutrophierung zurückzuführen sind. Einige Phänomene können beiden Faktoren zugeordnet werden – oder sogar einem Zusammenwirken von beiden. Es ist aber anzunehmen, daß zahlreiche Veränderungen in der Avifauna, die in der Literatur in letzter Zeit klimatischen Veränderungen zugesprochen wurden, eher auf Auswirkungen der Eutrophierung zurückzuführen sind, weil deren Folgen bis heute gravierender sind

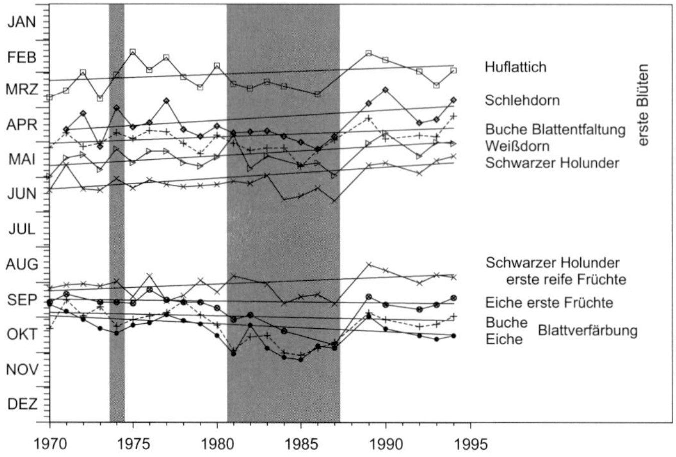

Abb. 15.5.6: Aus phänologischen Daten des Deutschen Wetterdienstes zu Blattaustrieb, Blühbeginn, reifen Früchten und Laubverfärbung zwischen 1970 und 1994 bei Tübingen lassen sich Rückschlüsse auf Eutrophierungs- und Klimaeinflüsse ziehen. Während der grau dargestellten Zeiträume erfolgte die Erfassung an einem benachbarten Ort und ist daher nur eingeschränkt vergleichbar. Die Geraden deuten den Trend ausschließlich für die überwiegend untersuchte Lokalität an. – *Conclusions can be drawn on the effects of eutrophication and climate change by studying the phenological data collected by the German meteorological service relating to leafing, start of flowering, fruit ripening, and autumn leaf-colour change. During the periods shaded grey the data collection was carried out in an adjacent location so only a limited comparison can be made. The straight lines indicate the trend for the principal study site only. – From top to bottom: start of flowering of coltsfoot, blackthorn, beech (leafing), hawthorn and elder; fruit ripening of elder, first fruiting of oak, beech/oak leaf-colour change.*

(Abb. 15.5.6). Zusätzlich muß berücksichtigt werden, daß Faktoren der Klimaerwärmung durch konträr wirkende Veränderungen wieder gedämpft werden (Kap. 15.8.3.1 – 15.8.3.3).

Als Folge der Eutrophierung verändert sich das **Bestands- bzw. Mikroklima** am Standort. Niedrig und lückig bewachsene Magerstandorte sind durch ein typisches „kontinental" geprägtes Kleinklima und oft auch durch einen stark schwankenden Wasserhaushalt gekennzeichnet. Die Sonnenstrahlung, die wenig gehindert bis auf die Bodenoberfläche dringen kann, führt tagsüber zu einer starken Erwärmung. Hierdurch trocknet die oberflächennahe Bodenschicht aus. Nachts strahlt dagegen Wärme ungehindert ab. Die Abkühlung kann zur Kondensation von Feuchtigkeit führen. Eine lückige Pflanzendekke schafft unterschiedlichste kleinklimatische Bedingungen im Dezimeterbereich. Je dichter eine Pflanzendecke die Bodenoberfläche abschirmt, desto stärker werden die skizzierten klimatischen Extreme gedämpft. Das Kleinklima wandelt sich von kontinentaler zu atlantischer Tönung (mit geringeren Temperatur- und Feuchtigkeitsgegensätzen im Laufe des Tages). Das Verbot des Abflämmens seit den 1960er Jahren hat diese Entwicklung verschärft (Kap. 15.6).

Die Lückigkeit des Bodenbewuchses sowie lokales Klima haben starken Einfluß auf die Lebensmöglichkeiten von kleinen und größeren Tieren. Besonders betroffen von einer Veränderung des Mikroklimas sind wechselwarme Tiere wie Heuschrecken, Schmetterlinge, Käfer, Eidechsen, Schlangen. Sie benötigen relativ hohe Temperaturen, damit sie sich in der kurzen zur Verfügung stehenden Zeit des mitteleuropäischen Sommers überhaupt entwickeln bzw. fortpflanzen können. Die höchsten Temperaturen finden sich in kurzgrasigen oder schütter bewachsenen Lebensräumen. Wegen der flächendeckenden Eutrophierung sind solche Habitate längst dichter und höher bewachsen als früher und damit selten geworden oder fehlen großflächig. Störstellen in der Vegetationsdecke gewinnen zunehmend an Bedeutung, eine der Ursachen, warum Truppenübungsplätze mit ihren Bodenverwundungen und Brandstellen heute wichtige Refugien für seltene Arten sind.

„Kontinental“ geprägte Arten mit hohem Licht- oder Temperaturbedürfnis und Toleranz gegenüber Trockenheit verschwinden in Deutschland mehr und mehr. Dafür gewinnen mehr „atlantisch“ geprägte Pflanzenarten die Oberhand. In Wäldern steigen die Produktion der Bodenflora, die Holz- und Samenproduktion und das gesamte Vegetationsvolumen gleichermaßen an. Damit entstehen für viele Kleinvögel über Kleinsäuger bis zum Reh bessere Bedingungen unter allerdings veränderten Konkurrenzverhältnissen, die sich bis auf die Beutegreifer auswirken (Kap. 15.8, 16, 17, 18). Stickstoffreiche Pflanzen und Pflanzenteile werden von Pflanzenfressern bevorzugt aufgenommen. Durch die Eutrophierung steigt somit das **Nahrungsangebot** und die Biotopkapazität für viele Pflanzenfresser an (Kap. 16, 17, ELLENBERG jun. 1992, GATTER & SCHÜTT 1999).

Gefährdete Arten sind definitionsgemäß selten. Viele von ihnen sind allerdings erst in jüngster Zeit selten geworden. Sie gehören meist bestimmten Ökosystemtypen an. Um dies aufzuzeigen, bietet es sich bei den Pflanzen an, die ökologischen Kennwerte der Pflanzenarten der Roten Listen mit denen, die nicht für gefährdet gehalten werden, zu vergleichen. Basis für einen solchen Vergleich bieten die biologischen Zeigerwerte, die von ELLENBERG sen. (1979) für mehr als 2100 mitteleuropäische Pflanzenarten definiert worden sind.

Eutrophierende Einflüsse auf die Vegetation lassen sich anhand einiger Merkmale erkennen (ELLENBERG 1983, 1985, DIERSSEN et al. 1985, RUTHSATZ & OTTE 1987, GATTER 1989, 1994b, SPIEKER et al. 1996):

- Rückgang oder Verschwinden von Pflanzen- und Tierpopulationen typischer Magerstandorte;
- Zunahme und allmähliches Vorherrschen von Arten nährstoffreicher Böden (Nitrophyten, Hochstaudenfluren, Saumpflanzen, Pflanzen des gedüngten Grünlandes);
- Abnahme der Artendiversität;
- Zunahme der Wuchshöhe und -dichte der Pflanzengesellschaft und des Massenzuwachses in Wäldern;
- im Frühjahr zeitiger einsetzende Vegetationsentwicklung und Verlängerung der Vegetationsperiode in den Herbst hinein (Abb. 15.5.6);
- rascherer und vollständigerer Abbau der Streuschicht der vergangenen Jahre, trotz höherer Biomasseproduktion;
- stärkere Verbißschäden durch Wildtiere; Zunahme von Pflanzenfresserpopulationen (Vögel, Kleinsäuger, Huftiere, aber auch von deren Prädatoren).

Die erhöhte Nährstoffversorgung muß als eine der wichtigsten Ursachen für die Abnahme und das Verschwinden von gut drei Vierteln der gefährdeten Pflanzenarten angesehen werden (ELLENBERG sen. 1983) und damit für den Rückgang von Tieren und besonders Vögeln, die von ihnen nahrungsökologisch und habitatstrukturell abhängig sind.

Eutrophierung verändert demnach auch Parameter wie Wärme-, Licht- und Wasserhaushalt eines Biotops entscheidend. Dieser kleinklimatische Effekt der Eutrophierung wirkt im Offenland am stärksten im späten Frühling und Frühsommer, in Wäldern im Sommer, wenn die Pflanzendecke am üppigsten entwickelt ist. In diese Zeit fällt die Fortpflanzungsperiode der meisten Tierarten. Ob sie und ihre Jungen von der besseren Deckung profitieren oder unter zu niedrigen Temperaturen bzw. zu hoher Feuchtigkeit (und damit Auskühlung) leiden, ist artabhängig. Für Individuen/Arten, die ihren Wärmehaushalt durch Körpergröße oder Ortsveränderung besser regeln können, hat Eutrophierung dagegen primär ein erhöhtes Nahrungsangebot und damit oft eine Zunahme zur Folge (Kap. 17).

Mehr und ohne Schwierigkeit verfügbare (Nähr-)Stoffe müßten für Generalisten direkt oder über die Nahrungskette das Leben leichter machen. Tatsächlich profitieren ganz offenkundig viele Vogelarten bzw. -gruppen von der Eutrophierung (Kap. 17, 18). In zahlreichen Gewässern hat sie zu wachsenden Muschelbeständen und damit vielfach hohen Tauchenten- und Bläßhuhnbeständen geführt. Schwimmenten und Höckerschwäne haben von der Zunahme der Wasservegetation profitiert. Sehr deutlich wurde dieser Zusammenhang zwischen Nährstoffeintrag und Entenmengen während der letzten Jahre im Ismaninger Teichgebiet, wo nach verbesserter Klärung der Münchener Abwässer die Mauserbestände drastisch zurückgingen (KÖHLER & KÖHLER 1996).

Es ist inzwischen unumstritten, daß das eutrophierungsbedingt erhöhte Nahrungsangebot eine wichtige Ursache für die Zunahme des Rehwildes darstellt (ELLENBERG jun. 1979, 1984, BUWAL 1992). Vermutlich ist es auch indirekt für die steigende Zahl von Carnivoren (starker Anstieg der Seehund- und Fuchspopulationen) sowie die explodierenden Bestandszahlen des Kormorans mit verantwortlich (PEES 1996, Kap. 17).

In den vergangenen Jahrzehnten sind auch in mittel- und nordeuropäischen Wäldern gravierende Änderungen zu verzeichnen, die sich auf zunehmende Belastungen der Luft mit Schadstoffen zurückführen lassen. Viele von ihnen spielen eine Doppelrolle, indem sie sowohl zu den neuartigen Walderkrankungen als auch zu Eutrophierungsphänomenen beitragen.

WILMANNS et al. (1986) haben floristische Änderungen innerhalb der letzten 50 Jahre in Eichen-Hainbuchenwäldern und SEBALD (1992) in zahlreichen Waldtypen festgestellt. Messungen von Bodenproben ergaben einen erhöhten Gehalt an Stickstoff und pflanzenverfügbarem Phosphat sowie erhöhte pH-Werte gegenüber den unveränderten Bereichen.

Auch ein großer Teil der Kalkmagerrasen von Alb und Jura ist durch ständige Nährstoffentnahme infolge Entwaldung und spätere Beweidung entstanden. Selbst die Steppenheide und die Steppenheidewälder (Kap. 15.2.2) dieser Gebirge sind, im Gegensatz zur bisherigen Annahme (GRADMANN 1936), wie sich heute zeigt überwiegend Folgesukzessionen vorangehender jahrhundertelanger Austragsnutzungen (GATTER 1994a, b, 1997c), die sich nunmehr seit Jahrzehnten über Nährstoffanreicherung zu normalen Buchenwäldern regenerieren. Heute sind diese, wie auch andere ärmere Waldtypen (z. B. die Flechtenkiefernwälder Ostdeutschlands), durch Stoffeinträge in ihrem Bestand gefährdet (HOFMANN 1996), die auf der Schwäbischen Alb selbst vor der Felsvegetation nicht halt machen. Sogar in großen Naturschutzgebieten wie dem Neusiedler See wird umfangreicher Schilfschnitt empfohlen, um einer stark anthropogen beschleunigten Eutrophierung und damit Verlandung zu begegnen (GRÜLL 1991).

Ein Vergleich vegetationskundlicher Aufnahmen von 1958 und 1985 in Norddeutschland ergab, daß stickstoffliebende Arten erheblich zunehmen (ELLENBERG jun. 1988). In SW-Deutschland konnten Nitrophyten wie Brennessel und Löwenzahn auch auf nicht gedüngten Flächen in 25 Jahren enorme Geländegewinne verzeichnen (GATTER 1989). Dasselbe gilt für das rasenbildende Bingelkraut und die drei Springkräuter *Balsaminaceae* (ÖKOL. LEHRREVIER DER FORSTDIR. STUTTGART). Veränderungen in der Waldvegetation wurden auch bei Untersuchungen in der Schweiz gefunden (KUHN et al. 1987). Innerhalb von wenigen Jahrzehnten (1935/60 bis 1984/85) hatte sich das Artenspektrum auf sämtlichen Aufnahmeflächen stark verändert, wobei besonders Arten, die als Magerkeitsanzeiger gelten, deutlich seltener geworden oder völlig verschwunden sind. Es wird vermutet, daß der Stickstoffeintrag u. a. ein dichteres Kronendach fördert und dadurch die darunter liegenden Schichten „ausgedunkelt" werden. Diese These wird durch den Befund unterstützt, daß steigende Stickstoff-Zeigerwerte (nach ELLENBERG sen. 1979) in der Regel mit fallenden Licht-Zeigerwerten einhergehen (KUHN et al. 1987).

Die Folgen der zunehmenden Eutrophierung sind also im Wald die gleichen wie im Offenland. Im Wald kommt es zum schnelleren Kronenschluß, häufig zusätzlich zu dichtem Unterwuchs und Jungwuchs. Der Krautschicht und der Arthropodenfauna wird damit Licht und Wärme entzogen. Beides muß nicht zu einem Rückgang von deren Biomasseproduktion führen, wohl aber zu einem Wechsel des Artengefüges (Kap. 15.8.3). Allerdings wird dieser Vorgang durch die Forstwirtschaft immer wieder unterbrochen, die im Rahmen starker Durchforstungen das Kronendach lichtet.

Folgen für die Vogelwelt

Die Auswirkungen der Eutrophierung auf die Vegetation und damit indirekt auf die Vogelwelt sind bei einer Reihe von Vogelarten deutlich erkennbar bzw. aus ihrer Bestandsentwicklung nachvollziehbar. Sie werden in Kap. 17 an mehreren Arten näher behandelt. Hauptgewinner sind neben zahlreichen Wasservögeln einige Rabenvögel und regional die Ringeltaube.

In den dunkler und dichter werdenden Wäldern profitieren zahlreiche Arten wie Mönchsgrasmücke, Rotkehlchen und viele Samenfresser von der Entwicklung. Diese Befunde werden andererseits dadurch bestätigt, daß sich andere Vogelarten, die mit der höheren und dichteren Vegetation nicht so gut zurecht kommen, heute bevorzugt in lichten, frisch durchforsteten Beständen mit geringerem Deckungsgrad ansiedeln (Kap. 15.8.3, 17). Verstärktes Waldwachstum ist in ganz Mittel- und Nordeuropa auf Flächen zu finden, die um ein Vielfaches größer sind als solche mit akutem „Waldsterben". Damit sind zeitlich parallel zur Entwicklung auf den geschädigten Flächen auf viel größeren Arealen Impulse zu erwarten, die sich zumindest quantitativ zunächst auf viele Vogelarten positiv auswirken (Kap.15.8.3).

Verlierer sind fast alle Bodenbrüter im Agrarland (doch siehe Kap. 16, 17, 18), ferner Wiedehopf, Steinkauz, Ziegenmelker, die grünen Spechte, der Wendehals, alle Würger, Bluthänfling, Dorn-, Garten- und Klappergrasmücke, Berglaubsänger, Heidelerche und viele andere Arten.

Dichtere und höhere Vegetation schafft ein feuchteres und kühleres Bestandsklima. Damit schwinden die Entwicklungsbedingungen für zahlreiche wärmeliebende Insektenarten. Mit den Großinsekten verschwinden deren Prädatoren wie Würger, Steinkauz und Wiedehopf.

Eutrophierung schafft aber über den Nahrungsreichtum für die Herbivoren und Omnivoren auch ein anderes Prädatorengefüge. Neben den bekannten Carnivoren tauchen neue, ernstzunehmende Prädatoren auf, die erst durch die Eutrophierung eine dominierende Stellung ausbauen konnten und als Omnivore zunehmendes Gewicht im Prädatorengefüge gewinnen. Dazu gehören Siebenschläfer, Wildschwein, wohl der Dachs, Mäuse, Corviden und die großen Nacktschnecken. Pflanzen von Xerothermstandorten, wie die Silberdistel *Carlina acaulis* und der Nachwuchs von Bodenbrütern wie dem Berglaubsänger werden in dem feuchteren Bestandsklima der höheren Vegetation zunehmend Opfer von Nacktschnecken wie der Spanischen Wegschnecke und verwandter Arten, die sich erst mit der Eutrophierung auf bisherigen Trockenstandorten ausbreiten können (Kap. 16). Sie überziehen Gelege mit Schleim und fressen Eier und kleine Jungvögel an.

Zusammenfassung
15.5 Eutrophierung und Emissionen

Landwirtschaftliche Düngung und Stoffeinträge aus der Luft haben zu unerwünschten Nährstoffanreicherungen in Böden und Gewässern geführt. Auf Normal- und Trockenstandorten kommt dabei Stickstoff (N) besondere Bedeutung zu, gefolgt von Phosphor und – bei sauren Böden – auch von den Basen. Eutrophierung führt zu höherer und dichterer Vegetation, damit vielfach zu kühleren, feuchteren Bestandsklimaten. Inzwischen sind zahlreiche Tier- und Pflanzenarten nährstoffarmer Standorte gefährdet.

In Wäldern führte eine jahrhundertelange **Austragsnutzung von Holz, Humus, Laub und Bodenvegetation** zur Verarmung der Böden. Heute führt Humusanreicherung zu einem besseren Wachstum der jeweils folgenden Waldgeneration. Diese „autogene Eutrophierung" findet überall dort statt, wo keine oder nur unvollständige Materialentnahme des Vegetationszuwachses stattfindet.

Bei erhöhter Versorgung mit Stickstoff (N) beginnt die Vegetationsperiode – auch ohne Klimaerwärmung – früher und endet später. Damit sind bei erhöhtem Eintrag von Stickstoff klima- und eutrophierungsbedingte Ursachen nicht zu trennen (Abb. 15.5.6).

Die Folgen der neuartigen Walderkrankungen, deren gängige Thesen vorgestellt werden, sind für Vögel derzeit eher lokal wirksam. Ihnen steht auf den meisten und flächenmäßig weitaus bedeutenderen mittel- und nordeuropäischen Waldstandorten ein verstärktes Wachstum der Bestände gegenüber. Eutrophierende Faktoren beeinflussen deshalb zur Zeit weit mehr Waldvogelarten positiv, als dies das Waldsterben im umgekehrten Sinne vermag. Diese Faktoren haben den Nahrungsreichtum für zahlreiche Arten in- und außerhalb des Waldes erhöht. Die Bestände zahlreicher Waldvögel und Säugetiere konnten mit aus diesem Grunde anwachsen. Damit haben sich auch die Prädationsverhältnisse gewandelt, denn eine Anzahl omnivorer (und mittelbar auch carnivorer) Arten profitiert ebenfalls von der Eutrophierung. Verluste durch Prädation nehmen dadurch zu (siehe Kap. 16, 17 und 18).

Summary
15.5 Eutrophication and emissions

Agricultural fertilisation and input of matter from the air have led to an undesirable nutrient enrichment of soils and waters. At normal and dry sites, nitrogen (N) is of most importance, followed by phosphorous, while on acid soils, alkaline compounds also have a great effect. Eutrophication leads to taller and denser vegetation, hence often to cooler, damper local microclimates. This has resulted in the endangering of numerous plants and animals in nutrient-poor locations.

In forests, a centuries-long extraction of timber, humus, foliage, and ground vegetation has meant an impoverishment of the soil. Today, humus enrichment ensures better growth for each succeeding tree generation. This "autogenous eutrophication" takes place wherever no, or only incomplete, removal of new vegetational growth occurs.

With an increased nitrogen (N) supply, the growing season begins earlier and ends later, even without any climate warming. This higher nitrogen input means that the effects of climate and those of eutrophication cannot be clearly separated (Abb. 15.5.6).

The consequences for birds of these new kinds of forest disorders, current theories on which are presented here, are at present mostly on a local level. Moreover, they are counteracted by increased growth in most Central and north European forests, which are far more important in terms of area. At present, the factors contributing to eutrophication have a positive effect on many more forest bird species than are affected by the opposite trend of Waldsterben *(forest death). These factors have meant an increase in food supply for numerous woodland and non-woodland species. The populations of many forest birds and mammals have consequently expanded, leading to a change in predator/prey relationships, since a number of omnivorous (and indirectly also carnivorous) species similarly profit from eutrophication. Losses through predation are therefore rising (see Chapters 16, 17 and 18).*

15.6 Feuer als Bestandteil der Dynamik mitteleuropäischer Ökosysteme

Gebrannte Flächen trocknen rasch ab, erwärmen sich schnell und haben damit ein kontinental geprägtes Mikroklima.

Daß der völlige Ausschluß des Feuers in der Landbewirtschaftung seit den 1960er Jahren eine Ursache für den starken Rückgang einiger Singvögel des Offenlandes sein könnte, wurde erst vor kurzem in die Diskussion gebracht (GATTER 1996). Inzwischen wurde der Bedeutung des Feuers für Artenschutz und Landschaftspflege innerhalb eines Symposiums verstärkte Aufmerksamkeit gewidmet.

15.6.1 Feuer als Instrument der Land- und Jagdbewirtschaftung

Landwirtschaftliche Offenlandhabitate sind anthropogenen Ursprungs und ersetzen die früher im Verlauf des Mosaik-Zyklus der Wälder (Kap. 15.8.1) auftretenden Kahlflächen, die örtlich und zeitlich begrenzt durch Feuer, Sturm und Schnee entstanden. Im Zusammenhang mit der Diskussion um die historischen Wald/Offenlandverhältnisse wird nach wie vor das Zusammenspiel mit Einflüssen des Frühmenschen und seinen Jagdbedürfnissen zu wenig oder gar nicht berücksichtigt.

Unter natürlichen Bedingungen wäre damit zu rechnen, daß in Mitteleuropa durchschnittlich ca. ein Prozent der Waldfläche jährlich dem Feuer zum Opfer fiele. Heute, mit einer perfektionierten Feuerbekämpfung, brennt in ganz Deutschland noch 0,0001 % ab, 1993 z. B. 1461 ha (AID 2514/1994). Ein Habitattyp, der über Jahrtausende großräumig wechselnd und unvorhersehbar zur Verfügung stand, ist damit praktisch vollständig aus der Landschaft und somit auch als Lebensraum aus dem Ökosystem verschwunden.

Feuer ist weltweit auch bei allen Jäger- und Hirtenvölkern bis heute ein wesentliches Instrument des Weidemanagements und wurde bei frühen Jägern sicher gezielt eingesetzt (NILE & CLARK 1998). Nach den Erkenntnissen, die wir von Indianern (POKIESER & CHRIST 1999) und vielen anderen Jägerkulturen haben, müssen wir davon ausgehen, daß sich der Mensch seit der Eiszeit und wahrscheinlich schon davor des Feuers bedient hat, um Weideplätze zu schaffen und bestehende zu erhalten, oder um leichter jagen zu können.

Noch heute ist die zufällige Fleischgewinnung afrikanischer Brandrodungsbauern ein erfreuliches Nebenergebnis beim Brennen der Farmflächen. Beim Abbrennen der Wochen vorher gefällten und jetzt dürren Wälder, die für zwei bis drei Jahre zu Farmflächen werden, wird das Feuer so gelegt, daß Tiere, die sich in den oft mehrere Hektar großen Flächen verstecken, keine Fluchtmöglichkeiten haben (GATTER 1997, mit Foto S. 254). Die australischen Ureinwohner praktizierten das Abflämmen der Grassteppen weiträumig bis zur Ankunft der Europäer (NILE & CLARK 1998), und in Nordamerika spielt die Weiterentwicklung indianischer Feuerpraktiken eine wichtige Rolle im Wildlife-Management (PYNE 1982, GOSSOW 1997). Bekannt ist seine ursprünglich bedeutende Rolle bei der Pflege von *Calluna*-Heiden des nördlichen Mitteleuropa für die Schafhaltung (MÜLLER et al. 1997). In Sibirien sind Waldbrandflächen für die Bestände des Steinauerhuhns *Tetrao parvirostris* und andere Rauhfußhühner ein wesentlicher Bestandteil ihres Lebensraumes (ANDREEV & HAFNER 1998). Während Feuer im Bestandsmanagement der Rauhfußhühner in England und in Nordamerika längst einen festen Platz einnimmt, wird seine Bedeutung für ihre Erhaltung in Mitteleuropa erst neuerdings verstärkt diskutiert (KLAUS 1997).

Obwohl unser Wissen über die Landbewirtschaftung der letzten drei Jahrtausende zunehmend wächst (z. B. GEORGE 1996), spielt die Bedeutung des Feuers in der Diskussion kaum eine Rolle. Dabei war effektive Rodung und Landbewirtschaftung ohne Feuer mit den damaligen Werkzeugen gar nicht denkbar.

Feuer hat zur Aufbereitung landwirtschaftlicher Böden in Skandinavien und in Mitteleuropa bis ins 19. Jh. eine bedeutende Rolle gespielt. Auch spezielle Niederwaldformen wurden früher nach der Abholzung, entsprechend der Brandrodung in den Tropen, abgebrannt und ackerbaulich genutzt. Wie dort war der Boden nach 2 – 3 Jahren ausgemergelt und wurde zur Wiederbewaldung sich selbst überlassen (BARTSCH & BARTSCH 1940, HEIKINHEIMO 1915).

Das Abflämmen von Rainen, Heiden, Halbtrocken- und Trockenrasen durch Bauern und Schäfer war bis in die 1960er Jahre gängige Praxis und war letztendlich erst Mitte der 1970er Jahre völlig aus der Landschaft verschwunden. Auch bei der Pflege der Waldweide für Rinder, Schweine, Schafe und Ziegen wurde bis in das 20. Jahrhundert Feuermanagement betrieben (Kap. 15.8.2).

15.6.2 Der gesetzliche Ausschluß des Feuers

Nach der Naturschutzverordnung zum Reichsnaturschutzgesetz vom 18.3.1936 war das **unbefugte** Abbrennen der Pflanzendecke nur zwischen 15. März und 30. September verboten. Nach der Allgemeinen Naturschutzverordnung Baden-Württembergs vom 6. 6. 1963 war lediglich das **unbefugte** Abbrennen der Pflanzendekke generell verboten, mit behördlicher Genehmigung jedoch nach wie vor erlaubt. Generelle Verbote erfolgten mit den neuen Landesnaturschutzgesetzen, in Baden-Württemberg ab 1974. In den anderen Bundesländern erfolgten um diese Zeit entsprechende Regelungen. Somit liegen inzwischen etwa drei Jahrzehnte ohne Feuereinfluß hinter uns.

Teilweise bis Anfang der 1960er Jahre rückten auf der Alb von den Gemeinden bezahlte Tagelöhner aus, die mit der Reuthaue (Rodehakke) aufkommendes Gesträuch auf den Gemeindeweiden entfernten. Das kontrollierte Abbrennen verwildernder Teilbereiche in wechselnden Rhythmen gehörte dabei zum normalen Pflegemodus. Die als Weide bewirtschaftete Kuppe des Vulkankegels Egelsberg bei Weilheim/Teck trug in den Jahren nach dem Brand eine blaue Kappe blühender Kalkastern *(Aster amellus)*, die danach wieder vom Gras ausgedünnt wurde und zurückging. Heute bedecken ausgedehnte Schlehengestrüppe und Waldsukzessionen diese und andere für das Albvorland so typischen Kuppen mit ihrer ehemals reichen Fauna und Flora als Vorstufe einer baldigen Bewaldung (GATTER 1996).

Das Flämmverbot war u. a. eine Forderung von Naturschutzverbänden, um die Tierwelt dieser Lebensräume zu schonen. Doch gerade sie wurde dadurch unvermutet langfristig in Bedrängnis gebracht.

15.6.3 Feuer als landschaftsprägender und diversitätsfördernder Faktor

In den hier behandelten menschlich erzeugten „Ersatzgesellschaften" ist meist der jährliche Zuwachs größer als der Abbau. Sobald Flächen nicht mehr bewirtschaftet werden, findet eine starke Anhäufung organischer Substanz statt, die immer weniger Pflanzenarten das Überleben ermöglicht (GOLDAMMER et al. 1997).

In natürlichen Zersetzungsprozessen von krautiger und verholzter Materie wird der in der Biomasse gespeicherte Kohlenstoff freigesetzt. Wird die Materie verbrannt, wird ebenfalls CO_2 an die Atmosphäre abgegeben. Unabhängig der Bilanzen von z. B. Stickoxiden etc. geschieht dies CO_2-neutral, d. h. es wird nicht mehr freigesetzt als vorher gebunden war bzw. bei natürlichen Verrottungsprozessen frei wird. Verstärkte Anreicherung von CO_2 in der Atmosphäre ist nur zu erwarten, wenn, wie derzeit in den tropischen und borealen russischen Wäldern, wo das meiste CO_2 gebunden ist, überdurchschnittlich viel verbrennt, so daß die Bilanz zwischen CO_2-Abgabe und neuer Bindung nicht ausgeglichen ist.

In den gemäßigten und borealen Zonen der gesamten Holarktis hat das Feuer als natürlicher Faktor die Sukzession von Wald und Offenland wohl schon immer maßgeblich beeinflußt. Trotzdem wurde sein Einfluß auf die Urlandschaften durch die Vegetationskundler bis heute weitgehend negiert. Nur für die borealen Wälder war die Bedeutung dieses Umweltfaktors schon lange bekannt und als maßgeblicher Faktor der Florenbeeinflussung anerkannt (z. B. SPURR 1964, BARNES 1966). BARNES (1969), SPIES et al. (1988) und viele andere haben den enormen Einfluß des Feuers auf nordamerikanische Wälder und die anschließende Entwicklung des darauf folgenden Offenlandes und der neuen Waldgeneration, aber auch auf die der Prärien beschrieben. Als Ergebnis der Waldbrände entstehen vielfach natürliche Reinbestände von Laub- oder Nadelbäumen (BARNES 1969, 1995), denen je nach Hitzewirkung des Brandes in vielen Fällen Stadien offener Wiesen bzw. tundrenähnlicher Vegetation vorausgehen können. Neuere Forschungsergebnisse aus Skandinavien und Rußland bestätigen dies (WALTER & BRECKLE 1994, BEMMANN 1995, KLAUS et al. 1995, PAGE et al. 1997).

Aus dem gemäßigten Klima Mitteleuropas war in dieser Hinsicht wenig bekannt: Von Frühjahr bis Herbst 1811 brannten im Urwald von Bialowieza/Ostpolen riesige Flächen ab, bis das Feuer durch Regen im Herbst erlosch. Die Kiefer *Pinus sylvestris* verjüngte sich anschließend auf großen Flächen (A. SZYMURA pers. Mitt.; siehe auch Kap. 15.8.1). Nach CLARK et al. (1989) beeinflußte Feuer die Wälder oder allgemein jede Vegetation zwischen 8000 v. Chr. und dem Mittelalter weit mehr als dies zu erwarten war. Eine wichtige Erkenntnis ist dabei, daß schon vor einer Einflußnahme durch Brandrodung neolithischer Bauern die damaligen gemischten oberschwäbischen Laubwälder in Abständen von ca. 210 bis 300 Jahren Großbränden zum Opfer fielen. Die an die Brände anschließende Pollenabfolge zeigt ein Sukzessionsgefüge, in dem zunächst Hasel und Esche, nach 100 bis 150 Jahren Eiche und Ulme, nach 125 bis 175 Jahren die Linde und nach 250 Jahren die Buche dominierten. Gräserpollen lassen darauf schließen, daß es sich um offene Wälder handelte, was möglicherweise auf hohen Wildreichtum schließen läßt (Anm. des Verf., siehe Kap. 15.8.1, 15.8.2).

Das Flämmen war eine Austragsnutzung, bei der ± der gesamte Zuwachs entnommen wurde. Bei Überhitzung entstanden auch vegetationsfreie Stellen, Ansätze für starke Erwärmung und rasche Abtrocknung bei bereits geringer Sonneneinstrahlung und damit Schaffung eines kontinental geprägten Mikroklimas.

Das gesetzliche Flämmverbot führte zu einer höheren und dichteren Vegetation und damit zu kühlerem und feuchterem Bestands- bzw. Mikroklima. Heute, nach drei Jahrzehnten Flämmverbot, tragen viele Weiden, Ackerraine und Böschungen fortgeschrittene Waldsukzessionen. Besonders in collinen und montanen Bereichen mit schmalen terrassenartigen Parzellen gingen auch die Ackerparzellen zwischen den Rainen im Schatten der aufkommenden Waldsukzession verloren. Damit verschwand nicht nur der kleinparzellierte Wechsel von Acker, Wiese, Weide und Ödland aus der Landschaft, sondern auch die typische Gesellschaft angepaßter Arten. Das Flämmverbot hat sicher auch dazu beigetragen, der Flurbereinigung Vorschub zu leisten. Heute, nach drei Jahrzehnten Herbizideinsatz, der das Flämmen zeitlich nahtlos ersetzte, wird versucht, die letzten Weiden auf Halbtrockenrasen etc. mit teurer Entkusselung und Mahd zu erhalten. Dazu wird unersetzliche fossile Energie eingesetzt. Das ehemalige Arteninventar vermögen diese Maßnahmen jedoch nicht zu erhalten.

Daß der Niedergang der an diese Habitate angepaßten Arten zeitgleich mit dem Greifen des Flämmverbots einherging, hat sicher teilweise auch andere Gründe. Daß aber die Flächenverluste an geeigneten Lebensräumen, die durch das Flämmverbot eintraten, und diejenigen durch Eutrophierung (Kap. 15.5) an erster Stelle zu nennen sind, liegt auf der Hand. Sicher beeinflussen weitere Faktoren im Mittelmeergebiet oder in Afrika die ziehenden Vogelarten. Die stabilen oder weit weniger zurückgehenden Bestände in ostdeutschen Trockengebieten (NICOLAI 1993b) und auf Truppenübungsplätzen zeigen jedoch, daß die Rückgangsursachen zuerst vor Ort gesucht werden müssen (GATTER 1996).

Das Flämmen förderte nicht nur wärmeliebende Insektenarten, die auf offenen Bewuchs angewiesen sind (HANDKE 1997), sondern Reptilien und zahlreiche Arten halboffener Böden und niedriger Sukzessionen. HANDKE (1997) kommt nach Untersuchungen auf regelmäßig gebrannten Flächen zu dem Ergebnis, daß dies nicht zu einer starken Veränderung der Fauna führt, sondern sogar ein Beitrag sein kann, auch seltene und gefährdete Arten zu fördern. Insbesondere auf regelmäßig gebrannten Flächen fanden sich besonders viele thermophile Wirbellose. Nach SCHREIBER (1997) erweitert das Brennen das fast über die gesamte Vegetationsperiode blühende Artenspektrum der Blütenpflanzen. Die Bildung von Ameisenhügeln beurteilt SCHREIBER (l. c.) für einzelne Brandflächen besser als bei allen anderen Bewirtschaftungsmaßnahmen, ein Gesichtspunkt, der bei Schutzmaßnahmen für die „grünen" Spechte und den Wendehals Beachtung finden sollte (Anm. des Verf.).

Wald- und Buschbrände in Frankreich hatten dort eine Erhöhung der Artenzahl und Diversität zur Folge, die sich besonders positiv für bedrohte Arten auswirkte (MARTIN 1983) und zur Diskussion über die Möglichkeiten kontrollierten Brennens geführt hat (PRODON 1987). In Anerkennung der Tatsache, daß regelmäßige Feuer natürlicher Bestandteil des Lebenszyklus borealer Ökosysteme sind (WALTER & BRECKLE 1994, PAGE et al. 1997), gehört kontrolliertes Brennen neuerdings in Skandinavien wieder verstärkt zum Habitatmanagement der Taigawälder (Kap.15.8.5, NIEMINEN 1994, PARVIAINEN 1994, BALTSCHEFFSKY 1995). Auch für Deutschland kommen GÖTZE & BROCKMANN (1997) zu dem Schluß, daß kleinflächige Winter- und Sommerbrände im Wald und in waldfreien Bereichen ein wichtiges und wirksames Mittel der Landschaftspflege und -gestaltung sind, bei dem mögliche ökologische Nachteile deutlich hinter den Vorteilen zurücktreten.

15.6.4 Das Abflämmverbot als Rückgangsursache von Vogel-, Reptilien- und Insektenarten

Daß Feuer bei der Bewirtschaftung der Weiden des süddeutschen Jura und der Muschelkalklandschaften keine Rolle gespielt haben soll, ist wohl ebenfalls ein Trugschluß. MATTERN (1985) und PFEIFER (1995) geben Beispiele für die enormen Flächenverluste der süddeutschen Heiden und Halbtrockenrasen in jüngster Zeit. Über das Werkzeug des Flämmens als Hilfsmittel zu ihrer Offenhaltung liegen dagegen kaum Informationen vor. ZIMMERMANN (1979) stellte schon damals fest, daß die Nachhaltigkeit und Biodiversität von Trockenrasen eigentlich nur durch Überbrennen – zusammen mit zusätzlichen mechanischen Verfahren – erhalten werden kann. Auch WEGENER (1997) kommt in seinen Überlegungen zu dem Ergebnis, daß großflächige waldoffene Heide- und Trockenrasengebiete ohne Anwendung des Flämmens kaum über längere Zeit frei zu halten sind. Selbst zur Erhaltung gefährdeter Vogelarten auf Ackerbrachen und als Vorbeugung gegen deren Verbuschung wird Flämmen im Winter vorgeschlagen (FISCHER & SCHNEIDER 1996).

Vom Rückgang solcher Habitate und von einem Bestandsrückgang xerothermer Insekten direkt betroffen sind zahlreiche Vogelarten. Auf der Roten Liste der bestandsgefährdeten Vogelarten Deutschlands stehen praktisch alle Brutvögel offener Heiden und Raine. Sollte es ein Zufall sein, daß gerade der letztendliche Niedergang von Vogelarten der Heiden und Trokkenrasen gleichzeitig mit dem Verbot des Feuers als legalem Instrument der Landbewirtschaftung einhergeht?

Eigene Untersuchungen in SW-Deutschland ergaben Hinweise auf Feuer als unmittelbaren Einflußfaktor auf die Vogelwelt. Bei Bodenvögeln wie Heidelerche, Steinschmätzer und Baumpieper ließ sich der direkte Zusammenhang zwischen Brandflächen und Neuansiedlung herstellen. Im Umkehrschluß konnte das Verbot als Ursache für Rückgänge vermutet werden. In den meisten Fällen hat sich das Verbot des Flämmens über Flächenverluste und schon vorher über Vegetationsveränderung indirekt auf die Bestände ausgewirkt.

Bei der Heidelerche bestanden in SW-Deutschland auch außerhalb der Schwäbischen Alb bedeutende Vorkommen (GATTER 1970a, HÖLZINGER 1987). Ein kennzeichnendes Bild im Bereich der Weinbergpopulationen war in den 1960er Jahren das Konglomerat aus schwarz gebrannten brachliegenden Weinbergparzellen und bebauten Weinbergen. Es ist bezeichnend, daß man sich erst heute, nachdem viele Arten verschwunden sind, Gedanken über eventuelle positive Auswirkungen dieser Brandflächen macht.

Zu den vom Flämmen profitierenden Arten gehören auch Rebhuhn, Wiedehopf, Ziegenmelker, Wendehals, Grün- und Grauspecht, Neuntöter und Raubwürger, Feldlerche, Brachpieper, Schwarz- und lokal Braunkehlchen. Indirekt und unter bestimmten örtlichen Gegebenheiten können Dorn- und Klappergrasmücke und viele weitere über die Erhaltung niedriger Sukzessionen Vorteile aus dem Brennen ziehen.

Zusammenfassung
15.6 Feuer als Bestandteil der Dynamik mitteleuropäischer Ökosysteme

Feuer war nach der Eiszeit immer ein Bestandteil der Dynamik mitteleuropäischer Ökosysteme. Es hat als Instrument der Landbewirtschaftung bis in die 1960er Jahre eine Rolle gespielt. Schon vor dem Auftreten der ersten Bauern im Neolithikum haben Waldbrände zunächst die borealen nacheiszeitlichen Wälder, später die Laubwälder heutiger Prägung in zyklischen Abständen zerstört. Es muß davon ausgegangen werden, daß Feuer auch als Methode der Jagdbewirtschaftung seit Jahrtausenden eingesetzt wurde und daß diese Schaffung von Weideflächen mit dem Rückgang der großen Wildtiere und der Zunahme domestizierter Herden zunehmend von Hirten betrieben wurde. Der Ausschluß des Feuers als Instrument der Landbewirtschaftung zog sich z. B. in Baden-Württemberg schrittweise in mehreren Gesetzen und Verordnungen von 1936 bis 1974 hin.

Das Feuer verschwand damit als landschaftsprägender und diversitätsfördernder Faktor. Die Bewaldung von Rainen und Heiden bzw. eine dichtere Vegetation auf dem verbleibenden Ödland mit einem feuchteren und kühleren Bestandesklima der betroffenen Habitate war die Folge. Das Verbot des Abflämmens wird als eine der Rückgangsursachen von zahlreichen Insekten-, Reptilien- und Vogelarten angesehen. Direkte Bezüge konnten für Heidelerche, Steinschmätzer und Baumpieper hergestellt werden.

Summary
15.6 Fire as a component of the dynamics of Central European ecosystems

Since the Ice Age fire has always been a factor in the dynamics of Central European ecosystems. It also played a role as an instrument of agricultural husbandry into the 1960s. Even before the appearance of the first Neolithic farmers, regular cycles of forest fires destroyed the post-Ice Age boreal forests and later the "modern-type" deciduous forests. It can also be assumed that fire has been used for thousands of years to create and manage open pastures for hunting and that with the disappearance of large wild herbivores, and the increase in domestic stock, the pasture thus created has been maintained ever since by herdsmen. The prohibition of fire as an agricultural instrument was gradually effected in Baden-Württemberg in a series of laws and regulations between 1936 and 1974.

Therefore fire disappeared as a landscape-shaping and diversity-encouraging factor. The end result was the forestation of marginal grassland and heathland, as well as denser vegetation on the remaining fallow land with a damper and cooler microclimate in the habitats under consideration. The ban on controlled burning and the resultant loss of habitats are discussed as a cause for the decline of many insect, reptile, and bird species such as Lullula arborea, Oenanthe oenanthe, *and* Anthus trivialis.

15.7 Anthropogene Verlustursachen und Störreize

Nach STOCK et al. (1995) sollte der wertende Begriff „Störung" aus der Forschung herausgehalten werden, nicht aber aus der Bewertung von Forschungsergebnissen. Die Autoren plädieren für eine klare Trennung nach Störreiz und Störwirkungen.

Anthropogen bedingte Verluste durch Jagd, elektrische Leitungen, Straßen oder auch indirekte Verluste als Folge anhaltender Störungen mögen jeweils getrennt in vielen Fällen nicht ausreichen, Populationen negativ zu beeinflussen. In ihrer Summierung können sie jedoch bei vielen Arten erheblich sein, besonders wenn weitere Faktoren wie interspezifische Konkurrenz und erhöhter Prädationsdruck dazu kommen. Der umgekehrte Fall tritt ein, wenn eine bisher durch den Menschen in seinem Umfeld nicht geduldete Art durch einen Bewußtseinswandel plötzlichen Schutz genießt. Bestandszunahme und Verhaltensänderungen haben über soziale Interaktionen komplexe Folgen auch auf andere Arten, wie dies ZWARTS (1980) in anderem Zusammenhang belegen konnte.

15.7.1 Jagd

Bejagung wird in der Regel als ein gravierender Eingriff in Populationen betrachtet. Während die Erfahrungen mit dem negativen Einfluß der Jagd, der über Bestandsrückgänge bis zur völligen Ausrottung einer Tierart führen kann, in der Fachliteratur bereits Bände füllen, ist über die Auswirkungen von Jagdverboten bisher wenig bekannt. Wir sind dabei, erste Erfahrungen dazu zu sammeln! Die Bejagung verändert mehr oder weniger natürliche Konkurrenzverhältnisse. Vielfach wird ihr Sinn gerade darin gesehen, daß durch die Bejagung der einen Art die Ressourcen für eine andere Art verbessert werden, um diese dann unter den verbesserten Bedingungen verstärkt bejagen zu können. Dies unterliegt im Prinzip ähnlichen Regeln, wie sie in der Natur im Verhältnis zwischen Prädator und Beute vorkommen, wenn sich ein wichtiger Außenfaktor verändert, wofür NEWTON (1998) zahlreiche Belege liefert.

Besonders in Mitteleuropa herrscht seit Jahrzehnten ein Widerstreit unter Natur- und Tierschützern, inwieweit in Tierpopulationen zugunsten anderer Arten eingegriffen werden oder alles sich selbst bzw. einem – nicht vorhandenen – ökologischen Gleichgewicht (REICHHOLF 1993) überlassen bleiben soll.

Ein derzeit eindrucksvolles Beispiel für die Einflußnahme des Menschen auf eine Tierart ist der Fuchs. Das Tragen von Pelzen ist als Folge tierschützerischer Aktivitäten weltweit verpönt, die Bejagung läßt nach. Weil der Mensch statt der bisherigen starken Bejagung über die Impfung von Füchsen danach trachtet, die Übertragung von Fuchskrankheiten auf den Menschen zu verhindern, verändert er über die Zunahme des Fuchses die Populationsentwicklung zahlreicher Tierarten teils direkt, teils indirekt (Kap. 16).

Ein wichtiger, indirekter Einfluß der Jagd, der sich wahrscheinlich derzeit stärker auf die Avifauna auswirkt als der Abschuß von Populationsanteilen bestimmter Tierarten, ist in der flächendeckenden Wildfütterung zu sehen. Durch diese Maßnahme, die in den letzten Jahren ein erhebliches Ausmaß angenommen hat, werden bestimmte Wildarten, aber auch nicht bejagte Tierarten auf Kosten anderer stark gefördert.

Bejagung von Greif- und Großvögeln: Die Bejagung führte insbesondere zwischen der 2. Hälfte des 19. Jahrhunderts und den 1920er Jahren in weiten Teilen Europas zum lokalen, regionalen oder großräumigen Aussterben vieler Greifvogelarten. Den Umfang der Jagd auf „schädliche Raubvögel und Raubzeug" um die Wende zum 20. Jahrhundert vermitteln die Jagdstrecken der Fürstlich Fürstenbergischen Besitzungen, einem kleinräumigen Gebiet am Ostrand des Schwarzwaldes. Zwischen 1886 und 1937 wurden dort 1107 Reiher, 3 Fischadler, 8 Uhus, 22.451 sonstige Greifvögel und 200.856 Rabenvögel und Würger erlegt. Unter dem „gefiederten Raubzeug" waren jährlich bis zu 400 Raubwürger, die heute als extrem bedroht gelten (HOCKENJOS 1995). Für den Abschuß von Greif- und Rabenvögeln wurden schon im 17. Jahrhundert vielfach hohe Prämien gezahlt (siehe z. B. LOOFT & BUSCHE 1981). Neben Bartgeier und den Adlern, die bei normalerweise hoher Lebenserwartung nur eine geringe Reproduktionsrate aufweisen, verschwanden zeitweise in großen Regionen selbst Arten mit vergleichsweise hoher Nachwuchsrate wie Schwarzmilan, Rotmilan und Rohrweihe (z. B. in Schleswig-Holstein, Looft & Busche 1981). Wie zögernd Populationserholungen erfolgen können, zeigte der Rotmilan in Wales/Großbritannien. Durch Verfolgung war die Population 1905 auf 5 Vögel geschrumpft. Der sich erholende Bestand war 1938 (bei vermutlich anhaltender Verfolgung) erst auf 15 Vögel angewachsen (Witherby et al. 1943). 1987 waren es dann wieder 57 Paare (Marchant et al. 1990). Der Seeadler war Ende des letzten Jahrhunderts in Mecklenburg auf einem der Ausrottung nahen Tiefstand von weniger als 10 Paaren und in Schleswig-Holstein schon um 1875 ausgerottet (Looft & Busche 1981). In Brandenburg war der Bestand zwischen 1910 und 1920 nahezu erloschen (Fehler 1983), hatte aber durch Schutzmaßnahmen 1945 wieder einen Bestand von mindestens 86 Brutpaaren erreicht (Oehme 1977). Bestandserholungen nach Einführung strenger Jagdverbote und Schutzvorschriften gab es beim Rotmilan in Schweden und bei Rohrweihen in Dänemark. Nach Jagdverbot zur Brutzeit ab 1922 und ganzjähriger Schonzeit ab 1954 kam es dort zu Neuansiedlungen der Rohrweihe. Nach dem Schutz ab 1919 wuchs der Rotmilanbestand in Schweden bis 1944 wieder auf 50 Paare an. Aus weiten Teilen Deutschlands sind Arten wie Kolkrabe und Uhu durch menschliche Verfolgung bereits frühzeitig verschwunden (z. B. Pfeiffer 1925). Die gesamte ehemals besiedelte Norddeutsche Tiefebene ist auch heute noch frei von Steinadlern (zum ehemaligen Vorkommen siehe Deppe 1974, 1998). Während der Kormoran als Fischereischädling großräumig ausgerottet war und der Bestand sich erst wieder in den letzten 20 Jahren erholt hat (Knief 1996), blieb der weniger konzentriert brütende Graureiher durch rechtzeitig einsetzende Schutzmaßnahmen landesweit als Brutvogel erhalten. Auch die Felsbrüterpopulation des Wanderfalken konnte in Deutschland durch Schutzmaßnahmen im letzten Moment erhalten werden, während die Baumbrüter Mitteleuropas ausstarben. Bei den Greifvögeln sind die Bestände vieler Arten neben der Jagd in den 1960er und 1970er Jahren in erheblichem Umfang durch Umweltvergiftungen dezimiert worden (Kap. 15.4). Da in diesen Jahren in größerem Umfang der Nachwuchs ausblieb, wirkten sich weitere Abschüsse viel gravierender aus als in den Jahren zuvor. Diese in weiten Teilen Europas beobachtete allgemeine Populationsabnahme führte in den späten 1960er und 1970er Jahren in vielen Ländern zu Gesetzen zum Schutz der Greifvögel (z. B. „Verordnung des Ministeriums für Ernährung, Landwirtschaft und Umwelt zum Schutz der Greifvögel“ vom 1.4.1975 in Hölzinger 1987). Von illegalen Fängen mit Tötung und Abschüssen in größerem Umfang ist bei uns noch nach wie vor der Habicht *Accipiter gentilis* betroffen (z. B. Dobler & Siedle 1993, Franz 1986, Bühler 1991).

Bei der dunkelbäuchigen **Ringelgans** *Branta b. bernicla* wurde in den Winterquartieren ein katastrophaler Rückgang der Population von mehreren Hunderttausend in der ersten Hälfte dieses Jahrhunderts auf nur noch etwa 10.000 um 1950 beobachtet. Erst Nowak (1995) zeigte, daß die Bejagung und der Fang der Mauservögel in der nördlichen Sowjetunion und nicht, wie vielfach vermutet, negative Umweltveränderungen im Winterquartier als entscheidende Ursache anzusehen waren. Inzwischen ist die Population wieder auf bis zu 300.000 Vögel angestiegen. Auch beim gravierenden Rückgang der fennoskandischen Population des Großen Brachvogels wird die Jagd als bedeutender Faktor plausibel gemacht. In den 1950er Jahren wurden bei einer Winterpopulation von 175.000 – 275.000 jährlich 45.000 – 50.000, zwischen 1961 und 1976 noch durchschnittlich 42.000 Brachvögel allein in Dänemark geschossen (Møller 1978). Der stärker außerhalb der Jagdzeit durchziehende, geringer beschossene Regenbrachvogel zeigte keinen entsprechend negativen Trend. Bei Arten wie dem Großen Brachvogel, mit einer geringen natürlichen Mortalität (ältester Ringvogel über 31 Jahre), einem Brutbeginn erst im 2. Lebensjahr und geringer Reproduktionsrate, kann eine Verdopplung der Jungvogelmortalität durch die Jagd, wie Meltofte (1986) abschätzte, einen entscheidenden Einfluß auf die Entwicklung des Gesamtbestandes haben. Aufgrund veränderter Jagdzeiten ging ab 1983 die jährliche Strecke auf 10.000 Brachvögel zurück. Trotzdem nimmt der Bestand möglicherweise aufgrund anderer anthropogener Faktoren weiterhin ab (Snow & Perrins 1998). Die intensive Bejagung hat den verwandten Eskimobrachvogel (*Numenius borealis*) Amerikas, wenn nicht ausgerottet, so zumindest an den Rand des Aussterbens gebracht. Es war im letzten Jahrhundert nicht ungewöhnlich, daß Jagdgesellschaften von 25 bis 30 Jägern an einem Tag 2000 Vögel dieser Art nach Hause brachten (Johnsgard nach Meltofte 1986).

Tauben: Die Bejagung der über ein halbes Jahr laufend reproduzierenden Hohl- und Ringeltauben wirkt sich in einigen europäischen Brut-, Durchzugs- und Überwinterungsgebieten offensichtlich kaum oder nicht erkennbar aus, da deren Bestände z. B. in England trotz starker Bejagung in erster Linie durch das Nahrungsangebot im Winter reguliert werden (MURTON et al. 1964, INGLIS et al. 1990). Die sinkenden Durchzugszahlen gerade der aus Richtung des Randecker Maars kommenden Zugströme der Ringeltaube führt A. JEAN (briefl. und 1996) anhand der Ergebnisse von Pyrenäenpässen allerdings auf die dortige Bejagung zurück, die nach seiner Ansicht über die Reproduktionsrate hinausgeht. Dabei ist zu beachten, daß die kontinentalen Tauben zusätzlich dem Prädationsfaktor Marder ausgesetzt sind, der in England fehlt (Kap. 16). Der Einfluß der Marder dürfte sich auf dem Kontinent weit gravierender auswirken als die Bejagung (SØNDERGAARD 1996, Kap. 16, 17 und 18). Anders lassen sich die divergierenden Populationstrends kaum erklären.

Beide Arten werden derzeit durch Veränderungen im landwirtschaftlichen Bereich gefördert, so z. B. durch Raps- und Maisanbau in Mitteleuropa und massive Ausweitung des Getreideanbaus in Spanien auf vorher extensiv bewirtschaftetem Weideland.

Singvögel: Die Vogeljagd ist auch heute im südlichen Europa stellenweise noch weit verbreitet und spielt in Nordafrika vom Mahgreb bis Ägypten eine bedeutende Rolle. Nach Schätzungen von MOREAU (1972) ziehen etwa 4,3 Mrd. Passeres jährlich über das Mittelmeer, davon etwa ein Sechstel, also 700 Mio., über Italien. Anhand der Verkaufszahlen von Patronen für die Kleinvogeljagd (1983: 120 Mio.) schätzten MASSA & BOTTONI (1989) den Anteil der Jagdopfer am Durchzugsaufkommen über Italien auf 1,5 – 7,5 %. Sie gingen von einer Trefferquote von 10 – 50 % und damit 12 – 60 Mio. getöteter Kleinvögel bei der Lockvogeljagd aus. Hinzu kommen einige Mio. in Netzen gefangener Kleinvögel (SPINA 1986). In den 1970er Jahren müssen die jährlichen Abschußzahlen um ein Vielfaches höher gelegen haben, nach Schätzungen anderer dort genannter Autoren bei 100 – 150 Mio. (also 15 – 20 %!). BERTHOLD (1990a) gibt für Italien sogar 175 Mio. und für die gesamte Mittelmeerregion mehrere hundert Mio. Vögel an. MASSA & BOTTONI (1989) gehen in Anbetracht der langen Tradition der Vogeljagd im Mittelmeer davon aus, daß die heute zu verzeichnenden Rückgänge bei einigen Vogelarten darauf zurückzuführen sind, daß zu der Jagd noch andere negative Faktoren hinzugekommen sind. In Einzelfällen kann sich aber auch die Jagd alleine katastrophal auswirken, so bei Vogelarten, die als Trophäen gejagt werden, wie manche Greifvögel oder besonders auffällige und bunte Vogelarten wie Bienenfresser, Blauracke, u. a., die auch als Präparate gehandelt werden. SPINA (1986) nimmt an, daß es einen größeren Schwarzmarkt für Eier und Präparate geschützter Arten gibt (weitere Hinweise IAPACHINO & MASSA 1989, FLINT & STUART 1992). Der für einige Arten in den letzten Jahrzehnten greifende Schutz (z. B. für Reiherkolonien etc.) führt inzwischen zu einer Bestandserholung mit Vervielfachung der Überwinterungszahlen bis nach Westafrika (BÜTTIKOFER 1890, GATTER 1997) und auch zu verstärkten Einflügen nach Mitteleuropa, die häufig mit Ansiedlung verbunden sind. Dieser Effekt überlagert sich wohl mit Einflügen, die auf Grund klimatischer Faktoren verstärkt diskutiert werden, und machen eine Abgrenzung schwierig.

Arten mit hoher Lebenserwartung und geringer Reproduktionsrate, wie die Blauracke (siehe Kap. 18), sind durch Bejagung besonders gefährdet. Ähnlich negative Einflüsse werden der Frühjahrsbejagung von Arten mit geringer Lebenserwartung zugeschrieben, da die artspezifischen Winterverluste hier bereits aufgetreten sind. Eine zusätzliche jagdbedingte Mortalität kann sich insbesondere bei Arten, die bereits aus anderen Gründen unter suboptimalen Bedingungen leben, katastrophal auswirken.

15.7.2 Störungen

Neben der direkten Tötung wird immer wieder die erhebliche Störung der Vögel durch die Jagdausübung betont. Der erhöhte Energieverbrauch bei Ausweichflügen und fehlende Zeit zur Nahrungssuche können die Fitness der Vögel beeinträchtigen. Hohe Fluchtdistanzen können dazu beitragen, daß Gebiete mit starken Störeinflüssen von einer Art nicht besiedelt werden können. Eine Zusammenfassung sowie weitere Literatur über Auswirkungen jagdbedingter Störungen ist bei BELL & OWEN (1990) zu finden.

Der Mensch wird von den meisten Vogelarten als möglicher Prädator eingestuft, wie die

Unterschiede in der Fluchtdistanz z. B. im Vergleich zu Rindern oder Pferden zeigen. Viele Vogelarten halten deshalb zu Siedlungen, zu Wegen und anderen durch den Menschen genutzten Bereichen Abstand, was ihr besiedelbares Nahrungs- oder Brutareal verringert. Dieses Störpotential nimmt ständig zu. Selbst die ehemals ruhigen Ecken an den Markungsgrenzen verschwinden durch neu gebaute Verbindungswege immer mehr. Die zunehmende Freizeit und erhöhte individuelle Mobilität führt den Menschen – vielfach abseits der Wege – vermehrt in die Reste der Naturlandschaft und in die landwirtschaftlich genutzten Regionen. Störungen sind ein negativer Faktor der Habitatqualität und gestörte Zonen damit als suboptimal einzuordnen. Sie werden bei vielen Arten, wenn überhaupt, verstärkt von Jungvögeln besiedelt (Reijnen & Foppen 1991, Hüppop & Hüppop 1995). Bestimmte Tierarten werden geradezu aus der Landschaft „herausgestört“ (Zande et al. 1980, Boschert 1993, Bruns et al. 1994). Wege machen Störungen zudem unabhängig von der Tages- und Jahreszeit und damit für Tiere unkalkulierbar. Das Auto wird in Wald und Feld zu einem von der Evolution nicht vorgesehenen „Prädator“, der weder vom tageszeitlichen Aktivitätsmuster noch von der Geschwindigkeit oder Gefährlichkeit (z. B. Jagd aus dem Auto) einzuschätzen ist. Rebhuhnbestände werden durch erschließungsbedingte Störungen erheblich beeinträchtigt (Illner 1992), und die Zeitbudgets während der Jungenaufzucht können stark belastet werden (Plumpton & Lutz 1993). Der Bau befestigter Feldwege ermöglicht zudem Freizeitaktivitäten wie Inlineskating, Mountainbiking und Modellflug sowie Paragliding in abgelegenen Gebieten, die von den Kommunen gern abseits der üblichen Erholungsströme genehmigt werden (Ingold et al. 1992). Auch der sich „im Einflußbereich seines Herrn“ bewegende Hund (ein enorm zunehmender Störfaktor) schränkt den ungestörten Bereich zwischen den Wegen erheblich mehr ein als der Spaziergänger alleine, der auf den Wegen bleibt.

An ununterbrochenen Verkehr gewöhnen sich schwarmbildende Vögel wie Krähen, Kiebitze und Gänse eher als an die unregelmäßigen Störungen, die von Wirtschaftswegen ausgehen (Gerdes 1994). Am Niederrhein lagen die Äsungsflächen der Gänse überwiegend 300 m oder mehr von der nächsten Störungsquelle (vielfach Straße) entfernt. Der Nahbereich wurde deutlich weniger genutzt als aufgrund der Fläche zu erwarten war (Mooij 1993). Die Einhaltung einer Mindestdistanz zur Störquelle schränkt bei vielen Vogelarten die nutzbaren Flächen im Winter deutlich ein und beschränkt damit die Kapazität der Landschaft. Vergleichbares gilt für die Brutzeit. Insgesamt ist die Brutvogeldichte in gestörten Bereichen deutlich kleiner als auf ungestörten (Hüppop & Hüppop 1995, Yalden 1986, Yalden & Yalden 1989). Relativ viele Untersuchungen beschäftigen sich mit dem Einfluß von Störwirkungen auf Wasser- und Strandvögel. Für Wasservögel werden Reduktionen des Brutbestandes um 80 % durch störende Angler am Unteren Inn angenommen (Reichholf 1988). Häufig behandelt ist der Einfluß auf Schwärme außerhalb der Brutzeit (Madsen 1995, Keller 1995, Reichholf 1970, 1988, Stock & Hofeditz 1996, Stock et al. 1995, Ketzenberg 1993). Störungen durch die Jagd sind ein bedeutender Faktor bei Wasservögeln und beeinflussen die potentielle Nutzung von Habitaten, Gewässern, Grünland und Ackerflächen gleichermaßen (Tamisier 1985, Bell & Owen 1990). Dieser Lerneffekt bewirkt, daß die Vögel auch gegenüber anderen Personen überempfindlich reagieren und deshalb große Flächen als Ruhe- und Nahrungsregionen ausfallen. Geringerer Fettansatz vor dem Zug kann die Folge sein, was wiederum die Chancen, Überwinterungs- oder Brutgebiete zu erreichen, verringern mag.

Wie sich Störungen indirekt auswirken können, zeigen Kormorane am Randecker Maar. Zunächst fiel auf, daß sich Zugbeobachtungen an Wochenenden häuften. Gegenüber dem Erwartungswert von täglich 14 % pro Wochentag, zogen an Sonntagen – dem Tag mit den größten Störungen an Gewässern – 45 % aller Kormorantrupps über die Schwäbische Alb (Steiof & Baumung 1988). Einmal aufgescheucht und über der Herbstnebeldecke ziehend, finden Kormorane keine Rastmöglichkeit mehr. In zwei Fällen landeten Kormorantrupps an der nahen Burg Teck auf Turm und Zinnen über dem Nebel mitten zwischen den Besucherscharen und konnten mit der Hand gegriffen werden bzw. stürzten in den umgebenden Wald, aus dem sie nicht mehr auffliegen konnten.

Das Bejagungsverbot einer Art wirkt sich auf andere Arten aus: Ein bisher wenig beachtetes Phänomen bieten uns einige Arten, bei denen der Wegfall der früheren Bejagung nicht nur die Populationsentwicklung, sondern auch das Verhalten beeinflußt.

Verringerte Fluchtdistanz vor dem Menschen nach mehr als einem Jahrzehnt ohne Bejagung beobachten wir derzeit bei Rabenkrähe und Elster. Ganzjährige Schonung eröffnet ihnen ein breites Feld neuer, vorher wegen hoher Fluchtdistanz nicht besiedelbarer Räume. Daraus folgt, daß auch ohne eine Bestandszunahme auf den bereits vorher besiedelten Flächen eine erhebliche Populationserhöhung über „Arealauffüllung" erfolgen kann. Das sich verändernde Artengefüge führt, sei es über Dominanz, aus Gründen der Nahrungskonkurrenz oder anderen Ursachen, eine Änderung der bisherigen Zusammensetzung herbei, die bis hin zu Arealreduktionen anderer Arten gehen kann (Kap. 16 – 18). Mehrere Autoren konnten an rastenden Watvögeln belegen, daß die Räumung von Nahrungsarealen nach anthropogenen Störreizen zu Dichtesteigerungen und Diversitätsverschiebungen in den Ausweichflächen führt. Dies kann verstärkte soziale Interaktionen nach sich ziehen. Die inter- und intraspezifische Konkurrenz kann sich erhöhen und Dominanzstrukturen verändern sich (GOSS-CUSTARD 1977, ZWARTS 1980). STOCK et al. (1994) führen dazu zahlreiche anthropogen verursachte Fälle an, die zu einer Verminderung der Fitness führen. Umgekehrt lassen sich diese Reaktionen wohl auf Arten übertragen, die über Zunahme nach Schutz eine Änderung der Dominanzverhältnisse in ihren Lebensräumen herbeiführen. Beispielhaft wird dies bei der Rabenkrähe in Kap. 17 gezeigt.

Es gibt Arten, die sich schon immer mit dem Menschen arrangierten oder ihm gar erwünschte Nachbarn sind und waren. Einige dieser Anpassungen sind als Folge des früher „prädatorfreien Raumes" im unmittelbaren Siedlungsbereich des Menschen zu sehen. Wenn der Mensch diese Freundschaft durch Duldung weiterer Arten ausdehnt, ändern sich die Relationen innerhalb dieser Artengemeinschaft, ohne daß deshalb insgesamt weniger Vögel vorhanden sein müssen. Ein Beispiel ist die Mehlschwalbe. Zunehmende Toleranz gegenüber den früher nicht in Ortschaften geduldeten Arten wie Marder, Waldkauz und Turmfalke macht diese Arten heute zu Mitbewohnern unserer Siedlungen. Gleichzeitig kündigen wir damit zunächst unbewußt den „Generationenvertrag", den der Mensch einst mit der Mehlschwalbe einging. Sie siedelte schon immer nur an den Häusern, wo sie geduldet wurde. Neben all den Schwierigkeiten, die sich durch asphaltierte Straßen und vieles andere ergeben, hat sie heute mit einem von Ort zu Ort variierenden Heer von verstädterten Prädatoren zu kämpfen. Diese öffnen ihre Natur- wie Kunstnester und tragen inzwischen dazu bei, manche Siedlung schwalbenfrei zu machen (Kap. 17). Wir sehen, wie vernetzt und schwierig diese Strukturen sind und daß meist nicht ein einzelner Faktor für den Rückgang einer Art verantwortlich ist.

15.7.3 Verluste durch Bauwerke und Verkehr

Bauwerke, Hochspannungsleitungen: Von Menschen errichtete Bauwerke führen insbesondere während der Zugzeit zum Tod einer großen Anzahl von Vögeln. Beleuchtete Bauwerke wie Leuchttürme und Hochhäuser ziehen verstärkt bei bewölktem Himmel nachts wandernde Vögel an, die teilweise daran verunglücken. SCHÜZ (1971) berichtet von verschiedenen Fällen, wo Vögel in großer Zahl an amerikanischen Wolkenkratzern zu Tode kamen. Am Washington-Monument (182 m) fand man nach 1,5 Zugstunden 576 tote Vögel. Auch Masten und Fernsehtürme werden vielfach zu Todesfallen. Auf Sylt verunglückten an einem 194 m hohen Sendemast und seinen Abspannseilen in 3 Zugnächten mehr als 900 Vögel, davon 2/3 Drosseln (KELM 1978). GÄTKE (1900) und HANSEN (1954) schildern die Verhältnisse an Leuchttürmen recht plastisch.

Hochspannungsfreileitungen sind schon lange als Vogelfallen bekannt. Den Beobachter verblüfft auch die bei bester Sicht teilweise erst sehr späte Reaktion von Vögeln auf die Drähte. Physikalisch ist es unmöglich, die Entfernung zu einer waagerechten Linie ohne Markierungen mit zwei waagerecht angeordneten Augen zu bestimmen. Auch für den Menschen ist dies nur durch Erfahrung möglich, indem man z. B. eine Verbindung zum Abstand der Masten und dem horizontalen Strich herstellt (R. SCHÜTT pers. Mitt.). Nach OGILVIE (1967) waren 44 % aller Totfunde in Großbritannien beringter Höckerschwäne Leitungsanflüge. Auch bei Störchen ist der Tod an Freileitungen die häufigste Todesursache in Europa (FIEDLER & WISSNER 1980). Bei Hamburg waren ca. 40 % der Anflugopfer „Tagzieher" (HOERSCHELMANN et al. 1988). Bei einer vergleichbaren Einordnung der in Kent/England an Leitungen umgekommenen Vögel auf Tag- und Nachtzieher wären danach knapp 55 % Tagzieher (davon 47 % Stare) und 45 % „echte"

Nachtzieher (Scott et al. 1972). Bei den Werten fällt der hohe Anteil an Tagziehern auf. Dabei ist aber in keinem Fall der tatsächliche Zeitpunkt des Anflugs bekannt, da alle Vögel tags eingesammelt werden. An einer im Blickfeld der Beobachter am RM liegenden 20-KV-Leitung, wo keine tief und schnell fliegenden Wasservögel vorkommen, kennen wir allerdings nur nächtliche Anflüge.

Im Bereich eines Feuchtgebietes mit hoher Vogeldichte in den Niederlanden schätzte Heijnis (1980) die Anzahl der Anflugopfer an Leitungen auf 700 Vögel/km/Jahr. An einer Hochspannungsleitung quer über einen Stausee im Binnenland bei Altenburg/Sachsen wurden in 8 Jahren auf 800 m Leitungslänge allein 132 Zwerg- und 74 Schwarzhalstaucher, 1415 Enten und mehr als 630 Limikolen tot aufgefunden (Grosse et al. 1980). Für die Größenordnung von 76.000 km Hochspannungsleitungen (> 110 kV) in der alten Bundesrepublik schätzten Hoerschelmann et al. (1988) jährlich 30 Mio. Leitungsopfer. Aber in dieser Kalkulation sind die vielen Freileitungen in geringerer Höhe nicht enthalten. Haas (1980) führt insgesamt rund 480.000 km Freileitungen an. Damit dürfte obige Zahl die gesamten Verluste eher deutlich unterschätzen. Neben den Anflugopfern kommt insbesondere bei Großvögeln noch eine hohe Anzahl von Stromschlagopfern hinzu (Haas 1980). Grundsätzlich gilt bei Freileitungen, wie der von uns im Stationsbereich vor allem nach frühen Schneefällen im Oktober/November kontrollierten, daß ein erheblicher Teil der meist nachts verunglückenden Durchzügler noch in der Nacht vom Fuchs abgesammelt wird. Diese Verluste werden bei Zählungen nicht mit erfaßt. Weitere Informationen finden sich in dem umfangreichen Band von Richarz & Hormann (1997).

Anflüge gegen Verglasung nehmen offenbar stark zu. Die Gesamtwirkung der dadurch verursachten Verluste ist ungeklärt. Bei der heute üblichen großzügigen Bebauung fordern Glasfronten, in denen sich Gehölze spiegeln, besonders hohe Opfer. Die Zeit nachdem Jungvögel selbständig werden und die Zugzeiten sind am unfallträchtigsten, aber auch panikartiges Ausweichen vor Prädatoren an Winterfütterungen scheint Auslöser für stärkere Verluste zu sein. Zumindest in manchen Wohngebieten dürften die Verluste/Flächeneinheit nach eigenen Erfahrungen größer sein als die Reproduktion.

Windenergieanlagen spielen vorläufig im Binnenland noch eine unbedeutende Rolle. An Küsten lernen ansässige, ortskundige Wasservogelschwärme den Anlagen auch nachts auszuweichen. Für ziehende Vögel gibt es dagegen widersprüchliche Diskussionen, die sich vor allem auch an Fragen der Zughöhe erhitzen. Koop (1997) weist auf niedrige Zughöhen und eine entsprechende Gefährdung von Zugvögeln durch Windenergieanlagen hin. In Diskussionsbeiträgen dazu (Becker et al. 1997) wird versucht, mit Radaruntersuchungen zu belegen, daß der Zug viel höher abläuft. Dabei wird fast ausschließlich auf Untersuchungen zurückgegriffen, deren Autoren darauf hinweisen, daß Geräte genutzt wurden, die nicht oder nur beschränkt in der Lage sind, den tiefen Zug zu erfassen (siehe dazu Kap. 8.1.10, 8.1.11 und Kap. 9). Erhöhte Fuchsspurendichte nach Neuschneefällen im November unter der von uns kontrollierten Versuchsanlage Ennabeuren südlich des RM läßt den Schluß zu, daß Füchse dort gegenüber dem Umland zumindest erhöhten Erfolg haben, wie es nach unseren Untersuchungen zur Zughöhe zu erwarten ist. An vertikalen Verdichtungspunkten des Vogelzugs, wie an der Albsteilrandkante (Abb. 1.2, 1.4), sollte der Bau vermieden werden, da der größte Teil des Zuges bei Tag und wohl ein bedeutender Teil bei Nacht in Höhe der Rotoren zieht (Kap. 8.1).

Straßen, Schienenwege: In Deutschland beträgt die Länge überörtlicher Straßen außerhalb von Ortschaften knapp 177.000 km, die Streckenlänge der Bahn 45.942 km (1994). Sowohl an Autos wie Eisenbahnen kommen Vögel durch Anflug um. Zur Zeit zunehmender Motorisierung in den 1950er und 1960er Jahren wurde eine Vielzahl von Artenlisten und Zahlen von Verkehrsopfern sowie deren jahreszeitliche Verteilung veröffentlicht (z. B. Löhrl 1950, Martens 1962, Haas 1964, Rettig 1965, Finnis 1960, Hodson 1960, 1962, Dunthorn & Errington 1964). In Großbritannien wurde zu jener Zeit vom BTO ein landesweites Programm zur Erfassung der Verkehrsopfer gestartet (Hodson & Snow 1965). Die erste Untersuchung mit großem Probenumfang wurde dort jedoch bereits 1936 veröffentlicht (Barnes 1936 nach Finnis 1960).

Alle Autoren gehen von einer zunehmenden Verlustrate mit wachsender Geschwindigkeit aus. Während Hansen (1969) und Haas (1964) auf den von ihnen untersuchten Straßen unterschiedlichen Typs mit zunehmender Verkehrsdichte ein Ansteigen der Verluste fanden, ermittelte BERGMANN (1974) an unterschiedlichen Stellen einer Straße eine mit abnehmender Verkehrsdichte zunehmende Zahl von Verkehrsopfern und schloß auf Lerneffekte bei den Vögeln.

Die Zahl der Todesopfer an den Straßen ist im Winter klein und steigt dann im Frühjahr an. Maxima werden neben den Zugzeiten im Sommer, vor allem im Juli und August erreicht. Eine erhöhte Aktivität während der Revieretablierung und der Brutzeit, insbesondere während der Fütterungsperiode, dürfte besonders die Altvögel gefährden. Anschließend werden mit dem Flüggewerden in der Mehrzahl unerfahrene Jungvögel Opfer des Straßenverkehrs (BERGMANN 1974, DUNTHORN & ERRINGTON 1964, HAAS 1964, HANSEN 1969, HODSON 1962).

Insgesamt ist die Zahl der Verkehrsopfer hoch. BERGMANN (1974) schätzte Unfallraten von 6,5 Vögeln/km/Jahr für offenes Feldgelände und 13,6 – max. 20 Ind./km/Jahr in anderen Biotopen außerhalb der Ortschaften. Die Daten von HAAS (1964) lassen bei Berücksichtigung des Jahresgangs Werte zwischen 10 und 45 Ind./km/Jahr als realistisch erscheinen. In Großbritannien wurden bei einem größeren Stichprobenumfang bis über 50 Ind./km/Jahr gefunden (FINNIS 1960). HANSEN (1969) ging von 36 Ind./km auf Nebenstraßen, knapp 90/km auf Landstraßen, fast 300 Ind./km auf Hauptstraßen und bis zu 1.150/km/Jahr auf einem vielbefahrenen Autobahnstück aus. Insgesamt schätzte er 1,4 Mio. Vögel für 1957/58 und 3 Mio. für 1964/65 für ganz Dänemark. Aus der landesweiten Untersuchung mit 5.269 Opfern auf 349 Meilen schätzten HODSON & SNOW (1965) für Großbritannien jährlich 2,5 Mio. Opfer für die erste Hälfte der 1960er Jahre.

Das Spektrum der betroffenen Arten ist groß. Bei der Amsel lag die erhöhte Mortalität je nach Alter und Geschlecht zwischen 5 und 8 %. Bei straßennah erbrüteten kamen 12 % der Amseln und 11 % der Singdrosseln unter die Räder (COULSON 1961, HODSON & SNOW 1965). Beim Haussperling schätzten sie die jährlichen Verluste auf 1 Mio. Vögel. Bei einem Jungvogelanteil von 50 % wären das rund 5 % der adulten Haussperlinge Großbritanniens. An anderer Stelle kamen 4 % der im Umfeld der Straße beringten durch den Verkehr ums Leben (DUNTHORN & ERRINGTON 1964). Diese Werte dürften die obere Grenze der verkehrsbedingten Mortalitätserhöhung bei straßennah lebenden Singvögeln markieren.

Greifvögel und Eulen erleiden im Winter hohe Verluste auf schneefrei gehaltenen Straßen. UHLENHAUT (1976) berichtet von 51 überfahrenen Schleiereulen innerhalb von 3 Wochen auf 2,5 km Fernstraße in Sachsen-Anhalt. 1910 – 1954 wurden in Großbritannien von den Totfunden beringter Schleiereulen 6 % Opfer von Autos, 10 % von Eisenbahnen. Dieser Wert stieg im Zeitraum 1955 – 1969 auf 15 % an Straßen und 12 % bei Eisenbahnen an (GLUE 1971). Aufgrund der schlechten Zugänglichkeit der Bahnstrecken und dadurch verringerter Fundrate nimmt GLUE (l. c.) hier eine deutlich höhere Todesrate als an den Straßen an. Vergleichbare Verhältnisse gelten für den Steinkauz in Deutschland. 16,7 % aller Ringfundrückmeldungen betrafen Totfunde an Straßen, 3,6 % solche an der Eisenbahn (EXO & HENNES 1980). Berechnungsmodalitäten anderer Autoren führten zu erheblich höheren Verlustraten (BAIRLEIN & HARMS 1994, KAUS 1977). Derartig hohe Einbußen können lokale Populationen auslöschen. Bei Greifvögeln sind die Verkehrsverluste niedriger (GLUE l. c., BAIRLEIN & HARMS 1994), aber auch hier kann sich Fahrzeugverkehr auf regionaler Populationsebene auswirken, wie PURGER (1997) an Rotfußfalken feststellte.

Aus dem Binnenland liegen keine Zahlen von Verdichtungspunkten des Zuges vor. Am Randecker Maar wurden 200 – 300 m westlich der Station zwischen 1969 und 1978 auf einem ca. 200 m langen Landstraßenabschnitt im Bereich der zentralen Zugschneise zwischen 15 und 208 getötete Vögel je Saison gefunden (n = 833). Fast alle Verluste fallen auf die zweite Hälfte der Zugzeit. Buchfink (78 %), Bergfink (9 %) und Goldammer (1 %) führen die Liste an. Eisvogel, Ziegenmelker und Tüpfelsumpfhuhn konnten nur auf diese Weise als Durchzügler am RM nachgewiesen werden. Verluste sind hier fast nur bei Westlagen mit geringen Zughöhen zu verzeichnen (Kap. 9).

Gesamtverlustabschätzungen für Verkehrsopfer in Deutschland sind schwierig. Nach den Daten aus den 1950/60er Jahren ist hier von mindestens 2,5 – 10 Mio. Autoopfern auszugehen. Auf Grundlage der damaligen dänischen Zahlen könnten es auch 50 Mio. Opfer sein. Dabei ist die Frage, ob die heutzutage deutlich höhere Verkehrsdichte die Verluste erhöht oder verringert, bisher nicht beantwortet. Bei dem heute schnelleren Verkehr dürften vermehrt Vögel weitab in Bereiche mit höherer Vegetetion geschleudert werden. Die gestiegenen Zahlen von

Füchsen usw., aber auch von Greifvögeln, die sich zum Teil, wie die Milane, geradezu auf Verkehrsopfer spezialisiert haben, erschweren solche Untersuchungen zunehmend (Kap. 16, 17).

Die Größenordnung der Vogelverluste durch Verkehr ist jedenfalls als wenigstens vergleichbar mit den Verlusten durch Leitungsanflüge anzusehen.

Durch Verkehr, Jagd, Leitungs- und Gebäudeanflüge, aber auch durch Störungen erhöht sich die Mortalität. Dieser anthropogene Einfluß ist im Gegensatz zu natürlichen Mortalitätsfaktoren weitgehend unabhängig von der Fitness dieser Vögel.

Zusammenfassung
15.7 Anthropogene Verlustursachen und Störreize

Daß Jagd und Verfolgung erhebliche Einflüsse auf die Populationen einzelner Vogelgruppen haben können, zeigt sich am Beispiel einer Reihe von Großvögeln, die seit ihrer Unterschutzstellung zunehmen und zum Teil erhebliche Arealgewinne erzielen konnten. Daß die Bejagung derzeitiger Intensität auf andere Arten – wie die Ringeltaube – keinen nennenswerten Einfluß ausübt und andere Ursachen gravierender in deren Dynamik eingreifen, wird in den Kapiteln 16 – 18 gezeigt. Während der Umfang der Singvogelbejagung zumindest im nördlichen Mittelmeerbereich nachläßt, nehmen Störungseinflüsse in Mitteleuropa ebenso zu wie z. B. die Verluste durch Bauwerke und zunehmenden Verkehr. Gleichzeitig gibt es Hinweise, daß sich durch die Duldung bisher bejagter Arten und vermehrte Toleranz gegenüber ehemaligen „Konkurrenten“ des Menschen Verschiebungen im Artengefüge ergeben.

Summary
15.7 Anthropogenic causes of loss and disturbance

That hunting and persecution can have serious effects on the populations of particular groups of birds is shown by the number of large species whose populations have increased and whose ranges have expanded considerably since being placed under protection. That other species, such as Columba palumbus, *are today barely affected by intensive shooting but are heavily influenced by other factors is shown in Chapters 16 to 18. While the hunting of songbirds has declined around the northern Mediterranean at least, other negative factors in Central Europe are on the increase, e.g. losses caused by buildings, windows, and ever more traffic. At the same time, there are indications that there have been shifts in overall species composition due to the toleration of previously persecuted species and the removal of threats to perceived 'competitors' of man.*

15.8 Wälder

„Der Konflikt zwischen Forstwirtschaft und Naturschutz war eines der hauptsächlichen Umweltthemen im England der 1980er Jahre. In einer Zeit weltweiter Bestürzung über die Zerstörung von Wäldern ging es paradoxerweise um die Aufforstung offener Hügel, die Jahrhunderte vorher entwaldet worden waren ... in einem Land, dessen Waldfläche auf 7 % der Landfläche zurückgegangen war.“

Avery & Leslie (1990)

Natürliche Wälder sind durch Klima und Boden differenzierte, mehr oder weniger autonome Gehölzbestände, deren Einzelglieder bis 1000 Jahre alt werden können. Deshalb sind sie durch kurzfristige Klimaschwankungen, wie sie in den vergangenen 4000 Jahren zu beobachten waren, nicht wesentlich zu beeinflussen. Eingriffe des Menschen haben die Wälder in diesem Zeitraum viel stärker beeinflußt als es alle anderen natürlichen Einflußfaktoren zusammen vermochten.

Knapp zwei Drittel aller Vögel, die am Randecker Maar durchziehen, kommen aus Wäldern. Ein weiteres Drittel sind Schwalben und Segler, Luftjäger also, deren Nahrungsbasis ihren Ursprung ebenfalls zum großen Teil in Wäldern hat. Grund genug, sich mit diesem Ökosystem näher zu befassen.

Veränderungen der Vogelwelt in den Wäldern Europas wurden schon lange wahrgenommen. In Nordeuropa sah man jahrzehntelang Klimaänderungen als die Hauptursache an, bis man erkannte, daß die massivsten Änderungen auf die Forstwirtschaft zurückgingen, die erst im 20. Jahrhundert großflächig wirksam wurden (Kap. 15.8.5).

In Mitteleuropa richtet sich bis heute das Augenmerk der Ornithologen und Naturschützer vor allem auf Bestandsrückgänge, wobei man die Gründe dafür vorwiegend in akuten und offensichtlichen Eingriffen in den Wald, wie Durchforstungen und Kahlschlägen, sieht. Weniger beachtet wurde bisher die Tatsache, daß parallel zu den Bestandsrückgängen auf der einen Seite erhebliche Bestandszunahmen auf der anderen Seite zu verzeichnen sind (siehe Kap. 15.5, Kap. 17). Das läßt darauf schließen, daß sich innerhalb des Waldes grundlegende Veränderungen abspielen, die bisher zu wenig beachtet wurden. Ein Vergleich der Waldentwicklung in Nord- und Mitteleuropa bringt uns einer möglichen Erklärung näher.

Grundsätzlich gilt für alle Länder im Herkunftsgebiet der RM-Durchzügler, daß die Waldflächen zunehmen. In der Schweiz waren es allein in den letzten zehn Jahren 3 % (ORN. BEOB. 94: 270)! Entsprechendes gilt für Österreich, die deutschen Alpen und fast alle mitteleuropäischen und französischen Mittelgebirge. Außerhalb der Gebirge verläuft die Entwicklung ähnlich, aber langsamer.

Während in Mitteleuropa auf Grund der veränderten ökonomischen und landwirtschaftlichen Situation (siehe Kap. 15.2 und 15.3) und des Aufbaus einer nachhaltigen Forstwirtschaft sowohl die Waldfläche als auch die Holzmasse zunimmt (Kap. 15.2 und 15.8.2 bis 15.8.4), werden in Nordeuropa die alten Naturwälder immer stärker genutzt. Damit wird der Anteil junger Sukzessionen höher und das Durchschnittsalter geht zurück; die Waldfläche steigt aber dennoch. Wir haben es hier also mit zwei gegenläufigen Entwicklungen zu tun, die sich auch unterschiedlich auf die jeweilige Zusammensetzung der Vogelpopulationen auswirken.

Wie sich aus unseren Zählungen am RM, aber auch aus anderen Quellen (HVM, B&B, EuATL) ergibt, lassen sich in mitteleuropäischen Wäldern umwälzende Bestandsveränderungen der Avifauna feststellen. Sollte es also einer der großen wissenschaftlichen Irrtümer gewesen sein, die Lebensgemeinschaft Wald als mehr oder weniger „statisches" Gebilde angesehen zu haben? Stimmt die Annahme der meisten Naturschützer überhaupt, daß in einem „natürlichen" Wald ein „Fließgleichgewicht" zwischen den einzelnen Teilen aus Bäumen junger, mittlerer und älterer Stadien und damit auch ein Gleichgewicht der Vogelpopulationen herrscht ? Genügt es, die Vogelwelt oder Teile von ihr isoliert zu betrachten und daraus Schlüsse auf den Einfluß des Menschen zu ziehen? Diese und andere Fragen sollen im folgenden näher beleuchtet werden.

Bereits die sehr unterschiedliche Form der Waldbewirtschaftung früher und heute läßt darauf schließen, daß sich die Rahmenbedingungen für die Avifauna des Waldes drastisch verändert haben. Bis in das 19. Jahrhundert hinein führte die vielseitige Nutzung des Waldes, vom Humus über das Laub und die Waldsamen bis zum Holz, zu lichten, vorratsarmen Wäldern mit hohem Anteil an Offenflächen und warmem Bestandes- und Mikroklima. Heute erfolgt maximale Holzproduktion im Rahmen der Altersklassen-/Hochwaldwirtschaft, wobei die durchschnittliche Höhe der Bäume und ihr Alter wie auch die Holzvorräte/ha ständig steigen. Dieses führt zu einer Veränderung des Waldinnenklimas mit Absenkung der Temperaturen und höherer Feuchte. Außerdem bleiben viele der früher entnommenen oben genannten Produkte heute im Wald, was zu einer Erhöhung des Nährstoffangebotes führt (siehe Kap. 15.5, 15.8.2, 15.8.3).

Mit einem langen wirtschaftlichen Bestandesalter bis zu 100 und 200 Jahren befinden sich heute unsere Wälder – durchschnittlich gesehen – auf dem beständigen Weg von der Aufbauphase zur Vorstufe einer Optimalphase (Kap. 15.8.2.6). Insbesondere die damit verbundene strukturelle Uniformierung bzw. Gleichschaltung des Waldes mußte zwangsläufig auch zu einem, bis in die Gegenwart anhaltenden, erheblichen Wechsel in den Waldvogelgesellschaften führen, was bis heute weitgehend verkannt wird.

Forstliche Einzelmaßnahmen wie Kahlschläge finden einmalig in einem Bestandesalter von ± 100 Jahren statt und Durchforstungen in ca. zehnjährigen Intervallen und beides überwiegend im Winter. Während sie lokal den Einzelvogel oder eine regional beschränkte Population beeinflussen können, wirken sich die grundlegenden Veränderungen unseres Waldes auf die gesamte Population in Mitteleuropa (und darüber hinaus) aus.

Auch eine Summierung der Auswirkungen der oben genannten lokalen forstlichen Maßnahmen wird schwerlich zu den erheblichen und umfassenden Verschiebungen in den Avifaunen führen, die wir durch unsere Zählungen am RM und begleitende Untersuchungen feststellen konnten.

Diese registrierten Veränderungen lassen es wünschenswert erscheinen, einige Gesetzmäßigkeiten der Waldentwicklung und der Waldgeschichte näher zu beleuchten, um sie anschließend in ihren Auswirkungen auf Vogelgesellschaften innerhalb einer modernen Forstwirtschaft besser beurteilen zu können.

Bei allen Überlegungen ist zu berücksichtigen, daß die Forstwirtschaft, wie ihr Name bereits sagt, vorrangig Holz produzieren und kostendeckend verkaufen will und daß sich dieses zentrale ökonomische Anliegen naturgemäß auch auf die Struktur des Waldes auswirkt. Dies hat in den vergangenen Jahrzehnten zunehmend zu einem Balanceakt zwischen Ökonomie und Ökologie geführt. Eine dauerhafte Lösung dieses Konfliktes wird es sicher nicht geben, aber grundlegende Erkenntnisse über das Geschehen im heutigen Wald können mithelfen, den Konflikt zu mildern und gangbare Wege aufzuzeigen, beide wichtigen Anliegen so gut wie irgend möglich zu vereinen.

15.8.1 Naturwalddynamik am Beispiel mittel- und nordeuropäischer Wälder

„Was Wald wirklich ist, wurde mir erst im Urwald voll bewußt.“ *Hans Leibundgut 1993*

Die tiefgreifende Veränderung natürlicher Wälder in Mitteleuropa führte dazu, daß wir unser Wissen über ihre Ökologie zwangsläufig aus den vielfach erst in den vergangenen 200 Jahren entstandenen und daher mehr oder weniger stark forstwirtschaftlich beeinflußten Ersatzstrukturen bezogen haben. Erst neuerdings war es möglich, die aus europäischen Urwaldresten und aus den Wäldern anderer Kontinente zusammengetragenen Erkenntnisse zu einem schlüssigeren Bild zusammenzufügen.

Die wenigen verbliebenen Urwaldsysteme Europas zeigen einen zyklischen Wechsel aus Optimalphase mit etwa gleichaltrigen und gleichgroßen Bäumen fast immer einer einzigen Art, die dann in die Zerfallsphase übergeht. Darauf folgt eine Verjüngungsphase, die schließlich wieder zur Optimalphase heranwächst. Zwischen Zerfalls- und Verjüngungsphase schieben sich oft Phasen mit anderen Baumarten (z. T. Pionierbaumarten) ein. Das ursprünglich von Aubréville (1938) nach Erfahrungen in den Urwäldern der westafrikanischen Elfenbeinküste entwickelte Konzept wurde von Remmert (1985, 1990) als Mosaik-Zyklus-Konzept der Waldökosysteme wieder aufgegriffen. Er vermutete, daß es auf fast alle Ökosysteme übertragbar sei.

Das Bild läßt sich vereinfacht und durch andere Erfahrungen ergänzt wie folgt zusammenfassen:

1. Die Optimalphase ist eine Art Altersklassenwald mit einem recht einheitlichen Altersaufbau. Artgleicher Unterwuchs spielt oft eine vergleichsweise geringe Rolle und Zeiträume mit und ohne Jungwuchs können sich abwechseln.
2. Dementsprechend bricht der Urwald in der Zerfallsphase in manchen Bereichen nahezu gleichzeitig mehr oder weniger großflächig zusammen. Jetzt erst kommt der Jungbestand hoch und neuer Wald entsteht.
3. Die Verjüngung gehört oft nicht der ursprünglichen Baumart an. Dem Zusammenbruch folgt eine neue Baumgesellschaft, die ihrerseits wieder dem ursprünglichen Bestand oder einer anderen Hauptbaumart Platz macht. Statt Konstanz durchzieht ein Zyklus mit mehr oder weniger regelmäßigem Ablauf mosaikartig und phasenverschoben das Gesamtgebiet des Ökosystems.

Beispiele solcher Zyklen finden sich bei Leibundgut (1982), Ellenberg sen. (1996) und Mayer (1984). Sie zeigen durch das kleinflächige Mosaik unterschiedlicher, aber in sich gleichaltriger Bestände auf, daß Aufbau- und Optimalphase einem mitteleuropäischen Wirtschaftswald sehr ähneln können. „Eine Beschränkung des Urwaldbegriffs auf das klimatisch bedingte Endglied hätte somit zur Folge, daß ein Waldteil abwechselnd bald als Urwald, bald als Nicht-Urwald zu bezeichnen wäre“ (Leibundgut 1982).

Für die kanadische Taiga werden regelmäßige Wechsel zwischen fast reinen Fichtenwäldern oder fast reinen Kiefernwäldern jeweils gleicher Altersgruppe angenommen. Wechsel zwischen *Tsuga* und Douglasien, Tannen- und Fichtenarten sind ebenfalls geläufig. Diese Abläufe werden immer wieder modifiziert, wenn Feuer in den Ablauf eingreift (BARNES et. al. 1982, SPIES et al. 1988). In den Lauburwäldern Nordamerikas folgt auf eine Optimalphase von *Fagus grandifolia* – unter Umständen über Zwischenstufen – die Alters- und Zerfallsphase, dann folgen Birken und Aspen und darauf ein Mischwald mit Zuckerahorn, der schließlich wieder durch *Fagus grandifolia* ersetzt wird. Vergleichbare Wechsel der Baumarten haben CLARK et al. (1989) aus nacheiszeitlichen Pollenprofilen Oberschwabens abgeleitet.

In Deutschland hat REMMERT (1990) versucht, aus physiologisch meßbaren Befunden auf mögliche Zyklen im hier vorherrschenden Wald, dem Buchenwald (*Fagus sylvatica*), zu schließen, wobei er der Empfindlichkeit gegen Sonnenbrand als Auslöser kleiner Bestandskatastrophen vorrangige Bedeutung beimißt. Auf diese Weise wird nach auslösendem Wind- oder Schneebruch oder vielfältig denkbaren Modifikationen (z. B. GERKEN et al. 1992) der geschlossene Buchenhallenwald immer weiter zurückgedrängt. Zu ähnlichen Ergebnissen führen Bodenfeuer. In einem südexponierten Buchen-Eschen-Eichenwald bei Gutenberg an der Schwäbischen Alb waren vier Jahre nach dem Feuer die Hälfte der Buchen und Eschen tot oder sterbend, fast alle übrigen geschädigt (Verf., Abb. 15.8.1). Nach acht Jahren blieb .ein lichter Eichenwald mit Stubben toter Buchen und Eschen, angereichert mit einer dichten „Strauchschicht" aus Holunder und Waldrebe (*Sambucus nigra et Clematis vitalba*). Ähnlich muß man sich die gezielte Vorgehensweise neolithischer Bauern und Hirten zur Schaffung von Acker- und Weideland vorstellen (siehe auch Kap. 15.9).

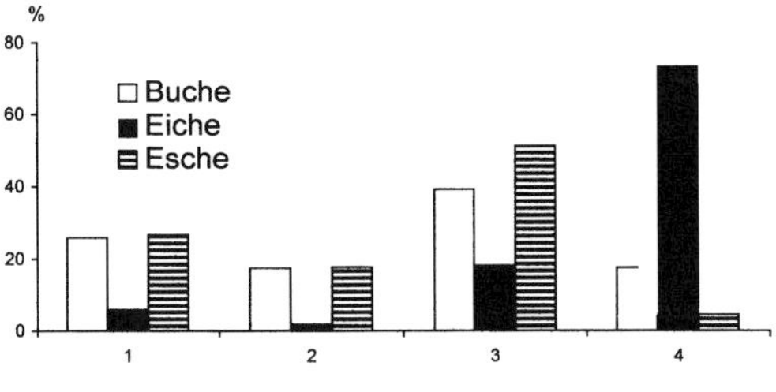

Abb. 15.8.1: Schädigungsgrad eines Buchen-Eschen-Eichen-Altholzes vier Jahre nach einem Bodenfeuer. 1 = tot, 2 = sterbend, 3 = stark geschädigt, 4 = gesund. 4 bedeutet, daß 74 % der Eichen, aber nur 4 % der Eschen das Feuer überleben (Verf.). – *Extent of damage to a beech-ash-oak ancient woodland four years after a ground fire. 1 = dead, 2 = dying, 3 = badly damaged, 4 = healthy; 4 signifies that 74 % of the oak but only 4 % of ash survived the fire; white column = beech, black = oak, banded = ash.*

An den Flanken zum ungestörten Wald sprießen Stauden und standortbedingt unterschiedliche Vorwaldtypen (z. B. LEDER 1992). Der neue „Vorwald" schützt die Buchenstämme vor Überhitzung. Auf die Vorwaldarten folgen dann Bäume, die im erwachsenen Zustand eine rissige Borke besitzen, wie Ulmen (*Ulmus*), Eschen (*Fraxinus*), Wildkirsche *(Prunus)*, Berg- und Spitzahorn (*Acer*). Eichen (*Quercus*) haben mit ihrer dicken Rinde zusätzliches Isolationsmaterial um den Stamm, so daß sie sowohl Feuer als auch ein Freistellen vertragen können. REMMERT (1990) postuliert in diesem stark vereinfachten Modell, daß erst im Schatten solcher Bäume in Urwaldgebieten ein Buchenjungwuchs wieder aufwachsen kann. Er bezeichnet die Rinde unserer Waldbäume als Indikator ihrer Position im Zyklus der Walderneuerung. Im süddeutschen Jura können Vorwaldarten zusammen mit der Esche gleichzeitig Phase eins und zwei der Waldentwicklung einleiten.

Einige Wälder sind jedoch nur aus einer einzigen Baumart aufgebaut, wie etwa die Birkenwälder Nordeuropas, die Fichtenwälder in den Hochlagen der europäischen Mittelgebirge und in mittelhohen Lagen der europäischen Alpen. REMMERT (1990) weist auf ähnliche Verhältnisse in Südafrika hin. Bei den über Hunderte von Kilometern ausgedehnten Mopani-Wäldern (*Colophospermum mopane*) im Norden Botswanas sind riesige Flächen der Optimalphase vorhanden. Auf ebenso großen Flächen finden sich tote Bäume im Gras oder riesige offene Grasländereien, in denen man vielfach die Stubben toter Mopani-Bäume finden kann, oder Flächen mit Mopani-Jungwuchs, der wie gepflanzter Buchenwald wirkt. All diese Wälder zeigen auf den Zusammenbruch nach der Altersphase offene Wiesenflächen. Sie sind nach REMMERT (1985, 1990) nichts weiter als der übliche Zyklus in einem einartigen Wald, in dem die sterbende Baumart nicht durch eine andere Baumart, sondern vorübergehend durch „Wiesen" ersetzt wird. Dieser Struktur- und Vegetationswechsel, der in borealen Wäldern nach Großfeuern als normal erachtet wird (ARSENJEW 1924, BARNES et al. 1982, SPIES et al. 1988) und der sich in mitteleuropäischen Wäldern wohl bereits lange vor der neolithischen Landnahme regelmäßig vollzog (CLARK et al. 1989), war hier beispielsweise zuletzt nach dem großen Waldbrand von Schönmünzach/Schwarzwald im Jahr 1800 zu beobachten (LEGHISSA 1994). In Bialowieza/Polen brannte der dortige Urwald im Jahr 1811 von Frühjahr bis zum Herbst auf riesigen Flächen (Kap. 15.6).

Solche Flächen werden dann durch den Einfluß großer Grasfresser noch länger im Wiesenstadium gehalten. Unter ihrer Einwirkung werden manche Brandflächen, besonders bei geringen Niederschlägen, Jahrzehnte bestehen bleiben, bis sie wieder dem Wald anheimfallen, wie derzeit im Yellowstone Nationalpark beobachtet werden kann.

Manche Phasen des Zyklus – wie etwa die Optimalphase des Buchenhallenwaldes – sind artenarm (nur eine Pflanzenart dominiert das System, und die Fauna – auch der Vögel – ist von ähnlich geringer Diversität), während andere Stadien des gleichen Systems über eine große Artenmannigfaltigkeit bei Tieren und Pflanzen verfügen. Auch im tropischen Regenwald finden wir die höchste Mannigfaltigkeit in der Lichtung, die durch einen gestürzten Urwaldriesen geschlagen wurde. Die Baumartenzahl je ha kann dort nach selektiver Baumentnahme höher sein als im Klimaxstadium (GATTER 1984a, 1997). Hohe und niedrige Diversität wechseln also im System miteinander ab.

Die treibenden Kräfte des Zyklus im Ökosystem liegen nach REMMERT (1990) zunächst allein im möglichen Lebensalter und der Kampfkraft der Teilglieder, also der Buche (*Fagus sylvatica*), der Salweide (*Salix caprea*), der Birke (*Betula*) und der Ahornarten (*Acer*) usw. Diese „Zeitgeber" können durch andere Effekte stark moduliert werden. Stürme, Feuer, Krankheiten, Massenvermehrungen von Schadinsekten können Abschnitte des Zyklus stark beschleunigen. Auf der anderen Seite ist es auch möglich, daß manche Stadien nicht unbedingt von einem normalerweise folgenden Stadium mit anderen Baumarten abgelöst werden, sondern – etwa im Buchenhallenwald – das gleiche Stadium mehrfach nacheinander auftritt, was von der Forstwirtschaft oft durch wiederholte „Pflegeeingriffe" erzwungen wird. Eine fehlende Selbstverjüngung der herrschenden Baumarten, in Nordamerika eher die Regel, ist nicht immer ein Zeichen der Naturferne, sondern in vielen vom Menschen weniger beeinflußten Wäldern eher der Normalfall. In diesem Zusammenhang sei auf die in ihrer Bedeutung für die Herausbildung von Vegetationsstrukturen neuerdings intensiv diskutierten – von REMMERT (1990) noch unberücksichtigten – pflanzenfressenden (Groß-)Säugetiere verwiesen.

Zyklischen Veränderungen wird auch der Boden in einem solchen System unterworfen sein. Die herrschenden Bäume durchwurzeln den Boden sehr stark. Die Nährstoffentnahme der einzelnen Baumarten ist unterschiedlich, so daß sich bei Neubesiedlung eine andere Art oft besser durchsetzen kann, was im Obstbau aktiv praktiziert wird. Auch die Humusschicht unterliegt aufgrund der unterschiedlichen Zersetzbarkeit der Blätter/Nadeln einem Zyklus. Im Buchen-Urwald etwa hätten wir über ein bis mehrere hundert Jahre eine Laubstreu aus schwer zersetzbaren Buchenblättern, gefolgt von einer kurzen Phase mit sich leicht zersetzenden Stauden und Weichlaubbaumarten, denen schließlich sehr leicht zersetzbare Blätter aus Ulmen, Eschen und Ahorn folgen. Auch die natürliche sowie anthropogen beeinflußte und beschleunigte Bodentrift (HILDEBRAND 1994) wirkt auf die Zyklen der Wälder ein (Kap. 15.5). REMMERT (1990) nimmt an, daß Zyklen ein allgemeines Prinzip der Regelung von Ökosystemen sind, das sehr viel einfacher Schäden und Störungen korrigiert, als dies durch Vernetzung der Funktionen der unterschiedlichen Organismen möglich wäre – eben weil Katastrophen und deren Reparatur in das System von vornherein eingebaut sind.

Faßt man diese Resultate in ihrer Relevanz für Ökologie, Natur- und Artenschutz zusammen, so sind vor allen Dingen die folgenden Punkte bemerkenswert:

1. Ein Urwald ist nicht gleichförmig, sondern besteht aus einem Mosaik verschieden alter Stadien oder sogar verschiedener Baumarten, wobei jedoch innerhalb eines Mosaiksteines ungefähr gleich alte Bäume anzutreffen sind. In Buchenwäldern sind diese Mosaikteile nur 1 – 2 ha groß. Urwälder bestehen also wenigstens bis zur Optimalphase aus Altersklassenwäldern und setzen sich nicht aus jungen, mittelalten und sehr alten Bäumen der gleichen Art im gleichen Mosaikstein zusammen, wie dies lange Zeit von den Plenterwaldbefürwortern dargestellt wurde.

2. Infolge der Mosaikstruktur des gesamten Urwaldgebietes und der zyklusartigen Regenerierung verändert sich ein kleines Gebiet jeweils zyklisch. Die Bäume sterben innerhalb eines relativ kurzen Zeitraums und werden nicht unbedingt von Bäumen der gleichen Art ersetzt.

3. Während in mitteleuropäischen Wirtschaftswäldern aller Art die Umtriebszeit bis zur Nutzung des Holzes zwischen etwa 80 und 200 Jahren liegt, können die Bäume im Urwald viel älter werden. Durch die forstwirtschaftliche Nutzung wird also im positivsten Fall ein sehr langer Bereich (zwischen 100 und 600 Jahre) in der Entwicklung des Ökosystems ausgeschlossen. Pflanzen- und Tierarten dieses Altersbereichs werden selten sein oder gar fehlen. Ein Wirtschaftswald gleicher floristischer (inklusive Baumarten!) Zusammensetzung kann jedoch eine ganz ähnliche, oft sogar individuenreichere Vogelwelt haben als der entsprechende Urwald. Beispiele zwischen Wirtschaftswäldern (FLADE 1994) und solchen aus Bialowieza (TOMIAŁOJC & WESOŁOWSKI 1994) lassen solche Schlüsse zu. Die Gründe dafür sind kaum bekannt und demonstrieren, daß sich Ökologen bisher zu wenig mit dieser Fragestellung beschäftigt haben (siehe Kap. 18).

Ob die Kronenhöhe für bestimmte Pflanzen und Tiere in Mitteleuropa Vorbedingung ihrer Existenz ist, ist vielfach unklar. In afrikanischen Regenwäldern leben im sonnendurchfluteten Kronenraum der höchsten Urwaldriesen Vogelarten, die von mir als „*Canopy-savanna species*" bezeichnet wurden (GATTER 1997). Deren artgleiche oder verwandte Vertreter besiedeln das offene Savannen-Wald-Mosaik und leben dort in viel geringerer Höhe. Die im Vergleich zur Mitte des 20. Jahrhunderts durchschnittlich größere Höhe der Wald- und Gehölzbestände und der Zuwachs der Holzvorräte/ha lassen beinahe zwangsläufig Veränderungen in der Vogelwelt erwarten. Entsprechende Parallelen bzw. Unterschiede sind bei uns zwischen Mittel- und Hochwald zu erwarten (Kap. 15.8.3).

15.8.1.1 Die ursprüngliche Relation von Wald und Offenland und ihre Dynamik

Die heutige räumliche Differenzierung von Land- und Forstwirtschaft hat zu einer historisch wie wohl auch prähistorisch nie dagewesenen und immer schärfer werdenden Trennung zwischen Agrarland und Wirtschaftswald geführt.

Auch unabhängig von kontrovers geführten Diskussionen müssen wir heute davon ausgehen, daß Großtierherden die Wälder zumindest bis ins frühe Neolithikum stärker beeinflußt haben als der Mensch und für eine halboffene Weidelandschaft sorgten (GEISER 1992, BEUTLER 1992, 1996). Wie wir uns die Entstehung solcher Offenlandschaften im Wald durch Herbivoren vorstellen können, wird unten dargestellt. Nach dem Rückgang der Wildtierherden durch die Jagd übernahmen wohl die domestizierten Weidetiere nahtlos die Funktion der Offenhaltung von Bereichen im Wald.

Der Ablauf der Waldzyklen und der Einfluß der Großherbivoren wird bis heute kontrovers diskutiert. Gegner der „Herbivorentheorie" wie RITTERSHOFER (1997) lassen auch den Einfluß des Feuers zunächst ebenso außer acht wie die Ergebnisse der Herbivorenforschung in Amerika. SCHMIDT (1997) versucht, die Megaherbivoren-Theorie ausgerechnet am Beispiel des afrikanischen Waldelefanten zu widerlegen mit der Begründung „... daß diese dort (im geschlossenen Wald) nachhaltig existieren können". Dabei ist gerade für den west- und zentralafrikanischen Waldelefanten belegt, daß er in der Lage ist, sich innerhalb des Waldes eigene, große Freiflächen zu schaffen. In SE-Liberia waren noch 1968 mit 1000 km² 20 % der Waldfläche, im Grebo Nationalforst sogar 45 % der Gesamtfläche durch Waldelefanten zerstört (SCHULZE 1973). Große Flächen waren nur noch mit niedrigem Gestrüpp bestanden, die sich um 1980 (nach weitgehender Ausrottung der Elefanten) in junge Sekundärwaldzonen verwandelt hatten. Während die waldvernichtende Wirkung der Savannenelefanten in afrikanischen Nationalparks gut bekannt ist, war dies für den Waldelefanten in den immer als geschlossen und undurchdringlich geltenden Regenwäldern weitgehend übersehen worden. Waldelefanten, in geringerem Umfang auch Waldbüffel, halten sich durch Umdrücken und Entrinden von Bäumen, durch Verbiß und Zertrampeln des Jungwuchses Flächen offen. Für die geschichtliche Beurteilung der Besiedlung des westafrikanischen Regenwaldes durch Savannenvögel und -säuger ist dieser Umstand von überragender Bedeutung (GATTER 1997) und somit in gewisser Weise auch übertragbar auf Mitteleuropa.

Auch hier muß man sich vom Bild dicht geschlossener unendlicher Wälder ohne Lichtungen lösen und erkennen, daß ein Vegetationsgürtel – hier die Regenwaldzone – nicht aussagt, daß offene Flächen fehlen.

Nach der Theorie der „potentiellen natürlichen Vegetation" (pnV) von TÜXEN (1956) wäre ohne Einwirken des Menschen fast ganz Mitteleuropa von Wald bedeckt. Baumlose Flächen als Lebensraum für Offenlandarten gäbe es nach diesem Konzept nur auf wenigen Sonderstandorten, etwa auf Felsen oder in den Auen sich häufig verlagernder Flüsse. Trotzdem kommen in Mitteleuropa so viele Arten vor, die offene oder halboffene Lebensräume brauchen. Sollen sie alle erst aus den waldarmen Wärmegebieten des Mittelmeerraumes oder Osteuropas eingewandert sein, nachdem der Mensch im Neolithikum vor 4000 – 5000 Jahren begann, den Wald zu roden?

ELLENBERG sen. (1986, zit. nach BUNZEL-DRÜKE et al. 1994) schreibt dazu in seinem grundlegenden Werk „Die Vegetation Mitteleuropas“ im Kapitel „Herkunft der Grünlandpflanzen und Entstehung von Wiesengesellschaften“:

„Fast alle Wiesenpflanzen Mitteleuropas sind Altbürger seiner Flora und Bestandteile seiner Naturlandschaft. ... Wahrscheinlich wurden in der Naturlandschaft ... von Hirschen, Rehen oder anderen Pflanzenfressern Lichtungen geschaffen und offen gehalten, an denen die Grünlandpflanzen bessere Lebensbedingungen fanden als in den dicht geschlossenen Wäldern .... Von Natur aus waldfreie Landschaftskomplexe größeren Ausmaßes gab es in Mitteleuropa vor dem Eingreifen des Menschen nur in den Hochmooren und manchen Zwischen- und Niedermooren sowie oberhalb der klimatischen Waldgrenze in den Alpen und im Einflußbereich der salzigen Nordsee. In keinem dieser Bereiche konnten ... nährstoffreiche Frischwiesen und -weiden entstehen; denn die Lebensbedingungen sind hier viel zu extrem. ... Im Gegensatz zu den Ackerunkraut-Gesellschaften und den Ruderalfluren hat sich in den Wiesen ebenso wie in den Wäldern Mitteleuropas keine einzige Pflanzenart ausbreiten können, die aus anderen Florenreichen mit dem Überseeverkehr eingeschleppt wurde. Die Lebensgemeinschaften dieser Gesellschaften sind offenbar so dauerhaft und fest gefügt, daß Neulinge in ihnen keinen Platz finden. ...“

Schlußendlich kommt ELLENBERG sen. (1986) zu dem wenig befriedigenden Schluß, daß Wiesengesellschaften zwar typisch für Mitteleuropa sind, ihre Entstehung aber nicht so recht zu erklären sei, weil ja überall Wald gewesen sein müßte (nach BUNZEL-DRÜKE et al. 1994). Den Faktor Feuer (Kap. 15.6) läßt auch er außer acht.

Nach den Karten der potentiellen natürlichen Vegetation würden sich bei uns ohne den Einfluß des Menschen fast überall Buchenwaldgesellschaften als sogenannte „Schlußgesellschaft“ (Klimax) entwickeln. Auch deshalb sorgt die Buche in der Diskussion um die Megaherbivorentheorie mit einigen – tatsächlich schwierig nachvollziehbaren – Fakten im Zusammenhang mit ihrer späten nacheiszeitlichen Einwanderung für Zündstoff. Ohne Einfluß des Menschen wäre danach unsere Landschaft vollständig mit Wald, d. h. mit Urwald bedeckt. In anderen Regionen der Erde zeigt sich jedoch, daß Urwälder nicht großräumig einheitlich sind, sondern vielmehr zusammengesetzt aus einem Mosaik ganz verschiedener Wälder. Dabei ist die Größe des jeweiligen Mosaiksteinchens vom Standort, Klima und von Zufallsereignissen abhängig: in borealen Wäldern können sie (auch wegen der regelmäßigen Brände) riesig sein und in den gemäßigten und tropischen Wäldern im Hektarbereich liegen.

Zu der Frage, wie sich die mitteleuropäische Landschaft unter dem Einfluß von Großtieren und ohne den Menschen entwickeln würde, gibt ELLENBERG (1986, zit.in BUNZEL-DRÜKE et al. 1994) schon eine Antwort, jedoch ohne den Gedanken in seiner logischen Konsequenz voll fortzuführen: „In Breitenwirkung und Andauer ist keine Maßnahme des Menschen mit der extensiven und den Wald einbeziehenden Weidewirtschaft zu vergleichen. ... Die ... ausgelöste Sukzession führt in allen Gebieten vom dichtgeschlossenen Wald über parkartige Stadien zu freier Trift, wobei der Boden in zunehmendem Maße mitverändert wird“, und weiter: „Dringen Rinder, Pferde oder gar Schafe in einen bis dahin nicht beweideten Hochwald ein, der vorwiegend aus Schatthölzern besteht, so finden sie dort nur wenig Nahrung ... an lichteren Stellen ... setzen sie den Jungbäumen und Sträuchern ... zu. In ihrer extensivsten Form schädigt die Waldweide lediglich den Jungwuchs der Bäume. Allein dadurch bewirkt sie jedoch mit der Zeit eine Auflichtung des Waldes, weil Lücken der Baumschicht nicht mehr geschlossen werden. Alle offenen Plätze aber bedeuten bessere Futteraussichten für das blattfressende Vieh. Denn hier können sich lichtbedürftige Kräuter und Gräser ansiedeln, von denen viele Arten einen größeren Nährwert besitzen als die eigentlichen Waldbegleiter. ... Die verbleibenden Bäume nehmen breite Kronenformen an ... Nach und nach breiten sich die Pflanzengemeinschaften des Freilandes immer mehr aus, bis sie auf großen Flächen zu Alleinherrschern werden.“

Wenige Mufflons können einen Kalkbuchenwald durch Schälen in kürzester Zeit zerstören (BUNZEL-DRÜKE et al. 1994). Eine im Wald gepferchte Herde von Hausschafen mit einigen Ziegen kann über Nacht einen Wald aus 100jährigen Eschen bis auf Reichhöhe entrinden (Verf.).

Auch der Elch, der noch im frühen Mittelalter in Österreich wie auch in Süddeutschland verbreitet war, ist dafür bekannt, daß er Bäume umdrückt und sich seine eigenen Freiflächen schaffen kann (Heck in Grzimek 1968, Heurich 1998) und deshalb überall für Diskussionen sorgt, wo er heute einwandert. Selbst Rehe sind nach eigenen Beobachtungen in der Lage, sich nach Kahlschlägen mit üppiger Naturverjüngung kleine, meist stark besonnte Restflächen, beliebte Wintereinstände, über Jahrzehnte waldfrei zu halten. Nach den Befürwortern der Megafaunatheorie (Beutler 1992, 1996, Geiser 1992, Bunzel-Drüke et al. 1994 u. a.), würden die großen Grasfresser, existierten sie noch, somit die Konzepte vom unendlichen geschlossenen Urwald selbst ohne den zusätzlichen und meist unbeachteten Einfluß des Feuers gründlich durcheinander bringen (Kap. 15.6).

Es ist schwer vorstellbar, daß sich unter den Bedingungen einer natürlichen Großwilddichte überall ein geschlossener Wald entwickeln und halten könnte, wenn schon einige wenige Haustierarten in der Lage sind, durch extensive Beweidung einen Hochwald mittelfristig in offene Trift zu verwandeln.

Unter diesem Blickwinkel ließe sich die Entstehung von Wiesengesellschaften, die vielen Wissenschaftlern solches Kopfzerbrechen bereitet, ganz zwanglos erklären. Die pflanzenfressenden Großtiere würden durch ihre Beweidung Grünland, Heide und Hochstaudenfluren erhalten. Beides, Brände und Wildtierherden, wäre somit auch eine ausreichende Erklärung dafür, daß auch Arten wie die Feldlerche und andere Vögel des Agrarlandes nicht erst seit dem Beginn des Ackerbaus bei uns leben.

Die Naturlandschaft wäre also eine Mischung aus vielfältig strukturiertem Laubwald mit offenen Bereichen unbekannter – eventuell erheblicher – Ausdehnung. In nordamerikanischen Nationalparks, in denen Bisons, Wapitis und Elche vorkommen, sind stets größere Bereiche von Offenland innerhalb der bewaldeten Bereiche zu finden. Unter dem Einfluß unregelmäßig wiederkehrender Feuer verstärkten sich diese erheblich (Kap. 15.6).

15.8.1.2 Veränderte Wälder – veränderte Vogelwelt

Bei der Fortsetzung der heutigen Verhältnisse wird es, nicht zuletzt als eine Folge der von Forstverwaltungen und Naturschutzverbänden bisher einvernehmlich geforderten und getragenen „naturnahen Waldwirtschaft“, in Mitteleuropa zu einem weiteren Rückgang der Vogelarten kommen, die lichte Wälder, offene Park-, Wiesen- und Steppenlandschaften benötigen. Während ursprünglich Offenland nach einigen Jahrzehnten wieder dem Wald anheimfiel, um sich an anderer Stelle neu zu bilden, ist es heute eine „zementierte“ Festlegung, was Wald und was Offenland ist.

Waldbiotope zählen weltweit zu den arten- und individuenreichsten Vogellebensräumen. Dabei sind es sowohl in den gemäßigten Klimaten als auch in den Tropen vor allem die Kleinvögel, die sich den Strukturreichtum der Wälder mit Nadeln, Blättern, Zweigen, Ästen, Stämmen in den unterschiedlichen Stockwerken nutzbar machen können. Veränderungen im Habitat Wald können also kurz-, mittel- wie langfristig arten- und zahlenmäßig massive Verschiebungen in der Vogelwelt hervorrufen, wie sie sich in den Durchzugszahlen am RM bemerkbar machen.

Die Gründe für die als gravierend erkannten Veränderungen unserer Vogelgesellschaften und hier besonders die seit Jahrzehnten bekannten Rückgänge der LSZ wurden meist nur in Teilbereichen des möglichen Ursachenkomplexes gesucht (z. B. Hölzinger 1987, B&B). So in

1. Dürren im Sahelgebiet,
2. Pestizideinflüssen im Brutgebiet und in Afrika,
3. negativer Beeinflussung durch Landwirtschaft und Flurbereinigung,
4. negativer Beeinflussung durch Forstarbeiten,
5. Jagd oder anderweitiger Verfolgung,
6. Lebensraumzerstörung und Umweltverschmutzung

oder Kombinationen aus diesen Faktoren.

Die insgesamt gravierenden Änderungen des Ökosystems Wald und deren Auswirkungen auf seine Vogelgesellschaften wurden dagegen bis heute nicht erkannt und die Veränderungen vielfach in zwar augenfälligen, aber dennoch nebensächlichen Randproblemen gesucht. Als Beispiel sei das Fällen von Althölzern genannt (Raths et al. 1995), das bei allen großen Höhlenbrütern als Gefährdungsursache genannt wird (Hölzinger 1987, B&B), obwohl die Altholzanteile und viele der darauf angewiesenen Arten seit Jahrzehnten zunehmen.

Als Durchzügler am RM stellen Arten der Wälder und Gehölze ca. 65 % aller Individuen und 60 der 100 häufigeren Species, obwohl nur etwa ein Drittel der Herkunftsgebiete bewaldet ist und sich unter Waldvogelarten weit mehr Nichtzieher finden als unter Offenlandarten. Weitere besiedeln die nach Sturm oder Feuer entstehenden Freiflächen, für deren Dynamik im zentralen Mitteleuropa jedoch kaum mehr Raum gelassen wird, weil unter anderem sofort in die ablaufenden Sukzessionsprozesse eingegriffen wird.

Kombinieren wir Mosaik-Zyklus- und Megaherbivorentheorie sowie die Erkenntnisse der nacheiszeitlichen Feuergeschichte Mitteleuropas, so bedeckten insbesondere Laubwald und gehölzreiche, halboffene Weidelandschaften noch vor etwa 6000 Jahren den größten Teil Mitteleuropas (Remmert 1985, Clark et al. 1989, Geiser 1992, Kap. 15.8.2. und 15.6). In Süd- und Westdeutschland dominierte eher die Rotbuche, im Nordosten die Eiche mit Rotbuche und Waldkiefer. Ständig wald- und gehölzfreie Flächen beschränkten sich, außerhalb großflächiger Mosaikzyklen (Remmert l. c.), auf Küstenstreifen, Hochmoore, Seen und die Alpen. Bei den bisherigen Überlegungen wurde kaum berücksichtigt, daß große Teile des mitteldeutschen Trockengebietes allein aufgrund der Niederschlagsarmut (< 550 mm) bzw. des kontinentalen Klimaeinflusses waldfrei gewesen sein müssen. Zahlreiche palaeoökologische Untersuchungen belegen im Einklang damit einen postglazial durchgängigen Steppencharakter mit Schwarzerdevorkommen (Tschernoseme), die typisch für Steppenböden sind und unter Wald zu Braunerden degradieren (Th. Meineke pers. Mitt., Mania 1972). Grasfeuer und Wildherden mögen hier unterstützend gewirkt haben. Geschlossene Nadelwälder waren kleinräumig und auf die höheren Lagen einiger Mittelgebirge beschränkt. Mitteleuropäische Vogelgesellschaften waren also zum weitaus überwiegenden Teil solche der Laubwälder. Heute haben sich diese Verhältnisse fast ins Gegenteil verkehrt, und wegen der Allgegenwart der Nadelbäume sind die ursprünglichen, von Koniferen unbeeinflußten Vogelgesellschaften der Laubwälder kaum mehr zu finden (s. a. Gatter 1994b).

Wenn wir die Populationsdynamik von Waldvögeln behandeln, so haben wir es mit überwiegend sehr kurzlebigen Tieren in einem Ökosystem mit extrem langen Zyklen zu tun. Waldbäume erreichen ein hohes Alter. Buchen werden 200 – 400, Fichten 400 – 600, Eichen 500 – 1000 Jahre alt (Korpel & Saniga in Scherzinger 1996b). Waldvogelarten werden somit vielfach anderen Gesetzmäßigkeiten unterliegen als Vogelarten der freien Landschaft. Wir müssen dementsprechend die langfristigen Entwicklungen unserer Wälder und deren Grundlagen genauer betrachten:

1. die natürlichen Zyklen mittel- und nordeuropäischer Urwälder, die in vielen Details den naturnäheren Altersklassenwäldern ähnlicher sind als z. B. dem Plenterwald;
2. die geschichtlichen Grundlagen der Waldzerstörung und des Wiederaufbaus der Wälder in den letzten 200 Jahren, dessen Folgen sich in unseren Wäldern bis heute auswirken;
3. die völlige räumliche Trennung von Land- und Forstwirtschaft und damit die Abkehr von Wirtschaftsformen, die Acker-, Weide- und Holznutzung entsprechend verbanden, was heute in den Tropen als zukunftsweisende "Agro-Forestry" propagiert wird;
4. den Wandel unserer Wälder und ihrer Tierwelt durch den Wechsel von Laubholz auf überwiegend Nadelholz und von kahlschlagsintensiven Waldnutzungsformen Niederwald und Mittelwald auf Hochwald bzw. Altersklassenwald;
5. die jeweils übermäßig starken Eingriffe in die Altbestände nach den beiden Weltkriegen (Reparationshiebe) mit bis heute nachwirkenden Wellen in den entsprechenden jungen Altersklassen;
6. die vielfach gegenläufigen Entwicklungen in Wäldern der borealen und gemäßigten Zonen sowie Mittel- und Osteuropas in bezug auf Waldalter und Kahlschlag (bei Zunahme der Waldfläche in beiden Regionen Verringerung des Durchschnittsalters der Wälder in der borealen, Erhöhung in der gemäßigten Zone);
7. die Gesichtspunkte des "global change" mit Treibhauseffekt, Waldsterben und Eutrophierung;
8. dichte Erschließung, Exploitation und Dauerbeunruhigung durch Mensch und Automobil;
9. die Veränderungen mediterraner und afrikanischer Wälder;

10. die aus all dem resultierenden Änderungen der Konkurrenz- und Prädationsverhältnisse in der Tierwelt, besonders auch zwischen Säugetieren und Vogelarten (Kap. 16, 17, 18).

Daraus können wir weitere Überlegungen zu den Veränderungen nicht nur innerhalb der Waldvogelfauna ableiten, sondern auch Hinweise zu den Auswirkungen auf die übrige Landvogelfauna sowohl für die letzten 200 Jahre als auch speziell für die letzten drei Jahrzehnte. Das Zahlenmaterial des Randecker-Maar-Programms bietet uns dafür eine einzigartige Möglichkeit zu einer tiefergehenden Analyse.

Zusammenfassung
15.8.1 Naturwalddynamik am Beispiel mittel- und nordeuropäischer Wälder

Etwa zwei Drittel der Durchzügler am Randecker Maar sind Waldvögel. Aufbauend auf waldgeschichtlichen Grundlagen der Walddynamik europäischer Wälder werden die Fragen herausgearbeitet, deren Beantwortung dazu beitragen kann, die heutigen raschen Veränderungen der Vogelwelt zu erklären.

In den borealen Wäldern wird erstmals seit Mitte des 20. Jahrhunderts in großem Umfang Holz genutzt und große Flächen liegen vorübergehend kahl. Trotzdem wachsen Waldfläche und Holzvorräte an. In Mitteleuropa wurde dem Wald über viele Jahrhunderte mehr entnommen als nachwachsen konnte. Heute ist die Entnahme geringer als der Zuwachs. Die Waldflächen nehmen zu und das Vegetationsvolumen und die Holzmassen je Flächeneinheit steigen beständig an.

Summary
15.8.1 Dynamics of natural forests in Central and northern Europe

Around two-thirds of the birds passing through Randecker Maar are woodland species. Questions arising from the development of the dynamics of European forests over time are presented, the answers to which can contribute to the understanding of the present rapid changes in our avifauna. Substantial amounts of timber are being taken from the boreal forests for the first time since the middle of the 20th century and huge areas have been temporarily clear-felled. Despite this, both forest area and timber-growing stock are increasing. Over many centuries, more timber was extracted from the forests of Central Europe than could be replaced, but today the rate of extraction is lower than the rate of growth. The area covered by woodland is growing and the volume of vegetation and weight of wood per unit area are steadily increasing.

15.8.2 Geschichte mitteleuropäischer Wälder

Um heutige Änderungen und Trends in unserer Vogelwelt zu verstehen, muß man also neben Einblicken in die Dynamik unserer Naturwälder auch das Ausmaß der Übernutzung unserer Wälder vom Mittelalter bis zum frühen Industriezeitalter und nach den beiden Weltkriegen kennen. Erst mit Kenntnis dieser Sachverhalte kann man verstehen, daß mitteleuropäische Wälder auch noch im 20. Jahrhundert eine anhaltende, massive Aufbauphase durchmachen, deren Ende nicht abzusehen ist und für die Avifauna heute und in Zukunft eine enorme Bedeutung haben wird (z. B. GATTER 1994b, 1997c). Dies bezieht sich sowohl auf die Baumbestände (z. B. KUHN et al. 1987, KENK 1988, BECKER et al. 1990, UNTHEIM 1997) als auch auf die Böden und damit auf die Sukzession (HILDEBRAND 1994). Man muß sich verdeutlichen, daß die Wälder, die früher einmal fast das ganze gemäßigte Europa bedeckten, in den vergangenen Jahrhunderten bis auf ein Fünftel zurückgedrängt wurden. Auch dieses Fünftel war auf den meisten Flächen mit den heutigen Wäldern nicht entfernt vergleichbar, sondern meist lichter, vielfach unterbrochen und im Durchschnitt weitaus jünger. Viele der damaligen Wälder würden nach heutigen Begriffen kaum als Wald bezeichnet werden. Dennoch hat es sicher auch an vielen entlegenen Stellen Waldgebiete gegeben, die von so gravierenden Eingriffen verschont geblieben waren und damit eine „natürlichere" Vogelgesellschaft beherbergten. Gleichzeitig wurden die Böden durch Freilegung, Erosion, landwirtschaftlichen Anbau, Gras-, Laubnutzung und Vieheintrieb verarmt und in vielen Fällen ihrer lebenden Humusschicht beraubt (Hasel 1985, Mantel 1990, Brandl 1992). Da Wälder und ihr lokaler Flächenanteil das Klima eines Gebiets bezüglich der Luftfeuchtigkeit, Nebelabhängigkeit und Temperatur beeinflussen, dürfen wir nach modernen Befunden (Ellenberg sen. et al. 1986) schließen, daß das Mikroklima der Wälder damals im Durchschnitt trockener war.

15.8.2.1 Waldgeschichte und Waldzerstörung

Vieheintrieb und Vogelwelt: Erst mit dem Beginn der Stallfütterung, dem Anbau von energiereichem Viehfutter und Hackfrüchten (Kartoffeln) in Verbindung mit Mineraldüngung der Felder und Wiesen ging der Vieheintrieb in die Wälder im 19. Jahrhundert allmählich zurück (Kap. 15.1 bis 15.4). Die viele Jahrhunderte dauernde Waldweide hatte große Schäden verursacht. Die unbewaldeten „Grinden" im Nordschwarzwald sind ebenso wie der kahle Feldberg im Südschwarzwald und andere Gebirgshochlagen eine Folge der Großviehweide. Neben der Grasnutzung durch und der Streunutzung für das Vieh wurde auch die gesamte Waldsamenernte der Laubbäume durch Rinder und Schweine abgeschöpft, sofern sie nicht direkt (wie bei der Buche) von Menschen genutzt wurde. Die Mastmenge war aufgrund des damals jüngeren Waldalters (s. u.) und der geringeren Flächen maturer Buchen und Eichen viel kleiner als heute, bei der Fichte außerhalb der wenigen Hochlagen mit autochthonen Vorkommen sogar vernachlässigbar klein gewesen. Das ausgeklügelte System der Mastvergabe (Beling 1877) führte dazu, daß Bucheckern und Eicheln bis Oktober gefressen waren. Die größten Teile der Schweineherden wurden deshalb vor dem Winter geschlachtet (Kap. 15.8.4).

Die Waldmast: Schweinemast in Eichen- und Buchenwäldern unterlag mit Einführung von Forstgesetzen der Kontrolle des Waldbesitzers. Sie war seit dieser Zeit in vielen öffentlichen und privaten Waldungen eine willkommene Einnahmequelle (Beling 1877, Neuschäffer 1986). Abhängig von der Stärke der Mast wurde die Zahl der einzutreibenden Schweine und die Mastdauer festgelegt. Ein Teil der Mast wurde in der Regel „für das Wildprett reservirt". Beling (1877) nennt Beispiele, wonach die Einnahmen aus der Mast einem Drittel der gesamten Forsteinnahmen entsprechen konnten und sogar dem Erlös aus dem Holzverkauf ebenbürtig waren. Keine andere Waldnutzung war in der merkantilistischen Zeit mehr geeignet, gleichzeitig die Kasse und das Gewissen des Landesherrn zufriedenzustellen (Mantel 1990, Neuschäffer 1986). In guten Mastjahren wurden auswärtige Schweinehalter aufgefordert, sich an der Mast zu beteiligen (Mantel 1990). Im ersten Drittel des 19. Jahrhunderts verlor diese Art der Nutzung mehr und mehr an Bedeutung, doch mit „Rücksicht auf die enorme Teuerung aller Fettwaren wurden Erlaubnisscheine zum Buchsammeln ... ausgegeben" (Beling 1877). Dieser Brauch der Ölgewinnung und flächendeckenden Beerntung hielt in vielen Gegenden Deutschlands bis in die 1950er Jahre an. Die Buchenvollmast des Jahres 1946 wurde von der hungernden deutschen Bevölkerung völlig, die Mastjahre 1948 und 1950 immerhin großteils abgeschöpft.

Für überwinternde Waldvögel blieb im 19. Jahrhundert nicht viel übrig. Einfallende Bergfinken im Buchenwald wurden deshalb von forstlicher Seite wegen der Verjüngung über die Samen mit großer Sorge betrachtet (Uxkull 1851, Kap. 17). Dies wirft ein neues Licht auf die Ernährungsverhältnisse des Wildes und der europäischen Waldvögel sowie ihre damalige Verbreitung und Dichte.

Die Chancen für samenfressende Waldvögel müssen früher sowohl für Wintergäste aus dem Norden wie Erlenzeisig, Bergfink und Fichtenkreuzschnabel als auch für heimische Arten wie Buntspecht, Kleiber und Meisen viel schlechter gewesen sein als heute. Demnach wären für damalige Verhältnisse

1. geringere Zahlen von Jahresvögeln und Kurzstreckenziehern durch höhere Winterverluste und schon deshalb mehr freie Nischen für Langstreckenzieher zu vermuten;
2. höhere Verluste bei Invasionsvögeln aus dem borealen Nadelwaldgürtel während der Immigration in die Reste des südlichen Laubwaldgürtels anzunehmen.

Invasionen können damals vermehrt dem „Totwandern"(Schüz 1952) gleichgekommen sein. Neben der vollen Beerntung der Waldsamen durch den Menschen war die Zahl alters- und flächenmäßig bedeutender Baumartenbestände geringer und die Wahrscheinlichkeit, auf ergiebige Mastgebiete zu stoßen, viel kleiner als heute.

Seit der zweiten Hälfte des 20. Jahrhunderts stehen die Erträge der Waldmast erstmals in historischer Zeit fast ausschließlich den Waldtieren zur Verfügung. Gleichzeitig steigen die Samenerträge aller mitteleuropäischen Waldbäume seit Anfang des 20. Jahrhunderts und vermehrt seit 1950 beständig an. Dieses seit über 100 Jahren zunehmende durchschnittliche Waldalter (s. u.) steht im Gegensatz zur gängigen Meinung vieler Ornithologen und zu vielen Analysen über die Bestandsentwicklung mitteleuropäischer Vögel. Aus gegenläufigen Strukturveränderungen (Waldalter) müßte das Samenangebot im eurasisch-borealen Gürtel eher zurückgegangen sein, dürfte jedoch auch dort durch Klimaeinflüsse, Stoffeinträge und in Skandinavien durch zunehmende Waldflächen ausgeglichen werden.

Holz als Rohstoff: Jahrhundertelang hatte das Holz eine herausragende und dominierende Stellung unter allen Roh- und Werkstoffen in Wirtschaft und Haushalt. Zu Recht wird daher die Epoche bis 1800 auch als das „hölzerne Zeitalter“ bezeichnet (MANTEL 1990).

Im Verlauf des 18. Jahrhunderts und besonders in dessen zweiter Hälfte geriet jedoch der Wald, der diesen so unentbehrlichen Rohstoff liefern sollte, in zunehmende Gefahr der Vernichtung. Die stark anwachsende Bevölkerung benötigte immer größere Mengen an Brenn-, Bau- und Werkholz. Merkantilismus und Frühkapitalismus förderten den Auf- und Ausbau von Großgewerben, vor allem der Montanindustrie, die Holz ebenfalls als einzige Energiequelle und als Rohmaterial benötigte (MANTEL 1990). Das Ergebnis dieser Expansionen war eindeutig: der Holzverbrauch erhöhte sich wesentlich schneller, als der Wald Holz zu produzieren vermochte (KREMSER 1990). Die Folge war eine zunehmende Ausplünderung, Devastierung und schließlich die flächige Vernichtung der Wälder.

Wie sehr die Rohstoffbasis des Frühkapitalismus in Gefahr war, zeigt das Beispiel Frankreich: im Jahr 1750 waren noch etwa 150.000 km² Wald vorhanden, diese gingen bis 1788 auf 80.000 km² zurück, und 1825 war nur noch ein Rest von 44.280 km² ermittelt worden, ein Rückgang um 70 % (BRANDL 1992).

Die Devastierung der Waldflächen sowie die Zurückdrängung des Waldes als Vegetationsform zugunsten von Heide u. ä. Bewuchsformen erreichte um 1800 ihren Höhepunkt. Nicht umsonst gehörten damals Arten offener Steppen und kahler Gebirge wie Steinrötel und Steinsperling unserer Fauna an (PFEIFER 1995), und die Zippammer erschien in vielen Faunenbeschreibungen. Einzelne Beispiele in Zahlen mögen dies verdeutlichen:

- Im heutigen Niedersachsen erreichten die Flächen der Heiden und Moore eine Ausdehnung von rund 2 Mio. ha (KREMSER 1990).
- Vom Gesamtareal von Hunsrück und Eifel waren um 1820 etwa ein Drittel Ödland, bewachsen mit Ginster, Heide, Wacholder (BAUER 1962).
- Im mittleren und südlichen Schwarzwald hatten die Reut- und Weidfelder, die Hasel, Ginster, Birke, Weiden als Bewuchs trugen, einen Anteil von 30 % der Gesamtfläche erobert. Der Wald war auf 32 % zurückgedrängt (SCHMIDT 1989).
- Im bayerischen Spessart war 1814 ein Viertel des Waldbereiches Blöße oder Krüppelwald (MANTEL 1990). In Bayern insgesamt gingen Heiden von damals 20 % auf heute 1 % zurück (PFEIFER 1995).

Es gibt zahlreiche Berichte, die beeindruckend schildern, in welch schlechtem Zustand der Wald sich darbot oder er bereits vollständig einer anderen Vegetation weichen mußte, wie in den norddeutschen Heidegebieten: „Abgesehen von gelegentlich auffliegenden Birkhühnern ... bietet die Natur nur Heide und Himmel dem Auge dar ... es herrscht schaurige Öde und stilles Schweigen“. Alte Waldgebiete werden beschrieben als „wüste Plätze, viele tausend Wald-Morgen groß, wo hin und wieder noch ein alter abgehauener eichener Stummel stehet ...“. Von Niederwaldungen heißt es dort, „viele derselben sind nunmehro nichts weiter wie geraume Anger, auf welchen kein Baum mehr stehet. In einigen siehet man noch hin und wieder einige verdorrete Stummeln ohne Köpfe und zwar so weit voneinander stehen, daß man solche mit einer Kugelbüchse kaum erreichen kann ...“ (KREMSER 1990).

Als GOETHE 1797 auf seiner dritten Schweizer Reise den Schönbuch südlich von Stuttgart durchquerte, erkannte er das berühmte württembergische Waldgebiet nicht als solches und notierte in sein Tagebuch: „Einzelne Eichbäume stehen hier und da auf der Trift“. Mehr war am Ende des 18. Jahrhunderts nicht übriggeblieben.

Nichts verdeutlicht den Zustand und die Entwicklung deutscher Landschaften mehr, als der Wandel der Bezeichnungen für den Försterberuf. In Schleswig-Holstein wandelte sich der „Heidereiter" im 17. Jahrhundert zum Hegereiter und erst im 19. Jahrhundert vom Hegereiter über den Holzvogt zum Förster (z. B. NEUSCHÄFFER 1986).

Einige der holzverbrauchenden Gewerbezweige sollen kurz vorgestellt werden:

1. Die **Tuchweberei** auf Grundlage der Schafzucht war eine der sehr frühen Quellen für Reichtum in Mitteleuropa. Eine „das ganze Abendland beherrschende Monoproduktion" breitete sich aus (KREMSER 1990). Die wirtschaftliche Blüte mußte mit der Versteppung großer Landstriche in ganz Mittel- und Westeuropa bezahlt werden: „die weiten Heideflächen in Holland, ... Dänemark, ... und Niedersachsen ... wurden durch das weidende Schaf zur Dauersteppe" (KREMSER 1990).
2. Die **Salinen**. Das Eindampfen der Salz-Sole geschah über Jahrhunderte ausschließlich mit Holz. Zur Versorgung allein der Saline Reichenhall wurde ein Waldareal von rund 100.000 ha reserviert, dessen nachhaltige Bewirtschaftung schon 1651 angestrebt wird (BAYER. STAATSMINISTERIUM 1982). Für die Versorgung der Salinen Friedrichshall und Schwäbisch Hall wurden ausgeklügelte Systeme von Floßwegen konstruiert und riesige Waldgebiete reserviert.
3. **Bergbau- und Hüttenwesen** benötigten Holz für die Bauwerke und zum Mürbemachen des Gesteins durch Feuer (MANTEL 1990). Für den Bergbau im hannoverschen und braunschweigischen Harz wurde von KREMSER (1990) für das 16. – 18. Jahrhundert ein jährlicher Holzbedarf von 800.000 Fm geschätzt. Die Eisenhütten benötigten Holzkohle als Energielieferanten. Köhlerei und Verhüttung waren eng verflochten. Der Holzbedarf für 1 t Eisen wird auf rund 70 – 100 Fm geschätzt. Durch die Verkohlung konnte das Gewicht des Holzes bis auf 10 % verringert werden (MANTEL 1990).
4. Die **Glasmacherei**. Die Glashütten wurden mit Holz befeuert und wanderten, wenn in einem bestimmten Umkreis alles Holz aufgebraucht war, dem Holze nach (KREMSER 1990). Holz war als Brennmaterial für die Glasschmelze wichtig. Mengenmäßig bedeutender war jedoch der Bedarf an Holz für die Pottascheherstellung als Zuschlagsstoff für die Glasherstellung. Die Pottasche wurde allein durch Verbrennen von Buchenholz gewonnen und beanspruchte ca. 90 % des Holzverbrauchs (HASEL 1985).
5. **Flößerei und Holländer-Holzhandel**. Zu Beginn des 18. Jahrhunderts suchten holländische Kaufleute neue Bezugsquellen für den immensen Holzbedarf der neuen Seemächte Holland und England. Dank guter Transportmöglichkeiten auf dem Neckar und dem Rhein eignete sich besonders der Schwarzwald als Lieferregion. Aus Bayern wurde Holz nach Wien geflößt. Hohe Gewinne beim Verkauf in Holland führten rasch zum systematischen Kahlschlag im Einzugsbereich der Floßanlagen. Was nicht zu Floßholz tauglich war, wurde für andere Verwendungen freigegeben. Anschließend folgte der Vieheintrieb auf den riesigen Kahlschlägen. Bis zum Ende des 18. Jahrhunderts waren die Holzvorräte im Nord-Schwarzwald erschöpft (MANTEL 1990, BRANDL 1992, SCHOCH 1994).

15.8.2.2 Wirtschaftlicher Wandel und Änderung der Besitzverhältnisse

Die zerstörten und devastierten Waldungen hätten die Last der umfangreichen Nutzungen, wie sie im 18. Jahrhundert bestanden haben, nicht weiter erbringen können. Ohne neue Entwicklungen wäre eine Energie- und Versorgungskrise durch Holzverknappung unausweichlich geworden. Auch die Forstberechtigungen – d. h. die Rechte auf bestimmte Nutzung im Wald eines fremden Waldbesitzers (z. B. eines Klosters oder des Landesherrn) – hatten zu diesen unerträglichen Zuständen der Übernutzung und der Waldzerstörung beigetragen. Damit der eigentliche Eigentümer seinen Wald unbelastet bewirtschaften konnte, wurden im 19. Jahrhundert diese Berechtigungen abgelöst. Die Staatsgewalt wurde von der Person des Landesherrn getrennt. Als Konsequenz daraus wurde der sogenannte „landesherrliche Wald" zum überwiegenden Teil zu Staatswald. Der markgenossenschaftliche Waldbesitz der Dörfer und Gemeinden, die Allmende, die gemeinschaftlich von allen Dorfbewohnern genutzt worden war, wurde unter den Berechtigten eines Dorfes aufgeteilt und damit zu Privatwald oder vollständig bzw. teilweise in das Eigentum der neu etablierten politischen Gemeinde gegeben und damit zu Gemeindewald (Brandl 1992).

Im Verlauf der ersten Hälfte des 19. Jahrhunderts wurden Wald und Forstwirtschaft zudem entlastet durch

- die Steinkohle als Energieträger,
- durch Entwicklungen in der Landwirtschaft wie Stallfütterung (Waldweide wird unnötig) und Handelsdünger (Mantel 1990, Haber & Salzwedel 1992).

Alle diese Faktoren führten dazu, daß die Holznutzungen im 19. Jahrhundert gegenüber der Zeit 1750 – 1800 deutlich verringert werden konnten. Gleichzeitig setzte eine massive Bewegung zur Wiederherstellung der Leistungsfähigkeit des Waldes ein. Neben frühen Forst- und landesherrlichen territorialen Holzordnungen zur Erhaltung der Wirtschaftskraft einzelner Waldgebiete im 15. und 16. Jahrhundert wurde in der 2. Hälfte des 18. Jahrhunderts begonnen, die Bodenkultur zu verbessern (Mantel 1990, Kremser 1990).

15.8.2.3 Wiederaufbau des Waldes

Die Regeneration der Wälder in den vergangenen 250 Jahren wird vielfach als abgeschlossenes geschichtliches Problem angesehen. Innerhalb eines Ökosystems, dessen dominierende Glieder, die Bäume, 500 und mehr Jahre alt werden können, ist aber gerade erst Halbzeit und die Waldökologen können sich bisher in Mitteleuropa weitgehend nur auf Erfahrungen mit Jugendstadien unserer Wälder stützen. Ein Einblick in die bis heute in unseren Wäldern unvermindert ablaufende Wiederaufbauphase ist zum Verständnis der Auswirkungen auf Vögel dringend geboten.

Der Wiederaufbau der Wälder begann unter immensen Problemen und Startschwierigkeiten. Erst nach vielen mißlungenen Versuchen wurde deutlich, daß vor allem die Baumarten Kiefer und Fichte über die nötige Robustheit und die Eigenschaften von Pionierbaumarten verfügen, um auf den degradierten, ausgelaugten und verwilderten Böden mit einigem Erfolg wieder einen Waldbestand zu begründen. Beide spielen deshalb, regional verschieden, auch in der natürlichen Sukzession der Heiden eine bedeutende Rolle, wenn Nadelwälder in der Nähe sind. Außerdem zwangen die knappen Geldmittel zu kostengünstigen Verfahren, auch in dieser Beziehung sind beide Baumarten allen anderen überlegen (Brandl 1992).

So kam es zu einer regionalen Differenzierung der Baumarten für den Wiederaufbau:

- Die Kiefer dominiert auf den verarmten Sand-, Moränen- und Schotterebenen der norddeutschen Tiefebene. Für die Heide-Aufforstungen ist sie die allein brauchbare Baumart.
- In Mittel- und Süddeutschland übernimmt die Fichte diese Aufgabe der Wiederbewaldung (Brandl 1992) und führt in manchen Regionen zu einer totalen Änderung der Baumartenzusammensetzung (Mantel 1990).

Nur die ausbeuterische und zerstörerische Nutzung des Waldes vor 1800 hat diesen beiden Baumarten den Boden bereitet und sowohl ihre Dominanz in den damals neu entstehenden Waldungen ermöglicht (Scheifele 1988) als auch mit Umtriebszeiten von < 100 Jahren ihre dominierende Stellung bis heute begründet (Brandl 1992). Die Konsequenzen sind heute nachvollziehbar. Der Anbau des Nadelholzes erlebt im Staatswald zwischen 1830 und 1900, im Kommunal- und Privatwald zeitlich verzögert, seinen Höhepunkt.

Ihren letzten enormen Flächengewinn erzielten Fichte und Kiefer aus der Aufforstung der enormen Kahlschläge durch die Besatzungsmächte nach dem zweiten Weltkrieg, die sich als „Franzosen- und als Engländerhiebe“ von Süden her bis nach Schleswig-Holstein erstreckten (Neuschäffer 1986) und deren Neuaufforstungen sich heute in riesigen zusammenhängenden ca. 50jährigen Nadelwäldern äußern. Viele davon wurden inzwischen teilweise Opfer der Stürme von 1990 und 1999 und werden damit zu Ansatzpunkten altersmäßig gestufter Mosaike im Sinne von Remmert (1990, Kap. 15.8.1).

15.8.2.4 Der Übergang von Nieder- und Mittelwald zum Hochwald und seine Folgen

Kontinuierliche Flächenzugänge zum Wald seit über 200 Jahren (Tetsch 1957, Oehler 1984/1992, Brandl 1992) in ganz Mitteleuropa und eine Umwandlung von früheren Wirtschaftsformen zur Hochwaldnutzung brachten tiefgreifende Änderungen der Waldökosysteme mit sich.

Das Alter von Wäldern ist ein wesentlicher Faktor für die Zusammensetzung sowohl von Brut- wie von Wintervogelgemeinschaften (Järvinen et al. 1977, Järvinen & Väisänen 1977a, b, Väisänen 1983, Väisänen et al. 1986, Tomiałojc et al. 1984, Tomiałojc & Wesołowski 1994, Tiainen 1985, Gatter 1994b, 1997c). Sukzuessionen von Brutvogelgemeinschaften wechseln in den Jugendstadien von Wäldern schnell, im älteren Stadium langsam (Helle & Mönkkönen 1985). Skandinavische Ornithologen registrierten frühzeitig, daß forstwirtschaftliche Maßnahmen die Zusammensetzung der Vogelwelt des ganzen borealen Vegetationsgürtels in Skandinavien ändern können. Kalela (1949) hatte zunächst klimatische Faktoren als Ursache angenommen, aber schon v. Haartman (1973) erkannte die Bedeutung der anthropogenen Habitatveränderungen.

In Mitteleuropa hat man die Wälder trotz des Wissens um die tiefgreifenden Änderungen der Bewirtschaftungsformen im 20. Jahrhundert bisher eher als eine statische Vegetationsformation betrachtet. Zwar nahm man zur Kenntnis, daß die Nadelwaldanteile zunahmen, ignorierte aber das ständig zunehmende Bestandsalter und die Bestandshöhen als wesentlichste Punkte für die Artenzusammensetzung der Vogelgesellschaften bis heute. In Baden-Württemberg z. B. hat sich der prozentuale Anteil der 120jährigen Bestände zwischen dem Einrichtungszeitraum 1961 – 1970 und 1981 – 1990 deutlich erhöht, während sich der Flächenanteil der 0 – 20jährigen Bestände, wie die Forsteinrichtungsstatistiken für die jeweiligen Jahrzehnte ausweisen, stark verringerte (Abb. 15.8.2).

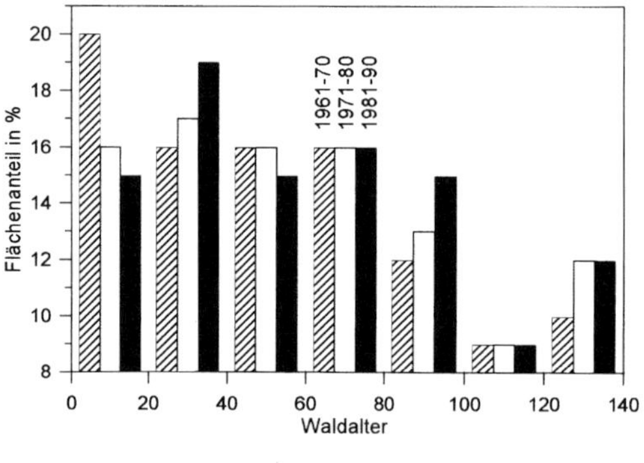

Abb. 15.8.2: Änderung der Alterszusammensetzung des öffentlichen Waldes zwischen 1961 und 1990 in Baden-Württemberg. Erkennbar ist der Rückgang der unter 20jährigen und die Zunahme der über 80jährigen Bestände. – *Percentage change of area within age classes in public forests in Baden-Württemberg 1961 –1990, shown in three 10-year steps. The figure illustrates the decline in the area of trees younger than 20 years and the increase of those over 80 years old.*

Über die Baumartenverteilung deutscher Wälder während des 19. Jahrhunderts gibt es im Gegensatz zu deren Alterszusammensetzung zahlreiche Publikationen. Die württembergischen Bestandskarten des Staatswaldes mit Altersindices ermöglichen aber einen relativ schnellen Überblick.

15.8.2.5 Nieder- und Mittelwald = junger Wald

Der Kommunal- und Privatwald unterlag zu Anfang des 20. Jahrhunderts stellenweise noch großflächig einer Nieder- bzw. Mittelwaldnutzung. Die Waldbewirtschaftungsform läßt sich bis zur Zeit der Etrusker zurückverfolgen und entsprach dem späteren *„silva caedua"* der Römer.

Bei den am weitesten verbreiteten alten Waldnutzungsformen Niederwald und Mittelwald erfolgten in ca. 7- bis maximal 30jährigen Intervallen Kahlschläge (Niederwald) oder Kahlschläge mit locker verbleibenden Einzelbäumen unterschiedlichen Alters (Mittelwald). Dadurch war in beiden Fällen ein hoher Anteil der Flächen dem Milieu „Blöße, Kahlschlag und Dickung" zuzuordnen und der Waldzyklus endete mit der Dickung oder dem „Gestänge". Stangen-, Baum- und Althölzer heutiger Prägung fehlten. Daß damals 60jährige Buchenwälder als „Hochwälder" bezeichnet wurden (Beling 1877), kennzeichnet den Wandel.

Diese Bewirtschaftungsformen brachten hohe Anteile besonnter Waldböden mit entsprechender Bodenvegetation mit sich. Durch die jährliche Fällung eines Teils der Bäume kam es zu einer kleinräumlichen Verteilung von Blößen und unterschiedlichen, durchwegs jungen Sukzessionsstadien.

Speziell die Niederwaldwirtschaft, in geringerem Umfang auch der Mittelwald, ermöglichte die rotationsmäßige Nutzung als Acker im Jahr nach der Hauung (Pott 1990), häufig in Verbindung mit dem Brennen nach dem Hieb (Mantel 1990, Kremser 1990). Solche gemischten (Brand-)Waldfeldbausysteme hielten sich in den Mittelgebirgen lokal bis ins 20. Jahrhundert (Beck 1998).

Im Mittelwald waren die Verhältnisse entsprechend, aber die Überhälter und sogenannten „Laßraitel" hatten ständig voll besonnte Kro-

Die heute übliche Hochwald- oder Altersklassenwirtschaft fördert, wie auch die naturnahen Bewirtschaftungsformen, ein kühleres „Waldklima“ und damit Arten der Aufbau- und Optimalphasen. Buchenwald (*Fagus sylvatica)* im Winter ist mit Ausnahme der wenigen Mastjahre nahrungsarm.

Mischwälder bieten auf engem Raum ein vielfältigeres Samenangebot und eine höhere Artenzahl bei Gliederfüßern. Sie beeinflussen damit und über ein verändertes Bestandesklima das Nahrungsangebot für Vögel und die Zusammensetzung der Vogelgesellschaften.

Buchenwälder der Aufbau- und Optimalphasen können artenarm sein. In sehr alten Beständen steigt die Zahl der Höhlenbrüter stark an.

Buchenaltholz (links) und Hohltaube *Columba oenas* (unten). (Fotos W. Gatter)

Tote und sterbende Bäume
Totholz bietet einen großen Insektenreichtum und damit Nahrung für Vögel und mannigfaltige Brutmöglichkeiten. Nach dem Verbot langlebiger, giftiger Pestizide und nur noch geringfügigem Insektizideinsatz im Wald nehmen heute auch die Großinsekten der Wälder wieder zu. Dies wirkt sich über ein steigendes Nahrungsangebot wohl auch positiv auf die Bestandsentwicklung mancher Vogelarten aus.

Der Kopfhornschröter *Sinodendron cylindricum* lebt im Mulm toter Laubbäume (links). Der Große Schillerfalter *Apatura iris* (oben), hier am gärenden Saft einer sterbenden Buche, bewohnt besonders den Kronenraum des Waldes (Fotos W. Gatter).

Zahlreiche Vogelarten leben im Winterhalbjahr von der Waldmast, die heute im Gegensatz zu früher ausschließlich den Wildtieren zur Verfügung steht. Das zunehmende Waldalter und die heute bessere Waldernährung fördern die Masterträge. Davon profitiert eine große Zahl von Vogelarten, wodurch sich die Konkurrenzverhältnisse verändern.

Tannenmeise (*Parus ater*) (oben links).
Fichtenvollmast (oben rechts).
Lärchenzweig mit Zapfen und Blüten (Mitte).

Gimpel-♀ (*Pyrrhula pyrrhula*) auf Vogelbeere (unten). (Fotos W. Gatter)

Tafel 12 (linke Seite):
Aufgegebenes Grün- und Ackerland in ersten Übergangsstadien zu Waldsukzessionen findet sich in Nord-, Mittel- und Osteuropa auf vielen tausend Quadratkilometern (Biebrza-Niederung, Ostpolen).
Durch Düngung eutrophierte Wiese mit Löwenzahn (Mitte oben) und durch Nutzungsaufgabe eutrophierte Wiesen mit Weidenröschen *Epilobium* – einem Stickstoffanzeiger (Mitte unten). Sukzession mit Schlehen und Laubbäumen in ehemaligem Heidelerchenrevier auf der Schwäbischen Alb nach Aufgabe des Flämmens und der Beweidung (unten) (Fotos W. Gatter).

Tafel 13 (rechte Seite):
„Vogelsukzession" im Truppenübungsplatz Münsingen (oben). 1971 gab es im Bildausschnitt 5 Steinschmätzerreviere, bis 1995 erfolgte mit 8 Revieren vom Braunkehlchen ein völliger Artenaustausch. Unter Eutrophierung leiden Brachpieper *Anthus campestris* (Mitte links) und Rotkopfwürger *Lanius senator* (Mitte rechts); bei der Gebirgsstelze *Motacilla cinerea* (unten) können die Einflüsse saisonal positiv oder negativ sein. (Fotos W. Gatter).

◀ Große Raubsäuger sind in Mitteleuropa weitgehend ausgerottet: Erlegung des letzten württembergischen Luchses *Felis lynx* im Jahr 1846 am Reußenstein beim Randecker Maar, zeitgenössisches Gemälde, Foto W. Gatter/Forstverwaltung Baden Württemberg.). Heute wird dieser Großkatze hier das Heimatrecht abgesprochen!

▲ Baummarder *Martes martes* mit Entenei (oben rechts, Foto D. Nill).

Carnivore und omnivore Säuger gemäßigter Klimazonen können angesichts der heute hohen Nahrungsverfügbarkeit durch Landwirtschaft und Zivilisationsabfälle hohe Populationsdichten aufbauen. Obwohl Vögel vielfach nur „Begleitbeutearten“ sind, kann die Häufigkeit der Prädatoren die Eingriffsstärke regeln. Die Bestände beider Marderarten sowie von Fuchs und Wildschwein haben in den vergangenen Jahrzehnten in vielen Bereichen Europas stark zugenommen.

▼ Zeiträume minimalen Nahrungsangebots beschränken die Prädatorendichte arktischer Lebensräume: Schnee-Eule *Nyctea scandiaca* (rechts) und Polarfuchs *Alopex lagopus* (links). (Fotos W. Gatter)

Nahrungskonkurrent und Prädator: Steigende Wildschweinbestände *Sus scrofa* haben erheblichen Einfluß auf Bodenbrüter.

Mittelspecht *Dendrocopos medius*

Wieviel Spechte ernährt ein Wirtschaftswald? Wirkt sich die Zunahme des Buntspechts auf kleinere Spechtearten aus? Kann die Auseinandersetzung mit Säugetieren, die als Freßfeinde oder Konkurrenten Baumhöhlen aufsuchen, darüber entscheiden wo eine Vogelart siedelt? Für den Halsbandschnäpper *Ficedula albicollis* (unten rechts) ist die Zunahme des Siebenschläfers *Glis glis* (unten links) offensichtlich ein begrenzender Faktor. (Fotos W. Gatter)

Katastrophen und die Fähigkeit zu ihrer Heilung sind Bestandteil des Ökosystems: Sturmfläche vom Dezember 1999 im Schönbuch bei Tübingen; im Gegensatz zu den großen Kahlschlägen und Sturmflächen früherer Jahrzehnte bleibt viel Totholz im Wald (oben links); Bäume mit Spechthöhlen brachen überdurchschnittlich oft (Buchenaltholz oben rechts). Stürme, Borkenkäferkalamitäten (unten rechts) und der Preisverfall des Holzes förderten die Totholzvorräte und damit Arten wie die Haubenmeise *Parus cristatus* (Mitte).
Sturmflächen des Jahres 1990 (mit Fingerhut *Digitalis* und Naturverjüngung von Laubbäumen im Schönbuch) beherbergen heute nach 10 Jahren besonders viele Langstreckenzieher (unten links). (Fotos W. Gatter)

nen. Die Oberschicht ragte auch noch im älteren Schlagstadium vor der erneuten Fällung des Unterholzes über das geschlossene Kronendach des Unterholzes und bot damit über dessen kühl-feuchtem Bestandesklima ein zweites Stockwerk mit viel wärmerem und trockenerem Mikroklima. Kahlschlagsflächen und deren erste Sukzessionsstadien als zusätzliche Wärmeinseln waren für Vögel in beiden Wirtschaftsformen immer leicht erreichbar.

Sowohl im früheren Nieder- als auch im Mittelwald dürfte es wegen der Bedeutung als Brennholz kaum starkes Totholz und auch kaum liegengebliebenes Reisig gegeben haben. Dies geht auch aus alten forstlichen Pflegekonzepten hervor (MANTEL 1990, NEUSCHÄFFER 1986). Das Entfernen von Bodenstreu und Humus zur Verwendung in der Landwirtschaft (Kap. 15.1 und 15.2), und auch das Brennen (verbunden mit zeitweisem Ackerbau) verminderte die wasserspeichernde Kapazität der Böden und schuf völlig andere, offenere Formen der Bodenvegetation (GATTER 1996). Heidelerche, Baumpieper, Wiedehopf, Raubwürger, Wendehals und die beiden grünen Spechte hatten hier wohl ihr Optimum. Die Jungwaldblöcke beherbergten v. a. eine Gesellschaft von Langstreckenziehern wie Laubsänger und Grasmücken. In britischen Niederwäldern fanden FULLER & HENDERSON (1992) höchste Vogeldichten drei bis zehn Jahre nachdem sie auf den Stock gesetzt waren. Langstreckenzieher überwogen in diesem Alter.

Das regelmäßige Auf-den-Stock-setzen förderte die Eiche und drängte die Hauptbaumart Buche zurück. Nur lokal und v. a. bei ausreichenden Niederschlägen war Niederwaldwirtschaft auch mit der Buche möglich.

Der bäuerliche Plenterwald (der Wortstamm kommt von plündern), in den Mittelgebirgen vielfach mit Buche, Tanne und Fichte wie im Schwarzwald oder mit Buche und beigemischtem Ahorn, Esche usw. wie im Jura, zeigt auf noch kleinstem Raum ähnliche Strukturen. Auch hier standen viel geringere Holzvorräte auf der Fläche, die Wälder waren lichter, niedriger als heute (LOHRMANN 1931, 1939, BÜCKING et al. 1994, GATTER 1994a, 1997c) und waren vielfach aus Niederwald bzw. aus Mittelwald mit stammzahlarmer Oberschicht hervorgegangen.

Von der Naturschutzseite wird dem Mittelwald vielfach eine hohe Naturnähe zugedacht. Sie orientiert sich meist am Zustand ehemaliger, jedoch seit 100 und mehr Jahren in Überführung zum Hochwald befindlichen Wäldern, die heute mit ihren mächtigen Eichen eindrucksvolle Waldbilder bieten (DBV 1981). Darauf bauen weitere Mißverständnisse auf, wie z. B. die „überoptimalen Habitatbedingungen" mit solitären Alteichen (KAULE 1986). Die Realität sah meist anders aus. Unabhängig vom Waldbesitz ist noch heute in ehemaligen Mittelwaldungen der frühere Kronenansatz der herrschenden Bäume erkennbar und zeigt, daß diese Bestände meist nur halb so hoch waren wie die heutigen. Die Bäume standen locker und das Gesamtbild dieser Wälder war nach Fällung der Unterschicht, auch von den Dimensionen her, dem einer Obstbaumwiese nicht unähnlich. Jungwuchs- und Kahlflächen unter dem Kronendach der Überhälter und Laßraitel waren in unmittelbarer Nachbarschaft vorhanden. Auch Baumalter und -durchmesser waren weit unter dem, was wir heute in ehemaligen Mittelwäldern vorfinden, die in Hochwald überführt wurden und werden. Diese Form intensivster Forstwirtschaft bot wenig, was sich als naturnah bezeichnen ließ. Die Laßraitel und Überhälter wurden in relativ schwachen Dimensionen und im Vergleich zu heute meist in jugendlichem Alter genutzt, was schon durch die damaligen beschränkten Arbeits- und Transportmittel geboten war. Axt und Waldsäge, Pferdetransport und auch die Handbehauung der Balken waren das Maß für die gewünschten Sortimente. Das in alten Fachwerkhäusern verarbeitete Material zeigt augenfällig die Herkunft aus überwiegend schwachen Bäumen.

Entsprechend dürfte die Artenzusammensetzung der Kronenvögel gewesen sein. Arten wie Pirol, Gartenrotschwanz, Grauschnäpper, Gartenbaumläufer waren wohl häufiger. In heutigen zum Hochwald überführten Mittelwäldern sind diese Arten spärlich und der Waldbaumläufer ersetzt vielfach den Gartenbaumläufer.

In den Mittelwäldern dürften, da sich die Kronen nicht berührten, arbivore Säuger als Prädatoren weniger erfolgreich gewesen sein, wenn wir die Ergebnisse aus polnischen Sumpf-Urwäldern übertragen können (TOMIAŁOJC et al. 1984).

Für große Höhlenbrüter war in diesen Beständen wenig Raum. Sie fanden ihre Bedingungen eher in den Hute- und Mastwaldungen erfüllt. Diese urwaldartigen Laubmischwaldrelikte mit riesigen Uralteichen, wie sie der romantisierenden Vorstellung einer Urwald-Ästhetik lange Zeit Pate gestanden haben, sind tatsächlich zoogene Sekundärbiotope, hervorgegangen aus jahrhundertelanger Beweidung (NEUSCHÄFFER

1986, SCHERZINGER 1996b). Das Vorherrschen der malerischen Bäume war aber keineswegs das Ergebnis gezielter Waldbehandlung, eher schon eine Verfallserscheinung: „Begreiflicherweise wurden die der Weidenutzung ausgesetzten Waldbestände immer lückiger ... Die unmittelbare Folge war ... eine einschneidende Minderung des Mastertrags", die von verschiedenen Autoren seit dem 16. Jahrhundert nachgewiesen worden war (KREMSER 1990). Diese in ihrem Habitus und Bodenqualität nachhaltig veränderten Wälder waren wichtige Habitate für wärmeliebende Insekten, Vögel und Reptilien.

Der Beginn des Umbaus der Mittel- und Niederwälder in Hochwald erfolgte im Staats- und Kommunalwald v. a. im 19. Jahrhundert bis weit in unsere Zeit hinein. In den Privatwäldern hält die Umwandlung bis heute an und sowohl Plenter- als auch Niederwald nehmen dort nur noch verschwindend geringe Flächenanteile ein. 1993 wurde bereits auf 91,7 % des Waldes der alten Bundesländer Hochwaldwirtschaft, nur auf

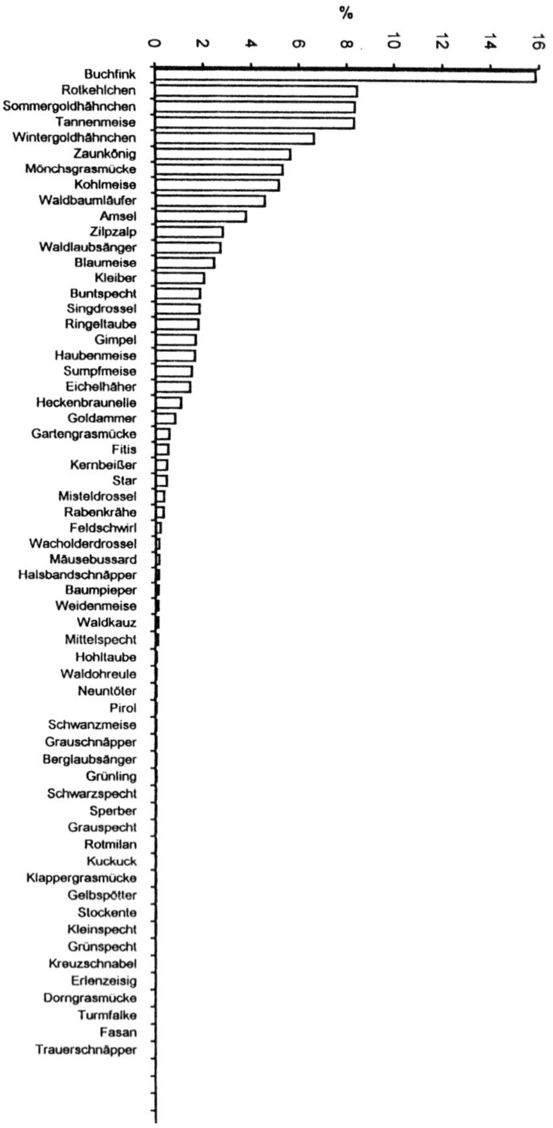

1,5 % Mittel- und Niederwaldwirtschaft betrieben (AID 2514/1994).

Die Zusammensetzung der Vogelwelt dieser Waldformen war völlig anders als die unserer heutigen Wälder. Die Gliederung des Waldalters in den Bauernwäldern eines Gebietes der Schwäbischen Alb (ein Drittel der Waldfläche) zeigt, daß damals ausschließlich junge Waldformen vorhanden waren. Deren Vogelwelt muß sich noch krasser von der heutigen unterschieden haben als in Abb. 15.8.3 dargestellt. Dort wurde auf der Basis von Forstunterlagen zunächst versucht, den Zustand der Altersklassen-, Mittel- und Niederwälder von 1930 – 1950 zu rekonstruieren und mit der veränderten Baumarten- und Alterszusammmensetzung von 1995 zu vergleichen. Schon aus diesem Wandel zu älteren und stärker durch Koniferen geprägten Wäldern muß sich eine enorme Veränderung der Artenzusammensetzung und der Abundanzen ergeben haben. Die dargestellten Veränderungen sind als hypothetisch zu betrachten und nicht übertragbar, sollen aber trotzdem einen Eindruck darüber vermitteln, wie sich die Vogelwelt allein auf Grund einer veränderten Bewirtschaftung wandelt. Die Basis der historischen Daten entstammt Lokalfaunen (GATTER 1970d und unveröff., BADTKE et al. 1971, HÖLZINGER 1987). Die neueren ornithologischen Grundlagen dazu sind die Ergebnisse von Bestandsaufnahmen der Jahre 1965 – 1997 und weiterer geschichtlicher Quellen aus demselben Raum im mittleren Württemberg.

15.8.2.6 Hochwälder – Altersklassenwälder = ältere Wälder

Die Umwandlung unserer Wälder in Altersklassenforste war die logische Fortführung der Niederwaldwirtschaft. Die Räumungsperioden wurden verlängert. Zielalter von mehr als 100 Jahren waren zunächst wohl nur selten geplant (Abb. 15.8.4a, b). Diese Entwicklung läßt sich heute noch in England nachvollziehen, wo umfangreiche Aufforstungsmaßnahmen der weitgehend entwaldeten Insel erst im 20. Jahrhundert erfolgten. Zielalter zum Kahlschlag der „Hochwälder" liegen dort bei 40 – 50 Jahren (AVERY & LESLIE 1990, FULLER 1995).

Tatsächlich lassen auch noch heute viele unserer Altersklassenwälder ihre unmittelbare Herkunft vom Nieder- oder Mittelwald in erster Generation erkennen. Außerhalb der historischen Waldstandorte tragen die meisten der durch Sukzession oder Erstaufforstung entstandenen Wälder maximal die zweite, selten die dritte Bestandesgeneration (GÖTZ 1997).

Die Zustände, wie sie BECK (1998) für Oberschwaben schildert, lassen sich auf weite Bereiche übertragen und verdeutlichen, daß die Folgen solcher erst jüngst aufgegebenen Praktiken bis heute nachwirken: Trotz der klaren Erkenntnis über die Schädlichkeit des Waldfeldbaues wurde dieses Wirtschaftssystem in der zweiten Hälfte des 19. Jahrhunderts nicht nur im Süden, sondern in den Nadelholzgebieten ganz Deutschlands zum dominierenden Verfahren

Abb. 15.8.3: Änderungen der Wälder verändern die Avifauna. Wie könnte die Waldvogelfauna vor 50 – 80 Jahren ausgesehen haben, wenn wir uns unabhängig von möglichen veränderten ökologischen Ansprüchen der Arten nur an den forstlichen Veränderungen orientieren? Die Abbildung zeigt die ungefähren prozentualen Anteile der Waldvogelarten in einem 50 km x 50 km großen Gebiet des Neckarlands und der Schwäbischen Alb um Kirchheim/Teck.
Links: Versuch einer Rekonstruktion der Verhältnisse in den Altersklassenwäldern von 1930 – 1950.
Rechts: die heutigen Verhältnisse nach 300 Revierkartierungen.
Die historischen Verhältnisse wurden rekonstruiert nach einem Vergleich der damaligen und heutigen Waldalters- und Baumartenzusammensetzung. Die Basis der historischen Vogeldaten entstammt Lokalfaunen (GATTER 1970d und unveröff., BADTKE et al. 1971 und HÖLZINGER 1987). Das Gebiet liegt im mittleren Württemberg in Höhenlagen von 300 – 800 m NN.
Fig. 15.8.3: *Changes to the forest mean alterations in the avifauna. What might the forest avifauna of 50 – 80 years ago have looked like, taking into account only the alterations due to forestry practice and ignoring possible changes in the ecological requirements of the species concerned? The figure shows the approximate percentage frequency of woodland bird species in a 50 km x 50 km area in the Neckar region and Schwäbische Alb around Kirchheim/Teck.*
Left: *a tentative reconstruction of the situation in the forests of 1930 – 50.*
Right: *the current situation, based on 300 censuses.*
The historical picture was constructed using a comparison of forest age and tree species composition then and now. The historical bird data were obtained from local faunas (GATTER 1970d, and unpubl., BADTKE et al. 1971, and HÖLZINGER 1987). The study area is in central Württemberg at 300 – 800 m a.s.l.

zur Waldverjüngung. Technisch perfektioniert lief es wie folgt ab: Kahlschlag, Verpachtung des Waldfeldes auf 2 Jahre, im Winter Stockrodung, Schinden (= Zusammenziehen des Bodenüberzugs und Reisigs), Motten (= Verbrennen des Reisigs) und Ausstreuen der Asche als Dünger. Darauf folgte im 1. Jahr Kartoffelanbau, im 2. Jahr Sommerroggen- oder Hafereinsaat zusammen mit 25 kg Fichtensamen pro ha. Im 3. Jahr Grasnutzung mit der Sense und Nachsaat von 12 kg Fichtensamen pro ha. Vom 4. – 8. Jahr Schafweide von Mitte Mai bis August, zweimal in der Woche. Obwohl offensichtlich war, daß sich der Waldfeldbau für den Wald nachteilig auswirkt, stand er bei den damaligen Forstleuten hoch im Kurs. Bei der Tagung des Forstvereins in Biberach 1890 wurde festgestellt: „Mit der Abhängigkeit der Bevölkerung vom Wald, wächst auch der Sinn für die Bedeutung desselben für das Gemeinwohl und damit die Liebe zum Wald. Man kann ohne Übertreibung behaupten, der Waldfeldbau ist mit den Bedürfnissen und Gewohnheiten eines großen Teils der oberschwäbischen Bevölkerung so eng verknüpft, daß dessen Aufgebung unzählige Familien an den Bettelstab bringen und den Wohlstand ganzer Ortschaften untergraben würde. Der oberschwäbische Waldfeldbetrieb ist nach allem Ausgeführten auf geeigneten Böden finanziell als Geldquelle, forstwirtschaftlich als Kulturmittel, volkswirtschaftlich als Erhalter und Verbesserer der Existenzbedingungen einer großen Anzahl von Staatsbürgern von höchster Bedeutung, so daß an ein Verlassen dieses Betriebs kein erfahrener Wirtschafter denken wird.“

Der Wegfall von Waldweide, Gras- und Laubnutzung löst Prozesse aus, die den Wald über eine stetige Verbesserung der Humus- und Bodenverhältnisse in massiver Weise zu anderen Wuchs- und Konkurrenzbedingungen führen.

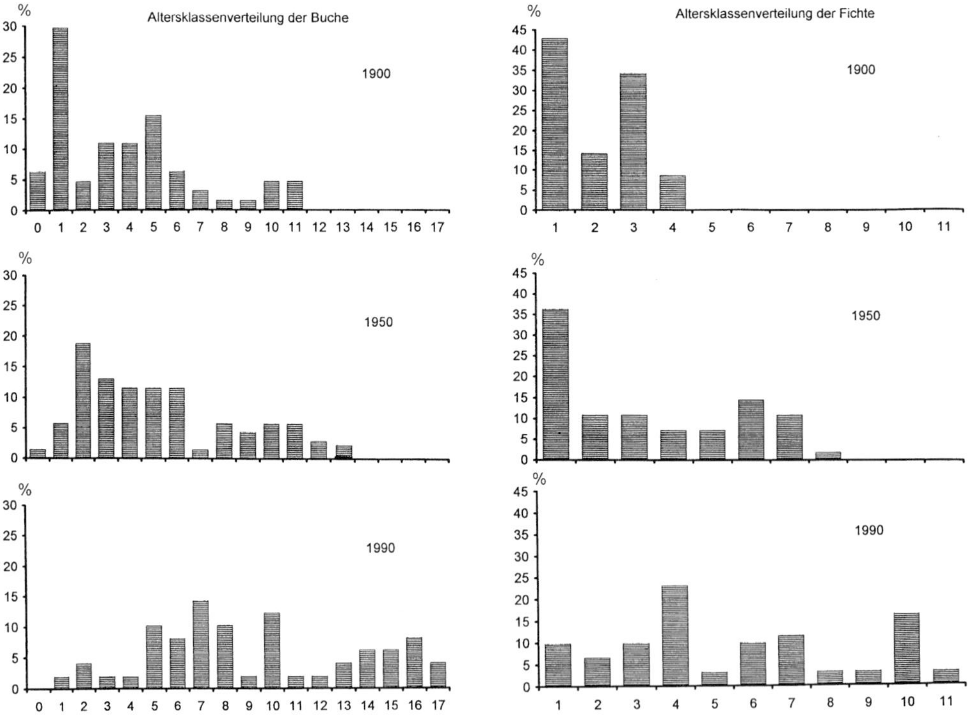

Abb. 15.8.4a: Altersklassenverteilung in Buchenwäldern und Fichtenbeständen der Schwäbischen Alb südlich Kirchheim/Teck nach Forstunterlagen. Altersklasse 0 bedeutet Kahlschlag noch ohne Verjüngung, 1 = 0 – 10jährig, 2 = 11 – 20jährig, 17 = 161 – über 170jährig. – *Age-class distribution in beech (left) and spruce forests in the Schwäbische Alb south of Kirchheim/Teck from forestry records. Age class 0 means clear-felled area still without regeneration, 1 = 0 – 10 years old, 2 = 11 – 20 years old, 17 = 161 – over 170 years old.*

Diese Tendenzen werden noch verschärft durch anthropogene Stoffeinträge, die Wuchs- und Konkurrenzbedingungen der Bäume beeinflussen und damit die Rahmenbedingungen der standorttypischen Dynamik einzelner Waldgesellschaften verändern (Kenk 1988, Sturm 1993, Heij & Schneider 1991, Jakucs 1991, Mannion 1991, Ullrich 1991, Newson 1992, Skelly & Innes 1994, Spiecker et al. 1996, Untheim 1997, Kap. 15.5).

Die zweite und folgende Generationen der Altersklassenwälder sind wegen ihrer besseren Wuchsdynamik, der besseren Humusversorgung und der im Regelfall dichteren Bestockung feuchter und kühler als vorangegangene. Die laufende Erhöhung der Umtriebszeiten beim Laubholz, vom Forst gefördert, vom Naturschutz gefordert (DBV 1981, Hölzinger 1987, NABU 1993, Stichmann 1994), begünstigt diesen Effekt weiter.

Bei der Buche stiegen die vorgesehenen Umtriebszeiten von 100 Jahren um die Wende zum 20. Jahrhundert auf 120 – 140, später dann auf 140 – 160 Jahre an, und die derzeitigen Bestrebungen zur „Zielstärkendurchmesserernte" könnten einmal bis zu Umtriebszeiten von 160 – 200 Jahren führen (Palmer 1994). Dieser zunächst positive Aspekt muß aber damit bezahlt werden, daß relativ offene Flächen wie Kahlschlag (teilweise trocken und warm, teilweise versumpfend) ebenso verschwinden wie andere Verjüngungsformen mit teilweise offenem Boden oder Dickungen.

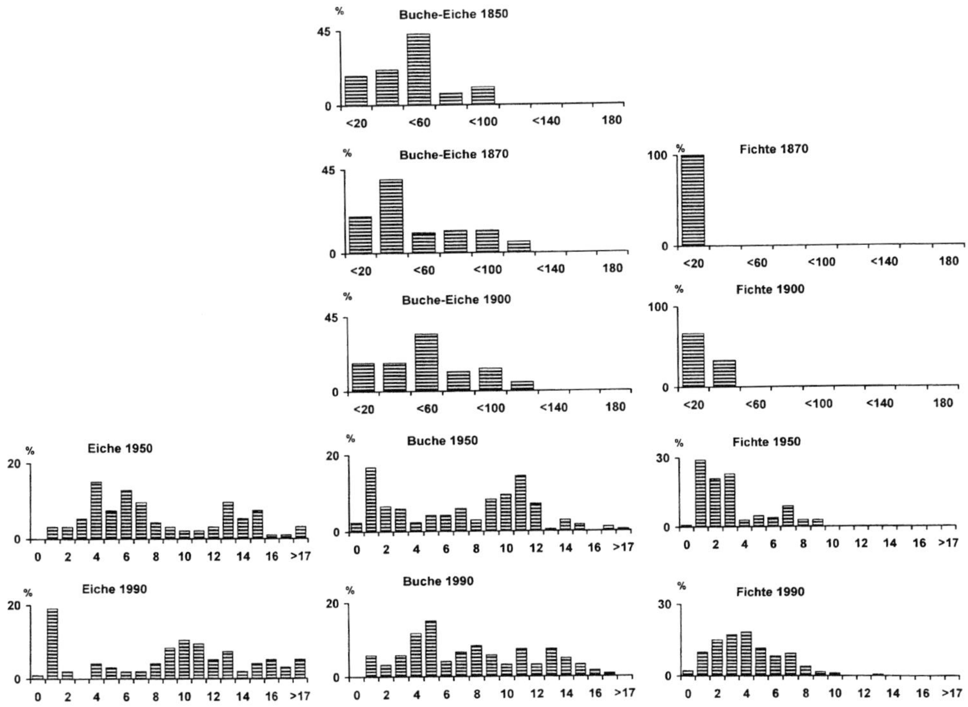

Abb. 15.8.4b: Links und Mitte: Wechsel der Altersstruktur von Buchen- und Eichenbeständen einiger Forstämter im Albvorland (300 – 400 m NN) südöstlich von Stuttgart nach Forstunterlagen. Die Grafiken zeigen das zunehmende Waldalter vom Ende der Mittel- und Niederwaldzeit bis heute. Überhälter sind dabei nicht berücksichtigt. **Rechts:** Dasselbe für Fichtenbestände. Fichte wurde überwiegend seit dem Ende das 19. Jahrhunderts angebaut. – ***Left and centre:*** *Change of age structure of beech* (Fagus) *and oak* (Quercus) *stands in some forestry districts south-east of Stuttgart (300 – 400 m a.s.l.), from forestry records. The graphs show the increase in age from the end of the coppice forestry/coppice with standards system up to the present day.* ***Right:*** *As left, but for spruce* (Picea). *Fichte = Spruce was mainly introduced from the end of the 19th century.*

Das trifft auch immer mehr auf die zur Verjüngung anstehenden Nadelwälder zu. Sie bedecken vielfach ehemalige Freiflächen, die nach Waldrodungen vergangener Jahrhunderte bzw. aus Reparationshieben nach den beiden Weltkriegen entstanden sind und aufgrund widriger klimatischer und v. a. auch ökonomischer Gesichtspunkte nicht mit Laubwald bestockt werden konnten. Ihre heute meist schonende Umwandlung in naturnahe Mischwälder läuft mehr und mehr über Verjüngung unter Schirm und damit auf Verzicht von Kahlflächen hinaus (z. B. GÖTZ 1997).

Die heutige Hinwendung der Waldbewirtschaftung zum Dauerwald, ohne aufwendige Kulturbegründungen (WEIDENBACH & KOHNLE 1993), wird diesen Trend fortsetzen und verstärken. Auf einige der daraus resultierenden Umwälzungen im Bereich der Konkurrenz zwischen Kleinsäugern und Vögeln haben GATTER & SCHÜTT (1999) hingewiesen (Kap. 16).

Im Gegensatz zu Skandinavien, dem Baltikum und NW-Rußland (s. u.) haben wir heute durch diese starke Abnahme von Kahlschlägen und Jungwuchsflächen zugunsten mittelalter und älterer Bestände auch eine starke Verkürzung gestufter Waldinnenränder und damit eine Minimierung der Randeffekte.

Für die Vogelwelt wird sich damit ein nun schon seit zwei Jahrhunderten anhaltender Trend in der Wandlung von Waldvogelgesellschaften weiter fortsetzen:

Weiter zurückgehen werden Arten der Initial- und Aufbauphasen des Waldes:

- licht- und wärmeliebende Vogelarten (Blauracke, Wiedehopf, Pirol, Wendehals, Ziegenmelker, Turteltaube, Mittel-, Grün- und Grauspecht, Raubwürger, Heidelerche, Gartenrotschwanz, Fliegenschnäpper, Baum- und Brachpieper);
- Vogelarten von Kahlhieben und offenen Parklandschaften, Vögel der Kulturen, Dikkungen und Gestänge (Feldschwirl, Grasmücken, Fitis, Berglaubsänger, Neuntöter).

Einige dieser Arten werden auf Katastrophenflächen sporadisch ihr Auskommen finden. Ob dies bei allen Arten ausreicht, Populationen aufrecht zu erhalten, ist fraglich. In den vom Mittelalter bis zum Beginn der großflächig wirksamen Forstwirtschaft viel lichteren Waldstrukturen (vgl. Kap. 15.1 und 15.2) fanden diese Arten weiträumig ideale Existenzbedingungen vor. Heute haben wir flächendeckend eine geordnete Forstwirtschaft mit perfektionierter Feuerbekämpfung und einer Minimierung der Brandflächen. Alle Katastrophenschäden von Feuer (Kap. 15.6), Sturm, Schnee und Eis werden sofort durch Räumung und Pflanzung beseitigt. Die an Katastrophen angepaßten Arten erleben möglicherweise heute die dunkelsten Zeiten im Laufe ihrer langen Entwicklungsgeschichte (GATTER 1994b). Die klare räumliche Trennung von Land- und Forstwirtschaft und die damit voranschreitende Randlinienverkürzung verschärft die Situation.

Begünstigt werden Arten der fortgeschrittenen Aufbau- und der Optimalphase:

- Vögel dunkler Wälder wie Buchfink, Rotkehlchen, Meisen, Kleiber, Bunt- und Schwarzspecht. Gerade der Kleiber hat zum Beispiel in Baden-Württemberg und in einigen anderen Gebieten sehr stark zugenommen (GATTER 1998). Unter den Zugvögeln profitiert in ganz besonders auffälligem Maße die Mönchsgrasmücke, während der Lebensraum all ihrer nahen Verwandten zunehmend beschränkt wird.
- Nutzer großer Baumhöhlen (Schwarzspecht, Hohltaube und weitere Folgearten) haben v. a. durch höhere Umtriebszeiten, andere, wie die Kleineulen, auch über den Nadelwaldanbau in niederen Lagen Arealerweiterungen erfahren (GATTER 1994b, MÖCKEL 1996).

Insgesamt gesehen profitieren von diesem mit dem Übergang zur Hochwaldwirtschaft seit langem und zunächst unbewußt bestehenden Trend zu mehr „Naturnähe“ v. a. die Kurzstreckenzieher und Teilzieher sowie die Invasionsvögel. Die heute schon stark von früher abweichende Artenzusammensetzung und die daraus und aus den Habitatveränderungen resultierenden Konkurrenzverhältnisse lassen sich nicht nur in Wirtschaftswäldern feststellen. Sie erfassen auch die Urwälder von Bialowieza, die als Inseln in einem Meer von veränderten Bedingungen keine Eigendynamik mehr führen können, wie Befunde an Kleibern (WESOŁOWSKI & STAWARCZYK 1991) und Kernbeißern (TOMIAŁOJC pers. Mitt., Kap. 17) vermuten lassen.

15.8.2.7 Wichtige Baumarten

Stellvertretend für die breite Palette der Baumarten soll hier mit Buche, Fichte, Kiefer und Eiche die Bedeutung des Wandels dargestellt werden.

Die **Buche** ***Fagus sylvatica*** nimmt als konkurrenzkräftigste Baumart Mitteleuropas eine Schlüsselstellung ein. Fast überall, wo sie vorkommt, bestimmt sie die natürliche Waldentwicklung. Buchendominierte Waldgesellschaften bedeckten früher den größten Teil der planaren, collinen und submontanen Zonen Mitteleuropas. Ihr heutiger Flächenanteil beträgt knapp 27 % in den alten, knapp 19 % in den neuen Bundesländern (AID 2514/ 1994). Ihr Anteil an der Gesamtfläche wurde wohl schon seit dem Neolithikum im Zuge damaliger Weidetätigkeit, dem Brandfeldbau und der damit verbundenen Förderung der Eiche zurückgedrängt (CLARK et al. 1989, MANTEL 1990). Das Brennen durch Hirten hat diese Entwicklung bis in die jüngere Zeit gefördert (MANTEL 1990).

Alte Forstunterlagen liefern Einblicke in viele waldgeschichtliche Zusammenhänge. Über die Entwicklung der durchschnittlichen Waldalter einzelner Zeiträume gibt es kaum Publikationen. Die flächenbezogen geringen Einschlagsplanungen lassen aber Rückschlüsse auf meist spärlichste Holzvorräte zu (siehe auch Kap. 18).

Nach eigenen Auswertungen im Bereich der Schwäbischen Alb im mittleren Württemberg (teils vormalige Forstämter Wiesensteig, Neuffen, Weilheim/Teck und Kirchheim/Teck) begann der Umbau von Mittel- und Niederwäldern zu Altersklassenwäldern v. a. ab Mitte des 19. Jahrhunderts (Kap. 15.8.6, Abb. 15.8.4). Die Umwandlung in bzw. die Bewirtschaftung als Altersklassenwald war nur im Staatswald vollzogen. Ca. 35 % der heute mit Hochwald bestandenen Fläche in Kommunalbesitz sind damals noch als Weide geführt und später über Sukzession oder Aufforstung bewaldet. 1950 war das Durchschnittsalter im öffentlichen Wald wegen starken Nachkriegshieben nur auf 50 – 70 Jahre angestiegen. Kahlflächen und unter 10jährige Bestände waren häufiger als in den vorangegangenen 100 Jahren. Keiner der untersuchten Bestände war älter als 120 Jahre. 1990 war das Durchschnittsalter der untersuchten Waldungen auf 78 – 95 Jahre angestiegen, Kahlflächen fehlen völlig, die Altersklassen 1 – 40 Jahre sind spärlich (10 %) und 120- bis über 170jährige

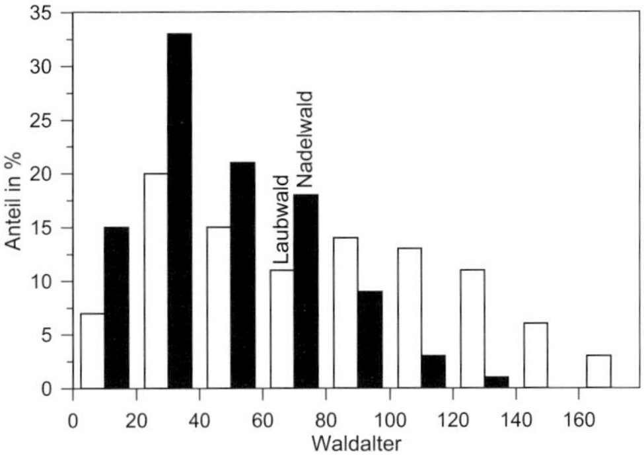

Abb.15.8.5: Altersaufbau beim Laub- und Nadelwald aller Besitzarten in Nordrhein-Westfalen nach Forstdirektion Tübingen. – *Age structure of deciduous (white columns) and coniferous forests in Nordrhein-Westfalen. Vertical axis = percentage frequency; horizontal axis = forest age.*

Althölzer sind erstmals mit 31 % gut vertreten (Abb. 15.8.4a, b). In groben Zügen ist diese Entwicklung auf viele Gebiete Mitteleuropas übertragbar. In Nordrhein-Westfalen sind 33 % der Laubwälder über 100, 9 % über 140 Jahre alt (Abb. 15.8.5, FORSTDIREKTION TÜBINGEN 1995).

Die für die Vogelwelt bedeutsamste Entwicklung der Buchenwälder ist demnach die, daß sehr alte Bestände der Buche trotz Flächenverlusten an die Nadelbäume landesweit (erstmals) wieder bedeutende Flächenanteile haben. Sie stehen mit ihren Masten nach Einstellung des Viehtriebs in die Wälder und nach Einstellung des Sammelns der Bucheckernerte zur Ölgewinnung erstmals in geschichtlicher Zeit ausnahmslos Vögeln und anderen Wildtieren zur Verfügung.

Die **Eichen** ***Quercus***. Durch die historische Weidewirtschaft (HEITZ-WENIGER 1977, CLARK et al. 1989, KREMSER 1990) und durch die Mittelwaldwirtschaft, die im Kommunal- und vor allem im Bauernwald teilweise bis ins 20. Jahrhundert üblich war, hatte sich die Eiche auf typischen Buchenwaldstandorten stark ausgebreitet (ELLENBERG sen. 1982, MANTEL 1990). Die Überführung der Mittelwälder wurde zwar häufig schon vor über 100 Jahren eingeleitet, die Bestände sind jedoch bis heute einem anhaltenden dynamischen Wandel unterworfen.

Im Eichenmittelwald, der gebräuchlichsten Form zur Erzeugung von Brennholz einerseits und Bauholz andererseits, schloß sich im Laufe von 50 – 100 Jahren zunächst die Kronenschicht der unterschiedlich alten Eichen. Während dieses langsamen Prozesses, der erstmals ein Bestandsinnenklima erzeugte, gewinnt die sich hier im Gegensatz zur Lichtholzart Eiche gut verjüngende Schattholzart Buche immer mehr an Gewicht und fördert zunächst unterhalb des Kronenraumes der Eiche ein feucht-dunkles Mikroklima.

Heute sind viele der noch zahlreich vorhandenen eichenreichen ehemaligen Mittelwälder der ersten Umwandlungsgeneration in eine zweite Phase getreten. Die Buche, die hier die Gesellschaft der potentiell natürlichen Vegetation nach Tüxen (1956) stellt, übernimmt ohne gravierende forstliche Regulation rasch eine führende Rolle in der herrschenden Schicht und bedrängt die Eiche. Das Bestandsklima verändert sich mit einem weiteren Schritt in Richtung feucht und kühl (Gatter 1994b, 1997c). Dieser Prozeß wird weitere Jahrzehnte anhalten und Versuche, ihn aufzuhalten, werden nur teilweise erfolgreich sein. Erst in den jüngsten Altersklassen sind wieder Flächengewinne der Eiche zu verzeichnen, die meist auf Schirm- oder Kahlhiebe zurückgehen, da sich die Eiche unter dem Kronendach schwer verjüngt. Deren Bestandsaufbau wird – unter heutigen Rahmenbedingungen – mit schlanken, hohen Stämmen später jedoch anders aussehen als derjenige ehemaliger Mittelwälder.

Für die Vogelwelt bedeutende Veränderungen der Laubwälder sind:

1. Völlig unbestockte Kahlflächen existieren kaum mehr. (Die Bundeswaldinventur von 1987 gibt für Baden-Württemberg vor den Stürmen von 1990 Blößen mit 0 % an!)
2. Durch die Verlängerung der Umtriebszeiten im Laubholz mit Verjüngung unter Schirm wird der Anteil offener Kulturflächen mit Jungwuchs, Gras, Stauden, Halbsträuchern, Lichtbaumarten 2. Ordnung und temporär beigemischten Vorwaldarten (*Salix*, *Betula* etc.) drastisch zurückgedrängt (Abb. 15.8.4.b).

Fichte *Picea* und Kiefer *Pinus* stehen stellvertretend für den hohen Flächenanteil sekundärer Nadelwaldgesellschaften, die heute riesige, vormals landwirtschaftlich genutzte bzw. mit Laubwald bedeckte Flächen bestocken. Nadelwälder nehmen heute 62,6 % der Waldflächen der alten und 75,1 % derjenigen der neuen Bundesländer ein. Das bedeutet in etwa eine Umkehr der natürlichen Verhältnisse. In den alten Bundesländern dominiert die Fichte auf etwa zwei, die Kiefer auf einem Drittel der Nadelwaldflächen. In den neuen Bundesländern ist es umgekehrt (AID 2514/1994).

Im Vergleich zu allen anderen Baumarten ist die Fichte durch hohe Massenleistung, hohen Nutzholzanteil und geringe Anzucht- und Pflegeaufwendungen in der Wertleistung und der wirtschaftlichen Rentabilität insbesondere den Laubbaumarten überlegen und wurde daher in der Forstwirtschaft bevorzugt. Diese Spitzenstellung konnte sie bis zu den Stürmen „Vivian“ und „Wiebke“ des Jahres 1990 halten, als in der Bundesrepublik mit 6 Mio. Festmetern die zweifache Menge eines Jahreseinschlags geworfen wurde. Die Öffnung des „Eisernen Vorhangs“ und der ökonomische Niedergang der Sowjetunion ermöglichten seitdem billige Importe und schwächten die Rentabilität der Fichte noch weiter (Kap. 15.8.5).

Flächenmäßig bedeutende Anbauten von Fichte und Kiefer begannen in der zweiten Hälfte des 19. Jahrhunderts. Zu Anfang des 20. Jahrhunderts überwogen Jungbestände. Die Fichte hat seit 1850 ihren Anteil in Deutschland von 20 % auf 40 % verdoppelt, die Buche ihren nahezu halbiert. Auf die absolute Ausgangsfläche bezogen, hat die Fichte durch die zusätzlichen Aufforstungen ihre Fläche um den Faktor 2,33 erhöhen können. Diese Flächengewinne liegen v. a. außerhalb ihrer natürlichen Verbreitung, nämlich im Tiefland.

In einem näher untersuchten Gebiet des mittleren Württemberg (Schwäbische Alb) erfolgten erste Bestandsgründung der Fichte nach 1865 (Abb. 15.8.4a). Um 1900 waren die 35 Fichtenbestände maximal 34, im Durchschnitt 17 Jahre alt, 1950 lag das Durchschnittsalter von 55 Beständen bei 33 Jahren, der älteste Bestand war 75 Jahre alt. 1990 war das Durchschnittsalter aus 61 Beständen auf 54 Jahre angestiegen und 12 der 61 Bestände waren 90 – 110 Jahre alt. Diese Veränderung steht in weitgehendem Einklang mit zahlreichen anderen Untersuchungen (z. B. Rüther 1986, Huber 1990) und dürfte dem großräumigen Verlauf entsprechen.

Bei vielen Betrachtungen über den deutschen Wald wird dem Umstand nicht Rechnung getragen, daß fast die Hälfte der deutschen Waldfläche Privatwald ist (AID 2514/1994). Über die Baumartenverteilung im Privatwald gibt es weniger konkrete Zahlen. Die Nadelwaldanteile sind dort jedoch noch höher als im öffentlichen Wald und die Aufforstungen landwirtschaftlicher Böden im Zuge der Extensivierung gehen trotz der öffentlichen Förderung von Laubholzanbauten wiederum mehrheitlich in Richtung Nadelholz, u. a. weil, wie oben geschildert, der Anbau von Laubbaumarten auf Freiflächen problematisch ist.

In Mitteleuropa werden auch in den nächsten Jahren die Nadelwaldflächen anwachsen. Selbst wenn die Anteile gleich blieben, werden Koniferen angesichts 100jähriger Umtriebszeiten und einer eben erst erfolgten Hinwendung zu mehr Laubholz für die Waldvogelfauna in den nächsten Jahrzehnten noch weiter an Bedeutung gewinnen und damit auch das Artengesamtgefüge weiter in dieser Richtung beeinflussen (GATTER 1994b, Kap. 15.8.4).

Folgende Entwicklungen der Nadelwälder waren und werden für die Vogelwelt demnach bedeutsam sein:

1. In den ersten Jahrzehnten des 20. Jahrhunderts und nach dem 2. Weltkrieg standen in größerem Umfang Nadelwaldkulturen und Dickungen zur Verfügung als heute (siehe Altersklassengipfel 0 – 20 Jahre in Abb. 15.8.2 und die Werte von 1950 in Abb. 15.8.4a, b).
2. Fruktifizierende Bestände (> 50 Jahre) gab es um 1900 kaum, 1950 wenige, 1990 war es etwa die Hälfte aller Bestände. Quantitativ bedeutende Fichtenmastjahre auf großer Fläche waren danach in Mitteleuropa erst ab dem zweiten Drittel des 20. Jahrhunderts zu erwarten.

   Vollmastjahre mit hohem – sowohl flächenbezogen als auch absolut – Ertrag wie 1971, 1992 und 1998 sind für die gemäßigte Klimazone Europas bisher einmalig, weil nie zuvor entsprechende Bestände existierten. Kommende Vollmastereignisse werden die bisherigen noch übertreffen und auch die Baumartenzusammensetzung der Wälder zukünftig verändern. 1993 wurden nach dem Mastjahr 1992 bis zu 30 Millionen Fichtensämlinge/ha ermittelt, von denen 1999 noch ein bedeutender Teil vorhanden war (ÖKOL. LEHRREVIER DER FORSTVERWALTUNG BWÜ., unveröff.).
3. Die heutigen Flächenanteile und das Altersklassengefüge der Nadelwälder außerhalb ihrer natürlichen Verbreitung haben zu einer Gesamt-Vogelartenzusammensetzung geführt, wie sie vorher nie vorhanden war (GATTER 1994b, Abb. 15.8.3).

Diese Vervielfachung des Nahrungsangebots für Überwinterer ist wohl eine Hauptursache für die starke Zunahme einer Reihe granivorer Vogelarten in Skandinavien und dem borealen Teil Rußlands und natürlich in Mitteleuropa selbst.

15.8.2.8 Trockenwälder und Waldgeschichte

Trockenwälder sind, sowohl wenn sie mit Laub- als auch wenn sie mit Nadelwald bestückt sind, meist lichte Wälder. Unabhängig davon, ob sie ihren Ursprung armen Böden oder geringen Niederschlägen verdanken, beherbergen sie Vogelgesellschaften, die von denen der Normalstandorte abweichen. Sie sind in den vergangenen Jahrhunderten ebenso stark genutzt worden wie die Wälder der Normalstandorte. Von Störungen und Zerstörungen haben sie sich aufgrund der Standortseigenheiten nur viel langsamer erholt. Südwestdeutsche Xerothermwälder wie die der Steppenheide des Jura werden deshalb vielfach für Klimaxstadien gehalten (z. B. HÖLZINGER 1987). Dabei haben diese Standorte im atlantisch geprägten Bereich 200 Jahre vorher fast ausnahmslos gar keinen Wald oder nur Relikte davon getragen, wie uns zahlreiche Abbildungen im berühmten württembergischen „Kieserschen Forstlagerbuch" und in anderen alten Stichen und Karten zeigen (GRADMANN 1936, RIETH 1965, GATTER 1997c).

Im Einvernehmen mit dem Statikkonzept, wonach unsere Wälder in sich weitgehend stabile Ökosysteme sind, ist es weder im Bereich der Pflanzensoziologie noch der Naturschutzverwaltungen erkannt worden und selbst bei Forstverwaltungen bis heute nur unzureichend dokumentiert, daß hier Sukzessionsprozesse ablaufen, die sich über drei Jahrhunderte bis heute erstrecken.

Überraschend ist weiterhin, daß an deren Ende, auch ohne direkten menschlichen Einfluß, eine völlig andere, nicht zu erwartende Waldgesellschaft steht, wie gravierende Wechsel in der Einschätzung von Waldgesellschaften bei Kartierungen zeigen: Großflächige südexponierte Waldungen an der Schwäbischen Alb wurden entweder als Buchen- oder Eichen-Steppenheidewald kartiert (z. B. BUCK-FEUCHT et al. 1951). Die gleichen Standorte werden heute, 50 Jahre später, von der forstlichen Standortskartierung als normale Hangbuchenwälder eingestuft, obwohl darauf noch derselbe Bestand stockt und forstliche Eingriffe seither unterblieben waren (z. B. FORSTEINRICHTUNGSWERKE DES STAATL. FORSTAMTS KIRCHHEIM/TECK). Die Flä-

Fotos links und rechts: Zwei Landschaften im zeitlichen Vergleich. Oben jeweils um 1920, als die Steppenheidetheorie geboren wurde. Unten der heutige Zustand.
Die Burg Teck bei Owen (diese Seite) westlich des Randecker Maars weist 1920 ausgedehnte Heiden auf. Der Berg ist mit Niederwald bzw. jungen Sukzessionen nach Kahlschlag bedeckt und von Erosionsrinnen durchzogen (Foto SCHALLER). Heute (unten) haben Wald und Feldgehölze ebenso zugenommen wie die Obstwiesen um die größer gewordene Siedlung. Äcker und Schafweiden sind zurückgegangen, der Weinbau ist verschwunden (Foto D. GATTER).

Die Wielandsteine südwestlich des Randecker Maars bei Oberlenningen waren um 1920 (oben) von offenen Heiden und lichtem Steppenheidewald mit Erosionsflächen umgeben, damals noch Brutplatz des Berglaubsängers (Foto BOZLER). Heute hat der Wald Freiflächen und kleine Felsen überwachsen (Foto D. GATTER).

chen, die heute noch als Steppenheide anzusprechen sind, reduzierten sich in einem Zeitraum von nur 50 Jahren auf winzige Bereiche (ca. 5 %), die ebenfalls nicht das Endstadium dieser Entwicklung darstellen dürften. Die damaligen Kartierungen dieser Steppenheidewälder waren unmittelbar nach den katastrophalen Dürrejahren 1947 – 1949 erfolgt, als der Buchenprachtkäfer gerade an den trockenwarmen Hängen der Schwäbischen Alb Ausfälle bei der Buche zwischen 20 und 100 % verursacht hatte (SCHWENKEL 1953).

Schon EICHLER et al. (1926) und GRADMANN (1936) waren mit ihrer Steppenheidetheorie, die bis heute viele Anhänger hat und mit ihren faszinierenden Aspekten die pflanzensoziologische Diskussion seit vielen Jahrzehnten belebt, dem Irrtum erlegen, die damals weite Areale bedekkende Steppenheide in diesem Ausmaß als Klimaxgesellschaft zu sehen. In Wirklichkeit handelte es sich – mit Ausnahme minimaler Areale (auf Felsen und einigen Schutthalden) – wie bei fast allen anderen Heidegesellschaften um „Folgeheiden", die nach jahrhundertelanger Übernutzung, Beweidung und wohl auch durch Feuer (Flämmen) entstanden waren und sich damals in jüngeren Sukzessionsstadien in Richtung Wald befanden.

GRADMANNS Steppenheidewald wird heute pflanzensoziologisch in verschiedene Assoziationen und Subassoziationen unterteilt. Obwohl diese Wälder heute, da meist unbewirtschaftet, den Eindruck von Naturwäldern vermitteln, beweisen ihre raschen, laufenden Flächenverluste an „normale" Buchenwälder, daß es sich weit überwiegend um Sukzessionsstadien handelt.

Im Zusammenhang mit Verbreitungs- und Habitatanalysen am Berglaubsänger *Phylloscopus bonelli* zwischen den 1960er und 1990er Jahren konnten die enormen Flächenverluste dieses Habitats und damit der Rückgang zahlreicher Faunen- und Florenelemente verfolgt werden (GATTER 1969a, 1997c). Die bestandsklimatische Entwicklung dieser Wälder bewegt sich damit in Richtung kühler und feuchter, was die Änderungen der Avifauna dieser Wälder eindrucksvoll belegen (Abb. 15.8.6).

Dies wirft aufs Neue die Problematik der potentiellen natürlichen Vegetation (pnV; TÜXEN 1956) auf, die in jüngster Zeit kritisch und differenzierter diskutiert wird (KOWARIK 1987, STURM 1993), u. a., weil sich Pionier- und Zwischenwaldphasen in ihrer klassischen Definition nicht zuordnen lassen. Da sie sich auf andere gemäßigte Regionen der Erde offenbar nicht übertragen läßt, verdichtet sich der Eindruck, daß sie zu stark auf die in Mitteleuropa in allen Altersklassen vom Menschen stark geprägten Wälder ausgerichtet ist.

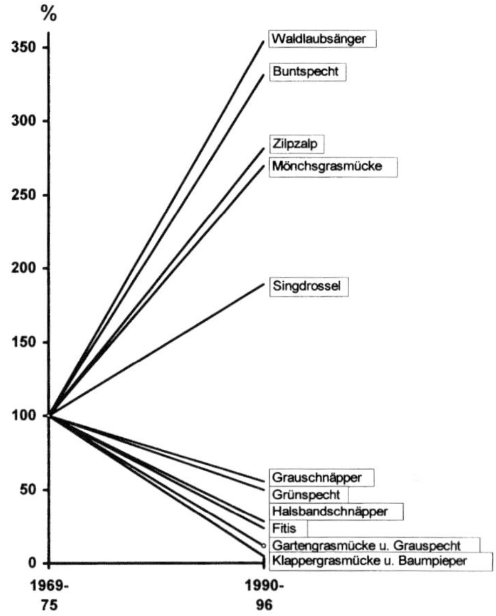

Abb. 15.8.6: Prozentuale Veränderungen in der begleitenden Avifauna des Berglaubsängers in Xerothermwäldern der Schwäbischen Alb (Ausgangszeitraum 1969 – 1975 = 100 %). – *Percentage changes after 1969 – 1975 (=100 %) in the avifauna associated with* Phylloscopus bonelli *in xerothermic woodland of the Schwäbische Alb.*

Zusammenfassung
15.8.2 Geschichte der mitteleuropäischen Wälder

Die Jahrhunderte währende Nutzung mitteleuropäischer Wälder bestand in der ersatzlosen Entnahme der produzierten Biomasse von Humus über Laub bis zum Holz. Diese Übernutzungen hatten dazu geführt, daß es im 18. Jahrhundert nur noch wenig Wald in unserem Sinne gab.

Insgesamt waren die Böden stark verarmt, der Bewuchs war offen, das Mikroklima warm und trocken und durch vielerlei Aktivitäten waren gestörte Stellen mit offenem Boden häufig.

Vor etwa 250 Jahren begann überregional der geregelte Waldbau. Eine Wiederaufforstung war auf vielen der verarmten Böden nur mit Kiefer und Fichte möglich. Damit wurde der Grundstein für den hohen Nadelwaldanteil abseits der natürlichen Standorte in ganz Mitteleuropa gelegt. Aus Acker- und Weideland, Nieder- und Mittelwald entwickelte sich nach und nach Hochwald.

Faunen- und Florenelemente lichter, trockener und warmer Standorte sind seit 250 Jahren auf dem Rückzug, unterbrochen von kurzen gegenläufigen Wellen sozio-ökonomischen Ursprungs.

Summary
15.8.2 History of Central European forests

The centuries-long exploitation of Central European forests consisted of the extraction, without subsequent replacement, of humus, foliage, and timber biomass. This unsustainable use meant that by the middle of the 18th century little forest, as we understand it today, remained. The soils were greatly impoverished, the vegetation cover was open, the microclimate warm and dry, and a variety of activities created many disturbed areas with bare soil.

Planned forestry on a large scale started around 250 years ago. Reforestation was only possible in many cases with pine (Pinus) *and spruce* (Picea) *because of the impoverished soils. This laid the foundation for the high proportion of conifer forest in Central Europe in areas away from its natural occurrence. Mature forest developed on former arable and pasture land or from coppiced woodland.*

Faunal and floral elements of non-shaded, dry, and warm locations have been on the retreat for 250 years, interrupted only by brief periods when the trend, due to socio-economic factors, was in the opposite direction.

15.8.3 Mitteleuropas Wälder heute

Der kurze Einblick in die Waldgeschichte hat gezeigt, wie unsere Wälder früher ausgesehen haben könnten und welchem Wandel sie in den letzten 300 Jahren unterworfen waren. Die Klagen um den Rückgang zahlreicher Vogelarten beziehen sich meist auf den kurzen aktiven Zeitraum eines Ornithologenlebens von 30, selten 50 Jahren. Diesem überschaubaren Zeitrahmen, der auch häufig Grundlage für politische Entscheidungen wie die Roten Listen ist, wollen wir uns in den folgenden Kapiteln zuwenden, ohne dabei die Verbindung zu dem vorangegangenen Geschehen zu vergessen.

15.8.3.1 Waldgeschichte und mikroklimatische Entwicklungen

Die enormen Veränderungen der Wälder vom Niederwald zum Hochwald wirken sich selbstverständlich auf das Bestandesklima aus. Details sind durch das Sollingprojekt (Ellenberg sen. et al. 1986) und zahlreiche andere Untersuchungen hinreichend bekannt, doch in ihrer Gesamtheit und letztendlichen Konsequenz meines Wissens nie auf die Avifauna Mittel- und Nordeuropas übertragen worden.

Nieder- und Mittelwälder ursprünglicher Prägung weisen weit größere Temperaturschwankungen auf als Hochwälder. Sie sind sommerwarm, erwärmen sich auch im Winter tags rasch, strahlen nachts mehr Wärme ab und sind dabei relativ lufttrocken.

Innerhalb des Waldes sind die Temperaturausschläge des Tages gedämpft, ein dichter Wald dämpft dabei stärker als ein offener. Innerhalb der Altersklassenwälder sind Laubwälder, die ursprünglich den größten Flächenanteil am mitteleuropäischen Wald hatten, sommerwärmer als Fichtenwälder. Jedoch dämpfen Fichtenwälder (und generell Nadelbaumbeimischungen) winterliche und nächtliche Tiefsttemperaturen stärker als die kahlen Laubwälder, vergleichbares gilt für den Wind. Gegenüber winterkahlen Beständen beherbergen sie ein Vielfaches an übernachtenden Vögeln und könnten zu geringeren Winterverlusten beitragen. Auch als beigemischte

Baumart im Laubwald, heute eher die Regel, wird die Fichte sich bei nennenswertem Flächenanteil auf Temperatur und Luftfeuchte auswirken (zur unterschiedlichen Ernährungssituation in einartigen und mehrartigen Wäldern siehe Kap. 15.8.3.6).

Während unsere Wälder in Mitteleuropa feuchter und kühler wurden, hat die erst in den letzten Jahrzehnten einsetzende starke Nutzung der borealen Wälder (Kap. 15.8.5) dort zu extremeren Bestandsklimata und sich stark erwärmendem Offenland auf Kahlschlägen und in den jungen Altersklassen geführt. Beide Entwicklungen schlagen sich in einer gegensätzlichen Entwicklung der Bestandstrends vieler Vogelarten nieder (Kap. 17).

15.8.3.2 Verstärkter Höhen- und Volumenzuwachs contra Waldsterben

Das Thema Waldsterben und die neuartigen Waldschäden werden in Kap. 15.5 behandelt. Die Waldsterbensdiskussion der frühen 1980er Jahre hat im forstwirtschaftlichen Schrifttum zu Szenarien geführt, die sich nicht so wie erwartet bestätigt haben (LORENZ & BECHER 1994). Auch in der ornithologischen Literatur wurden Szenarien einer raschen kontinentweiten Entwaldung und ihrer zu erwartenden Folgen durchgespielt. Angesichts ständig neuer Erkenntnisse soll hier nur ein kurzer Überblick gegeben werden. Wir sind heute weiter denn je davon entfernt, Entwarnung zu geben, doch interessieren im Rahmen dieses Bandes zunächst die bis heute feststellbaren Folgen sowie die großräumig wirkenden Veränderungen auf unsere Vogelwelt und damit auf die Durchzugszahlen am RM.

Außerhalb des sogenannten „Schwarzen Dreiecks“ zwischen Riesengebirge, Isergebirge und Erzgebirge mit flächigem Absterben der Hochlagenbestände kommt es heute trotz zeitlich und regional unterschiedlicher Fluktuationen der Kronenzustände nicht zu einem allgemeinen Zuwachsrückgang (BECKER et al. 1990). Im Gegenteil, die seit den 1950er Jahren anhaltende leichte Zuwachssteigerung setzte sich nach Überwindung der Zuwachsrückgänge in den trockenen 1970er Jahren und Zuwachsdepressionen auch in den 1980er Jahren fort (KENK & FISCHER 1988). Statt der Frage: „Warum und wann sterben die Wälder?“, stellt sich heute die zusätzliche Frage: „Warum hat sich gleichzeitig die Zuwachsleistung der Wälder in der zweiten Hälfte des 20. Jahrhunderts stetig erhöht?“ (KANDLER 1994, SKELLY & INNES 1994, SPIECKER et al. 1996, UNTHEIM 1997, HRADETZKY 1998).

Da die Raten der Stickstoffeinträge z. B. für SW-Deutschland 10 – 40 kg/Jahr und ha betragen, dürfte dies einer der Gründe der gesteigerten Zuwachsraten sein. Zahlreichen Ergebnissen dieser Art stehen nur wenige mit Zuwachsrückgängen gegenüber, die z. B. durch arme Böden und hohe atmosphärische Säureeinträge gekennzeichnet sind (KENK & FISCHER 1988). Diesen v. a. im Bereich Baden-Württemberg, Elsaß und der Schweiz gewonnenen Werten stehen nun weitere aus zahlreichen Ländern gegenüber, die überwiegend zu ähnlichen Resultaten kommen (SPIECKER et al. 1996).

Dieser Trend gilt europaweit. Die längsten Inventurergebnisse aus Finnland zeigen eine Zuwachssteigerung von mehr als 40 % in den letzten 40 Jahren. In den schwedischen Wäldern werden die heutigen 100jährigen Bestände 5 m höher sein als ihre Vorbestände vor 50 Jahren (MIELIKÄINEN in MAKKONEN-SPIECKER 1994). Verminderte Zuwachstrends können auch in Schweden nur in der Nähe größerer Industrieanlagen festgestellt werden. Südwestdeutsche Fichtenbestände auf mittelmäßigen Standorten werden heute höher als ihre Vorbestände und bringen eine bis zu doppelt hohe Massenleistung (KENK & FISCHER 1988). KENK (1988) weist auf Fichtenbestände hin, deren Höhenwachstum im Vorbestand bei gleichem Alter 8 m niedriger war als das heutige und zeigt Daten eines Bestandes, der heute 90jährig 36 m hoch ist, während der Vorbestand knapp 120jährig nur 28 m erreichte.

Der langfristige Trend deutscher Meßreihen ist örtlich unterschiedlich ausgeprägt und wird von periodischen Wachstumsvariationen überlagert (SPIECKER et al. 1996). Auffällige Zuwachsrückgänge waren in Mitteleuropa Ende der 1940er Jahre festzustellen und – vielbeachtet – Mitte der 1970er zu Beginn der Diskussion um das Waldsterben. Seit 1983 beobachtet man in den Vogesen und im Schwarzwald aber geradezu eine „Explosion“ des radialen Wachstums der Tanne. Sie läßt sich nicht durch die Witterungsabläufe oder die Auswirkungen stärkerer Durchforstung der Bestände erklären, sondern könnte insbesondere auf die atmosphärischen Depositionen von Stickstoff zurückzuführen sein. Für diese Vermutung spricht, daß vergleichbare Wachstumsanstiege im Französischen Jura fehlen. Dort sind die Böden von Natur aus sehr reich an Nährstoffen, in den Vogesen dagegen im Mittel sehr arm. Daher lassen sich nur aus langen Untersuchungsreihen Trendaussagen ableiten (vgl. Kap. 15.5). Innerhalb des europaweit angelegten Projekts des Europäischen Forst-Forschungsinstituts ergaben Untersuchungen quer durch Südwestdeutschland eine Zunahme des Höhenwachstums von Fichte *Picea* um 20 % zwischen 1950 und 1995 und 5 – 10 % bei der Buche. Beim Stammvolumenwachstum konnten zwischen 1950 und 1995 bei der Fichte eine Zunahme um 50 – 60 %, bei der Buche um ca. 20 % festgestellt werden. Die Repräsentativität der Daten läßt sich im Vergleich mit Betriebsinventuren belegen (UNTHEIM 1997, HRADETZKY 1998).

Als weitere mögliche, aber bisher nicht nachgewiesene Ursache des verstärkten Wachstums, die jedoch die Ursachenerforschung kompliziert, sind auch längere Vegetationsperioden denkbar, die sich neuerdings aus einer nachgewiesenen klimatischen Verlängerung von Sommer und Herbst ergeben (RAPP 1991, RAPP & SCHÖNWIESE 1994), deren Auswirkungen auf eine Verspätung des Vogelzugs bereits diskutiert wurden (GATTER 1992, Kap. 11). Sie sind für Pflanzen- und Baumarten offenbar bisher nicht untersucht, obwohl entsprechende Aufzeichnungen existieren. Die von uns für einige Baum- und Straucharten ausgewerteten Daten des phänologischen Wetterdienstes könnten diese Zusammenhänge bestätigen (Abb. 15.5.6). Hier sind aber dennoch vorsichtige Interpretationen gefordert, da eutrophierende Einflüsse auch ohne eine klimatische Änderung Verlängerungen der Vegetationszeit mit sich bringen (Kap. 15.5).

Eine weitere mögliche Erklärung für die Zuwachssteigerungen könnte auch der erhöhte CO_2-Ausstoß durch Verkehr, Industrie und Heizungen in den letzten Jahrzehnten darstellen. Diese Annahme wird durch Ergebnisse von Versuchen aus Amerika unterstützt, nach denen bei Bäumen Zuwachssteigerungen in zweistelligen Prozentbereichen durch eine künstliche Erhöhung des CO_2-Anteils um 50 % in der Luft erreicht werden konnten (DELUCIA et al. 1999). Der weltweit ansteigende CO_2-Gehalt der Luft wäre damit ein weiterer Faktor, der für verstärktes Wachstum und eine Erhöhung des Vegetationsvolumens verantwortlich zeichnet und damit sicher auch einen Anteil an der Erhöhung der Samenerträge hat.

15.8.3.3 Zunehmende Naturverjüngungsvorräte

Ein zusätzlicher Faktor, der sich auf die Vogelbestände auswirken kann, ist die stark zunehmende Naturverjüngung in den heutigen Wäldern. Auch wenn aufgrund uneinheitlicher und wechselnder Erfassungsmodi keine überregionalen Daten dazu vorliegen, ist zu vermuten, daß die heute großflächig aufkommende Naturverjüngung diejenige aus den 1980er Jahren erheblich übersteigt und kaum mehr vergleichbar ist mit der der 1970er Jahre. Damals hatte auf der Schwäbischen Alb, einem klassischen Buchengebiet, selbst die Verjüngung dieser Hauptbaumart Probleme bereitet. Im Schwäbisch-Fränkischen Wald haben die Naturverjüngungsvorräte z. B. innerhalb eines Jahrzehntes um 254 % zugenommen. Neben der Beeinflussung durch Wilddichten, durch Bestandespflege, Sturm- und Käferschäden werden eutrophierende Einflüsse auf den Waldboden und die Verjüngung vermutet (BEISEL 1999).

Die zu erwartenden Auswirkungen auf Vögel sind nicht zu unterschätzen. In vielen Waldbeständen bildet sich unter dem Kronendach ein zweiter Besiedlungshorizont für einige wenige Vogelarten. Auffällig ist diese Entwicklung im Nadel- wie im Laubwald bei Mönchsgrasmücke, Rotkehlchen, Zaunkönig und Heckenbraunelle, im Laub- und Mischwald teilweise für den Zilpzalp und ganz besonders wiederum bei der Mönchsgrasmücke. Dabei zeigt sich in ± 100jährigen Buchenbeständen ein deutlicher Wechsel der Artenzusammensetzung im unteren Viertel des Bestandesstockwerks.

Bei der gleichzeitig zu konstatierenden verstärkten Besiedlung der Waldböden mit Gräsern und krautigen Pflanzen, speziell auch Nitrophyten, zeichnen sich mögliche negative Auswirkungen auf Arten wie Waldlaubsänger und den Baumpieper als Folge des Rückgangs der besiedelbaren Flächen ab. Sie sind von erhöhten Prädationsverlusten bei Bodenbrütern derzeit kaum zu trennen (Kap. 16, 17). Einhergehend mit dieser Entwicklung einer generellen Volumenzunahme der Waldvegetation ist dennoch eher insgesamt eine Zunahme der Gesamtvogeldichten der Wälder zu erwarten, die sich möglicherweise auch in einem Langzeit-Monitoring mit ± 180.000 Nistkästen andeutet (GATTER & SCHÜTT 1999, Kap. 16, 17), wo der Prozentsatz leerer Kästen ständig abnimmt.

15.8.3.4 Generelle Zunahme des Vegetationsvolumens

Waldbestände, die heute im Bundesdurchschnitt geschätzt fast 10 m höher sein dürften als in der ersten Hälfte des 20. Jahrhunderts (Kap. 15.8.3.2), beherbergen inzwischen auch eine ungleich höhere Holzmasse als damals (Abb. 15.8.7, 15.8.8, 15.8.4a, b, Kap. 15.8.4) und weisen damit eine Zunahme des Vegetationsvolumens auf. Auch abseits des Waldes zeichnet sich trotz – partieller – Ausräumung der Landschaft inzwischen ein gegenläufiger Trend ab. Denn selbst in Gebieten mit guten landwirtschaftlichen Böden ist im Offenland und in den seit 1970 bebauten Flächen ebenfalls eine Erhöhung der Flächen und des Vegetationsvolumens an Holzgewächsen eingetreten, wie Luftbildaufnahmen quer durch die Republik beweisen. Auf Sukzessionsflächen von Grenzertragsböden, in Feld- und Bachgehölzen, Hecken und im Gehölzanteil der ohnehin flächenmäßig stark gewachsenen Siedlungen nahm der Anteil parkartiger Strukturen zu. In den industrialisierten Ländern Europas hat die Waldfläche seit 1980 um 4 % zugenommen (siehe auch Kap. 15.2). Zusammen mit der heute generell höher werdenden

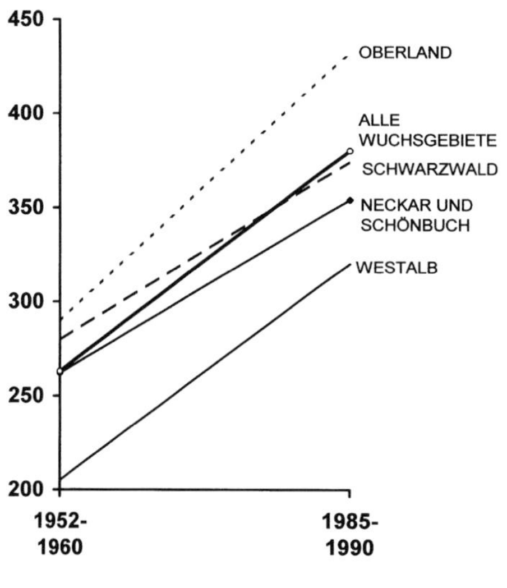

Abb.15.8.7: Zunahme der Holzvorräte in Festmeter/ha Wald in verschiedenen Naturräumen der Forstdirektion Tübingen, SW-Deutschland. – *Increase in timber stock in m^3 per ha in various landscapes in the forestry administration district of Tübingen, SW Germany; 'alle Wuchsgebiete' = all forest regions.*

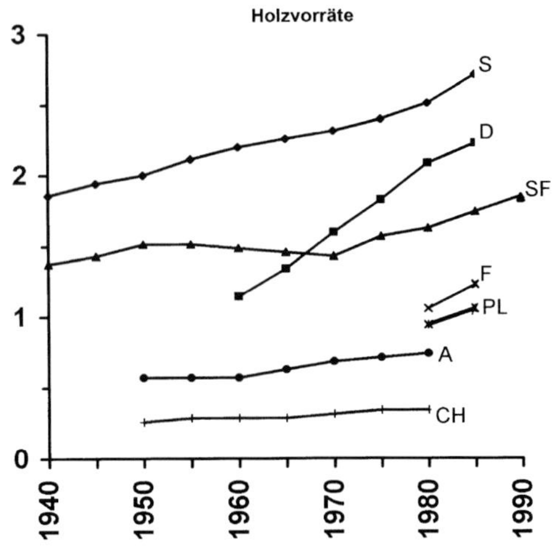

Abb.15.8.8: Entwicklung der Holzvorräte (10^9 m^3) in einigen europäischen Ländern (nach ANDRZEJEWSKI & BARANOWSKI 1993). – *Change in timber stock (10^9 m^3) in some European countries (after ANDRZEJEWSKI & BARANOWSKI 1993).*

einjährigen Vegetation (Kap. 15.5) ist dies ein enormer Anstieg des Gesamtvegetationsvolumens, ein Phänomen, das in ganz Mittel- und Nordeuropa zu beobachten ist.

15.8.3.5 Totholz früher und heute

Die Größenordnung, die Totholz vormals in natürlichen Waldökosystemen eingenommen hat, ist für mitteleuropäische Verhältnisse nicht mehr nachvollziehbar. In den wenigen verbliebenen Resten natürlicher Wälder, meist zur Bergstufe gehörend, wurden 50 – 200 Festmeter/ha ermittelt (LEIBUNDGUT 1982). Im Gegensatz dazu finden sich in intensiv bewirtschafteten Wäldern nur unbedeutende Mengen von Totholz.

Wie Aufnahmen des Ökologischen Lehrreviers der Forstdirektion Stuttgart zeigten, lagen die Totholzmengen noch 1990 unter den angestrebten 5 Festmetern/ha (Merkblatt 45 der FORSTL. VERSUCHSANSTALT BWÜ.), seit 1996 sind durchschnittlich mehr als 10 Festmeter über 7 cm Durchmesser pro ha zu finden (Verf.).

Der hohe Anteil von anbrüchigem und abgestorbenem Holz hat neben dem Artenschutzaspekt Bedeutung für die Bodenentwicklung, den Wasserhaushalt, das Mikroklima, die Stoffkreisläufe und Energieflüsse im Ökosystem Wald.

Welche Bedeutung Totholz im Bereich von Naturwäldern klimatisch gemäßigter Zonen haben kann, zeigen Berichte über die Schiffbarmachung von Flüssen in Nordamerika, die von HARMON et al. (1986) eindrucksvoll wiedergegeben werden. Danach haben früher bis zu 8 km lange Zusammenballungen von Stämmen die Flüsse blockiert. So wurde nach einem Kongreßbeschluß von 1776 begonnen, die Flüsse von den Stämmen zu räumen. Am Unterlauf des Mississippi wurden dabei zwischen 1830 und 1880 etwa 800.000 Stämme mit durchschnittlichen Längen von 40 m entfernt!

Umfassende Daten gibt es zu den enormen Totholzmengen in Urwäldern der borealen und gemäßigten Zonen in Amerika und Asien. Dabei spielen Waldgeschichte, Katastrophen und auch menschliche Einflüsse für die Entstehung der Totholzmengen eine wichtige Rolle. Von den Naturwäldern Nordamerikas sind Waldbrände bekannt, die eine Ausdehnung von 2000 km² hatten, und Sturmschäden, wie sie die mitteleuropäischen Stürme „Vivian" und „Wiebke" von 1990 und „Lothar" von 1999, die bei uns hohe Schäden verursachten, mühelos erreichen (SPIES et al. 1988). Aber auch ohne den Einfluß von Katastrophen kann – nur auf Grund von langsamen Zersetzungsraten durch die niedrigen Temperaturen – die Totholzmenge in kalten Klimaten die des lebenden Bestandes überschreiten (HARMON 1992). Die heutigen Mengen an Totholz in mitteleuropäischen Wäldern sind demgegenüber sehr bescheiden und Verhältnisse wie in Nordamerika oder Sibirien, wie sie ARSENJEW (1924) eindrucksvoll schildert, sind (bis auf vielleicht kleine Regionen im Gebirge) in Mitteleuropa seit der intensiven Besiedlung vor mehr als 2000 Jahren nicht mehr denkbar.

Für die Dynamik unserer Waldvogelgesellschaften ist es zunächst bedeutsam, daß die Wälder wegen der permanenten Holznot außerhalb von unzugänglichen Gebirgslagen jahrhundertelang arm an Totholz waren. Strengste Waldordnungen und Leseholz-Reglementierungen beweisen dies. Alle Annahmen, daß unsere Wälder früher ein hohes natürliches Totholzpotential gehabt hätten, basieren auf einem idealisierten Waldbild, das sich historisch widerlegen läßt.

Im Gegensatz zu heute bot jedoch in den damaligen offenen Wäldern das wenige vorhandene Totholz manchen wärmeliebenden Totholzspezialisten, z. B. zahlreichen Käfern, wegen des optimaleren Mikroklimas eine gute Lebensgrundlage.

Insgesamt ist aber die Menge des Totholzes im Wald ein wichtiger Faktor für die Vogelwelt, wie in Abschnitt 15.8.3.6 ausgeführt. Deshalb ist die Entwicklung der Totholzanteile in den letzten Jahrzehnten für die Zusammensetzung der Vogelpopulationen in den Wäldern von Bedeutung. Folgende Faktoren haben in den letzten 50 Jahren die Menge des Totholzes im Wald beeinflußt:

1. Brennholz. Während und nach dem zweiten Weltkrieg war der Bedarf an Brennholz hoch. Totholz war deshalb in der Zeit danach extrem selten. Bis Ende der 1950er Jahre wurden selbst die Stubben vielerorts ausgegraben.
2. Heizöl. Mit dem Siegeszug des Heizöls, beginnend in der Zeit zwischen 1960 und 1970, verlor das Brennholz an Bedeutung und die Nachfrage nach Holz sank. Das Absammeln von Totholz erfolgte nur noch in geringem Maße. Nur während der „Ölkrise" Anfang der 1970er Jahre stieg die Nachfrage nach heimischem Brennholz noch einmal kurz an.
3. Lohnkosten: Der Bedeutungsverlust von Brennholz durch die Einführung von Öl und Elektrizität als Heizenergie ist ein wesentlicher Grund für den Anstieg an Totholz. Das nachlassende Interesse v. a. an schwachen Laubholzsortimenten durch die hohen Aufbereitungskosten ist ein weiterer.
4. Die Öffnung des Ostblocks nach 1990 veränderte die Holzimportströme. Die riesigen Holzreserven Sibiriens, ohne Lohnkosten herangewachsen, wurden zugänglich. Der Bedarf an Durchforstungsholz bei uns ging zurück.
5. Die verheerenden Stürme 1990 und 1999 bildeten eine weitere Komponente zum Verfall der Holzpreise und schufen größere Totholzreserven.
6. Die heute älteren Bestände führen zu Totholzanreicherung auf der gesamten Fläche.
7. Die wegen der Stürme, heißer Sommer und erkrankter Waldbestände bis heute kaum abreißenden Borkenkäferkalamitäten (z. B. TOMICZEK et al. 1998) bewirkten einen zusätzlichen Totholzschub. Sinkende Holzpreise trugen wesentlich zu einem nachlassenden Interesse an der Eindämmung von Käferkalamitäten im Privatwald bei. Dies wurde besonders im Kleinprivatwald deutlich.

Die Bannwaldidee und auch „Schonwälder" mit floristischem und zoologischem Schutzziel erhielten schon vor 30 Jahren ideell und über Flächenzugänge einen neuen Schub (DIETERICH et al. 1970). Naturschützerische Bemühungen (DBV 1981) haben zwar zu einem forstlichen Bewußtseinswandel unter Forstleuten weiter beigetragen, konnten aber schon aufgrund der geringen Flächenzugewinne geschützter Altholzinseln (z. B. hessischer Definition) und Bannwälder bei sehr langsamer Entstehung von Totholz das Gesamtgeschehen nur marginal beeinflussen. Erst die sozio-ökonomisch bedingte Entwicklung des Holzmarktes brachte die heute auf ganzer Fläche laufende Entwicklung zu mehr Totholz.

Gegenüber der Zeit vor 30 Jahren haben wir in den Wäldern v. a. eine enorme Steigerung der Vorräte an schwachem liegenden Totholz und eine solche an schwachem stehenden Dürrholz. Weniger meßbar, aber aufgrund des zunehmenden Bestandsalters (Kap. 15.8.2.6) und des Volumenzuwachses (Kap. 15.8.3.2) zu erwarten, ist die Zunahme von Dürrästen im Kronenbereich der Laubwälder. Ein weiterer Faktor ist in der Erkenntnis zu sehen, daß von toten Bäumen, die von Schadkäfern und Spechten bereits entrindet wurden, keine Gefahren für benachbarte Bestände ausgeht (FORSTL. VERSUCHS- UND FORSCHUNGSANSTALT BADEN-WÜRTTEMBERG 1993) und diese vermehrt stehen bleiben.

Die sich seit 1990 in den deutschen Wäldern akkumulierenden Totholzmengen finden in der deutschen Waldgeschichte wohl keine Parallele. Die Verfügbarkeit großer Totholzmengen ist also in erster Linie ein sozioökonomisches Problem. Diese jüngste Totholzsteigerung zeigt sich aber bereits heute als eine wahrscheinliche Ursache der Bestandszunahme einiger Vogelarten wie Weiden- und Haubenmeise sowie Buntspecht (Kap. 17). Sie erfolgt je nach Art über Anwachsen der verfügbaren Nahrung, über Entlastung von interspezifischer Konkurrenz sowie über Schaffung neuer Nischen.

15.8.3.6 Baumartenvielfalt = Insektenvielfalt

Gliederfüßler stellen während der Brutzeit den Hauptanteil der Ernährung fast aller waldbewohnenden Vogelarten. Dennoch ist die Samentracht der Waldbäume für die Dynamik und die langfristige Entwicklung der Vogelgesellschaften von weit größerer Bedeutung, weil sie die Wintermortalität beeinflußt. Dies ist Anlaß, sie in einem eigenen Kapitel (15.8.4) ausführlich zu behandeln.

Viele Arten von Gliederfüßlern besiedeln generalistisch verschiedene Baumarten. Andere sind Spezialisten. Allein am Totholz der Buche leben über 600 Käferarten, auf der Fichte sind es 300 Arten (ALBRECHT 1991). Von den z. B. in Baden-Württemberg nachgewiesenen 4700 Käferarten leben allein 988 an Holz (BENSE 1996). Meist treten nur ganz wenige auch häufig in Erscheinung. Neben jeweils Dutzenden von Tagfalter-, Spinner- und Schwärmerarten beleben jeweils einige hundert Arten von Eulenfaltern, Spannern und Microlepidopteren die Wälder. Nicht weniger bedeutend ist das Artenspektrum der Dipteren, Blattlausartigen, Hymenopteren und schließlich der Spinnentiere. Viele dieser Arten sind dabei jeweils auf ein mehr oder weniger enges Spektrum von Baum- oder Straucharten, bzw. Arten der Bodenflora beschränkt. Wie schon für die Vögel beschrieben (GATTER 1994b, Kap. 15.8.2.7), hat die Vermehrung des Baumartenspektrums, hier v. a. die enorme Verbreitung der Koniferen, in den ehemals weitgehend von Laubwald-Gesellschaften beherrschten planaren bis submontanen Zonen das Artengefüge verändert. Für die Vogelwelt der Wälder Mitteleuropas bedeutet dies heute, im Vergleich zu früher, die Verfügbarkeit von mehr Insektenarten auf kleinem Raum und damit wohl eine Risikominimierung bei der Nahrungssuche. Angesichts der Populationsdynamik von Waldinsekten (HENZE 1943, BRAUNS 1970, MEINEKE 1984, GATTER & SCHMID 1990) mit jahrweise unterschiedlichsten Gradationszyklen der Einzelart läßt sich mit wachsender Zahl von Baumarten pro Flächeneinheit eine ausgeglichenere Nahrungsbasis erwarten. LÖHRL (1974) konnte zeigen, daß die Tannenmeise während der Jungenaufzucht bei Nahrungsknappheit in den Nadelwaldbeständen teils weit entfernte Buchen aufsucht. Darauf, daß die floristische Vielfalt und deren Baum- und Blatthabitus Strategien der Nahrungssuche und deren Erfolg in Wäldern der USA beeinflussen, wiesen auch ROBINSON & HOLMES (1984) hin. Zu entsprechenden Ergebnissen kamen AMMER & SCHUBERT (1999). Bei Untersuchungen im Kronenraum von Wäldern stellten sie fest, daß sowohl reine Fichten- wie auch reine Buchenwälder im Gegensatz zu baumartenreichen Mischwäldern ein begrenzteres Arteninventar an Arthropoden aufweisen.

15.8.3.7 Entwicklung von Insektenbeständen

Die Streßsituation mitteleuropäischer Wälder durch neuartige Waldschäden führt offensichtlich zu einer Erhöhung des Grundbestandes bei zahlreichen Waldinsekten. Die in der Mehrzahl überdurchschnittlich warmen Sommer nach 1990 begünstigen diese Entwicklung zusätzlich (Kap. 15.9). Eine Ursachenzuordnung ist dabei schwierig.

Die durch Borkenkäfer verursachten Schadholzmengen stiegen in Österreich seit 1951 ziemlich kontinuierlich an und erreichten 1992 bis 1997 vorher nie gekannte Ausmaße (TOMICZEK et al. 1998). Entsprechende Zwangsnutzungen absterbender, von Borkenkäfern befallener Fichten erreichten in der Schweiz und Baden-Württemberg 1992 und 1993 ihren Höhepunkt und sind seitdem nicht auf frühere Werte zurückgegangen (SCHRÖTER 1997, ENGESSER et al. 1998). In Hessen wurde bei diskontinuierlichem Anstieg seit 1988 ein Höhepunkt erst 1995 verzeichnet. Massenwechselzyklen bei den Frostspannerarten fallen seit den 1970er Jahren jedes Mal stärker aus (GOSSENAUER-MAHRON 1997). Zusätzlich dürfte die Zunahme des Vegetationsvolumens (Kap. 15.8.3.4) angesichts der heute in Wäldern ausgebrachten minimalen Pestizidmengen (Kap. 15.4) generell ein wachsendes Arthropodenangebot erwarten lassen.

Zahlreiche Faktoren sprechen dafür, daß die Bestände vieler (der meisten?) Insekten, besonders der Großinsekten, in den Jahren zwischen ca. 1950 und 1970 stark abnahmen und bis gegen 1980 auf tiefem Niveau blieben. Großflächige und undifferenzierte Begiftungen im Agrarland und in Wäldern mit chlorierten Kohlenwasserstoffen (Kap. 15.4) hatten nicht nur Greifvögel und Fledermäuse an den Rand des Aussterbens gebracht. Besonders Arthropoden mit ein- und mehrjähriger Generationsfolge waren davon nachhaltig teilweise bis heute betroffen. Dies ist für jedermann beim Maikäfer nachvollziehbar. Aber auch bei den Carabiden, bei Hirschkäfer und Alpenbock (GATTER 1997d). Bei Schmetterlingen und vielen anderen ähneln sich die Verläufe. Langzeituntersuchungen fehlen hier praktisch völlig. Die Bestandstrends sozialer Insekten innerhalb des umfangreichen flächendeckenden Nistkasten-Monitorings der baden-württembergischen Forstverwaltung (Abb. 16.13) belegen die Zunahme. Die Erholungstendenzen während der letzten 20 Jahre sind heute bei vielen Arten nicht mehr zu übersehen.

Dies dürfte eine der Ursachen auch für die Bestandstiefs zahlreicher Kleinvogelarten bei Beginn der Untersuchungen am Randecker Maar (GATTER 1973c, Kap. 17) und anderenorts gewesen sein (BERTHOLD 1972).

Zusammenfassung
15.8.3 Mitteleuropas Wälder heute

Die sich von Baumgeneration zu Baumgeneration verbessernden Böden sowie seit Jahrzehnten zunehmende Stickstoffeinträge aus der Luft, möglicherweise auch längere Vegetationszeiten und höhere CO_2-Werte, förderten das Wachstum. Höhen und Stammvolumen sind heute größer als in den Baumgenerationen zuvor. Außerdem hat das durchschnittliche Baumalter, von einigen Einschnitten wie nach dem 2. Weltkrieg abgesehen, während der letzten 100 Jahre laufend zugenommen und vielfach Strukturen erreicht, die der auch im Naturwald an Vogelarten armen Optimalphase nahestehen. Parallel hierzu nahm die Waldfläche zu. Das Vegetationsvolumen in Mitteleuropa stieg flächenbezogen und insgesamt deutlich an. Kahlschläge nahmen während der letzten Jahrzehnte laufend ab.

Totholz war früher im Wald nur in minimalem Umfang vorhanden, da es als Brennmaterial entnommen wurde, während heute bereits von mehreren Festmetern pro ha Wald ausgegangen werden kann und eine besonders starke Zunahme im letzten Jahrzehnt erfolgte. Die Mengen sind jedoch gering im Vergleich zu naturbelassenen Wäldern.

Die Einbringung von zahlreichen „neuen" Baumarten durch die Forstwirtschaft und den Gartenbau hat sowohl das Angebot an Arthropodenarten/Flächeneinheit erhöht, als auch über das stark gewachsene Vegetationsvolumen in Wäldern und Siedlungen während der letzten 50 Jahre eine Erhöhung der Biomasse bei Insekten und Spinnentieren bewirkt.

Summary
15.8.3 Central European forests today

Growth has been encouraged by both the gradual improvement of the soil from tree generation to tree generation and the increase in nitrogen input from the air over the last few decades, and possibly also by longer growing seasons and higher CO_2 concentrations. Height and stem volumes are today greater than in previous generations of trees. In addition, average tree age (apart from phases such as that following the end of the Second World War) has continually risen over the last hundred years, so that in many places there is an age structure that is close to that of the species-poor optimum stage in European primary forests. At the same time the area covered by forest increased and the volume of vegetation in Central Europe rose both in area and in total. Clear-felling has declined continuously over recent decades.

In the past there was very little dead wood in the forest since it was taken as firewood, whereas today we can assume several cubic metres per hectare, with a substantial increase in the last ten years. These amounts are however still small when compared with unmanaged primary forest.

The introduction of many "new" tree species by foresters and gardeners has led to a considerable rise in the number of arthropod species per unit area, as well as to an increase in their biomass on account of the much higher volume of vegetation in forest and built-up areas over the last 50 years.

15.8.4 Waldmast und Dynamik von Vogelgesellschaften

Die synchrone Produktion großer Samenmengen einer Baumart oder Pflanzengemeinschaft in Abständen von mehreren Jahren wird als „Mast" bezeichnet. Neben den Mastbaumarten mit nußähnlichen Früchten gibt es zahlreiche weitere Baum- und Straucharten, die sich wegen anderer Vermehrungsstrategie nicht an diese Zyklen halten.

Die Mastereignisse sind von Förstern vielfach seit dem 19. Jahrhundert festgehalten worden und haben damit auch eine gewisse Bedeutung für die Waldgeschichte und die Beurteilung möglicher Veränderungen in der Produktionskraft und Gesundheit unserer Wälder.

Die geschichtliche Bedeutung der Waldmast und ihr Stellenwert für den Menschen und die Waldtiere wurde in Kap. 15.8.2.1 aufgezeichnet.

Die Forstwirtschaft unterscheidet normalerweise folgende Kategorien des Samenertrags:

Fehlmast: Kein Samenertrag.

Sprengmast: An Einzelbäumen oder Waldrändern Samenertrag, meist beschränkt auf alte Bäume.

Halbmast: Auf großen Teilen der Flächen Samenertrag, meist an älteren Beständen.

Vollmast: Auf der ganzen Fläche, meist über riesige Regionen hoher Ertrag, auch schon in jüngeren Beständen.

Klassische Mastbaumarten, die früher auch für den Menschen Bedeutung hatten, sind Eichenarten und die Buche. Ähnlich ausgeprägte Zyklen weist die Fichte, etwas abgeschwächt die Waldkiefer auf. Als biologische Besonderheit, von der z. B. die Kreuzschnäbel (*Loxia*) profitieren, ist die zeitgleiche Blühinitiierung von Fichte und Kiefer bei einjähriger Zapfenreife der Fichte, aber zweijähriger bei der Kiefer (Gatter 1993).

Entstehung von Mastjahren: Die Mast wird vor allem durch die Wetterbedingungen im Juni des Vorjahres ausgelöst und kann deshalb in unterschiedlichen geographischen Großräumen anders ausfallen. Die weiteren evolutiven Zusammenhänge und Faktoren, die zum Phänomen der Mast beigetragen haben, sind noch nicht vollständig geklärt (Sork 1993a, Waller 1993). Die gängigste Hypothese besagt, daß sich die Mast als eine Anpassung gegen den Samenfraß entwickelt hat. Durch die Übermengen an Samen in Mastjahren werden die Samenfresser gut bedient. Gleichzeitig überleben große Mengen der Früchte, während in Jahren mit geringen Masten alle gefressen werden (Kap. 15.8.4.3, Gatter 1974b, Jensen 1986, Fenner 1991, Sork 1993b). Die wenigstens regionale Entwicklung geringer Samenmengen auch außerhalb der Mastjahre (Abb.15.8.12 – 15.8.14) hat dafür gesorgt, daß Populationsanteile spezialisierter Samenausbreiter wie die der Häher, Meisen und Kleiber nicht drastisch reduziert werden. Das

Phänomen insgesamt ist die evolutive Wurzel der Ausbildung des Invasionismus.

Der Samenertrag aller Waldbäume wird neben dem Alter positiv beeinflußt durch

- Klima und Wetter (Wärme- und Trockenperioden etwa im Juni des Vorjahres) sowie den
- Ernährungszustand der Bäume.

Waldmast und interspezifische Konkurrenz: Mastjahre begünstigen die Vermehrung von Kleinsäugern wie Mäusen, Bilchen und Eichhörnchen fast generell bereits im Mastjahr. Mit Ausnahme des Kreuzschnabels ist dies bei Vögeln erst im Folgejahr der Fall. Für die Säuger mit meist schnellen Generationsfolgen ist dies ein Vorteil gegenüber den Vögeln. Die Nager stehen nicht nur in Konkurrenz um Nahrung zu den Vögeln (Christensen & Whitham 1993), sondern konkurrieren auch um denselben Brutraum und treten vermehrt als Freßfeinde auf (Kap. 16, Gatter & Schütt 1999). Mastjahre verbessern die Überwinterungschancen und Fitness von Meisenartigen und deren stärkere Vermehrung im Folgejahr. Beides zusammen kann sich auf Fliegenschnäpperpopulationen auswirken (Gustafsson 1988). So wie Lemminggradationen den auf nordischen Limikolen lastenden Prädationsdruck senken und damit deren Bruterfolg fördern (Peter et al. 1996, Andreev 1999). Mastjahre wirken sich indirekt auf carnivore Arten wie Greifvögel und Eulen sowie auf carnivore Säuger vom Marder bis zum Fuchs aus.

Mastjahre steuern bei Kleinvögeln ganz offensichtlich durch Entschärfung interspezifischer Konkurrenz auch die Populationsdynamik anderer Gruppen wie die der Insektivoren. So dürften sie z. B. auf das Invasionsverhalten der Goldhähnchen *Regulus spec.* Einfluß nehmen. Nordische Wintergoldhähnchen werden in Mitteleuropa in Jahren ohne Samenertrag um dieselbe insectivore Nahrung konkurrieren wie die häufige Tannenmeise, während sie sich diese Ressource in Mastjahren nur mit den selteneren Kleinmeisen teilen. Generell sind solche interspezifischen Zusammenhänge mehrfach herausgearbeitet worden. Die Entfernung des Haussperlings führte zur Zunahme des Feldsperlings (Anderson 1978). Die Reduktion von Weiden- und Haubenmeise führte über Erweiterung der nutzbaren Nischen zu besseren Bedingungen bei Tannenmeise und Wintergoldhähnchen. Das umgekehrte Experiment führte zur Begünstigung von Weiden- und Haubenmeise (Alatalo et al. 1985, 1987). Fehlende Mast erhöht die Winterverluste der davon abhängigen Arten und begünstigt damit andere Arten.

Waldmast und Vogelinvasionen: Die Gradationszyklen von Insekten beeinflussen Ansiedlung, Bruterfolg und Dichte von Vögeln während des Sommerhalbjahres positiv. Entsprechendes gilt für die Waldsamenerträge im Winterhalbjahr, die über ihren Einfluß auf Fitness und Verluste auch die folgende Brutzeit beeinflussen oder gar direkter Bestandteil der Brutzeitnahrung sein können.

Samenerträge aus dem Wald sind wahrscheinlich der wichtigste Steuerungsfaktor für die Populationsdynamik von samenfressenden Vögeln und Kleinsäugern der Wälder. Mastjahre haben aber auch für die herbivore Großtierfauna der Wälder gemäßigter und borealer Zonen eine hohe Bedeutung. Es gibt bei Einzelarten zahlreiche Hinweise auf diese Zusammenhänge, jedoch vermißt man zusammenfassende Betrachtungen der überregionalen Auswirkungen auf das Artengefüge der Waldvögel. Der „Invasionismus“ fast aller granivoren Invasionsvogelarten hängt direkt oder indirekt mit den Mastjahren der Waldbäume zusammen (z. B. Svärdson 1957, Löhrl 1974, Gatter 1973a, 1974a, b, 1993, Kap. 15.8.4.3).

Beim Fichtenkreuzschnabel (Kap. 14) hat sich eine komplizierte Wechselwirkung zwischen dem Samenertrag von Kiefern- und Fichtenwäldern herausgebildet. Die Blüte beider Baumarten als Grundlage einer Mast erfolgt bei der Fichte ein, bei der Kiefer zwei Jahre vor der Mast. Aus Gründen der Nahrungsverfügbarkeit werden z. B. Kreuzschnäbel in Fehlmastjahren im Extremfall von Westsibirien bis Westeuropa wandern (Gatter 1993). Diese enge Verbindung zwischen der Vogelwelt und den Samenerträgen der paläarktischen Wälder erweist sich bei der Analyse von Veränderungen der Avifauna von zentraler Bedeutung.

Waldalter und Mast: Die meisten Waldbäume fruchten erst in fortgeschrittenem Alter und steigern den Samenertrag dann bis ins hohe Alter. Die gravierenden Unterschiede zu früher sind:

- In den Jahrhunderten der Waldzerstörung war in Mitteleuropa nur ein winziger Bruchteil der heutigen Samenvorräte vorhanden, der in erster Linie für das Mästen der Haustiere im Wald genutzt wurde. Für Invasions-

und sonstige Wintervögel blieben minimale Reste, um die eine Konkurrenzsituation zu den Förstern entstand, die ihrerseits bemüht waren, die devastierten Wälder wieder aufzubauen. Allein die vielen kleinen Berichte in Forstzeitschriften über die negativen Wirkungen des Bergfinken auf die Verjüngung der Buchenwälder füllen noch im 19. Jahrhundert Bände.

- In Mitteleuropa stieg seit 1900, besonders aber seit 1950 das Durchschnittsalter der Wälder. Damit einher ging eine Vervielfachung der Samenerträge (Abb. 15.8.9, 15.8.11).
- Seit weit mehr als 100 Jahren nehmen die Waldflächen in Mitteleuropa (teils stark) zu (Kap. 15.2, 15.8.3). Dieser Trend hält noch an.
- Die Produktivität der Wälder ist ebenfalls höher (Kenk & Fischer 1988, Spiecker et al. 1996, Untheim 1997, Abb. 15.8.7 und 15.8.8).

Eine aus der Waldgeschichte (Mantel 1990, Kremser 1990) abgeleitete und heute vielfach belegte bessere Nährstoffversorgung der Waldböden (Kap. 15.8.3.2.) sowie Stoffdepositionen aus der Luft werden deshalb als die wichtigsten Faktoren des seit einigen Jahrzehnten zu beobachtenden stärkeren Waldwachstums angesehen (Kap. 15.8.3, Spiecker et al. 1996). Somit ist nach Erfahrungen im Obstbau auch stärkeres und regelmäßigeres Fruchten zu erwarten. Bei der Eibe

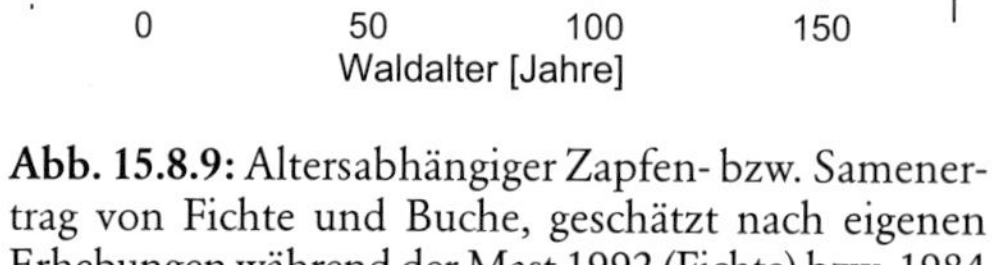

Abb. 15.8.9: Altersabhängiger Zapfen- bzw. Samenertrag von Fichte und Buche, geschätzt nach eigenen Erhebungen während der Mast 1992 (Fichte) bzw. 1984 (Buche) auf der mittleren Schwäbischen Alb. – *Age-dependent cone (left vertical axis) and seed yields of spruce (dashed line) and beech respectively, estimated from counts made during 1992 (spruce) and 1984 (beech) by the author in the central Schwäbische Alb; horizontal axis =forest age.*

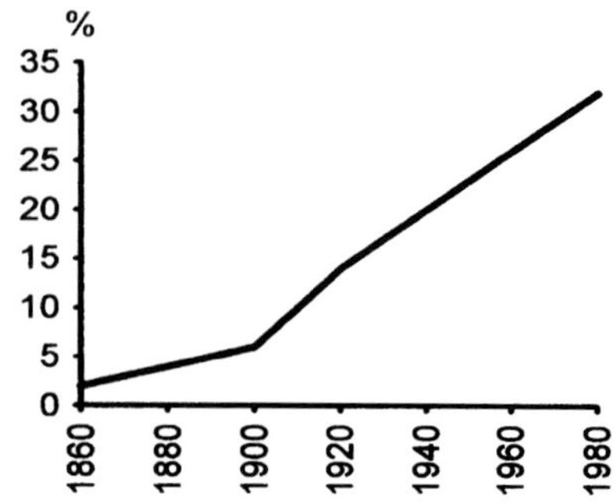

Abb. 15.8.10: Zunahme des Fichtenanteils seit 1860 in den Wäldern südlich Kirchheim/Teck, Schwäbische Alb nach Forstunterlagen. – *Increase in proportion by area of spruce since 1860 in the forests south of Kirchheim/Teck, Schwäbische Alb from forestry records.*

läßt sich das alljährlich verfolgen. Während die letzten wilden Eiben, abgedrängt auf ärmste Böden, kaum fruchten (Gatter 1994a), sind ihre Artgenossen in Parks und Gärten fast alljährlich rot von Früchten. Das mit dem heute erheblich rascheren Wachstum zu erwartende vorzeitige Erreichen des Fruktifikationsalters wird vermutlich die samenbildende Phase innerhalb eines Bestandlebens verlängern und wohl auch den Ertrag des Einzeljahres positiv beeinflussen. Längere Vegetationsperioden, v. a. aber heißere Sommer, wie sie die Klimaerwärmung erwarten läßt (Rapp 1991, Rapp & Schönwiese et al. 1994), könnten diesen Komplex ebenfalls verstärken, wie die Vergleiche im Samenertrag der Fichte je Zapfen zwischen N- und S-Schweden erwarten lassen (Hagner 1965).

Im forstlichen Schrifttum sind seit 200 Jahren die Masterträge der wichtigsten Baumarten aufgezeichnet. Über die vier Klassen Fehlmast bis Vollmast hinaus werden bis heute kaum quantitative Erträge festgehalten, obwohl auch Vollmasten quantitativ enorm differieren. Waldflächengröße und v. a. Waldalter hatten im Zusammenhang mit der Mast forstlich nicht interessiert, beide sind aber ökologisch gesehen von höchstem Wert. Die Station Randecker Maar und das Ökologische Lehrrevier der Forstdirektion Stuttgart haben versucht, einzelne Mastereignisse quantitativ zu bewerten (Verf.):

Die Abhängigkeit der Mast vom Bestandesalter wird für die Buche am Mastjahr 1984, für die Fichte am Mastjahr 1992, zwei jeweils ex-

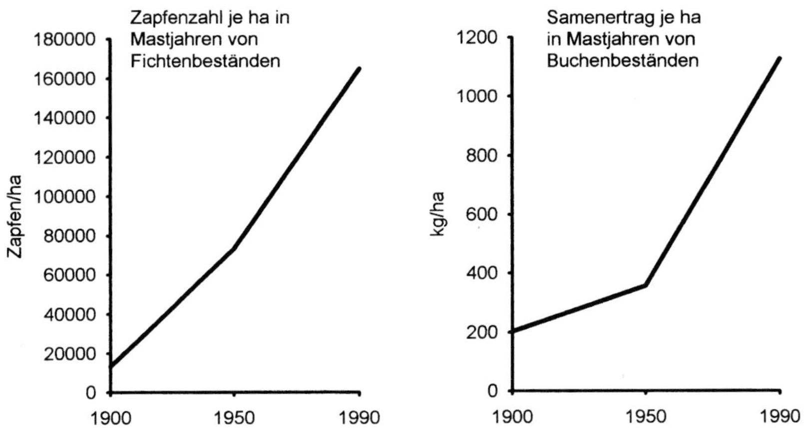

Abb. 15.8.11: Abgeschätzte Erträge in Vollmastjahren für Fichte (Zapfen/ha) und Buche (kg Bucheckern/ha) für die Jahre 1900, 1950 und 1990. Berechnet wurden die Erträge nach Altersklassenverteilungen von 212 (Fichte) bzw. 182 Beständen (Buche) der mittleren Schwäbischen Alb aus den jeweiligen Zeitabschnitten (entsprechend den altersabhängigen Erträgen in Abb.15.8.9). – *Estimated yields in full crop years of spruce (cones/ha; left) and beech (kg beechnuts/ha) for the years 1900, 1950, and 1990. Yields are calculated from the age-class distribution of 212 and 182 spruce and beech stands respectively in the central Schwäbische Alb, for the respective time periods and from the age-dependent yields in Fig. 15.8.9.*

trem starken Samenjahren, exemplarisch demonstriert. Nach diesen Untersuchungen liegt der Ertrag eines 70jährigen Buchenbestandes bei etwa 1/15 von dem eines 140jährigen. 50jährige Fichtenbestände lieferten im Vollmastjahr 60.000, ca. 100jährige bei viel geringerer Baumzahl 400.000 Zapfen/ha (Abb. 15.8.9). Dem Flächenanteil (Abb. 15.8.10) und der Altersklassenverteilung (Abb. 15.8.4a, b) der Fichte in einem untersuchten südwestdeutschen Gebiet entnehmen wir, daß um 1900 selbst Vollmastjahre im Vergleich zu heute nur geringe Samenerträge hervorbrachten, weil ältere Bestände fehlten. Ohne Berücksichtigung der Hochlagen mitteleuropäischer Gebirge mit autochthonen alten Fichtenbeständen haben die Zapfenerträge in einem Vollmastjahr altersbedingt um 1900 wohl kaum 10 % der heutigen betragen (Abb. 15.8.11). Doch auch eine zusätzliche Berücksichtigung der Gebirgsbestände würde diese Werte nur leicht erhöhen, da diese flächenmäßig unbedeutend waren.

Bei der Buche sind die Verhältnisse entsprechend. Die Altersklassenverteilung (Abb. 15.8.4a) zeigt, v. a. auch kriegsbedingt, bis 1950 nur eine geringe Zunahme älterer Bestände. Erst seither sind sie in großer Zahl wieder herangewachsen. Sie lassen von Mastjahr zu Mastjahr größere Erträge erwarten (Abb. 15.8.9 und 15.8.11).

Die hier an zwei Baumarten vorgetragenen Ergebnisse lassen sich praktisch auf das ganze Baumartenspektrum deutscher Wälder übertragen. Die Lücken zwischen den Mastjahren der hier behandelten Baumarten werden durch die regelmäßigeren Erträge der schon in frühem Alter fruchtenden Arten Ahorn *Acer* und Esche *Fraxinus* ausgeglichen, deren Masten ebenfalls mit steigendem Alter zunehmen. Altbestände dieser Arten und der Erle *Alnus* sind ferner sukzessionsbedingt seit einigen Jahrzehnten an Bächen, Rainen und Hanggrundstücken sowie in Hecken entstanden, wo sie früher wegen des Abflämmens (Gatter 1996, Kap. 15.6), der Mahd oder der regelmäßigen Holznutzung wegen nicht wachsen konnten bzw. nicht fruktifizierten (Kap. 15.2).

15.8.4.1 Mastjahre früher und heute

Die Frage, ob die Frequenz der Mastjahre zu- oder abnimmt, hat schon mehrere Autoren beschäftigt. Ein Vergleich mit alten Daten vor 1800 ist wegen Unsicherheiten der Datenerhebung schwie-

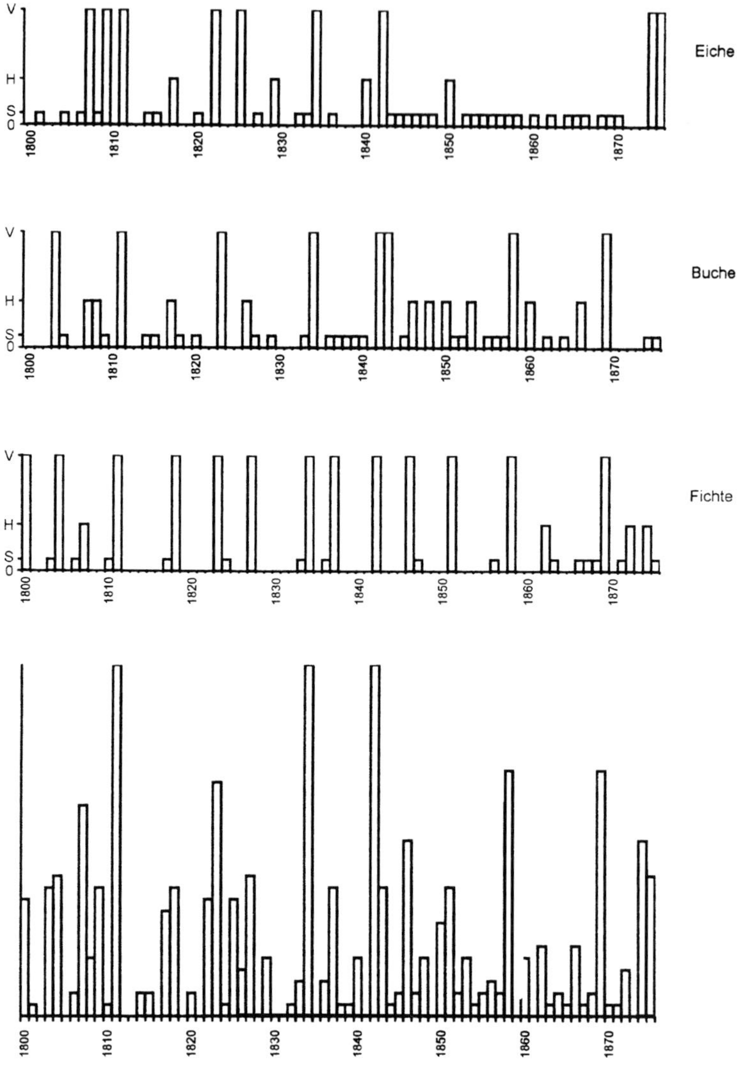

Abb. 15.8.12: Mastereignisse von Eiche, Buche und Fichte im Harzvorland 1800 – 1875 nach Tabellen von BELING (1877), unten eine Summierung aller drei Baumarten (0 = Fehlmast, S = Sprengmast, H = Halbmast, V = Vollmast).

***Fig. 15.8.12:** Seed yields of (from top to bottom) oak, beech, and spruce in the area surrounding the Harz uplands since 1800, from tables by BELING (1877); below is the summation of all 3 species. Vertical axes: 0 = crop failure, S = partial crop, H = half crop, V = full crop.*

rig (DENGLER 1944, WACHTER 1964). Weit zurückreichende Erhebungen (BELING 1877, DENGLER 1944, HOLMSGAARD 1960, WACHTER 1964) sollen hier neuen Daten gegenübergestellt werden.

Bei allen Unwägbarkeiten der Erfassungsgenauigkeit ist das wesentliche Ergebnis die Tatsache, daß es sowohl im 19. als auch im 20. Jahrhundert immer wieder Zeitspannen gegeben hat, die bei den einzelnen Baumarten über viele Jahre hinweg deutlich vom Bild der übrigen Jahrzehnte abwichen, so z. B. Doppeljahre mit Vollmasten und gehäufte Reihen von Spreng- und Halbmasten, an die sich lange Zeiträume mit wenig Mastereignissen anschlossen (Abb. 15.8.12).

Der Vergleich des Zeitraums 1800 – 1875 vom Harzrand (BELING 1877, Abb. 15.8.12), Baden von 1886 – 1910 (SEEGER 1913), Preußen 1874 – 1893 (SCHWAPPACH 1895) und den baden-württembergischen Daten seit 1946 auf Veränderungen der Mastjahrfolge bei Buche, Eiche und Fichte und den anderen forstlich erfaßten Arten ergab keine signifikanten Änderungen in der Mastfrequenz. Dies steht zunächst im Widerspruch zu zahlreichen Äußerungen, die im Zusammenhang mit neuartigen Walderkrankungen und der Vogelwelt geäußert werden. Die Beurteilung der Masterträge ist trotz hoher Stichprobenzahl dennoch von der subjektiven Empfindung der Erfasser abhängig und von dem, was regional z. B. als Vollmast empfunden wird. Bei der Fichte wurde dies von HAGNER (1965) für Schweden auch analysiert. In keinem Fall wurden z. B. Flächenerträge zugrunde gelegt oder das Durchschnittsalter der jeweiligen Baumart im Untersuchungsgebiet mit einbezogen.

Die Daten aus Baden-Württemberg (Abb. 15.8.13) wurden in zwei Abschnitte aufgeteilt: 1946 - 1970 (24 Jahre) und 1971 - 1992 (23 Jahre). Das Jahr 1970 ist als Grenze ausgewählt worden, da seit diesem Jahr vollständige Aufzeichnungen und Daten über den Vogelzug am Randecker Maar vorliegen. Die Aufteilung der Daten (1946 - 1993) aller untersuchten Baumarten auf die Zeiträume zwischen 1946 - 1970 und 1971 - 1992 ließ auf der Grundlage der Abb. 15.8.13 keine signifikanten Änderungen erkennen (χ^2-Vergleich nach SACHS 1978). Bemerkenswert sind zwei Rekordjahre: 1950, als Fichte, Tanne und Buche nach einem extremen Trokkenjahr (WAGNER 1951, MOOR 1952) Vollmasten lieferten, und 1958, als sogar fünf Baumarten (Fichte, Tanne, Buche und beide Eichen) Vollmasten trugen. Eine gleichzeitige Fehlmast aller 3 Nadelbaumarten ist in 47 Jahren nur einmal - für das Jahr 1981 - zu verzeichnen. Besonders die Erhebungen bei der Kiefer dürften aber wegen des zweijährigen Reifezyklus nicht ganz fehlerfrei sein.

Auch WACHTER (1964) kommt bei der Buche zu dem Ergebnis, daß sich in jeder 25-Jahresperiode der Jahre 1839 - 1963 eine vergleichbare Anzahl mittlerer und guter Masten findet und

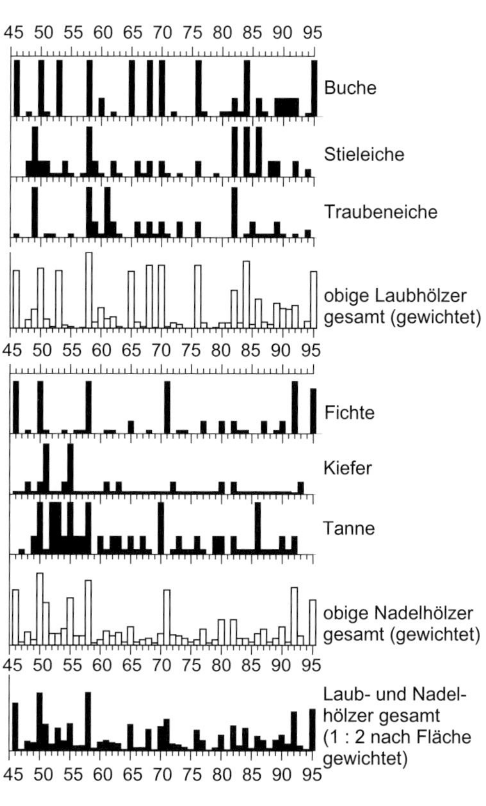

Abb. 15.8.13: Das Waldsamenangebot von 1946 – 1995 in Baden-Württemberg. Für jede Baumart wird der Samenertrag in den 4 Klassen Fehlmast, Sprengmast, Halbmast bzw. Vollmast dargestellt (siehe Abb. 15.8.12). Die relative Länge der Balken mit 0:1:4:12 soll die Größenordnung des Samenangebots widerspiegeln. Jeweils für Laub- und Nadelbaumarten wurden die Gesamterträge entsprechend ihrem Anteil gewichtet addiert. Bei Laubbäumen wurden Buche : Stieleiche : Traubeneiche wie 6:1:1, bei Nadelbäumen die Tanne : Kiefer : Fichte wie 1:4:6 gewichtet. Der Gesamtertrag in der unteren Reihe wurde über 2/3 Nadelwald und 1/3 Laubwald, ihrem heutigen Flächenanteil, gewichtet bestimmt. Die Darstellung der gewichteten Mastsummen von Laub- und Nadelbäumen demonstriert das insgesamt jährlich sehr unterschiedliche Samenangebot in den Wäldern, das letztendlich in „Fehljahren“ bei samenfressenden Vögeln zur Auslösung von Evasionen führt. – *Forest seed yield for 1946 – 95 in Baden-Württemberg, using data from the state seed-extraction plant at Nagold. The level of seed yield is presented in four classes for each tree species (see Fig. 15.8.12). The relative length of the columns (0:1:4:12) reflects the magnitude of the seed yield. Total yields, weighted for proportion of the total number of trees (white columns), both deciduous (above) and coniferous, are also given. Deciduous species (from top to bottom) – beech:pedunculate oak:sessile oak as 6:1:1. Coniferous species – spruce:pine:fir as 1:4:6. The total yield of all species (bottom row) was weighted according to 2/3 coniferous forest and 1/3 deciduous, their relative areas today. The weighted summations of deciduous, coniferous and all trees demonstrate the extreme differences in yield from year to year, despite summations, which in years of crop failure leads to the triggering of eruptions.*

von einer Ab- oder Zunahme bzw. Verkürzung der Zyklen von Blüten- und Fruchtbildung nicht gesprochen werden kann. Bei der Fichte vermuten SIEGL & SCHÖNBORN (1991) im kurzen 35-Jahreszeitraum (1954 – 1988) in Südbayern allerdings länger werdende Fruktifikationsintervalle in den Gebirgen bei gleichzeitiger Verkürzung der Intervalle in tieferen Lagen.

Aus der in Abb. 15.8.13 gezeigten Samenertragssumme der wichtigen Mastbaumarten in Baden-Württemberg zeigt sich, daß selbst die Summierung aller Samenerträge Fehljahre nicht ausschließt. Fehlmastjahre zwingen Vögel zu Wanderungen. Dabei ist aber zu berücksichtigen, daß auch in Sprengmastjahren die Samenvorräte schon vor dem Winter aufgebraucht sein können. Fehl- und Sprengmasten sind aber, neben nachrückenden Vögeln aus dem Norden, eine der Ursachen, daß sich die Winterbestände von Waldvögeln auch noch im Dezember und Januar nach Süden und Westen verschieben (Kap. 14, 17).

15.8.4.2 Mastjahre im europäischen Überblick

Großräumig deutet sich ein Süd-Nord-Gradient bei der Regelmäßigkeit von Samenerträgen an. Im südlichen Mitteleuropa sind Fehlmastjahre relativ häufig, in 40 % bis über 50 % der Jahre blieben Fichte, Eiche und Buche während der vergangenen Jahrzehnte in Baden-Württemberg ohne Fruchtansatz. Nach Norden zu nimmt die Zahl der Fehlmasten ab. Bäume der borealen Region tragen nahezu alljährlich Samen.

Besonders deutlich wird dies bei der **Fichte** *Picea*. Ein Vergleich der Samenerträge in Nord-, Mittel- und Südschweden im Zeitraum 1909 – 1961 (HAGNER 1965) ergab in 31 Jahren (= 60 %) in allen Regionen gleichhohe, in 22 Jahren unterschiedlich hohe Erträge. Nur in 7 von 11 Jahren mit im Norden hohem Ertrag war dies auch in der Mitte und im Süden der Fall. Insgesamt ist eine zunehmende Unregelmäßigkeit der Samenproduktion von Nord nach Süd bis ins südliche Mitteleuropa zu finden (Abb. 15.8.14). Die Erträge im Harz (BELING 1877) sind weit unregelmäßiger als in Schweden. Ein 24jähriger Vergleichzeitraum (Abb. 15.8.15) aus dem Harz und Baden-Württemberg deutet die Fortsetzung der zunehmenden Unregelmäßigkeit von Mastjahren nach Süden an.

Auch bei der **Buche** *Fagus* ist der Ertrag an der Nordgrenze ihrer Verbreitung in Südschweden regelmäßiger. Fehlmastjahre sind die Ausnahme (SVÄRDSON 1957). In Dänemark (HOLMSGAARD 1960) sind die Erträge immerhin noch ausgeglichener als weiter südlich in Deutschland (z. B. WACHTER 1964). Während in Schweden nur alle 10 Jahre eine Fehlmast registriert wird,

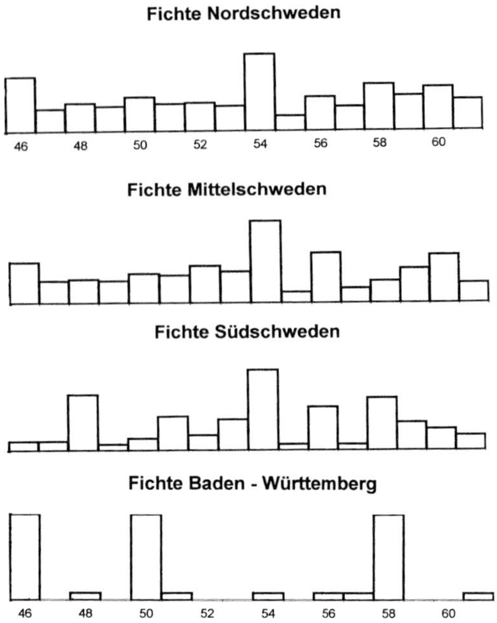

Abb. 15.8.14: Zunahme der Regelmäßigkeit des Samenangebots der Fichte von S nach N zwischen 1946 – 61 (gezeichnet nach HAGNER 1965 und Daten aus Abb. 15.8.13). – *Increase in regularity of spruce seed yield from S to N, 1946 – 1961; from top to bottom: N Sweden, central Sweden, S Sweden, Baden-Württemberg.*

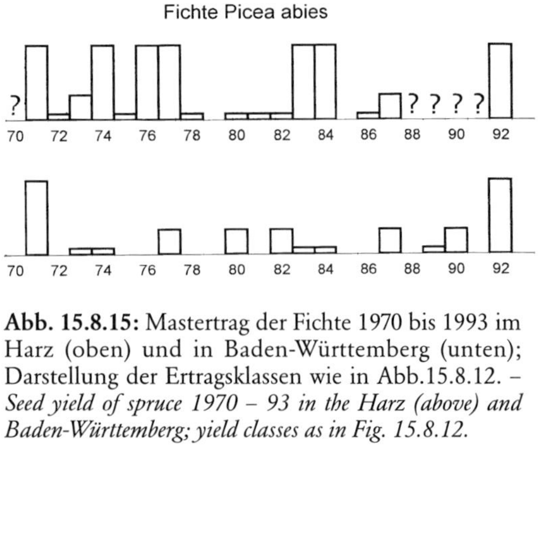

Abb. 15.8.15: Mastertrag der Fichte 1970 bis 1993 im Harz (oben) und in Baden-Württemberg (unten); Darstellung der Ertragsklassen wie in Abb.15.8.12. – *Seed yield of spruce 1970 – 93 in the Harz (above) and Baden-Württemberg; yield classes as in Fig. 15.8.12.*

ist dies in Baden-Württemberg jedes zweite Jahr der Fall.

Ein genereller Nord-Süd-Trend zeichnet sich gleichfalls bei **Eichen** (*Quercus robur et petraea*) ab. Südschwedische Eichen bringen praktisch alljährlich wenigstens Sprengmasten hervor (SVÄRDSON 1957). Dagegen hatten norddeutsche Eichen im 19. Jahrhundert in einem Zeitraum von 76 Jahren 40 % Fehlmasten (BELING 1877). In Baden-Württemberg waren sowohl Traubenwie Stieleiche während der letzten 50 Jahre in jeweils 40 % der Jahre gleichfalls früchtelos. Ob die vergleichbar häufigen Mastjahre im Harz und Baden-Württemberg auf eine innerhalb Mitteleuropas großräumige Konstanz deuten oder ob sich innerhalb von 150 Jahren die Häufigkeit von Mastereignissen geändert hat, geben diese Daten nicht zu erkennen.

Wenn wir die letzten Abschnitte zusammenfassen, dann ist festzuhalten, daß sich die Samenerträge in der borealen Region von Jahr zu Jahr wenig ändern, Richtung Mitteleuropa aber immer unregelmäßiger werden. Die Mehrzahl der Ergebnisse deutet an, daß sich Fehlmasten und Mastereignisse seit Beginn der forstlichen Aufzeichnungen in ihrer regionalen Häufigkeit weitgehend nicht verändert haben. Als wesentliche Änderungen sind also weniger geänderte Fruktifikationsintervalle, sondern deutlich angestiegene Erträge zu nennen. Ursache dieser exponentiell ansteigenden Samenmengen in den einzelnen Mastjahren sind wohl a) das ständig ansteigende Durchschnittsalter der Waldbäume und b) die anthropogene und autogene Eutrophierung der Waldböden (Kap. 15.5). Da die forstlichen Mastaufzeichnungen gerade hierzu keine Auskunft geben, wird in den folgenden Abschnitten versucht, sie über andere forstliche Quellen herzuleiten.

15.8.4.3 Auswirkungen der Mast auf die Vogelwelt

Die Bedeutung von Sprengmasten: In der Beurteilung der Mastereignisse für Vögel wird oft übersehen, daß Spreng- und Halbmasten deutlich anders als Vollmasten zu bewerten sind. Vor allem bei schwachem Blütenansatz (Sprengmast) bedeutet dies häufig Totalverlust durch Wickler, Spanner und Zünsler lange vor der Reifung. Speziell bei Koniferen heißt dies Zapfenbehang ohne Samen, aber auch Haselnüsse ohne Nüsse, ein Problem, das nicht auf Europa beschränkt (CHRISTENSEN & WHITHAM 1993), aber kaum untersucht ist. Selbst am Baum hängende reifende Zapfen können dann leer sein und eine Mast vortäuschen. Abhängig von der Zahl und Art der Nutzer sind die Vorräte vor Winterbeginn bereits verbraucht. Tierarten, die frühzeitig ernten und dann horten, sei es in einem Nest wie Mäuse, im Körperfett wie Bilche oder in der Landschaft verteilt wie Kleiber, Häher und Eichhörnchen, können jedoch im Winter unter Umständen auch noch von schwachen Mastereignissen profitieren. Für die Masse der samenfressenden Vögel, speziell Kreuzschnäbel, Buch- und Bergfinken, und deren Populationsdynamik ist eine Sprengmast in der Wirkung oft eher mit einer Fehlmast vergleichbar.

Zunahme der Mastbaumarten: Einzelne Vogelarten werden durch die Zunahme bestimmter Baumarten gefördert, so der Fichtenkreuzschnabel durch die enormen Arealerweiterungen von Fichte und Kiefer, aber auch durch den Anbau von „Exoten“ wie Japan- und Sudetenlärche sowie weiteren Arten (GATTER 1993), der Bergfink durch die immer älter werdenden Buchenbestände.

Der großflächige Anbau verschiedenster Koniferen vor wenigen Jahrzehnten (AVERY & LESLIE 1990) hat den Fichtenkreuzschnabel in England wohl erst nach 1950 vom unregelmäßigen Invasionsgast zum regelmäßigen Brutvogel werden lassen und dazu beigetragen, daß Birken- und Erlenzeisig riesige Arealgewinne verbuchen konnten (MARCHANT 1990). Auch in Deutschland hat sich die Antreffwahrscheinlichkeit von Kreuzschnäbeln in dem seit den 1950er Jahren gut erforschten Gebiet des Verfassers im mittleren Württemberg zumindest um das Sechsfache erhöht.

Mastbaumarten und Invasionismus: Neben vorwiegend samenfressenden Singvögeln begünstigt die Waldsamenproduktion zahlreiche weitere Waldvogelarten wie Kleiber und Arten aus den Familien der Meisen, Spechte und Tauben. Die Förderung beschränkt sich allerdings ausschließlich auf kurzstreckenziehende Arten und Teilzieher, zu denen auch alle Invasionsarten gehören. Reicher Waldsamenertrag verringert deren Winterverluste, ermöglicht hohe Fitness, die zeitige Besetzung der Reviere, frühe Brut mit größeren Gelegen und damit Konkurrenzvorteile von Kurzstreckenziehern gegenüber Langstreckenziehern.

Die Herausbildung des Invasionismus als Überlebensstrategie von Waldvögeln hat ihre

Ursache in den regional schwankenden Erträgen (LACK 1954, SVÄRDSON 1957, REINIKAINEN 1937), die nur über große geographische Räume ein verläßliches Angebot garantieren (z. B. FORMOSOV 1933, 1960, GATTER 1993). Das im Norden Europas ausgeglichenere Samenangebot der einzelnen Baumarten (SVÄRDSON 1957, HAGNER 1965) begünstigt die Energiebilanz der Invasionsvogelarten: Die Wahrscheinlichkeit, innerhalb des borealen Brutareals stets ausreichend Nahrung zu finden, ist sehr groß – zehrende bzw. verlustreiche Fernwanderungen bilden eher die Ausnahme. Je weiter sich ihr Zug nach Süden ergießt und dabei die südlich anschließenden gemäßigten Waldregionen erreicht, um so unsicherer sind die Aussichten (Kap. 15.8.4.2). Funktionalität und räumlich-zeitlicher Ablauf dieser Explorationsflüge (GATTER 1993) wurden bis heute wenig verstanden. Die forstlichen Veränderungen in Mitteleuropa (GATTER 1994b) haben wohl wesentlich dazu beigetragen, nordeuropäische Vogelgesellschaften und hier besonders das Verhalten der Invasionsvogelarten tiefgreifend zu verändern (Kap. 18).

Am Beispiel der Fichte *Picea abies* läßt sich dies für den potentiellen Zugweg Schweden–Deutschland demonstrieren. Fichtensamenfresser haben auf ihrem Zug von Nord- über Mittel- und Südschweden bis Deutschland trotz variierendem, nach Süden jedoch sprunghafter werdendem Ertrag (HAGNER 1965, BELING 1877), oft keine Chance, auf eine gute Ernte zu stoßen (Abb. 15.8.12 – 15.8.15). Bei Einbeziehung russischer Gebiete (FORMOSOV 1960) mit Streuung der Zugrichtungen erhöht sich diese Chance innerhalb der borealen Region allerdings ebenso wie durch die Möglichkeit der zusätzlichen Nutzung weiterer Baumarten (GATTER 1993, 1994b). Wie schon gezeigt, ist der Ertrag der Buche an der Nordgrenze ihrer Verbreitung in Südschweden und Dänemark ebenfalls ausgeglichener als südlich davon.

Dies bietet Arten wie Fichtenkreuzschnabel, Bergfink, Erlen- und Birkenzeisig, Buntspecht und Meisen die offenbar auch regelmäßig genutzte Chance, den Winter an möglichst weit nördlich gelegenen Orten zu verbringen. Kräftezehrende Fernflüge in südliche Wälder, die aufgrund des dort früher nutzungsbedingt sehr geringen Samenangebotes mit hohen Verlusten verbunden waren, bleiben ihnen somit erspart (Kap. 15.8.2).

Die Umkehr des ursprünglich bestehenden Verhältnisses von Laubwald zu Nadelwald und die Ausdehnung der Nadelwälder auf die Niederungen hat nicht nur das Artenspektrum während der Brutzeit verändert (GATTER 1994b). Auch das Samenangebot, das sich früher außerhalb der Gebirge für die Massenarten unserer Singvögel (Meisen, Finken) weitgehend auf die Buche beschränkte, wurde auf eine breitere Basis gestellt. Riesige Flächen maturer bzw. in den letzten Jahrzehnten in matures Alter gekommener Bestände aus Buche, Ahorn, Esche, Erle, Fichte, zwei Lärchenarten, Kiefer, Douglasie und weiteren nicht heimischen Baumarten ergänzen das Angebot – ein revolutionärer Wandel gegenüber früher, der manche Frage nach den Ursachen von Veränderungen in Vogelbeständen und Artenzusammensetzung beantwortet.

Entregionalisierung der Baumherkünfte – von der Autochthonie zur Allochthonie: Während Spezialisierung auf eine bestimmte Nahrungspflanze weite Zugstrecken erfordern kann, erhöht die Möglichkeit des Ausweichens auf ungewöhnliche Nahrungsquellen – und somit auf viele Baumarten – die Chance, in einer Region zu überleben.

Zur Zeit des Wiederaufbaus der Wälder wurden Baumsamen zunächst wahllos dort bezogen, woher sie am einfachsten zu bekommen waren. Die Samen der ersten Nadelwaldpflanzungen in Tiergärten und herrschaftlichen Jagdgebieten waren vielfach Geschenke befreundeter Fürstenhäuser. Fast zwei Jahrhunderte gingen ins Land, bis man erkannte, daß standortsfremde Herkünfte viele Nachteile in bezug auf Ertrag und Gesundheit der Waldbestände mit sich brachten, und 250 Jahre dauerte es, bis Forstsaaten in Mitteleuropa gesetzlich geregelt wurden. Bäume einer Art, aus unterschiedlichen Regionen und Höhenlagen stammend, haben aber unterschiedliche Blühzyklen und die heutigen Wälder weisen vor allem bei den Nadelbäumen oft viele verschiedene Herkünfte auf. Der Anbau von Gebirgsprovenienzen im Tiefland und der von ausländischen Baumarten im Forst hat durch deren oft unterschiedliche Blüh- und Fruchtzyklen das Auftreten absoluter Minima im Samenertrag weiter abgemildert (Abb. 15.8.13). Auch in der Naturverjüngung der folgenden Generationen einer Mischung verschiedener Herkünfte wirkt sich dies in einer Abmilderung der Fehl- und Vollmastjahre aus, die durch die beigemischten Fremdgehölze noch weiter abgedämpft wird. Diese Palette wird durch die lange zusätzliche Liste der heute in Gärten und Parks gepflanzten fremdländischen Baumarten erweitert, wiederum ein Faktor, der die Gefahr erfolgloser Exploration noch weiter verringert.

Für alle samenfressenden und insectivoren Vogelarten, die in diesen Wäldern überwintern, mindert dies die Mortalitätsraten im Winterhalbjahr, sei es direkt oder über geringeren Konkurrenzdruck. Daraus resultierende Populationsüberschüsse ermöglichen Vorstöße in neue Räume entweder durch Arealauffüllung oder durch Arealgewinne.

Abschließend soll ein Thema gestreift werden, das zumindest in Deutschland Waldvogelbestände wesentlich beeinflussen kann.

15.8.4.4 Wildfütterungen und Waldmast

Die Abhandlung dieses Themas wird hier zunächst verwundern. Die Jagd spielt aber heute eine bedeutende Rolle als Freizeitbeschäftigung, und das in Deutschland übliche Maß der Wildfütterung bildet in waldsamenarmen Jahren unbewußt eine wichtige Nahrungsquelle für Wintervögel wie Meisen, Kleiber, Finken, Buntspecht und Eichelhäher.

In vielen deutschen Jagdbezirken übersteigt wohl der finanzielle Einsatz an Futtermitteln den Ertrag aus der Jagd. Noch vor wenigen Jahrzehnten beschränkte sich die Winterfütterung auf weit weniger als ein Zehntel des derzeitigen Umfanges. Der Nährstoffgehalt des ausgebrachten Futters stieg beständig an. Das heutige Ausmaß der Fütterung wurde indirekt durch den forst- und landwirtschaftlichen Wegebau ermöglicht. In Baden-Württemberg stieg die Erschließung in Wäldern unterhalb 700 m NN von 20 m/ha 1960 auf 60 – 70 m/ha Fahrwege um 1990 bei Gesamtweglängen von 140 m/ha an (Forstl. Versuchs- und Forschungsanstalt BWü. 1993). Erst dies ermöglichte eine flächendeckende Winterfütterung, die in vielen privaten Jagdbezirken sogar zur (illegalen) Ganzjahresfütterung wurde. Der Wegebau und Fahrzeuge mit Allradantrieb dürften damit – über die Reduzierung der Winterverluste bzw. Erhöhung der Vitalität – ursächlich mit verantwortlich sein für das Ansteigen der Schalenwildbestände (Kap. 16).

In einer untersuchten Fläche der Schwäbischen Alb südlich von Kirchheim/Teck wurden 1992 auf 400 ha (Waldanteil 184 ha) 29 Wildfütterungen gezählt. Das entspricht einer Futterstelle für Schalenwild auf 6,3 ha Wald. Im Naturschutzgebiet Oberes Lenninger Tal/Schwäbische Alb und Arrondierungsgebieten wurden auf 500 ha Wald 1994 38 Wildfütterungen gezählt (1 Fütterung auf 13,2 ha). In Wintern mit wenig Waldsamen wie 1993/94 und 1994/95 wurden bei Linientaxierungen bis über 60 % aller Vögel im Nahbereich von Wildfütterungen angetroffen. Bei hohem Waldsamenangebot sind die Wildfütterungen für Wintervögel uninteressant. 1992/93 und 1995/96, Wintern mit Buchen- und Fichtenmast, waren kaum Vögel an den Fütterungen zu sehen. Neben den eigentlichen Fütterungen wird im Untersuchungsgebiet zusätzlich an 3 – 6mal mehr Stellen Apfeltrester ausgebracht, dessen hoher Anteil an Apfelkernen für zahlreiche Arten attraktiv ist.

Damit dürfte die Wildfütterung unbeabsichtigt und v. a. bisher kaum beachtet zu einem fast ebenso bedeutenden Faktor bei der Dämpfung der Wintermortalität bestimmter Vogelarten geworden sein wie Fütterungen in den Ortschaften (z. B. HVM 13/1993). Beide greifen damit ebenfalls zugunsten der Kurzstreckenzieher in das Gefüge der Avifauna ein.

Der Einfluß regulierender Wetterfaktoren auf Populationen waldbewohnender Kurzstreckenzieher schwindet damit weiter und verzerrt das natürliche Verhältnis zwischen Lang- und Kurzstreckenziehern zusätzlich zu den schon genannten Gründen.

Zusammenfassung
15.8.4 Waldmast und Dynamik von Vogelgesellschaften

Die Mastjahrfolge der Bäume zeigt einen Nord-Süd-Gradienten. Im borealen Wald bzw. in Skandinavien ist der Fruchtansatz recht regelmäßig und es werden nur wenige Fehlmastjahre verzeichnet. Nach Süden zu treten Mastjahre immer unregelmäßiger auf und die Zahl der Fehlmastjahre steigt z. B. in Baden-Württemberg auf bis zu 50 % an. Die jährliche Ausbeute an Waldsamen (Eicheln, Bucheckern) dürfte in früheren Zeiten im Vergleich zu heute gering gewesen sein. Die Früchte wurden weitgehend durch Haustiere (Waldmast) genutzt. Die Fichte bringt erst seit dem zweiten Drittel des 20. Jahrhunderts auf die Gesamtfläche bezogen nennenswerte

Erträge. Nach vielen Jahrhunderten der Entnahme stand im 20. Jahrhundert die Waldmast erstmals den Wildtieren zur Verfügung und wirkt sich auf deren Populationen aus. Die zunehmend älteren Bäume erbringen seit über 100 Jahren steigende Erträge.

Die revolutionäre Zunahme der Waldsamenerträge in den gemäßigten Zonen West- und Mitteleuropas wird als wesentliche Ursache gesehen für
a) die Zunahme samenfressender Waldvogelarten in Mitteleuropa,
b) die Zunahme einiger Vogelarten der borealen Region.

Summary

15.8.4 Forest seed crop and avian community dynamics

The sequence of tree seed crop years shows a north-south gradient. In the boreal and Scandinavian forests, fruit setting is very regular and there are few years of seed crop failure. Further south, good seed crop years become increasingly irregular and the number of failures rises, e.g. in Baden-Württemberg to a rate of up to 50 %. Compared with today, the annual seed yield (acorns, beechnuts) in the past must have been sparse. These seeds would have been taken mainly by domestic animals as mast. It is only in the second third of the 20th century that spruce has produced a reasonable harvest, taking account of the area the species covers and the average age of stands. After many hundreds of years of extraction, mast is available for the first time to wild animals only, and this is having an effect on their populations. Older trees are increasing in number and have been producing steadily richer yields for over a century now.

The dramatic increase in the seed crop of temperate woodland in western and Central Europe is seen as the principal cause of
a) the population increases of seed eating Central European forest bird species, and
b) the population increases of several boreal bird species.

15.8.5 Boreale Wälder

Benannt sind diese hochnordischen Wälder nach „Boreas“, dem Gott des Nordwindes der griechischen Mythologie, und der Name steht im übertragenen Sinn für „kalt“.

Der Anteil borealer Wälder weltweit beträgt nach der Fläche 36 %, dem Holzvorrat 45 % (Nadelholz 53 %) und dem Nettoholzzuwachs 31 % (Nadelholz 45 %). Auf Rußland und Kanada entfallen über 90 % dieser Waldfläche (Bemmann 1995).

Die borealen Wälder Skandinaviens und des europäischen Rußlands sind die westlichen Randgebiete des riesigen Vegetationsgürtels der eurosibirischen Taiga. Ein großer, nicht näher quantifizierbarer Teil der Durchzügler am RM entstammt dieser Region.

Arten wie Rotdrossel, Bergfink und Erlenzeisig kommen fast ausschließlich von dort. Bei anderen Arten sind es große Teile, so bei Fitis, Wiesenpieper, Bachstelze, Schafstelze, Braunkehlchen, Rotkehlchen, Singdrossel, Wacholderdrossel, Buchfink und Rohrammer.

Die derzeit im kompletten skandinavisch-nordbaltisch-russischen Borealgürtel ablaufenden Prozesse sind vielfach das genaue Gegenteil dessen, was in den vorangegangenen Kapiteln für mitteleuropäische Wälder dargestellt wurde. Während in Mitteleuropa die Großkahlschläge der Vergangenheit angehören und selbst kleine Kahlschläge immer mehr anderen Verjüngungsarten Platz machen, gehören der Großkahlschlag und die vollmechanisierte Holzernte großer Bestände dort zur Errungenschaft der letzten Jahrzehnte (Skogsdata 1983, Gamlin 1988).

15.8.5.1 Skandinavien

Boreale Nadelwälder sind nur dann stabile Ökosysteme, wenn der Energiefluß in Gang gehalten und eine Bindung der Nährelemente im Rohhumus verhindert wird (Parviainen 1994). Die Humusschicht muß abgebaut werden, um die Nährstoffe wieder in den Kreislauf zu bringen, was in dem kalten Klima der Region nur sehr langsam abläuft. Dies geschieht deshalb im natürlichen Kreislauf durch Waldbrände, die dort normaler Bestandteil der Walderneuerung sind, oder es kann mit Hilfe von kontrolliertem Brennen (nach Parviainen & Annila 1997 derzeit in Finnland 30 – 50 km^2/Jahr) und durch vorsichtige Bodenbearbeitung künstlich erreicht werden.

Ökologisch gehören nach Feuer auch lange Zeit waldfrei bleibende Flächen zu den natürlichen Sukzessionsabläufen der borealen Wälder. Die Größe der Flächen variiert in Abhängigkeit von der Bodenfeuchte. Nach Katastrophen verbleiben meist große Mengen stehenden und liegenden Totholzes.

Die Wälder des überwiegend sehr dünn besiedelten Skandinavien unterlagen bis in die 1950er Jahre einer Nutzung, die vom selektiven Eingriff bis zum Kleinkahlschlag reichte (GAMLIN 1988). Mit dem Bau großer Zellulosefabriken und der mechanisierten Waldarbeit begannen Großkahlschläge, zunächst entlang der vorhandenen Transportwege, den Flüssen. Mit dem Ausbau des Straßennetzes wurden sie flächendeckend praktiziert (SKOGSDATA 1983, JÄRVINEN et al. 1977). Die Größe von Kahlschlägen, die ANGELSTAM (1990) in Schweden untersuchte, reichte von 5 – 275 ha, im Durchschnitt etwa 60 ha. Die Kahlschläge in Rußland sind noch größer (BEMMANN 1995). Forstlicherseits wird diese Art der Nutzung mit den natürlichen Zyklen der borealen Wälder gerechtfertigt, die z. B. in Finnland alle 50 – 200 Jahre dem Feuer zum Opfer fallen. Durchschnittlich brennt jährlich etwa 1 % der Waldfläche. Kontrollierte Feuer im Dienste der Forstwirtschaft nehmen deshalb in Skandinavien derzeit wieder zu (NIEMINEN 1994, BALTSCHEFFSKY 1995). Durch einen Waldbrand entsteht ein vielfältiges Mosaik aus unberührten Bereichen und vollständig vernichteten Beständen, wie es die Beschreibungen von ARSENJEW (1924) für Ostsibirien eindrucksvoll schildern und neuerdings die Berichte verschiedener näher untersuchter Großbrände in den USA zeigen (BARNES & BOSIO 1986, FOX 1983, PYNE 1982). Die komplizierten Muster brandabhängiger Dynamik der Taigawälder schildern auch WALTER & BRECKLE (1994).

Das Gegenteil einer flächenweisen Waldnutzung ist das Plenterwaldprinzip. Mit den vorhandenen Baumarten und den natürlichen Standortsverhältnissen in borealen Wäldern ist die Plenterung selten möglich und gilt auch als ökonomisch wenig sinnvoll.

Bei der Beurteilung der Waldflächenentwicklung darf man nicht dem Trugschluß unterliegen, Kahlschlagsflächen der Wälder borealer oder gemäßigter Zonen als Waldflächenverluste einzustufen, da sie entweder sofort oder wenige Jahre danach – mit oder ohne menschlichen Einfluß – wieder junge Waldsukzessionen aufweisen.

Auch wenn in Nordeuropa in den letzten Jahrzehnten der Holzeinschlag stark zugenommen hat, bedeutet dies nicht, daß die Fläche des Waldes und die Holzmenge insgesamt abgenommen haben. Im Gegenteil, praktisch in allen nordeuropäischen Ländern haben seit 1970 nicht nur die Waldfläche, sondern auch die Menge an Holzvorräten zugenommen. In Finnland z. B. übersteigt der jährliche Zuwachs mit 80 Mio. m^3 die Nutzung (55 Mio. m^3) bei weitem (NIEMINEN 1994). Der Zuwachs an Holz liegt dabei noch erheblich über dem relativen Zugang an Waldfläche von 55.000 ha zwischen 1980 und 1988 (BEMMANN 1995). Allein zwischen 1980 und 1995 haben die Waldflächen der entwickel-

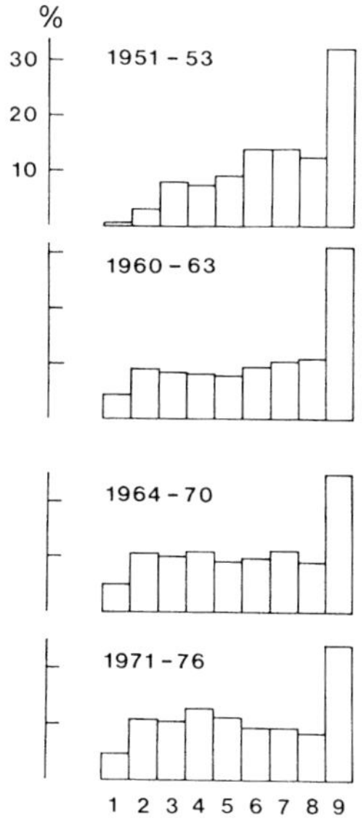

Abb. 15.8.16: Altersstruktur von Waldbeständen in Nordfinnland, aus Daten der 3. und 6. Nationalen Forsterhebung (HELLE & JÄRVINEN 1986). Altersklassen: 1 = baumloser Kahlschlag ohne Verjüngung, 2 = < 20 Jahre, 3 = 21 – 40 Jahre, 4 = 41 – 60 Jahre, 5 = 61 – 80 Jahre, 6 = 81 – 100 Jahre, 7 = 101 – 120 Jahre, 8 = 121 – 140 Jahre, 9 = > 140 Jahre, y-Achse: Flächenanteile der einzelnen Altersstufen. *–Age structure of forest stands in N Finland, from the 3rd and 6th National Forest Inventories (HELLE & JÄRVINEN 1986). Age classes: 1 = clear-felled areas without regeneration, 2 = < 20 years old, 3 = 21 – 40, 4 = 41 – 60, 5 = 61 – 80, 6 = 81 – 100, 7 = 101 – 120, 8 = 121 – 140, 9 = > 140 years old; vertical axis: percentage of land area.*

ten Industrieländer Europas um 4 % zugenommen (TOEPFER 1999). Deshalb müssen gravierende Veränderungen in den Wäldern selbst stattfinden:

- Altholzanteile gingen durch Nutzung von „Klimaxwäldern" mit ihrem geringen Zuwachs zwischen 1950 und 1970 von 44 % auf 32 % zurück (Abb. 15.8.16; VÄISÄNEN et al. 1986).
- Der Zuwachs findet heute hauptsächlich in jungen wuchsfreudigen Beständen statt.
- Die Drainage von ± waldfreien Moorböden hat seit 1950 zu einer enormen Zunahme waldfähiger Standorte v. a. in Nord- und Mittelfinnland und der Borealregion Schwedens geführt und damit zu Flächenzugängen an Jungwald. In Finnland wurden 42.000 km² (27 % der Landesfläche) für den Forst drainiert. Noch Ende der 1970er Jahre betraf dies jährlich 1350 km² (SEPPÄLÄ 1980 in VÄISÄNEN & RAUHALA 1983). HELLE & JÄRVINEN (1986) halten diese Entwässerungen und die daraus resultierende Änderung der Vegetations- und daraus folgend der Vogelartenzusammensetzung für eine der wichtigsten Umweltveränderungen in Nordfinnland nach dem 2. Weltkrieg.

15.8.5.2 Rußland und baltische Staaten

Mit 764 Mio. ha Waldfläche und einem Holzvorrat von 70 Mrd. m³ ist Rußland das wald- und holzreichste Land der Erde. Im Gegensatz zu Kanada erhöhte sich in Rußland die bestockte Waldfläche von 1973 bis 1988 um 41,4 Mio. ha bzw. um jährlich 2,76 Mio. ha. Dies ist vor allem auf die Aufforstung und Naturverjüngung unbestockter Flächen zurückzuführen. Während sich die Waldfläche in Rußland seit Beginn der 1970er Jahre ständig erhöht hat, nimmt die Qualität des Wirtschaftswaldes ab. Im europäischen Teil Rußlands und dem Gebiet der heute selbständigen baltischen Staaten kommt es gebietsweise, und zum Teil schon jahrzehntelang, im Rahmen einer zentralisierten Planung zu einer hemmungslosen Übernutzung der natürlichen Nadelwälder, verbunden mit dem Ignorieren einer nachhaltigen Forstwirtschaft (IßLEIB 1998). Sie erfolgte bisher mit umweltunfreundlichen Technologien und veralteter Technik über große Kahlschläge, die mit enormen Holzverlusten verbunden sind. Dabei verbleiben bis zu 50 % des Nutzholzes auf der Hiebsfläche, was bei Planerfüllung zur Vergrößerung der Kahlschläge führt. Seit dem Zusammenbruch der Sowjetunion und dem permanenten Devisenmangel verstärkt sich nach Ansicht ausländischer Spezialisten dieser Trend. Die riesigen, vielfach nicht aufgeforsteten Kahlschläge (nicht zu verwechseln mit Waldflächenverlusten) fördern die Zunahme natürlicher Baumartensukzessionen, beginnend mit Weichlaubholzflächen (Weide, Aspe, Birke, Vogelbeere), wie sie nach Feuer üblich sind. Deren Flächenzugänge steigen stärker an als die Nadelwaldflächen (BEMMANN 1995). Genaue Zahlen liegen derzeit nicht vor. Für Karelien gehen die Schätzungen finnischer Sachverständiger (starke Zunahme des Einschlags nach 1990) und russischer Experten (± gleichbleibender Einschlag) stark auseinander (OKSA et al. 1997).

Feuer spielt auch in den Wäldern Rußlands zusätzlich eine enorme Rolle. PETROV (1993) gibt für 1988 22000 Waldbrände an. Während amtliche Statistiken für die vergangenen 10 Jahre noch 0,6 Mio. ha/Jahr angeben, die durch Waldbrände vernichtet wurden, sind dies für die vergangenen 10 Jahre bereits 0,9 Mio. ha/Jahr (DAVIDENKO 1992). Andere, v. a. auf Satellitenaufnahmen beruhende Quellen sprechen sogar von jährlich 1 bis 6 Mio. ha (MAYDELL in POKER 1993, BEMMANN 1995), oder gar bis zu 10 Mio. ha (IßLEIB 1998). Das würde die jährlichen Holzeinschlagsflächen übersteigen. Trotzdem ist damit keine Verringerung der Waldfläche verbunden. Es sind vielmehr – mit nur wenigen Jahren Verzögerung nach dem Brand – stärkere Zugänge zur jüngsten Altersklasse mit einer Verlagerung des Vogelartenspektrums zu erwarten. Gefördert werden damit nicht nur Arten wie der Fitis, sondern von den kurzfristig kahlen Flächen werden Braunkehlchen, Schafstelze und bestimmte Limikolenarten profitieren, wie das folgende Kapitel und Kap. 17 zeigen.

15.8.5.3 Boreale Wälder werden jünger – Bedeutung für die Vogelwelt

Bedeutende Flächenzugänge zum Wald, das hohe Ausmaß der Fragmentation in borealen Wäldern und der prozentuale Rückgang alter Wälder sind die wichtigsten Änderungsfaktoren in nordeuropäischen Wäldern. Sie führten, besonders gut belegt für Skandinavien, zu einem tiefgreifenden Wandel der Vogelwelt (JÄRVINEN et al. 1977, JÄRVINEN & VÄISÄNEN 1977a, VÄISÄ-

NEN et al. 1986, AULÉN 1988), die sich wahrscheinlich für einige Artengruppen auf Rußland übertragen läßt.

Besonders nach 1950 wird die Zunahme von Siedlungsdichten einiger Vogelarten auffällig. Sie wurde zunächst mit Klimafaktoren, später mit der zunehmenden Waldfragmentierung durch Großkahlschläge und dem Einfluß von Randeffekten (HAILA et al. 1980) sowie durch Zunahme des Birkenanteils in Jungbeständen (NIEMINEN 1994) in Zusammenhang gebracht. Auch die Bewaldung entwässerter Moore führt zu höheren Vogeldichten (Fitis, Drosselartige; z. B. HELLE & JÄRVINEN 1986, VÄISÄNEN et al. 1986) als im ursprünglichen Moor.

In Finnland nimmt die großräumige Zunahme nutzungsbedingter Frei- bzw. Sukzessionsflächen auch Einfluß auf die Vogelgemeinschaften noch weitgehend ursprünglicher Waldbestände. Seit 1941 zeichnete sich ab, daß vor allem Vogelarten der Taiga im Bestand zurückgehen, während viele südlichere Arten von den Aufforstungen und dem erhöhten Waldrandangebot profitieren. Nach VÄISÄNEN et al. (1986) ist es dabei schwierig, zu entscheiden, ob die Zunahme auf eine Vergrößerung der lokalen Populationen zurückzuführen ist oder auf Einwanderung aus den Brutüberschüssen in Mitteleuropa. Letzteres wird auch von uns (Kap. 15.9) vermutet und kann mit zahlreichen Beispielen in Kap. 17 und 18 plausibel gemacht werden. Zahlreiche Hinweise darauf, unter welchen Bedingungen sich neue Bestände tragen oder nicht tragen, geben auch Vogelarten in mitteleuropäischen Gebirgen. Während einzelne Arten seit Jahrzehnten in günstigen Jahren Vorstöße in höhere Regionen unternehmen, ohne beständige Populationen aufbauen zu können, schaffen andere Arten dies in kurzer Zeit. So war es der Amsel innerhalb von 30 Jahren aufgrund von Veränderungen in der Gartenkultur möglich, auch in Dörfern der Alb, die über 750 m hoch liegen, stabile und dichte Populationen zu bilden (Kap. 17).

Viele dieser Erkenntnisse lassen sich auf die boreale Region übertragen. HELLE (1985a, b) konnte belegen, daß in erster Linie Kleinvögel (mittleres Körpergewicht um die 20 g) von der Waldfragmentierung profitieren, während die etwas größeren und schwereren Vögel (um 56 g Körpergewicht) im Bestand zurückgehen. Da in Aufforstungen Altbäume und damit Höhlenangebote fehlen, sind in derartigen Flächen auch die Höhlenbrüter selten (HELLE 1985a, b).

Bemerkenswerterweise brüten Regenbrachvogel *Numenius phaeopus*, und einige in Mitteleuropa hoch gefährdete Arten wie Braunkehlchen *Saxicola rubetra* und Schafstelze *Motacilla flava* auf Kahlschlägen in Nordfinnland in größerer Dichte als in ihren „natürlichen" Habitaten (z. B. HELLE 1984). Dies läßt auf eine vermutlich höhere Nachkommenproduktion in diesen neuen Biotopen schließen (HELLE 1985a, b). Auch weitere Arten, die in Mitteleuropa einem mehr oder weniger drastischen Rückgang unterliegen, zeigen in Nordskandinavien dank Kahlschlagflächen positive Trends. Nach einer Untersuchung der Bestandstrends der häufigsten Vogelarten in der Region zeigte es sich, daß insbesondere die beiden langstreckenziehenden Höhlenbrüter Trauerschnäpper und Gartenrotschwanz von dem Rückgang der alten, lichten borealen Waldbestände betroffen sein können. Andere Arten wurden jedoch durch Kahlschlag, Randeffekte und Jungwald stark gefördert. Dabei sind Kurz- und Langstreckenzieher zu etwa gleichen Teilen vertreten (HELLE & JÄRVINEN 1986, HELLE 1985a, b, ANGELSTAM 1990).

Die Zunahme bei einigen Arten mag zunächst überraschen, gehören z. B. Schafstelze, Braunkehlchen und Steinschmätzer bei uns eher zu den Brutvögeln mit stark zurückgehenden Gesamtbestandszahlen. Der skandinavische Trend steht jedoch im Einklang mit der Zunahme von Blößen einerseits und Sukzessionsflächen und damit lichten Jungwäldern andererseits. Beide Habitate haben in Mitteleuropa mit dem Wechsel von Nieder- und Mittelwald zur Hochwaldwirtschaft drastisch abgenommen und werden weiter abnehmen. Da sich die Durchzugs- und Überwinterungsgebiete von skandinavischen und mitteleuropäischen Vertretern dieser Arten nicht grundlegend unterscheiden, liegt der Schluß auf der Hand, daß die Rückgänge der Mitteleuropäer auf Ursachen im Brutgebiet zurückgehen (GATTER 1994b, 1996, 1997c). Ungeprüft sind in diesem Zusammenhang Unterschiede in den Prädationsraten. Die oben erwähnten, bei uns gefährdeten Wiesenbrüter leben in Mitteleuropa in ganzjährig stark anthropogen beeinflußten und damit auch im Winter nahrungsreichen Gebieten. Dies ermöglicht ständig viel höhere Dichten von Carnivoren und Omnivoren. Demgegenüber sind die Carnivoren in Nordeuropa stark zyklenabhängig bzw. erreichen im Falle der Omnivoren in den dünn vom Menschen besiedelten Gebieten ständig nur geringe Dichten (Kap. 16, 17 u. 18).

Beschränkt auf den südlichsten Teil Finnlands und Schwedens sind seit Anfang des 20. Jahrhunderts mit Aufgabe der Waldweide und vieler Höfe und damit veränderter Bewirtschaftungsform die Wälder dichter geworden und die Fichte hat Flächengewinne zu verzeichnen (JÄRVINEN et al. 1977 in HELLE & JÄRVINEN 1986). Diese Verhältnisse ähneln den mitteleuropäischen. Hartlaubholzwälder gehen gleichzeitig zurück (WIKTANDER et al. 1992). Satellitenaufnahmen von Urwäldern im russischen Teil Kareliens zeigen derzeit nach wie vor noch viele dichte alte Wälder, weil die Russen bisher nur Endnutzungen (Kahlschläge) ausführten, ohne während eines Bestandesalters zu durchforsten.

Es ist anzunehmen, daß die finnischen Schätzungen zum Ausmaß der Kahlschläge im karelischen Teil NW-Rußlands zutreffen (OKSA et al. 1997). Danach wäre dort – nach einem Kahlschlagshöhepunkt zwischen 1960 und 1980 und einem Tiefpunkt nach 1990 – derzeit wieder ein Anwachsen der Kahlflächen zu erwarten, das wiederum nicht mit einem nachhaltigen Verlust an Waldfläche gleichzusetzen ist. Auch ohne Pflanzung ist die Fläche nach wenigen Jahren von junger Sukzession bedeckt. In der Regel sind 10 – 20 Jahre nach dem Kahlschlag Stadien von Jungwald erreicht, die für Arten wie Fitis und Gartengrasmücke, aber auch für Bergfink und Waldschnepfe ein geeignetes Habitat bieten. D. h., daß diese Arten derzeit von den Kahlschlägen der Jahre um 1980 profitieren müßten. Die Populationen von Braunkehlchen, Schafstelze, Wiesenpieper, Kornweihe, Merlin und wohl auch der Bekassine (Kap. 17) dürften dagegen positiv auf das derzeitige Aufleben verstärkter Großkahlschläge reagieren.

Zusammenfassung
15.8.5 Boreale Wälder

Sowohl in Mitteleuropa wie im Norden sind durch die sich ändernde Waldstruktur die Vogelgemeinschaften betroffen. In der borealen Region nehmen die Waldflächen weltweit (auch in Rußland) zu. Doch verlief die Entwicklung während der letzten 50 Jahre entgegengesetzt zu der in Mitteleuropa. Großkahlschläge nehmen im Norden zu und das durchschnittliche Waldalter nimmt ab. Die Kahlschläge sind dabei nicht Waldverlusten gleichzusetzen. Egal ob über Aufforstung oder natürliche Sukzession beherbergen sie nach spätestens 3 – 10 Jahren die Avifauna jüngster Waldsukzessionen. Während einer kurzen Episode in derselben Länge geben sie Raum für Tundra- und Moorvögel. Auch durch die Entwässerung und Aufforstung der Moore nehmen die Waldflächen und damit wiederum der Jungwald speziell in Skandinavien kräftig zu. Zahlreiche Vogelarten, auch Langstreckenzieher, die in Mitteleuropa abnehmen, können dort ihre Bestände halten oder gar vermehren.

Negative Entwicklungen sind bei einigen Bewohnern von Althölzern zu finden, deren Flächenanteil zurückgeht. Die heute stärkere Durchmischung alter und junger Bestände wirkt sich auch auf die Avifauna der unangetasteten Althölzer aus. Deren Vogelwelt kann im Zeichen der Vernetzung mit den benachbarten Jungwäldern keine Eigendynamik mehr entwickeln.

Bei uns nehmen Vögel lichter Wälder und des Jungwuchses ab (Mehrzahl der Grasmücken, Fitis, Grauschnäpper, Gartenrotschwanz, Baumpieper, Halsbandschnäpper, Pirol, Grün-, Grauspecht, Wendehals). Dafür werden Arten alter geschlossener Wälder (Buchfink, Rotkehlchen, Mönchsgrasmücke, Kleiber, Meisen, Bunt- und Schwarzspecht) und solche der Nadelwälder gefördert. In den borealen Regionen nehmen dagegen Arten zu, die Kahlschläge und Jungwuchs besiedeln.

Diese unterschiedlichen Entwicklungen erschweren die Beurteilung von Bestandstrends nach Durchzugszahlen in Mitteleuropa im allgemeinen und am Randecker Maar im speziellen. Unterschiedliche Durchzugshöhepunkte ermöglichen aber in vielen Fällen eine getrennte Beurteilung.

Die Zunahmen und Arealerweiterungen mehrerer Vogelarten in der borealen Region werden weniger dem Klima als vielmehr der kontinuierlichen Flächenzunahme und dem Anwachsen des Durchschnittsalters der Wälder in ihrem mitteleuropäischen Überwinterungsgebiet zugeschrieben.

Summary
15.8.5 Boreal forests

Bird communities both in Central Europe and in the north have been affected by changing forest structures. In the boreal regions worldwide (including Russia) the area covered by forest is expanding, but the course of the process over the last 50 years has been the opposite of developments in Central Europe. In the north, widespread clear-felling is increasing and average forest age is decreasing. Clear-felling is not equivalent to loss of forest; after 3 – 10 years at the latest, these areas will support an avifauna typical of forest in the early stages of growth, either because of afforestation or through natural succession. They provide suitable habitat for tundra or moorland birds only for a brief period of the same length. Following the drainage and afforestation of bogs, forest area, and therefore young forest in particular, is also expanding at a high rate in Scandinavia. Numerous bird species, including long-distance migrants, that are declining in Central Europe, are able to maintain or even increase their numbers there.

Negative population developments are found in some species inhabiting mature forest, since this is decreasing in extent. The present-day increased intermixing of old and young stands also affects the avifauna of the pristine primary forest. The avifauna of these forests is unable to develop its own population dynamics against a background of interactions with neighbouring younger forest stands.

In Central Europe, birds of open woodland and early successional stages are declining in numbers (most Sylvia *species,* Phylloscopus trochilus, Phoenicurus phoenicurus, Anthus trivialis, Muscicapa striata, Ficedula albicollis, Oriolus oriolus, Picus viridis, Picus canus, *and* Jynx torquilla). *However, species of closed mature forest* (Fringilla coelebs, Erithacus rubecula, Sylvia atricapilla, Phylloscopus collybita, Sitta europaea, Parus spp., Dendrocopos major, *and* Dryocopus martius) *and of coniferous forest are increasing. By contrast, in the boreal regions the rise in numbers concerns species inhabiting clear-felled areas and young growth.*

These differing developments make it difficult to evaluate population trends by monitoring passage migrants in Central Europe in general and at Randecker Maar in particular, although in many cases the occurrence of passage peaks at different times does allow a separation.

The population increases and range expansions of several bird species in the boreal region can be attributed less to the climate and much more to the continuing rise in both the area and the average age of forests in their Central European wintering quarters.

15.8.6 Mediterrane Wälder

Die Wälder rund um das Mittelmeergebiet spielen eine wichtige Rolle als Durchzugsgebiet für Kurz- und Langstreckenzieher, als Überwinterungsgebiet für Kurzstreckenzieher und als Brutgebiet südlicher Randpopulationen unserer mitteleuropäischen Arten.

Mit dem Begriff Wald verbinden wir in Mittel- und Nordeuropa große zusammenhängende Vegetationskomlexe, deren Einzelglieder 20 bis 50 m hoch werden. Die Wälder des Mittelmeergebiets weisen, mit Ausnahme der Auenwälder, von denen kaum etwas erhalten geblieben ist, nur selten solche eindrucksvollen Baumbestände auf. Sie sind aber nicht nur vielfältiger vom Erscheinungsbild, sondern auch reicher an Baum- und Straucharten als die Wälder unserer gemäßigten Klimate.

In fast allen mediterranen Ländern nehmen Wälder (v. a. Laubwälder) in den Tieflagen und auf besseren Böden, wo sie ohnehin oft schon vor Jahrtausenden zurückgedrängt worden waren, zugunsten landwirtschaftlicher Flächen weiter ab. Derzeit sind 9 – 10 % der Mediterraneis bewaldet. Nach acht Jahrtausenden der Waldzerstörung erreichte diese im 18. und 19. Jahrhundert einen vorläufig letzten Höhepunkt. Während die Waldzerstörung auf der nordafrikanischen Seite des Mittelmeers ungehindert weiter geht, ist auf der Nordseite eine generelle Erholung eingetreten. In den unterschiedlichen Regionen verlief die massive Waldzerstörung, wie auch die teilweise Erholung zu unterschiedlichen Zeiten, in Abhängigkeit von den verschiedenen Hochkulturen, beginnend mit den Reichen der Perser und Ägypter.

Auf Grenzertragsböden und in höheren Lagen kommt es seit Jahrzehnten verstärkt zu Gebüschsukzession und Bewaldung vor allem als Folge zurückgehender Beweidung und Niederwaldnutzung. Diese Strauchgesellschaften (je nach Region, Sukzessionsstadium oder Bodensubstrat Garrigue, Macchie oder Matorral usw. genannt), können Höhen von 10 m erreichen und vielfache Übergänge zu Sekundärwäldern bilden. Viele sind in ihrer Sukzessionsabfolge von Feuern geprägt. Mit dem Rückgang der Notwendigkeit zur Beweidung werden die Zyklen zwischen den Feuern länger, die Sekundärbestände damit älter und höher (TRABAUD 1981, TRABAUD et al. 1993). Der Rückzug der Landwirtschaft hat dazu geführt, daß die Flächen solcher Gestrüpp- und Waldformen zunehmen und im Hügelland und in den Mittelgebirgen erhebliche Flächenzuwächse haben (LE HOUÉROU 1981, OLIVEIRA E SILVA 1996, BLONDEL & ARONSON 1999).

Aufforstungen mit Kiefernarten sind weit verbreitet. Lokal, vor allem in Griechenland, Portugal und Spanien, wurden noch in den 1980er Jahren in großem Umfang autochthone Laubwaldbestände in Kiefern- und andere Koniferenforste umgewandelt. Dabei werden meist nur wenige Baumarten, oft nur eine einzige zur Wiederaufforstung genutzt (OLIVEIRA E SILVA 1996). Durch hohe Aufforstungstätigkeit und durch die Versuche zur Wiederbewaldung des hohen Anteils an Waldbrandflächen sind die Durchschnittsalter der Wälder in den meisten Mittelmeerländern niedrig und Blößen im Gegensatz zu Mitteleuropa häufig (PRODON 1987).

Für eine ganze Reihe von mittel- und nordeuropäischen Kurzstreckenziehern, die in mediterranen Wäldern überwintern, sind heute verbesserte Winterbedingungen mit Auswirkungen auf ihre Brutbestandsdichten zu erwarten. Daß damit anderserseits auch Verschlechterungen und Biotopverluste für einzelne Arten verbunden sind, konnten ISENMANN & FRADET (1998) an dortigen Brutpopulationen des Rotkopfwürgers zeigen.

Zusammenfassung
15.8.6 Mediterrane Wälder

Aus Zunahmen der Waldfläche durch Aufforstung, vor allem aber über Sukzession auf landwirtschaftlichen Grenzertragsböden auf der Nordseite des Mittelmeers sind positive Rückkoppelungseffekte auf mittel- und nordeuropäische Wald- und Gehölzarten zu erwarten. Auf der afrikanischen Seite gehen Waldflächen nach wie vor zurück.

Summary
15.8.6 Mediterranean woodlands

Positive feedback effects on Central and north European arboreal birds are to be expected from the increase in woodland area through afforestation in the northern Mediterranean regions and, most importantly, from succession on marginal agricultural soils. On the African shore the area covered in woodland continues to decline.

15.8.7 Tropische Wälder Westafrikas

Die Wälder südlich der Sahara, vom Sahel bis zu den südlichsten Savannengürteln, sind bedeutende Überwinterungsgebiete von Langstreckenziehern. Von den bescheidenen Busch- und Galeriewäldern des Sahel über die Trockenwälder der Sudanzone bis zu den Regenwäldern am Golf von Guinea wechselt in äußerst schmalen Bändern eine Vegetationszone die andere ab. Ihre enge Verzahnung mit dem Klima, das sich gerade vom Anfang bis zur Mitte unseres Berichtszeitraums durch gravierende Dürreperioden auszeichnete, bewog mich, diese Region in einem separaten Abschnitt (Kap. 15.10) abzuhandeln.

15.9 Klima, Mensch und Vogel

Geschichte wiederholt sich nicht, aber aus dem Studium der Landschaftsgeschichte lassen sich manche Antworten auf die heute aktuellen Fragen erschließen. Dies scheint im Falle der momentanen Klimadiskussion besonders angebracht.

In den vergangenen Jahrzehnten hat sich erstmals die Überzeugung durchgesetzt, daß der Mensch in der Lage sein könnte, das Klima unserer Erde zu verändern.

Die Anzeichen einer leichten Klimaerwärmung seit dem Ende des 19. Jahrhunderts sowie die zwischenzeitlichen Schwankungen und ihre Auswirkungen auf Vögel haben zu einer Vielzahl von Publikationen geführt. Eine Reihe von Fragen zu diesem Thema wurde schon in Kap. 11.4 angesprochen.

15.9.1 Klima und Arealveränderungen von Vögeln

Mit dem Verweis auf Einflüsse klimatischer Faktoren schienen sich manche Abnahmen und Bestandzunahmen, Arealerweiterungen und -reduktionen mühelos erklären zu lassen. Wichtige, gleichzeitig ablaufende gegensätzliche Entwicklungen wurden aber weit weniger berücksichtigt oder ebenfalls der Erwärmung zugeschrieben. CHALONER (1999) setzte sich mit der Flut solcher Arbeiten in England auseinander und warnt davor, alle gerade ablaufenden Änderungen nur unter diesen Gesichtspunkten zu sehen.

Der Einfluß von Konkurrenz, von neu entstandenen Habitaten durch veränderte Formen der Landbewirtschaftung und vor allem auch die Folgen der Eutrophierung, die klimatische Veränderungen vortäuschen können, bleiben in der derzeitigen Diskussion ebenso unberücksichtigt wie veränderte Prädationsverhältnisse. Eine komplexere Betrachtung ist aber angezeigt.

Wetter- und Klimaabhängigkeiten des jahreszeitlichen Zuggeschehens wurden in Kap. 9 und Kap. 11 ausführlich behandelt. Hier soll ein Überblick über die möglichen Auswirkungen auf die Avifauna gegeben werden.

15.9.1.1 Der anthropogene Treibhauseffekt

Das Klima ist das Ergebnis einer komplexen Wechselwirkung verschiedener Faktoren. Eine Rolle spielt dabei die Verteilung von Land und Wasser, die Ausdehnung von Gletschern, Meereis, Wüsten und Wäldern. Die Zusammensetzung der Atmosphäre, die Sonneneinstrahlung und die Wärmeabstrahlung der Erde wirken zusammen.

Bestimmte Gase in den höheren Luftschichten wirken wie die Isolierschicht in einem Treibhaus. Sie sorgen dafür, daß 90 % der abgestrahlten Energie in Form von Wärme dem System Erde erhalten bleibt.

Mit der zunehmenden Industrialisierung und dem rapiden Anwachsen der Weltbevölkerung unterliegt das bisherige natürliche Fließgleichgewicht aber einem zunehmenden Einfluß der Menschen. Es werden verstärkt klimawirksame Gase, sogenannte Treibhausgase, freigesetzt. Kohlendioxid ist mengenmäßig das bedeutendste anthropogen erzeugte Treibhausgas, die Verbrennung der fossilen Rohstoffe Kohle, Gas und Öl ist hier als wichtigste Quelle zu nennen, in den Tropen ist die Brandrodung als größter Einzelposten mit auch globalem Einfluß anzusehen.

Die Wechselbeziehungen zwischen den verschiedenen Einflußgrößen sind in vielen Fällen weder hinreichend bekannt noch lassen sie sich in allgemeingültige Formeln fassen.

Die vorausgesagten Klimaänderungen durch Gase anthropogenen Ursprungs sind im Laufe der Jahre immer geringer geworden. In verschiedenen älteren Szenarien wurde eine Erhöhung der bodennahen Lufttemperatur um 1,5 – 4,5 °C bis zum Jahr 2040 erwartet (HANSEN et al. 1984, DOBSON et al. 1989), für Skandinavien von 8 – 12 °C bis 2100 (HUNTLEY 1994), und für Europa sagte man einen Wandel hin zu mehr kontinental geprägtem Klima vorher (KINDLER 1987). Heute liegt die prognostizierte Temperaturerhöhung beim halben Wert, etwa 2 °C in den nächsten 100 Jahren (z. B. SPIEGEL 51/1997).

15.9.1.2 Periodische Klimaänderungen in Europa

Seit etwa 12.000 Jahren hat sich das Eis der letzten Kaltzeit aus der Norddeutschen Tiefebene und dem Alpenvorland zurückgezogen. Präboreal, Boreal (trocken und warm), Atlantikum (feucht und warm), Subboreal (trocken und warm) und Subatlantikum (feucht und kühl) sind Phasen der Nacheiszeit. Mit zunehmender Erwärmung begann eine Wiederbewaldung zunächst mit Birken, Weiden und Kiefern. Während der letzten 5000 Jahre war das Klima von Nordafrika bis nach Mitteleuropa dem heutigen relativ ähnlich (FRENZEL 1988), dennoch hatten Abweichungen von ± 1,5 °C von der Durchschnittstemperatur der letzten hundert Jahre während dieser Zeit gravierende Auswirkungen. Eine deutliche Abkühlung setzte Mitte des 16. und im 17. Jahrhundert ein. Die Wintertemperatur in der 2. Hälfte des 16. Jahrhunderts war um 1,3 °C niedriger als in der ersten Hälfte. In dieser Zeit gab es vielerorts wetterbedingte großräumige Hungersnöte, da das Wetter sehr variabel war (in der englischen Literatur als „Kleine Eiszeit" bezeichnet). Eine an das lokale Klima angepaßte Landwirtschaft war dadurch erschwert. Seit dem letzten Drittel des 19. Jahrhunderts zeichnete sich dann eine Klimaerwärmung ab (Daten nach LAMB 1982).

Zwischen dem Beginn der Erfassung des Wettergeschehens durch präzise Messungen in der 2. Hälfte des 18. Jahrhunderts und dem Ende des 19. Jahrhunderts lagen die Temperaturwerte nahe beieinander, so ging man von der Annahme einer Konstanz des Klimas aus. Für praktische Anwendungen definierte 1935 die Internationale Metereologen Organisation die Jahre 1901 – 1930 als „Klimatische Normal-Periode". Da dieser Zeitraum später jedoch als „untypisch" gewertet wurde, nahm man anschließend die nächsten 30 Jahre als neuen Standard (LAMB 1982).

Milde Winter-, gemäßigte Sommertemperaturen und viel Niederschlag, also atlantisches Klima, überwogen in Deutschland 1900 – 1924, sehr kalte Winter und überdurchschnittlich warme trockene Sommermonate mit vielfach östlichem und südöstlichem Wind sind Kennzeichen kontinentaler Einflüsse, wie in den Jahren 1825 – 1849, 1875 – 1899 und 1925 – 1948 (SEILKOPF 1951).

Mit den 1950er Jahren setzte eine Abnahme dieser „Kontinentalität" ein. Obwohl immer noch Höchstwerte an warmen und gelegentlich auch trockenen Sommern auftraten, mehrten sich Fälle niederschlagsreicher Sommer, verzögerter Frühjahre und schneereicher Winter (RUDLOFF 1967).

Wie oben angedeutet, ist das lokale Klima keine konstante Größe. Eine Betrachtung der Abweichungen von festen Bezugstemperaturen vereinfacht jedoch die Darstellung und wird daher viel benutzt. Die globale Mitteltemperatur liegt heute um etwa 0,7 °C über dem Wert von 1860 (Abb. 15.9 1, ENQUETE-KOMMISSION 1992). In Mitteleuropa verschob sich die Jahresdurchschnittstemperatur von 8,9 °C (1901 – 1944) auf 9,3 °C (1945 – 1988; RAPP 1991). Dabei waren die 1960er Jahre um 0,3 °C, die 1970er Jahre um 0,5 °C und die 1980er Jahre um 0,7 °C zu warm gegenüber der mitteleuropäischen Jahresstandardtemperatur (ROCZNIK 1990). Dieser Trend setzte sich in den folgenden Jahren weiter fort.

Der Temperaturanstieg wird auch aus der Tatsache deutlich, daß 9 der wärmsten 10 Jahre in Deutschland seit 1860 nach 1980 liegen. 1994 war zunächst das wärmste Jahr in Mitteleuropa seit 234 Jahren. 1995 galt nach 1990 als weltweit wärmstes Jahr und wurde prompt von 1997 und wiederum 1998 abgelöst. Die Wärmezunahme in Mitteleuropa betrifft dabei besonders die Monate April bis Dezember mit Schwerpunkt auf den Herbstmonaten, ein Vergleich der Perioden 1970 – 1976 und 1977 – 1983 ergibt eine Verspätung des Herbstanfangs in Deutschland um 5 – 6 Tage (RAPP 1991 und Kap. 11).

Als vorläufige Zusammenfassung können damit grob folgende, in Tab. 15.9.1 skizzierten klimatischen Perioden unterschieden werden.

Tab. 15.9.1: Klimatische Perioden in Deutschland seit 1800 (SEILKOPF 1951, RUDLOFF 1967 und HULME in „Die Welt" vom 12.3.1995). – *Climatic periods in Germany since 1800 (SEILKOPF 1951, RUDLOFF 1967, HULME in "Die Welt" of 12.3.1995).*

Periode	Klimaverhältnisse
1800 – 1824	?
1825 – 1849	kontinental
1850 – 1874	?
1875 – 1899	kontinental (1881 – 1890 Sommer zu kalt)
1900 – 1924	atlantisch/ozeanisch (Minimum 1911 – 1920)
1925 – 1949	kontinental
1950 – 1974	atlantisch?
1975 – heute	atlantisch

Eine klimatologische Analyse der Temperaturvariabilität für die BRD (alte Bundesländer) im Zeitintervall von 1949 bis 1990 wurde von RAPP (1991) und RAPP & SCHÖNWIESE (1994) durchgeführt (Kap. 15.9.2.3). In weiten Teilen der Bun-

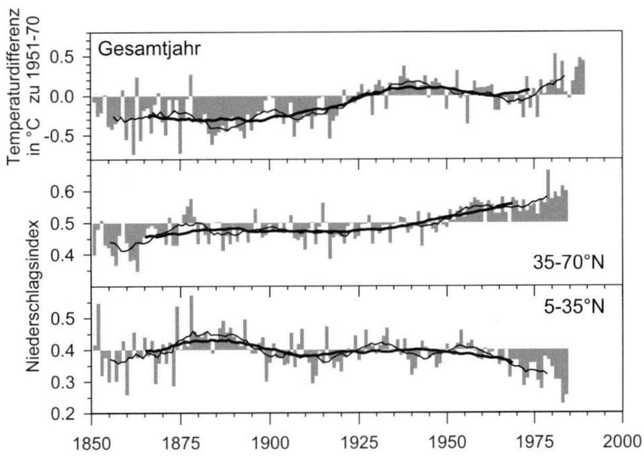

Abb. 15.9.1: Oben: Mittlere Temperaturen der Nordhemisphäre, basierend auf Festlandsdaten. Dargestellt sind die Abweichungen vom Mittel der Jahre 1951 - 1970. Als Kurven eingezeichnet sind gleitende Mittel über 10 (dünn) und 30 Jahre (dick). **Unten:** Relative Niederschlagsmenge auf der Nordhalbkugel für den Bereich 5 - 35°N und 35 - 70°N (BRADLEY & JONES 1992, SIRCOULAN 1991). – ***Above:*** *Mean temperature of the northern hemisphere, based on land data. Deviations from the mean of the years 1951 - 1970 are shown. The curves are varying means over 10 (thin) and 30 (thick) years.* ***Below:*** *Relative levels of precipitation in the northern hemisphere for the areas 5 - 35°N and 35 - 70°N.*

desrepublik ist der Frühlingsanfang demnach in diesem Zeitintervall immer früher eingetreten, während sich der Herbstbeginn verspätete. Die Dauer von Frühling und Sommer verlängerte sich, während sich Herbst und Winter meist verkürzten. In der Arktis stiegen die Temperaturen stärker als in mittleren Breitengraden an. Auf Spitzbergen nahm die mittlere Wintertemperatur von –17,6 °C (1911 - 1920) über –13,2 °C (1921 - 1930) auf nur noch –8,6 °C (1931 - 1935) zu. Also ein Anstieg um 9 °C binnen 25 Jahren (SALOMONSEN 1948)! Die Änderung der Frühjahrs- und Sommertemperatur war jedoch sehr viel kleiner. Die langjährige Zunahme (1860 - 1950) der Jahresdurchschnittstemperatur zeigt einen Süd-Nord-Gradienten. Im Süden ist sie klein (Oslo 0,5 °C, Skudenes 0,2 °C, Bergen 0,4 °C), im nördlichen Norwegen (Finnmark) liegt sie mit 1 °C im mittleren Bereich. Groß ist sie in Spitzbergen mit 2 °C (LØVENSKIOLD 1964) und mit 1,4 °C zwischen 1846 und 1980 in Stykkishólmur auf Island.

Einen erheblichen, nicht zu unterschätzenden Einfluß auf das Klimageschehen haben immer wieder große Vulkanausbrüche gehabt. Nach dem Ausbruch des Katmai 1912 nahm die Sonneneinstrahlung auf der nördlichen Hemisphäre um mehr als 10 % ab (Abb. 15.9.1 und 15.9.2). Die niedrigste Temperatur seit dem Vorliegen sicherer Aufzeichnungen wurde 1783 - 1785 nach den Ausbrüchen des Asama/Japan und der Laki-Krater/Island erreicht (GRIGGS 1927). Nach dem Ausbruch des Krakatau 1883 sank die mittlere Erdtemperatur auf der gesamten nördlichen Halbkugel um 0,5 °C (GRIGGS 1927), beim Ausbruch des El Chicon regional um 2 °C (TIMES ATLAS OF THE WORLD 1987). Die angeführten Ausbrüche stim-

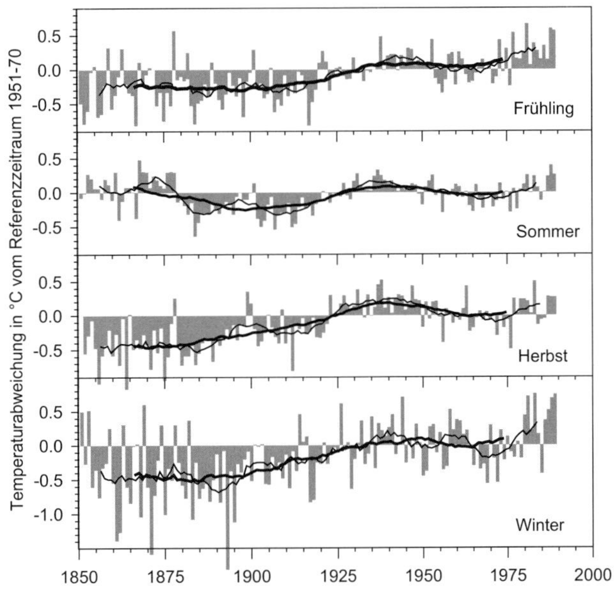

Abb. 15.9.2: Mittlere Temperaturen der Nordhemisphäre während der vier Jahreszeiten, sonst wie Abb. 15.9.1 oben (nach BRADLEY & JONES 1992). –*Mean temperature of the northern hemisphere for, from top to bottom, spring, summer, autumn and winter, based on land data. See Fig. 15.9.1 above.*

men – nicht unerwartet – teilweise mit den kalten Perioden in Europa überein, die von Seilkopf (1951), Rudloff (1967) und Rocznik (1972) angeführt wurden.

Die Einstrahlung der Sonne hat einen entscheidenden Einfluß, dabei bewirkten Bahnänderungen der Erde um die Sonne wie auch die Stellung der Drehachse der Erde langfristige Änderungen. Die Einwirkung der kurzfristigen Sonnenaktivität mit 11jährigem Sonnenfleckenzyklus auf das Klima wird von verschiedenen Autoren unterschiedlich beurteilt, eine elfjährige Periodizität scheint sich jedoch in den Jahresringen mancher Bäume zu finden (Waldmeier 1959).

Da in den meisten Regionen ein langfristiger Trend zu höheren Temperaturen beobachtet wird, erscheinen derzeit überwiegend jährliche Abweichungen in Richtung steigender Temperaturwerte. In Verbindung mit Erkenntnissen über Veränderungen in der Atmosphäre, wie der Zunahme von CO_2, dem Ozonloch usw., führte dies bereits vor 20 Jahren zu Erklärungsversuchen, die zunehmend anthropogene Einflüsse als Ursache der laufenden Temperaturzunahme ansahen.

15.9.1.3 Auswirkungen von Klimaveränderungen – Verschiebung der Vegetationszonen und der Artenzusammensetzung

Besonders betroffen von Veränderungen der Temperatur, des Niederschlags und der Verdunstung sind die natürlichen Ökosysteme. Während bei vielen Tierarten die Verbreitungsgrenzen dynamisch sind und durch jährlich variierende ökologisch relevante Klimagrenzen ständigen Verschiebungen unterliegen, sind die Verbreitungsgrenzen der Pflanzen aufgrund ihrer Sessilität, besonders der ausdauernden Arten, mehr an langjährigen Klimadurchschnittswerten orientiert – also „klimatische Bioindikatoren" (Heydemann 1997). Eine Erwärmung um 1 °C führt zu einer Verschiebung der Vegetationszonen um 200 – 300 km nach Norden.

In der ersten Phase nach der Eiszeit war Mitteleuropa weitgehend waldlos mit arktischer Tundra und eingestreuten Florenelementen gemäßigter Zonen. Darauf folgte eine „Birken- und Kiefernzeit". Die Fichte *Picea abies* blieb auf den europäischen Südosten beschränkt. Die Wälder hatten subarktischen Charakter. Im folgenden wärmeren Boreal, der „Haselzeit", drangen wärmeliebendere Bäume und die Haselnuß, weiter als heute, nach Norden vor. In dieser Zeit begann die Ausbreitung des Eichenmischwaldes mit Linden *Tilia*, Ulmen *Ulmus* und der Erle *Alnus*. Aus Osten drang die Fichte ein. Die „Eichenzeit", das Atlantikum, war geprägt durch Eichenmischwälder und Erlenbrüche bis weit nach Norden. Erst etwa 2000 vor unserer Zeitrechnung wurde diese Phase durch die „Buchenzeit" abgelöst. Der lichte Eichenwald ging zurück und das heutige „Waldbild der Schattbaumarten", allem voran die Buche *Fagus sylvatica,* prägt seither Mitteleuropa. Die Rolle ihrer Dominanz zur Zeit ihrer späten nacheiszeitlichen Einwanderung beeinflußt derzeit nicht nur die Diskussionen der Pflanzensoziologen und Forstleute, sondern darüber hinaus die Säugetierforscher (Kap. 15.8.1.1).

In der neueren Diskussion um die nacheiszeitlich – bis zum Atlantikum – unbedeutende Rolle der Buche sind Einflüsse von Feuer, Verbiß und Verletzung noch ungenügend berücksichtigt (siehe auch Abb.15.8.1).

Hinweise darauf, daß die Buche zwischen 1000 und 1500 n. Chr. im Harz, Schwarzwald und den Vogesen häufig in Hochlagen vorkam und später verschwand, wurden lange als Indiz einer Abkühlung in früheren Zeiten angesehen (Firbas zit. in Lamb 1977). Heute geht man davon aus, daß es die Alm- und Weidewirtschaft waren, welche die natürliche Waldgrenze in Alpen und Mittelgebirgen um mehrere hundert Meter nach unten drückten. Greifbarer werden solche Abläufe, wenn man sieht, daß wenige Jahrzehnte intensiver Schalenwildhege gereicht haben, den Anteil der Weißtanne in Österreichs Wäldern in den jüngeren Altersklassen über Verbiß auf „nicht mehr meßbare Prozentwerte" zu drücken. Hohe Wildbestände können also in kurzer Zeit, heute wie früher, mitbestimmen, welches die dominierenden Baumarten sind (Kap. 15.8.3).

15.9.1.4 Was beeinflußte Landschaft und Vogelwelt in den letzten 4000 Jahren?

Die lange unangefochten gültigen postglazialen Vegetationsszenarien und ihr Hypothesengebäude der „Klimaxgesellschaften" werden heute wieder in Frage gestellt.

Grundlage einer Rekonstruktion der Entwicklung unserer nacheiszeitlichen Vegetation war überwiegend die Pollenhäufigkeit in Sedimenten. Man ging aufgrund der relativ langsamen Entwicklung von weitgehend klimageprägten „Klimaxgesellschaften“ aus. Erst heute beginnt man, den Tieren und dem Menschen einen entscheidenderen Einfluß zuzusprechen. Danach war die nacheiszeitliche Vegetationsentwicklung von Anbeginn durch den Menschen mitbeeinflußt, zunächst aber wohl zu einem viel größeren Teil durch die Herden wilder, großer Pflanzenfresser geprägt, welche halboffene Landschaften verursacht haben sollen. Verbreitung und Häufigkeit bestimmter Baumarten wären demnach unter anderem durch ihre Verbißempfindlichkeit bestimmt worden.

Während einige Autoren einen entscheidenden Einfluß des Menschen erst zur Zeit der Ausbreitung des Ackerbaus durch neolithische Bauern und damit während der erst relativ spät erfolgten Ausbreitung der Buche in Mitteleuropa postulieren, gehen andere soweit, daß sie bereits den in sehr geringer Dichte verbreiteten Jägern und Sammlern der Nacheiszeit, über eine Bekämpfung der ihnen gefährlich werdenden Großcarnivoren und Eingriffe in die Großtierherden, einen entscheidenden, teils wohl gegenläufig wirkenden Einfluß an der Vegetationsentwicklung zuerkannten. Dabei gehen beide Theorien von sehr unterschiedlichen Landschaftsbildern aus. Einerseits von einem weitgehend mit geschlossenem Wald bedeckten Mitteleuropa (Ellenberg 1996, Küster 1995) ohne größere Lichtungen, andererseits von relativ offener parkartiger Landschaft („Megaherbivorentheorie“, Beutler 1992, Geiser 1992). Sowohl bei der Hypothese geschlossener Wälder als auch bei der Megaherbivorentheorie wird der Bedeutung natürlicher Feuer (Clark et al. 1989) und dem Einsatz anthropogener Feuer zur Schaffung offener Flächen zu wenig Beachtung geschenkt (Gatter 1996, Kap. 15.6). Die zur Schaffung von Freiflächen immer wieder erfolgende Bemühung des Steinbeils und der Bronzeaxt zur Rodung (Küster 1995) wird aber hinfällig, wenn man die werkzeugfreie Schaffung landwirtschaftlicher Flächen mittels kombiniertem flächigem Bodenfeuer und gezieltem „Stockachselfeuer“ zur Tötung von Bäumen im heutigen Afrika betrachtet. Es ist müßig, solche Fähigkeiten den frühen Bewohnern Mitteleuropas abzuerkennen (vgl. dazu Abb. 15.8.1). Schon damals könnten also anthropogene Faktoren die klimatischen überlagert oder beeinflußt haben.

Das folgende Beispiel zeigt, daß sich zumindest bei Vogelarten, die vom Ausmaß offener Wasserflächen abhängig sind, über veränderte Niederschlagsmengen bzw. Verdunstungsintensitäten relativ rasch auch ohne den Einfluß des Menschen große Habitatveränderungen ergeben können.

Krivenko (1990) versuchte, die rezenten Brutarealausweitungen und -reduktionen verschiedener Wasservögel in der Sowjetunion durch kurz- und langfristige Klimaänderungen und die damit jeweils verbundenen Ausdehnungen und Strukturänderungen der aquatischen Ökosysteme Sibiriens zu erklären. Während der „Kleinen Eiszeit“ bis zum 19. Jahrhundert war der Wasserspiegel vieler Seen wie auch der des abflußlosen Kaspischen Meeres um mehrere Meter höher als der heutige, die Ausdehnung von Sumpfland in der Waldsteppe Westsibiriens war immens. Nonnenkranich, Marmelente, Weißkopfruderente und Steppenkiebitz wurden begünstigt. Genau bei diesen Arten schrumpften oder verlagerten sich die Brutgebiete seit der 2. Hälfte des 19. Jahrhunderts, also noch ohne den Einfluß des anthropogen bedingten „global warming“. Bei kälteresistenten Arten wie dem Singschwan verlagerte sich das schrumpfende Brutgebiet nach Nordosten. Andere Arten wie Sichler und Löffler zogen sich nach Südwesten in regionale Feuchtgebiete, wie zum Kaspischen und Schwarzen Meer, zurück. Bei den von Krivenko untersuchten Arten sind es wohl vor allem die Habitatverluste, die zu einer Verschiebung des Areals führten. Dies soll eine Basis für unsere weiteren Überlegungen und Folgerungen sein (Kap. 17 und 18).

15.9.2 Korrelieren Entwicklungen von Wetter, Klima und Avifauna?

In Kap. 11.4.6 wurde versucht, jährliche Temperaturschwankungen in einem imaginären Herkunftsgebiet, hier Potsdam (Abb. 15.9.3), mit den Durchzugszeiten am RM in Verbindung zu bringen. Dabei wurde deutlich, wie schwierig es ist, Korrelationen zu den beeinflussenden Parametern, wie Frühlings- oder Brutbeginn, Sommertemperaturen und anderen Faktoren herzustellen.

Ähnlich schwierig ist es auch, die Arealexpansionen und -reduktionen, Zunahmen und Rückgänge von Vogelarten der letzten 100 Jahre mit den Durchschnittstemperaturen in Einklang zu bringen. Anthropogene Veränderungen – bedingt durch Land- und Forstwirtschaft, Jagd und

Naturschutz – können möglicherweise entscheidendere Auswirkungen auf Vogelpopulationen haben als die jeweiligen Temperatursteigerungen, die keinesfalls isoliert betrachtet werden dürfen (Kap. 15.5, 15.6, 15.7, 15.8 sowie Kap. 16, 17 und 18).

Von den paläarktischen Säugetieren der Kaltzeiten sind viele ausgestorben. Mammut, Wollhaarnashorn, Riesenhirsch und Höhlenbär gehören wohl zu den bekanntesten. Daß ihr Aussterben allein eine Folge klimatischer Änderungen war, wird heute (wieder) bezweifelt (Kap. 15.8). Auch das zeitlich spätere Aussterben der Herbivoren Auerochs, Wisent und Elch und der Carnivoren Braunbär, Wolf und Luchs war ausschließlich anthropogen bedingt. Plausibler ist die sukzessive Verdrängung der Großherbivoren durch dichter werdende menschliche Besiedlung und den Platzbedarf für domestiziertes Vieh.

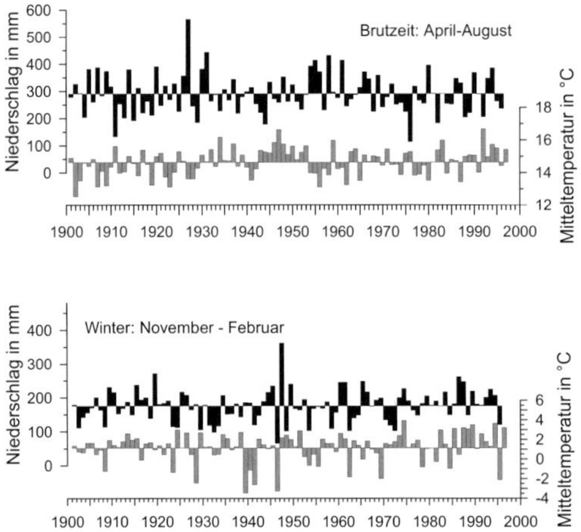

Abb. 15.9.3: Mitteltemperatur (hell) und durchschnittlicher Niederschlag (schwarz) in Herkunftsrichtung (NE) der Durchzügler des Randecker Maars für den Brutzeitraum und den Winter als mögliche Einflußgrößen für Durchzugsmengen und Durchzugszeiten. Nach Werten von Potsdam (STAT. JB. DER DDR 1990 und STAT. JB. DER BRD 1991 – 1997). Die Werte einer einzelnen Wetterstation schwanken mehr als großräumige Mittelwerte. – *Mean temperature (light) and average precipitation (black) during breeding season (above) and winter in the direction of origin (NE) of the migrants passing through Randecker Maar as possible parameters influencing intensity and timing of passage. From values at Potsdam near Berlin. The values at one station fluctuate more than national values.*

Auch heute bestimmen massive Veränderungen oder nachlassende Eingriffe des Menschen alle Landschaftsbereiche so stark, daß sie bereits nach einer Generation nicht mehr wiederzuerkennen sind.

15.9.2.1 Heute ist es wärmer und feuchter

Die Witterungsunterschiede zwischen den ersten 30 Jahren des 20. Jahrhunderts und den folgenden Jahren waren relativ groß und augenfällig. In der Mitte des 20. Jahrhunderts wurden viele Bestandsrückgänge oder -ausbreitungen verstärkt mit Klimaursachen in Verbindung gebracht. Eine Vielzahl von Untersuchungen zur Korrelation zwischen Ausbreitung bzw. Rückgängen und Klima/Wetter stammt aus dieser Zeit (KALELA 1946, PEITZMEIER 1951a, b , 1956, 1958, NIEHUIS 1968). Doch gerade damals waren weite Teile Europas extrem von der Verwüstung durch den Krieg, vom wirtschaftlichen Niedergang und anschließender wirtschaftlicher Aufwärtsentwicklung geprägt.

Für das derzeitige Klima (Abb. 15.9.2) läßt sich für unseren Untersuchungszeitraum ab 1970 mit Ausnahme der kurzen Spanne vor 1973 ein Trend zu besseren Brutbedingungen in bezug auf die Temperatur feststellen. Für viele Arten sollte ein trockener warmer Frühling und Sommer die Reproduktion begünstigen. Auch bei den durchschnittlichen Sommer- und Herbsttemperaturen zeichnet sich eine Erwärmung, vor allem seit Mitte unseres Berichtszeitraums ab. Auch die Wintertemperaturen sind betroffen. Parallel zu der Erwärmung ist aber eine Zunahme der Niederschläge zu registrieren, die den Vorteil der höheren Temperatur in bezug auf den Bruterfolg bei manchen Arten aufheben kann (Kap. 11., 15.5, Abb. 15.9.1).

15.9.2.2 Eutrophierung und Atlantisierung

Das komplexe Faktorengefüge, dem Bestandstrends und Arealveränderungen unterliegen, erschwert deren realitätsnahe Deutung. Der Juni gilt in der Brutperiode generell als der kritische Monat, mit dem Höhepunkt der Jungenaufzucht. Er ist aber auch der Monat, in dem sich autogene und anthropogene Eutrophierungsfaktoren am kritischsten auswirken und – bisher kaum diskutiert – den Bruterfolg erheblich beeinträchtigen können (Kap. 15.5, Kap. 17). Die Ausfälle werden aber irrtümlich meist allein dem Wetter/Klima zugeordnet, was nur indirekt zutrifft:

Eutrophierung fördert durch ein Überangebot an Nährstoffen früher einsetzende und später endende Vegetationsperioden. Sie kann damit Brut- und Zugzeiten beeinflussen, auch ohne daß sich das Klima ändert. Ihr Einfluß auf das zunehmende Wachstum der Wälder steht erst neuerdings im Mittelpunkt des Interesses und muß wohl als eine der wichtigsten Ursachen derzeitiger Bestandsveränderungen angesehen werden (Kap. 15.5, 15.8. und 17). Daß Eutrophierung und Klimaerwärmung, Flächenverbrauch, Pestizide, Nutzungsänderungen und andere wichtige Wirkfaktoren nahezu parallele Verlaufskurven aufweisen, erschwert die Zuordnung zu den einzelnen Ursachen. Es wird nochmals deutlich, daß der Einfluß des Klimas nicht isoliert betrachtet werden darf.

Eutrophierung geht sowohl mit raschen als auch schleichenden Habitatverlusten, besonders auch mikroklimatischen Veränderungen einher. Auch deshalb ist eine Trennung der Einflußgrößen Klima und Habitat im allgemeinen nicht möglich. Das Artengefüge steuert unter eutrophierenden Einflüssen auf Artengemeinschaften zu, die solche Änderungen tolerieren. Trotz steigender Jahresdurchschnittstemperaturen sind in erster Linie Arten die Gewinner, die ein feuchtkühles Mikroklima ertragen. Arten offener Habitate mit extremen Temperaturwechseln sind dagegen auf dem Rückzug.

In Kap. 17 wird bei Raubwürger und Neuntöter, Hohltaube und Bluthänfling sowie einigen anderen Arten explizit auf die Parallelitäten bzw. Gegensätze der Populationsentwicklung hingewiesen und auf die Schwierigkeit, sie allein oder überhaupt mit Klimaszenarien in Einklang zu bringen.

Die Veränderungen des Nahrungsspektrums und die Erhöhung des Vegetationsvolumens und damit auch der Nahrungsbasis (Kap. 15.5, 15.8.4) läuft ebenfalls auf eine Förderung überwiegend derselben Arten hinaus.

15.9.2.3 Borealisierung des Waldklimas

Mildere Temperaturen aufgrund einer derzeit weltweiten Klimaänderung (European Climate Support Network 1995) sind der eine Grund; der andere (möglicherweise schwerer wiegende) für rasch ablaufende Veränderungen unserer Vogelgesellschaften sind die auf bestimmte Biotope einwirkenden anthropogenen Veränderungen der Habitatstruktur und damit des Mikroklimas. Zunahmen des Holz- und Vegetationsvolumens und die seit 50 Jahren kontinuierlich um wohl durchschnittlich sieben bis zehn Meter angestiegenen Durchschnitts-Baumhöhen (Kap. 15.8.3) bringen auch ohne Veränderung des Großklimas eine Veränderung der Waldinnenklimata in Richtung „Atlantisierung“ mit sich.

Die Dämpfung der Wärmemaxima in der Brutzeit (Mai – Juli) vom früheren Mittel- und Niederwald zum heutigen Hochwald und von den holzärmeren Wäldern 1950 bis heute ist weit gravierender als die gleichzeitig an den „standardisierten“ Klimameßstationen ermittelten Temperatursteigerungen, die meist im Offenland menschlicher Siedlungsbereiche liegen. Für einen großen Teil unserer Vögel hat die lokale Klimaentwicklung zur Brutzeit somit trotz allgemein positiver Temperaturtrends einen negativen Verlauf genommen. Gegenüber deren Ausmaß auf Bestands- und Mikroklima ist dagegen die an den Klimastationen gemessene Erwärmung unerheblich (Abb. 15.9.4).

Im Juni, dem maßgeblichsten Monat für den Bruterfolg der meisten Arten, führten wir 1998 an fünf Meßstationen in unterschiedlichen Waldtypen südlich des RM Temperaturmessun-

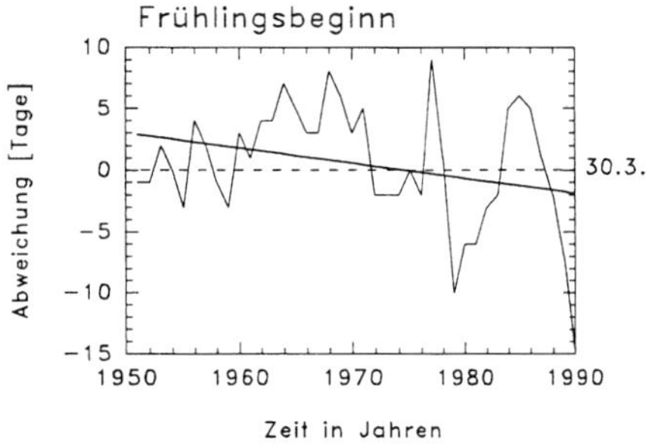

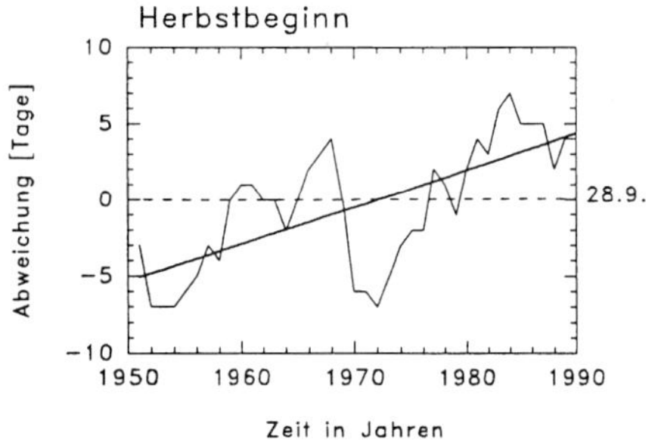

Abb. 15.9.4: Trends des Frühlings- und Herbstbeginns bei Frankfurt (nach Rapp & Schönwiese 1994). – *Trends in start of spring and autumn near Frankfurt (after Rapp & Schönwiese 1994).*

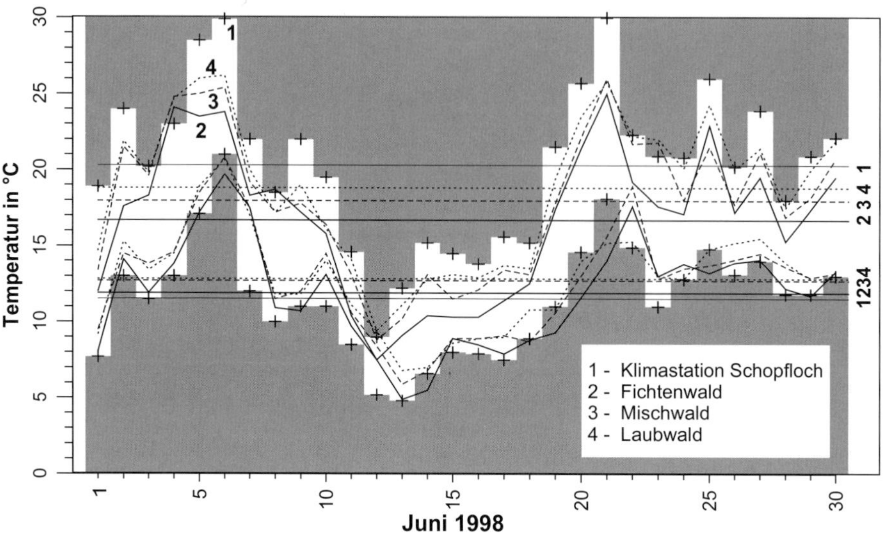

Abb. 15.9.5: Junitemperaturen 1998 der Klimastation Schopfloch (Ortsrand) und drei benachbarter Waldlagen auf gleicher Höhe. Als Linien sind die Monatsmittel der 4 Meßpunkte eingezeichnet. Man erkennt eine Dämpfung der Temperaturschwankungen im Wald. – *June temperatures 1998 at the weather station in Schopfloch (edge of a built-up area) and three neighbouring woodland sites at the same altitude. The lines show monthly means at the four measuring points. A dampening of temperature fluctuations in the woodland is apparent. 1 =weather station, 2 = spruce forest, 3 = mixed forest, 4 = deciduous forest.*

gen in zwei Meter Höhe über dem Boden durch (Abb. 15.9.5).

Sowohl die Minimal- als auch die Maximaltemperaturen lagen 1998 im oberholzarmen Mittelwald (Werte nicht vollständig wegen vorzeitigem Verlust der Meßeinrichtung) gegenüber der offiziellen Klimahauptstation Schopfloch höher. Der Temperaturverlauf in den Hochwäldern ist differenzierter zu betrachten. Während die nächtlichen Minima im Wald etwas über denjenigen der außerhalb des Waldes gelegenen Klimastation lagen, war das durchschnittliche Monatsmaximum im Laubwald mit 1,5 °C deutlich, im Nadelwald mit 3,6 °C extrem niedriger. Einzelne Tagesmaxima waren im Nadelwald bis zu 6,1 °C niedriger als im Offenland (Abb. 15.9.5 und Kap. 15.8.3).

Die Daten demonstrieren, daß mit der Umwandlung der Nieder- und Mittelwälder in Hochwald ein bis heute anhaltender Negativtrend der Brutzeittemperaturen in Wäldern einhergeht. Generelle Untersuchungen zu Freiland- und Waldinnenklima finden sich bei ELLENBERG et al. 1986, ein neueres Beispiel bei SCHMITT-SCHÜTZ & HUSS in FISCHER (1998).

Gleichzeitig mit der Klimaerwärmung von ca. 0,7 °C in den vergangenen 100 Jahren, meist in halboffenen Bereichen gemessen, sind die Klimawerte der Wälder, die in Deutschland weit mehr als die Hälfte der Brutvögel beherbergen, auf Grund der Waldentwicklung ständig zurückgegangen.

Dies ist wohl einer der wichtigsten Gründe für die widersprüchlichen Entwicklungen, die viele bisher trotzdem fast „zwanghaft“ mit der Klimaerwärmung zu erklären versuchten. Es ist derzeit ein wesentlicher Grund für den Rückgang wärmeliebender Waldvögel und einer der fördernden Faktoren für die Zunahme boreal-montaner Elemente in den Tieflandswäldern (Tab. 15.9.2, Kap. 17).

15.9.2.4 Klimaunabhängige Habitatentwicklungen in der jüngsten Geschichte

Die nordgerichtete Ausbreitung von Brutvögeln sowohl in Mitteleuropa (z. B. NIETHAMMER 1942, NIEBUHR & GREVE 1961, PEITZMEIER 1956, NIEHUIS 1969, LEFRANC 1970, GATTER 1970C, NIEBUHR 1972, SCHERNER 1984) wie in Skandinavien (SALOMONSEN 1948, MERIKALLIO 1951, VÄISÄNEN 1969, KOSKIMIES 1989; Kap. 15.8 und 17) wird seit der Mitte des 19. Jahrhunderts intensiv beobachtet.

RHEINWALD (1993) erwähnt im Verbreitungsatlas der Vögel Deutschlands zahlreiche gegensätzliche Areal-Entwicklungen innerhalb der Bundesrepublik, ohne dafür eine Erklärung anzubieten.

Unter den Arten, die sich derzeit ausbreiten bzw. ihr Areal reduzieren, lassen sich bestimmte Parallelen finden, die zunächst dazu anregen, vom Klima unabhängige Habitatklassen zu bilden.

Dabei scheint die zeitliche Abfolge der Ausbreitung parallel zu derjenigen der Klimaerwärmung zu laufen.

Zu wenig Beachtung fand bisher dabei, daß die Industrialisierung hier als direkter und indirekter Ursprung der Klimaerwärmung gleichzeitig der Motor für Veränderungen der Avifauna war. Beschleunigtes Siedlungs- und Städtewachstum, Industriebauten, Kanäle, Brücken, Bach- und Flußverbauungen liefen parallel dazu. Zeitgleich folgten die Arealerweiterungen zahlreicher Vogelarten. Gärten ähnlich den heutigen, Parks und Friedhöfe moderner Prägung entstanden kaum vor der Mitte des 19. Jahrhunderts (siehe Kap. 15.9.4). Landflucht im Verbund mit der Aufgabe von Grenzertragsböden und intensivste Düngung der weiterhin bewirtschafteten Flächen halten seit Beginn der Industrialisierung wellenförmig ebenso an wie der Umbau von Nieder- und Mittelwald in Hochwald. Der massive Anbau von Nadelwäldern im Bereich der aufgegebenen Agrarstandorte sind einschneidende Veränderungen, die ebenfalls damals begannen und überwiegend bis heute massiv anhalten. All diese Entwicklungen haben sich parallel zur Klimaentwicklung gesteigert, sind also kaum von dieser zu trennen. Ihr Einfluß auf die Avifauna ist im positiven wie im negativen Sinne wahrscheinlich bis heute gewichtiger als die allgemeine Klimaerwärmung.

Heide und Ödland: Heiden bedeckten in der vorindustriellen Zeit enorme Areale in Mitteleuropa und sind heute zu einem flächenmäßig unbedeutenden Lebensraum geschrumpft (Kap. 15.2). Mit den Heiden verschwanden zahlreiche südliche bzw. als wärmeliebend geltende Vogelarten aus Deutschland oder sie wurden sehr selten. Dazu gehören Gänsegeier, Schlangenadler, Steinrötel, Zippammer, Steinsperling, Brachpieper und Heidelerche. Wo sie früher jagten, steht heute überwiegend Wald.

Grünland hat wesentliche Flächenverluste erlitten und sich insgesamt stark gewandelt. Aus den Wiesen sind zahlreiche Vogelarten – wie z. B. Limikolen – verschwunden, deren Verbreitungsschwerpunkte weiter nördlich liegen und denen man eher eine Vorliebe für kühlere Klimate nachsagen würde.

Obstwiesen: Eine breite Palette wärmeliebender und eher südlich verbreiteteter Arten wie Steinkauz, Wiedehopf, Wendehals, Rotkopf- und Schwarzstirnwürger sind aus diesem Lebensraum ganz oder weitgehend verschwunden (Kap. 17). Ein Vertreter des sibirischen Faunentyps, Bewohner der Taiga und Tundra (VOOUS 1962), die Wacholderdrossel, hat hier gleichzeitig enorme Flächengewinne zu verzeichnen (Kap. 17). Der wirkungsvollste Veränderungsfaktor sind wie im übrigen Grünland die Einflüsse der Eutrophierung.

Ackerland hat besonders früher, weniger in jüngster Zeit, große Flächenanteile an den Wald verloren, während der Wald und die Siedlungen dazugewannen. Acker- und Grünlandstandorte, denen durch Nutzungsaufgabe ihre ursprüngliche Flora verloren ging, die jetzt aber eine reiche Vegetation an Hochstauden und Büschen aufweisen, sind einer der wichtigsten Lebensräume für die heutigen Neusiedler.

Zu diesen **Folgern von Agrarsukzessionen**, die sich derzeit durch starke Zunahmen oder Arealerweiterungen bemerkbar machen, gehören Karmingimpel, Beutel- und Bartmeise, Schlagschwirl, Blaukehlchen und Sprosser (PUCHSTEIN 1990, KLAFS & STÜBS 1987). Es sind Bewohner junger Sukzessionen von Gehölzen, Wiesen, Auen- und Gewässerrandhabitaten sowie von Schilf. Sozialbrachen, nachlassende Brennholz-, Streuwiesen- und Schilfnutzung dürften für die Avifauna auch hier eine weit höhere Bedeutung haben als das Klima (Kap. 15.2, 15.3., 15.5 und 15.8). Explizit wurde dies für das Weißsternige Blaukehlchen deutlich gemacht (THEISS 1997). Für Finnland erklärt SORJONEN (1983) sowohl Reduktionen als auch spätere Ausbreitungen des Sprossers durch die mehrfach geänderte landwirtschaftliche Nutzung. Dem **Karmingimpel**, der in Süddeutschland vielfach klimatisch ungünstigste Streuwiesen- und Moorsukzessionen in „Kälteseen" besiedelt und nach seinem Verbreitungsgebiet (VOOUS 1962) nur eingeschränkt als thermophil eingestuft werden kann, wird eine klimatisch bedingte Ausbreitung bescheinigt (KINZELBACH 1995). Er begründet frühere Arealreduktionen (einer früher evtl. bis zum Oberrhein reichenden Verbreitung) z. B. mit der in der zweiten Hälfte des 16. Jahrhunderts einsetzenden „Kleinen Eiszeit“ und ihre jetzige Ausbreitung mit der Erwärmung sowie der Tatsache, daß „die für eine Ansiedlung in Frage kommenden Habitate ... bis weit in das 20. Jahrhundert, weitgehend unverändert zur Verfügung ... standen und ... auch heute noch, wenngleich räumlich eingeschränkt, vorhanden sind“. Tatsächlich dürfte der Karmingimpel im 19. Jahrhundert in der landwirtschaftlich intensivst genutzten Landschaft weit weniger geeignete Brutplätze gefunden haben als im Zeitalter der Sozialbrachen. Die derzeit zunehmende Atlantisierung der Brutzeiten (EUROPEAN CLIMATE SUPPORT NETWORK 1995, SCHERNER 1985, 1990) steht ebenfalls im Gegensatz zum Kontinentalklima seines Hauptverbreitungsgebiets. Für die Hypothese einer durch nachlassende Landbewirtschaftung, veränderte Forstwirtschaft, Kahlschläge und veränderte Park-/Gartenkultur bis hin zu nachlassender Konkurrenz zum Hänfling ausgelösten Ausbreitung des Karmingimpels finden sich im HVM zahlreiche Hinweise, die dem komplexeren Geschehen Rechnung tragen. Als Art mit westmediterranem Verbreitungsgebiet stieß der **Cistensänger** seit 1940 weit nach Norden vor (Belgien 1964, Niederlande 1974, Deutschland und Schweiz 1975). Auch er kann von Sozialbrachen profitieren. Da er im Brutareal überwintert, trugen kalte Winter (1978/79, 1982/83, 1984/85) zum erneuten Schrumpfen des Verbreitungsgebietes bei (P. ISENMANN in HVM, GEISTER im Eu-ATL). Die Wintertemperaturen begrenzen hier das Verbreitungsgebiet. Aber nicht nur Kurz- und Mittelstreckenzieher bzw. Standvögel, sondern auch einige Langstreckenzieher erweiterten ihr Areal nach N oder NE. Der **Orpheusspötter**, ein weiterer Vertreter der westmediterranen Fauna, hat seit 1950 sein Brutgebiet in Frankreich nach N bis zur Bretagne ausgedehnt. Belgien erreichte er 1981, 1985 waren es bereits 100 BP. Seine weitere Ausbreitung wird wohl durch die Verbreitung des Gelbspötters, der eine ähnliche ökologische Nische besetzt und als Schwesterart betrachtet wird (B. FAIVRE & C. FERRY im EU-ATL), begrenzt werden. Dieser ging z. B. in Südwestdeutschland (Verf.) und anderen Gebieten zurück (TUCKER et al. 1994) bevor sich der Orpheusspötter ausbreitete. Die Zunahme im nachlassenden Konkurrenzdruck zu suchen, dürfte derzeit unbegründet sein. Die meisten Fundorte des Orpheusspötters sind wiederum typische, trockenere Sukzessionsstandorte in warmem Agrar- und Ruderalgelände.

Der **Buschrohrsänger** hat zwischen 1930 und heute, aus östlichen Regionen kommend, einen großen Teil Finnlands sowie Estland und Lettland besiedelt (KOSKIMIES & PRIEDNIEKS im Eu-ATL). LEIBAK (1994) beschreiben das Habitat in Estland als *„secondary communities“*, und mit *„half-open meadows with higher bushes ... often around abandoned farm houses ...“* stufen sie die Art als typischen Sozialbrachefolger ein! Die landschaftliche Entwicklung in Südfinnland (Kap. 15.8.5) und sein dortiges Auftreten bekräftigen dies. Der Buschrohrsänger gilt als Bewohner kontinentaler Klimate. Sein Vordringen nach Westen in ein atlantisch beeinflußtes Gebiet während einer Phase der „Atlantisierung“ wäre ein Widerspruch zur klimabedingten Ausbreitung. Bei der **Beutelmeise**, die ihr Siedlungsgebiet Richtung Westen teilweise bis über den Rhein hinaus ausgedehnt (VALERA et al. 1993) hat, schließen FLADE et al. (1986) klimabedingte Faktoren als Ausbreitungsursache aus.

Wälder: Schwarzspecht, **Misteldrossel** und andere, die schwerlich als wärmeliebend eingestuft werden können, sind die derzeitigen Gewinner der Hochwaldwirtschaft und leben damit in einem im Durchschnitt kühler werdenden Bestandesklima der Wälder. Die Tannenmeise wird örtlich zum Laubwaldvogel (GATTER 1994b). Zahlreiche Arten, die früher die kühlen Nadelwälder der hohen Mittelgebirge und der Alpen besiedelt hatten, haben inzwischen mit deren Ausweitung in Hügel- und Tiefland nicht nur enorme Arealgewinne erzielt, sondern einige sind teilweise sogar extrem häufig geworden. Dazu gehören **Tannenmeise**, **Haubenmeise**, **Weidenmeise**, **Winter-** und **Sommergoldhähnchen** sowie der **Waldbaumläufer**. Auch **Tannenhäher**, **Rauhfußkauz** und **Sperlingskauz** haben von dieser Entwicklung profitiert. Änderungen der Vegetationsstruktur sind hier die wesentlichen Kriterien der Ausbreitung, die allerdings von einem Rückgang der Brutzeittemperaturen besonders innerhalb der Nadelwälder begleitet werden! Keine Art der lichten, warmen Wälder hat sich dagegen in den vergangenen Jahren ausgebreitet. Der **Berglaubsänger** macht im W seines Brutareals auffällige N-Vorstöße, räumt aber gleichzeitig in Süddeutschland seine nördlichen Vorposten. Insgesamt geht er habitatabhängig stark zurück und wird in den dunkler werdenden Wäldern durch den **Waldlaubsänger** ersetzt (GATTER 1997c), der seinerseits von verstärkter Prädation betroffen ist. Auch **Grau- und Grünspecht**, **Pirol** und **Halsbandschnäpper** werden im Wald seltener (Abb. 15.8.6).

Siedlungen, Gebäude- und Bauwerke: Der **Hausrotschwanz**, dessen Durchzugszahlen am RM wie beim Girlitz stark gestiegen sind, stößt heute noch im europäischen Rußland nordwärts vor (THIEDE 1986). Stationen waren Dänemark 1890, Schweden 1910, baltische Staaten 1920er Jahre, Norwegen 1944 und jüngst auch Finnland (MARCHANT 1990, D. GLUE im Eu-ATL, Kap. 17). Dabei kann das günstigere Mikroklima der Städte eine Rolle spielen. Berlin ist zwischen 0,7 °C (Winter) und 1,1 °C (Sommer) wärmer als das Umland (RUDLOFF 1967). Da der Hausrotschwanz aber schon zu Beginn des 19. Jahrhunderts in württembergischen Dörfern häufig war und schon damals in gelinden Wintern überwinterte (LANDBECK 1834), können Zunahme und Arealerweiterung auch alleinige Folge der Umstellung vom Fels- zum Gebäudevogel sein (LANDMANN 1996, Kap. 15.9.4). Geringerer Feindruck an Gebäuden (siehe Mauersegler, Gebirgsstelze in Kap. 17), moderne Bauweisen und das Vorfinden einer Nische ohne adäquaten Nahrungskonkurrenten mögen dies begünstigen. Untersuchungen zur Prädation in Alpendörfern scheinen zumindest nicht gegen diese Theorie zu sprechen (WEGGLER 1996). Bei der **Gebirgsstelze** fördern erwärmte Abwässer und innerörtlich höhere Temperaturen die Standvogelpopulationen (z. B. GATTER & MÜLLER 1977), und Brut an Bachverbauungen ist wohl prädationsfreier als an natürlichen Ufern. Die ziehende Population bleibt trotz Arealerweiterung im Umfang konstant (Kap. 17 und 18).

Parks und Gärten: Die heutige Form der Garten- und Parkkultur ist in Mitteleuropa ein im 19. Jahrhundert eingeführtes Novum, das seinen Ursprung in Italien hatte (KÜSTER 1998). Entsprechend sind Veränderungen der Vogelwelt seit dieser Zeit zu erwarten, die sich den laufenden Veränderungen und dem enormen Flächenwachstum der Gärten anpassen. Der **Girlitz**, ein fast ausschließlicher Gartenvogel mit extremer Anpassung an kleinststrukturiertes, teilweise regelmäßig bearbeitetes Land (Kap. 17), breitete sich aus den Mittelmeerländern kommend bereits im 19. Jahrhundert weit über Mitteleuropa aus, erreichte dann im 20. Jahrhundert Norddeutschland, die Niederlande und England. Derzeit dehnt er sein Siedlungsgebiet nach Osten aus (J. A. GIL-DELGADO & I. GORBAN im Eu-ATL), während er im Nordwesten offenbar seine klimatische Grenze erreicht hat und Bestandesschwankungen ausgesetzt ist. Auch bei dieser Art dürften klimatische Faktoren nur unterstützend gewirkt haben. Die Hypothese der sich wandelnden Gartenkultur wird in Kap. 17 diskutiert.

Wie vorsichtig die Bewertung nach ausschließlich klimatischen Gesichtspunkten erfolgen muß, zeigt uns der Siegeszug eines borealmontanen Elements, des **Birkenzeisigs**, der weitgehend die gleichen Habitate besiedelt wie der „wärmeliebende" Girlitz. Die im gemäßigten Klima ganz Mittel- und Westeuropas anzutreffende – aber viel jüngere – Erweiterung seines Habitats „mit Einheitsgärten, in denen Birken und Koniferen die Obstbäume früherer Generationen verdrängten und Waldlandschaften entstanden, die denen am Nordrand der borealen Zone, bzw. an der alpinen Baumgrenze ähneln" (GATTER 1994b, Kap. 17) reichen aus, diesen Vogel kalter Klimate bei uns heimisch zu machen. Es bedarf also keiner Ausbreitungshypothese mit einer gar bevorstehenden Kaltzeit (KINZELBACH 1998), die in einer Zeit zunehmender Erwärmung stattfindet! Brachen mit Sukzessionen von Birken haben sich große Flächen erobert, und Erlen-, Kiefern- bzw. Lärchenaufforstungen ergänzen das Nahrungsangebot urbaner Pflanzungen für diese Art (THIES 1991, Kap. 15.8). Sie ermöglichen damit die Eroberung der Tiefländer zwischen dem borealen Hauptverbreitungsgebiet und seinen Gebirgsbastionen. Einen besseren Beweis gibt es nicht, daß es hier die neu entstandenen Habitatstrukturen sind, die dem mediterranen Faunenelement Girlitz und dem arktisch-montanen Faunenelement Birkenzeisig (VOOUS 1962) Ansiedlung, Ausbreitung und Koexistenz als unmittelbaren Nachbarn ermöglicht haben (Kap. 17).

Die **Amsel** ist ein weiterer Vertreter mit beachtlicher Nordausdehnung (KOSKIMIES 1989, HVM, Eu-ATL). Auch für ihre Ausbreitung können allein unmittelbare anthropogene Faktoren ausreichend sein (Kap. 17).

Auslöser ist auch hier der bürgerliche Ziergarten. Ein Hauptgrund für ihren Siegeszug ist der Anbau von Nadelhölzern und anderen immergrünen Bäumen und Sträuchern in Parks und Gärten, aber auch in Wäldern. Sie ermöglichen früheren Brutbeginn bei gleichzeitiger

Herabsetzung der Prädation durch erhöhte Deckung und möglichen mikroklimatischen Vorteilen. Eine durchschnittlich geringfügig höhere Brutenzahl bzw. Jungenzahl reicht für die Eroberung neuer Gebiete aus (Kap. 18.5).

15.9.3 Arealreduktionen und Erweiterungen

Bei Diskussionen um klimatisch bedingte Arealexpansionen muß berücksichtigt werden, daß optimale Bedingungen innerhalb des bestehenden Areals fast automatisch zu Eroberungsversuchen neuer Gebiete führen.

Sink-Populationen und Arealreduktion: Eine Vielzahl von Gründen kann zur Räumung von Brutgebieten und letztlich zur Arealverkleinerung führen. Habitatverschlechterung, Nahrungsmangel, zunehmende Prädation, aber auch häufiger werdende konkurrierende Arten und vieles andere können die Ursachen sein (MACARTHUR 1972, FURNESS & GREENWOOD 1993). Haubenlerche, einige Würgerarten, Blauracke, Wiedehopf, Wendehals, Berglaubsänger und selbst das Rebhuhn sind einige aus der beliebig zu verlängernden Liste (Kap. 17), deren Areale sich bei uns reduzieren (siehe auch Abb. 18.5 – 18.9).

Populationsüberschüsse und Arealerweiterung: Unter normalen Umwelt- und Reproduktionsbedingungen sind viele „überschüssige" Individuen vorhanden. Sie können als Populationsreserve im Gebiet verbleiben, ohne zu brüten, Lücken im Verbreitungsgebiet auffüllen oder das Verbreitungsgebiet erweitern (NEWTON 1998). Günstiger werdende Umstände reichen für die Eroberung neuer Gebiete ebenso aus wie milder werdende Winter oder zurückgehender Prädationsdruck. Umgekehrt reichen ebenso minimale Änderungen zur Arealreduktion aus (siehe Neuntöter in Kap. 17). Wenn wir die geringen Jungenzahlen betrachten, die bei vielen Arten das Flügglingsstadium erreichen, können schon Reduktionen von 0,1 Jungvogel/Jahr zu Rückgängen führen. Dies in erster Linie klimatisch zu begründen, ist gewagt (Kap. 18).

15.9.4 Klima oder Landbewirtschaftung, Wohlstand und Industrie

Nach einer ersten „Welle" von Publikationen in den Jahren 1950 bis 1970 zu der Frage, ob die Ausbreitung einiger Vogelarten durch das Klima bedingt sein könnte, wird dieses Thema heute, wo sich Temperaturveränderungen stärker bemerkbar machen, erneut häufig in der Literatur aufgegriffen. Das Ziel ist es dabei, geschichtlich belegte oder rezente Ausbreitungen oder Schrumpfungen von Verbreitungsarealen mit dem Klima zu korrelieren (SCHERNER 1985, 1990, KINZELBACH 1995, 1998, KINZELBACH et al. 1997, BERTHOLD 1998).

PEITZMEIER (1951a, b, 1956) erklärt die Bestandsänderungen im Zeitraum von 1900 bis 1930 mit unter dem Durchschnitt liegenden Junitemperaturen. Er konstatiert Bestandsabnahmen bei kontinentalen und südlichen, meist spät zurückkehrenden Arten. Als von 1930 bis 1949 die Junitemperatur wieder über den hundertjährigen Durchschnitt anstieg, verzeichnet er Erholungen. Von dieser Parallelität der Temperatur und der Bestandsschwankungen waren bei ihm zahlreiche Kurz- und Langstreckenzieher betroffen. Gleichzeitig deuten die widersprüchlichen Entwicklungen bei einigen Arten aber auch dort an, daß Kriegsfolgen und dadurch veränderte Agrareinflüsse eine gewichtigere Rolle gespielt haben müssen (Kap. 17).

Zu den von KINZELBACH (1995) erwähnten Gewinnern von Wärmephasen zählten Schwarzhalstaucher, Wacholderdrossel, Sperbergrasmükke, Schlagschwirl, Beutel- und Bartmeise. Daß es für die letzten fünf Arten auch andere Erklärungsmöglichkeiten gibt, haben wir in Kap. 15.9.2.4 angedeutet und vertiefen es in Kap. 17. Vor allem die ursprüngliche Verbreitung der Wacholderdrossel (VOOUS 1962) läßt nicht den Schluß zu, daß sie von einer Klimaerwärmung profitieren könnte (Kap. 17).

Der immer wieder aufs Neue wiederholten klimaabhängigen Arealerweiterung und Zunahme südlicher, wärmeliebender Arten steht die Ausbreitung einer großen Zahl ebenfalls expandierender bzw. sich rasch vermehrender Arten gegenüber, deren Heimat eher im borealen, kontinentalen bzw. montanen Bereich zu suchen ist und die sich im wärmeren Tiefland ansiedeln. Sie erobern den atlantischen Westen oder dehnen ihr Verbreitungsgebiet sogar bis in den Mittelmeerraum aus. Um das Bild scheinbar völlig unübersichtlich zu machen, nehmen parallel zahlreiche wärmeliebende Arten ab (Kap. 17, Tab. 15.9.2).

Schon die Klärung der Ursachen für die heutigen Änderungen der Verbreitungsgebiete vieler Vogelarten gestaltet sich schwierig. Noch unübersichtlicher wird die Deutung historischer Daten, wenn wie beim Bienenfresser (KINZELBACH et al. 1997) nur Daten weniger Variablen in ausreichendem Umfang zur Verfügung stehen, die zudem, wie die Jahrringbreiten bei der Eiche, auch gegensätzlich gedeutet werden können. Im Frühjahr, zur Zeit der Ankunft in Mitteleuropa, zeigen die Jahre historischer Bienenfressereinflüge sogar vom Normalen abweichende, kühlere Werte.

Die **Land- und Forstbewirtschaftung** war von jeher starken sozioökonomischen oder politisch bedingten Änderungen unterworfen. Diese Änderungen hatten in der Regel stets direkten oder indirekten Einfluß auf die Avifauna. Industrialisierung und damit verbundene Landflucht, daraus resultierende Sukzession und Wiederbewaldung und anderes sind in diesem Zusammenhang sicher von größerer Bedeutung, als dies bis heute gesehen wird. Auch umwälzende Änderungen der **Jagd** nach der 1848er Revolution, in den 1930er und wiederum seit den 1970er Jahren und die in Wellen verlaufende Entwicklung des **Naturschutzes** in Deutschland und im übrigen Europa (Kap. 15.1, 15.2, 15.7.1, 15.8, 16) sind Faktoren, die wie z. B. bei Reihern und Greifvögeln oder auffällig bunten Vögeln langfristig stärkere Populations- und Arealverschiebungen hervorgerufen haben dürften als die Klimaverschiebungen.

Seit Mitte des 19. Jahrhunderts sind zahlreiche Arten mehr und mehr zu Park- und Gartenvögeln geworden. Zwei Gesichtspunkte wurden dabei bisher zu wenig berücksichtigt. **Bürgerliche Ziergärten und Grünanlagen** waren im ausgehenden 18. Jahrhundert eine Errungenschaft der „höheren Stände". Flächenhafte Bedeutung erreichten sie erst ab Mitte des 19. Jahrhunderts (z. B. KÜSTER 1998, VAN DÜLMEN 1999). Somit konnte sich die **Verstädterung** und auch die Ausbreitung vieler Arten erst danach vollziehen. Erst mit dem zunehmenden Wohlstand wurden viele der Neubürger in Siedlungen nicht mehr in erster Linie als Konkurrenten oder Bereicherung des Speisezettels gesehen (z. B. Starmäste als alte Bezeichnung für den Starenkasten).

Die relativ schnelle Ausbreitung der Gebirgsstelze nach Norden in die Tiefebenen des nördlichen Mitteleuropa und nach Skandinavien begann um 1850 ebenfalls mit der Industrialisierung und „dürfte durch den Bau von Mühlen und Stauwerken gefördert worden sein" (HVM).

Wie beim Girlitz kann auch beim Hausrotschwanz die in 100 Jahren um 0,6 °C gestiegene Jahresdurchschnittstemperatur kaum erklären, daß er heute Gebiete besiedelt, die Bereiche einer 3° – 4 °C kälteren Juliisotherme berühren. Auch hier ist die Umstellung auf menschliche Siedlungen (Kap. 15.2) und die flächenmäßige Vervielfachung dieses Habitats die plausiblere Erklärung. Der **geringere Prädationsdruck auf Gebäudebrüter** gegenüber den natürlichen Neststandorten an Felsen und Uferböschungen (beide von Prädatoren besonders heimgesucht) schafft den nötigen Populationsüberschuß zur Besiedlung neuer Gebiete (siehe diese Arten Kap. 17, 18 sowie Dohle und Mauersegler).

Wie in Kap. 15.8 und in Kap. 17 gezeigt wird, werden in Skandinavien heute im Gegensatz zu früher weniger klimatische, sondern vor allem Änderungen der Land- und Forstwirtschaft für die Arealerweiterungen angenommen. Die Forstwirtschaft hat dort durch Kahlschläge großflächig kleinklimatisch sommerwarme und durch Entwässerung trockene Offenflächen geschaffen, die auch das vorher vorhandene Artengefüge kräftig veränderten (Kap. 15.8.5). In Mitteleuropa wurde diesen Faktoren bisher weniger Beachtung geschenkt und die Auswirkungen, welche der Wiederaufbau mitteleuropäischer Wälder auf die Vogelwelt Skandinaviens und NW-Rußlands haben muß, wurde völlig vernachlässigt (Kap. 15.8.2 – 15.8.4, Kap. 17, 18).

Wie vorsichtig die Bewertung nach ausschließlich klimatischen Gesichtspunkten erfolgen muß, zeigt die stürmische Ausbreitung des holarktischen Birkenzeisigs in die gemäßigte Klimazone (vorige Seiten) allein über veränderte Vegetationsstrukturen. Auch im Vergleich nah verwandter Artenpaare wie Birkenzeisig und Bluthänfling oder Girlitz und Zitronengirlitz zwingen die gegensätzlich verlaufenden Entwicklungen, den Blick auf andere Ursachen zu lenken. Deren Bestandstrends lassen sich schwerlich allein mit dem Klima, wohl aber mit Habitatveränderungen im Verbund zu eutrophierenden Faktoren erklären.

Hier wie bei der Mehrzahl dieser Ausbreitungsbewegungen werden günstige Wetter-/Klimabedingungen im Brutgebiet sicherlich den notwendigen Populationsüberschuß begünsti-

Arten (Überwinterungsgebiete)	Ausbreitung / Bestandszunahme *Species increasing*	Zugstatus/ Zugrichtung
Karmingimpel (Indien) *Carpodacus erythrinus*	halboffene Landschaft, lichte Baumbestände mit üppiger Krautschicht - *semi-open landscapes, open woodland with dense herb layer*	**LSZ Abzug SE** *long-distance migrants to SE*
Sprosser (Ostafrika) *Luscinia luscinia*	dichte Strauch- und Baumvegetation mit hohem Deckungsgrad - *dense bush and tree vegetation with thick undergrowth*	
Schlagschwirl (Ostafrika) *Locustella fluviatilis*	Feuchtsukzessionen - *wet succession areas*	
Buschrohrsänger (Indien) *Acrocephalus dumetorum*	frühe Sukzessionsstadien - *early stages of succession*	
Grünlaubsänger (Indien) *Phylloscopus trochiloides*	Lichtungen im Wald, Waldränder - *forest clearings and edges*	
Zitronenstelze (Indien) *Motacilla citreola*	nasse Wiesen - *wet grassland*	
Bienenfresser (Afrika) *Merops apiaster*	offene, abwechslungsreiche Landschaft, Steilwände zur Brut - *open, varied landscapes; breeds in earth banks*	
Orpheusspötter (Afrika) *Hippolais polyglotta*	dichte Gebüsche mit üppiger Krautschicht sowohl an Flußauen wie Trockenhängen - *dense bushy thickets with well-developed herb layer, on both river banks and dry slopes*	**LSZ Abzug SW** *long-distance migrants to SW*
Weißsterniges Blaukehlchen (Afrika) *Luscinia svecica cyanecula*	dichtes Gebüsch in feuchten Gebieten, Altschilfbestände, Sümpfe, frühe Sukzessionsstadien im anthropogenen Feuchtland - *dense thickets in wet areas, mature reedbeds, marshes, early successional stages in man-made wetlands*	**LSZ Abzug S oder SW-SE** *long-distance migrants to S or SW-SE*
Hausrotschwanz *Phoenicurus ochruros*	Dörfer, städtische Regionen, Bauwerke - *villages, built-up areas, man-made structures*	**KSZ, Standvögel, Evasionsvögel** *short-distance migrants, sedentary, and eruptive species*
Türkentaube *Streptopelia decaocto*	Siedlungen - *settlements*	
Gebirgsstelze *Motacilla cinerea*	Fließgewässer, auch im Siedlungsbereich - *running water, including in settlements*	
Cistensänger *Cisticola juncidis* Seidensänger *Cettia cetti*	Feuchtsukzessionen - *damp succession areas*	
Bartmeise *Panurus biarmicus*	Schilfgebiete - *mature reedbeds*	
Beutelmeise *Remiz pendulinus*	Au-, Bruchwälder, Baumbestände am Schilf - *riverine forest, carr, trees near reedbeds*	
Girlitz *Serinus serinus*	Gärten, Friedhöfe usw. - *gardens, cemeteries, etc.*	
Wacholderdrossel *Turdus pilaris*	Halboffene Landschaft mit Grünland, Obstwiesen - *semi-open landscape with pasture or meadow orchards*	
Weidenmeise *Parus montanus*	breites Spektrum totholzreicher Wälder, Nadel-, Bruchwälder - *a broad spectrum of deciduous and coniferous woodland, including carr, rich in dead wood*	
Dreizehenspecht *Picoides tridactylus* Weißrückenspecht *Dendrocopos leucotos*	totholzreiche Bergwälder - *montane woodland, rich in dead wood*	
Birkenzeisig *Carduelis flammea cabaret*	lichte subalpine Wälder, neuerdings Parks und Gärten mit Koniferen, Birken - *well-lit subalpine forest, more recently parks and gardens with conifers or birches*	
Schwarzspecht *Dryocopus martius* Schwarzstorch *Ciconia nigra*	Wälder mit Altholzbestand - *forests with old stands*	
Misteldrossel *Turdus viscivorus* Tannenhäher *Nucifraga caryocatactes* Haubenmeise *Parus cristatus* Tannenmeise *Parus ater* Winter-, Sommergoldhähnchen *Regulus regulus, R. ignicapillus* Fichtenkreuzschnabel *Loxia curvirostra* Sperlingskauz *Glaucidium passerinum* Rauhfußkauz *Aegolius funereus*	Nadelwald - *coniferous forest*	

Tab. 15.9.2: Unter den Arten, die sich in den letzten Jahrzehnten ausbreiten (links), finden sich neben wärmeliebenden mühelos ebenso viele oder mehr Vertreter montaner oder borealer Klimate. Gleichzeitig gehen zahlreiche Faunenelemente wärmerer Klimate zurück (unten). – *Among the species that have extended their ranges (left) in the last few decades are just as many, or even more, representatives of montane or boreal climates as there are thermophilic species. However, there has been a simultaneous reduction in many species from warmer climates (below).*

Arten (Überwinterungsgebiete)	Arealreduktion / Abnahmen insbesondere in Deutschland *Species decreasing*	Zugstatus/ Zugrichtung
Blauracke (Afrika) *Coracias garrulus* Pirol (Afrika) *Oriolus oriolus* Schwarzstirnwürger (Afrika) *Lanius minor* Neuntöter (Afrika) *Lanius collurio* Gelbspötter (Afrika) *Hippolais icterina*	lichte ältere Gehölze, Parks, Alleen - *mature open wooded areas, parks, tree-lined country roads* Auwald, Laubwälder - *riverine and deciduous forest* Obstwiesen, Agrarland mit Bäumen - *meadow orchards, agricultural land with trees* Offenland mit Büschen, Kahlschlagssukzession - *open landscapes with bushes, succession in clear-felled areas* lockerer Baumbestand mit Unterholz, Parks, Misch- und Auwälder - *open stands of trees with good undergrowth, parks, mixed and riverine forest*	**LSZ Abzug SE** *long-distance migrants to SE*
Brachpieper (Afrika) *Anthus campestris* Rotkopfwürger (Afrika) *Lanius senator* Seggenrohrsänger (Afrika) *Acrocephalus paludicola*	teilweise vegetationsfreies Gelände auf trockenen oder wasserdurchlässigen Böden - *open country, in places vegetation-free, on dry or well-drained soils* Obstwiesen, Agrarland mit Bäumen - *meadow orchards, agricultural land with trees* nasse/überflutete Großseggenwiesen - *wet or flooded areas containing much sedge*	**LSZ Abzug SW** *long-distance migrants to SW*
Ortolan (Afrika) *Emberiza hortulana* Halsbandschnäpper (Afrika) *Ficedula albicollis* Berglaubsänger (Afrika) *Phylloscopus bonelli* Braunkehlchen (Afrika) *Saxicola rubetra* Ziegenmelker (Afrika) *Caprimulgus europaeus* Wiedehopf (Afrika) *Upupa epops* Turteltaube (Afrika) *Streptopelia turtur*	offene, warme, sandige Landschaft mit Bäumen/ Sträuchern, vielfältiges Agrarland - *open, warm, sandy country with trees and shrubs, varied agricultural land* lichte Laubwälder, Auwald, Obstwiesen - *well-lit deciduous forest, riverine forest, meadow orchards* trockenwarme offene Wälder - *dry and warm open forest* offene Landschaft, Wiesen, Weiden - *open country, meadows, pastureland* offener Wald, Lichtungen, sandige Regionen - *well-lit forest, clearings, sandy places* offene Landschaft, lichtungsreiche Wälder, Obstwiesen - *open country, woodland with many clearings* Waldränder, Feldgehölze und Jungbestände - *meadow orchards, forest edges, copses, stands of young trees*	**LSZ Abzug S oder SW-SE** *long-distance migrants to S or SW-SE*
Hänfling *Carduelis cannabina* Grauammer *Emberiza calandra* Rebhuhn *Perdix perdix* Raubwürger *Lanius excubitor* Grauspecht *Picus canus* Zitronengirlitz *Serinus citrinella*	Hecken, Ruderalflächen, Gärten, Agrarlandschaft - *hedges, ruderal vegetation, gardens, agricultural land* offene vielfältige Landschaft mit Grünland und Stoppelfeldern - *open varied landscapes with pasture and stubble* Äcker - *arable land* Kahlschläge, baumarmes Offenland - *clear-felled areas, open country with few trees* reich gegliederte offene Landschaft Obstwiesen, lichte Wälder - *richly structured open country, meadow orchards, well-lit woodland* lichte Bergwälder mit Weiden/Grünland - *well-lit mountain forest with meadows and pasture*	**KSZ, Standvögel, Evasionsvögel** *short-distance migrants, sedentary, and eruptive species*

gen. Bedeutender dürften jedoch die Folgen veränderter Landbewirtschaftung in Mittel-, Nord- und Osteuropa sein. Der seit Beginn der Industrialisierung zunehmende Wohlstand und die Enteignung privater Bauern im gesamten Herkunftsgebiet östlicher Arten im 20. Jahrhundert schuf tiefgreifendere Änderungen. Sie führten in ganz Europa zur Aufgabe unzähliger Bauernhöfe in Grenzertragsregionen und initiierten einerseits bis zum Hochwald reichende Sukzessionsabfolgen dieser Gebiete, förderten aber andererseits die Intensivierung der Landwirtschaft auf den besseren Böden. Die Ausbreitung des seit der Mitte des 20. Jahrhunderts weit nach Westen vorstoßenden Karmingimpels (z. B. LEIBAK 1994) ließe sich, ebenso wie die des Buschrohrsängers, sowohl mit der Landflucht und Industrialisierung als auch mit dem Beginn der landwirtschaftlichen Kollektivierung in Rußland in Verbindung bringen!

Die dirigistische Landwirtschaft der Europäischen Gemeinschaft hat die mitteleuropäische Landschaft der letzten 30 Jahre ebenfalls viel stärker geprägt, als dies klimatische Faktoren vermocht hätten. Rodungs- und Aufforstungsprämien sollen nur als Beispiele genannt werden. Die gewaltigste Habitatveränderung, die sich am RM bereits bei einigen Arten auszuwirken scheint, sind die gigantischen Umwälzungen in Osteuropa nach 1990 mit den dort derzeit noch jungen Agrarlandsukzessionen auf vielen tausend Quadratkilometern (Kap. 17). Ein Paradebeispiel für eine sozioökonomisch ausgelöste Arealreduktion ist schließlich die einst aus dem Mittelmeer eingewanderte Haubenlerche (VOOUS 1962), die sich trotz Klimaerwärmung mehr und mehr aus unserer sich erwärmenden Heimat zurückgezogen hat (SCHERNER 1996).

Erst die „letztendliche" Ausbreitungsgrenze (um deren Bereich eine Arealgrenze längere Zeit pendelt) dürfte in vielen Fällen vom lokalen Klima bestimmt werden. Derzeit scheint dies beim Girlitz an seiner NW-Grenze oder beim Hausrotschwanz in England der Fall zu sein (Kap. 17, weitere Hinweise OTTERLIND 1954, LEIBAK 1994).

Klimatische Faktoren sind zweifellos an zahlreichen Arealveränderungen mitbeteiligt. KALELA (1946) und NIEHUIS (1968) haben die Vorstöße des Schwarzstirnwürgers den Klimaänderungen der letzten 200 Jahre gegenübergestellt, wobei das Klima über Nahrungsangebot und Bruterfolg wirksam wird und naßkalte Sommer zu erheblichen Brutverlusten führten (HVM). Neben der langen Liste wahrscheinlicher klimatisch bedingter Veränderungen (neuerdings auch im Zusammenhang mit länger andauernden Perioden ozeanischer Einflüsse mit Zunahme „monsunartig" feuchter Wetterlagen) darf das Geflecht der beteiligten Einflüsse nicht übersehen werden. Eutrophierung, Landschaftswandel, Naturschutz und Jagd sowie die veränderten Prädations- und Konkurrenzverhältnisse können die Verhältnisse schneller und effektiver verändern als das derzeitige Ausmaß des Klimawandels.

Zusammenfassung
15.9 Klima, Mensch und Vogel

Das Klima als Hauptfaktor von Bestandesveränderungen gilt derzeit als bevorzugte Erklärung für Arealerweiterungen in Mitteleuropa und darüber hinaus. Hier wird versucht, die Hypothese zu belegen, daß das Klima lediglich fördernd wirkt. Wichtigster Grund für Verschiebungen der Verbreitungsgrenzen, insbesondere von Ausbreitungen sind somit veränderte Formen der Landbewirtschaftung: Höhere Erträge in der Landwirtschaft, teils massive Zunahmen der Waldfläche in ganz Europa, ältere Wälder in Mitteleuropa, durchschnittlich jüngere Wälder in Nordeuropa und eine Erhöhung des Vegetationsvolumens in ganz Europa. Dieselben Ursachen führen bei bestimmten Arten zu konträren Entwicklungen, häufig mit Zunahmen in Nordeuropa, Abnahmen in Mitteleuropa.

Viele betroffene Arten haben ihre Verbreitungsgrenzen schon zu einem Zeitpunkt massiv erweitert als eine Klimaveränderung noch kaum spürbar war. Bei der bisherigen Diskussion wird übersehen, daß die Industrialisierung, die Landflucht mit Veränderungen der Landschaft, zunehmender Wohlstand und damit veränderte Siedlungs- und Gartenkultur weitaus stärker wirkten, als dies die Klimaänderung vermochte.

Ebenfalls zeitgleich mit den Arten, denen eine durch Erwärmung hervorgerufene Arealerweiterung nach Norden zugesprochen wird, breiteten sich Arten borealen und montanen Ursprungs als Folge veränderter Vegetationsstrukturen nach Süden bzw. ins Tiefland aus.

Ein großer Teil der Waldvögel lebt heute unter den Bedingungen dichterer und höherer Wälder mit niedrigeren Brutzeittemperaturen als früher. Als wichtigste Auslöser der Arealerweiterungen und der phänologischen Änderungen werden die gravierenden Veränderungen in der Land- und Forstwirtschaft sowie das ungestüme Siedlungswachstum (mit Grünbereichen) angesehen. Es wird angenommen, daß die klimatischen Faktoren der Erwärmung in den letzten 30 Jahren nur unterstützend wirken.

Summary
15.9 Climate, man, and birds

The most popular current explanation for the range expansions of some bird species in Central Europe and beyond is that climate change, causing changes in population, is the main factor. The hypothesis is advanced here that climate change is simply accelerating an already existing trend. The principal reasons for the shift in range boundaries, and for expansions in particular, are therefore changing forms of land-use; higher yields in agriculture; very substantial increases in forest cover throughout Europe; increasing age of Central European forests; younger forests on average in northern Europe, and an increase in the volume of vegetation in the whole of Europe.

The same factors lead to contrary developments in certain species, often with increases in northern and decreases in Central Europe.

Many of the species concerned had already extended their ranges enormously at a time when any climate change was hardly detectable and most of them did not reduce it again when cooler periods occurred. In the discussion so far, it has been overlooked that industrialization, the flight from the land and the resulting landscape alterations, and increasing prosperity with its accompanying new settlement and garden cultures have all had much greater impacts than present climate changes.

At the same time as birds are said to be expanding northwards because of a warming of the climate, boreal and montane species have spread to the south or into lowland areas respectively, encouraged by alterations in vegetation structures.

A large proportion of forest birds live today under conditions of denser and higher forests with lower breeding season temperatures than in the past. The far-reaching transformations in agriculture and forestry, and the rapid growth of built-up areas (with their green spaces), are here regarded as the most important causes of range expansion and phenological change. It is assumed that climate warming factors in the last 30 years, simply encourage this trend.

15.10 Afrika: Zugstrategien, Winterhabitate und Veränderungen

Der Versuch einer Deutung von Bestandsschwankungen der Vögel, die am Randecker Maar durchziehen, ist ohne eine Berücksichtigung der afrikanischen Wintergebiete und der dortigen Veränderungen nicht denkbar. Fast alle am Randecker Maar durchziehenden Langsstreckenzieher wandern nach SW und erreichen Westafrika.

Die primären Winterhabitate der meisten in Afrika überwinternden paläarktischen Zugvogelarten sind die Grassteppen, die Trocken- oder Sudansavannen zwischen Sahara und dem Äquator in West-, Zentral- und Ost-Afrika einerseits und südlich des Äquators andererseits (CURRY-LINDAHL 1981, SVENSSON 1985). Bereits in den an den Regenwald grenzenden Feucht- oder Guineasavannen findet man nach MOREAU (1972) weniger überwinternde und durchziehende Arten. In der Rangfolge der Nutzung folgt die Mediterraneis mit der Macchie und den immergrünen Küstenwäldern Nordafrikas, dem

Atlasgebirge und dem Nildelta noch vor den südafrikanischen Baum- und Grassavannen (CURRY-LINDAHL 1981). Die tropische Regenwaldregion Westafrikas schließlich wurde ursprünglich nur von wenigen europäischen Brutvogelarten als wichtiges Winterhabitat genutzt (MOREAU 1972), doch wandeln sich diese Verhältnisse mit zunehmender Fragmentierung dieses Lebensraumes (GATTER 1987 a, b, 1997).

Einige Zugvögel der Paläarktis bevorzugen als Überwinterungsgebiet in Westafrika die nördlich des Äquators gelegenen Savannen, wobei sogar eine Bevorzugung der trockeneren vor den feuchteren registriert wird (ELGOOD et al. 1966, ELGOOD 1981). Dies ist auf den ersten Blick überraschend, da die Primärproduktion der Dornstrauchsavannen an Insekten sicher geringer ist als die in den Regionen mit höheren Niederschlägen (MOREL 1973). Die Vögel kommen zwar zu Beginn der Trockenzeit bei reichlichem Futterangebot an, viele von ihnen harren jedoch auch während der fortlaufenden Trockenzeit und trotz abnehmenden Nahrungsangebots aus (z. B. WOOD 1979).

15.10.1 Habitate überwinternder Paläarkten in Westafrika

Bevor auf die Umwelt- und Nahrungsbedingungen und auf die Anpassung der Vögel an die afrikanischen Klima- und Vegetationszonen näher eingegangen wird, sollen die Zonen zwischen Sahara und Äquator kurz charakterisiert werden (Abb. 15.10.1).

In West- und Zentralafrika südlich der Sahara folgen niederschlagsabhängig die Sahel-, die Sudan- und die Guineazone aufeinander. Die Letztere gliedert sich in die feuchte Guineasavanne und die Regenwaldregion (THIOLLAY 1989, GATTER 1997).

Die **Sahelzone** ist maximal 500 – 600 km breit und durch eine lange und extreme Trokkenperiode von Oktober bis Juni gekennzeichnet. Die Niederschlagsmengen betragen im Norden (17° – 21° N) nur 100 mm, im Südsahel (14° – 17° N) dagegen 600 mm im Jahr. Entsprechend besteht die Vegetation am Nordrand der Zone aus baumlosen Steppen, gefolgt von Dornstrauchsavannen und akazienbestandenen Steppen im Südsahel mit Landwirtschaft in bewässerungsfähigen Tälern.

Die **Sudanzone** (Sudansavanne/Trockensavanne) ist 400 – 600 km breit und hat gegenüber der Sahelzone eine kürzere Trockenzeit, die von November bis April reicht. Die Sudanzone ist von Natur aus als trockene Baumsavanne ausgeprägt. Die Bäume werfen während der Trokkenzeit ihr Laub ab, der Laubaustrieb erfolgt aber oft Monate vor den ersten Regen. Buschfeuer sind häufig. Die jährlichen Niederschlagsmengen betragen im Norden etwa 650 – 1050 mm, im Süden bis zu 1200 mm. Dementsprechend ist die Grasbedeckung im Süden höher (1,5 m) und dichter.

Eine Sonderrolle nimmt das **Binnendelta des Nigers** in Mali ein, das mit seinen 40.000 km² sowohl in der Sudan- als auch in der Südsahelzone liegt und für überwinternde Paläarkten von besonderer Bedeutung ist. Der Niger bezieht seine Wassermassen aus der Regenwaldzone. Die Überschwemmungen beginnen im Juni im Süden, erreichen im November Mopti/Mali weit im Norden und im März Niamey/Niger. Sie sind mit dieser Dynamik für den afrikanischen Trokkengürtel einmalig und bieten während der ganzen Aufenthaltszeit der Paläarkten bis in den April hinein große Überflutungsflächen. Sie hinterlassen bei ihrem Rückgang neben Grasländereien viele Flachwassergebiete. Eine ähnliche Bedeutung kommen dem Senegaldelta und dem Becken des Tschadsees zu.

Die **Guinea-Zone** umfaßt Feuchtsavanne und Regenwald. Die Guineasavanne/Feuchtsavanne mit 180 – 300 km Breite liegt im Westen nördlich von 8°30', sonst etwa zwischen 6°30' – 9°30' N. Sie erhält 1150 – 1400 mm Niederschlag und in ihr herrscht nur eine kurze Trockenzeit von Dezember bis Februar. **Feuchtsavannen** mit dichtem, ca. 10 m hohem Baumbestand und bis zu 3 m hohem Graswuchs kennzeichnen die Zone, die jährlich brennt bzw. abgebrannt wird. Flußläufe werden von immergrünen Galeriewäldern gesäumt. Die Bevölkerungsdichte dieser Zone war ursprünglich gering, hat aber in Sierra Leone, der Elfenbeinküste, in Ghana und Nigeria stark zugenommen und wird durch Migration aus den Ländern der Sudanzone massiv verstärkt. In der Elfenbeinküste sind heute die zugewanderten Bevölkerungsanteile aus Mali und Burkina Faso lokal höher als die der einheimischen Stämme (GATTER 1997).

Die **Regenwaldzone** ist etwa 200 – 300 km breit und reicht bis 8°30' N. Sie erstreckt sich entlang der gesamten Küste von Sierra Leone bis Ghana (Oberguineawald). Die Niederschläge reichen von 1400 – 1600 mm im Norden bis über 5000 mm im Südwesten. Als Dahomey

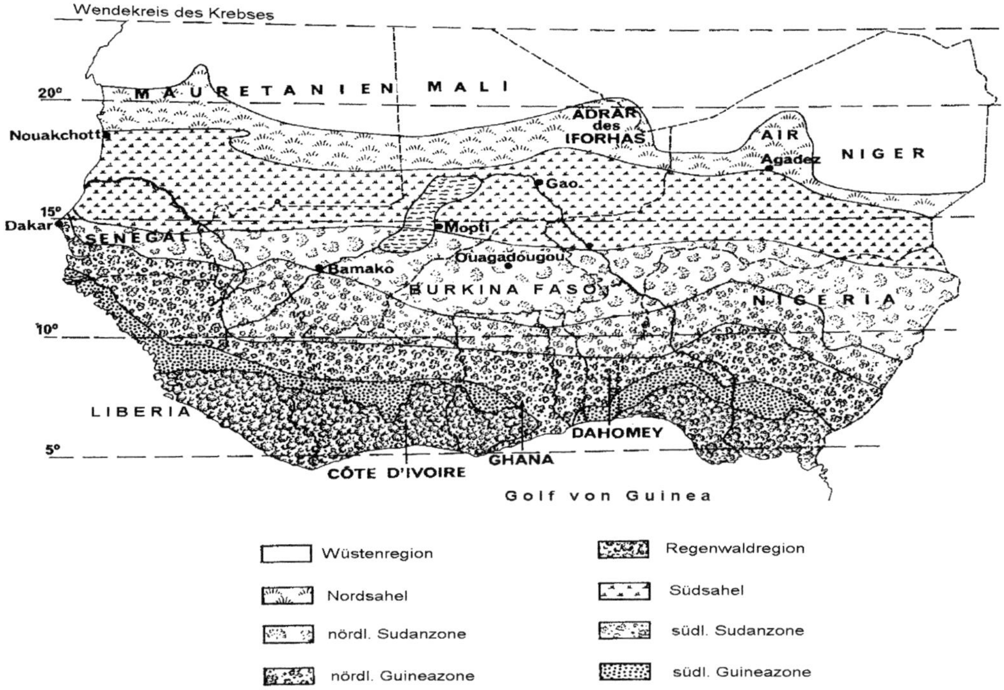

Abb. 15.10.1: Aufteilung der biogeographischen Hauptzonen in West-Afrika (nach THIOLLAY 1978).

Fig. 15.10.1: Boundaries of the main biogeographical zones in West Africa.

Gap wird eine Lücke im Gebiet des Regenwaldes bezeichnet, die sich über Ghana, Togo und Benin erstreckt, in der die Savannen der Guineazone wegen geringerer Niederschläge in diesem Bereich bis an die Küste heranreichen. Östlich davon setzt sich der Oberguineawald bis zum Kamerunberg fort. Dahinter schließt sich der sogenannte Niederguineawald an, zusammen mit dem Kongobecken das größte Regenwaldgebiet Afrikas. Die Regenwaldzone ist heute bereits stark entwaldet, durch Siedlungen, Landwirtschaft und Straßen zerstückelt und, außerhalb einiger weniger Naturwaldreservate, forstwirtschaftlich genutzt (SCHULZE 1973, GATTER 1984a, 1997). Die Trockenzeit ist kurz und vor allem im küstennahen Bereich fällt selbst dann etwas Regen (Abb. 15.10.2).

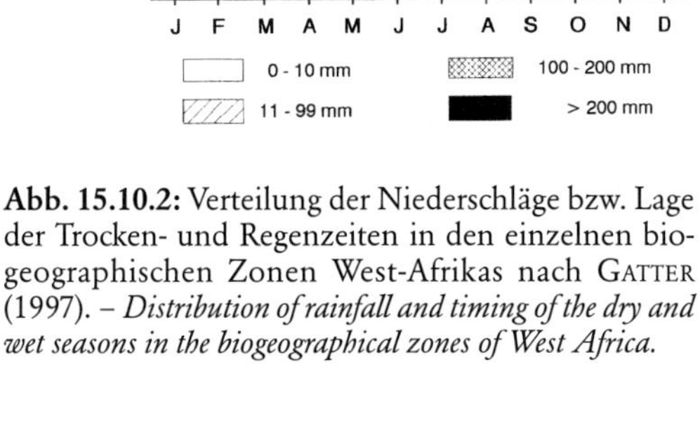

Abb. 15.10.2: Verteilung der Niederschläge bzw. Lage der Trocken- und Regenzeiten in den einzelnen biogeographischen Zonen West-Afrikas nach GATTER (1997). – *Distribution of rainfall and timing of the dry and wet seasons in the biogeographical zones of West Africa.*

15.10.2 Paläarktische und afrikanische Vogelarten in den westafrikanischen Klima- und Vegetationszonen

Für Paläarkten ist das regelmäßige Einsetzen der Regenzeit lebenswichtig. Ohne günstige Nahrungsbedingungen z. Z. ihrer Ankunft im Wintergebiet würde das gesamte System ihrer Wanderungen nicht funktionieren. Mit dem Ende des Nordsommers endet auch die Regenzeit in der **Sahelzone** (MOREL 1973). Durch den Monsun ergrünt die Vegetation am Südrand der Sahara durchschnittlich zwischen Ende Juli und Mitte August (MOREL 1973, ELGOOD 1981). Die Regenzeit ist kurz und bewirkt ein explosionsartig vermehrtes Nahrungsangebot, das während der Ankunftsmonate der Durchzügler aus Europa anhält. Die Grasdecke erreicht selten eine ungünstige Dichte oder Höhe, die etwa Greifvögel oder Störche bei der Jagd behindern könnte. Der Regenzeit folgt die Dürre, die unter dem Einfluß des austrocknenden Nordostpassats (Harmattan) rasch nach Süden fortschreitet. Im Verlauf der Trockenzeit von Oktober bis Juni versiegen in der Sahelzone flächenhaft die Gewässer, und durch Feuer verschwinden die Grasbedeckung sowie das Laub an Gehölzen und mit ihnen die Wirbellosen (THIOLLAY 1978).

Saisonale Nahrungsbedingungen für Vögel in Westafrika

Grundsätzlich findet man jedoch in allen Vegetationszonen ein ganzjähriges Arthropodenangebot. Von Februar bis Mai ist die Biomasse der Insekten im Sahel sehr gering und wächst erst nach den ersten Regenfällen wieder an. In den Savannen ist sie im November/Dezember am größten. In den Baumsavannen wird ihre Dynamik durch die Buschfeuer kurz unterbrochen und erholt sich im März/April wieder (THIOLLAY 1978). Vor allem Heuschrecken sind häufig und bieten zu Beginn der Trockenzeit, wenn die Zugvögel aus Norden eintreffen, sogar eine höhere Biomasse als zur Regenzeit (GILLON & GILLON 1967).

Die Wanderungen einiger Insektenarten bestimmen den Zug zahlreicher Greifvögel und des Weißstorchs und sind daher von besonderer Bedeutung. Wanderheuschrecken, wie etwa *Locusta migratoria*, vermehren sich im Binnendelta des Niger im Mai und Dezember und in den Grassavannen der Sahelzone im August/September. Die Art *Schistocerca gregaria* vermehrt sich dagegen zwischen Juni und Oktober. Ihre Schwärme ziehen später als Imagines durch die gesamte Sahel- und Sudanzone. Ein wichtiger Faktor ist auch das massenhafte Auftreten von Noctuidenraupen („army worm") z. B. der Gattung *Armigera*, von Grillen, Fangschrecken und Käfern, die in der Trockenzeit den Buschfeuern zum Opfer fallen und ihre Biomasse in der Regenzeit vervielfachen.

Enorme Bedeutung für Greifvögel sowie andere Luftjäger – Schwalben und Segler – haben auch schwärmende Termiten und Ameisen zu Beginn der Regenzeit, also kurz vor und während des Heimzuges der Paläarkten. Als einfach zu erbeutende eiweißreiche Nahrung werden diese Insekten bei ihrem Hochzeitsflug von vielen Zugvögeln genutzt. Ihre Schwärmzeiten liegen in der Regenwaldzone im (Februar) März/April und verschieben sich mit dem Beginn der Regenfälle nach Norden auf den Mai. Die Biomasse der Gliederfüßer bleibt in der Guineazone das Jahr über recht stabil (THIOLLAY 1978). Für die Regenwaldzone und die südliche Guineazone zeichnet sich jedoch für Lepidoptera, Coleoptera und Heteroptera eine starke Vermehrung sowohl zum Ende als auch zu Beginn der Regenzeit ab, während die trockensten und die regenreichsten Zeiten insektenärmer sind (P. GATTER in GATTER 1997).

Unsere Kenntnisse über die jahreszeitlichen Veränderungen der ökologischen Verhältnisse in Sahel (JONES et al. 1996) und Savanne sowie über die Anpassungen der Vogelwelt an diese saisonalen Wechsel haben sich in den vergangenen Jahren stark erweitert. Für einzelne Arten wurde eine Nahrungsverknappung und eine allgemeine Verschlechterung der Umweltsituation im Verlauf der Trockenzeit nachgewiesen (z. B. Schafstelze, WOOD 1979). Zahlreiche paläarktische Überwinterer reagieren darauf mit Südzug in die Guineazone (GATTER & MATTES 1987, GATTER 1997).

In den früheren Jahren „umrahmte" man das gesamte Areal, in dem eine Art in Afrika im Winterhalbjahr nachgewiesen worden war und bezeichnete es als Winterquartier. Was jedoch genauer innerhalb dieser riesigen Gebiete „passierte", wie sich die Vögel verteilten, ob sie über längere Zeit stationär waren oder über die Gebiete wanderten, war mit Ausnahme von besonders auffälligen Arten unbekannt. Manchen Arten wurde jedoch bereits ein Nomadisieren nachgesagt.

Speziell die jahreszeitlich eingeschränkte Verfügbarkeit großer Insektenmengen ist ein wichtiger Auslöser für das, was bisher als Nomadisieren bezeichnet wurde, sich aber bei genauerer Erforschung in vielen Fällen als regelhaftes Geschehen erweisen wird.

15.10.3 Der europäisch-westafrikanische Zugbogen und Anpassung durch innerafrikanische Zugbewegungen

Untersuchungen des Verfassers während 5 europäischer Winter am Südrand des westafrikanischen Subkontinents in Liberia dokumentierten zunächst überraschende Erkenntnisse über Zugrichtungen der aus Europa ankommenden Landvögel. Anstatt wie erwartet aus Norden kam die Masse der tagsüber ziehenden Vögel aus Nordwest und West und zog – auch 200 km von der Küste landeinwärts – parallel zum Verlauf des Golfs von Guinea und dem afrikanischen Landsockel ostwärts. Im Frühjahr gab es dieselbe Überraschung. Anstatt unauffällig nach Norden in Richtung Europa abzuziehen, erschienen Wochen, ja Monate nach dem Wegzug der örtlichen Überwinterer von einigen Arten erneut riesige Schwärme, aus dem Osten ankommend und nach Nordwesten weiterziehend. Dies und der jahreszeitliche Verlauf des Zuges standen ebenso im Widerspruch zu den bisherigen Erkenntnissen hinsichtlich der Situation in Westafrika. Die Vögel kamen im Spätherbst dort an, wo man die Endstation ihrer Reise aus Eurasien erwartet hätte, doch nur wenige blieben lang. Der Großteil hatte nur kurze Durchzugshöhepunkte und verschwand dann wieder für Wochen oder Monate. Andere wiederum erreichten die Höchstzahlen erst nach Weihnachten und blieben teilweise bis in den Mai (Gatter 1987a, b, 1997).

Anpassung durch innerafrikanische Zugbewegungen: Der limitierende Faktor für ein Überleben in Trockensavanne und Sahel ist offenbar der Zeitpunkt der größten Dürre. Da zahlreiche immergrüne oder halbimmergrüne Baumarten auch am Ende der Trockenzeit neben Blättern und Blüten einige Früchte tragen und damit Insekten anlocken, scheint weder für frugivore noch insektivore Arten ein totaler Nahrungsmangel zu herrschen. Drei frugivore und 8 insektivore afrotropische Vogelarten brüten im Frühjahr im Sahel (Moreau 1950, Morel 1973).

Die nahrungsärmste Zeit, die auch das Wasser- und Nahrungspessimum für die afrikanischen Arten darstellt, ist aber erst nach Abzug der meisten Paläarkten und vor den ersten Regenfällen zu erwarten, d. h. oft erst im Juni. Offensichtlich leiden einige der europäischen Arten unter Normalbedingungen bis zum Zeitpunkt des Heimzugs nicht unter den extremen Verhältnissen der Sahelzone, und einige Arten schaffen es sogar, hier ihre Fettreserven für den Heimzug aufzufüllen. Insgesamt können sich jedoch gegen Ende der Trockenzeit nur geringe Vogeldichten in der Sahelzone halten (Thiollay 1978). Dies ist ein Grund für die Südwanderungen vieler afrotropischer Vögel (Elgood et al. 1973) und für die „Mittwinterbewegungen" vieler Paläarkten während der Trockenzeit (Gatter 1987a, b). So wie Enten in Europa bei Nahrungsmangel durch Vereisung weiter nach W und SW wandern, ziehen auch die Vögel in Afrika der Nahrung nach. Während der letzten Jahrzehnte zeigte eine zeitlich differenzierte Betrachtung der Winterverbreitung immer mehr, daß eine Vielzahl paläarktischer Vögel sich während des Aufenthalts in Afrika nicht an einem einzigen Ort aufhält, sondern mehrere Regionen nacheinander für jeweils einige Wochen oder Monate aufsucht. Dies war zunächst in Ostafrika (Pearson & Backhurst 1976) entdeckt, dann aber auch für Westafrika nachgewiesen worden (Gatter 1987a, b). Dabei eilen die Vögel im Herbst der Austrocknung voraus oder folgen im Frühjahr den nordwärts voranschreitenden Regenfällen.

Auch die wohl vielfach nur kurzen Aufenthalte von Paläarkten während des Heimzugs oder gar das Überfliegen von Sahel und Sahara ohne Auftanken von Nahrungsreserven im Sahel, wie es phänologische Daten für einige Arten vermuten lassen, sprechen für Nahrungsmangel um diese Zeit.

Der Wegzug nach Afrika: Paläarkten, die Eurasien im (Juli) August/September verlassen, überqueren in kürzester Zeit die Sahara, um dann teilweise mehrere Monate an deren Südrand, z. B. im Senegal, zu verweilen (Morel & Roux 1966, Morel 1968, Jones et al. 1996). Mit Beginn der Trockenzeit im November/Dezember und unter dem Einfluß der nach Süden vorrükkenden Passatwinde spielen sich dann enorme Verschiebungen nach Süden ab. In Westafrika erreichen jetzt zahlreiche Arten die Regenwaldzone. Viele sind damit in der zweiten Hälfte der Trockenzeit und somit erst gegen Ende der Überwinterungsphase im Februar oder später an ihrem südlichsten Punkt angelangt. Andere, wie der Mauersegler, durchwandern im November/Dezember das südliche Westafrika und die äquatoriale Zone, um das Gebiet der Winterregen im südlichen Afrika zu erreichen (Gatter 1997).

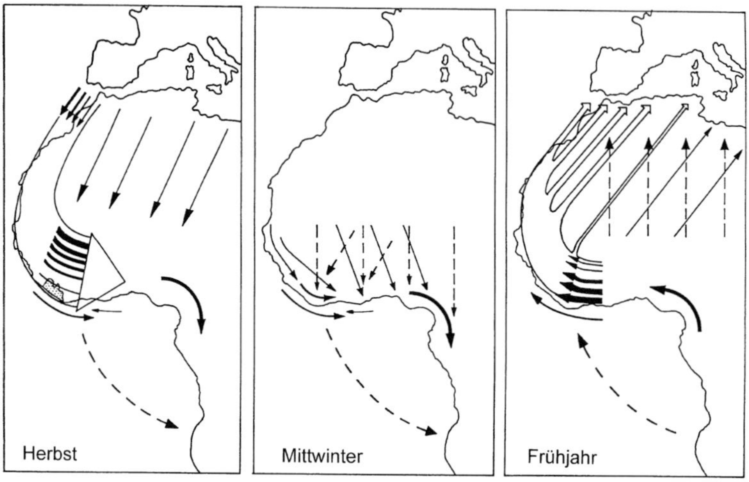

Abb. 15.10.3: Der europäisch-westafrikanischeZugbogen: Deutungsversuch des Migrationsgeschehens zwischen Europa und Westafrika für Vögel, die Liberia erreichen. Herbst (links), Mittwinterzug (Mitte), Frühjahr (rechts). Dünne Pfeile deuten den Zug durch die Sahara an. Zugmuster, Zugverlauf und Zugrichtungen in Liberia lassen für Westafrika im Herbst und Frühjahr einen Zugweg parallel zum kurvenförmigen Verlauf der europäischen und westafrikanischen Küste vermuten. Schwarze Pfeile innerhalb der Zugbündelung deuten geographische und jahreszeitliche Verlagerungen der Hauptzugströme an. Der westliche Zugweg wurde in der graphischen Darstellung gegenüber dem Zug durch die Sahara bewußt überbewertet. Auf der linken Karte ist Liberia eingezeichnet (leicht verändert nach GATTER 1987b). – ***The European-West African migration arc:*** *A proposed interpretation of the migration of birds reaching Liberia between Europe and West Africa. Autumn (left), midwinter, December/January (centre) and spring (right). The arrows indicate migration through the Sahara. The patterns, progress and direction of migration suggest that both in autumn and spring in West Africa a migration route exists that runs parallel to the curve of the coast of western Europe and Africa. The black arrows, where the migration route narrows, are intended to show geographical and seasonal shifts in the main concentration of migration. The westerly migration route under discussion here has been deliberately exaggerated in the graphical representation in relation to passage through the Sahara. The map on the left shows Liberia (slightly altered after GATTER 1987b).*

THIOLLAY (1970) fand in einem Savannen-Regenwald-Mosaik der Elfenbeinküste die maximale Vogeldichte aufgrund von Migranten erst von Februar bis Mai, während die geringste Vogeldichte im Dezember festzustellen war. In der Regenwaldzone von Liberia treffen viele paläarktische Arten erst ab November/Dezember in zunächst geringer Anzahl ein. Wenige, wie Grauschnäpper und Schafstelze, erscheinen bereits früher. Bei einigen von ihnen stiegen die Bestände während des Winters bis März/April an, so daß die südliche Guineasavanne und die Regenwaldregion als ihr zweites Winterhabitat angesehen werden muß. Dazu gehören Braunkehlchen, Baumpieper, Rotkopfwürger, Steppen- bzw. Wiesenweihe, Turmfalke und zahlreiche Reiherarten. Andere haben im November/Dezember ein leichtes Durchzugsmaximum und verschwinden dann weitgehend (Schafstelze, Mauersegler, Rohrweihe, Gartengrasmücke u. a.). Schließlich gibt es Arten, wie Wespenbussard und Grauschnäpper, die ab (August) September bis März/April weitgehend gleichhäufig in Liberia auftreten, ihr Wintergebiet also früh besiedeln (GATTER 1987a, 1997).

Der europäisch-westafrikanische Zugbogen: Für den **Heimzug durch Afrika** gelten ähnliche Gesetzmäßigkeiten. Nach Abzug der Vogelpopulationen, die im äußersten Südwesten von Westafrika überwintern, kann dieses – durch die ab März einsetzenden Regenfälle wieder nahrungsreiche – Gebiet noch einmal kopfstarke Durchzugspopulationen ernähren, die weiter östlich und südlich bis Südafrika überwintern und später durchziehen, etwa Rauchschwalbe, Nordische Schafstelze, Mauersegler und Rohrweihe. Dies ist möglich, weil die Kapazität während des Nahrungsoptimums (z. B. mit schwärmenden Termiten zu Beginn der Regenzeit) von den afrikanischen Arten nicht ausgeschöpft werden kann. Mit dem Vorrücken des Regens nach Norden erreichen die Paläarkten die Guinea- und südliche Sudansavanne. Sie folgen also der nach Norden fortschreitenden Regenzeit mit dem damit verbundenen guten Nahrungsangebot und nehmen dafür enorme Umwege, teilweise einen Schleifenzug, auf sich (Abb. 15.10.3). Die Nahrungsverhältnisse in Süd- und Zentralafrika werden jetzt mit dem Ende der Regenzeit schlechter. Würden von dort kommende Vögel direkt die Nordrichtung beibehalten, kämen sie zu früh und somit bei noch ungünstigen Nahrungsbedingungen sowohl in den Sudan- und Sahelsavannen als auch im Mittelmeergebiet und Europa an (GATTER 1987b). Der Ausflug in den äußersten Westen bietet – neben einer sonst ungenutzten Ressource zur Auffüllung des Fettdepots – außerdem eine günstigere Startposition für den Heimzug: entweder in einen bogenförmigen Nordzug entlang der meteorologisch günstigeren Atlantikküste, oder aber – als Alternative zu einer Saharaquerung mit widrigen Seitenwinden – eine Route mit regelmäßig zu erwartenden NE-gerichteten Höhenwinden in die Brutgebiete (GATTER 1987a, b, Abb. 15.10.3). So signalisieren viele der oben genannten Durchzügler der westafrikanischen Guinearegion erst von Februar bis April (Mai) den zahlenmäßigen Höhepunkt des Winteraufenthalts in dieser Region.

15.10.4 Klima, Vegetation, Niederschläge und Einnischung der Zugvögel

Der Zug nach Süden ist bis zu den Sudansavannen zunächst positiv, ab der Guineazone negativ mit den Niederschlägen korreliert. Vor November behindern starke, fast tägliche Regen den Weiterzug von Paläarkten nach Süden. Besonders betroffen sind Arten, die sich in Feuchtgebieten und Savannen aufhalten. Die Besiedlung der Guineasavannen und der Regenwaldregion erfolgt erst später, weil geeignete Rastplätze vielfach noch überflutet bzw. Hochgrassavannen nicht abgebrannt sind (GATTER 1987a, b, GATTER & MATTES 1987). Selbst Waldarten wie der Fitis oder Luftjäger wie der Mauersegler erreichen dieses Gebiet in größerer Zahl selten vor Dezember, entweder weil die Bedingungen vorher zu unwirtlich sind oder die Vögel so lange wie möglich in den optimalen Sudansavannen verweilen (GATTER 1997).

Zur Wandergeschwindigkeit von Paläarkten auf den europäisch-afrikanischen Etappen siehe Zugleistungen (Kap. 13.2).

Geographische Trennung. Die Lösung des Rätsels, weshalb im trockenen Sahel mehr europäische „Wintergäste“ leben können als gleichzeitig anwesende afrikanische Standvogelarten, ergibt sich aus der Erkenntnis, daß die Dichte der „Afrikaner“ durch die trockenste Zeit des Jahres im ± Juni bestimmt wird und während des Aufenthalts der Paläarkten in Afrika Nahrung für mehr Vögel vorhanden ist. Je länger die Trokkenzeiten nördlich des Äquators dauern (Abb. 15.10.2), desto geringer ist der dortige Anteil afrikanischer Standvögel (mit Ausnahme der Greifvögel) an der Gesamtvogelzahl, die in diesem Gebiet vorkommen kann. Afrikanische wie paläarktische Passeres sind in der Dornstrauchsavanne des Sahel im Februar/März, wenn die Dürre ihrem Höhepunkt entgegengeht, sehr dürftig verbreitet. Dann finden sich dort in der Savanne selbst max. 2 Zugvögel/ha, in den mit Akazien bestandenen Flußtälern jedoch 18 – 20 Vögel/ha. Sowohl in den Dornstrauchsavannen wie in diesen Flußtälern gibt es nur wenige einheimische Arten. Nach Süden, zu den Baumsavannen hin, nimmt die Zahl afrikanischer Arten stetig zu und erreicht im Regenwald ihren Höhepunkt.

Die Vegetation der Flußtäler kann wesentlich mehr Vögel versorgen als die umgebende Savanne. Damit läßt sich das Sahel-Paradoxon von MOREAU (1972) erklären, das besagt, daß die trokkene Savanne während des europäischen Winters anscheinend weit mehr Vögel beherbergen kann als dies den Niederschlägen nach zu erwarten wäre. Von jahreszeitlichen Vegetationsunterschieden profitieren insbesondere die europäischen Zugvögel, da die Habitate wegen ihrer jahreszeitlich wechselnden Eignung nur von wandernden Populationen voll ausgenutzt werden können (MOREL & ROUX 1966).

Nur bei den Greifvögeln dominieren im Sahel afrikanische Arten während des ganzen Jahres. Aber auch paläarktische Greifvögel überwintern dort häufiger als in anderen Vegetationszonen und ihre Zahl nimmt von Norden nach Süden ab (THIOLLAY 1978). Unter den Greifvögeln, die sich zur Trockenzeit im Sahel aufhalten, machen Paläarkten 10 – 13 % aus, in der südlich anschließenden Sudanzone 3 – 5 %, lediglich 2 –

4 % in der Guineazone (THIOLLAY 1978) und ca. 1 % in der Regenwaldzone (GATTER 1997).

Auch die meisten anderen paläarktischen Großvögel haben ihren Winterschwerpunkt in der Sahel- und der Sudanzone, wohingegen ein Teil der afrikanischen Zugvögel dieser Zonen nach Süden hin in die Sudan- und Guineazone ausweicht. Dadurch dürfte es über geographische Trennung zu Konkurrenzvermeidung kommen (THIOLLAY 1978).

Zeitliche Trennung bei Nahrungspessimum. Europäische Greifvögel etwa treffen von August bis November in der Sahelzone ein und verlassen die Region von Februar bis Mai wieder. Die afrikanischen Zugvögel kommen im Frühjahr hinzu und brüten dann dort, teilweise zeitverschoben. In der Sahelzone liegt damit eine zeitliche Trennung von Paläarkten und afrikanischen Arten vor, während in der Guineasavanne die Brutzeit afrikanischer Greifvögel und vieler anderer Arten mit der Anwesenheit der Paläarkten zusammenfällt (THIOLLAY 1978). Gleiches trifft im Regenwald zu, wo die wenigen Paläarkten aber nur eine schwache Konkurrenz zu den einheimischen Vögeln darstellen. Auch bei den Motacilliden der Guineazone trifft die Brutzeit der afrikanischen Arten mit dem Aufenthalt der Paläarkten zusammen (GATTER & MATTES 1987).

Ökologische Trennung. Afrikanische Arten und überwinternde Paläarkten besetzen normalerweise verschiedene ökologische Nischen. Paläarkten haben anscheinend eine größere Temperaturtoleranzbreite als afrikanische und besiedeln vornehmlich extremere Habitate (Grassavannen, semi-aquatische Bereiche, THIOLLAY 1978) und kühlere Hochlagen und Gebirge (GATTER 1987a), die nur schwach von heimischen Standvögeln besiedelt sind. Damit wäre das Fehlen zahlenmäßig häufiger afrikanischer Vertreter eine wichtige Voraussetzung zur Vermeidung von interspezifischer Konkurrenz.

Bei Schwalben und Seglern ist die Dichte der afrikanischen Arten trotz großen Artenreichtums viel geringer als die der gleichzeitig anwesenden Paläarkten. Trotz zeitgleichen Auftretens – z. B. in Guineasavanne und Regenwaldregion – sind die „Afrikaner" hier schon rein quantitativ keine ernsthafte Konkurrenz für die „Europäer". Zwischen den verschiedenen Arten lassen sich auch unterschiedliche Flughöhen erkennen, die zur Nahrungssuche genutzt werden (GATTER 1987a, 1997).

Durch eine ähnliche geographische, zeitliche und ökologische Trennung ist auch eine derart arten- und individuenreiche Nutzung westafrikanischer Savannen durch Paläarkten möglich. Umgekehrt dürfte im äquatorialen Regenwald die Arten- und teilweise Individuenarmut an paläarktischen Migranten auf die starke Konkurrenz afrikanischer Arten zurückzuführen sein. Ein Beleg dafür könnte sein, daß gerade die Segler und Schwalben aus Europa im Luftraum über dem Dach des Regenwaldes die zahlenmäßig dominierenden Überwinterer sind, wo ihre afrikanischen Verwandten zwar artenreich, aber zahlenarm vertreten sind (GATTER 1997).

Ein Kuriosum ist die zeitlich unterschiedliche Lage des Hauptangebotes an Insekten zu den regionalen Regenzeiten. In den trockeneren Savannen liegt der Maximalbestand in der Regenzeit (Juli) August bis Oktober, in der Guineasavanne und der Regenwaldregion dagegen in der Trockenzeit November bis April, bzw. in den beiden Übergangszeiten zu Beginn und nach Ende der Regenzeit (P. GATTER in GATTER 1997, GATTER & MATTES 1987, MATTES & GATTER 1989, GATTER & GARDNER 1993). Beide Höhepunkte korrespondieren also mit den Hauptzugzeiten von Paläarkten in dieser Region. Vor allem Termiten haben in der südlichen Guinea- und Regenwaldzone den Höhepunkt des Auftretens im Bereich der beginnenden Regenzeit. Sie fliegen damit weitgehend zwischen Februar und Mai, wenn die Masse der Paläarkten dieses Gebiet durchwandert. Für einen Wanderfalter, den Windenschwärmer *Agrius convolvuli*, konnte gezeigt werden, daß sein Migrationszyklus in vermutlich vier Jahresgenerationen zwischen Paläarktis und Westafrika denselben Gesetzmäßigkeiten unterliegt wie derjenige paläarktischer Zugvögel. Seine massenhafte Ankunft in der Guineazone fällt in die Trockenzeit (Dezember/Januar) und entspricht damit der Ankunft paläarktischer Zugvögel in dieser Zone. Der Wegzug der Folgegeneration nach Norden erfolgt im März/April und deren Folgegeneration wandert im Juni in Europa ein. Die Faltergeneration, die sich in Europa entwickelt, macht sich im August/September wieder auf den Weg nach Süden (ALKEMEIER & GATTER 1990, GATTER & GATTER 1990).

Die Sekundärbiotope der Regenwaldregion und ihre relativ gute Besiedlung mit Paläarkten (GATTER & MATTES 1987) stellen ein besonderes Phänomen dar, das ebenfalls unter Konkurrenzaspekten beleuchtet werden muß. Das Rasthabitat- und Nahrungsminimum liegt in dieser Region offenbar zur Zeit der höchsten Regenfälle. Das niedrigste Angebot an Baumfrüchten und Beeren bieten in Liberia die Monate April bis September (GATTER 1997). Wie schon gezeigt, ist auch das Insektenangebot von Mai bis September am spärlichsten. In neugeschaffenen Sekundärhabitaten wie Kahlschlägen, Farmbusch (Waldsukzessionsstadien), Hochgrassavannen oder Reisfeldern leben zahlreiche afrikanische Vogelarten. Deren Dichte wird, wie die der Regenwaldarten, offensichtlich von den hohen Regenfällen und der dadurch negativ beeinflußten Nahrungsverfügbarkeit von Mai bis September bestimmt. Die Trockenzeit mit ihrem Früchtereichtum und die insektenreiche Übergangszeit zur Regenzeit von März bis Mai eröffnet auch hier ein Überangebot an Nahrung, das neuerdings, verstärkt durch die Fragmentierung der Wälder, die Einnischung von Paläarkten erlaubt.

15.10.5 Veränderungen in Nordwest- und Westafrika und ihre Bedeutung für Paläarkten

Innerhalb der letzten 30 Jahre haben in den meisten Ländern Afrikas – und damit in den Winterhabitaten zahlreicher Paläarkten – tiefgreifende Veränderungen stattgefunden. Leider gibt es nur wenige Untersuchungen über paläarktische Zugvögel im Zusammenhang mit solchen Veränderungen in Afrika. Sie sind zudem in ihrer Auswirkung auf Populationen kaum quantitativ zu fassen. Da einige der Ursachen für Populationsänderungen europäischer Langstreckenzieher offenbar im Wintergebiet liegen, muß sich die Suche aufgrund oben genannter Habitatpräferenzen in erster Linie auf die Trockengürtel Sahel- und Sudansavanne konzentrieren und erst in zweiter Linie auf die Guineazone. Besonders betroffen sind Großvögel wie Störche, Greife und Vögel der Feuchtgebiete (GRIMMETT 1987, MULLIÉ et al. 1989). Während die Auswirkungen in Sahel- und Sudansavanne über den Vegetations- und speziell Gehölzschwund überwiegend negativ zu bewerten sind (JONES et al. 1996), erschweren die für Paläarkten eher positiven Änderungen in der Guineazone eine klare Beurteilung der Folgen für europäische Zugvögel (Kap. 17).

Habitatveränderungen werden in den Trockengürteln Afrikas von zwei Faktoren verursacht: dem Klima und anthropogenen Aktivitäten. Kurzfristige Veränderungen hängen stark von der Menge und Verteilung der Niederschläge ab (MOREL 1973), wobei besonders die ausgeprägte Dürreperiode zwischen 1968 und ca. 1985 zu nennen ist (siehe auch Kap. 18). Langzeitveränderungen verursacht jedoch der Mensch. Insbesondere ist es die Bevölkerungszunahme jenseits der Belastungsfähigkeit der natürlichen Ressourcen, die zu Degradierungsproblemen führt, und weniger die jüngste Dürreperiode (DENÈVE 1995): Zunahme der Abholzungen, weitere Erschließung von Grenzertragsböden, Ausbau von Bewässerungsanlagen sowie zunehmende Konkurrenz zwischen Viehzüchtern und Bauern um den Zugang zu Ländereien und Wasserstellen verschärfen die Konflikte (BREMAN 1991, DENÈVE 1995). Auswirkungen auf Vögel können in Einzelfällen positiv sein, sind für die meisten Arten aber wohl eher negativ. Die Veränderungen in diesem Landschaftsraum können langfristig auf das Klima, vor allem die Niederschläge, Auswirkungen haben. Die jährlichen Regenfälle in Banjul (Gambia, Sahelzone, Abb. 15.10.4) zeigen, wie die in Liberia, eine seit 100 Jahren abnehmende Tendenz (Abb. 15.10.4; GORE 1990, HASSELMAN 1979).

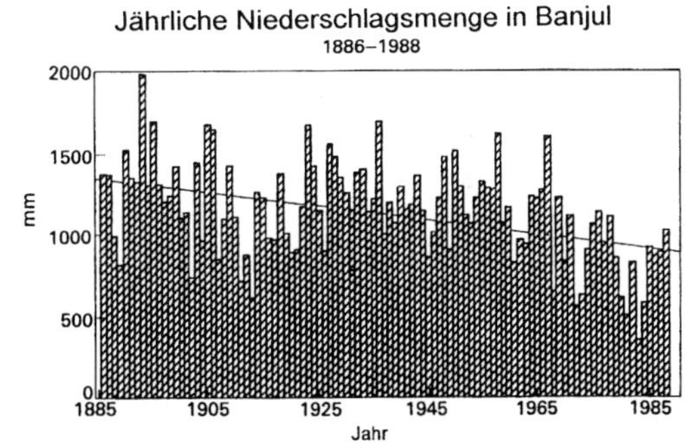

Abb. 15.10.4: Jährliche Niederschlagsmengen in Banjul/Gambia (aus GORE 1990). – *Annual rainfall in Banjul/Gambia.*

Als wichtigste Gefahrenquellen für Vögel werden in den Ländern Afrikas immer wieder die folgenden Faktoren genannt, ohne daß eine Abstufung nach ihrer Bedeutung stattfinden könnte, da quantitative Zahlen hierzu fehlen:

1. Pestizideinsätze im Ackerbau, vor allem auf Reis-, Mais-, Hirse- und Baumwollfeldern (MULLIÉ et al. 1989);

2. großflächige Pestizideinsätze gegen Schadinsekten, die in Massen auftreten oder gar Schwärme bilden können;
3. Überbeweidung der Steppengebiete;
4. Abholzung und Entwaldung, Fragmentierung;
5. Bejagung;
6. übermäßige Wasserentnahme für Vieh und Bewässerungen und damit weitere Aridifizierung;
7. zurückgehende Niederschläge, die im Zusammenhang mit Agrar- und Abholzungsmaßnahmen zu einer Südverlagerung der Vegetationsgürtel geführt bzw. nördliche Elemente schachbrettartig in die südlichen geschoben haben.

In der Diskussion um betroffene Arten konzentrieren wir uns daher auf die wichtigsten Wintergebiete nord- und mitteleuropäischer Mittel- und Langstreckenzieher, die in Nord- und Westafrika mit der dazugehörigen Sahelzone liegen.

Nordafrika: Flächenmäßig durch die Sahara dominiert, ziehen sich die ornithologisch bedeutenden Regionen entlang von Mittelmeer, Atlantischem Ozean und Rotem Meer hin. Die Küsten, Lagunen, küstennahen Seen, Sumpfzonen und Küstenwälder sind, wie das Atlasgebirge und die südlich angrenzenden Steppen und Halbwüsten mit Winterniederschlägen, bedeutende Rast- und Winterhabitate für paläarktische Zugvögel.

Neben Habitatverlusten (Blondel & Aronson 1999) in Zusammenhang mit Entwaldung, mit Drainagen und Dammbauprojekten, aber auch Überweidung werden Vögel in großem Umfang direkt verfolgt (Kap. 15.8.6). Bejagt und gefangen werden alle Vogelgruppen von Störchen bis hin zu Singvögeln. Goodman & Meininger (1989), die den Vogelhandel auf den Märkten Ägyptens untersucht haben, vermitteln einen Eindruck vom enormen Umfang des Vogelfanges in dieser Region. Das Ausmaß der Gefährdung für den Bestand einzelner Arten ist schwer abzuschätzen.

West- und Zentralafrika: Messungen der **Niederschläge im Sahel** zwischen 1900 und 1950 ergaben zwar jährlich variierende Regenmengen, langfristig aber konstante Werte. Nach einer feuchteren Phase 1950 – 1958 lagen die Niederschläge bis 1967 wieder im Bereich der früheren Jahre. 1968 war dann das erste einer Periode von Trockenjahren. Mit 30 % der Niederschläge des langjährigen Mittels war es das bis dahin trockenste Jahr seit 1941. In den dann folgenden Jahren 1970 bis ca. 1985 waren die Regenzeiten alle deutlich unter dem Durchschnitt der vorausgegangenen Jahrzehnte. Während der Hälfte dieser Jahre war die Dürre noch größer als 1968 (Marchant et al. 1990, Abb. 15.10.5).

Bestandsrückgänge verschiedener Langstreckenzieher wurden mit der Saheldürre in Verbindung gebracht (Glue 1970, Berthold 1973, 1974, Prato & Prato 1983, Grimmett 1987, Kanyamibwa et al.1993, Szép 1993). Die seit Ende der 1985er Jahre verbesserten Niederschlagsverhältnisse haben wieder eine Entspannung gebracht, die sich auch in den Durchzugszahlen am RM bemerkbar macht (Kap. 17, 18).

Einige der jetzigen und zukünftigen Hauptgefahrenquellen für Zugvögel in der Sahelzone

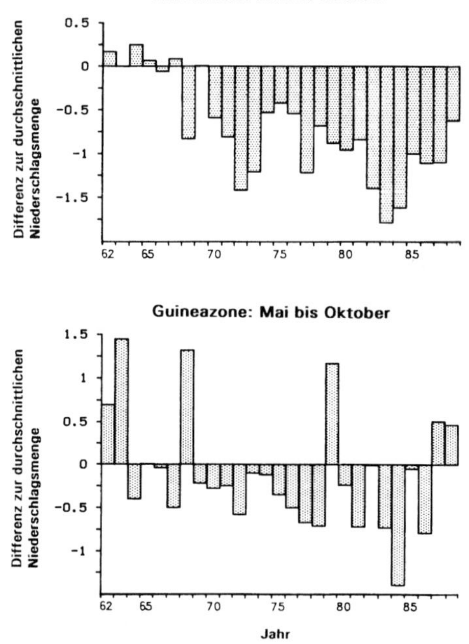

Abb. 15.10.5: Differenz der Niederschlagsmengen in der Trockensavanne (Sudanzone) und Feuchtsavanne (Guineazone) Westafrikas zur mittleren Niederschlagsmenge zwischen 1962 und 1988 (leicht verändert nach Marchant et al. 1990). – *Difference between rainfall levels in both dry savanna (Sudan zone) and moist savanna (Guinea zone) from May to October 1962 – 1988 and the overall mean rainfall (slightly altered after Marchant et al. 1990).*

haben ihre Ursachen im landwirtschaftlichen Bereich.

Wanderheuschrecken (v. a. der Gattungen *Schistocerca* und *Locusta*) haben in W-Afrika stark abgenommen. Zwei wesentliche Gründe dafür sind der Schwund von Grasland (Dürre und Überweidung) und der gezielte Pestizideinsatz in Entwicklungsgebieten von Heuschrecken (BIBER 1990). Ihre Bestände korrelieren mit der Menge an Niederschlag, d. h. in Dürreperioden fallen sie aus und können dann große Vogelsterben nach sich ziehen. Im Sudan berichteten Bauern während einer Dürre über Hunderte toter Weißstörche (SCHULZ 1988). Die unmittelbaren Einflüsse auf Kleinvögel, die bei uns dramatisch abnehmen, wie z. B. den Rotkopfwürger *Lanius senator*, sind praktisch unbekannt. Generell kommen Dürren im westafrikanischen Sahel häufiger vor als im ostafrikanischen.

Die Abnahme von Heuschrecken und Noctuidenraupen, aber auch von Käfern kann für Rückgänge zahlreicher Großvögel verantwortlich sein. Viele Greifvögel folgen deren Wanderungen bzw. suchen die Entwicklungsgebiete auf (THIOLLAY 1978, BIBER 1990). Für Weißstörche wird angenommen, daß der entstehende Nahrungsmangel die Anlage des für den Zug nötigen Depotfetts verhindert, der Heimzug dadurch verspätet erfolgt und mangelnde Fitness dann den Bruterfolg beeinträchtigt (RHEINWALD et al. 1989).

Der Zugewinn an Grassavannen durch Dornbuschvernichtung im Sahel und durch Waldzerstörung im südlich anschließenden Sudan- und Guineagürtel bringt jedoch zumindest für bodenbewohnende Paläarkten wie z. B. Motacilliden und Braunkehlchen *Saxicola rubetra* bessere Bedingungen und in der Gesamtbilanz für diese Arten sicher kaum Verschlechterungen (GATTER & MATTES 1987).

Wasserstandsregulierungen und Dämme im **Senegaldelta** und dem **Binnendelta des Niger** vernichteten dort große Teile der Überschwemmungsgebiete, die auch nach dem periodischen Austrocknen für viele Vögel wichtige Nahrungshabitate dargestellt hatten (LEDANT et al. 1986).

Die **Baumsavannen der Sudan- und Guineazone** waren in den letzten Jahrzehnten starken Veränderungen unterworfen. **Brandrodung** zur landwirtschaftlichen Intensivierung führt zu offenen Savannen. Neben umfangreicher Waldvernichtung und stellenweise zunehmender Bevölkerungsdichte stellt die landwirtschaftliche Intensivierung samt den steigenden Pestizideinsätzen eine große Gefahr für die Region und damit auch für überwinternde Paläarkten dar. Massive **Pestizideinsätze** finden breitflächig im Reis-, Baumwoll- und Zuckerrohranbau statt, aber auch gezielt gegen Heuschrecken wie *Oedaleus senegalensis* (Senegal-Grashüpfer) und *Schistocerca gregaria* (Wüstenheuschrecke), Tsetse-Fliegen und Schadvögel (MULLIÉ et al. 1989, BIBER 1990). Die Tsetsebekämpfung mit Einsatz von Pestiziden und genetischer Manipulation der Männchen erlaubt menschliche Besiedlung und Viehhaltung, wo dies zuvor nicht möglich war, und fördert damit u. a. eine Migration der Bevölkerung aus dem Sahel nach Süden. Die Folgen sind Überweidungen durch die steigenden Rinderzahlen.

Auch direkt gegen Vögel werden im westlichen Sahel Pestizide (hauptsächlich Dieldrin) eingesetzt. Die Einsätze richten sich vor allem gegen Webervögel, die als granivore Arten große Schäden im Getreideanbau verursachen können (WARD 1972, DREES 1980, GTZ 1982). Da die Bekämpfung der Vögel meist an den Übernachtungsplätzen erfolgt – oftmals sind dies *Typha*-Sümpfe – wurden die dort ebenfalls übernachtenden Paläarkten wie Uferschwalbe und Schafstelze teilweise mit vergiftet (ROUX & JARRY 1984, THIOLLAY 1980, LEDANT et al. 1986). Solchen Aktionen fielen in Mali und Senegal um 1980 nach offiziellen Zahlen jährlich je über 10 Millionen afrikanischer „Schadvögel" zum Opfer. Wieviele europäische Zugvögel dabei mit getötet wurden, ist unbekannt.

Die **Regenwaldzone** galt bisher als „überwinterungsfeindlich für Paläarkten" (MOREAU 1972). Von Luftjägern (Segler, Schwalben), dem Wespenbussard, einigen *Tringa*-Arten und dem Flußregenpfeifer (GATTER 1988a, b) abgesehen, trifft dies auch weitgehend zu. Daneben sind jedoch sekundäre und primäre Wälder der collinen Zone oberhalb von ca. 500 m und **montane Primärwälder**, die flächenmäßig ca. 2 % des Oberguineawaldes bedecken, für Paläarkten bedeutend und beherbergen hohe Zahlen von Mönchs- und Gartengrasmücke, Grauschnäpper, Trauerschnäpper und Fitis (GATTER 1987b). Die kühleren Temperaturen dieser Lagen dürften dies fördern, und die geringere Zahl afrikanischer Arten läßt weniger zwischenartliche Konkurrenz erwarten.

Die zunehmende Fragmentierung der Tieflands- und Bergregenwälder, v. a. durch Brandrodungsfarmen, schafft in großem Maßstab sekundäre, **anthropogene Savannen** und damit zusätzlichen Raum für Überwinterer aus der Paläarktis. Ob sie die Habitatverluste dieser Artengruppe weiter nördlich ausgleichen können, muß offen bleiben. Ebenso ist es möglich, daß nur Teilpopulationen mit räumlich begrenzter Herkunft in Europa davon profitieren. Jedenfalls überwintern heute zahlreiche weitere Arten innerhalb der Regenwaldzone, manche davon in Mengen, die innerhalb ihrer Gesamtbestandsgröße durchaus von Bedeutung sind (GATTER & MATTES 1987, GATTER 1987a, b).

Veränderungen der Feuchtgebietssituation: Während über die Zerstörung der Dornstrauch- und Waldsavannen und die der Regenwälder in der Öffentlichkeit wie in der ornithologischen Fachliteratur intensiv diskutiert wird, finden die Umwandlungen der afrikanischen Gewässer und Feuchtgebiete kaum Beachtung. Dabei haben die Entwicklungen der vergangenen Jahrzehnte enorme quantitative wie auch phänologische Veränderungen des Wasserangebots für Zugvögel mit sich gebracht. Ihre Bedeutung für Bestandstrends europäischer Vögel ist weitgehend unbeachtet geblieben.

In Sahel- und Sudansavannen ist offenes Wasser in den vielen natürlichen kleinen Wasserläufen nur selten über das Ende der Regenzeit hinaus verfügbar. Unzählige kleine und kleinste Staudämme haben in den letzten Jahrzehnten die zeitliche Verfügbarkeit offenen Wassers erheblich verlängert. Diese aufgestauten Gewässer dienen der Bewässerung der anliegenden Felder und der Tränkung von Viehherden. Teilweise führen sie ganzjährig Wasser. Für einige paläarktische Zugvogelarten kann entscheidend sein, daß eine Vielzahl dieser künstlichen Teiche in der ansonsten trockenen Region noch während der Zeit des Heimzuges Wasser führt.

Dies ist auf den Vegetationsgürtel der Guineasavanne weitgehend übertragbar. Hier und in der Regenwaldregion gab es außerhalb der Flüsse, die nur einem beschränkten Artenspektrum paläarktischer Zugvögel Lebensraum bieten, keine offen zugänglichen Gewässer abseits der Küste. Diese Situation hat sich durch Stillgewässer in kaum vorstellbarer Größenordnung total verändert.

Gigantische Stauseen entstanden in einer Vegetationszone, die keine Seen kannte. Mit 8500 km^2 der spektakulärste ist der Volta-Stausee in Ghana. Weitere riesige Stauseen zwischen 6° und 10° N sind in Kamerun, Nigeria und in der Elfenbeinküste entstanden.

Daneben – und für Paläarkten viel wichtiger – sind zigtausende kleiner Naßreisfelder an Orten, die früher Feuchtwälder trugen. Sie haben zur starken Vermehrung zahlreicher afrikanischer Vögel beigetragen und zur Einwanderung zusätzlicher Arten in diese Region geführt. Allein im kleinen, nur 90 000 km^2 großen Liberia, das abseits der Küste keine natürlichen stehenden Gewässer aufweist, sind 19.000 Naßreisfarmen entstanden (GATTER 1997). Die vielen paläarktischen Arten, die heute hier den Winter verbringen, mußten früher überwiegend weiter nördlich bleiben oder den Äquator überqueren.

Die Vogelgruppe, die vielleicht am meisten von dieser Entwicklung profitiert hat, sind die Reiher. Die explosive Vermehrung und Expansion des Kuhreihers in Afrika hat mit Sicherheit ihre Wurzeln in der heutigen Art der Landnutzung. Aber auch praktisch alle europäischen Reiher, die in den letzten Jahren positive Bestandstrends aufweisen, überwintern hier in zunehmender Zahl. Diese Entwicklung läßt sich z. B. in Liberia seit 110 Jahren verfolgen (BÜTTIKOFER 1890, GATTER 1988b, GATTER 1997).

Bei kaum einem europäischen Langstreckenzieher können wir heute sagen, zu welchem Prozentsatz die wesentlichen bestandsbegrenzenden Faktoren in Afrika oder in Europa liegen. Daß die Verschlechterung der Bestandssituation an negativen Faktoren in Afrika liegt, ist Bestandteil intensiver Diskussionen ornithologischer Forschung. Daß umgekehrt die Verbesserung der Überwinterungsbedingungen in Afrika eine Ursache von Zunahmen in Europa sein könnte, findet bisher nur im Zusammenhang mit den sich wieder normalisierenden Niederschlägen im Sahel Beachtung (siehe Artbeispiele in Kap. 17).

Seit den Publikationen von BÜTTIKOFER (1890), MOREAU (1972) und CURRY-LINDAHL (1981) sind teilweise enorme Erweiterungen der westafrikanischen Überwinterungsareale nach Süden bekannt geworden (GATTER 1997, Kap. 17). Sie können aufgrund besserer Bedingungen in Europa (Kap. 15.1 – 15.3, 15.5, 15.8, 15.9) den dort anwachsenden Bestandstrends entspringen. Sie können ihren Ursprung aber auch zu einem Teil in den verbesserten Bedingungen in Afrika haben.

Zusammenfassung
15.10 Afrika: Winterhabitate von Paläarkten und ihre Veränderungen

Die lange Trockenheit und die zeitlich eng begrenzte einzige Regenzeit sind die ausschlaggebenden Gründe für das Phänomen, daß in der Sahelzone Zugvögel in so großen Zahlen überwintern können. Die plötzlich eintretende Regenzeit zieht einen enormen Wachstumsschub von Pflanzen und Tieren (vor allem Arthropoden) nach sich. Dieses Nahrungsüberangebot können die Standvögel allein niemals nutzen, denn ihre Populationsdichte wird von dem nahrungsärmsten Monat, dem Juni, bestimmt (MOREL 1973). Die Bestandsentwicklung am Randecker Maar läßt vermuten, daß bei einer Reihe von Arten neben der Dürre in den Trockensavannen in Afrika noch weitere, bisher nicht beachtete Ursachen maßgeblich an Bestandsveränderungen in Europa beteiligt sind. Langfristig schwerwiegender und gravierender als die Dürre in den Savannengürteln ist die zunehmende Vernichtung von Gehölzen und Grasbewuchs, die Überweidung und der zunehmende Wasserverbrauch durch Viehhirten und Bauern. Zunehmende Bevölkerungsmigration aus den Trockengürteln nach Süden in Feuchtsavanne und Regenwaldregion fördert dort durch Waldzerstörung eine Reihe von Paläarkten zu Lasten afrikanischer Arten. Die Anlage hunderttausender Naßreisfarmen und kleiner Staubecken, sowie riesiger Stauseen haben nicht nur die Feuchtgebietssituation, sondern auch die Überwinterungsareale in Westafrika stark verändert. Neben negativen Faktoren sind positive Entwicklungen für einige europäische Arten teils sichtbar, teils zu erwarten.

In den schmalen westafrikanischen Klimazonen sind Vegetations- und Arthropodenzyklen jahreszeitlich extremen Wechseln unterworfen, die sich nach Süden abschwächen. Der Wechsel zwischen Mangel und Überfluß prägt das System.

Die innerafrikanischen Migrationsverhältnisse paläarktischer Arten, noch vor kurzem kaum bekannt, sind in einem hohen Maße an diese komplizierten Gesetzmäßigkeiten angepaßt. Ein großzügiges Zeitbudget – viele Arten sind nur 4 – 5 Monate in Europa – erlaubt komplizierte Zugwege in Afrika: Schleifenzüge führen entlang der Vegetationszonen von Ost nach West und umgekehrt, statt wie zu erwarten quer dazu, verbunden mit riesigen, scheinbar unökonomischen Umwegen. Sie ermöglichen die Nutzung temporärer lokaler Nahrungsüberschüsse und gleichzeitig die Wahrnehmung günstiger Winde für die Saharaquerung (nach GATTER 1987a, b und 1997).

Summary
15.10 Africa: changes in winter habitat of Palaearctic species

The most convincing explanation for the phenomenon of migrants overwintering in such large numbers in the Sahel zone is that the long dry period is followed by a single brief rainy season. The sudden rains create an enormous surge in plant growth and animal life, especially arthropods. The resident birds alone are unable to fully exploit this food surplus since their population densities are determined by the season poorest in food resources, namely the month of June (MOREL 1973).

The changes in the numbers of birds passing through Randecker Maar raise the possibility that there are additional, as yet unrecognized, factors affecting European population numbers, apart from well-known ones such as the drought in the African savannas. The increasing destruction of trees, shrubs, and grasslands, overgrazing and the mounting water consumption by cattle herders and farmers are far more seriously damaging than the savanna belt drought. Increasing migration of people from the dry belt to the wet savanna and rain forest to the south has resulted in deforestation there, benefitting a series of Palearctic birds but to the detriment of African species. The creation of hundreds of thousands of rice paddies and small irrigation dams, as well as very large reservoirs, have completely altered the status of wetlands and wintering quarters in West Africa. Positive aspects, as well as negative, are already apparent, or are to be expected, where some European species are concerned.

In the narrow West African climate zones, vegetational and arthropod cycles are subject to extreme seasonal fluctuations, which become weaker further south. The system is determined by alternating shortage and abundance.

The intra-African migration systems of Palaearctic species, almost unknown until recently, are to a great extent adapted to the complicated cycles of these events. A generous time budget (many species spend only 4 – 5 months in Europe) allows complex movements in Africa: loop migration routes pass along the vegetation zones from east to west and vice-versa, instead of across them as expected, and are associated with lengthy and apparently uneconomical detours. These routes allow the exploitation of temporary local food surpluses and also of favourable winds for the crossing of the Sahara (after GATTER *1987a, b, 1997).*

16 Konkurrenz und Prädation zwischen Vögeln und anderen Tiergruppen – Ein vernachlässigtes Thema?

„Prädation ist keine einfache Zweiweg-Interaktion zwischen Räuber und Beute."
IAN NEWTON, Ibis 141 (1999): 695

In den vorausgegangenen Kapiteln habe ich gezeigt, daß für die Verarmung unserer Fauna Landschaftsveränderungen und Lebensraumzerstörung zu den wesentlichsten Wirkfaktoren gehören. Als solche sind diese oft auch leicht nachvollziehbar. Andererseits neigt unser Denken dazu, erst einmal lineare Bezüge in unserer Beobachtungswelt herzustellen und erschwert damit die Einsicht in komplexere Geschehensabläufe vor allem auch dann, wenn diese unserem unmittelbaren Gesichtsfeld entrückt sind. So spielen mögliche Beziehungen zwischen Vögeln und den überwiegend nachtaktiven Säugern vor allem wohl deshalb kaum eine Rolle in unseren Überlegungen, weil wir unsere Vierbeiner selten sehen und wenig über sie wissen.

Ich bin mir bewußt, daß manche der im folgenden in Beziehung gebrachte Beobachtungen möglicherweise nur auf Koinzidenzen beruhen. Ich bin jedoch auch überzeugt, daß andere einen realen Hintergrund haben. Sollte die eine oder andere Aussage apodiktisch wirken, so ist dies unbeabsichtigt. Jedoch ist es durchaus mein Ansinnen, durch provokativere Formulierungen die Aufmerksamkeit auf bisher wenig beachtete Probleme zu lenken, wenn auch die Beweislage für vermutete Zusammenhänge noch auf schwachen Beinen stehen mag.

Das im folgenden Dargestellte soll daher vor allem dazu dienen, solche, meiner Meinung nach bisher zu wenig oder gar nicht beachtete Fakten und Fragestellungen aufzuzeigen und aufzugreifen, um damit zu weiterer Forschungsarbeit anzuregen. Zudem ist bei alledem zu berücksichtigen, daß viele hier in Erwägung gezogene Wechselbeziehungen sich regional unterschiedlich darstellen mögen und schon deshalb keinen Anspruch auf Allgemeingültigkeit haben können. Vorrangiger Zweck ist es letztlich, hier darauf hinzuweisen, daß diese Einflüsse 1970, bei Beginn unserer Untersuchungen, andere gewesen sein müssen als heute.

16.1 Versuch eines synökologischen Seitenblicks

Systeme zwischen Räuber und Beute gelten in der Natur gemeinhin als stabil und als Motor der evolutiven Entwicklung, der beide Seiten entscheidend prägt (SLATKIN & MAYNARD-SMITH 1979). Diese evolutionstheoretischen Überlegungen sind selbst zwischen großen heimischen Wirbeltierarten Mitteleuropas bis heute kaum untersucht. Die Ursache dafür liegt oft in der selektiven Betrachtung von Einzelproblemen. Dabei wird meist ein Prädator in seinem Verhältnis zu einer oder wenigen Beutearten betrachtet oder Vögel nur im Zusammenhang mit anderen Vogelarten. Eine Räuber-Beute-Beziehung gerät aber aus dem „dynamischen Gleichgewicht", wenn der Mensch bewußt oder unbewußt massiv zugunsten einzelner Arten eingreift. Die von Jägern gezielt über Fütterung geförderte Vermehrung beim Wildschwein kann nicht ohne Auswirkungen auf das begleitende Artengefüge bleiben. Die „Begünstigung" des Fuchses geschieht über das Nachlassen der seit Jahrhunderten starken Verfolgung, zum anderen über flächendeckende Impfaktionen gegen Fuchskrankheiten. Deren Ziel ist nicht die Gesundung des Fuchsbestandes, sie dienen ausschließlich der Abwendung von Gefahr für den Menschen bzw. dessen Haustiere.

In einer Arbeit über zwischenartliche Konkurrenz und Prädation bei Vögeln (BAUER & LEY 1994) zeigt der Literaturüberblick, daß ornithologische Publikationen zu mitteleuropäischen Arten fast immer nur Teilaspekte behandeln.

In der Arktisforschung werden eher ganzheitliche Betrachtungen des Themas angestrebt. Es ist anerkannter Wissensstand, daß dort Füchse, Schneeulen, Raubmöwen und Großmöwen den Bruterfolg zahlreicher Vogelarten in lemmingarmen Jahren gegen Null drücken können (STUART-SMITH 1991, ANDREEV 1999). Arktische Landökosysteme ermöglichen aufgrund der Artenarmut und der sommerlichen Tageslänge eher detaillierte Analysen der Räuber-Beute-Beziehungen und eine weiter reichende Betrachtung der Wechselwirkungen. Innerhalb der gemäßigten Zonen werden von der Vielzahl wechselwirkender Organismen deshalb oft nur einzelne herausgegriffen. Für eine ökologische Aussage ist aber die möglichst umfassende Wahl der zu betrachtenden Arten von entscheidender Bedeutung.

JEDRZEJEWSKA & JEDRZEJEWSKI (1998) behandeln dieses Problem innerhalb einer Zusammenfassung von Fallstudien aus dem Bialowieza Nationalpark in Polen. Sie konnten dabei viele interessante Ergebnisse zu den Wechselwirkungen zwischen den verschiedensten Tierarten herausarbeiten. Man könnte anführen, daß solche Studien nicht auf unsere bewirtschafteten Gebiete in Mitteleuropa übertragbar wären. Tatsächlich sind aber auch in vom Menschen stark beeinflußten Gebieten prinzipiell die gleichen Mechanismen zu erwarten und es gibt viele Bereiche, die Ähnlichkeiten mit diesem in Polen untersuchten kleinen Urwaldrest aufweisen. Aus diesem Grund könnten ähnliche Studien sicher auch in unseren Wäldern interessante Aufschlüsse geben. Ein gravierender Unterschied zwischen den Bedingungen in diesem Nationalpark und den Waldgebieten in Deutschland mag folgender sein: Im Nationalpark, in dem selbst Spitzenprädatoren wie Wolf und Luchs vorkommen, sind die Abundanzen der von ihnen direkt oder indirekt beeinflußten Beutetiere völlig anders als dort, wo jene fehlen. Langfristig erholen sich auch stark von Beutegreifern dezimierte Populationen, wenn sich ihre Lebensbedingungen durch Zyklen der Spitzenprädatoren, über Nahrungsreichtum oder abiotische Faktoren wieder verbessern. Fuchs, Dachs und Wildschwein leben dort – durch die regulierenden Eingriffe der beiden großen Carnivoren und jagdliche Eingriffe außerhalb der winzigen Kernzone – in viel geringeren Dichten als in Deutschland. Bei uns stellen Fuchs und Marder (Dachs und Wildschwein) die Klasse der Großprädatoren, weil die natürlichen Spitzenprädatoren fehlen. Es ist deshalb anzunehmen, daß das Eingriffsgefüge auf Vogelarten mit dem von Bialowieza nicht vergleichbar ist.

Ein derzeit aus den Fugen geratenes jagdliches Hegesystem (Kap. 15.7.1, 15.8.4.4), verbunden mit Tierschutzforderungen einerseits und einer Zunahme der verfügbaren Nahrung andererseits (Kap. 15.2, 15.5, 15.8), hat hier vor allem die Verhältnisse der Biomasse zwischen den Herbivoren, Omnivoren und Carnivoren in nur 30 Jahren total verändert (Abb. 18. 10).

Die Vervielfachung der Biomasse bei voll bzw. teilweise carnivoren Säugern wie Füchsen und Wildschweinen als populationswirksame Faktoren bei Bodenbrütern und die interaktionistischen Auswirkungen auf andere Säuger, Vögel, Reptilien, Amphibien und selbst Arthropodenbestände sind bei uns bisher kein Gegenstand der Diskussion.

Wie schwierig solche Beurteilungen von Ursache und Wirkung sind, zeigt der Fall des Michigan-Waldsängers *Dendroica kirtlandii*, der als einer der wenigen Fälle galt, wo eine Vogelart durch den Einfluß einer anderen (einem parasitierenden Stärling) in ihrem Bestand bedroht gewesen sei (HARRIS in BAUER & LEY 1994). Für die Zunahme des Stärlings wurde wiederum die Fragmentierung der Wälder Nordamerikas verantwortlich gemacht. Gleichzeitig brachte dort ein gigantischer Waldbrand die überalterten Bestände von *Pinus banksiana* zum Absterben, deren Samen nur nach Feuereinfluß keimen. Anfang der 1990er Jahre, ein Jahrzehnt später, lebten in den ausgedehnten Jungbeständen der Kiefer wieder größere Populationen des Waldsängers. Schonende, naturschutzkonforme Waldwirtschaft unter Ausschluß des Feuers, die eine Waldverjüngung verhinderte, war also der eigentliche Grund des Rückgangs (BARNES & BOSIO 1986, BARNES 1993). Ein ähnliches Beispiel, wie die Veränderungen des Waldes zu Verschiebungen in der Vogelwelt führen können, bieten bei uns Berg- und Waldlaubsänger. Das Ende der Beweidung sowie der Nieder- und Mittelwaldbewirtschaftung mit den deshalb fehlenden Jungbeständen und die daraus resultierenden Veränderungen im Bestandesklima (und damit z. B. der Schneckenfauna) führt zu veränderten Konkurrenzbedingungen. Sie bringen den Berglaubsänger in Bedrängnis, und der Waldlaubsänger, der seinerseits vermehrt unter Bodenfeinden leidet, ersetzt ihn (GATTER 1997c). Hinzu kommt, daß durch das Einwandern der Buche in das Habitat des Berglaubsängers über die Buchenmast Gelbhalsmäuse häufiger werden. Diese spielen, wie auch ihre Verwandten, als Nesträuber eine wichtige und bisher kaum beachtete Rolle (GATTER & SCHÜTT 1999).

Einige synökologische Betrachtungen zum Zusammenwirken von Säuger- und Vogelpopulationen beschränken sich auf den schädlichen Einfluß der vom Menschen eingebürgerten Säuger wie Nerz und Waschbär. Die derzeitigen Auswirkungen werden in Mitteleuropa jedoch häufig überbewertet, da deren Populationen meist noch klein sind. Gleichzeitig wird aber kaum beachtet, daß sich Populationsdichten heimischer Säuger in den vergangenen Jahrzehnten so gravierend verändert haben, daß ihr Einfluß auf Vogelbestände als Nahrungskonkurrenten bzw. als Prädatoren enorm sein muß, wobei die jeweiligen Anteile jedoch kaum zu klären sind.

Die Marderarten *Martes* werden immer nur als Teilaspekt einer möglichen Einflußnahme auf die Bestandsdynamik einer Vogelart betrachtet. Ihr Zusammenwirken mit dem Fuchs und weiteren Säugern, von den Mäusen *Muridae* und dem Siebenschläfer *Glis glis* bis hin zum Wildschwein, sowie mit Vogelarten, die als Nahrungskonkurrenten oder Prädatoren auftreten, ist praktisch ungeklärt.

Interessante Erkenntnisse lieferten uns auch Nistkastenuntersuchungen über das Konkurrenzverhalten zwischen Haselmaus und Siebenschläfer (GATTER & SCHÜTT 1999). Überall, wo der Siebenschläfer stark zunimmt, zieht sich die Haselmaus zurück. Das Muster dieser zwischenartlichen Konkurrenz (siehe Abb. 16.11) ist in unserer Fauna wahrscheinlich auch auf viele Vogelarten mit ähnlicher ökologischer Einnischung übertragbar.

Trotz Schutz und Förderung wird die kleinere Art bei ähnlichen ökologischen Ansprüchen zurückgedrängt, wenn der stärkere Konkurrent zunimmt. Ähnliche Verhältnisse – auch wenn sie vielfach anders gedeutet werden – haben wir wohl zwischen den verschiedenen Rabenvögeln, wo Revier-, Raum- und Nahrungskonkurrenz zusammen mit einigen weiteren Faktoren bestimmen, welche Art sich durchsetzt (Kap. 17).

Ebenso unbeachtet ist der indirekte Einfluß der Jagd geblieben. Massive Fütterung (Kap. 15.7, 15.8.4.4) bewirkt eine Veränderung der Konkurrenzverhältnisse und übt dadurch einen wichtigeren Einfluß auf Vögel aus als die Bejagung selbst, wie am Beispiel des Wildschweins gezeigt wird. Die Abschußzahlen von Wildschweinen in den alten Bundesländern sind heute gegenüber den Jahren 1936 – 1939 ca. 20mal höher, die Bestandsgröße ist noch viel stärker angestiegen als diese Zahlen zeigen. Davor hatte es in weiten Bereichen Deutschlands über ein ganzes Jahrhundert hinweg gar keine Wildschweine gegeben (z. B. MÜLLER 1998). Der Einfluß des Wildschweins auf Bodenbrüter, Vögel, Amphibien, Reptilien und andere Säuger wurde bisher nicht untersucht. Faktisch nie zu klären ist dabei die prozentuale Einflußnahme bzw. ihr Anteil am Rückgang bzw. der Zunahme einer Art. Aussagen wie die von KUBE & PROBST (1999) über den derzeit verheerenden Einfluß von Wildschweinen und Raubsäugern auf brütende Wasservögel an der Ostsee sind bislang die Ausnahme.

HÖLZINGER (1987) sieht in seinen Artbearbeitungen bei Einzelarten erhebliche Verluste und schließt auf eine starke Beeinflussung der Populationen durch Prädation (z. B. beim Rauhfußkauz). Bei seiner Bilanz und Analyse der Gefährdung der Vögel Baden-Württembergs beschränken sich negative Einflüsse auf Vogelarten neben Witterungseinflüssen dagegen auf rein anthropogene Ursachen. Die dort genannten Rückgangsursachen entspringen vor allem bei Wald- und Gebüschvögeln weniger einer analytischen Gesamtbetrachtung als vielmehr der Addition augenfälliger Einzelbelege. Bei BAUER & BERTHOLD (1996) nehmen Prädation und Konkurrenz als Hauptfaktoren etwas mehr als 1 %, als Nebenfaktoren immerhin 38 % ein. Tatsächlich dürfte Prädation aber bei mehr Arten mit zu den Hauptfaktoren gehören. In die meisten Untersuchungen werden nur die Verluste bis zum Zeitpunkt des Ausfliegens einbezogen. Dabei können sie in den Wochen danach viel höher sein. Zudem sind die Werte von 1980 und davor möglicherweise in vielen Fällen nicht mit den heutigen Verhältnissen vergleichbar, wie Beispiele aus England (CRICK et al. 2000) und die folgenden Abschnitte sowie Beispiele in den Kapiteln 17 bis 18 vermuten lassen.

Gegenüber der früher üblichen Pauschalverurteilung des Räubers (von v. TSCHUDI 1868 bis HENZE 1991) beginnt sich langsam eine differenziertere Betrachtungsweise durchzusetzen.

Auch den sympatrischen Vorkommen mehrerer Prädatoren und ihrer additiven Wirkung auf Beutetiere wird heute verstärkt Beachtung geschenkt (SOLER 1989, GASAWAY et al. 1992 in HALLER 1996, JEDRZEJEWSKA & JEDRZEJEWSKI 1998).

Der Anregung zu weiteren Überlegungen sollen deshalb auch die folgenden kurzen Notizen zur Bestandsentwicklung mitteleuropäischer Tierarten dienen.

16.2 Auswirkungen der Prädation auf Populationen

Die Höhe der Gelegeverluste und die Nestlingsmortalität bzw. der Bruterfolg sind entscheidende Größen für die Reproduktion einer Population. Sie reichen jedoch nicht aus, um die Populationsentwicklung zu charakterisieren. Einige Untersuchungen zeigten, daß nach der Nestlingsphase sehr hohe Verluste auftreten können.

In England lagen die Verluste zwischen Schlupf und Verlassen des Nestes bei der Amsel um 48 % und in den ersten 30 Tagen danach bei weiteren ca. 35 % (MAGRATH 1991). Bei der Wasseramsel fand HEGELBACH (1999 und pers. Mitt.) in den ersten 10 Tagen nach dem Ausfliegen eine Mortalität von 57 %; 100 Tage nach dem Schlupf lebten noch ca. 15 % und nach einem Jahr noch 7 %.

Über die Verlustursachen nach dem Ausfliegen haben wir meist nur rudimentäre Kenntnisse. Über den Anteil der Verluste durch Prädation wissen wir noch weniger. Sie müssen sich auf Grund der angestiegenen Bestände von Carnivoren und Omnivoren erhöht haben. Das heißt auch, daß ältere Zahlen für heutige Gefährdungsabschätzungen nur bedingt brauchbar sind.

Wichtig und oft verkannt ist die Tatsache, daß Beutegreifer ihre Opfer nicht nur nach deren Abundanz bejagen. Die Bildung eines Suchmusters, Energiemaximierung oder Zeitminimierung, Wirkstoffgehaltsoptimierung und Medikation bzw. eine frequenzabhängige Jagd (CURIO pers. Mitt., Halle 1998) sind Gründe dafür, weshalb sie von einer derart dichteproportionalen Beuteentnahme abweichen.

Daß Prädatoren eine wichtige Rolle spielen und Vögel diesbezüglich in vielerlei Beziehung lernfähig sind, zeigen Beispiele von prädatorfreien Inseln (siehe die unter Hohltaube in Kap. 17 genannten Beispiele). Andererseits suchen kleine Sperlingsvögel vor allem in den Tropen zur Anlage ihrer Brutkolonien die Nähe von Nestern großer Adler oder Wespen, von denen sie sich Schutz gegen Raubsäuger und kleine Greifvögel erhoffen (BRUGGERS & BERTOLI 1979). Uferschnepfen wählen in Jahren mit hoher Nagerdichte eine geringere Distanz zu Nestern von Raubmöwen, von denen sie sich Schutz erhoffen, als in Jahren mit niedriger Nagerdichte, wenn sie erhöhte Prädation durch die Raubmöwen befürchten müssen (LARSEN 2000).

Bei geselligen Vogelarten sichert der individuell höhere soziale Rang des Einzelindividuums innerhalb eines Schwarms von z. B. Meisen weniger prädationsgefährdete Fraßplätze (HOGSTAD 1988, EKMAN 1990).

Umfangreiche Untersuchungen von Räuber-Beute-Systemen zeigen, wie kompliziert die Zusammenhänge sind. Freßfeinde können neben ihrem zunächst direkten negativen Einfluß auf eine Art indirekt weitere positive und negative Wirkungen auf den Komplex ihrer Beutetierpopulationen haben (SIH et al. 1985). Die Verhältnisse sind umso komplizierter, je mehr Prädatoren beteiligt sind (HOLT & LAWTON 1994, MENGE 1995). Während in einzelnen Systemen ein Prädator die Zusammensetzung der Beutetiergemeinschaften bestimmen kann, sind es in den meisten Fällen mehrere Arten, von denen jede einzelne allein oft wenig Einfluß hat (HIXON 1991, MENGE et al. 1994).

In Siedlungsräumen sind durch bessere Ernährungsbedingungen zunächst die Bedingungen für eine Gesamterhöhung der Biomasse ebenso besser geworden wie in Wald, Feld und an Gewässern. Daraus wäre zunächst eine Erhöhung der Populationsdichten aller hiervon profitierenden Arten zu erwarten. Tatsächlich hat sich die Biomasse der Vögel und anderer Wirbeltiere in allen diesen Bereichen erhöht. Dieser Zugewinn verteilt sich aber sehr ungleich über die einzelnen Arten. Dabei sind die Ursachen schwierig zu ermitteln.

Auffällig ist, daß die DZZ am RM bei vielen häufigen dominanten Arten der Wälder nicht zunehmen, obwohl sich ihre Bedingungen z. B. über die Zunahme ihres Habitats verbessern. Beispiele dafür sind Buchfink, Gimpel, Grünling, Heckenbraunelle, Tannenmeise, die Goldhähnchen und viele andere. Die DZZ der Drosseln nehmen ab, obwohl sich die äußeren Bedingungen für sie nicht in dem Maße verschlechtert haben dürften (Kap. 17). Der Gartenrotschwanz nimmt bei uns überwiegend ab und auf den Britischen Inseln zu, obwohl die Überwinterungsgebiete die gleichen sind.

Wieder andere Arten, wie Rabenkrähe und Elster, Buntspecht und Kleiber, nehmen stark zu, obwohl ihnen die gleichen Nahrungsressourcen zur Verfügung stehen wie verwandten, aber abnehmenden Arten.

Und schließlich gibt es Arten, die großräumig seltener werden und selbst aus Naturschutzgebieten verschwinden, aber „nebenan" in der Lage sind, spontan aus dem Nichts Populationen aufzubauen, wie am Braunkehlchen gezeigt wird (Kap. 17).

In vielen Lebensräumen hat die Dichte der Prädatoren zugenommen (Kap. 16.3 und 17), deren interspezifisches Zusammenwirken und somit deren Einfluß auf Beutetierpopulationen kaum bekannt ist. Bemerkenswert sind in diesem Zusammenhang die Populationsdichten und Bestandstrends von Kornweihe, Dohle und Hohltaube auf den friesischen Inseln, wo einige wichtige Prädatoren fehlen (Kap. 17).

Wenden wir uns dazu einigen Erkenntnissen aus Räuber-Beute-Verhältnissen zu. Experimentelle und unbeeinflußte Freilandstudien haben die unterschiedlichsten Befunde über zunehmenden Prädationsdruck erbracht (z. B. Hixon 1986, 1991, Newton 1998):

1. **Keine Veränderungen**: Die Beziehung ist ausgeglichen.
2. **Gleichmäßiger Rückgang** und vielfältige, oft kaum vorhersehbare Geschehensabläufe, bis hin zum Verschwinden von Beutetierarten (Spiller & Schoener 1998) sind verbreitet bei niedrigem bis mittlerem Prädationsdruck. Die Reduzierung konkurrierender dominanter Arten erlaubt hier das Nebeneinander von mehr Beutetierarten (Conell 1978, Paine 1966). Bei mittlerem bis hohem Prädationsdruck werden Beutetierarten eliminiert und die Artenvielfalt kann zurückgehen (Paine & Vadas 1966). Die ansteigende Phase vielgestaltiger Geschehensabläufe, also eine durch den Freßfeind vermittelte Koexistenz, wird als *predator-mediated coexistence* bezeichnet (Caswell 1978, Menge 1995).

   Indirekte Effekte können dazu führen, daß die Vielfalt von Beutetierarten mit zunehmendem Beutedruck abnimmt (Zusammenfassung bei Holt & Lawton 1994). Eines der Muster führt über zunehmende Konkurrenz in den verbleibenden, durch Prädatoren weniger gefährdeten Refugien (Mittelbach & Chesson 1987) zum Ausschluß von Arten.

   Eine weitere Möglichkeit scheinbarer Konkurrenz (Holt 1984) entsteht dann, wenn ein Räuber auf die Zunahme einer Beutetierart mit einer Erhöhung seiner Population reagiert und damit stärkeren Einfluß auf eine zweite Art – mit z. B. geringerer Reproduktionsrate – gewinnt und so den Rückgang oder Ausschluß der zweiten Art herbeiführt.
3. **Zu- oder Abnahme der Bestände durch konkurrierende Arten**: Innerhalb nahe verwandter Beutegreifer kann ein Prädator, der von einer breiten Palette von Beutetierarten lebt, sowohl Prädator als auch Konkurrent innerhalb des Systems sein (Polis et al. 1989, Pimm & Lawton 1978, Kap. 18.6). Ein solcher ist der Fuchs, der einerseits überwiegend von Nagern lebt, aber gleichzeitig über Prädation auch die Bestände verwandter Räuber wie die der Marderartigen beeinflußt (Kap. 16.3.1), wodurch andere Säuger gefördert werden. Dies bleibt nicht ohne Auswirkungen auf die Bestände von Vogelarten (Kap. 17, 18.5).
4. **Verschwinden von Beständen durch Fixierung des Prädators auf bestimmte Beutemuster**: Spiller & Schoener (1998) untersuchten im Experiment mit Echsen den Einfluß auf Spinnen (viele Gattungen sind dank Windverdriftung in der jugendlichen Migrationsphase sehr mobil). Bei den Versuchsreihen zeigte sich, daß die Wirkung der Echsen auf die häufigste Spinnenart geringer war als auf alle seltenen Arten zusammen. Dies reichte von einer Abnahme der durchschnittlichen Körperlänge (wohl meist über ein geringeres erreichbares Alter) bis hin zum Ausschluß von Arten. Sowohl bei Insel- wie auch bei Festlandspopulationen führten die Experimente zum Verschwinden seltener Arten.

Die meisten anderen experimentellen Untersuchungen, die sich mit terrestrischen Arten befassen und komplette Beutetierspektren berücksichtigen, kommen zu dem Schluß, daß Prädatoren meist die Beutetierartenzahl entweder reduzieren (Joern 1988, Fowler et al. 1991, Mac Mahon 1988, Schoener & Spiller 1996), oder (seltener) keinen Einfluß haben (FOWLER et al. 1991).

Bei Vögeln sind auch experimentelle Untersuchungen dieses Ziels im Freiland generell schwierig, weil sich Verluste je nach Art oft nur bis zum Stadium des Ausfliegens, der Dismigration bzw. zur Zugzeit nachweisen lassen. So zeigen die Versuche, wo Prädatoren entfernt wurden, beim Bruterfolg meist erhöhte Werte. Bereits nach der Brutzeit ist dies abgeschwächt und in der nächsten Brutsaison nur noch teilweise nachzuweisen. Die Ursachen dafür sind nachvollziehbar. Selbst bei vollständigem Entfernen aller Singvögel mit Revier durch Erlegen und auch deren Folgebesetzungen im selben Jahr war die Zahl der besetzten Reviere im Folgejahr gleich hoch (HANSLEY & COPE in NEWTON 1998, dort zahlreiche weitere entsprechende Befunde). Andererseits kann die erhöhte Sicherheit der Vögel beim Fehlen bestimmter Prädatoren zu extrem hohen Siedlungsdichten führen, wie die Beispiele im Artkapitel der Hohltaube, solche über die Ringeltaube in Kap. 18 bzw. einige der in Kap. 17 geschilderten Bestandstrends aus dem weitgehend marderfreien England vermuten lassen.

Angesichts rasch wachsender Bestände großer Säuger sollten Avizönosen nicht isoliert betrachtet werden. Ihre Einbeziehung in Diskussionen über Vogelbestände erscheint in vieler Hinsicht wichtig. Auf die Ergebnisse der Jagdstatistik sollte dabei nicht verzichtet werden. Sie liefert bei größeren Tierarten brauchbare Ergebnisse zu Bestandstrends und kann selbst bei jagdlich weniger bedeutenden Vogelarten wie der Ringeltaube dazu beitragen, Ergebnisse aus Siedlungsdichteuntersuchungen und aus Planbeobachtungen des Vogelzugs besser zu deuten (Kap. 17 und 18).

Im folgenden werden nur solche Arten besprochen, die in enger Wechselwirkung zu der Vogelwelt stehen und deren Bestandsveränderungen sich direkt oder indirekt auf die Bestände der Vögel auswirken könnten. Den hoch komplexen positiven wie negativen Wechselwirkungen zwischen dem Fuchs als unserem verbliebenen Spitzenprädator und den kleineren Carnivoren, Mardern und Wieseln, bis hin zu Eichhörnchen, Bilchen und Vögeln wird hierbei besondere Aufmerksamkeit geschenkt.

16.3 Bestandsentwicklung bei Säugetieren, Insekten und Weichtieren

Die großen herbivoren Säuger scheinen zunächst ohne nennenswerten, unmittelbar erkennbaren Einfluß auf Vögel zu sein. Ihre indirekte Einwirkung über eine Beeinflussung der Vegetation dürfte dagegen erheblich sein. Daß Großherbivoren wie Hirsche und Schafe direkt als Nestprädatoren wirken können (FURNESS 1988) und selbst Mäuse eine bedeutendere Rolle spielen können als „herkömmliche Prädatoren“ (MAXSON & ORING 1978, BUREŠ 1997, PENNINGTON 1992), war bisher weitgehend übersehen oder lediglich vermutet worden (VERBEEK 1970). Einige Vogelarten profitieren zudem von den Wildfütterungsmaßnahmen für Reh, Hirsch und Wildschwein (Kap. 15.8.4.4).

Sowohl carnivore als auch omnivore Arten können einen erheblichen Einfluß auf Vogelpopulationen und deren Artenzusammensetzung und Dichte haben. Die enorme Verschiebung des Gefüges zwischen Herbivoren und Granivoren einerseits, Carnivoren und Omnivoren andererseits (Abb. 18.10), legt den Verdacht nahe, daß diese Veränderungen in den vergangenen 30 Jahren in Einzelfällen bedeutender sein könnten als die in Kap. 15 geschilderten Faktoren, von denen sie natürlich beeinflußt oder gar ausgelöst werden.

16.3.1 Säugetiere

Herbivore und omnivore Paarhufer

Rehe, **Hirsche** und **Gemsen** sind nur zu einem geringen Teil Nahrungskonkurrenten der Vögel. Die gute Erforschung ihrer Populationen zeigt aber eindrucksvoll auf, wie sich die Landschaft insgesamt im Hinblick auf ein quantitativ und qualitativ steigendes Nahrungsangebot verändert hat. Dieses hat wiederum rasch steigende Bestandszahlen zur Folge (ELLENBERG jun. 1986, 1987, BUWAL 1992, Kap. 15.5, 15.8).

Beim Rehwild haben sich die Streckenzahlen/100 ha Wald in vielen Regionen Deutschlands seit 1900 um das Zwanzigfache erhöht (z. B. HÄBERLE 1997) und damit historische

Höchstwerte erreicht. Die Gesamtstrecke hat sich seit 1936 verdreifacht und allein zwischen 1970 und 1995 verdoppelt. Entsprechende Steigerungen werden aus der Schweiz bei Reh und Gemse, viel stärkere für den Rothirsch gemeldet (BUWAL 1992). In Bayern sind die Streckenzahlen beim Rehwild seit 1865 um das Fünfzehnfache (MÜLLER 1998), in Tirol/Österreich um den Faktor 24 angestiegen. Beim Rothirsch war dort gleichzeitig ein Anstieg um den Faktor 12, bei Gemsen um den Faktor 10 zu verzeichnen. Als Folge davon ging der Waldflächenanteil der Tanne *Abies alba* im selben Zeitraum von 10 % auf „heute nicht mehr meßbare Anteile in den jüngsten Altersklassen zurück" (SCHEIRING 1997). Auch die heute erntereifen Weißtannen des Schwarzwalds und der Baar verdanken ihr Dasein dem wildarmen 19. Jahrhundert. Das Forsteinrichtungswerk für den Staatswald von Villingen am Rande des Schwarzwaldes bezeichnete damals den Wildstand „für den Wald unschädlich, da zur Zeit keine Rehe und nur wenig Hasen und Füchse vorhanden sind" (PLOCHMANN 1998). Beschränkungen der Jagd gab es damals keine

Vergleichbare Einflüsse auf Sukzessionen gelten auch für den Elch in Skandinavien und Nordamerika. Auf der Isle Royale, einem Nationalpark im Oberen See/USA, existiert seit 40 Jahren das längste Projekt menschlich unbeeinflußter Räuber-Beute-Beziehungen zwischen Wolf und Elch. In Teilen des Nationalparks verjüngt sich als Folge der hohen Elchbestände nur noch die Fichte. Tannen, Kiefern und Laubhölzer wurden herausselektiert. Elch-Fichten-Savannen als wohl temporäre „natürliche" Wiesenhabitate sind die Folge (HEURICH 1998). Dabei wäre in diesem Gebiet, nach europäischem Vorbild, als potentielle natürliche Vegetation (pnV) geschlossener Wald zu erwarten (Kap. 15.8). In all diesen Fällen ist anzunehmen, daß sich solche Vegetationsveränderungen auch auf die Zusammensetzung der Vogelwelt auswirken.

Wildschwein *Sus scrofa*: In weiten Teilen Deutschlands hat das omnivore Wildschwein im 19. Jahrhundert gefehlt, war oft nur in Gehegen vorhanden. Daran hat sich bis zum 2. Weltkrieg nicht viel verändert (z. B. MÜLLER 1998). Dagegen haben sich die Jagdstrecken im Berichtszeitraum 1970 – 1995 vervierfacht. Die tatsächliche Bestandssteigerung ist weit höher, da noch ständig neue Areale besiedelt werden, wo nur „gehegt" wird. „Kirrung" (Anlockfütterung), Ganzjahresfütterung, das Revierjagdsystem und Hegeringe haben diese Zunahme ermöglicht und dazu geführt, daß selbst die Hochlagen der Mittelgebirge mit reinem Nadelwald vom Wildschwein besiedelt werden konnten. Die Jagdjahresstrecken im Gebiet der alten Bundesländer waren 1994 19mal höher als 1936 – 1939. In Polen wachsen sie derzeit ebenfalls stark an. Verstädterungstendenzen sind in Berlin und verschiedenen anderen europäischen Städten zu finden. In Österreich sind die Streckenzahlen seit 1973 auf das Fünffache (Österr. Stat. Zentralamt), in den Niederlanden allein von 1990 bis 1993 auf das Sechsfache angestiegen (WIESE 1996) und wachsen weiter kräftig. Entsprechend hohe, kontinuierlich ansteigende Dichten sind im polnischen Bialowieza nicht bekannt (JEDRZEJEWSKA & JEDRZEJEWSKI 1998).

Wildschweine fressen neben Wurzeln und Samen ein breites Spektrum von Invertebraten und kleinere Wirbeltiere aller Art. Bodenbrüter und Nester bis fast 2 m Höhe (Fotobeleg, HOMOKI-NAGY 1955) werden systematisch gesucht und gefressen. Bei den unten angegebenen lokalen Dichten könnte trotz geringem Anteil animalischer Nahrung mit dem Verlust der meisten Bodenbrüter gerechnet werden. Auch der bei hohen Wildschweindichten lokal festzustellende Rückgang des Rehwildes wird unter anderem auf das Erbeuten von Kitzen durch Wildschweine zurückgeführt.

Ein Schwarzwildforschungsprojekt in Baden-Württemberg ergab, daß im Jahresschnitt 37 % des Inhalts aller analysierten Mageninhalte aus Fütterungen stammt. In den Wintermonaten

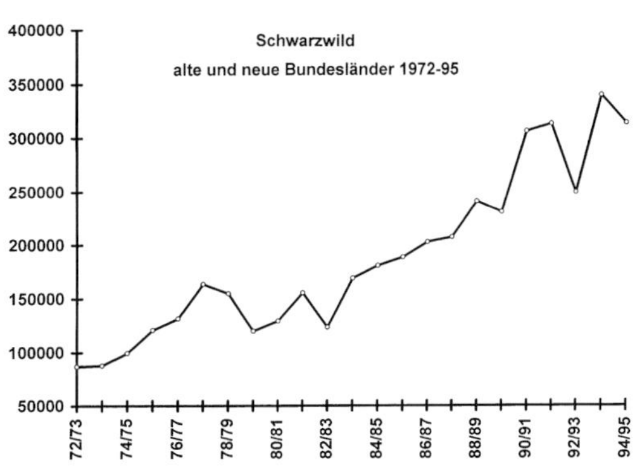

Abb. 16.1: Wildschwein – Jagdstrecken in Deutschland. – *Wild Boar* Sus scrofa *– kills by hunters in Germany 1972 – 1995.*

steigt der Anteil an Körnermais aus Fütterungen und „Kirrungen“ sogar auf 50 %. Die Waldmast nimmt im Jahresverlauf nur 19 %, Gräser und Kräuter 17 % und Getreide aus der Feldflur 7 % ein. Animalische Nahrung, mit 4 % vertreten, reicht von Wirbellosen bis zu Hase und Reh. Dem hohen Ernährungsanteil aus Fütterungen wird entscheidender Einfluß auf die Überlebensrate der Frischlinge wie auch auf die Höhe der Reproduktionsrate und damit die Populationsdynamik des Schwarzwildes beigemessen (Eisfeld & Hahn 1998, Hespeler 1999). Damit ist anzunehmen, daß die starke Vermehrung dieser Art vor allem auch auf Zusatzfütterung zurückgeht. Die stark wachsenden Anbauflächen beim Mais spielen hier eine Rolle. Zunehmende Waldsamenerträge und die hierbei seit 100 Jahren nachlassende, heute fehlende Konkurrenz des Menschen um diese Ressource haben weiteren Einfluß auf die Zunahme. In einem nur 2600 ha großen Waldkomplex mit mehreren Privatjagden südwestlich von Kirchheim/Teck, BWü. (und illegaler, aber wohl einer dem üblichen entsprechenden Dauerfütterung) wurden 1996 über 200, 1999 an einem Tag 102 Wildschweine erlegt. Der Bestand wird von den zuständigen Förstern in dem Gebiet auf 500 – 700 Tiere geschätzt. Das entspräche einem Wildschwein pro 4 – 5 ha oder 20 Tieren auf 100 ha und somit einer Biomasse von 0,5 bis einer Tonne. Daß diese Rotten innerhalb einer Brutzeit jeden Hektar Wald und das umliegende Agrarland mehrfach durchstreifen, läßt sich an Hand von umgebrochenen Stellen leicht nachvollziehen. Es ist nicht anzunehmen, daß bei dieser flächendeckenden „Kontrolle“ Bodenbrüter geschont werden. Beim Rückgang vieler Arten, von Rauhfußhühnern, Fasan und Waldschnepfe (siehe dort) bis zum Laubsänger, dürften Wildschweine heute maßgeblich beteiligt sein. Kube & Probst (1999) nennen unter den Prädatoren Wildschweine an erster Stelle als bestandslimitierende Ursache für Wasservögel an der Ostsee. Ansonsten ist dieses Problem in der ornithologischen Literatur bisher kaum beachtet worden (siehe Weihen Kap. 17).

Auf die Schäden während des Zweiten Weltkriegs durch Zunahme des Wildschweins, dessen Bestände damals weit geringer als heute waren, wurde in Württemberg um 1950 mit dem Einsatz von „Jagdkommandos“ reagiert. Vom Tagesdienst befreite Förster saßen Nacht für Nacht zum Reduktionsabschuß draußen. Dagegen beantwortet 1999 das zuständige Ministerium die sich in BWü. ausbreitende Schweinepest nicht mit Fütterungsverboten, sondern mit einer Impfaktion gegen die Seuche.

Carnivore Säuger

Hauskatze: Der Einfluß von Hauskatzen auf städtische/dörfliche Vogelgemeinschaften wird unterschiedlich beurteilt. Dennoch ist die Sicht von Churcher & Lawthon (1987), die Katzen als „Schlüssel-Prädatoren in Siedlungsbereichen“ bezeichnen, sicher richtig. Die Beurteilung von Bestandsveränderungen geht aber generell von einem bestimmten zeitlichen Untersuchungsbeginn aus. Der Einfluß der Katze auf Vogelgesellschaften der Siedlungen ist aber fast so alt wie unsere dörfliche Siedlungsgeschichte selbst. Mit dem Anwachsen der Siedlungsfläche hat sich der Einfluß von Katzen auf Vogelpopulationen räumlich stark vergrößert. Für Bestandsveränderungen von Vögeln in Siedlungsgebieten sind Katzen als Prädatoren jedoch sicherlich nicht von ausschlaggebender Bedeutung. Entscheidender für Veränderungen sind vielmehr die Prädatoren, die vor 30 Jahren noch nicht verstädtert waren und angesichts ihrer von Art zu Art unterschiedlichen Einnischung Beutepopulationen anders beeinflussen.

Rotfuchs *Vulpes vulpes*: In ursprünglicheren Ökosystemen der gemäßigten Zonen werden die Bestände des Fuchses durch Wolf (Schakal/Coyote) und Luchs beeinflußt (Greenwood et al. 1995, Jedrzejewska & Jedrzejewski 1998, Pöldsam 1999). Als Feind des Hausgeflügels, des Niederwildes und als Pelzlieferant wurde der Fuchs früher generell stark bejagt. Im Rahmen der Tollwutbekämpfung führten Abschußprämien ab 1959 und Baubegasungsaktionen von 1963 – 1973 zusammen mit verstärkter Bejagung in Baden-Württemberg und anderen Bundesländern zum Absinken der Bestände. In der Periode 1974 – 1988 stiegen sie zunächst nur mäßig an. Damals begannen die Impfaktionen gegen Tollwut, einer der Gründe für den drastischen Anstieg der Bestandszahlen des Rotfuchses im letzten Jahrzehnt des 20. Jahrhunderts (Abb. 16.2, Elliger & Pegel 1996). Die Entwicklung der Jagdstrecken in Deutschland verläuft weitgehend parallel dazu. Ab Anfang der 1980er Jahre wurde angesichts starker Vermehrung wieder zur verstärkten Bejagung aufgerufen.

Im zusammenhängenden Waldgürtel des Steilabfalls der Schwäbischen Alb wie auch in isolierten Waldparzellen der Albhochfläche wurden von 1991 – 1998 bis zu vier befahrene Mutterbaue/20 ha gefunden. Dies entspricht Winterwerten von etwa einem Fuchs auf 10 ha Wald und Sommerwerten, die weit darüber liegen.

Die Zahlen beobachteter Füchse im Bereich der Station RM und des Ökologischen Lehrreviers der Forstverwaltung BWü. hatten sich, ausgehend von Werten des Zeitraumes 1976 – 1980 bis 1986 verdreifacht, von 1976 bis 1993 verfünffacht (Verf.). In BWü. und vielen anderen Gebieten werden seit 1983 Impfköder gegen Tollwut z. T. flächendeckend aus Hubschraubern abgeworfen (siehe dazu Kap. 18.6.3). Die dadurch verringerte Mortalität und das gleichzeitig nachlassende Interesse an der Bejagung – bei weltweitem Verfall der Pelzpreise – sind eine der unmittelbaren Ursachen dieser Bestandszunahme. Sie ermöglichte zudem fast europaweit die Ausbreitung des Fuchses in menschliche Siedlungsbereiche (Harris 1981, Elliger & Pegel 1996). Als Folge dieser Zunahme werden jetzt Impfköder gegen den sich rasch vermehrenden Fuchsbandwurm nötig, der nun ein Gesundheitsrisiko für den Menschen darstellt! Der Fuchsbestand war bis zum letzten Jahrzehnt des 20. Jahrhunderts wohl niemals vergleichbar hoch. Fuchs- und Dachsstrecken betrugen in D um 1930 zusammen 159.000. Ca. 140.000 davon dürften Füchse gewesen sein. Die heutigen Strecken sind viermal höher (Wiese 1996).

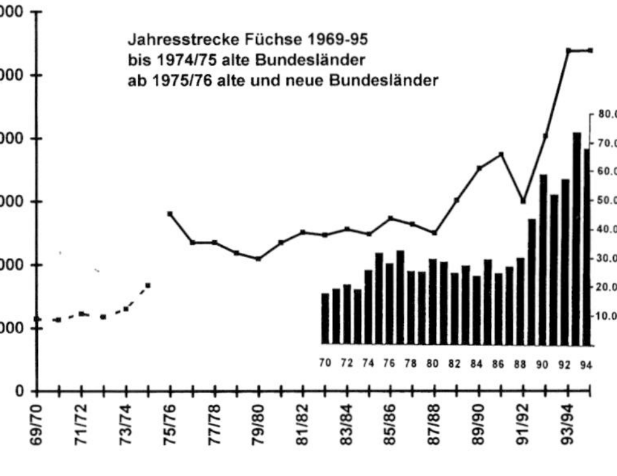

Abb. 16.2: Rotfuchs – Jagdstrecken in Deutschland (nach Wiese 1996). Schwarze Säulen – Jagdstrecken in Baden-Württemberg (nach Elliger & Pegel 1996). – *Red Fox* Vulpes vulpes *– kills in Germany 1969 – 1995 (after Wiese 1996; former West Germany to 1974/75, from 1975/76 all of Germany). Black columns – kills in Baden-Württemberg 1970 – 1994).*

Etwas natürlichere Verhältnisse dürfen wir im Wald von Bialowieza/Polen und Belarus vermuten, wo ihre Dichte durch Wolf und Luchs niedrig gehalten wird. 5,4 % der Sommerbeute des Luchses sind dort Füchse und Marderhunde. Die Fuchsbestände liegen dort bei Bruchteilen der unsrigen. Winterwerte/10 km² betrugen dort bei verschiedenen Erhebungen zwischen 1,4 und 2,9 um 1946 bis 1954, 1,9 um 1981 und 2,5 bis 3,5 Ende der 1980er Jahre. Sommerwerte betragen etwa das Doppelte (Jedrzejewska & Jedrzejewski 1998). Unsere Werte liegen demgegenüber beim Fünfzehnfachen, um eine Größenordnung zu nennen!

Obwohl Füchse hochspezialisiert auf Mäuse als Beute sind, können sie als effektive Prädatoren von Vögeln und bodennahen Vogelnestern gelten. In Bialowieza sind Vögel im Jahresverlauf mit 8,2 – 36,6 % der Erbeutungen und Biomasseanteilen von 1,8 – 3,1 % beteiligt. Der Feldhase nimmt dort in der Ernährung des Fuchses 6,1 – 19,8 % der Erbeutungen und 11,8 – 14,7 % der Biomasse ein. Kube & Probst (1999) nennen den Fuchs neben dem Wildschwein als eine der Hauptursachen für den derzeit geringen Bruterfolg von Wasservögeln im Ostseebereich. Er mag wohl außerdem an dem zu Gunsten der Männchen verschobenen Geschlechteranteil vieler Entenvögel beteiligt sein, die je nach Art bei 51 – 77 % liegt (Baldassarre & Bolen in Newton 1998). Die Weibchenanteile, die Sargeant et al. in Newton (1998) an Fuchsbauen fanden, lagen artabhängig zwischen 64 und 90 %. Am Rückgang der Großtrappe *Otis tarda* halten Litzbarski & Litzbarski (1999) den Fuchs für wesentlich beteiligt. Es ist bekannt, daß sich der Prädationsdruck durch Füchse und ähnliche Räuber auf Vögel in Jahren geringer Mäusedichte verstärkt (Pearson 1966, Dunn 1977, Marcström et al. 1988, Baines 1991, weitere Beispiele bei Newton 1993, 1998). Nordische Limikolen erleiden in Lemmingfehljahren hohe Brutverluste durch Füchse (Järvinen 1990). Ein Schlüsselerlebnis war für mich eine Exkursion mit H. H. Bergmann und A. V. Andreev am Ochotskischen Meer in Ostsibirien. Über 80 % aller von den Exkursionsteilnehmern gefundenen Vogelnester, bei manchen Arten 100 %, wurden von Füchsen ausgenommen, wobei hier das „geruchliche Hinführen" ebenso mitspielen kann wie das visuelle bei Corviden. In beiden Fällen steigt die Auffinderate mit der Häufigkeit des Prädators.

Umgekehrt gibt es zahlreiche Untersuchungen, die belegen, daß sich nachlassende Dichte vorhandener Carnivoren – insbesondere die des

Fuchses – sowohl direkt auf den Bruterfolg als auch auf den Anstieg der Brutpaarzahlen auswirkt (Beasom 1974, Littlefield 1995, Tapper et al. 1996, Newton 1998).

In der Literatur finden sich Berichte über die Auswirkungen einer durch den Menschen herbeigeführten Reduktion bzw. Entfernung von Prädatoren auf Vogelpopulationen. Einige dieser Eingriffe kann man fast als „Experiment" ansehen, wie das folgende Beispiel zeigt. Es beschreibt die Zusammenhänge zwischen Coyote *Canis latrans*, Fuchs und Stockente in Kanada (Greenwood et al. 1995). Landwirtschaftliche Erschließung sumpfiger Prärien während Trokkenjahren und die Bekämpfung des Coyoten führten zu einer starken Zunahme von Füchsen, die weit mehr Enten erbeuteten als die Coyoten. Die Produktivität der Stockente sank unter ein zur Arterhaltung nötiges Niveau. Nach Ende der Dürre wurden Millionen Hektar Akkerland wieder sich selbst überlassen und wandelten sich zu Grasland, das bessere Nistmöglichkeiten bot. Gleichzeitig ließ die Bekämpfung des Coyoten nach, Füchse nahmen stark ab und die Enten zu (Greenwood & Sovada 1996).

Dies zeigt die engen Zusammenhänge zwischen der Landbewirtschaftung und den Interaktionen zwischen verschiedenen Prädatoren und ihrer Beute. Als Pendant dazu könnte in Mitteleuropa die gegenseitige Beeinflussung zwischen Fuchs und Marder (siehe dort und in Kap. 17 und 18), mit ähnlichen Auswirkungen auf deren Beutearten, gesehen werden, wobei Musteliden zu den Beutetieren des Fuchses gehören (Jedrzejewska & Jedrzejewski 1998). Dabei kann sich der Rückgang von „obligatorischen" Beutetieren eines Räubers über das Ausweichen auf eine Ersatzbeute negativ auf die Populationsentwicklung anderer, seltener Arten auswirken (Stuart-Smith 1991, Kap. 18). Die starke Zunahme des Fuchses hat wohl schon heute zu einer unüberschaubaren Änderung des Artengefüges direkt oder indirekt „untergeordneter" Arten geführt, die nicht mit einem Rückgang der Vögel/Flächeneinheit gleichzusetzen ist.

Die momentanen Fuchsdichten in Mitteleuropa stellen dabei direkt eine Beeinträchtigung des Bruterfolgs vieler Bodenbrüter und der Überlebensrate vieler am Boden übernachtender bzw. nahrungssuchender Vögel dar (siehe Rebhuhn in Kap. 17). Im Zusammenspiel mit anderen Prädatoren und veränderten anthropogenen Faktoren sind sie in der Lage, bestimmte, durch ihre Lebens- und Brutgewohnheiten exponierte Vogelarten regional zu eliminieren. Für Bodenbrüter hat sich die Situation in der Schweiz gegenüber dem 19. Jahrhundert vor allem durch die Veränderungen im Agrarbereich nach 1915 generell verschlechtert (Tanner 1993). Bodenbrütenden Vogelarten der Wälder geht es aber nicht besser. Während die Vögel in den Agrarbereichen unter den veränderten Techniken der Landwirtschaft und Prädationsdruck zu leiden haben, sind die Bodenbrüter des Waldes vorwiegend der stark gewachsenen Prädatorendichte durch Säuger ausgesetzt. Wildschweine erschließen sich das Agrarland nur nachts. Der Fuchs ist dagegen vor allem während der Jungenaufzucht – und damit in der Brutzeit – rund um die Uhr aktiv.

Steinmarder *Martes foina* und Baummarder *Martes martes*: Erfahrungen mit einigen Standvogelarten und die Analyse der Durchzugszahlen von Vögeln am RM lassen den Schluß zu, daß Marder mit zu den wichtigsten Faktoren gehören könnten, die Vogelbestände direkt oder über die Verschiebung von Konkurrenzbedingungen beeinflussen. Einige Arten sind davon so betroffen, daß Marder wohl nicht nur ihre Dichte, sondern auch Arealreduktionen und -erweiterungen steuern dürften.

Die Jagdstrecken der Marderarten werden nicht überall erfaßt. Die Bestandsentwicklung nimmt offensichtlich unterschiedliche Verläufe. Beim eher seltenen Baummarder ist ein langsamer Abstieg seit Anfang der 1980er Jahre zu beobachten, der unter anderem durch Konkurrenz zum Steinmarder bedingt sein kann. Dessen Bestände (Fährten und Jagdstrecken) steigen im Offenland und Wald kontinuierlich bis etwa 1980 an und sind seit Ende der 1980er Jahre bis heute rückläufig. Im Bereich des RM wurden nach Neuschnee in den 1990er Jahren sowohl in den Wäldern als auch an den zahlreichen Felsen und Feldscheunen deutlich weniger Marderfährten gefunden als im Jahrzehnt davor. Fährten im Schnee und Jagdstrecken zeigen hier in den 3 Jahrzehnten etwa vergleichbare Entwicklungen.

Grundsätzlich ist derzeit von drei nicht parallel verlaufenden Entwicklungen auszugehen: deutliche Abnahme in Wäldern; sehr starker Rückgang im Offenland mit wenig Gehölzen; sehr starke Zunahme in Siedlungsbereichen. Marderschäden an Kraftfahrzeugen waren noch 1975 kaum bekannt, weil ihre verstädterten Po-

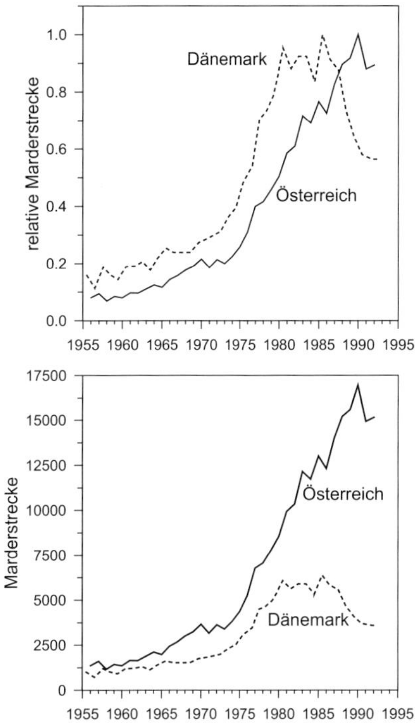

Abb. 16.3: Jagdstrecken von Baum- und Steinmarder in Dänemark und Österreich. Die unterschiedliche Darstellungsform zeigt den zeitlich versetzten Populationsanstieg (nach SØNDERGAARD 1996, GUTHÖRL & KALCHREUTER 1995). – *Kills of Pine Marten* Martes martes *and Beech Marten* M. foina *in Denmark and Austria (relative, above, and absolute). The different representational forms show the time lag in the population increase.*

pulationen minimal waren. 1999 wurde der an 160.000 Fahrzeugen entstandene Schaden in D auf 50 – 70 Mio. DM geschätzt.

Die Bestandstrends lassen einen – bisher in der Literatur wohl nicht diskutierten – Zusammenhang mit der Fuchsdichte vermuten! Nach konstanten Streckenzahlen 1958 – 1962 stiegen die Jagdstrecken beider Marder kontinuierlich an und erreichten Ende der 1970er bis Mitte/ Ende der 1980er Jahre höchste Werte. Zeitgleich mit dem starken Anstieg des Fuchsbestandes nach 1987 in D und BWü. gingen die Zahlen erlegter Marder zurück. Dies hat zwei Gründe: Bei hohen Fuchsdichten dämpft der Fuchs über Prädation die Populationsentwicklung der Marder überall außerhalb der Siedlungen, nicht ganz unähnlich den oben geschilderten Verhältnissen zwischen Coyote und Fuchs. Die Streckenzahlen der Marder geben nach dem Verfall der Pelzpreise den Verlauf der Populationskurve möglicherweise nur noch abgeschwächt wieder. In den neuen Bundesländern steigt die Dichte des selteneren Baummarders derzeit offenbar noch an, da Fangprämien 1990 abgeschafft wurden (BOTHE 1998).

In Österreich blieben die Fuchsstrecken 1973 – 1991 weitgehend konstant, stiegen dann aber bis 1994/95 um 40 % (in D um 115 %) an (WIESE 1996). Dagegen hatten Marder in Österreich in der Zeit der konstanten Fuchsbestände seit den 1960er Jahren beständig zugenommen. Erst mit Ansteigen der Fuchszahlen in den 1990er Jahren nahmen die Zahlen der Marder (die seit 1960 bis dahin eine Steigerung um 1200 % erfahren hatten!) wieder leicht ab (GUTHÖRL & KALCHREUTER 1995, Abb. 16.3). Die Bestandsentwicklung typischer Beutetiere von Mardern in der Vogelwelt ist auffällig mit Populationstrends und Verbreitungslücken beider Marderarten korreliert (Kap. 17). In England, wo der Steinmarder fehlt und der Baummarder nur in den Reliktwäldern der Waldkiefer im Norden zahlenschwache Bestände hat (VAN DEN BRINK 1968), entwickeln sich Ringeltaube und große Höhlenbrüter völlig anders als auf dem Festland. Die Bestandsentwicklung bei der Ringeltaube, bei Steinkauz, Dohle und Hohltaube (siehe dort)

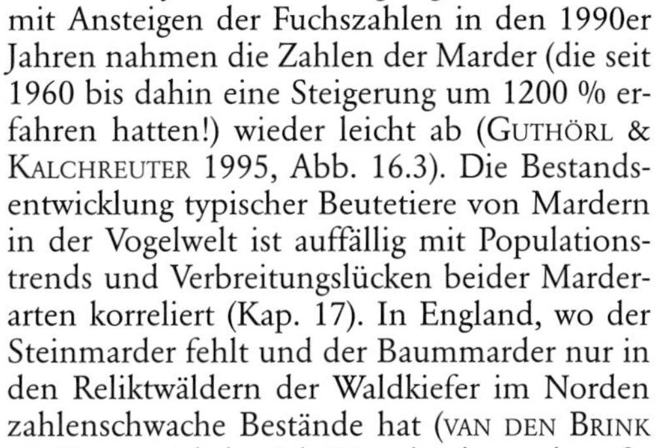

Abb. 16.4: Jagdstrecken der Ringeltaube in Deutschland (nach WIESE 1996) und Verlauf der Durchzugsstärke am RM (siehe Kap. 17) lassen, wie in Dänemark und Österreich, Prädation durch Marder als wesentlichsten bestandsbeeinflussenden Faktor vermuten (siehe Kap.18). – *Kills of* Columba palumbus *in Germany (circles) and changes in passage volume at Randecker Maar (see Chapter 17) indicate that predation by* Martes *is probably the most important population regulating factor. This appears to be the case also in Denmark and Austria (see Chapter 18).*

weicht extrem von der des Festlandes ab. Auch auf den friesischen Inseln, wo Fuchs und Marder fehlen, sind sie gegenläufig zur sonstigen Bestandsentwicklung in Europa. Bestände der Hohltaube in Großbritannien erlitten durch die Verwendung giftiger Saatgutbeizen ca. 1951 – 1961 Einbrüche um etwa 90 %. Nach deren Verbot reagierten sie sofort mit einer nunmehr über 30jährigen explosiven Zunahme. Gleichzeitig stiegen die Festlandszahlen unter dem Einfluß steigender Marderpopulationen bis etwa 1984 nur wenig. Erst durch den Rückgang der Marder als wahrscheinliche Folge der sehr hohen Fuchsdichten zeigt sich eine positive Wirkung. Es ist möglich, daß auch die positive Populationsentwicklung zahlreicher baumbewohnender Kleinsäuger (siehe Bilche hier, GATTER & SCHÜTT 1999) und Höhlenbrüter wie des Kleibers, einiger Meisenarten bis hin zu der von Spechten und Kleineulen, damit zusammenhängt.

Bei Mardern im Bialowieza-Nationalpark nehmen Vögel im Frühling und Sommer zwischen 19 % und 23,3 % der Erbeutungen und 6 bis 13 % der Biomasse ein. Iltis, Wiesel und Hauskatze sind dort als Beutetiere des Baummarders nachgewiesen (JEDRZEJEWSKA & JEDRZEJEWSKI 1998). Dabei muß berücksichtigt werden, daß hier nicht nur die Rate der Nestprädation herangezogen werden kann, denn diese arbivoren Carnivoren verbringen einen großen Teil ihrer aktiven Nahrungssuche in Bäumen oder an Felsen und Gebäuden. Sie leben, obwohl auf Mäuse spezialisiert, zu einem nicht unbedeutenden Prozentsatz ganzjährig von Arbivoren, also Vögeln, Bilchen und Eichhörnchen. Der Einfluß erstreckt sich damit unabhängig von der ökologischen Einnischung effektiv auf alle tag- und nachtaktiven Arten (Kap. 18). Vogelarten, die im Areal einer Hauptbeuteart des Marders leben, können ebenfalls hohe Verluste erleiden, wie am Beispiel von Ringeltaube und Baumfalke angedeutet wird (Kap. 17).

Durch Litauen läuft die nördliche Verbreitungsgrenze des Steinmarders und er gilt dort als selten. SABLEVICIUS (1993) räumt dem Bruterfolg des Rauhfußkauzes dort wenig Chancen ein, wenn die Dichte des Baummarders zwei Paare auf 1000 ha Wald übersteigt. Bei uns erreichen die Dichten beider Marderarten überall ein Vielfaches davon. Zum Einfluß der Marder auf den Steinkauz siehe Kap. 17.

Den Einfluß der Marder auf felsbewohnende Arten verdeutlicht ein Beispiel bei SCHILLING & ROCKENBAUCH (1985): An einem einzigen Felsmassiv mit Wanderfalkenbrutplatz fing ein Jäger in „kurzer Zeit“ über 50 Marder, was dem Horstplatz wegen nachrückender Marder jedoch „keine Entlastung“ brachte (siehe auch Kap. 18.7).

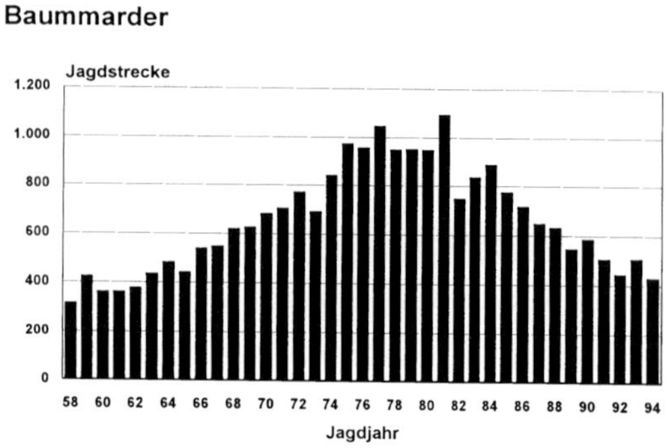

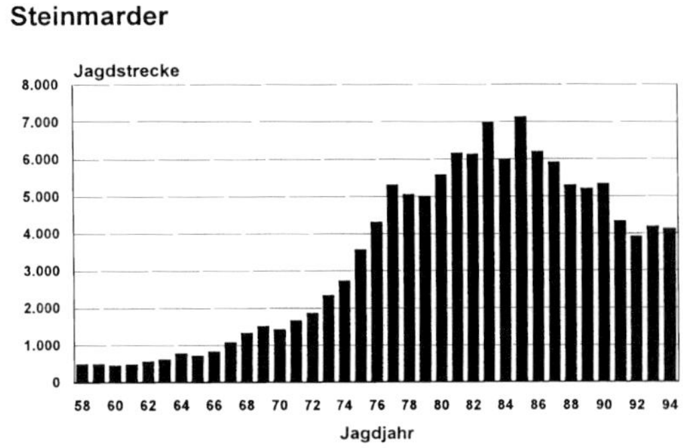

Abb. 16.5: Jagdstrecken von Baum- und Steinmarder in Baden-Württemberg (nach ELLIGER & PEGEL 1996). – *Kills of Pine Marten* Martes martes *(above) and Beech Marten* M. foina *in Baden-Württemberg.*

Bis in die 1960er Jahre waren Marder eine hochbegehrte Jagdbeute und schon aus diesem Grunde wohl relativ selten. Um 1930 brachten drei Fallenfänge beim Kürschner die Summe eines Monatslohns, heute entspricht der Wert eines Marderbalges gerade noch einem Stundenlohn. Dies wirkt sich natürlich auch auf die Marderstrecke und die Populationen aus.

In Kap. 18 wird eine Korrelation zwischen den Jagdstreckenzahlen von Ringeltaube und Steinmarder für Dänemark, Deutschland und Österreich hergestellt. Die Streckenzahlen der Ringeltaube in Deutschland (Abb. 16.4, siehe auch Kap. 17) decken sich dabei frappierend mit den Ergebnissen der Planbeobachtungen. Der Vergleich der

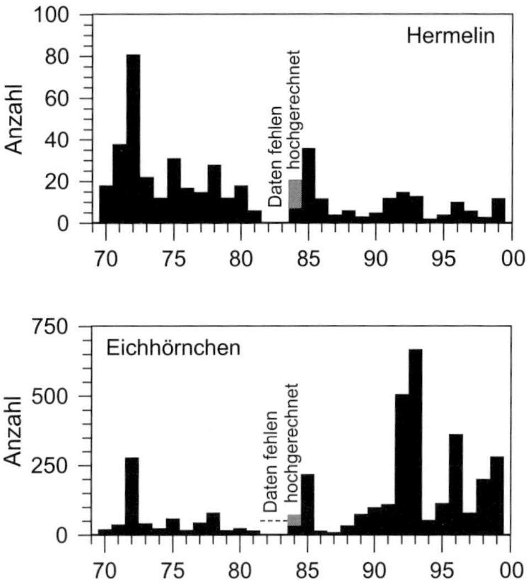

Abb. 16.6: Bestandsentwicklung (Jahressummen) von Hermelin und Eichhörnchen ab 1970 nach Beobachtungen des Verfassers im Bereich des Randecker Maars. 1981 und 1982/83 nicht erfaßt. 1984 aus unvollständiger Erfassung hochgerechnet. – *Population changes (annual totals) of Stoat* Mustela erminea *(above) and Red Squirrel* Sciurus vulgaris *from observations by the author in the Randecker Maar area; the count in 1984 was incomplete and has been extrapolated; no count was made in 1981 and 1982/83.*

erlegten Marder mit der Anzahl erlegter Tauben in den drei genannten Ländern läßt vermuten, daß Marder heute in Mitteleuropa neben dem Fuchs die Stellung von Spitzenprädatoren einnehmen (Abb. 16.3 und Abb. 18.13).

Hermelin *Mustela erminea*: Über die kleinen Marderartigen gibt die deutsche Jagdstatistik keine oder nur bruchstückhafte Auskunft. 30jährige eigene Zählungen lassen einen umgekehrt proportionalen Zusammenhang mit der Dichte des Rotfuchses vermuten. Er beeinflußt den Bestand der überwiegend bodengebundenen – und vom Menschen kaum bejagten – Wieselarten als Freßfeind offenbar noch deutlicher als den der Marder. Wiesel gehören zu den Beutetieren des Fuchses (Jedrzejewska & Jedrzejewski 1998).

Eigene Beobachtungen des Hermelins im Bereich des RM sind in der Zeit von 1970 bis 1999 (ohne den nicht erfaßten Zeitraum 1981 bis Mitte 1984) linear auf ein Viertel der Anfangsbeobachtungen zurückgegangen. Sichtungen des Fuchses haben sich dagegen im gleichen Zeitraum verfünffacht. Die schneearmen Winter machen das Hermelin mit seinem weißen Winterkleid aber mittlerweile ohnehin zu einem Außenseiter in unserer Tierwelt und prädestinieren es geradezu für Beutegreifer. Eine entsprechend negative Bestandsentwicklung macht offensichtlich der an Wasserläufe gebundene **Iltis *Mustela putorius*** durch. Mit durchschnittlich zwei Beobachtungen bzw. Straßenopfern/Jahr bis 1980, 0,6 bis 1992 und nur einem einzigen Nachweis in allen folgenden 7 Jahren, dürfte dies dem realistischen Rückgang entsprechen. In Jägerkreisen wird der Rückgang, der sich – mangels anderer Quellen – nur aus Streckenzahlen ergibt, in der gesetzlichen Erschwerung der Fallenjagd gesehen. Ein Zusammenhang zu interspezifischer Konkurrenz bzw. zum Rückgang der Amphibien wird dort nicht hergestellt (Elliger & Pegel 1998, Elliger pers. Mitt.).

Dachs *Meles meles*: Sein Rückgang im Zusammenhang mit Baubegasungen wegen der Tollwut des Fuchses führte zu einem Bestandstief um 1970. Seither nehmen die Bestände kontinuierlich zu. Die Jagdstrecken in der BRD stiegen von 1970 bis 1995 um mehr als das 6fache, in BWü. um das 9fache. Auf 100 ha Wald kommen in SW-D 5,4 befahrene Baue (Elliger &

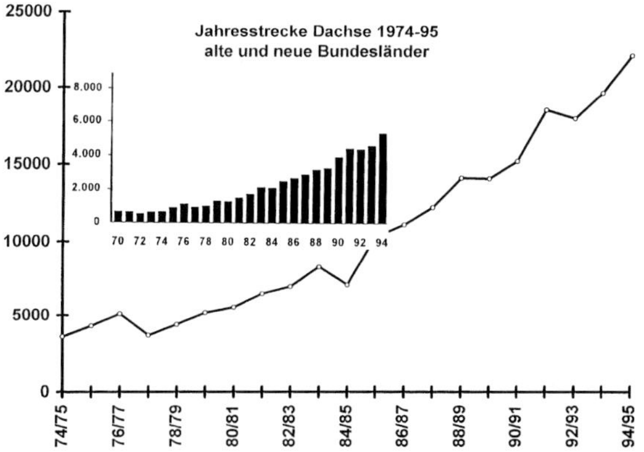

Abb.16.7: Jagdstrecken vom Dachs in Deutschland (nach Wiese 1996). Schwarze Säulen – Jagdstrecken in Baden-Württemberg (nach Elliger & Pegel 1996). – *Kills of Badger* Meles meles *in Germany. Black columns – kills in Baden-Württemberg 1970 – 1994.*

PEGEL 1996), was Winterwerten von wenigstens ca. einem Dachs auf 10 ha Wald und ca. doppelt so hohen Sommerwerten entspricht. Dachse ernähren sich omnivor und sind zunächst einmal hochspezialisierte Regenwurmfresser, aber sie verschmähen Bodenbrüter und deren Bruten nicht.

In Bialowieza/Polen nehmen Vögel zwar nur 5,7 % der Beutefälle und 0,4 % der Biomasse im Sommerhalbjahr ein, doch muß der Anteil bei den derzeit in Deutschland vorgefundenen Dichten gerade bei Gelegen und Jungvögeln bedeutender sein. Ein Vergleich mit den Siedlungsdichten des Dachses in Bialowieza ist deshalb interessant. In dem überwiegend bewaldeten Gebiet kam 1996 nur ein Bau auf ca. 8 km^2, eine gegenüber unseren Wäldern unglaublich geringe Dichte, die ihr Pendant im belorussischen Teil des Parks findet (JEDRZEJEWSKA & JEDRZEJEWSKI 1998).

Hörnchen *Sciuridae*

Eichhörnchen *Sciurus vulgaris*: Die Bestandsdynamik des Eichhörnchens ist außerhalb von Gärten und Parks sehr stark von der Samenmast der Waldbäume abhängig. Langzeittrends aus D sind kaum bekannt. Lebenserwartung und damit die „Länge" der Zyklen werden bei uns derzeit in erster Linie von Mardern bestimmt.

30jährige eigene Zählungen aus dem Umland des RM zeigen eine zum Hermelin gegenläufige Entwicklung (Abb. 16.6). Als Folge von Mastjahren der Buche und Fichte waren 1972, 1985, besonders aber 1992/93 und 1996 hohe Bestände zu verzeichnen, die jeweils überraschend schnell, wohl durch Prädation, wieder abgebaut wurden. Der erhöhte Grundbestand der letzten Jahre und die stärkere Ausbildung von Eichhorngradationen gehen einher mit dem Rückgang der Marderbeobachtungen und -fährten im gleichen Gebiet und dem der Marderstrecken in BWü. Daß in erster Linie die Marder die Dynamik des Eichhörnchens zu bestimmen scheinen, berichten auch BRANDL et al. (1991). Länger anhaltende Gradationswellen von Eichhörnchen im Erzgebirge (MÖCKEL 1987) könnten darauf hinweisen, daß dort der Einfluß der Marder geringer war. Das Eichhörnchen als Baumbewohner und die gleichfalls arbivoren Bilche scheinen derzeit indirekt von den Bestandszunahmen der Füchse zu profitieren, die ihren Hauptfeinden, den Mardern und Wieseln, zusetzen. Eichhörnchen können vor allem als Nestprädatoren eine wichtige Rolle spielen (zahlreiche Beispiele im HVM), ihr Einfluß auf Singvogelpopulationen in Mitteleuropa ist dagegen kaum untersucht.

Bilche *Gliridae*

Ein Einfluß von Bilchen („Schlafmäuse") auf Bestandstrends von Vögeln wird unterschiedlich beurteilt. Starkes Auftreten von Bilchen kann erhebliche Verluste bei Höhlenbrütern verursachen. Kleiber sind wegen ihrer frühen Bruten kaum gefährdet. Auch bei Meisen sind wegen des späten Erscheinens der Bilche oft erst Zweitbruten betroffen. Anders ist es bei spät ankommenden Langstreckenziehern, besonders solchen mit nur einer Brut. Die Auswertung der Nistkastenuntersuchungen der Forstverwaltung in BWü. wird mit ihren ca. 5 Millionen Einzelkontrollen noch einige Ergebnisse zu diesem Thema liefern.

Siebenschläfer *Glis glis*: Fast 50jährige Bestandsuntersuchungen an Nistkastenbewohnern durch die Forstverwaltung BWü. an bis zu 200.000 Kästen/Jahr (GATTER 1998, GATTER & SCHÜTT 1999 und in Vorber.) lassen erkennen, daß Fliegenschnäpper, Gartenrotschwänze und Fledermäuse durch den Siebenschläfer stark betroffen

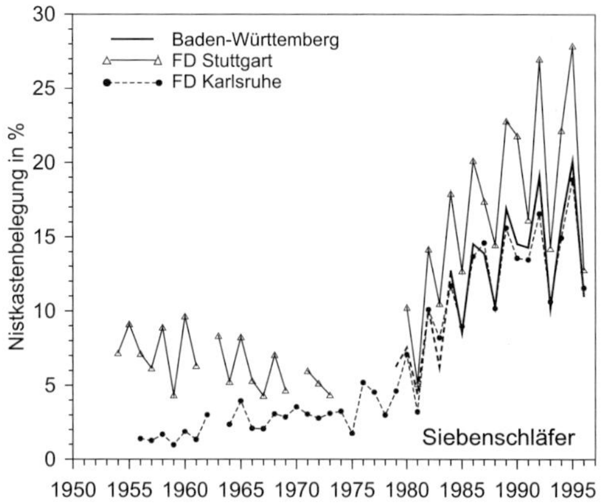

Abb.16.8: Bestandsentwicklung des Siebenschläfers nach Ergebnissen der Forstverwaltung Baden-Württemberg an bis zu 200.000 Nistkästen (FD = Forstdirektion; nach GATTER & SCHÜTT in Vorber.). – *Population changes of Edible Dormouse* Glis glis, *from forestry data based on up to 200 000 nestboxes in Baden-Württemberg; vertical axis shows percentage of boxes occcupied. (FD =forestry administration district).*

sein können. Die zwar gradationsabhängige, aber starke Zunahme der Art (Abb. 16.8), in weiten Bereichen um den Faktor 5 – 10 (GATTER & SCHÜTT in Vorber.), verursachte nicht nur im bisherigen Spitzenjahr 1995 starke Verluste an den bereits schwachen Beständen des Halsbandschnäppers *Ficedula albicollis*. Sein Ruf als Nesträuber eilte dem Siebenschläfer hier schon in den 1950er Jahren voraus. Auf Versuchsflächen im Schönbuch südlich von Stuttgart wurde eine neubegründete Nistkastenpopulation des Halsbandschnäppers ab 1970 von Siebenschläfern reduziert und war bis 1973 vernichtet (H. LÖHRL briefl.). Siebenschläfer töten brütende Weibchen, fressen oder zerstören die Brut (HENZE 1991, LÖHRL mdl., GATTER & SCHÜTT 1999 und in Vorber., zahlreiche Belege Forstverwaltung BWü.). Prädation auf dem Nest ist damit möglicherweise auch eine der Ursachen des Männchenüberschusses bei diesen Schnäppern. Unterschiedliche Bestandstrends der *Ficedula*-Arten zwischen dem südlichen Mitteleuropa einerseits, Nordeuropa und dem nordwestlichen Mitteleuropa, wo Bilcharten teilweise fehlen oder selten sind, könnten darin eine ihrer Ursachen haben. W. KLEMM (1970 und briefl.) berichtet aus Siebenbürgen von einem Nistkastenprojekt der rumänischen Forstverwaltung. *F. albicollis*-Bruten hatten dort als Folge der ständigen Zunahme von Bilchen eine mit dem Aufbau von Nistkastenkolonien von Jahr zu Jahr ungünstigere Bilanz. Die Verlustquote durch Bilche – vor allem Gartenschläfer, aber auch Haselmaus – erreichte beim Halsbandschnäpper bis zu 95 % der Bruten (siehe auch Kap. 18.6).

Gartenschläfer *Elyomys quercinus*: Diese Art spielt als Nesträuber eine weitaus größere Rolle als Siebenschläfer und Haselmaus, da sie nicht nur die Brut in der von ihr besetzten Höhle tötet, sondern auch die umliegenden ausraubt (HENZE 1991). LÖHRL (briefl.) berichtet, daß er im Schwarzwald Versuchsflächen aufgeben mußte, weil die Verluste an Bruten zu hoch waren. Der Gartenschläfer beeinflußt wegen seines jahreszeitlich frühen Auftretens fast alle Vogelarten gleichermaßen. Gartenschläfer nehmen in ihren Verbreitungsgebieten in BWü. seit 1960 exponentiell zu. Von 1964 bis 1996 hat sich die Zahl besetzter Nistkästen prozentual mehr als verzehnfacht (Abb. 16.9).

Haselmaus *Muscardinus avellanarius*: Über Schädigungen von Vogelbruten durch Haselmäuse herrscht in der Literatur Uneinigkeit. Es ist aber offenbar lediglich eine Frage der Dichte, ob Schäden gravierend werden. In polnischen Wäldern sind die Verluste von Höhlenbrütern durch Haselmäuse erheblich (PIELOWSKI & WASILEWSKI 1960). Haselmäuse trinken Eier aus und fressen kleine Jungvögel an. Häufig bringen sie

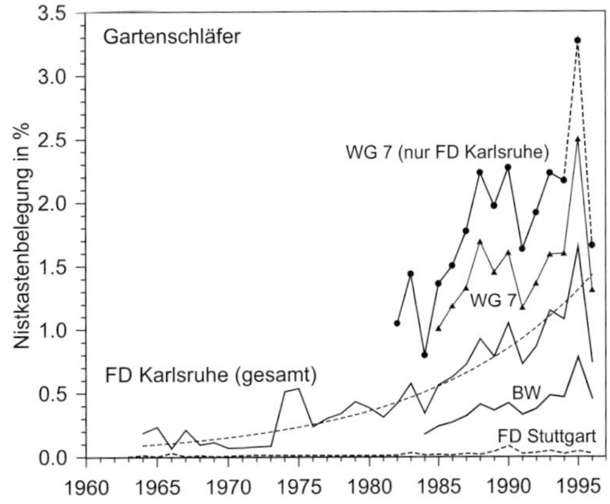

Abb. 16.9: Bestandsentwicklung des Gartenschläfers in Baden-Württemberg (BW). (FD = Forstdirektion, WG7 = Wuchsgebiet Schwarzwald; aus GATTER & SCHÜTT 1999). – *Population changes of Garden Dormouse* Eliomys quercinus *in Baden-Württemberg (BW) (FD = forestry administration district; WG7 = growing area Schwarzwald).*

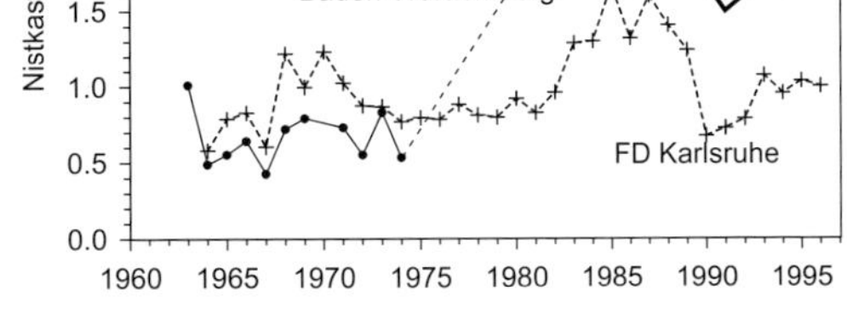

Abb. 16.10: Nistkastenbelegung durch Haselmäuse in Baden-Württembergs Wäldern. Siehe Abb. 16.8 (aus GATTER & SCHÜTT 1999). – *Nestbox occupancy by Common Dormouse* Muscardinus avellanarius *in Baden-Württemberg forests. See Fig. 16.8.*

Vogelbruten einfach durch ihre passive Anwesenheit in der Höhle um, weil die Altvögel das Füttern einstellen (GATTER & SCHÜTT 1999).

Die Haselmaus hat nach Nistkastenuntersuchungen der Forstverwaltung BWü. ebenfalls seit etwa 1980 zugenommen. Kurze Zeit später nahm der Bestand in den Nistkästen jedoch wieder ab. Dabei ist von Konkurrenz zu dem parallel zunehmenden Siebenschläfer auszugehen (Abb. 16.8, 16.10). Generell wird im sympatrischen Verbreitungsgebiet beider Arten eine Korrelation der Besetzungsraten in Nistkästen festgestellt (GATTER & SCHÜTT 1999). Überall, wo der Siebenschläfer stark zunimmt, zieht sich die Haselmaus zurück bzw. wird verdrängt. Das Muster dieser zwischenartlichen Konkurrenz (Abb. 16.11) ist wahrscheinlich oft auf das Verhältnis zwischen zwei ökologisch ähnlichen Arten übertragbar.

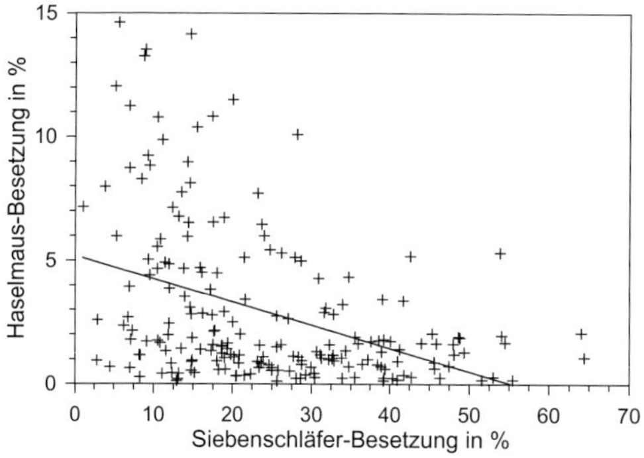

Abb. 16.11: Konkurrenz um Höhlenraum: Nistkastenpopulationen von Haselmaus und Siebenschläfer bei sympatrischer Verbreitung (aus GATTER & SCHÜTT 1999). – *Competition for nesting holes: nestbox populations of Common* Muscardinus avellanarius *(vertical axis) and Edible Dormouse* Glis glis *in sympatric distribution.*

Wühlmäuse *Microtidae* und Langschwanzmäuse *Muridae*

Längere Datenreihen sind kaum verfügbar. In Sachsen-Anhalt lassen Flächenfraßschäden in Forstkulturen zwar die jeweils typischen Gradationszyklen erkennen, doch die Nageschäden in Forstkulturen, besonders durch die Rötelmaus *Clethrionomys glareolus,* zeigen von 1983 bis 1996 auch außerhalb der Zyklen eine lineare Zunahme geschädigter Flächen (VELDMANN & KONTZOG 1997), die auf ein großflächiges Anwachsen der Dichten schließen lassen. Sollte dies auf größere Räume übertragbar sein, wäre es neben dem derzeitigen Rückgang der Marder eine weitere mögliche Facette zur Erklärung der offenkundigen Zunahme kleiner Eulen *Strigidae* (z. B. MÖCKEL 1996) und auch des Mäusebussards (Kap. 17).

Der Einfluß der Populationszyklen von Kleinnagern auf die Bestände von Greifvögeln, Eulen und Raubmöwen ist seit langem bekannt. Jünger sind die Erkenntnisse darüber, daß hohe Kleinnagerdichten in arktischen Lebensräumen den Prädationsdruck z. B. auf Larolimikolen verringern.

Andererseits haben Mäuse umgekehrt in ihrer Bedeutung als direkte Prädatoren von Vogelnestern und Altvögeln lange Zeit ein unbedeutendes Schattendasein geführt. Schon HENZE (1949, 1991) berichtet aber über Brutverluste in Nistkästen durch Wald- und Gelbhalsmaus *Silvaemus sylvaticus, S. flavicollis.* Besonders betroffen sind nach ihm Vogelarten wie Schnäpper, Gartenrotschwanz und Baumläufer, denen ein effektives Verhalten zur Feindabwehr fehlt. In Bialowieza/Polen werden Gelbhalsmäuse in Naturhöhlen auf Bäumen noch in 15 m Höhe gefunden (A. SZYMURA pers. Mitt.), und in Nistkästen treten sie bis in 5 m Höhe als Erbeuter von Vögeln und Fledermäusen auf (Forstverw. BWü., Verf.). Werden die Mäuse in Nistkästen geduldet, kann es nach HENZE (1991) rasch zu erheblichen Mäusebesätzen in den Kästen kommen. Da sie bei Nistkastenkontrollen wohl meist getötet werden, gibt es dazu kaum langjähriges Zahlenmaterial. In Naturhöhlen dürfte dies mindestens in Gradationsjahren von Mäusen ein ernstzunehmender Prädationsfaktor zu Lasten eines eingeschränkten Artenspektrums sein. Bei der Auswertung der umfangreichen Nistkastenergebnisse der Forstverwaltung BWü. (z. B. GATTER 1998, GATTER & SCHÜTT 1999) fanden sich nur lokal größere Schäden. Sie erscheinen insgesamt gesehen weniger dramatisch als solche durch den Siebenschläfer, decken sich aber auch mit Schwerpunkten der Verbreitung des Halsbandschnäppers und es gibt jahrweise deutliche Verluste besonders bei Meisen und Schnäppern.

Wühlmausarten gelten als stärker herbivor (NIETHAMMER & KRAPP 1978). Dennoch gibt es viele Hinweise auf Nestprädation von Mäusen an Bodenbrütern (wie bekanntermaßen durch Ratten), die in ihrem Umfang diejenigen herkömmlicher Prädatoren übertreffen können (MAXSON & ORING 1978, MAJOR 1991). BUREŠ

(1997) nennt hohe Brutverluste bei Feldlerche, Wiesen- und Wasserpieper in Tschechien durch Feldmäuse *Microtus arvalis* (und gibt weitere Hinweise). Auch die starke Reduktion einer Wasserpieperpopulation während einer Mäusegradation schreibt er der Feldmaus zu. Ein erhöhter Grundbestand an Mäusen, der z. B. in Wäldern durch steigende Masterträge denkbar erscheint (Kap. 15.8.4), könnte im Zusammenspiel mit anderen Prädatoren wiederum fühlbar zu Lasten der Bodenbrüter gehen. Dabei ist der jährliche Populationsgipfel der Mäuse im Herbst, während Vogelbruten und die Jungenaufzucht der anderen Prädatoren auf das mäusearme Frühjahr und den Frühsommer fallen. Vögel werden dadurch in schwachen Mäusejahren für Fuchs und andere vermehrt als Ersatzbeute interessant. JÄRVINEN (1985, 1990) lenkte die Aufmerksamkeit auf die Zusammenhänge im Bruterfolg zwischen Mäusen und Höhlenbrütern bzw. ihren Einfluß auf Vogeldichten allgemein. JEDRZEJEWSKA & JEDRZEJEWSKI (1998) gehen noch weiter. Sie machen glaubhaft, daß Waldlaubsänger hohe Dichten von Rötel- und Gelbhalsmäusen erkennen und in diesem Fall in solchen Wäldern kaum zur Brut schreiten. Ihre Besiedlungsdichte nach der Ankunft steht dann im umgekehrten Verhältnis zur Dichte der Mäuse und scheint damit eine effiziente Prädator-Vermeidungsstrategie zu sein. Zaunkönig, Waldlaubsänger und Fliegenschnäpper haben in Bialowieza mit 20 % den geringsten Bruterfolg, wenn Nagerdichten extrem hoch sind, mit 60 % einen viel höheren bei moderaten Nagerdichten und mittleren Bruterfolg (43 %) in Jahren, wenn Mäusegradationen zusammenbrachen. Dies zeigt, daß carnivore Säuger und Greifvögel den Bruterfolg von Kleinvögeln dann bei niedrigen Mäusedichten stärker beeinträchtigen, aber längst nicht so stark, wie dies steil angestiegene Nagerpopulationen nach Waldmastjahren an Vögeln direkt verursachen. Amseln und Weißrückenspechte haben in Bialowieza in Jahren mit Zusammenbrüchen der Mäusepopulation die geringsten Bruterfolge, wenn Arten wie Marder, Eulen und Greifvögel bevorzugt auf Vogeljagd umstellen. Zukünftige Forschungen über das Zusammenspiel dieser in den meisten Habitaten häufigsten Wirbeltiergruppe lassen weitere interessante Ergebnisse über die Interaktionen zu anderen Gruppen erwarten.

Fledermäuse *Chiroptera*

Nach jahrzehntelangem Rückgang als Folge des Einflusses von Pestiziden ist inzwischen fast überall eine Bestandserholung festzustellen, und seltene, oft seit vielen Jahren verschwundene Arten werden wiedergefunden. Eine über 40jährige Datenreihe an bis zu 200.000 pro Jahr kontrollierten Nistkästen in Wäldern von BWü. dokumentiert den Rückgang und bei gleichbleibender Kastenzahl den Wiederanstieg (GATTER 1997a, b). Diese Entwicklung zeigt, daß als empfindlich geltende Insectivore sich in Wirtschaftswäldern positiv entwickeln können. Inzwischen lassen aber zahlreiche Einzelhinweise darauf schließen, daß der weitere Anstieg in Wäldern von der starken Bestandszunahme beim Siebenschläfer (GATTER & SCHÜTT in Vorber.) negativ beeinflußt wird. Die Bestandsdynamik der Fledermäuse kann möglicherweise auch eine entsprechende Entwicklung der Bestände vieler, vor allem insectivorer Kleinvogelarten mit Tiefpunkt zwischen 1960 – 1975 erklären (Kap. 17). Beide Gruppen haben offenbar einerseits unter unmittelbaren Gifteinwirkungen, andererseits unter dem daraus erfolgten Nahrungsmangel gelitten. Die Erholungstendenzen verliefen allerdings bei Fledermäusen angesichts der geringen Reproduktionsraten langsamer als bei Singvögeln und kleineren Greifvogelarten (Kap. 15.4).

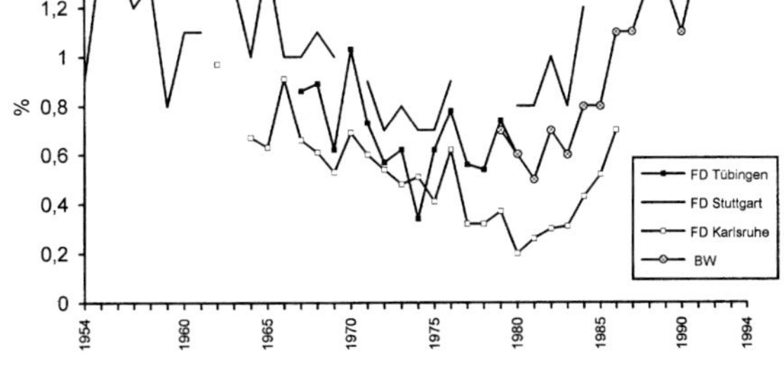

Abb. 16.12: Populationsentwicklung der Fledermäuse nach Nistkastenkontrollen in den einzelnen Direktionsbereichen der Forstverwaltung und im gesamten Baden-Württemberg (BW). FD = Forstdirektion (aus GATTER 1997). – *Population change of bats (Chiroptera), from nestbox controls in individual forestry administration districts and in all forests of Baden-Württemberg (BW).*

16.3.2 Soziale Wespen, Hummeln *Hymenoptera* und andere Insekten

Auch bei sozialen Wespen ergibt die 40jährige Datenreihe aus Nistkästen in Wäldern Baden-Württembergs zunächst einen gravierenden Rückgang der Nistkastenbelegung. Er verläuft in etwa parallel zu dem der Fledermäuse. Diese Datenreihe an Hornisse *Vespa crabro* und Sächsischer Wespe *Dolichovespula saxonica* demonstriert wohl nicht nur den Niedergang der Populationen dieser beiden Arten, sondern stellvertretend den Insektenrückgang vieler Arten in Verbindung mit Pestizideinsätzen z. B. mit langlebigen Kohlenwasserstoffen bis etwa 1970 (Kap. 15.4). Da beide Wespen räuberisch von anderen Insekten leben, dürfte ihre Populationsdynamik neben unmittelbaren Schädigungen vor allem die allgemeine Insektenarmut dieser Jahre demonstrieren. Sie spiegelt sich auch in den niedrigen Vogelzahlen bei den Durchzüglern am RM wider (Kap. 17). Auch die nur langsame Erholung, entsprechend derjenigen bei den Fledermäusen, zeigt, wie zögernd der Bestandsaufbau bei Insekten mit ein- und mehrjähriger Generationsfolge abläuft. Bei Maikäfern mit drei- bis vierjähriger Generationsfolge ist nunmehr nach 40 Jahren nur eine Teilerholung festzustellen. Entsprechendes wäre demnach beim Hirschkäfer mit ca. siebenjähriger Entwicklungszeit erst bis zum Jahre 2020 zu erwarten.

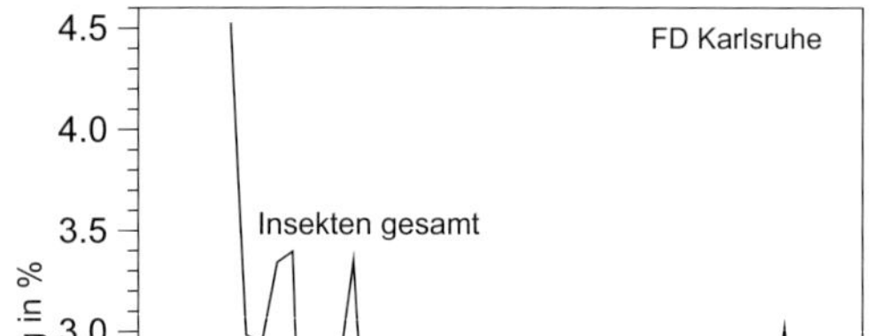

Abb. 16.13: Populationsentwicklung sozialer Insekten, insbesondere Hornisse und Sächsische Wespe, nach Nistkastenkontrollen im Bereich der Forstdirektion (FD) Karlsruhe/Baden-Württemberg. – *Population changes of social insects, especially hornets* Vespa crabro *and the wasp* Dolichovespula saxonica, *from nestbox controls in the Karlsruhe forestry administration district (FD), Baden-Württemberg. From top to bottom: all insects, wasps, hornets, bumble bees, other insects; vertical axis shows nestbox occupancy.*

Die jüngst wieder zurückgehenden Werte der sozialen Wespen sind unter anderem eine Folge der starken Zunahme von Siebenschläfern und anderen Kleinnagern. In den von ihnen besetzten Höhlen lassen sich im Mai begründete, später aufgegebene bzw. zerstörte Nester sozialer Hymenopteren nicht mehr nachweisen, da sie zernagt und im eigenen Nest mit verbaut werden.

16.3.3 Spanische Wegschnecke *Arion lusitanicus*

Die gegenüber früher zu verzeichnende, langfristige Zunahme der Bewölkung über Mitteleuropa sowie eine Zunahme nordwestlicher bis südwestlicher Strömungen von 1980 bis 1990 gegenüber früheren Jahrzehnten geben Anlaß, über eine zunehmende „Atlantisierung“ nachzudenken (Kap. 15.9). Sie ist immer wieder Gegenstand der Diskussion im Zusammenhang mit Rückgängen einzelner Vogelarten. Die Niederschläge der beiden vergangenen Jahrzehnte zeigen im Vergleich zu den letzten 100 Jahren eine überwiegende Austrocknung S-Europas, während weite Teile N-Europas und Skandinaviens feuchter werden. Die Abweichungen liegen dabei jeweils bei bis zu 20 % (European Climate Support Network 1995, Bardossy & Caspary 1990). In Mitteleuropa sind die Verhältnisse weniger deutlich, aber speziell im Frühjahr zur Brutzeit ist es auch feuchter geworden.

In Verbindung mit den Veränderungen der Vegetation durch Eutrophierung, die wir in den Kap. 15.5 und 15.8 schildern, haben sich unter anderem Veränderungen in der Schneckenfauna ergeben. Die Spanische Wegschnecke, wohl mit Gemüseimporten eingeschleppt, und eine Reihe anderer großer Nacktschnecken, teils ebenfalls Neozoen, haben sich inzwischen Habitate erobert, in denen früher, ohne die heutigen eutrophierenden Einflüsse, überwiegend Gehäuseschnecken vorkamen. Im Gartenbau, in der Land- und Forstwirtschaft verursachen sie inzwischen erhebliche Schäden (Godan 1983, Strätz 1997, Utschick

1990, Müller-Kroehling & Schmidt 1999). Eine weitere zusätzliche Ursache für ihr Vordringen abseits des Kulturlandes könnte die zunehmende Versauerung der Waldböden sein, die für Nacktschnecken auf allen kalkarmen Böden Konkurrenzvorteile gegenüber den Gehäuseschnecken mit sich bringt (Kap. 15.5, 15.8.3.2).

Diese Nacktschnecken werden zunehmend als Nestprädatoren bei Bodenbrütern beobachtet. Besonders bei naßkaltem Wetter überziehen sie Gelege und Jungvögel mit Schleim und fressen sie an. Sie sind möglicherweise nicht ohne Auswirkungen auf die Populationsentwicklung beim Berglaubsänger (Gatter 1994b, 1997c) und die von anderen kleinen Bodenbrütern (Pätzold 1995), einige Arten richten aber dieselben Schäden auch in Baumhöhlen und Nistkästen an, wo sie den Tag verbringen.

Zusammenfassung
16 Konkurrenz und Prädation zwischen Vögeln und anderen Tiergruppen – Ein vernachlässigtes Thema?

Bestandsänderungen von Vögeln werden zu häufig nur mit unmittelbaren Einflüssen des Menschen in Verbindung gebracht. Fragen des Zusammenwirkens unter konkurrierenden Arten oder gar mit anderen Tiergruppen wie den Säugetieren werden bislang nur selten berücksichtigt. Häufig ist dies ein wesentlicher Grund dafür, daß die aus Bestandsveränderungen gezogenen Schlüsse wenig überzeugen.

Zahlreiche Säugetiere haben in den vergangenen 30 Jahren stark zugenommen. Viele sind beides, Nahrungskonkurrenten und Prädatoren von Vögeln. Um deren Einflüsse und die daraus entstehenden Wechselwirkungen aufzuzeigen, werden hier in Kap. 16 die Bestandstrends einiger wichtiger Arten diskutiert.

Zunehmender menschlicher Wohlstand, aber auch tierschützerische Aktivitäten haben die Zunahme von Pelztieren begünstigt. Dies wirkt sich indirekt auf Vogelbestände aus (siehe Kap. 18).

Dabei zeigt sich, daß der Rotfuchs *Vulpes vulpes*, bei uns – wo Wolf und Luchs als Regulatoren fehlen – überall stark zunimmt. Er erweist sich hier als der dominierende Spitzenprädator, der das Artengefüge wahrscheinlich weit stärker und in einer viel komplexeren Weise beeinflußt, als man dies zunächst glauben möchte. Sein Wirken ist auf viele bodennah lebende Vögel negativ. Weil seine hohe Dichte die Populationsentwicklung anderer Carnivoren, wie die der Marderartigen – bisher wohl unbeschrieben – negativ beeinflußt, kann sich eine Erhöhung der Fuchsbestände auf eine unüberschaubare Zahl von Tierarten auch positiv auswirken. Dazu gehören seit dem Bestandsanstieg beim Fuchs und dem Absinken der Marderzahlen in Wäldern mehrere arbivore Kleinsäuger, wie Hörnchen *Sciuridae* und Bilche *Gliridae*, die ihrerseits als Prädatoren bei Singvögeln auftreten. Während ein großer Teil der Vogelarten von der hohen Fuchsdichte negativ beeinflußt wird, profitieren andere Vogelarten davon, weil hohe Fuchsdichten mit geringen Marderdichten korrelieren. Dabei kann offensichtlich zeitlich und regional variierend eine breite Artenpalette vom Turm- und Baumfalken über Tauben, Bunt- und Schwarzspecht bis hin zu den Kleineulen und verschiedenen Singvögeln zu den Begünstigten gehören (Kap. 17, 18).

Ein weiterer wichtiger, bisher kaum berücksichtigter Faktor beim Rückgang bodennah lebender Vogelarten ist neben dem Fuchs die derzeitige Massenvermehrung beim Wildschwein *Sus scrofa*. Niemals seit der Zeit absolutistischer Herrscher (und vermutlich auch damals nur regional) spielte es eine so dominante Rolle. Auf Grund seiner derzeitigen Häufigkeit in mehreren mitteleuropäischen Ländern muß das Wildschwein ebenso als Spitzenprädator eingestuft werden. An der Populationsdynamik sozialer Insekten und der Waldfledermäuse während der letzten 40 Jahre werden die Einflüsse langlebiger Pestizide gezeigt und Parallelen zu den Monitoring-Ergebnissen der Vögel am RM aufgezeigt. Daneben wird noch auf die, aus dem Mittelmeergebiet eingeschleppte Nacktschnecke *Arion lusitanicus* hingewiesen, die nach regionaler Massenvermehrung zunehmend Nester von Bodenbrütern schädigt.

Summary

16 Competition and predation relationships between birds and other groups of animals – a neglected subject?

Bird population changes are too often ascribed to direct human influences only. Questions concerning the consequences of competition between species or with other groups of animals (e.g. mammals) are, on the other hand, neglected. This is one of the main reasons why conclusions drawn from population changes are often unconvincing.

The numbers of many mammal species have increased greatly in the last 30 years. Many of them are both food competitors and predators of birds. In order to demonstrate the effects of this, and the resulting interactions, the population trends of some of the more important species are discussed in this chapter.

Rising standards of living, but also the activities of animal conservationists, have furthered the increase in pelt species, which in turn has had direct and indirect influences on bird numbers (see Chapter 18).

This can be seen principally in the great increase in the Red Fox Vulpes vulpes *population, where its chief regulators, Wolf and Lynx, are absent. The fox has become the dominant top predator, influencing the natural species composition to a probably much greater and more complex extent than is generally believed. This has a negative effect on bird species nesting on or near the ground. Conversely, because the fox's high population density also has a negative influence on the population dynamics of other carnivores, like the Mustelidae (so far unresearched), an increase in fox numbers can be to the good of a huge number of species. Following the rise in fox and the fall in Mustelidae numbers within forests, these include several small arboreal mammals such as squirrels (Sciuridae) and dormice (Gliridae), themselves predators on songbirds. Although many bird species are negatively influenced by high fox densities, others benefit from the resulting lowering of Mustelidae numbers. This is apparently the case for a broad range of species, which apparently varies with time and place, from* Falco tinnunculus *and* F. subbuteo *through the Columbidae,* Dendrocopos major *and* Dryocopus martius, *to the small Strigidae and various passerines (Chapters 17, 18).*

A further important factor in the decline in the numbers of birds nesting on or near the ground, and one that has remained unconsidered until now, is the current massive increase in the Wild Boar Sus scrofa *population. Not since the time of absolute rulers in Europe (and probably then only regionally) has this animal played such a dominant role. On the basis of its present abundance in several Central European countries, the Wild Boar must be classed as a top predator.*

The influence of persistent pesticides over the last 40 years is illustrated by the examples of the population dynamics of social insects and woodland bats (Chiroptera), and parallels are drawn with the bird monitoring results at Randecker Maar. Attention is also drawn to the slug Arion lusitanicus, *introduced from the Mediterranean region, and to the increasing harm that it causes regionally in the nests of ground-breeding birds following its plague-like rise in numbers.*

17 Bestandstrends der Zug- und Standvögel am Randecker Maar

„Alles fließt.“ *Heraklit ca. 540 – 480 v. Chr.*

Nur an sehr wenigen Orten abseits bedeutender Rastgewässer gibt es langjährige Erfassungen, die unter standardisierten Bedingungen und unter der Aufsicht von ein und derselben Person über drei Jahrzehnte durchgeführt werden konnten. Dabei unterlagen die Bedingungen am Randecker Maar für die ziehenden Vögel kaum Veränderungen. Durch die unveränderbare Höhe des Mittelgebirges und die Paßbreite wird aus dem Breitfrontzug ein immer gleiches Fenster herausgeschnitten. Sowohl die vertikale als auch die horizontale Verdichtung blieben gleich (Abb. 1.3 und 1.4 in Kap. 1). Die Verhältnisse für Standvogelarten und für die anderen im selben Naturraum lebenden, eher stationären Tiergruppen wie auch die für rastende Zieher haben sich jedoch in dieser Zeit gravierend verändert. Das umgebende Offenland, die umliegenden 500 km², wurden zwischen 1970 und heute überwiegend flurbereinigt. Als einschneidende Veränderung ergab sich daraus die dichte Erschließung mit ganzjährig befahrbaren Wegen. Die wesentlichste Änderung im Agrarland war neben der Zunahme von Wintergetreide und Winterraps das enorme Anwachsen der Maisanbaufläche mit Feldern, die in diesen Höhenlagen teilweise bis Juni offene Böden aufweisen. Die Wald- und Gehölzfläche hat über Sukzessionen an Gewässern, Böschungen und Hängen flächenmäßig dennoch stark zugenommen und übersteigt die Verluste durch Ausräumung auf besseren Lagen. Gehölze des Offenlandes sind durchschnittlich höher als 1970, der Grünlandanteil ist geringer geworden. 1970 noch weitgehend offene Naturschutzgebiete haben sich durch Sukzession in halboffene Waldlandschaften verwandelt. Das Durchschnittsalter der umliegenden Wälder ist gestiegen, die Waldbestände sind im Mittel heute höher, Holzvorräte und Vegetationsvolumen haben kräftig zugenommen und das Bestandsklima der Wälder ist dadurch kühler geworden.

Die parallele Erfassung der Standvögel mit zwei verschiedenen Methoden ermöglichte es, nicht nur diesen Wandel festzuhalten, sondern auch Beobachtungen zu sich verändernden Konkurrenzverhältnissen zu machen. Zum einen wurden auch anwesende Vögel in den Zugprotokollen festgehalten, zum anderen wurden bei Linientaxierungen sowohl Rastbestände als auch Standvögel erfaßt. Diese Beobachtungen, in die auch Groß- und Kleinsäuger mit einbezogen waren, veranlaßten mich, deren lokale und überregionale Bestandsentwicklung ebenso mit zu behandeln wie die einiger Wirbelloser und Insekten (Kap. 16). Die Auswirkungen dieser Entwicklung auf die Bestandsveränderungen bei Vögeln wurden bislang, speziell in Deutschland, weitgehend ignoriert. Die folgende Betrachtung trägt dem Rechnung, denn es ist offensichtlich, daß die Bestände zahlreicher hier behandelter Vogelarten sehr viel stärker durch sich verändernde Konkurrenzsituationen beeinflußt werden als dies gemeinhin angenommen wird. Eine weitere Stütze in der Deutung langfristiger Bestandsveränderungen ergab sich aus der Auswertung von Nistkastenkontrollen der Forstverwaltung Baden-Württemberg aus fünf Jahrzehnten mit insgesamt etwa fünf Millionen Einzelkontrollen an Kleinsäugern und Vögeln (Gatter 1997a, b, 1998, Gatter & Schütt 1999), die zusammen mit unpublizierten Ergebnissen aus dieser Quelle ebenfalls hier mit eingeflossen sind.

In zahlreichen Landesavifaunen und selbst in Handbüchern zu Bestandstrends von Vögeln liegt die Schwäche der Aussagen häufig im zugrunde liegenden fragmentarischen Informationsmaterial und dessen Deutung. Nicht immer sind einleuchtende Schlußfolgerungen das Ergebnis. Eignet sich die Summe auffälliger, häufig anthropogen bedingter und subjektiv zusammengetragener Verlustursachen als Instrumentarium zur Deutung von Bestandsveränderungen? Denn gleichzeitig werden viele wirklich gravierende Veränderungen des Umfelds nicht berücksichtigt, weil sie unauffällig und schleichend vonstatten gehen. Als Beispiel dafür wird auf den in diesem Kapitel behandelten Baumfalken verwiesen. Ein anderes Beispiel für einseitig gezogene Schlußfolgerungen sind die immer wieder als Rückgangsursachen zitierten Kahlschläge oder Durchforstungen. Beides fand schon immer statt und ist deshalb zunächst genauso wenig für den Artenrückgang verantwortlich wie die Getreideernte selbst am Rückgang der Feldlerche schuld ist bzw. Verkehrsopfer beim Menschen einen Einfluß auf den Rückgang der Bevölkerungszahl in Deutschland haben. Viele der Änderungen ergeben sich nicht aus der Summierung von Einzeleingriffen, sondern aus umfassenderen, meist überregionalen Veränderungen des Habitats. Von besonderer Bedeutung ist dabei, wie in Kap. 15.8 angeführt, die tiefgreifende Veränderung unserer Wälder, deren Ursache wiederum sozio-ökonomischer, kultureller und auch abiotischer Art ist.

Bei der Beurteilung von Zu- und Abnahmen einer Art ist deshalb vor allem zu berücksichtigen, wie sich die Relationen der gefährdenden und fördernden Faktoren seit Beginn einer Untersuchung verändert haben bzw. ob und in welchem Umfang neue zu addieren sind.

In der Vergangenheit konzentrierte sich die Besorgnis von Ornithologen und Artenschützern sehr häufig auf einige wenige Arten, deren Rückgang besonders auffällig war. Diese Konzentration auf einzelne Arten an einem bestimmten Ort erwies sich jedoch häufig als der falsche Weg (Rabøl & Lyngs 1988, Gatter 1994b), weil der Rückgang der Art in einer Region durch Zunahme an anderer Stelle kompensiert wurde, oder der Rückgang der einen Art ergab sich zwangsläufig durch Zunahme einer anderen Art – mit häufig gleichem „biologischen Gewicht". Bei der Beurteilung von Bestandsveränderungen spielen ökonomische Zwänge häufig ebenso eine Rolle wie ein sich veränderndes Naturschutzverständnis. Beides kann für die eine Art positiv sein, gleichzeitig für eine andere Art negative Auswirkungen haben.

Die Beurteilung ist nur in einer Gesamtanalyse möglich, in der eine Gewichtung der verschiedenen Einflüsse erfolgt. Echte Besorgnis müssen wir danach nur noch für einen Teil der zurückgehenden Arten haben, und auf diese müssen wir unser Augenmerk, unsere Forschungen und Schutzbemühungen konzentrieren. Eine solche umfassendere Betrachtung wird hier bei einer Reihe von Arten versucht. Dabei fließen neben über 45 Jahren feldornithologischer Tätigkeit über 30 Jahre Beobachtungszeit eines Teams von im Felde versierten Ornithologen an der Station am Randecker Maar mit ein, deren Umfang mit allen durchgeführten Programmen 150.000 Beobachtungsstunden weit übersteigt.

Material und Methode

Standard-Erfassungszeitraum: Am Randecker Maar (RM) wurde – wie in Kap. 1 ausgeführt – in vielen Jahren der Wegzug von Mitte Juli bis weit in den Dezember hinein, bei Winterflucht auch noch darüber hinaus, verfolgt. Ein eingeschränkter Zeitraum wurde aber in allen Jahren erfaßt. Dieser „Standard-Erfassungszeitraum" vom 29. August bis zum 6. November liegt allen Bestandsangaben im Text dieses Kapitels zugrunde, und er ist die Grundlage aller nicht näher beschriebenen Grafiken. Die tatsächlich beobachtete Zahl der Vögel pro Saison im **„erweiterten Erfassungszeitraum"** Juli bis Dezember kann deshalb ungleich höher sein. Diese Zahlen werden im folgenden Text, wo nötig, immer speziell erwähnt. Bei einzelnen Arten zeigen sich 1981 bis 1983 Einbrüche in den Durchzugszahlen. Ihre Ursache ist in der zahlenmäßig schwachen Besetzung der Station während eines Auslandsaufenthalts des Verfassers zu suchen. Trotz voller Erfassung sind in diesen Jahren gegen Mittag und am Nachmittag Überlastungserscheinungen der Beobachter als Ursache zu vermuten, die sich besonders bei den spät am Tage ziehenden Arten äußern. Im Jahr 1982 mußte die Beobachtung am 23. Oktober wegen Erkrankung des Stationsleiters eingestellt werden, was sich bei spät ziehenden Arten in schwachen Jahreswerten bis hin zum Erfassungsausfall mit Werten nahe Null bei extremen Spätziehern wie Saatkrähe und Wacholderdrossel äußert.

Die komplette Erfassung eines festen Ausschnitts aus dem Zug über Mitteleuropa ist eine Idealvorstellung. Die unterschiedliche Auffälligkeit der einzelnen Arten bewirkt artabhängige Erfassungsausschnitte (Kap. 5).

Großvögel oder gar Schwärme großer Vögel sind auffälliger als kleine Arten und werden auch auf größere Entfernung erfaßt.

Jede Zugeinheit, sei es ein Einzelzieher oder ein Trupp, muß aufgefunden werden. Bei einer einzeln ziehenden Art kann eine Jahressumme von durchschnittlich 10 Vögeln mehr aussagen als 100 Vögel bei einer gesellig ziehenden.

Auch perfekte Ornithologen/Erfasser können den Durchzug nicht proportional zum Bestand erfassen, denn meteorologische Faktoren greifen zusätzlich in das Zuggeschehen ein. Einzelne Jahre mit laufend schönem bzw. schlechtem Wetter (Kap. 9) führen unabhängig von den Beobachtern zu abweichenden Ergebnissen.

Im Herbst erfaßte Zugzahlen weisen naturgemäß gegenüber Brutbeständen die größere Schwankungsbreite auf, da sie sich aus Brutvögeln, Populationsreserve und „Bruterfolg" des Jahres zusammensetzen. Hinzu kommt bei einem Teil der Kurzstreckenzieher (KSZ) ein wetterabhängiger Anteil fakultativer Zieher. So sind große Unterschiede der Durchzugszahlen zwischen den Einzeljahren nicht zwangsweise erfassungsbedingt. Um die Ergebnisse als Bestandsentwicklungen betrachten zu können, muß daher ein längerer Zeitabschnitt erfaßt werden. So gleichen sich dann innerhalb gewisser Grenzen auch Erfassungsunterschiede der Einzeljahre aus.

Die Ergebnisse der Zählungen am RM werden in den folgenden Abbildungen als Säulen mit linearer Skalenteilung dargestellt, da diese Form den besten Eindruck der Variation des absoluten Durchzugs bzw. der Erfassungsmengen liefert. Auf den ersten Blick weniger streuende und damit „schönere" Verläufe liefert eine logarithmische Darstellung, da diese die Abweichungen für das Auge ausgleicht und den Verlauf der Daten subjektiv glättet. Da die echten Zahlenwerte derartigen logarithmischen Darstellungen nur schwer zu entnehmen sind, werden im folgenden beide kombiniert. In die linearen Darstellungen wurde im allgemeinen eine Gerade, teilweise auch eine Exponential-Funktion (e-Funktion) nach der Methode der kleinsten quadratischen Abweichung eingezeichnet. Dabei ist zu beachten, daß bei der Bewertung Einzeljahre den rechnerischen Trend bestimmen können. Die Auswahl der eingefügten Kurven erfolgte nach Augenschein, ebenso die manchmal vorgenommene zeitliche Untergliederung des 30jährigen Zeitraumes. In allen Fällen wurde ein Standardcomputerprogramm benutzt.

Durchzugszahlen sind vielfach nicht normalverteilt (z. B. Fowler & Cohen 1986), daher ist eine Bestimmung von Korrelationskoeffizienten auf anderem Wege notwendig. Wir haben uns Berthold et al. (1999) angeschlossen und die jährlichen Durchzugszahlen log-transformiert und dann einer linearen Regressionsanalyse unterzogen. Um Nullwerte mitberücksichtigen zu können, wurden wie üblich die Mengen zuvor um 1 erhöht. Die logarithmische Darstellung ist jeweils mit der entsprechenden Ausgleichsgeraden unter der linearen aufgetragen. Hieraus resultieren die Korrelationskoeffizienten r. Wenn sich ein signifikanter positiver oder negativer Trend abzeichnet ($p < 0{,}05$), ist dies angeführt. Damit können unsere Trends auch direkt mit den im MRI-Programm durch Netzfänge ermittelten Werten (Berthold et al. 1999) verglichen werden.

Für Leser, die weniger mit Mathematik vertraut sind, muß hervorgehoben werden, daß es sich bei den linearen Regressionen einerseits in der linearen und andererseits in der logarithmischen Darstellung um unterschiedliche Funktionen handelt. Es ist daher kein Widerspruch, wenn im Extremfall der Trend in einer Darstellung leicht positiv und in der anderen dagegen negativ ist.

Auf Seite XI befindet sich eine Liste mit den in Kapitel 17 verwendeten Abkürzungen.

Explanatory note to Chapter 17: Population trends of migratory and resident birds at Randecker Maar

There are very few places where it has been possible for migratory birds to be monitored under standardized conditions and the supervision of one person for over three decades. At Randecker Maar the conditions met with by birds on passage have hardly changed during this time. The central feature of the study is the unchanging height of the hills and the width of the pass used by the birds, acting as a 'window' in the broad-front migration. In Chapter 17 changes in passage numbers of individual species are compared with data obtained from Chapters 15 and 16.

Status and distribution in Europe are briefly outlined in the species descriptions.

*The section **Bestandsentwicklung** (population changes) provides an overview of changes in numbers, particularly in the possible places of origin of the migrants passing through Randecker Maar.*

*Under **RM** (Randecker Maar), this is followed by an analysis of passage numbers (DZZ) at the observatory and population trends of the breeding birds in the surrounding country.*

*In the **Diskussion**, changes in passage numbers recorded at Randecker Maar are compared with local, regional, and national breeding population trends obtained in censuses throughout Europe. An attempt is made to relate these trends to changes in habitat, agriculture, climate, and the competition situation in the regions of origin and winter quarters. In addition, the results of censuses of the resident species around Randecker Maar are dealt with, to place them on record and to integrate these local changes, well researched over a period of 40 years, into the international findings.*

Many of the changes are the necessary result of a comprehensive alteration of habitats on a mostly supraregional scale. The far-reaching changes in European forests discussed in Chapter 15.8 are of particular significance here.

When assessing the increase or decrease in the numbers of a species it is of crucial importance to consider how the relationship between factors with a negative effect and those with a positive effect has altered during the duration of a study, and to what extent new factors should be included.

***Material and methods.** A complete record of a fixed section of broad-front migration through Central Europe must remain an ideal. Differing sizes and conspicuousness of the species concerned mean species-dependent partial counts. Where very small birds are involved, only a fraction of those moving through the pass is seen; on the other hand, in the case of very large birds monitoring also includes those individuals seen beyond the width of the pass. Migration counts in autumn always show considerably greater fluctuations than the corresponding breeding populations. Autumn passage numbers are determined not only by the size of annual populations but also by the changing proportions of non-breeders and breeding success, and counted numbers therefore vary to a higher extent.*

Weather plays a stronger role during migration counts; it can have a positive or negative influence on the effectiveness of monitoring (Chapter 9). In extreme cases, diurnal migrants can move at night and so cannot be counted. A weather effect of a different kind occurs with late-moving short-distance migrants. The proportion of a population made up of facultative migrants passes through earlier or later depending on the weather, and hence is recorded during the standardized monitoring period either not at all or in variable numbers.

Therefore large differences in passage numbers between years are not necessarily a function of the monitoring method. To determine population trends long monitoring periods are necessary in order to even out the estimates made in individual years.

*The foundation for the graphic figures in Chapter 17 is the **Standard-Erfassungszeitraum** (standardized monitoring period), carried out in all years from 29 August to 6 November. The annual passage sums during 1970-1999 are graphically represented for each species; above, as black columns using a linear scale division, and below using a logarithmic scale division. The linear representation gives a better idea of the variation in absolute passage numbers than the logarithmic. The temporal fit of the straight line, sometimes also exponential functions (e), was made by eye using a standard computer program, as was the occasional temporal subdividing of the 30-year period. Trends and their accompanying correlation coefficients were determined using the logarithmic graphs, and significant ($p < 0.05$) positive or negative trends are shown. The values obtained are thus directly comparable with those from the Mettnau-Reit-Illmitz (MRI) Program based on mist-netting (BERTHOLD et al. 1999).*

The expanded monitoring period is able to provide passage numbers from July to December, but they are given only occasionally in order to clarify some points.

An assessment of the influences acting on groups of species is given in Chapter 18 in the form of an overall analysis.

For a list of the abbreviations used in Chapter 17, see page XI.

Kormorane, Reiher und Störche
Phalacrocoracidae, *Ardeidae* und *Ciconiidae*

Kormoran *(Phalacrocorax carbo)*

Seit wenigen Jahrzehnten zunehmender Brutvogel an Küste und Binnenseen, häufiger Dz und Wintergast, überwiegend Tagzieher.

Verbreitung: *Ph. c. carbo* an Felsenküsten N-FIN, Norwegen, GB, F und IS; zieht selten über Land. *Ph. c. sinensis* hauptsächlich NL, DK, S-Schweden, D, PL, zieht über den Kontinent und überwintert schwerpunktmäßig im Mittelmeergebiet, N-Afrika und im W und S M-Europas. Wegzugsrichtung im W nach SW-S, Ostseepopulationen SSW-SE. Mittlere Zugrichtung von ostdeutschen Kormoranen 186° (Luy 1993), solche aus NL ziehen südwestlicher (van Eerden & Munsterman 1986). Die Dz am RM stammen nach Ringfunden in S-D überwiegend aus DK, E-D und NL und überwintern in SW-D, CH, S-F, Italien und um das W-Mittelmeer.

Bestandsentwicklung: In Norwegen, DK und Schweden Mitte des 20. Jh. ausgerottet, in NL zwischen 1940 und 1971 stark reduziert. Bestände in den letzten 20 Jahren in M- und N-Europa überall sehr stark ansteigend. Winterbestandszählungen in CH wiesen von 1967 (331 Tiere) bis 1988 (6593) eine exponentielle Bestandszunahme auf (Suter & Schifferli 1988, Suter 1989). Bezzel (1986) errechnete für die Rastbestände des Kormorans zwischen Donau und Alpen eine jährliche Steigerung von 18 % (1966/67 – 1983/84) und damit die höchste aller Wasservogelarten in diesem Raum.

RM: Die DZZ am RM spiegeln die allgemeine Entwicklung der Brutpopulationen wider. Der späte Beginn des Anstiegs von DZZ am RM läßt sich vielleicht mit dem traditionsbewußten Verhalten des Kormorans erklären. Die Vögel halten einmal gewählte Rast- und Überwinterungsplätze oft zeitlebens ein (Hashmi 1988; Seitz 1988), so daß die Nutzung neuer Gewässer und Schlafplätze vermutlich erst ab einem gewissen Populationsdruck oder bei anhaltenden Störungen erfolgt (Suter & Schifferli 1988). Von 1970 bis 1983 wurde am RM nur ein verschwindend geringer Anteil dessen, was nach Modellrechnungen aufgrund der Brutbestände und Zugrichtungen zu erwarten war, erfaßt (Luy 1993). Ab 1984 erhöhte sich der Anteil drastisch und erreichte 1986 den Erwartungswert. Daraus läßt sich ableiten, daß sich das Zugverhalten der Kormorane zumindest im süddeutschen Raum ab 1984 verändert hat. Die Albüberquerung wurde bis 1983 gemieden, danach aber von einem zunehmenden Anteil der Kormorane durchgeführt.

Diskussion: Als Fischjäger durch Nestzerstörung und Abschuß in den Kolonien lange Zeit bis zur lokalen Ausrottung verfolgt (Bauer & Thielcke 1982). Akute Sterblichkeit durch PCBs in den 1960er Jahren (BWP 1977, Kap. 15.4). Seit 1979 ist der Kormoran EU-weit geschützt. Seit Anfang der 1970er Jahre nimmt die Ostseepopulation zu. Verbesserte Schutzbestimmungen und günstige Nahrungsbedingungen erlauben der früher konsequent verfolgten Art (z. B. Neuschäffer 1986) einen Anstieg von nicht mehr als 5.000 auf über 80.000 BP in der ersten Hälfte der 1990er Jahre. Die Ursachen der Bestandszunahmen liegen in der Eutrophierung der Nord- und Ostsee sowie der Binnengewässer. Die gleichzeitige Überfischung der Dorschbestände hatte vor allem eine Erhöhung der Herings- und Sprottenbestände, den bevorzugten Nahrungsfischen des Kormorans, zur Folge. Auch die Erträge von Weißfischen und Flußbarsch zeigen einen ähnlich exponentiellen Verlauf wie die Kormoranzahlen (Rooth 1985, Suter 1989). Die anhaltend milden Winter beeinflussen die Überlebensrate zusätzlich positiv (Bezzel 1986, Utschick 1981). Ursachen für den exponentiellen Anstieg der DZZ am RM sind die steigenden Zahlen der BP vor allem in NL und DK, die 1985 wohl 75 % des Bestandes in M-Europa und S-Skandinavien umfaßten (Suter & Schifferli 1988), aber auch solche in PL (Eu-ATL), wo nach wie vor auch die Durchzugsbestände stark anstei-

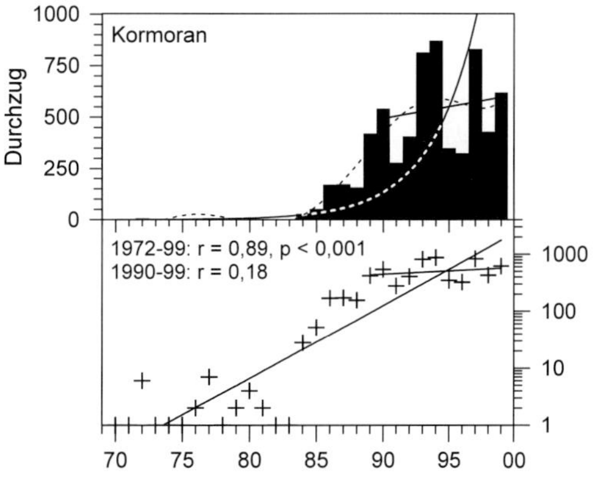

Abb. 17.1: *Phalacrocorax carbo.*

gen. In den meisten Brutgebieten (DK, NL, D) werden seit einigen Jahren Neuansiedlungen verhindert, seit Mitte der 1990er Jahre werden insbesondere im S M-Europas zunehmend Kormorane mit behördlicher Genehmigung bejagt.

Graureiher *(Ardea cinerea)*

Standvogel, TZ, einzelne LSZ. Tagzug, aber Nachtzug überwiegt wohl; Breitfrontzieher. Überwintert an der Atlantikküste ab M-Norwegen, S-Schweden und GB bis zum Mittelmeergebiet und südlich der Sahara. Wegzug in M-Europa nach Ringfunden in Richtung S-SW, ab PL und östlich davon S-SE (HVM 1966). Zu erwartende Herkunft der Dz am RM aus BWü., N-Bay., E-D, S-Schweden, PL, Belarus und CZ.

Bestandsentwicklung: Die Graureiherbestände nehmen im Untersuchungszeitraum von GB im W (MARCHANT 1990) über Schweden (KARLSSON 1993) bis zum Balt. im E zu. In EST hat sich die Population zwischen 1981 (600 – 700 Paare) und 1993 (1300 Paare) verdoppelt (LEIBAK 1994). In ganz D sind die Bestände durch z. T. große Zuwachsraten gekennzeichnet (WITT 1992), wobei die Bestandszunahmen in E-D in den mittleren und besonders den südlichen Landesteilen am größten sind (NICOLAI 1993b). Im Rheinland 1981 noch etwa 250 BP, 1990 bereits 710 BP, wobei der Vorkriegsbestand (565 BP 1938) 1989 erstmals überschritten wurde (HUBATSCH 1991). In Bay. gilt seit 1972 ein Tötungsverbot, das mit 3jähriger Verzögerung eine exponentielle Bestandserhöhung zur Folge hatte (UTSCHICK 1983). Die mittlere Zahl der BP stieg von 1969 – 1982 um 140 %. Die Bestände in BWü. fielen von 1946 bis zum Tiefpunkt 1971 – 1973 kontinuierlich ab und erholen sich seitdem nach der Unterschutzstellung (1974) wieder (HÖLZINGER 1987). Die Brutbestände haben nach einem Minimalbestand von ca. 300 BP 1970 – 1991 auf 2216 Paare zugenommen und die zwischenzeitlich verwaisten Bereiche des Landes wiederbesiedelt (KILIAN et al. 1993). Die Kolonie an den dem RM benachbarten NSG Wernauer Baggerseen hat sich nach fast explosiver Aufbauphase seit wenigen Jahren bei ± 100 BP eingependelt, wobei die Schwankungen überwiegend von der Strenge des Winters abhängen (Verf.).

RM: DZZ seit Untersuchungsbeginn kontinuierlich ansteigend. Ein wesentlicher Teil zieht vor dem Standard-Erfassungszeitraum durch. Nach den Rufen zu schließen, passiert zusätzlich ein großer Teil die Station nachts. Dies und die teilweise in großen Trupps Ziehenden – und damit auf wenige Beobachtungen verteilten Jahressummen – sind die Ursache der stark schwankenden Jahreswerte.

Diskussion: Der fernziehende Anteil der Art findet in Afrika südlich der Sahara heute bessere Bedingungen vor als früher (siehe Schwarzstorch). Die Duldung und Jagdverschonung auch außerhalb der Brutzeit hat die 1970 nicht vorhandenen Winterbestände im Agrarland des Untersuchungsgebiets um das RM (Landkreis Esslingen) auf heute etwa 200 Exemplare anwachsen lassen, eine Größenordnung, die dem von Null auf ca. 100 Paare angewachsenen Brutbestand der benachbarten Wernauer Seen bzw. knapp der Hälfte des Sommerbestandes entspricht. Der Graureiher hat sich hier abseits der Gewässer im Acker- und Grünland als Nahrungsgast etabliert. Ihm fällt inzwischen die Erbeutung eines nennenswerten Anteils an Kleinnagern, Amphibien und Großinsekten von Wiesen und Äckern zu.

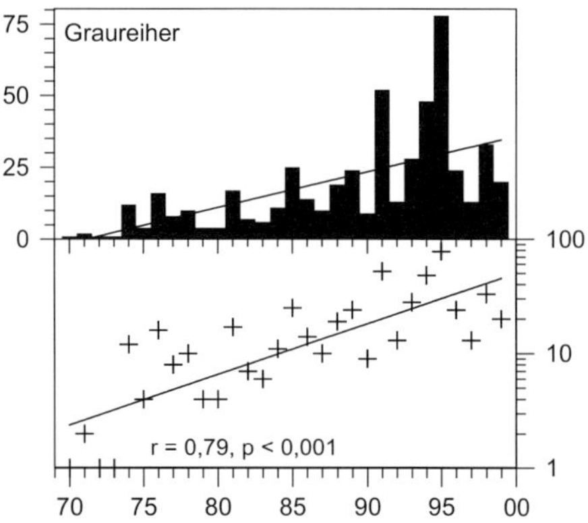

Abb. 17.2: *Ardea cinerea.*

Weißstorch *(Ciconia ciconia)*

Brutvogel und Sommergast, LSZ, Tagzug, Segelflieger und extremer Schmalfrontzieher.

Bestandsentwicklung: Die Bestände der SE-Zieher waren bis vor einem Jahrzehnt etwa konstant. Leicht negativer Trend in Mecklenburg-Vorpommern, positiv in den mittleren und südlichen Landesteilen (NICOLAI 1993b). Die extrem von der Saheldürre betroffenen SW-Zieher nahmen im gleichen Zeitraum ab (RHEINWALD et al. 1989, WITT 1992). Während der letzten Jahre stieg die Zahl der BP in E-D um 21 %, in W-D um 27 % an (SCHULZ 1999).

RM: Das RM liegt abseits der Zugwege von „Ost- und Weststörchen". Dies erklärt auch, warum hier überwiegend Jungvögel, also unerfahrene Erstzieher, auftauchen. Am Maar, Hohenbol und Sattelbogen 1970 bis 1975 im August fast alljährlich Zugtrupps. Danach, einschließlich der 1980er Jahre, kaum Beobachtungen. Seit 1990 wurden wieder etwas regelmäßiger Zügler notiert, so daß der allgemein bekannte Rückgang während der Saheldürre und die neuerlich leichte Bestandserholung trotz geringster Zahlen gut in das Muster der anderen Sahelüberwinterer paßt (Abb. 18.4). Die meisten Beobachtungen liegen allerdings vor dem Standard-Erfassungszeitraum. Unsere späten Beobachtungen ab Oktober dürften überwiegend ausgesetzte Weißstörche betreffen, die veränderte Zugverhalten zeigen (RHEINWALD et al. 1989).

Diskussion: Der Hauptgrund für das weitgehende Fehlen im zentralen Bereich des Erfassungszeitraums wird in der über 15 Jahre währenden Dürreperiode im Sahelgebiet, dem Hauptüberwinterungsgebiet der Art, gesehen.

Schwarzstorch *(Ciconia nigra)*

LSZ, Tagzug, Segelflieger, Schmalfrontzug jedoch weniger ausgeprägt als beim Weißstorch. Wegzug aus M-Europa nach Ringfunden in Richtung SW-SE, Zugscheide etwa der Oderverlauf (HVM 1966). Die Zugrichtungen am RM (durchschnittlich 235° = WSW) lassen als Herkunft der Dz Bay., N- und E-D, S-PL und CZ vermuten.

Bestandsentwicklung: In den potentiellen Herkunftsländern werden, ebenso wie in D, fast ausschließlich positive Trends gemeldet (ANDRZEJEWSKI & BARANOWSKI 1993, SACKL 1985, WITT 1992, NICOLAI 1993b, TUCKER 1994). In EST verzehnfachte sich die Brutpopulation seit etwa 1980 (LEIBAK 1994) ebenso wie in Thüringen (B&B).

Am **RM** stark zunehmend. In den Jahren 1970 – 1979 traten Schwarzstörche am RM nicht oder nur in Einzelexemplaren auf (0,4/Jahr), von 1980 – 1989 waren es 5 und neuerdings sind es gegen 15 bis 20 Störche/Jahr, von denen ein wesentlicher Anteil außerhalb des Standardzeitraums erfaßt wird.

Diskussion: Die am RM festgestellte Zunahme geht mit der Ausbreitung nach W einher. Einige Autoren machen die positiv wirkende kommunistische Planwirtschaft sowohl für die Zunahme wie auch als Grund für die Westausbreitung verantwortlich (STRAZDS 1993). In den Westpyrenäen nahmen die DZZ von 1981 bis 1992 etwa um das 7fache zu (JEAN & RAZIN 1993). Bei der Erörterung der Gründe für die im Moment erfolgende Bestandszunahme in M-Europa und in fast allen europäischen Ländern (TUCKER 1994, SACKL & STRAZDS im Eu-ATL), die in krassem Gegensatz zu derjenigen beim Weißstorch steht, bleiben die fördernden Faktoren in Afrika außer Betracht. Der Schwarzstorch überwintert in W-Afrika südlicher als der Weißstorch. Sein Winterquartier erstreckt sich bis in die Guineasavannen (Kap. 15.10). Dort wurden in den vergangenen 20 Jahren erhebliche Anstrengungen unternommen, die Versorgung der Bevölkerung über Bewässerungsmaßnahmen zu verbessern. Dieses von Natur aus licht bewaldete Gebiet weist heute durch landwirtschaftliche Tätigkeit verstärkt offene, sporadisch im Wanderfeldbau bewirtschaftete Flächen und unregelmäßig bis ständig bewässerte Flächen auf (GATTER 1997, CLAFFEY 1999), die sich ebenfalls positiv auf die Überwinterungsbedingungen dieses „Waldstorchs" auswirken könnten. Während die Verschlechterung der Winterbedingungen des weiter nördlich überwinternden Weißstorchs bestens belegt ist, wurde den für viele Arten positiven Entwicklungen südlich der Sahelzone bisher kaum Aufmerksamkeit geschenkt.

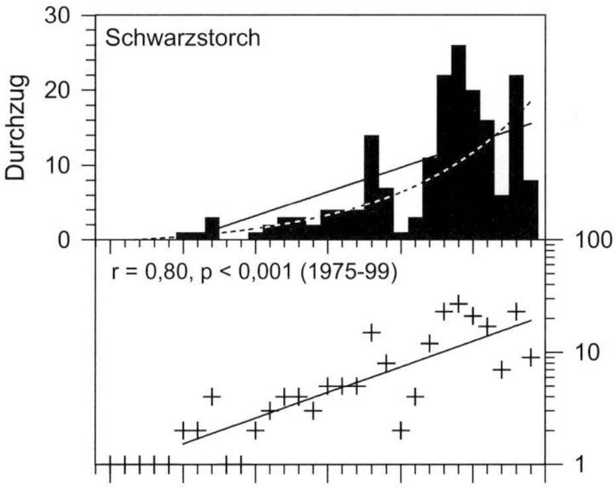

Abb. 17.3: *Ciconia nigra.*

Greifvögel *Accipitridae* und *Falconidae*

Fischadler *(Pandion haliaetus)*

LSZ, Tagzug. Überwintert vereinzelt im Mittelmeergebiet, sonst in Afrika südlich der Sahara. Wegzug nach S-SW. Die Dz am RM können aus dem gesamten kontinentaleuropäischen Brutgebiet stammen, wie die fächerförmige Verteilung von Rückmeldungen finnischer Ringvögel über fast ganz Europa andeutet (SAUROLA 1995). Im Gegensatz zur Mehrzahl der Greifvogelarten ist er beim Zug nicht auf Meerengen angewiesen, sondern überquert Mittelmeer und Sahara auf breiter Front.

Bestandsentwicklung: Wo nicht verfolgt, nehmen Fischadler zu, so in FIN und dem Balt. (SAUROLA 1995, ROOS 1993). In Schweden neuerdings regional Besorgnis erregende Abnahmen (OLSSON 2000). In PL scheint trotz ausreichendem Bruterfolg die illegale Verfolgung den Brutbestand niedrig zu halten (GLOWACINSKI 1992, MIZERA 1995). In D (NICOLAI 1993b, KOSTRZEWA & SPEER 1995, MÄDLOW & MAYR 1996) werden positive Trends und Arealgewinne festgestellt, deren Verlauf dem Anstieg der DZZ am RM entspricht.

RM: Die DZZ des Fischadlers steigen im gesamten Erfassungszeitraum schwach, aber kontinuierlich an. In den ersten 10 Jahren (1970 - 1979) zogen im Durchschnitt 9 Adler pro Jahr, in der zweiten Zehnjahresperiode (1980 - 1989) waren es durchschnittlich 11 Fischadler und in den letzten 10 Jahren (1990 - 1999) über 15. Auch die Entwicklung im standardisierten zeitlichen Ausschnitt ab 29. August zeigt eine Erhöhung an.

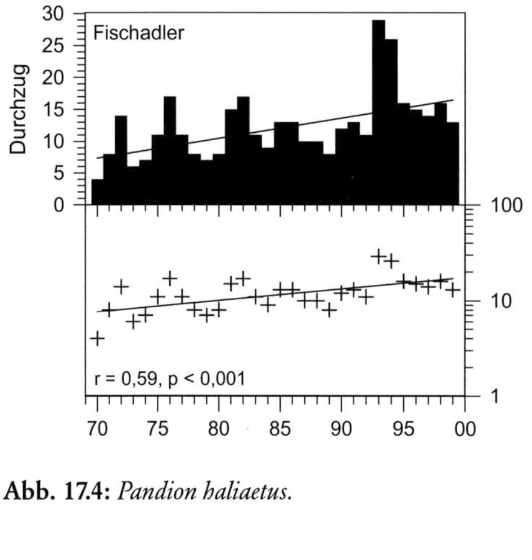

Abb. 17.4: *Pandion haliaetus.*

Diskussion: Wie beim Schwarzstorch werden auch bei dieser Art die derzeitigen Zunahmen in Europa nicht mit den verbesserten Bedingungen in den Überwinterungsgebieten in Verbindung gebracht. Die Mehrzahl der europäischen Fischadler überwintert in den Gebieten zwischen Sahara und Äquator und hier wieder bevorzugt nördlich der Regenwaldregion. Wie beim Schwarzstorch und der Rohrweihe ist anzunehmen, daß sich die unzähligen kleinen und mittleren sowie großen Stauseen und andere sporadisch bis ständig bewässerte Flächen positiv auf die Überwinterungsbedingungen des Fischadlers auswirken. Adulte Fischadler verbringen hier 5 - 6 Monate, ein Teil der Immaturen das erste Jahr. Allein dies muß Grund genug sein, die ökologischen Bedingungen dort mit in die Überlegungen einzubeziehen (Kap. 15.10).

Wie bei anderen Greifvögeln wurde der Minimalbestand des Fischadlers in D auch in der Zeit der Anwendung von DDT etc. verzeichnet (Kap. 15.4). Anschließend setzte die Erholung in E-D ein. In W-D wurden um diese Zeit an Fischteichen teilweise noch die durchziehenden Adler geschossen. Das Ende der Bejagung und ein Anwendungsverbot von DDT dürfte einen großen Teil der Bestandszunahme erklären. Der im Vergleich zum benachbarten Mecklenburg-Vorpommern niedrige Bestand in PL, einem Land mit viel mehr „unberührter" Natur, verdeutlicht den Einfluß illegaler Bejagung auf die heutige Bestandsentwicklung (MIZERA 1995).

Auch in Schweden werden erhöhte Verluste im Durchzugs- und Winterquartier vermutet. Gleichzeitig nehmen einzelne Populationen ab. Auch der Bruterfolg ist zu gering. Es scheint Einigkeit zu bestehen, daß dabei der Baummarder *Martes martes* eine wesentliche Rolle spielt, der dort wegen des derzeitigen Rückgangs des Fuchses stark zunimmt (OLSSON 2000, C. HUBER pers. Mitt.). Zu den Zusammenhängen der Populationsentwicklung dieser beiden Carnivoren siehe Kap. 16 und 18.

Wespenbussard *(Pernis apivorus)*

LSZ, Tagzug, Zug im Segel- und Kraftflug. Überwintert im tropischen W-, Z- und S-Afrika. Wegzug mitteleuropäischer *P. a. apivorus* nach Ringfunden in Richtung S-SW, ab PL und E-Europa S-SSE: Norwegische Vögel fliegen über Italien, die aus Schweden über Spanien oder Italien, solche aus D zum kleineren Teil über Italien. Herkunft der Dz am RM wohl aus D, Norwegen, Schweden, FIN und E-Europa, Überwinterung überwiegend in W-Afrika (HVM). Siehe Kap. 8.2.

Bestandsentwicklung: TUCKER (1994) führt für die meisten europäischen Staaten noch negative Trendschätzungen an, im Eu-ATL wird jedoch von überwiegend konstanten Beständen ausgegangen. Zwar wird von langfristigen Abnahmen in CH (SCHWEIZERISCHE VOGELWARTE 1980) und FIN (SOLONEN 1985, KOSKIMIES 1989) sowie langanhaltendem Rückgang der DZZ in Falsterbo/S. (ROOS 1996, KJELLÉN 1998a) berichtet, doch in vielen Ländern sind die Bestände erstaunlich stabil, so in NL, B und CZ. Dort werden lokal auch Zunahmen gemeldet, dies trifft auch für F und einige Bundesländer in W-D zu (B&B). Zwischen Rasterkartierungen 1971/74 und 1993/96 hat der Bestand in ganz DK bei den Rasterbesetzungen um 34 % und beim Bestandsindex um mehr als 50 % zugenommen (GRELL 1998). In E-D wohl überwiegend konstant (NICOLAI 1993b). HÖLZINGER (1987) berichtet von lokalen, kurzfristig starken Rückgängen in BWü. aufgrund kleiner Stichproben, die sich aber in den von uns untersuchten Bereichen im Neckartal und auf der Alb so nicht bestätigen ließen.

RM: Der Standard-Erfassungszeitraum ab 29. August gibt nur die zweite Hälfte der Zugzeit dieser Art wieder. Die Abb. zeigt damit wohl vermehrt den Zug von Wespenbussarden nördlicher Herkunft sowie hohe Jungvogelanteile. Diese Zahlen lassen auf eine mögliche Bestandsabnahme schließen. Zudem läßt der zentrale Teil

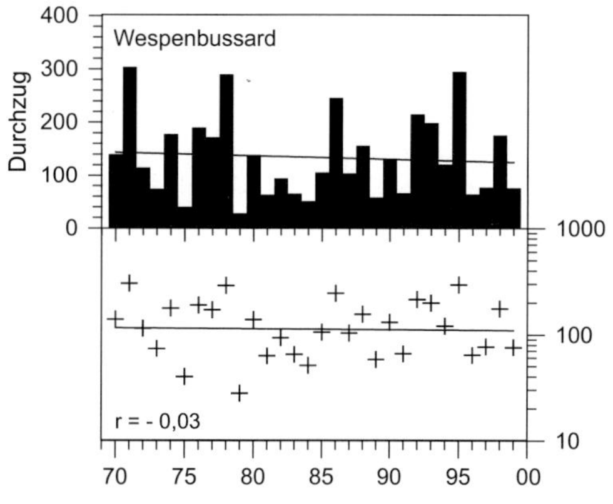

Abb. 17.5: *Pernis apivorus.*

des Erfassungszeitraums eine Depression vermuten, deren Verlauf und anschließende Erholung auf niederschlagsbedingte Ursachen im Wintergebiet Westafrikas zurückzuführen sein könnte (Kap. 15.10). Die Zahl der BP blieb im Umkreis der Station mit seinen stark parzellierten Wäldern von 1970 – 1998 konstant.

Diskussion: Nach eigenen Beobachtungen seit 1960 spricht einiges dafür, daß die Verluste der zum Jagen wichtigen, großen Kahlflächen aus den Nachkriegsjahren, die heute wieder mit 20 m hohen Wäldern bestanden sind, zu einem Verlust von Randlinien geführt haben und damit für diese Art Habitatverluste bedeuten (Kap. 15.8). Damit ließen sich die mehr oder weniger ausgeprägten lokalen Rückgänge erklären. Auch die konstanten Bestände in E-D und die Zunahmen in F (TUCKER 1994, Eu-ATL) ließen sich somit ebenso zwanglos durch die Unterschiede in der Forstwirtschaft erklären wie die Abnahme in tieferen Lagen der CH (CH-ATL) mit ihren hohen Anteilen von Plenterwald. Daß diese Annahme richtig sein dürfte, wird indirekt auch dadurch bestätigt, daß kleinere Waldfragmente signifikant häufiger besetzt werden als größere und die Struktur unserer Kulturlandschaft ungewollt lichtreiche Stadien imitiert (STEINER 2000). Der Wespenbussard profitiert in Skandinavien (OLDHAMMER 1986) wie auch bei uns von Kahlflächen und offenen Wäldern und wird von SCHERZINGER (1996b) treffend als Bewohner der Waldsteppe bezeichnet (Kap. 15.8). Auch in W-Afrika jagt die Art bevorzugt entlang von Randlinien, auf Kahlschlägen am Waldrand und an Wegen (COLSTON & CURRY-LINDAHL 1986, GATTER 1997) und dürfte durch die derzeitigen Bewirtschaftungsformen dort momentan nicht gefährdet sein. Der Einfluß der Verluste auf dem Zug ist schwierig zu quantifizieren. In Gebieten der westafrikanischen Guineasavannen und des Regenwaldes waren 1970 – 1986 in 16 von 17 Jahren Niederschlagsdefizite registriert worden. Über deren Einfluß auf die Fitness heimkehrender Vögel liegen keine Untersuchungen vor (Kap. 15.10).

Schwarzmilan *(Milvus migrans)*

LSZ, Tagzug. Wegzug nach Ringfunden in Richtung SE-SW (HVM, SCHIFFERLI 1967). Überwintert im westlichen Mittelmeergebiet und v. a. in Afrika südlich der Sahara. Herkunft der Dz am RM wohl aus D, PL und CZ, wo nur kleine Populationen leben.

Bestandsentwicklung: Abnahmen werden aus vielen Ländern berichtet, insbesondere im östlichen Verbreitungsgebiet von Balt. über RUS und Belarus bis Ägypten ist der Trend negativ (BWPC). Dagegen stabile Bestände in PL, wachsende in CZ (TUCKER 1994). Die Beurteilung der Bestandsentwicklung in D ist recht unterschiedlich. KOSTRZEWA & SPEER (1995) sprechen für D von Rückgang. STUBBE (1991) und GEDEON (1994) führen für E-D positive Entwicklungen an.

RM: Zunehmend. Die Abb. umfaßt nur das Zugende der Art ab 29. August. Die Gesamtentwicklung, d. h. auch die jahreszeitlich erste Hälfte des Zugs, verläuft nach dem vorliegenden Material wohl parallel. Die DZZ des Schwarzmilans liegen in der zweiten Hälfte des Berichtszeitraums seit 1986 deutlich höher als in der ersten. Die sehr unregelmäßig erscheinenden Werte der Abb. sind unter anderem auf gelegentlich erscheinende Zugtrupps zurückzuführen. 1998 zog fast die gesamte Jahressumme von 48 Vögeln in einem Trupp, 1999 erschienen nur 2 Vögel! Die angestiegenen DZZ am RM werden v. a. auf die wachsenden Bestände in CZ und in Teilen von E-D, BWü. und Bay., den potentiellen Herkunftsgebieten, zurückzuführen sein.

Diskussion: Der Verlust der von Fischen abhängigen Population im nahen Neckartal nach 1970 und die gleichzeitige Bildung einer von Amphibien und Mäusen abhängigen Population im Truppenübungsplatz Münsingen läßt Bestandseinbußen über pestizidbelastete Fische vermuten. Das von den nördlich der Sahara überwinternden Greif- und anderen Großvogelarten abweichende „Erholungsmuster" der Populationskurve, mit hohen Zahlen erst ab Mitte der 1980er Jahre, läßt auch auf Einflüsse im westafrikanischen Überwinterungsgebiet schließen (vgl. Wiesenweihe und Abb. 18.4). Der Einfluß der Verluste auf dem Zug ist schwierig zu quantifizieren. Im Gebiet des Sahel und der westafrikanischen Sudan- und Guineasavannen waren zwischen 1968 und 1988 in fast allen Jahren Niederschlagsdefizite registriert worden. Über deren unmittelbaren Einfluß und den auf die Fitness heimkehrender Vögel liegen keine Untersuchungen vor (Kap. 15.10).

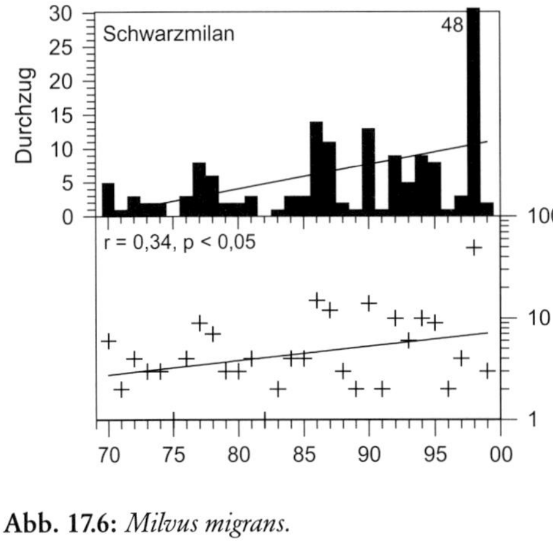

Abb. 17.6: *Milvus migrans.*

Rotmilan *(Milvus milvus)*

KSZ, TZ, Tagzug. Überwintert vor allem im Mittelmeergebiet. Wegzug nach Ringfunden Richtung SW-SSW, wobei Vögel aus Schweden in F und Spanien, polnische in Italien gefunden werden (HVM). Zu erwartende Herkunft der Dz am RM daher vor allem E-D, CZ, sowie aus N-Bay. Überwinterungsgebiete immer häufiger BWü. und CH, vor allem aber F und Spanien.

Bestandsentwicklung: Fast allgemein in der ersten Hälfte des 20. Jh. starke Rückgänge. Nach lokaler leichter Erholung weitere Abnahme in den 1960er Jahren. Heute in den potentiellen Herkunftsgebieten der RM-Vögel stabile oder zunehmende Bestände. In GB Bestandszuwachs von ca. 12 Vögeln 1905 und 26 BP 1972 auf inzwischen 250 – 300 BP. In Schweden ist die Population seit 1970 um den Faktor 20 gewachsen (KJELLÉN 1998a), auch in DK ist der Bestand stark angestiegen (GRELL 1998). DZZ auf Falsterbo/S. seit den 1980er Jahren trotz zunehmender Überwinterung in Schweden stark ansteigend (ULFSTRAND et al. 1974, ROOS 1996; Abb. 15.4.2). Die große Population in D, etwa 50 % des Weltbestandes (KOSTRZEWA & SPEER 1995), zeigt stabile bis positive Trends. Zunahmen besonders in E-D (NICOLAI 1993b, GEDEON 1994, KOSTRZEWA & SPEER 1995). Hier brüten etwa 6.100 – 7.700 Paare (STUBBE et al. 1996) der Gesamtpopulation, die in D mehr als 19.000 BP umfaßt (NICOLAI im Eu-ATL). Mit Einführung der EU-Landwirtschaftspolitik ging dort die Reproduktionsrate ab 1991 lokal zurück (STUBBE et al. 1996). Für CH wurde von 1972 – 1976 auf 1985 – 1987 eine Arealausweitung des Rotmilans festgestellt, die einer Zunahme zwischen 55 und 100 % entspricht. Der Bestand hat seit 1969 innerhalb von 25 Jahren von 90 auf 1000 BP zugenommen

(CH-ATL). Als wichtigste Ursache wird der verbesserte Greifvogelschutz angenommen. Immer weniger in der Schweiz beringte Jungvögel werden in F geschossen (MOSIMANN & JUILLARD 1988). Die DZZ in den Westpyrenäen stiegen von 1980 – 1991 kontinuierlich um 100 % (JEAN & RAZIN 1993).

RM: Die Kernpopulation des SW-gerichteten Zuges aus den Schwerpunkten der deutschen Verbreitung berührt das RM kaum, sondern geht wenige 100 km nördlich in Richtung F (MEINEKE & GATTER 1982). DZZ am RM 1970 – 1983 kaum steigend, aber seit 1984 starker, bis heute anhaltender Anstieg. 1993 überstieg die Zahl der Ziehenden während des gesamten Wegzugs erstmals 200 Vögel, und 1998 zog an einem Tag das Zehnfache einer Jahressumme von Anfang der 1970er Jahre durch. Die im Standard-Erfassungszeitraum ab 29. August erkennbare Zunahme entspricht dem Fünfzehnfachen der Ausgangswerte.

Die Zahl der anwesenden, im Stationsbereich jagenden Rotmilane stieg besonders ab 1995 stark an. Die im weiteren Stationsbereich brütenden Paare haben sich seit 1975 von 4 auf 19 erhöht, obwohl heute nach Schließung der zahlreichen kleinen Mülldeponien nur noch ein Paar von einer Deponie profitiert.

Diskussion: Der Rotmilan scheint aufgrund seines Nahrungsspektrums durch die Pestizidanwendungen nicht sehr in Mitleidenschaft gezogen worden zu sein (CONRAD 1977). Vögel sind als Beute selten vertreten. Die in W-D in den 1970er Jahren aufgetretenen geringen regionalen Bestandsverminderungen konnten nicht mit der wachsenden Umweltverschmutzung in Zusammenhang gebracht werden (CONRAD 1977). Für den Niedergang der Populationen in der ersten Hälfte des 20. Jh. dürfte direkte Verfolgung die Hauptursache gewesen sein, um dessen Mitte dann vor allem Verfolgung in den Wintergebieten (z. B. B&B). Forstliche Maßnahmen (HÖLZINGER 1987) wie Verlust von Althölzern und zu geringe Bestandesalter dürften zu keiner Zeit eine Rolle in bezug auf den Rückgang gespielt haben. Laubholzeinschlag erfolgt fast ausnahmslos im Winter; das Durchschnittsalter der Wälder und die durchschnittlichen Baumhöhen steigen seit Beginn des 20. Jh. fast kontinuierlich an (Kap. 15.8). Viele Horste (n = 56) im weiteren Bereich des RM werden v. a. nach strategisch günstigen Gesichtspunkten des An- und Abflugs in Beständen ab 80 Jahren bei Oberhöhen der Bäume von mehr als 24 m gebaut und damit in Beständen, die oft weit vor dem Hiebsalter liegen und nach Höhe und Alter wenig vom regionalen Durchschnitt abweichen (Kap. 15.8.2, 15.8.3). Lärchen *Larix*, mit Promille-Anteilen in den Laubwäldern vorhanden, spielen hier als Horstbäume mit über 10 % eine bedeutende Rolle, und auch Fichten werden überdurchschnittlich oft genutzt.

Nach Ausschluß des Faktors Forstwirtschaft und angesichts der zögerlichen Bestandserholung (Abb. 17.7) wird es wieder wahrscheinlicher, daß Pestizide doch eine größere Rolle gespielt haben könnten.

Die in bezug auf die Bestandszunahme evtl. positive Rolle der Landwirtschaft wird im Zusammenhang mit der Art kontrovers diskutiert

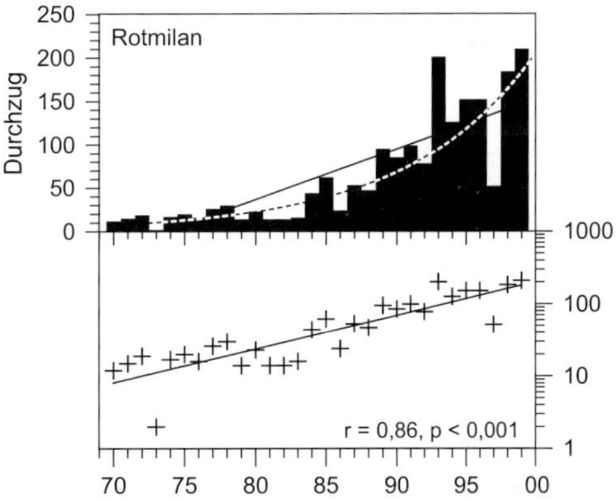

***Abb. 17.7a:** Passage of* Milvus milvus.

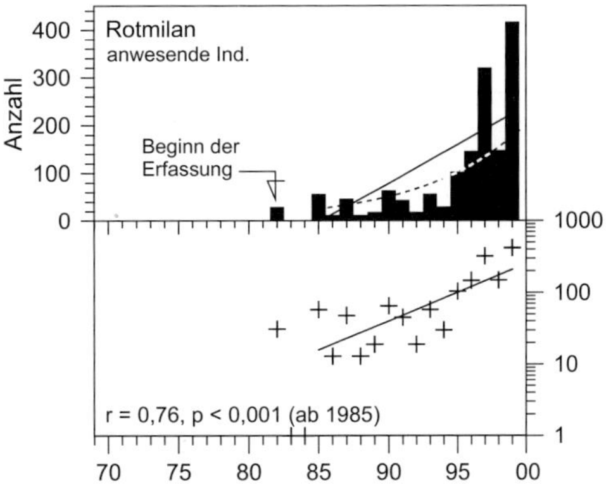

***Abb. 17.7b:** Oberservations of non-migrating* Milvus milvus.

(z. B. Mammen & Stubbe 1996, Stubbe et al. 1996), und die Zunahme der Art, auch im Hinblick auf die Wirkung eutrophierender Elemente, bedarf der Klärung. Auffällig ist die besonders starke Zunahme zu einem Zeitpunkt, zu dem bisher als wichtig erachtete Nahrungsquellen, die Müllplätze, wegen anderer Deponierungsmethoden zunehmend entfallen. Die Zunahme dürfte neben nachlassender Verfolgung auch eine Anpassung an die moderne Landwirtschaft darstellen. Die in Wiesen brütenden *Circus*-Arten haben aufgrund früher Mahdtermine keine Brutmöglichkeit mehr. Mäusebussarde können ausgeräumte Landschaftsteile als Wartenjäger nur bedingt nutzen. Der Rotmilan, lokal auch der Schwarzmilan, können durch ihre Jagdweise dagegen auch weit von ihren Brutgehölzen entfernte Nahrungsquellen im baumlosen Gelände, teils sozial und revierunabhängig, ausbeuten und profitieren dabei ebenso wie die Rabenkrähe unter anderem von der gleichzeitigen Mahd großer Flächen. Erwähnenswert ist in diesem Zusammenhang seine Überlegenheit im „Abjagen" der Beute gegenüber kleinen Gesellschaften der Rabenkrähe, während er sie im Wettstreit mit großen Schwärmen häufig verliert (Kap. 11.4).

Rohrweihe *(Circus aeruginosus)*

LSZ, kleiner Anteil KSZ, Tagzug und Nachtzug (Gatter 1984b); Breitfrontzieher. Einige überwintern in SW-Europa und dem Mittelmeergebiet, die Masse zwischen Sahara-Südrand und 10° S. Zu erwartende Herkunft der Dz am RM besonders E-Balt., FIN, E-D. Ringfunde weisen in Richtung SW-S.

Bestandsentwicklung: In GB, DK, FIN, Schweden, Slowakei, CZ, EST wurde eine Zunahme der Bestände beobachtet (Saurola 1985, Robertson & Berg 1992, Roos 1993, Jørgensen 1985, 1998, Grell 1998, MARCHANT 1990, B&B, LEIBAK 1994). Die meisten Angaben aus D lassen ebenfalls auf zunehmende Bestände schließen (Reichholf 1986, Witt 1992, Nicolai 1993b, Busche 1994a), nur Kostrzewa & Speer (1995) erwähnen auch rückläufige Trends.

RM: Die bis Anfang der 1990er Jahre steigenden DZZ stehen somit im Einklang mit den Entwicklungen in den potentiellen Herkunftsgebieten. Die neuerdings zurückgehenden DZZ könnten vermuten lassen, daß der Aufwärtstrend abgeschlossen ist.

Diskussion: Die durch Verfolgung und langlebige Pestizide extrem niedrigen Bestände bis etwa 1970 und weitere Gefährdungsursachen wurden vielfach diskutiert (Bauer & Thielcke 1982, Hölzinger 1987, B&B). Neben den kaum erwähnten Habitatgewinnen durch Extensivierung und anschließende Verschilfung von Feuchtgrünland scheinen die enormen Veränderungen im afrikanischen Überwinterungsgebiet bisher in die Überlegungen der Bestandsdynamik dieser Art nicht einbezogen worden zu sein. Im Sahel W-Afrikas, dem extremen Norden des Hauptüberwinterungsgebiets unserer Populationen, hat sich durch den Ausbau von Stau- und Bewässerungsanlagen (Breman 1991, Denève 1995) die Situation wohl verbessert. Dies gilt auch für die südlich anschließende Sudansavanne, die ebenfalls zum traditionellen Überwinterungsgebiet zählt (Brown et al. 1982). Weniger bekannt ist, daß die Rohrweihe inzwischen in einem Gebiet südlich davon, das mit 2 Mio. km² einem Fünftel der Fläche Europas entspricht (s. Karte bei Brown et al. 1982) und wo sie früher offenbar kaum vorkam, zahlreicher oder doch verbreiteter Überwinterer ist (Gatter 1987a, 1997, Dowsett & Forbes-Watson 1993, Elgood et al. 1994). Sie hat hier auch durch Stau- und Bewässerungsanlagen in Verbindung mit Rodungen, besonders in Reisfeldern, enorme Habitatgewinne zu verzeichnen, die sie aber möglicherweise erst als Folge einer Kapazitätserschöpfung der nördlichen Überwinterungsgebiete aufsucht (Gatter 1997). Die starke Zunahme in Europa könnte ohne die für diese Art positiven Veränderungen in Afrika möglicherweise nicht ganz in diesem Umfang erfolgen, wie ein Vergleich mit der Wiesenweihe vermuten lassen könnte. Be-

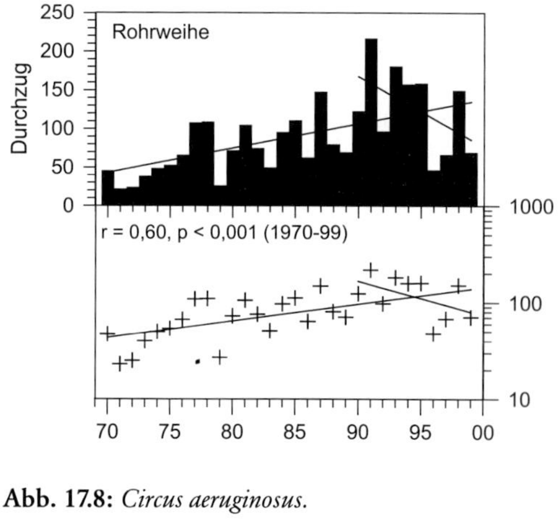

Abb. 17.8: *Circus aeruginosus.*

züglich der Prädation in Brutgebieten durch Fuchs und Wildschwein und neuerdings eventuell wieder abnehmende DZZ siehe Korn- und Wiesenweihe sowie Kap. 16 und 18.

Wiesenweihe *(Circus pygargus)*

LSZ, Breitfrontzug. Die Winterquartiere liegen im tropischen Afrika südlich der Sahara bis S-Afrika. Wegzugsrichtung in Europa hauptsächlich SW. Zu erwartende Herkunft der Dz am RM aus PL, Belarus, CZ und E-D.

Bestandsentwicklung: 75 % der europäischen Population leben in RUS, 10 % in F. Die Population in RUS zeigt positive Entwicklungen (oder nur eine neuerdings bessere Erfassung?) (Eu-ATL). Einige Länder weisen negative Trends auf. In D nur wenige leicht positive Entwicklungen seit den 1980er Jahren (TUCKER 1994, Eu-ATL). Auffällig sind vor allem Anstiege in den 1990er Jahren, so in PL, NL, D, LETT (B&B, LEIBAK 1994, WITT 1992, KOSTRZEWA & SPEER 1995).

RM: Die Wiesenweihe gehört am RM zu den seltenen Greifvögeln, deren Hauptzugzeit vor dem Standard-Erfassungszeitraum liegt. In den 1980er Jahren zogen weniger Wiesenweihen durch als in den 1970ern. Im ersten Erfassungsjahrzehnt zogen 5, im zweiten nur 2 und von 1990 – 1999 waren es 21 Wiesenweihen. Der Verlauf am RM entspricht damit dem im selben Raum überwinternden Weißstorch (siehe auch Abb. 18.4). Angesichts stets einzeln ziehender Vögel ist die Zunahme statistisch aussagekräftiger als bei einem geselligen Zieher gleicher Häufigkeit.

Diskussion: Diese Verlaufskurve hat nur eine einzige Parallele, den Weißstorch, der dasselbe Hauptüberwinterungsgebiet am Südrand der Sahara hat. Die Wiesenweihe dürfte aufgrund des Überwinterungsgebiets und der Habitatwahl mit zu den Arten gehören, die von der Dürre im Sahel von ca. 1968 bis ca. 1987 (BREMAN 1991, DENÈVE 1995) am meisten betroffen waren. Die sehr späte Tendenz zu einer Bestandserholung bei beiden Arten stützt diese Hypothese. Wie viele Offenlandarten ist die Wiesenweihe durch Habitatverluste bedroht, und moderne landwirtschaftliche Bewirtschaftungsformen beeinträchtigen ihren Bruterfolg. Mehr noch als die Rohrweihe, die ihren Horst häufig im Überflutungsbereich anlegt, werden Wiesenweihenhorste im Feuchtgrünland durch Fuchs, Dachs und Wildschwein bedroht sein. Angesichts der Zunahme dieser Prädatoren werden sie heute weit stärker gefährdet sein als es das HVM für die Zeit vor 1970 schildert. Die Untersuchungen von KOLBE (1987) lassen diese starke Verschiebung in den Prädationsverlusten schon erahnen. Von 5 Brutverlusten gingen 3 auf das Konto von Wildschweinen. Inzwischen haben Wildschweine ihre Bestände abermals mehr als verdoppelt. Dasselbe gilt für Fuchs und Dachs. In „weiten ausgeräumten" Ackerflächen sind diese drei Großsäuger weniger vertreten. Eine Ackerpopulation, die sich derzeit in Franken etabliert, hat deshalb weniger entsprechende Verluste (KRÜGER et al. 1999). Die derzeitigen lokalen Bestandsneugründungen sind wohl so zu sehen, daß trotz Fuchs und Wildschwein nach Wegfall von drei weiteren gravierenden Negativfaktoren, den Umweltgiften, der Saheldürre und der Bejagung, dennoch eine kleine Bestandserholung möglich ist.

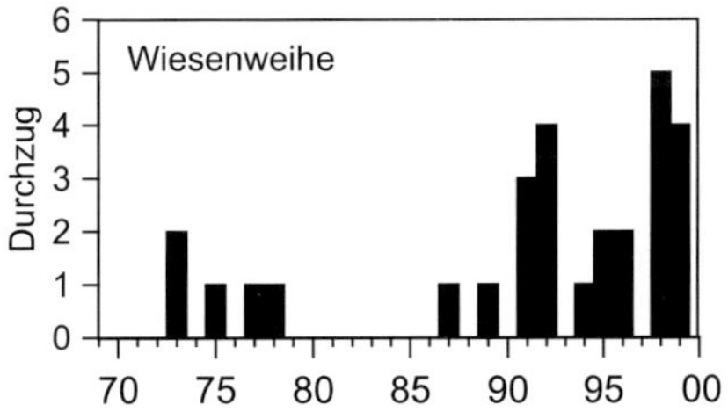

Abb. 17.9: *Circus pygargus.*

Kornweihe *(Circus cyaneus)*

KSZ, Tagzug, Breitfrontzug. Wegzug mitteleuropäischer Kornweihen nach Ringfunden in Richtung S-SW. Zu erwartende Herkunft der Dz am RM aus Schweden, FIN, PL, Balt. und höchstwahrscheinlich aus Belarus und RUS. Überwinterungsgebiete besonders in D, F und Spanien.

Bestandsentwicklung: Weder über Bestandszahlen noch über den möglichen Einfluß von Pestiziden auf Weihen ist viel bekannt. Die älteren Daten sprechen für geringe Belastung (CREUTZ 1968, KARLOG et al. 1971), andere Daten zeigen jedoch auch für Weihen eine bedeutende Belastung (Rohr- und Wiesenweihe; CONRAD 1977). In B zeigt sich ein Tief der Bestände von Korn- und Rohrweihe in den 1960er Jahren und eine deutliche Bestandserholung ab etwa 1970 (DRAULANS 1986). In FIN leicht positiver Trend (SAUROLA 1985) bzw. kein erkennbarer Langzeittrend (KOSKIMIES 1989). Zunahmen werden dort auf den Rückgang der Bejagung und die zunehmende Kahlschlagswirtschaft zurückgeführt, lokale Rückgänge der Landwirtschaft zugeschrieben (SAUROLA 1985). In Falsterbo/S. waren die DZZ in den 1950er Jahren klein, wobei 1955 – 1957 Minimalwerte verzeichnet wurden (ULFSTRAND et al. 1974). Nach einem deutlichen Anstieg in den 1970er Jahren mit Maximalwerten 1977/78 wurde ein langsamer Abfall verzeichnet. Der Rückgang der DZZ dieses Brutvogels der Taiga-Zone wird dort mit fehlenden großräumigen Wühlmaus- und Lemming-Gradationen seit 1982 in Verbindung gebracht (ROOS 1991, 1996, KJELLÉN & ROOS 2000). Populationen in GB erweitern ihr Areal, sind ansonsten stabil (TUCKER 1994, Eu-ATL). Zunahmen werden nur aus Gebieten gemeldet, deren Brutvögel unseren Raum als Dz normalerweise nicht berühren, so aus NL und F (BEKHUIS & ZIJLSTRA 1991, Eu-ATL). Aus Balt. und RUS werden negative Trends gemeldet, in Belarus und CZ sind die Bestände stabil (TUCKER 1994, LEIBAK 1994, Eu-ATL), in PL nach GLOWACINSKI (1992) jedoch abnehmend. Mit Ausnahme der ostfriesischen Inseln wird die Bestandsentwicklung in D einheitlich negativ beurteilt (WITT 1992, NICOLAI 1993b, KOSTRZEWA & SPEER 1995, MÄDLOW & MAYR 1996).

RM: Unsere Daten weichen erheblich von den mit anderen Methoden in den Herkunftsländern erfaßten Trends ab. Der standardisierte Ausschnitt deckt das letzte Drittel des Zuges nicht ab. Durch immer späteren Zug (Abb. 11.2.2) wird am RM ein wohl immer größer werdender Teil nicht mehr erfaßt. In den ersten 5 Jahren zogen am RM vor dem 6. November im Durchschnitt 5 Kornweihen bei bereits steigender Tendenz. In den folgenden 10 Jahren waren es knapp 20, im letzten Jahrzehnt bis 1999 zogen durchschnittlich jährlich 56 Kornweihen durch. Die mögliche Umkehrung des Trends nach 1990 fällt sowohl bei der Rohrweihe wie bei der Kornweihe mit der raschen Verdoppelung der Bestände (nach Abschußzahlen) von Fuchs und Wildschwein und dem stärkeren, aber weniger dramatischen Anwachsen der Bestände beim Dachs zusammen (Kap. 16). Eine Zyklizität, wohl in Abhängigkeit von Mäusejahren in den nordischen Brutgebieten, mit invasionsähnlich stärkerem Zug ist unverkennbar. Die Parallelität zu Turmfalke und Mäusebussard ist dabei geringer als die zwischen diesen beiden Arten. Die Ursache ist wohl die durchschnittlich nördlichere Herkunft der Kornweihen und damit die Abhängigkeit von anderen Nagergradationen.

Diskussion: Diese um das 12fache gestiegenen DZZ lassen vermuten, daß in bestimmten Herkunftsländern bedeutende Zunahmen stattfinden, die offenbar nicht erkannt werden (RUS und Belarus?). Da es sich um langanhaltende Zunahmen handelt, dürfte es kaum eine Rolle spielen, daß die RM-Zahlen aus Jung- und Altvögeln der Brutpaardynamik jeweils um ca. 2 Jahre oder mehr vorauseilen (Geschlechtsreife siehe HVM). Zwischenartliche Konkurrenz kann das Zugverhalten beeinflussen. D. h. ebenfalls zunehmende Arten (z. B. Mäusebussard, siehe dort) und Nahrungskonkurrenz könnten dazu führen, daß die durchschnittlichen Zugstrecken über einen interspezifisch wirkenden „Gedrängefaktor“ wie bei Invasionsvögeln länger werden (Kap. 14, Tannenmeise in Kap. 17). Zweifellos sind die Ursachen am ehesten in den Großkahlschlägen und den zunehmenden Waldbrandflächen der russischen Taiga und den südlich anschließenden subborealen Waldgebieten NW-RUS zu suchen. Dort ergibt sich damit ein riesiges Brutplatzangebot (Kap. 15.8.5), das schwerlich unter ausreichender ornithologischer Überwachung stehen dürfte. Ein weiterer wesentlicher Grund ist im nachlassenden Jagddruck zu sehen. Das Beispiel zeigt aber auch die Schwäche der normalen Monitoring-Programme, die nur bei hoher Ornithologendichte und voller Habitatabdeckung regional übergreifende, brauchbare Ergebnisse liefern (BUSSE 1980, Kap. 5). Es ist auf-

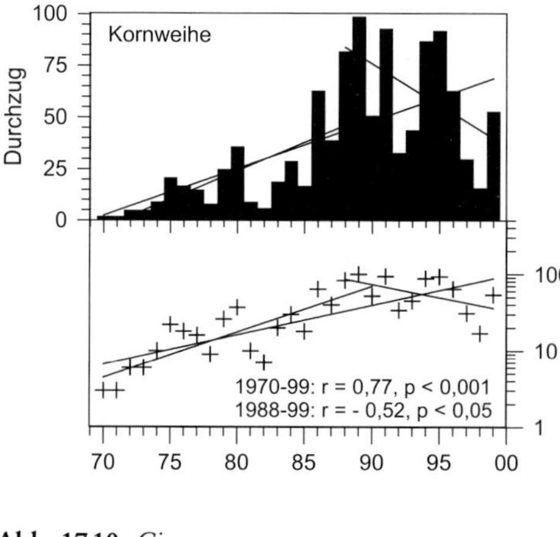

Abb. 17.10: *Circus cyaneus.*

fällig, daß die einzigen stark zunehmenden Bestände mit teils extrem hohen Dichten in D und NL (Etheridge & Hustings in Eu-ATL) auf den wildschwein-, marder- und überwiegend fuchsfreien friesischen Inseln liegen. Zusammen mit den auffälligen Winterverlusten durch den Fuchs (Schüpbach 1996) wirft dies ein Licht auf bisher ungenügend bewertete Prädationsverluste, die einen nicht unwesentlichen Anteil an der mangelnden Bestandserholung haben dürften. Die kräftigen Populationssteigerungen der drei Säuger (Kap. 16) könnten für das aus den DZZ erkennbare Ende der Zunahme verantwortlich sein. Mitte der 1980er Jahre schrieb Kolbe (1987) 7 von 27 Brutverlusten Wildschwein und Fuchs zu. Deren seitherige Bestandsverdoppelung (bis Vervielfachung?, Kap. 16), läßt im Vergleich zur Zeit vor 1970 (HVM) inzwischen gesteigerte Prädationsverluste erwarten, die sich nach den Erkenntnissen von Schüpbach (l. c.) nicht auf die Brutzeit beschränken werden. Die positive Situation in F (Eu-ATL), wo der Jagddruck auf den Fuchs angesichts eines völlig anderen Jagdsystems und anderer Mentalität der Jäger stark ist, könnte ebenfalls für diese Deutung sprechen.

Sperber *(Accipiter nisus)*

TZ, Tagzug, Breitfrontzug. Wegzug mitteleuropäischer Sperber überwiegend in Richtung SW. Zu erwartende Herkunft der Dz am RM nach Ringfunden aus dem NE von D sowie Bay., Thüringen, Sachsen, PL, Belarus, LETT und FIN. Überwinterungsgebiete der Dz zwischen SW-D und dem westlichen Mittelmeerraum.

Bestandsentwicklung: Überall in Europa starke Bestandseinbrüche in den 1950er und/oder 1960er Jahren durch Pestizide. Eine Bestandserholung wird in den 1970er Jahren bemerkt. In GB war – nach einer zunächst nur leichten Abnahme seit 1950 – die Population zwischen 1957 und 1960 fast vollständig zusammengebrochen. Umfang und Dauer des Rückgangs wurden dabei vom Anteil landwirtschaftlich genutzter Fläche und dem Einsatzgebiet von DDT bestimmt. Lokal hatten sich die Bestände bereits 1970 wieder erholt (Newton 1979, dort auch Übersicht, 1986). MARCHANT (1990) weist auf einen Anstieg insbesondere nach 1976 hin. In DK Tiefpunkt zwischen 1950 und 1967 (Hald-Mortensen 1974). Dyck et al. (1981) stellten hier ab etwa 1975 wieder einen starken Aufwärtstrend fest. In Falsterbo/S. nach 1942 eine sinkende Tendenz der DZZ, deren Tiefpunkt zwischen 1958 und 1973 liegt. Seitdem steigen die Bestände wieder (Ulfstrand et al. 1974, Roos 1991, 1996; Abb. 15.4.2), und neuerdings zeichnet sich eine Stabilisierung ab (Kjellén 1998a). Auch in DK neuerdings konstante Bestände (Jørgensen 1998). In D Abnahme seit 1950 (HVM, Bijleveld 1974), bei Braunschweig spätestens ab 1953 (Warncke 1961), in der Südlausitz ab 1954 und erneut ab 1963 (Kramer 1972). Aus vielen Gegenden verschwindet er ganz (z. B. Looft & Busche 1981, Litzbarski 1987). In CH war eine Abnahme ab etwa 1955 festzustellen, der Tiefpunkt wurde zwischen 1972 und 1975 erreicht (Bühler 1991). In F wird der Rückgang zwischen 1950 und 1960 vermutet (Thiollay in Joncour 1986). In B Mitte der 1960er Jahre Bestandstief (Höhepunkt der Organochlorideinsätze) und starker Anstieg ab Anfang der 1970er Jahre (Draulans 1986). In FIN stärkster Rückgang offenbar in den 1960er Jahren (Saurola 1985).

In D Erholung verbreitet ab ca. 1969 und spätestens ab 1973 (Kramer 1972, Brünner & Reger 1976), mit anhaltenden Zunahmen (Grummt & Wink 1991, Kostrzewa & Speer 1995). Auch aus nahezu allen Gebieten in Europa werden derzeit Zunahmen gemeldet. In Schweden einheitlich positive Entwicklungen (Roos 1993, Robertson & Berg 1992), in FIN sind die Bestände entweder stabil (z. B. Hildén 1988, Tiainen 1985) oder es gibt positive Trends (Saurola 1985, Solonen 1985). In LIT eine dem Trend am RM entsprechende Zunahme der DZZ von 1972 – 1989 (Baumanis & Celminš 1993). In GB nehmen Sperber nach wie vor stark zu (Eu-ATL), dasselbe gilt für CH (Bühler 1991). Inzwischen hat die Art in vielen Bereichen Europas die Dichten, die sie vor den Einsätzen langlebiger Pestizide hatte, überschritten. Sie hat ihr ehemaliges Verbreitungsgebiet nicht nur voll besetzt, sondern auch Arealgewinne zu verzeichnen. In den Niederlanden sind die Dichten heute wieder um das 15- bis 20fache höher als vor dem Tief (Eu-ATL).

RM: Moderater Anstieg der DZZ von durchschnittlich 80 1970 – 1974 auf ca. 130 zwischen 1975 – 1980 im standardisierten jahreszeitlichen Ausschnitt. Im Jahrzehnt 1986 – 1995 zogen durchschnittlich 430 Sperber, seit Beginn der Zählungen ein Anstieg um mehr als das Fünffache. Die Zahlen 1996 – 1999 sprechen möglicherweise für eine sich anbahnende Stabilisierung der Bestände oder gar einen leichten Rückgang. Zwischen 1986 und 1994 wurde die Zahl von 400 Dz in 6 Jahren überschritten, in den folgenden 5 Jahren nicht mehr. Die Zahl der am RM als anwesend bzw. jagend angetroffenen Sperber stieg zunächst rascher an als die der ziehenden. 1985 – 1992 wurde zunächst ein plateauähnlicher Höhepunkt erreicht. Seitdem scheint auch die Zahl der im Nahbereich Anwesenden rückläufig zu sein. (Abb. 17.11b).

Diskussion: Die starke Bestandsabnahme – in Europa zwischen etwa 1955 und 1975 – beruhte vorwiegend auf einer erhöhten Sterblichkeit durch Umweltgifte. Auch die Halbierung des Bruterfolgs in D während dieses Zeitraums (BEZZEL 1985) macht dies deutlich. In den nördlichen intensiv landwirtschaftlich genutzten Gebieten der DDR starb er regional ebenso aus wie in GB. Seit dem Verbot von DDT bzw. der nur noch eingeschränkten Anwendungserlaubnis vieler Pestizide und PCBs sind die Sperberbestände wieder im Steigen begriffen (Abb. 15.4.1, 15.4.2). Mögliche negative Auswirkungen von Habitatveränderungen oder Bejagung im Brut- oder Wintergebiet sind derzeit nicht meßbar. Der Sperber kann als r-Stratege sowohl Direktausfälle durch Vergiftungen wie verminderte Fortpflanzung durch seine hohe Reproduktionsrate schneller kompensieren als andere Greifvögel (BÜHLER 1991). Inzwischen haben die Bestände in vielen Regionen Europas offenbar Maximaldichten erreicht (MARCHANT 1990), und auch die DZZ in Schweden und am RM lassen einen weiteren Anstieg unwahrscheinlich erscheinen. Zunehmende Konkurrenz bzw. Prädation durch den langsamer zunehmenden Habicht könnte eine der Ursachen für den schwächeren Zug der letzten Jahre sein, wie die extremen Dichteunterschiede beider Arten in GB suggerieren mögen (Eu-ATL, Kap. 18). Nach Vergleich der Pestizidanalysen nicht geschlüpfter Resteier von Anfang der 1990er Jahre mit solchen von 1978 – 1981 sieht BÜHLER (2000) weiterhin Entwicklungsstörungen. Er läßt offen, ob bei den dabei zu erwartenden Bruterfolgswerten Zu- oder Abnahmen möglich sind.

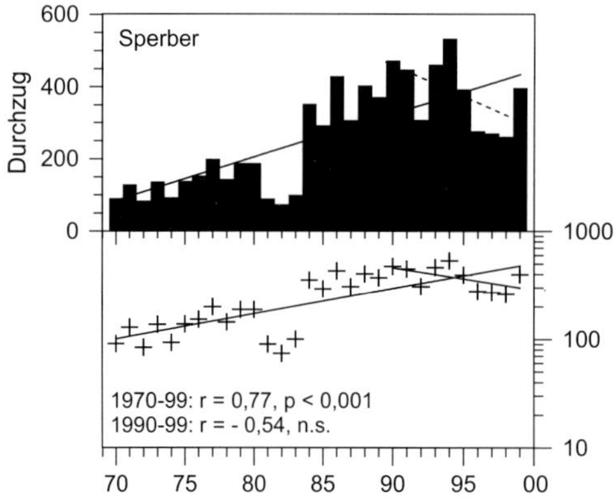

Abb. 17.11a: *Passage of* Accipiter nisus.

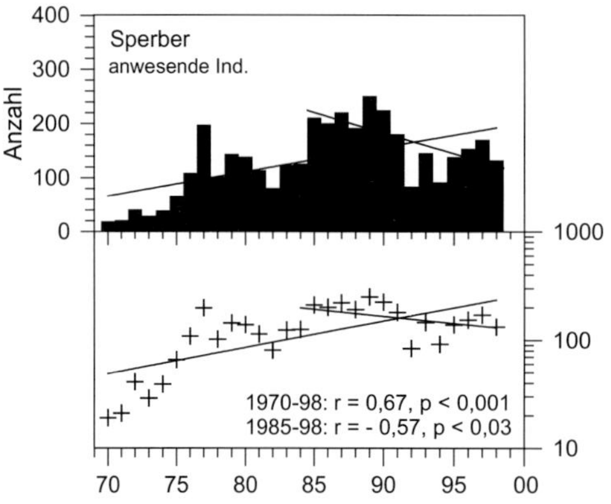

Abb. 17.11b: *Local population of* Accipiter nisus.

Habicht *(Accipiter gentilis)*

Standvogel und TZ, Tagzug. Überwintert innerhalb des Brutgebietes bis zum Mittelmeerraum (incl. N-Afrika). Nordische Vögel erreichen M-Europa (PL, E-D) nur selten. Wegzug mitteleuropäischer *A. a. gentilis* nach Ringfunden in alle Richtungen mit Schwerpunkt auf SW-SSW. Weiteste Zugentfernungen deutscher Vögel etwa 300 km (HVM). Zu erwartende Herkunft der Dz am RM aus BWü., N-Bay., E-D, NW-CZ, PL.

Bestandsentwicklung: Die DZZ in Falsterbo/S. deuten auf wachsende Bestände hin (KJELLÉN & ROOS 2000), da jedoch nur wenige ziehen, ist die Entwicklung nicht eindeutig. In DK Zunahme während der letzten 20 Jahre (GRELL 1998). In FIN konstante Bestände (HILDÉN 1988, TIAINEN 1985), aber seither offenbar abnehmend (HAAPALA, KORHONEN & SAUROLA nach KJELLÉN & ROOS 2000). In D gibt es große regionale Unterschiede. Während in manchen Gebieten Zunahmen verzeichnet werden, gibt es in anderen Bestandsrückgänge (Zusammenstellung in KOSTRZEWA & SPEER 1995). In BWü. ab der zweiten Hälfte der 1970er Jahre deutliche Zunahmen (HÖLZINGER 1987) und neueste Trends wohl nach wie vor positiv (Eu-ATL).

RM: Daß der Durchzug am RM relativ spärlich ist, liegt an der geringen Zugneigung dieser Art. Im Jahresdurchschnitt der ersten 26 Jahre wurden 6 Habichte als Dz notiert. In der ersten Hälfte lagen nur 3 Jahre über dem Durchschnitt, in der zweiten waren es 5 Jahre. Nach 1992 war nur ein unterdurchschnittliches Jahr dabei, und den stärksten Anstieg brachten die allerletzten Jahre, mit jährlichen DZZ zwischen 16 und 20 Habichten. Noch deutlicher war die Zunahme bei den im Stationsbereich anwesenden, jagenden Habichten. Ihre Zahl hat sich von durchschnittlich 5 im ersten Jahrzehnt auf ca. 20 in den letzten Jahren erhöht.

Diskussion: Unter den häufigen Greifvögeln, die vor 1970 besonders unter Verfolgung gelitten haben, ist der Habicht diejenige Art, die im Bereich des RM am schwächsten auf die Schutzmaßnahmen reagiert hat und die, wie sich an Beispielen zeigt, offenbar nach wie vor stärker verfolgt wird (DOBLER & SIEDLE 1993, 1994), ein Umstand, der wohl auch für andere Länder gilt (MARCHANT 1990). Die bei HÖLZINGER (1987) unter Lebensraumzerstörung als wichtigster Punkt genannten „forstlichen Eingriffe“ werden sich wohl kaum als populationsdynamisch wirksamer Faktor bestätigen lassen. Die Wegeerschließung v. a. bisher geschlossener großer Waldkomplexe hat dem Habicht wahrscheinlich eher zusätzliche Lebensräume eröffnet. Der zunehmende Verlust an Randlinien (Kap. 15.8) mag sich

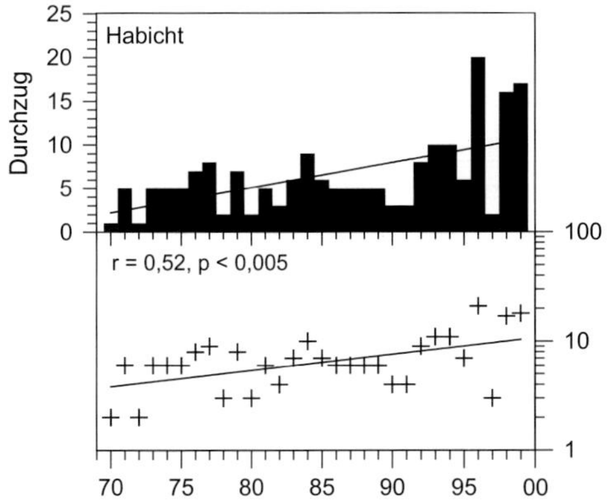

Abb. 17.12: *Accipiter gentilis.*

nachteilig bemerkbar machen. Im weiteren Albvorland nördlich der Station RM hat der Brutbestand des Habichts wie die Anzahl der Beobachtungen anwesender Habichte in etwa entsprechendem Umfang zugenommen, und er siedelt hier im Kreisgebiet Esslingen mit ca. 30 BP inzwischen recht dicht (H. FREIER, Verf.). Dasselbe gilt für die zentrale Albhochfläche. Gleichzeitig ist der Albrand mit seiner hohen Dichte beim Wanderfalken weitgehend frei von Brutpaaren. Konkurrenz zwischen beiden Arten ist hier anzunehmen. Der Habicht horstet bei uns in Baumbeständen ab 80 Jahren. Eine Auswirkung der Habichtdichte auf die Bestände der Rabenkrähe entsprechend den Befunden von WITTENBERG (1998) konnte bisher nicht festgestellt werden.

Mäusebussard *(Buteo buteo)*

B. b. buteo: Sehr häufiger Brutvogel, TZ, Tagzug, Breitfrontzug. Der Falkenbussard *B. b. vulpinus* ist spärlicher und schwer bestimmbarer Dz aus N-Skandinavien nördlich etwa 65°, FIN und großen Teilen des europäischen RUS, mit breiter Überschneidungszone zu *B. b. buteo*; KSZ und LSZ; Tagzug; überwintert im tropischen W- oder S-Afrika. Wegzug mitteleuropäischer Mäusebussarde v. a. WSW-S. Zu erwartende Herkunft der Dz am RM vor allem aus BWü. und Bay., E-D, CZ, PL, Belarus und möglicherweise NW-RUS. Überwinterungsgebiete SW-D, CH, F, Spanien.

Bestandsentwicklung: Die Bestände in GB, B, NL, DK, FIN, EST, PL, CZ haben zugenommen (SAUROLA 1985, VÄISÄNEN et al. 1986, MARCHANT 1990, LEIBAK 1994, B&B, JØRGENSEN 1998, GRELL 1998). Lediglich die DZZ in S-Schweden deuten einen Rückgang der Bestände (ROOS 1996) an, wobei Winterwerte in Schweden keinen eindeutigen Anstieg zeigen (KJELLÉN & ROOS 2000). In D wird sowohl von positiven als auch negativen Trends (KOSTRZEWA & SPEER 1995) bzw. stabilen Beständen (NICOLAI 1993b, Eu-ATL) berichtet. Die Aussage bei HÖLZINGER (1987), wonach „zumindest in den vergangenen 20 Jahren der Brutbestand in BWü. insgesamt rückläufig ist“, wird nicht durch Belege abgesichert.

RM: Im standardisierten jahreszeitlichen Ausschnitt zogen 1970 – 1975 durchschnittlich 350 Bussarde, zwischen 1984 und 1989 knapp 1000 und in den letzten Jahren über 2000. Die Zahlen belegen damit einen Anstieg der DZZ um den Faktor 6 seit 1970. Unverkennbar sind dabei offensichtlich von Nagergradationen abhängige Zyklen, deren Abstände in der ersten Hälfte zwischen 3 und 5, durchschnittlich bei 4 Jahren, in der zweiten Hälfte bei 1 bis 4, durchschnittlich bei ca. 2,5 Jahren lagen. Gleichzeitig verschoben sich die Medianwerte immer mehr von Mitte auf Ende Oktober (GATTER 1991). Innerhalb des Standard-Erfassungszeitraums, also vor dem 6. November, zieht damit ein immer geringer werdender Teil der Bussarde, was sich auch anhand steigender Tagesmaxima der Zahlen spät im November ziehender bzw. winterflüchtender Bussarde am RM vermuten läßt.

Diskussion: Bei Höchstaltern von 25 Jahren (HVM) ist seit dem ganzjährigen Schutz und einer veränderten Pestizidsituation seit 1970 (Kap. 15.4) heute mit einer stark veränderten Altersstruktur zu rechnen (GATTER 1991, Abb. 11.4.2). Nach KOSTRZEWA & SPEER (1995) ist die Bestandsentwicklung dieser häufigen Art oft schlecht dokumentiert. Ein Mangel von Bestandsaufnahmen häufiger Greifvögel besteht oft auch darin, daß nicht alle möglichen Lebensräume einbezogen worden sind. Gerade der Bussard hat in den letzten 25 Jahren Terrain erobert, in dem früher nur ausnahmsweise gebrütet wurde. In mehreren Bestandsaufnahmen der Station RM auf zwei Flächen mit 33 und ± 50 km² hat die Art zwischen 1969 – 1975 und 1992 – 1995 v. a. deshalb stark zugenommen, weil gegenüber dem ersten Zeitraum (Horste fast nur in Wäldern) inzwischen der gesamte Obstwiesenbereich, Hecken und Bachgehölze (Horste in 7 – 13 m) und die Feldflur (Horste z. B. in Baumschulen 3 – 5 m hoch), sogar lockere Bebauungsgebiete als Siedlungsareal erobert wurden. Ein Grund hierfür liegt in einer Verringerung der Fluchtdistanz, die sich durch den Rückgang der Bejagung seit 1970 ausgebildet hat und die auch die Besiedlung von Bereichen erlaubt, die von Menschen stark frequentiert werden. Die inzwischen vermutlich erfolgte Sättigung der Brutbestände führt wohl auch zu einem hohen Nichtbrüteranteil (GEDEON & STUBBE 1992). Die DZZ des Mäusebussards am RM werden vermutlich auch durch die hohe Dichte beeinflußt, die dazu führt, daß bei im Prinzip standorttreuen Individuen – ähnlich wie bei Invasionsarten – Zugverhalten ausgelöst werden kann.

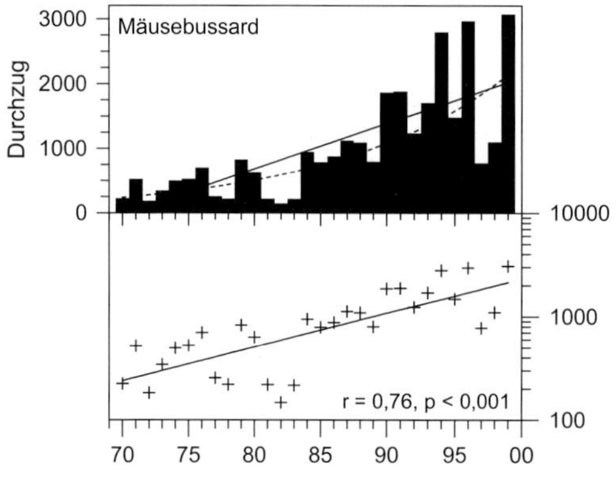

Abb. 17.13: *Buteo buteo.*

Adler *Haliaeetus, Aquila*

Die 4 Beobachtungen des Steinadlers *Aquila chrysaetos* (im standardisierten Ausschnitt 29.8. – 6.11.) verteilen sich hälftig auf den ersten und zweiten Teil des Berichtszeitraums, wobei sich ein zweijähriger Steinadler, der sich mehrere Monate von September bis Dezember 1991 im weiteren Bereich des Kirchheimer Albrandes aufhielt, nur einmal im direkten Stationsbereich zeigte. Immature Seeadler *Haliaeetus albicilla* zogen 1991, 1996 und 1999 durch, der deutsche Brutbestand des Seeadlers hat sich in den vergangenen 30 Jahren jedoch mehr als verdoppelt (HAUFF 1998). Beobachtungen vom *A. clanga/pomarina*-Typ liegen aus den Jahren 1983, 1993, 1998 und 1999 vor. Für den Schreiadler wird eine regionale Zunahme vermutet (TUCKER 1994), bei der Zunahme der bekannten ostdeutschen Horstplätze ist die Intensität der Horstsuche als Einflußgröße jedoch schwierig einzuschätzen (NICOLAI 1993b).

Turmfalke *(Falco tinnunculus)*

Häufiger Brutvogel, TZ und LSZ, Tagzug und offenbar in weit höherem Maße als angenommen Nachtzieher. Überwintert von S-Skandinavien bis Mittelmeergebiet, N-Afrika sowie südlich der Sahara. Wegzug aus W- und E-Skandinavien und M-Europa nach SW-S (HVM, NORDSTRÖM 1963). Zu erwartende Herkunft der Dz am RM aus FIN, Balt., NW-RUS, NE-D, BWü. und Bay., seltener W-Skandinavien.

Bestandsentwicklung: Im Berichtszeitraum 1970 – 1996 werden in zahlreichen Gebieten M- und NE-Europas mäßige bis starke Rückgänge gemeldet (TUCKER 1994), öfter mit Tiefstand Mitte oder Ende der 1980er Jahre (SAUROLA 1985, TIAINEN 1985, LEIBAK 1994, B&B). Bestände in DK, Norwegen und Schweden erscheinen stabil (TUCKER 1994, ROOS 1993), aus RUS werden Abnahmen von 50 % gemeldet (TUCKER 1994).

RM: Wenn man von dem invasionsähnlichen Einflug 1999 einmal absieht, zeigt der Turmfalke im Gegensatz zu den anderen häufigen Greifvögeln am RM, Mäusebussard und Sperber, eine langfristig eher gleichbleibende Tendenz der DZZ, die durch recht hohe Schwankungen in den Einzeljahren überlagert wird. Die im Verhältnis zu den beiden anderen Arten hohen DZZ in den 1970er Jahren lassen darauf schließen, daß die Bestände des Turmfalken durch Abschuß und den vorangegangenen Pestizideinsatz nicht in dem Maße beeinflußt wurden wie die anderer Greifvogelarten. Die Abnahme der DZZ in den 1980er Jahren läßt sich nicht nur mit harten Wintern erklären. Die parallele Entwicklung bei der Ringeltaube und weiteren Arten (siehe auch Kap. 16 und 18) und die ebenfalls schwachen Erholungstendenzen beim Baumfalken könnten vermuten lassen, daß v. a. auch Baumbruten des Turmfalken durch die hohen Marderzahlen in den 1980er Jahren (siehe Kap. 16) beeinflußt wurden. Zusammen mit dem Rückgang der Marder durch die Erhöhung der Fuchspopulation ist in den letzten Jahren auch wieder eine Zunahme des Turmfalken zu verzeichnen. Der „Invasion" 1999 folgte im Bereich des RM auch eine hohe Überwinterungsdichte, die bis dato keine Parallele hatte.

Die relativ starken kurzfristigen Schwankungen der DZZ in den Einzeljahren des Beobachtungszeitraumes sind wohl überwiegend von den Zyklen der Feldmaus bestimmt. Dabei ist zu erwarten, daß starke Zugjahre vom Zusammenbruch der Mäusegradation im Herkunftsgebiet bestimmt sind. Die Spitzenjahre zeigen dabei eine weitergehende Übereinstimmung zu denen des Mäusebussards als zu jenen der Kornweihe.

Die im Gegensatz zu seiner Häufigkeit stehenden spärlichen DZZ am RM unterstützen die durch Belege gesicherte Ansicht von HANSEN (1954), daß Turmfalken in bedeutenderem Umfang nachts ziehen.

Diskussion: Bei TUCKER (1994) und B&B wird die moderne Landwirtschaft als Hauptursache des Rückgangs in vielen Gebieten angeführt. Wichtigster Faktor für Mäusebussard und Turmfalke ist zunächst die Verfügbarkeit von Wühlmäusen v. a. während des Winters. Sie sind offenbar in einem Ausmaß vorhanden, das dem im selben Habitat jagenden und brütenden Mäusebussard praktisch überall Zunahmen erlaubt. Trotz teilweise unterschiedlicher Jagdweisen (REICHHOLF 1977) dürften hohe Dichten des Mäusebussards im Offenland u. a. durch Sitzwartenkonkurrenz die Nahrungssuche des Turmfalken beeinträchtigen. Zwischenartliche Konkurrenz wurde des öfteren diskutiert (REICHHOLF l. c., dort weitere Lit.), aber unter den veränderten Bedingungen der neuerdings starken Zunahme des Mäusebussards nicht erneut aufgegriffen. Auffällig ist jedenfalls die seit wenigstens Ende der 1960er Jahre rapide Zunahme des Turmfalken in Siedlungen, die bisher kaum ausreichend dokumentiert wurde. Im weiten Umfeld der Station RM wurden Gebäudebruten vor 30 Jahren als Ausnahmen erwähnt (GATTER 1970d). Heute leben hier in Höhenlagen von 200 - 800 m wenigstens 200 Paare an Kirchen, Industrie- und Wohnbauten. Entsprechende Entwicklungen sind aus Großstädten bekannt (WITT et al. 1984, PLESNIK 1990).

Unabhängig von unseren DZZ fällt auf, daß in fast allen europäischen Ländern Abnahmen der Populationsdichten gemeldet werden (Eu-ATL), die im Gegensatz zu den Zunahmen des Mäusebussards stehen. Die Zunahme in den vom Turmfalken erschlossenen „städtischen" Bereichen und die Abnahme in den vom Bussard zusätzlich eroberten (vgl. GATTER 1970d) ist dabei nur schwer quantitativ zu fassen. GEDEON (1994) diskutiert dieses auf viele andere Arten

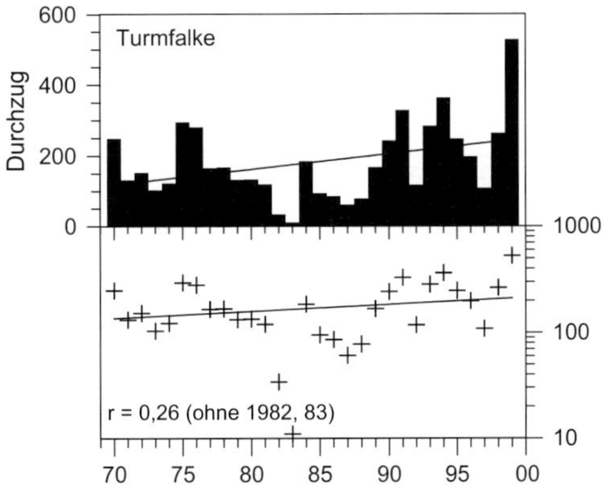

Abb. 17.14: *Falco tinnunculus.*

übertragbare Problem der Bestandsschätzung über Revierkartierungen, wo Flächen, in denen die Art nicht vorkommt, nicht mit einbezogen werden. Insofern besteht der Verdacht, daß die lokalen Rückgänge und Habitatverschiebungen beim Turmfalken ihre Ursache auch in zwischenartlicher Konkurrenz zum Mäusebussard haben könnten.

Rotfußfalke *(Falco vespertinus)*

Seltener Gast und Dz. D liegt westlich außerhalb des Verbreitungsgebiets der Art. Tagzug (und Nachtzug?).

Der nach S und SW kanalisierende Paß des RM läßt bei dieser Art keine Konzentrationen erwarten. Die Häufung der Beobachtungen in der ersten Hälfte des Erfassungszeitraums ist eine für Greifvögel ungewöhnliche Verteilung, die auf Abnahmen schließen lassen könnte. Dies deckt sich mit den abnehmenden Bestandstrends in fast allen europäischen Ländern (Eu-ATL). Starke Jahre waren am RM 1976, 1978, 1981. Der eruptive Charakter des Auftretens in M-Europa läßt aber hier bei den geringen Zahlen keine eindeutigen Aussagen zu.

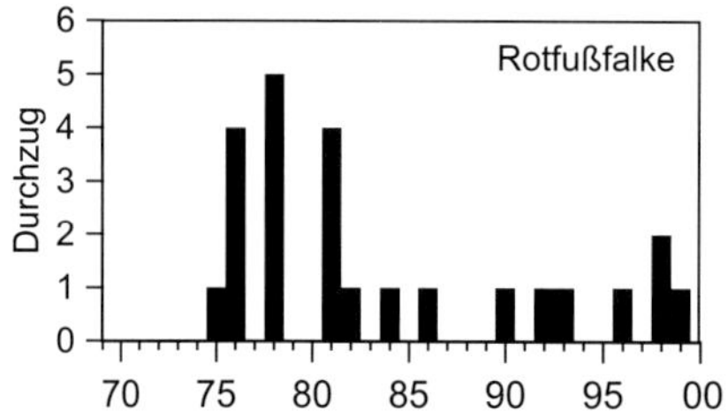

Abb. 17.15: *Falco vespertinus.*

Merlin *(Falco columbarius)*

Wintergast, Dz und TZ, KSZ, Tagzug. Überwintert ab GB und S-Skandinavien südwärts bis Mittelmeer und N-Afrika. Wegzug nach Ringfunden Richtung SW-SSW. Zu erwartende Herkunft der Dz am RM wohl aus E-Norwegen, FIN, Balt., NW-RUS.

Bestandsentwicklung: Nach Bestandstief Anfang der 1970er Jahre (Roos 1974a, b) stiegen die DZZ in Falsterbo/S. langsam wieder an und scheinen ab der zweiten Hälfte der 1980er Jahre auf einem höheren Niveau stabil zu sein (Roos 1993, 1996, Kjellén 1998b). Nach Väisänen et al. (1986) in FIN negative Tendenzen, nach Saurola (1985) dagegen stabile Bestände. In EST seit 1960 Abnahme um die Hälfte (LEIBAK 1994). In GB hält der negative Trend der 1960er und 1970er Jahre bei lokal positiven Entwicklungen an (MARCHANT 1990). Nach dem Eu-ATL sind die Bestände aller europäischen Länder stabil oder abnehmend.

RM: Unterteilt in Zeiträume mit ähnlichem Erscheinungsbild zogen von 1970 – 1973 5 Merline/Jahr, 1974 – 1978 15, 1979 – 1989 7, von 1990 – 1997 19 und in den letzten Jahren zwischen 25 und 30 Vögel/Jahr. Die Minimalwerte der ersten Hälfte werden heute überschritten.

Diskussion: Bei starken Schwankungen ist eine schwache, aber deutliche Zunahme in den Herkunftsländern der RM-Dz anzunehmen, die sich bis in die 1980er Jahre mit den Ergebnissen der DZZ in Falsterbo/S. deckt (Kjellén 1998a), danach am RM aber weiterhin leicht steigt. Die Ursache der bei Eu-ATL in 4 potentiellen Herkunftsländern der RM-Vögel gezeigten schwachen bis starken Rückgänge sind schwierig einzuschätzen. Die Quelle der beachtlichen Zunahme der DZZ am RM dürfte am ehesten in RUS liegen (Kap. 15.8.5). Regionale Abnahmen bzw. nur schwache Erholungstendenzen dieses vielfach am Boden brütenden Falken könnten mit dem Zusammenbruch der Pelzjagd auf Füchse nach dem weltweiten Preisverfall in Zusammenhang stehen (Kap. 16). Auch die Abnahme der DZZ des ebenfalls bodenbrütenden Rauhfuß-

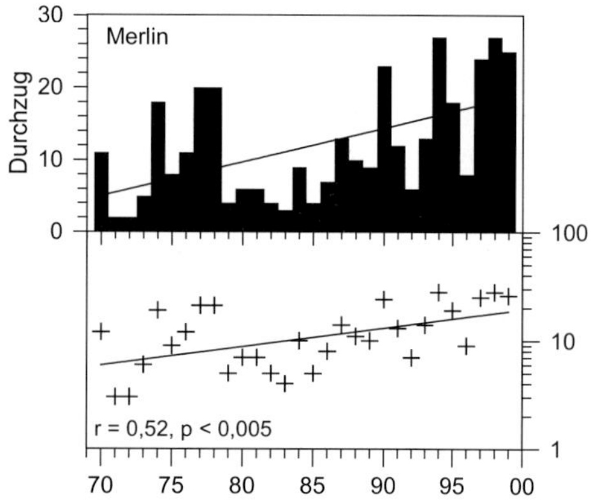

Abb. 17.16: *Falco columbarius.*

bussards in Falsterbo (Roos 1996) könnte davon, neben den bei Kjellén (1998a) genannten Gründen, beeinflußt sein. Deren Jungvogelanteile unter den Dz in Falsterbo liegen zwischen 1986 und 1995 bei nur 23 %, während sie beim Baumbrüter Mäusebussard 41 % erreichen.

Baumfalke *(Falco subbuteo)*

Brutvogel und Dz, LSZ, Tagzug, Breitfrontzug. Überwintert in Afrika überwiegend südlich des Äquators. Das Überwinterungsgebiet ist nur bruchstückhaft bekannt (Curry-Lindahl 1981). Wegzug aus M-Europa und Skandinavien nach Ringfunden in Richtung SSW-S(-SSE), trotzdem nur spärlich in W-Afrika überwinternd (Elgood et al. 1994, Gatter 1997). Zu erwartende Herkunft der Dz am RM wohl vorwiegend NE- und M-Europa, D, CZ, Balt., Belarus und NW-RUS.

Bestandsentwicklung: Die Hälfte der europäischen Länder meldet derzeit stabile, die andere Hälfte abnehmende Bestände (Eu-ATL). In GB nach MARCHANT (1990) leicht positive Trends seit den 1970er Jahren. In Schweden nach Kjellén (1998a) Rückgang, nach Robertson & Berg (1992) stabil, ebenso wohl in FIN (Saurola 1985). In EST nach starken Rückgängen Anfang der 1970er jetzt stabil (LEIBAK 1994). In RUS zunehmende Bestände (Fiuczynski 1987 in MARCHANT 1990), bei denen Unterschutzstellung im europäischen Teil Rußlands als Ursache vermutet wird. Bestandsentwicklung in E-D über einen kurzen Ausschnitt der letzten Jahre stabil (Gedeon 1994), aber negativ nach Nicolai (1993b), wie im überwiegenden Teil von W-D. Zunahme in anderen Bereichen ab 1980er Jahre (B&B).

RM: 1970 – 1975 im Standard-Erfassungszeitraum ca. 12/Jahr. 1977 – 1992 25/Jahr und ca. 40 Baumfalken in den Jahren bis 1999. Dies entspricht einer Zunahme um das 3,5fache seit 1970.

Diskussion: Die Art fällt aufgrund ihrer jahreszeitlich schwierigen Erfassung während der Brutzeit (am besten im August zur Zeit flügger Jungvögel) aus dem Rahmen üblicher Siedlungsdichteerhebungen, und verläßliche Zahlen sind schwierig zu erhalten (Kostrzewa & Speer 1995). Wie in Kap. 15.8 gezeigt, haben die in der Literatur (Hölzinger 1987, B&B) aufgeführten wichtigsten Gefährdungsursachen – Verluste von Altholzbeständen und Überhältern, zu kurze Umtriebszeiten und Fällung von Horstbäumen – wohl nicht die nachteiligen Auswirkungen auf die Populationen wie angenommen. Das fortschreitend höhere Durchschnittsalter unserer Wälder bietet genügend alternative Nistmöglichkeiten. Hauptsächlicher Horstlieferant ist zudem vor allem die fast überall zunehmende Aaskrähe. Im Untersuchungsgebiet brüten Baumfalken vor allem in Fichtenalthölzern an der Grenze zu weiträumigen Feldlandschaften. Speziell hier wird gelegentlich eine hohe Brutdichte von Ringeltauben (siehe dort) beobachtet. Der Bruterfolg der Tauben wird dabei regional durch Marder auf tiefstem Niveau gehalten. Bei wiederholten ungeklärten Horstaufgaben des Baumfalken vor dem Ausfliegen ließ sich kein Fall auf forstwirtschaftliche Maßnahmen zurückführen. Die Brutverluste der Falken dürften dort, bei Denkendorf/Landkreis Esslingen, viel eher ebenfalls von Mardern herrühren. Dem Baumfalken wird die Brutnachbarschaft zur Primärbeute des Marders zum Verhängnis (siehe auch Abb.18.13 und 18.14). Dafür spricht auch, daß Paare innerhalb von Gebieten mit hohem Waldanteil, die nicht in Verbindung mit Konzentrationen von Ringeltauben stehen, höheren Bruterfolg haben (H. Freier, Verf.). Sehr auffällig ist zudem, daß der Baumfalke, der zwischen 1957 und 1975 in geringer Dichte über das ganze Gebiet verbreitet war, heute als offenbar unterlegener Konkurrent in räumlicher Trennung vom Wanderfalken lebt. Seit dieser häufiger ist, gibt es in einem 5 – 7 km breiten Streifen beiderseits des Albtraufs keine Brutreviere mehr (H. Freier, Verf.). Dies würde sich mit den im Eu-ATL erwähnten, regional festgestellten negativen Ein-

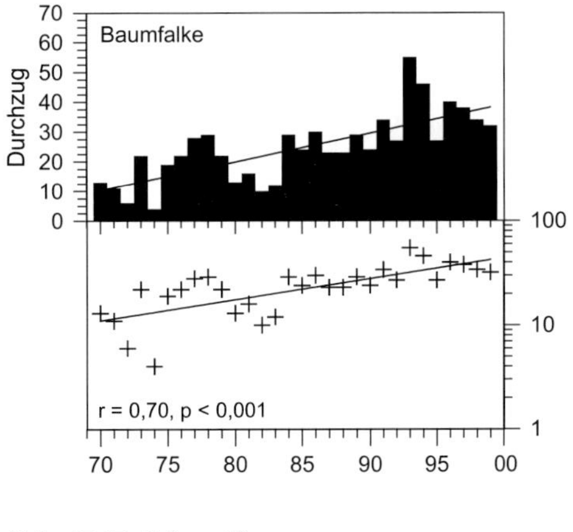

Abb. 17.17: *Falco subbuteo.*

wirkungen durch zunehmende Habichtbestände auf Bruterfolg und Überlebensrate der Altvögel des Baumfalken decken.

Zudem ist zu erwarten, daß der Baumfalke als LSZ nach der Erholung von den Bestandseinbußen durch Verfolgung und persistente Agrarchemikalien etc. ganz besonders auch im Wintergebiet bedroht ist. In trockenen Gebieten Afrikas lebt die Art von hochgeselligen Insekten wie Wanderheuschrecken und ist somit durch deren Verfolgung beeinträchtigt (FIUCZYNSKI 1982, MULLIÉ et al. in SALATHÉ 1991), wogegen dieser Einfluß nach KEMP & TARBOTON (in BAUMGART & MEYBURG 1998) gering sein soll. Das Trendmuster am RM ist zudem typisch für Sahelüberwinterer mit höherer Lebenserwartung (Weißstorch, Wiesenweihe siehe dort). Nach absolutem Tiefpunkt Anfang der 1970er Jahre konnte sich die Art wegen der zwanzig Jahre währenden Niederschlagsdefizite im Sahel von 1968 bis 1987/88 nur unwesentlich erholen (Kap. 15.10). Der späte Anstieg nach 1990 entspricht der zu erwartenden Verzögerung bei Arten, die nicht schon als Ein- oder Zweijährige brüten.

Wanderfalke *(Falco peregrinus)*

F. p. peregrinus ehemals seltener, neuerdings deutlich zunehmender Brutvogel in M-Europa mit Rückeroberung großer, früher verlorener Areale (ROCKENBAUCH 1998). TZ; *F. p. calidus* ist Dz und Wintergast aus den Tundrengebieten. Überwintert im Brutgebiet, im S bis zum Mittelmeer und N-Afrika, manche überqueren die Sahara. Wegzug mitteleuropäischer *F. p. peregrinus* nach Ringfunden in Richtung SW, in E-Europa S-SW (HVM). Zu erwartende Herkunft der Dz am RM aus D, wohl Skandinavien, PL und RUS (in ostbalt. Staaten keine BP).

Bestandsentwicklung: Kaum eine andere Greifvogelart hatte nach dem Zweiten Weltkrieg solch drastische und weltweite Einbußen erlitten (HICKEY 1969, JENNING 1968, RATCLIFFE 1958, THIELCKE 1975). In GB nahm der Bestand von ca. 700 BP um 1930 auf 68 (1962) ab, seitdem stieg die Zahl besetzter Reviere zunächst auf 420 (1975) und dann auf den höchsten je festgestellten Bestand von mehr als 1280 Paaren (1994) an (Eu-ATL). Diese Entwicklung zeigt auf, in welch starkem Maße der Bestand in früheren Jahren durch menschliche Verfolgung beeinträchtigt wurde. Die Zunahme der Bestände läßt sich eindeutig mit der Unterschutzstellung und mit dem Rückgang des Pestizideinsatzes verknüpfen. In W-D sank der Bestand von ca. 400 BP (1950) auf nur noch etwa 40 BP (Anfang der 1970er Jahre) ab. In E-D, Hessen und ganz N-D erloschen die Bestände (SERWATY 1993). Als eigentliche Ursache für das regionale Aussterben der Wanderfalken kann auch hier die zunehmende Anwendung von Pestiziden (vor allem von DDT und anderen chlorierten Kohlenwasserstoffen) angesehen werden (RATCLIFFE 1967), die sich bei diesem Vogeljäger besonders stark akkumulierten. Die Belastung in BWü. war mit der in GB und N-Amerika vergleichbar und lag in derselben Größenordnung wie bei heimischen Sperbern, ebenso die Verringerung der Schalendicke (SCHILLING & ROCKENBAUCH 1985). Während beim Sperber der Rückgang zunächst anhielt, ist beim Wanderfalken seit 1966 eine „erstaunliche, aufwärts tendierende Stabilität" nachgewiesen (AG WANDERFALKENSCHUTZ und AKTION WANDERFALKEN- UND UHUSCHUTZ in SCHILLING & ROCKENBAUCH 1985). Beide Vereinigungen begannen 1966 mit der Sicherung und Bewachung von Horsten. Zusätzliche, meist durch Menschen verursachte Negativwirkungen (Störungen, Aushorstungen), die den Pestizideinfluß in BWü. noch überlagerten, konnten dadurch ausgeschaltet werden.

Im französischen Jura verringerte sich die Population 1961 – 1975, stieg danach allerdings schnell an (MONNERET 1988). Beobachtungszahlen erreichten in B Mitte der 1960er Jahre ein Zwischentief, stiegen danach leicht an und sanken 1979 – 1982 erneut ab (DRAULANS 1986). In CH konnte die Nachwuchsrate die „natürlichen" Ver-

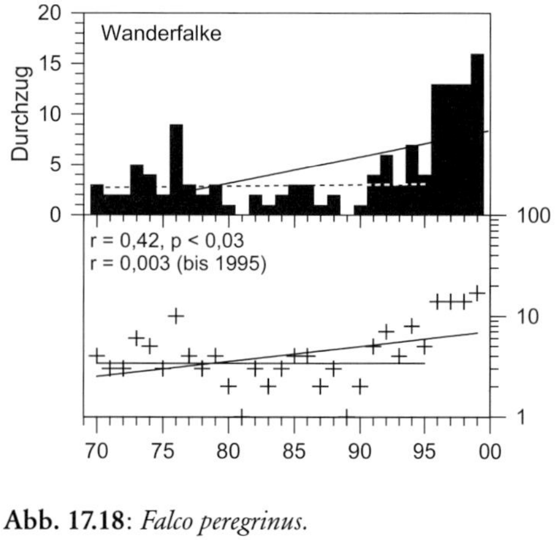

Abb. 17.18: *Falco peregrinus.*

luste Anfang der 1960er Jahre nicht mehr auffangen. Nach dem DDT-Verbot brüteten in CH Ende 1970er Jahre 30, 1984 über 100 und 1996 über 200 Paare, wobei der rasche Populationsanstieg auch hier den organisierten Horstbewachungen mitzuverdanken war (ZBINDEN 1989a, b, CH-ATL).

In Schweden trat der Bestandseinbruch nach Zugbeobachtungen um 1950 herum ein und hielt bis mindestens 1960 an (ULFSTRAND et al. 1974). Angaben über die Belastungen der Wanderfalken in FIN und Schweden mit Methylquecksilber wurden bereits erwähnt (Kap. 15.4).

RM: Durch den starken Populationsanstieg in SW-D (HEPP et al. 1995, ROCKENBAUCH 1998) nahm die Zahl der am RM als anwesend festgestellten Wanderfalken etwa um den Faktor 3 auf ca. 60 Beobachtungen/Saison zu. Dies entspricht weniger der exponentiell ansteigenden Populationskurve des Wanderfalken in BWü., sondern eher dem Anstieg der Paarzahl im engeren Bereich der Station. Gleichzeitig wurde dadurch offenbar vielfach die Entscheidung, einen Vogel als ziehend einzustufen, erschwert. Dies könnte aber auch durch geringer werdende Zugentfernungen nordischer Vögel zustande kommen, wie sie bei verschiedenen Arten in Skandinavien festgestellt werden (Kap. 11, 15.9). Erst seit 1991 wird eine Zunahme bei den DZZ am RM beobachtet.

Hühnervögel *Phasianidae* und Kraniche *Gruidae*

Rebhuhn *(Perdix perdix)*

Der Brutbestand dieser Art, der auf der ca. 750 m hohen Albhochfläche um das RM 1970 – 1972 noch 12 – 17 Paare umfaßte, war 1978 ganz erloschen. Neben unmittelbaren Einflüssen durch veränderte Landbewirtschaftung war der rasche Bestandseinbruch vor allem eine Folge der Umgestaltung dieses Landschaftsraumes durch die Flurbereinigung. Der Bau eines dichten asphaltierten Wegenetzes, das im Winter von Schnee geräumt wurde, führte in schneereichen Wintern zur Umstellung der Nahrungssuche und selbst zur Übernachtung auf den schneefreien Wegen. Neben ständigen Störungen – flächig durch zunehmenden Skilanglauf sowie durch Wanderer, Hunde und Autos – kam es auf Wegen zu massakergleichen Eingriffen des Fuchses in die auf den schneefreien Wegen übernachtenden Familienverbände (siehe Kap. 16). Im benachbarten Albvorland bestanden 1998 noch minimale Restbestände. Nach wie vor kommen Rebhühner in geringer Dichte im weitgehend baum- und strauchfreien Intensivagrarland der nahen Filderebene mit überwiegend kleinparzelliertem Gemüseanbau vor (geringe Fuchs- und Corvidendichten) und besonders im Stuttgarter Flughafen mit seinen 200 ha Grünland. Dessen Flächen werden mit „Langgrasbewirtschaftung“ (Mahd 20 cm über Boden) und regelmäßiger Feldmausbekämpfung etc. für Corviden, Greifvögel und Füchse unattraktiv gemacht und sind für Hunde und Menschen weitgehend unzugänglich (H. P. SCHMID pers. Mitt.).

Kranich *(Grus grus)*

In der ersten Hälfte des Berichtszeitraums nur zwei Beobachtungen mit Trupps von unter 20 Vögeln. In der zweiten Hälfte, v. a. seit 1991, fast alljährlich Beobachtungen außerhalb des Standardzeitraums. Dies entspricht der starken Zunahme in N-D (MEWES 1996) und in den meisten Herkunftsländern im NE (TUCKER 1994).

Regenpfeifer *Charadriidae* und Schnepfen *Scolopacidae*

Kiebitz *(Vanellus vanellus)*

Der Kiebitz ist am RM im Herbst seltener, im Frühjahr mäßig häufiger Dz. Beginnend etwa um 1960 baute sich im nahen Albvorland zwischen Weilheim/Teck und der Filderebene eine Ackerpopulation auf, die sich in den 1970ern noch vergrößerte. Sie verlief weitgehend parallel zu der explosionsartigen Zunahme der Maisfelder, bei gelegentlichen Bruten in Hackfruchtfeldern. Höchste Brutansiedlungen beim RM auf 750 m. Ob die Population in diesen Jahren selbsterhaltend war, muß offenbleiben. Die inzwischen erloschene Ackerpopulation von bis zu 12 BP im N des RM, bei Weilheim und Kirchheim/Teck, seit Jahren von NABU-Gruppen in Absprache mit Landwirten betreut, war wie die am RM ohne jeden Bruterfolg, nachdem die Gebiete von Trupps nichtbrütender Krähen okkupiert wurden und die Fuchsdichte stieg. Nest- bzw. Jungenverluste waren hier zu über 90 % prädationsbedingt, wobei offensichtlich solche durch Fuchs und Rabenkrähe dominierten, aber auch Hunde beteiligt waren (G. BAUER pers. Mitt., Verf., siehe auch ZÖLLNER 1998). Derzeit besteht nach wie vor ein Bestand auf den Fildern mit Brut in Mais- und Kohlfeldern, der einen höheren Bruterfolg hat. Die (jahrweise wechselnd) ca. 6 – 15 Brutpaare umfassende Population im Stuttgarter Flughafen hat offenbar ausreichenden Bruterfolg (H. P. SCHMID pers. Mitt., siehe Rebhuhn). Neben den hohen Verlusten durch landwirtschaftliche Faktoren verschwanden die Populationen dort zuerst, wo der Feinddruck am stärksten war, d. h. wo Gehölz- und Waldanteile hoch waren (siehe Rebhuhn und Rabenkrähe).

Bekassine *(Gallinago gallinago)*

Nur geringe DZZ dieses Nachtziehers am RM. Aktiv Ziehende und Rastwandernde lassen sich nur in Einzelfällen (an der Zughöhe) unterscheiden. Im Vulkantrichter des Randecker Maars (siehe Farbtafel 1), wenige 100 m nördlich der Beobachtungsstation gelegen, könnte die Änderung der Bewirtschaftung von Intensiv-Grünland zu Rinderweiden das Gebiet für Bekassinen zur Rast attraktiver gemacht und damit die Zahlen positiv beeinflußt haben. Das Anwachsen der Zahlen hoch ankommender Vögel wird dadurch nicht erklärt. Die Bekassine, die in M-Europa überwiegend zurückgeht, könnte von den riesigen Kahlschlägen und Waldbrandflächen in RUS profitieren, wo der größte Teil der europäischen Population brütet. Siehe dazu Anmerkungen bei der Waldschnepfe.

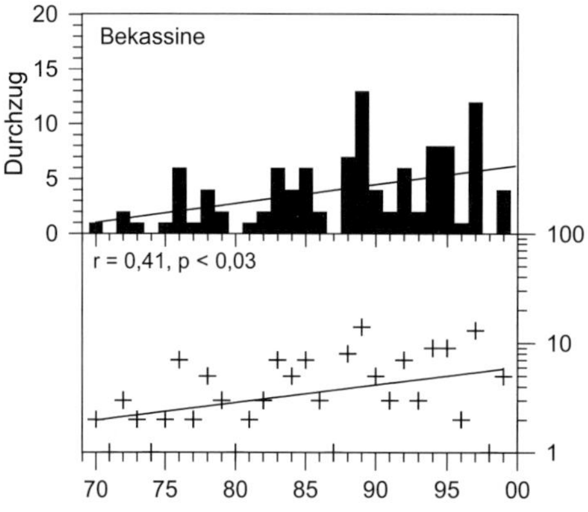

Abb. 17.19: *Gallinago gallinago.*

Waldschnepfe *(Scolopax rusticola)*

Als Brutvogel häufig in N- Europa und mäßig häufig bis spärlich in M-Europa.

Bestandsentwicklung: Schätzungen der Bestandstrends sind schwierig. Die Bestände in Hauptverbreitungsgebieten scheinen stabil. Rückgänge in jungen Aufforstungsländern werden teilweise dem altersbedingt derzeit ungünstigen Kronenschluß, wie z. B. in GB angelastet (Eu-ATL). Die regionalen Rückgänge in M-Europa werden von B&B neben der Bejagung überwiegend der Forstwirtschaft angelastet, doch fügen sie an, daß dies nicht nur Regionen mit stark veränderter Waldstruktur betrifft.

RM: Das Naturschutzgebiet RM, nördlich um 50 bis 200 m tiefer als die Station RM gelegen, ist etwa so alt wie die Station. Früher wurden die Hänge als Schafweide, der Talgrund als Intensiv-Grünland genutzt. Im Talgrund, heute von Rindern beweidet, haben sich durch Zäunung der Gräben, Bäche und feuchten Senken junge, für die Waldschnepfe günstige Waldsukzessionen entwickelt. Ob es sich bei den am RM beobachteten steigenden Zahlen um aktives Rastwandern oder um aufgescheuchte Vögel handelt, konnte nicht geklärt werden. Es ist jedenfalls ein interessantes Beispiel, wie sich ein Rastbiotop in kürzester Zeit für eine Art positiv verändern kann. Wie bei der Bekassine dürfte dies als alleinige Ursache nicht ausreichen und regionale Zunahmen sind nicht ausgeschlossen.

Diskussion: Die Artbeschreibung im Eu-ATL zeigt, daß über diese Art kaum etwas bekannt ist. Die stärksten Rückgänge werden aus GB gemeldet, wo die umfangreichen Aufforstungsflächen der Nachkriegsjahre einen ungünstigen Kronenschluß erreicht haben. Umgekehrt ist zu erwarten, daß die jungen Waldsukzessionen auf Kahlschlags- und Waldbrandflächen in RUS (siehe 15.8.5), das den überwiegenden Teil der europäischen Population beherbergt, Zunahmen bewirkt haben könnten.

Entgegengesetzt zur Zunahme am RM verläuft der Rückgang der nicht bejagten, seit Jahrzehnten bekannten Brutpopulation im großen Waldgebiet des Schönbuch südlich von Stuttgart. In den letzten zehn Jahren gibt es immer weniger Brutzeitbeobachtungen trotz gleichzeitiger Habitatverbesserung durch zahlreiche Sturmflächen mit inzwischen höheren Sukzessionen und vielen sumpfigen Bereichen. Von den dort tätigen Förstern (E. KLEIN, R. HERMANN,

W. LANGER) und Ornithologen wird dies auch der exponentiellen Zunahme der Wildschweine im Verbund mit einer Vervielfachung der Fuchsbestände zugeschrieben.

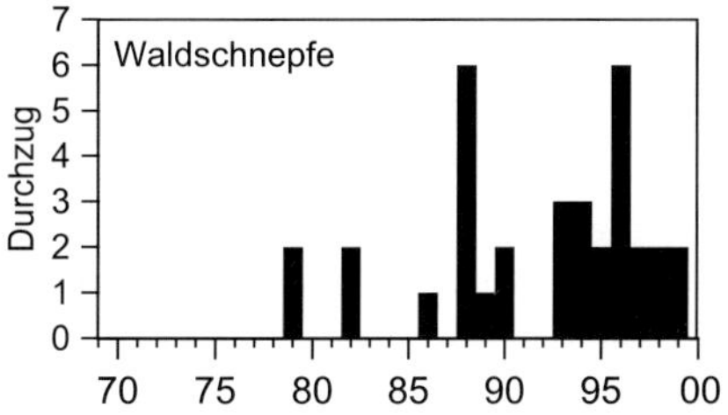

Abb. 17.20: *Scolopax rusticola.*

Tauben *Columbidae*

Haus-/Straßentaube *(Columba livia)*

Straßentauben spielen im ländlichen Umfeld des RM nur lokal eine Rolle. Die Zahl der Brieftauben, die vor allem an Wochenenden verschickt und freigelassen werden und die dabei früher regelmäßig in mehr oder weniger großen Schwärmen die Alb überquerten, hat nach unseren Aufzeichnungen stark nachgelassen.

Hohltaube *(Columba oenas)*

Mäßig häufiger Brutvogel, KSZ, Tagzug (wohl auch Nachtzug). Wegzug aus M-Europa fast ausnahmslos SW. Zu erwartende Herkunft der Dz am RM aus PL, Balt., FIN, E-D, CZ, BWü. und Bay. Überwintert gelegentlich im deutschen Küstenbereich, hauptsächlich jedoch im atlantischen Raum von GB, W-F bis Iberien (MÖCKEL 1988, 1994).

Bestandsentwicklung: Nach europaweiter Abnahme in den 1950er und 1960er Jahren wurden nach Verbot hochtoxischer Saatgutbeizmittel überwiegend Erholungen oder teilweise Erholungen verzeichnet. So hängt die Bestandsbeurteilung vom Ausschnitt des betrachteten Zeitraums ab. In B seit 1970 Verdoppelung, in NL stieg der Bestand noch stärker an, ebenso in DK (BWPC). Im westlichen N-D ähnlich starke Zunahmen, in Niedersachsen mehr als verzehnfacht (B&B). In GB mit der insgesamt stärksten Zunahme hat sich der Bestand jetzt stabilisiert (BWPC). In Schweden langfristige Abnahme (ROBERTSON & BERG 1992, BWPC), wogegen DZZ in Falsterbo/S. konstante Bestände 1973 – 1992 andeuten (ROOS 1996). Negative Entwicklungen werden aus weiten Teilen des zentralen M-Europas und dem Osten gemeldet, so aus CZ, Slowakei, PL, Bulgarien, Belarus und Ukraine. In RUS und Balt. stabil, dort aber auf niedrigem Niveau, verglichen mit früheren Zeiten (BWPC). Abnahme auch in A und Bay. bei derzeitiger Stabilisierung (A-ATL, B&B).

RM: Im Standard-Erfassungszeitraum ziehen etwa 85 % aller Hohltauben. Das waren in den ersten 4 Jahren bis 1973 durchschnittlich nur 18 Vögel. Seither erfolgte ein Bestandsanstieg auf durchschnittlich etwa 200 Vögel/Jahr.

Diskussion: Die starke Zunahme der DZZ am RM ist insofern verwunderlich, als die Herkunft dieser Vögel überwiegend in Gebieten wie Bay., BWü., CZ, Slowakei, Balt., Belarus zu suchen ist, deren Bestände nach Literaturangaben überwiegend abnehmen (HÖLZINGER 1987, TUCKER 1994, B&B, Eu-ATL). Die Datengrundlagen sind hier vielfach offensichtlich ungenügend, zu kurz

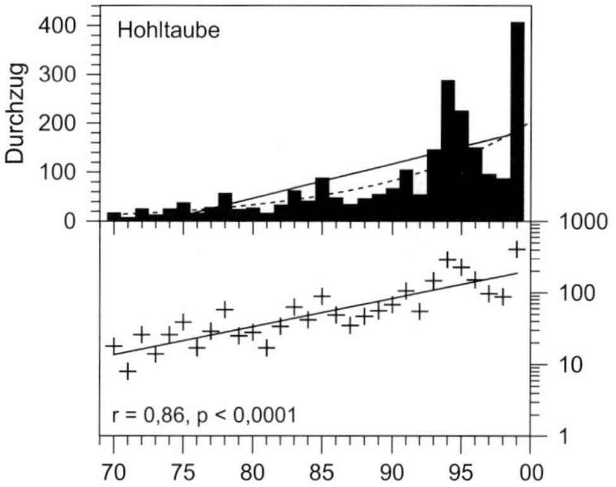

Abb. 17.21a: *Columba oenas.*

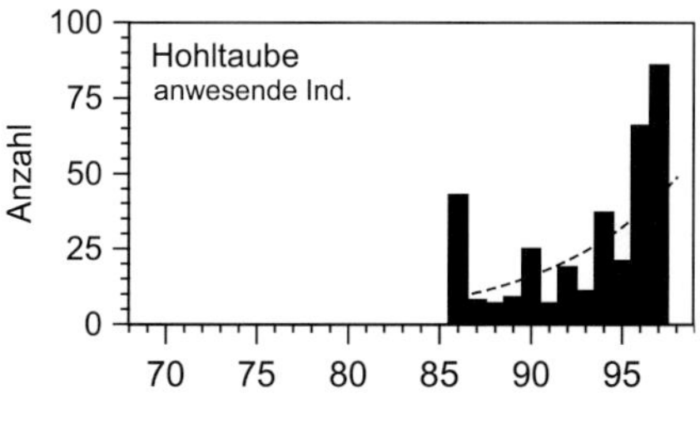

***Abb. 17.21b:** Local population of* Columba oenas.

oder teilweise zu alt. Aus gut untersuchten Kleinstgebieten in D werden vielfach erstaunliche Zunahmen gemeldet (Hinweise bei MÖCKEL 1988), während aus dem umgebenden Großraum über Abnahmen berichtet wird. Die Zahlen der im weiteren Bereich des RM brütenden Hohltauben unterliegen – bei ebenfalls stark steigender Tendenz – immer wieder plötzlichen Einbrüchen, die durch Habicht (Verf., E. LANG pers. Mitt.) und Marder bedingt sein könnten.

Unter Gefährdungsursachen werden in D als erstem Punkt Veränderungen oder Verluste der Bruthabitate durch die Intensivierung der Waldwirtschaft (verkürzte Umtriebszeiten, Verluste alter, höhlentragender Buchen und Eichen und Abnahme des Laubholzanteils) genannt (B&B, HÖLZINGER 1987, MÖCKEL 1988). Bei Überprüfung der Quellen schrumpft dies auf Einzelfälle. In CH haben sich die Bestände trotz langer Plenterwaldtradition bis heute nicht erholt, neuerdings jedoch scheinbar stabilisiert (CH-ATL). Dabei weisen SCHIFFERLI et al. (1980) darauf hin, daß der Rückgang dort nicht auf das Fehlen von alten Bäumen mit Höhlungen zurückgeführt werden kann (s. auch Schwarzspecht). Auch aus A werden Rückgänge selbst dort gemeldet, wo sich die Situation des Bruthöhlenangebotes nicht verschlechtert hat. Aber auch hier wird in der Literatur (A-ATL) nicht der erhöhte Bestand an Mardern (Anstieg der Bestände um das 12- bis 15fache seit 1960, siehe Kap. 16 und Abb. 18.13) als mögliche Rückgangsursache diskutiert. Nach zahlreichen Einzelmeldungen aus der baden-württembergischen Forstverwaltung nimmt die Hohltaube hier seit Mitte der 1980er Jahre, besonders aber seit ca. 1990 massiv zu. Dies deckt sich mit Beobachtungen im mittleren und östlichen Württemberg (E. LANG, Verf.). Die europaweite Bestandsdepression in den 1950/60er Jahren war wohl in erster Linie auf die Verwendung giftiger Saatbeizmittel zurückzuführen, nach deren Verbot sich die Bestände vielerorts wieder erholten (YEATMAN 1971, MARCHANT 1990). Die Verluste durch Jagd auf den Pyrenäenpässen haben offenbar bis heute populationswirksame Ausmaße, die sich nach A. JEAN (1996 und pers. Mitt.) auf die leichter bejagbare Hohltaube schwerwiegender auswirken als auf die Ringeltaube.

Die Massenvermehrung der Hohltaube als Bodenbrüter in Kaninchenbauten mit teilweise fast kolonieartiger Besiedlung auf Nordseeinseln (z. B. PLAISIER 1992) mit Dichten bis zu 5 BP/10 ha (Eu-ATL) ist nur mit dem Fehlen wirksamer Prädatoren (v. a. Fuchs und Marder) zu erklären, da sie auf den Inseln, wo der Fuchs einwanderte (z. B. Sylt), fehlt. Die Nahrungssuche dieser Inseltauben erfolgt nach eigenen Beobachtungen – wie bei der Dohle – im Agrarland des nahen Festlands. Die Inselpopulationen sind inzwischen wohl maßgeblich an der Besiedlung des benachbarten Festlands beteiligt. Daß auch die höchsten bekannten Dichten im Buchenwald mit 18 – 20 BP/240 m² von einer kleinen Insel stammen (Eu-ATL), bestärkt die Prädatorhypothese, der merkwürdigerweise bisher keine Beachtung geschenkt wurde. Vergleichbares ist aus Afrika bekannt. *Streptopelia semitorquata*, ein häufiger Baum- und Einzelbrüter im tropischen Afrika, brütet vor Liberia ebenfalls in Kolonien auf nahrungs- und baumlosen, aber prädatorfreien winzigen Felsen im Atlantik (GATTER & HODGSON 1987). Auch die viel frühere und stärkere Erholung der Bestände in GB hat wohl zu einem bedeutenden Teil ihre Ursache darin, daß Marder auf der Insel zahlenmäßig bedeutungslos und regional begrenzt sind (Kap. 16). Daß die Bestandserholung in D nicht überall so stürmisch verläuft, dürfte neben den oben genannten Gründen seine Ursachen auch in der Eutrophierung haben. Die festgestellte Depression im Bruterfolg von Mai/Juni – gegenüber März/April – und Julibruten (LANG 1986) fällt auf die Zeit maximal geschlossener hoher Vegetation, die den Zugang zu Nahrungsquellen erschwert, weite Nahrungsflüge notwendig macht und dadurch zur Brutaufgabe führt (siehe Bluthänfling und Kap. 15.5). Als wesentliche Ursache stark divergierender bzw. fehlender Erholungstrends müssen aber die unterschiedlichen Prädationseinflüsse gesehen werden, wie die differierenden Verhältnisse zwischen GB und den friesischen Inseln einerseits und dem kontinentalen Europa andererseits zeigen. Insgesamt lassen die DZZ am RM darauf schließen, daß sich die Bestände in Mitteleuropa regional stärker erholt haben als aus der Literatur ersichtlich.

Ringeltaube *(Columba palumbus)*

Sehr häufiger Brutvogel, TZ (Standvogelanteil in NW-D ca. 40 – 75 %, vorwiegend ältere Vögel), Tagzug (selten auch Nachtzug). Zieher überwintern in W-Europa, v. a. SW-Spanien., Portugal, S-F (LEBRETON 1969, JEAN & RAZIN 1993, JEAN 1996). Zu erwartende Herkunft der Dz am RM aus FIN, PL, Balt., Belarus, CZ, E-D, BWü., Bay.

Bestandsentwicklung: Falsterbo/S. DZZ langfristig zunehmend (Roos 1996). In FIN zunehmend mit Arealausweitung (Tiainen 1985, Solonen 1985), PL Bestandszunahme (Tomiałojc 1990). Verschiedene Censusmethoden ergeben für GB in unserem Berichtszeitraum überwiegend starke Zunahmen (MARCHANT 1990). In DK Zunahme bis ca. 1970, seitdem starke Rückgänge Mitte 1970er bis Mitte 1980er Jahre. Der dänische Bestandsindex zeigt nach einem Minimum um 1980 einen deutlichen Aufwärtstrend. Die Jagdstatistik deutet auf eine etwa konstante Jagdausbeute zwischen 1970 und 1977. Beide Datenreihen fallen danach ab, die Jagdergebnisse bleiben jedoch bis 1987 niedrig (Søndergaard 1996). Deutliche Zunahmen in Norwegen, NL und N-D, hier besonders auch im städtischen Bereich (TUCKER 1994, Nicolai 1993b, Flade & Steiof 1989, Scharlau & Scharlau 1990).

RM: Auf hohe Zahlen von 1970 – 1978 folgten 10 Jahre mit gleichbleibend niedrigen Werten und neuerdings wieder ein Anstieg auf die frühere Größenordnung. Dieses Trendmuster ist unter den am RM beobachteten Arten in dieser Schärfe einmalig.

Diskussion: Dieser zunächst schwer erklärbare Verlauf findet eine Parallele in den Abschußzahlen der D-Jagdstatistik und in ähnlicher Form in DK und A (siehe Kap. 16 Marder und Abb. 16.3, 16.4). In DK wird der negative Verlauf der Taubenstrecken in plausibler Form mit den stark angewachsenen Beständen des Steinmarders begründet. Dessen Abschußzahlen sind zwischen 1960 und 1980 um das sechsfache gestiegen (Søndergaard 1996). Sie stehen in umgekehrtem Zusammenhang zu den Streckenzahlen der Ringeltaube. Da die Masse der Erlegungen von Tauben auf den Spätsommer und Frühherbst – vor die Zugzeit – fällt, dürften die Verlaufskurven der Jagdstrecken vor allem die Bestandszahlen im jeweiligen Land, also in erster Linie den Bruterfolg repräsentieren, da überwiegend Jungvögel geschossen werden (Søndergaard 1996). Der Bestandseinbruch, den die Streckenzahlen bei den Tauben in den einzelnen Ländern widerspiegeln und ihr klarer gegenläufiger Zusammenhang mit den Marderstrecken (Abb. 18.13), ist ein deutlicher Hinweis, daß Prädation ein Schlüsselfaktor bei der Beurteilung von Bestandsentwicklungen sein kann. Dies bedarf schon deshalb weitreichender Beachtung, weil sich auch bei anderen Arten Parallelen finden (siehe z. B. Baumfalke und Kap. 16 und 18.6). Seit vielen Jahren beobachte ich, daß Ringeltauben hier in einigen Fichtenbeständen an der Wald/Offenlandgrenze zu weiträumigen Feldlandschaften eine hohe, gelegentlich fast kolonieartige Brutdichte haben (Maximum über 10 Rufer in einem 240 x 40 m großen Altholz). Der Bruterfolg der Tauben wird jedoch durch Marder auf offenbar tiefstem Niveau gehalten, wie die vielen Rupfungen von Jungvögeln im „Blutkielalter" vermuten lassen.

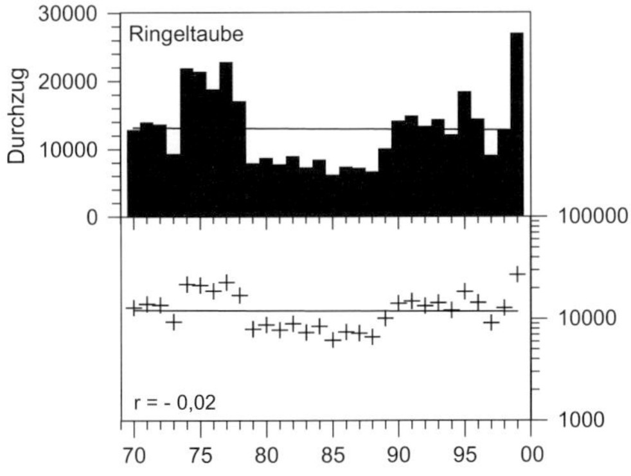

Abb. 17.22: *Columba palumbus.*

An Pässen in den Westpyrenäen, wo nach A. Jean auch unsere RM-Tauben passieren, wird seit 16 Jahren ein langsamer Rückgang der DZZ wie auch der kommerziellen Fangergebnisse festgestellt. Jean & Razin (1993), Jean (1996) machen dafür die Jagd verantwortlich. In F werden jährlich 5,5 bis 6 Mio. Tauben geschossen. Generell könnte eine zunehmende Zahl früher am RM ziehender Populationsanteile, z. B. aus FIN und Balt., heute bedingt durch mildere Winter und veränderte landwirtschaftliche Produktion (Winterraps) in maritim getönten Bereichen von PL (Tomiałojc in litt.) und NE-D etc. überwintern (Kap. 11), wo die Überwinterungszahlen stark ansteigen. Die heute gegenüber den 1970ern veränderte durchschnittliche Zugrichtung (Kap. 8, Tab. 8.2.1) läßt den möglichen Schluß zu, daß inzwischen am RM prozentual mehr Ringeltauben kontinentalen, also östlichen Ursprungs durchziehen. Zurückgehende DZZ baltischer und finnischer Vögel könnten auch einen Teil der Abnahmen an den Pyrenäenpässen erklären. Erhöhte Prädationsraten in den Herkunftsgebieten wären als neuer Faktor zu diskutieren (Abb. 18.13).

Turteltaube *(Streptopelia turtur)*

LSZ. Sieben Daten von 8 ziehenden Vögeln, die sich gleichmäßig über den Berichtszeitraum verteilen. Das seltene Erscheinen ist auf überwiegenden Nachtzug zurückzuführen.

Türkentaube *(Streptopelia decaocto)*

Standvogel, noch vor 30 Jahren stark expandierend. Am RM trotz häufiger Brut im Umkreis ausgesprochen selten. Türkentauben meiden bei ihren Ortsveränderungen das Mittelgebirge offenkundig weitgehend. Seit 10 - 15 Jahren Bestandsrückgänge und Räumung fast aller ehemals besiedelten Hochlagen und vieler Dörfer oberhalb 450 m im Umfeld des RM, aber auch starke Rückgänge in den Städten. Dabei sind ähnliche bestandsregulierende Faktoren anzunehmen wie bei der Ringeltaube, die den Sprung zur Verstädterung in der hiesigen Region nicht geschafft hat.

Eulen *Strigidae*

Keine Eulenart ist Bestandteil der Zugvogelerhebungen am RM. Trotzdem liegen für mehrere Arten genauere Erhebungen seit über 30 Jahren vor, deren Ergebnisse kurz angesprochen werden sollen, weil ihre Bestandstrends für den Gesamtüberblick in Kap. 18 interessante Aspekte beisteuern.

Steinkauz *(Athene noctua)*

Brutvogel im Landkreis Esslingen in der unmittelbaren Nachbarschaft nördlich und westlich des RM. Während Steinkäuze in D enorme Arealreduktionen erlitten, sind sie hier im Vorland der Schwäbischen Alb heute einerseits lokal verschwunden, unmittelbar daneben aber häufiger als vor 30 Jahren (Gatter 1970d). Hierbei sind verschiedene Entwicklungen zu beachten: Nahrungsabnahme von Großinsekten durch Pestizide und der erschwerte Zugang zur Nahrung durch eutrophierende Faktoren (Kap. 15.4 und 15.5), aber wohl auch die Zunahme überlegener Konkurrenten. Überall, wo die Art derzeit noch zunimmt, ist dies einer gezielten Förderung durch spezielle mardersichere Nisthilfen zu verdanken (D. Schneider pers. Mitt.). Im Europäischen Brutverbreitungsatlas wird auf solche Zunahmen in D hingewiesen (Eu-ATL), ohne die intensive Betreuung dieser Vorkommen zu erwähnen. Nicht geförderte Populationen sind offenbar überall abnehmend bzw. aus weiten Bereichen schon verschwunden.

Im Vorland des RM stehen noch heute viele der alten Birnbäume und Linden, in denen Steinkäuze in den 1960er Jahren brüteten, und die Flächen der ausgedehnten Obstbaumwiesen, Wahrzeichen dieser Landschaft, sind kaum zurückgegangen (siehe Foto S. 364).

Dabei ist es bezeichnend, daß sich eine vor über 100 Jahren eingebürgerte Population im marderfreien England problemlos hält bzw. sogar leicht zunimmt (MARCHANT 1990).

Waldkauz *(Strix aluco)*

Starke Zunahme der lokalen Population um das RM. Wo 1968/69 10 - 12 Reviere auf 25 km² kartiert werden konnten (Gatter 1970d), waren es 1997/99 über 40 Reviere.

Waldohreule *(Asio otus)*

1969/70 wurden auf der 25 km² (siehe Waldkauz) großen, teilweise schwer begehbaren Fläche mit wildem Relief (Farbtafel Nr. 1) 24 bzw. 20 Rufende gefunden und 30 vermutet. Besser begehbare Teilflächen ergaben bei dieser nicht weithin hörbaren Art vier- bis fünfmal höhere Werte als beim Waldkauz. Zwischen 1995 und 1999 waren Waldohreulen hier auf weniger als ein Drittel der Werte von 1970 zurückgegangen. Dabei haben Krähen- und Greifvogelnester als potentielle Nistplätze für die Waldohreule ebenso wie die Dichte aller anderen Mäusefresser zugenommen. Konkurrenz zum Waldkauz ist denkbar, Erbeutung von Nestlingen, wohl durch Marder, und neuerdings von Adulten durch den Uhu ist nachgewiesen.

Rauhfußkauz *(Aegolius funereus)*

Trotz früher Hinweise bei Landbeck (1834) ist er wohl erst seit dem Aufbau ausgedehnter Fichtenwälder Brutvogel der Schwäbischen Alb, wo der erste Brutnachweis vor 40 Jahren gelang (Gatter 1961). Im Jahr 1995, mit invasionsartigem Einflug an der südlichen Ostseeküste (P. Busse in litt.), ergab sich ein offensichtlicher Zugnachweis am RM an atypischem Ort (31. Okt., F. Distelrath, P. Mann). In den größeren Fichtenwäldern östlich des RM (Bronnen, Reußenstein) und südlich, im Truppenübungsplatz Münsingen, wurde er unregelmäßig beobachtet, und es gibt vereinzelte Brutversuche, die bisher grundsätzlich von Mardern vereitelt wurden (M. BEHRNDT, E. VOTTELER, Verf.). Die hohen Nestverluste durch Freßfeinde, die in der Literatur vielfach belegt werden, lassen den Verdacht zu, daß Dichte und Arealgröße in M-Europa, neben den zunehmenden Beständen des konkurrierenden Waldkauzes, wesentlich durch die Häufigkeit der beiden Marderarten bestimmt werden. Deren derzeit abnehmende Dichte in den Wäldern erlaubt momentan offenbar lokal positive Entwicklungen (siehe Kap. 18 und „Marder" in Kap. 16).

Segler *Apodidae* und Spechte *Picidae*

Mauersegler *(Apus apus)*

Sehr häufiger Brutvogel und Gast mit Tag- und Nachtzug. LSZ mit extrem wetterabhängigem Flug- und Zugverhalten. Wegzug in M-Europa nach Ringfunden in Richtung S-SW (HVM). Zu erwartende Herkunft der Dz am RM aus Schweden, Norwegen, FIN, RUS, PL, Balt., NE-D, BWü. und Bay.

Bestandsentwicklung: In ganz M-Europa und GB keine gesicherten Trends. Die Populationen sind schwierig zu erfassen.

Am **RM** innerhalb des in der Abb. dargestellten Standard-Erfassungszeitraums ab 29. August, der nur das Zugende des Mauerseglers darstellt, wahrscheinlich stabil. Dabei handelt es sich vom Zugzeitpunkt her wohl überwiegend um Angehörige nördlicher Populationen.

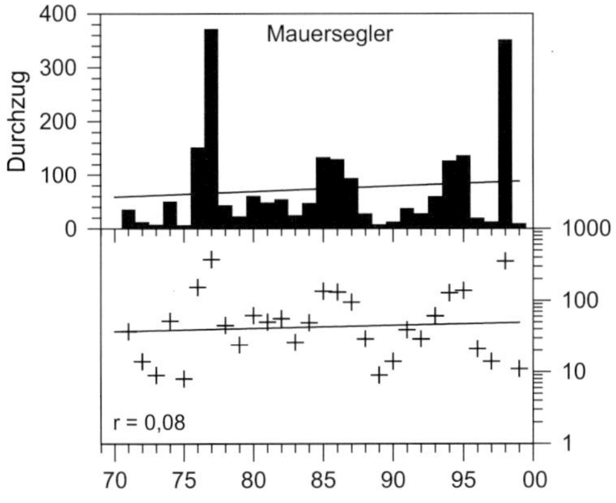

Abb. 17.23: *Apus apus.*

Diskussion: Wegen des zeitigen Wegzugs mitten im Sommer (am RM liegt der Median in den ab Mitte Juli erfaßten Jahren bereits am 23. Juli) wird der Zug an keiner mittel- oder nordeuropäischen Station voll erfaßt. Die hohe Schwankungsbreite der Zahlen resultiert daraus, daß der Mauersegler oft gesellig zieht und daß der Zug später, nördlicher Vögel wohl größtenteils nachts erfolgt und zudem wind- und wetterbedingt nicht immer auf der gleichen Route. Unbekannt hohe Populationsreserven scheinen jahrweise durch Wettereinflüsse auftretende Verluste auszugleichen (MARCHANT 1990).

Die Situation der Beurteilung von Bestandesschwankungen wird erschwert durch ein ständig größer werdendes Angebot an Brutplätzen durch Siedlungswachstum.

Die Gründe für die großflächige Aufgabe der früher häufigeren Baumbrutplätze sind nicht bekannt. Im HVM lesen wir die lapidare Aussage: „Im Wald führen forstliche Eingriffe leicht zur Auflösung von Brutkolonien und zu einer zerstreuten Siedlungsweise. Das nahezu völlige Erlöschen des Baumbrüterbestandes westlich der Elbe seit 1900 muß als das Ergebnis moderner Forstwirtschaft gelten". Belege dafür werden nicht genannt. Angesichts der in Kap. 15.8 beschriebenen waldgeschichtlichen Veränderungen und der Zunahme der Spechte, seiner „Höhlenbauer", scheint dies als wichtigster Grund höchst fraglich. Ungeprüft ist, ob diese Art mit hoher Lebenserwartung, aber geringer Reproduktionsrate zunehmenden Brut- und Altvogelverlusten in Baumhöhlen standhält, wenn sich der Feinddruck erhöht (Kap. 16, 17, siehe dazu auch WALANKIEVICZ 1991). Speziell Gebäudebrutplätze des Mauerseglers haben als Folge ihrer geringeren Zugänglichkeit wenig unter Prädation zu leiden (WEITNAUER 1980). Der Hinweis im HVM, daß Steinmarder, Ratten oder Schleiereulen den Bruterfolg gewöhnlich nicht beeinflussen, bezieht sich offensichtlich nur auf Gebäudebrüter. In Baumhöhlen ist die Art dagegen einer Vielzahl derzeit massiv zunehmender Prädatoren ausgeliefert (Kap. 16, GÜNTHER & HELLMANN 1991, GATTER & SCHÜTT 1999, siehe auch Hausrotschwanz, Hohltaube, Gebirgsstelze, Halsbandschnäpper in Kap. 17). GÜNTHER & HELLMANN (1991) wie auch COLOMBO & GALEOTTI (1993) konnten nachweisen, daß Mauersegler kleine Fluglöcher bevorzugen, um der Nestprädation durch Marder, Wildkatze und Krähen zu entgehen. In Verbreitungsschwerpunkten von Bilchen – fast das gesamte südliche und kontinentale M-Europa – könnte die zeitgleiche Besetzung von entsprechenden Höhlen im Mai und die mit starker Zunahme der Bilche verschärfte Konkurrenzsituation (GATTER & SCHÜTT 1999) wohl ebenfalls als negativ zu sehen sein. GÜNTHER & HELLMANN (1991) halten auch die vor allem aus dem östlichen Europa beschriebenen Bruten in Schwarzspechthöhlen aus Konkurrenz- und Prädationsgründen für unser Gebiet als wenig geeignet. Sehr höhlenreiche Alteichenwälder, wie von ihnen geschildert, sind zwar lokal selten, dennoch gibt es in F, D, Luxemburg und Belgien unzählige davon, nur die Mauersegler fehlen oder bleiben unentdeckt. Wohl um 1960 sind in der unmittelbaren Umgebung des RM auch die damals von W. ÜBELE entdeckten Bruten an Felsen und Ruinen von Reußenstein und Neuffen von Seglern geräumt worden. Das immens zunehmende Gebäudeangebot gleicht möglicherweise auch Höhlenverluste aus, die durch Ortssanierungen entstehen.

Alpensegler *(Apus melba)*

Der nächste Brutplatz liegt in Freiburg, ca. 200 km SW. Umherstreifende erschienen dreimal in den 1970er Jahren, einmal 1996.

Wendehals *(Jynx torquilla)*

Spärlicher bis mäßig häufiger Brutvogel. LSZ, überwiegend Nachtzug. In M-Europa, besonders im W, überwiegen deutliche Bestandsrückgänge, im E teilweise stabile Bestände. 16 Tagzugbeobachtungen am RM wie auch die Verteilung rastender Vögel lassen, abgesehen von einer kleinen Häufung 1984, keine Unterschiede zwischen der ersten und der zweiten Hälfte des Berichtszeitraums erkennen.

Diskussion: Der ehemals reiche Bestand der 1960er Jahre im Obstwiesengürtel des Albvorlandes mit damals 500 – 1000 Rufern (GATTER 1970d) ist heute bis auf Bruchteile zurückgegangen. Der schon immer schwache Bestand in den locker mit Bäumen bestandenen Schafweiden der Alb oberhalb 650 m hat sich dagegen gehalten. Eutrophierende Faktoren, die den Zugang zur Nahrung am Boden versperren, und der Rückgang von Ameisen im heute viel häufiger gemähten Grünland dürften eine wesentliche Ursache sein. Seine eher kontinuierliche, im Vergleich zum Neuntöter auch zeitlich abweichende Abnahme (siehe dort), spricht sowohl gegen Biozide als auch gegen Gründe in Afrika als primäre Ursache. 1999 kam es zur Neubesiedlung einer großen Sturmfläche des Jahres 1990 mit 3 Paaren/20 ha innerhalb des Waldgebiets Schönbuch (E. VOTTELER).

Grauspecht *(Picus canus)* und Grünspecht *(Picus viridis)*

Beide sind Brutvögel in der Umgebung des RM. Sie gehören zu den stationärsten Arten überhaupt (GATTER 1973a). Die Zahl der Fälle, die wir als ziemlich eindeutigen Zug einstufen konnten, ist verschwindend gering. Südgerichtete Bewegungen dominieren zwar leicht, sind topographiebedingt jedoch auch bei gleichmäßig streuender Dismigration zu erwarten. Dieser Befund wird durch den Status beider Arten an anderen Stationen erhärtet. Es fehlen spektakuläre Fernfunde, wie wir sie von Schwarzspecht und Buntspecht kennen. Die relative Häufigkeit beider Arten zueinander verschob sich, wie die Zahl der Beobachtungen an der Station anwesender Spechte zeigt. Während in den 1970er Jahren beide etwa gleichhäufig auftraten, hat sich dieses Verhältnis seit etwa Mitte der 1980er Jahre zunächst leicht, inzwischen kräftig zugunsten des Grünspechts verändert. Im weiten Umfeld des RM ist in den vergangenen drei Jahrzehnten allerdings eine Räumung von Revieren beider Arten erfolgt. Offene Waldbestände haben sich geschlossen, Randlinien sind zurückgegangen und über Sukzessionsvorgänge haben sich zahlreiche *Picus*-Reviere zu Buntspechthabitaten gewandelt (Kap. 15.8, Abb. 15.8.6, GATTER 1997c).

Schwarzspecht *(Dryocopus martius)*

Mäßig häufiger Brutvogel, Standvogel, einzelne KSZ, Dispersionsbewegungen von Jungvögeln, Tagzug. In N-Europa Neigung zu Invasionen. Überwinterungsgebiete ziehender Skandinavier meist noch in Skandinavien oder im Nord- und Ostseeraum. Dispersion der Jungen oft ungerichtet bis max. 1000 km (HVM). Zu erwartende Herkunft der Dz am RM wohl BWü., Bay. und angrenzende Länder, nach Zugrichtungen überwiegend aus N-E.

Bestandsentwicklung: Im Zeitraum von 1975 – 1991 waren die Schwarzspechtbestände in N-Schweden abnehmend, in S-Schweden stabil (NILSSON et al. 1992a). In FIN wurden dagegen Bestandsabnahmen verzeichnet, die auf übermäßige Altholznutzung zurückgeführt werden (VÄISÄNEN et al. 1986). In EST seit Jahrzehnten zunehmend (LEIBAK 1994). In E-D in den letzten 2 bis 3 Jahrzehnten wohl Bestandszunahme (NICOLAI 1993b), was auf W-D und CH übertragbar ist, wo die Bestände seit Jahren zunehmen. Gleichzeitig sind in vielen Gebieten von M-Europa und ganz besonders in F enorme Arealgewinne und Arealauffüllungen zu verzeichnen (HVM, Eu-ATL).

RM: Die Zahl durchziehender und streuender Dismigranten ist in der zweiten Hälfte des Berichtszeitraums viel höher als in der ersten. Schwarzspechte zogen im ersten Jahrzehnt mit durchschnittlich 8, im zentralen Bereich mit etwa 5 Tieren über das RM. Seit 1988 ist ein starker Anstieg zu verzeichnen. Er deckt sich mit der Zunahme der Brutreviere von 2 auf 7 – 8 Paare bei zusätzlich vermehrtem Auftreten von Nichtbrütern in einem seit 1969 kontrollierten Gebiet südlich des RM, das ca. 80 % Laubwaldanteil hat. 1997 waren speziell die reinen Laubwaldreviere als Folge des vorangegangenen schneereichen Winters wieder verwaist, während in benachbarten Nadelwaldrevieren nur geringe Bestandseinbußen zu verzeichnen waren. Die Zunahme der DZZ ab 1988 läßt sich kaum mit den Borkenkäferkalamitäten nach den großen Sturmwürfen 1990 erklären.

Diskussion: Der Einbruch der DZZ zwischen 1978 und 1988 deckt sich neben den beiden härteren Wintern 1985/86 und 1986/87 mit dem Populationshöhepunkt beim Baummarder. Nach Überschreitung des Höhepunkts beim Steinmarder steigen die Zahlen in SW-D wieder an (Kap. 16, Abb. 16.3 bis 16.5 und 18.14). Die Abnahme der Marder als Folge der enormen Bestandszunahme beim Fuchs (Kap. 16) in den allerletzten Jahren wird als eine der Ursachen für den Bestandsanstieg bis heute vermutet. Für die Ursache „Marder" spricht vor allem der absolute Tiefststand der Zahlen um die Mitte des Berichtszeitraums, der seine Parallelen bei zahlreichen weiteren Arten hat, von denen eine erhöhte Gefährdung durch Marder angenommen werden muß (Abb. 18.14). Die Möglichkeit, daß die Forstwirtschaft zwar die Voraussetzungen für die Ausbreitung des größten europäischen Spechtes schafft, seine Häufigkeit innerhalb dieser Entwicklung aber durch Marder gelenkt wird, ist angesichts der Zusammenhänge zwischen Mardern und Tauben (Abb. 18.13) mehr als wahrscheinlich. Die Zunahme von Totholz in deutschen Wäldern sowie die Sturm- und Borkenkäfereinflüsse seit 1990 (Kap.15.8) unterstützen den derzeitigen Verlauf. Ein daraus entstehender erhöhter Gedrängefaktor mit vermehrter Abwanderung der Jungvögel ist zusätzlich denkbar und wird durch die Zahlen des Jahres 1997 plausibel. Nach dem vorangegangenen harten Winter waren Schwarzspechtreviere frei geworden und Jungvögel konnten sich problemlos – einschließlich der Übernahme freier Höhlen – ansiedeln. Ziehende/dispergierende Schwarzspechte blieben aus! Das heißt, großflächig muß die Bestandszunahme nicht in vollem Umfang dem Anstieg der DZZ am RM entsprechen (siehe auch Buntspecht).

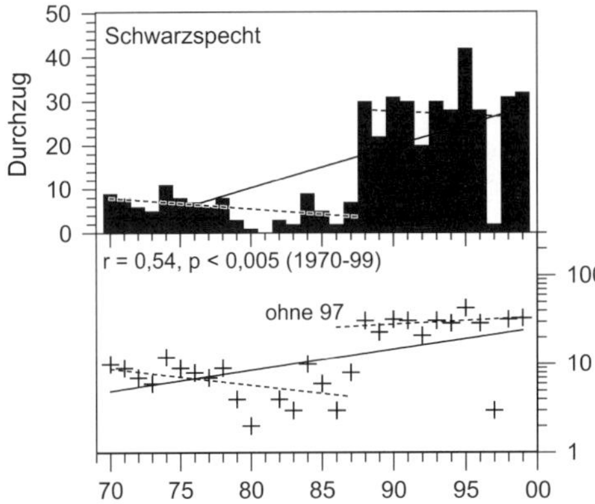

Abb. 17.24: *Dryocopus martius.*

Buntspecht *(Dendrocopos major)*

Sehr häufiger Brutvogel. Abhängig von der Unterart Stand-/Strichvogel bzw. TZ. Zerstreuungswanderungen, Tagzug, Invasionen und nachbrutzeitliche Bewegungen sind v. a. bei nordischen *D. m. major* (N-Europa von Norwegen, Schweden im W bis zum Ural im E) teilweise beeindruckend. *D. m. pinetorum* in W- und M-Europa wandert in geringem Umfang mit bescheidenen Ansätzen zu Invasionen. Wegzug beider Unterarten innerhalb M-Europas nach Ringfunden in Richtung S-W. Eine Herkunft der Dz am RM aus BWü., N-Bay. und E-D, Skandinavien, PL, Balt. sowie v. a. aus NW-RUS ist zu vermuten. Ringfunde von Falsterbo/S. weisen nach DK und an die Nordseeküste (ROOS 1984c). VAUK (1964) nimmt aufgrund der Maße von Helgoländer Invasionsvögeln des Jahres 1962 eine Beteiligung beider Unterarten an. Nordische Buntspechte können bis zur Rhonemündung und den Pyrenäen vordringen. Ein am 18.10.1957 im Rhonedelta Beringter wurde im Mai des folgenden Jahres 3070 km nordöstlich in RUS wiedergefunden (HVM).

Bestandsentwicklung: In Schweden, EST und PL stabil (NILSSON et al. 1992a, LEIBAK 1994, TOMIAŁOJC 1990). FIN stabil (HILDÉN 1985, VÄISÄNEN et al. 1986, VÄISÄNEN & RAUHALA 1983) oder zunehmend (VÄISÄNEN et al. 1989, VICKHOLM & VÄISÄNEN 1984, HILDÉN 1988, TIAINEN 1985, JÄRVINEN & VÄISÄNEN 1978b). In DK zunehmend (GRELL 1998). In GB starke Zunahme 1964 – 1980, seitdem stabil (MARCHANT 1990). In D und dem übrigen südlichen M-Europa zahlreiche Hinweise auf Bestandszunahmen (Zusammenfassung bei B&B). Der europäische Atlas gibt für die meisten der möglichen Herkunftsländer überwiegend konstante Bestände an (Eu-ATL).

RM: Starke Zunahme. Als Ursachen aller Invasionen am RM lassen sich eindeutige Bezüge zur Waldsamenernte, besonders zu derjenigen der Fichte herstellen. Das alljährliche Auftreten ziehender Buntspechte läßt auf die in schwachen Zugjahren wohl fast ausschließliche Beteiligung mitteleuropäischer *D. m. pinetorum* schließen, während in Invasionsjahren *D. m. major* zu unterschiedlichen Anteilen beteiligt sein dürfte.

Diskussion: Eine Schwierigkeit der Beurteilung der Bestandsentwicklung in M- und N-Europa besteht in der ausschließlichen Betrachtung der Siedlungsdichten, die erhebliche Flächenzunahmen an Wald und Gehölzen unberücksichtigt läßt.

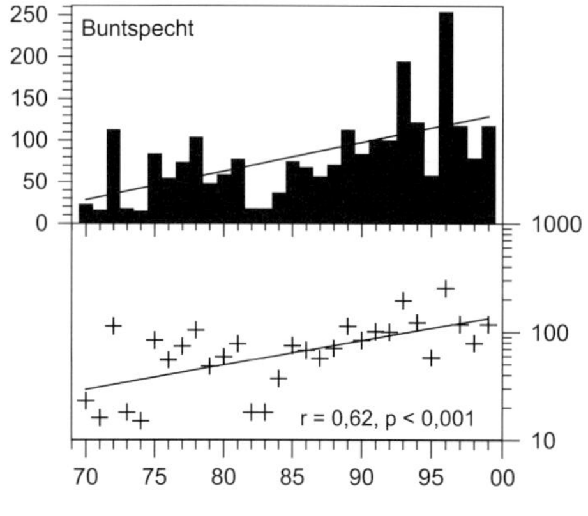

Abb. 17.25: *Dendrocopos major.*

Sie wird in Aufforstungsländern durchaus erkannt und diskutiert, in „alten Waldländern" wie in D aber kaum berücksichtigt. Diese Zunahmen der Wald- und Gehölzflächen (Kap. 15.8) lassen beim Buntspecht in D, A, CH, CZ, PL usw. eine kontinuierliche Zunahme der Bestände wenigstens seit Beginn des 20. Jh. erwarten. Eine Entwicklung, die gleichzeitig auch den Schwarzspecht fördert, aber zu Lasten von Wendehals, Grün- und Grauspecht und möglicherweise auch des Kleinspechts geht. Die jüngsten, bisher in diesem Ausmaß unbekannten Bestandszunahmen bei Bunt- und Schwarzspecht könnten als Folge eines Faktorengefüges zu sehen sein, von dem auch andere Arten wie Hohltaube und Kleinkäuze profitieren. Der muldenartige Verlauf der DZZ von ca. 1976 – 1990 ähnelt zunächst dem Verlauf bei Schwarzspecht und Ringeltaube und ist gegenläufig zum Populationsgipfel der potentiellen Hauptprädatoren, den beiden Marderarten. Neben der jüngsten Abnahme der Marder, offensichtlich als Folge der Bestandszunahme beim Fuchs (Kap. 16), werden als weitere Ursachen die starken Zunahmen von Totholz seit 1990 (Kap. 15.8.3.5) und die nachfolgenden Borkenkäferkalamitäten im Verbund mit der Zunahme weiterer Holz- und Waldinsekten gesehen. Der bis heute anhaltende Preisverfall des Holzes nach Öffnung des „Eisernen Vorhangs" wirkte sich zusätzlich in einer weiteren flächigen Erhöhung der Totholzanteile aus. Zudem spielen das angestiegene Waldalter, die dadurch und eutrophierungsbedingt angestiegene Wald-samenernte und das seit Jahrzehnten nachlassende Interesse an Brennholz vor allem in W-D, insgesamt aber wohl in ganz M-Europa eine Rolle. Der weitere Verfall der Schwachholzpreise mit zunehmenden Durchforstungsrückständen, vor allem im Privatwald (46 % der Waldfläche in W-D und 50 % in E-D), könnte neben dem Rückgang der Marder ein zusätzlicher wichtiger Faktor für den zunächst langsamen, dann starken Anstieg der Buntspecht-Bestände sein. Das vielfach als Hauptursache genannte Waldsterben dürfte dagegen, da flächenmäßig unbedeutend, höchstens lokalen Anteil haben und vom zunehmend stärker werdenden Waldwachstum und zunehmenden Vegetationsvolumen (Kap. 15.8.3.4) überlagert werden. Sozioökonomische Gründe sind demnach die weit wahrscheinlicheren Ursachen der Bestandsänderungen. Durch seine starke Zunahme hat sich auch die Bedeutung des Buntspechts als Prädator von kleinen Höhlenbrütern bis hin zur Mehlschwalbe verändert (siehe Weiden- und Haubenmeise, Kleinspecht).

Mittelspecht *(Dendrocopos medius)*

Mäßig häufiger Brutvogel in M- und dem westlichen E-Europa. Standvogel ohne Neigung zu Invasionen. An der Aussage, daß der Mittelspecht der stationärste unter den *Dendrocopos*-Arten ist (GATTER 1973a), hat sich bis heute nichts geändert. Nur 56 Beobachtungen aus 27 Jahren gingen in unsere Protokolle ein, obwohl die Art unweit der Station, im Albvorland, verbreiteter Brutvogel ist. Südgerichtete Bewegungen dominieren leicht, was topographiebedingt auch bei gleichmäßig streuender Dismigration zu erwarten ist. Die vom Buntspecht gewohnten zügigen Streckenflüge, z. T. in großer Höhe, wie sie auch Schwarz- und Kleinspecht zeigen, sind vom Mittelspecht nicht bekannt. Die Daten liefern keine Hinweise auf Bestandsveränderungen.

Kleinspecht *(Dendrocopos minor)*

Mäßig häufiger Brutvogel und abhängig von der Unterart Stand-/Strichvogel oder Strich-/Zugvogel; Tagzug, Invasionen. *D. m. hortorum* besiedelt ganz M-Europa, von NL und N-F im W bis PL im E, wo er auf *D. m. minor* trifft (N- und E-Europa, von Norwegen bis zum Ural, im S bis zur Waldsteppe). *D. m. minor* überwintert im Brutgebiet und zieht vereinzelt nach M-Europa, mit einer Neigung zu Invasionen, die aber weit weniger spektakulär ausfallen als beim Buntspecht, wobei einzelne Individuen die Schwarzmeerküste und das Mittelmeer erreichen (HVM). Bei einer der stärksten Invasionen 1962/63 zogen große Zahlen über Falsterbo/S., erreichten DK, NL (HVM) und ganz offensichtlich auch S-D (GATTER 1967, 1970d). Die Unterart *D. m. hortorum* überwintert wohl meist unweit des Brutgebiets, doch spricht die weitgehende Räumung vieler Brutgebiete in D und CH während des Winters auch hier für eine höhere Migrationsbereitschaft als gelegentlich angenommen. Zu erwartende Herkunft der Dz am RM nach festgestellten Zugrichtungen aus N bis E.

Bestandsentwicklung: In Schweden und FIN starke Rückgänge der Kleinspechtpopulationen (NILSSON et al. 1992b, VÄISÄNEN & KOSKIMIES 1989). Stabil in EST (LEIBAK 1994). In GB starke Zunahme parallel zu der des Buntspechts bis ca. 1979, danach Rückgang, während *P. major* weiterhin zunimmt (SANDERSON 2000). Die Trends im übrigen M-Europa sind uneinheitlich, wobei im S vermehrt Rückgänge genannt werden, die jedoch meist nur dürftig belegt sind.

RM: Ziehende Kleinspechte wurden in 24 von 30 Jahren beobachtet. Ein deutlicher Zusammenhang besteht zu allen Invasionsjahren des Buntspechts. Dies läßt auf eine gewisse interspezifische Konkurrenz durch „gemeinsamen" Nahrungsmangel bzw. Raumnutzung außerhalb der Brutzeit schließen. Auf eine Abnahme kann aus unserem Material nicht geschlossen werden. Eine Zunahme kann aufgrund des irruptiven Charakters des Auftretens ebenfalls nicht dokumentiert werden. Aussagen zum Anteil der beiden Unterarten sind nicht möglich.

Diskussion: Ein meines Erachtens zu wenig beachteter Zusammenhang des auch im weiteren Bereich des RM festzustellenden Rückgangs der Brutpopulation könnte in der sich offenbar beschleunigenden Zunahme des Buntspechts liegen.

Die Hauptursachen sind dabei neben der vielfach genannten zwischenartlichen Nahrungs- und Raumkonkurrenz und eventuellen negativen Einflüssen der Forstwirtschaft selbst die möglicherweise zunehmende Nestprädation durch den in hoher Dichte siedelnden Buntspecht, der durch die heutige Hochwaldwirtschaft und zunehmende Masterträge gefördert wird. Die meist in Bäumen mit einem fortgeschrittenen Stadium der Weißfäule von Kleinspechten angelegten Bruthöhlen sind für den Buntspecht mühelos zu öffnen. Visuelle Kontrollen von Bruthöhlen zwischen 1990 und 1997 an der Schwäbischen Alb zeigten das Öffnen der Bruthöhlen durch Großspechte als mögliche Verlustursache bei 6 von 10 gefundenen Höhlen in Buchenwäldern. Ähnliche Fälle sind

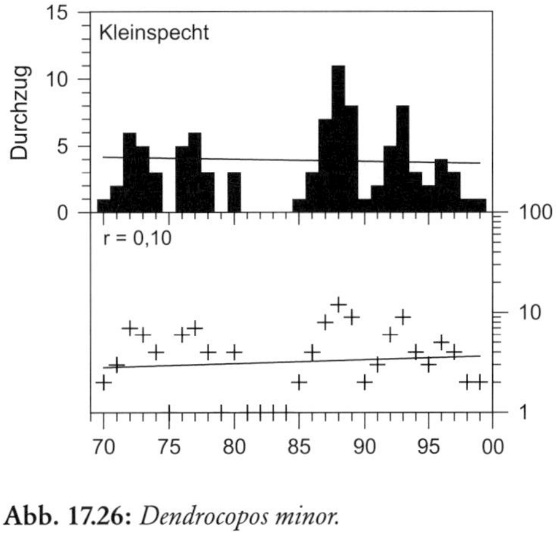

Abb. 17.26: *Dendrocopos minor.*

in der Literatur belegt und das HVM bezeichnet *P. major* wohl deshalb als den Hauptfeind des Kleinspechts. Durch die Zunahme seiner Bestände nutzt der Buntspecht heute auch suboptimale Reviere und dringt dabei auch verstärkt in kleine, zerstreut liegende Gehölze vor, die früher dem Kleinspecht vorbehalten blieben (siehe Haubenmeise).

Lerchen *Alaudidae*

Heidelerche *Lullula arborea*

Mäßig häufiger Brutvogel, KSZ, Tagzug, in sehr geringem Umfang Nachtzug. Verbreitung: von S-GB über S-Skandinavien bis M-RUS im NE und zum Mittelmeerraum im S. Wegzug aus M-Europa in Richtung SW (S-W). Zu erwartende Herkunft der Dz am RM aus PL, CZ, E-D, Bay., aber auch Skandinavien. Überwinterungsgebiete in SW-Europa (F, Spanien, Portugal) mit Überwinterungsversuchen in milden Gebieten weiter nördlich.

Bestandsentwicklung: In Mittel- und NW-Europa langfristig deutliche Abnahme der Population und des Areals. Bestände in S-Schweden nehmen seit langem ab (Christensen & Pedersen nach Gatter 1973c, Robertson & Berg 1992). DZZ in Falsterbo/S. waren in den 1950er Jahren um ein Vielfaches höher (Ulfstrand et al. 1974) als in den letzten 20 Jahren (Roos 1996). TUCKER (1994) weist für Schweden und Norwegen stabile, für FIN negative Entwicklungen erst für die letzten Jahre aus. In EST Abnahme seit 1950 (LEIBAK 1994) und in CZ seit 1960 (BWP). Auf der Kurischen Nehrung wurden starke Rückgänge bei den Fangzahlen verzeichnet (Dolnik & Paevskii 1980). In GB fluktuierend auf niedrigem Niveau (MARCHANT 1990) mit erst jüngsten starken Zunahmen (Gillings & Wotton 1998). In W-D überwiegend negative Bestandstrends und vielfach Erlöschen lokaler Bestände (z. B. Daunicht 1985, Gatter & Steiof 1992, Bezzel 1993, Gatter 1996, B&B, Eu-ATL).

RM: Die Werte aus den unvollständig erfaßten 1960er Jahren liegen deutlich über den hier präsentierten von 1970 – 1999. Die Kongruenz zwischen den Jahressummen und den drei höchsten Tagessummen legt dies nahe. So liegen diese Werte für 1964, 1968 und 1969 bei 814/684, 1200/711 und 1180/808 und damit, besonders bei der Summe der drei höchsten Tagessummen, deutlich über den Zahlen aller Jahre nach 1970 (Gatter & Steiof 1992). Die nach schwachen Jahren 1970 – 1976 erfolgte leichte Zunahme der Dz-Bestände am RM zum Ende der 1970er Jahre ist somit lediglich als kurzfristige Erholung innerhalb eines nun schon vier Jahrzehnte währenden Rückgangsprozesses zu werten, dessen Ende noch nicht abzusehen ist. Ein kurzfristiger Tiefpunkt nach 1985 im atlantisch geprägten NW-Mitteleuropa wird dort mit strengen Wintern begründet (Eu-ATL). Am RM zeigte sich der Rückgang viel länger, über 8 Jahre, was schwerlich alleine auf 2 – 3 strengere Winter zurückgeführt werden kann, und setzt sich nach 4 „besseren" Jahren seit 1996 auch wieder fort.

Diskussion: Schon die Tatsache, daß Nicolai (1993b) für E-D und Tomiałojc (1990) für PL keine negativen Trends angeben, läßt schließen, daß die Bestände im niederschlagsarmen, kontinental geprägten M-Europa mit mehr Kiefernwald weniger gefährdet sind. Die leichte kurzfristige Erholung am RM nach 1990 ist auffällig. Sie wird angesichts ihrer Beständigkeit über vier Jahre kaum allein von Wettereinflüssen im Dz-Gebiet abhängen. Wie bei einer Reihe weiterer KSZ-Arten könnte man hier vermuten, daß die für RUS und andere „Ostblockstaaten" belegten Veränderungen in der Forstwirtschaft und evtl. auch die dortige Zunahme der Waldbrände seit der politischen Wende (Kap. 15.6, 15.8) ebenso positiv beteiligt sein könnten wie die Entwicklung aufgegebener Agrarstandorte nach 1990, die nach Brachfallen für kurze Zeit „heidelerchentauglich" wurden. In niederschlagsreichen Gebieten M-Europas wird möglicherweise

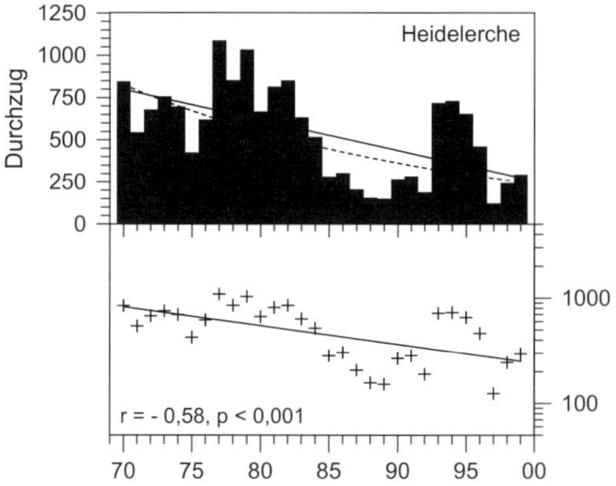

Abb. 17.27: *Lullula arborea.*

nur kontrolliertes Brennen Entlastung für die Heidelerche schaffen (Kap. 15.6). Im NE M-Europas, in Skandinavien und NE-Europa dürfte die weitere Entwicklung der Heidelerchenbestände u. a. davon abhängen, ob sich kontrollierte Feuer zur Kulturbegründung in Wäldern (Baltscheffsky 1995, Nieminen 1994, Parviainen 1994) weiter durchsetzen werden und welche Richtung die weitere Entwicklung der Waldbrandflächen in RUS nehmen wird (z. B. Bemmann 1995). Die am RM nach 1990 zu beobachtende, offenbar kurzfristige Zunahme dürfte ihren Ursprung fast ausnahmslos im NE von M-Europa und weiter östlich haben. Hinweise darauf gibt es auch aus den baltischen Staaten. Leider erwuchs daraus keine bis zum Ende des Jahrtausends anhaltende Besserung. In den nächsten Jahren ist in D keine positive Veränderung der Bestandsverhältnisse zu erwarten. Die von der Heidelerche bewohnten Habitate, Ödland mit offenem Boden durch Überweidung oder andere mechanische Bodenverwundung wie auf Truppenübungsplätzen, nehmen weiterhin ab und Kahlschlagsverbote zu. Heutige landschaftspflegerische Methoden, Heiden etc. trotz nachlassender Beweidung freizuhalten, sind offenbar nicht für diese Art geeignet. Bei fehlender Pflege und mangelhafter Beweidung tritt durch Anreicherung organischen Materials eine Eutrophierung ein, die auch ohne zusätzliche Stoffeinträge eine immer höher werdende annuale Vegetation mit sich bringt und Verbuschung und Bewaldung fördert. Aber auch schon frühe Stadien ungepflegter, mäßig oder kaum beweideter Heiden bilden einen Filz dichter, vermooster Gras- oder Zwergstrauchvegetation aus, der für Laufvögel kaum geeignet ist und, da feuchter und kühler, auch mikroklimatisch ungünstig ist.

Daß der massive Rückgang der Art gleichzeitig mit dem in den 1960er und 1970er Jahren stufenweise erfolgten Verbot des Abflämmens einhergeht, ist auffällig (Gatter 1996, Kap. 15.6) und wohl einer der Gründe für den Rückgang. Auf dem Truppenübungsplatz Münsingen stehen Heidelerchenreviere häufig mit vorangegangenen Bodenfeuern in Verbindung. Vegetationsfreie Flächen sind dort der Schlüssel zum Verständnis ihrer Populationsdynamik. Aufgrund der Sukzession sind ihre Habitate nur wenige Jahre besiedelbar. Die Art ist deshalb auf deren ständige Neuentstehung angewiesen (Vogel 1998). Innerhalb des Waldes wird sie im Rahmen einer naturnahen Waldwirtschaft in D weiterhin zurückgehen und sich möglicherweise außerhalb von Katastrophenflächen nur in Kiefernanbaugebieten mit radikaleren Verjüngungsmethoden halten können (siehe Brachpieper).

In GB stehen gebrannte Heiden an erster Stelle der derzeitigen Verbreitung (MARCHANT 1990) und nach dem Eu-ATL neuerdings Kahlschlagsflächen von Koniferenbeständen bzw. Neuaufforstungen mit Koniferen (Gillings & Wotton 1998). Auf Zusammenhänge mit Waldbränden weisen Avery & Leslie (1990) für England und Winter (1980 in Scherzinger 1996b) für Niedersachsen hin. Die Erhaltung extensiv genutzter Weiden, Äcker, Brachflächen allein und der verbliebenen Heidegebiete (B&B) und das „low-intensity pastoral farming“ (TUCKER 1994) wird die Art langfristig wohl nicht erhalten können.

Schon durch Stoffeinträge aus der Luft werden die verbleibenden Habitate einem für die Heidelerchen ungünstigen Entwicklungstrend unterworfen. Dauerhaft wird die Zukunft der Art bei weiterem Rückgang der Schafhaltung und fortschreitender Eutrophierung auch hier nicht im landwirtschaftlichen Bereich, sondern in Verjüngungspartien der Wälder niederschlagsarmer Gebiete mit Sandböden liegen.

Feldlerche *(Alauda arvensis)*

Sehr häufiger Brutvogel, TZ (bei uns KSZ), Tag- und sehr ausgeprägter Nachtzug. Verbreitung: paläarktisch. *A. a. arvensis* im N bis 68/70° N, im S bis NW-Afrika, im W von GB, W-F bis zum Ural im E. Wegzug aus M-Europa in Richtung SW (S-W). Zu erwartende Herkunft der Dz am RM aus PL, Balt., CZ, E-D, aber auch S-Skandinavien. Überwinterungsgebiete liegen in SW-Europa (F, Spanien, Portugal, Italien und NW-Afrika).

Bestandsentwicklung: In ganz Europa ein fast einheitlich negativer Trend, wie in Schweden (Robertson & Berg 1992), wo auch die Falsterbo-DZZ 1973 – 1990 um die Hälfte zurückgegangen sind (Roos 1996). In FIN negative Trends (Väisänen et al. 1989), EST überwiegend Rückgang (LEIBAK 1994). Die größte Brutpopulation im Herkunftsgebiet unserer Dz in PL ist jedoch offenbar stabil (Eu-ATL), und die Überwinterungszahlen steigen (Tomiałojc 1990). In B, NL, GB, DK, CH überall z. T. erhebliche Bestandseinbußen (MARCHANT 1990, CH-ATL). In D fast ausnahmslos Berichte über Rückgänge (z. B. Busche 1989, 1994b, Bauer & Heine 1992, Nicolai 1993b).

RM: Eine deutliche Abnahme läßt sich inzwischen über einen Zeitraum von über 31 Jahren verfolgen. Am 19.10.1969 zogen 3.392, tags zuvor 1.325 Feldlerchen, und die meist nur stundenweise erfaßte Saison erbrachte eine Jahressumme von über 9.000 Vögeln, ein Wert, der in den 30 folgenden voll erfaßten Jahren nie mehr erreicht wurde. Auf 4 sehr schwache Jahre 1970 – 1973 folgten nochmals einige stärkere. Danach ein stetiger weiterer Rückgang bis 1986. Seither auf tiefem Niveau mit weiterhin abnehmendem Trend. Die Zahlen sind von 1970 – 1997 auf die Hälfte der Ausgangszahlen zurückgegangen. Die starken Schwankungen von Jahr zu Jahr sind z. T. auch auf unterschiedliche Nachtzieheranteile zurückzuführen. Die RM-Zahlen zeigen eine relativ detailgetreue Parallelität zur Populationsentwicklung der „Agrarlandkurve" des Common Bird Census (CBC) in GB (CHAMBERLAIN & CRICK 1998).

Diskussion: Auffällig für einen KSZ, der vielfach schon in W-F überwintert, ist die Tatsache, daß die Rückgänge trotz der vielen milden Winter der 1980er und 1990er Jahre so kraß ausfallen. Die Zahlen vom RM und von Falsterbo/S. lassen Einblicke in das großräumige Ausmaß dieses Rückgangs zu, der offenbar eng mit der modernen Landwirtschaft verknüpft ist (Kap. 15). Neben vielseitigen negativen Einflüssen besteht eine deutliche Korrelation zur im Rahmen von Flurbereinigungen allseits feststellbaren Vergrößerung der Schläge (SCHLÄPFER 1988 nach MARCHANT 1990). Die Größenordnung der Flächenverluste seit 1969 (Kap. 15.2, 15.3) ist ungleich geringer als das Ausmaß des Rückgangs. Somit sind nicht auszugleichende Verluste während der Brutzeit durch maschinelle Bodenbearbeitung und Pestizide wahrscheinlich. Lokal dürften zusätzlich sowohl in Skandinavien als auch in M-Europa und England zu Baumreihen hochwachsende Hecken und Waldsukzessionen (Kap. 15.2, 15.8, CH-ATL) das Besiedlungsareal einschränken: „die Nester befinden sich nicht in der Nähe irgendeines verstreuten Einzelbaumes oder -strauchs – von eigentlichen Waldrändern ganz abgesehen –, sondern stets in weithin offenem Freiland" (OELKE 1968). Dies ist vermutlich eine Anpassung an Prädatoren. Die nicht mehr erfolgende Brennholznutzung von Feldhecken und Knicks und ihre Entwicklung zu Waldstreifen darf als Bestandteil der Rückgänge in D nicht unterschätzt werden. Ein 250 x 1000 m großer Ackerkomplex zwischen zwei Gehölzstreifen dürfte 1950 ca. 20 Feldlerchenpaare beherbergt haben. Bei heute üblichem Anwachsen der Gehölzsukzession auf ca. 15 m dürfte die Feldlerche nach OELKES Definition hier nicht mehr brüten. Die stabilen Bestände in PL, Belarus, Bulgarien oder gar die zunehmenden Bestände in der Ukraine (Eu-ATL) mit weitgehend baumfreien Agrarflächen sollten in die Beurteilung zukünftiger Trendentwicklungen mit einbezogen werden. In M-Europa und GB werden neuerdings die zunehmenden Anteile von Wintergetreide als Rückgangsursache genannt, weil diese Flächen zur Zeit der Eiablage bereits eine zu hohe Vegetation aufweisen (CHAMBERLAIN & CRICK 1998, VICKERY & WILSON 1998). Um das RM kommt es in noch kahlen Maisfeldern, die weiträumig in Wintergetreidegebieten eingestreut sind, zu hohen Paarkonzentrationen. Ob hier allerdings vor dem Hochwachsen erfolgreiche Bruten und v. a. Zweitbruten in ausreichendem Umfang möglich sind, muß offenbleiben. Nach DAUNICHT (1998) wirkt sich der ökologische Landbau nur dann positiv auf die Art aus, wenn die Dominanz der Winterfeldfrüchte reduziert wird. JENNY (1990b) schließt aus einem Bruterfolg von 0,5 Flügglingen/Altvogel/Jahr, daß seine untersuchte Schweizer Population sich nicht selbst trägt. Zunehmend negative Einflüsse von Freßfeinden sind ungeklärt, müßten aber nach deren Zunahme (Kap. 16 und 17) und den Erkenntnissen von MØLLER (1989a) ansteigen. In England spielen sie während der Nestlingszeit offenbar keine verstärkte Rolle. Weil die Zusammenhänge zwischen den Bestandseinbußen und der Landwirtschaft noch Fragen offen lassen, soll in GB

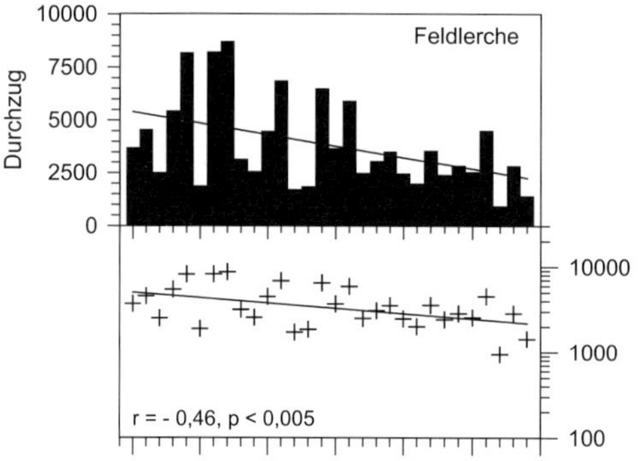

Abb. 17.28: *Alauda arvensis.*

dem Problem verstärkter Prädation außerhalb des Nestes nachgegangen werden. Obwohl durchschnittliche Gelege- und Brutgrößen ansteigen, nehmen die Bestände in GB seit Mitte der 1970er Jahre auch außerhalb des Agrarlandes an Küsten und in Hochlandhabitaten kontinuierlich ab (CHAMBERLAIN & CRICK 1998).

Schwalben *Hirundinidae*

Uferschwalbe *(Riparia riparia)*

Mäßig häufiger Brutvogel, LSZ, Tagzug, Breitfrontzug. Die holarktische *R. riparia* hat ein riesiges Verbreitungsgebiet in der Paläarktis. Die nördliche Grenze liegt in N-Skandinavien, in Sibirien bei ca. 70° N, die südliche an der nördlichen Mittelmeerküste. Überwintert vom N-Rand der Sahelzone in West- und Zentralafrika bis ins südliche Afrika. Wegzug aus Skandinavien und M-Europa nach Ringfunden (HVM) in Richtung S-SW über Iberien-Italien. An Schlafplätzen in BWü. beringte und kontrollierte Vögel weisen auf Herkunfts- bzw. Dz-Gebiete in NE-D und S-Schweden (HÖLZINGER 1987) hin. Zu erwartende Herkunft der Dz am RM aus Skandinavien, FIN, E-D, PL, Balt. und NW-RUS.

Bestandsentwicklung: Gleichzeitige starke Bestandsabnahmen wurden 1968 und 1969 aus ganz W-Europa bekannt, speziell aus den nördlichen Ländern (MARCHANT 1990). Ende der 1960er Jahre hatte die erfaßte Brutpopulation in BWü. einen Höhepunkt erreicht, danach zeichneten sich Bestandseinbrüche ab (HÖLZINGER 1987). Nach damals substantiellen Rückgängen in Schweden (ULFSTRAND et al. 1974) heute bei teils starken Schwankungen konstant (ROOS 1993). In DK nach 1978 tiefe Einbrüche 1980 und 1985/86. PL stabil (TOMIAŁOJC 1990), aber Abnahme um wohl 25 % nach BWPC. In EST starke anthropogen bedingte Zunahme (LEIBAK 1994). E-D kein genereller Trend, lokal Abnahmen im Binnenland (NICOLAI 1993b). In Schleswig-Holstein 1979 – 1991 stabile Bestände (BERNDT et al. 1994), in Mittelwestfalen Zunahme (LOSKE 1999). In GB und vielen anderen europäischen Ländern werden Bestandsrückgänge und der Rückgang besetzter Brutplätze seit Ende der 1960er Jahre vor allem mit Saheldürren, Kurzzeitschwankungen teilweise mit schlechtem Brutzeitwetter in Verbindung gebracht (MARCHANT 1990, SZÉP 1993, Eu-ATL).

RM: 1967 und 1968 wurden bei Stichproben am RM gleich viele bzw. mehr ziehende Uferschwalben gezählt als jeweils in den voll erfaßten Jahren 1970 – 1974. Nach den schwachen Jahren 1970 – 1989 wurden am RM seit 1990 erhöhte DZZ notiert, die mit dem Ende der Niederschlagsdefizite im Sahelgebiet einhergingen (Abb. 15.10.5).

Diskussion: Gleichzeitig zu den bei uns registrierten Zunahmen der DZZ erfolgte der politische und wirtschaftliche Umbruch der „Ostblock"-Länder mit verstärkten Großkahlschlägen und damit wohl der verstärkten Freistellung vorher bewaldeter Flußufer (Kap. 15.8). Als Hauptursache für den großräumigen Rückgang ist nach der Auswertung der 30jährigen Datenreihe vom RM jedoch primär die knapp 20jährige Dürreperiode im Sahel bis nach 1985 anzusehen. Verständlicherweise lassen sich solche Befunde mit lokalen, ja selbst nationalen Bestandserfassungen kaum ermitteln, da die Brutplätze dieser Art sehr stark fluktuieren (HVM). Regnerische und kühle Brutperioden sind wohl in erster Linie in den atlantisch beeinflußten Ländern im W des Brutareals von größerer Bedeutung (MARCHANT 1990, B&B, BERNDT et al. 1994), deren Populationen aber am RM nur eine unwesentliche Rolle spielen dürften. Die Abbildung vom RM zeigt die Problematik eines begrenzten Zeitraums der Statistik, die einen langfristig positiven Trend suggeriert, während die vorangegangenen 1960er Jahre wohl weit höhere Bestände aufwiesen.

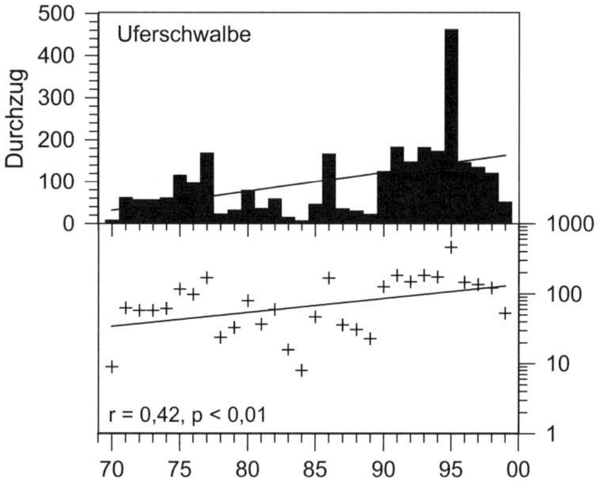

Abb. 17.29: *Riparia riparia.*

Felsenschwalbe *(Ptyonoprogne rupestris)*

Palaeo-xeromontanes Faunenelement der Südpaläarktis mit Nordgrenze der Verbreitung durch Alpen und Schweizer Jura, wo die Art mäßig zahlreich vorkommt. Nördlich davon Ausnahmegast. Überwintert vom Mittelmeergebiet südwärts.

Ein Sommernachweis vom 19. Juli 1994 am RM. Außerdem 20. April 1987 „Erdschliff Boßler"/Landkreis Esslingen und 5 Beobachtungen in dem mit 1000 m Wandlänge und bis zu 80 m Höhe größten Steinbruch Baden-Württembergs zwischen Grabenstetten und Schlattstall/Landkreis Esslingen (22./23. April 1994 und 14./15. und 18. April 1996 mit Fotobeleg, Verf.). Die Funde sind im Zusammenhang mit der Ausbreitung der Art seit den 1980er Jahren zu sehen (B&B), die u. a. zur Besiedlung des Schweizer Jura geführt hat. Gleichzeitig erfolgten viele Nachweise im N Europas (B&B).

Rauchschwalbe (*Hirundo rustica*)

Häufiger Brutvogel, LSZ, Tagzug, Breitfrontzug. Verbreitung im N bis 65/70° N, im S bis NW-Afrika und Persischen Golf. Überwintert in Afrika südlich der Sahara, von etwa 12° N bis an die Küsten S-Afrikas. Wegzug aus M- und W-Europa nach Ringfunden in Übereinstimmung mit den Zugrichtungen am RM nach SW-SSW über F, Spanien und Portugal, bei Skandinaviern auch SSE. Zu erwartende Herkunft der Dz aus Skandinavien, FIN, PL, Balt., N-D und evtl. NW-RUS.

Bestandsentwicklung: In Schweden negative Trends (Karlsson 1993, Robertsson & Berg 1992, Pettersson 1986, Roos 1996). In FIN gleichbleibend (Väisänen et al. 1989). In DK mehr oder weniger konstanter Bestand mit jahrweise starken Einbrüchen, so 1979, 1985 – 1987 und 1995 (Grell 1998). Balt. und RUS offenbar Bestandseinbußen (MARCHANT 1990, LEIBAK 1994). In PL und Belarus stabil (EuATL) und in GB Rückgänge 1981 – 1988 (MARCHANT 1990). In E-D keine klaren Trends, möglicherweise Rückgang (Nicolai 1993b). Negative Bestandsentwicklung in vielen Bereichen von W-D (Bauer & Heine 1992, Loske 1989, Braun et al. 1993).

RM: Die DZZ der Rauchschwalbe schwanken erheblich, sind über den gesamten Zeitraum gesehen stabil. Nach Jahren mit schwachem Zug (z. B. 1974, 1979, 1983, 1989) folgten oft sofort Jahre mit z. T. starkem Zug (z. B. 1976, 1984, 1990). Sowohl die Rauchschwalbenpopulationen als auch der sichtbare Zug hängen stark von der Witterung ab. In den Jahren 1970 – 1979 sowie 1980 – 1989 zogen durchschnittlich etwa 24.000 Rauchschwalben, in den Jahren 1990 – 1999 – nach der Saheldürre – hingegen im Schnitt 28.000. Diese Steigerung ist vor allem auf die Spitzenjahre 1993 und 1995 zurückzuführen, in denen über 50.000 Rauchschwalben gezählt wurden. Bei Rauch- und Mehlschwalbe verfügen wir neben den Zahlen von 1970 – 1999 über Daten täglich ein- bis mehrstündiger Erfassungen von 1967 – 1969. Die vergleichende Auswertung der jeweils 10 höchsten Stundensummen eines Jahres mit den Jahressummen (Methode bei Gatter et al. 1990, Gatter & Steiof 1992) läßt den Schluß zu, daß auf extrem hohe DZZ 1967 und 1969 schlechte Jahre folgten, die bei beiden häufigen Schwalbenarten bis 1975 anhielten. Die Kurve maximaler Stundenwerte zeigt absolute Höhepunkte 1967, 1969, 1976, 1991, 1993 und 1995. Nach den schwachen Jahren 1970 – 1975 brachten die Jahre 1976 – 1978 durchschnittliche bis überdurchschnittliche Werte, ein weiterer Peak folgte 1984. Die wesentlichen Merkmale der mehrjährigen Trends

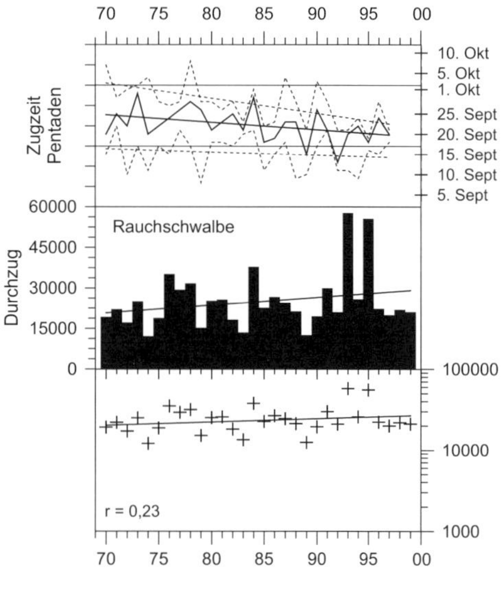

Abb. 17.30: Durchzug der Rauchschwalbe. Oben Lage von Median (ausgezogene Kurve) sowie 25-%- und 75-%-Quartile (gestrichelt) über alle Jahre und deren lineare Trends. – *Passage of* Hirundo rustica. *Above: timing of median (solid line) plus 25 % and 75 %-quartiles (dashed lines) over all years and their linear trends.*

zeigen dabei hohe Ähnlichkeit zu denjenigen der Mehlschwalbe. Die Schwalbenkatastrophe im Herbst 1974 wirkte sich zwar in geringen DZZ aus, war jedoch offenbar nicht besonders ausschlaggebend für die weitere Populationsentwicklung, wohl aber für die des jahreszeitlichen Ablaufs (Kap. 9.8 und 11).

Diskussion: Zur Bestandsentwicklung bei der Rauchschwalbe zeichnen sich in der Literatur zwei viel diskutierte Szenarien ab. Erstens der Rückgang landwirtschaftlicher Gebäude mit Brutmöglichkeit. Zweitens die schlechter werdenden Überwinterungsbedingungen in Afrika. Für die Rauchschwalbe, die das halbe Jahr in Afrika verbringt, wurden wiederholt Verbindungen zu den Niederschlägen im Sahel und S-Afrika hergestellt (MØLLER 1989b, VAN DEN BRINK et al. 1997). Um die Auswirkungen auf die Schwalbenbestände klären zu können, sollte zunächst ein Blick auf die Zugwege und die noch wenig bekannte Phänologie geworfen werden. Dabei liegt die Schwierigkeit der Beurteilung solcher Zusammenhänge unter anderem offenbar darin, daß die Anteile der Überwinterer in S-Afrika gegenüber W-Afrika aufgrund hoher Beringungszahlen und Wiederfundraten überschätzt werden. In den Feuchttropen W-Afrikas mit geringen Chancen auf Wiederfunde überwintern wohl weit größere Mengen als bisher vermutet, und viele der Überwinterer aus S-Afrika scheinen bei einem Schleifenzug über W-Afrika während des Heimzugs hier viel mehr Zeit zu verbringen als bisher angenommen (GATTER 1987a, b, 1997). Bei der Beurteilung sollten also für viele Populationen die Niederschlagsverhältnisse beider Regionen berücksichtigt werden.

MØLLER (1989b) fand bei der Rauchschwalbe höhere Mortalität bei geringeren Niederschlägen in S-Afrika und stellte in Jahren mit abnehmenden Trends eine geringere Ei-Produktion fest. In S-Afrika folgten auf trockenere Jahre in den 1960er Jahren feuchtere in den 1970ern und trockenere wiederum ab 1978/79 (MARCHANT 1990). Folgen von Niederschlagsdefiziten im Süden Afrikas auf die Überwinterer diskutieren VAN DEN BRINK et al. (1997).

Die Mehrzahl der am RM durchziehenden Rauchschwalben zieht zunächst wohl durch W-Afrika. Sie durchqueren den Sahel im Herbst zum Höhepunkt der Entwicklung von Pflanzen und Insekten. Negative Auswirkungen sind zu erwarten, wenn diese Niederschläge bei der Ankunft im Herbst ganz oder zu wesentlichen Teilen ausfallen. In W-Afrika waren die Jahre zwischen ca. 1968 und 1985, mit regionalen Differenzen teilweise bis 1987, besonders im Norden fast einheitlich viel zu trocken.

Vergleiche der Niederschlagsverhältnisse zwischen Sahel und Guineazone von Mai bis Oktober, wie bei MARCHANT (1990) vorgenommen, führen bei dieser Art insofern nur bedingt weiter. Für viele im Sahel überwinternde Arten ist – im Gegensatz zur Rauchschwalbe – der Jahresgesamtniederschlag direkt und voll wirksam. Bei der Rauchschwalbe sind der Sahel und die Sudanzone aber nur Durchzugsgebiet.

In der Guineazone, wo viele Rauchschwalben noch während der Regenzeit im Herbst nach SE bis E ziehen und auch bedeutende Zahlen überwintern, ist dagegen zu erwarten, daß nur die Niederschläge zwischen Dezember und April (Mai) Bedeutung haben (GATTER 1987a). Eine äußerst feine Nord-Süd-Gliederung der Überwinterungsdichten im Raum Guinea und Sierra Leone bis Ghana und deren graduelle Verschiebung nach N von Januar bis April/Mai (GATTER 1997 und unveröff.) läßt vermuten, daß die Art in der Guineazone hochempfindlich auf die Niederschlagsverteilung und das damit zusammenhängende Insektenangebot reagiert. Niederschläge liegen im Dezember und Januar in einem schmalen Küstenstreifen von ca. 70 km Tiefe zwischen 50 und 80 mm/Monat und nähern sich bereits 300 km landeinwärts Null. Ungeklärt ist, ob Dürren wie 1984 in der Guineazone das Ausmaß der Mittwinterbewegungen (GATTER 1987a, b) evtl. bis ins südliche Afrika beeinflussen bzw. auslösen und Verluste verursachen.

Große Mengen von Rauchschwalben ziehen am Südsockel des westafrikanischen Subkontinents von März bis Mai nach Westen. Die höchsten Zahlen erscheinen Ende März bis Mitte April und damit bedeutend später als in Zentralafrika (vgl. BROSSET & ERARD 1986). Ihre Herkunft dürfte im Raum von Nigeria über Zentralafrika bis Südafrika liegen. Ihr Ziel ist es, nach dem Verlassen von Gebieten südlich des Äquators, wo dann die Regenzeit vorbei ist, hier während der beginnenden Regenzeit und bei reichem Nahrungsangebot Fettreserven aufzubauen. Sie ermöglichen dann die Querung von jetzt niederschlagslosen Trockensavannen, Sahel und Sahara, wo nun kaum Aussicht auf Regen und damit Nahrung besteht. Diese scheinbar sinnlosen Umwege von 4.000 – 6.000 km pro Afrikaaufenthalt erweisen sich im Zusammenspiel von meteorologischen und ökologischen Bedingungen als eines der faszinierendsten Migrationssysteme, die wir von europäischen Singvögeln kennen (GATTER 1987a, b, 1997, Kap. 15.10, Abb. 15.10.3).

Als negative Faktoren und Verlustursachen in Afrika wären somit denkbar:

- Dürren im Nordsahel mit negativen Auswirkungen bei der Ankunft im Herbst.
- Niederschlagsdefizite in der Guineazone von Dezember bis Februar, die Verluste verursachen oder zum Weiterzug nach S (bis über den Äquator) zwingen.
- Niederschlagsdefizite im Süden Afrikas.
- Ausfall oder verspätetes Einsetzen der ersten Niederschläge in der nördlichen Guinea- und Sudanzone während des Heimzugs zwischen März und Mai.

Die relative Stabilität der DZZ am RM läßt noch eine ergänzende Deutung zu: Angesichts großer, offenbar stabiler Populationen in PL und Belarus, aber auch in FIN und DK (und möglicherweise RUS?) könnten sich die bei uns diskutierten Rückgänge derzeit noch auf ein Problem von mitteleuropäischen Ländern der Europäischen Union reduzieren lassen. Die Zustände in Afrika wären unter diesen Bedingungen nur für klimabedingte Fluktuationen verantwortlich.

Mehlschwalbe *(Delichon urbica)*

Häufiger Brutvogel, LSZ, Tagzug, Breitfrontzug. Verbreitung paläarktisch. *D. u. urbica* bis 70°30' im N, im S bis N-Afrika, Mongolei und N-China, von der Atlantikküste im W bis W-Sibirien im E. Überwintert in Afrika südlich der Sahara bis S-Afrika. Wegzug aus M-Europa nach Ringfunden und beobachteten Zugrichtungen in Richtung WSW-SE. Zu erwartende Herkunft der Dz aus Skandinavien, FIN, CZ, D, PL, Balt. und Belarus. Einzelheiten zum Überwinterungsgebiet liegen nicht vor. Die Mehlschwalbe darf im Vergleich zu ihrer Häufigkeit und Auffälligkeit als der in seinen Überwinterungsgewohnheiten in Afrika wohl unbekannteste Vogel gelten.

Bestandsentwicklung: Auf Falsterbo/S. 1973 – 1990 stark schwankende DZZ ohne Trend (ROOS 1996). Aus NL werden Rückgänge gemeldet (MARCHANT 1990) mit teilweise neuerlichen Zunahmen (HUSTINGS 1992). In CZ, PL und E-D fluktuierende, aber ansonsten stabile Bestände (MARCHANT 1990, TOMIAŁOJC 1990, NICOLAI 1993b). In DK ab Erfassungsbeginn (1976) starker Rückgang bis 1980, bis 1996 dann auf niedrigem Niveau (zwischen 30 und 60 %) starke, langfristige Schwankungen (GRELL 1998). Nach dem Eu-ATL in allen möglichen Herkunftsländern mit Ausnahme von D stabile Bestände. Vor allem in D können künstliche Nester aufgrund ihrer weiten Verbreitung zur Stabilisierung beitragen und wohl sogar zu regionalen Bestandszunahmen beitragen.

RM: Trotz der zeitlichen Abweichung im Medianwert beider häufigen Schwalben (Mehlschwalbe M_{kn} = 13. September, Rauchschwalbe = 21. September) ist der Verlauf des Auf und Ab gleichartig und weicht deutlich nur in den Jahren 1984 und 1989 voneinander ab. Auch hier zeitigten 1967 und 1969 sehr hohe DZZ, die nicht mit den Brutpaarzahlen der Umgebung in Einklang standen (GATTER 1970d). Bei meist nur ein- bis zweistündigen täglichen Planbeobachtungen wurden hier an zahlreichen Tagen maximale Stundenwerte erreicht, die erst im Jahr 1976 wieder festgestellt wurden. Bei der Mehlschwalbe brachten die Jahre 1970 – 1975 mit

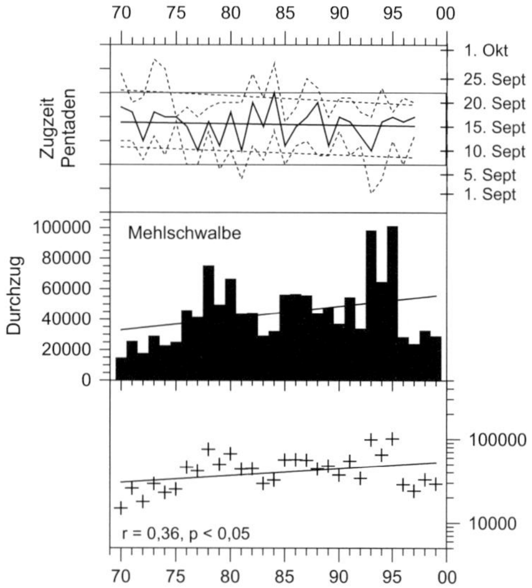

Abb. 17.31: Durchzug der Mehlschwalbe. Oben Lage von Median (ausgezogene Kurve) sowie 25-%- und 75-%-Quartile (gestrichelt) über alle Jahre und deren lineare Trends. – *Passage of* Delichon urbica. *Above: timing of median (solid line) plus 25 % and 75 %-quartiles (dashed lines) over all years and their linear trends.*

durchschnittlich 25.000 Vögeln fast gleichmäßig extrem niedrige Werte. Die Jahressummen fast aller folgenden Jahre lagen höher. Sie schwankten im Zeitraum 1976 – 1992 um 50.000, 1993 – 1995 zwischen 64.000 und 100.000. Neben den extrem hohen Werten 1993 und 1995 lagen die Werte der letzten Jahre bis 1999 bei 20.000 – 33.000, also wieder deutlich tiefer. Mindestens 1995 lassen die besonders hohen Zahlen – wie bei einer Reihe anderer Arten – auf Zugwegverlagerungen aus dem Osten, bedingt durch extreme Ostwindlagen, in unseren Bereich schließen (Kap. 9.9). Während bei der Rauchschwalbe durch die zeitliche Begrenzung des bearbeiteten Ausschnitts auf den 29. August nur die ersten 5 % „abgeschnitten" werden, sind es bei der Mehlschwalbe etwa 20 %. Von den ca. 1,7 Mio. Dz gingen lediglich 1,3 Mio. in die Auswertung ein. Damit fehlen vor allem zahlreiche Jungvögel der ersten Brut, und auch viele Nichtbrüter sind dann schon durchgezogen. Grundsätzlich sind bei einer Art mit zwei Bruten und so hoher Witterungsabhängigkeit des Bruterfolgs sehr starke Schwankungen von Jahr zu Jahr zu erwarten.

Diskussion: Einige Parallelitäten der Verlaufskurven beider häufiger Schwalbenarten lassen auf gleichartige bestandsbeeinflussende Faktoren schließen. Dies werden in erster Linie sein

- die Winterverluste beim Zug und der Überwinterung in Afrika und die aus den Verhältnissen dort resultierende Fitness und der Rückkehrzeitpunkt als Basis für den Bruterfolg;
- das Brutzeitwetter mit dem daraus resultierenden Nahrungsangebot und Bruterfolg.

MARCHANT (1990) vermutet bei der Mehlschwalbe aufgrund ihres im Winterquartier räumlich unsteten Lebens einen abgemilderten Effekt der Trockenheit in Afrika. Unsere Ergebnisse lassen jedoch auch hier einen Einfluß der Dürren in Afrika vermuten, der sich auf Populationen dann dramatisch auswirkt, wenn zusätzlich mehrere Jahre mit schlechtem Brutzeitwetter aufeinanderfolgen. Die extremen Schwankungen bei beiden häufigen Schwalben am RM müssen im Vergleich zu vielen anderen LSZ und vor allem zu anderen Bestandstrend-Graphiken in Verbindung mit der hohen Reproduktionsrate gesehen werden. Ein Paar kann unter günstigen Bedingungen 8 oder mehr Junge aufziehen. In Jahren mit überwiegend erfolgreichen Doppelbruten kann im Herbst theoretisch die dreifache Menge im Vergleich zu Jahren mit schlechtem Bruterfolg durchziehen. Die Gewichtung der zur Zeit offenbar zunehmenden Prädationsverluste während der Brutzeit als bestandsbeeinflussender Faktor ist schwierig.

In den Dörfern im weiteren Umfeld der Station RM teilweise gute Bestände, die sich immer mehr auf Kunstnester beschränken. In waldnahen Gehöften der Stationsumgebung (Randeckhof, Krebsstein usw.) mit besten Voraussetzungen zum Naturnestbau ist die Art teilweise schon vor 15 – 20 Jahren verschwunden. Als Ursache wird dort überraschenderweise fast einheitlich berichtet, daß die Nester systematisch von Mardern, Turmfalke und „Eulen" heruntergerissen werden (vgl. HVM). Seit wenigstens 1994 treten auch junge Buntspechte während der Zweitbrutzeit massiv als Nesträuber an Mehlschwalbennestern in Erscheinung (H. HAUẞMANN pers. Mitt. und eigene Beob., zahlreiche Meldungen an NABU BWü., Hinweise HVM). Die in Ortschaften nach wie vor zunehmenden Steinmarder plündern neuerdings vermehrt auch Kunstnester aus, besonders dort, wo ihnen dies durch angebrachte Kotbretter erleichtert wird.

Pieper und Stelzen *Motacillidae*

Brachpieper *(Anthus campestris)*

Seltener Brutvogel, LSZ, meist Tagzug, Breitfrontzug. Verbreitung: paläarktisch. *A. c. campestris* von NW-Afrika und SW-Europa, DK und S-Schweden im W über SE-Europa, Balt. und RUS bis SW-Sibirien im E. Wegzug aus Skandinavien und M-Europa nach Ringfunden und Zugrichtungen in Richtung SW. Zu erwartende Herkunft der Dz aus Bay., E-D, CZ, PL, Balt., Belarus, RUS. Überwinterungsgebiete der SW-Zieher v. a. in der Sahelzone, teilweise Guineazone.

Bestandsentwicklung: In Schweden wurde zwischen den zeitlichen Perioden 1949 – 1959 und 1973 – 1983 (ROOS 1984b) eine Abnahme um 40 % registriert. Dieser negative Trend setzte sich auch in den späteren Jahren fort (ROOS 1996). In DK hat die Zahl besetzter Raster zwischen den Perioden 1971/74 und 1993/96 um fast 70 % abgenommen (GRELL 1998). In EST wohl ebenfalls zurückgehend (LEIBAK 1994). PL, LETT, Belarus stabil, FIN negativ, ebenso Slowakei, CZ und A (TUCKER 1994). In CH Rückgang (REIST 1992). Für W-D liegen zahlreiche quantitative Quellenangaben vor, die fast ausschließlich über Rückgänge bzw. das Verschwinden als Brutvogel berichten (z. B. GATTER 1970c, NIEHUIS 1982, GATTER & HÖLZINGER in HÖLZINGER 1987, B&B). In E-D außerhalb von Trockengebieten und Tagebauarealen offenbar v. a. an der Küste in Dünengebieten überwiegend Rückgänge (NICOLAI 1993b). Das kurzfristige „Aufflackern der Zahlen" ähnelt den Verhältnissen bei Heidelerche und Uferschwalbe (siehe dort) und könnte mit den politisch bedingten Veränderungen in der landwirtschaftlichen Nutzung in E-Europa zusammenhängen.

RM: Die Zugbeobachtungen im Bereich des RM sind seit langem dokumentiert und lassen auf einen nunmehr über 35jährigen Rückgang schließen. Der standardisierte Ausschnitt ab dem 29. August erfaßt nur die 2. Hälfte der Zugzeit, damit den größten Teil der später ziehenden Jungvögel. Die Medianwerte im Bereich des RM haben sich seit den 1960er Jahren vom 2. September kontinuierlich weiter nach hinten verschoben (GATTER 1970c). Dies kann unbekannte Gründe im Überwinterungsgebiet haben. Viel eher ist es aber eine Folge davon, daß heute schwerpunktmäßig andere, später ziehende Populationen bei uns durchwandern, während auf Falsterbo/S. über die Jahrzehnte offenbar eine Vorverlegung des Medians bei gleichzeitigem Rückgang der DZZ stattgefunden hat (KARLSSON 1993). Die Zahlen sinken am RM seit Anfang der 1970er Jahre (nach dem 29. August durchschnittlich 120 Vögel/Jahr) kontinuierlich bis

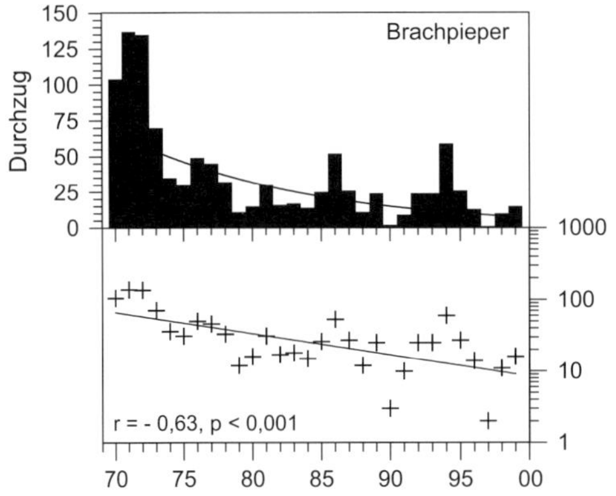

Abb. 17.32: *Anthus campestris.*

heute auf etwa 10 % der damaligen Werte ab. Die Hoffnungen auf eine Stabilisierung nach Jahren besseren Zugs nach 1985 bzw. 1991 haben sich nicht erfüllt.

Diskussion: Der Brachpieper paßt mit dem raschen Bestandsabfall nach 1970 zwar in die Gruppe derjenigen Arten, deren Bestandstrends mit den Dürren im Sahel zusammenhängen, zumal dort sein Hauptüberwinterungsgebiet ist. Im Gegensatz zu einer Reihe anderer Sahelüberwinterer sind bei ihm jedoch nach Entspannung der dortigen Situation keine Erholungstendenzen festzustellen. Er hat in M-Europa sowohl durch Rückgang der Beweidung wie durch landwirtschaftliche Intensivierung fast überall Brutmöglichkeiten verloren. Stoffeinträge aus der Luft und das Verbot des Feuermanagements (Kap. 15.6, GATTER 1996) verändern die Vegetation. Magere Sandböden, Küsten- und Binnendünengebiete haben seit 100 Jahren mit Rückgang der Weidewirtschaft starke Flächenverluste durch Bewaldung hinnehmen müssen. In Tagebaugebieten (NICOLAI 1993b) und militärischen Übungsgebieten sind aus wirtschaftlichen und politischen Gründen nach 1990 ebenfalls weitere Rückgänge zu erwarten.

Mißverstanden werden oft die Rückgangsursachen im „Wald". Nach B&B sollen Bruten dort „wahrscheinlich auf Grund des erheblich verringerten Insektenangebots als Nahrungsgebiete für den Brachpieper (heute) immer weniger geeignet sein". Tatsache ist dagegen, daß die früheren brutalen Verjüngungsmethoden, vor allem zum Anbau der Kiefer, heute schonenden Verfahren, also der Pflanzung in den natürlichen Waldboden oder auch der Naturverjüngung, Platz gemacht haben. Die früher gern vom Brachpieper besiedelten Flächen waren maschinell bearbeitete, gelegentlich gefräste, meist aber im sogenannten „Vollumbruch" behandelte Flächen. Tiefpflüge rissen dabei den Sandboden auf Tiefen von 60 cm und mehr um. Dabei wurden u. a. „Ortsteinbildungen" in der Tiefe als wachstumshemmende Hindernisse für die Durchwurzelung beseitigt. Gleichzeitig wurde die gesamte Humusschicht begraben und damit als erwünschtes Nebenergebnis auch die im Boden lagernde Samenbank. Die Kulturen waren dann während der ersten Jahre unkraut- und somit wartungsfrei (GATTER 1970c). Hier konnte der Brachpieper als „Halbwüstenbewohner" für 2 – 4 Jahre siedeln. Heutige Forstkulturen sind weit naturnäher und damit auch insektenreicher. Auf ihnen entwickeln sich schon im ersten Jahr Hochstaudenfluren, die für den Brachpieper nicht geeignet sind, dafür aber von anderen Vogelarten besiedelt werden.

Als Art von „Katastrophenflächen" war der Brachpieper früher v. a. ein Brandfolger. Nach dem Rückgang der Heide- und der Waldbrandflächen, die heute im Vergleich zu natürlichen Verhältnissen gegen ein Promille tendieren (Kap. 15.6), bestand in M-Europa über Jahrhunderte ein riesiges Angebot auf vielfach dramatisch überbeweideten Flächen (z. B. MANTEL 1990, KREMSER 1990, BRANDL 1992), das die Art nutzen konnte.

Die gerade in M-Europa vielfach in den 1960er und 1970er Jahren erloschenen Bestände (B&B) fallen zeitlich zusammen mit der Aufgabe unnatürlicher Verjüngungsmethoden im Forst und mit der verbreiteten Durchsetzung von Verboten des Flämmens, das als Methode zur Offenhaltung der Landschaft und zum Management von Heiden gedient hatte (Kap. 15.2, 15.3, 15.6). Die heute meist schwach beweideten Flächen sind mit ihrem dichten Grasfilz auch dann für den Brachpieper ungeeignet, wenn sie weiterhin frei von Büschen sind, weil sie sich mikroklimatisch zu einem feuchteren und kühleren Milieu wandeln. Erst neuerdings beschränkt sich das Vorkommen fast ausschließlich auf Abbau- oder Auffüllflächen mit spärlicher Vegetation. Nur solche Flächen kommen für die rasch laufende, hochbeinige und in vielen ihrer Ansprüche als thermophil zu bewertende Art heute noch in Frage (siehe auch Heidelerche).

Baumpieper *(Anthus trivialis)*

Häufiger Brutvogel, LSZ, Tagzug und wohl verbreitet auch Nachtzug, der nach S zunimmt und südlich der Alpen wohl bereits überwiegt; Breitfrontzug. Verbreitung: paläarktisch, fast ganz Europa bis M-Sibirien im E, Nordgrenze 70° N. Wegzug aus Skandinavien, M- und E-Europa (bis 40° E) nach SW-SSW (S) über N-Italien bis Spanien und Portugal. Die Herkunft der Dz am RM ist nach Zugrichtungen und Ringfunden vorwiegend aus Skandinavien, NE-D, PL, Balt., Belarus und RUS zu erwarten. Überwinterungsgebiete südlich der Sahara bis zum Golf von Guinea.

Bestandsentwicklung: In Falsterbo/S. Anfang der 1970er Jahre hohe Werte (gleichzeitig „Tief" am RM). Ein „Tief" Ende der 1970er/Anfang der 1980er Jahre („Hoch" am RM) wurde von einem „Hoch" ab 1985 abgelöst (ROOS 1991), das parallel zur Entwicklung am RM läuft. 1973 – 1992 dort etwas stärkerer Zug in der zweiten Hälfte dieses Zeitraums (ROOS 1996). In FIN positiv (JÄRVINEN & VÄISÄNEN 1978b), gefolgt von Schwankungen (VÄISÄNEN 1983, VICKHOLM & VÄISÄNEN 1984). Insgesamt in FIN und Schweden während der letzten Jahrzehnte positiv (PETERSEN & BRØGGER-JENSEN 1992, HELLE 1985a, b, c), desgleichen Fangzahlen an Stationen mit Vögeln überwiegend subborealer und borealer Herkunft (RABØL & LYNGS 1988, PAYEVSKY 1990). Der Brutvogelindex in DK deutet eine kräftige Zunahme zwischen 1976 und 1987 an, danach bei leichter Abnahme auf relativ hohem Niveau stabil (GRELL 1998). In EST dritthäufigste Vogelart und als Folge von Waldfragmentation und Großkahlschlägen zunehmend (LEIBAK 1994). In PL stabil (TOMIAŁOJC 1990). In GB im S abnehmend, im N stabil (MARCHANT 1990). Siedlungsdichteuntersuchungen in N-D 1950 – 1985 zeigen deutliche Abnahmen (FLADE & STEIOF 1989), in E-D kein erkennbarer Bestandstrend (NICOLAI 1993b). Westfalen geringe Schwankungen, mit eher leichter Zunahme von 1977 – 1986 (LOSKE & LEDERER 1987), neuerdings Rückgang (LOSKE mdl.). Die dortigen Spitzenjahre 1980 und 1986 stimmen mit den RM-Zahlen überein. Im Harz Zunahme nur in Hochlagen mit absterbenden Wäldern (T. MEINEKE mdl.). In S-D überwiegend, z. T. starke, Abnahmen (HÖLZINGER 1987, weitere Hinweise dazu bei B&B). Im Kreis Esslingen/BWü. Rückgang von 1957 – 1994 um wenigstens 90 % (Verf.). Am Bodensee zwischen 1980 und 1990 stark negativ (BAUER & HEINE 1992). Auch in CH mit früher hohen Dichten starke Rückgänge.

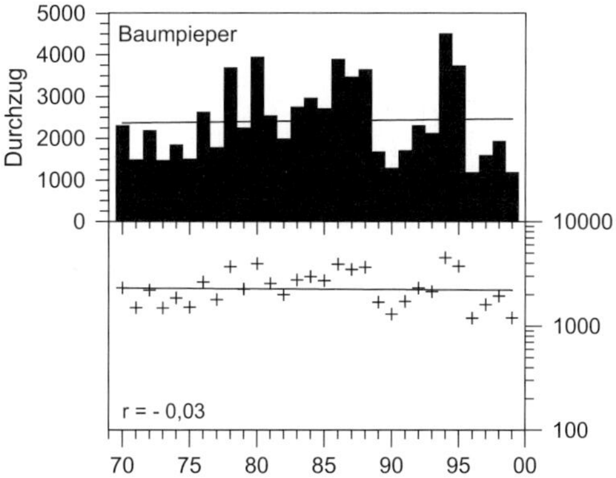

Abb. 17.33: *Anthus trivialis.*

RM: 1965, 1967 sowie 1968 haben die Summen der stärksten Stunden jene der Jahre 1970 – 1993 bei weitem übertroffen. Allein die DZZ der 10 durchzugsstärksten Stunden des Jahres 1968 übertreffen den jährlichen Gesamtdurchzug zwischen 1989 und 1993. In den 36 Jahren lag der Höhepunkt in den Jahren 1965 – 1968 und Phasen geringen Durchzugs folgten Anfang der 1970er Jahre sowie 1989 – 1999, unterbrochen durch zwei Jahre mit hohen Werten 1994/95. Zugzeit und Richtung deuteten hier auf einen möglichen Einfluß spätziehender Skandinavier. Die mittleren DZZ im standardisierten Ausschnitt lagen im 1. und 3. Jahrzehnt zwischen 2.100 und 2.200 Ind., dazwischen (1980 – 1989) dagegen bei knapp 3.000.

Diskussion: Derzeit gibt es zwei unterschiedliche Bestandstrends, die sich geographisch deutlich trennen lassen. Die Bestände in N-England, Schottland, DK, Skandinavien, FIN bis NW-RUS sowie PL, EST, E-D sind stabil oder wachsen. Gleichzeitig werden im S und W von M-Europa teilweise starke Bestandseinbußen registriert. Der Baumpieper ist damit wohl eines der am besten geeigneten Beispiele eines LSZ, um Einflüsse auf Bestände im afrikanischen Überwinterungsgebiet solchen im Brutgebiet gegenüberzustellen. Zunächst sprechen die Trends im N und NE dafür, daß die Rückgangsursachen bei uns in den Brutgebieten liegen. Baumpieper haben stabile bis steigende Bestände in Gebieten

- mit kontinentalem Klima,
- auf sandigen oder nährstoffarmen Böden,
- mit geringen Niederschlägen
- oder Ländern mit derzeitig hoher Aufforstungsrate (Schottland, DK)
- oder Ländern mit hoher Kahlschlagsintensität (EST),
- mit kühleren Klimaten.

Fast überall in D, wo sich hohe Fremdstoffeinträge mit guten Böden und atlantischem Klima vereint mit Flämm- und Kahlschlagsverboten finden, geht die Art zurück. In E-D erreicht der Baumpieper „im Nadelwald mittlere Dichten von 1,5 – 3, im Laubwald 2 – 5 BP/10 ha und im optimalen Gebiet bis 11 BP/10 ha" (Nicolai 1993b). Wenn von den 1,28 Mio. BP in D (Rheinwald 1993) 900.000 in E-D leben (Nicolai l. c.), so zeigt dies ein normales Gefälle der Siedlungsdichte von E (kontinental) nach W bzw. NE-SW (atlantisch). Dabei sind die Bestände in E-D ebenso stabil wie in N-Europa. Die Bodenvegetation hat sich in E-D mit eher kontinental geprägten Wäldern – im Durchschnitt mit geringeren Bodenbonitäten und Niederschlägen ausgestattet – trotz eutrophierenden Einflüssen für den Baumpieper offensichtlich noch nicht so zum Negativen entwickelt. Die dort vielfach dominierenden Kiefern- (und Eichen)wälder sind für die Art günstiger als die nach SW hin vorherrschenden dunklen Buchen- und Fichtenwälder. Sich erholende Humusdekken und naturnahe Bewirtschaftungsformen (Kap. 15.8) wirken sich auf den Baumpieper negativ aus. In vielen Waldgebieten M-Europas haben zudem Eutrophierungserscheinungen zu dichtem Bodenbewuchs durch krautige oder grasige Vegetation bzw. zu flächendeckender Naturverjüngung geführt. Andernorts ist das Kronendach bei heute gegenüber früher höherem Holzvorrat/ha (Kap. 15.8., Abb. 15.8.8) so dicht, daß diese und einige andere Arten keine geeigneten Bedingungen mehr vorfinden (Gatter 1994b). Auch außerhalb des Waldes leiden extensiv genutzte landwirtschaftliche Bereiche, Wiesen, Obstwiesen, Heiden ausnahmslos unter bewirtschaftungsbedingten und autogenen Eutrophierungseinflüssen (Kap. 15.5). Der Verbannung des Feuers aus der Landschaft durch das Bundesnaturschutzgesetz zu Beginn unserer Untersuchungen sind wahrscheinlich auch in N-D manche Rückgänge des Baumpiepers zuzuschreiben, wie die Art auch von dem zunehmenden Einsatz des Feuers in der Forstwirtschaft N-Europas profitieren dürfte. Auf der Schwäbischen Alb konnte ein deutlich positiver Zusammenhang zwischen Brandflächen und der Besiedlung durch den Baumpieper festgestellt werden (Gatter 1996). Stellenweise erhebliche Flächenzugänge zum Wald durch natürliche Sukzession sind ebenfalls als Habitatverluste zu werten. In Afrika hat die Art von der Waldzerstörung in der Guineasavanne und dem Regenwald möglicherweise sogar profitiert (Gatter & Mattes 1987, Gatter 1997). Die Dynamik am RM kann negative Einflüsse durch die Trockenjahre im Sahel nicht ausschließen: Auf hohe Zahlen zwischen 1965 und 1968 folgten niedere Werte in der ersten Hälfte der 1970er Jahre und wiederum starke in den 1980ern. Insgesamt zeigen die Unterschiede der Entwicklung in den verschiedenen Regionen Europas, daß unterschiedliche Bewirtschaftungsmaßnahmen und auch Naturschutzvorstellungen im Brutgebiet wesentliche Elemente für die gegenläufigen Trends sind.

Wiesenpieper *(Anthus pratensis)*

Häufiger Brutvogel (im N), KSZ und Mittelstreckenzieher, Tagzug. Verbreitung: westpaläarktisch. *A. p. pratensis* von N-Skandinavien bis M-Europa im S, von Grönland im W bis W-Sibirien im E. Wegzug aus Skandinavien und M-Europa nach SW-S. Zu erwartende Herkunft der Dz am RM aus Skandinavien, FIN, PL, Balt., NW-RUS, CZ, N- und E-D. Überwinterungsgebiete vorzugsweise in S-F, Iberien und Marokko (EBENHÖH & GATTER 1991).

Bestandsentwicklung: Zunahmen werden aus FIN gemeldet. DZZ in Falsterbo/S. wohl stabil (ROOS 1996). PETTERSSON (1986) und ROBERTSON & BERG (1992) geben für Schweden negative, der Eu-ATL stabile Verhältnisse an. Auch in GB, Norwegen, D und PL scheinen die Verhältnisse stabil (Eu-ATL). Rückgänge melden EST (LEIBAK 1994), NL und DK. In Schleswig-Holstein wohl negativ (BUSCHE 1994b), für NW-D insgesamt unklare Situation. In Mooren und Feuchtgrünland offenbar starke Rückgänge, auf Ackerland und Kahlschlägen deutliche Zunahmen (FLADE & STEIOF 1989, OELKE 1985). In S-D bei insgesamt geringen Beständen einerseits zahlreiche lokale Abnahmen wie auch aufflakkernde Neubesiedlungen, die im Gesamtrahmen eines Trends schwer einzuschätzen sind. Sie betreffen vielfach extensives, kaum mehr bewirtschaftetes Grünland, das oft in einem – scheinbar für die Art guten Zustand – verlassen wird, wie verschiedene Fälle auf der Schwäbischen Alb zeigen, wo die Art früher völlig fehlte (Verf.).

RM: Die DZZ zeigen einen deutlich steigenden Trend, bei gelegentlichen Einbrüchen, die unter anderem mit dem Wetter während der Zugzeit und daraus resultierenden veränderten Zugrouten, Zughöhen und Nachtzuganteilen erklärt werden könnten. Während die Marke 3.000 Dz im standardisierten Ausschnitt während der ersten Hälfte nur 6 x überschritten wurde, war dies in der zweiten bis 1999 12 x der Fall.

Diskussion: Für die steigenden Zahlen dürften einerseits veränderte forstwirtschaftliche Maßnahmen im borealen Waldgürtel verantwortlich sein und hier wiederum vor allem die verstärkte Kahlschlagstätigkeit der vergangenen Jahrzehnte.

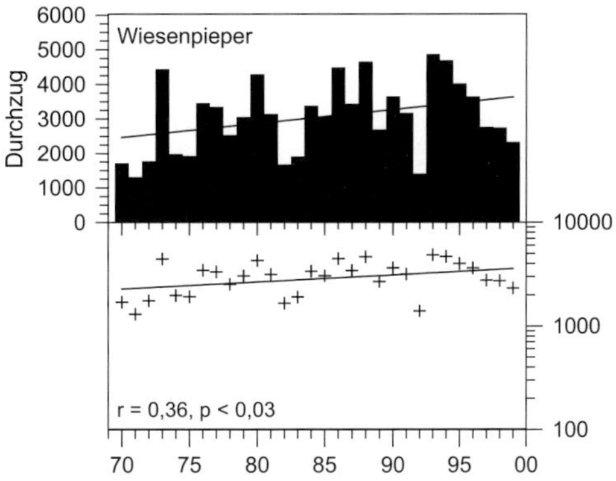

Abb. 17.34: *Anthus pratensis.*

Die in den letzten Jahren zu beobachtende Zunahme könnte ihre Ursachen zusätzlich in der ökonomischen Situation der Länder des ehemaligen Ostblocks haben, die sich wiederum besonders in RUS und Karelien in einer verstärkten Kahlschlagstätigkeit äußerte. Brachflächen infolge geänderter Besitzstrukturen in Osteuropa oder Brutanpassungen an bestimmte Feldfrüchte (HÖTKER 1990) könnten zusätzlich positiv wirken. Eine bisher offensichtlich nicht diskutierte positive Entwicklung könnte von Winterrapsfeldern ausgehen, die hier in BWü. zunehmend zur Überwinterung ganzer Trupps genutzt werden, während früher nur Überwinterungsversuche einzelner Vögel bekannt waren (GATTER 1970d). Durch dieses jüngst großflächig angebotene Habitat (das z. B. bei der Feldlerche negativ bewertet wird) könnten Winterverluste minimiert bzw. Zugwegverkürzungen ausgelöst werden, die der Art Konkurrenzvorteile verschaffen bzw. das nutzbare Winterareal erweitern. Es ist anzunehmen, daß die Anzahl der Länder mit positiven Trends höher ist als beim Eu-ATL angegeben.

Rotkehlpieper *(Anthus cervinus)*

Seltener, aber regelmäßiger Dz, LSZ,Tagzug. Verbreitung paläarktisch, in arktischen und subarktischen Breiten von Skandinavien bis E-Sibirien. Wegzug der westpaläarktischen Vögel in Richtung S-SW mit Überwinterung von der S-Küste des Mittelmeeres bis ins äquatoriale W-Afrika. Herkunft unserer Dz somit wohl aus Skandinavien, FIN und NW-RUS (s. a. RENDAHL 1968).

Bestandsentwicklung: DZZ in Falsterbo/S. zeigen große Schwankungen, deuten aber wohl auf stabile Bestände in den Herkunftsgebieten hin (ROOS 1996). In FIN starke Bestandsschwankungen ohne Trend.

Am **RM** bei geringem Datenmaterial Rückgang der DZZ.

Diskussion: In fast allen Ländern M-Europas hat die Anzahl der Beobachtungen teils stark zugenommen, was ganz sicher auf die bessere Artenkenntnis und die viel stärkere Beobachtungsintensität zurückzuführen ist.

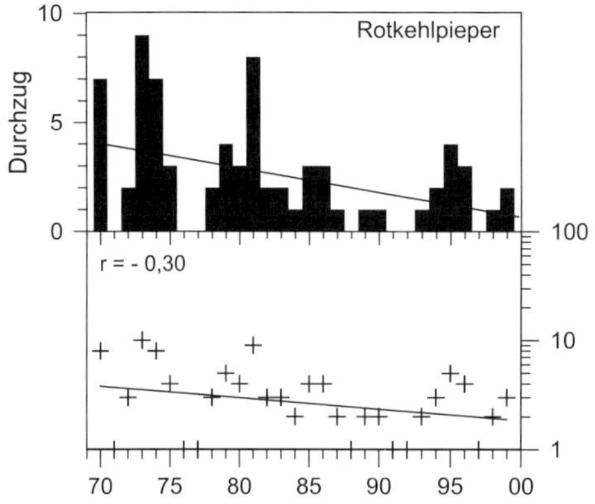

Abb. 17.35: *Anthus cervinus.*

Schafstelze *(Motacilla flava)*

Brutvogel, LSZ, Tagzug überwiegt wohl; Breitfrontzug. Verbreitung: transpaläarktisch. In zahlreichen Unterarten von W-F bis zum S-Ural und Sibirien, von Skandinavien bis in die Alpen. Überwintert im tropischen Afrika südlich der Sahara und in Asien. Wegzug in Richtung WSW-SSW (W- und M-Europa), SW-S (Schweden und Norwegen) und SSW-S (FIN). Zu erwartende Herkunft der Dz am RM aus Skandinavien, FIN, PL, E-Balt., NW-RUS und D. Überwinterungsgebiete der bei uns durchziehenden Unterarten *thunbergi* und *flava* in W-Afrikas Savannen und Kahlflächen im Regenwald (GATTER & MATTES 1987), wobei Teile den Äquator überqueren.

Bestandsentwicklung: Für N-Schweden, FIN, DK werden positive Tendenzen gemeldet (MARCHANT 1990, HELLE & JÄRVINEN 1986); nach dem Eu-ATL in FIN abnehmend; DZZ in Falsterbo/S. 1973 – 1992 stabil oder leicht zunehmend (ROOS 1996). In DK hat die Zahl besetzter Raster zwischen 1971/74 und 1993/96 trotz besserer Erfassung deutlich abgenommen (GRELL 1998). In EST seit etwa 1970 stabil (LEIBAK 1994). S-Schweden, GB, NL, B, CZ melden nach MARCHANT (1990) und B&B überwiegend negative Trends, der Eu-ATL für Schweden jedoch Zunahmen. In W-D einheitlich teilweise starke Rückgänge (z. B. BAUER & HEINE 1992, FLADE & STEIOF 1989, BUSCHE 1994a, b). Aus E-D keine Trendangaben (NICOLAI 1993b). Vor allem im S und W von M-Europa, wo nur kleinere und oft lokale Vorkommen verschiedener Unterarten bekannt sind, gibt es Räumungen ehemaliger Brutgebiete in Feuchtgrünland, aber auch Neubesiedlungen in Äckern und Sonderkulturen.

RM: Langfristig wohl stabil. Der standardisierte Ausschnitt ab dem 29. August umfaßt die letzten zwei Drittel des Zuges. Die Zugperiode$_{50}$ (Kap. 12) wurde in dieser Zeit deutlich kürzer. Die Abnahme einer oder mehrerer Regionalpopulationen könnte eine Möglichkeit sein, dies zu erklären. Teilweise starke Schwankungen der DZZ. Der Durchzug von Schafstelzen ist im Abstand von mehreren Jahren durch Einbrüche gekennzeichnet, so 1973, 1983 und 1990. Sie sind angesichts ihrer Stärke nur schwer mit tatsächlichen Rückgängen zu erklären und wohl eher durch das Zugwetter bedingt.

Diskussion: Eine geringfügige Beeinflussung der Werte am RM durch die Saheldürre hätte zunächst aus leicht höheren Werten nach 1985 geschlossen werden können, wird aber durch die Ergebnisse der letzten Jahre nicht bestätigt. Gleichzeitig mit Abnahmen in M-Europa ist eine Zunahme der nördlichen Populationen durch ein größer werdendes Angebot geeigneter Habitate zu vermuten. Wie Baumpieper und Wiesenpieper profitiert im N auch die Schafstelze von den derzeitigen Wirtschaftsformen, wenn auch wohl nur vorübergehend (Kap. 15.8.5). Der Anteil nördlicher Schafstelzen mit stabilen bis zunehmenden Beständen ist offenbar so groß, daß sie in den DZZ am RM die Rückgänge der ohnehin relativ geringen Bestände im S und SW ausgleichen (W-D ca. 30.000, E-D 56.000 BP; RHEINWALD 1993, NICOLAI 1993b, FIN nach dem Eu-ATL 700.000). Die Populationen M-Europas sind mit Ausnahme des nordöstlichen Teils weitgehend an landwirtschaftliche Nutzflächen gebunden, wo sich Düngung, Mechanisierung und Pestizide negativ auswirken können (siehe Feldlerche). Nach N und E liegen die Brutgebiete vermehrt in traditionell bewirtschaftetem Grünland und auf Flächen, die der Forstwirtschaft unterliegen (Kahlschlagswirtschaft, teilweise mit Feuer, Kap. 15.6, 15.8.5), bzw. in Mooren. Völlig offen ist, wie sich die Niederschlagsrückgänge in W-Afrika südlich des Sahelgürtels auswirken. Eher positiv beeinflußt werden dürfte die Art durch die Regenwaldzerstörung (GATTER & MATTES 1987) und durch die enorme Ausweitung des Reisanbaus in den westafrikanischen Überwinterungsgebieten (Kap. 15.8.7, 15.10, GATTER 1997).

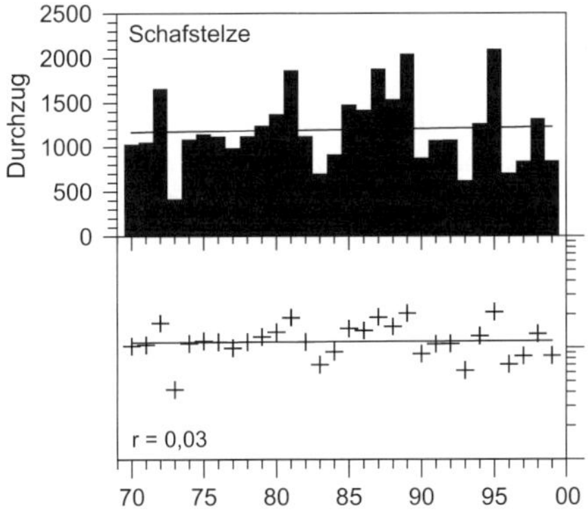

Abb. 17.36: *Motacilla flava.*

Gebirgsstelze *(Motacilla cinerea)*

Häufiger Brutvogel, als „Dreierstratege" Standvogel und KSZ mit einem Anteil von Saharaquerern. Überwiegend Tagzug? Verbreitung: Paläarktisch von der Atlantikküste im W bis Sibirien im E und von S-Skandinavien im N bis Marokko im S. Überwintert in M-Europa und in allen Mittelmeerländern sowie in N-Afrika und im Sahel. Wegzug aus M-Europa vorwiegend in Richtung SW. Zu vermutende Herkunft der Dz am RM aus PL, CZ und D, teilweise S-Skandinavien.

Bestandsentwicklung: In Schweden und FIN Zunahme (BWP 1988), bedingt durch Expansion nach N. Die DZZ in Falsterbo/S. sind stabil (ROOS 1996). In DK ist die Zahl besetzter Raster zwischen 1971/74 und 1993/96 um 200 % gestiegen (GRELL 1998). In PL und Benelux Rückgänge (BWP 1988). In GB Rückgänge in den 1980er gegenüber den 1970er Jahren (MARCHANT 1990). In D Rückgang zwischen 1930 – 1960 wohl durch zunehmende Gewässerverschmutzung (BEZZEL 1993, B&B). In BWü. nach 1970 z. T. kräftige Zunahmen gegenüber 1960er Jahre durch Kläranlagenbau (GATTER 1970d und unveröff.), später lokal starke Bestandssteigerungen durch künstliche Bruthilfen.

RM: Der standardisierte Ausschnitt ab dem 29. August vernachlässigt nur die ersten 5 %. Die trotz gestiegener Bestände im Herkunftsgebiet stabilen DZZ könnten darauf hinweisen, daß aufgrund einer zunehmenden Neigung zur Überwinterung näher am Brutgebiet, z. B. als Folge milderer Winter, prozentual weniger Vögel am RM durchziehen. Die im Norden registrierten Zunahmen würden dadurch am RM nivelliert. Hinweise darauf ergeben sich auch aus der Verspätung der Quartilenwerte am RM um eine Pentade.

Diskussion: Die Industrialisierung im 19. Jh. ermöglichte wohl mit dem Bau von Kanälen, Wehren, Turbinen, Wasserkraftwerken sowohl eine dichtere Besiedlung innerhalb der damaligen Verbreitung als auch eine Expansion in Gebiete nordwärts bis S-Skandinavien, PL und neuerdings EST (LEIBAK 1994). Neben Kältewintern 1961/62 und vor allem 1962/63 dürften lokale Zu- und Abnahmen mit dem Gewässerzustand zusammenhängen. Die Zunahme in D nach jahrzehntelangen Rückgängen läßt sich ziemlich eindeutig mit dem Bau von Kläranlagen und wieder saubereren Fließgewässern korrellieren, während dies nach dem Eu-ATL of-

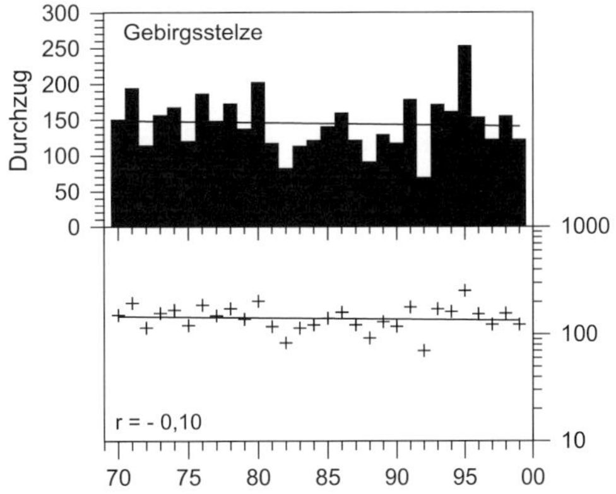

Abb. 17.37: *Motacilla cinerea.*

fenbar keine Rolle spielt. Die Einleitung erwärmter Abwässer erleichtert wohl zunehmend die Überwinterung innerhalb von Ortschaften (GATTER & MÜLLER 1977). Trotz regionaler Zunahmen in D sind die DZZ am RM nicht angestiegen. Derzeitige Expansionserscheinungen (z. B. EST) dürften auch durch einen Populationsdruck aus SW begünstigt werden. Die derzeitige Entwicklung der DZZ am RM zeigt eine Parallelentwicklung zu den Zahlen aus England (MARCHANT 1990) mit niedrigeren Brutbeständen ab Anfang der 1980er Jahre. Bei einem Brutareal, das offenbar nach wie vor nach N erweitert wird, spricht einiges dafür, daß die weitgehend stabilen DZZ am RM tatsächlich von einer zunehmenden Tendenz zum Standvogel begleitet werden. Der Populationsanteil der Saharaquerer dürfte zu gering sein, als daß sich die Auswirkungen der Saheldürren auf europäische Brutbestände zeigen. Nach transeuropäischen Kältewintern könnte er dennoch von nicht zu unterschätzender Bedeutung für den Wiederaufbau der Populationen sein.

Bachstelze *(Motacilla alba)*

Häufiger Brutvogel, KSZ, wohl überwiegend Tagzug, Breitfrontzug. Verbreitung: paläarktisch vom Atlantik bis Sibirien und von der N-Küste Skandinaviens bis ans Mittelmeer. Wegzug aus Skandinavien und M-Europa nach Ringfunden und Beobachtungen in Richtung (WSW) SW (SSW-S); finnische Vögel in Richtung S-SSE. Nach ZINK (1985) verläuft eine Zugscheide zwischen DK und Schweden und durch E-D. Zu vermutende Herkunft der Dz am RM zum geringen Teil aus dem äußersten SW Skandinaviens und der westlichen CZ, aus Teilen von E-D, ansonsten W-D (vgl. ZINK 1985). Überwintert in SW-Europa, den Mittelmeerländern und N-Afrika, z. T auch in der Sahara (Oasen) und südlich davon, ohne den Regenwald zu erreichen.

Bestandsentwicklung: In Schweden nach DZZ auf Falsterbo und anderen Quellen negativ (ROOS 1996, HUSTINGS 1988). In FIN eher Zunahmen (VÄISÄNEN et al. 1989). In DK deutlicher Anstieg des Bestandsindex' zwischen 1978 und 1989 auf 280 %, danach relativ konstant (GRELL 1998). In GB seit 1975 leicht negativ (MARCHANT 1990, MARCHANT et al. 1998). In D evtl. geringe Zunahme im NW (FLADE & STEIOF 1989). Sonstige Mitteilungen über Zu- und Abnahmen lassen kein klares Bild zu (B&B).

RM: Abnehmende Zahlen. Durchschnittswerte im standardisierten Ausschnitt ab 29. August, der die Zugzeit fast voll erfaßt, lagen von 1970 – 1985 bei 1.500, 1986 – 1999 bei 1.275 Vögeln.

Diskussion: Die Bachstelze ist allgemein wesentlich häufiger als die Schafstelze. Nach Angaben von NICOLAI (1993b) beträgt der Bestand der Bachstelze in E-D 130.000 BP, für ganz D 1,46 Mio. BP (RHEINWALD 1993). Die relativ niedrigen DZZ am RM sind eine Folge der wenig bekannten Zugscheide zwischen SW- und SE-Ziehern. Sie entspricht geographisch etwa derjenigen des Weißstorchs und erklärt auch, warum die DZZ auf Falsterbo/S. fast unbedeutend sind. Das ermöglicht bei der Beurteilung von Bestandstrends die räumliche Eingrenzung fördernder bzw. negativer Trends auf das dichtest besiedelte und intensivst landwirtschaftlich und industriell genutzte westliche M-Europa. Die Bachstelze sucht ihre Nahrung sowohl während der Brutzeit als auch im Winterquartier überwiegend im landwirtschaftlichen Bereich, auf kurzrasigem Grünland und auf Äckern, aber auch in locker bebauten Siedlungen. Ihre Bruten scheinen vielfach „sicher an Bauwerken". Ihre Bestandsentwicklung lädt zu einem Vergleich mit Arten wie Feldlerche und Schafstelze und zu einer Betrachtung von deren Rückgängen in D ein. Bei der Bachstelze können direkte Brutverluste durch landwirtschaftliche Eingriffe weitgehend ausgeschlossen werden. Andererseits dekken sich die Brutplätze in Scheunen, Holzstapeln, Industriebauten usw. mit den Hauptaufenthaltsorten des stark zunehmenden Steinmarders (Kap. 16), dessen Vermehrung erst jüngst und nur außerhalb der Ortschaften durch den Fuchs ge-

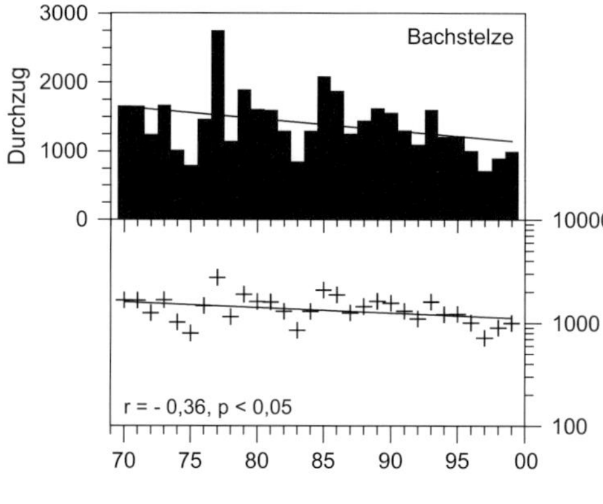

Abb. 17.38: *Motacilla alba.*

dämpft wird. Auch andere zunehmende Prädatoren könnten die meist exponiert stehenden Nester stärker beeinträchtigen (Kap. 16, 17 und 18). Der seit Mitte der 1970er Jahre in England (MARCHANT 1990) beobachtete Rückgang der Brutbestände im marderfreien GB ist viel schwächer (MARCHANT et al. 1998). Das weniger kletternde Hermelin ist dort häufig. Obwohl die Bestände nach den groben Rastern beim Eu-ATL in den meisten Ländern stabil erscheinen, geben die zurückgehenden DZZ auf Falsterbo/S. (ROOS 1996) und am RM doch Anlaß, diese häufige Art in Zukunft näher zu betrachten um zu klären, welche negativen Faktoren die Bestände beeinflussen. Flächenverluste an Grünland und die hier eher positiv zu bewertende Zunahme der Siedlungsfläche (Kap. 15.2, 15.3) allein reichen wohl nicht aus, die Verluste der Bachstelze, die sehr gern auf offenen Äckern Nahrung sucht, zu erklären. Für veränderte Konkurrenzverhältnisse zu anderen Vögeln gibt es keine Hinweise.

Zaunkönige *Troglodytidae* und Braunellen *Prunellidae*

Zaunkönig *(Troglodytes troglodytes)*

Sehr häufiger Brutvogel, TZ, Nachtzieher. Tagzug ist die absolute Ausnahme. Flächendeckende Verbreitung in Europa, im N bis Mittelskandinavien. Besiedelt die boreale Region mit Ausnahme des äußersten nördlichen Waldgürtels. Zu vermutende Herkunft der Dz am RM aus Skandinavien, Balt., NW-RUS, PL, CZ und D. Wegzugsrichtungen liegen zwischen W und S, hauptsächlich um SW und SSW. Sowohl skandinavische wie mitteleuropäische Zaunkönige ziehen bis zur Biskaya, der Mittelmeerküste von F und nach N-Italien, können aber auch überall im Zwischengebiet überwintern (ZINK 1981).

Bestandsentwicklung: Zaunkönige benötigten in GB über 10 Jahre, um die Winterverluste 1962/63 auszugleichen (MARCHANT 1990), ähnlich, aber weniger genau belegt, war die Situation in M-Europa. In DK zeigt der Bestandsindex zwischen 1976 und 1996 starke jährliche Schwankungen mit teilweise drastischen Abnahmen in Kältewintern, z. B. um 60 % nach dem Kältewinter 1978/79 (GRELL 1998).

RM: Die Graphik zeigt die Zahl der „Schleichzieher" und die morgens in der ersten Stunde auf dem Stationsgelände gehörten rastenden Zaunkönige, deren Registrierung mit Ausnahme von 1983 konsequent seit 1974 erfolgt. Die Daten zeigen einen deutlich ansteigenden Trend, der einerseits die sich verändernden Habitatfaktoren im Stationsbereich wie z. B. kleinflächige Himbeersukzessionen auf ehemaligem Grünland repräsentiert. Andererseits ist wohl tatsächlich eine deutliche Zunahme erfolgt, denn allein mit dieser geringfügigen Habitatveränderung, die durch ständige Pflege reguliert wird, läßt sich der Zuwachs kaum erklären, wie ein Vergleich mit dem Rotkehlchen zeigt. Es ist ein Beispiel dafür, wie schwierig es ist, über Rastvogelzahlen sichere Aussagen zu großräumigen Bestandstrends abzuleiten.

Diskussion: Die derzeitige Waldbewirtschaftung und die Situation in Gehölzen außerhalb der Wälder kommt dieser Art entgegen. Das nachlassende Interesse an Brennholz und schwachem Durchforstungsholz hat in den vergangenen 3 – 4 Jahrzehnten zu einer stetigen Verbesserung der Bedingungen für den Zaunkönig geführt. Beständige Waldflächenzugänge und die enorme Zunahme bachbegleitender Gehölze, liegenbleibende Gipfel und sonstiges Abfallholz in Wäldern und die Zunahme der Naturverjüngung haben der Art zusätzlichen Besiedlungsraum geschaffen (Kap. 15.2, 15.3 und 15.8). Starke Durchforstungen werden häufig als Verlustursache genannt. Tatsächlich sind dunkle, nicht oder schwach durchforstete Bestände unterholz- und damit oft zaunkönigfrei. Versuchsflächen der Forstverwaltung BWü. zeigen aber in stark durchforsteten Altersklassenwäldern mit viel

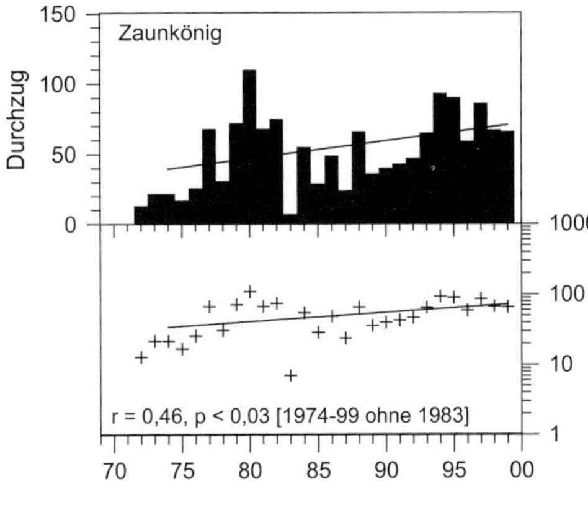

Abb. 17.39: *Troglodytes troglodytes.*

Abfallholz oft die stärkste Besiedlung unmittelbar nach Durchforstungen (Verf. unveröff.). Schon dies ermöglicht ihm die Besiedlung zahlreicher zusätzlicher Waldbestände, weil solche Holzabfälle noch um 1960/1970 vielerorts verkäuflich waren. Zudem ist anzunehmen, daß der Zaunkönig durch dunkler werdende Hochwälder (Kap. 15.8.3) zahlreiche Flächen besiedeln konnte, aus denen Arten sonnendurchfluteter Wälder verschwunden sind. Auch Wilddichten, z. B. beim Reh *(C. capreolus)*, die das Ausmaß der Bodenvegetation und des Jungwuchses beeinflussen, werden erheblichen Einfluß auf nationale Zaunkönigdichten haben (Kap. 16). Die Flächengewinne an Gehölzen müssen sich dagegen nicht auf eine Zunahme der Rastvögel auswirken, da auch die Rastflächen in ganz M-Europa über Sukzession während der vergangenen 30 Jahre deutlich mitgewachsen sind.

Heckenbraunelle *(Prunella modularis)*

Sehr häufiger Brutvogel, TZ. Tagzug überwiegt, erhebliche Teile ziehen noch in der sehr frühen Dämmerung, Nachtzuganteil unbekannt, aber wohl unbedeutend, denn an dänischen Leuchtfeuern wurden extrem wenige gefunden (Hansen 1954). Verbreitung westpaläarktisch von der Atlantikküste im W bis zum Ural im E, von der N-Küste Skandinaviens bis zum Mittelmeer und Kaukasus im S. Überwintert ab S-Skandinavien und der deutschen Nordseeküste südwärts überwiegend westlich des RM bis weit südlich des Brutgebietes in Portugal, Spanien und auf den Mittelmeerinseln. Wegzug aus Skandinavien und M-Europa nach Ringfunden in Richtung SSW-SW. Zu vermutende Herkunft der Dz am RM aus Skandinavien, FIN, D, PL, Balt. und CZ.

Bestandsentwicklung: In Schweden Bestandszunahme (Pettersson 1986, Karlsson 1993), FIN seit den 1950er Jahren starke Zunahmen, später stabil (Vickholm & Väisänen 1984). In PL leichter (Tomiałojc 1990), in EST starker Anstieg der Bestände (LEIBAK 1994). In DK deutlicher Abfall des Bestandsindex' zwischen 1976 und 1992 auf 30 %, seitdem wieder leicht steigend (Grell 1998). In GB Bestände 1962 – 1988 weitgehend stabil, dabei in der ersten Hälfte ansteigend, in der zweiten abfallend (MARCHANT 1990). Flade & Steiof (1989) ermittelten für N-D starke Zunahmen.

RM: Ausgeglichen bis leicht abnehmend. 1968 wurden sehr hohe Stundenwerte ermittelt, die 1970 – 1975 nicht wieder erreicht wurden. Sowohl in der ersten als auch in der zweiten Hälfte des Berichtszeitraums gibt es eine Gleichverteilung über- und unterdurchschnittlicher Jahre.

Diskussion: Die Heckenbraunelle ist in M-Europa zunächst seit 200 Jahren ein Gewinner des Wiederaufbaus der Wälder. Sie hatte bei den niedrigen Umtriebszeiten im Nieder- und Mittelwald riesige geeignete Flächen, wohl ohne dabei sehr hohe Dichten zu erreichen. In den historischen Niederwäldern war die Art zwar sicher nicht selten, wie Vergleiche mit heutigen Niederwaldversuchsflächen zeigen (Forstdirektion Stuttgart, Verf. unveröff.), aber den eigentlichen Populationsschub brachte sicher die „Nadelholzwelle" (Kap. 15.8) ab der zweiten Hälfte des 19. Jh. Der aus dieser Bewirtschaftungsänderung erwachsende, wohl enorme Bestandszuwachs mit Höhepunkt in der ersten Hälfte des 20. Jh. und nach dem zweiten Weltkrieg war wohl auch mit von entscheidender Bedeutung für die starke Arealexpansion nach N seit 100 Jahren. Mit dem zunehmenden Eingreifen in die borealen Wälder vor allem seit den 1960er Jahren und daraus folgend hohem Jungwaldangebot (Kap. 15.8.5) sowie der Entwässerung und Aufforstung von Mooren hat die Art dort zeitverschoben ähnlich positive Bedingungen wie vorher in M-Europa, so daß zusätzliche positive Einflüsse durch klimatische Faktoren nicht unbedingt bemüht werden müssen.

Die durch starke Durchforstungen, Eutrophierung etc. geförderte stärkere Naturverjüngung (Kap. 15.8) ermöglicht derzeit lokal das Einwandern in zuvor einschichtige Hochwälder. Das seit einiger Zeit stattfindende Umschwenken auf Laubwaldverjüngung unter Schirm und

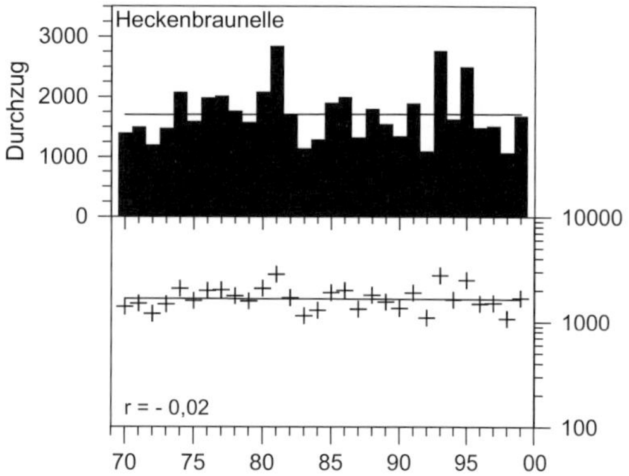

Abb. 17.40: *Prunella modularis.*

ohne Kahlhiebe wird möglicherweise nach dem Jahr 2000 eher andere Arten positiv beeinflussen.

Bei der Heckenbraunelle ist generell zwischen Siedlungsdichte auf ausgewählten Kleinflächen bei Rast und Brut (Habitatkapazität) und großflächiger Besiedlung über alle Habitate zu unterscheiden. Sie hat inzwischen außerhalb der Wälder zahlreiche Kunstbiotope erobert, die es früher in diesem Sinne nicht gab: moderne Gärten mit Koniferen, dichte straßenbegleitende Gehölze, Wochenendgrundstücke usw. Ob die Populationsgröße in den deutschen Wäldern allgemein heute höher ist als in den 1950/60er Jahren muß dagegen bezweifelt werden. Die in vielen Teilen Deutschlands gigantischen Kahlschläge nach dem Krieg (Reparationshiebe und solche zur Versorgung der Bevölkerung mit Brenn- und Bauholz) waren notgedrungen mit Nadelhölzern aufgeforstet worden und über die folgenden zwei bis drei Jahrzehnte ideale Habitate. Es folgten weitere 15 Jahre intensiver Aufforstung von Grenzertragsböden mit Koniferen. In Wäldern von W-D dürften die Bestände der Art zwischen 1955 und 1975 am höchsten gewesen sein. Heute generell höhere Prädatorendichten könnten die Ursache dafür sein, daß die Populationen weniger steigen, als es das Biotopangebot erwarten ließe (Kap. 16,17).

Drosselvögel *Turdidae*

Rotkehlchen *(Erithacus rubecula)*

Sehr häufiger Brutvogel und Wintergast, TZ, Nachtzug, Verbreitung: westpaläarktisch vom Atlantik im W bis W-Sibirien im E, vom Polarkreis in Skandinavien bzw. 65° N in RUS bis S-Europa und N-Afrika im S. Überwintert ab S-Skandinavien und PL im N in ganz W-, M- und S-Europa bis nach N-Afrika nördlich der Sahara. Wegzug aus Skandinavien und M-Europa vorwiegend nach SW. Zu erwartende Herkunft der Dz am RM aus D, PL, E-Balt. sowie NW-RUS und CZ; nur geringste Teile heimischer Populationen sind Standvögel.

Bestandsentwicklung: Konstante Fangzahlen 1964 – 1991 in Falsterbo/S. (Karlsson 1993). In DK nimmt der Bestandsindex zwischen 1976 und 1996 um 20 – 50 % zu, nur teilweise fällt der Bestand nach kalten Wintern ab (Grell 1998). GB stabil in Waldgebieten, außerhalb schwankend (MARCHANT 1990). In D nach Fangergebnissen keine langfristigen Veränderungen (B&B). Über diese häufige Art liegen vielfach keine Trendangaben über längere Zeiträume vor oder es wird von stabilen Beständen gesprochen (z. B. LEIBAK 1994, Eu-ATL).

RM: An der Station werden neben den ziehenden Vögeln seit 1980 auch die rastenden Rotkehlchen im unmittelbaren Stationsbereich erfaßt (Ausnahme 1983, inkonsequent 1984), davor nur Tagzieher. Die Zahlen sind bis 1999 stabil bzw. die Rastmöglichkeiten regeln die Zahl der tags Verweilenden (vgl. Titov 1999). Extrem strenge Winter wie 1962/63 beeinflussen den Bestand der Art nachweislich sehr stark. Für die Winter im Berichtszeitraum ließ sich dies über Rastzahlen nicht nachweisen.

Diskussion: Auch wenn sich für die großflächige Zunahme von Siedlungsdichten keine Belege finden, dürften die Gesamtbestände in den vergangenen Jahren beständig zugenommen haben. Allein die Flächenzugewinne an Wald und Gehölzen (Kap. 15.2, 15.3) lassen Bestandszunahmen in Größenordnungen von 5 – 10 % im Berichtszeitraum erwarten. Die oft großflächige Zunahme der Naturverjüngungsvorräte in Altersklassenwäldern, oft lange vor der anstehenden Verjüngung (Kap. 15.8.3.3), läßt ein Einwandern in viele vorher kaum besiedelbare Bestände erkennen. Die in D zukünftig angestrebten forstlichen Bewirtschaftungsformen wie naturnaher Dauerwald mit Einzelstammentnahme könnte das Rotkehlchen zu einem der Hauptgewinner unter den Waldarten werden lassen.

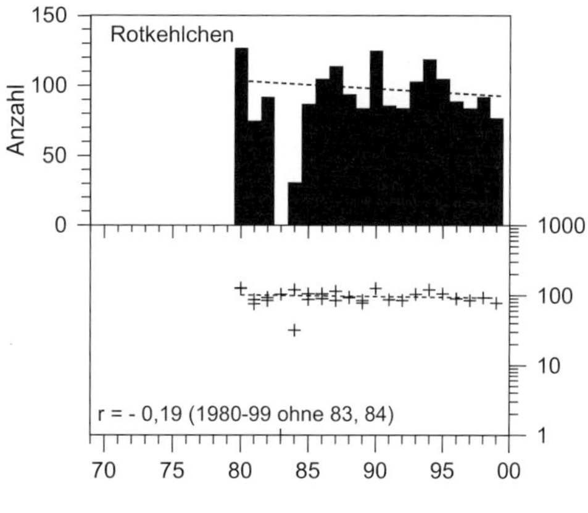

Abb. 17.41: *Erithacus rubecula.*

Hausrotschwanz *(Phoenicurus ochruros)*

Häufiger Brutvogel, KSZ, ausgeprägter Tagzug bei Schlichtgefärbten und wohl auch Nachtzug, der bei adulten ♂ überwiegt. Verbreitung paläarktisch. Die in M-Europa vorkommende Unterart *Ph. o. gibraltariensis* brütet von Spanien im W bis nach EST und LETT, max. Moskau im E mit einer N-Grenze durch S-Skandinavien und der S-Grenze durch das Bergland der nördlichen Mittelmeerküste. Überwintert im Mittelmeergebiet sowie in N-Afrika. Eine deutliche Trennung der Zugrichtungen verläuft durch D, wobei eine genaue Zugscheide und ein Zugscheidenmischgebiet nicht festgelegt werden können. Westlich von 13° E wird fast nur in Richtungen SW (S bis W) gezogen. Etwa östlich der Linie Stralsund-Salzburg bis 18° E liegt eine Mischzone, in der östliche Zugrichtungen wahrscheinlich überwiegen (Zink 1981). Die am RM ziehenden Hausrotschwänze haben deshalb nur ein kleines Einzugsgebiet im NE.

Bestandsentwicklung: Die seit dem 19. Jh. anhaltende Expansion nach N, die von GB über DK, Schweden, Norwegen, FIN und die balt. Staaten reicht (MARCHANT 1990, LEIBAK 1994, Eu-ATL, HVM), ist überall von Bestandszunahmen begleitet, die offenbar gleichermaßen SE- wie auch SW-Zieher betreffen und folglich eine breite Ausgangsbasis haben.

In D, wo aufgrund der Zugrichtungen die meisten RM-Dz ihren Ursprung haben dürften, ergab die Auswertung zahlreicher Einzeluntersuchungen Zunahmen. Deren Größenordnung ist praktisch unbekannt. Während Fangprogramme (B&B) über 20 Jahre keinen Trend widerspiegeln (Mettnau gleichbleibend, Reit zunehmend, Illmitz abnehmend) und damit möglicherweise die Tragekapazität des Fanggebiets für Dz wiedergeben, wird am RM eine starke Zunahme registriert.

RM: Die hier Ziehenden stehen angesichts der Zugscheide im allerersten Abschnitt ihrer Wanderung und werden im Durchschnitt nur wenig mehr als 200 km zurückgelegt haben. Bei einer Teilung der 30 RM-Jahre in Teilabschnitte zogen in den ersten 6 Jahren durchschnittlich knapp 100 Vögel, in den folgenden 9 Jahren 140 und in den letzten Jahren etwa 200 Vögel/Jahr, was einer Verdoppelung der tags ziehenden, fast ausnahmslos schlicht gefärbten Vögel entspräche.

Diskussion: Da die Herkunftsgebiete bis zur Zugscheide von der Art seit langem erobert sind, handelt es sich praktisch ausschließlich um die Auffüllung schon besiedelter Gebiete und der zusätzlich durch Bebauung entstandenen Habitate, wohl ohne wirkliche Expansionsgewinne. Dies drängt bei einer so starken Zunahme Fragen nach sich verändernden Konkurrenzbedingungen für Arten mit ähnlicher Einnischung auf (siehe Grauschnäpper).

Denkbar ist aber auch eine Verschiebung/ Aufweichung der Zugscheide, wenn SW-Zieher nach NE einwandern. Mitentscheidend könnte dann z. B. auch die unterschiedliche Qualität der Überwinterungsgebiete mit differierenden Mortalitätsraten sein (Kap. 8.2.7 und 18.5).

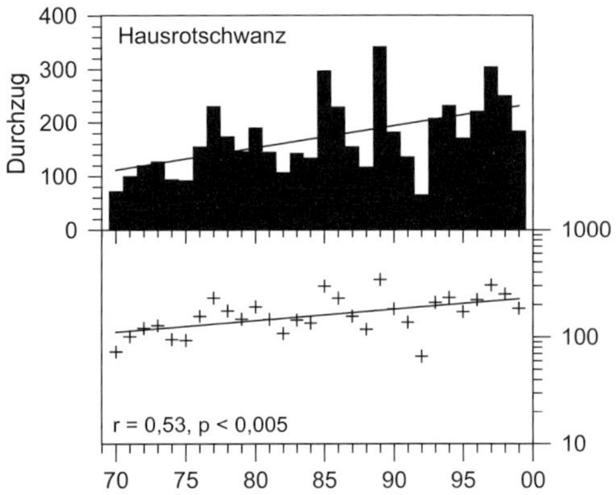

Abb. 17.42: *Phoenicurus ochruros.*

Gartenrotschwanz *(Phoenicurus phoenicurus)*

Häufiger Brutvogel, LSZ, Nachtzieher. Fast über ganz Europa verbreitet, jedoch mit Bestandeslücken. Brütet in Skandinavien und RUS bis zur nördlichen Waldgrenze. Überwintert in den Trockensavannen südlich der Sahara.

Bestandsentwicklung: Bereits ab Mitte der 1950er Jahre zeichnet sich in M-Europa eine kontinuierliche Abnahme ab (B&B). Zwischen 1970 und 1990 war der Trend in 23 europäischen Ländern abnehmend, in 8 stabil und nur in 3 zunehmend (Eu-ATL). Der Bestand in DK nahm in diesem Zeitraum um 70 % ab, war zwischen 1987 und 1996 konstant (Grell 1998). In GB begann der negative Trend Ende der 1960er Jahre, nach einem Minimum 1973 war der Ausgangsbestand jedoch um 1980 wieder erreicht (MARCHANT 1990). In M-Europa wurden bis in die 1970er Jahre

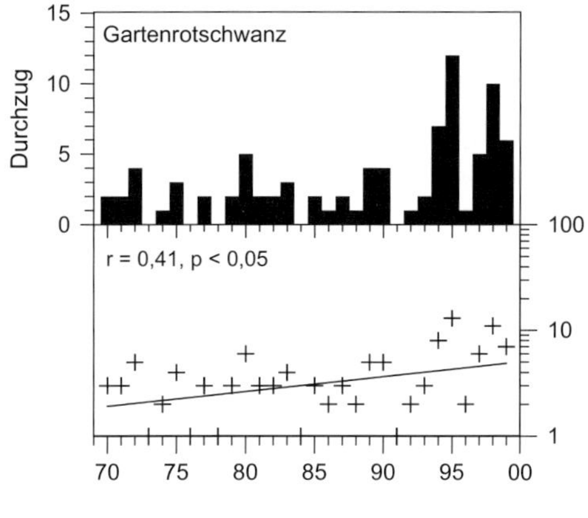

Abb. 17.43a: *Phoenicurus phoenicurus.*

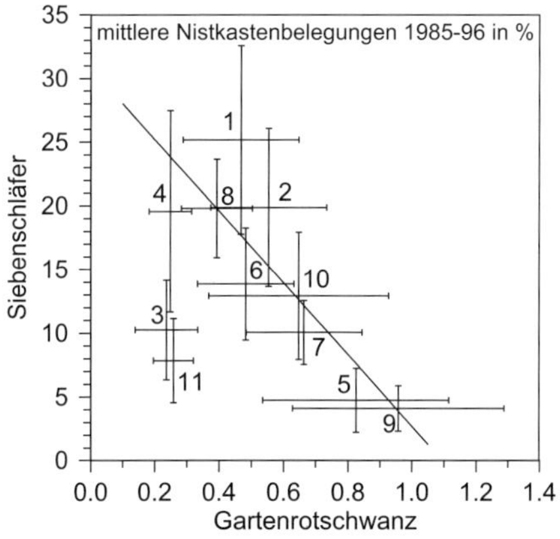

Abb. 17.43b: Mittlere prozentuale Nistkastenbelegung mit Siebenschläfern dargestellt gegen die Belegung mit Gartenrotschwänzen für einzelne Wald-Naturräume Baden-Württembergs (= Zahlen 1 - 11 an den Punkten). Dargestellt sind die Mittelwerte der Jahre 1985 - 1996 und die Streuwerte. Die Wuchsgebiete 3 und 11 mit hohen Nadelwaldanteilen fallen aus dem Rahmen, die Gerade ($R^2 = 0{,}72$) ist nur durch die restlichen Punkte gelegt (nach Daten der Forstverwaltung Baden-Württemberg; Gatter & Schütt in Vorber.). – *Mean nest box occupation by Edible Dormouse* Glis glis *plotted against occupation by* Phoenicurus phoenicurus *for individual forest areas of Baden-Württemberg (points nos. 1 - 11). The means of the years 1985 - 1996 and their deviations are given. Growing areas 3 and 11, with high proportions of conifers, are abnormal, so only the remaining points have been used to derive the straight line ($R^2 = 0.72$) (based on Baden-Württemberg forestry administration data).*

Rückgänge um 50 - 90 % festgestellt. Regional hat sich der Bestand auf niedrigem Niveau stabilisiert, teilweise zeichnen sich positive Entwicklungen ab (B&B).

RM: Von diesem ausgeprägten Nachtzieher, der ca. 1968 bis Mitte der 1970er Jahre schwere Bestandseinbrüche erlitt, wurden 1970 - 1993 im standardisierten Ausschnitt durchschnittlich nur zwei Tagzieher/Jahr registriert. 1994 bis 1999 sind Jahre mit drei- bis mehrfach höheren Werten dabei.

Diskussion: Grundlage einer Diskussion müssen die unterschiedlichen Erholungstendenzen sein. Während sich die Bestände in England nach starken Einbrüchen seit Ende der 1960er Jahre wieder auf Ausgangsniveau eingependelt haben, sind sie auf dem Festland - nach zeitgleichen Rückgängen wie auf den britischen Inseln - gegenüber 1960 nach wie vor auf niedrigem Niveau. Dabei ist nicht anzunehmen, daß britische, französische oder deutsche Vögel auf

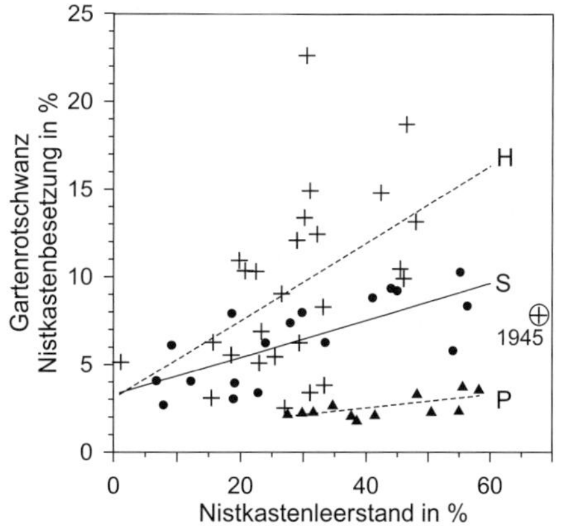

Abb. 17.43c: Bei den früher höheren Gartenrotschwanzbeständen nahm die Nistkastenbesetzung mit zunehmendem Leerstand zu. Weitere Faktoren, wie Nistkastendichte und Habitat, sind jedoch zusätzlich bestimmend. Die Daten stammen aus den Gebieten Haidemark (H, $p < 0{,}02$, ohne 1945⊕) (Herberg 1956), Steckby (S, $p < 0{,}01$) (Berndt & Winkel 1979 & Herberg 1956) und vom Park Prödel (P, $p < 0{,}05$) (Berndt & Frieling 1939). Nach Gatter & Schütt in Vorber. – *In the past, when numbers of* Phoenicurus phoenicurus *were higher, the percentage occupation of nest boxes increased (vertical axis), with the percentage of unused boxes (horizontal axis). Studies are from Haidemark = H (Herberg 1956), Steckby = S (Berndt & Winkel 1979, Herberg 1956), and Park Prödel = P (Berndt & Frieling 1939). From Gatter & Schütt (in prep.).*

dem Zug oder im Überwinterungsgebiet unterschiedlichen Gefahren ausgesetzt sind.

Der Gartenrotschwanz unterliegt möglicherweise einer langfristigen Zyklik und örtlich auch einem konkurrenz- und prädationsbedingten Wechsel seiner Habitatwahl (GATTER & SCHÜTT in Vorber.). LANDBECK (1834) erwähnt diese Art als in Württemberg „in Baumgärten (= Obstgärten, Anmerk. des Verf.) und Feldern der meisten Gegenden ... ziemlich gemein", ohne Wälder zu erwähnen. Neben den offensichtlichen Bestandseinbußen durch die Saheldürren widerfahren der Art neuerdings möglicherweise verstärkt Verluste durch Nestprädation. Der Gartenrotschwanz bevorzugt Bruthöhlen mit für seine Größe weiten Einflugöffnungen. Ergebnisse der Nistkastenuntersuchungen der Forstverwaltung BWü. aus fast 50 Jahren mit früher 40.000, heute ± 180.000 Nistkästen belegen, daß die Art neuerdings stärkere Verluste durch Eichhörnchen, Bilche, Marder und wohl auch durch den Buntspecht erleidet, lauter Arten, die allesamt inzwischen zugenommen haben (Kap. 16, GATTER & SCHÜTT 1999). In weiten Bereichen von BWü., so im Neckarland und im Schönbuch, waren lichte Kiefernalthölzer in den Jahren zwischen 1950 und 1970 bevorzugte Brutbiotope des Gartenrotschwanzes (H. FINK. pers. Mitt.). Dort war der Siebenschläfer damals selten, ist aber durch den Umbau der Kiefern- in Mischwälder mit Buche inzwischen häufig und durch zeitgleichen „Brutbeginn" zum gefährlichen Konkurrenten geworden (GATTER & SCHÜTT 1999). In einer Auswertung verschiedener Nistkastenuntersuchungen konnte zudem gezeigt werden, daß der Gartenrotschwanz dort dichter siedelt, wo ein hoher Nistkastenleerstand anzutreffen ist (Abb. 17.43c). Das umfangreiche Material der letzten 50 Jahre aus Nistkastenuntersuchungen in Baden-Württemberg (siehe Halsbandschnäpper und Kleiber) läßt zusätzlich eine negative Korrelation zur Dichte des Siebenschläfers erwarten (Abb. 17.43b, GATTER & SCHÜTT in Vorber.). Auch die heute viel höheren Holzvorräte/ha und der Schwund an Randlinien durch weniger Jungwuchsflächen tragen dazu bei, daß er als Freund lichter, sonnendurchfluteter Wälder seltener bleiben wird als früher. Durch hochgewachsene Bach- und Feldgehölze (Kap. 15) sind Siebenschläfer inzwischen auch verstärkt in Bereiche außerhalb des Waldes vorgedrungen (Kap. 16). Der Vergleich mit der Bestandsentwicklung in England, wo der Gartenrotschwanz wieder seine früheren Werte erreicht hat (WILSON & MARCHANT 1997), sollte zu weiteren Untersuchungen über konkurrierende und räuberische Säuger- und Vogelarten und andere Rückgangsursachen anregen. Weder Marder noch Bilche spielen dort eine nennenswerte Rolle (Kap. 16, 18, vgl. Hohltaube und Dohle).

Braunkehlchen *(Saxicola rubetra)*

Verbreitet von den Pyrenäen und Alpen nordwärts bis zum Polarkreis, LSZ, vorwiegend Nachtzug. Überwintert vom Südrand der Sahara bis in die Regenwaldregion.

Bestandsentwicklung: In weiten Bereichen des westlichen Verbreitungsgebiets nimmt die Art ab, teilweise betrug die Reduktion 50 % oder mehr, so in den Benelux-Staaten. Deutliche Abnahmen und Räumung großer Areale werden auch aus D, CH und GB verzeichnet, etwas geringer scheinen die Rückgänge in Schweden und FIN zu sein. In DK und anderen nördlichen Ländern wird von konstanten Beständen ausgegangen. Im östlichen Europa sind die Bestände noch hoch, meist wohl konstant (BASTIAN & BASTIAN 1994, 1996) und nach dem EuATL in über der Hälfte der europäischen Länder stabil oder zunehmend.

RM: Nur wenige Tagzugbeobachtungen dieses Nachtziehers. Neuerdings als Durchzügler häufiger erscheinend. Am unregelmäßigsten erschienen Braunkehlchen 1981 – 1991. Seit 1994 eine leichte Verbesserung der Situation, wohl durch nördliche Vögel.

Diskussion: Der Vergleich zwischen der Populationsentwicklung in drei dem RM unmittelbar benachbarten, vom Verfasser bearbeiteten Gebieten (Abb. 17.44b) läßt den Schluß zu, daß die Populationstrends weitgehend von Bewirtschaftungsformen in den Brutgebieten und derzeit weniger von solchen in Afrika beeinflußt werden. Dafür spricht auch die oben geschilderte Verteilung der Länder mit zu- und abnehmenden Trends. In den atlantisch geprägten Teilen M-Europas wirken sich hohe Niederschläge im Zusammenhang mit Eutrophierungseinflüssen stärker negativ aus. Höhere und dichtere Grünlandvegetation ermöglicht hier frühere und häufigere Mahd und beeinträchtigt mit ungünstigem Mikroklima die Art unmittelbar am Nest und möglicherweise indirekt durch ein weniger nutzbares/verfügbares Insektenangebot. Im Truppenübungsplatz Münsingen südlich des

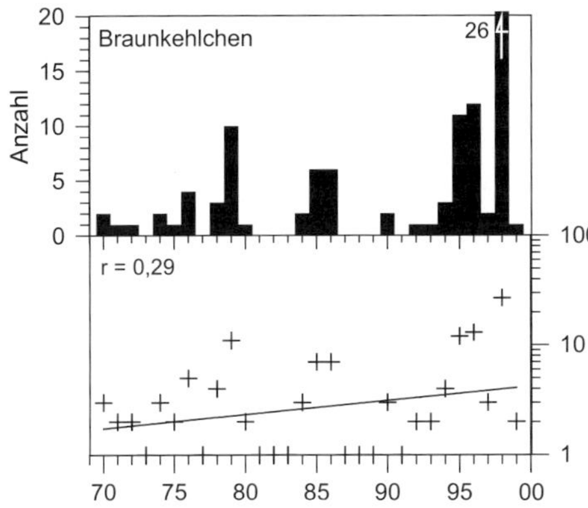

Abb. 17.44a: *Saxicola rubetra.*

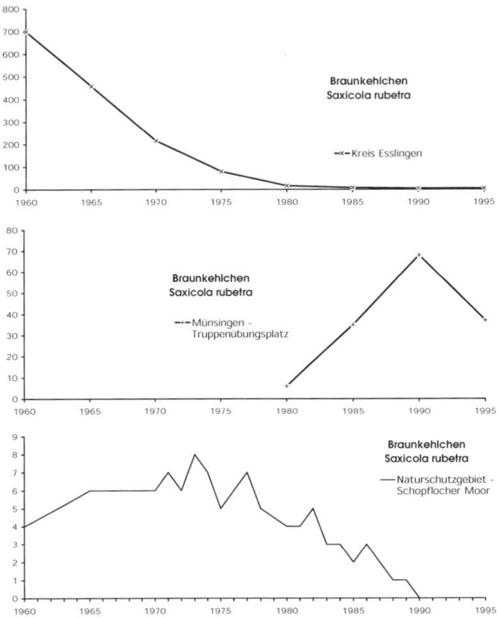

Abb. 17.44b: Die ehemals großen Bestände des Braunkehlchens im Wirtschaftsgrünland des Kreises Esslingen sind erloschen. Dasselbe gilt für die Wiesen im Schopflocher Moor, obwohl ein Mahd-Management für das Braunkehlchen betrieben wird. Gleichzeitig entstand im nahen Truppenübungsplatz eine starke Population. – *The previous high populations of* Saxicola rubetra *in agricultural grassland in the district of Esslingen have disappeared. The same is true for those in the Schopflocher Moor meadows, although mowing management there is designed to benefit the species. At the same time a high population has developed in the neighbouring military training area.*

RM bewohnt eine junge aufstrebende Population Grasland und früher nicht vorhandene Aufforstungen. Wegen schlechterer Nahrungsbedingungen durch fehlende Landwirtschaft sind Mäuse, aber auch deren Prädatoren dort viel seltener als im Umland. Erst neuerdings siedeln Elstern regelmäßig im Truppenübungsplatz, wo sie in den 1970er Jahren „nur ein spärlicher Gast der Randgebiete" waren (GATTER 1982). Gleichzeitig kam es hier zu einer Brechung des Anstiegs beim Braunkehlchen (Abb. 17.44b). Die Neubesiedlung mit einem tragfähigen Bestand erfolgte hier ohne Anlehnung an eine noch bestehende Population. Dies zeigt, daß übliche Populationsmodelle (REMMERT 1994) nicht auf Ansiedlungsstrategien fernziehender Arten, wie das Braunkehlchen, übertragbar sind, wie von OPPERMANN (1999) vertreten (siehe auch Fitis). Sobald die isoliert in Schafweiden liegenden, eingezäunten Aufforstungen einzelne Bäume von mehr als drei Metern aufweisen, werden sie regelmäßig von Elstern aufgesucht und von den Braunkehlchen trotz geeigneter niedriger Vegetation verlassen. In dem seit 40 Jahren ornithologisch untersuchten NSG Schopflocher Moor am Südrand des RM, in dem seit vielen Jahren Flächen zur Stützung der Braunkehlchenpopulation gepflegt werden, brütet die Art nicht mehr, obwohl alljährlich Paare erscheinen und Männchen für wenige Tage singen. Hier gibt es Hinweise, daß allein die ständige Anwesenheit von Rabenkrähen in hohen Dichten sowie Brutpaare und ein gut besuchter Schlafplatz von Elstern heute Brutansiedlungen verhindern könnte, ohne daß zusätzliche Aktivitäten der Rabenvögel notwendig wären. In dem etwa 100 m breiten, nicht landwirtschaftlich genutzten Grünlandstreifen um das Moorwäldchen, wo sich früher bis zu acht BP Braunkehlchen aufhielten, sind heute im Gegensatz zu 1970 – zahlenmäßig belegt – ständig Corviden anwesend.

Braunkehlchen reagierten auf die Ansiedlung eines Raubwürgerpaares mit Aufgabe eines Reviers und beträchlichem Abrücken der Neststandorte aller übrigen Paare vom Raubwürgerrevier (BASTIAN 1993, dort weitere Literatur).

Steinschmätzer *(Oenanthe oenanthe)*

Mäßig häufiger Brutvogel mit fast holarktischer Verbreitung, LSZ. Nachtzug, ausnahmsweise Tagzug. Überwinterung in den Savannen südlich der Sahara.

Bestandsentwicklung: In den tiefen Lagen M-Europas und in den Mittelgebirgen vielfach Rückgänge bis zu Arealverlusten, ebenso in tieferen bzw. südlichen Bereichen von England, wo sich vielfach klare Zusammenhänge mit der Landbewirtschaftung herstellen lassen (MARCHANT 1990). In N-Skandinavien und den Alpen kaum Meldungen über Rückgänge, wohl aber in tieferen Lagen Österreichs (A-ATL).

RM: Die Zahlen der wenigen aktiven Tagzieher und der „Rastwanderer" vermitteln das Bild eines langfristig konstanten Durchzugs.

Diskussion: In S-England hält sich die Art dort, wo Überbeweidung gute Bedingungen schafft (MARCHANT 1990). Ein starker Einfluß der Saheldürre (B&B) als bestandsbeeinflussender Faktor ist durch Untersuchungen nicht belegt und wohl eher unwahrscheinlich. Eutrophierende Einflüsse und parallel laufende Habitatverluste durch zurückgehende Schaf- und Rinderbeweidung sind angesichts eher kontinuierlicher, jahrzehntelanger Rückgänge die wahrscheinlichsten Gründe. Bis an die Grenze der Erodierung gehende Bodenverwundungen durch Fahrzeuge, unterstützt durch Beweidung und gelegentliche Flächenbrände, sind das Rückgrat einer kleinen Population im Truppenübungsplatz Münsingen auf der Schwäbischen Alb südlich des RM. Bestandsrückgänge in den letzten 25 Jahren lassen sich dort klar auf bodenschonende Maßnahmen, Raseneinsaat, Aufforstung und Einschränkung der flächigen Befahrung von Panzern zurückführen, die gleichzeitig dem Braunkehlchen die Neuansiedlung ermöglichten. In den umliegenden Gebieten war die Art nach 1975 verschwunden. Das vorher weit verbreitete Abbrennen unerwünschter Vegetation war bis 1936 nur jahreszeitlich befristet verboten, BWü. verbot vor 1974 nur das „unbefugte" Abbrennen, erst später erfolgte ein generelles Verbot. Die Folge sind heute dichterer Grasfilz, Verbuschung, damit massiver Verlust geeigneter Flächen (GATTER 1996) und zeitlich parallel (siehe B&B) der massive Rückgang vieler außeralpiner Populationen. Die heute dichtere, durch Fremdstoffeinträge veränderte Vegetation vieler Trockenstandorte verschärft die Situation zusätzlich, und Stickstoffvorräte im Boden werden Neuansiedlungen auf ehemaligen Brutplätzen vielfach auf Jahrzehnte verhindern (Kap. 15.5, 15.6).

Ringdrossel *(Turdus torquatus)*

Mäßig häufiger Brutvogel in Skandinavien, den Alpen und vielen Mittelgebirgen. KSZ und Mittelstreckenzieher, bei uns Dz mit Nachtzug und gelegentlichem Tagzug. Verbreitung westpaläarktisch. *T. t. torquatus* GB, Fennoskandien und Kola-Halbinsel und *T. t. alpestris* in Alpen, Pyrenäen und Mittelgebirgen M-Europas. Beide Unterarten überwintern im Atlasgebirge in NW-Afrika und teilweise in SW-Europa. Wegzug aus Norwegen nach Ringfunden (HVM) in Richtung SSW-S. Herkunft der Dz am RM vermutlich fast ausschließlich aus Norwegen und Schweden, weiter im E brütende Vögel ziehen über den Iran (HVM).

Bestandsentwicklung: Die Populationen aus GB und N-Europa scheinen weitgehend stabil zu sein. Kontraktion des Verbreitungsgebietes in Irland und Schweden (MARCHANT 1990,

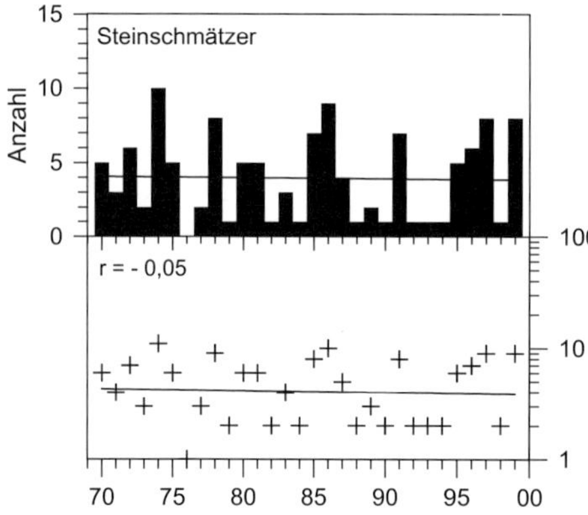

Abb. 17.45: *Oenanthe oenanthe.*

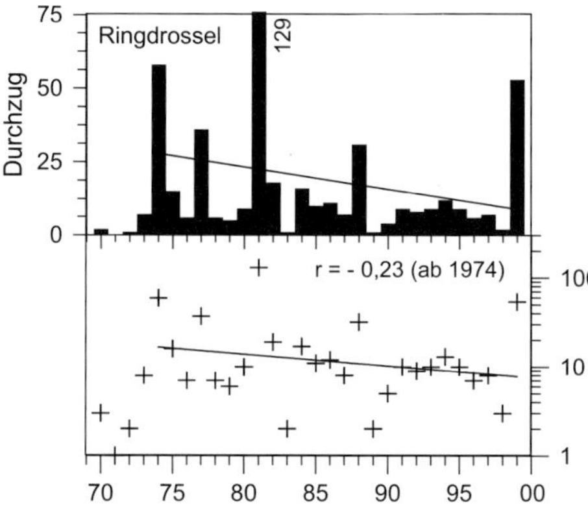

Abb. 17.46: *Turdus torquatus.*

TUCKER 1994) könnte klimabedingte Ursachen haben. Einige mitteleuropäische Kleinpopulationen nehmen zu. Alpine Bestände wohl stabil (CH-ATL, W. KANTNER pers. Mitt.)

RM: Wahrscheinlich stabil oder leicht abnehmend. Fast alljährlich Tagzugbeobachtungen und „Rastwandern" (das vor 1974 nicht als Zug registriert wurde), in einzelnen Jahren verstärkt wie bei der Rotdrossel. Dabei ist wohl ausschließlich die nordische Unterart *T. t. torquatus* beteiligt. Im April/Mai 1970 hatte wochenlang ein Männchen der Alpenringdrossel *T. t. alpestris* wenige hundert Meter SW der Station gesungen.

Diskussion: Die Zunahme in einzelnen Mittelgebirgen ist differenziert zu betrachten. Eine Hauptursache für die seit Jahrzehnten festzustellende Zunahme sind wohl lockere Waldsukzessionen nach Aufgabe der Beweidung bzw. primitiver Landbewirtschaftungsformen in den Hochlagen. Als weitere fördernde Faktoren dürften derzeit das Absterben von Wäldern in den Hochlagen einiger Silikatgesteins-Mittelgebirge seit Anfang 1980 und die nachfolgenden Borkenkäfer- und Sturmkatastrophen zu sehen sein, die offene Flächen schufen.

Amsel *(Turdus merula)*

Sehr häufiger Brutvogel, TZ, Nachtzug, Tagzug. Verbreitung: westpaläarktisch sowie China und Indien. Nominatform *T. m. merula* im gesamten Einzugsbereich des RM nach N und NE. Überwintert vielfach innerhalb des Brutgebietes in M-, S- und W-Europa. Wegzug aus Skandinavien und M-Europa in Richtung SW-W. Zu erwartende Herkunft der Dz am RM besonders aus FIN, Ostbalt., PL, CZ und D mit Überwinterung bis Mittelmeerraum und F. Vögel aus FIN und CZ sind zu etwa 65 % Zugvögel, in DK sind es 1/3, in der CH 28 % und in B 14 %. Stadtpopulationen sind zunehmend Standvögel (HVM).

Bestandsentwicklung: In GB zwischen der 2. Hälfte der 1970er und Mitte der 1990er Jahre parallel zu Mistel- und Singdrossel Abnahmen um über 40 % (MARCHANT 1990, SIRIWARDENA 1998). In DK ist der Bestandsindex zwischen 1976 und 1996 um 50 % angestiegen (GRELL 1998). Das Verbreitungsgebiet wurde noch in den 1970er Jahren ausgedehnt, so in FIN (KOSKIMIES 1989). Zunahmen auch in EST (LEIBAK 1994). In Schweden konstant (HUSTINGS 1988). Auch in M-Europa zunehmende Bestände, so in NL, CH und N-D (FLADE & STEIOF 1989). Die in Relation zu anderen Arten abnehmenden Beringungszahlen der Amsel in NL zwischen 1960 und 1986 interpretieren DIX et al. (1998) als Abnahme der Population. In Ottenby/Mittelschweden bis Anfang der 1980er Jahre starke Zunahme der Fänglinge (PETTERSSON 1986), dagegen Fangzahlen im mitteleuropäischen MRI-Fangprogramm konstant (B&B).

RM: Die Zahlen dieser überwiegend nachts und vormittags ziehenden Art sind in einigen Jahren durch auffällige Winterfluchtereignisse am Tage gekennzeichnet, die schon am Nachmittag vor Schneefällen einsetzen. Die DZZ gehen zurück. Vor 1974 wurden Rastwanderer nicht mit erfaßt.

Diskussion: Ganz offenkundig hat die Amsel innerhalb der von ihr besiedelten Räume enorme Arealgewinne durch die Zunahme der menschlichen Siedlungsflächen, Wälder und Gehölze (Kap. 15.2, 15.8), die in den überwiegend aus Siedlungsdichten resultierenden Trendangaben (z. B. Eu-ATL) nicht erscheinen. Diese Flächenzuwächse werden von ihr voll ausgeschöpft, müssen sich aber außerhalb der Ortschaften nicht in einer Erhöhung der Siedlungsdichten auswirken. Innerhalb der Siedlungen offensichtlich starke Zunahmen seit 1960, gefördert durch Veränderung der Gärten mit Koniferen und Zier-Beerensträuchern, die Winterfütterung und die Beendigung des Ausnehmens der Nester als Konkurrent im Obst- und Beerenanbau in Gärten, wohlstandsbedingt seit ca. 1955.

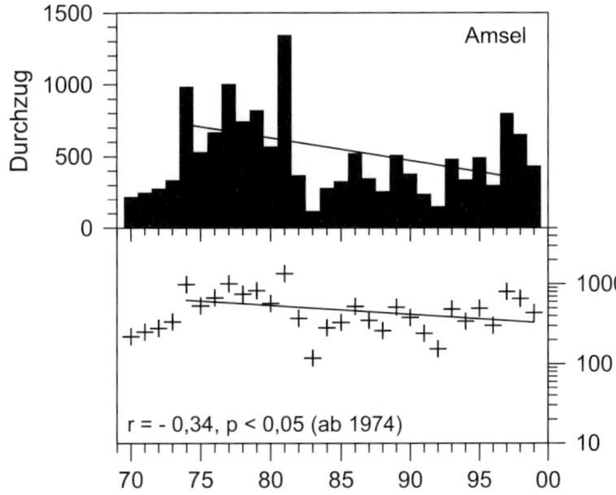

Abb. 17.47: *Turdus merula.*

Die Amsel hat es in nur 30 Jahren als Folge veränderter Gartenkultur geschafft, in den Bauerndörfern der Schwäbischen Alb zwischen 700 und 900 m vom gelegentlichen zum dicht siedelnden Brutvogel zu werden. Dies geschah erst nach der „Umrahmung" der koniferenfreien Bauerngärten durch moderne ausufernde Siedlungen mit koniferenreichen Ziergärten (Kap. 15.9 und 18). Nachdem sie in den Wäldern dieser Höhenzone schon vorher brütete, konnten es nicht klimatische Ursachen sein (ca. 2 °C geringere Junitemperatur!), die diesen Sprung aus den Dörfern im Tal hinauf auf die Alb ermöglichten, sondern in erster Linie der schützende Brutraum der immergrünen Gehölze. 45 % aller Bruten in BWü. finden in immergrünen Pflanzen statt (HÖLZINGER 1999), bei März- und Aprilbruten sind es sogar über 80 % (n = 86, ÖKOL. LEHRREVIER DER FORSTVERWALT. BWÜ., Verf.). Der Siegeszug der Amsel einschließlich ihrer Nordausbreitung ist somit wahrscheinlich zu einem erheblichen Anteil eher den kontinentweiten Arealgewinnen der immergrünen Gehölze zuzuschreiben als klimatischen Gründen. Sie sind heute praktisch in jedem Garten vertreten, während sie in der offenen Landschaft weitgehend fehlen und in Wäldern großräumig wechselnd verteilt sind. Nur die immergrünen Gehölze bieten den nötigen Schutz für Frühbruten, die nach einigen Untersuchungen höheren Bruterfolg als spätere haben (HVM) und verlängern damit die produktive Phase mehr als dies durch die bisherige Klimaerwärmung möglich wäre. In Siedlungen liegen die Brutbeginne 10 Tage bis 3 Wochen früher als außerhalb. Unter mehreren Ursachen für die enormen Flächenzugewinne bei der Amsel könnte dies der gewichtigste sein. Dafür spricht auch, daß der in Kap. 15.9 und 18 geschilderte zeitlich/quantitative Ablauf der Gartenkultur mit der zeitlichen Abfolge der Verstädterung in BWü. einhergeht (HÖLZINGER 1999, ohne daß dort dieser Zusammenhang hergestellt würde) (vgl. auch Girlitz und Kap. 15.9.2.4).

Trotz Flächengewinnen und damit eigentlich zu erwartender Bestandszunahmen gehen die DZZ zurück. Eine denkbare Erklärung wäre in einer Abschwächung der Zugbereitschaft zu sehen, die innerhalb von Zugerfassungen abnehmende Bestände vortäuscht. Weiterhin könnte ein Rückgang auch dadurch vorgetäuscht werden, daß in den letzten Jahren eine Verschiebung des Zugendes zum Winter hin erfolgt ist. Dadurch würde ein Teil der Dz nicht mehr durch die Auswertung erfaßt (s. Kap. 15.9). Die 75-%-Quartile hat sich am RM inzwischen um einige Tage zum Winter hin verschoben. Aber auch diese Erklärung reicht für die doch auffällig schwächeren Zahlen von ca. 1982 bis 1999 nicht aus. Für NL zeichnet sich aufgrund der Beringungsergebnisse 1960 – 1986 allerdings keine Änderung des Zugverhaltens ab (DIX et al. 1998). Zusätzlich und trotz unterschiedlicher Bewertung in der Literatur ist zu erwarten, daß die zurückgehenden DZZ am RM auch die Zunahme der Prädatoren mit stärkeren Verlusten in und außerhalb der Brutphase widerspiegeln könnten. Lokale Untersuchungsergebnisse können dadurch stark geprägt sein. In GB konnte die Population eines Parks aufgrund massiver Prädation der Nester nur durch Zuzug von außen überleben (GROOM 1993), und MAGRATH (1991) fand dort sehr hohe Verluste in der Post-Nestlingsphase. Diese Untersuchungen legen nahe, daß Teile des Siedlungsgebietes der Art Senken entsprechen könnten. Derartige Absenkungen des Bruterfolgs in Optimalhabitaten können jedoch nicht mit Siedlungsdichteuntersuchungen erfaßt werden. Für NL schließen DIX et al. (1998) eine Abnahme der Produktivität bei gleichzeitig sinkendem Brutbestand aus. Für eine Untersuchung, die mögliche Langzeitveränderungen im Bruterfolg und in der Lebenserwartung nach dem Ausfliegen erkennbar machen würde, wäre die Amsel angesichts des großen Materials aus ganz Europa (HVM) unter den Freibrütern die geeignete Art.

Wacholderdrossel *(Turdus pilaris)*

Sehr häufiger Brutvogel, KSZ bis TZ (abhängig vom Nahrungsangebot), Tagzug überwiegt. Verbreitung westpaläarktisch. Von Fennoskandien im N bis zu den Alpen im S, von F im W bis Sibirien im E. Überwintert im W, SW und S des Brutareals von Island, M- und S-Norwegen, Ostseeraum, W-, M- und S-Europa. Wegzug aus Skandinavien und M-Europa nach Ringfunden in Richtung SW-SSW, aus W-RUS Richtung WSW-SW (ASHMOLE 1962, NORDSTRÖM 1963). Zu erwartende Herkunft der Dz am RM aus W-RUS, Skandinavien, PL, Balt., CZ und D.

Bestandsentwicklung: In EST stark zunehmend (LEIBAK 1994), ebenso in PL, CZ und D. Durch die stürmische Westausbreitung der Art erfolgte die Besiedlung ausgedehnter Räume seit dem 19. Jh. mit anschließender Auffüllung der in

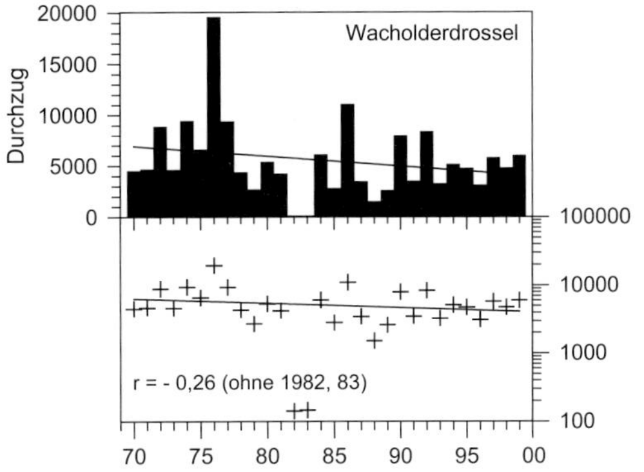

Abb. 17.48: *Turdus pilaris.*

Mitteleuropa eroberten Gebiete im 20. Jh. (HVM). Im NE von D derzeit noch Zunahmen (NICOLAI 1993b). Im NW trifft gleiches zu, in DK Zahl besetzter Raster zwischen 1971/74 und 1993/96 fast vervierfacht (GRELL 1998), wohl auch als Folge starker Aufforstungsbemühungen. Im SW von D, z. B. im Kreis Esslingen, seit 1970 (Verf.) ebenso stabil wie am Bodensee zwischen 1980 und 1990 (BAUER & HEINE 1992).

RM: Wie bei der Saatkrähe wird die Erfassung des Durchzuges bei der Wacholderdrossel durch mehrere Faktoren erschwert. Der standardisierte Ausschnitt bis 6. November läßt einen großen Teil der Zugzeit dieser Art einschließlich der eindrucksvollen Winterfluchten unberücksichtigt. Das Jahr 1982 ist wegen vorzeitigem Abbruch der Beobachtungen, 1983 wegen eines Erfassungsfehlers nicht berücksichtigt.

Diskussion: Die klimatisch günstigen Jahre, die Verzögerung des Herbstbeginns (KAP. 15.9, RAPP & SCHÖNWIESE 1994) und mildere Winter mögen dazu beitragen, daß auch bei dieser Art, deren Zug stark von Außenfaktoren ausgelöst wird, immer geringere Populationsanteile obligatorisch wandern. Gleichzeitig könnte der von Wintereinbrüchen stimulierte, hier nicht berücksichtigte Anteil nach dem 6. November steigen, obwohl sich der Median im Standardzeitraum nicht geändert hat. Die Wacholderdrossel wird von den Entwicklungen in der Landwirtschaft kaum negativ betroffen. Die heute häufigere und bereits frühere Mahd von Grasland begünstigt die Wacholderdrossel sogar bei der Nahrungssuche am Boden. Sie entfernt sich dazu teilweise weiter vom Brutplatz als Amsel und Singdrossel (aber weniger als die Misteldrossel) und kann somit auch ausgeräumte Landschaften nutzen. Sie profitiert zudem stark von den wegen geringerer Brennholznutzung in vielen Gebieten waldartig hochgewachsenen Hecken und der bachbegleitenden Vegetation im Agrarland (Kap. 15.2, 15.3 und 15.9.2.4). Winterbestände werden neben den zunehmend milderen, schneearmen Wintern durch eine weniger vollständige Nutzung landwirtschaftlicher Überschußproduktion, z. B. im Obstbau, gefördert. Der fast ganz M-Europa, GB und F betreffende Anbau beerentragender Ziersträucher und Bäume in Gärten, öffentlichen Anlagen und an Straßen als Ausdruck einer Wohlstandsgesellschaft fördert die Winterbestände ebenfalls, zumal er von keiner weiteren häufigen Art (außer der Amsel) so effektiv genutzt werden kann. Wacholderdrosseln nutzen außerhalb der Siedlungen und Feldgehölze in der offenen Landschaft zur Brut fast ausschließlich Grenzlinien zwischen Wald und Landwirtschaft. Der Rückgang von Randlinien im Wald (vgl. Singdrossel) betrifft die Art daher weniger.

Singdrossel *(Turdus philomelos)*

Sehr häufiger Brutvogel, KSZ, Nachtzug, deutlicher Tagzuganteil. Verbreitung: west- und zentralpaläarktisch von Spanien und GB bis zum Baikalsee im E. In Europa nach N bis zum Rand der Taiga. Überwintert hauptsächlich westlich und südlich der 2,5-°C-Januarisotherme, an der Atlantikküste ab GB südwärts und im gesamten Mittelmeerraum. Wegzug in Richtung W-SW (HVM). Zu erwartende Herkunft der Dz am RM

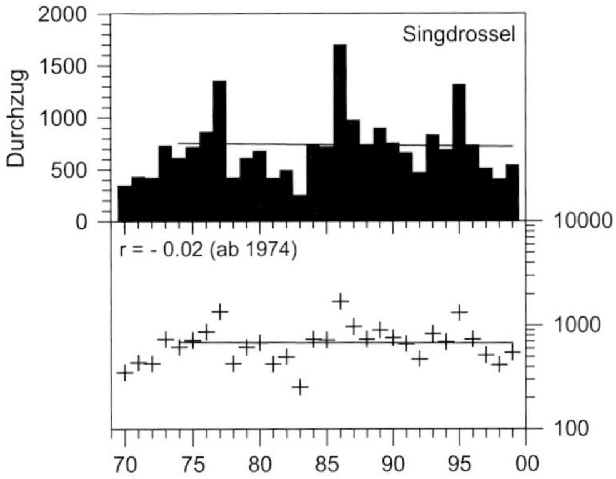

Abb. 17.49: *Turdus philomelos.*

vor allem aus D, PL, FIN, Ostbalt., CZ, jedoch auch W-Skandinavien.

Bestandsentwicklung: In GB Abnahme der Bestände seit Mitte der 1970er Jahre um 40 %. Die Rückgänge werden dort teils auf kalte Winter, teils auf Änderungen landwirtschaftlicher Nutzungsformen zurückgeführt (MARCHANT 1990). Das Nachlassen großflächiger Aufforstungstätigkeit (AVERY & LESLIE 1990) und damit der Rückgang günstiger Dickungsstadien wird nicht diskutiert (Anm. des Verf., siehe Kap. 15.8). In DK zwischen 1976 und 1996 weitgehend konstant (GRELL 1998). In Fennoskandien hält die Arealausbreitung an, die Bestände scheinen weitgehend stabil (z. B. VÄISÄNEN et al. 1989, ANDERSSON et al. 1991, TUCKER 1994).

RM: Eine vorsichtige Beurteilung dieses Nachtziehers, der in jahrweise unterschiedlichem Ausmaß tagsüber zieht, ist angebracht. Unter der Berücksichtigung, daß Rastwanderer vor 1974 nur teilweise berücksichtigt wurden, sind die Durchschnittswerte etwa konstant geblieben.

Diskussion: In M-Europa werden teilweise Bodenversauerungen, saurer Regen (OELKE 1989) und daraus folgender Rückgang von Gehäuseschnecken als negativer Einfluß auf Vogelbestände diskutiert (GRAVELAND 1996). Es wäre zu erwarten, daß die Singdrossel als klassischer Nutzer von Gehäuseschnecken davon ebenfalls betroffen ist. Im Falle der Singdrossel werden viele Trendbeurteilungen in M-Europa aber ohne gleichzeitige Berücksichtigung der Veränderungen innerhalb der Wälder gemacht. Trotz richtiger Trendaussage sind die oft zu Befürchtungen Anlaß gebenden Schlußfolgerungen häufig irreleitend und zeigen, wie schwierig naturschutzrelevante Aussagen selbst bei einer so häufigen Art sind. Die Singdrossel ist in erster Linie ein Bewohner junger Waldsukzessionen und profitiert damit von hohen Verjüngungsanteilen. Optimale Verhältnisse fand sie in den kurzen Umtriebszeiten der Nieder- und Mittelwaldwirtschaft besonders bis ins 19. Jh.. Nach Einsetzen der Hochwaldwirtschaft sind positive Trends mit zunehmenden Kahlschlägen nach dem 1. Weltkrieg zu vermuten, solche nach dem 2. Weltkrieg noch rekonstruierbar und generelle Arealauffüllungen über die enormen Flächen aufgeforsteter landwirtschaftlicher Flächen durch das ganze 20. Jh. zu erwarten (Kap. 15.8). Der heute wieder geringere Anteil von Dickungen und Stangenhölzern in W-D (Kap. 15.8) macht Rückgänge, hier im Gegensatz zu einigen benachbarten Ländern, zwangsläufig. Die Singdrossel hat im mittleren Neckarraum und auf der Schwäbischen Alb parallel zu der Verringerung 10- bis 30jähriger Bestände abgenommen, ohne in den geeigneten Flächen geringere Dichten aufzuweisen (Abb. 15.8.3, 15.8.4). „Naturnahe“ Waldbewirtschaftungsformen werden in Zukunft zu einem weiteren Rückgang flächiger junger Sukzession und von Waldinnenrändern führen. Die Singdrossel, die wie die Amsel im Gegensatz zu Mistel- und Wacholderdrossel Nahrungserwerb überwiegend im unmittelbaren Nestbereich ausübt, wird nur selten von dieser Entwicklung profitieren. Der Bruterfolg der Singdrossel ist in flächenmäßig großen Jungwuchsflächen offenbar höher als in kleinen, die im Hochwald eingestreut und der Kontrolle von Prädatoren stärker ausgesetzt sind. Bei angenommener gleicher Dichte und Zusammensetzung von Prädatoren wäre somit zu erwarten, daß auch der Bruterfolg bei dem großem Angebot an Jungwuchsflächen in den Jahrzehnten nach dem zweiten Weltkrieg höher war (ÖKOL. LEHRREVIER FORSTVERW. BWÜ.). Die Entwicklung der Singdrosselbestände in Ländern mit bis vor kurzem starkem Flächenzuwachs an Wäldern durch Neuaufforstung wie Irland, DK und NL bestätigt den Zusammenhang mit ausreichendem oder wachsendem Angebot von Jungwuchsflächen. Dadurch fördert die Kahlschlagswirtschaft der letzten Jahrzehnte im subborealen und borealen Bereich auch diese Art. Besonders in NW-RUS sind vorläufig weiterhin stabile Trends zu erwarten (Kap. 15.8.5). Die beeindruckende N-Ausbreitung um 10 Breitengrade im 20. Jh. ist wohl noch vor den klimatischen Faktoren eine Folge des Populationsdrucks aus M-Europa als Konsequenz aus dem Wiederaufbau der Wälder hier (Kap. 15.8.2, 15.8.3) und der „Verjüngung“ des Durchschnittsalters der borealen Wälder (Kap. 15.8.5). Diese Erklärung ist plausibel, denn parallel dazu wird mit den forstwirtschaftlichen Entwicklungen in Skandinavien z. B. die Ausbreitung der Rotdrossel nach S begründet (Eu-ATL).

Rotdrossel *(Turdus iliacus)*

In N-Europa verbreitet und häufig. Seltener bis unregelmäßiger Brutvogel in PL und CZ. Bei uns Dz und Wintergast im W, KSZ und Mittelstreckenzieher. Nachtzug überwiegt, gelegentlich sehr starker Tagzug. Verbreitung paläarktisch. *T. i. iliacus* von Fennoskandien im W bis zum

Ural im E. Überwintert im atlantischen W-Europa, in S-Europa und N-Afrika. Ostsibirische Vögel ziehen über 6500 km ins Wintergebiet. *T. i. iliacus* verläßt die Brutgebiete in Skandinavien nach S bis W, vorwiegend zwischen SSW und SW. Rotdrosseln aus FIN und dem Balt. halten die selben Richtungen ein, wobei sie etwas mehr nach SW tendieren als die Vögel aus Norwegen und Schweden, da in relativ breiter Streuung die gleichen Winterquartiere angesteuert werden. Einige Vögel finnischer Herkunft wurden im SE-Sektor zwischen Ägäis und Kaspischem Meer und in Vorderasien gefunden. Da die Fundaussichten in diesen Gebieten geringer sind als in W-Europa, bleibt der zahlenmäßige Anteil der SE-Wanderer offen. Im Winter z. B. in GB beringte, in späteren Wintern in Italien, Griechenland und noch weiter im E (BWPC 1998) wiedergefundene Vögel deuten auf geringe Treue bezüglich des Überwinterungsgebiets. Die großen Entfernungen zwischen diesen Zielen lassen vermuten, daß die Überwinterungsregion vermutlich weniger vom Nahrungsanbot als vom vorherrschenden Wind während des Zuges abhängig ist. ALERSTAM (1975a) fand 1972 und 1973 bei Radaruntersuchungen in S-Schweden hohen Mitwindzug nach SSE-SE, massiven Tagzug dagegen nach S bis W. Es bleibt auch ungeklärt, ob nach Überqueren der Ostsee die Richtung nach SW geändert wird oder ob doch ein größerer Anteil skandinavischer Rotdrosseln in SE-Europa überwintert (ZINK 1981). Zug in Richtungen um SW trifft verstärkt auf Gegenwinde, die Flughöhe ist dann geringer, wohl meist vom Radar nicht erfaßbar (z. B. MYRES 1964). Zu erwartende Herkunft der Dz am RM angesichts der nach S-WSW gerichteten Zugrichtungen aus Fenno-skandien, dem europäischen RUS und Sibirien; Zugrouten des Einzeljahres jedoch abhängig von Wind und Beerenangebot auf dem Zug, daher stark variierend (ASHMOLE 1962, ALERSTAM 1975a, ZINK 1981).

Bestandsentwicklung: Für Schweden und FIN werden überwiegend stabile bis zunehmende Bestände angegeben (ANDERSSON et al. 1991, VÄISÄNEN et al. 1986), in FIN neuerdings leichte Rückgänge (Eu-ATL). Sehr starke Zunahmen an Fangstationen der Nord- und Ostsee (MORITZ 1982, PAYEVSKY 1990). In EST nach Zunahme neuerdings Rückgang (LEIBAK 1994). Die nach den kalten Wintern der 1940er Jahre niedrige Population hat in FIN bis in die 1970er Jahre zugenommen, dabei hat sie von zunehmenden Jungbeständen durch forst- und landwirtschaftliche Maßnahmen profitiert (Kap. 15); von Mitte der 1970er bis Ende der 1980er Jahre hat sie deutlich abgenommen (Eu-ATL).

RM: Die DZZ 1970 – 1999 über die Schwäbische Alb müssen wohl als eher zurückgehend eingestuft werden.

Diskussion: Die starken Nutzungen in den subborealen und borealen Wäldern vor allem seit Mitte des 20. Jh. und die Trockenlegung und Aufforstung von Mooren haben der Rotdrossel ein großes Angebot an jungen Wäldern und eine Vervielfachung der Randlinien beschert. Darauf reagiert sie mit Zunahmen (Kap. 15.8.5, Abb. 15.8.16), da sie wie die Singdrossel in jungen Sukzessionen höhere Siedlungsdichten erreicht. Die starken Arealerweiterungen nach S werden mit dem daraus resultierenden Populationsdruck erklärt (Eu-ATL). Derzeitige und künftige Trends werden deshalb in erster Linie vom Ausmaß und der Wahl der Verjüngungsformen in den borealen Wäldern abhängen. Höchste Zuwachsraten dürften deshalb in Zukunft in RUS von Karelien ostwärts zu erwarten sein. Die Rotdrossel könnte in der borealen Region somit seit Jahrzehnten von ähnlichen Faktoren profitieren, wie sie der Singdrossel nach dem 2. Weltkrieg einen Aufschwung in Deutschland verschafft hatten.

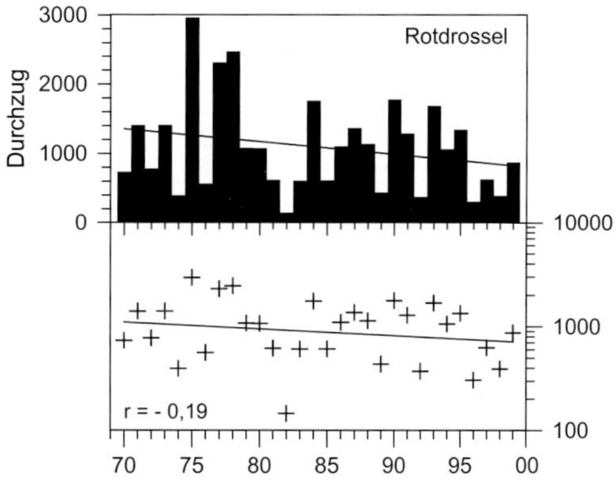

Abb. 17.50: *Turdus iliacus.*

Misteldrossel *(Turdus viscivorus)*

Häufiger Brutvogel, TZ, Tagzug, Breitfrontzug. Verbreitung west- und zentralpaläarktisch. *T. v. viscivorus* im W von GB und Iberien bis W-Sibirien und NE-Iran im E, N-Grenze bei 64 – 68° N. Wegzug aus M-Europa Richtung SW-SSW, östlich des Bottnischen Meerbusens dagegen SSE-SE, Zugscheidenverlauf unklar; Vögel aus dem Balt. fliegen nach SW (ZINK 1981). Zu erwartende Herkunft der Dz am RM aus Skandinavien, Balt., PL, D, CZ, z.T. FIN. Überwintert in W- und S-Europa, N-Afrika und zunehmend in geringer Zahl in S-Skandinavien, W- und NW-D.

Bestandsentwicklung: Nach starker Expansion seit dem 19. Jh. in GB und weiten Teilen Europas werden neuerdings rückläufige Zahlen aus GB, NL (MARCHANT 1990, TUCKER 1994), FIN (VÄISÄNEN et al. 1986) und EST (LEIBAK 1994) gemeldet. Aus den meisten im N des RM gelegenen Ländern wird über stabile Bestände berichtet (TUCKER 1994), ebenso aus N-D (FLADE & STEIOF 1989); der Eu-ATL gibt für D steigende Werte an.

RM: Die DZZ sind im Berichtszeitraum deutlich angestiegen und müssen wohl so gedeutet werden, daß die in den meisten Herkunftsgebieten als stabil eingeschätzten Bestände weiter anwachsen. Die 75-%-Quartile hat sich in dieser Zeit um eine Pentade in Richtung Winter verschoben.

Diskussion: Die beeindruckende Arealexpansion und Zunahme im 19. und 20. Jh. wird vielfach kontrovers diskutiert (BRUNS, PEITZMAIER, PEUS u. a., zusammengefaßt in HVM). Eine überzeugende Lösung wird in den modernen Avifaunen und Handbüchern bis heute nicht angeboten, obwohl das HVM 1988: 1166 den

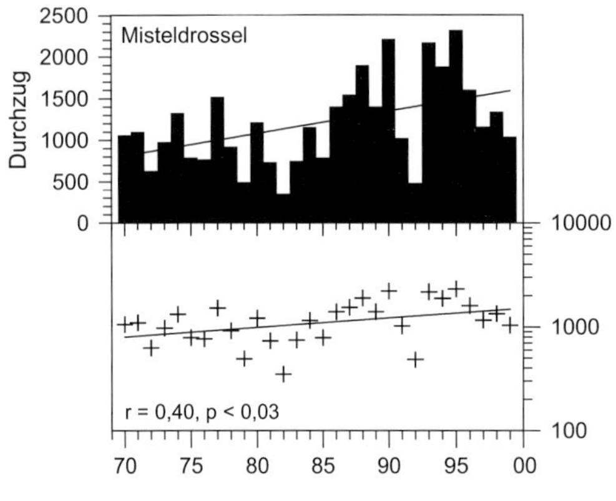

Abb. 17.51: *Turdus viscivorus.*

versteckten Hinweis zur Lösung des Problems gibt: „Die Misteldrossel wurde im 19. Jahrhundert in Mitteleuropa ausschließlich als Bewohner geschlossener Hochwälder beschrieben". Doch die waren damals selten. In Kap. 15.8 wurde gezeigt, daß erst im 19. Jh. großflächig begonnen wurde, Nieder- und Mittelwälder durch die Hochwaldwirtschaft abzulösen. Tauglich für die Misteldrossel wurden sie erst Jahrzehnte später. WÜST (1986) schreibt für Bay., daß sich die Brutbiotope weitgehend mit denen der Ringdrossel und der Wald-Singdrossel decken. Am liebsten bewohnt sie dort Bergwälder, aber auch Fichten- und andere Nadelwälder außerhalb der Gebirge, ferner Misch- und reine Laub-, z. B. Buchenwälder. Dies deckt sich mit Verhältnissen in BWü. (z. B. GATTER 1970d). Die Bindung an wenigstens etwas Nadelholz im Laubwald ist in S-D auffällig. Dazu GATTER (1994b): „Im gesamten Tiefland und dem Mittelgebirgsraum finden wir heute höchstens ausnahmsweise Wälder, die den ursprünglichen (Wald-) Gesellschaften ähnlich sind. Vor allem die Beeinflussung durch Nadelbäume wirkt sich fast auf alle Waldvogelgesellschaften aus. Das Einbringen selbst weniger Nadelbäume in einen Laubwald ändert dessen bisherige Struktur. Nadelwaldvögel wandern ein. Auf der Hochfläche der Schwäbischen Alb, einem von Natur aus reinen Laubwaldgebiet, gibt es heute wohl keinen Bestand mehr, in dem nicht auf Sichtweite Fichten zu sehen und Nadelwaldvögel zu hören sind. Ein Fichtenanteil von unter 5 % im Buchenwald reicht, um Tannenmeisen zu einer der dominierenden Arten werden zu lassen ... Angesichts 100jähriger Umtriebszeiten und einer eben erst erfolgten Hinwendung zu mehr Laubholz werden Koniferen für die Waldvogelfauna in den nächsten Jahrzehnten zunächst noch weiter an Bedeutung gewinnen. Die damit einhergehenden Änderungen der Waldstrukturen bringen wiederum Änderungen der begleitenden Vegetationsstruktur und des Mikroklimas mit sich" (siehe Kap. 15.9.2.3).

Ausschlaggebende Faktoren für die Zunahme und Expansion der Misteldrossel sind deshalb wohl:

1. Eine sich wenigstens um den Faktor 20 vergrößernde „Hochwald"-Fläche innerhalb der letzten 150 Jahre (Kap. 15.2, 15.8).
2. Ein erst in diesem Zeitraum flächenwirksam werdender Anbau von Nadelbäumen außerhalb der montanen und submontanen Zo-

nen (Kap. 15.8.2, 15.8.3). Daß sich die Mischwald-Hochwald-Wirtschaft auch über eine Veränderung der Bestandsklimate positiv auf die Art ausgewirkt haben könnte, ist denkbar. Dabei wäre positiv hier vor allem im Sinne einer Abkühlung des Waldinnenklimas zu verstehen! (Kap. 15.9.2.3).

Die Vervielfachung des geeigneten Bruthabitats und seine Ausdehnung in die submontanen, collinen und planaren Zonen läßt Populationsdruck als Expansionsauslöser am wahrscheinlichsten erscheinen. Die weit mehr als bei der Wacholderdrossel genutzte Fähigkeit zu langen Flügen zwischen Brutplatz und der Nahrungssuche auf Grünland ermöglicht zudem die Besiedlung des Inneren größerer Waldkomplexe.

Die in NW-D zu findende Anpassung an Park- und Agrarlandschaften mit Expansion aus dem Hochwald heraus (PEITZMEIER 1969) könnte somit ein reines Überschußphänomen sein. Bemerkenswert ist die dort etwa gleichzeitig, aber quantitativ weniger erfolgreich stattfindende Besiedlung vieler Räume durch die Wacholderdrossel, die überall sonst das halboffene Agrarland erobert hat (H. MATTES pers. Mitt.). Ihre Ansprüche an das Nahrungshabitat sind ähnlich und bieten deshalb einen interessanten Stoff für ökologische Konkurrenzsituationen. Im gesamten atlantischen Bereich von N- und NW-D bis F und GB, wo die Misteldrossel eine breitere Habitatpalette besiedelt, verläuft das Vordringen der Wacholderdrossel zunehmend zögerlich.

Zweigsänger *Sylviidae*

Die tags in Zugrichtung durch das Gebüsch schleichenden Rastzieher der überwiegend als Nachtzieher bekannten Sylviidae, hier vor allem die Gattungen *Sylvia* und *Phylloscopus*, wurden erst 1974 konsequent mit ins Programm aufgenommen, nachdem ihr Zugverhalten am Tage näher bekannt war. Aktiver hoher Tagzug und Rastwandern gingen ab diesem Zeitpunkt in die Erfassung ein.

Gartengrasmücke *(Sylvia borin)*

Verbreiteter Brutvogel in ganz Europa bis nach N-Skandinavien und N-RUS. Nachtzieher, ausnahmsweise Tagzug. Winterquartiere liegen südlich der Sahara. Zu erwartende Herkunft der Dz am RM überwiegend aus M-Europa, W- und Mittelskandinavien (ZINK 1973).

Bestandsentwicklung: Werte aus GB zeigen starke Einbrüche zwischen 1964 und 1975/76 mit anschließender Erholung (MARCHANT 1990). Schneller als in GB hat sich der Bestand nach 1976 in DK erholt (GRELL 1998), wobei allerdings die Ausgangswerte unbekannt sind. 1980 – 1988 blieb der Bestandsindex auf hohem Niveau, seitdem sind in DK leichte Rückgänge zu verzeichnen. Auch wird aus N-Europa – von Schweden über FIN bis EST (TUCKER 1994, LEIBAK 1994, KOSKIMIES 1989) – von Zunahmen berichtet. Diese Entwicklung könnte mit dem Ende der Dürreperiode in den afrikanischen Winterquartieren zusammenhängen. Widersprüchliche Trendaussagen aus M-Europa dürften bei ähnlichem Bestandsverlauf zumindest teilweise durch die betrachteten Zeiträume zu erklären sein. Insgesamt erscheint der Bestand stabil, wie auch die Fangzahlen auf der Mettnau vermuten lassen (B&B).

RM: Der Hauptzug dieser nachtziehenden Art liegt vor dem standardisierten Ausschnitt 29.8. – 6.11. Von den in der gesamten Periode gezählten Tagziehern wurden zwei Drittel in der Zeit nach 1984 notiert. Auch dieses Ergebnis könnte mit dem Ende der Sahel-Dürre in Verbindung stehen.

Ende der 1960er Jahre war die Gartengrasmücke auf der Albhochfläche sowie in Xerothermwäldern der Schwäbischen Alb in der Nachbarschaft des RM häufiger als die Mönchsgrasmücke (GATTER 1970d, 1997c). Diese übertrifft heute in beiden Gebieten die Gartengrasmücke um ein Vielfaches (Abb. 15.8.6). Bei Linientaxierungen in Buchen-Eichenwäldern mit Fichte im Albvorland 1967 – 1969 (auf der Höhenstufe 300 – 450 m) wurden neben 210 Mönchsgrasmücken 84 Gartengrasmücken notiert. 1993 waren an diesen Strecken fast nur noch Mönchsgrasmücken zu finden (Verf.).

Diskussion: Eine gewisse Ähnlichkeit zum Trendmuster anderer Transsaharazieher am RM ist gegeben, doch erlaubt das geringe Material keine sicheren Schlüsse. Daß auch bei den unten angeführten Häufigkeitsverschiebungen zugunsten der Mönchsgrasmücke die Saheldürren eine Rolle gespielt haben, ist nicht auszuschließen. Eigene Siedlungsdichteuntersuchungen aus 35 Jahren deuten jedoch auf einen anderen wichtigen Faktor hin: In vielen Gebieten in S-D überlassen Gartengrasmücken ihren Platz in höher werdenden Sukzessionen der Mönchsgrasmücke. Der starke Rückgang der ersten Altersklasse in Wäldern als Folge längerer Umtriebszeiten und anderer Verjüngungsverfahren (Kap. 15.8 und Abb. 15.8.2) sowie höher werdende Feldgehölze als Folge nachlassender Brennholznutzung (Kap. 15.8.2, 15.8.3) müssen in W-D zwischen 1950/60 und heute zu erheblichen Rückgängen geführt haben, ohne daß Siedlungsdichten in geeigneten Habitaten abnehmen müßten. LANDBECKS (1834) Hinweis für Württemberg, „im Laubholz nicht selten", galt zwar in dieser Schärfe sicher weder damals noch heute. Unzweifelhaft ist dagegen, daß von dem Fichtenanbau der vergangenen 150 Jahre die Mönchsgrasmücke viel stärker profitiert hat. Die Gartengrasmücke konnte ihr Potential in SW-D nur in den ersten Sukzessionsstadien, auf Windwürfen und Neuaufforstungen mit Laubbäumen und in den niederschlagsärmeren Gebieten halten. Sie gilt wohl deshalb im kontinentaleren E-D nach wie vor als die häufigste Grasmücke. Anders ist dies in N-Europa zu sehen. Im Rahmen der starken Waldnutzungen mit Großkahlschlägen in subborealen und borealen Wäldern dürfte sie dort seit etwa 1950 starke Zugewinne erzielt haben, die heute, außer in RUS, auf eine Stabilisierung hinsteuern müßten, da eine Steigerung der Neuzugänge zu den ersten Waldaltersklassen dort nicht mehr wahrscheinlich ist (Abb. 15.8.16). Nach den absehbaren Entwicklungen in der Altersstruktur mitteleuropäischer Wälder lassen die Bestände der Gartengrasmücke hier weiterhin eher negative Trends erwarten (Kap. 15.8).

Mönchsgrasmücke *(Sylvia atricapilla)*

Sehr häufiger Brutvogel, überwiegend Mittelstreckenzieher und LSZ, teilweise KSZ. Nachtzug, gelegentlicher Tagzug. Überwinterung Mittelmeergebiet bis Äquatorialafrika. Nur W von 12° E Wegzug v. a. in Richtung SW (ZINK 1973, HELBIG et al. 1989), sonst S-SE. Herkunft der Vögel am RM somit wohl aus der näheren Umgebung, M- und N-D. Die Mönchsgrasmücke hat als einzige am RM ziehende Grasmücke eine deutliche, teils wetterabhängige Neigung zu gelegentlichem Tagzug.

Bestandsentwicklung: Für M-Europa lassen sich Angaben von stabil bis zunehmend finden. In GB nehmen die Bestände seit 30 Jahren (MARCHANT 1990), in DK seit 20 Jahren zu (GRELL 1998). Zunahmen werden auch aus B, NL, Schweden, EST, CZ und D gemeldet (TUCKER 1994). Die Fangzahlen auf der Mettnau (B&B) wie auch die Auswertungen von Siedlungsdichteuntersuchungen aus N-D (FLADE & STEIOF 1989) dokumentieren steigende Bestände. Die Ergebnisse des DDA-Monitorings (SCHWARZ & FLADE 1999) bestätigen dies.

RM: Die seit 1974 erfaßten DZZ lassen für die letzten Jahre auf eine starke Zunahme schließen.

Diskussion: BERTHOLD et al. (1990) stufen die Mönchsgrasmücke als überwiegenden KSZ ein. Die Ursache dafür, daß die Mönchsgrasmücke nicht wie die meisten anderen ziehenden Zweigsängerarten im Bestand abgenommen hat, wird auf ihre Anpassungsfähigkeit, die geringe Störanfälligkeit und auf die relativ stabilen Überwinterungsgebiete zurückgeführt, die fast ausschließlich nördlich der Sahelzone liegen und sich inzwischen immer ausgeprägter ins westliche Europa ausdehnen (BERTHOLD et al. 1990). Ob eine Gewichtung der LSZ-Anteile derzeit möglich ist, erscheint fraglich. Die extrem hohen Überwinterungsdichten in Bereichen des äquatorialen W-Afrika (GATTER 1987a, b, 1997) lassen den Verdacht zu, daß ein sehr viel größerer Teil als gemeinhin angenommen zu den LSZ gehört und in W-Afrika in Feuchtsavannen und Regenwäldern vor allem der höheren Lagen überwintert. Aus dieser wenig erforschten und dünn besiedelten Region sind Ringfunde kaum zu erwarten.

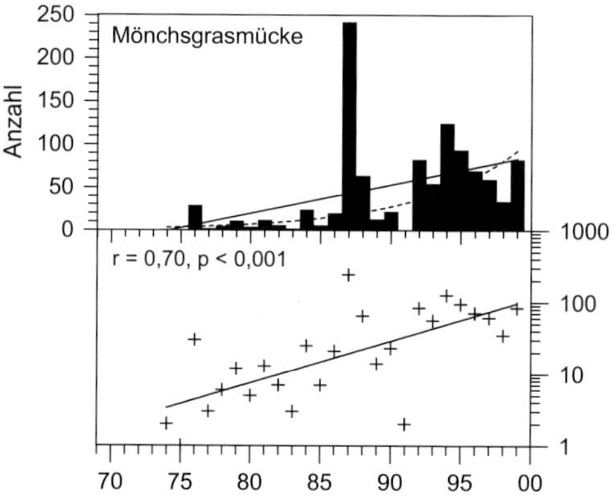

Abb. 17.52: *Sylvia atricapilla.*

Die wohl seit (vielen) Jahrzehnten erfolgende Zunahme der Art wird durch den Altersklassenwald und die Flächengewinne zum Wald vermutlich seit mehr als 150 Jahren begünstigt. Dazu kommen seit 50 Jahren die Gehölzzugänge aus Pflanzung und Sukzession an Bächen, Straßen und regional in Feldern sowie die enormen Flächengewinne in Gartenstädten und die dort nach wie vor laufende Zunahme der Vegetationsvolumina (Kap. 15.2). Dies und die naturnahe Waldwirtschaft begünstigt zudem nur diese eine Grasmückenart (Kap. 15.8.3). Im Wald kommen ihr in M-Europa moderne Bewirtschaftungsformen entgegen: ständig steigendes Vegetationsvolumen und Durchschnittsalter der Bestände seit wenigstens 1960, Unter- und Vorbau von Laubholz in Kiefernwäldern, Naturverjüngungsverfahren unter dem „Schirm" der Althölzer und lokal explosionsartig zunehmende Naturverjüngungsvorräte (Abb. 15.8.6, Kap. 15.8.3, GATTER 1994b). Eutrophierende Faktoren begünstigen die Art im Gegensatz zur Gartengrasmücke offenbar zusätzlich (Kap. 15.8.3.4). Fast all diese Entwicklungen gehen wohl zu Lasten der Gartengrasmücke. Deren Rückgang wurde jedoch durch Zeiten erhöhter Waldnutzung (z. B. nach den beiden Weltkriegen) unterbrochen, durch die die Gartengrasmücke kurzzeitig gegenüber der Mönchsgrasmücke profitierte. Die Mönchsgrasmücke könnte durchaus zu den Arten gehören, die von den heute in D ablaufenden Entwicklungen am meisten gewinnen und daher stark zunehmen.

Die Ausweitung der Überwinterungsareale entspricht dabei der Erwartung. Im Gegensatz zum Wintergoldhähnchen (siehe dort) wachsen die Überwinterungshabitate in den historischen Wintergebieten dieser Art nicht im entsprechenden Maßstab mit, werden gar regional kleiner, wie in Bereichen um das Mittelmeer (Kap. 15.8.6). Daraus dürfte zwangsläufig die Suche nach neuen Überwinterungsgebieten erwachsen. Diese können, wie im Falle England, den klimatischen Anforderungen entsprechen, wie das schon immer dort überwinternde mediterrane Faunenelement, die Provencegrasmücke *Sylvia undata*, vermuten läßt. Erst steigende Populationsdichten würden aber dann auch zu Überwinterungstraditionen führen (Kap. 8.2.7 und Abb. 8.2.9).

Zilpzalp *(Phylloscopus collybita)*

Sehr häufiger Brutvogel, KSZ und LSZ, Nachtzug, zeitweise ausgeprägter Tagzug. Verbreitung paläarktisch. *Ph. c. collybita* vom Atlantik im W bis etwa PL im E und von DK im N bis NE-Spanien und Schwarzes Meer im S; *Ph. c. abietinus* aus PL, Schweden, Norwegen, FIN. Überwinterung Mittelmeer- und Transsaharagebiet bis Guineasavannen. Die Zugrichtungen in W- und M-Europa liegen vorwiegend im SW-Sektor. Vögel östlich von etwa 13° E und nördlich von etwa 51° N ziehen in Richtungen um SE. Die Zugrichtungen deuten auf eine Zugscheide im Bereich des Bottnischen Meerbusens und im nördlichen M-Europa hin, die nicht mit den Grenzen zwischen den Rassen *collybita* und *abietinus* zusammenfällt (ZINK 1973). Entsprechend dürfte das Herkunftsgebiet der Vögel am RM relativ beschränkt sein.

Bestandsentwicklung: Für nahezu alle europäischen Länder werden stabile Bestände angegeben (Eu-ATL). Der Bestandsindex in DK stieg innerhalb von 20 Jahren auf mehr als das Vierfache an, die Zahl besetzter Raster um 60 % (GRELL 1998). Aus GB wird nach Abnahmen in den 1970er Jahren eine leichte Zunahme gemeldet (BWPC), in Schottland wie in Irland begann der Bestandsanstieg bereits in den 1950ern. In FIN seit Ende der 1980er Jahre leichte Abnahme nach langjährig stabilem Bestand (BWPC). Relativ kurzfristige Wellenbewegungen z. B. in DK (DOFF 1989) und D (B&B) scheinen innerhalb von ansonsten stabilen Beständen (z. B. EST, LEIBAK 1994) normal zu sein. Für N-D

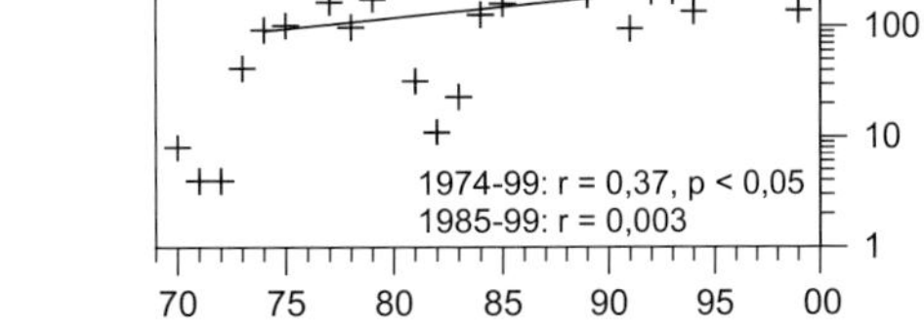

Abb. 17.53: *Phylloscopus collybita.*

werden Zunahmen gemeldet wie auch für die meisten anderen Gebiete in D (Flade & Steiof 1989, B&B). Trotz offenbar unaufhaltsamer Expansion in Skandinavien sind die Trendangaben uneinheitlich (Hustings 1988, Väisänen et al. 1989).

RM: Erst seit 1974 offiziell ins Programm aufgenommen. Die jährlichen DZZ schwanken erheblich, weil der Tagzuganteil wetterbedingt in einzelnen Jahren höher ist, dokumentieren aber eine Zunahme. In den schwachen Zugjahren 1987 und 1990 wurden auffallend viele Rastende notiert. Unter den drei stärksten Zugjahren 1980, 1997 und 1998 stach 1998 mit dem bisher aufregendsten Tagzug noch spät, am 17. Oktober, hervor.

Diskussion: Als Folge der „Zugscheide" dürfte die Masse der D durchquerenden Zilpzalpe aus einem wenig tiefen Hinterland stammen. Die Tagzieher am RM wären damit möglicherweise überwiegend dem KSZ-Anteil zuzuordnen. Am RM tauchen in einzelnen Jahren Provenienzen mit anderen Lockrufen häufig auf, die in anderen Jahren ausbleiben (Gaedecke in Vorber.). In D muß der Zilpzalp angesichts Flächenzugängen an Wald über Aufforstung und Sukzession (Kap. 15.8) und infolge von Verbuschung nach Abflämmverboten und nachlassender Brennholznutzung an Bach- und Windschutzgehölzen über Habitatgewinne erheblich zugenommen haben (Kap. 15.2, 15.6). Bei weiterer Hinwendung zur kahlschlagsfreien Waldwirtschaft und Einzelstammentnahme in Wäldern würde ausschließlich dieser Laubsänger weiterhin profitieren (Kap. 15.8.3).

Fitis *(Phylloscopus trochilus)*

Häufiger Brutvogel, LSZ, überwiegend Nachtzug. Verbreitung fast transpaläarktisch. *Ph. t. trochilus* im N von der polaren Waldgrenze (70° N) bis zum Alpennordrand und von der Atlantikküste im W bis nach SE-PL, östlich schließt *Ph. t. acredula* an. Wegzug aus S-Skandinavien und M-Europa (bis zur Weichsel) nach S-SW, aus SE und N-Skandinavien in Richtung S-SSE (Hedenström & Pettersson 1987). Zu erwartende Herkunft der Dz am RM aus S-Skandinavien, W-PL, CZ und D. Überwinterungsgebiete in W-Afrika südlich 10° N, ansonsten bis S-Afrika.

Bestandsentwicklung: In Schweden und FIN überwiegend Zunahmen (Järvinen & Väisänen 1977a, b, Koskimies 1989, Andersson et al. 1991, Eu-ATL, BWPC). In DK nach 1976 leicht steigend, seit der 2. Hälfte der 1980er Jahre wieder leicht fallend (Grell 1998). In EST bis 1960 steigend, seither stabil (LEIBAK 1994). In GB langfristig negativer Trend, wobei die Rückgänge Ende der 1980er/Anfang der 1990er Jahre auf Südengland beschränkt waren (höhere Ad.-Mortalität). Nestverluste nehmen derzeit zu (Crick et al. 2000), die Aufforstungstätigkeit geht zurück. Abnahmen auch in der CH und Benelux (BWPC). In D positiver Langzeittrend der DZZ auf Helgoland 1960 – 1993 wohl als Resultat der Entwicklung in Skandinavien (Moritz 1993). Brutbestandsentwicklung nach Auswertung von Siedlungsdichteuntersuchungen aus NW-D unklar (Flade & Steiof 1989), im MRI-Programm auf 2 von 3 Stationen negativ (B&B). Nach Brutvogelmonitoring des DDA 1989 – 1995 leicht zurückgehend (Schwarz & Flade 1996).

RM: Die in der Grafik gezeigten Werte des standardisierten Ausschnitts decken nur die letzten 25 % des Zuges ab (siehe Abb. 12.3.13). Die Werte schwanken in starker Abhängigkeit vom jährlichen Tagzuganteil, der (nur ?) wetterbedingt oft mit dem des Zilpzalps korreliert. Die Zahlen rastender Vögel an der Station deuten stabile, die DZZ steigende Bestände an.

Diskussion: Bisher war der Fitis aufgrund seiner Häufigkeit und Anpassungsfähigkeit keine „Problemart". Doch deuten die in jüngster Zeit in einigen Regionen M-Europas festgestellten anhaltenden Negativtrends seit den 1970er Jahren auf bisher nicht bekannte, gravierende Ver-

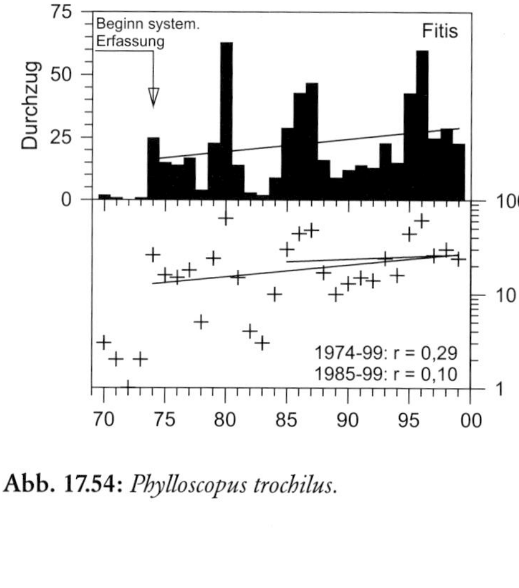

Abb. 17.54: *Phylloscopus trochilus.*

lustfaktoren hin, die nach B&B nicht mit Veränderungen in den Brutgebieten in Verbindung stehen sollen. Für E-D wird er als der häufigste Laubsänger bezeichnet, dessen Werte mehr von der Struktur der Flächen als von den Baumarten abhängen (NICOLAI 1993b). RUTSCHKE et al. (1987) geben Hinweise zur Abhängigkeit vom Waldalter. Die bei B&B für M-Europa, speziell für W-D, CH und PL genannten Trends sind möglicherweise nicht geeignet, eine Gefährdung oder einen Rückgang der Art zu dokumentieren. Zukünftige Erfassungen müssen das Bestandsalter der Wälder/Sukzessionen in Betracht ziehen. Der vor allem in W-D seit Jahrzehnten anhaltende Rückgang der ersten Altersklassen (0 – 15 Jahre) in den Wäldern ist wohl der wichtigste großräumig wirksame Faktor für den Rückgang des Fitis, von dem andererseits der Zilpzalp profitiert. Die früher kürzeren Umtriebszeiten schufen einen raschen Kahlschlags-*Turnover*, der sich mit den seit Jahrzehnten länger werdenden Umtriebszeiten verlangsamt. Damit verringert sich das Angebot jüngster Sukzessionsstadien laufend (Kap. 15.8). Ähnliches konnte für die Gartengrasmücke und für den Berglaubsänger gezeigt werden (GATTER 1997c). Die seit 1994 hohen Fitisdichten in den Sturmflächen von 1990 in S-D bestätigen dies. Die viel höheren Anteile jüngster Bestände in E-D sind die Ursache für den zu W-D gegensätzlichen positiven Langzeittrend (Kap. 15.2, 15.3, 15.8). Schwedische (HUSTINGS 1988) und britische Daten (MARCHANT 1990) lassen aber den Verdacht zu, daß auch der Fitis von der Trockenheit im Sahel und südlich davon etwas beeinträchtigt war. Die Angaben zu Bestandstrends ergeben ein geteiltes Bild. Waldwirtschaftliche Entwicklungen, insbesondere die der Altersstruktur, lassen für M-Europa in Zukunft abseits von Sturmflächen weiter abnehmende Bestände erwarten. In CH sind die negativen Auswirkungen für den Fitis als Folge der dortigen Plenter-/Dauerwaldbewirtschaftung und dem Fehlen großer nachkriegsbedingter Kahlschläge zuerst wirksam geworden. Erst mit Verspätung wurde die Abnahme auch in W-D wirksam und wird unter Beibehaltung derzeitiger, jetzt gesamtdeutscher Waldbauziele erst in Zukunft auch E-D erfassen (Kap. 15.8). Der Sturm „Lothar", der am 26.12.1999 drei Prozent der Waldfläche von BWü. geworfen hat, wird dagegen hier ab etwa 2005 für etwa ein Jahrzehnt starke Brutpopulationen beim Fitis ermöglichen. Diese werden nicht aus dem Bestandszuwachs lokaler Populationen entstehen, sondern sich wohl auch aus den „Millionen Fitissen" rekrutieren, die alljährlich auf dem Weg zu ihren nördlichen Brutgebieten über uns hinwegziehen. In Skandinavien sind weiterhin, wie auch für das europäische RUS, zunächst konstante, regional steigende Trends zu erwarten (Kap. 15.8), die auch Quelle der zunehmenden Zahlen am RM sein dürften.

Berglaubsänger *(Phylloscopus bonelli)*

Brutvogel S-W-Europas, nördliche Grenze vom Norden Frankreichs über S-Deutschland bis Slowenien. LSZ, Hauptüberwinterungsgebiet südlich der Sahelzone, in Ausnahmen bis Äquatornähe.

Die nächsten Brutplätze liegen nur einen km von der Station entfernt und die Art tauchte früher nach der Brutzeit dort auf. Inzwischen sind die außeralpinen Bestände stark, wohl um 90 %, zurückgegangen. Der Rückgang zeigt keine Parallelen zu den Dürreereignissen im Sahel, noch zeigen sich derzeit Erholungstendenzen wie bei anderen Sahelüberwinterern. Der Rückgang wird im wesentlichen den Veränderungen in den Xerothermwäldern zugeschrieben, die nach Ende der forstlichen Bewirtschaftung in den schwierigen Steillagen seines Biotops immer älter, dunkler und feuchter werden (GATTER 1994b, 1997c, Kap. 15.8.2.4, 15.8.2.8, sowie Abb. 15.8.6 und Fotos dort). Auf der Schwäbischen Alb ist seine Bruterfolgsrate, wie auch die des Waldlaubsängers *Phylloscopus sibilatrix*, seit 1990 deutlich geringer als zwischen 1965 und 1975 (Verf., siehe Kap. 18).

Goldhähnchen (*Regulus spec.*)

Weit über 90 % der am RM durchziehenden Goldhähnchen sind wohl Wintergoldhähnchen. Aus mehreren Gründen wird diese Art jedoch bei den DZZ gegenüber dem Sommergoldhähnchen unterproportional erfaßt: Der Hauptzug des Wintergoldhähnchens fällt in die individuenstärkste Zugphase, so daß die Zeit für individuelle Artbestimmungen knapp ist. Ferner stürzen sich ankommende Wintergoldhähnchen sofort in dichtes Gebüsch, während Sommergoldhähnchen öfter frei sitzen. Spitzenwerte des Wintergoldhähnchens und die der unbestimmten Goldhähnchen insgesamt verlaufen deshalb weitgehend parallel, während die des Sommergoldhähnchens davon abweichen.

Die relativ kleinflächigen Gebiete mit größeren Waldschäden dürften aus mittel- und nordeuropäischer Sicht derzeit noch keine spürbaren Auswirkungen auf diese beiden Arten haben. Als Ausgleich zu den geschädigten Flächen gibt es z. B. im Durchzugsgebiet der am RM vorbei kommenden Goldhähnchen ein riesiges, in den vergangenen Jahren erheblich gewachsenes Flächenangebot an geeigneten Nadelwäldern. Der größte Teil dieser Nadelwälder weist in den letzten Jahren höhere Zuwächse und Baumhöhen auf, durch die die Habitatverluste durch Waldschäden wohl nicht qualitativ, aber zumindest quantitativ aufgefangen werden dürften (Kap. 15.8.2 bis 15.8.5). Da das RM wohl schon im S des Überwinterungsbereichs der skandinavischen Goldhähnchen liegt, sollten die zurückgehenden Gesamtzahlen kein Grund zur Beunruhigung sein, da zur Überwinterung geeignete Waldbestände in ganz M-Europa nördlich des RM stark zunehmen und die Notwendigkeit zu weiten Wanderungen dadurch immer mehr nachläßt (siehe Mönchsgrasmücke). Außerdem lassen sowohl die Zahlen der unbestimmten Goldhähnchen als auch die der Wintergoldhähnchen eine kräftige Verspätung der 75-%-Quartile erkennen, die solche Trends ebenso bestätigen könnte wie z. B. eine klimatisch bedingte Ursache.

Wintergoldhähnchen (*Regulus regulus*)

Sehr häufiger Brutvogel, KSZ, Nachtzug, Tagzug bis weit in den Vormittag hinein. Verbreitung paläarktisch. *R. r. regulus* ist von Fennoskandien im N bis zu den Alpen im S, von der Atlantikküste im W bis E-Sibirien verbreitet. Wegzug aus Skandinavien und M-Europa nach Ringfunden in Richtung SW-WSW (Zink 1973, HVM). Zu erwartende Herkunft der Dz am RM aus D, CZ, PL, Balt. und FIN. Überwintert in Fennoskandien südlich von 64° N bis Portugal und Spanien sowie den Mittelmeerinseln und N-Afrika.

Auf Falsterbo/S. bzw. Ottenby/S. beringte Wintergoldhähnchen wurden überwiegend in DK und entlang der Nordseeküste wiedergefunden (Karlsson 1980, Roos 1974a, 1976, Pettersson & Hasselquist 1985). Ein beträchtlicher Teil der Vögel aus FIN überwintert dagegen im S und SW von D und A (Hildén 1982). In LETT beringte Vögel überwintern entweder an der Nord- und Ostseeküste (Zugrichtung um 246°) oder in S-Europa (Zugrichtung dann 209°), wobei es sich um verschiedene Populationen zu handeln scheint (Baumanis & Reinbergs 1989).

Bestandsentwicklung: Goldhähnchen zeigen in N-Europa starke Bestandsschwankungen und beim Zug eine Neigung zu Invasionen (Palmgren 1937, Vilbaste 1976, Karlsson 1993, Baumanis & Celmiņš 1993). Bestände in S-Schweden fluktuierend (Svensson 1981), in FIN je nach Autor meist stabil bis steigend, wohl wegen forstlicher Förderung der Fichte *Picea* (Haila et al. 1980, Tiainen 1985, Väisänen et al. 1986, Väisänen & Rauhala 1983, Vickholm & Väisänen 1984, Hildén 1985, Koskimies 1989, Järvinen & Väisänen 1978b). In FIN war das Wintergoldhähnchen nördlich 71° 1973 – 1977 etwa 5mal häufiger als in den 1940er Jahren (Väisänen, Järvinen & Rauhala in HVM 1991), dabei ist ein Einfluß der extrem kalten Winter jener Jahre anzunehmen, so daß die starke Zunahme wohl nicht voll dem Langzeittrend entspricht. In DK während der 20 Untersuchungsjahre langfristige Bestandsschwankungen mit Maxima um

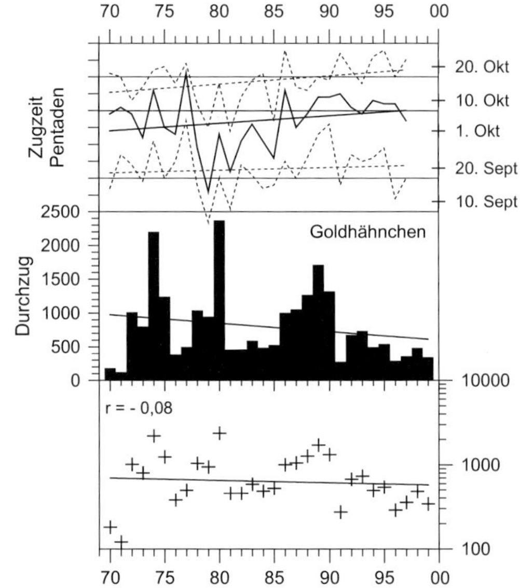

Abb. 17.55: Durchzug unbestimmter Goldhähnchen. Oben: Lage von Median (ausgezogene Kurve) sowie 25-%- und 75-%-Quartile (gestrichelt) über alle Jahre und deren lineare Trends. – *Passage of unidentified* Regulus ssp. *Above: timing of median (solid line) plus 25 % and 75 %-quartiles (dashed lines) over all years and their linear trends.*

1977 und 1990. Dazwischen fällt der Bestandsindex für Jahre auf unter 40 % ab (GRELL 1998). An der baltischen Küste in PL, RUS und LIT Zunahmen (DOLNIK & PAEVSKII in BWP, BAUMANIS & CELMIŅŠ 1993). Aus D werden bei meist schwacher Datenbasis stabile Bestände genannt (BERTHOLD et al. 1993, BAUER & HEINE 1992). Brutzeituntersuchungen in Wäldern von BWü. zeigen starke, durch das Wetter nicht ohne weiteres erklärbare Schwankungen bei gleichzeitig sehr hohen Siedlungsdichten (E. VOTTELER, H. HAUẞMANN, Verf.). Langzeituntersuchungen aus Bruthabitaten fehlen völlig (vgl. B&B).

RM: Die DZZ am RM sind – von starken jährlichen Schwankungen abgesehen – in der Basis stabil, unterscheiden sich jedoch deutlich von den Zahlen der Unbestimmten, im Vorbeiflug erfaßten, die viel extremere Schwankungen aufweisen und damit den eruptiven Invasionscharakter noch mehr herauskehren, den auch BAUMANIS & CELMIŅŠ (1993) betonen. Die große Masse dieser Invasions-Goldhähnchen sind *R. regulus*.

Wintergoldhähnchen bauen über jeweils mehrere Jahre einen Invasionsgipfel auf, für den wohl überwiegend N-Europäer verantwortlich sind. Ob nach den Trendmeldungen aus N-Europa die deutlich schwächere Ausprägung am RM nach 1990 auf einen Rückgang zurückgeht, darf bezweifelt werden. Die Möglichkeit einer Zugwegverkürzung (siehe allgemeiner Abschnitt über die Goldhähnchen) wie bei der Nebelkrähe und einer Reihe anderer Arten scheint nicht ausgeschlossen, zumal die Klimaentwicklung der 1990er Jahre eine entsprechende Entwicklung vermuten läßt. Die 75-%-Quartile hat sich am RM im Lauf des Untersuchungszeitraums um eine Woche nach hinten verschoben. Längere Zeitreihen sind dringend erforderlich.

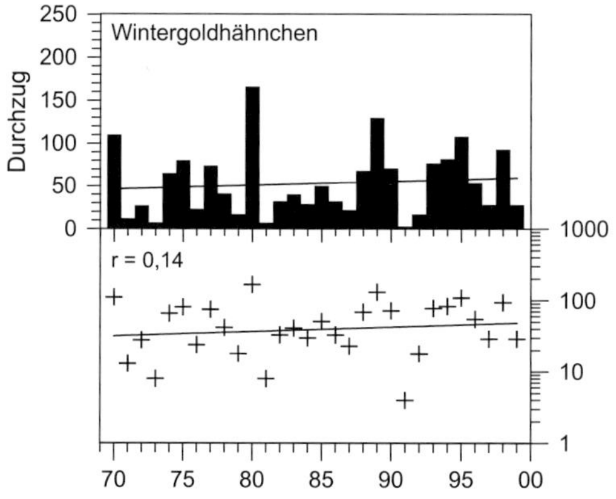

Abb. 17.56: *Regulus regulus.*

Diskussion: Die Art hat enorme vertikale und horizontale Flächenzugewinne bis ins Tiefland zu verzeichnen. Aus den höheren Gebirgen und Mittelgebirgen mit autochthonen Fichtenanteilen heraus hat ihr der Koniferenanbau der vergangenen 150 Jahre wohl Zuwächse verschafft, die wenigstens beim 10- bis 20fachen der früheren Werte liegen dürften. Beide *Regulus*-Arten sind in M-Europa Gewinner der Hochwaldwirtschaft und fanden in den früheren Bewirtschaftungsformen Nieder- und Mittelwald außerhalb der Zugzeiten keinen Raum. Da die „Nadelwaldwelle" in D gerade erst ausgeklungen ist, sind wenigstens in den nächsten Jahrzehnten noch weitere Zuwächse in geeigneten Altersklassen zu erwarten (GATTER 1994b). Die enorme Zunahme in Fennoskandien ist neben den in Kap. 15.8 genannten Gründen wohl auch durch das forstlich gesteuerte Zurückdrängen der Birke und Aspe in den Wäldern gefördert worden. Das jetzige Ausmaß der Zunahmen (s. o.) in den borealen Wäldern und Arealgewinne in Norwegen und FIN (BWP 1992) sind aber ohne die beiden wichtigsten Veränderungen in M-Europa nicht denkbar: die hier in den vergangenen 100 Jahren registrierten Flächenzugewinne an Wald allgemein und die enorme Ausweitung des Nadelholzanbaus im besonderen. Beide Faktoren haben es wohl erst ermöglicht, den Zieher-Anteil der borealen Populationen zu einem Aktivposten für die Art werden zu lassen. Die überwiegend mit Koniferen ausgeführten Aufforstungen rund um das Mittelmeer verstärken diesen Effekt. Es ist zu erwarten, daß die Winterverluste des Zieheranteils nordischer Populationen früher mangels geeigneter Nahrungshabitate vielfach einem Totwandern im Sinne von SCHÜZ (1952) gleichkamen (Abb. 18.3). Die starken Zunahmen in Skandinavien wären demnach eine Folge der forstlichen „Revolution" in M-Europa (Kap. 15.8.3, 18.7.2).

Sommergoldhähnchen *(Regulus ignicapillus)*

Sehr häufiger Brutvogel, KSZ, Nachtzug, Tagzuganteil. Verbreitung SW-paläarktisch. *R. i. ignicapillus* im W von DK über M-Europa bis in den S von Portugal, über Spanien, Italien und Griechenland bis nach PL und W-RUS im E.

Wegzug aus Skandinavien und M-Europa nach Ringfunden (ZINK 1973, HVM) in Richtung (WSW-)SW-S, durchschnittlich SSW. Als Herkunft der Dz am RM ist vor allem D, CZ und PL zu erwarten. Überwintert vorwiegend in SW-Europa und von NW- bis NE-Afrika (FINLAYSON 1992, GOODMANN & TEWFIK in THALER 1990), also großteils außerhalb des mitteleuropäischen Brutareals. NW-Europa wurde vom Sommergoldhähnchen später und zögernder besiedelt als vom Wintergoldhähnchen (HVM).

Bestandsentwicklung: Es ist erstaunlich, daß es auch bei dieser häufigen Art keine aussagekräftigen Bestandsaufnahmen über längere Zeiträume gibt. Das DDA-Monitoring zeigt 1989 – 1995 leichte Rückgänge. In DK, der nördlichen Verbreitungsgrenze, hat der geringe Bestand zwischen den zwei Atlaskartierungen (1971/73, 1993/96) deutlich abgenommen (GRELL 1998).

RM: Bei starken Schwankungen der DZZ insgesamt wohl stabil. Zwischen 1978 und 1988 waren die Durchschnittswerte höher als davor und danach. Die stärksten Jahre decken sich nicht mit denjenigen des Wintergoldhähnchens. Der Trendverlauf beider Arten könnte den Verdacht aufkommen lassen, daß zyklische Tiefs des Wintergoldhähnchens (z. B. auch durch Winterverluste) dem Sommergoldhähnchen Bestandsanstiege ermöglichen, was angesichts der schwachen ökologischen Differenzierung beider Arten nicht überraschen würde.

Diskussion: Während die Arealerweiterungen nach NW bis NE gut belegt sind, sind Dichteschwankungen und Trends innerhalb des Kerngebiets der Verbreitung praktisch unbekannt. Der deutsche Bestand wird auf ein Viertel der Weltpopulation geschätzt (TUCKER 1994). Obwohl *R. ignicapillus* weit weniger an Koniferen und die Fichte gebunden ist, erreicht es in M-Europa seine mit Abstand höchsten Dichten in Fichtenwäldern (HVM, TUCKER 1994, Eu-ATL). Interspezifische Konkurrenz zu *R. regulus* ist deshalb anzunehmen. Insofern ist auch seine Ausbreitung in den vergangenen 100 Jahren, wenngleich teilweise in Frage gestellt, eine Folge der enormen Ausweitung von Nadelbaumarten und vor allem deren Anbau in klimatisch wärmeren, tieferen Lagen (GATTER 1994b, Kap. 15.8) und somit außerhalb des Optimums von *R. regulus* (?), mit dem das Sommergoldhähnchen aber regelmäßig und häufig zusammen vorkommt. Schleswig-Holstein, B und DK wurden um 1900, die Bretagne 1950 und GB 1962 erreicht. Populationen in F, GB, NL, B, PL und Portugal gelten als zunehmend, solche in CH und D als stabil (TUCKER 1994, BWP). Tatsächlich muß auch die Gesamtpopulation in D trotz offenbar „stabiler" Siedlungsdichten (TUCKER 1994) seit über 100 Jahren zunehmen. Die Flächengewinne der geeigneten Wald-Altersklassen und Baumarten und die darin vorgefundenen Dichten lassen keine andere Aussage zu. Dies dürfte sich angesichts der momentanen forstlichen Situation (GATTER 1994b) wenigstens für weitere 20 – 30 Jahre fortsetzen. Nach eigenen Untersuchungen fördern auch die in den vergangenen 20 Jahren in jüngeren Fichtenbeständen forcierten starken Durchforstungen, die zu einem aufgelokkerten Kronendach führen, besonders das Sommergoldhähnchen (E. VOTTELER, Verf.)

Daß die Arealausbreitung und Zunahme von *R. ignicapillus* nicht so stürmisch wie die von *R. regulus* verlief, könnte zwei Hauptgründe haben: Nord- und mitteleuropäische *R. regulus* überwintern vorwiegend in Gebieten mit großen Flächenzugewinnen an geeigneten Koniferen, besonders Fichtenwäldern, z. B. in M-Europa, die sie zur Brutzeit wieder räumen. *R. ignicapillus* profitiert hier zwar von der Verbesserung der Brutzeitbedingungen in M-Europa, überwintert aber überwiegend in Gebieten der Mediterraneis, die weit geringere Flächenzuwächse, im S des Überwinterungsgebiets sogar Flächenverluste an geeigneten Wäldern aufweisen (Kap. 15.8.6). Zudem steht es dort fast überall in Konkurrenz zu weitgehend nicht ziehenden Populationen der eigenen Art.

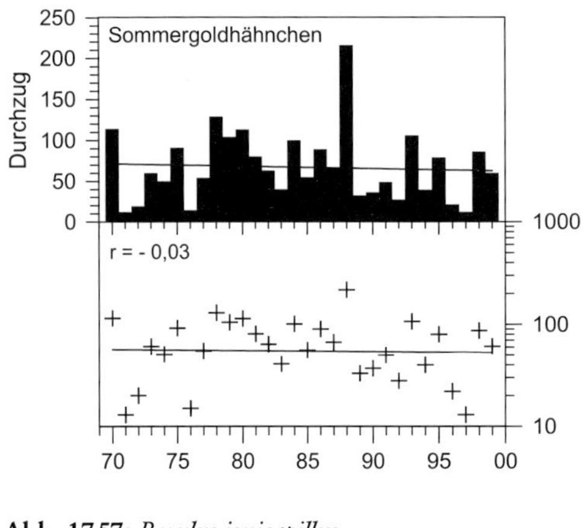

Abb. 17.57: *Regulus ignicapillus.*

Fliegenschnäpper *Muscicapidae*

Grauschnäpper *(Muscicapa striata)*

Mäßig häufiger Brutvogel, LSZ, Nachtzug, ausnahmsweise Tagzug. Breitfrontzug über Alpen/Italien, Mittelmeer und Sahara. Verbreitung west- und zentralpaläarktisch. *M. s. striata* vom Atlantik bis zum Ural im E, von Norwegen bis zum Mittelmeer und NW-Afrika. Überwintert in Afrika südlich der Sahara. Wegzug aus Skandinavien und M-Europa nach Ringfunden (HVM) bis 12° E in Richtung SW-W, SSW für Regionen zwischen 12° und 15° E, östlich dieses Korridors SSW-SE (ZINK 1985). Zu erwartende Herkunft der Dz am RM mit Schwerpunkt aus W-Skandinavien, D, CZ, teilweise PL.

Bestandsentwicklung: Für Norwegen und Schweden werden bei lokalen Abnahmen (ANDERSSON et al. 1991) überwiegend stabile bis zunehmende Bestände angegeben (HUSTINGS 1988, TUCKER 1994, Eu-ATL, MARCHANT 1990), in FIN stabil nach VÄISÄNEN et al. (1989) bzw. leichte Rückgänge (KOSKIMIES 1993, Eu-ATL). In DK Bestandsindex 1987 - 1996 relativ konstant, die Zahl besetzter Raster nahm deutlich zu (GRELL 1998). In EST sind die Bestände seit Dekaden stabil (LEIBAK 1994). GB weist seit über zwei Jahrzehnten Rückgänge vor allem im S auf. TUCKER (1994) zeigt innerhalb Europas einen Gürtel mit abnehmenden Trends, der über Irland, GB, NL, D bis CZ reicht, ansonsten aber von Ländern mit stabilen Beständen umgeben ist. Aus D unterschiedliche Trends: aus diversen Siedlungsdichteuntersuchungen in N-D schlossen FLADE & STEIOF (1989) auf gegenläufige Trends in Wäldern (Zunahmen) und Parks/Friedhöfen (Abnahmen). Am Bodensee (BAUER & HEINE 1992) waren die Bestände bei 2 Rasterkartierungen (1980, 1990) gleich hoch, die Zahl besetzter Raster nahm ab. Fangdaten der Mettnau (B&B) lassen zunächst abnehmende Rastbestände vermuten, zwischen 1981 und 1988 stiegen jedoch die insgesamt relativ niedrigen Fangzahlen wieder an. Die bei GATTER (1970d) genannten Dichten für das mittlere BWü. werden heute in den entsprechenden städtischen Bereichen nicht mehr erreicht. Bei der Nistkastenkontrolle der Forstverwaltung war die Art 1955 – 1965 in baden-württembergischen Wäldern obligatorischer Bewohner der „Halbhöhlen" um die Pflanzschulen eines jeden Reviers, Plätze, die heute kaum mehr von der Art besiedelt sind. Andererseits werden seitdem auf Sturmwürfen von 1990 mit stehenden toten Bestandesresten bis zu 14 Reviere auf 20 ha festgestellt (E. VOTTELER, Verf.).

RM: Der standardisierte Ausschnitt ab 29.8. erfaßt nur die zweite Hälfte der Zugzeit (Median 29. August). In 3 von 30 Jahren wurden in dieser „Hälfte" keine ziehenden Grauschnäpper registriert. Ansonsten zeigen sowohl die Minimal- als auch die Maximalwerte einen leichten, aber deutlichen Anstieg, dessen Ursprung wohl nicht in Mitteleuropa zu suchen ist. Da die größten Bestände nördlich von D beheimatet sind, wo stabile Bestände leben, wären potentielle Zunahmen sowohl als Folge der dort praktizierten Forstwirtschaft als auch durch die derzeitige klimatische Entwicklung in W-Afrika denkbar.

Diskussion: M-Europa beherbergt nur einen kleinen Teil der europäischen Population. Die Schwerpunkte liegen in den subborealen und südlichen borealen Zonen. So entsprechen z. B. die Brutbestände des kleinen LETT denen von D! Die uneinheitlichen Rückgänge in M-Europa betreffen also nur einen kleinen Populationsanteil. Forstliche Bewirtschaftungsmaßnahmen mit älter werdenden Beständen, weniger Kahlschlägen/Jungbeständen und damit weniger Waldinnenrändern dürften in W-D für den Rückgang eine Rolle spielen (desgleichen in NL und B?). In vom Sturm bzw. Borkenkäfer aufgelichteten Beständen entstehen spontan auch heute noch teilweise hohe Dichten. Nach den bei B&B vorgeschlagenen Schutzmaßnahmen müßten die Reduzierung von Durchforstungsmaßnahmen und längere Umtriebszeiten der Art helfen. Dazu wären die Ansprüche der Art zu

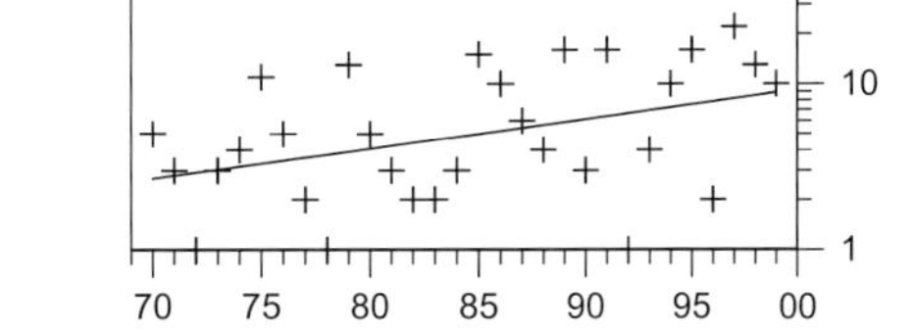

Abb. 17.58: *Muscicapa striata.*

klären, denn in Beständen mit geschlossenem Kronendach kommt *M. striata* nicht vor. Eher ist das Gegenteil zu erwarten, denn kleine Störflächen wie Borkenkäfer-, Schneebruch- und Femellöcher sowie Bestandsränder werden bevorzugt. Es gibt zahlreiche Belege aus BWü., daß Grauschnäpper stark durchforstete Waldbestände (= Bestandsauflichtung) vorübergehend besiedeln und nach dem einige Jahre später einsetzenden Kronenschluß wieder verlassen. Auch kleine Waldbrandflächen, die Licht und Bäume mit abplatzender Rinde bieten, werden gern angenommen (Verf.). *M. striata* bewohnt in Sibirien gleichfalls offene Wälder und Lichtungen und scheint in vieler Hinsicht ähnliche Biotopansprüche zu haben wie *M. sibirica*, der gerne Brandflächen besiedelt (ROGACHEVA 1992). Das in W-D seit Jahrzehnten ansteigende Durchschnittsalter der Wälder und zurückgehende Jungbestandsflächen lassen Innenrandlinien schwinden (Kap. 15.8.3). Der gleichzeitig zunehmende Nistnischen- und Höhlenvorrat müßte dagegen eher Zunahmen erwarten lassen. Das ist nicht der Fall. Tatsächlich hatte die Art ihr Optimum sicher im übernutzten offenen Mittelwald gefunden, und es ist anzunehmen, daß sie in M-europäischen Wäldern schon sehr lange zurückgeht. In Thüringen nahm die Art in der 2. Hälfte des 19. Jh. stetig zu. Im 20. Jh. war der Bestand wieder leicht rückläufig (KNORRE et al. 1986). Auch dieser Art dürften die sehr starken Holznutzungen nach dem zweiten Weltkrieg Auftrieb verschafft haben. Daß parkartig offene Wälder optimal für den Grauschnäpper sind, zeigen Siedlungsdichten von 112 – 221 Paaren/km² auf Friedhöfen in EST (LEIBAK 1994), Dichten, die übrigens 10 – 20mal höher sind als die für N-D angegebenen (FLADE 1994). Der Rückgang in baden-württembergischen Wäldern hat seine Parallelen bei den *Ficedula*-Arten (GATTER & SCHÜTT in Vorber.), wo Konkurrenz und Nestprädation eine bedeutende Rolle spielen. Der Bruterfolg ist hier mit Ausnahme totholzreicher Sturmflächen, die ein enormes Angebot temporärer Nistmöglichkeiten hinter abplatzender Rinde aufweisen, gering. Neben Verlusten durch Schlechtwetter dürften Eichelhäher und Marder für die meisten Verluste bei Baumbruten, Marder für solche an Waldhütten verantwortlich sein. Der Gesamtkomplex der Zunahmen des Siebenschläfers *Glis glis* in baden-württembergischen Wäldern besonders seit etwa 1975, der fast parallel dazu laufende Bestandsanstieg bei Eichhorn *Sciurus vulgaris*, Buntspecht, Eichelhäher im Zusammenspiel mit den Dichten der Marder mögen zusammen die Ursache sein, daß dieser auffällig nistende Nischenbrüter bei uns weniger Bruterfolg hat als früher (Kap. 16). In Nistkastenerhebungen der Forstverwaltung von BWü. haben Grauschnäpper den geringsten Bruterfolg aller Arten. In Siedlungsbereichen um das RM lebt er in offensichtlicher räumlicher Konkurrenz zum häufiger werdenden und früher ankommenden Hausrotschwanz, dem er nach eigenen Beobachtungen im Kampf ums Revier weicht.

Das Auseinanderklaffen einiger Stadt- und Waldpopulationen läßt bei diesem Nischenbrüter auch auf veränderte Konkurrenz- und Prädationsverhältnisse schließen. Der in SW-D überwiegend starke Rückgang in Siedlungen (HÖLZINGER 1997) wurde bisher noch nicht im Zusammenhang mit der parallel dazu verlaufenden Verstädterung einer Reihe von Prädatoren untersucht (Kap. 16, siehe z. B. EPPRECHT 1985). In einem 1959 bis 1970 regelmäßig genutzten Kunstnest an meinem Wohnhaus in Kirchheim/Teck (GATTER 1970d) mit fast alljährlichen Doppelbruten waren die einzigen Verluste wetterbedingt. Seit langem brütet dort kein Grauschnäpper mehr. Nach 1990 betrugen die Brutverluste im 12 km entfernten Lenningen 62 % (n = 13), bei zusätzlichen witterungs- und prädationsbedingt zu erwartenden Flügglingsverlusten wohl kaum eine sich tragende Population.

Bruterfolg ist beim Grauschnäpper von sonnig-warmem Juniwetter abhängig (MARCHANT 1990, EPPRECHT 1985). Von einer zunehmenden Atlantisierung, der Zunahme der Bewölkung sowie west-, südwest- und südlicher Strömungen und Niederschläge, könnte ein weiterer negativer Effekt ausgehen (EUROPEAN CLIMATE SUPPORT NETWORK 1995, BARDOSSY & CASPARY 1990). Länder mit Abnahmen des Grauschnäppers liegen dabei mit Ausnahme von CZ im Gürtel ozeanischen und abgeschwächt ozeanischen Klimas (ostwärts bis W-D). Ältere und höhere Wälder wie in W-D schaffen zudem auch ohne atlantisierende Einflüsse kühlere Bestandsklimate (Kap. 15.8.3). Dagegen sind die Bestände im subarktischen und kontinentalen Klima (offenbar einschließlich E-D) eher stabil (KLAFS & STÜBS 1987, RUTSCHKE et al. 1987, KNORRE et al. 1986, NICOLAI 1993b). Das im Gegensatz zu den Bestandstrends in D stehende häufigere Auftreten am RM ab 1985, bei allerdings geringen Zahlen, läuft zudem parallel zum Ende der Trokkenjahre südlich der Sahara und zur Bestandserholung bei anderen in dieser Region überwinternden Arten (Kap. 15.10), obwohl der bei anderen LSZ festgestellte Zusammenbruch nach 1968 beim Grauschnäpper nicht so deutlich war (Eu-ATL). Die Hauptüberwinterungsgebiete unserer drei häufigen Schnäpper liegen in W-Afrika zwischen Sudansavanne und Regenwald, einem Gebiet, in dem Gehölzverluste heute schon schwerwiegender sind als in der Regenwaldregion. Angesichts seiner dortigen Biotopansprüche sind jedoch Gefahren für den Grauschnäpper daraus bisher nicht zu erwarten (GATTER 1997).

Halsbandschnäpper *(Ficedula albicollis)*

LSZ, Nachtzieher. Abgesehen von Splittervorkommen im NW des Areals in F, D, PL, S-Schweden schließt sich das Areal im S an die zentralen Vorkommen des Trauerschnäppers mit starken Überschneidungsbereichen an. Es reicht von Italien, S-D, CZ, S-RUS, Ukraine bis zum nördlichen Balkan. Die Art brütet in respektablen Dichten unmittelbar nördlich des RM in Obstwiesen, seltener in Wäldern des Albvorlandes als Teil einer weitgehend isolierten Population am westlichen Rand des Verbreitungsgebiets.

Bestandsentwicklung: Die Bestandssituation in D und ihre Deutungen sind ausgesprochen widersprüchlich. Fast grundsätzlich beziehen sich Bestandstrends auf Nistkastenuntersuchungen, die wiederum vielfach von der Aktivität einzelner Personen abhängen (Beispiele HVM). B&B zeigen zwei Beispiele langjähriger Untersuchungen mit aufstrebenden Beständen, die nachher wieder absinken. In einem Fall wurde mit Verdopplung der Nistkastenzahl ein Wiederanstieg der Paarzahl erreicht. Großflächige Bestandsaufnahmen um 1970 (GATTER 1970d) mit Wiederholungen in Obstwiesen 1990 – 1995 zeigen im Vergleich guter wie schlechter Jahre etwa eine Halbierung der Bestände in Zentren.

Zahlen aus Nistkastenuntersuchungen der Forstverwaltung BWü. weisen ebenfalls größere Bestandseinbußen auf. Diese Nistkastenaktion startete 1949 mit rund 10.000 Kästen, 1960 waren es bereits etwa 120.000 und in den 1980er Jahren wurden jährlich 160.000 – 200.000 kontrolliert. Etwa ein Drittel der Kästen befand sich im Lebensraum des Halsbandschnäppers. Die Zunahme der Nistkästen förderte die schwarzweißen Fliegenschnäpper stark, die vorher in den betroffenen Gebieten kaum vertreten waren, dabei besonders auch den Halsbandschnäpper. Auffällig ist jedoch, daß sich diese Tendenz wieder umkehrte, nachdem sich die Zahl der Nistkästen nicht weiter erhöhte. D. h. in der Aufbauphase der Nistkästen ab 1949 ließen sich in einzelnen Forstämtern (FA) kurzfristig starke Bestandssteigerungen und viele Neubesiedlungen erreichen. Auch in einem Obstbaugebiet wurde bei der spät im Frühjahr 1952 erfolgten Neuhängung von Nistkästen zunächst eine Belegung durch Schnäpper von bis zu 50 % registriert (GUTBROD pers. Mitt.). Die gute Annahme der Nistkästen in Wäldern direkt nach dem Aufhängen werden durch Zahlen aus verschiedenen FA belegt (H. LÖHRL briefl.). So lag der prozentuale Anteil an allen aus Kästen ausgeflogenen Bruten im Jahr 1960 im FA Lienzingen bei 33 %, im FA Schwaigern bei 28 %, FA Waldenbuch/Plattenhardt 28 %, FA Nürtingen 25 % und FA Kirchheim/Teck bei 19 %. Im FA Lienzingen stieg der Bestand von einer Brut im Jahr 1950 auf 141 im Jahr 1956 an (H. LÖHRL briefl.). Im Bereich der gesamten Forstdirektion Stuttgart mit einem hohen Anteil nichtbesiedelter Hochlagen lag der Durchschnitt für *F. albicollis* 1954 und 1958 bei ca. 6 % der Gesamtbruten und ist heute, nach 40 Jahren, bei ca. 1 % angelangt. In den dichtest besiedelten Gebieten des Neckartals lagen die Werte nach einem vorübergehenden Einbruch um 1980 noch 1982 bei 7 – 8 %, sind aber seither weiter abgesunken (GATTER & SCHÜTT in Vorber.). In nach 1990 neu angelegten Nistkastenkolonien im Wald konnten auf Anhieb Besetzungen von 6 – 10 % der Vogelbelegungen und Dichten von 3 – 6 BP/10 ha erreicht werden (Verf.).

In Wäldern von BWü. haben 1960 im Verbreitungsgebiet von *F. albicollis* nach vorläufiger Berechnung ca. 4.000 BP in Nistkästen gebrütet, die heute auf etwa 700 zurückgegangen sind. Gleichzeitig gibt es kaum Hinweise auf eine nennenswerte Anzahl von Naturhöhlenbrütern. Dazu kamen die Bestände in den Obstwiesen. Im Kreis Esslingen wurde aus zahlreichen Detailaufnahmen 1970 – 1973 auf mehr als 640 Reviere geschlossen, 1990 – 2000 auf etwa 240 – 400 (Verf.).

RM: Angesichts der geringen Verbreitung und der geringen Größe der nördlichen Populationen dieses Schnäppers sind Durchzügler von nördlichen Regionen am RM nur ausnahmsweise zu erwarten. Die wenigen Beobachtungen ziehender Halsbandschnäpper am RM liegen zwischen dem 10. und 28. Juli, also vor dem Standard-Erfassungszeitraum.

Diskussion: Die Populationsentwicklung des Halsbandschnäppers in seinem nordwestlichsten deutschen Schwerpunkt hier im mittleren Württemberg erweist sich als eines der interessantesten Kapitel bei Waldvögeln. LANDBECK (1834) nannte ihn: „Sehr einzeln in lichten Waldschlägen, Vorhölzern und Baumfeldern (= Obstäkkern und -wiesen; Anm. d. Verf.) in mehreren Gegenden Württembergs. Bei Tübingen und Mössingen am häufigsten." Seine Aussage läßt schließen, daß die Art damals in Württemberg nicht häufig war. HÖLZINGER (1997) zitiert diese Quelle als „häufig in lichten Wäldern und Baumfeldern"! Die wenigen weiteren historischen Befunde (die Originalquellen existieren nicht mehr; HÖLZINGER pers. Mitt.) reichen nicht aus, um den Status der Art im 19. Jh. zu klären. Es gibt somit keine gesicherten Hinweise, daß die Art vor dem Nistkastenzeitalter eine große Rolle spielte und damit sind auch die von HÖLZINGER gezogenen Schlüsse bezüglich seines starken Rückgangs und der genannten Ursachen diskussionsbedürftig. Wie in dem Abschnitt „Bestandsentwicklung" aufgezeigt, nahm der Halsbandschnäpper in den Wäldern und außerhalb mit Beginn der großen Nistkastenaktion in den 1960er Jahren sprunghaft zu. H. LÖHRL berichtete damals alljährlich in den Auswertungen der forstlichen Nistkastenkontrolle über Forstämter, in denen die Art erstmals gebrütet hatte. Diese Zunahme führte jedoch nicht zu einem stabilen Bestand, sondern nahm bei gleichbleibender Kastenzahl kontinuierlich wieder ab. B&B begründen diese Abnahme durch eine Vielzahl forstwirtschaftlicher Gefährdungsfaktoren. Der stürmische Bestandsanstieg während des Aufbaus der Nistkastenbestände und der seitherige Rückgang danach lassen sich aber weder durch Habitatveränderungen noch durch Bewirtschaftungsmaßnahmen erklären. Vielmehr dürften dabei die Dominanz- und Konkurrenzprobleme gegenüber KSZ-Arten und Säugern (GATTER & SCHÜTT 1999) eine Rolle spielen.

Die starke Zunahme war weitgehend alleinige Folge der „Nistkastenaktionen" der Forstverwaltung und wohl auch der zeitlich parallelen privaten Initiativen außerhalb des Waldes. Trotz des inzwischen angewachsenen Angebots an Naturhöhlen hat der Halsbandschnäpper offenbar wenig Chancen. Bei konstant bleibendem Nistkastenangebot scheint starke Konkurrenz durch andere im Bestand anwachsende Höhlenbrüter wie Kleiber, Kohl- und Blaumeisen sowie Bilche dem Halsbandschnäpper wenig Raum zu lassen. Hohe Dichten der Kohlmeise haben negative Effekte auf den Halsbandschnäpper (SASVARI et al. 1987), wie auch hohe Dichten der beiden häufigen Meisen sich gegenseitig im Bruterfolg beeinträchtigen (PERRINS 1997). Da Waldpopulationen besonders stark durch den zusätzlichen Faktor „Siebenschläfer" beeinträchtigt sind, dürfte dies und der Populationsanstieg weiterer Konkurrenten/Prädatoren ein wesentlicher Grund für den starken Rückgang in Wäldern sein (Kap. 16, 18, GATTER & SCHÜTT 1999). Der Bruterfolg ist in den vergangenen Jahren geringer, weil der Schnäpper unter der Konkurrenz des Siebenschläfers viel stärker leidet als die früher im Jahr brütenden Meisen. Selbst in Urwäldern von Bialowieza/PL ist Prädation (mit Nestverlusten durch Freßfeinde von 56 %) und nicht Höhlenmangel der begrenzende Faktor für die Dichten des Halsbandschnäppers (WALANKIEWICZ 1991). Die Habitatansprüche der Art aus E-PL und der Ukraine, wo die Buche in den Wäldern fehlt und Meisen weniger häufig sind, auf hiesige Vögel zu übertragen (HVM), führt angesichts anderer Konkurrenzsituationen nicht weiter.

Die Art meidet offenbar Gebiete mit feuchtkühlem Klima (HVM) und hat hier andere Ansprüche als die Kernpopulation im kontinentalen Klima, die „dichte und sehr dunkle Wälder..." vorzuziehen scheint (HVM). Bei uns bevorzugt sie eindeutig Saumstrukturen lichter Wälder und mit den Obstwiesen gar einen Waldsteppentyp. Heutige dichtere, höhere Wälder mit weniger Innenrändern und feuchterem Bestandsklima bei uns (Kap. 15.8.3) könnten eine weitere Ursache für die sich evtl. andeutende Schwerpunktverschiebung zwischen Wald und Obstwiesen sein. Weitere Untersuchungen sind nötig. Einflüsse im afrikanischen Wintergebiet können nicht ausgeschlossen werden. Kenntnisse zum Überwinterungsgebiet des Halsbandschnäppers in Afrika sind allerdings sehr spärlich, und von seinen ökologischen Ansprüchen im Winterquartier ist noch weniger bekannt (Kap. 15.8.7, 15.10). Überzeugende Zusammenhänge zwischen den Trockenjahren in W-Afrika (Kap. 15.10) und dem Bestandsverlauf in Wäldern von SW-D lassen sich jedoch nicht herstellen.

Trauerschnäpper *(Ficedula hypoleuca)*

Mäßig häufiger Brutvogel, LSZ, Nachtzug. Verbreitung W-paläarktisch. *F. h. hypoleuca* im W von NW-Afrika, F, Spanien, GB bis W-Sibirien im E. Von Fennoskandien südlich 70° N bis ins südliche M-Europa. Überwintert im tropischen Afrika zwischen etwa 14° N und Äquator. Wegzug aus Skandinavien, M- und E-Europa nach Ringfunden ganz überwiegend SW (ZINK 1985). Zu erwartende Herkunft der Dz am RM aus S-Schweden, FIN, dem Balt., RUS, Belarus, PL, CZ und D.

Bestandsentwicklung: In Schweden und FIN langfristig stabile Bestände (ANDERSSON et al. 1991, VÄISÄNEN et al. 1989). Nach dem Eu-ATL Zunahme in beiden Ländern. In EST Rückgang Anfang 1970er Jahre, danach Erholung, langfristig stabil (LEIBAK 1994), zunehmend nach dem Eu-ATL. In GB ähnlicher Trend wie am RM mit Zunahme ab Mitte 1980er (MARCHANT 1990).

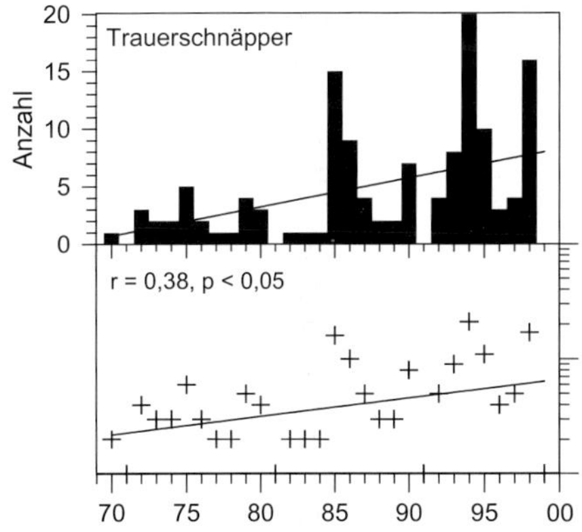

Abb. 17.59a: *Ficedula hypoleuca.*

Siedlungsdichten in N-D bis in die 1980er Jahre zeigen einen positiven Trend (FLADE & STEIOF 1989). Nistkastenbelegungen bei Braunschweig mit hohen Werten 1964 - 1973, dann Rückgang bis nach 1980, seitdem wieder Anstiege (WINKEL 1996a). In Schleswig-Holstein seit einigen Jahren in verschiedenen Regionen stark rückläufige Bestände (KOOP, FRANKE in Rundschreiben der OAG Schlesw.-Holst. und Hamburg 1998) und mit Abnahmen um 20 - 50 % während der vergangenen 20 Jahre eine ähnliche Entwicklung in DK (GRELL 1998).

Zahlreiche Untersuchungen an Populationen des Trauerschnäppers sind durch Nistkästen beeinflußt. Dabei zeigen sich in Nistkastenflächen von GB über Norwegen im Norden bis D und CH im Süden nach der oft explosiv verlaufenden Gründungsphase mit hohen Besetzungsraten rückläufige Ergebnisse bis hin zur Räumung durch die Art. In Nistkästen südwestdeutscher Wälder nach anfänglich guter Besetzung 1950 - 1960, der intensivsten Nistkasten-Installationsphase, mehr oder weniger beständige Rückgänge, wobei die Entwicklung parallel zu derjenigen von *F. albicollis* verläuft (Abb. 17.59b, GATTER & SCHÜTT in Vorber.). Auch bei mitteleuropäischen Revierkartierungen sind häufig Nistkästen beteiligt, die natürliche Verhältnisse beeinträchtigen. Demgegenüber gibt der Eu-ATL für die meisten Länder nur geringfügige Schwankungen an. Dabei werden speziell im Norden Europas mit großen Populationen in FIN, Schweden und EST eher Zunahmen gemeldet, wogegen die Zahlen in einigen (überwiegend südlichen) Ländern mit unbedeutenderen Populationen abnehmen (TUCKER 1994).

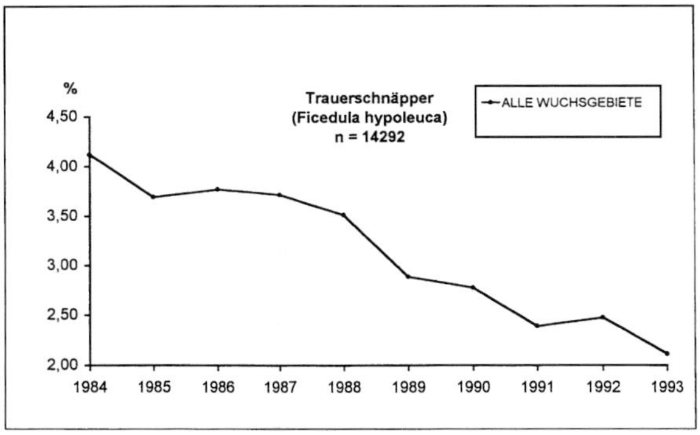

Abb. 17.59b: Entwicklung der Bruten des Trauerschnäppers in baden-württembergischen Wäldern aller forstlichen Wuchsgebiete = Naturräume (bis 200.000 Nistkästen). Dargestellt ist die prozentuale Nistkastenbelegung mit dem Anteil aller erfolgreichen Bruten. – *Population development of* Ficedula hypoleuca *in forests of Baden-Württemberg (up to 200 000 nest boxes), showing percentage of occupied boxes producing fledged young.*

RM: Abb. 17.59a beinhaltet nur die zweite Hälfte des jahreszeitlichen Durchzugs. Ab der Mitte des hier behandelten Zeitraums 1970 – 1999 zogen deutlich mehr Trauerschnäpper am Tage durch. Dies würde sich mit den hier erwähnten Zunahmen nordeuropäischer Populationen dekken und läßt zeitliche Abhängigkeiten zu den Dürren in Westafrika vermuten.

Diskussion: Die Bestandskurven aus GB, am RM und bei Braunschweig (WINKEL 1996a) könnten eine Schädigung der Bestände durch afrikanische Trockenjahre vermuten lassen, mit Erholung ab Mitte 1980er Jahre. Nach Ringfundrichtungen und Länderpopulationsgrößen könnte der größte Teil der Dz in S-D aus RUS, Schweden und FIN kommen, Ländern mit zunehmenden (FIN, S) bzw. unbekannten Bestandstrends, in denen die Art ohnehin die bedeutendsten Vorkommen hat. Zu den in S-D kontinuierlich abnehmenden Brutbeständen siehe Halsband- und Grauschnäpper.

Schwanzmeisen *Aegithalidae*, Meisen *Paridae*

Schwanzmeise *(Aegithalos caudatus)*

Mäßig häufiger Brutvogel, Standvogel und Teilzieher mit Evasionsneigung, Tagzug. Verbreitung paläarktisch. *Ae. c. caudatus* in Skandinavien, FIN, PL und RUS bis Ural; *Ae. c. europaeus* südlich davon, ab DK und S-PL bis zu den Alpen im S, vom zentralen Frankreich im W bis zur S-Ukraine. Überwintert im Brutareal. Wegzug aus FIN, Balt. und NW-RUS in Richtung SW-SSE. Innerhalb von 13 Tagen wurden bis zu 750 km zurückgelegt (ZINK 1981). Zu erwartende Herkunft der Dz am RM aus BWü., Bay., NE-D, CZ, evtl. Balt., FIN und NW-RUS.

Bestandsentwicklung: In Schweden und FIN stark fluktuierende, aber stabile Bestände (ANDERSSON et al. 1991, ROBERTSON & BERG 1992, HILDÉN 1988). KOSKIMIES (1989) erwartet Rückgänge in Folge der modernen Forstwirtschaft. In DK mit der Waldfläche und dem Waldalter zunehmend (GRELL 1998). In GB deutliche Zusammenhänge mit Kältewintern. Einbrüche 1963, 1979, 1983 (MARCHANT 1990), sonst jedoch seit 25 Jahren stabil (SANDERSON et al. 2000). In D keine klaren Anzeichen von großräumigen Bestandszu- oder abnahmen (HVM 1993). Die von GATTER (1970d) beschriebenen Dichten in Obstwiesen werden heute möglicherweise nicht mehr erreicht. In einem 90 ha großen Waldgebiet in CH war die Population 1948/49 und 1992/93 gleich groß (AMANN 1994).

Am **RM** sehr auffälliger Verlauf. Tiefpunkt in den 1980er Jahren und höhere Zahlen davor und danach. Das Bestandstief deckt sich mit dem Populationshöhepunkt bei den Mardern. Starkes Invasionsjahr 1972 (GATTER 1973b) zusammen mit anderen Meisenartigen. Weitere starke Jahre erst wieder 1995 und 1999. Der Anteil von *Ae. c. caudatus* war im Invasionsjahr 1972 höher als normal und verschiebt sich am RM in einzelnen Jahren auch erst im Winter zugunsten dieser Unterart, z. B. 1993/94, einem Invasionsjahr auch bei eigentlichen Meisen, das zunächst im Herbst bei der Schwanzmeise keine auffälligen Zahlen erbrachte. Somit war eine Fortsetzung des Zuges, evtl. in Form von Winterfluchten, wahrscheinlich, die dann höhere Anteile weißköpfiger Vögel zu uns führte.

Diskussion: Die Schwanzmeise ist als Freibrüter in ihrem Bestand weit weniger oder nicht vom Waldalter abhängig, meidet aber großflächige Jungwuchsflächen. Im Wald hat sie seit Jahrzehnten von Flächenzugängen profitiert (Kap. 15.2), so daß sie auch bei gleichbleibenden Siedlungsdichten zugenommen haben müßte. Auch außerhalb des Waldes verzeichnet sie bundesweit Flächengewinne durch nachlassende Brennholznutzung entlang von Gewässern und in Windschutzhecken, die inzwischen waldartig durchgewachsen sind und innerhalb W-D einheitlich Alter von 30 – 50 Jahren erreicht haben. Diese Neubesiedlungen über Arealauffüllung sind in BWü. gut belegt (Verf.). Aus über 200 Revierkartierungen

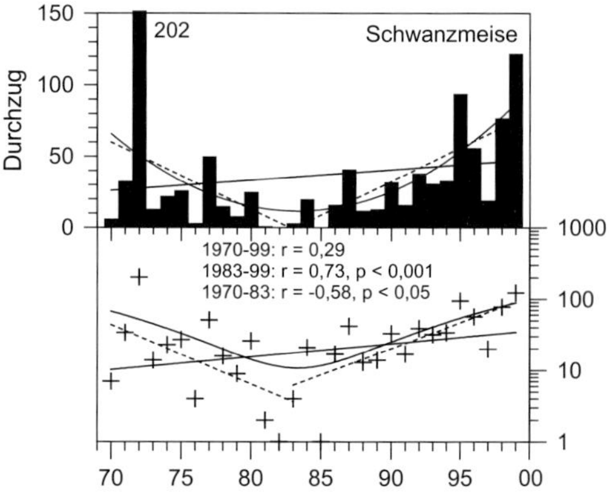

Abb. 17.60: *Aegithalos caudatus.*

um das RM seit 1990 ergeben sich in Wäldern extrem geringe Dichten von 0,14 BP/10 ha Wald, die geringer sind als die der 1960er/1970er Jahre bei damals allerdings kleinerer Datenbasis (E. VOTTELER, H. HAUßMANN, Verf.). In dem großen Material, das auch Aufnahmen in Obstwiesen mit einschließt, finden sich keine Hinweise auf Dichten, wie sie hier vor 1970 gefunden wurden (GATTER 1970d). Nach wie vor erheblich höhere Dichten werden in kleinen Auewald-Resten am Neckar mit lokal bis zu 3 BP/5 ha gefunden. Ob allein die Habitatveränderung oder geänderte Prädationsverhältnisse die Ursache sind, muß offenbleiben. Die bei der Schwanzmeise festgestellten Nestverluste durch Prädatoren gehören mit zu den höchsten, die von Singvögeln bekannt sind (Beispiele HVM). Nach RIEHM (1970) ist Nestprädation bei der Schwanzmeise neben den Verlusten in harten Wintern – die wir heute kaum mehr haben – der bestandsbegrenzende Faktor. Rabenvögel, Marder und Katzen sind demnach in Süddeutschland für 70 % der Nestverluste verantwortlich, in der Literatur finden sich noch höhere Werte (RIEHM 1970, HVM). Der muldenartige Verlauf am RM mit Tiefpunkt in den 1980er Jahren zeigt Parallelen zu anderen Arten mit möglicherweise „marderabhängigen Populationsverläufen“ (Kap. 16). Ein weiterer Hinweis auf möglicherweise starke Prädationseinflüsse könnten die gegenüber den 1960er Jahren heute deutlich geringeren durchschnittlichen Schwarmgrößen dieser hochsozialen Art sein (RIEHM 1970, eigene Beobachtungen).

Sumpfmeise *(Parus palustris)*

Häufiger Brutvogel. Standvogel ohne bekannte Invasionsneigung. Verbreitung von F, S-GB, S-Skandinavien bis NW-RUS und Schwarzes Meer im E.

Bestandsentwicklung: Insgesamt in fast allen europäischen Ländern stabil (Eu-ATL). Arealausweitung und Zunahme in Aufforstungsländern wie NL. In DK 1980/81 auf hohem, danach seit 1983 auf niedrigerem Niveau (60 – 70 %) recht konstant (GRELL 1998). In D wohl in den letzten 100 Jahren sowohl Flächenverluste durch Nadelbaumanbau (HVM) als auch gleichzeitig Zunahmen durch enorme Flächenzugewinne von Wald und älter werdenden Wäldern (Kap. 15.2, 15.8.3). In GB nach Arealerweiterung Mitte des 20. Jh. (MARCHANT 1990) inzwischen für die letzten 25 Jahre Rückgang von > 50 % (SANDERSON et al. 2000). Zunahmen in CZ.

RM: Im Bereich der Station zunehmend. Meist auch während Meiseninvasion keine Zugneigung bemerkbar. Ausnahmen 1980, 1993, 1996.

Diskussion: Gelegentlich berichtete Rückgänge könnten angesichts der Zunahme anderer Arten aus Laubwäldern wie Kohl- und Blaumeise auf interspezifische Konkurrenz zurückzuführen sein (MARCHANT 1990, HVM). Eigene Siedlungsdichteuntersuchungen 1970 – 1997 belegen Zunahmen evtl. parallel zum steigenden Durchschnittsalter der Wälder, die dann auch die von ihr bewohnten Spalten und erweiterbaren Höhlen in größerem Umfang bieten (Kap. 15.8.3). Siehe dazu LECLERCQ zit. in HVM.

Weidenmeise *(Parus montanus)*

Häufiger Brutvogel. Ausgeprägter Standvogel. Nur ausnahmsweise Neigung zu Wanderungen mit Invasionscharakter. Verbreitung von GB und F im W, von Fennoskandien südwärts bis Alpen, im E bis zum Sibirischen Pazifik.

Bestandsentwicklung: In F, NL, N-D, DK und CZ Arealausbreitung und Bestandszunahmen v. a. in den letzten 3 Jahrzehnten. Skandinavische Bestände teilweise abnehmend (Eu-ATL, HVM), in EST seit Jahrzehnten stabil (LEIBAK 1994), in LIT zunehmend (BAUMANIS & CELMINŠ 1993). HÖLZINGER (1987) beziffert die beiden Hauptvorkommen in BWü. – Oberrheingebiet und Alpenvorland – noch auf 1.000 Paare, den (inzwischen stark angewachsenen) Gesamtbestand in BWü. (1997) auf 5.000 BP. Seit Mitte der 1960er Jahre breitet sich auf der Schwäbischen Alb zwischen 700 und 900 m eine neue Population aus (GATTER 1970d, BADTKE et al. 1971). Sie ist hier fast ausschließlich an junge 10- bis 30jährige Fichtenbestände bzw. an Heiden mit Fichtensukzessionen gebunden (GATTER 1994b) und rückte innerhalb von 30 Jahren mit etwa 1 km/Jahr von S

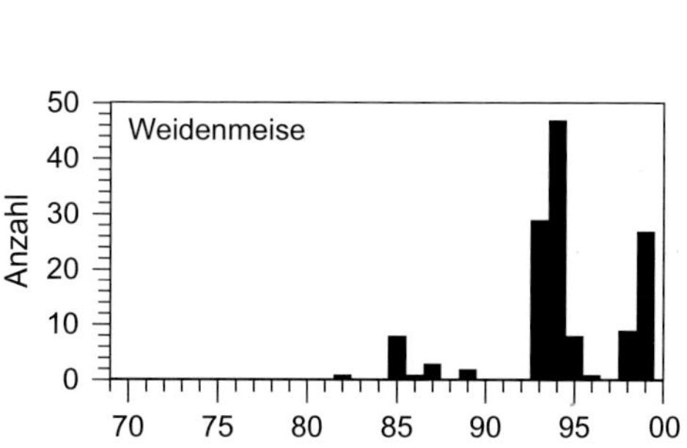

Abb. 17.61: *Parus montanus.*

und E auf das RM vor. Die Größenordnung dieser Albpopulation umfaßte 1996 wohl schon weit über 1.000 Paare, erlitt aber im Winter 1996/97 enorme Verluste (Verf.).

RM: Bis Mitte 1980er Jahre unregelmäßig, nicht aktiv ziehend beobachtet. Seither alljährlich, mit starkem Auftreten 1994, wohl nicht allein von Vögeln der nächsten Umgebung. Trotzdem ist das verstärkte Auftreten eher als Dismigration nicht allzu weit wandernder Vögel (der Alb) denn als Zug zu bewerten, da auffällige „Ausbrüche" in Zugrichtung nicht bemerkt wurden. Andererseits berichten BAUMANIS & CELMINŠ (1993) von verstärktem Zug dieser Art an der litauischen Küste.

Diskussion: Die Gesänge der sich im Umfeld des RM vermehrenden Population entsprechen der Tieflandform, das neu besiedelte Habitat, oft eintönigste Fichtendickungen und -stangenhölzer, eher dem der „Alpenmeise". Hohe Plastizität in Sachen Habitatanpassung hat dazu geführt, daß die Weidenmeise innerhalb eines Jahrzehnts vom Rote Listen-Status A 3 gefährdet (HÖLZINGER 1987) zum relativ häufigen Bewohner der Fichtenmonokulturen wurde. Bruten häufig in totem Laubholz, vor allem in unterdrückten weißfaulen Buchen, aber auch in Hainbuche, Fichte, Hasel, Vogelbeere, Feldahorn und Stubben des Vorbestandes. Diesen Biotoptyp gibt es hier erst seit etwa 100 Jahren in zunehmendem Maße (Kap. 15.8.3). Der Rückgang in den Auen steht möglicherweise in Zusammenhang mit der Konkurrenz zu häufiger werdenden Meisenarten und mit der höheren Nestprädation durch Buntspecht und Marder in offeneren Wäldern. Die Bevorzugung von 10- bis 30jährigen Fichtenstangenhölzern, die für den Buntspecht ebenso wie für Bilche, Eichhorn und Eichelhäher zur Nahrungssuche offensichtlich eine geringe Attraktivität aufweisen, könnte als Antiprädationsverhalten gedeutet werden.

Der Preisverfall des Schwachholzes seit ca. 20 Jahren, besonders seit 1990, und die daraus resultierenden Totholzakkumulationen haben sicher ebenso zur Förderung der Art beigetragen wie der Totholzmangel der vergangenen 100 Jahre ihre Ansiedlung und Ausbreitung behindert hat.

Haubenmeise *(Parus cristatus)*

Häufiger Brutvogel der Nadelwälder. Standvogel, kaum oder nicht ziehend. Verbreitung: Schottland, Fennoskandien und NW-RUS bis 66° im N, im SW bis Spanien und F, N-Italien, Balkan bis zum S-Ural.

Bestandsentwicklung: Von der litauischen Küste berichten BAUMANIS & CELMINŠ (1993) von ansteigenden DZZ. Zunahmen über Arealerweiterungen in F, B, NL, DK (HVM).

RM: Wohl ausnahmslos Jungvögel tauchen überwiegend vor dem Standard-Erfassungszeitraum auf. Kein erkennbarer Trend, sehr geringe Zahlen, nicht eindeutig ziehend und sowohl vom jahreszeitlichen Erscheinen als auch vom Verhalten eher dismigrierend. Abb. 17.62 zeigt nur die späten Vögel.

Diskussion: Haubenmeisen müssen in den vergangenen 100 Jahren in M-Europa durch die Ausdehnung des Nadelholzanbaus bis in die Tieflagen enorme Areal- und Bestandsgewinne erzielt haben. Deren Größenordnungen vermögen bisherige Schilderungen (HVM) nur ungenügend wiederzugeben. Dieser Populationsanstieg über Flächengewinne geht derzeit weiter und trotz einer Umkehr zum verstärkten Laubholzanbau werden in den nächsten Jahrzehnten weitere beträchtliche Nadelholzaufforstungen in das für die Art taugliche Alter hineinwachsen. Die Waldverluste durch Waldsterben in einigen Silikatgebirgen reichen, da flächenmäßig unbedeutend, bisher nicht aus, diesen Trend umzukehren. Die Sturmschäden seit 1990 und der Verfall der Holzpreise haben zu Totholzanreicherungen geführt (Kap. 15.8.3.5), was sich derzeit in einer rasant positiven Entwicklung auf die Siedlungsdichten der Art auswirkt. Die Art brütete in den 1960er Jahren in totholzfreien Fichtenwäldern bei einem Nistkastenüberangebot in Nistkästen (bis 6 Bruten/30 ha, GATTER 1970d). In den selben, heute viel totholzreicheren Beständen meidet sie Nistkästen völlig,

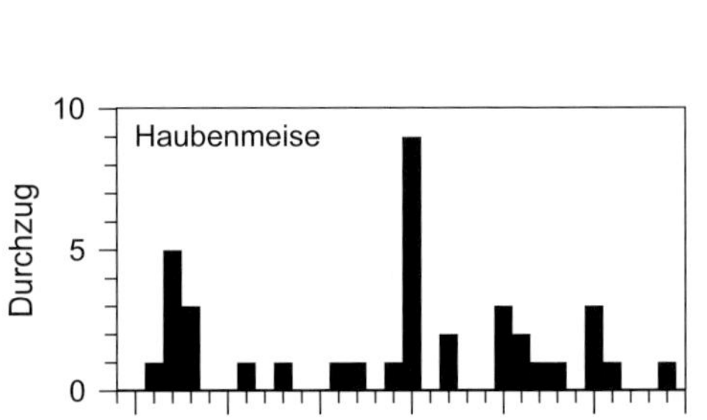

Abb. 17.62: *Parus cristatus.*

ist jedoch gleichzeitig in selbstgebauten Höhlen häufig. In den 1960er Jahren lagen die Revierdichten bei 0 – 2 Revieren/10 ha (GATTER 1970d), in den frühen 1970er Jahren bei durchschnittlich 0,8 (0 – 4) Revieren/10 ha (n = 18 Flächen). In über 50 vergleichbaren Flächen wurden nach 1990 durchschnittlich 3,3 Reviere und höchste Dichten von 9 Revieren auf 10 ha festgestellt (H. HAUßMANN, E. VOTTELER, Verf.). Dieser bisher nicht dargestellte Siegeszug der Haubenmeise ist – neben dem Nadelholzanbau – in erster Linie eine Folge der sozioökonomisch bedingten Veränderungen unserer Wälder mit hohen Totholzanteilen in jüngeren Beständen. Sehr hohe Brutverluste durch Buntspecht und Marder werden in älteren Beständen beobachtet, wo zur Bestandserhaltung Zuzug aus Nachbargebieten vermutet werden kann. Höchste Bruterfolge trotz dennoch erstaunlich hoher Verluste in 15- bis 30jährigen Nadelstangenhölzern, die für den Buntspecht und die Marder zur Nahrungssuche offensichtlich eine geringe Attraktivität aufweisen (siehe Weidenmeise). Der Bau nur einmal benutzter Höhlen ist zudem eine offensichtlich erfolgreiche Strategie gegen Nesträuber, die Naturhöhlen kennen und regelmäßig aufsuchen.

Tannenmeise *(Parus ater)*

Eher häufiger Brutvogel, TZ mit Evasionen, Tagzug. Verbreitung paläarktisch. *P. a. ater* von Fennoskandien bis S-Europa, im W vom Atlantik bis zum Pazifik im E. Überwintert im gesamten Brutareal, bei großen Evasionen jedoch auch außerhalb dieser Grenzen. Wegzug nach Ringfunden SW-WSW (LÖHRL 1974, HVM), aus Fennoskandien vorzugsweise SW-W, aus N-D WSW-W, bis zu 2500 km (BWP). Zu erwartende Herkunft der Dz am RM aus Fennoskandien, PL, NW-RUS, Balt., CZ und D. Überwinterungsgebiete S-D bis F, Spanien, Portugal und Italien.

Bestandsentwicklung: In Schweden bei starken Fluktuationen offenbar stabil (ROOS 1993). In FIN ansteigend bzw. stabil (KOSKIMIES 1989, VÄISÄNEN et al. 1989, HILDÉN 1988). Der Bestandsindex in DK ist 1976/78 und 1993/96 gleich hoch, durchlief jedoch in der Zwischenzeit ein langes Tal mit Werten bis unter 50 %, nicht unähnlich der Situation am RM (siehe dazu Abb. 16.3). Zwischen 1971/74 und 1993/96 hat die Zahl besetzter Raster um 10 % zugenommen (GRELL 1998). In GB starker Anstieg 1964 – 1977, seither stabil und weniger fluktuierend als im übrigen Europa, dazu kommt die Ausbreitung in neu aufgeforstete Gebiete (MARCHANT 1990), die flächenmäßig bedeutend sind (AVERY & LESLIE 1990). In PL offenbar stabil (TOMIAŁOJC 1990), ebenso in EST, wo neuerdings weniger starke Invasionen registriert werden (LEIBAK 1994). In B, NL und D zahlreiche Meldungen über Zunahmen in Siedlungsdichteuntersuchungen (z. B. WINKEL & WINKEL 1985, Eu-ATL). Erhebliche Flächengewinne durch Aufforstungen der letzten Jahrzehnte (siehe Haubenmeise, Goldhähnchen und Kap. 15.8.2.7). Lokale Abnahmen (ZANG 1990, MÖCKEL 1992a, b) in Waldschadensgebieten werden teilweise kontrovers diskutiert. Durch immissionsbedingte Strukturveränderungen des Fichtenwaldes im W-Erzgebirge wurden Kohl- und Blaumeise gefördert, die Tannenmeise verdrängt (MÖCKEL 1992a, b). Nach ELLENBERG et al. (1985) findet die Tannenmeise in mäßig geschädigten, bereits aufgelichteten Wäldern optimale Bedingungen. KOLBE (zit. in MEINEKE & MENGE 1992) bezeichnet sie für das obere E-Erzgebirge als „eine der wenigen Arten, die ständig auch noch aus entnadeltem Fichtenwald zu hören sind".

RM: Die DZZ der Tannenmeise am RM unterliegen den für Invasionisten typisch starken Schwankungen. Die Erfassung zeigt seit 1968 ca. vier starke und eine sehr starke Invasion 1974 und insgesamt wohl stabile Verhältnisse. Median- und Quartilenwerte der stärkeren Invasionen haben sich um mehr als eine Pentade zum Winter hin verschoben.

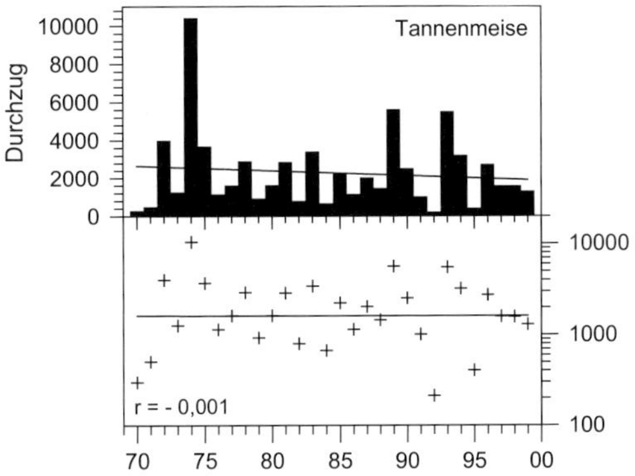

Abb. 17.63: *Parus ater.*

Diskussion: Bezogen auf M-Europa sind Flächen mit Negativtrends derzeit wohl unbedeutend. Großräumig betrachtet zeigen sich starke Fluktuationen, die vorwiegend durch Mast- bzw. Fehlmastjahre bei der Fichte (Kap. 15.8.4) ausgelöst werden. Heutige Invasionen der Tannenmeise aus M- und N-Europa dürften weniger verlustreich ablaufen, da sie über ganz M- und S-Europa ein weit höheres Angebot an Nadelwäldern vorfinden als früher (siehe Winter- und Sommergoldhähnchen und Kap. 15.8.2.7, 15.8.4). Invasionen werden deshalb heute weniger einem „Totwandern" gleichkommen. Bei der Beurteilung zukünftiger Bestandstrends ist zu differenzieren zwischen:

1. der Entwicklung von Gesamtpopulationen aufgrund möglicherweise noch jahrzehntelanger Zunahme geeigneter Waldbestände (Gatter 1994b) und somit der Auffüllung innerhalb des Verbreitungsareals und
2. Siedlungsdichten auf beschränkten Flächen. Die bei gleichem Alter durch bessere Waldernährung usw. (Kap. 15.8.3.2) heute auf vielen Standorten höher werdenden Bestände mit mehr Vegetationsvolumen/ha (Abb. 15.8.8) werden möglicherweise Auswirkungen auf Siedlungsdichten und interspezifische Konkurrenz haben. Bessere Ernährungsbedingungen (15.8.4) können zu Zugwegverkürzungen und Änderungen im Invasionsverhalten und der Zugvogelanteile führen, wie die Hinweise aus EST und der jahreszeitliche Verlauf der Invasionen am RM bereits heute andeuten.

Blaumeise *(Parus caeruleus)*

Sehr häufiger Brutvogel, Standvogel mit geringem Zugvogelanteil und ausgeprägter Neigung zu Emigrationen, im N und E auch TZ, Tagzug. Verbreitung westpaläarktisch. *P. c. caeruleus* im N von Fennoskandien bis N-Spanien und Italien im S, vom Atlantik im W bis zum Ural und der Wolga im E. Überwintert im gesamten Brutareal. Wegzug aus N-, E- und M-Europa vorwiegend WSW-SSW bis max. 1600 km (HVM). Zu erwartende Herkunft der Dz am RM aus PL, CZ, E-D, S-D. Überwinterung südwärts bis Mittelmeergebiet.

Bestandsentwicklung: In Fennoskandien Arealerweiterung nach N. Fänge in Ottenby/S. und Zugzahlen in Falsterbo/S. zunehmend (Pettersson 1986, Karlsson 1993). In FIN Anstieg seit 1955 (Koskimies 1989), von Mitte der 1970er Jahre bis 1985 Verfünffachung (Hildén 1985). In DK nach lange konstantem Bestandsindex Anstieg während der letzten 4 Jahre und Zunahme besetzter Raster um 7,5 % (Grell 1998). In PL wachsen die Fangzahlen auf den Nehrungen stark an (Payevsky in Berthold 1990a). In GB Arealerweiterung nach N, seit 25 Jahren konstant (Sanderson et al. 2000). In M-Europa überwiegend stabile bis positive Entwicklungen (HVM), in Fangprogrammen z. T. gegenläufige Trends (B&B). Gesamtdeutsches DDA-Monitoring 1989 – 1995 mit steigenden Werten (Schwarz & Flade 1999) und auch für NW-D mehr oder weniger starke Zunahmen (Flade & Steiof 1989, Winkel 1996a).

RM: Die DZZ waren 1970 – 1981 durchschnittlich höher als in den eruptionslosen Jahren 1982 – 1988, was einem muldenähnlichen Tief gleichkommt, das sich vergleichbar bei vielen Arten zeigt (Kap. 18). Die Zahl ziehender Blaumeisen verdoppelte sich im letzten Drittel des Erfassungszeitraums gegenüber dem ersten Drittel, und sie ist derzeit um ein Mehrfaches höher als im mittleren Teil. Median- und Quartilenwerte verschoben sich im Berichtszeitraum um zwei Wochen Richtung Winter, während sich der zeitliche Ablauf des Zuges bei der Kohlmeise wenig änderte.

Diskussion: Blaumeisen sind überwiegend in Laubwäldern und Laubgehölzen häufig. Zahlreiche eigene Untersuchungen in ausgewählten Flächen zeigen, daß die Dichte positiv mit dem

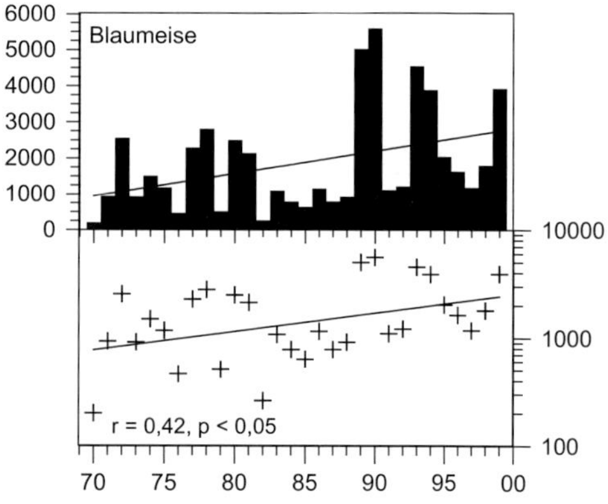

Abb. 17.64: *Parus caeruleus.*

Älterwerden des Waldbestandes korreliert. Siedlungsdichten scheinen allgemein zuzunehmen. Die Zahlen am RM spiegeln in der Regel die Entwicklung des Gesamtbestandes wider. Sie bestätigen die auch in der Literatur von verschiedenen Regionen konstatierten Populationszuwächse. Die wesentlich tiefer liegenden Zahlen mit invasionsfreien Jahren von 1982 – 1988 könnten möglicherweise, wie bei anderen Arten auch, durch die besonders hohen Marderzahlen in diesen Jahren beeinflußt sein (Kap. 16, 18). Der auffällige Anstieg in den 1990er Jahren, der auch mit dem Rückgang der Marder in Wäldern einhergeht, ist auch bei vielen anderen Höhlenbrütern zu verzeichnen (Kap. 16, 18).

Angesichts von Sukzessionsgewinnen, wohl gleichbleibenden Laubwaldanteilen und flächenmäßig zunehmenden Nadelwaldanteilen im besiedelbaren Alter in den Einzugsgebieten (Kap. 15.2, 15.8.2, 15.8.3) müßten Blaumeisen zunehmen. Der in Kap. 15.8.3 geschilderte Gesamtkomplex (s. auch Abb. 15.8.8, 15.8.9), das ansteigende durchschnittliche Waldalter, die zunehmenden Vegetationsvolumina und die mit dem Waldalter steigende Waldsamenernte, dürfte der mit Abstand dominierende Faktor für die Zunahme sein. Dabei haben Bucheckern bei der Blaumeise einen zwar wichtigen, aber nicht den gleichen Stellenwert wie bei der Kohlmeise. Es konnte kein quantifizierbarer Zusammenhang zwischen ihrem Zuggeschehen und der Buchenmast festgestellt werden. Dennoch ist zu erwarten, daß Mastjahre der Buche für die Blaumeise eine Entlastung vom interspezifischen Konkurrenzdruck durch die Kohlmeise darstellen.

Ebenfalls wichtig ist die Zunahme von Gehölzen im Offenland und in Gärten, die in den vergangenen Jahren immer mehr in ein für Blaumeisen besiedlungsfähiges Alter hineinwachsen. Vielfach diskutierte Gründe für die Areal- und Bestandszugewinne sind ferner die zunehmende Winterfütterung und Nistkastenzahl, milde Winter und die Zunahme von Röhricht (HVM, B&B). Sie können diese Entwicklung verstärken.

Geringfügig längere Vegetationsperioden (Rapp 1991, Rapp & Schönwiese 1994, Kap. 15.9) könnten ebenfalls Vorteile haben: Schild- und Blattläuse sind ein ganzjährig wichtiger Bestandteil der Ernährung (HVM). Für deren Zunahme spricht auch die Häufung von Gradationsjahren bei aphidophagen, räuberischen Schwebfliegen in den vergangenen Jahren (Gatter & Schmid 1990, Station RM unveröff.). Die Verlängerung günstiger Vermehrungsbedingungen um wenige Tage kann bei Blattläusen ein exponentielles Anwachsen der Bestände verursachen (z. B. Brauns 1970, Scheurer 1964). Die für Wälder genannten Veränderungen lassen aber auch ohne klimatische „Verbesserungen" ein höheres Nahrungsangebot erwarten (siehe Kohlmeise und Kleiber).

Kohlmeise *(Parus major)*

Sehr häufiger Brutvogel, Standvogel/TZ mit ausgeprägter Neigung zu Invasionen, Tagzug. Verbreitung paläarktisch, orientalisch. Gesamtes Europa, im E bis zum Pazifik. Überwintert innerhalb des Brutareals. Wegzug aus Skandinavien und M-Europa nach Ringfunden stark variierend und bis 2.200 km weit, vorzugsweise nach SW. Zu erwartende Herkunft der Dz am RM aus RUS, Belarus, Balt., PL, CZ und D (HVM). Überwinterungsgebiete der Ziehenden südwärts bis Italien, Spanien und Portugal.

Bestandsentwicklung: Fennoskandische Populationen sind nach jahrzehntelangem Anstieg jetzt mit periodischen Schwankungen stabil (MARCHANT 1990) bzw. nach wie vor ansteigend (Koskimies 1989), in DK auffallend konstant (Grell 1998). In GB seit 25 Jahren stabil (Sanderson et al. 2000). Anstieg in NL (SOVON) und B (HVM). In EST Zunahme seit den 1950er Jahren (LEIBAK 1994). Auch in D überwiegen Zunahmen (HVM, Möckel 1992b, Winkel 1989, 1993, Schwarz & Flade 1996).

RM: Die Entwicklung der DZZ hat große Ähnlichkeit mit derjenigen der Blaumeise bei zurück-

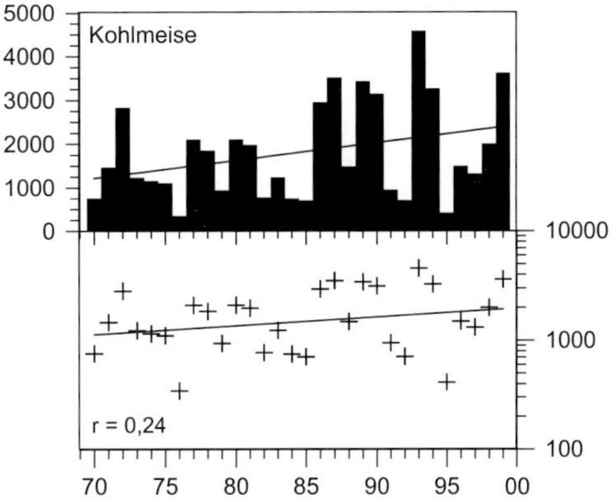

Abb. 17.65: *Parus major.*

gehenden Zahlen bis 1985. In der zweiten Hälfte des Erfassungszeitraums erfolgt ein deutlicher Anstieg. Die Spitzenwerte der individuenstärksten 8 Jahre sind fast doppelt so hoch wie die des ersten Zeitraums. Zwischen den Kohlmeisen-Invasionen und dem Samenertrag der Buche besteht ein deutlicher Zusammenhang. In 12 der 14 Jahre mit Fehl- oder Sprengmast der Buche wurde guter bis sehr guter Zug der Kohlmeise verzeichnet. In 5 der 8 Halb- bzw. Vollmastjahre gab es nur schwachen oder mäßigen Zug. Fehlt diese wesentliche Nahrungsquelle bei hoher Populationsdichte, erfolgt eine Emigration. Der Verlauf von Normal- und Invasionsjahren vermittelt den Eindruck von Gegenläufigkeit. Stärker werdenden Invasionsjahren stehen schwächer werdende Normaljahre gegenüber.

Diskussion: Die Diskrepanz zwischen dem Verlauf der Normal- und Invasionsjahre könnte auf Bestandszunahmen mit hohem Populationsdruck und nachlassender Zugbereitschaft in den übrigen Jahren hindeuten, als Folge von Nahrungsreichtum oder auf Grund klimatischer Faktoren. Die bei der Blaumeise geschilderten Ursachen für die Zunahmen gelten ebenso für die Kohlmeise. Zum heute höheren Waldalter kommt nach wie vor zunehmender Nadelwaldanteil sowie der Anbau exotischer Baumarten in Wald, Parks und Gärten hinzu, der die Fehlmastrisiken abschwächt (Kap. 15.8.4).

Arthropoden sind ein ganzjährig wichtiger Bestandteil der Ernährung (HVM). Geringfügig längere Vegetationsperioden (Rapp 1991, Rapp & Schönwiese 1994) könnten daher ebenfalls Vorteile bringen. Die klimatisch und evtl. eutrophierungsabhängige Zunahme von Arthropoden in Wäldern und Gehölzen ist kaum untersucht, aber im Zusammenhang mit der Zunahme des Vegetationsvolumens wahrscheinlich (siehe Blaumeise, Beutelmeise und Kap. 15.8.3.2, 15.8.3.6). Zudem spielen Pestizide in den Wäldern kaum mehr eine Rolle.

Die veränderten Bedingungen in den Wäldern dürften auch hier den Hauptfaktor der Bestandszunahme stellen, da sie quantitativ die bedeutendste Ressource der Art darstellen. Im Vergleich zum zunehmenden Nahrungsangebot in Wäldern dürfte den unmittelbar anthropogenen Faktoren wie Winterfütterung, Nistkästen und den milden Wintern (HVM) eine nicht unwichtige, aber eher puffernde Wirkung zukommen. Dafür spricht auch, daß Arten wie Schwanz- und Weidenmeise, Kernbeißer und Schwarzspecht, die nicht oder kaum von diesen Faktoren profitieren, ähnliche Verlaufskurven haben (siehe Diskussion dort sowie Kap. 16 und 18).

Spechtmeisen *Sittidae*, Baumläufer *Certhiidae* und Beutelmeisen *Remizidae*

Kleiber *(Sitta europaea)*

Sehr häufiger Brutvogel, Standvogel, Dismigrations- und Invasionsneigung (Gatter 1974a), Tagzug. Verbreitung: paläarktisch und NE-orientalisch. Ganz Europa bis M-GB und S-Skandinavien. *S. e. caesia* ostwärts bis DK und W-PL. *S. e. europaea* nördlich und östlich davon. Überwintert meist im Brutareal. Wegzug nach NNW-SSW bis 460 km, meist jedoch unter 100 km (Zink 1981). Zu erwartende Herkunft der Dz am RM aus BWü., N-Bay., E-D, CZ. Von 1480 in NE-D beringten Vögeln wurden nur 3 außerhalb der näheren Umgebung wiedergefunden (Klafs & Stübs 1987), von 200 Wiederfunden in W-D nur 8 in über 100 km Entfernung (Zink 1981, HVM).

Bestandsentwicklung: In GB, B (ab etwa 1975), NL und Skandinavien (Schweden ab ca. 1980) positive Langzeittrends (MARCHANT 1990, Bezzel 1993, Matthysen 1998), die in GB inzwischen zu einer Vervierfachung der Bestände seit 1970 (Wilson & Marchant 1997) geführt haben. In DK Bestandsindex zwischen 1980 und 1990 konstant, fällt danach aber deutlich ab, die Rasterbesetzung hat aber von 1971/74 bis 1993/96 um 20 % zugenommen (Grell 1998). In E-Bay. nach Maximum der prozentualen Belegung noch während der Aufhängephase der Nistkästen um 1950 ab etwa 1955 langanhaltende kontinuierliche Zunahme der Kastenbesetzung durch den Kleiber bis zum Ende der Datenreihe (Bäumler 1990). Busche (1993) fand Anstieg zwischen 1960 und 1990 im westlichen Schleswig-Holstein. Nistkastenuntersuchungen in Niedersachsen ergaben eine langfristig positive Entwicklung (Winkel 1996b).

Die Auswertung von insgesamt rund 500.000 Kleiberbruten in Nistkästen aus den Wäldern in BWü. ergab einen langanhaltenden Anstieg der Nistkastenbesetzungsrate: 1930 – 1950 zunächst eine leichte, dann eine deutlichere Zunahme bis 1985 und anschließend einen steilen Anstieg auf 12 – 14 % (Gatter 1998, Abb. 17.66b). In CH in einem größeren bewirtschafteten Waldbestand mit 94 ha Verdoppelung des

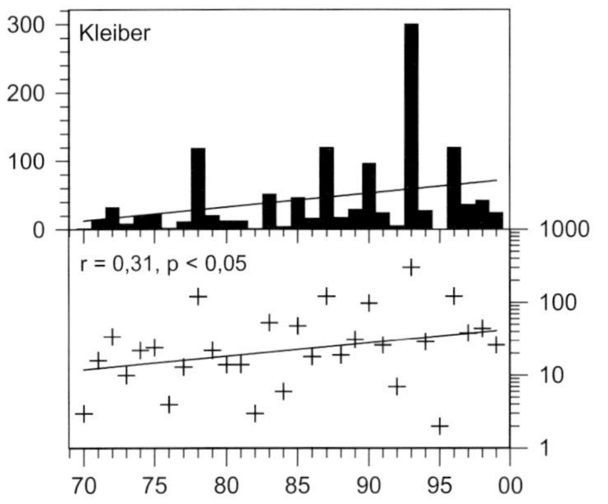

Abb. 17.66a: *Sitta europaea.*

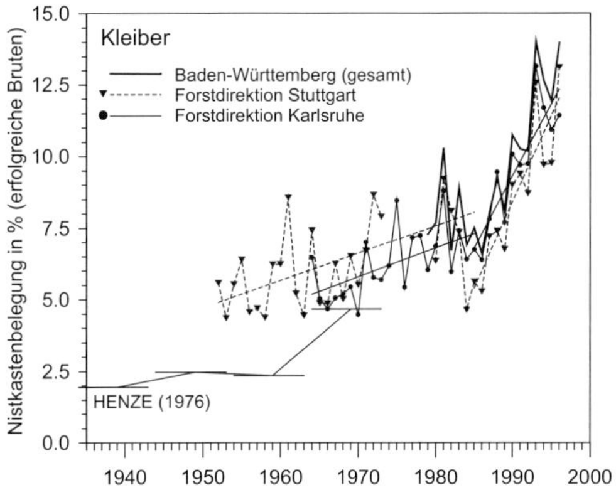

Abb. 17.66b: Entwicklung der Kleiberbruten in Nistkästen in baden-württembergischen Wäldern nach ca. 500.000 Kleiberbruten. Dargestellt ist die prozentuale Nistkastenbelegung mit dem Anteil aller erfolgreichen Bruten des Kleibers (aus GATTER 1998). – *Population development of* Sitta europaea *in forests of Baden-Württemberg (ca. 500 000 breeding attempts), showing percentage of occupied boxes producing fledged young.* Forstdirektion *=forestry administration district (from* GATTER *1998).*

Bestandes zwischen 1948 und 1993 (AMANN 1994). Für drei andere Gebiete in CH mit Nistkästen stellt MATTHYSEN (1998) negative Trends nach 1980 dar. Das Anwachsen der Brutbestände geht teilweise mit Abnahme des Bruterfolgs einher (MATTHYSEN 1998). In Parks überwiegend zunehmende Trends (z. B. B&B), aber hier nicht von Einflüssen des meist älter werdenden Baumbestandes zu trennen.

RM: Die Dz-Trends vom RM aus dem Standard-Erfassungszeitraum lassen das erste Fünftel des Zuges unberücksichtigt. Die mittleren jährlichen DZZ lagen 1970 – 1982 – außerhalb von Invasionsjahren – bei etwa 20 Vögeln, seitdem bei etwa 40. Nach 1972 (GATTER 1974a) war die nächste starke Invasion 1978. In der zweiten Hälfte des Erfassungszeitraumes erfolgten dann in rascherer Folge vier weitere mit über 100, 1993 mit über 300 ziehenden Kleibern. Den Invasionen der ersten Hälfte steht in der zweiten Hälfte also auch eine engere Folge von Invasionserscheinungen gegenüber.

Diskussion: Die seit Jahrzehnten anhaltende, aber dennoch weitgehend unbemerkt ablaufende Bestandszunahme ist ein typisches Beispiel dafür, wie wenig unsere bisherigen Monitoringmethoden häufigen Arten gerecht werden. Die heute bessere Waldernährung durch sich erholende Böden und vielfache eutrophierende Einflüsse, deren Ursachen in Kap. 15.5 geschildert werden, führen gegenüber früher auf vielen Waldböden zu höheren Waldbeständen und mehr Holzmasse auf dem gleichen Standort (Kap. 15.8.3.2). Generell ist die Zunahme des Holz- und Vegetationsvolumens/ha in praktisch allen Herkunftsländern zu beachten. Damit stieg die Waldsamenernte und wohl auch die animalische Produktion. Auch die Totholzreserven steigen seit 1990 stark an (Kap. 15.8.3.5). Dazu kommt der jeweils hohe Zuwachs an nutzbaren Flächen in Gärten neu entstandener Siedlungen und den Gehölzflächen der „offenen Landschaft“ durch Ende der Brennholznutzung sowie der Zuwachs an Waldfläche (Kap. 15.2). Zum heute höheren Waldalter kommt der Exotenanbau in Wald und Gärten, der Fehlmastrisiken abschwächt. Winterfütterung und Nistkastenangebot sowie mildere Winter dürften demgegenüber zweitrangig, aber nicht unwichtig sein. Der Verlauf der Zunahme mit deutlich stärkerem Anstieg seit ca. 1985 und seine Parallelen bei den Meisen legen ebenfalls Zusammenhänge zu den Dichten der Marder nahe. Daß die offenbar seit langem anhaltende Bestandszunahme kaum erkannt wird (HVM, Eu-ATL), liegt wohl an den angewandten Census- und Berechnungsmethoden. Im Gegensatz zum Eu-ATL mit überwiegend konstanten Beständen in den meisten europäischen Ländern der gemäßigten Klimazone ist nach den europäischen Waldentwicklungsdaten (Kap. 15.8) anzunehmen, daß Kleiber ziemlich einheitlich zunehmen. Die Angst vor der Waldfragmentierung (ENOKSON im Eu-ATL) dürfte nur in N-Europa mit seinen Großkahlschlägen real sein.

Baumläufer *Certhiidae*

Mit Ausnahme der Jahre 1982, 1986, 1991/92 wurden alljährlich ziehende und aktiv dismigrierende Baumläufer registriert. Ein Problem ist, daß sie im Fluge vielfach nicht unterschieden werden können. Der fast alljährlich ziehende/dismigrierende Gartenbaumläufer wird am RM eher beim Rastwandern von Gehölz zu Gehölz angetroffen und an Rufen bestimmt. Der aktive Streckenzug von Baumläufern verläuft am RM z. T. oberhalb der Baumkronen, weshalb eine Artbestimmung selten möglich ist. Waldbaumläufer könnten hier stärker beteiligt sein, aber Funde an Leuchttürmen lassen vermuten, daß speziell Waldbaumläufer auch nachts ziehen.

Waldbaumläufer *(Certhia familiaris)*

Häufiger Brutvogel, Standvogel, im N Invasionsvogel. Gelegentlicher Tagzug, Nachtzug ist nach Daten von HANSEN (1954) in erheblichem Maße anzunehmen. Verbreitung von Pyrenäen und GB im W bis zum Pazifik im E. In Skandinavien bis über 65° N, im S bis Balkan und den asiatischen Hochgebirgen. Nordeuropäische Waldbaumläufer sind als Invasionsvögel bekannt (HILDÉN & NIKANDER 1992, ZINK 1981, HVM) und erreichen dabei GB, W-Europa und das Mittelmeer (ZINK 1981). Auch mitteleuropäische *C. f. macrodactyla* werden wohl teilweise ziehen.

Bestandsentwicklung: Fluktuation offenbar vom Winterwetter abhängig. Bruten sind zudem sehr prädationsabhängig. In GB ohne Konkurrenz des Gartenbaumläufers im Farmland stabil, in Wäldern stabil bis zunehmend (MARCHANT 1990). In DK hat sowohl der Bestandsindex als auch die Rasterbesetzung zugenommen (GRELL 1998). Population in M-Europa weitgehend stabil, ebenso in Fennoskandien (HVM). In den 25 teilweise nicht alljährlich kontrollierten Revierkartierungsflächen (zusammen über 200 Vollaufnahmen) des Ökologischen Lehrreviers der Forstdirektion Stuttgart (Radius 30 km um das RM) nimmt die Art 1990 – 1998 fast linear zu und war 1980 seltener als um 1990 (E. VOTTELER, H. HAUßMANN, Verf.).

RM: Die Invasionsvögel, die besonders 1972 und 1993 am RM durchzogen, lassen keine Schlüsse auf Trends zu. Speziell die Vögel des Jahres 1972 dürften Angehörige der bedeutenden Invasion nordöstlicher *C. f. familiaris* gewesen sein. Zahlreiche Baumläufer können beim Zug keiner Art zugeordnet werden.

Diskussion: Ein Überblick der Literatur nährt den Verdacht, daß diese scheinbar leicht zu erfassende Art in Teilen M-Europas offenbar wenig erforscht ist. Für die meisten Siedlungsdichteuntersuchungen in M-Europa gilt wohl, daß der Bestand des Waldbaumläufers „selbst bei Einsatz von Klangattrappen beträchtlich unterschätzt wird“ (HVM). Der angewendete Zeitaufwand bei der Kartierung reicht vermutlich oft nicht aus. Zudem wird offenbar die Bandbreite der besiedelten Bestände besonders auch wegen mangelhafter Erforschung der Fichtenwälder stark unterschätzt, wie die ökologischen Profile bei FLADE (1994) für N-D vermuten lassen. „Weniger als 60jährige Bestände noch nicht bewohnbar“ (HVM). B&B geben intensiven Einschlag in Altholzbeständen und kurze Umtriebszeiten als Verlustursachen an. Demgegenüber ist die Art viel flexibler als angenommen.

Nach den oben angeführten Untersuchungen im Bereich des RM besiedelt die Art Fichtenwälder ab 30 – 40, Buchenwälder ab 50 Jahren. In nicht zu gut aufgeräumten Fichtenwäldern von 50 – 80 Jahren (somit vor dem Einschlagsalter) erreicht der Waldbaumläufer hier in collinen und submontanen Bereichen Dichten, die sich nicht von Laubalthölzern unterscheiden, solche von Buchenalthölzern sogar übertreffen. Dabei können in Nadelwäldern und Mischwäldern Werte bis um 10 Reviere/10 ha erreicht werden. Entsprechende oder höhere Werte werden im HVM nur für Urwälder und Bergmischwälder der CZ genannt. Offenbar gibt es bei dieser Art zudem ein erhebliches Dichtegefälle von S nach N. Die derzeit sicher über die oben geschilderten Beispiele hinaus zunehmende Art profitiert neben milden Wintern v. a. von den Stürmen von 1990. In diesem Zusammenhang sind die derzeitigen Zunahmen zu sehen, wobei anschließende Borkenkäferkalamitäten, der Preisverfall des Holzes, die damit steigenden Totholzvorräte und in deren Folge die besseren Nahrungs- und Brutbedingungen eine Rolle spielen (siehe auch Gartenbaumläufer). Die in diesem Zusammenhang und Zeitraum auftretenden Meiseninvasionen fanden beim Waldbaumläufer nicht die erwartete Parallele. M-europäische Waldbaumläufer der Unterart *macrodactyla* scheinen deshalb weniger zu Invasionen zu neigen, aber dennoch regelmäßige kürzere Wanderungen durchzuführen, wie auch Funde in den Alpen (ZINK 1981) und die Seltenheit in den Mittelgebirgen während mancher Winter vermuten lassen (Verf.).

Gartenbaumläufer ***(Certhia brachydactyla)***

Häufiger Brutvogel, Standvogel mit Dismigrations- und gelegentlicher Zugneigung. Tagzug. Verbreitungsgebiet von NW-Afrika und W-Europa bis zum Südrand der Nord- und Ostsee im N, dem Schwarzen Meer und Kleinasien im SE.

Bestandsentwicklung: Wie beim Waldbaumläufer sind Bestandstrends in den Zentren seiner Verbreitung kaum dokumentiert. Andererseits sprechen die Arealerweiterungen in N-D (BUSCHE 1993), DK (Eu-ATL) und Zunahmen der Beobachtungen bzw. Verdichtungen bestehender Population von Schweden bis PL (HVM) für einen gewissen Populationsdruck in den Verbreitungszentren. Die mitteleuropäischen Länder mit hohen Beständen melden fast ausnahmslos stabile Bestände (TUCKER 1994, Eu-ATL).

RM: Die Beobachtungen unbestimmter ziehender Baumläufer zeigen eine Verdichtung in der zweiten Hälfte des Beobachtungszeitraums mit schwächsten Werten im zentralen Zeitraum. Dasselbe trifft für die ziehenden Gartenbaumläufer zu und steht im Einklang mit den Verhältnissen bei den Meisen und dem Kleiber. Auffallend ist der fehlende Zusammenhang mit den Invasionsjahren des Waldbaumläufers und denen der Meisen. Besonders die Jahre 1993 – 1999 zeigen die Art als alljährlichen „Durchzügler" auf der Albhochfläche, wo Gartenbaumläufer nur ausnahmsweise brüten. Die im 30-km-Radius um das RM gesammelten Siedlungsdichtedaten lassen aus allerdings geringerem Material als bei *C. familiaris* außerhalb des Waldes auf eine Zunahme von 1970 bis Ende der 1990er Jahre schließen. Am Neckarabschnitt Esslingen-Nürtingen westlich des RM wurden 1972 nur 15, 1994 bei gleicher Methode 54 Reviere gezählt (Verf.). Ursache ist das heute viel höhere Gehölzalter durch aufgegebene Brennholznutzung und die seit langem eingestellte Nutzung der Weiden. Auch die inzwischen alten – während der „Pappelwelle" um 1950 gepflanzten – Pappeln entlang von Gewässern werden nach totalem Wertverfall seit etwa 1970 nicht mehr geschlagen. Interessant ist ein weiterer Fall. GATTER (1970d) schreibt „in lichten Eichenmittelwäldern, die zum Hochwald überführt werden, übertrifft die Art teilweise den Waldbaumläufer, so z. B. im Lindorfer Wald und am Plochinger Kopf". Beide Waldgebiete sind heute älter und viel dunkler als damals, die Holzmasse/ha hat deutlich zugenommen. Ohne eine Verschiebung zu Nadelbäumen hat sich auf beiden Flächen das Verhältnis zugunsten des Waldbaumläufers verschoben, wie Kartierungen 1992 und 1997 zeigten (H. HAUßMANN, E. VOTTELER, Verf.).

Diskussion: Die wohl hauptsächlichen Siedlungsgebiete in den fruchtbaren Niederungen mit Au- und Eichenwäldern hat die Art schon in den großen Rodungsperioden im Mittelalter verloren. In den vergangenen 1.000 Jahren förderte die Waldweide, später die Mittelwaldformen mit ihren überwiegend rauhborkigen Waldbäumen den Gartenbaumläufer. Insgesamt dürfte die großflächige Besiedlungsdichte damals als Folge der Waldarmut und dem Mangel an älteren Beständen gering gewesen sein (Kap. 15.2, 15.8.3). Der graduelle Anstieg der Fläche mit Altersklassenwald, besonders in den letzten 150 Jahren, schuf ein bis heute enormes Angebot besiedelbarer Flächen. Diese Entwicklung wurde auch dadurch nicht nachhaltig beeinträchtigt, daß Teile dieser neu entstandenen bzw. zahlenmäßig stärker besiedelbaren Wälder an den Waldbaumläufer fielen, der mehr die Misch- und Nadelwälder bewohnt. Der seit 200 Jahren anhaltende Wechsel zu fossilen Brennstoffen und der seit ca. 1960 sinkende Brennholzbedarf sowie der Waldzuwachs über Sozialbrachen und die in Waldsukzession übergegangenen Bach- und Feldgehölze, Hecken und Knicks (Kap. 15.2, 15.3, BUSCHE 1992) bescherten der Art bis heute, mit Ausnahme der Obstwiesengebiete, laufende Flächengewinne innerhalb des Besiedlungsareals. So sind auch die von RETTIG (1993) geschilderten positiven Entwicklungen in Ostfriesland zu sehen. Ohne zusätzliche Kriterien

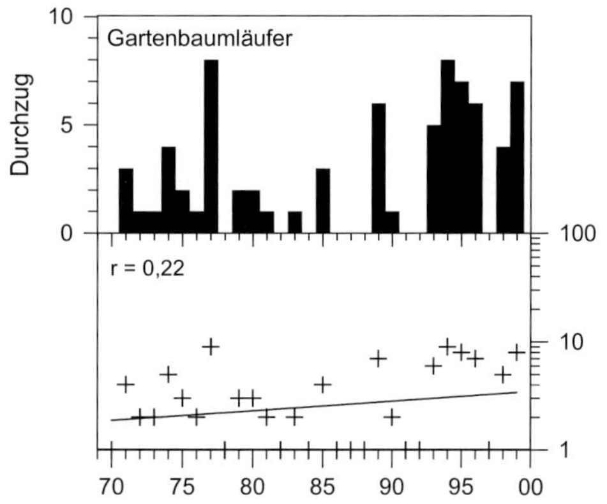

Abb. 17.67: *Certhia brachydactyla.*

wie die der Klimaerwärmung heranziehen zu müssen, sind dies auch die entscheidenden Faktoren, die eine Besiedlung neuer Areale an der Nordfront ermöglichen. Die Beispiele belegen aber auch, daß der Gartenbaumläufer in den heute vielfach bestandsklimatisch kühleren und dunkleren Wäldern (Abb. 15.9.5) auch ohne Wechsel in der Baumartenzusammensetzung Flächen an den Waldbaumläufer abtritt.

Beutelmeisen *Remizidae*

Beutelmeise *(Remiz pendulinus)*

Seltener Brutvogel, Mittelstreckenzieher und KSZ, Tagzug. Verbreitung: ursprünglich S-Europa und östliches M-Europa mit zersplittertem Vorkommen ostwärts bis fast zum Pazifik. Massive Vorstöße nach W besonders in den 1970er und 1980er Jahren.

Bestandsentwicklung: Nach ersten Brutansiedlungen ab etwa 1920 erfolgten mehrere Vorstöße nach W. Dauerhafte Brutvorkommen in D sind seit den 1950er Jahren, stärker ab den 1970er und massiv seit den 1980er Jahren registriert worden (HVM).

Am **RM** entsprechende Entwicklungen, wobei die meisten, in der Regel hoch ziehenden Vögel nur verhört wurden. Seit 1983 fast alljährlich und ab 1991 in größeren Zahlen.

Diskussion: In Anbetracht der Tatsache, daß höchstens ein etwa 200 m breiter Ausschnitt des Breitfrontzugs erfaßt wird und die in der Regel in Trupps ziehende, aber nur verhörte Art meist mit der Zahl 1 in die Listen eingeht, sind die tatsächlich über die Alb ziehenden Zahlen viel höher. Am benachbarten Paß „Sattelbogen" auf 600 m wurden Beutelmeisen ca. 5 – 10mal/Zeiteinheit häufiger registriert. Daß die Art auf dem Zug Flußtälern folgt (SCHÖNFELD in HVM), dürfte schon auf Grund der geographischen Ausrichtung der meisten deutschen Flüsse eher für rastwandernde Vögel als für solche beim aktiven Streckenzug gelten, der überwiegend SW- bzw. NE-Richtung hat (HVM). Auch wenn die Gesamtzahl der DZZ niedrig liegt: Gegenüber den Zahlen der ersten 10 Jahre entsprechen die des letzten Jahrzehnts dem Dreißigfachen, was übertragen der realistischen Bestandsvergrößerung in den Herkunftsgebieten von PL, CZ und D entsprechen könnte. Der Einfluß einer Verlagerung des Zugweges von ehemals östlich um die Alpen auf heute westlich bei weiterer westlicher Ausbreitung könnte zusätzlich mengensteigernd gewirkt haben (siehe FRANZ 1993).

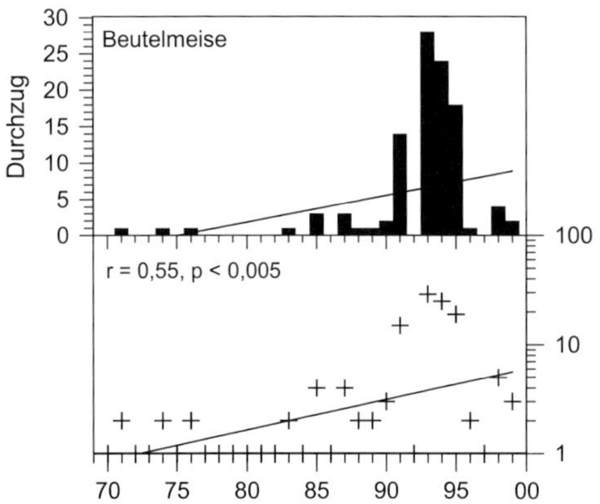

Abb. 17.68: *Remiz pendulinus.*

Pirole *Oriolidae* und Würger *Laniidae*

Pirol *(Oriolus oriolus)*

Verbreiteter Brutvogel in ganz Europa. Selten in GB und Skandinavien (HVM). LSZ, Schleifenzug. Überwinterungsgebiete hauptsächlich in E-Afrika zwischen Uganda und Kenia nach S bis zum Kapland, nach W bis Angola und SW-Afrika und in unbedeutenderen Zahlen auch in W-Afrika (BAUMANN 1999). Überwiegend Nachtzieher, aber auch regelmäßig Tagzug. Wegzugsrichtung aus M-Europa vorwiegend SE über das östliche Mittelmeer (ZINK 1975). Zu erwartende Herkunft der Dz am RM demnach aus NL, B und D.

Bestandsentwicklung: Rückgang in F und EST (Eu-ATL), konstant oder rückläufig in CH (CH-

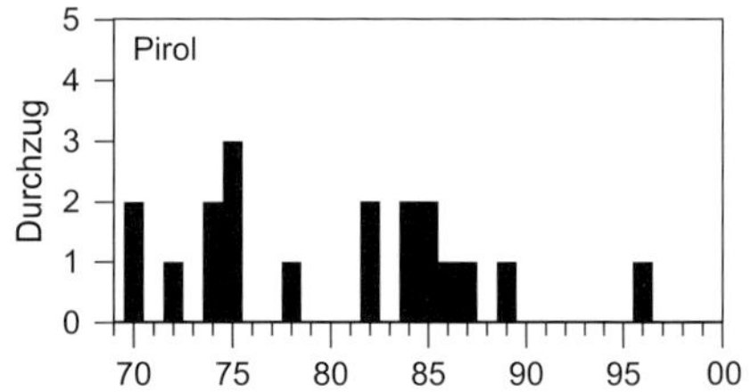

Abb. 17.69: *Oriolus oriolus.*

ATL). In DK zeigen sowohl Rasterbesetzung wie Bestandsindex dramatische Verluste (GRELL 1998). In D nur wenige, nicht gleichlautende Angaben über langfristige Bestandsveränderungen. Nach FLADE & STEIOF (1989) in N-D gleichbleibend. In Mecklenburg wohl stabil (KLAFS & STÜBS 1987). Am Bodensee nicht signifikanter Rückgang 1980 – 1990 (BAUER & HEINE 1992). Thüringen starker Rückgang in den letzten 100 Jahren (KNORRE et al. 1986). Im weiten Umkreis des RM 1957 – 1997 starker Rückgang (Verf.). Weitere Daten im HVM.

RM: Über 400 Dz mit erheblichen jährlichen Schwankungen überwiegend im Juli und August. Innerhalb des für die Art späten Standard-Erfassungszeitraums deutlicher Rückgang. Möglicherweise Wellenbewegungen, die nicht allein mit dem Tagzuganteil zusammenhängen. N-gerichtete Zugbeobachtungen nicht voll ausgefärbter Vögel spät im Juni mancher Jahre und in Trupps bis 5 lassen den Verdacht auf jüngere Nichtbrüter oder sogar Einflüge aus S-Europa zu.

Diskussion: Die Zusammenstellung der Bestandstrends im HVM läßt erkennen, daß Angaben über Abnahmen in M-Europa wohl überwiegen. Dabei lassen sich die angeführten Gründe bei den Einzeluntersuchungen nicht immer nachvollziehen. Zu den häufig genannten Ursachen wie der „Atlantisierung“ des Klimas, der zahlreiche Arealerweiterungen gerade in diesem Raum gegenüberstehen, ist eine möglicherweise wichtige Entwicklung übersehen worden. Der Pirol ist kein Vogel großer, zusammenhängender Waldgebiete bzw. dichter Wälder. Warme Waldinnen- und -außenränder, kleine Wäldchen mit Zugang zu parkartigem Gelände oder Obstwiesen, Alleen, Galeriewälder sagen der Art weit mehr zu. Neubesiedlungen erfolgen oft gerade in solchermaßen neu entstandenen Gebieten (siehe HVM). Bei den Biotopbeschreibungen nehmen deshalb Vorwald- und Lichtbaumarten (NIETHAMMER 1937), lichte Wälder (VOOUS 1962, HVM) eine besondere Stellung ein. Die unverkennbare Entwicklung der Wälder in den meisten Gebieten M-Europas weist aber in eine andere Richtung. Die Nachwirkungen der Mittelwaldwirtschaft mit lichten Wäldern schwinden von Jahrzehnt zu Jahrzehnt, ebenso die Randlinien aus der Kahlschlagswirtschaft und den starken Nachkriegsnutzungen (Kap. 15.2, 15.3, 15.8.2, 15.8.3). Stoffeinträge aus der Luft und andere Faktoren (Kap. 15.5, 15.8.3.2) wirken sich auf das Wachstum der Wälder aus. Das Resultat sind dichtere, höhere, dunklere Wälder als früher (Abb. 15.8.8). Insofern trifft die Aussage, daß der Pirol bis Ende des 19. Jh. möglicherweise häufiger und weiter verbreitet war als heute (HVM), wohl zu. Die gleichzeitige Ausbreitung nach N und NW steht angesichts einer günstigen Entwicklung der Brutzeittemperaturen im 20. Jh. ebensowenig im Widerspruch dazu wie die massive Aufforstungstätigkeit in NL und GB und die Öffnung der Wälder in Skandinavien (Kap. 15.8.5.1). Dem Pirol stehen in S-Skandinavien zwar Randlinienverluste durch Aufgabe vieler Bauernhöfe entgegen, aber die Lücken schließen sich vielfach mit Laubholzsukzessionen, die wiederum positiv wirken können (Kap. 15.8.5).

Im Albvorland werden die heute spärlichen Reviere auffällig oft in gerade stark durchforsteten Eichenwäldern gefunden, die ein offenes Kronendach mit geringem Deckungsgrad aufweisen. Am Albrand, wo der Pirol seine obere Verbreitungsgrenze mit gelegentlichen Brutnachweisen bis 730 m hat (GATTER 1970d), bevorzugt er Buchenwälder mit hohem Eschenanteil, die noch im Juni kahl sind.

Neuntöter *(Lanius collurio)*

Brutvogel, LSZ nach SE, überwiegend Nacht-zug. In ganz Kontinentaleuropa nordwärts bis Mittelengland, S-Skandinavien und zur russischen Taigaregion ostwärts bis N-Sibirien verbreitet.

Bestandsentwicklung: Im überwiegenden Teil des europäischen Areals Abnahmen. In GB langanhaltender Rückgang, beschleunigt ab Mitte des 20. Jh.: 1952 noch 300 BP, danach Bestandszusammenbruch mit noch sporadischen Bruten im letzten Jahrzehnt (BWPC). In DK nach Abnahme (BWPC) während der letzten 20 Jahre konstant (GRELL 1998). In Schweden 1970 – 1990 Verlust von mehr als 50 % (BWPC). Benelux seit 1950er Jahren dramatische Abnahme (B&B). Besonders in E-Europa große stabile Populationen, aber leichte Bestandsverluste in der Ukraine (BWPC). Fangzahlen von Stationen östlich 19° E zeigen deutlich negative, westlich davon langfristig stabile bis leicht positive Trends (BUSSE 1995). In D ab Ende der 1970er Jahre, lokal auch später, konstante bzw. wieder zunehmende Bestände (B&B).

RM: Neuntöter treten nur in sehr geringer Zahl als Tagzieher auf. Über die große Population der Umgebung des RM liegen seit 40 Jahren Aufzeichnungen vor, die – teils über Hochrechnungen alter Bestandsaufnahmen (G. Schweier, Verf.) – eine interessante Entwicklung demonstrieren. Das Gebiet ist in zwei unterschiedliche Großräume geteilt:

- das überwiegend landwirtschaftlich und industriell geprägte Albvorland und Neckartal zwischen 200 und 400 m über NN mit Niederschlägen um 700 – 800 mm und einer Jahresmitteltemperatur von ca. 8 – 9 °C,
- die Schwäbische Alb mit Höhen bis zu 840 m, knapp 1000 mm Niederschlag und 6 °C Jahresmitteltemperatur. Wegen der Verkarstung wirkt die Vegetation des Mittelgebirges aber eher trockener als das Tiefland.

Bei der großen Tieflandspopulation, die wohl 1957 zwischen Schönbuch-Nordrand, Schurwald und Alb nahezu 1.000 Paare umfaßte, kam es zu ersten belegten starken Rückgängen von 1957 auf 1958 (Schweier & Gatter 1960) als Folge flächiger Maikäferbekämpfungen und sonstiger Pestizideinsätze. Aus dieser Zeit sind einige kleinflächige Bestandsaufnahmen mit später nie wieder erreichten Werten erhalten, wie z. B. 8 Paare entlang einer 300 m langen Hecke. In der Folgezeit bis ca. 1966 wurde das Tiefland fast völlig geräumt. Der zeitliche Verlauf zeigt Ähnlichkeiten mit den Bestandseinbußen der Greifvögel und der Fledermäuse durch Pestizide (Kap. 15.4, 16, Gatter 1997a, b). Die Bestände haben sich dort erst in den letzten Jahren wieder auf wohl 10 – 20 % der Ausgangszahlen eingependelt. Dabei erfolgte eine Schwerpunktverschiebung in die Jungbestände der Wälder. Anders in den Hochlagen. Dort war bei weniger intensiver Landwirtschaft und hohen Wald- und Ödlandanteilen der Bestand eher moderat zurückgegangen. Dabei waren die Zahlen in den Jahren nach 1990 auf der Albhochfläche (700 – 840 m) deutlicher angewachsen als in Lagen um 400 – 600 m (Schafweiden), die immer relativ gut besetzt waren. Ein starker Einbruch der Paarzahlen um fast 30 % war 1970 wohl nach Brutzeitverlusten 1969 bemerkt worden (siehe auch Stauber & Ullrich 1970). 1972 wurden 54 Paare auf 2,5 km² Schafweide und Extensivgrünland zwischen Teck und Breitenstein gezählt (M. Behrndt, W. Müller, Verf.). Höchste kleinflächige Siedlungsdichten werden derzeit auf Sturmflächen des Jahres 1990 in Wäldern registriert, z. B. 4 BP/6 ha und 8 BP/20 ha (H. Haußmann, E. Votteler).

Diskussion: Der weitgehende Zusammenbruch der Populationen in Tieflagen (Schurwald, Neckartal, Filderebene und Albvorland) war wohl zunächst überwiegend eine Folge von Umweltgiften und damit der Zerstörung ihrer Nahrungsbasis, der Großinsekten (mit teilweise mehrjährigen Generationszyklen). Besonders hervorzuheben sind dabei zwei Maikäferbekämpfungsaktionen mit Flugzeugen in den 1950er Jahren, deren Folgen z. B. beim Hirschkäfer (mit extrem langer Generationsfolge) bis heute nicht und bei Maikäfern nur teilweise ausgeglichen sind. Dagegen sind es wohl heute eutrophierende Einflüsse mit dichtem Bodenbewuchs (Kap. 15.5), evtl. in Verbindung mit Insektiziden (Kap. 15.4), die eine Erholung der Bestände in den Bereichen intensiver Landwirtschaft und Industrialisierung verhindern. Ein Mangel an geeigneten Brutgehölzen kann es nicht sein, da viele Bereiche mit entsprechendem Sukzessionsaufwuchs kaum besiedelt werden. Viele andere, vormals gute Gebiete sind aber im Zuge der „Verwaldung", z. B. nach Verbot des Flämmens (Kap. 15.6), für den Neuntöter bereits endgültig verloren gegangen.

Anders sind die Verhältnisse in den Wäldern. Auf den großen Sturmflächen des Jahres 1967 im Schönbuch, bei Ulm (dort mit DDT begifftet, eigene Beob.) und im Schurwald fehlte der Neuntöter in den Folgejahren. Seit den 1990er Stürmen ist er dagegen auf jeder Sturmfläche vertreten. Daß der Neuntöter heute auf der niederschlagsreichen, klimatisch ungünstigen Alb (Junitemperatur im Tal 16,3 °C, oben 14 °C) oberhalb 500 – 800 m die höchsten Dichten erreicht, spricht angesichts der Empfindlichkeit gegen hohe Niederschläge und kühle Brutzeiten (Stauber & Ullrich 1970, HVM) für massive Schädigungen der Tieflandspopulation und macht den Rückgang als Folge einer „Atlantisierung" unwahrscheinlich. Bei Betrachtung der Population zwischen Stuttgart und der Schwäbischen Alb über vier Jahrzehnte kann die Auffassung, daß die Verluste Lebensraumverlusten gleichzusetzen sind (Jakober & Stauber 1987), nur für den Zeitraum ab 1970 als zutreffend angesehen werden: 1969, als ihre Untersuchungen begannen, war der massive Rückgang im Gebiet intensiver Landwirtschaft, dem Areal der vorher bedeutendsten Populationen, bereits abgeschlossen (Kap. 15.4). Daß unmittelbare Pestizidfolgen oder die mittelbare Nahrungsverknappung im Agrarland die Hauptursache für Bestandsrückgänge sind, lassen auch die hohen

Siedlungsdichten in den heute im Gegensatz zu 1967 weitgehend pestizidfreien Wäldern vermuten. Einen negativen Zusammenhang zwischen Düngereinsatz und Bruterfolg konnten YOSEF & DEYRUP (1998) beim Louisianawürger *(Lanius ludovicianus)* in den USA feststellen.

Raubwürger *(Lanius excubitor)*

Seltener Brutvogel, Standvogel, TZ mit Neigung zu Invasionen. Zu erwartende Herkunft der Vögel am RM aus D, PL, Balt., Schweden, RUS und FIN.

Bestandsentwicklung: In ganz M-Europa mit Ausnahme von PL rückläufige Bestände bis hin zur völligen Räumung weiter Gebiete. Dagegen stabile Bestände in DK, Belarus, RUS, EST, Schweden und Norwegen (Eu-ATL) sowie Arealerweiterungen und Zunahmen im borealen Bereich als Folge von Großkahlschlägen (HVM).

RM: 1970 – 1979 alljährlicher Dz mit bis zu 25 Vögeln. In diesen 10 Jahren zogen 89 Raubwürger innerhalb des standardisierten Zeitraums bis 6. November durch. Danach brach diese Tradition regelmäßigen Durchzugs ab, aber nach wie vor werden alljährlich einzelne Vögel beim RM festgestellt, die für wenige Tage oder Wochen bleiben.

Diskussion: In N-Amerika ist der Raubwürger Invasionsvogel (SCHÜZ 1971). Am RM treffen die Einflüge 1972, 1975 und 1996 mit starken Invasionen anderer nordischer Arten zusammen. Zugstrecken und Zugrichtungen nordeuropäischer Raubwürger reichen weit bis in den südeuropäischen Raum (ZINK 1975). Angesichts inzwischen milderer klimatischer Bedingungen in den nordischen Herkunftsgebieten verbleiben heute mehr Vögel im Winter dort (Eu-ATL). Bei stärkeren Zugwellen am RM ist trotzdem eine Herkunft der Würger aus NE-Europa zu vermuten. Zunächst bleibt offen, wie hoch der Anteil von Vögeln aus D und M-Europa an den DZZ am RM ist. Denkbar ist ein ehemals regelmäßiger Durchzug von M-Europäern, der nicht alljährlich von invasionsartig ziehenden N-Europäern verstärkt wurde. Im Schwarzwald und auf der benachbarten Baar in BWü. wurden durch Fürstlich-Fürstenbergsche Jäger noch in den 1920er Jahren jährlich bis zu 400 Vögel erlegt (HOCKENJOS 1995).

Am längsten, bis 1985, konnte sich der Raubwürger rund um das RM mit 1 – 3 BP auf dem 60 km² großen Truppenübungsplatz Münsingen (800 m NN) halten. Dies mag zwei Gründe haben: a) eutrophierende Einflüsse und Pestizideinwirkungen sind dort am geringsten; b) Elstern fehlten damals, Rabenkrähen waren wegen fehlendem Zugang zu nahrungsreichen Agrarflächen selten (siehe Steinschmätzer und Braunkehlchen). In der Schweiz brüteten die letzten Raubwürger unter ähnlichen Bedingungen auf einem Militärgelände (CH-ATL). Ein Blick auf den Niedergang der anderen Würgerarten rund um das RM, im Gebiet des heutigen Kreises Esslingen, wo noch 1957 über 20 BP des Raubwürgers gebrütet haben dürften, ist eine Betrachtung wert. Der Schwarzstirnwürger *(Lanius minor)* brütete letztmals 1961; eine stattliche Rotkopfwürgerpopulation *(Lanius senator)* mit 1957 wohl noch über 120 BP war schon Ende der 1960er Jahre auf weniger als 20 BP geschrumpft (GATTER 1970d und unveröff., HÖLZINGER 1987, B&B). Der Neuntöter (siehe dort) erholte sich nach Einbrüchen zwischen 1958 und 1966 nur auf intensiv landwirtschaftlich genutzten Flächen nicht, auf der Alb konnte er sich jedoch halten.

Die Bestände des Raubwürgers dürften in D durch Großkahlschläge in der Nachkriegszeit (Reparationshiebe und Holzversorgung der Bevölkerung) Gewinne an besiedelbaren Habitaten verzeichnet haben (Kap. 15.2, Belege z. B. FLADE & JEBRAM 1995). Nachfolgende Habitatverluste durch Bewaldung konnten in BWü. durch Sturmwürfe 1967, 1972, 1990 nicht ansatzweise ausgeglichen werden. Besser war es auf den Brandflächen in Niedersachsen (WAGNER

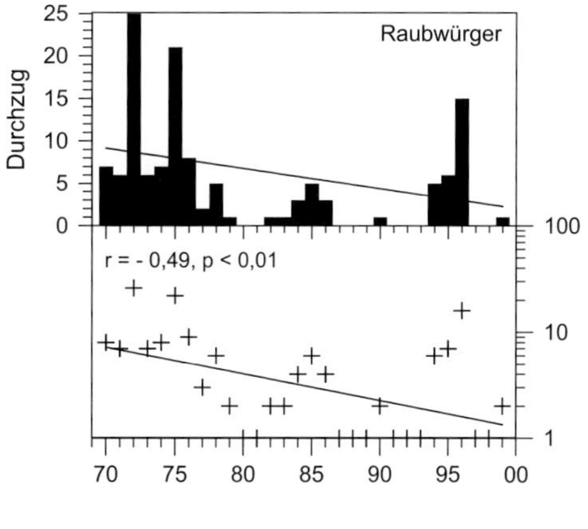

Abb. 17.70: *Lanius excubitor.*

1985). Neben dem mangelnden Besiedlungsdruck sind u. a. die heute durch Eutrophierungseinflüsse veränderte Entwicklung der Kahlschlagsvegetation und andere Kulturtechniken (siehe Brachpieper) verantwortlich (Kap. 15.5, 15.8.3). Mit Ausnahme armer Silikatstandorte verläuft die Entwicklung heute sofort auf eine Vogelgesellschaft zu, die eher Goldammer und Neuntöter begünstigt.

Die Vermehrung des Raubwürgers in Fennoskandien im 20. Jh. und die damit verbundene Südausbreitung ist offensichtlich in erster Linie eine Folge der dortigen Großkahlschläge (OLSSON in HVM). Die Stoßrichtung erfolgte aus den kalten vegetationsarmen in wärmere, neu geschaffene offene Bereiche. Die augenblickliche Entwicklung der Kahlschlagstätigkeit in der borealen Region (Kap. 15.8.5) läßt erwarten, daß die Bestände in Skandinavien eher zurückgehen werden, diejenigen in RUS, das ohnehin die bedeutendste Population beherbergt (Eu-ATL), zunehmen könnten. Stoffeinträge aus der Luft sind dort geringer und der vollen Umsetzung düngender Faktoren stehen klimatische Hemmnisse entgegen. Dem dortigen Einsatz von flächigem Feuer zur Räumung von Kahlflächen und zur Rohhumusumsetzung (Kap. 15.8.5) stehen Flämmverbote (Kap. 15.6) bei uns gegenüber. Außerhalb des Waldes läßt sich hier der Rückgang durch Lebensraumverluste allein nicht erklären (siehe Neuntöter). Stoffeinträge aus der Luft, landwirtschaftliche Düngung und damit flächendeckender eutropher Vegetationshochwuchs (Kap. 15.5, YOSEF & DREYUP 1998) führen zu schlechtesten Bedingungen gerade zur Zeit der Jungenaufzucht (siehe Hänfling) und könnten bedeutender sein als angenommen. Grünlandumbruch zu Ackerland mag diesen Effekt verstärkt haben (Kap. 15.2, 15.3). Der Rückzug auf die Mittelgebirge in F (HVM) und D (siehe oben, SCHÖN 1994a), trotz ungünstigerer Klimabedingungen mit höheren Niederschlägen, entspricht der Wahl von Habitaten mit geologisch (Karst) und klimatisch bedingten geringeren Eutrophierungsauswirkungen. In ausgeräumten Landschaften mit intensiver Landwirtschaft fand GRIMM (1998) in der Brutzeit eine Bevorzugung offener Flächen mit spät wachsenden Agrarpflanzen wie Mais und Sonnenblumen.

Ein Grund für Bestandsabnahmen des Raubwürgers dürfte im Rückgang von Heuschrecken und anderer Großinsekten, besonders auch der großen Laufkäfer mit teils mehrjährigen Imaginalstadien, und geringer Vermehrungsrate zu suchen sein. Die Bestände solcher Käferarten sind seit den großflächigen Anwendungen von Insektiziden, beginnend in den 1950er Jahren, zusammengebrochen. Das Ausbleiben von Feldmausgradationen wird vielfach als Rückgangsursache angegeben (HVM, TUCKER 1994, B&B). Gleichzeitig nehmen jedoch Arten, die fast ausschließlich von Feldmäusen leben, wie der Mäusebussard, kräftig zu. Die letzten besetzten Reviere liegen vielfach in feldmausarmen Moor- und Heidelandschaften. Zwischenartliche Raum- und Nahrungskonkurrenz, wie zwischen Mäusebussard und Turmfalke geschildert (siehe dort), könnte eine viel wichtigere Rolle spielen als bisher angenommen. Greifvögel und Corviden können zur Verdrängung des Raubwürgers führen (SCHÖN 1994b) und angesichts von deren übereinstimmend positiven Bestandstrends diesen selbst dann zum schwächsten Glied in der Kette werden lassen, wenn man ihre mögliche Rolle als Prädator (SCHÖN l. c.) unberücksichtigt läßt. Elstern betreiben Beuteparasitismus beim Raubwürger offenbar systematisch (KÜBEL & ULLRICH 1975, B. ULLRICH, pers. Mitt.) und auch von der Blauelster *Cyanopica cyanus* ist dieses Verhalten bekannt (HIRANO & UETA 1994). Plündern der Depots dürfte besonders bei Schneelagen kritisch werden. Ob Raubwürger in der Lage sind, harte Winter ohne Vorratshaltung zu überleben, ist fraglich, und somit könnte dies den mitteleuropäischen Raubwürgern irreversible Bestandseinbrüche bescheren. Beobachtungen am RM zeigten, daß Elstern auch in neu etablierten Winterrevieren die vom Raubwürger aufgespießten Vorräte innerhalb von Minuten bis Stunden abräumen. Corviden (und hier vor der Elster die Aaskrähe als Begleitvogelart, SCHÖN 1994a, b) sind aufgrund ihrer omnivoren Ernährung die Hauptgewinner der heutigen Entwicklung. Ihr Vorrücken in die offenen Raubwürgerhabitate macht sie zunehmend zu Nahrungs- und Habitatkonkurrenten, wobei erst im letzten Jahrzehnt den vermehrt auftretenden Nichtbrüterschwärmen eine besondere Bedeutung zukommen mag (Abb. 17.76b). In Südfrankreich machen ISENMANN & FRADET (1998) neben der Gebüschsukzession die Nestprädation durch Elster, Eichelhäher, Marder, Schlangen und Eidechsen für den geringen Bruterfolg und Rückgang des Rotkopfwürgers verantwortlich.

Grundsätzlich wäre zu fragen, wie eine kleine Art wie der Raubwürger reagiert, wenn andere –

größere Arten – mit jeweils teilweise gleichen Ansprüchen in ihrer Summierung die Nische des Raubwürgers voll besetzten. Unbestritten war die Zusammensetzung der Artengesellschaft eine völlig andere als heute, mit der Raubwürger hier in SW-D in der ersten Hälfte des 20. Jh. zusammen lebten (siehe Kap.18). Massivste Lebensraumverluste (Kap. 15) sind die Hauptursache des Rückgangs. Zu untersuchen wäre nun, wie sich die veränderten Konkurrenzbedingungen auf den verbleibenden Flächen auswirken.

Rabenvögel *Corvidae*

Elster *(Pica pica)*

Häufiger Brutvogel in ganz Europa bis zum Nordkap. Im S bis N-Afrika. Standvogel, nur wenige Zugbeobachtungen.

Bestandsentwicklung: In den meisten europäischen Ländern Zunahmen. In RUS Eroberung der Tundra seit 1980 (Eu-ATL). Häufig Anlehnung an Gehöfte und Ausbreitung in Städte und Dörfer mit oft spektakulären Dichten (Eu-ATL). Verdopplung der Bestandsindizes in DK 1976 – 1996 (GRELL 1998) und GB 1968 – 1988 (MARCHANT 1990). In CZ signalisieren Punkt-Stop-Zählungen zwischen 1981 und 1986 eine Vervierfachung der Bestände (MARCHANT 1990, HUSTINGS 1988). Auch aus D werden erhebliche Zunahmen gemeldet. Auffällig ein Zuwachs von 280 % zwischen 1984 und 1993 in Osnabrück (KOOIKER 1994) und auf Hamburger Probeflächen zwischen 1970 und 1992 von 4 auf 102 BP (B&B, dort weitere Daten). Aus einigen Intensiv-Agrargebieten werden dagegen stabile oder gar zurückgehende Bestände gemeldet.

Am **RM** wurde mit der Einführung des Bejagungsverbots die Erfassung häufiger, anwesender Corviden begonnen. Dabei wurde seit 1987 innerhalb eines gehölzreichen, ca. 3 km² großen, einsehbaren Areals die stündliche Maximalzahl festgehalten und zu einer Tagessumme addiert. Die Werte ergeben von 1987 – 1999 eine Vervielfachung. Die Zahl der an gemeinsamen Schlafplätzen angetroffenen Vögel hat sich im gleichen Zeitraum vervierfacht. Die Zahl der BP hat in dieser Zeit auf der Gesamtfläche stark zugenommen, sich dabei aber mehr auf die Randbereiche der umliegenden Dörfer zurückgezogen. Zur Nahrungssuche erschließen sich die Elstern als Tagesgäste auch das siedlungsferne Gesamtgebiet, das als Brutgebiet von der konkurrierenden Rabenkrähe beherrscht wird.

Diskussion: Die Zunahme ist wohl einer Vielzahl von Faktoren zuzuschreiben, insbesondere dem gesetzlichen Schutz. Der flächendeckenden Verfolgung (Tötungsprämien nach Gemeindeverordnungen in BWü. bis wenigstens 1960) folgten auf zunächst nachlassende Verfolgung nun 14 Jahre voller Schutz. Noch um 1960/70 wurden vielerorts alle erreichbaren Nester ausgenommen oder ausgeschossen. Den früheren Umgang mit der Elster verdeutlicht ein Bericht von HENZE (1943: 275) „... es ist leicht, die alten Elstern zu erlegen und anschließend die Jungelstern auszunehmen, welche ebenso wie junge Eichelhäher und Krähen sehr gut schmecken". Das Ausnehmen der Nester wurde dort als das beste Mittel der Kurzhaltung erwähnt.

Die in Kap. 15 genannten Fakten lassen schließen, daß sich das vegetabile Nahrungsangebot im Agrarland für eine Art wie die Elster seit Jahrzehnten parallel zu steigenden Erträgen erhöht hat. Grünlandumbruch zu Ackerland hat diesen Effekt sicher ebenso verstärkt wie der zunehmende Maisanbau (Kap. 15.2). Düngung und damit eutrophierende Einflüsse spielen eine herausragende Rolle. Ein Beleg für die Abhängigkeit von Ackerland ist der im Verhältnis Gehölz zu Offenlandstruktur dem RM-Gebiet vergleichbare, 60 km² große, agrarlandfreie Truppenübungsplatz Münsingen. Die Elster fehlte dort 1970 – 1985 ganz (z. B. GATTER 1982),

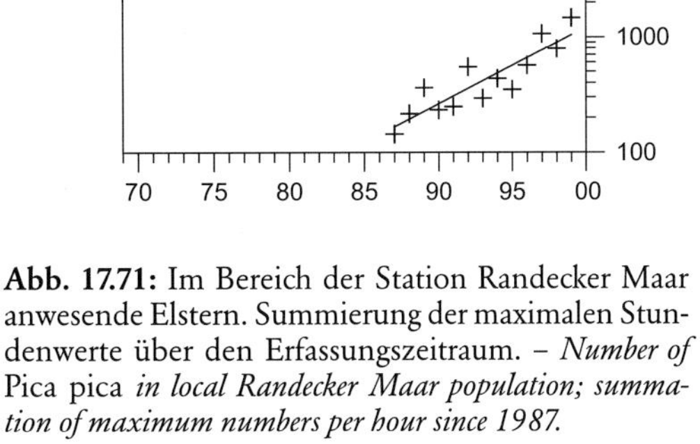

Abb. 17.71: Im Bereich der Station Randecker Maar anwesende Elstern. Summierung der maximalen Stundenwerte über den Erfassungszeitraum. – *Number of* Pica pica *in local Randecker Maar population; summation of maximum numbers per hour since 1987.*

kommt inzwischen aber als Folge des Populationsdrucks von außen in geringen Dichten vor und räumt ihn während des Winters (Verf.). Um das RM in Höhenlagen oberhalb 700 m verließ die Elster inzwischen auch den Bereich von Gehöften im Wald, nachdem diese auf Grünlandwirtschaft umgestellt hatten.

Ein optimales Habitat bieten die sich immer stärker ausbreitenden Flächen mit Stadtgärten. Hier stellen heute insbesondere die früher nicht in Gärten vorkommenden Koniferen bis zu 33,3 % der Nistbäume (MÄCK 1998). Nach HÖLZINGER (1987) brütet die Elster in der Nähe von Ortschaften in größerer Nisthöhe als fern von Siedlungen. Inzwischen gilt dies hier nicht mehr. Elsternester in Gärten, in nur 4 – 6 m Höhe, sind inzwischen normal. Erst mit nachlassender Fluchtdistanz durch den Schutz konnten auch Komposthaufen und Winterfütterung als Nahrungsquelle voll genutzt werden. Aufgrund ihrer Intelligenz können Elstern auch zunächst nicht offensichtlich als solche zu erkennende Nahrung nutzen (KOOIKER & BUCKOW 1999, SCHÜTT pers. Mitt.).

Das nachlassende Interesse an Brennholz (Kap. 15.8) hat ebenso wie „Biotopverbund-Strukturen" im Rahmen der Flurbereinigung, mit Begleitpflanzungen an Straßen und Verkehrsinseln, regional keine Vogelart mehr gefördert als Elster und Rabenkrähe. Nicht nur nach eigenen Siedlungsdichteuntersuchungen ist die vielfach erwähnte Räumung der offenen Feldflur durch die Elster – abgesehen von fast ausgeräumten Agrarlandschaften – nicht eine Folge der Landwirtschaft, sondern der zunehmenden Konkurrenz zur häufiger werdenden dominanten Rabenkrähe. VOGRIN (1998) führt 37 % der Brutverluste in einem ländlichen Raum auf Prädation vorwiegend durch die Aaskrähe zurück. BALANÇA (1984) berichtet bei durchschnittlich 5,6 Eiern von nur einem Flügglingg, überwiegend als Folge der Nestplünderung durch Aaskrähen.

Die pessimistische Zukunftsbeurteilung für die Elster bei MÄCK (1998) und MÄCK in HÖLZINGER (1997) läßt sich bei Kenntnis der südwestdeutschen Verbreitung dieser Art in den 1950er und 1960er Jahren und davor schwerlich nachvollziehen. Die Verbreitung der Elster war über Jahrhunderte lückig. LANDBECK schreibt 1834: „in manchen Gegenden so häufig als die Rabenkrähe, in anderen gar nicht und nur zuweilen auf dem Striche anzutreffen". Ebenso äußert sich HENZE (1943) und HÖLZINGER (1997) fügt weitere Beispiele hinzu. Heute steht dem die flächendeckende Besiedlung außerhalb der Wälder in allen Höhenlagen gegenüber (HÖLZINGER 1997). MÄCK (1998) mißt der Nahrungskonkurrenz zur Rabenkrähe (siehe dort) wenig Bedeutung bei und erwähnt, daß die Elster in der Häufigkeitsreihung oft erst auf Platz 17 oder gar 47 liegt. Letzteres trifft auch bei uns zu. Zu berücksichtigen ist dabei allerdings, daß sie bei der Biomasse der Agrarlandvögel im Umfeld des RM mit Ausnahme der Zugzeiten einheitlich auf den Plätzen 3 – 7 steht. Wenn die Rabenkrähe heute in der Lage ist, die räumliche Verteilung brütender Elstern zu steuern, ist ein solcher Einfluß beider Corvidenarten auf andere begleitende Arten nicht auszuschließen (siehe Braunkehlchen, Raubwürger, Rabenkrähe, Eichelhäher). In der entsprechenden Diskussion gilt es auch, Mißverständnisse auszuräumen: Nach HÖLZINGER (1987, ENSER & SCHWARZ in HEINE et al. 1999) hat „das nesträuberische Verhalten (der Elster) eine selektive und damit eine positive Wirkung gerade auf das Nisten der Begleitvogelwelt: Vögel müssen sich für die Nestanlage bessere und sicherere Plätze suchen". Dabei wäre allerdings zu erwarten, daß sich ererbte Anpassungen eines Beutetiers auf den Einfluß eines Konkurrenten/Prädators mit dessen zunehmender Dichte nicht sofort ändern (siehe MØLLER 1989, NEWTON 1998, JEDRZEJEWSKA & JEDRZEJEWSKI 1998, HALLE 1998, Kap. 16 und 18) und somit auch die Auswirkungen auf die Bestände dieser Arten vorerst andere sein können (MØLLER 1989).

Eichelhäher *(Garrulus glandarius)*

Sehr häufiger Brut- und Standvogel, TZ, Tagzug, Invasionen. Verbreitung: paläarktisch und orientalisch. Überwintert innerhalb des Brutareals. Wegzug aus N-, M- und E-Europa SSW-W (S-WNW) streuend, meist unter 80 km, doch sind auch weite Strecken bekannt (ZINK 1981, GATTER 1974b, GATTER et al. 1979). Zu erwartende Herkunft der Dz am RM in Normaljahren wohl meist aus dem unmittelbaren Hinterland. In Invasionsjahren aus N- und E-D und großen Entfernungen von CZ, Slowakei, Belarus, PL, Balt., RUS und FIN. Die weitesten Ringfunde weisen 3.000 km vom Rhein bis zum Uralfluß nach ENE.

Bestandsentwicklung: Während des 20. Jh. überwiegend Zunahmen, Vertikal- und Arealerweiterungen sowie lokal Verstädterung (HUTCHINSON 1989 in MARCHANT 1990, HVM). In GB im Farmland abnehmend, in Wäldern stabil (MARCHANT et al. 1998). Daneben sind Angaben über langfristige Trends kaum zu finden. Zu Beginn des 20. Jh. enorme Zunahmen in Fennoskandien, in FIN seit einigen Jahrzehnten stabil (HILDÉN 1988, KOSKIMIES 1989). In DK Zunahme der Rasterbesetzung um 10 % in den letzten 20 Jahren, Brutvogelindex während der letzten 13 Jahre konstant (GRELL 1998). In EST starke Zunahmen seit 1960 (LEIBAK 1994). In D z. B. am Bodensee im Vergleich 1980 zu 1990 stabil (BAUER & HEINE 1992). Auch im übrigen BWü. sind kurz- und mittelfristig mit derzeitigen avifaunistischen Methoden keine wesentlichen Bestandsveränderungen erkennbar (HÖLZINGER 1997).

RM: Die Trends der Zugbeobachtungen und die Überwachung der lokalen Population zeigen auseinanderdriftende Entwicklungen, die wahrscheinlich auf eine Reihe anderer KSZ- und Invasionsarten übertragen werden könnten, wenn entsprechendes Material zur Verfügung stünde (Kap. 11).

Zugerfassung: Die DZZ am RM weisen auf Veränderungen des Zugverhaltens bzw. Häufigkeitsänderungen im Nahbereich hin. Nach den früher regelmäßigen Fehljahren ohne ziehende Eichelhäher, z. B. 1970, 1973, 1979, 1982, 1984, ist in den letzten 15 Jahren eine Entwicklung zum regelmäßigen Teilzug mit Minimalzahlen von 100 – 200 Vögeln/Herbst festzustellen, die auf zunehmenden Populationsdruck schließen lassen. Gleichzeitig legen die DZZ den Verdacht nahe, daß die Stärke der Invasionen gleich bleibt. Sie werden wohl überwiegend von Vögeln mit längeren Zugwegen gestellt (Abb. 17.72a). Gegenüber der älteren Literatur haben sich die Invasionsintervalle verringert (Kap. 15.8.3.6, 15.8.4, 15.8.4.3, 15.9.4).

Brutbestandsaufnahmen: Im Bereich des RM (Schwäbische Alb und dem Mittleren Neckartal) nahm die Art 1970 – 1996, wie durch zahlreiche Revierkartierungen belegt, zu. Auch ganzjährige Notizen von Zufallsbeobachtungen aus über zwei Jahrzehnten in Wäldern weisen hier auf Zunahmen hin (Abb. 17.72.b).

Parallele, fast tägliche Zählungen (zufällig erfaßte Ex./Tag) 1974 – 1981 und 1986 – 1997 im regelmäßig begangenen Gebiet um das RM (Verf.) lassen zwischen dem ersten und zweiten Zeitraum eine deutliche Zunahme erkennen. Bei den Winterzahlen (Dez. – Feb.) zeigt sich ein leichter Anstieg, der aber nicht signifikant ist. Bei den Sommerwerten aus Juni/Juli, den einzigen Monaten, die nicht zug- oder dismigrationsbeeinflußt sind, bleiben die Werte 1974 – 1981 nahezu konstant, 1986 – 1997 ist dann ein Anstieg von 0,17/a, ($R = 0,4$, $p < 0,05$) zu verzeichnen (Abb. 17.72c). Die gemeinsame Betrachtung der Hochsommerwerte aller Jahre ergibt einen Anstieg von 0,11/a ($R = 0,59$, $p < 0,001$).

Diskussion: Die Bandbreite besiedelter Habitate in Wäldern umfaßt praktisch alle Bereiche fast bis zur alpinen Baumgrenze und von der Dickung zum Altholz. Die Nahrungsgrundlage für das Winterhalbjahr stammt überwiegend aus den Altbeständen. Über die Zunahme der Art, seit etwa 1920 belegt, ist viel spekuliert worden. Die leichte Klimaerwärmung des 20. Jh. und nachlassende Bejagung seit etwa 1920 (Literatur in HVM) werden als Hauptfaktoren dafür genannt. Die eigentliche Ursache, die Änderung der Waldwirtschaft, wird dabei wohl ungenügend bewertet.

Gründe für die zeitweise starke Bejagung auch durch Forstleute waren vor allem Schäden an Forstkulturen durch Knospenfraß, denen innerhalb einer aufbauenden Forstwirtschaft (Kap. 15.8.1, 15.8.2) in unzähligen kleinen Notizen der forstlichen Presse zwischen 1850 und 1930 enorme Beachtung geschenkt worden war. Die damals hohe Bewertung dieser Schäden ist aus heutiger Sicht vielfach unverständlich und wird im derzeitigen ornithologischen Schrifttum meist verharmlost. Dabei liegt gerade in der damaligen Nahrungsarmut dieser Wälder der Schlüssel zum Verständnis späterer Zunahmen des Eichelhähers! Die Häher fanden im historischen Niederwald zwar beste Brutbedingungen, müssen aber im Winter offensichtlich aus purer Not in Ermangelung von Waldfrüchten über die Knospen der Forstkulturen hergefallen sein (z. B. BARGMANN 1905; „habe angewiesen ..., dem Eichelhäher bis zu seiner vollständigen Ausrottung nachzustellen“, wegen Schädigung von bis zu 70 % der Gipfelknospen junger Weißtannen). Die Ursachen sind in der Waldgeschichte zu suchen. Der Übergang vom Nieder- und Mittelwald zum Hochwald in den letzten 200 Jahren hat auf Grund der exponentiellen Zunahme der Masterträge erst ab dem 20. Jh. (Kap. 15.8.4, Abb. 15.8.11) die Voraussetzungen für eine starke Zunahme der Eichelhäher geschaffen. Die Zunahme war zunächst bis in das 20. Jh.

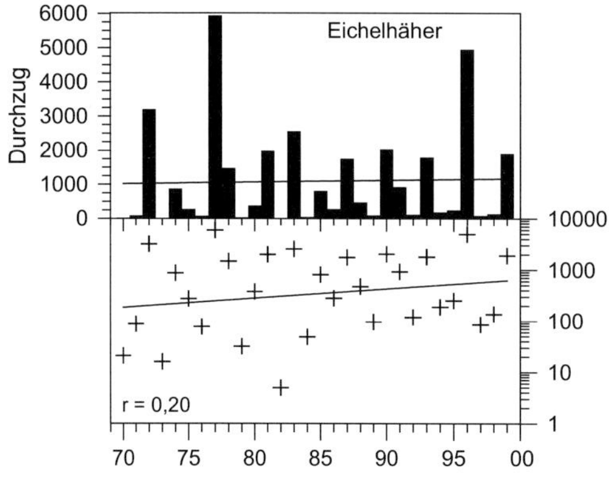

Abb. 17.72a: *Garrulus glandarius.*

durch Bejagung beschränkt worden, verläuft neuerdings aber ungestört. Im 19. Jh., teilweise bis 1950, sind die Masterträge gering gewesen und größtenteils vom Menschen direkt oder indirekt über die Schweinemast u. ä. genutzt worden (Kap. 15.8.4). Die Hochwaldwirtschaft einerseits und die heute älteren Wälder sowie die mangelnde Notwendigkeit der Wohlstandsgesellschaft, die Masterträge zu nutzen, sind als die eigentliche Ursache für die Bestandszunahme und den Expansionsdruck der Art zu sehen. Der Anbau unterschiedlicher Provenienzen und fremder Baumarten in den Wäldern seit etwa 100 Jahren führt jetzt zudem zu Mastangeboten mit divergierenden Zyklen, die das Fehlmastrisiko verringern (Kap. 15.8.4.4). Zusätzlich hat die in M-Europa flächendeckende Wildfütterung für Rehe und Wildschweine (Kap. 15.7, 15.8.4.3) das früher übliche Nahrungspessimum in Fehlmastjahren weiter gemildert. Die Klimaerwärmung dürfte diese Vorgänge höchstens unterstützend begleitet haben, wie die folgende Diskussion beim Tannenhäher zeigt.

Darüber hinaus haben die Arealerweiterungen und Zunahmen innerhalb des besiedelten Areals möglicherweise eine Veränderung im Zugverhalten der Art ausgelöst. Die Invasionsintervalle haben sich gegenüber früher mit 6 – 8 Jahren (Küchler 1932, Berndt & Dancker 1960) zunächst auf 4 – 5 Jahre (Gatter 1974b) verkürzt. Obwohl die alten Quellen vorsichtig be-

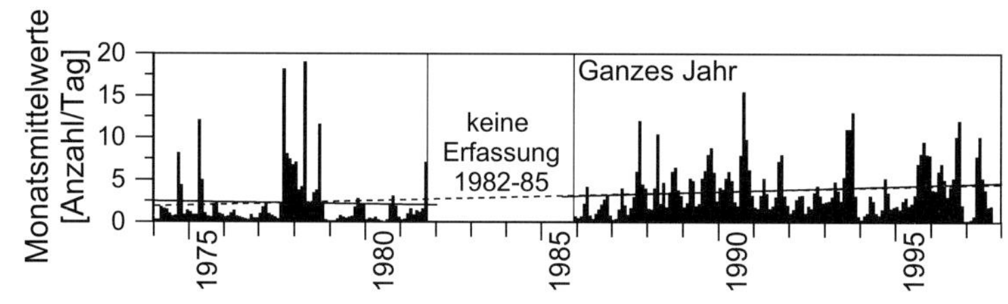

Abb. 17.72b: Durchschnittliche Eichelhäherzahlen/Tag und Monat nach beinahe täglichen Waldbegängen des Verfassers im selben Gebiet südlich des Randecker Maars 1974 – 1981 und 1986 – 1997. – *Mean number of* Garrulus glandarius *per month and day, from counts made during almost daily forest inspections by the author in the same area south of Randecker Maar 1974 – 1981 and 1986 –1997.*

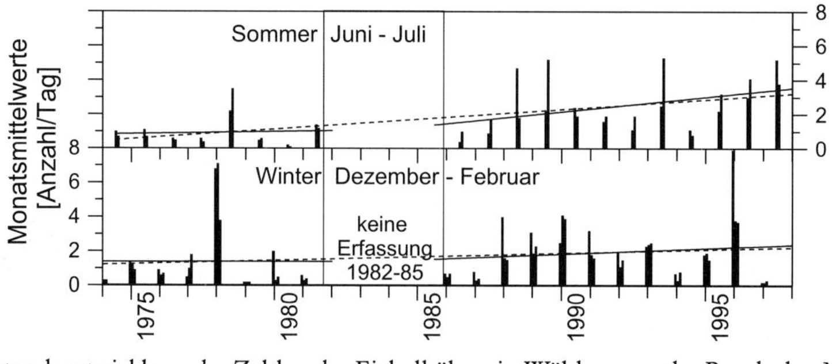

Abb. 17.72c: Bestandsentwicklung der Zahlen des Eichelhähers in Wäldern um das Randecker Maar, Zahlen aus Abb. 17.72b, hier reduziert auf die nicht durch Zugbewegungen beeinflußten Monate Juni und Juli (oben) und Dezember bis Februar (unten). – *Mean number of* Garrulus glandarius, *see Fig. 17.72b; here reduced to the months of June and July (above) and December to Febrary, when numbers are not influenced by movements.*

urteilt werden müssen, könnte folgende Entwicklung ablaufen: Sowohl in unseren Brutgebieten als auch im Herkunftsgebiet der Invasionsvögel hat der Bestand zugenommen. Dies führt heute nicht nur zu alljährlichem Zug weniger Häher, sondern auch zu einer dichtebedingt rascheren „Entladung" von Evasionen, die derzeit im Abstand von 2 – 3 Jahren erfolgen (Abb. 17.72a). Revierlose Häher können sich nicht wie Rabenkrähen abseits der Brutreviere aufhalten. Der verspätete Heimzug nach Evasionen dürfte über die Störwirkung dieser revierlosen Vögel zu teilweisem Brutausfall führen (GATTER 1977a) und könnte damit trotz hoher Überlebensrate nach Invasionen zu einer Absenkung der Population beitragen. Auch die seit 1974 durchgeführten Ganzjahreszählungen scheinen zu belegen, daß die Invasionen die Bestandesdichte direkt und indirekt reduzieren. Wie beim Kleiber (GATTER 1998) dürfte der Bestandsanstieg einer Zunahme der verfügbaren Nahrung zuzuschreiben sein, die über höhere Waldalter und Vegetationsvolumina zustande kommt (Kap. 15.8.3.2, 15.8.4). Der stärkere Anstieg der Sommerwerte gegenüber den Ganzjahreswerten bedarf, sollte er real sein, noch der näheren Analyse. Im polnischen Bialowieza Nationalpark war der Eichelhäher zwischen 1993/94 innerhalb Waldes mit 26,4 % der Biomasse, außerhalb des Waldes mit 16,7 % häufigstes Beutetier des Habichts, obwohl er in den Brutvogelgemeinschaften mit unter 1 % beteiligt ist (JEDRZEJEWSKA & JEDRZEJEWSKI 1998). Relativ hohe Bestandsabsenkungen bis zur Folgebrutzeit wären somit denkbar. Weiterhin gibt es in unserem Bereich Hinweise, daß interspezifische Raumkonkurrenz nach 1970 durch die sich später verstädternde Elster eine sich damals anbahnende Besiedlung von Ortschaften verhindert hat (Kap. 18). Das wäre im Rahmen der interspezifischen Konkurrenz zwischen den Rabenvögeln durchaus normal, denn auf Korsika, wo die Elster fehlt, bewohnt der Eichelhäher alle nur denkbaren Habitate, selbst wenn Bäume fehlen (THIBAULT & BONACCORSI 1999). Siehe dazu auch Rabenkrähe und Elster sowie Kap. 18.

Tannenhäher *(Nucifraga caryocatactes)*

Lückenhaft transpaläarktisch verbreitet. Ursprünglich „vermutlich nur in der borealen Zone und in Gebirgsregionen" (VOOUS 1962). Die westliche Unterart *N. c. caryocatactes* ist lokal häufiger Brutvogel. Standvogel, gelegentlich TZ mit Neigung zu Evasionen. Tagzug. Bewohnt heute zahlreiche Mittelgebirge, Nadel- und Mischwälder, herab bis in die colline Zone. Die östliche Unterart *N. c. macrorhynchos* tritt in M-Europa als ausgesprochener Invasionsvogel auf, ist aber unter den ziehenden Tannenhähern in anderen Jahren möglicherweise häufiger als angenommen.

Bestandsentwicklung: In den Alpen und einigen höheren Mittelgebirgen mit autochthonen Zirben- oder Fichten-/Weißtannenvorkommen gab es schon immer Tannenhäher. In M-Europa ist es mindestens seit den 1930er Jahren zu einer erheblichen Ausweitung des Brutareals nach NW mit der Folge von dauerhaften Ansiedlungen in den meisten Mittelgebirgen gekommen (B&B). Bestandsangaben für Skandinavien sind kaum verfügbar, die Bestände in EST nehmen merkbar zu (LEIBAK 1994). Diese Ausbreitung setzt sich weiterhin fort (MATTES in HVM). Die Zahl der besetzten Quadrate in S-Böhmen nahm zwischen 1973 – 1977 und 1985 – 1989 um etwa 50 % zu (HVM).

RM: Seit einer starken Invasion im Jahr 1968, bei der vorwiegend die sibirische Unterart *N. c. macrorhynchos* vertreten war (GATTER 1969), tritt die Art immer wieder in einzelnen Jahren und in unterschiedlichen Zahlen auf. Dabei überwiegen in den schwachen Zugjahren wohl Tannenhäher der westlichen Unterart *N. c. caryocatactes*, aber nach einigen Merkmalen – soweit im Fluge erkennbar – sind vor allem in den Jahren mit stärkerem Auftreten auch die „dünnschnäbeligen" Vögel der östlichen Unterart beteiligt. Auffällig ist verstärktes Auftreten in aufeinanderfolgenden Jahren wie 1971/72, 1977/78, 1985/86 und 1993/94.

Diskussion: Tannenhäher der Nominatform sind vor allem von Samen der Zirbelkiefer *Pinus cembra* und des Hasels *Corylus avellana* abhängig (HVM). Über die Bedeutung der Fichtensamen, die in allen Teilen des Areals eine Rolle spielen, ist viel spekuliert worden. Unbekannt ist der Ernährungsanteil der ebenfalls genutzten Bucheckern und Tannensamen (HVM). Die Voraussetzung für die derzeitige Arealerweiterung und Auffüllung ist weniger die Verdrängung des Laubholzes durch die Fichte (B&B), sondern die durch den Nadelholzanbau seit über 100 Jahren stattfindende, großflächige Verzahnung von Laub- und Nadelwald. Der Siegeszug der Fichte aus dem Gebirge bis in die planare und colline Zone (Kap. 15.8.2.7) und damit über

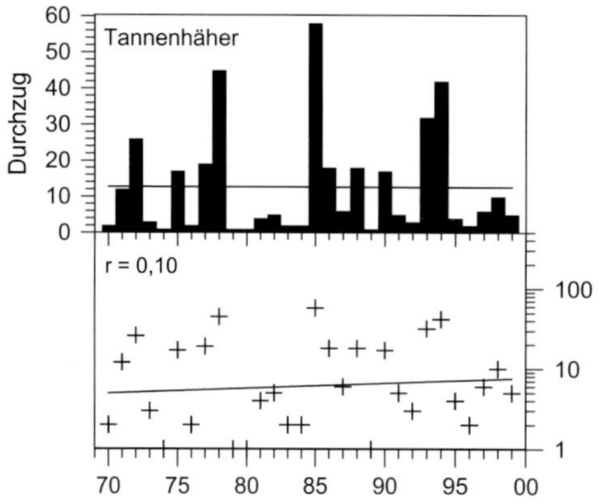

Abb. 17.73: *Nucifraga caryocatactes.*

fast ganz M-Europa hat zunächst über den Fichtenanbau das mögliche Brutareal der Art stark erweitert (GATTER 1994b). Die Vernetzung eines großflächigen Laubwald-/Nadelwaldverbundes im Bereich der natürlichen Laubwaldzone hat damit auch die Zugänglichkeit zu weiteren Haselvorkommen als Nahrung ermöglicht.

Gleichzeitig hat sich nicht nur das (frostabhängig unsichere) Haselangebot auf Sukzessionsflächen in den Mittelgebirgen stark erhöht (Kap. 15.2, 15.3), sondern durch die Hochwaldwirtschaft trat mit dem zunehmenden Angebot maturer Fichten- und Buchenwälder eine Milderung der Mastunsicherheit ein (Kap. 15.8.4). In einem kleinen isolierten Vorkommen nahe des RM (GATTER 1970e) beschränkte sich die Versteckaktivität im Oktober 1972 weitgehend auf Bucheckern. Im Februar/März 1993 wurde über Wochen beobachtet, wie flächig auf dem Boden liegende Fichtensamen der Mast 1992 aufgenommen wurden. Solche Ersatznahrungslieferanten dürften die Ausbreitung unterstützt haben.

Das Beispiel des Tannenhähers, der ursprünglich nur in kalten Klimaten lebte, zeigt, daß mit der Verlagerung und Multiplikation der für die Art günstigen Strukturen das besiedelbare Areal vervielfacht werden kann. Die erfolgreiche Besiedlung warmer Naturräume zeigt im Umkehrschluß zu den beim Eichelhäher und vielen anderen Arten diskutierten Hypothesen, daß keine Klimaänderung nötig ist, um Arealerweiterungen hervorzurufen. Der Anbau von Fichtenwäldern fördert zudem mikro- und bestandsklimatisch boreal-montane Bedingungen (Kap. 15.9.2, Abb. 15.9.5). Die Potenzierung der Masterträge in Zusammenhang mit zunehmendem Waldalter, deren heute freie Verfügbarkeit für Wildtiere (Kap. 15.8.4) und der Anbau der Brutbaumart Fichte reichen dazu aus.

Dohle *(Corvus monedula)*

Mäßig häufiger Brutvogel und häufiger Wintergast, TZ, Tagzug. Verbreitung: west- und zentralpaläarktisch mit mehreren Unterarten. Überwintert im N von W- und M-Europa bis NW-Afrika im S. Wegzug aus N- und M-Europa nach Ringfunden in Richtung SW, aus E-Europa WSW-W. Zu erwartende Herkunft der Dz am RM aus D, PL, CZ, Slowakei, Belarus und der Ukraine. Überwinterungsgebiete im Alpenvorland bis SW-Frankreich (HVM).

Bestandsentwicklung: Die Bestände in FIN, CZ, PL und in weiten Teilen von D zeigen eine negative Entwicklung (KOSKIMIES 1989, TUCKER 1994, HVM, NICOLAI 1993b). Stabil ist der Bestand in Schweden (ROBERTSON & BERG 1992, ROOS 1993), in EST (LEIBAK 1994) und DK, bei Zunahme des Brutvogelindex' (GRELL 1998). In GB und im übrigen W-Europa sowie in Belarus dagegen zum Teil stark zunehmend (MARCHANT 1990, HVM, TUCKER 1994). Im weiten Umkreis des RM (Verf.) wie in ganz BWü. gehen Dohlen stark zurück (HÖLZINGER 1987).

RM: Der Verlauf der DZZ zeigt Ähnlichkeit mit demjenigen der Saatkrähe. Seit 1975 haben sich die Zahlen offenbar auf niedrigem Niveau eingependelt. Wie bei der Saatkrähe ist das Zugende durch den Standard-Erfassungszeitraum nicht erfaßt. Wie bei anderen späten, exogen program-

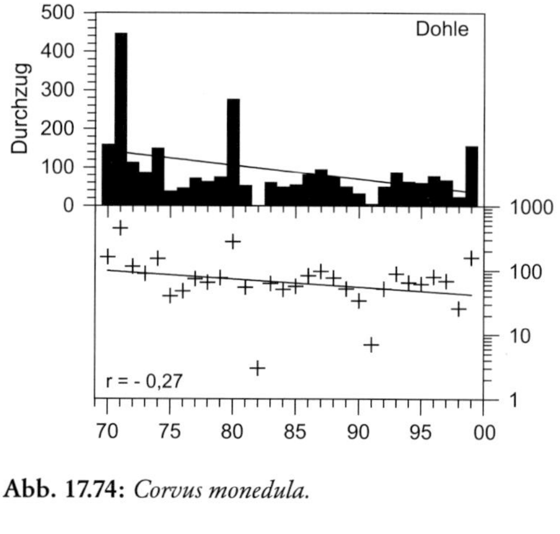

Abb. 17.74: *Corvus monedula.*

mierten Zugvögeln mit stark wetterabhängigem Zugverlauf werden damit auch jährlich wechselnde Anteile der Dz-Population registriert. Eine Zugverspätung, wie wir sie bei vielen Arten beobachten, könnte also zusätzlich einen Rückgang vortäuschen. Tatsächlich hat sich auch die 75-%-Quartile um eine Pentade Richtung Winter verschoben.

Diskussion: Die Brutpaarzahlen vom RM zeigen, daß sich der Rückgang der Dohle, der in der weiteren Umgebung des RM nach wie vor zur Räumung von Kolonien führt, auf die nach 1975 gleichbleibenden DZZ der aus dem Osten kommenden Vögel nicht übertragen läßt. Auch bei der Dohle kann die deutliche Abnahme der Jahressummen nach 1975 verschiedene Ursachen haben:

1. Klimabedingt späteres Einsetzen des Herbstzuges (GATTER 1994b, Kap. 11).
2. Ernährungs- bzw. klimabedingte Reduktion der Zugstrecken und verstärkte Entwicklung vom Zugvogel zum TZ innerhalb der kontinentalen Herkunftsgebiete.
3. Bestandsverluste in den Herkunftsländern durch Pestizide, Landnutzungsänderung oder Verfolgung und Prädation.

Gegen 1. und 2. spricht die Konstanz der Werte seit 1975; Punkt 3 läßt sich kaum beantworten. Die Dohle ist in E-Europa häufiger Bewohner von Saatkrähenkolonien (HVM). Deren Verfolgung würde dort auch die Dohle treffen.

Die in ganz W-Europa festzustellende, besonders in GB starke Zunahme wird von MARCHANT (1990) im Zusammenhang mit der landwirtschaftlichen Expansion begründet. In M-Europa wird die gegensätzliche Entwicklung – starke Rückgänge – ebenfalls großteils der Landwirtschaft angelastet! Gebäuderenovierungen und das Fällen von Höhlenbäumen werden als weitere gravierende Faktoren angesehen (BRAUN 1999, Zusammenfassung HVM). Damit wäre zunächst zu fragen, wo gravierende Unterschiede zwischen der Landwirtschaft in GB und z. B. in D liegen und inwieweit Gebäuderenovierungen den Totalverlust so vieler Populationen erklären, wenn sich andererseits parallel die Straßentaube fast überall halten kann (wenn auch lokal zurückgehend; z. B. BRAUN 1999)?

Aus unserer Sicht werden in der Diskussion um den Rückgang der Art einige Faktoren wohl zu wenig berücksichtigt. Als großer Höhlenbrüter ist die Dohle einer Reihe von Gefährdungen ausgesetzt, die bei anderen Arten fehlen. Da ist zu berücksichtigen, daß Höhlen in Bäumen, Felsen etc. von Prädatoren gewohnheitsmäßig kontrolliert werden – ein Nachteil gegenüber ständig wechselnden Neststandorten von Freibrütern. Die Bestände der Dohle haben sich in GB zwischen 1970 – 1983 verdreifacht, die der Hohltaube zwischen 1964 – 1984 vervielfacht (MARCHANT 1990). Diese Entwicklung ist offenbar nie unter dem Gesichtspunkt der Prädation durch die Marderarten betrachtet worden, die in England ganz (Steinmarder) oder ganz überwiegend (Baummarder) fehlen, während sie sich in dem genannten Zeitraum auf dem Festland z. B. in D, DK und A stark vermehrt haben (Kap. 16, 18).

Auch die explosive Zunahme von Dohle und Hohltaube nach Verbot giftiger Saatbeizmittel auf den west- und ostfriesischen Inseln (z. B. PLAISIER 1992) ist nicht unter dem Gesichtspunkt „Freßfeinde" betrachtet worden. Die Kaninchenbauten, in denen Dohlen auf den Inseln als Bodenbrüter in Dünen nisten, sind dicht besetzt. Fuchs und Marder fehlen dort! Die Populationsdynamik läuft entgegengesetzt zu derjenigen des Festlandes, wo die Vögel zur Nahrungssuche hinfliegen. Die Dünen auf der Festlandseite sind offenbar nicht besiedelt, was angesichts der dort hohen Fuchsbestände (Kap. 16, 18) auch zu erwarten ist.

In D sind Zusammenhänge zwischen Fuchs- und Marderbeständen einerseits und den Beständen einiger Vogelarten andererseits wahrscheinlich (Kap. 16). Dabei können sowohl Stadt-/Gebäude- als auch Fels- und Baumbrüter von Mardern stark beeinträchtigt werden. Hinweise auf den Zusammenbruch einer starken Population durch den Einfluß des Baummarders gibt TOMIAŁOJC in HVM (1993: 1677). Bei HÖLZINGER (1987) wird die Möglichkeit des Rückgangs wegen Prädation durch Säuger als Rückgangsursache nicht erwähnt. Die Populationen der Straßentaube *Columba livia* können dank ihrer hohen Reproduktionsrate mit fast ganzjähriger Brutfolge dem Prädationsdruck standhalten. Eine Analyse der Bestandsentwicklung der beiden Marderarten im Vergleich zur Entwicklung der Dohlenbestände in den Nachbarländern wäre dringend geboten (siehe Hohltaube und Kap. 18).

Ein ebenfalls bisher nicht beachteter Faktor ist die offenkundige Nahrungskonkurrenz zur Rabenkrähe, seltener auch zur Elster. Die Brutbestände der Dohle gehen im selben Umfang zurück, wie die der anderen Corviden zunehmen. Die Brut-Dohlen in der Umgebung des RM teilen sich mit den Krähen dieselben Grünland-/Ackergebiete. Vor 25 Jahren waren dies nur einige Rabenkrähenpaare. Heute suchen die Dohlen an allen Orten zusammen mit Nichtbrüterschwärmen von 60 bis mehreren hundert Krähen nach Nahrung (siehe Rabenkrähe). Nur in Maikäferjahren mit einem Überangebot an Nahrung, wie 1998, ist der Bruterfolg der Dohlen hier höher und läge damit in einem zur Bestandserhaltung notwendigen Rahmen (Kap. 18.5). Dohle und Rabenkrähe nutzen zusammen massiert anfallende Nahrung, z. B. Tipuliden oder Heuschrecken auf frisch gemähten Wiesen (s. Rabenkrähe). Die kolonial brütende und in Gruppen nahrungssuchende Dohle ist an solche Quellen angepaßt und könnte aus diesem Verhalten Vorteile ziehen (Barta & Szép 1994). Treten konkurrierende Nichtbrüterschwärme von Rabenkrähen mit wenig begrenztem Zeitbudget auf, geht der Vorteil verloren. Wenn weite Wege zum Brutplatz erforderlich werden, gefährdet die verlängerte Abwesenheit der Altvögel den Bruterfolg. Dies ist in der Schweiz besonders bei Schlechtwetterperioden selbst dann der Fall, wenn Nichtbrüterschwärme von Rabenkrähen fehlen (Biondo 1998, Kneubühl 1998).

In den vergangenen Jahren hat sich die Konkurrenzsituation an den Felsen in S-D verschärft. Große Felsbrüter wie Wanderfalke, Uhu und Kolkrabe sind häufiger geworden. Im Kampf um Brutplätze mag die Dohle auch dadurch verlieren, weil zudem viele der geeignetsten Felsen heute ganzjährig zum Klettern freigegeben sind.

Ein positiver Effekt auf den Bruterfolg der Dohle konnte in Spanien durch Zusatzfütterung vermerkt werden, was die Hypothese der Nahrungskonkurrenz zu anderen Corvidenarten bestätigen könnte (Soler 1989, Soler & Soler 1996). Weitere Untersuchungen zum Ursachengefüge der regional so unterschiedlichen Entwicklungen sind dringend geboten.

Saatkrähe *(Corvus frugilegus)*

Mäßig häufiger Brutvogel und sehr häufiger Wintergast, TZ, E-Populationen sind Zugvögel. Verbreitung: paläarktisch. Im N von S-Fennoskandien und dem Balt. bis M-F, S-D, CH, Bulgarien und RUS. Im W von N-F und GB bis zum Pazifik im E. Wegzug aus N-Europa nach Ringfunden in Richtung SW, aus E-D und E-Europa WSW-W (HVM). Zu erwartende Herkunft der Dz am RM aus Bay., CZ, PL, A, Belarus, RUS und Ukraine. Überwinterungsgebiete der RM-Dz wohl überwiegend in BWü. und F.

Bestandsentwicklung: Im NW und N Arealexpansion und überwiegend Zunahmen von GB bis Schweden (Robertson & Berg 1992, Marchant 1990, HVM). In PL neuerdings vielfach im Zusammenhang mit Urbanisierung steigend, in CZ wohl eher abnehmend (HVM). In W-D, von regionalen Abweichungen abgesehen, einheitlich positiver Trend bei den Brutvögeln seit 1977 (Witt 1992). In E-D seit 1950 Abnahme, Trend der 1970er und 1980er Jahre unsicher (Nicolai 1993b). Aus den Hauptherkunftsgebieten der RM-Zieher, nach Zugrichtungen, Bestandsgrößen und Ringfunden wohl RUS bis Ukraine, liegen keine Angaben vor. Aus Bay. wurden lokal auf 1/3 zurückgegangene Winterbestände gemeldet (Reichholf 1987). Dasselbe gilt für Albvorland und Neckartal im Bereich des RM (Verf.).

RM: Ohne Berücksichtigung der Winterflüchter stellen die im Zeitraum vom 29. August bis 6. November registrierten Saatkrähen wohl etwa 70 % des gesamten Herbstzuges dar. Zeitliche Schwerpunkte des Zuges schwanken jedoch von Jahr zu Jahr stark, so daß im Standard-Erfassungszeitraum wohl wechselnd von nur 10 % bis zu 80 % des Zuges erfaßt werden (1982 wurde die Beobachtung vorzeitig abgebrochen). Dadurch unterliegen die registrierten Zahlen starken Schwankungen. Dennoch läßt sich aus den Zahlen ersehen, daß von Beginn bis Ende des Erfassungszeitraumes die DZZ im Durchschnitt auf etwa die Hälfte zurückgegangen sind.

Diskussion: Die deutliche Abnahme der Jahressummen kann verschiedene Ursachen haben:

1. Klimabedingt späteres Einsetzen des Herbstzuges (Gatter 1994b, Kap. 11). Wie bei der Dohle hat sich die 75-%-Quartile um eine Pentade in Richtung Winter verschoben.
2. Klimabedingte Reduktion der Zugstrecken und verstärkte Entwicklung vom Zugvogel zum TZ in den kontinentalen Herkunftsgebieten.
3. Verkürzte Zugwege als Folge der Nutzung urbaner Abfälle und des verstärkten Anbaus von Wintergetreide und -raps auf den Zugwegen. Die Tendenz der östlichen Popula-

tionen, in der Nähe der Brutorte zu überwintern, scheint zu steigen.

4. Bestandsverluste in den Herkunftsländern durch Pestizide, Prädation oder Verfolgung. In Schweden hat mit Quecksilber gebeiztes Saatgut zwischen 1950 und 1970 starke Rückgänge bewirkt (Kap. 15.5, HVM).

In PL galt die Saatkrähe früher nur als sporadischer Überwinterer, heute ist sie relativ häufig. Auch in St. Petersburg überwintern Saatkrähen in zunehmender Zahl, und das mediterrane S-F wird nicht mehr so häufig aufgesucht wie in den ersten Jahrzehnten des 20. Jh. (HVM 1993: 1774ff). Nach BUSSE (in HVM) ziehen 12 % der britischen, 28 % der französischen und niederländischen, 63 % der deutschen, aber 93 % der südrussischen und 100 % der baltischen, mittel- und ostrussischen Tiere mehr als 100 km, wobei die Fernzieher der kontinentalen Populationsgruppen 1.000 – 2.000 km (als mittlere Wiederfundentfernung) erreichen. Eine relativ geringfügige Reduktion der Zugstrecken könnte bereits einen deutlichen Rückgang der Dz- und Überwinterungszahlen bewirken. Veränderungen in der Landwirtschaft (siehe Ringeltaube) mit besserem Angebot an Winternahrung und mildere Winter machen diese Deutung zur plausibelsten, da die Brutbestände in der Ukraine und in Belarus stark zunehmen (Eu-ATL).

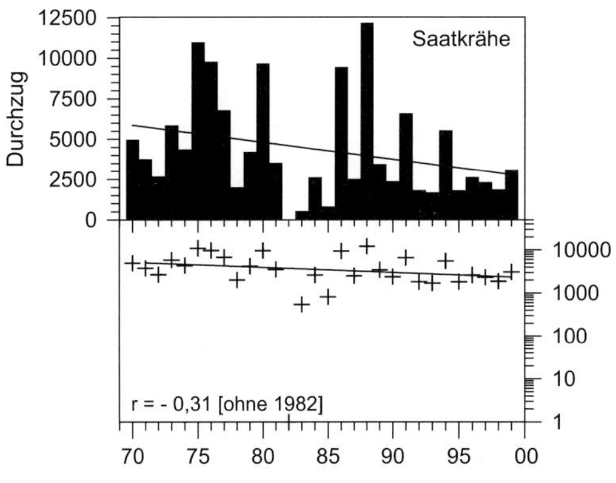

Abb. 17.75: *Corvus frugilegus.*

Aaskrähe – Raben- und Nebelkrähe *(Corvus corone)*

Corvus corone ist in ganz Europa lückenlos verbreitet. In DK, Skandinavien und von NE-D nach E brütet die Nebelkrähe *C. c. cornix*, westlich davon die Rabenkrähe *C. c. corone*. Rabenkrähen ziehen in geringem Umfang, Nebelkrähen mit nach N und NE zunehmenden Anteilen. Vor allem bei der Nebelkrähe wird nachlassende Zugaktivität bemerkt (HVM). Am RM brüten und ziehen ausschließlich Rabenkrähen.

Bestandsentwicklung: In GB seit dem ersten Weltkrieg, ganz speziell seit den 1940ern zunehmend. Starker, zahlenmäßig belegter kontinuierlicher Anstieg seit drei Jahrzehnten mit Arealauffüllung in vorher wegen Verfolgung nicht besiedelten Gebieten (MARCHANT 1990). Auch in den meisten anderen Ländern nehmen Bestände zu (MARCHANT 1990, HUSTINGS 1988). Während in Südschweden die DZZ der Nebelkrähe zurückgehen (ROOS 1996), nehmen die Brutbestände zu. In EST waren die Bestände 1950 – 1970 wohl überwiegend wegen Bejagung stabil, haben aber seit den 1980ern schnell zugenommen (LEIBAK 1994). In D wird von langfristig stabilen (WITTENBERG 1988) bzw. kontinuierlich steigenden Populationen berichtet (SCHWARZ & FLADE 1999). Am Bodensee nahmen Bestände allein von 1980 –1990 um 40 % zu (BAUER & HEINE 1992). Von ähnlichen Zunahmen berichten BUSCHE (1993), GRUMMT & WINK (1991).

RM: Die Zahl der ziehenden Rabenkrähen ist stark schwankend. Zählungen wurden nicht über alle Jahre konsequent durchgeführt, da die Aussage „Zug" mit zunehmender Häufigkeit anwesender Vögel schwieriger zu beurteilen ist. Gegenüber den 1970ern ist in den 1990er Jahren eine Steigerung der DZZ festzustellen (Abb. 17.76a). Es ist anzunehmen, daß es wie bei der Nebelkrähe Zugwegverkürzungen gibt (SIEFKE 1994) und realistische Bestandstrends aus Zugzahlen nicht abzulesen sind. Im weiteren Bereich des RM liegen aber langfristige Zeitreihen vor: Die Zahl der im Stationsbereich anwesenden Rabenkrähen (Methode siehe Elster) stieg 1987 – 1999 stark an (Abb. 17.76b). Auf regelmäßig befahrenen Strecken im Umfeld des RM (Abb. 17.76c) nahmen die Zahlen/km zwischen 1970 und 1997 stark zu. Auf zwei seit 1970 untersuchten Strecken mit hohem Waldanteil, in denen sich wegen nur kleinflächig eingestreutem Grün- und Ackerland keine Nichtbrütertrupps aufhalten, lagen die Werte 1997 um den Faktor 2,4 bzw. 3,3 höher als 1970. Im Kerngebiet des über 60 km² großen Truppenübungsplatzes Münsingen ist die Zahl der Revierinhaber seit 1975 um das Vierfache angestiegen. Die Bestandsdichte liegt dabei aber noch extrem weit unter derjenigen des umgebenden Agrarlandes. Gesellschaften von Nichtbrütern nutzen dieses Gebiet erst seit 10 Jahren besonders ab Juni. Ihre Zahlen sind speziell nach 1995 stark angestiegen, offensichtlich als Folge eines höheren Populationsdrucks von außerhalb. Zur Zeit dichtester Vegetation im Agrarland weichen sie auf die hier großen Magerrasenflächen aus und „weiden" die heranwachsenden Heuschreckenlarven systematisch, im Verband vorrückend, ab. Sie werden damit zu starken Nahrungskonkurrenten der wenigen Vogelarten armer Standorte, die bisher allein hier lebten.

Die Zahl der besetzten Rabenkrähenhorste auf einer über 30 km² großen Untersuchungsfläche (± 750 m NN) beim RM lag im März/April 1992/93 beim 2,5fachen der Werte von 1970. Die Nichtbrüter nahmen noch deutlicher zu. In einem 50 km² großen, zu 45 % bewaldeten Gebiet auf der Alb südlich des RM hielten sich während der Brutzeiten 1996 und 1997 durchschnittlich 930 Nichtbrüter auf. Sie verteilten sich auf die vier jeweils 2 – 5 km² großen offenen Acker-/Grünlandflächen, entsprechend 0,7 Krähen/ha. Auf sie entfallen jahreszeitlich wechselnd 85 – 94 % der Biomasse aller dort anwesenden Vögel. Den großen Rest der eher kleinparzellierten, unbewaldeten, aber meist waldrandnahen Lagen teilen sich die BP auf.

Diskussion: Der hohe Grünlandanteil von etwa 50 % der landwirtschaftlichen Nutzfläche ermöglicht hier im Albvorland und auf der Alb offenbar sehr hohe Dichten der Rabenkrähe, wie ein Vergleich zu den geringeren Zahlen des überwiegend ackerbaulich genutzten Landkreises Ludwigsburg (ANTHES 1999) und der dem RM-

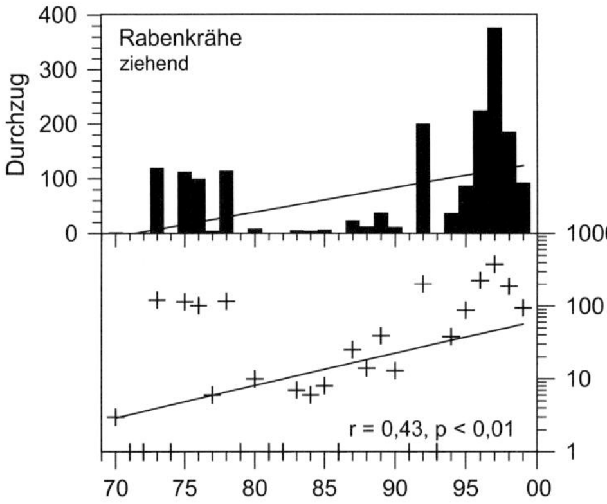

Abb. 17.76a: Durchzug (*Passage of* Corvus c. corone).

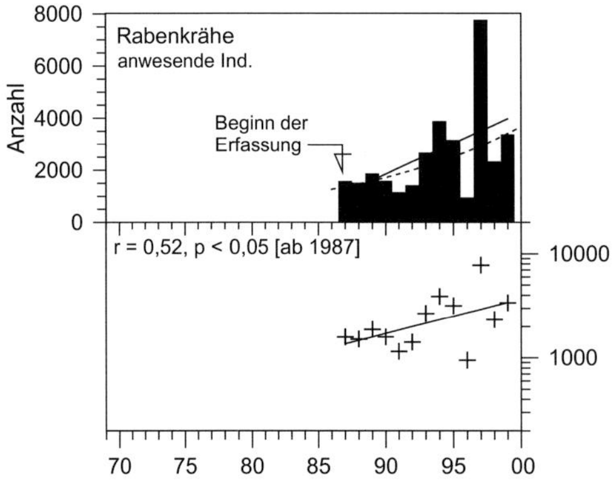

Abb. 17.76b: Anwesende Rabenkrähen an der Station Randecker Maar, Methode siehe Elster (Abb. 17.71). – *Number of* Corvus. c. corone *in local Randecker Maar population; for method see species text of* Pica pica *and Fig. 17.71.*

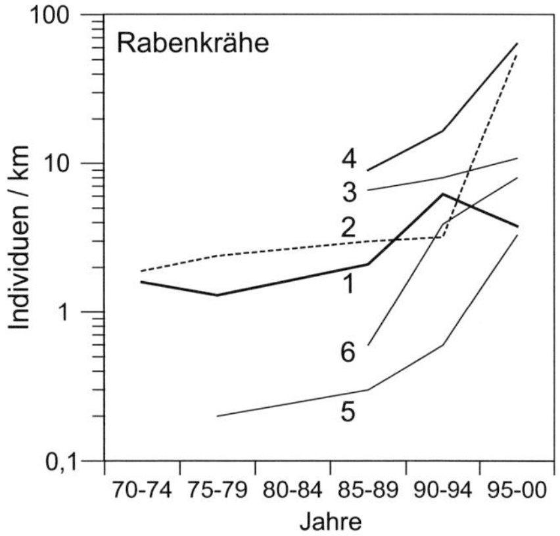

Abb. 17.76c: Rabenkrähen/Fahrtkilometer zur Brutzeit an verschiedenen Strecken mit teils hohem Waldanteil und beschränkter Sicht im Umfeld des RM (1 Ochsenwang, 2 Dettingen/Teck, 3 Schopfloch, 4 RM, 5 Feldstetten/Landkreis Reutlingen, 6 Gruorn/Landkreis Reutlingen). – *Numbers of* Corvus c. corone *per km along various roads in the breeding season, at times heavily wooded and with limited visibility, in the surroundings of Randecker Maar.*

Gebiet benachbarten Filderebene zeigt (siehe Kiebitz, Rebhuhn). Auch in GB werden die höchsten Konzentrationen „on higher ground" festgestellt (MARCHANT 1990). Die Zunahme ist innerhalb eines Faktorengefüges zunächst dem gesetzlichen Schutz zuzuschreiben. Wie in GB ermöglichte die mit dem Schutz geringer werdende Scheu vor dem Menschen die Besiedlung vieler vorher krähenfreier Territorien (MARCHANT 1990). Noch bis 1976 standen im weiten Umfeld des RM Krähenfallen, bis ca. 1970 wurden erreichbare Nester ausgeschossen, andere ausgenommen. Das vegetabilische Nahrungsangebot im Agrarland hat sich mit steigenden Hektarerträgen und den im Gegensatz zu früher eher tolerierten Ernteverlusten seit Jahrzehnten ständig erhöht. In vormals reinen Wiesengebieten hat Grünlandumbruch diesen Effekt sicher ebenso verstärkt wie der zunehmende Maisanbau. Gemischte Acker-/Grünlandgebiete weisen die höchsten, reine Grünland- und Heidegebiete die niedrigsten Krähendichten auf. Düngung und damit eutrophierende Einflüsse spielen eine herausragende Rolle (Kap. 15.5). Ein Beleg hierfür ist der in den Relationen von Wald- und Offenland dem RM-Gebiet vergleichbare, 60 km² große Truppenübungsplatz Münsingen. Brütende Rabenkrähen haben hier im Militärgelände eine deutlich geringere Dichte als im Umland.

Corviden, und vor der Elster die Rabenkrähe, sind aufgrund ihrer omnivoren Ernährung die Hauptgewinner der heutigen Entwicklung in der Landwirtschaft. Der bei der heutigen Grünlandwirtschaft für Silage übliche, fast gleichzeitige Schnitt riesiger Flächen macht Krähen dank guter Flug- und Laufeigenschaften sowie gemeinschaftlicher Nutzung der Ressourcen gegenüber anderen Vögeln der Agrarlandschaft überlegen. Hierzu liegen umfangreiche Beobachtungen von der Albhochfläche südlich des RM vor (Abb. 17.76d). Auf frisch gemähten Flächen sinkt nach dem Einfall der Rabenkrähenschwärme die durchschnittliche Beutetiergröße (überwiegend Insekten, vor allem Heuschrecken) innerhalb weniger Minuten deutlich ab. Nach etwas mehr als 30 Minuten ist eine Beutetierdichte und -größe erreicht, die sowohl für Krähen als auch für andere Arten unterhalb einer lohnenden Schwelle liegt.

Vögel können sowohl die Abundanz als auch den Artenreichtum von Heuschrecken negativ beeinflussen, wie JOERN (1986, 1988) und FOWLER et al. (1991) experimentell nachweisen konnten.

Überall dort, wo sie in so großer Zahl auftreten, mögen Rabenkrähen nicht nur über Nahrungskonkurrenz, sondern möglicherweise allein durch ständige Anwesenheit kleinere Singvögel an der Gründung von Revieren hindern (siehe Braunkehlchen).

Das nachlassende Interesse an Brennholz und sogenannte Biotopverbundstrukturen (Kap. 15.2, 15.3,) haben überall in der Feldmark bruttaugliche Gehölze wachsen lassen. Die momentan ablaufende Entwicklung hat deshalb viel Ähnlichkeit mit der Eroberung amerikanischer Prärien durch *Corvus brachyrhynchos* nach der Entstehung baumbestandener Farmen (NEWTON 1998).

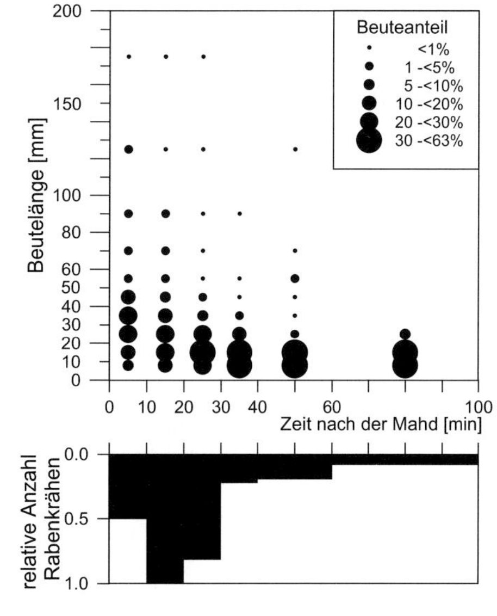

Abb. 17.76d zeigt das rasche Abweiden durch Mahd freigelegter Nahrungsressourcen auf Grünland durch Schwärme der Rabenkrähe (wenige Mäuse, Blindschleichen, Frösche, Würmer, überwiegend Insekten). Die bis zu 150 Vögel umfassenden Trupps fressen größenmäßig „lohnende" insectivore Beute innerhalb weniger Minuten. Aufnahmen Juli/August 1997 – 1999 (Verf.). – *Illustration of rapid consumption by flocks of* Corvus c. corone *of food resources exposed by mowing of grassland (some mice and voles* Muridae, *Slow Worms* Anguis fragilis, *frogs* Ranidae, *worms, mostly insects). The flocks, up to 150 strong, dispose of rewarding (by size) insectivorous prey within a few minutes. Records from July/August 1997 – 1999 by the author. Horizontal axis: time after mowing; vertical axis (below): relative number of* Corvus c. corone; *(above): prey length; inset: proportion of prey taken according to size.*

Große, ausgeräumte Flächen fernab der Brutplätze nutzen die Krähen mühelos. Derartige Flächen wurden in den vergangenen 15 Jahren zunehmend Aufenthaltsort von abgedrängten Nichtbrüterschwärmen. Hier werden die Krähen vermehrt zu Konkurrenten und nach DICK (1995) als generalistische Beutegreifer auch zu Prädatoren anderer Agrararten. Die Rabenkrähe ist in unserem Bereich (eigene Beob.) und wohl auch sonst ein effektiver Nestprädator der Elster, deren Nestdächer abgebaut werden bis die Brut greifbar ist (siehe dazu BALANÇA 1984, VOGRIN 1998). Es ist wahrscheinlich, daß derzeit nicht die Landwirtschaft die Bestände der Elster negativ beeinflußt, wie in einer Vielzahl von Berichten zu lesen ist, sondern von zwei Corvidenarten mit ähnlichen ökologischen Ansprüchen setzt sich ganz offensichtlich die Rabenkrähe durch.

In einer jüngeren Untersuchung machten Vogeleier und Jungvögel bei Elster und Rabenkrähe 0,1 bzw. 0,2 % der Brutzeitnahrung aus (HELB 1999). Um die Auswirkungen der Nestprädation auf verschiedene Vogelarten darzustellen, muß aber auch das Ausmaß der Verfügbarkeit von Vogelbruten berücksichtigt werden. In einer offenen Agrarlandschaft mit geringen Siedlungsdichten von Brutvögeln (z. B. Tab. 15.3.1) könnte dieser minimale Prozentsatz bei den oben geschilderten Nichtbrüterschwärmen rein rechnerisch die verfügbaren Vogelbruten übertreffen, in Siedlungen im Vergleich zum Angebot dagegen gering sein. Krähen und Kolkrabe können in der Nähe von Seevogelkolonien ihre Jungenaufzucht fast ausschließlich mit Eiern und Jungvögeln oder gar erwachsenen Seevögeln (Sturmtauchern) bestreiten (TENOVUO und andere zit. HVM). Die Frage, ob ein Nahrungsbestandteil von 0,1 - 0,2 % aus Eiern bzw. Jungvögeln andere Vogelarten beeinträchtigt, kann nur abgeschätzt werden, wenn einerseits die Krähenpopulation (BP + Junggesellen) und andererseits die Brutdichte der übrigen Vögel bekannt ist. Ausschlaggebend sind aber die Auswirkungen auf die einzelne Vogelart innerhalb ihrer Lebenszeitproduktion im Zusammenspiel mit anderen Verlustursachen (siehe Braunkehlchen, Elster, Kiebitz und Kap. 18).

Kolkrabe *(Corvus corax)*

Der erste Brutversuch im 20. Jh. im Bereich des RM fand 1969 statt (GATTER 1970d). Heute brüten im Umkreis von 10 km 5 - 7 BP mit mäßigem Bruterfolg. Kolkraben sind inzwischen regelmäßig im Bereich der Station zu sehen. Diese Beobachtungen der in der Regel nicht ziehenden Vögel werden generell notiert und ergeben in der Summe die Werte der Abb. 17.77 (Methode siehe Elster), wobei die Daten vor 1980 hier nicht berücksichtigt sind. Im Winter 1998/99 tauchten außerhalb unseres Standard-Erfassungszeitraums erstmals größere Nichtbrüterschwärme von über 50 Vögeln auf.

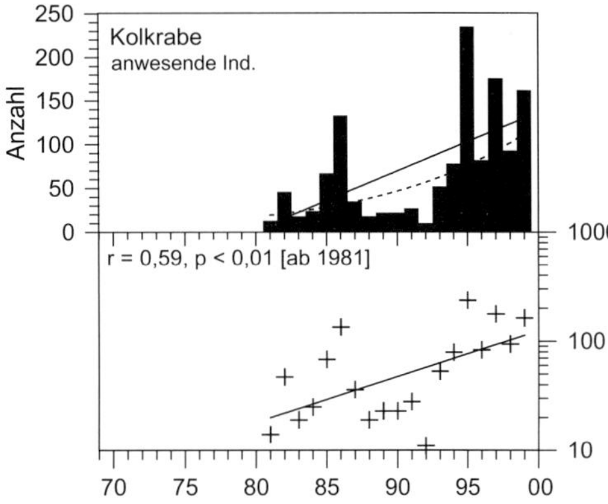

Abb. 17.77: *All observations of* Corvus corax.

Stare *Sturnidae*

Star *(Sturnus vulgaris)*

Häufiger Brutvogel, TZ, Tag- und Nachtzug. Verbreitung westpaläarktisch, *St. v. vulgaris* vom Atlantik im W bis zum Baikalsee im E sowie vom Nordkap bis NE-Spanien und N-Griechenland. Überwintert im S und W des Brutareals sowie im gesamten Mittelmeerraum incl. N-Afrika. Wegzug aus Skandinavien und M-Europa nach Ringfunden in Richtung W-WSW bzw. SW, je nachdem, ob die Brutgebiete nördlich oder südlich des 52. Breitengrades (ca. Berlin) liegen (FLIEGE 1984). Zu erwartende Herkunft der Dz am RM aus S-D, E-D, CZ, Belarus und RUS, kaum aus Fennoskandien.

Bestandsentwicklung: In Schweden und FIN nach positiven Trends (z. B. JÄRVINEN & VÄISÄNEN 1977a, HAILA et al. 1979) nunmehr negativ mit Rückgängen um 50 % (SOLONEN 1985, VÄISÄNEN et al. 1989). Die Fangzahlen in Ottenby/S. sind rückläufig (PETTERSSON 1986), ebenso die DZZ in

Falsterbo/S. (Roos 1996). Für Skandinavien scheint somit insgesamt ein negativer Trend vorzuliegen. In DK nimmt der Bestandsindex seit 20 Jahren ab (Grell 1998). Die Bestände in EST gehen stark zurück (LEIBAK 1994). Auch in GB starker Rückgang schon in den 1960er Jahren, der sich bis heute fortsetzt (MARCHANT 1990, Marchant et al. 1998).

Aus D liegen unterschiedliche Meldungen vor. Am Bodensee 1980 zu 1990 eine leicht negative, nahezu stabile Situation (Bauer & Heine 1992), wobei im Neckartal und auf der Schwäbischen Alb bereits seit den 1970ern deutliche Rückgänge zu verzeichnen sind. Die Zahl der an Schlafplätzen im Neckartal gezählten Stare ist zwischen 1960 (Gatter 1970d) und heute auf Bruchteile zurückgegangen. Dasselbe gilt für die ehemals großen Trupps gerade selbständiger Jungvögel im Juni. Flade & Steiof (1989) ermittelten aus zahlreichen Bestandsaufnahmen deutliche Zunahmen in N-D, doch überwiegen hier wohl inzwischen auch die Rückgänge (R. Schütt pers. Mitt.). Weitere Hinweise zum Bestandsschwund siehe HVM, B&B.

In Spanien seit Jahren Rückgang der Winterzahlen. Besonders betrifft dies die Schlafplätze im SW, wohingegen die Schlafplatzzahlen im NE und auch in F einen positiven Trend zeigen, was auf verändertes Zugverhalten zurückgeführt wird (Peris 1991, Peris et al. 1991).

RM: Der Star gehört mit zu den häufigeren Dz am RM. Angesichts hoher Anteile von Nachtzug sind die Jahressummen im Vergleich zur Häufigkeit der Art dennoch bescheiden. Zudem umgeht ein großer Teil der Zieher die Schwäbische Alb, wie Vergleichszählungen zwischen Hohenbol und RM zeigen. Die am RM notierten Zahlen können die in der Literatur angegebenen bereits seit längerem registrierten Bestandsrückgänge nicht im selben Ausmaß bestätigen. Dies spricht dafür, daß in manchen Herkunftsgebieten unserer Durchzügler die Rückgänge schwächer ausgeprägt sind.

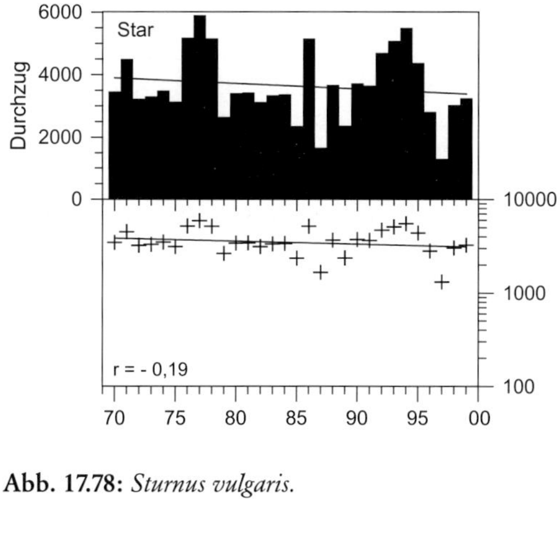

Abb. 17.78: *Sturnus vulgaris.*

Diskussion: Die Entwicklungen im N, von GB bis Fennoskandien und EST, scheinen sich von denjenigen im S zu unterscheiden. Generell sind regional stark unterschiedliche Brutbestandstrends anzunehmen. Die Rückgänge der Winterbestände in S-Spanien und die gleichzeitige Zunahme im N sowie in F könnten für Zugwegverkürzungen um mehr als 1000 km sprechen. Die allerdings parallel dazu verlaufende Verlagerung der Herkunftsschwerpunkte der Wintergäste, mit zunehmenden Anteilen aus NL, B und F, bei gleichzeitigem Rückgang von Populationen mit weiter östlicher Herkunft deuten komplexere Zusammenhänge an (Peris 1991 und andere zit. in HVM). Aus Nistkasten-Kontrollergebnissen der Forstverwaltung BWü. 1950 – 1997 (siehe Kleiber) läßt sich folgendes ablesen: Weitgehendes Verschwinden aus Kästen an Gebäuden im Wald nach ca. 1975. Generell geringer werdende Nutzung der etwa 8.000 startauglichen Kästen und stark verringerter Bruterfolg in den vergangenen 20 Jahren. Der regional hohe Einfluß von Mardern könnte daran erheblichen Anteil haben, wie man aus Kommentaren der Erheber schließen kann, doch lassen die kontinuierlichen Rückgänge in England, wo Marder keine Rolle spielen, auf weitere gravierende Faktoren wie z. B. Pestizide schließen (Chamberlain 1999).

Sperlinge *Passeridae*

Haussperling *(Passer domesticus)*

Sehr häufiger Brutvogel, adult meist Standvogel, mit geringem TZ-Anteil insbesondere der Jungvögel, Tagzug. Verbreitung paläarktisch/orientalisch, durch Einbürgerungen nahezu global. *P. d. domesticus* vom Atlantik im W bis W-Sibirien im E, im N von N-Skandinavien bis Alpen im S. Wegzug der Jungvögel aus M-Europa nach Ringfunden bis 550 km weit nach W-S. Zu erwartende Herkunft der Dz am RM überwiegend aus S-D sowie E-D, CZ und PL.

Bestandsentwicklung: Neben Arealerweiterungen zu Beginn des 20. Jh. (BEZZEL 1993) heute vielfach negative Bestandstrends. In Schweden rückläufig (EDELSTAM 1972, ULFSTRAND et al. 1974, ROBERTSON & BERG 1992). In EST ist der Bestand nach Zunahmen 1940 – 1960 heute stabil (LEIBAK 1994). In N-FIN nahmen die Winterbestände des Haussperlings zwischen 1960/61 und 1981/82 noch zu (TIAINEN 1985) bzw. sind langfristig stabil (KOSKIMIES 1989), sonstige Bestandstrends verlaufen allerdings negativ (TIAINEN et al. 1985, BWP). In GB registrierten MARCHANT (1990) und BALMER & MARCHANT (1993) Abnahmen und vermuten Futtermangel aufgrund von Insektizid- und Herbizideinsatz. In DK von 1976 – 1986 Rückgang von 4 auf 2 Mio. BP (ESKILDSEN 1987), seit 1979 konstant (GRELL 1998). Spatzenschwärme in der freien Agrarlandschaft haben in Schleswig-Holstein in den letzten 30 Jahren stark abgenommen und treten erst neuerdings wieder in Erscheinung (R. SCHÜTT pers. Mitt.). Die Bestände in N-D waren 1950 – 1985 stabil (FLADE & STEIOF 1989), am Bodensee 1980 zu 1990 negativ (BAUER & HEINE 1992).

RM: Unter starken Fluktuationen fast kontinuierlich zurückgehende Zahlen von 1970 – 1983. Dies bedeutete gleichzeitig das Ende des Durchzugs größerer Jungvogelschwärme. Seither sind Haussperlinge nur noch Dz in geringer Zahl. Die großen Zahlen 1971, 1977 und 1981 weisen auf eine Evasionsneigung mit eruptivem Charakter hin, wie sie von vielen verwandten Webervögeln bekannt ist (siehe Feldsperling), wobei eine Verbindung zu den Invasionen der im Wald lebenden Singvogelarten nicht gegeben ist.

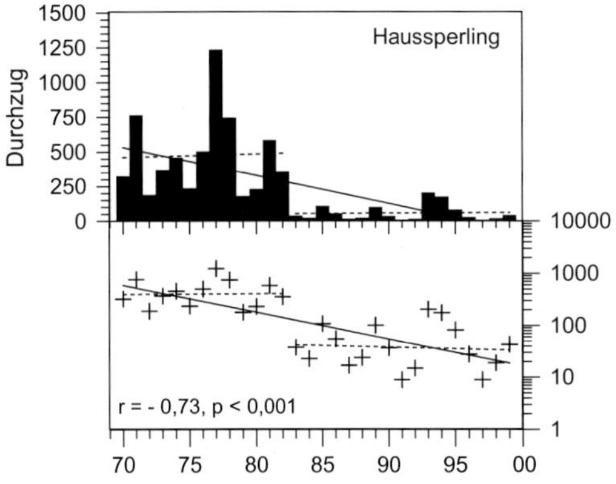

Abb. 17.79: *Passer domesticus.*

Diskussion: Als Ursache der zurückgehenden DZZ könnten zunächst entsprechende Rückgänge der Brutpopulationen in Größenordnungen der abgebildeten angenommen werden. Solche Abnahmen um 80 – 90 % sind aber nirgendwo bekannt geworden. Der zeitliche Verlauf der Abnahmen am RM, nicht jedoch deren Stärke, gleicht dem der Indexwerte in England (BALMER & MARCHANT 1993). Das läßt vermuten, daß die Rückgangsursachen in GB dieselben sind wie in M-Europa. Eine drastische Veränderung der Population bzw. deren Zugverhalten im Herkunftsgebiet dürfte stattgefunden haben. Da fast ausschließlich Jungvögel im Schlichtkleid ziehen, dürfte als Auslöser der früher stärkeren Bewegungen ein Populationsdruck angenommen werden. Ein Gedrängefaktor, der damals zugauslösend gewirkt haben dürfte, entfällt heute. Denkbar wäre damit auch, daß heute angesichts zunehmender Ausdehnung der Siedlungen auf größerer Fläche mehr Haussperlinge bei geringerer Dichte siedeln als früher. Grundsätzlich können die Ursachen aber auch im landwirtschaftlichen Bereich zu suchen sein, denn die großen nachbrutzeitlichen Schwärme in Getreide- und Stoppelfeldern gehören der Vergangenheit an. Zu den heute möglicherweise höheren Verlusten durch Freßfeinde siehe Kap. 18.

Feldsperling *(Passer montanus)*

Sehr häufiger Brutvogel, Standvogel, Dismigration und TZ von überwiegend Jungvögeln und ein nach N zunehmender Zugvogelanteil; Tagzug. Verbreitung paläarktisch/orientalisch. *P. m. montanus* vom Atlantik im W bis zum Pazifik im E, von S-Skandinavien im N bis zum Mittelmeer und Schwarzen Meer im S. Überwintert überwiegend im Brutgebiet außer dem äußersten N. Wegzug aus M-Europa nach Ringfunden (ZINK & BAIRLEIN 1995) in Richtung SW-SE, Fernfunde mit überwiegender SW-Richtung, Maximalentfernungen Petersburg bis Portugal, selten jedoch über 600 km, aber weiter und regelmäßiger ziehend als Haussperling. Feldsperlinge überqueren auch die Meerenge von Gibraltar (FINLAYSON 1992). Zu erwartende Herkunft der Dz am RM aus BWü., N-Bay., E-D, CZ und darüber hinaus.

Bestandsentwicklung: In GB Verfünffachung der Werte von ca. 1955 bis 1960, hohe Werte bis 1978. Seitdem Rückgang um etwa 85 % (MARCHANT 1990, Eu-ATL). In F, NL, PL

Rückgänge (BWPC). In Schweden leichte Zunahme bis 1981 mit anschließendem Rückgang (HUSTINGS 1988), in Agrargebieten dort weiterhin Zunahmen (SOLONEN 1985, ROBERTSON & BERG 1992). Bestände in FIN und EST nehmen zu (BWP). In DK Zunahme des Bestandsindex' in den 1970er Jahren, während des letzten Jahrzehnts etwa konstant (GRELL 1998). In CH (BLATTNER & SPEISER 1990) und in D negative Bestandstrends (OELKE 1985, GRUMMT & WINK 1991, NICOLAI 1993b, WINKEL & WINKEL 1985). Am Bodensee 1980 zu 1990 konstant (BAUER & HEINE 1992). Langjährige Nistkastenuntersuchungen bei Braunschweig bestätigen den Bestandseinbruch nach Mitte der 1970er Jahre (WINKEL 1994). Fänge auf Helgoland gingen von 1959 bis 1980 zurück (MORITZ 1981). Die Ergebnisse des Nistkastenmonitorings der Forstverwaltung BWü. (Abb. 17.80b) an einem Nistkastenbestand von 160.000 (1965) bzw. 200.000 (1994) zeigen einen ähnlichen Verlauf wie in GB. Die Bestände im Wald waren 1964 - 1970 relativ konstant. Sie lagen im nördlichen Rheintal und Schwarzwald bei über 6 % der Belegung durch Vögel, im Stuttgarter Raum bei 0,5 - 1 %. In beiden Regionen nahmen in den 1970er Jahren die Bestände deutlich zu, brachen aber zwischen 1980 und 1985 zusammen und fielen im früher stärker besiedelten Rheintal und im Schwarzwald auf unter 2 % ab. Im Stuttgarter Raum war der Zusammenbruch nicht ganz so stark, die Werte lagen in den letzten Jahren jedoch auch dort unterhalb der Werte der 1960er Jahre. In den 1950er und 1960er Jahren wurden die Sperlinge als Schädlinge vielfach aus den Nistkästen entfernt und zwar sowohl in landwirtschaftlich genutzten Gebieten als auch in den vom Bund für Vogelschutz betreuten Flächen (z. B. GUTBROD, pers. Mitt., Verf.) oder gar als „Schadvögel" vergiftet.

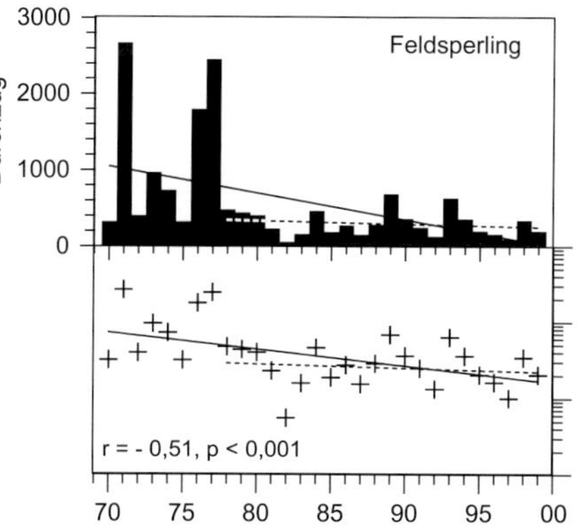

Abb. 17.80a: *Passer montanus.*

RM: Die Zahlen bestätigen die Neigung zu eruptiven Evasionen, für die es auf den Stationen in Skandinavien ebenfalls Hinweise gibt (EDELSTAM 1972, ULFSTRAND et al. 1974). An Alpenpässen werden sie in den gleichen Jahren wie am RM bemerkt, z. B. 1971 und 1977 (JENNI & SCHAFFNER 1984). Die Minimalwerte unterschritten 1970 - 1980 die Werte von 400 Dz kaum, eine Zahl, die in den folgenden Jahren nur noch zweimal erreicht wurde.

Diskussion: Interessant ist der sehr ähnliche zeitliche Verlauf der Höhepunkte im Vergleich zwischen GB (MARCHANT 1990) und dem RM mit den Höhepunkten um 1971 und 1977 mit anschließendem Rückgang ohne Erholung bis heute. Der starke Rückgang der Zahlen beim

Abb. 17.80b: Feldsperling. Anteil erfolgreicher Bruten in Wäldern Baden-Württembergs bei einem Nistkastenbestand bis 200.000. FD = Forstdirektion (nach GATTER & SCHÜTT in Vorber., siehe Kleiber). – Passer montanus: *percentage of nest boxes (up to 200 000) in forests of Baden-Württemberg producing fledged young (FD = forestry administration district).*

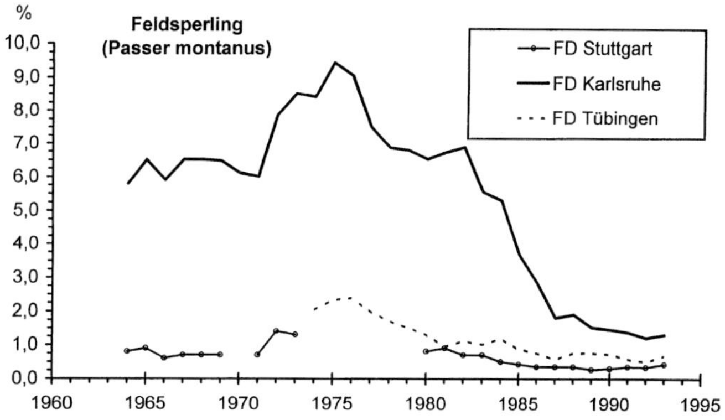

Feldsperling erfolgte am RM früher als beim Haussperling. Aus GB wird auf lange Phasen des Rückgangs und der Arealverkleinerung z. B. um 1930 hingewiesen. Es wird versucht, die früheren Langzeitschwankungen dort mit Perioden zu begründen, in denen sich die Landwirtschaft zurückzog. Die Bestände blieben dort (wie auch bei uns) während der Ära der chlorierten Kohlenwasserstoff-Pestizide hoch und sanken erst lange nach den schlimmsten chemischen Exzessen. Ein Zusammenhang zu klimatischen Bezügen läßt sich dort nicht herstellen (MARCHANT 1990). In GB wird der Rückgang deshalb der weitverbreiteten Verwendung von Herbiziden und dem daraus folgenden Rückgang verfügbarer Unkrautsamen (Kap. 15.4, STEINER et al. 1990) zugeschrieben. Dies läßt sich wohl generell auf M-Europa übertragen (PAIN & PIENKOWSKI 1997). Zusätzlich negativ für diese und andere Arten wirkt sich auch das sofortige Pflügen nach dem Abernten der Felder aus. Die Dynamik der Bestände in den Wäldern Baden-Württembergs könnte diese Deutungen ebenfalls bestätigen, da Feldsperlinge hier Waldrandbrüter sind, die zur Nahrungssuche Agrarland aufsuchen. Verdrängung durch andere Arten ist bei dieser konkurrenzstarken Art nicht zu erwarten. Generell spielen bei den Zahlen aus Wäldern wenigstens am Rande auch die veränderten Verhältnisse im Wald eine Rolle. Da wären der Rückgang von Offenland im Wald (Waldwiesen und Pflanzschulen) zu nennen, ferner die heute dichteren und höheren Wälder mit Rückgang der jungen Altersklassen und damit der Randlinien (Kap. 15.8).

Finken *Fringillidae*

Buchfink *(Fringilla coelebs)*

Sehr häufiger Brutvogel, KSZ, TZ mit geringem Standvogelanteil, häufigster Tagzieher, Breitfrontzug. Verbreitung von W-Europa und N-Afrika bis nach Sibirien. Wegzug aus M- und E-Europa nach WSW-SW bei Zugstrecken, die bei Vögeln aus NW-RUS 4.000 km wohl oft überschreiten. Zu erwartende Herkunft der Dz am RM aus D, CZ, PL, Belarus, NW- und M-RUS. Vögel aus Skandinavien und Balt. ziehen eher nördlich des RM vorbei. Überwintert in S-, SW- und W-Europa bis N-Afrika, geringe Zahlen in M-Europa.

Bestandsentwicklung: Auf der Kurischen Nehrung gibt es große Fluktuationen der DZZ ohne erkennbare Trends. Die Populationsgröße scheint vor allem von Unterschieden der Jungensterblichkeit abhängig zu sein (DOLNIK 1982). Auf skandinavischen Zugstationen gelten die *Fringilla*-Arten als nicht zählbar. Die Brutbestände in GB sind langfristig leicht ansteigend. Dasselbe gilt für NL und Schweden (MARCHANT 1990). In DK nahm der Bestandsindex um 20 – 50 % zu (GRELL 1998). Zu Beginn des 20. Jh. nahmen die Zahlen in FIN stark zu. Gravierende forstliche Veränderungen (Kahlschläge, Randlinienvermehrung) werden dort heute als wahrscheinlichere Ursache für die Zunahme angesehen als die Klimaerwärmung (Kap. 15.8.5, 15.9). Für N-D ermittelten FLADE & STEIOF (1989) stark steigende Bestände. OELKE & SCHWEITZER (1996) zählten in den 1960er Jahren bei Zugbeobachtungen in Niedersachsen mehr Buchfinken als in den folgenden drei Jahrzehnten und schließen auf einen großräumigen Rückgang. Ermittlungen langfristiger Bestandstrends aus S-D liegen nicht vor.

RM: Maximale Stundensummen aus fragmentarischen Beobachtungen der Jahre 1963 – 1966 (Methode bei GATTER & STEIOF 1992) lassen für 1963/64 niedrige, für 1965 und 1966 höhere DZZ vermuten. Das Jahr 1967 läßt auf einen weiteren Anstieg schließen, und 1969 war ein Spitzenjahr, auf das vier unterdurchschnittliche Jahre folgten. Die Ergebnisse sind sicher wetterüberlagert, lassen aber verschiedene Betrachtungen sinnvoll erscheinen. Die maximalen Stundenwerte aus nunmehr fast vier Jahrzehnten bestätigen den Trend der Abb. 17.81 für 1970 – 1999, also gleichbleibend oder leicht steigend.

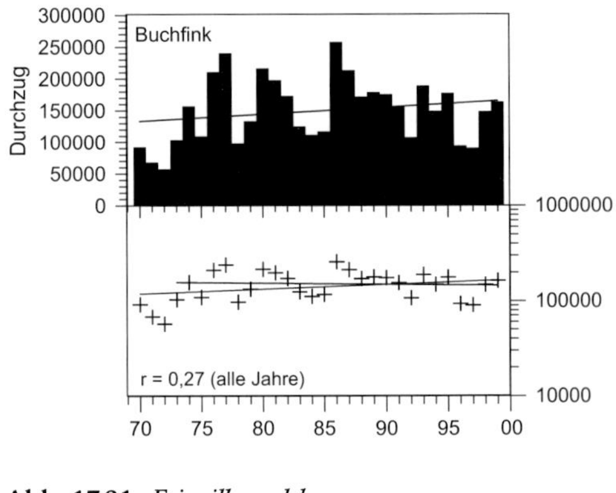

Abb. 17.81: *Fringilla coelebs.*

Diskussion: Der prozentuale Anstieg der DZZ am RM entspricht wohl nicht dem im selben Zeitraum registrierten Zuwachs an Wald- bzw. Gehölzfläche. Dabei ist zu beachten, daß der Buchfink neben Wäldern, in denen sich die Nahrungs- und Flächenfaktoren verbessert haben dürften, auch in großem Umfang Agrarland nutzt, auf dem er den selben Einflüssen unterliegt wie z. B. die Sperlinge oder die Goldammer. Die Art siedelt daher auch im Inneren dichter Wälder in geringerer Dichte als an Rändern oder in parkartigem Gelände. Die Bestände des Buchfinken steigen offenbar europaweit leicht, regional auch kräftiger an, eine Zunahme, die in den meisten Ländern bisher nicht erkannt wurde (Eu-ATL). Bei Siedlungsdichteaufnahmen sind es dabei oft reale Zunahmen auf der Fläche, in anderen Bereichen ist es der Zugewinn an besiedelbarer Fläche. Die anspruchslose Art findet mit nachlassender Brennholznutzung zunehmend Besiedlungsraum in der offenen Landschaft und in Arealen mit lockerer Bebauung.

Zunahmen wären als Folge der Flächenzugänge zum Wald in fast allen Ländern M-Europas zu erwarten, wobei die Auswirkungen von Faktoren wie den zunehmenden Holzvorräten, Baumhöhen usw. (Kap. 15.8.3) schwierig zu beurteilen sind. Autogene und anthropogene Eutrophierungsfaktoren (Kap. 15.5) wie zunehmende Masterträge in den Wäldern (Kap. 15.8.4) mögen positiv wirken, sind jedoch nicht allzu hoch zu bewerten, da die Masse außerhalb M-Europas überwintert. Erhöhte Agrarproduktion in den wichtigsten Überwinterungsländern westlich und südlich von uns könnte die Entwicklung ebenfalls begünstigen oder, wie oben gezeigt, auch nachteilig beeinflussen. Grundsätzlich ist heute im Vergleich zu 1970 eine höhere Beeinflussung durch Prädation zu vermuten. Eine Verspätung der Median- und Quartilenwerte 1970 bis heute läßt sich derzeit nicht näher bewerten, kann sich aber nicht wesentlich auf den Trend der DZZ auswirken.

Bergfink *(Fringilla montifringilla)*

Sehr häufiger Wintergast, KSZ und Mittelstreckenzieher, TZ, Immigrationen, überwiegend Tagzug. Verbreitung paläarktisch. Von der Baumgrenze im N bis nach S-Norwegen, M-Schweden, FIN und mittlere Wolga im S, von Norwegen im W bis Kamtschatka im E. Überwintert vom südlichen Brutareal bis ins Mittelmeergebiet. Wegzug aus N-Europa nach Ringfunden in Richtung SW, aber enorme Streuung der Überwinterungsgebiete von Jahr zu Jahr innerhalb des Verbreitungsgebiets der Buche *Fagus*. Zu erwartende Herkunft der Dz am RM aus Schweden, FIN, NW-RUS bis W-Sibirien.

Wohl deutliche Trennung der regelmäßig bereits ab September durchwandernden Zugvögel mit „programmierter“ Zugzeit und den später jahrweise unregelmäßig einwandernden, hochgeselligen Invasionsvögeln (siehe auch Kap. 11.4.5). Sowohl die Zahlen der Herbstdurchzügler als auch die der Wintergäste schwanken in den Einzeljahren erheblich. Besonders letztere werden in ihrem Auftreten in M-Europa von der Buchenmast und Wetterfaktoren wie Schnee und dessen Einfluß auf die Zugänglichkeit der Nahrung bestimmt und wandern davon abhängig von Jahr zu Jahr unterschiedlich weit.

Bestandsentwicklung: Eine der häufigsten Arten der borealen Wälder. Trotzdem findet sich wenig über Langzeittrends. Bei offensichtlich schwierig zu erfassenden, auch in der Brutzeit stark nomadisierenden Beständen (LINDSTRÖM 1987) lassen jüngere fennoskandische Quellen überwiegend auf Stabilität schließen. JÄRVINEN & VÄISÄNEN (1979) interpretieren die für FIN vorliegenden Daten dahingehend, daß der zwischen 1 – 2,5 Mio. BP schwankende jährliche Bestand in den letzten 80 Jahren stabil war, KOSKIMIES (1989) geht von niedrigeren Beständen Anfang des 20. Jh. aus. HELLE (1985a, b, c) führt die zunehmende Fragmentierung der nordischen Wälder als negativen Faktor an. Aus NW-RUS bis W-Sibirien, von wo die größten Zahlen bei uns zu erwarten sind, liegen keine Trendangaben vor.

RM: Große Schwärme, welche die Jahressummen aus dem hier behandelten Standardzeitraum um ein Vielfaches übertreffen, tauchen normalerweise nicht vor Dezember auf. Das Stationsmaterial der 1960er Jahre bestätigt die hohe Fluktuationsrate der Art nicht nur für die Winterzahlen, sondern auch für den Herbstzug. Die Vergleiche der stärksten Stundenmaxima weisen 1967 als unterdurchschnittliches, 1968 als eines der stärksten Jahre, vermutlich sogar als das zweitstärkste Jahr seit 1967 aus. Die Zahlen 1970 – 1999 weisen auf stabile DZZ hin.

Diskussion: Die Summe der DZZ in der zweiten Hälfte des 30jährigen Zeitraums ist höher als in der ersten (statistisch nicht gesichert). Die forstgeschichtlichen Quellen (Kap. 15.8) legen nahe, daß die nordeuropäischen Bergfinkenbestände früher kleiner, möglicherweise sogar viel kleiner gewesen sein dürften als heute (s.o. Koskimies 1989). Vom gesamten Spätmittelalter bis in die frühindustrielle Zeit waren die Waldvorräte im natürlichen Areal der Buche, vor allem in M-Europa, viel geringer als heute (Kap. 15.8.1, 15.8.2). Reich fruktifizierende Bestände waren auf Hutewälder und ältere Mittelwaldungen beschränkt. In beiden dominierten meist die Eichen. Grundsätzlich wurde die Mast bis Mitte des 19. Jh. weitgehend vollständig, bis Mitte des 20. Jh. teilweise für Mensch und Haustiere genutzt. Die Mast war vor dem Beginn des Winters verbraucht. D. h., für überwinternde Tierarten blieb nicht viel übrig (Kap. 15.8.4). In der damals im Aufbau befindlichen Forstwirtschaft, die zur Begründung neuer Bestände gute Masten benötigte, wurden Masseneinflüge von Bergfinken wie 1850/51 nach BWü. als Katastrophe empfunden (Uxkull 1851) (Kap. 15.8.2.1, 15.8.4). Es ist anzunehmen, daß sich die Populationsgrößen in borealen Wäldern auch am Angebot an Winternahrung ausrichten mußten. Selbst wenn die Verhältnisse in den damaligen borealen Wäldern besser gewesen sein sollten als heute, dürften die Winterverluste trotz des Streuens zwischen den verschiedenenen Mastgebieten in und um M-Europa höher gewesen sein. Diese Hypothese könnte dadurch noch an Bedeutung gewinnen, daß die Bestände in Nordeuropa in den 1940er Jahren Einbrüche um 50 % erlitten (Järvinen & Väisänen 1979), als die Buchenmast in den Kriegs- und Nachkriegsjahren eine maximale Ausbeutung durch die notleidende Bevölkerung erfuhr. Allerdings war dieser Rückgang kombiniert mit einigen der härtesten Winter des 20. Jh.

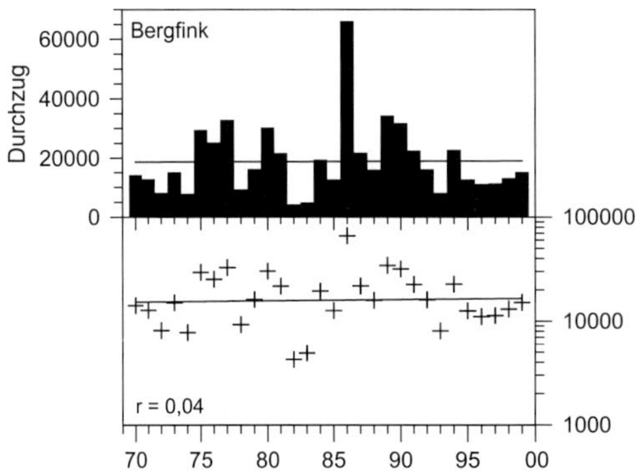

Abb. 17.82: *Fringilla montifringilla.*

Insofern ist anzunehmen, daß die Bestände Fennoskandiens heute höher sind als im 19. Jh. und die Gesamtbestände der europäischen Borealregion weniger stark fluktuieren als damals. Die in M-Europa nach wie vor ansteigenden Masterträge bei Fichte und Buche lassen vermuten, daß diese Entwicklung noch nicht abgeschlossen ist.

Die überwiegende Abhängigkeit von Raupen und Arthropoden zur Brutzeit hat offensichtlich dazu beigetragen, daß sich die starken forstwirtschaftlichen Änderungen der letzten 50 Jahre in der borealen Region nicht negativ auswirkten. Die derzeitige Forstwirtschaft dürfte den Bergfink vor allem in RUS begünstigen (Kap. 15.8.5).

Die von Hogstad & Väisänen (im Eu-ATL) angesprochene Konkurrenz zwischen den beiden *Fringilla*-Arten ist ein interessanter Ansatz für Untersuchungen über die Populationsentwicklung beider Arten in borealen Wäldern. Sie findet allerdings in unseren Zugzahlen keine Bestätigung. Die zeitlich relativ pünktlichen Wegzugswanderungen kurz nach dem Buchfinken dürften den obligatorischen Zieheranteil repräsentieren (Kap. 11) und werden damit den tatsächlichen Bestandstrend wiedergeben. Die Winterbestände verteilen sich heute, einschließlich der Immigrationen, fast wie beim Zeisig auf eine viel größere Waldfläche als früher. Das heißt, bei gleichbleibenden Brutbeständen in den Herkunftsgebieten würde die Dichte in den Überwinterungsgebieten angesichts der seit über 100 Jahren ansteigenden Fläche geeigneter Buchenmastbestände sinken (Kap. 15.8.3 – 15.8.4).

Girlitz *(Serinus serinus)*

Häufiger Brutvogel, KSZ mit geringem TZ-Anteil, Tagzug. Verbreitung SW-paläarktisch. Im N von N-F über NW-D und südliche Ostseeküste bis N-Afrika, vom Atlantik im W bis EST, Belarus und W-Ukraine im E. Überwintert im Mittelmeerraum und W-Europa. Wegzug aus M- und E-Europa nach Ringfunden in Richtung WSW-SSW-SSE (Zink & Bairlein 1995) und auch am RM stärker nach S ausgerichtet als viele andere Arten. Zu erwartende Herkunft der Dz am RM aus D und CZ und nur zu einem kleinen Teil aus PL und Belarus. Überwinterungsgebiete von Italien bis W-F und Spanien sowie N-Afrika (HVM, Finlayson 1992).

Bestandsentwicklung: In D werden nach B&B nur geringfügige (positive) Veränderungen der Brutbestände bemerkt und vielfach ist die Tendenz unklar. Gleichzeitig wird mit zahlreichen Quellen auf Rückgänge verwiesen. In den Randgebieten der oft erst jüngst besiedelten Verbreitungsareale im NW, N und NE von B, NL, DK und Schleswig-Holstein bis EST (LEIBAK 1994) und FIN werden eher und fast einheitlich Rückgänge gemeldet (B&B). Ebenfalls für DK berichten CHRISTENSEN & SØBY (1998) jedoch von hohen Zahlen 1976 – 1982, danach kurzfristig abfallenden Beständen mit nachfolgend bisherigen Höchstwerten 1994 – 1996, einem durchaus dem RM nicht unähnlichen Verlauf. Für N-D berichten FLADE & STEIOF (1989) über stark fluktuierende Bestände mit unklarem Trend. Im gut untersuchten Berlin hat der Brutbestand mindestens seit Mitte der 1980er Jahre in der Gartenstadt deutliche Einbußen erlitten, die sich jedoch nicht genau quantifizieren lassen. Hingegen schienen Vorkommen in Randlagen der Stadt kaum beeinträchtigt (OAG BERLIN (WEST) 1992). Halbquantitative Rasterkartierungen am Bodensee ergaben für 1980 bzw. 1990 eine Steigerung von 3.015 auf 4.352 Reviere, ein Zuwachs von 44,3 % (BAUER & HEINE 1992). In E-D nahmen die Bestände vor allem im N während der letzten 2 – 3 Jahrzehnte teilweise erheblich zu (NICOLAI 1993b). In D nach dem Eu-ATL Rückgänge. Punkt-Stop-Zählungen und Revierkartierungen für den DDA lassen dagegen leicht anwachsende Bestände 1989 – 1997 erkennen (SCHWARZ & FLADE 1999). Die Liste der Staaten, die als Herkunftsgebiete der RM-Dz in Frage kommen, zeigt in der Zusammenstellung von TUCKER (1994) einheitlich zurückgehende bis stabile, für S-Europa stabile bis zunehmende Bestände auf.

RM: Bei fluktuierenden Jahreswerten sind die DZZ von 1970 bis 1999 auf das Zwei- bis Dreifache angestiegen. 1970 – 1975 zogen durchschnittlich 220, 1975 – 1984 350, 1985 – 1992 550 und von 1993 – 1999 lag der Durchschnittswert bei ca. 700 Vögeln pro Jahr.

Diskussion: Der Girlitz ist wohl eines der eindrücklichsten Beispiele dafür, daß unsere traditionellen Bestandsaufnahmen selbst bei häufigen Arten versagen können. Aus der jüngsten Gesamtbilanz der Bestandstrends europäischer Vögel (TUCKER 1994, Eu-ATL) geht hervor, daß der Girlitz in den möglichen Herkunftsgebieten unserer Dz überall stabile bis rückläufige Bestände hat. Besonders die mit Abstand größte Population, die deutsche (2 – 4 Mio. BP), geht demnach zurück. Die Ausführungen bei B&B sind in ihrer Gesamtaussage eher pessimistisch. Die Fluktuationen und Rückgänge an der nördlichen Verbreitungsgrenze zeigen, daß die Art derzeit wohl das klimatisch besiedelbare Areal erobert hat, nachdem die Besiedlung M-Europas vermutlich erst vor etwa 200 Jahren eingesetzt hat. Angesichts der kleinen unbedeutenden Population im N und NE von D muß die enorme Zunahme der DZZ am RM ihren Ursprung im ornithologisch gut erforschten D haben. Wie die wohl auch flächenmäßig bedeutende Zunahme bzw. Arealauffüllung in E-D (NICOLAI 1993b) vermuten läßt, muß auch im übrigen D weitgehend unbemerkt eine starke Verdichtung der Besiedlung stattgefunden haben. Neben der oft diskutierten Milderung der Temperaturen und Änderungen der Landwirtschaft dürfte die Zunahme von Gartenstädten und Industriebrachen sowie die Auflockerung von Dorfbebauungen eine bedeutende Rolle spielen. Besonders die Änderung der Bebauungs- und Gartenkultur, beides eine Folge des mit der Industrialisierung einsetzenden Wohlstandes, dürften Wegbereiter dieses ziemlich einmaligen Expansionserfolges sein. Die Einbringung verschiedenster Koniferen (für Erstbruten fast ausschließlich genutzt) in Gärten, Parks und Friedhöfen ist dabei ein wesentlicher Bestandteil. Dieser Siegeszug der Koniferen erfolgte offensichtlich lange nach dem Aufleben einer großbürgerlichen Gartenkultur, die mit dem Ende des 18. Jh. einsetzte (DÜLMEN 1999), wohl nicht vor Mitte des 19. Jh., besonders massiv aber erst

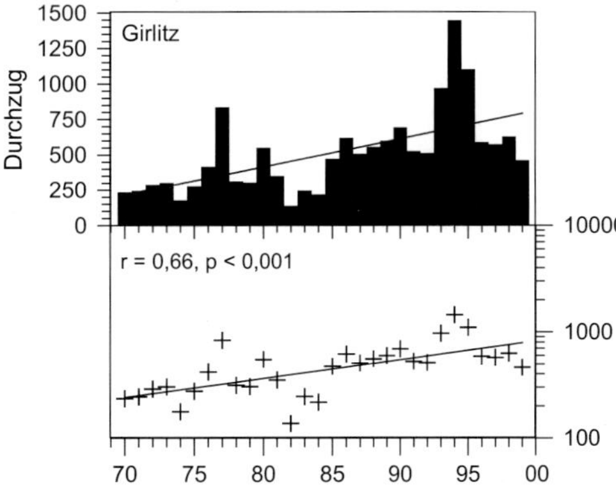

Abb. 17.83: *Serinus serinus.*

nach 1950 (Gatter 1994b). Als Ergänzung zu den bei B&B erwähnten Schutzmaßnahmen sei gesagt, daß eine wesentliche Grundlage der meisten Girlitzreviere in Gärten, Parks, städtischen Anlagen und im Außenbereich nicht die ungepflegten Bezirke sind, sondern speziell mosaikartig eingestreute bearbeitete Beete und Gärten im Grünland mit Bäumen. Eine wichtige Voraussetzung ist dabei der ständige Zugang zu offenem Boden und damit zu Kleinstsamen kurzlebiger polyvoltiner Unkräuter, wie sie bevorzugt im Siedlungsbereich zu finden sind. Alle diese Veränderungen werden die Art wohl mehr begünstigt haben, als es klimatische Faktoren vermochten.

Grünling *(Carduelis chloris)*

Sehr häufiger Brutvogel und Wintergast, TZ, Tagzug. Verbreitung südwestpaläarktisch. *C. ch. chloris* von N-Skandinavien, NW-RUS bis N-Afrika, im W vom Atlantik bis zum Ural im E. Überwintert im Brutareal, räumt aber die nördlichen Gebiete. Wegzug aus N-, M- und E-Europa nach Ringfunden überwiegend nach WSW-SSW. Zu erwartende Herkunft der Dz am RM aus S-D, E-D, CZ, PL, Schweden, Belarus, RUS und FIN.

Bestandsentwicklung: Fast übereinstimmend wird die Ansicht vertreten, daß Grünlinge in der Vergangenheit zugenommen haben und dabei wohl besonders von Verstädterung und Winterfütterung profitierten (MARCHANT 1990, Bezzel 1993, B&B). Dabei werden gerade diese urbanen Populationen weniger ziehen als die des Offenlandes. Die Bestände in N-D nehmen stark zu (Flade & Steiof 1989). Neuere Zahlen lassen dort zwischen 1989 und 1998 leichte Zunahmen vermuten (Schwarz & Flade 1999). Gleichzeitig gab es Arealgewinne an der gesamten Nordfront von GB bis FIN. Die Bestände in GB sind stabil (MARCHANT 1990), die in DK, Schweden und PL nehmen zu (DOFF 1989, Hustings 1988, Tomiałojc 1990, Eu-ATL). Die DZZ auf Falsterbo/S. sind seit 1973 stark gestiegen (Roos 1996). Derzeit gibt es aber auch zahlreiche Meldungen über regionale Rückgänge in NL, D und CZ (Gnielka 1986, B&B). In Berlin in der 2. Hälfte der 1980er Jahre auf innerstädtischer Probefläche Abnahme um 50 %, gleichzeitig in Kleingartenkolonie gleichbleibend (OAG Berlin (West) 1992). Auffällig ist, daß Grünlinge sowohl im N als auch im S von D als Futterhausbesucher spärlicher sind als in den 1960er/1970er Jahren (R. Schütt pers. Mitt., Verf.).

RM: Die Zahl der Dz hat deutlich abgenommen. Die derzeitigen DZZ liegen seit etwa 10 Jahren bei etwa 900 Vögeln gegenüber ca. 1800 zwischen 1970 – 1986.

Diskussion: Der Rückgang sowohl der Mindest- wie der Höchstjahressummen kann folgende Ursachen haben:

1. Die Winter sind klimatisch milder. Früher wie heute lagen etwa 85 % des Wegzuges im standardisierten Ausschnitt. Die Median- und Quartilenwerte geben bei dieser Art keinen Hinweis auf späteren Zug, sondern zeigen eher eine leichte Vorverlegung!
2. Im Rahmen der Zugwegverkürzung erreichen immer weniger nordische Vögel unser Gebiet. M-Europäer sind ohnehin überwiegend Standvögel. Bestandsgrößen für D weisen den Buchfinken als nur 3- bis 4mal häufiger aus als den Grünling. Die DZZ betragen aber beim Buchfinken das Hundertfache. Das bestätigt eine geringere Zugneigung des Grünlings.

Die jahreszeitliche Zugverteilung fennoskandischer Grünlinge entspricht heute weitgehend derjenigen am RM (Karlsson et al. 1993), scheint sich aber gegenüber den bei Ulfstrand et al. (1974) für 1949 – 1960 angegebenen Werten verspätet zu haben.

Die Zunahme höherer Gehölze im Offenland seit 1950 dürfte ein ebenso positiver Faktor sein

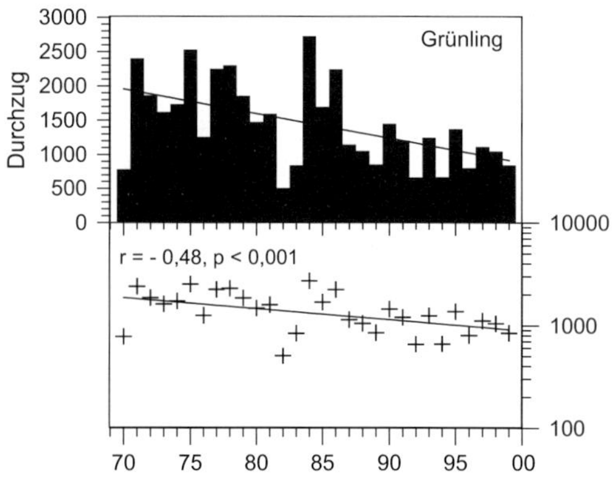

Abb. 17.84: *Carduelis chloris.*

wie die veränderte Gartenkultur und der enorme Zuwachs an Gartenfläche (siehe Girlitz). Zahlreiche Siedlungsdichteaufnahmen aus Wäldern in einem Radius von 35 km um das RM (E. VOTTELER, Verf.) lassen aber vermuten, daß der Grünling in den vergangenen 150 Jahren enorme Siedlungsflächen in den Wäldern eingebüßt hat. In heutigen Altersklassenwäldern ohne Kahlschlagbetrieb spielt er nur noch als Randsiedler eine Rolle. In den großen Sturmwurfflächen von 1990 erreicht er aber teilweise nennenswerte Dichten, die dennoch viel geringer sind als jene aus Gartenstädten und Dörfern. Im historischen Nieder- und lokal im Mittelwaldbetrieb dürfte der Grünling seinen festen Platz auf großer Fläche gehabt haben.

Ob der Rückgang der DZZ am RM tatsächlich einen großräumigen Bestandsrückgang widerspiegelt, oder ob, wie bei Amsel, Saatkrähe, Ringeltaube und weiteren Arten Zugwegverkürzungen mitspielen, muß vorläufig unbeantwortet bleiben.

Stieglitz *(Carduelis carduelis)*

Häufiger Brutvogel, KSZ mit geringem Überwintereranteil, Tagzug. Verbreitung west- und zentralpaläarktisch. Von 65° N in Fennoskandien bis N-Afrika im S, im W vom Atlantik bis zur Mongolei im E. Wegzug aus N- und NE-Europa nach Ringfunden (ZINK & BAIRLEIN 1995) überwiegend WSW mit Überwinterung im atlantischen M- und NW-Europa; Vögel, die über das RM ziehen, haben ein geringes Einzugsgebiet, das ostwärts bis zur Elbe bei ca. 53° N und im S bis über Prag hinaus etwa zum Riesengebirge reichen könnte. Populationen östlich davon ziehen nach S-SSE. Zu erwartende Herkunft der Dz am RM daher fast ausschließlich D und CZ. Überwinterungsgebiete W- und S-F, Spanien, Portugal und wohl in großer Zahl Marokko, da Gibraltar häufig passiert wird (TELLERIA 1981, FINLAYSON 1992).

Bestandsentwicklung: Seit 1960 Arealerweiterungen nach N in GB und Fennoskandien. Gleichzeitig hat sich der Bestand in FIN halbiert (HILDÉN 1988, KOSKIMIES 1989), ist aber derzeit wohl stabil. Die DZZ waren in Falsterbo/S. 1973 – 1977 hoch, danach lange Zeit niedrig und sind seit 1989 wieder überdurchschnittlich (ROOS 1996). In GB ähnlich dem RM: niedrig 1970 – 1972, hoch 1973 – 1980 mit darauffolgendem Rückgang (MARCHANT 1990). Das junge Monitorprogramm in CZ deutet ab 1981 zunächst eine Zunahme an, seit 1986 fällt der Index stark (HUSTINGS 1988). Die Auswertung von 1.400 Siedlungsdichteerhebungen in N-D bis in die 1980er Jahre zeigte mehr Zu- als Abnahmen (FLADE & STEIOF 1989). In intensiv landwirtschaftlich genutzten Regionen der CH werden Rückgänge notiert (SCHWEIZERISCHE VOGELWARTE 1980), ansonsten offenbar stabil (CH-ATL). Abnahmen im ländlichen N-D im Gegensatz zu städtischen Bereichen (FLADE 1994).

RM: Das erste Viertel des Zugs am RM liegt außerhalb des Standard-Erfassungszeitraums. Die DZZ 1970 – 1982 liegen bei durchschnittlich 7.000 Vögeln. Nach drastischem Einbruch seit 1983 relativ konstant bei 1.500 Individuen. Einige Jahre mit höherem Durchzug (1986, 1987, 1992), die insgesamt auch diesem Zeitraum einen fallenden Trend aufprägen, weichen durch ihren früheren Median ab. Dieser ist mit dem früherer Jahre vergleichbar, so daß sich in diesen Jahren ein anderes Verhältnis von Zug und Tageswanderungen (Nahrungsquellen – Schlafplatz) durchprägt. Beim Stieglitz kam es immer zu gewissen Unsicherheiten bezüglich des Anteils tagesperiodischer Wanderungen zwischen Kohldistelgebieten (*Cirsium*) im Schopflocher Moor und dem RM. Obwohl sich dieses Nahrungsangebot in beiden Gebieten durch weniger intensive Grünlandbewirtschaftung eher verbessert hat, ist die Nutzung dieser Nahrungsquellen offenbar zurückgegangen. Seit einigen Jahren kommt es nördlich des RM zu großen Ansammlungen von Stieglitzen in Sonnenblumenfeldern, die es hier früher nicht gab. Ob hier

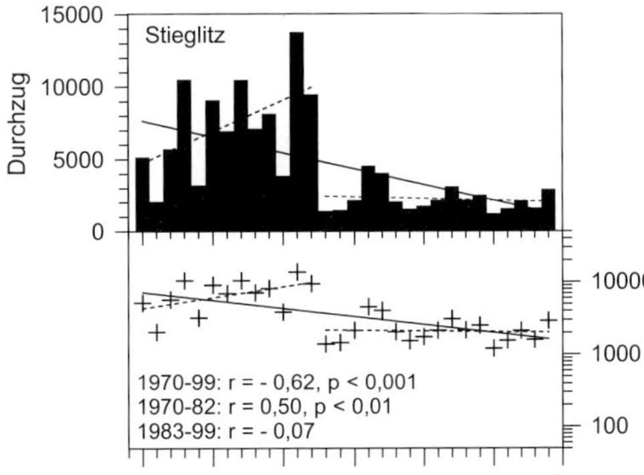

Abb. 17.85: *Carduelis carduelis.*

ein Zusammenhang, evtl. mit kleinräumig anderem Ansteuern von Nahrungsräumen oder der Verlegung von Zugwegen, besteht, ist ungewiß. Auffällig ist in diesem Zusammenhang auch eine starke Verzögerung der Medianwerte und der 75-%-Quartile um mehrere Pentaden.

Diskussion: Der fast zeitgleiche Rückgang in den meisten Gebieten bei teilweise unterschiedlichen Winterquartieren wirft eine Reihe von Fragen auf, der zahlenmäßig unterschiedliche Rückgang noch weitere. Der massive Rückgang der DZZ am RM kann wohl nicht ganz auf abnehmende Bestände im Herkunftsgebiet zurückgeführt werden. Die Änderung der Landwirtschaft im Nahbereich hat einen zu großen Einfluß auf den Durchzug dieser Art, so daß Aussagen über Bestandstrends nicht möglich sind.

Erlenzeisig *(Carduelis spinus)*

Spärlicher Brutvogel und sehr häufiger Wintergast. Mittelstreckenzieher, KSZ und TZ, Tagzug, Nomadismus und Invasionen. Verbreitung paläarktisch. Im W von den Pyrenäen über GB in einem unterbrochenen Verbreitungsgebiet bis zum Pazifik im E und von N-Skandinavien bis Italien, Balkan und Kleinasien im S. Überwintert unter Räumung des N und NE des Brutareals südwärts bis Iberien und dem Nahen Osten. Wegzug aus N-, M- und E-Europa überwiegend SW-WSW. Zu erwartende Herkunft der Dz am RM aus Fennoskandien, Balt., PL und NW-RUS.

Bestandsentwicklung: In NL, DK und GB als „jungen Waldländern" profitieren die Erlenzeisige von den Aufforstungen der letzten Jahrzehnte, v. a. mit Lärchen- und Fichtenarten, aber auch von der Winterfütterung (MARCHANT 1990, SOVON 1987, Eu-ATL). Die Bestände in Norwegen nehmen zu (TUCKER 1994), die DZZ in Falsterbo/S. sind entsprechend denen am RM stabil bis leicht zunehmend (ROOS 1996). Aus FIN werden Arealerweiterungen und Zunahmen gemeldet (TUCKER 1994, JÄRVINEN & VÄISÄNEN 1978a, KOSKIMIES 1989). In DK verdoppelte sich die Zahl besetzter Raster (GRELL 1998). Die Bestände in RUS sind wohl nicht überschaubar (TUCKER 1994). Die im Vergleich zu N-Europa geringen Brutbestände in D, CH und A hängen von den Einflügen aus NE und dem Samenangebot der Fichten ab (SCHWEIZERISCHE VOGELWARTE 1980, A-ATL). Trotz beachtlicher Zunahmen des Fichtenanbaus ist der Erlenzeisig in der CH weitgehend Bergvogel ohne Bestandsausdehnung geblieben (CH-ATL).

RM: Erlenzeisige erscheinen alljährlich zahlreich. Darüber hinaus sind etwa 3- bis 4jährige Zyklen (Invasionen), die offensichtlich von der Samenmast in den Herkunftsgebieten abhängig sind, anzunehmen. In der ersten Hälfte des Berichtszeitraums liegen die DZZ etwas unter denen der zweiten Hälfte.

Diskussion: Außerhalb der Alpen und der höheren Mittelgebirge mit autochthonen Nadelwäldern dürfte der Erlenzeisig als Brutvogel bis weit ins 19. Jh. kaum eine Rolle gespielt haben. Weiträumig, wenn auch zahlenmäßig nach wie vor unbedeutend und erratisch, dürfte die Art erst mit dem Heranreifen mannbarer, großflächiger Fichtenbestände ab etwa dem zweiten Drittel des 20. Jh. regelmäßiger gebrütet haben (Kap. 15.8.2.7, 15.8.4), ein Vorgang, der sich heute in Ländern mit jüngeren Aufforstungswellen von GB, NL und DK plastisch nachzeichnen läßt. Die Aufzeichnungen bei HÖLZINGER (1997) bestätigen dies. Seine Darstellung der Winternachweise in den vergangenen 50 Jahren mit Zunahmen um den Faktor 1000 dokumentiert neben der Zunahme an Beobachtern vorwiegend, wie die Bereitschaft gewachsen ist, auch häufige Vögel aufzuzeichnen und weiterzumelden.

Noch mehr als beim Bergfinken dürfte die forstwirtschaftliche und sozioökonomische Entwicklung der vergangenen 150 Jahre in Europa den Status des Erlenzeisigs verändert haben. In N-Europa fördert die forstliche Bevorzugung der Fichte gegenüber Kiefer und Birke den Erlenzeisig besonders stark. Gute Brutbedingungen bestanden dort damals wie heute. Noch Mitte des 19. Jh. strömten die nordischen Scharen in Überwinterungsgebiete, in denen mature Waldbestände weitgehend fehlten. Die nutzbare Hauptbaumart, die Fichte, war vorwiegend auf Gebirge beschränkt, ihre Samenproduktion deshalb weit synchroner als bei ihrer heutigen Vertikalverbreitung (Kap. 15.8.2.7), die Gesamtsamenproduktion betrug darüber hinaus einen Bruchteil der jetzigen Mast. Birkensukzessionen wie im Alpenvorland und in N-D, auf ehemaligem Grünland häufig, waren ebenso spärlich wie die stark als Brennholz genutzten Erlen entlang der Wasserläufe. Als Baumsamenspezialist und Nutzer einer sehr beschränkten Zahl von Baumarten (NEWTON 1972a) muß der Zeisig unter Berücksichtigung landschafts- und forstgeschichtlicher Fakten (Kap. 15.8.2, 15.8.4) demnach in

M-Europa ungleich schlechtere Bedingungen gehabt haben als heute (Abb. 18.3).

Die Erkenntnis, daß Faktoren im Wintergebiet einer Art ebenso wichtig für Fitness und Bruterfolg und damit auch für die Häufigkeit eines Zugvogels sein können wie die Verhältnisse im Brutgebiet, ist noch wenig verbreitet (GATTER 1993, 1994b) und gewann erst mit den Problemen der Sahel-Dürren weite Beachtung (Kap. 15.10). Es ist deshalb anzunehmen, daß sich durch die Veränderungen im Winterquartier wesentliche Faktoren wie TZ-Anteile, Eruptionserfolg und -intervalle, Lebenserwartung und damit die 'Lifetime reproduction' (NEWTON 1989) beim Zeisig geändert haben könnten. Die borealen Populationen werden damals kleiner gewesen sein (Abb. 18.3). Eruptionen und normaler Zug im 19. Jh. dürften zu einem viel größeren Umfang einem Totwandern entsprochen haben als heute, wie folgendes Beispiel verdeutlichen soll: Auf der Schwäbischen Alb und im südlich davon liegenden Alpenvorland wurden von Januar bis März 1996 bei über 50 Stichproben in einem wenigstens 20.000 km² großen Gebiet durchschnittlich mehr als 500 (380 – 750) Zeisige/km² Fichtenwald festgestellt (Ökol. Lehrrevier, Forstdirektion Stuttgart). Bei einem Waldanteil von 30 % und einem Fichtenanteil von 50 % sind dabei wenigstens 2.000 km² im fruktifizierenden Alter. Auf dieser Fläche überwinterten wohl 1 Mio. Erlenzeisige, eine Größenordnung, die nach TUCKER (1994) und dem EuATL etwa dem Brutbestand von Schweden entspricht. Im Jahr darauf wurde das Gebiet wegen Fichtenfehlmast und monatelangem Rauhreif völlig gemieden. 150 Jahre zuvor wäre dieses Areal für den Erlenzeisig als Überwinterungsraum insgesamt zu vernachlässigen gewesen.

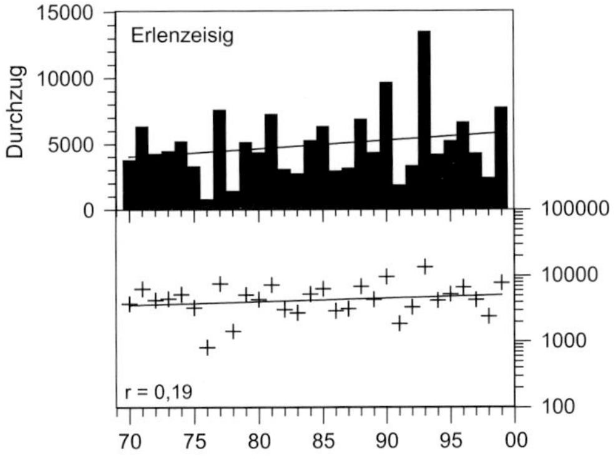

Abb. 17.86: *Carduelis spinus.*

BEZZEL (1995) sieht die in N-Europa besonders im März/April wirksame Klimaerwärmung als Faktor einer sich verändernden Zugphänologie 1966 – 1994 am deutschen Alpennordrand. Er hält dabei einen „derzeit als am wahrscheinlichsten anzusehenden früheren Beginn der Brutzeit ..." auch als mögliche Ursache für beachtlich frühere Wegzugsmaxima im Herbst. Eine leichte Verfrühung des Medians und der Quartilenwerte läßt sich am RM ebenfalls nachweisen. Sie ist aber mit 2 – 3 Tagen in 30 Jahren gering. Die phänologischen Änderungen bei BEZZEL (1995) können deshalb wohl zusätzlich von Veränderungen des Nahrungsangebots durch Sukzessionsvorgänge der umgebenden Gehölze überlagert sein, wie es bei Rastvogelerfassungen zu erwarten ist.

Besser werdende Ernährungsbedingungen in M-Europa könnten unabhängig von klimatischen Faktoren eine Entwicklung vom TZ oder Invasionsvogel zu „mehr Zugvogel" begünstigen. Bessere Winterbedingungen durch Mio. Tonnen früher nicht vorhandener Fichten- sowie Erlen- und Birkensamen könnten zu längerem Verbleiben in S- und M-Europa verleiten. Wahrscheinlicher ist aber die von tropischen Überwinterern (z. B. RHEINWALD et al. 1989) bekannte Reaktion: gute Nahrungsversorgung im Winterquartier beschleunigt den Heimzug, erhöht die Fitness und den anschließenden Bruterfolg.

Der revolutionäre Wandel der Wälder seit 150, besonders aber seit 50 Jahren (Kap. 15.8.2, 15.8.3), die sich vergrößernde Fläche moderner Gärten mit vielfältigem Baumangebot, die Zunahme maturer Gehölze im Offenland liefern zusammen mit den eutrophierenden Einflüssen die Basis für massive Veränderungen in der gesamten Biologie der Art. Klimatische Faktoren dürften angesichts so gravierender Veränderungen eher Randerscheinungen sein (Kap. 18). Die nur mäßig ansteigenden DZZ beim Erlenzeisig (wie auch bei Tannenmeise, Wintergoldhähnchen und einigen anderen Waldarten) sind im Zusammenhang damit zu sehen, daß die Überwinterungsmöglichkeiten für diese im wesentlichen boreale Art in Mitteleuropa auch nördlich von uns beständig zunehmen (siehe Kap. 15.8.3 und Abb. 18.2) und somit das tatsächliche Anwachsen der Bestände nur andeutungsweise wiedergeben werden.

Bluthänfling ***(Carduelis cannabina)***

Sehr häufiger Brutvogel, Mittelstreckenzieher, KSZ und TZ, Tagzug. Verbreitung west- und zentralpaläarktisch. *C. c. cannabina* vom Atlantik bis W-Sibirien, von N-Skandinavien bis zum N-Rand der Sahara im S. Überwintert im S- und W-Teil des Brutareals, vor allem in N-Afrika und dem Mittelmeerraum, gelegentliche Saharaquerung. Wegzug aus N-, M- und E-Europa nach Ringfunden (ZINK & BAIRLEIN 1995) in Richtung WSW-SW. Zu erwartende Herkunft der Dz am RM aus NE-D, Balt., PL, CZ, S-Schweden, FIN und wohl auch NW-RUS.

Bestandsentwicklung: In vielen Ländern von M- und N-Europa ein dramatischer Rückgang gegenüber dem Anfang des 20. Jh., teilweise verbunden mit Arealreduktionen (Eu-ATL, HILDÉN 1989). In DK nahm der Bestandsindex zwischen 1976 und 1982 auf unter 40 % ab, hat seitdem jedoch wieder kontinuierlich auf 70 % zugenommen (GRELL 1998). Aus EST werden in den letzten Dekaden bedeutende Rückgänge gemeldet (LEIBAK 1994). DZZ bei Falsterbo/S. nahmen 1973 – 1992 deutlich ab (ROOS 1996), desgleichen andere Censuswerte in Schweden. In GB fluktuierende Werte 1967 – 1977, seitdem starke, fast kontinuierliche Abnahme wie auch in NL (MARCHANT 1990, DOFF 1989, CLARK et al. 2000). In N-D ist die Situation unklar, jedoch eher negativ (FLADE & STEIOF 1989), eindeutig negativ in Schleswig-Holstein (BUSCHE 1991) und vielen anderen Orten innerhalb D. In S-D ging die Art zwischen 1970 und 1995 sowohl auf Obstwiesen, Wacholderheiden wie

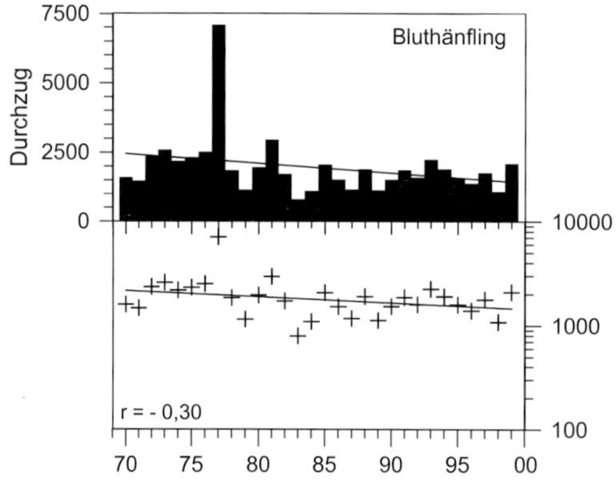

Abb. 17.87: *Carduelis cannabina.*

in Gartenstädten des Neckartals und der Schwäbischen Alb um mehr als 80 % zurück (Verf.), ohne daß im Bruthabitat Veränderungen – außer durch Eutrophierung – erkennbar gewesen wären. Bei halbquantitativen Rasterkartierungen am Bodensee 1980/81 im Vergleich zu 1990/91 wurde ein Rückgang um 44,8 % und die Räumung zahlreicher Rasterfelder festgestellt (BAUER & HEINE 1992). Dabei ist zu berücksichtigen, daß Nahrungshabitate im Gegensatz zum Girlitz weit vom Brutplatz entfernt im Agrarland liegen können. Zusammenstellungen über weitere Rückgänge siehe bei B&B.

RM: Auch ohne das Ausnahmejahr 1977 mit Invasionscharakter lagen die Zahlen bis 1982 deutlich höher als die des Zeitraums 1983 – 1999. Der Rückgang der DZZ am RM ist trotzdem deutlich geringer als der dramatische Rückgang der Brutvögel in SW-D seit 1970 und einer Reihe weiterer Länder.

Diskussion: Die Bestandsentwicklung verläuft in ganz M- und N-Europa weitgehend ähnlich. Dabei scheinen die DZZ am RM nach ca. 1982 stabil zu bleiben, obwohl die umgebenden Brutbestände nach wie vor weiter zurückgehen. Das könnte dafür sprechen, daß in einigen der kontinentaler geprägten Herkunftsgebiete inzwischen stabile Verhältnisse eingekehrt sind. Es würde aber auch bekräftigen, daß Rückgänge dort geringer sind, wo sich eutrophierende Faktoren weniger auswirken. Hohe Niederschläge machen Nährstoffe während der Vegetationszeit verfügbarer. Im kontinentalen Gebiet mit geringen Niederschlägen ist somit bei gleichem Nährstoffangebot eine niedrigere und offenere Vegetation zu erwarten als im atlantisch geprägten (Beispiele ELLENBERG 1996, siehe Heidelerche). Zunehmende Eutrophierung, evtl. in Verbindung mit atlantisierenden Einflüssen (Kap. 15.5) schafft für den Hänfling, der seiner Nahrungssuche viel mehr als z. B. der Stieglitz auf dem offenen Boden nachgeht und dazu vom Nesttandort weite Flüge unternimmt, immer schlechtere Bedingungen. Dennoch zeigt der Verlauf der Abnahme bei Hänfling und Stieglitz hier und in GB Ähnlichkeiten.

Zwischen Ende Mai und Juni erfährt die Art wohl v. a. neuerdings ein Nahrungspessimum. In diesem Zeitraum schließt sich die Vegetation selbst auf den spät angebauten Feldern. Wenn sich darin die ohnehin bis über 1000 m weit führenden Nahrungsflüge (BEZZEL 1993) verlängern und Regenperioden die Situation verschärfen, kommt es nach eigenen Beobachtungen zur Aufgabe zahlreicher Bruten. Solche Wetterlagen führen zur anschließenden Verlagerung von Brutplätzen, so z. B. zu Besiedlungswellen auf der Schwäbischen Alb im Juni (Verf.). Dabei kann es sich um großräumige Umsiedlungen handeln, wie sie durch Ringfunde belegt sind (Zink & Bairlein 1995). Lang (1986) hat bei der Hohltaube, die ebenfalls weite Nahrungsflüge ins Agrarland unternimmt, festgestellt, daß Bruten im Mai/Juni erfolgloser sind als Bruten davor und danach. Eutrophierung, wohl in Verbindung mit Herbiziden und dem damit zurückgehenden Angebot kleiner Sämereien (siehe Feldsperling), dürften die Hauptursachen des starken Rückgangs beim Bluthänfling sein. Großräumige Flächenverluste im Bereich der Grenzertragsböden, Weiden und Heiden durch Aufforstung, Sukzession (Kap. 15.2, 15.3, Mattern et al. 1980, Mattern 1985), Eutrophierung und Abflämmverbote (Gatter 1996, Kap. 15.6) haben ihn um die Flächen gebracht, die auch im Mai und Juni viele zugängliche Bereiche boten. Nach wie vor dichteste Besiedlung in lockeren Brutkolonien auf vegetationsarmen Abbauflächen/Steinbrüchen der Schwäbischen Alb scheint dies zu bestätigen (Verf.). Grundsätzlich besteht kein Mangel an Nistplätzen. Die in manchen Jahren zahlreichen und schlagartigen Revierbesetzungen Ende Mai bis Mitte Juni in S-D, die nicht immer mit vorangegangenen Regenperioden in Verbindung stehen, könnten mit Einflügen südeuropäischer Hänflinge nach der ersten Brut zusammenhängen. Der massive Zug 1977 (Abb. 17.87) könnte das Ergebnis eines solchen Einflugs im vorangegangenen Frühsommer gewesen sein. Ähnliche Nordbewegungen sind vom Birkenzeisig *Carduelis flammea* aus der borealen Region (Peiponen 1957, Eriksson 1970a) und vom Erlenzeisig *Carduelis spinus* (Eriksson 1970b) bekannt.

Birkenzeisig *(Carduelis flammea)*

Mäßig häufiger bis regional fehlender Brutvogel. Jahresvogel und TZ (*C. f. cabaret*), Mittelstreckenzieher, KSZ, TZ und Eruptionsvogel (*C. f. flammea*), Tagzug. Verbreitung circumpolar. *C. f. flammea* von Schweden und Norwegen, Balt. im W bis Kamtschatka im E. *C. f. cabaret* ursprünglich GB, Alpen und Mittelgebirge Böhmens und der Karpaten, mit stürmischer Ausbreitung in den letzten Jahrzehnten aus Verbreitungsinseln in GB und M-Europa. Zu erwartende Herkunft der Dz am RM jahreszeitlich und jährlich gut unterscheidbar aus M-Europa und seltener, in starken Invasionen, aus Fennoskandien.

Bestandsentwicklung: Fennoskandische Bestände *(flammea)* sind bei starker Fluktuation offenbar stabil (Roos 1991, Koskimies 1989). Die Expansion von *cabaret* griff nach starken Zunahmen in GB auf F, NL, B, D, DK, S-Schweden und PL über. Besonders eindrucksvoll ist dies im dänischen Verbreitungsatlas (Grell 1998) bei der gemeinsamen Darstellung der Kartierungen 1971/74 und 1993/96. Gleichzeitig kam es zu Arealerweiterungen der mitteleuropäischen Population über weite Teile von CZ, D, A, CH und darüber hinaus, möglicherweise unter lokaler Beteiligung von *flammea* (Ernst 1988, 1990a, b, Rheinwald 1993, Bezzel 1993, Eu-ATL). Bestände in GB gehen neuerdings stark zurück.

RM: Im Standard-Erfassungszeitraum bis 6. November ist fast ausnahmslos mit *cabaret* zu rechnen (Abb. 17.88), nordische *flammea* kommen später. Nach sehr schwachen Zahlen bis 1982 ziehen seitdem mit steigender Tendenz alljährlich meist Einzelvögel durch. Ein großer Teil von *cabaret* und fast alle *flammea* ziehen jedoch außerhalb des standardisierten Ausschnitts. Die Invasionen skandinavischer und nordwestrussischer Herkunft sind hier somit nicht berücksichtigt (siehe Kap. 13.2.2 Invasion aus der Tundra). Die durchschnittliche Zugrichtung in Invasions-

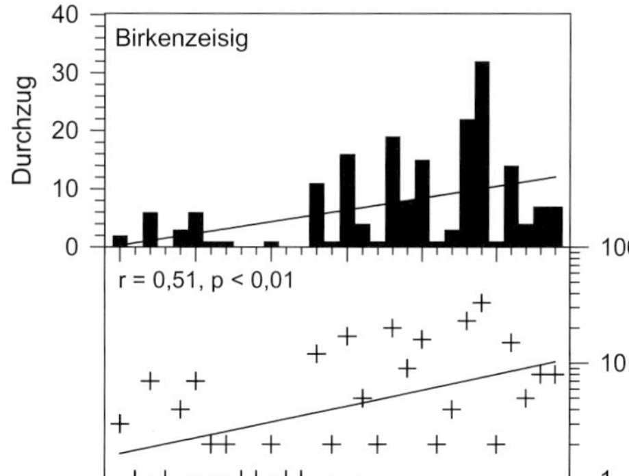

Abb. 17.88: *Carduelis flammea* (überwiegend *cabaret*). Für *C. f. flammea* siehe Kap. 13.2.2. *See also Chapter 13.2.2.*

jahren liegt bei 215° (r = 0,87), ein Hinweis auf Herkunft aus Fennoskandien. Während der Invasion 1986 wurde in NL eine mittlere Zugrichtung von 225° (r = 0,86) ermittelt (LENSINK et al. 1989). Die Zugrichtungen von *cabaret* in den Normaljahren streuen am RM erheblich (r = 0,32), lassen keine Vorzugsrichtung erkennen (siehe Details in Kap. 8) und sind zu einem großen Teil Dismigrationsbewegungen.

Diskussion: Der Siegeszug von *C. f. cabaret* in M-Europa wird vor allem auf das bessere Brutplatzangebot durch Koniferenanpflanzungen zurückgeführt (ERNST 1988, 1997). Dünenbepflanzungen, der nach dem zweiten Weltkrieg einsetzende Bauboom und das „Wirtschaftswunder" schufen punktuell, aber landesweit Habitate, die den offenen „Waldlandschaften" am Nordrand der borealen Zone bzw. denen der alpinen Baumgrenze ähneln. In den heutigen Ziergärten verdrängten Birken und Koniferen die Obstbäume früherer Generationen, eine Entwicklung, die sich in Parks und Friedhöfen großflächig fortsetzt. Die beim Erlenzeisig genannte positive Entwicklung der Baumsamenernte gilt beim Birkenzeisig entsprechend, muß jedoch noch um einige Fakten erweitert werden.

Ebenso wichtig wie das verbesserte Brutplatzangebot (siehe Girlitz) ist die Erweiterung der Nahrungspalette im Winter. Die spektakuläre Expansion in GB, teilweise auch Ursprung der Arealerweiterung ins gesamte nördliche M-Europa, wird auf die Aufforstungswelle der englischen „Highlands" zurückgeführt (PARSLOW 1973, AVERY & LESLIE 1990). Die Rolle der Fichte *Picea abies* in M-Europa haben in England Fichte und Sitkafichte *Picea sitchensis* übernommen. Verschiedene Kiefernarten, Japanlärche und Hybridlärchen haben weitere hohe Flächenanteile. 1980 waren in England nur 3 % aller Koniferenwälder älter als 70 Jahre, 77 % jünger als 30 Jahre. Der Birkenzeisig bewohnt dort jüngere Aufforstungen als der Erlenzeisig und ist während der Wintermonate ein Baumsamenspezialist.

Die Masse der britischen Brutvögel verläßt den rauhen N der Insel und überwintert in S- und in M-Europa (NEWTON 1972a). Auch dort ist das Baumsamenangebot seit 1950 exponentiell gestiegen und artenmäßig vielfältiger (s. Erlenzeisig). Von zusätzlicher Bedeutung sind neuerdings sowohl in GB als auch im atlantischen NW (F, NL, B, D, DK) große Flächen mit Hybrid- und Japanlärche *Larix kaempferi*, neben den Birken wohl eine Hauptnahrungsquelle. Lärchensamen sind zusätzlich leicht und länger als andere Koniferenarten zu beernten (Oktober – Juni), und die Bäume fruchten alljährlich zumindest etwas. Die fremdländischen Koniferen mit ihren unterschiedlichen genetischen Voraussetzungen und Kreuzungen haben die Regelhaftigkeit des Wechsels von Fehl- und Mastjahren (Kap. 15.8.4) längst partiell ausgehebelt und führen heute zu Dauererträgen. Es ist deshalb anzunehmen, daß neben dem Brutplatzangebot das stark gestiegene Samenangebot ein zumindest gleichwertiger Faktor der Ausbreitung ist. Die Lärchenminiermotte ist ein zusätzlicher bedeutender Nahrungsfaktor (THIES 1990). Durch das Schlüpfen ihrer Larven im zeitigen Frühjahr mag sie sowohl die Fitness der Überwinterer als auch den Beginn der Brutzeit positiv und unabhängig von der Mast beeinflussen.

Fichtenkreuzschnabel *(Loxia curvirostra)*

Brutvogel und Invasionsvogel mit extrem wechselnder Häufigkeit, Mittelstreckenzieher, KSZ, und Eruptionsvogel, Tagzug, ausgedehnte Dismigrationen, die mehr und umfangreicher als bei vielen anderen Arten regelmäßiger Bestandteil des Jahreszuggeschehens sind. Verbreitung holarktisch und orientalisch. *L. curvirostra* mit zahlreichen Unterarten wurde in Amerika neuerdings in mehrere Arten unterteilt. Wanderungen innerhalb des Brutareals vor allem in Abhängigkeit von einem Wechselspiel im Samenangebot der Koniferen, in Fennoskandien und M-Europa besonders von Fichte und Waldkiefer (GATTER 1994b). Wegzug aus N-Europa nach Ringfunden in Richtung W-S, aus W-SW-RUS bis 4.000 km. Zu erwartende Herkunft der Dz am RM aus NW-RUS bis W-Sibirien und Balt., teilweise aus Fennoskandien (ZINK & BAIRLEIN 1995) und auch M-Europa.

Bestandsentwicklung: In GB brütet mit *L. scotica* eine eigenständige Art, die sich in Kiefernwaldrelikten Schottlands halten konnte und ihren kleinen Bestand im Zusammenhang mit Aufforstungsbemühungen erhöht hat. Die Geschichte von *L. curvirostra* als Brutvogel ist in GB wie beim Erlen- und Birkenzeisig eng mit den enormen Aufforstungen im 20. Jh. verknüpft, die im wesentlichen nach 1945 entstanden (AVERY & LESLIE 1990, FULLER 1995) und später die Ansiedlung und Zunahme ermöglichten (MARCHANT 1990). Dies gilt gleichermaßen für andere waldarme Länder wie B, NL (Osieck & Hustings 1994) und DK sowie für alle anderen tiefen Lagen M-Europas, die in den vergangenen 100 Jahren eine enorme Zunahme der Nadelwaldfläche erfuhren (Kap. 15.8.3). So haben sich die besetzten Raster in DK in nur 20 Jahren verdoppelt, der Bestandsindex nahm um 20 – 50 % zu (Grell 1998). Die Bestandsentwicklung in D, die gemeinsam mit seinen angrenzenden Gebieten und NE-Europa zu sehen ist, zeigt Bestandszunahmen und Arealauffüllungen im Zusammenhang mit der noch jungen Geschichte des Koniferenanbaus im Forst, die allerdings in D wesentlich älter ist als in GB, F, B, NL und DK. Die Zunahme wurde deshalb auch im Zeitalter der Avifaunistik hier in D weniger dramatisch empfunden als in den jungen Aufforstungsländern.

RM: In vielen Jahren liegt der größte Teil des Zuges außerhalb des standardisierten Ausschnitts. Sowohl die nach S als auch die nach N Wandernden zeigen keinen klaren Trend, aber die Invasionen waren in der zweiten Hälfte heftiger, wobei die Masse der S-Zieher im Juni und Juli vorbeiwandert. Zwischen beiden Bewegungen (Abb. 14.2) besteht ein unmittelbarer Zusammenhang, das heißt, auf nach Süden gerichtete Explorationswanderungen folgt häufig und oft mehr oder weniger unmittelbar eine Umkehr in zuvor erkundete Samengebiete, die sich zur Brutansiedlung eignen (Abb. 17.89b). Auch für die in anderen Monaten außerhalb der Planbeobachtungen Wandernden gelten steigende Werte. Im Gegensatz zum Zeitraum 1950 – 1965 halten sich heute zwischen Alb und Schönbuch, einem Laubwaldgebiet mit größeren Vorkommen von Waldkiefer *Pinus sylvestris*, Fichte *Picea* und Europäerlärche *Larix*, ständig in Teilbereichen größere Anzahlen brütender oder rastender Kreuzschnäbel auf.

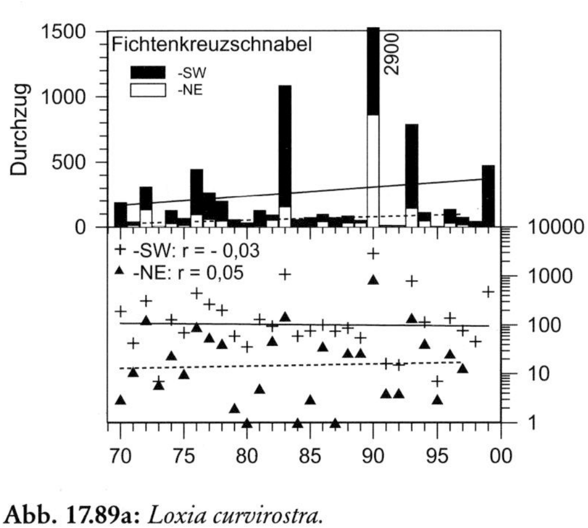

Abb. 17.89a: *Loxia curvirostra.*

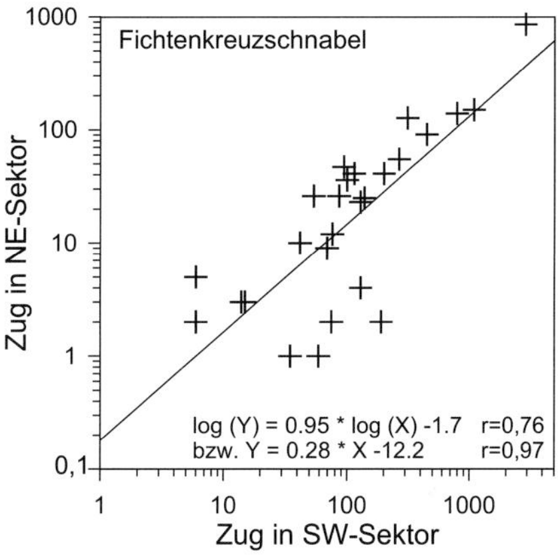

Abb. 17.89b: Der Zug des Fichtenkreuzschnabels wird innerhalb der Herbstsaison sowohl in den NE- wie in den SW-Sektor beobachtet. Die Durchzugswerte eines Jahres in den SW-Sektor sind hier gegen die in den NE-Sektor weisenden dargestellt (doppellogarithmisch zur besseren räumlichen Trennung der Punkte). Die Durchzugszahlen sind miteinander korreliert. Auf den Explorationszug der Population in den SW-Sektor folgt der Fortpflanzungszug in den NE-Sektor oft unmittelbar im gleichen Herbst. Die Anzahl der in Richtung NE ziehenden Vögel liegt bei 28 % der in den SW-Sektor wandernden. Nur SW-Zieher werden durch das RM gebündelt. Da Zug in beiden Richtungen auch außerhalb des standardisierten Erfassungszeitraums stattfindet, kann der Wert jedoch nicht als Bündelungskoeffizient gedeutet werden. Für jedes Jahr steht ein Kreuz. Je weiter rechts oben das Kreuz, umso mehr fliegen im gleichen Herbst sowohl nach SW als auch nach NE. – *In autumn,* Loxia curvirostra *movements occur both in the NE and the SW sector. Annual passage numbers to the SW are here plotted against those to the NE (both axes with logarithmic scale in order to separate the points more clearly). The numbers of migrants are correlated with each other. NE movement towards the breeding quarters often immediately follows exploratory movements to the SW in the same autumn. The number of birds heading NE is 28 % of that heading SW. Only the passage of those heading SW is concentrated in the Randecker Maar bottleneck. Since movement in both directions also takes place outside our standardized monitoring period this figure cannot be interpreted as a concentration coefficient. Each year is represented by a cross; the closer a cross is to the top right, the greater the number of birds in that year heading both SW and NE.*

Diskussion: Die Wälder M-Europas werfen inzwischen große und in Zukunft weiter zunehmende Masterträge ab (Kap. 15.8.4). Das führt heute zu Kreuzschnabelbruten in allen Regionen. Aus dieser Situation heraus ist auch eine hypothetische Zunahme in den borealen Wäldern wahrscheinlich. Vor der Waldbauzeit ergossen sich die nordischen Invasionen dieser Art in weitgehend entwaldete Gebiete (Kap. 15.8.2). Es ist anzunehmen, daß die Ausgangspopulationen damals durch Emigrationen geschwächt wurden, während sie heute vielfach erfolgreich explorieren, um sich in den kommenden Monaten entlang der vorher explorierten Route vorübergehend anzusiedeln (nähere Beschreibung dieses Migrationssystems bei GATTER 1993).

Die Forstwirtschaft hat dieser Art mit dem Aufbau der mitteleuropäischen Wälder südlich der borealen Region eine enorme Arealausdehnung ermöglicht, die man wohl nur als exponentiell bezeichnen kann. Sie dürfte auch vor der Zerstörung der mitteleuropäischen Wälder keine Parallele gehabt haben, da die Fichte nach der Eiszeit nur minimale Areale zurückerobern konnte. Nach der „Kiefernzeit" trugen die größten Teile M-Europas jahrtausendelang Laubwälder (GATTER 1993). Der Anbau verschiedenster Koniferenarten in und außerhalb des Waldes hat ausgleichend auf die früher gültige, strenge Regionalisierung der Mast gewirkt. Der Anbau in verschiedenen Höhenlagen und von verschiedenen Provenienzen am selben Ort hat die früheren Nahrungsextreme gemildert, bei denen in der einen Region und zu einer Zeit Überfluß an Nahrung, an anderer Stelle gleichzeitig aber totaler Mangel herrschte (Kap. 15.8.4, Abb. 15.8.13). Der Fichtenkreuzschnabel dürfte neben dem Erlenzeisig zu den größten Gewinnern unter den Waldarten gehören. Zunahmen der Bruten im M-europäischen Raum um den Faktor 100 seit Mitte des 19. Jh. erscheinen hier realistisch. Zudem kann man heute annehmen, daß der Anteil von Vögeln zunimmt, der angesichts steigender Masterträge nur noch innerhalb M-Europas wandert.

Gimpel *(Pyrrhula pyrrhula)*

Häufiger Brutvogel, TZ und Wintergast. Verbreitung: paläarktisch. *P. p. pyrrhula* in N- und E-Mitteleuropa mit Neigung zu Invasionen, *P. p. europaea* in DK, NL, B und W-D mit stark fluktuierenden DZZ. Überwintert im Brutareal mit Ausnahme des hohen N. Wegzug aus N-Europa nach Ringfunden vorwiegend WSW-SW. Zu erwartende Herkunft der Dz am RM aus Schweden, FIN, Balt., NW-RUS, PL, CZ und D (HILDÉN 1974, RENDAHL 1964, SCHÜCKING & SCHLOSS 1969, ZINK & BAIRLEIN 1995). Überwinterungsgebiete bis S- und SW-Europa.

Bestandsentwicklung: Wohl stabil in N-Schweden (ANDERSSON et al. 1991), DZZ in S-Schweden stark schwankend (ULFSTRAND et al. 1974, EDELSTAM 1972). Stabil bis steigend in N-FIN (TIAINEN 1985, VÄISÄNEN et al. 1986, VÄISÄNEN & RAUHALA 1983), Zunahmen im S (JÄRVINEN & VÄISÄNEN 1978b, HAILA et al. 1980); Zunahmen im gesamten Land (VÄISÄNEN et al. 1989, HILDÉN 1988), die KOSKIMIES (1989) überwiegend auf Forstwirtschaft und Winterfütterung zurückführt; nur ausnahmsweise Abnahmen (VICKHOLM & VÄISÄNEN 1984). In DK (MØLLER 1979; KLUG-ANDERSEN et al. 1983, DOFF 1989) zwischen 1971/74 und 1993/96 Zunahme besetzter Raster um 30 %, der Brutvogelindex stieg 1989 – 1990 um 100 % an und ist weiter leicht zunehmend (GRELL 1998). In EST überall zunehmend (LEIBAK 1994). Im übrigen Balt. und NW-RUS stabil bis steigend (DOLNIK & PAEVSKII 1980), desgleichen in PL und NL (MARCHANT 1990, BWP). In GB starke Abnahmen seit 25 Jahren (HUSTINGS 1988, MARCHANT 1990, CLARK et al. 2000, SANDERSON 2000). In England könnte es nach NEWTON (1993) auch einen Zusammenhang zwischen dem Bestand des Gimpels und dem des Sperbers geben. Die Bestandsabnahme des Gimpels erfolgte gleichzeitig mit der Bestandszunahme des Sperbers. Aber auch Heckenrodungen und die Intensivierung der Landwirtschaft haben sicher eine Rolle gespielt (MARCHANT 1990). Aus Deutschland wird von widersprüchlichen Entwicklungen berichtet. B&B führen Rückgänge nach Ergebnissen des Mettnau-Reit-Illmitz-Programms an und gehen auch von insgesamt abnehmenden Populationen aus.

Angesichts der starken Bestandesschwankungen sind herausgegriffene Dichten aus Einzeljahren kritisch zu beurteilen. Die wenigen Beispiele bei HÖLZINGER (1997) zeigen, daß vielfach gerade bei so häufigen Arten wie dem Gimpel kein Material vorliegt, das geeignet wäre, Bestandstrends korrekt zu dokumentieren. Die höchsten Dichten sind wohl aus Misch- bzw. Nadelwalddickungen in E-D mit bis zu 10 BP/10 ha bekannt (NICOLAI 1993b). Auch im weiteren Bereich des RM sind aus jüngeren oder aufgelockerten Nadel- bzw. Mischwäldern nach 1990 Dichten von häufig 3 – 6, gelegentlich 9 Revieren/10 ha bekannt (E. VOTTELER, H. HAUẞMANN, Verf.).

RM: Der Standard-Erfassungszeitraum mit Ende am 6. November erfaßt nur etwa 75 % der Dz, bei Berücksichtigung der Winterfluchten noch weniger (GATTER 1976b). Die bereits normal auftretende Fluktuation erscheint dadurch noch verstärkt. Der langfristige Trend ist am RM stabil. Daß unsere DZZ durch fennoskandische Vögel zumindest beeinflußt sind, zeigen Ringfunde (z. B. HILDÉN 1974). Auffällig ist, daß es am RM im Berichtszeitraum zu einer Vorverlegung der 25- und 75-%-Quartilen kam, die den Erwartungen angesichts wärmerer Herbste widerspricht (Abb. 17.90b).

Diskussion: Die längerfristige Abnahme in GB (MARCHANT 1990) stellt wohl die einzige bekanntgewordene großräumige Abnahme dar, die nicht den üblichen stärkeren Fluktuationen der Art entspricht. Da Gimpel in jüngeren Sukzessionen höchste Brutdichten erreichen, korreliert ihre Dichte in jungen Waldländern wie GB, DK und NL auch wesentlich mit der Aufforstungstätigkeit (s. GRELL 1998). Der Rückgang der Aufforstungsflächen in GB (AVERY & LESLIE 1990, FULLER 1995) muß deshalb bei den von MARCHANT (1990) genannten Gründen zusätzlich zu dem oben genannten Hinweis auf den Sperber berücksichtigt werden. Genau dieselben Gründe könnten in D dazu führen, daß sich die Zahlen lokal je nach geeigneten Altersklassen in den Wäldern verändern (Kap. 15.8.3). Die

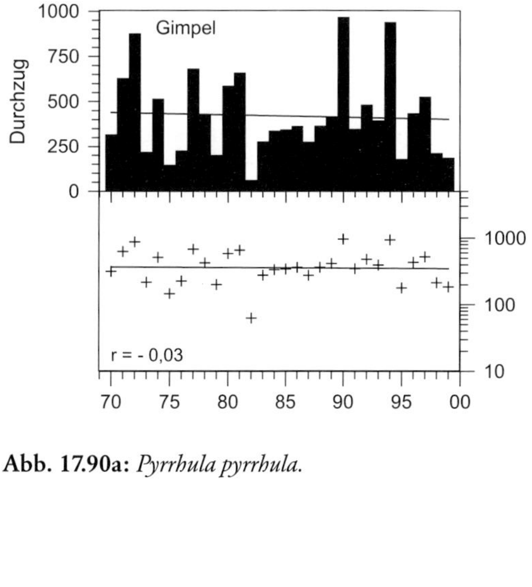

Abb. 17.90a: *Pyrrhula pyrrhula.*

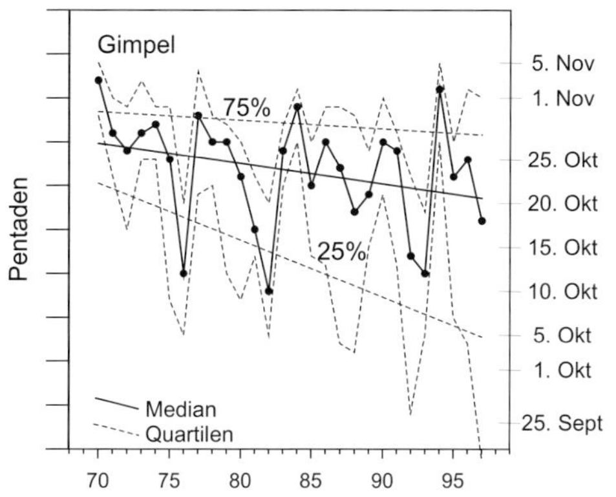

Abb. 17.90b: Median- und Quartilenwerte verfrühen sich beim Gimpel (vgl. Abb. 11.2.2a) – *Median and quartile values of* Pyrrhula pyrrhula *passage are falling earlier (cf. Fig. 11.2.2a).*

Altersklassenentwicklung der deutschen Wälder mit Übernutzungen nach 1945 (Reparationshiebe, Kap 15.8.2.3) und die überwiegende Aufforstung mit Nadelbäumen läßt für 1960 bis 1980 besonders günstige Verhältnisse vermuten (Kap. 15.8.2, 15.8.3). Der Gimpel kommt aber offensichtlich auch mit modern werdenden Formen der naturnahen Waldwirtschaft gut zurecht.

Dafür, daß sich die Nahrungsverhältnisse während der Brutzeit verschlechtern, gibt es derzeit keine Hinweise. Daß sie sich während des Winterhalbjahres deutlich verbesserten, liegt auf der Hand. Durch Nährstoffeinträge aus der Luft bzw. durch die Landwirtschaft (Kap. 15.5) haben sich einige krautige, vom Gimpel bevorzugte Futterpflanzen (GATTER 1989) stark vermehrt. Das zunehmende durchschnittliche Waldalter (Kap. 15.8.2, 15.8.3), nachlassende Brennholznutzung an Hecken, Bachgehölzen etc. (Kap. 15.2, 15.3) hat zu einer starken Zunahme der Masterträge bei zahlreichen Gehölzen geführt, die von Gimpeln genutzt werden (GATTER 1989, 1994b). Grundsätzlich wäre beim Gimpel eine stärkere Zunahme zu erwarten, als dies der Fall ist. Die aus Bestandserhebungen geschlossene „nachhaltige Beeinträchtigung des Lebensraumes“ (B&B) läßt sich mit Faktoren der Waldwirtschaft – auch angesichts der Zunahme des Kernbeißers – nur schwer begründen (Kap. 15.8.2, 15.8.3). Daß speziell der Gimpel auch bei uns in seiner Dynamik durch den Sperber beeinflußt wird, wäre aufgrund seiner physiologischen Fähigkeiten und der Färbung nachvollziehbar. Mit geringem Handflügelindex ist er der langsamste Fink (Kap. 13.1, 13.4). Mit seinen Signalfarben schwarz-weiß-rot ist er nicht nur zusätzlich als Beute prädestiniert (NEWTON 1993), sondern er kommt sowohl vom Gewicht als auch von der Beutegrößenklasse dem durch Sperber bevorzugten Beutetyp nahe (RYTKÖNEN et al. 1998). An Futterhäuschen, die inzwischen überall vom Sperber systematisch kontrolliert werden, erscheint er heute viel seltener als 1955 – 1975. Parallel dazu ist er in Laubwäldern mit Samenbäumen von Esche und Ahorn weiterhin regelmäßig anzutreffen. Es ist zumindest eine Betrachtung wert, sich über die Gründe Gedanken zu machen, die zu so unterschiedlichen Entwicklungen führen wie bei Kernbeißer und Gimpel, Arten, die sich in Habitus, Habitat und Ernährungsgewohnheiten stark ähneln und eigentlich beide von der Zunahme des Futterangebots in Wäldern profitieren müßten. Siehe Kap. 16 und 18.

Kernbeißer *(Coccothraustes coccothraustes)*

Häufiger Brutvogel und Wintergast, TZ mit Invasionsneigung, Tagzug. Verbreitung paläarktisch von Schweden im N bis N-Afrika, im W vom Atlantik bis zum Pazifik im E. Wegzug aus M-Europa nach Ringfunden (BEZZEL 1993) in Richtung WSW-SSE streuend. Zu erwartende Herkunft der Dz am RM aus Schweden, Balt., NW-RUS, Belarus, PL, CZ und D. Überwinterungsgebiete südwärts bis Italien, Spanien und N-Afrika.

Bestandsentwicklung: In LIT leichte Abnahmen (Eu-ATL), zunehmend in CZ, Slowakei und CH. Auch für Schweden, FIN positive Bestandstrends (ROBERTSON & BERG 1992, KOSKIMIES 1989), sich widersprechende Angaben für DK (Eu-ATL, GRELL 1998). In EST seit 1870 zunehmend (LEIBAK 1994). Positive Trends auch in PL (LUNIAK et al. 1986, NOWICKI 1992) und neuerdings starke Zunahme im Bialowieza-Gebiet/PL (S. BAUMUNG pers. Mitt). In GB offenbar seit dem 19. Jh. zunehmend, Trend 1965 – 1988 unklar (MARCHANT 1990), neuerdings abnehmend (Eu-ATL). In NL und B Zunahmen, teilweise mit Vervielfachung der Bestände innerhalb eines Jahrzehnts sowie Arealerweiterungen und Auffüllung von Verbreitungslücken (TEIXEIRA 1979, SOVON 1987, DEVILLERS et al. 1988, YEATMAN-BERTHELOT & JARRY 1994, Eu-ATL). Zusammenstellung der meist positiven Bestandstrends in D bei B&B. Zunahmen und Arealerweiterungen in M- und N-Europa wirken sich auch auf steigende Überwinterungszahlen in SW-Europa aus (ASENSIO & ANTON 1990).

RM: Der Standard-Erfassungszeitraum bis 6. November erfaßt ± 95 % des Wegzugs. Bis 1976 lagen die Durchschnittswerte bei knapp 2.000 Vögeln (1.200 – 1.300 im standardisierten Ausschnitt). 1977 – 1985 waren es 3.400, 1986 – 1999 7.000 durchziehende Kernbeißer pro Jahr. Während der Zeitraum bis 1976 ohne nennenswerte Invasionen verlief, wurden anschließend in zwei- bis vierjährigen Zyklen starke Immigrationen festgestellt, 1989/90 sogar in aufeinanderfolgenden Jahren. Der scheinbare Abwärtstrend nach 1990 wurde inzwischen durch den stärksten Einflug aller Jahre unterbrochen. 1998 zogen im standardisierten Zeitraum über 15.000 Kernbeißer. Eine weitere, spätere Zugwelle ließ die Jahressumme bis Ende November auf über 20.000 Vögel steigen. Dieser Massenzug, in Schleswig-Holstein nicht bemerkt (SCHÜTT pers. Mitt.), macht zumindest für 1998 eine Herkunft aus Schweden unwahrscheinlich. Größere Trupps im westlichen Sachsen (R. STEINBACH pers. Mitt.) lassen eine Herkunft aus dem Laubwaldgürtel M-Europas und des nordöstlichen Europa vermuten. Die beeindruckende Invasion war unmittelbare Folge der starken Hainbuchenmast 1997. Während der gesamten Invasion gab es mehrere Tage, deren Zahlen die Jahressummen der 1970er Jahre übertrafen. Die Zunahme der 1990er Jahre entspricht einer Verfünffachung seit 1977.

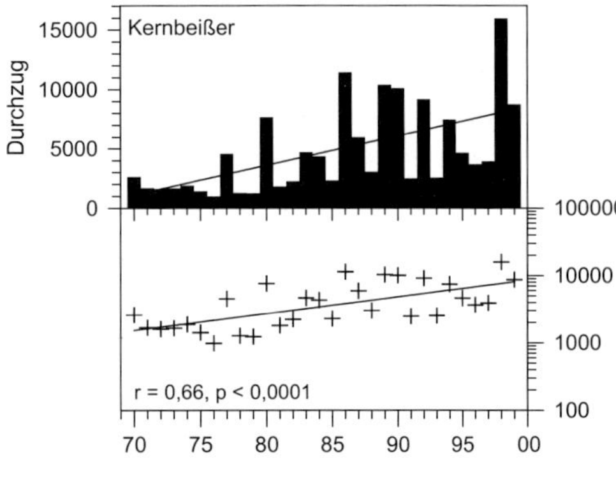

Abb. 17.91: *Coccothraustes coccothraustes.*

Diskussion: Zunahmen, Arealauffüllungen und -gewinne im NW und N des Verbreitungsgebiets seit dem 19. Jh. könnten durch klimatische Faktoren unterstützt worden sein. Hauptursache dafür sind jedoch wohl die Veränderungen der M-europäischen Wälder: deren Wiederaufbau seit 200 Jahren, Flächengewinne an Wäldern und Gehölzen (Kap. 15.2, 15.3), steigende durchschnittliche Waldalter (Kap. 15.8.2) sowie anthropogene und autogene Eutrophierung (Kap. 15.5). Der daraus resultierende Anstieg der Masterträge aus Wäldern und Gehölzen (Kap. 15.8.4) hat die derzeitige starke Zunahme ermöglicht und kann deshalb auch als Grundlage der Expansion gelten. Die forstwirtschaftlich erwünschte und eutrophierungsbedingte Zunahme von Esche *Fraxinus*, Ahornarten *Acer*, Hainbuche *Carpinus* (Kap. 15.8.2, 15.8.3) spielt hier ebenso mit wie die über Humusanreicherung und Eutrophierung bedingte Vermehrung von Waldkräutern wie dem Bingelkraut *Mercurialis perennis*, Labkräutern *Rubiaceae* u. a., die als Brutzeitnahrung eine viel bedeutendere Rolle spielen als gemeinhin angenommen (Gatter 1986). Die oft erwähnte Vorliebe für Kirschen- und Zwetschgenanbaugebiete (Newton 1972a, 1997 im Eu-ATL), in der Regel lokale Besonderheiten, sind weder für den Bestand der Art noch für langfristige Trends von Bedeutung. Sonst müßte die Art als Folge seit Jahrzehnten anhaltender EG-Rodungsprämien und dem Rückgang des Obstanbaus in M-Europa zurückgehen. Der Hauptgrund für die Zunahme ist die Aufgabe der Nieder- und Mittelwaldwirtschaft, die in den verschiedenen Herkunftsländern unterschiedlich spät erfolgte bzw. – nachlassend – heute noch betrieben wird. Daraus ergab sich eine grundlegende Veränderung der Eichen-Hainbuchenwälder. Hölzinger (1997) schreibt: „Der Kernbeißer ist in Mitteleuropa Charaktervogel der ursprünglichen Eichen-Hainbuchenwälder". Das Problem ist, daß es diese Wälder in ihrer heutigen Prägung kaum gab! Sie sind auf dem größten Teil aller Flächen ein anthropogenes Kunstprodukt, das gezielt oder indirekt die Eichen förderte. Über Vieheintrieb, Flämmen bzw. Nutzung der Bodendekke und regelmäßiges „auf den Stock setzen" wurde in fast allen entsprechenden Standorten die von Natur aus dominierende Rotbuche *Fagus* weitgehend verdrängt (Kap. 15.8.2). Die Hainbuche, mit starker Ausschlagfähigkeit der wichtigste Brennholzlieferant vieler Nieder- und Mittelwälder, wurde im sieben- bis fünfzehnjährigen Rhythmus entnommen, so daß sie, wie auch die weiteren Begleitbaumarten, selten in ein matures, stark samentragendes Alter kam. Heute im Hochwaldbetrieb und in den zum Hochwald überführten Mittelwäldern ist sie als „dienende Baumart" auch im mannbaren Alter obligatorischer Teil der Bestände. Das Vegetationsvolumen gerade dieser Wälder hat weit mehr zugenommen, als es die Beispiele in den Abb. 15.8.4a, b zeigen. Die Zunahme speziell ihrer Samenernte dürfte enorm sein und die in Abb. 15.8.11 als Ertragszuwachs bei der Rotbuche gezeigten Werte übertreffen. Hainbuchensamen spielten in der Waldweidewirtschaft vergangener Jahrhunderte für Mensch und Vieh nie eine Rolle. Auch die heute durchschnittlich doppelte Bestandshöhe der Eichen-Hainbuchenwälder und die seit über hundert Jahren ständig zunehmende Hochwaldfläche hat den scheuen Waldvogel, der den größten Teil seines Lebens in den Baumkronen verbringt, sowohl über den enormen Zuwachs an Bruthabitaten als auch über die Samenmenge gefördert. Daß diese Deutung richtig sein dürfte, belegt die beeindruckende Invasion des Jahres 1998. Sie war eine unmittelbare Folge der stärksten im Berichtszeitraum festgestellten Hainbuchenmast im Jahr 1997 (mit darauf folgender Fehlmast), die sich wenigstens bis E-PL erstreckte.

In diesem Zusammenhang – und auch über Populationsdruck aus D und den östlich angrenzenden Ländern – sind auch die Zunahmen in B und NL zu sehen. Als mögliche Hypothese wird deshalb angenommen, daß auch die Ursache der Arealerweiterungen in N-Europa im wesentlichen eine Folge des Populationsdrucks aus M-Europa ist, der sich aus der veränderten Waldwirtschaft ergibt und mit der Pflanzung von mitteleuropäischen Laubbäumen in Parks und Siedlungsnähe zusätzlich gefördert wird (z. B. Eu-ATL). Der Anbau selbst geringer Mengen von Bäumen außerhalb ihrer normalen Vertikal- oder N-S-Verbreitung kann also erhebliche Konsequenzen auf Arealerweiterungen von Vögeln haben. Angesichts der geringen Anteile von Futterhausbesuchern im Winter ist der Kernbeißer auch ein Beleg dafür, daß die Ursachen der Zunahmen anderer Waldvögel wie Kleiber, Meisen, Spechte im Wald selbst und nicht primär in der Winterfütterung zu suchen sein wird (siehe Gimpel).

Ammern *Emberizidae*

Goldammer *(Emberiza citrinella)*

Sehr häufiger Brutvogel, TZ, überwiegend Tagzieher. Verbreitung west- und zentralpaläarktisch, *E. c. citrinella* vom Nordkap bis zum Nordrand des Mediterrangebietes; vom Atlantik im W bis zum Baikalsee im E. Überall Standvogelanteile. Als Herkunftsgebiete der Dz am RM sind außer Vögeln der unmittelbaren Umgebung besonders solche aus dem südlichen E-D, aus CZ, PL und dem Balt. zu erwarten (HASSE 1963, DORNBERGER 1977, ZINK 1985). Überwinterungsgebiete Ziehender liegen südwärts bis N-Italien, S-F und Spanien.

Bestandsentwicklung: Im östlichen Verbreitungsgebiet wohl weitgehend konstante Bestände, so in PL (TUCKER 1994), LETT (LEIBAK 1994). In FIN Zunahme (KOSKIMIES 1989). Im gesamten NW und großen Teilen von M-Europa, d. h. den Ländern mit großen Anteilen von Intensivstlandwirtschaft, zeichnet sich langfristig ein Rückgang ab, so in Irland, GB, NL, B, A, D, Italien; aber selbst aus LETT und Norwegen wird jüngst von Rückgängen berichtet (BWPC). In Schweden Rückgänge während der Verwendung quecksilberhaltiger Saatgutbeizmittel (OTTERLIND & LENNERSTEDT 1964, HJORT & LINDHOLM 1978), in Falsterbo/S. auch noch nach 1973 leichter Rückgang der DZZ (ROOS 1996). Die quecksilberhaltigen Beizmittel haben auch in anderen Regionen bei vielen Vogelarten, die wie die Goldammer im Winter Saatgut fressen, zu hoher Mortalität geführt. In NL dürfte der Rückgang über 50 % betragen haben (BWPC). In N-D 1950 – 1985 deutliche Abnahme (FLADE & STEIOF 1989). Bei Bonn wurden im Zeitraum 1960 – 1973 Rückgänge von über 50 % festgestellt (WINK 1974), ebenso in Mecklenburg, Brandenburg und Thüringen einheitliche Rückgänge (KLAFS & STÜBS 1987, KNORRE et al. 1986, RUTSCHKE et al. 1987).

RM: Deutlich abnehmend. Der Standard-Erfassungszeitraum erfaßt weniger als 75 % des Wegzugs. Die DZZ der jahreszeitlich spät ziehenden Goldammer unterliegen schon wegen der erheblichen Wetterbeeinflussung am Ende des Zuges großen Fluktuationen. Dennoch ist ein langfristiger Trend zu einer Abnahme aus den DZZ deutlich ersichtlich. Während die Zahlen der Jahre 1970 – 1980 bei durchschnittlich 2.500 Dz lagen, waren es 1981 – 1986 noch 1.900 und ca. 1.300 im letzten Jahrzehnt. Ob die eruptionsartig herausragenden Zugjahre während der ersten Jahre dichtebedingt sind, muß offenbleiben.

Um das RM, im mittleren BWü. (Neckarland und Alb), zeichnet sich seit 1970 folgende Entwicklung ab: Starke Rückgänge im reinen Akkerbaugebiet auch dann, wenn genügend Hekken vorhanden sind. Auf den fruchtbarsten Böden (ca. 300 m NN) um das Neckartal sind die Rückgänge am auffälligsten und betragen bis zu 70 %. In vergleichbaren Gebieten auf der Albhochfläche (± 750 m) sind die Bestände bei entsprechenden Ausgangszahlen deutlich weniger zurückgegangen und haben sich in von Heiden umgebenem Agrarland gehalten. Auf mehreren Kahlschlägen/Sturmflächen mit 100 – 300 m Abstand zum Ackerland werden derzeit hohe Dichten beobachtet, so bis zu 8 BP/3 ha und 9 BP auf 4 ha. Geringer, mit 2 – 4 BP/10 ha, waren sie auf Kahlflächen weitab von Agrarland. Auf jüngeren Kahlschlags- bzw. Sturmflächen sind vegetationsfreie Stellen anfänglich ganzjährig auch dann vorhanden, wenn sie während des Vegetationshöhepunkts im Ackerland kaum mehr zu finden sind.

Diskussion: Zunehmende Bebauung und Waldzunahme bedeuten Flächenverluste für die Art. Neben den bei HVM, B&B und MARCHANT (1990) genannten Gründen wie Veränderungen in der Landwirtschaft, Ausräumung der Landschaft, Verwendung von Saatgutbeizmitteln, Herbiziden, Insektiziden und vielen anderen an-

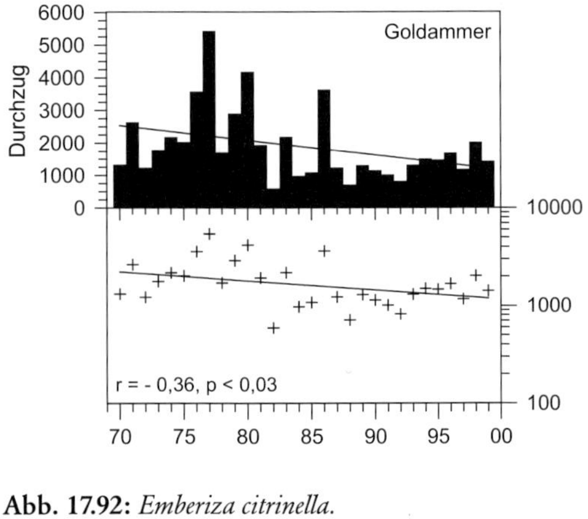

Abb. 17.92: *Emberiza citrinella.*

thropogen bedingten Gründen, scheint sie besonders in reinen Ackergebieten auch ein Eutrophierungsopfer zu sein. Besonders geschlossene, hohe, gedüngte Vegetation im Mai – Juli schafft anscheinend Engpässe in der Zugänglichkeit der Nahrung. Dies könnte neben entsprechenden Beobachtungen zu Nahrungssuche und Nahrungsflügen eine zusätzliche Erklärung für die oben geschilderten, ungleich verteilten Rückgänge sein. Die Goldammer hat damit wohl ähnliche jahreszeitliche Nahrungsengpässe wie Feldlerche, Bluthänfling, Hohltaube und die Würger (siehe auch dort). Nahrungsreiches Ackerland ist erst voll nutzbar, wenn während Phasen der Hochvegetation genügend Ausweichflächen zur Verfügung stehen. Der Rückgang der offenen Hühnerhaltung sowie der von Flächen mit Sommergetreide, des Anbaus von Hackfrüchten, der Verlust von Winterbrachen und Stoppelfeldern sind weitere Gründe für den Rückgang der Art (MARCHANT 1990, BAUER 1991, HÖLZINGER 1997). Die Ausräumung der Landschaft ist dagegen ein Problem, das auf Flächen mit besseren Böden beschränkt ist und dessen Auswirkungen möglicherweise durch große Landstriche mit zunehmender Sukzession aufgefangen werden (Kap. 15.2).

Ortolan *(Emberiza hortulana)*

Seltener Brutvogel und Dz, LSZ, überwiegend Nachtzieher. Verbreitung westpaläarktisch. Im N von NL, N-D über S-Norwegen (fehlt in DK und Schleswig-Holstein), FIN, Balt., PL bis in die nördlichen Mittelmeerländer im S, im W von Spanien bis SW-Sibirien im E. Die Überwinterungsgebiete im tropischen Afrika südlich 9 – 12° N sind nur sehr fragmentarisch bekannt. Vermutlich liegen sie in den Hochlagen und Gebirgen des tropischen Afrikas. Wegzug aus Europa nach Ringfunden in Richtung WSW-SSW (ZINK 1985). Herkunft der Dz am RM vermutlich aus FIN, dem E-Balt., Belarus, CZ, D und PL.

Bestandsentwicklung: Die Bestände auf der Iberischen Halbinsel, in F, Italien, Norwegen und allen M-europäischen Ländern mit Ausnahme von PL nehmen ab (TUCKER 1994). Die Bestandstrends in Schweden sind widersprüchlich und regional unterschiedlich, wohl auch durch unterschiedliche Zeitabschnitte bedingt; abnehmend nach ROBERTSON & BERG (1992), stabil nach TUCKER (1994). Bestände in FIN stabil, nach KOSKIMIES (1989) langfristig zunehmend und in Skandinavien im wesentlichen wohl generell stabil (Eu-ATL). Dies gilt auch überwiegend im Balt. und RUS. Rückläufig dagegen in CZ (TUCKER 1994, LEIBAK 1994). In D sehr starker Rückgang und Räumung zahlreicher Gebiete (BÜLOW 1990, CONRADS 1989, NICOLAI 1993b, LANG et al. 1990, B&B).

RM: Die hohen DZZ 1970 bis 1973 sind seitdem nicht mehr erreicht worden. Die Zahl der Dz war auch in den folgenden 8 Jahren bis 1982 noch deutlich höher als im Zeitraum von 1983 bis heute. Die extrem niedrigen Werte der letzten Jahre scheinen den baldigen Zusammenbruch einiger Populationen im Herkunftsgebiet der RM-Dz anzukündigen.

Diskussion: Nachdem Vögel aus Schweden nordwestlich des RM durchziehen, ist die Herkunft unserer Dz weiter östlich zu suchen. Nachdem aber die bedeutenderen und gleichzeitig weiter entfernten Populationen im Herkunftsgebiet stabil sein sollen, müßten die Zahlen am RM auf überwiegend M-europäische Herkunft schließen lassen. Am RM werden nur Tagzieher erfaßt. LSZ-Arten ziehen am Anfang des Zuges bei noch geringen Fettreserven kurze Strecken und diese wohl oft tags. Vögel aus den weit nördlich liegenden Gebieten könnten dagegen – wenn sie bei uns durchkommen – schon in der Nachtzugphase sein (Kap. 12).

Der Einfluß der Eutrophie, der zu einer sich früher schließenden, dichten Vegetationsdecke und damit einem feuchteren Bestandesklima in der Ackervegetation führt, hat besonders im niederschlagsreichen NW und W Europas Be-

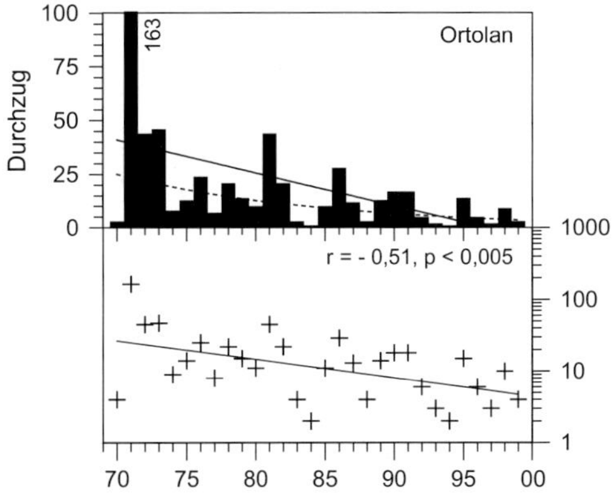

Abb. 17.93: *Emberiza hortulana.*

standsrückgänge zur Folge (siehe auch Hohltaube, Hänfling, Feldlerche und Goldammer). Dieser Einfluß greift wohl in den trockeneren, mehr kontinental beeinflußten Gebieten, wo die Art ebenfalls im Agrarland brütet, nicht so stark. Daß sich früh schließende Vegetation, wie Wintergetreide, diese Art behindert, läßt sich schon während des Frühjahrszugs feststellen. Schon bei der Ankunft im Mai hat es der Ortolan schwer, noch offene, vegetationsarme Felder für die Rast zu finden. Insgesamt sind es aber eine Vielzahl von Änderungen im Agrarbereich, die zu den großen Verlusten führten (Zusammenstellungen bei LANG et al. 1990). In verschiedenen Gebieten werden auch ungleiche Geschlechterverhältnisse festgestellt. Unverpaarte Männchen sind zum Teil auffällig häufig (MAES 1989, LANG et al. 1990, IKEMEYER & BÜLOW 1995). Das läßt auf erhöhte Weibchenverluste auf und am Nest schließen (HVM). Bei vermehrten Altvogelverlusten können unter Umständen auch nur geringfügig gestiegene Prädationsverluste angesichts der Vielzahl derzeit negativ einwirkender Faktoren nicht mehr ausgeglichen werden (NEWTON 1998, siehe Kap. 16). Der Männchen-Anteil wird in Populationen mit drastischem Bestandsrückgang immer größer; unverpaarte Weibchen werden indes nicht beobachtet (HVM).

Weitere Gründe für den starken Rückgang der Art könnten auch in den Überwinterungsgebieten im tropischen Afrika liegen. Jedoch ist – im Unterschied zu anderen Arten – nach dem Ende der großen Dürreperiode in der Sahelzone (seit Ende der 1980er Jahre) keine Erholung der Bestände zu vermerken. Bisher gibt es immer noch kaum Winternachweise zwischen Sahelzone und Nordrand der Regenwaldzone. Winterareal und -verhalten sind erstaunlicherweise praktisch unbekannt, so daß auch kaum eingeschätzt werden kann, ob es negative Einflüsse auf die Art im Überwinterungsgebiet gibt. Insgesamt weisen unsere Zahlen auf dramatische Rückgänge hin. Man muß deshalb vermuten, daß auch in Ländern, aus denen bisher noch stabile Zahlen gemeldet werden, bereits unbemerkt Bestandsabnahmen stattgefunden haben.

Rohrammer *(Emberiza schoeniclus)*

Mäßig häufiger, nach N zunehmend häufiger Brutvogel, TZ, wohl überwiegend Tagzug. Verbreitung paläarktisch. *E. s. schoeniclus* von N-Skandinavien im N, im S bis F und Alpennordrand, im W vom Atlantik bis in den europäischen Teil von RUS im E, wo sich andere Unterarten anschließen, die unser Gebiet nicht berühren. Die Wegzugrichtung mittel- und nordeuropäischer Rohrammern streut um SW und SSW (ZINK 1985). Überwintert im S und W des Brutareals, im Mittelmeerraum, N-Afrika und dem Nahen Osten. Zu erwartende Herkunft der Dz am RM aus FIN, dem Balt., PL, E-D und CZ.

Bestandsentwicklung: In Schweden nehmen DZZ auf Falsterbo 1973 – 1992 gesichert ab (ROOS 1996). In DK bei deutlichen Bestandesschwankungen seit 20 Jahren relativ konstant (GRELL 1998). Während in Irland kontinuierliche Zunahmen registriert werden, sanken die Bestände in GB 1977 – 1982, sind aber seitdem stabil. In NL stehen Zunahmen in den 1970er Jahren Abnahmen in den 1980ern gegenüber, die lokal Parallelen in D haben. Die MRI-Werte weisen keine gesicherten Bestandstrends aus (B&B). Den häufig wohl sukzessions- und meliorationsbedingten Abnahmen stehen zahlreiche Hinweise auf Zunahmen in verschilfendem Grünland, aber auch Einwanderung in Raps- und Getreidefelder gegenüber (KNORRE et al. 1986, GLOE 1992, BUSCHE 1995, BURTON 1998). Daraus resultiert z. B. für N-D eine insgesamt unklare Situation für den Zeitraum 1950 – 1985 (FLADE & STEIOF 1989).

RM: Die beobachteten jährlichen Schwankungen lassen sich auf Faktoren wie Bruterfolg, klimatische Bedingungen in der Brutperiode, Sicht-, Wetter- und Windverhältnisse während des Zuges zurückführen. Die im Herbst über-

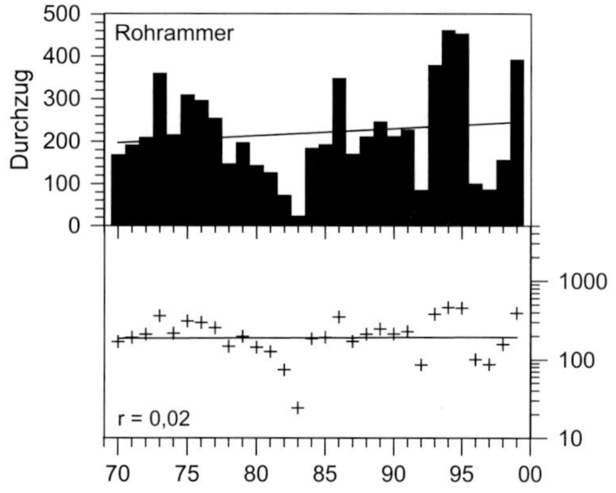

Abb. 17.94: *Emberiza schoeniclus.*

wiegend im Schlichtkleid ziehenden Vögel werden häufig nur am Ruf erkannt (Kap. 6). Mit einzelnen starken und schwachen Jahren über den gesamten Zeitraum deuten sich konstante Bestände an.

Diskussion: Der Rückgang der DZZ am RM 1976 – 1983 verläuft weitgehend parallel zu demjenigen in GB (MARCHANT 1990). Er wird dort auf den damals zunehmenden Einfluß von Herbiziden zurückgeführt. Die seit Mitte der 1980er Jahre eher stabilen, auf dem Niveau der frühen 1970er Jahre pendelnden Werte scheinen typisch für den allgemeinen Trend bei dieser Art, die nach N zunehmend häufiger wird. Außerhalb der großen Schilfgebiete ist die Art ein Bewohner früher Sukzessionen im landwirtschaftlichen Bereich. Als solcher wird sie im Rahmen sozioökonomischer Pendelbewegungen immer unmittelbar betroffen sein.

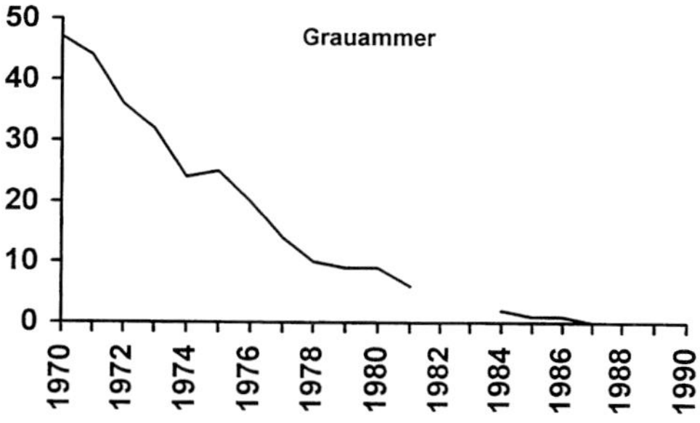

Abb. 17.95: Die Entwicklung einer Brutpopulation der Grauammer im Raum Weilheim und Kirchheim/Teck nördlich des RM. – *Development of a* Emberiza calandra *breeding population around Weilheim and Kirchheim/ Teck to the north of Randecker Maar.*

Grauammer *(Emberiza [Miliaria] calandra)*

Ehemals häufiger Brutvogel, TZ, wohl überwiegend Tagzug. Verbreitung Europa und N-Afrika, im N bis GB, S-Schweden und PL.

Bestandsentwicklung: Grauammern nehmen in vielen Teilen Europas seit langem ab (MARCHANT 1990). In DK ging der Bestandsindex innerhalb von 20 Jahren auf 40 % zurück und weite Landesteile wurden gleichzeitig sogar geräumt (Grell 1998). Die ehemals flächendeckende Verbreitung zeigt im W von D deutliche Lücken (Rheinwald 1990) und in vielen Gebieten sind die Bestände erloschen (B&B).

RM: Am RM schon immer ein spärlicher Dz, der wohl auch die Albüberquerung meidet. 86 % der DZZ am RM wurden in den 1970ern, 10 % in den 1980ern und 4 % in den 1990er Jahren festgestellt. Nach 1992 gab es keine Nachweise von Dz mehr. Ähnlich verliefen die Zahlen des Bestandes einer lokalen Population in der Umgebung des RM. Bis 1975 brüteten Grauammern noch im nahen Schopflocher Moor. In einem Bereich nördlich des RM ist eine Population von früher 152 singenden Männchen (Gatter 1970d) auf heute 2 – 5 Paare zurückgegangen (Schmoll 1995, G. Bauer, Verf.). Die Entwicklung der Gesangsreviere einer Teilpopulation davon im Raum Weilheim und Kirchhem/Teck zeigt die Abb. 17.95.

Diskussion: Neben klimatischen Einflüssen wie der Atlantisierung des Klimas wird der Rückgang vielfach mit dem Einsatz von Pestiziden, speziell auch Herbiziden, und der Intensivierung der Landwirtschaft begründet. Der Verlust der ehemals guten Vorkommen im Umkreis des RM, zwischen 300 und 750 m NN gelegen, läßt sich zwanglos mit der Umwandlung der großen Grünlandflächen in Ackerland, oft nach vorangegangener Dränage, und mit der frühen Mahd auf den verbleibenden Wiesen begründen. Der Einfluß von Brachflächen hat sich bisher nicht positiv ausgewirkt. Die Einflüsse von Nahrungsmangel sind ebenso ungeklärt wie etwaige Einwirkungen im Überwinterungsgebiet.

18 Versuch der Wertung einiger bestandsbeeinflussender Faktoren in den letzten Jahrzehnten

Die Langzeitstudie des Vogelzugs am Randecker Maar (RM) umfaßt die Jahre 1970 – 1999, sie beinhaltet ein breites Artenspektrum, von den Greifvögeln über die Tauben und Spechte bis zu den Singvögeln des mittel- und nordeuropäischen Raumes und ermöglicht damit weitergehende Betrachtungen. Aus den in Kap. 15 behandelten Änderungen in der Umwelt der Vögel während der vergangenen drei Jahrzehnte entstehen Erwartungen bezüglich der Zu- oder Abnahme bestimmter Arten. Einige davon zu überprüfen, ist das Ziel dieses Kapitels.

18.1 Bestandstrends der Vogelarten unterschiedlicher Großhabitate

In den Tab. 18.1a – c (S. 567 – 569) werden Vögel mit unterschiedlichen Zugstrategien zunächst getrennt dargestellt und die Entwicklung der Durchzugszahlen (DZZ) am RM mit den Trends in den Herkunftsgebieten verglichen. Bei vielen Arten wird zusätzlich auch die Entwicklung der Brutbestände im räumlichen Umfeld des RM während der letzten 30 Jahre mit einbezogen. Auch Nachtzieher, die beim Durchzug kaum in Erscheinung treten, in der Nachbarschaft aber nennenswerte Bestände aufweisen, werden berücksichtigt.

In den Tab. 18.2 – 18.5 werden die ins Auge fallenden Bestandstrends innerhalb einer groben Klassifizierung nach Habitaten betrachtet. Dabei zeigt sich, daß sich die tatsächlichen Entwicklungen oft weit von den Erwartungen entfernen, die sich aus den in Kap. 15 geschilderten Umweltveränderungen ergeben.

Vogelarten der Feuchtgebiete und Gewässer

Fehlende Wasserflächen machen die normalerweise hoch ziehenden Feuchtgebietsarten am RM zu spärlichen Besuchern, deren Erscheinen meist mit bestimmten Wetterlagen verbunden ist. Besonders auffallend ist unter den Kurzstreckenziehern die Zunahme von Graureiher und Kormoran, aber auch die der Beutelmeise. Bei den Langstreckenziehern sind es mit Schwarzstorch, Fischadler, Schwarzmilan und Rohrweihe ebenfalls Großvögel, deren Bestände sich erhöht haben. Keine am RM durchziehende Art nimmt wesentlich ab.

Tab. 18.2: Arten der Gewässer und Feuchtgebiete mit zu- und abnehmenden Durchzugszahlen am Randecker Maar und der Vergleich zu Trends in den Herkunftsgebieten (Zeichenerklärung siehe Tab. 18.1). – *Water and wetland species with increasing (top) and decreasing passage numbers at Randecker Maar and comparison with trends in their regions of origin (for symbols, see Tab. 18.1). Short-distance migrants and residents are followed by long-distance migrants; columns from left to right: species, passage at Randecker Maar, breeding around Randecker Maar, Central Europe, N Europe.*

Gewässer	Zug am RM	Bruten Umfeld RM	Mittel-Europa	Nord-Europa
zunehmend				
Kurzstreckenzieher und Standvögel				
Kormoran	++	++ [5])	++	
Graureiher	+	++	+	+
Beutelmeise	+	+	+	
Rohrammer	=?	=/+	=/-	
Langstreckenzieher				
Schwarzstorch	++		++	+
Fischadler	+		+	+
Schwarzmilan	+	+	=	
Rohrweihe	+		=/+	+
Bekassine	+		-	-/=
Uferschwalbe	+ [4])		+	

abnehmend				
Kurzstreckenzieher und Standvögel				
Gebirgsstelze	-	+	=	+

Tab. 18.1: Vergleich von Langzeittrends der am Randecker Maar durchziehenden Vogelarten mit Trends in den Herkunftsregionen. Ergänzt wurde die Tabelle um einige im Umland brütende Langstreckenzieher, von denen ausreichend Material aus eigenen Untersuchungen vorliegt. Letzte Spalte: Einschätzung der Auswirkung von Eutrophierung auf die jeweiligen Vogelarten. Negative Trends wurden grau hinterlegt.
a) (unten) Kurzstreckenzieher und Standvögel – Nonpasseres , **b)** (S. 568) Kurzstreckenzieher und Standvögel – Passeres, **c)** (S. 569) Langstreckenzieher – Nonpasseres und Passeres.
Die Daten für die Regionen nördlich und nordöstlich des RM stammen aus der Literatur, insbesondere BAUER & BERTHOLD (1996), HAGEMEIJER & BLAIR (1997), TUCKER & HEATH (1994) sowie verschiedenen Landesavifaunen. Die dort betrachteten Zeiträume sind für die einzelnen Arten und Länder sehr unterschiedlich, gleiches gilt für die Qualität der Daten. Folgende Zeichen gelten für Tab. 18.1 – 18.5:
++ stark zunehmend; + zunehmend; = stabil; - abnehmend; – stark abnehmend; für das RM werden die Regressionsanalysen (Kap. 17) zur Einschätzung benutzt, wenn der subjektive Eindruck vom Trend abweicht, wird dieser in { } gesetzt; ? kein eindeutiger Trend bzw. unzureichend bekannt; durch „/" getrennt sind regional oder zeitlich unterschiedliche Entwicklungen; ( ) in einigen Herkunftsgebieten sind nur sehr kleine Populationen vorhanden.
[1] Vogelzugerfassung standardisiert seit 1974, [2] Bruten im Umland, [3] Erfaßte Standvögel am RM, [4] Zeitraum nach 1990, [5] Wintergast und Durchzügler, [6] Populationszusammenbruch vor Beginn des Erfassungszeitraumes bzw. kurz danach, [7] regelmäßiger Gast, [8] gefördert durch Freiflächen im Wald nach Sturm 1990, (!) intensive Förderung durch Schutzmaßnahmen.

Tab. 18.1: *Comparison of long-term trends in passage numbers at Randecker Maar with population changes in the species' regions of origin. Data have also been included on those long-distance migrants breeding around Randecker Maar for which sufficient information is available from the author's own studies. Negative trends and effects are shaded grey. Columns from left to right: species, Randecker Maar, former West Germany, former East Germany, Poland, former Czechoslovakia, Russia and Baltic states, S Scandinavia including Denmark, N Scandinavia, Finland, effect of eutrophication.*
a) *(below) short-distance migrants and resident birds – nonpasserines,* ***b)*** *(p 568) short-distance migrants and resident birds – passerines,* ***c)*** *(p 569) long-distance migrants – nonpasserines and passerines.*
Data for the regions N and NE of Randecker Maar are taken from literature, in particular from BAUER & BERTHOLD (1996), HAGEMEIJER & BLAIR (1997), TUCKER & HEATH (1994), as well as from various national avifaunas. The study periods for different species and countries vary greatly, as does data quality. Please note that the following symbols are used in Tables 18.1 – 18.5:
++ strongly increasing; + increasing; = stable; - decreasing; – strongly decreasing; regression analyses (Chapter 17) were used as estimates for Randecker Maar; where a subjective impression differs from the trend this is placed within brackets { }; regionally or temporally differing trends are separated by '/'; ( ) indicates that in some regions of origin the populations involved are very small.
[1] migration monitoring standardized only since 1974, [2] breeding in Randecker Maar area, [3] monitored resident species at Randecker Maar, [4] study period after 1990, [5] winter visitor and passage migrant, [6] population collapse before start of monitoring period or shortly after, [7] regular visitor, [8] has benefited from clearings created by windthrow in storm of 1990, (!) has greatly benefited from protective measures.

Kurzstrecken-zieher und Standvögel	Randecker Maar	West-Deutschland	Ost-Deutschland	Polen	Tschechien + Slowakei	Rußland + Baltische Staaten	Süd-Skandinavien + Dänemark	Nord-Skandinavien	Finnland	Auswirkung der Eutrophierung
Nonpasseres										
Kormoran	++	++	++	++	++		++	=		+
Graureiher	++	+	+	+	++		+		?	+
Rotmilan	++	+	+	+	-	-	++			
Kornweihe	++	-	-	-	-	-	-	=	=	
Sperber	++	+	+	=/+	+/=	=/+	+	=	+	
Habicht	+	+	=	+	-/=	+	+/=	=	-	
Mäusebussard	++	+	=	=	+/=	+	+/-	=/-	=	
Turmfalke	+	=/-	=	-	=	-	+/-	?	-	
Merlin	+					=		=	-	
Wanderfalke	+	+	(+)	(-)	(-)	=/-		+	+	
Hohltaube	+	+/-	?	-/=	-	=/-	-/=/+		-	+ (-)
Ringeltaube	=	+	+	=	=	=	=/+	+	=/-	+
Schwarzspecht	+	+	+	+	=	+?	=/+	-	-	
Buntspecht	+	+	?	=	=	=	+	=/+		+
Kleinspecht	=	-/+	=?	=	=	=/-	=/+		-	

18. 1a

Kurzstrecken-zieher	Randecker Maar	West-Deutschland	Ost-Deutschland	Polen	Tschechien + Slowakien	Rußland + Baltische Staaten	Süd-Skandinavien + Dänemark	Nord-Skandinavien	Finnland	Auswirkung der Eutrophierung
Passeres										
Heidelerche	-	-	=?	=	-	=/-	+/-		-	--
Feldlerche	-	--	-	=	-/=	=?	-		-	--
Wiesenpieper	+	-	-/=	-	+	-/=	-/=	+	+	--
Gebirgsstelze	= (-)	=	?	-	=		+	+		
Bachstelze	-	=	=?	=	=	=	+/=	+/=	+/-	-
Zaunkönig	+	=	=	=	=		-/=/+		-	+
Heckenbraunelle	=	+/=	?	+	+/=	=/+	-/+	+	+	+
Rotkehlchen	=	=/+	?	=	=	=/+	+	+	-	+
Hausrotschwanz	+	+	?	+/=	+	+	+		(+)	(+)
Ringdrossel	-	+	=	-/=	+		?	?		-
Amsel	-	=		=/+	=	=/+	=/+	+	+/ -	+
Wacholderdrossel	-	+	+	+	+	+/=/-	+	+	-	+
Singdrossel	=	=	?	=/-	=	=	=/+	=/+	+	+
Rotdrossel	-			+/=	+/-	+	+	+	-	-
Misteldrossel	+	+		=	=		+/=/-		-/+	+
Mönchsgrasmücke	+	+	+	=	+/=	=	+		+	+
Zilpzalp	+	=/+	=?	=	=	+	=/+	-	-	+
Wintergoldhähnchen	=	=	=	=	=	=	=	=		+
Sommergoldhähnchen	=	+/=	=	=	=					+
Raubwürger	--	-	+/-?	=	-	=	+?	=		--
Schwanzmeise	=	+?	?				-/=		-	- +
Beutelmeise	++	++	+	+	+		+			+
Weidenmeise	+	=/-	+		+/=		+		-	+
Blaumeise	++	+	+	=	-/=	+	+	+	+	+
Kohlmeise	+	=/+	=/+	=	=	+	+/=		+	+
Tannenmeise	=	=	=	=	-/=		-/+	=	+	+
Kleiber	+	+	=	=	=		+			+
Goldammer	-	-	-	=	=		+/-			--
Rohrammer	=	-/=	=?	=	=		=			+
Buchfink	+ {=}	+/=	+	=	=	+	+		+	+
Bergfink	=					+/=	=	-?	=	+
Girlitz	++	-/+	+	+/=	=	+	+			- +
Grünling	-	=?	?	+	-/+	=	+	+		- +
Stieglitz	--	=	=?	=	=		-/+	-	-/+	- +
Erlenzeisig	+ {=}	=	=	=	=	=	+/=	=	+	+
Birkenzeisig	+	+	+	+	+	?	=/++	+/=		- +
Bluthänfling	-	-	-?	-	-		-/+		-	--
Fichtenkreuzschnabel	= {+}	+?	+?	=	=	=	=/+	-	=	+
Kernbeißer	++	+	=	=	+	+	+			+
Gimpel	=	=?	=?	+	=		-/+	=	=	+
Haussperling	--	-	=?				-	-		
Feldsperling	--	-	-	-/=			+		+	
Star	-	-	=?	-	-	-/=	-	-	-	- +
Eichelhäher	=	=/+	=?	=	=	-	=		+/=	+
Tannenhäher	=	+	=/+	=	+/=		?	?	+	
Dohle	- (=)	-	-	=	-	=	=	+	-	--
Saatkrähe	-		-	+/=	-/+	-	+/-		-	+
Standvögel										
Haubenmeise	=	=	=				-		+/-	
Elster [3]	++	+	+	=	+	+	+	+		+
Raben-/Aaskrähe [3]	++	+		=	=		+	+	=	+
Kolkrabe [3]	++	+	+	+	+	+	+	+	+	+

Fortsetzung Tab. 18.1:
Links Tab. 18.1b (Kurzstreckenzieher), unten Tab. 18.1c (Langstreckenzieher).

Langstrecken-zieher	Randecker Maar 1970 bis 1999	Randecker Maar 1970 bis 1989	Randecker Maar 1990 bis 1999	West-Deutschland	Ost-Deutschland	Polen	Tschechien + Slowakien	Rußland + Baltische Staaten	Süd-Skandinavien + Dänemark	Nord-Skandinavien	Finnland	Auswirkung der Eutrophierung
Non-Passeres												
Schwarzstorch	++			+	+	+	+	+	(+)		+	
Fischadler	+			+	+	+/=		+	+/=		+	
Wespenbussard	- {=}			-	=	=	+/-	=/+	-	-	-	
Schwarzmilan	+			=/-	+	=	+/-	-			(-)	
Rohrweihe	++			+	+	+	++	?	+		+	
Baumfalke	+			-/=	-	=	-/=	+	=/-		-	
Mauersegler	=			=	=?	=	=/+		-		-	
Wiedehopf	- [2])			-	-	-	-					--
Wendehals	- [2])			-	-	=	-	=	-	-	-	--
Passeres												
Uferschwalbe	+	-	+	-/=	-	=	=/+	=	=/-	-/=	-	
Rauchschwalbe	+ (=)	=	=/+	--	-?	=/-	-	=/-	-		-	
Mehlschwalbe	=	+	=/-	-	=?	=	=	=	-	=/-	-	
Brachpieper	--	-	-	-	-	-	-	=	-		-	--
Baumpieper	=	+	=	-	=	-/=	+/=	=	+	-	=	--
Rotkehlpieper	-	-	=					=		=	-	-
Schafstelze	=	=	-	-	=?	=	-/+	-/=	=/-	+		--
Gartenrotschwanz	+	=	+	-	-	-	-	-/=	-	-	+	- +
Braunkehlchen	+	=	+	--	-	=	-/+	=	=	=/+	-	?
Steinschmätzer	-/=			-	-?	-	-	-/=	-	+/=	-	--
Gartengrasmücke	+	=	+ [1])	=/-	=?	=	+/=		+/-			?
Mönchsgrasmücke	+	+	++ [1])	+	+	=	+/=	=	+		+	+
Klappergrasmücke		=	+ [1])	=	=	=	+/-	=	=/+	=	=	-
Dorngrasmücke		=	+ [1])	-	-	=	-		-		=	-
Berglaubsänger	- [2])			-								--
Waldlaubsänger	- [2])			=		=	=	-	+		+	
Fitis	+	=	+ [1])	=?	=?	=	=	=	+/=	+	+	?
Grauschnäpper	+	+	+ [1])	-	=		-		=		-	?
Halsbandschnäpper	- [2])			-		+	=					?
Trauerschnäpper	+	+	+ [1])	=/-	=		+		-/+	-		?
Rotkopfwürger	- [2])			-		-	-					--
Neuntöter	= [2])			-	-	-	-	=	-	-	-	--
Pirol	-	-	-	-	-	=	=	-/=				?
Ortolan	--	-	-	-	--	=	-	=		=	=	--

18.1c

Vögel des Agrarlandes

Neben den Brutvogelarten dieser Gebiete werden auch die Arten behandelt, die hier vorwiegend der Nahrungssuche nachgehen. Die wesentlichsten Erkenntnisse sind das Verschwinden bzw. der Rückgang von Arten, die dort brüten, und die Eroberung dieses Lebensraumes durch Arten, die ihn nur zur Nahrungssuche nutzen und dabei vielfach kräftig zunehmen.

Es fällt auf, daß unter den Arten des Agrarlandes, die in den vergangenen 30 Jahren zugenommen haben, zunächst keine kleinen Singvögel zu finden sind (Tab. 18.3a).

Die Liste der im Agrarland abnehmenden Arten ist lang (Tab. 18.3b). Neben dem Rebhuhn sind weitere granivore Arten zu nennen, die überwiegend von Sämereien leben. Nahrungsmangel durch Herbizide und frühen Umbruch von Stoppelfeldern sowie durch sorten- und

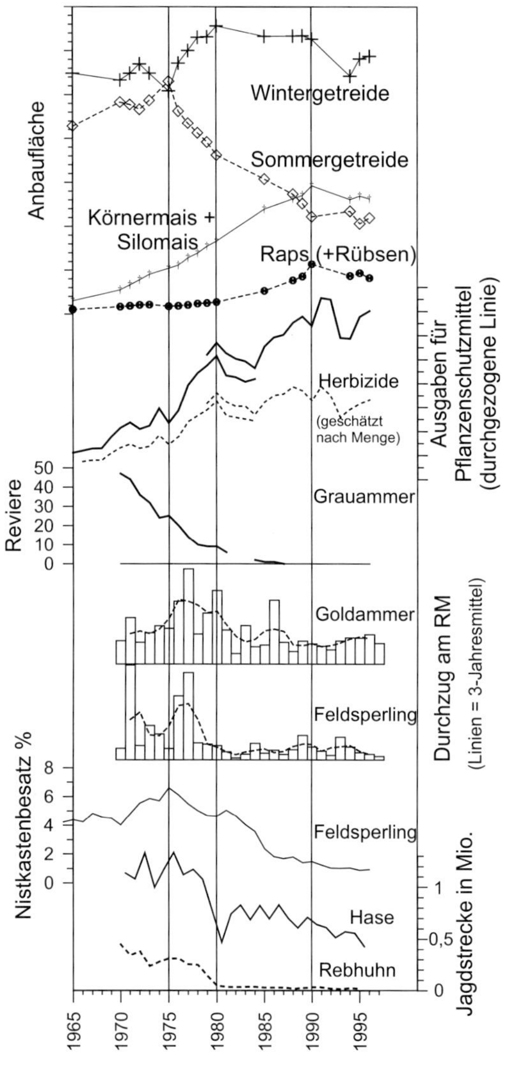

Abb. 18.1: Oben: Steigerung der Ernteerträge und Verschiebung innerhalb der Anbauflächen (Sommer-, Wintergetreide, Mais), Steigerung der Ausgaben für Pflanzenschutzmittel (vgl. Kap. 15.2 und 15.4). **Unten:** Darstellung der Bestandsentwicklung einiger Vögel der Feldlandschaft sowie des Hasen während der letzten 30 Jahre. Für Grauammer, Goldammer und Feldsperling Daten aus Kap. 17, zusätzlich für den Feldsperling der Anteil besetzter Nistkästen in Wäldern Baden-Württembergs, für Hase und Rebhuhn Jagdstrecken aus Baden-Württemberg.
***Above:** increase in crop yields and changes in area of cultivation (summer and winter cereals, maize) and rise in expenditure on pesticides (solid line); see Chapters 15.2 and 15.4. **Below:** population trends of selected bird species of agricultural landscapes and of Brown Hare* Lepus europaeus *over the last 30 years. Data on* Emberiza calandra, E. citrinella, *and* Passer montanus *are from Chapter 17; in addition, for* P. montanus *the percentage occupation of nest holes in Baden-Württemberg forests is also given (left scale), and for* Lepus europaeus *and* Perdix perdix *hunting kills from Baden-Württemberg (right scale).*

düngebedingten Dicht- und Hochwuchs (Kap. 15.5 und 17, Abb. 18.1) sind wohl primäre Ursachen. Die Abnahme kleiner Singvögel steht damit im Gegensatz zur Entwicklung größerer Arten. Die Biomasse der Vögel, die heute im Agrarland anzutreffen sind, liegt auf von uns untersuchten Flächen heute höher als 1970.

Vögel der Wälder

Bei den waldbewohnenden Vögeln hat die Biomasse der Durchzügler am RM in den vergangenen 30 Jahren um 36 % zugenommen. Berücksichtigt wurden bei der Berechnung Vogelarten, die ihre Nahrung überwiegend im Wald suchen, also Singvögel bis hin zum Eichelhäher, auch Spechte, nicht jedoch die Tauben. Aufgrund der großen Individuenzahl dominiert dabei der Buchfink. Bereits an 2. und 3. Stelle kommen Kernbeißer und Misteldrossel, bei denen die relativ hohen Körpergewichte zum Tragen kommen.

Die Liste der Waldvogelarten mit **positiver Bestandsentwicklung** (Tab. 18.4a) unterscheidet sich gravierend von derjenigen des Agrarlandes. Während praktisch keine dort brütende Singvogelart zunimmt, sind es in den Wäldern etwa 50 % der am RM durchziehenden und in der Region brütenden Arten. Nach Zahl der Spezies überwiegen dabei kleine Vogelarten mit einer Körpermasse von unter 65 g gegenüber den schwereren nur geringfügig. Auch in den Wäldern haben carnivore und omnivore Vögel überdurchschnittliche Zunahmen zu verzeichnen. Besonders seit 1990 nehmen unter den insectivoren und granivoren Arten einige zu. Die Ursachen sind einerseits in der Zunahme von Totholz und Waldfrüchten, andererseits wahrscheinlich in Verschiebungen der Konkurrenzbedingungen zu sehen (siehe auch arbivore Kleinsäuger „Bilche" in Kap. 16). Unter den zunehmenden Arten ist kein klassischer Bodenbrüter. In M-Europa fördert das steigende Waldalter Arten dunklerer Wälder, also besonders solche der Optimalphasen.

Tab. 18.3: Arten des Agrarlandes und der Gehölze außerhalb des Waldes. **a)** zunehmende oder konstante Durchzugszahlen, **b)** abnehmende Durchzugszahlen. (Zeichenerklärung siehe Tab. 18.1) – *Species of agricultural landscapes and non-woodland trees and bushes.* ***a)*** *(left) increasing or constant passage numbers,* ***b)*** *(right) decreasing passage numbers (for symbols, see Tab. 18.1).*

Agrarland	Zug am RM	Bruten Umfeld RM	Mittel-Europa	Nord-Europa
zunehmend				
Kurzstreckenzieher und Standvögel				
Graureiher	++	++	+	+
Rotmilan	++	+	=	+
Mäusebussard	++	+	=	=/-
Merlin	+			=
Wanderfalke	+	++	+	+
Buntspecht	+	+	=	=
Wiesenpieper	+	+/ -	-	+
Elster		++	+	+
Raben-(Aas-)krähe	+	++	++	+/=
Kolkrabe		++	++	+
Langstreckenzieher				
Baumfalke	+	=/+	=/-	=/-
Dorngrasmücke		+ [4])	-	=/-

konstant				
Kurzstreckenzieher und Standvögel				
Turmfalke	-	= +	=	=/-
Langstreckenzieher				
Schafstelze	=	--	--	+/-

18.3a

Agrarland	Zug am RM	Bruten Umfeld RM	Mittel-Europa	Nord-Europa
abnehmend				
Kurzstreckenzieher und Standvögel				
Kiebitz	-	--	-	-
Rebhuhn	--	--	-	
Steinkauz		- (=!)	--	
Feldlerche	-	-	--	
Bachstelze	-	-	=	+/=/-
Raubwürger	--	--	--	=(+)
Wacholderdrossel	-	=	+	+/-
Saatkrähe	-	- [5])	-	=/+/-
Dohle	-	-	-	+/-
Star	-	--	-/=	-
Feldsperling	-	-	-	+
Haussperling	-		-	-
Stieglitz	-	=	=	-/+
Bluthänfling	-	--	-	-
Goldammer	-	-	-	
Grauammer	-	--	-	
Langstreckenzieher				
Wiedehopf		--	-	
Wendehals		--	-	-
Brachpieper	--		-	-
Rotkehlpieper	-			=/-
Steinschmätzer	-		-	-
Gelbspötter		--	-	+
Halsbandschnäpper		-	-	
Rotkopfwürger		--	-	
Ortolan	--		-	=

18.3b

Abnehmende Arten der Wälder: Fast alle echten Bodenbrüter sind aus vielen Wäldern schon länger verschwunden, haben sich auf Reliktareale zurückgezogen oder nehmen ab.

Die stark gestiegenen DZZ der Mönchsgrasmücke bestätigen die Zunahmen in und außerhalb der Wälder. Gleichzeitig gingen im Umfeld des RM und in vielen Bereichen M-Europas die Brutbestände der Gartengrasmücke, die junge Sukzessionen braucht, zurück. Dennoch leben heute in allen untersuchten Gehölzbiotopen mehr Grasmücken als 1970, aber mit deutlicher Verlagerung zur Mönchsgrasmücke (Abb. 15.8.6). Vergleichbar sind die Verhältnisse bei Zilpzalp und Fitis. Von den derzeitigen Entwicklungen der Waldstruktur sollten Waldlaubsänger profitieren und Berglaubsänger benachteiligt werden, doch beide gehen kräftig zurück und dies, obwohl der Waldlaubsänger inzwischen viele der Lebensräume des Berglaubsängers erobern konnte (Kap. 17). Gleichzeitig nimmt der Waldlaubsänger in Rußland zu (MAROVA-KLEINBUB & STALLING 1999). Für beide Arten deuten sich heute neben ungeklärten Verhältnissen in Afrika gegenüber früheren Jahren wesentlich höhere Nestverlustraten an (GATTER 1997c und unveröff.). Im Bialowieza-Nationalpark/Polen schreiten Waldlaubsänger bei hoher Dichte von Waldmäusen kaum zur Brut (Kap. 16) und erleiden in Jahren mit hohen Wildschweindichten Brutverluste von über 90 % (A. SZYMURA pers. Mitt.). Ihre durchschnittlichen Nestverlustraten von über 70 % gehören mit zu den höchsten, die von Offenbrütern bekannt wurden, und WESOŁOWSKI (1985) äußert Zweifel, ob die dortige Population selbsterhaltend sein kann. Daten zur langfristigen Entwicklung und für regionale Vergleiche der Brutverlustraten sind notwendig. Bei Fitis und Berglaubsänger nehmen Habitatveränderungen im Brutgebiet eine vorrangige Rolle als Rückgangsursache ein.

In den Wäldern nimmt derzeit neben der Fläche sowohl das granivore, herbivore wie auch das insectivore Nahrungsangebot zu (Kap. 15.8).

Tab. 18.4: Arten des Waldes. **a)** zunehmende Durchzugszahlen, **b)** konstante Durchzugszahlen, **c)** abnehmende Durchzugszahlen. (Zeichenerklärung siehe Tab. 18.1.) – *Woodland and forest species.* ***a)*** *(left) increasing passage numbers,* b) *(right) constant passage numbers,* ***c)*** *(bottom) decreasing passage numbers (for symbols, see Tab. 18.1).*

Wald	Zug am RM	Bruten Umfeld RM	Mittel-Europa	Nord-Europa
zunehmend				
Kurzstreckenzieher und Standvögel				
Sperber	+		+	+
Habicht	+		+	+
Mäusebussard	+		=	=/-
Waldschnepfe	+	-	-	=
Waldkauz		+	=	=
Rauhfußkauz		+	+	=
Hohltaube	++	+	+/=	=/-
Buntspecht	+	+	=	=
Schwarzspecht	+	+	+	=/-
Zaunkönig	+	+	=	
Rotkehlchen	=	+	+	+/-
Misteldrossel	+	+	+	+/-
Zilpzalp	+	+	+	-
Mönchsgrasmücke	++	+	+	+
Schwanzmeise	+/=	?		-
Haubenmeise	=	++	=	=
Kohlmeise	+	+	=/+	+
Blaumeise	+	+	+	+
Weidenmeise	++	++	=	+/-
Sumpfmeise	+	+	=	
Kleiber	+	++	=	
Gartenbaumläufer	+	=	=	=
Waldbaumläufer		++	=	=
Wintergoldhähnchen	+/=	+	=	=
Eichelhäher	+	+	=	=
Rabenkrähe	+	+	+	+/=
Fichtenkreuz-schnabel	=/+	++	+	-/=
Kernbeißer	++	+	+	
Langstreckenzieher				
Schwarzstorch	++		+	+
Neuntöter		+ [8])	-	
Gartenrotschwanz	+	-/=	-	-/+
Fitis	+	- (+ [8])	=	+
Grauschnäpper	+	- (+ [8])	-	-
Trauerschnäpper	+	-/=	-	-/+

18.4a ▲

Wald	Zug am RM	Bruten Umfeld RM	Mittel-Europa	Nord-Europa
konstant				
Kurzstreckenzieher und Standvögel				
Ringeltaube	=	=	+	=
Kleinspecht	=	?	=	-
Heckenbraunelle	=	+	+/=	+
Rotkehlchen	=	+	+	+/-
Singdrossel	=	-	=	=/+
Sommergold-hähnchen	=	+	=	
Goldhähnchen	=/-	+		
Haubenmeise	=	++	=	-/=
Tannenmeise	=	+/=	=	=/+
Tannenhäher	=	=/+	+	+
Buchfink	=/+		+/=	+
Bergfink	=			=
Erlenzeisig	=	+	=	=/+
Fichtenkreuz-schnabel	=/+	++	+	-/=
Gimpel	=	- ?	=	=
Langstreckenzieher				
Wespenbussard	=	=	-	=/-
Baumpieper	=	--	-	+/=

18.4b

Für die trotz Habitatgewinnen ausbleibenden Zunahmen oder gar Rückgänge müssen andere Erklärungen gesucht werden. Sie könnten teilweise in den Überwinterungsgebieten zu finden sein. Beim Buchfinken sind Veränderungen des Agrarlandes in den Überwinterungsgebieten möglicherweise eine Erklärung für die konstanten Zahlen bzw. die nur mäßige Zunahme. Das scheint aber z. B. bei Bergfink, Gimpel, Erlenzeisig, Heckenbraunelle und Tannenmeise angesichts der sich eher verbessernden Verhältnisse unwahrscheinlich. Weder bei der Amsel, noch bei der Wacholderdrossel und den weiteren angeführten Arten (Tab. 18.4c) sind zunächst einleuchtende Ursachen zu erkennen. Potentielle Zugwegverkürzungen lassen sich aus den Zugzeitverschiebungen der Durchzügler als Ursache nur bedingt ableiten (Kap. 17). Auch Verfolgung im Mittelmeerraum könnte mitspielen, dürfte aber ebenfalls eher geringer sein als früher. Bei der Singdrossel ist der Rückgang von Jungbeständen der Wälder, also die Flächenreduktion eines optimalen Bruthabitats, wohl ein wichtigerer Gesichtspunkt.

▼ 18.4c

Wald	Zug am RM	Bruten Umfeld RM	Mittel-Europa	Nord-Europa
abnehmend				
Kurzstreckenzieher und Standvögel				
Waldohreule		-	=	+/-
Rotdrossel	-			+/-
Amsel	-	?	=	+/-
Star	-	--	-	-
Langstreckenzieher				
Kuckuck	=	--	=	-
Gartengrasmücke		-	-/=	+/-
Waldlaubsänger	-	-	-	+
Berglaubsänger		--	-	
Halsbandschnäpper		--	-	
Pirol	-	-	-	

Wir sehen, daß gerade bei den häufigsten Arten eine Verbesserung der Bedingungen in den

Brutgebieten nicht zwangsläufig Bestandszunahmen zur Folge haben muß. Zudem muß sich eine mäßige Zunahme der Brutbestände nicht auf die Zugzahlen auswirken (Kap. 18.6).

Vögel der Siedlungen

Hier fällt immer wieder die Abgrenzung der Arten/Populationsanteile von der Siedlungszone zum landwirtschaftlich genutzten Bereich schwer (Tab. 18.5a und 18.5b). Positive Bestandsentwicklungen überwiegen (Tab. 18.5a).

Die Zunahme der Siedlungsfläche war zwischen 1960 und heute größer als je zuvor. In den Gärten wurde nach 1970 der größte Zuwachs an Vegetationsmasse verzeichnet, den es je in bewohnten Gebieten gegeben hat. Große Bereiche davon tragen heute parkartige Vegetationsbilder, die Waldsteppen oder Mittelwäldern ähnlich sind. Mit Zunahme der Fläche von Gartenstädten und Dörfern wäre bei vielen Arten ein parallel dazu verlaufender Bestandstrend in diesen Habitaten zu erwarten. Eingetreten sind positive Entwicklungen aber nur in wenigen Fällen, andere Arten sind heute gleich häufig, weitere sind seltener geworden oder gar wie der Gelbspötter aus vielen Regionen nahezu verschwunden.

Aufgrund der Habitatänderungen werden flächenbezogene Vergleiche alter und neuer Bestandsaufnahmen nur bei Gebäudebrütern realistische Daten liefern.

Sonstige Zu- und Abnahmen in Siedlungsgebieten wären dann immer in Relation zur Vegetationsmasse zu sehen. Doch diese Erwartungen werden nicht immer erfüllt.

Ein weitgehendes Novum in der Geschichte unserer Fauna ist die Besiedlung der Städte und Dörfer durch große carnivore und omnivore Säuger und Vogelarten.

Tab. 18.5: Arten der Siedlungen. **a)** zunehmende Durchzugszahlen, **b)** abnehmende Durchzugszahlen. (Zeichenerklärung siehe Tab. 18.1) – *Species of built-up areas. **a)** (above) increasing passage numbers, **b)** (below) decreasing passage numbers (for symbols, see Tab. 18.1)*

Siedlungen	Zug am RM	Bruten Umfeld RM	Mittel-Europa	Nord-Europa
zunehmend				
Kurzstreckenzieher und Standvögel				
Sperber	+	++ [7])	+	+
Turmfalke	=	++	=	=/-
Waldkauz		+	=	=
Buntspecht	+	++ [7])	=	=
Hausrotschwanz	+	+	+	+
Amsel	-	+	=	=
Kohlmeise	+	+	=/+	+
Blaumeise	+	+	+/=	+
Gartenbaumläufer	+		=	=
Elster		++	+	+
Raben-(Aas-)krähe	+	++	+	+
Girlitz	+		+/=	
Birkenzeisig	+		+	=/+
Kurz-/ Langstreckenzieher				
Mönchsgrasmücke	++	++	+	+
Langstreckenzieher				
Grauschnäpper	+	-	-	-

Siedlungen	Zug am RM	Bruten Umfeld RM	Mittel-Europa	Nord-Europa
abnehmend				
Kurzstreckenzieher und Standvögel				
Türkentaube		--	-	
Bachstelze	-	-	=	+/-
Grünling	-	=/-	=	+
Bluthänfling	-	--	-	-
Gimpel		-	=	=
Langstreckenzieher				
Rauchschwalbe	=	-	-	-
Mehlschwalbe	+	=/-	-/=	-
Grauschnäpper	+	-	-/=	-
Gartenrotschwanz	+ [6])		-	-/+
Gartengrasmücke		-	=	
Klappergrasmücke		-	-	=
Gelbspötter		--	-	+

18.2 Ernährungsgilden und Bestandstrends – Wer hat die größten Vorteile?

Eine weitere Möglichkeit, den Ursachen von Bestandsveränderungen näher zu kommen, besteht in einer Aufteilung des Artenspektrums in Ernährungsgilden und deren Zuordnung zu verschiedenen Lebensräumen.

Granivore und herbivore Arten: Im Agrarland stehen mit Rebhuhn, Sperlingen, drei *Carduelis*-Arten und drei Ammern weitere überwiegend samenfressende Arten auf der langen Liste mit abnehmenden Beständen. Bei Saatkrähe und möglicherweise auch beim Stieglitz sind die Brutbestände in Deutschland positiv, die DZZ am RM aber negativ.

Unter den häufigeren Waldvögeln gibt es am RM keine Art mit klaren Rückgängen. Die Abundanzen sind bei vielen Arten mehr oder weniger gleich geblieben, einige haben sogar stark zugenommen. Auch bei der artenreichen Gruppe, die im Sommer überwiegend insectivor, im Winter eher von Samen oder Beeren lebt, zeigen die DZZ am RM nur bei den Drosseln rückläufige Werte. Alle anderen, wie Meisen, Kleiber, Buntspecht, weisen stabile oder steigende DZZ auf. Im Agrarland ist diese Gruppe schwach vertreten.

Insectivore Arten: Unter den Standvögeln und KSZ nehmen unter Einbeziehung der Meisen und nahestehender Familien deutlich mehr Arten zu als ab. Dabei zeigen die veröffentlichten Brutbestandstrends aus Deutschland bei einem größeren Anteil an Arten positivere Werte als die DZZ am RM.

Bei Arten wie dem Rotkehlchen, die von uns überwiegend bei der Rast erfaßt werden, ist zu erwarten, daß bei starker Zunahme der Rastbiotope über die landesweite Zunahme des Vegetationsvolumens auch die Rastzahlen/Flächeneinheit ausdünnen. Bei Goldhähnchen nahm die Fläche ihres besiedelbaren Habitats von Nadel- und Mischwäldern stark zu, ihre Siedlungsdichten sind überall hoch und wohl nicht abnehmend, aber die Fläche möglicher Rastbiotope auf dem Zug wächst mit (Kap. 17). Bei den Meisenartigen (*Parus, Sitta, Certhia*) sind durchweg Zunahmen festzustellen.

Unter den Drosseln fallen sowohl die nordische Rotdrossel wie auch Amsel, Sing- und Wacholderdrossel durch abnehmende DZZ am RM auf. Drei davon gelten sonst als eher zunehmend (Kap. 17). Bei der Rotdrossel werden in Skandinavien nach 1975 überwiegend ausgeglichene Bestände vermutet. In Finnland mit den größten skandinavischen Brutbeständen werden die dort registrierten Rückgänge mit der nachlassenden Kahlschlagstätigkeit in Verbindung gebracht, was unsere Zahlen plausibel erklären könnte. (Zu den rückläufigen DZZ dieser Arten siehe auch die in 18.6 aufgeworfenen Fragen.) Die meisten Zunahmen anderer Arten könnten durch Flächenzugänge an geeigneten Habitaten und durch Konkurrenzvorteile erklärt werden.

Unter den durchziehenden Langstreckenziehern in Tab. 18.1c stehen ziemlich einheitlichen Rückgängen bei den Offenlandarten vom Wiedehopf bis zum Ortolan eher Zunahmen bei den Arten der lichten Wälder und Gehölze gegenüber. Auch hier ist es wieder typisch, daß die DZZ bei mehr Arten zurückgehen, die einen eher südlichen, also mitteleuropäischen Verbreitungsschwerpunkt haben. Arten, deren Dichtezentren wie bei Fitis, Grau- und Trauerschnäpper in Nord- bzw. in Nordosteuropa liegen, nehmen am RM eher zu (Kap. 17). Die Zunahmen, insbesondere des letzten Jahrzehnts bei ziehenden Uferschwalben, bei Gartenrotschwanz und Braunkehlchen dürften durch das Ende der Dürre im Sahel beeinflußt sein (siehe auch Kap. 18.4).

Wenn wir davon ausgehen, daß das verfügbare Nahrungsangebot im Offenland während pessimaler Zeiten (Periode dichtester Vegetation, Schlechtwetterperioden) Brutpaardichte und Bruterfolg beeinflußt (LACK 1954, NEWTON 1998), werden sich in Mitteleuropa die Arten durchsetzen, die solche Einflüsse bei den heutigen großen Schlägen im Acker- und Grünland (Kap. 15.2, 15.3, 17) am besten nutzen können. Die Nahrungsansprüche sind in dieser Zeit bei fast allen Arten ähnlich. Arthropoden spielen die größte Rolle. Die Bindung an kleine Reviere kann dann zum entscheidenden Nachteil werden, wenn andere Arten ohne diese strenge Bindung stark zunehmen. Zwischen Raub- und Rotkopfwürger einerseits und Rabenkrähe andererseits bestehen z. B. geringe Differenzen in der Brutzeitnahrung. Während die Würger an ein enges Revier gebunden sind, können die Krähen ihren Nahrungsbedarf über große Flächen hinweg opportunistisch decken.

Die insectivoren Spezialisten der Waldsteppe, wie Wiedehopf (Maulwurfsgrille und andere *Saltatoria*) und Wendehals (Ameisen), die bei uns Obstwiesen besiedeln, leiden wohl stark unter Nahrungsmangel. Neben der Bekämpfung der Maulwurfsgrille und indirekt auch anderer Großinsekten sowie dem Rückgang der Ameisen durch zu häufige Mahd dürfte bei beiden die durch Eutrophierung bedingte Dichte und Höhe der Vegetation eine Rolle spielen, die den Zugang zur Nahrung erschwert. Speziell der Wendehals läßt sich auch bei ausreichendem Höhlenangebot kaum fördern.

Omnivore Arten/Rabenvögel: 7 Corviden treten als Standvögel, Teilzieher und/oder als Invasionsarten regelmäßig am RM auf. Darunter sind 2 Arten, die dort fast ausschließlich als Durchzügler aus dem Osten erscheinen. Beide, Saatkrähe und Dohle, gehen zurück. Alle anderen – bis auf den Tannenhäher – haben zugenommen. Der Kolkrabe, ein Neubürger seit Ende der 1960er Jahre, hat das Umfeld des RM inzwischen flächendeckend in bisher geringer Dichte besiedelt. Elster und Rabenkrähe haben seit Beginn der Erfassungen beständig zugenommen. Mit sinkender Fluchtdistanz konnten beide verstädtern, aber dadurch auch außerhalb Areale besiedeln, die ihnen vorher wegen ihrer Scheu und unzureichender Gehölzhöhen nicht zugänglich waren (Kap. 15.2, 15.7). Die Zunahme der Rabenkrähe ist die gravierendste Veränderung der Avifauna im Umfeld des RM. Bedingt durch die Körpergröße bestimmen die Brutpaare und insbesondere die große Zahl von Nichtbrütern den Zuwachs an Biomasse dieses Lebensraums (Abb. 17.76b, c). Der Eichelhäher ist derzeit der einzige häufige Rabenvogel, der keine permanenten Nichtbrütertrupps aufbaut, dessen Bestand sich offensichtlich durch Emigration (und Brutausfälle?) reguliert und dessen Bestandssteigerungen lediglich dem des wachsenden Vegetationsvolumen folgten.

Carnivore und piscivore Arten: Alle am RM erfaßten Arten (Greifvögel, Störche, Reiher, Kormoran) gehören zu den größeren Vögeln mit Durchschnittsgewichten von über 150 g. Fast alle wurden vor Beginn des Berichtszeitraums legal oder illegal verfolgt (Kap. 15.7, 17) und litten zudem in unterschiedlichem Ausmaß unter Pestizideinflüssen. Die Bestände vieler Arten waren um 1970 vermutlich auf dem niedrigsten Stand des 20. Jahrhunderts und bei keiner bestanden damals wohl „natürliche“ Dichten.

Alle Arten mit Ausnahme des Wespenbussards haben im Berichtszeitraum als Zieher am RM zugenommen. Bejagung bzw. die Verfolgung allgemein war wohl noch vor den Pestiziden bei den meisten Arten der für die geringen Bestände entscheidende Faktor (Kap. 15.4, 15.7). Die Erholung erfolgte nach Wegfall bzw. nach Abschwächung dieser primären Ursachen bei einigen in Afrika überwinternden Arten durch die Trockenheit im Sahel verzögert (Kap. 15.10, 18.4), bei anderen ist sie wohl aufgrund der Zunahme potenter Konkurrenten bis heute ausgeblieben.

Die momentane Bestandsentwicklung wird durch eine Reihe weiterer Faktoren beeinflußt. Beim Kormoran dürften anthropogene Eingriffe (Zerstörung von Nestern, Verhinderung der Ansiedlung, Jagd) die entscheidenden Ursachen für die momentane regionale Bestandsentwicklung sein, ein eingeschränktes Nahrungsangebot könnte als Grund hinzukommen. Die Entwicklungen bei Graureiher und Rotmilan deuten gleichfalls auf die Nahrung als begrenzenden Faktor. Ob zunehmende Prädation durch Säuger eventuell als Begrenzungs- oder gar Rückgangsfaktor für bodenbrütende Weihen oder auch für den Rauhfußbussard und den Merlin in Betracht kommt, ist ungeklärt, aber wahrscheinlich (Kap. 16).

18.3 Wer groß ist, hat bessere Chancen – Körpermasse und Bestandstrends

Schon bei der Durchsicht von Kap. 17 wird sichtbar, daß sich aus den Trendentwicklungen der letzten 30 Jahre gewisse Regeln ableiten lassen könnten.

Großvögel: Viele große Arten unter den Tagziehern, lange die Sorgenkinder des Artenschutzes, nehmen derzeit in Deutschland langsam, überwiegend aber deutlich zu. Bemerkenswert ist, daß sich diese Entwicklung gleichermaßen auf Transsahara-, Kurzstreckenzieher und Standvögel erstreckt. Unter den LSZ zeigt nur der Wespenbussard eventuell leicht zurückgehende Zahlen. Zu den Einflüssen der Saheldürre siehe Kap. 18.4.

Diese einheitlich positive Tendenz findet sich mehr oder weniger ausgeprägt in den Durchzugszahlen fast aller Nicht-Singvögel mit einer Körpermasse über 100 g (siehe Tab. 18.1a – c, Kap. 18.6.3). Ausnahmen sind Türken- und Ringeltaube.

Dies läßt darauf schließen, daß viele der großen Arten in diesem Zeitraum allein durch das Nachlassen menschlicher Verfolgung und indirekter Vergiftung „gefördert“ wurden. Gleichzeitig kann man bei den kleinen Arten eine herausragende Bedeutung völlig anderer Faktoren vermuten.

Kleine Vogelarten: Unter den *Kurzstreckenziehern* finden sich am RM insgesamt gesehen weitgehend ausgeglichene Verhältnisse (Tab. 18.1b). Etwa ein Viertel der Arten hat nahezu gleichbleibende Bestände. Die anderen verteilen sich zu gleichen Teilen auf mehr oder weniger stark zurückgehende oder zunehmende Bestände. Bei vielen Kurzstreckenziehern hätte man aufgrund der Umweltentwicklung mit Zunahmen gerechnet, ihre DZZ sind jedoch gleich geblieben oder haben gar abgenommen.

Langstreckenzieher: Die tagziehenden LSZ Schafstelze und Baumpieper sowie die Schwalben gehen zwar in D zurück, die DZZ am RM sind aber konstant oder zunehmend. Zu Untersuchungsbeginn 1970 waren die starken Populationseinbrüche durch die Dürre im Sahel bereits erfolgt. Die folgenden Jahre bis nach 1985, als dort wieder normale Niederschläge einsetzten, dokumentieren daher eine durch Wasser- und Nahrungsmangel im Winterquartier beeinflußte Periode. Viele Arten hatten hier hohe Verluste (Kap. 15.10). Manche am RM nicht erfaßten Arten wie Zwergdommel und Drosselrohrsänger haben sich davon bis heute nicht ansatzweise erholt.

Der durch Tab. 18.1c entstehende Eindruck von Zunahmen täuscht also zunächst, denn das Ausmaß des Populationszusammenbruchs nach 1968 bzw. die Bestandsgrößen davor lassen sich leider bei vielen Arten nicht mehr in vollem Umfang rekonstruieren.

Im Beobachtungsbereich des RM wurden die tags in geringer Zahl ziehenden Nachtzieher (überwiegend LSZ) teilweise erst ab 1974 mit einheitlicher Methode erfaßt. Auffällig ist, daß im Zeitraum 1970 – 1990 bei kaum einer Art Erholungstendenzen von der Saheldürre festzustellen sind, ein Umstand, der auch die in diesem Zeitraum deutlich günstigeren Klimabedingungen in Europa zu relativieren scheint. Erst seit 1990 sind deutliche Aufwärtsbewegungen erkennbar. Sie sind nicht immer von den möglichen Auswirkungen der umwälzenden Veränderungen im Agrarbereich früherer Ostblockländer zu trennen und mögen teilweise dadurch begründet sein. Selbst bei den Transsaharaziehern sind die Erholungstendenzen unter den großen Arten nicht weniger deutlich als bei den kleineren Arten, insgesamt aber einheitlicher.

Die Gesamtbetrachtung aller Arten, mit nur wenigen abnehmenden, jedoch teils sehr starken Zunahmen unter den großen Arten, läßt den Verdacht zu, daß die Körpergröße innerhalb der meist variablen Nischen mit ihren fließenden Grenzen von Vorteil ist, sich gegen schwächere Arten nicht nur zu behaupten, sondern diese gegebenenfalls zu verdrängen.

18.4 Welche Faktoren beeinflussen die Bestandsveränderungen am stärksten?

Veränderte Verlustursachen: In den Kap. 15 und 16 wurden Faktoren behandelt, die Bestandsveränderungen erwarten lassen. Innerhalb eines komplexen Ökosystems können Einflußfaktoren auch bei einem Kurzstreckenzieher über die Einwirkungen konkurrierender Arten vom tropischen Afrika bis über den Polarkreis hinaus reichen. Die Habitatwahl des Wiesenpiepers (KSZ) überschneidet sich in vielen Bereichen mit der des Baumpiepers (LSZ). Allein ein Rückgang des Baumpiepers könnte Auslöser für Zunahmen des Wiesenpiepers darstellen. Bei einer Art wie dem Brachpieper werden sich Negativfaktoren im Brutgebiet, wie die Eutrophierung und Flächenverluste an geeigneten Brutplätzen, prozentual ebensowenig zuordnen lassen, wie die offenbar generell schlechter werdenden Bedingungen für Bodenbrüter oder die Folgen der Dürre im westafrikanischen Savannengürtel. Somit müssen sich veränderte Faktoren der Umwelt nicht unmittelbar in Zunahmen oder Rückgängen von Tierarten äußern, die klar nachzuvollziehen und Einzelfaktoren zuzuordnen sind. Die folgende Aufzählung kann in diesem Sinne auch keine Wertung darstellen.

18.4.1 Austragsnutzung – Eutrophierung und Zunahme des Vegetationsvolumens

Nahezu alle mit Vegetation bedeckten Landhabitate tragen bzw. produzieren heute mehr Vegetations-Biomasse als noch vor 30 Jahren. Diese Zunahme in fast allen durch Vögel besiedelbaren Bereichen (Kap. 15.2, 15.5, 15.8) ist eine der gravierendsten Veränderungen der Umwelt in Mittel- und Nordeuropa. Viele Jahre lang aktive übermäßige Düngung und hoher indirekter Nährstoffeintrag aus der Luft haben die Landschaft verändert. Die „autogene" Eutrophierung – die natürliche Anreicherung von Nährstoffen – trägt nach dem Ende der weitgehend reinen

Austragsnutzungen früherer Zeiten in Wäldern und Heiden zur Vegetationsentwicklung bei.

Gegenwärtig steht pro Hektar Wald durchschnittlich fast 50 % mehr Holz als 1970 (z. B. Abb. 15.8.7). Die in Abb. 18.2a dargestellten Holzernteerträge stellen innerhalb einer nachhaltigen Forstwirtschaft nichts anderes dar als ein seit nunmehr fast 200 Jahren ständig ansteigendes Vegetationsvolumen in Wäldern. Die in Abb. 18.2b als Folge zunehmenden Baumbestandes ansteigende Artenzahl und Siedlungsdichte von Vögeln im Schopflocher Moor beim RM mag als Beispiel dem nahe kommen, was sich bei der Umwandlung gehölzarmer Landschaften abspielt oder seit der Umwandlung vom übernutzten Niederwald zum Hochwald abgespielt haben könnte. Im Agrarland sind ähnliche Zunahmen der Vegetationsmasse seit Einführung der Mineraldünger anzunehmen, wie auch die Ernteerträge zeigen (Abb. 15.2.3). Vergleichbar dürfte die Entwicklung der begleitenden Vegetation verlaufen sein. Je nach Vogelart sind positive oder negative Auswirkungen die zwangsläufige Folge.

Die Tab. 18.1a – c zeigen in der letzten Spalte den vermuteten Einfluß eutrophierender Faktoren auf die jeweilige Art. Demnach wären kleine LSZ (unter 65 g) praktisch ausnahmslos negativ betroffen. Die Mönchsgrasmücke (KSZ und LSZ) ist die einzige Ausnahme unter den Arten mit überwiegender Herkunft in der Region gemäßigten Klimas.

Bei den KSZ ist das Verhältnis umgekehrt. Rund drei Fünftel der Arten scheinen von eutrophierenden Faktoren eher positiv beeinflußt zu werden, ein Fünftel reagiert indifferent und ein weiteres Fünftel könnte negativ betroffen sein. Die Veränderung der Vegetation trifft in M-Europa die LSZ, die von Natur aus eher Randzonen, offene und halboffene Habitate besiedeln, besonders negativ. Über dichteren und höheren Bewuchs und verkürzte Randlinien beeinflussen diese Vegetationsänderungen die Bestandsklimata von Grasland über Getreidefelder bis hin zum Wald, indem die mikroklimatischen Bedingungen der jeweiligen Vegetationsbestände kühler und feuchter werden (Kap. 15.9.2).

Dieselben eutrophierenden Faktoren wirken aber gleichzeitig verlängernd auf die Vegetationsperioden und entsprechen damit Effekten einer realen Klimaerwärmung. Die Auswirkungen sind aber von dieser kaum zu trennen (Abb. 15.5.6, 15.9.2).

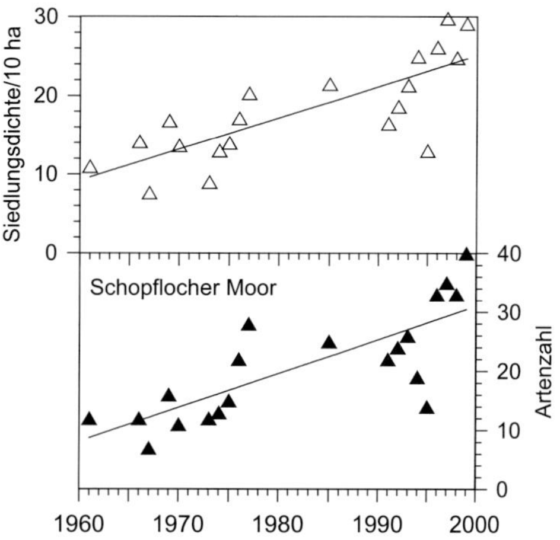

Abb. 18.2b: Die Zunahme an Gehölzen im Schopflocher Moor, südlich des Randecker Maars, bewirkte eine Zunahme der Siedlungsdichte (oben) und eine Erhöhung der Brutvogelarten (unten) (Aufnahmen von F. A. Kipp und Verf.). – *The increase in trees and bushes in Schopflocher Moor, south of Randecker Maar, meant an increase in both population density (above) and number of species (below) of birds (records by F. A. Kipp and the author).*

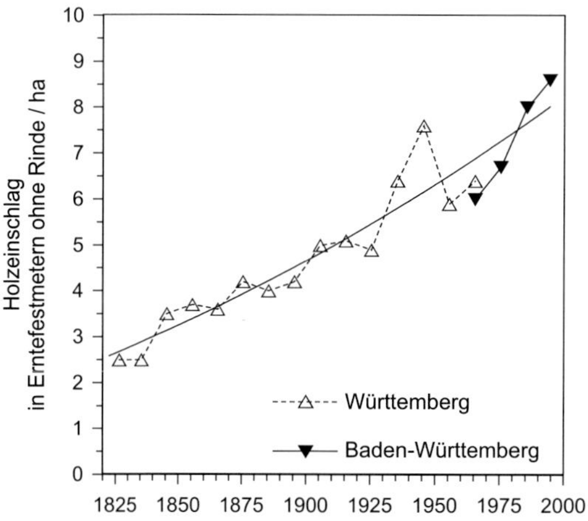

Abb. 18.2a: Entwicklung des Holzeinschlags der letzten 175 Jahre (1823 – 1998) in Erntefestmetern ohne Rinde je Hektar in den Staatswäldern Baden-Württembergs (nach Weidenbach 1999). – *Timber harvest in solid m³ (without bark) per ha over the last 175 years (1823 to 1998) in the state forests of Baden-Württemberg (after Weidenbach 1999).*

18.4.2 Biozide

Biozide hatten von 1950 bis in die 1970er Jahre eine Depression der Verfügbarkeit von Arthropoden auch außerhalb des Agrarlandes ausgelöst, die sich im Rückgang von Schmetterlingen, Käfern, Hymenopteren und zahlreichen anderen Gruppen zeigte. Sie reichte bis zum regionalen Aussterben vieler Arten (Kap. 15.4). Das augenfälligste Beispiel war der Maikäfer. Inzwischen ist in vielen Fällen – vor allem außerhalb der Agrarlandschaft – eine Erholung festzustellen, und manche Massenarten mit kurzen Generationsfolgen sind in Wäldern heute eventuell häufiger als zuvor (Kap. 15.8.3.6, 15.8.3.7).

Bei Bestandsaufnahmen von Waldvögeln zeigten Vogelsukzessionen auf Sturmflächen des Jahres 1967, die 1968 mit DDT gegen Borkenkäfer behandelt worden waren, in den Folgejahren ein eingeschränktes Arteninventar. So fehlten die auf den Sturmflächen von 1990 häufigen Neuntöter und Feldschwirle. Zusätzlich zu den Insektiziden beeinträchtigte damals die intensive Kulturpflege die Besiedlung durch Vögel (Verf.).

Zahlreiche See- und Landvögel sind nach wie vor hoch belastet. Die Auswirkungen auf Reproduktionsraten sind aber wohl bei den meisten Arten heute geringer als um 1970. Generell ist dennoch davon auszugehen, daß Biozide – neben ihrer unmittelbaren toxischen Wirkung über die Einschränkung der Nahrungsverfügbarkeit für bestimmte Artengruppen – die heutige Artenzusammensetzung der Avifauna vor allem im Agrarland nach wie vor stark beeinflussen. Dies ist sowohl unmittelbar, als auch über die daraus erwachsende Förderung weniger betroffener Konkurrenten zu erwarten.

18.4.3 Die Nahrung

Seit dem Verbot der toxischen und persistenten chlorierten Kohlenwasserstoffverbindungen ist vielerorts eine Erholung der Bestände von Gliederfüßern zu verzeichnen. Die intensive Bewirtschaftung des Agrarlandes reduziert jedoch die Artenzahl sowohl auf Ackerland wie auf den meisten Wiesen drastisch (HEYDEMANN 1997). Zusätzlich werden beim Massenauftreten einzelner Arten oder schon vorbeugend Insektizide ausgebracht, die vielfach nicht selektiv wirken. In der Mehrzahl der anderen Habitate wird heute jedoch weniger als vor 30 Jahren eingegriffen. Dies betrifft sowohl die Wälder wie den Siedlungsraum. Dort kann teilweise von einer Zunahme der verfügbaren insektivoren Nahrung ausgegangen werden. Vom Vegetationszuwachs im Agrarbereich kann wegen des Einsatzes von Herbiziden und damit dem Verlust artenreicher Unkrautgesellschaften und Saumstrukturen nur ein beschränkter Teil der Arten profitieren.

In Siedlungen und Wäldern ist als Folge der zunehmenden Zahl von Baum- und Straucharten und dem steigenden Alter der Holzgewächse ebenso wie bei der gewässerbegleitenden Vegetation eine Verbesserung des Angebots eingetreten. Dieser Prozeß hält in mitteleuropäischen Wäldern seit über zwei Jahrhunderten an (Abb. 18.2a). Seit der Nieder- und Mittelwaldzeit ist somit eine Zunahme der Samenerträge einerseits über die ansteigende Waldfläche und andererseits über die Zunahme maturer Bestände zu verzeichnen (Kap. 15.8.3, 15.8.4). Die Überwinterungsverluste der Vögel aus Skandinavien und NW-Rußland, aber auch der aus Mitteleuropa stammenden Standvögel und Kurzstreckenzieher, müssen dadurch kontinuierlich geringer geworden sein. Eine daraus resultierende höhere Fitness dürfte den rückkehrenden KSZ und den Standvögeln einen besseren Bruterfolg beschert haben. Der Wiederaufbau der Wälder Mittel- und Westeuropas ist damit wahrscheinlich ein wesentlicher, möglicherweise der wichtigste Grund für die Zunahme und Ausbreitung zahlreicher Arten Skandinaviens seit dem Ende des 19. Jahrhunderts (Abb. 18.3).

Die enorme Steigerung landwirtschaftlicher Erträge und Vegetationsdichten, die Hochwaldwirtschaft, die Steigerung des Mischwaldanteils, große Flächen mit jungen Gehölzsukzessionen auf Sozialbrachen und die Vielfalt heutiger Gärten haben die Vegetationsdecke Mitteleuropas zusätzlich zu den allgemein eutrophierenden Einflüssen mehr verändert als alles andere! Die Nahrungsbedingungen haben sich in Wäldern für KSZ überwiegend verbessert, im Agrarland dagegen nur für eine beschränkte Artenzahl, für andere Arten jedoch extrem verschlechtert. Generell sind sie im Agrarland einseitiger geworden. Das enorme Angebot an Wohlstandsabfällen und das aus der landwirtschaftlichen Überproduktion fördert ein wiederum beschränktes Artenspektrum insbesondere omnivorer, aber auch carnivorer Vogel- und Säugetierarten (Kap. 18.6).

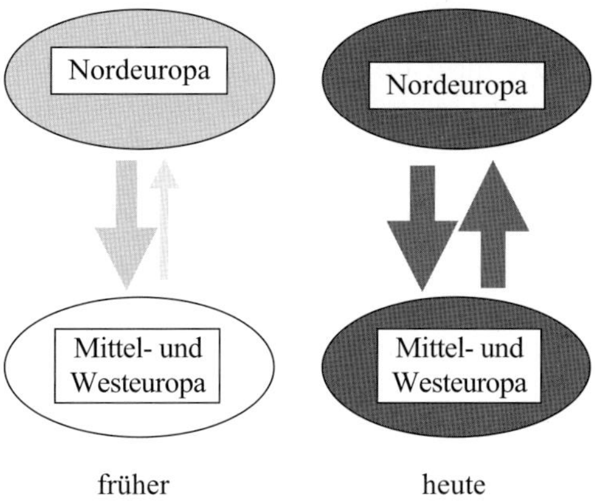

Abb. 18.3: Für die nordeuropäischen Kurzstreckenzieher (oben) brachte der Wiederaufbau der Wälder in Mittel- und Westeuropa (unten) einen revolutionären Wandel. Früher zogen sie zur Überwinterung in waldarme Gebiete mit wenig maturen Wäldern, mit der Folge hoher Winterverluste und geringen Rückkehrraten (Kap. 15.8.2). Heute ziehen sie in flächenmäßig stark angewachsene, nahrungsreiche Wälder (Farbe der Ellipsen von hell = nahrungsarm bis dunkel = nahrungsreich, Kap.15.8.3, 15.8.4). Geringe Winterverluste und höhere Fitness der Heimkehrer (dicker Pfeil rechts) sind als Folge daraus ebenso zu erwarten wie Abundanzgewinne und Arealerweiterungen in Skandinavien und Rußland. – *Restoration of the temperate zone forests of Central and western Europe (below) has meant a radical change for north European short-distance migrants (above). In the past they overwintered in areas poor in trees and with little mature forest, resulting in high winter losses and low return migration rates (left two ellipses; Chapter 15.8.2). Today (right two ellipses) they migrate to food-rich forests, much expanded in extent (colour of the ellipses from light = food poor, to dark = food rich; Chapters 15.8.3, 15.8.4). Low winter losses and increased fitness of returning birds (right thick arrows) can be expected to result from this situation, as well as an increase in both abundance and range in Scandinavia and Russia.*

18.4.4 Das Klima in Europa

Die Klimaerwärmung wird bei Zoologen, die sich mit Arealveränderungen und dem phänologischen Wandel befassen, gerne als primäre Ursache diskutiert (Kap. 15.9, DENNIS 1993). Gleichzeitig spricht einiges dafür, daß ihre Auswirkungen auf Vögel derzeit überbewertet und konkurrierende Einflüsse zu wenig berücksichtigt werden (z. B. CHALONER 1999). Die Wetter- und Klimaentwicklung der vergangenen Jahre sollte sich in entsprechenden Bestandsveränderungen und Arealtrends zeigen.

Das Irritierende an den derzeitigen Entwicklungen ist jedoch die Zusammensetzung der Arten, die sich in den letzten Jahrzehnten mit zunehmender Erwärmung ausbreiten. Darunter finden sich neben wärmeliebenden Spezies ebensoviele oder mehr Vertreter montaner oder sogar borealer Klimate. Gleichzeitig gehen zahlreiche Arten wärmerer Klimate zurück (Kap. 15.9, Tab. 15.9.2, Kap. 17).

Statt in den klimatischen Voraussetzungen sind die Ursachen vielfach eher in der Minderung oder der Entwicklung bzw. der Schaffung von Vegetations- und Habitatstrukturen zu finden, von der die jeweilige Art profitiert. Dabei werden höhere Dichten und Arealausbreitungen häufig durch ein steigendes Nahrungsangebot – vor allem für KSZ – unterstützt. Regionale Klimatrends wie mildere Winter, zeitiger einsetzende Frühjahre und längere Herbste unterstützen diese Entwicklung. Die in Kap. 18.5 dargestellten Modelle von Mortalitätsraten zeigen, daß selbst minimale Reduktionen der Verlustraten entscheidend für die positive Entwicklung von Bestandstrends sein können. Insofern wird zwar die Klimaerwärmung speziell bei einzelnen Arten an Aufwärtsentwicklungen beteiligt sein, doch Koinzidenzen sind zu berücksichtigen.

Die Landwirtschaft, der Waldbau und die Gartenkultur haben auf breiter Front Änderungen in den Vegetationsgesellschaften geschaffen, die mediterrane, montane und boreale Elemente mosaikartig vereinen. Es ist wahrscheinlich, daß sie zusammen mit den eutrophierenden Elementen, noch vor den klimatischen Faktoren, die wichtigste Grundlage für die Veränderungen sind (Kap. 15.5, 15.8, 15.9). Selbst eine Erwärmung der Jahresdurchschnittstemperatur von 1 °C hätte die registrierten Veränderungen in so kurzer Zeit kaum verursachen können.

18.4.5 Die Dürre im Sahel

Klimatische Faktoren in Afrika beeinflussen seit Ende der 1980er Jahre einige Arten positiv (Kap. 15.9, 15.10 und 17). Die Auswirkungen der vorangegangenen fast 20jährigen Dürre im Sahel, die mit regionalen Differenzen zwischen 1965 und 1967 einsetzte, sind trotz vieler offener Fragen gut dokumentiert. Sie lassen sich auch mit unserem Material gut belegen (Abb. 18.4), wobei sie nicht isoliert von anderen Einflüssen betrachtet werden dürfen (Kap. 16, 17 und 18.6).

In den vorangegangenen Jahrzehnten wurden die Bestandsveränderungen der Vögel meist nur auf das mitteleuropäische Klima bezogen, obwohl es auch schon für die damalige Zeit Hinweise auf Zusammenhänge zum afrikanischen Klima gab (z. B. BRUDERER & HIRSCHI 1984). Im westafrikanischen Sahel folgte auf eine trockene Periode von 1900 – 1925 (gemäßigt-atlantisch in Mitteleuropa) bis 1949 eine regenreiche Zeit (trocken-heiß in Mitteleuropa). Die folgenden ca. 18 Jahre waren in W-Afrika nach wie vor feucht, in Mitteleuropa von einem Trend zur Atlantisierung begleitet (Kap. 15.9, 15.10). Die Zusammenhänge zwischen beiden Klimaregionen und den Beständen von Vögeln, wie z. B. dem des Wiedehopfs, sind widersprüchlich. Er hatte während der günstigen kontinental-warmen Periode Mitteleuropas 1925 – 1948 im Landkreis Esslingen (mittleres Neckartal) weitgehend gefehlt, war aber dann in der gesamten „atlantischen Phase“ bis 1966 gut vertreten (GATTER 1970d).

Insgesamt ist in Afrika für einen Teil der dort überwinternden Arten eine schleichende Verschlechterung, besonders durch die Zerstörung der Vegetationsdecke, zu erwarten (Kap. 15.10). Die derzeitigen Einflüsse auf die Entwicklung der betroffenen Arten in Europa, während nunmehr wieder „normaler“ Niederschläge, sind schwierig abzuschätzen, aber für eine ganze Reihe von Arten deutlich positiv.

Da die Verhältnisse weit schwieriger sind, als es die meisten zum Thema publizierten Diskussionen erkennen lassen und ihre Ursachen nicht immer in Afrika liegen müssen, sollen in Kap. 18.6 und 18.7 einige Entwicklungen innerhalb Europas näher betrachtet werden.

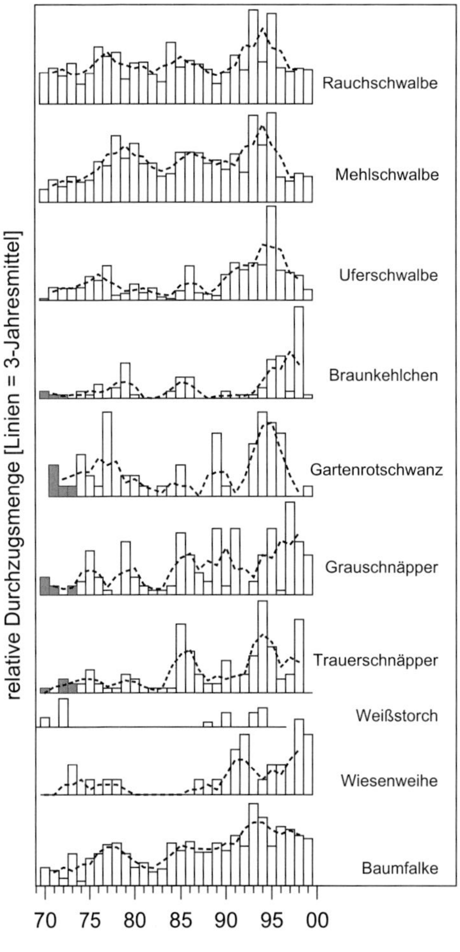

Abb. 18.4: Die untereinander dargestellten relativen Durchzugszahlen und gleitende 3-Jahresmittel der Abbildungen aus Kap. 17 lassen gleichartige Einflüsse auf die Bestände dieser LSZ vermuten. Dabei ist wahrscheinlich, daß sich die über 15jährige Trockenphase im Sahel in diesen Fällen unterschiedlich stark auf die Entwicklung auswirkt. Maßgeblich scheint dabei der zeitliche Anteil oder der Populationsanteil, den die Art in diesem Trockengürtel verbringt, wie die Unterschiede in den Bestandsentwicklungen zwischen der Uferschwalbe und der kaum betroffenen Rauchschwalbe zeigen. Graue Balken = überwiegende Nachtzieher, deren Erfassung erst ab 1974 standardisiert erfolgte. – *The relative passage numbers and sliding 3-year means (dashed line) of the Figures from Chapter 17, presented one below the other, indicate that the population of each long-distance migrant is affected by similar factors. It is likely, however, that the influence of the 15-year dry period in the Sahel has operated to varying degrees depending on species. What does seem to be important is the length of time spent in the arid belt or the proportion of the population that spends time there, well seen in the differences between the population changes of* Riparia riparia *and* Hirundo rustica, *the latter being hardly affected. Grey columns indicate mainly nocturnal migrants, the monitoring of which was only standardized from 1974. Species from above* Hirundo rustica, Delichon urbica, Riparia riparia, Saxicola rubetra, Phoenicurus phoenicurus, Muscicapa striata, Ficedula hypoleuca, Ciconia ciconia, Circus pygargus, Falco subbuteo *(below).*

18.4.6 Jagd und Verfolgung

Nur wenige der Vogelarten, die am Randecker Maar als Durchzügler eine Rolle spielen, werden in den Herkunfts- und Durchzugsländern nördlich von uns bejagt. Wenn wir von der Jagd auf Tauben und neuerdings auf den Kormoran, auf Gänse, Enten und einige andere Wasser- bzw. Watvögel absehen, werden heute im Einzugsgebiet unserer Durchzügler weit weniger Zugvögel geschossen als zu Beginn unserer Untersuchungen.

Auswirkungen der Bejagung auf Populationen sind oft schwierig zu quantifizieren. Bei vielen Zugvogelarten bewegen wir uns im spekulativen Bereich, weil sich keine exakten Zahlen finden, die ausreichend belegen, ob die Eingriffsstärke zu- oder abnimmt. Deshalb werden hier nur zwei Beispiele vorgestellt und ansonsten auf Kap. 15.7, 15.10 und 17 verwiesen.

Fischadler: Greifvögel sind praktisch in allen Ländern nördlich des Randecker Maars geschützt. Dennoch ist nicht auszuschließen, daß in einzelnen Staaten nach wie vor illegale Abschüsse die Bestandsentwicklung einzelner Arten beeinträchtigen. Unterlagen über die Auswirkungen sind kaum zu erhalten. Hinweise darauf finden sich bei Mizera (1995) für den Fischadler in Polen. Die inzwischen stagnierende Zahl durchziehender Fischadler am RM könnte dafür sprechen, daß die Eroberung neuer, noch im 19. Jahrhundert besiedelter Gebiete mit den derzeitigen, regional sehr stark differierenden Raten bei Bruterfolg und Adultmortalität nicht zu erwarten ist. Fischadler überwintern in Afrika in größerer Zahl auch im westafrikanischen Regenwald. Adulte Fischadler verbringen dort ein halbes Jahr, immature eine deutlich längere Zeit. Es ist anzunehmen, daß sie dort hohe Verluste erleiden. Ringfundmeldungen sind nicht zu erwarten. Aus einem Staat wie Liberia mit Millionen überwinternder paläarktischer Zugvögel liegen für alle Arten zusammen weniger als 300 Ringfunde vor. Als Hinweis auf die dort starke Verfolgung kann jedoch angesehen werden, daß die heimischen Greifvögel vergleichbarer Größe – Palmgeier *Gypohierax angolensis* und Schreiseeadler *Haliaeetus vocifer* – nur noch an schwer zugänglichen Waldflüssen weitgehend unbesiedelter Gebiete verbreitet sind (Gatter 1997 und unveröff). Die Greifvögel werden zum Verzehr geschossen. Hohe Preise für Patronen verhindern allerdings vielerorts in Afrika Abschüsse bei kleineren Vögeln in größerem Umfang, die Grenzgröße liegt meist oberhalb der des Wespenbussards. Neben Gesetzen, die nur auf dem Papier stehen, regeln auch dort sozioökonomische Verhältnisse den Druck, dem manche Arten ausgesetzt sind, deren Schwankungen aber in Europa kaum bekannt werden.

Ringeltaube: Die Ringeltaube nimmt eine interessante Stellung ein. Obwohl sie überall bejagt wird, ergeben sich regional unterschiedliche Bestandstrends. Durchzügler am RM wie auch am Fort l'Ecluse in der Schweiz, die überwiegend aus dem kontinentalen Europa stammen, nehmen langfristig – über den in Kap. 17 hinaus dargestellten Zeitraum – ab (Gatter et al. 1990, A. Jean 1997). Neben unbekannten Einflüssen der Bejagung in ihren Herkunftsgebieten und derzeit wohl nicht sehr bedeutenden jagdlichen Eingriffen im süddeutschen Durchzugsgebiet wird ihre Zahl durch Abschuß massiv und offenbar sehr effektiv bei der Überquerung der Pyrenäenpässe reduziert. Jean (1997) hat die Auswirkungen detailliert untersucht und schlüssig dargelegt, daß sich die dortigen Abschußzahlen im Verbund mit einigen der anderen Verlustfaktoren auf die Populationen auswirken müssen, zumal sie im Überwinterungsgebiet auf der Iberischen Halbinsel weiter bejagt werden.

Norddeutsche und baltische Brutvögel mit kürzeren Zugwegen und großen Überwinterungsanteilen in Norddeutschland und benachbarten Gebieten nehmen derzeit zu oder die Zahlen sind konstant. Die hier üblichen Formen der Einzeljagd werden von den Populationen ebenso verkraftet wie von den Standvogelpopulationen auf den Britischen Inseln, die trotz stärkerer Bejagung als einzige seit Jahrzehnten kontinuierlich zunehmen (Kap. 17, Sanderson et al. 2000). Bei all diesen Populationen, mit Ausnahme der britischen, lassen sich aber zusätzlich bestandsmindernde Einflüsse durch Prädation vermuten, die regional den Effekt der Bejagung übertreffen könnten (Kap. 17, 18.6). Daß bei Tauben Einflüsse im Brutgebiet eine größere Rolle spielen können als bisher angenommen, ergibt sich auch aus den regionalen Bestandstrends der nicht ziehenden Türkentaube. Sie reichen derzeit von einer Stabilisierung auf niedrigem Niveau bis hin zum Zusammenbruch der Bestände, wie in Berlin (Witt 2000, Kap. 17) oder rund um das RM, ohne daß die Ursachen dieser Entwicklung bislang gefunden wurden.

18.5 Überlegungen zu Bestandstrends

In Kap. 15.7 wurden einige Faktoren behandelt, die vor 1970 von geringerer Bedeutung waren oder noch keine Rolle spielten, und andere, deren Auswirkungen inzwischen nachgelassen haben. Über ihre Folgen in der Summierung haben wir nur wenig Erkenntnisse. Die Zahlen der flüggen Jungen je Paar und Jahr, die zur Erhaltung einer gleichbleibenden Population notwendig sind, und die durchschnittliche Zahl der tatsächlich flügge werdenden, zeigt häufig nur einen geringen oder keinen Spielraum für weitere Verluste.

BERTHOLD et al. (1990) berichten, daß bei Kleinvögeln im allgemeinen etwa 2,5 ausgeflogene Junge je Brutpaar erforderlich sind, um den Bestand ihrer Population im Mittel stabil zu halten. Bei süddeutschen Mönchsgrasmücken lag die im Felde ermittelte Jungenzahl um 1975/76 einschließlich der Zweitbruten nur knapp über diesem theoretischen Sollwert. Bei der Zunahme schon immer vorhandener Verlustursachen oder bei neu hinzukommenden kann ein solcher Wert leicht eine kritische Grenze erreichen. Dabei gibt es eine breite Streuung von Art zu Art und zahlreiche lokale Populationen tragen sich wohl nicht selbst (Abb. 18.6a – c).

Der Haussperling nimmt praktisch im gesamten Herkunftsgebiet möglicher RM-Durchzügler ab (Eu-ATL). Dies könnte neben dem ebenfalls ungeklärten Ausmaß eines Rückgangs von (artspezifischer) Nahrung ein Beispiel für angestiegene vielfältige Verluste sein. Zugenommen hat wohl die Prädationsrate durch die jüngst verstädterten oder im Siedlungsbereich verstärkt jagenden Prädatoren. In den vergangenen 30 Jahren sind zu Katzen und gelegentlich vorhandenen Steinmardern Sperber und vielerorts auch Turmfalke und Waldkauz hinzugekommen, die Marder weisen inzwischen hohe Bestände auf (Kap. 16, 17). Nach KAFFKE & SCHÖNHAUER (1999) schöpften allein Sperber jährlich 20 % einer untersuchten Haussperlingspopulation ab. Sperlingsnester in Dachnischen liegen heute vielfach im Jagdbereich der Steinmarder. Die in der Literatur ermittelten Werte für Verkehrsopfer bei Singvogelarten in Ortschaften lagen schon vor 1970 bei 4 – 12 % (Kap. 15.7), hinzu kommen die Opfer an Glasfronten (Kap. 15.7). Ob sie sich erhöht haben, ist schwer zu klären, aber anzunehmen.

Bestände englischer Feldlerchen gehen derzeit zurück, obwohl die durchschnittliche Gelegegröße und die Anzahl der Jungvögel pro Gelege im Agrarland zugenommen haben (CHAMBERLAIN & CRICK 1998). Also müssen andere Verluste zunehmen, dies könnte eine Abnahme der Zahl der Bruten, eine erhöhte Jungvogel- oder Wintermortalität sein (siehe VICKERY et al. 1999).

Bei reichhaltigem Nahrungsangebot während des ganzen Jahres und ausreichenden Brutmöglichkeiten sollte eine Population anwachsen oder zumindest konstant bleiben (z. B. GATTER 1998). Doch ein Populationswachstum wird auch bei reichlichen Ressourcen nicht überall verzeichnet. Es ist zu berücksichtigen, daß viele Vogelarten auf hohe Populationsdichten mit verminderter Reproduktion reagieren und dann zudem die Überlebensrate der geschlüpften Individuen geringer sein kann. Umgekehrt können Gelegegrößen bei niedrigen Siedlungsdichten ansteigen und die Überlebensrate der Jungvögel wächst an (z. B. Blaumeise, PERRINS zit. in HVM 13/1).

Insgesamt muß die örtliche Siedlungsdichte keine brauchbare Größe für eine ausreichende Produktivität darstellen, da meist Vögel aus anderen Gebieten nachrücken. Bei verschiedenen englischen Untersuchungen in Parkanlagen waren Nestverluste der Amsel und die Mortalität der Jungvögel im ersten Jahr so hoch, daß der Bestand ohne Nachrücker innerhalb weniger Jahre zusammengebrochen wäre (MAGRATH 1991, GROOM 1993). In derartigen „Senken" kann eine über der Reproduktionsrate liegende Mortalität nur über Zuwanderung aus „Quellen" von außerhalb ausgeglichen werden.

Ganz allgemein ist der vielfach ausschließlich betrachtete Bruterfolg in Form ausgeflogener Jungvögel für die Erklärung von Bestandstrends nicht ausreichend, die Post-Nestlingsmortalität scheint vielfach wesentlich stärker in die Populationsentwicklung einzugreifen (siehe Amsel). Über die Größe dieser Mortalität der ersten Wochen nach dem Verlassen des Nestes existiert nur wenig Material. Vielfach muß mit alten Daten operiert werden. Vergleiche von Nestverlusten und Mortalitätsraten zwischen früheren Jahrzehnten und den heutigen wären hier von Interesse.

Steigende Verluste können von einzelnen Arten offensichtlich folgenlos verkraftet werden, bei anderen dürften schon geringfügige Steige-

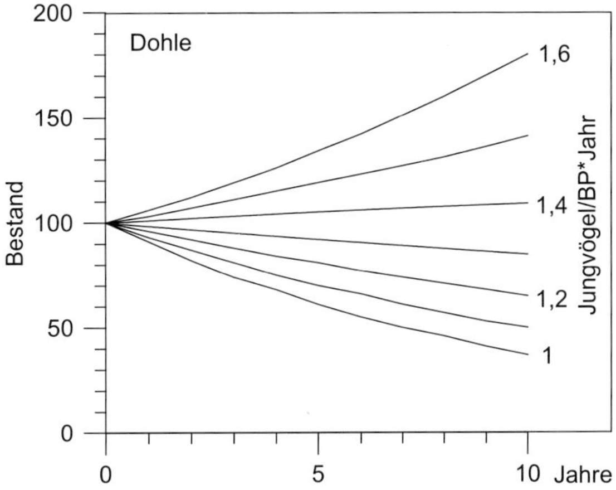

Abb. 18.5: Bestandsentwicklung der Dohle bei einer Mortalität von 46 % im 1. Lebensjahr und 35 % bei Adulten (Bezzel 1993, HVM), bei 5 % Nichtbrütern (z. B. auf Grund Geschlechterdisparität, Brutplatzmangel). Bei durchschnittlich 1,4 Jungvögeln/Brutpaar (= BP) und Jahr bleibt der Bestand konstant. Bereits geringe Zu- oder Abnahmen der Reproduktion lassen den Bestand anwachsen bzw. abnehmen. – *Population trends of* Corvus monedula, *assuming mortality rates of 46 % for 1st-year birds and 35 % for adults (Bezzel 1993, HVM), and 5 % non-breeders (e. g. because of disparity in the sex ratio or lack of nest sites). An average of 1.4 fledged young/breeding pair/year means that population numbers remain constant. Even small increases or decreases in the reproduction rate lead to a substantial rise or fall in numbers.*

rungen rasch zum Erlöschen von Populationen bis hin zur Räumung randlicher Areale führen. Deshalb mögen zunächst einige theoretische Überlegungen zur Produktivität von Populationen, zu Mortalitätsraten und Brutstrategien angebracht sein.

Nach dem Ausfliegen nimmt mit zunehmender Erfahrung (Alter) die Sterblichkeitsrate ab. Für viele Standvögel und KSZ ist jedoch der Winter, bei LSZ der Zug nach Afrika und der erste Winteraufenthalt dort erneut ein Zeitraum hoher Verluste.

Generell können bei Arten mit geringer Überschußproduktion schon geringe zusätzliche Verluste zu abnehmenden Beständen führen, wie hier an Hand publizierter Daten bei einigen Arten demonstriert werden soll.

Bei der **Dohle** zeigt eine nach den Daten von Bezzel (1993) und HVM durchgeführte Berechnung, wie sich bereits eine geringe Ab- oder Zunahme der jährlichen Reproduktionsrate auf die Bestände auswirkt. Prädation (besonders Marder) und Störungen durch Kletterer sowie die weiteren in Kap. 17 genannten Ursachen hatten in den 1980er Jahren die Nachwuchsrate/Brutpaar (BP) an Felsen im Umfeld des RM auf unter 1 gedrückt. Innerhalb von 10 Jahren müßte nach Rechnung demnach die Population auf ca. 40 % zurückgegangen sein, dies kam der Realität nahe (Abb. 18.5, Kap. 17).

Neben der Reproduktionsrate und der Mortalität kann der Anteil nichtbrütender Vögel, die Populationsreserve, eine Rolle spielen. Eine solche kann es bei der **Hohltaube** geben, wenn Brutraum der limitierende Faktor ist. Im Bereich des RM sind jedoch weit mehr Höhlen vorhanden als genutzt werden. Wie Abb. 18.6a – c zeigt, wurde versucht, verschiedene Situationen nach den Daten von Möckel (1988) realitätsnah zu berechnen. Mortalitätserhöhungen von nur 1 – 2 % oder Rückgänge des Bruterfolgs von wenigen Prozent können in vielen Fällen nicht nur die Abnahmen, sondern auch regional völlig unterschiedliche Populationstrends erklären, wie sie bei der Hohltaube zwischen den Britischen Inseln und dem europäischen Festland bestehen (Kap. 17, 18.6.3).

Verschiedene Faktoren können Zu- oder Abnahmen beeinflussen:

a) Die Zunahme der Reproduktionsrate kann z. B. durch die derzeitige regionale Abnahme der Marderbestände in Wäldern begünstigt werden.

b) Eine verbesserte Ernährungssituation im Winterquartier oder eine geringere Bejagung kann sich in einer Abnahme der Mortalitätsraten auswirken.

c) Eine Erhöhung des brütenden Anteils kann durch die Zunahme geeigneter Höhlen aufgrund des anwachsenden Schwarzspechtbestandes und steigenden Waldalters erfolgen.

Beim häufig beringten **Teichrohrsänger** dürften die Werte genauer sein als bei vielen anderen Arten. Bei einer angenommenen Sterberate von 77 % im ersten und 45 % in späteren Jahren (Bezzel 1993), einem Männchenüberschuß (HVM) und der Annahme, daß 90 % der Population verpaart sind und brüten, müßten in den

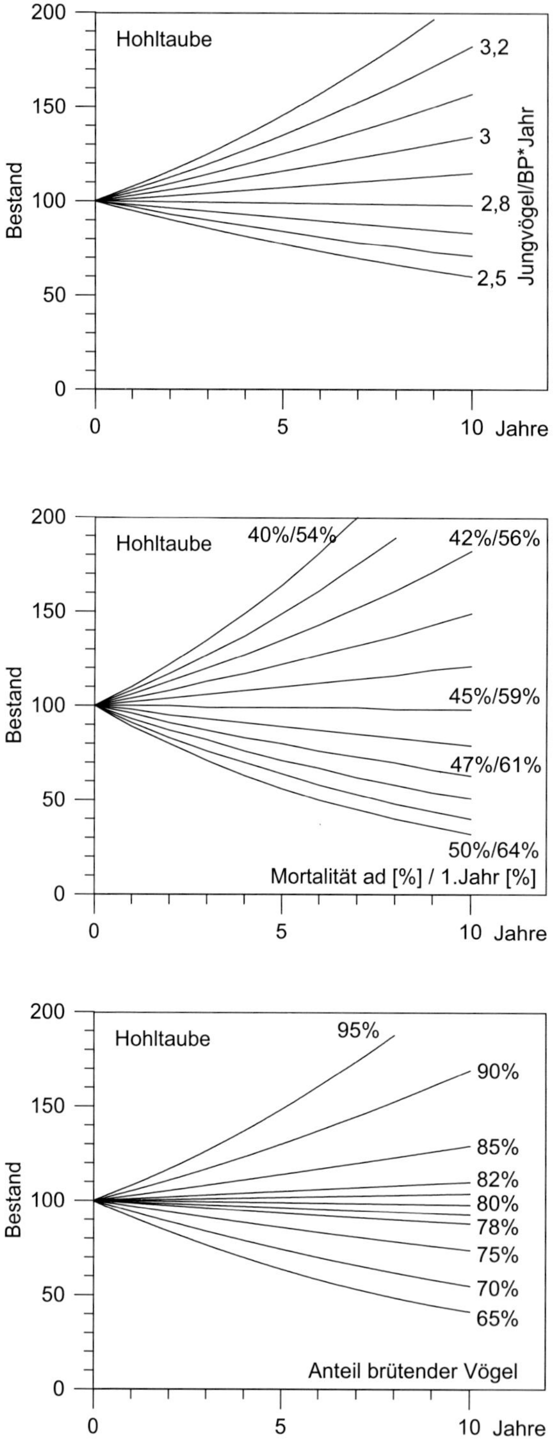

Abb.18.6: 3 Modellrechnungen zur Entwicklung von Beständen der Hohltaube nach Daten von Möckel (1988). Annahme: 80 % der Population brüten; Mortalität Adulte 45 %, 1. Lebensjahr 59 %; 2,8 Jungvögel/BP* Jahr.
a) (oben) Veränderung der Reproduktionsraten.
b) (Mitte) Veränderung der Mortalitätsraten von Alt-/Jungvögeln.
c) (unten) Unterschiedliche Brüteranteile einer Population (z. B. wegen Höhlenmangel).
Three mathematical models of population changes of Columba oenas, *after data from Möckel (1988), based on the following assumptions: 80 % of population are breeders, mortality rates of 45 % for adults and 59 % for 1st-year birds, and 2.8 fledged young/BP/year.*
***a)** (above) change in reproduction rate.*
***b)** (middle) change in mortality rate of adults/ immatures.*
***c)** (below) differing fraction of breeding birds in population (e. g. because of lack of nest holes).*

meist zwei Bruten durchschnittlich 4,3 Jungvögel/BP und Jahr großgezogen werden, um den Bestand zu halten (Abb. 18.7). Geringere Bruterfolge in einer Region könnten dann nur über Zuwanderung aus Gebieten mit positiver Bestandsentwicklung ausgeglichen werden. Solche Werte werden bei vielen LSZ-Arten derzeit offensichtlich nicht erreicht.

Beim **Gelbspötter** (Abb. 18.8.) weist schließlich nur ein Literaturzitat im HVM auf Reproduktionsraten hin, unter denen sich der Bestand bei den publizierten Mortalitätsraten (Bezzel 1993) halten könnte. Nach allen anderen dort gegebenen Hinweisen müßte die Population rasch verschwinden, was ja andererseits weitgehend mit der Realität vieler Regionen in den vergangenen 40 Jahre übereinstimmt. Der Gelbspötter zieht im Gegensatz zum Teichrohrsänger nur eine Brut groß. Selbst wenn die gesamte Population brütet (keine unverpaarten Männchen) müssen bei den gegebenen Mortalitätsraten (1. Lebensjahr 70 %, adulte 65 %) mindestens 4,2 Jungvögel pro Jahr aufgezogen werden, um die Population zu halten (Wert für Kurische Nehrung). Bei

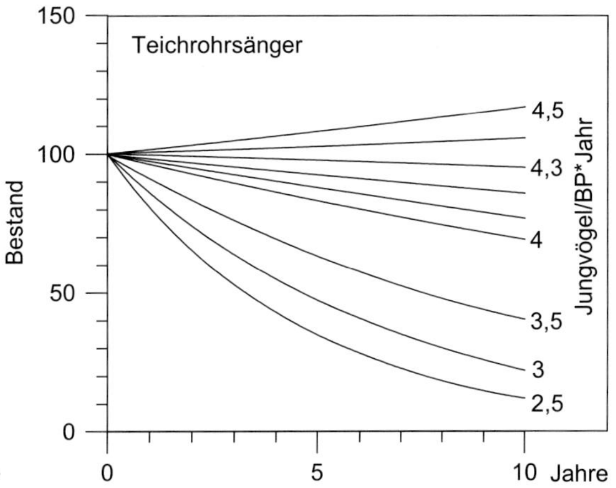

Abb. 18.7: Modellrechnung zur Entwicklung von Beständen des Teichrohrsängers. – *Mathematical model of population changes of* Acrocephalus scirpaceus. *Mortality rates of 77 % for 1st-year birds and 45 % for adults are assumed (Bezzel 1993). Because of the surplus of males (HVM) it is also assumed that 90 % of the population are paired and breeding. To maintain numbers an average of 4.3 young/BP/year must fledge from the (generally) 2 broods. Lower breeding success can only be balanced by immigration from areas with a positive population trend.*

den für Ostdeutschland angeführten 2,85 Jungvögeln/BP und Jahr (Bezzel 1993) würde der Bestand innerhalb weniger Jahre erlöschen. Allerdings dürfte die Mortalität, die für Altvögel angeführt wird, vielleicht etwas hoch gegriffen sein, wie ein Vergleich mit dem Teichrohrsänger (Abb. 18.7) nahelegt.

Brutstrategien: Brutstrategien und ihre Anfälligkeit gegenüber Verlusten scheinen auch nach den Ergebnissen aus Kap. 17 eine Rolle für die regional unterschiedliche Entwicklung einzelner Vogelarten zu spielen. Verschiedene Vogelarten beschreiten hier unterschiedliche Wege: Freibrüter verfolgen beim Nestbau eine andere Strategie als Höhlenbrüter. Wechselnde Neststandorte sollen das Auffinden der Nester durch Freßfeinde erschweren, eine Strategie, die bei Höhlenbrütern wohl nur bei einem Überangebot an Höhlen funktioniert. Diese verlassen sich auf den Schutz durch die Höhle, wobei häufig durch die Wahl einer besonders engen Öffnung die Palette möglicher Konkurrenten und Prädatoren eingeschränkt werden soll. Nischenbrüter verfolgen eine Strategie, die zwischen derjenigen der Freibrüter und den Höhlenbrütern liegt. Mit sinkendem Angebot der beschränkt verfügbaren, geeigneten Nischen oder Höhlen und deren Kenntnis unter Prädatoren verringert sich der Bruterfolg. Auch kürzere Nestlingszeiten der Freibrüter gelten als Strategie gegen Prädationsverluste.

Generell wären solche Betrachtungen vor allem auch im Vergleich verschiedener Zeiträume

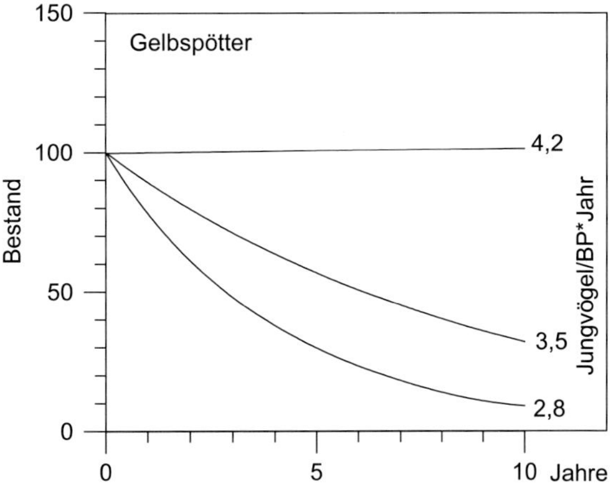

Abb. 18.8: Modellrechnung zur Entwicklung von Beständen des Gelbspötters. – *Mathematical model of population changes of* Hippolais icterina. *In contrast to* Acrocephalus scirpaceus *only one brood per year is raised. Even if the entire population breeds (no unpaired males) then at least 4.2 young must fledge per year (values from the Kurische Nehrung on the Baltic) to maintain numbers, assuming mortality rates of 65 % for adults and 70 % for 1st-year birds. The reproduction rate given for eastern Germany of 2.85 fledged young/BP/year (Bezzel 1993) suggests that the population would become extinct within a few years. However, the mortality rate given for adults is probably too high, as a comparison with* Acrocephalus scirpaceus *shows (Fig. 18.7).*

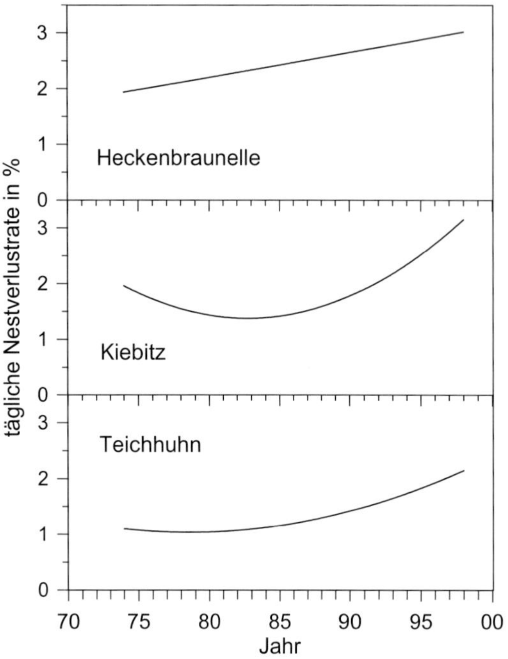

Abb. 18.9: Nestverlustraten von 3 Arten unterschiedlicher Habitate von 1974 – 1999 auf den Britischen Inseln. 2 % auf der vertikalen Achse bedeutet, daß 2 % der Nester pro Tag verloren gehen. Für die Heckenbraunelle stellen die Werte einen Anstieg der Verluste um die Hälfte, für Kiebitz und Teichhuhn eine Verdoppelung dar. Die Linien zeigen die durch die Punkte der Einzeljahre gelegten „Regressionslinien" in den Originalabbildungen. Vereinfacht nach CRICK et al. (2000). – *Nest failure rates of 3 species* (Prunella modularis, Vanellus vanellus, Gallinula chloropus) *from different habitats during 1974 – 1999 in Great Britain. A figure of 2 % on the vertical axis means a daily nest loss of 2 % per day. The values indicate an increase in the rate by a half for* Prunella modularis *and a doubling of daily losses for* Vanellus vanellus *and* Gallinula chloropus. *Simplified after* CRICK et al. *(2000). The lines are the regression lines from the original illustrationsdrawn through the annual points.*

wichtig, wie jüngste Forschungsergebnisse aus England zeigen. Bei einer ganzen Reihe von untersuchten Vogelarten zeigte sich, daß die Nestverluste in den vergangenen 25 Jahren gegenüber den 1970er Jahren drastisch gestiegen sind (CRICK et al. 2000). Verdoppelungen der Verlustraten wurden bei Kiebitz und Teichhuhn, noch stärkere beim Sandregenpfeifer festgestellt. Aber auch bei Wald- und Heckenbrütern, wie Heckenbraunelle, Goldammer, Hänfling und Fitis, stiegen die Nestverluste dort deutlich an (Abb. 18.9).

Derzeit wird häufig die Landwirtschaft als Ursache und ausschlaggebender Faktor für den Rückgang der Bodenbrüter angesehen. Tatsache ist, daß aber auch fast alle klassischen Bodenbrüter der Heiden, der Moore und selbst die der Wälder zurückgehen (Kap. 17). Wie kompliziert diese Verhältnisse sein können, zeigen die unterschiedlichen Bestandstrends und Bruterfolge in Nistkästen bei Waldpopulationen des Halsbandschnäppers gegenüber solchen in Obstwiesen (Kap. 17 und 18.6.3). Damit stehen wir erneut vor der Frage, welche Lebensbedingungen sich hier für die Waldvögel verschlechtert haben, und stoßen dabei wieder auf das schon in Kap. 16 angesprochene Problem veränderter Konkurrenz- und Prädationsbedingungen.

18.6 Konkurrenz und Prädation

1996 schreibt BAIRLEIN, daß „bei Vogelarten über die Rolle von Räubern in der Regulation der Populationsdichte ihrer Beute noch wenig bekannt ist". Auf diese Problematik soll im folgenden näher eingegangen werden, wobei sie sich mühelos auch auf den geringen Wissensstand übertragen läßt, den wir zu Fragen der interspezifischen Konkurrenz, d. h. zum Beziehungsgefüge zwischen den einzelnen Arten haben. In den Kap. 16 und 17 wurde gezeigt, daß bei der Betrachtung solcher Einflüsse auf Vögel auch Säuger und andere Tiergruppen berücksichtigt werden müssen. Zudem sind die Folgen von Prädation und Konkurrenz vielfach nicht zu trennen, weil viele Arten bei ihren Nahrungs- oder Raumkonkurrenten auch als Prädatoren auftreten. Die sich daraus ergebende komplizierte Wechselbeziehung von Abhängigkeit und Beeinflussung wird bisher wenig beachtet. Damit ist die Gefahr verbunden, die Avizönose aus dem ökologischen Gefüge herauszulösen.

Während andere Veränderungsfaktoren im letzten Jahrzehnt teilweise ausführlich diskutiert wurden, gewinnt in der Forschung erst jüngst die Berücksichtigung zwischenartlicher Konkurrenz und ihr rascher Wandel innerhalb einer sich schnell verändernden Umwelt an Bedeutung (z. B. JEDRZEJEWSKA & JEDRZEJEWSKI 1998, NEWTON 1998, CRICK et al. 2000).

Auslöser der Veränderungen: Die heute globalen Eingriffe in die Fauna, begleitet von einer mehr oder weniger perfekten Ausrottung vieler Großsäuger/-vögel, und der weltweite Gifttransfer haben zu einer Betrachtungsweise geführt, die den Menschen unmittelbar für fast alle kritischen Veränderungen verantwortlich macht.

Dieses Denken hat besonders in den Ländern Mitteleuropas dazu geführt, das Verhältnis zwischen Mensch und Natur neu zu definieren. Tier- und Naturschutzverbände versuchten, im Umgang mit Wild- und Nutztieren ethische Grundsätze einzufordern. Während diese Bemühungen in bezug auf die Massentierhaltung weitgehend an der mächtigen Agrarlobby und den Verbrauchergewohnheiten scheitern, hat sich beim Schutz der freilebenden Tierwelt Entscheidendes verändert. Die Feinde der heute nur noch selten im Freiland gehaltenen Haustiere – seit Menschengedenken „vogelfrei" – bekamen Schonzeiten, viele genießen ganzjährigen Schutz. Ihre Verfolgung wurde gesetzlich geregelt oder sie wurde indirekt z. B. über die Ächtung des Tragens von Pelzen eingestellt.

Die Basis dieses Gedankengebäudes resultiert aus einer Bevölkerung, die einen Teil ihrer Nahrung aus fernen Ländern bezieht. Dabei wird übersehen, daß in unserer Landschaft carnivore und omnivore Tierarten leben, die ihren Nahrungsbedarf im Gegensatz zu uns ganzjährig vor Ort decken und die sich unter anderem dank der toleranten Einstellung des Menschen und einem erhöhten Grundnahrungsangebot aus Landwirtschaft, Abfällen und teilweise durch Fütterung stark vermehren konnten (Kap. 16, 18.6.2).

Der Einfluß der Bejagung auf viele sogenannte Niederwildarten kann erheblich sein, wie wir in Kap. 15.7 gesehen haben. Die Auswirkungen eingestellter Bejagung auf Arten des „Niederwildes" können aber sehr wohl wirkungslos werden, wenn gleichzeitig auch die Bejagung von deren Prädatoren, wie z. B. der des Fuchses, nachläßt und der jagende Mensch somit durch einen Jäger aus der Tierwelt ersetzt wird.

Die Bestände zahlreicher Singvogelarten bleiben derzeit gleich, obwohl sich deren Lebensbedingungen verbessern. Andere Arten nehmen ab, obwohl sich ihre Bedingungen nicht verschlechtern.

18.6.1 Entwicklung der Vogelbestände bei gestiegener Prädation

Aus den in Kap. 16 und 17 und weiteren hier zitierten Fällen lassen sich zunächst folgende Schlüsse ziehen: Das gesamte Spektrum der omnivoren und carnivoren Säuger und Vögel (oberhalb Drosselgröße) hat in den behandelten drei Jahrzehnten fast einheitlich zugenommen. Mit Blick auf die Biomasse fallen die bedeutendsten Zuwächse bei Säugetieren im Binnenland auf Wildschwein und Fuchs, bezüglich der Effektivität ihres Einflusses regional wohl auch auf die Marder.

Unter den Voraussetzungen des gestiegenen Vegetationsvolumens in allen Habitaten mit zunehmenden Erträgen in Gärten, Parks (z. B. Beeren), Land- und Forstwirtschaft (Kap. 15.2, 15.5, 15.8.3 – 4) wäre zu erwarten, daß die Bestände vieler Arten ansteigen müßten. Wenn wir die Gesamtheit der Vertebraten berücksichtigen, bestätigt sich dies voll. Analysieren wir nur die Vögel in Kap. 17 und in den Tabellen 18.1a – c, so finden wir **positive Entwicklungen** vor allem bei:

- Arten mit hoher Reproduktionsrate (außer Bodenbrütern),
- bei Großvögeln – wehrhaften Arten wie Greifvögel, Großeulen und Generalisten wie Corviden,
- Arten, die in Teilbereichen ihres Lebenszyklus wehrhaft sind (z. B. große Spechte und Kleiber in Höhlen),
- Arten, die in Teilbereichen ihres Lebenszyklus geschützt sind (z.B. durch enge Höhleneingänge),
- Arten, die sehr früh im Jahr brüten,

aber **negative Entwicklungen** besonders bei

- kleinen und mittelgroßen Arten mit geringer Reproduktionsrate (ohne Greifvögel und Eulen),
- allen echten Bodenbrütern in Wald und Feld,
- einigen Nischen- bzw. Halbhöhlenbrütern,
- spät ankommenden Höhlenbrütern.

Die Ursachen sind letzlich ungeklärt.

18.6.2 Säuger – Faunenwechsel in nur zwei Jahrzehnten

JEDRZEJEWSKA & JEDRZEJEWSKI (1998) zeigten am Beispiel des Bialowieza-Nationalparks in Polen die gravierenden Auswirkungen der Abundanzänderungen bei Spitzenprädatoren auf ihre Beutetiere und auf kleinere Raubsäuger in verschiedenen Zeiträumen des 20. Jahrhunderts. Als Folge gibt es immer wieder Schwankungen der Bestandszahlen bei Räuber und Beute. Vom Menschen unbeeinflußt sind diese Verhältnisse auch dort nicht, denn außerhalb einer kleinen Kernzone wird artabhängig jagdlich eingegriffen und forstlich gewirtschaftet.

Aber auch in Deutschland hat sich die Zusammensetzung der Tierwelt innerhalb weniger Jahre stark verändert, und die Dichte von Raubsäugern und omnivoren Großsäugern war in den vergangenen 150 Jahren nie so hoch wie heute. Schon aufgrund milderer Winter im atlantisch geprägten Mitteleuropa und eines heute anthropogen bedingten verläßlichen Nahrungsangebots sind die Grundbestände der Prädatoren bei uns höher.

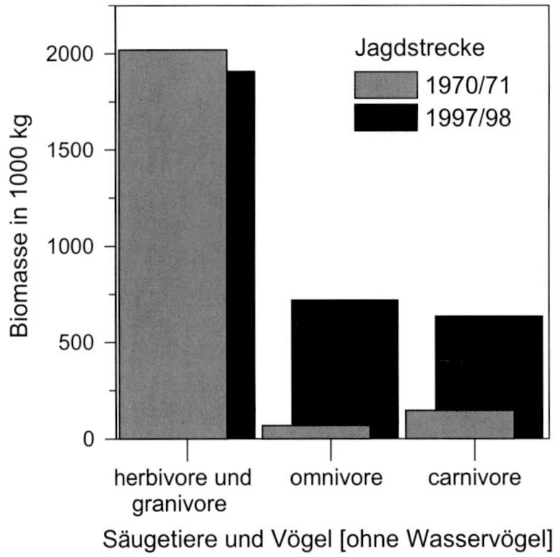

Abb. 18.10: Vergleich der Jagdbeute SW-deutscher Jäger von 1970/71 und 1997/98 in Biomasse. Bei den erlegten Pflanzenfressern hat sich fast nichts verändert. Die Biomasse der erbeuteten Raubsäuger – fast ausschließlich der Rotfuchs – hat sich dagegen um das Vierfache und die der Allesfresser Wildschwein und Dachs auf das Zwölffache erhöht. Vögel (Rebhuhn und Fasan) spielen in der Grafik eine untergeordnete Rolle. – *Comparison of the kills by SW German hunters of mammals and birds (excluding waterbirds) in 1970/71 and 1997/98 in terms of biomass. There is almost no difference in the biomass of herbivorous and granivorous animals taken but, by contrast, the biomass of the carnivorous game, almost exclusively Red Fox* Vulpes vulpes, *has increased fourfold, while that of the omnivorous Wild Boar* Sus scrofa *and Badger* Meles meles *has risen by a factor of twelve. Birds* (Perdix perdix *and* Phasianus colchicus*) play a relatively minor role in the diagram.*

Nichts demonstriert diese Veränderung unserer Großtierfauna deutlicher als Abb. 18.10. Innerhalb von 28 Jahren hat sich beispielsweise die Zusammensetzung der Jagdbeute südwestdeutscher Jäger total verändert. Bei den erlegten Säugetieren und Vögeln (ohne Wasservögel) erbrachte die Umrechnung der Jagdstrecken (= Anzahl der zur Strecke gebrachten erlegten Tiere) in Biomasse bei den Pflanzenfressern praktisch keine Veränderung. Die Biomasse der erlegten Raubsäuger – fast ausschließlich der Rotfuchs – hat sich dagegen um das Vierfache und die der Allesfresser Wildschwein und Dachs auf das Zwölffache erhöht. Bei beiden Gruppen sind die Bestände noch stärker angewachsen (Kap. 16). Diese so gravierenden Veränderungen können kaum ohne Auswirkung auf Avizönosen bleiben.

Vielmehr ist zu erwarten, daß eine Vervielfachung der Bestände mehrerer großer Raubsäuger sich

a) auf die Populationsentwicklung einzelner Arten unterschiedlich auswirkt und somit die Zusammensetzung der Avifauna beeinflußt,

b) in direkter Nahrungskonkurrenz äußert, da sowohl Wildschwein als auch Fuchs, Marder und Dachs mit zahlreichen Vogelarten um dieselbe Nahrung konkurrieren (Kap. 16),

c) in einer Zunahme von Arten äußert, die von a) und b) weniger betroffen sind,

d) in einem Rückgang kleinerer Carnivoren äußert, die in Konkurrenz zum Fuchs stehen bzw. zu dessen Beutetieren zählen (Kap. 16, Marder, Iltis, Wiesel), was wiederum ein anderes Spektrum von Vogelarten fördern kann (Abb. 18.11).

Für die Tierarten, die im deutschen Binnenland derzeit die überwiegend aus Säugern bestehende Jagdstrecke stellen, muß

- entweder die verfügbare Nahrung zugenommen haben (z. B. HESPELER 1999, EISFELD & HAHN 1998),
- oder das bisher vorhandene Nahrungspotential wurde oder konnte (z. B. wegen großer Fluchtdistanzen) nicht ausgeschöpft werden,
- oder Teile der bisher vom Menschen genutzten Nahrung stehen (durch Qualitätsverlagerung oder Überproduktion und Abfälle) heute vermehrt der Tierwelt zur Verfügung (Kap. 15.8.4, 16, 17),
- oder aber einzelne Arten nehmen durch Jagdverschonung bzw. gezielte Förderung wie Impfung oder Fütterung zu.

Unsere Säugetiere und Vogelarten haben im Zusammenspiel mit ihren Prädatoren evoluiert. Doch blicken wir zurück: In den Zoozönosen der Eiszeit und in den ersten Jahrtausenden danach waren es neben den großen Pflanzenfressern auch große Prädatoren, deren Häufigkeit und Artenzusammensetzung, im Zusammenspiel mit dem Klima, die Zusammensetzung der kleineren Carnivoren und die der gesamten

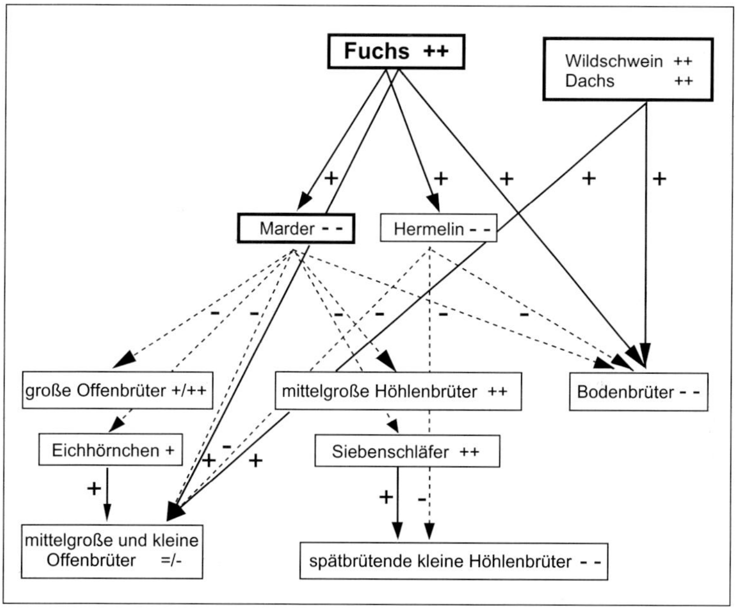

Abb. 18.11: Vereinfachtes Schema möglicher Einwirkungen (von oben nach unten) großer bzw. zahlenmäßig bedeutender und derzeit zunehmender carnivorer und omnivorer Säugetiere auf andere, kleinere Prädatoren und der Einfluß auf die Vogelwelt. In der oberen Reihe sind die Arten dargestellt, deren Zuwachs an Biomasse in den vergangenen 30 Jahren am größten war. Ihr Einfluß auf Beutearten im einzelnen und im interspezifischen Zusammenspiel ist bisher ungenügend erforscht. Die Bestandstrends in den Kästchen sind durch + (zunehmend) oder ++ (stark zunehmend), -/-- (abnehmend/stark abnehmend), = (gleichbleibend) dargestellt. Die durchgezogenen Linien stellen wachsende Einflüsse dar (+), die gestrichelten zur Zeit abnehmende (-). – *Simplified diagram of the knock-on effects (from top to bottom) of larger or more numerous, and at present increasing, carnivorous and omnivorous mammals on other smaller predators and the influence on the avifauna. The top row contains species that have shown the greatest increase in biomass in the last 30 years. Their effects on individual prey species and on the interactions between species remain insufficiently studied. Population trends in the boxes are represented by the symbols + (increasing), or ++ (strongly increasing), -/-- (decreasing/strongly decreasing), = (stable). Solid lines represent growing influences (+), dashed lines currently declining influences (-). The boxes show, from left to right and top to bottom,* Vulpes vulpes*;* Sus scrofa, Meles meles*; martens* Martes*; Stoat* Mustela erminea*; large open-nesters; medium-sized hole-nesters; ground-nesters; Red Squirrel* Sciurus vulgaris*; Edible dormouse* Glis glis*; medium-sized and small open-nesters; late breeding small hole-nesters.*

Avizönosen beeinflußten. Der Mensch spielte damals eine unbedeutende Rolle und sein spürbarer Einfluß beschränkte sich wohl vor allem auf die großen Arten.

Mehr oder weniger kontinuierlich wurden seine Eingriffe über die Jahrtausende effizienter. Zunehmend – und bis ins 19. Jahrhundert reichend – konnte er alle großen Konkurrenten bis hin zu Wolf und Luchs eliminieren. Kleinere Arten wie der Fuchs konnten sich nun ohne ihre Konkurrenten vermehren, wurden aber konsequent von menschlichen Siedlungen fern gehalten, und später folgte aus jagdlichen Gründen deren flächendeckende Bestandskontrolle.

In all diesen Stadien waren innerhalb der Avizönose regionale Anpassungen an das jeweilige Artengefüge der Beutegreifer zu erwarten. Je geringer der Einfluß des Menschen war, umsomehr ließ sich die ökologische Grundregel anwenden, daß die Abundanz der Beute die Häufigkeit des Prädators regelt. Die Grundlagen dieser Erkenntnisse stammen aus Gebieten, die vom Menschen wenig beeinflußt sind. Die klassischen Beispiele über die „Beziehungen" zwischen Luchs und Schneehase, Polarfuchs und Lemmingen aus den arktischen Weiten Nordamerikas und Eurasiens werden immer wieder als Beweis für die oben genannte These herangezogen. Doch sind diese Regeln auch übertragbar auf hochentwickelte und dichtbesiedelte Länder Mitteleuropas? Versuchen wir uns an einem Beispiel:

Das Randecker Maar liegt im Landkreis Esslingen, wo mit 775 Einwohnern/km² fast ein Mensch auf 1000 m² kommt. Eine dichte Erschließung mit Straßen, befestigten Wald- und Feldwegen, Rast- und Spielplätzen überzieht das Land. Darüber hinaus wurden in den letzten 40 Jahren flächig über das ganze bisher unbesiedelte Agrarland sogenannte „Aussiedlerhöfe" gestreut. Freisilos mit landwirtschaftlichen Produkten unter leicht zu öffnenden Folien liegen überall verteilt in der Landschaft. Zusätzlich wird in den Wäldern von den Jägern Futter für herbivore und omnivore Säuger ausgebracht (Kap. 15.8.4.4), und mit den vielen tausend Komposthaufen steht mengen- und flächenmäßig gut verteilt ein extrem hohes Quantum menschlicher Nahrungsabfälle der 500 000 Einwohner zur Verfügung, das von carnivoren und omnivoren Arten genutzt werden kann. Dies schafft auch in Notzeiten ein Grundnahrungsangebot mit der Aussicht auf hohe Überlebensraten.

Folgende Hypothese wird deshalb hier in den Raum gestellt, um die ansonsten unerklärlich hohen Dichten von Füchsen, Mardern, aber auch die von omnivoren Vögeln zu erklären:

1. Die Menge der im Minimum verfügbaren Zivilisationsabfälle regelt die Dichte dieser generalistischen Carnivoren/Omnivoren, unabhängig von der Dichte ihrer Normalbeute.
2. Die ständige Nahrungsverfügbarkeit ermöglicht diesen Arten dauerhaft hohe Populationen.
3. Aufgrund dessen kann sich ihre Einwirkung auf Begleitbeutearten stärker auswirken als unter natürlicheren Bedingungen.
4. Die Anteile von Eiern, Jung- und Altvögeln können im Nahrungsspektrum dieser Arten völlig unbedeutend sein, aber als Folge ihrer Dichte dennoch (unterschiedlich hohen) Einfluß auf einzelne Vogelarten haben.
5. Prädatoren vermögen deshalb die Abundanz von Vogelarten bis hin zu deren Arealerweiterungen bzw. -reduktionen – regional unterschiedlich – auch dann zu beeinflussen, wenn die Vogelart im Beutespektrum des Prädators mit nur minimalen Anteilen vertreten ist.
6. Die Zunahme eines Prädators kann sich auf einzelne Arten negativ, auf andere positiv auswirken. Speziell beim Fuchs und den verstädterten Mardern können die dauerhaft hohen Populationsdichten und Reproduktionsraten nicht allein mit der Häufigkeit ihrer Hauptbeute, den Feld- und Rötelmäusen und regional auch Ratten, in Zusammenhang gebracht werden.

   „Ersatzbeutearten" (Newton 1998) können hier bei Mangel an Nagern eine größere Rolle spielen.

Ähnliches wird auf den Meeren bemerkbar. Verstärkte Fischerei auf allen Weltmeeren macht heute Seevögeln vermehrt Fischereiabfälle zugänglich und ermöglicht Winterbestands- bzw. Populationsanstiege (Hüppop & Garthe 1995, Oro 1996, Oro et al. 1997, Ruiz et al. 1998, Newton 1998).

Umgekehrt werden die Ursachen für Rückgänge nicht selten im Nahrungsmangel gesucht (Newton 1998, Soler & Soler 1996). Kalte

Winter demonstrieren uns die Richtigkeit dieses Ansatzes eindrücklich bei Arten, die nicht mit anthropogener Zusatzfütterung rechnen können (Beispiele in Kap. 17, Gebirgsstelze, Heidelerche, Schwarzspecht, Weidenmeise).

18.6.3 Beispiele sich verändernder Prädations- und Konkurrenzbedingungen 1970 – 1999

In Kap. 15.7.1, 16 und 17 werden einige der heute gegenüber 1970 veränderten Bedingungen aufgezeigt. Carnivore und omnivore Arten zeigen in Mitteleuropa fast einheitlich Zunahmen. Alle können dabei in unterschiedlichem Umfang als Nahrungskonkurrenten sowie als Prädatoren anderer Arten in Erscheinung treten.

Von Mäusen und Bilchen beeinflußte Bestandstrends?

Bilche *Gliridae* weisen in den südwestdeutschen Wäldern Bestandszunahmen auf. Koinzidierende Einflüsse sind hier wahrscheinlich: Die langfristige Zunahme der Waldsamenernte ließe über die Jahrzehnte langsam ansteigende Bestände ewarten. Der rasche Anstieg seit 20 Jahren könnte direkt von der Populationsentwicklung des Baummarders, in zweiter Linie von der des Steinmarders abhängig sein, die beide wiederum negativ mit den Dichten des Fuchses korrelieren (Abb. 18.11).

Nistkastenuntersuchungen aus dem großen Material der Forstverwaltung Baden- Württemberg zeigen Zusammenhänge zwischen den Populationszyklen der Bilche und den Fliegenschnäppern (GATTER & SCHÜTT in Vorber., Kap. 16). Sowohl über Konkurrenz wie durch Prädation können die Brutvögel durch diese Kleinsäuger beeinträchtigt werden. Insbesondere die spät brütenden Höhlenbrüter wie Gartenrotschwanz und Fliegenschnäpper sind betroffen. Diese Arten sind inzwischen aus süddeutschen Wäldern zum großen Teil verschwunden (Kap. 17), sind aber in Obstwiesen, wo Siebenschläfer meist fehlen, besser vertreten. Der Zusammenhang wurde deutlich, als lokal die Reproduktion der Siebenschläfer in den Nistkästen verhindert wurde (Entfernen der Vorderwände nach der Brutzeit der Vögel). Der Teilausschluß eines einzigen Prädators – hier eines Kleinsäugers – reichte aus, die Reproduktionsrate und Altvogelmortalität in die positiven Bereiche zu bringen (GATTER & SCHÜTT in Vorber.). Auch im polnischen Bialowieza-Urwald wird die Bestandsdichte des Halsbandschnäppers nicht durch das (enorm hohe) Höhlenangebot begrenzt, sondern durch Prädation (WALANCIEWICZ 1991).

Bestände von Kleinnagern und der Bruterfolg von verschiedenen Bodenbrütern in Birkenwäldern und auf alpinen Heiden Nordfinnlands korrelieren jahrweise, während kein Zusammenhang zu dem der Baumbrüter erkennbar ist. Die Prädationsrate bei den Vögeln insbesondere durch Füchse ist dort eng mit der Dynamik kleiner Nager verknüpft (JÄRVINEN 1990, JÄRVINEN & RAJASÄRKKÄ 1992). Sie ist aus den Tundrengebieten der Holarktis für viele Vögel, von der Schneeammer über Limikolen bis zu Gänsen, bereits länger bekannt (Kap.16).

Nach Süden nimmt die Artenanzahl der Nager zu und die Stärke der Bestandszyklen ab. Dennoch wurden auch in Wäldern mit gemäßigtem Klima bei Höhlenbrütern Prädationsraten gefunden, die vom Säugerbestand abhängig waren (Kap. 16, 17, DUNN 1977, GATTER & SCHÜTT in Vorber.). Waldlaubsänger schreiten im Bialowieza-Urwald bei hohen Dichten der Gelbhalsmaus mehrheitlich wohl gar nicht zur Brut (JEDRZEJEWSKA & JEDRZEJEWSKI 1998).

Vom Fuchs beeinflußte Bestandstrends?

Der Fuchs ist bei uns angesichts seiner Biomasse und Siedlungsdichte offenbar der dominierende Spitzenprädator. Über die Auswirkungen von Füchsen auf Beutepopulationen gibt es zahlreiche Publikationen (Kap. 16). In Kombination mit den negativen (und durch zunehmenden Nahrungsreichtum auch positiven) Einflüssen der modernen Landwirtschaft (Kap. 15.2, 15.3) sind die derzeitigen Fuchsbestände durch komplizierte interspezifische Verflechtungen wahrscheinlich ein wesentlicher Faktor für die Entwicklung zahlreicher anderer Säugetiere und Vögel. Er reicht offenbar bis hin zu den Fliegenschnäppern und Meisen, Arten, die ihrerseits kaum Kontakt zum Fuchs haben (Kap. 16, Abb. 18.11, 18.12).

Beim Feldhasen ließen sich, trotz wohl weit überwiegender Einflüsse der Landwirtschaft, Ab- und Zunahme langfristig auch mit den Fuchsbeständen in Zusammenhang bringen. Auf den, während der ersten Seuchenzüge der Tollwut,

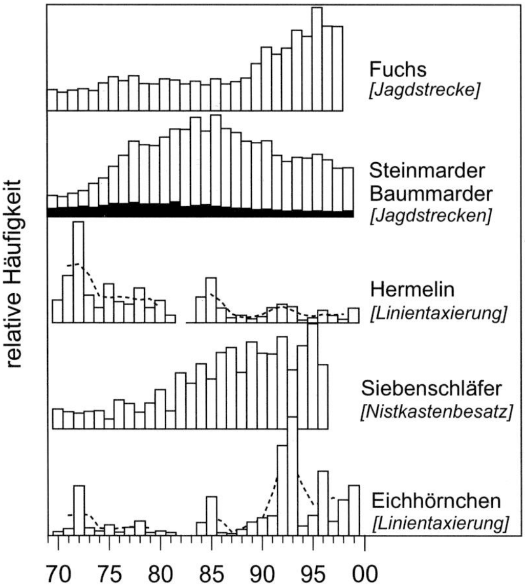

Abb. 18.12: Gegenläufige langjährige Bestandsentwicklungen in BWü. von Rotfuchs und einigen von ihm direkt oder indirekt beeinflußten Säugern nach Jagdstrecken, Nistkastenbesatz sowie Linientaxierungen des Verfassers im Bereich des RM nach Daten aus Abb. 16.6 und 16.8 (gestrichelte Linie = gleitendes 3-Jahresmittel). – *Opposing long-term trends in relative numbers in Baden-Württemberg of* Vulpes vulpes *and of some mammals it directly or indirectly affects, from hunting kills, nest box occupation, and line-transect censuses by the author in the Randecker Maar area (dashed line = sliding 3-year mean) after Figures 16.6 and 16.8. From top to bottom:* Vulpes vulpes, Martes foina *and* M. martes, Mustela erminea *(line-transect),* Glis glis *(nest box occupation),* Sciurus vulgaris *(line-transect).*

mit Gas und Schrot geführten Feldzug gegen den Fuchs stieg die Hasenstrecke stark an, ein Indiz für rasche Bestandszunahme. Der anschließend erfolgte stufenartige Rückgang der Streckenzahlen verlief auch in großen zusammenhängenden Waldgebieten – also unabhängig von der Landwirtschaft – fast spiegelbildlich zum Anstieg der Fuchsstrecken. Trotz heftiger Dementis scheint der Fuchs derzeit neben der modernen Landwirtschaft (Abb. 18.1) in vielen Regionen unter den Tierarten möglicherweise ein wesentlicher Regulationsfaktor zu sein (Abb. 18.11, 18.12). Während seine Bestände im borealen und kontinental geprägten Klima Osteuropas stark von den Zyklen der Kleinnager abhängen und die Bestandsanstiege durch nahrungsarme, harte Winter begrenzt werden, ist dies im atlantisch beeinflußten und dicht besiedelten Mitteleuropa viel weniger der Fall (Kap. 18.6.2). Zusätzlich verschaffen ihm Impfungen (Kap. 16), die ihn zum einzigen, flächendeckend medizinisch betreuten, wilden Säugetier unserer Zoozönose machen, einen ungeahnten Selektionsvorteil!

Von Mardern beeinflußte Bestandstrends?

Bei einem früheren Versuch, abnehmende Durchzugszahlen der Ringeltaube am RM zu deuten, waren für deren Veränderungen keine wirklich überzeugenden Ursachen zu finden (Kap. 17). Ein nahezu vollständig ausbleibender Bruterfolg bei fast kolonieartig brütenden Ringeltauben brachte schließlich die Erkenntnis, daß hier Marder für die Verluste verantwortlich waren (Kap. 17). In Polen siedelten Ringeltauben in Parks (wo Beutegreifer selten waren) 450 mal häufiger, mit 4 – 6fach höherem Bruterfolg, als in umliegenden Wäldern mit vielen Prädatoren, obwohl beide Populationen ihre Nahrung im Agrarland suchten und dieselben Winterareale aufsuchten (Tomiałojc 1980 zit. in Newton 1998).

Auch eine Auswertung der Abschußzahlen aus drei Ländern und ein Vergleich mit den dort erbeuteten Mardern läßt hier Zusammenhänge als wahrscheinlich erahnen (Abb. 18.13). Die beiden Marderarten scheinen regional der wichtigste bestandslenkende Faktor bei der Ringeltaube zu sein. Für Türken- und Hohltaube dürfte dies, lokal unterschiedlich, im Verbund mit weiteren Beutegreifern ebenfalls gelten (Kap. 16, 17).

Weitgehend fehlende Marder auf den Britischen Inseln (Kap. 16) sind somit möglicherweise auch die Ursache für die dort ungebrochen ansteigenden und zeitlich von denen des Festlands völlig verschieden verlaufenden Trends von Ringel-, Hohl- und Türkentaube (siehe Kap. 17, Kap. 18.6.4 und Marchant et al. 1999).

Mit dem besonders starken Bestandsanstieg des Fuchses seit Ende der 1980er Jahre sinken die Marderzahlen in Offenland und Wäldern,

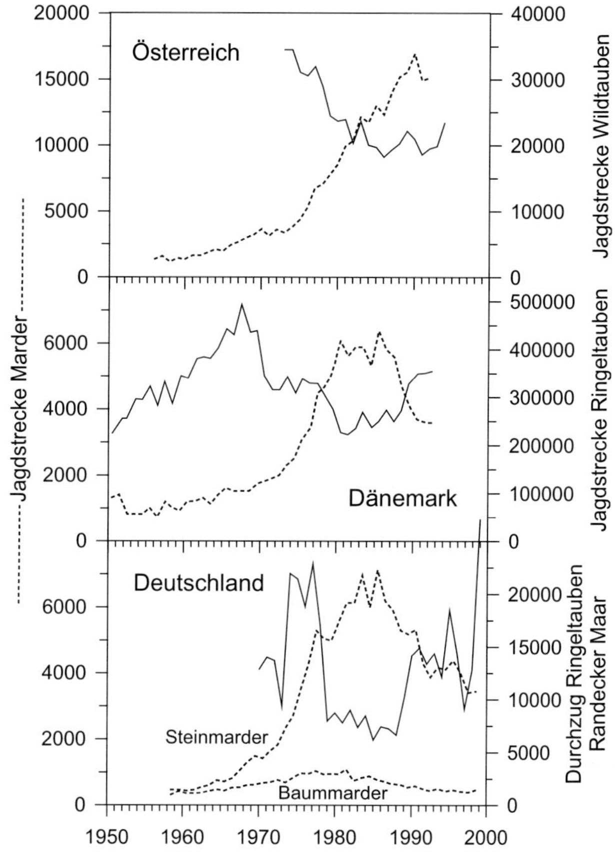

Abb. 18.13: Gegenläufige langjährige Entwicklung der Jagdstrecken von Mardern (gestrichelte Linien – linke Skala) und Ringeltauben (durchgezogene Linien – rechte Skala) für Österreich, Dänemark, Deutschland (hier Durchzugszahlen am RM). – *Opposing long-term trends in kills of* Martes *spp. (dashed line – left scale) and* Columba palumbus *(solid line – right scale) for Austria, Denmark, and Germany (passage numbers at Randecker Maar); Steinmarder* = M. foina, *Baummarder* = M. martes.

steigen aber in Siedlungen weiter. Gleichzeitig wachsen die Bestände arbivorer Kleinsäuger (Kap. 16, Abb. 18.12). Selbst Kleineulen nehmen derzeit regional zu (MAMMEN in B&B, V. DORKA pers. Mitt. und Kap. 17), wobei koinzidierende Ursachen nicht ausgeschlossen sind. Zusammenhänge mit der Überschreitung des Populationshöhepunktes [beim Baummarder ca. 1980 (Abb. 18.14)] sind wahrscheinlich. In Schweden wird der derzeit geringe Bruterfolg beim Fischadler unter anderem dem dort stark zunehmenden Baummarder angelastet (OLSSON 2000, C. HUBER pers. Mitt).

Auch eine ganze Reihe weiterer Vogelarten zeigt Bestandsentwicklungen, die wie jene der Tauben ebenfalls auf einen Zusammenhang mit der Häufigkeit jeweils einer oder beider Marderarten hindeuten könnten. Sowohl Höhlenbrüter wie auch Freibrüter können betroffen sein (Kap. 17 und Abb. 17.43b, siehe auch evtl. ähnliche Populationsbewegungen der Kohlmeise bei JUNKER-BORNHOLDT & SCHMIDT 2000). Neben den in Abb. 17.43b dargestellten Arten, die solche Verbindungen vermuten lassen, könnte der Komplex Marder/arbivore Kleinsäuger auch noch weitergehende Auswirkungen haben. Bei Mehlschwalbe und Dohle können Marder maßgeblich am Erlöschen von Kolonien beteiligt sein. Bei all diesen Abwägungen sind die habitatsbezogenen sowie regional und zeitlich so deutlich unterschiedlichen Bestandsverläufe der beiden ihrerseits konkurrierenden Marderarten zu berücksichtigen.

Vögel als Prädatoren

Die Bestandstrends der Greifvögel beeinflussen naturgemäß auch die Bestandsentwicklung anderer Vogelarten. Zu Beginn unserer Untersuchungen hatten Greifvogelbestände ihren Tiefpunkt erreicht. Ihr Einfluß auf Beutetiere dürfte 1970 ein anderer gewesen sein als 1999, er ist aber aufgrund der komplexen Zusammenhänge schwierig zu beurteilen. In Anbetracht ihrer Siedlungsdichte ist er jedoch weit geringer einzuschätzen als der von Fuchs, Wildschwein, Dachs und Marderarten zusammengenommen (Kap. 16). Dennoch sollen einige Fragen an Beispielen diskutiert werden:

Sperber: Zwischen 1960 und 1975 waren viele Regionen in und angrenzend an Mitteleuropa fast frei von Sperbervorkommen. Am RM hat sich im Zeitraum von 1970 bis etwa 1990 die Zahl der als „anwesend“ festgestellten wie die der Brutpaare im weiteren Umfeld um den Faktor 10, die Zahl der Durchzügler um den Faktor 4 – 5 erhöht (Kap. 17). Es wäre demnach möglich, daß die in den letzten 30 Jahren angestiegene Prädation durch Sperber (im Zusammenspiel mit anderen Prädatoren bis hin zu den Kleinsäugern) einen Einfluß auf die Zusammensetzung der bei uns durchziehenden und brütenden Arten hat, während gleichzeitig die Gesamtzahl der durchziehenden Singvögel am RM zugenommen hat.

Untersuchungen von NEWTON (1998) und THOMSON et al. (1998) in England konnten bei der Dichte von Höhlen- und Freibrütern bzw. Singvögeln allgemein keine Unterschiede feststellen, die sich mit der An- oder Abwesenheit des Sperbers als Brutvogel korrelieren ließen. Zum selben Ergebnis kommen dort PERRINS & GEER (1980) bei Meisen, wobei THOMSON et al. (1998) den Einfluß von Sperber (und Elster) auf einzelne Arten nicht ausschließen konnten.

Auffällige und gleichzeitig seltenere Arten schienen nach RYTKÖNEN et al. (1998) die am höchsten gefährdete Gruppe zu sein, was die in Kap. 16 erwähnten Ergebnisse der selektiven Beutewahl bestätigen könnte.

Sperber könnten also durchaus einen Einfluß auf spezielle Arten haben, die solche Gefährdungskriterien erfüllen, ohne daß dies Einfluß auf die Gesamtvogeldichte haben müßte.

Ein spezifisches Beutespektrum scheint es auch bei anderen Greifvögeln zu geben. JEDRZEJEWSKI & SZYMURA (1994) fanden bei einer Waldpopulation des **Mäusebussards** in Bialowieza/Ostpolen den prozentual er-

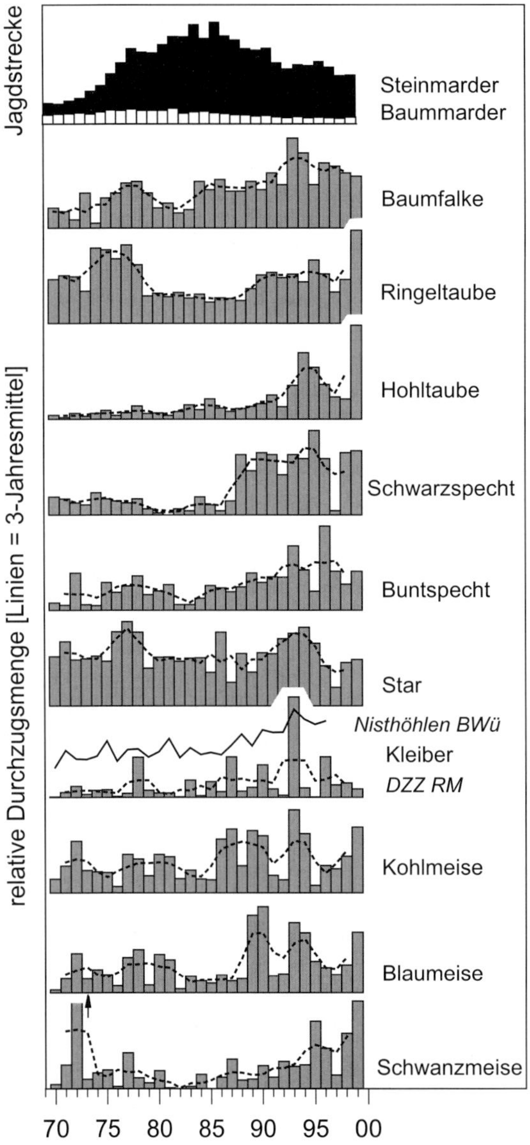

Abb. 18.14: Prädation durch Marder ist derzeit wahrscheinlich regional einer der dominierenden Faktoren bei der Bestandsentwicklung verschiedener Offen- und Höhlenbrüter. Dargestellt ist neben den Jagdstrecken der beiden Marderarten (oben) die Entwicklung der Durchzugszahlen von Vogelarten am RM (jährliche Werte – graue Balken; gestrichelte Linien – gleitende 3-Jahresmittel). Bei Kleiber zusätzlich als durchgezogene Linie – Nistkastenbelegung in Wäldern Baden-Württembergs. (Siehe auch Graphiken in Kap. 16 und 17.) – *Currently, predation by* Martes *spp. is probably one of the dominant factors in the population trends of various open- and hole-nesting birds. Following the representation of hunting kills of both species (black =* M. foina*) over the last 30 years (top), the figures show the trends in relative passage numbers at Randecker Maar from Chapter 17 (grey columns = annual values; dashed lines = sliding 3-year means). In addition, for* Sitta europaea *the solid line shows nest box occupation in Baden-Württemberg forests (Chapter 17). From top to bottom:* Falco subbuteo, Columba palumbus, Columba oenas, Dryocopus martius, Dendrocopos major, Sturnus vulgaris, Sitta europaea, Parus major, Parus caeruleus, Aegithalos caudatus.

heblichen Biomasseanteil von Vögeln im Nahrungsspektrum, unabhängig von der Dichte der Kleinsäuger. Drosseln waren in der Vogelbeute um den Faktor 5,7 und Buntspechtarten um den Faktor 5 häufiger als ihr Anteil an der Waldavizönose.

Beim **Eleonorenfalken** stellten unter 2811 Vögeln aus über 53 Arten, die vor Kreta als Beutetiere ermittelt wurden, wenige farblich auffällige Arten wie Würger und Wiedehopf, Steinschmätzer, Braunkehlchen und Pirol 46 % der Opfer (WALTER 1968). Entsprechende Zusammenhänge mit weit überdurchschnittlichen Entnahmen einzelner Limikolenarten gleicher Größe durch jagende Greifvögel fanden CRESSWELL & WHITFIELD (1994) in Schottland und SODHI & OLIPHANT (1993) bei Singvögeln in Kanada. Unabhängig davon, woran sich solche Selektionsmechanismen orientieren und welche Bedeutung sie im Einzelfall haben, scheinen sie doch eines zu zeigen: Die Artenzusammensetzung einer Avizönose aus Kleinvögeln dürfte von ihren auf sie spezialisierten Prädatoren geprägt sein. Zahlreiche Untersuchungen (z. B. BAKER & BIBBY 1987) legen zudem nahe, daß Säuger, die in der Deckung jagen, im selben Habitat bevorzugt andere Vogelarten als Beute abschöpfen als Greifvögel. Obwohl solche Untersuchungen noch in den Anfängen stecken, können wir annehmen, daß zusätzlich erscheinende Prädatoren bzw. Prädatorengesellschaften mit unterschiedlich gewichteter Artenzusammensetzung auch eine anders zusammengesetzte Beutetiergesellschaft bewirken.

Rabenvögel stellen inzwischen in vielen Gebieten insgesamt oder saisonal den überwiegenden Teil der Biomasse von Vögeln im Grün- und Ackerland. Einige Aspekte der Nahrungs- und Raumkonkurrenz werden in Kap. 17 hervorgehoben. Sie könnten sowohl innerartlich (über Nichtbrüter) wie zwischenartlich eine größere Rolle spielen als erwartet. Zur Beurteilung der Einflüsse von Rabenvögeln auf andere Vogelarten gibt es unterschiedliche Ansätze. KOOIKER & BUCKOW (1999) nehmen aufgrund der Zunahme der Elster eine Verschiebung der Artenzusammensetzung von Begleitarten an (Kap. 16, 18.7). THOMSON et al. (1998) schließen eine solche nicht aus.

Dabei können solitär brütende Rabenvögel offenbar Dichte, räumliche Verteilung und Häufigkeit verwandter Arten deutlich beeinflussen (Kap. 17), und wo Kolkraben häufig sind, erreichen Krähen nur geringe Dichten (z. B. KLAFS & STÜBS 1987) oder fehlen ganz, wie regional in Ostpolen (A. SZYMURA pers. Mitt.).

Angesichts insgesamt offenbar steigender Vogelzahlen ist es nicht maßgeblich, wieviel Prozent die Vogelbruten in der Ernährung der Corviden ausmachen, sondern welchen Prozentsatz dieser Anteil bei der jeweiligen Vogelart im Verbund mit anderen Verlustursachen, insbesondere auch durch Säugetiere, erreicht. Ungeklärt sind dabei vor allem auch Detailfragen, inwieweit z. B. Arten mit geringer „Life time reproduction" (NEWTON 1989) oder besonders gefährdete Gruppen mit frei liegenden Bodennestern die derzeit in der Summierung aus allen Gefährdungen offensichtlich steigenden Nestverlustraten ausgleichen können (Kap. 18.5).

18.6.4 Bestandstrends im regionalen Vergleich

Viele der in Kap. 17 behandelten Arten weisen im Zeitraum nach 1970 zunächst eine Zunahme parallel zu derjenigen ihrer Prädatoren auf. Nach den Ergebnissen aus Kap. 15 wäre zu erwarten, daß angesichts des zunehmenden Vegetationsvolumens in praktisch allen land- und forstwirtschaftlichen Habitaten, auch die Arten, denen diese Veränderungen nutzen, zunehmen könnten. Die Richtigkeit dieses Ansatzes könnte sich aus der Bestandsentwicklung von Tauben und Dohlen auf den Britischen Inseln begründen lassen, die dort seit 3 Jahrzehnten kontinuierlich häufiger werden (MARCHANT et al. 1990, WILSON & MARCHANT 1997, Kap. 18.7).

Bei der Durchsicht einiger britischer wie auch deutscher Studien weisen manche Ergebnisse eher auf ein im Detail noch ungeklärtes scherenartiges Auseinanderlaufen der Trends hin. Dabei nehmen große omnivore Singvogelarten zu, die Bestände zahlreicher kleinerer Vogelarten bleiben gleich oder nehmen ab (MARCHANT et al. 1990, WILSON & MARCHANT 1997, KOOIKER & BUCKOW 1999, SANDERSON et al. 2000, CRICK et al. 2000, SANDERSON 2000, MITSCHKE et al. 2000, WITT 2000 und Kap. 17).

Amsel, Sing-, Rot- und Wacholderdrossel sowie die Feldlerche zeigen am RM ähnliche, meist negative Bestandsverläufe wie in England, die sich aber speziell bei den Drosseln kaum mit der Landbewirtschaftung erklären lassen. Bei einigen Arten, wie Sommergoldhähnchen und Heckenbraunelle, überwintern im Herkunftsgebiet unserer Durchzügler am RM keine Populationsanteile. Die DZZ sollten also mit einer Tendenz entsprechend dem bekannten Zuwachs an geeigneten Bruthabitaten (Kap. 15.8, Eu-ATL) zunehmen. Dennoch sind sie konstant oder gar abnehmend.

Auf der dem RM benachbarten Filderebene, einem der intensivst genutzten, gehölzarmen Agrargebiete Deutschlands und im dort liegenden Flughafen Stuttgart halten sich Rebhuhn und Kiebitz in geringen Beständen (siehe Rebhuhn in Kap. 17). Sie verschwanden aber jüngst aus dem reich mit Gehölzelementen strukturierten Albvorland, wo sie der Summierung von Einbußen durch moderne Agrarnutzung und weiteren Ursachen nicht standhalten konnten.

Damit kommen wir auch zu dem gängigen Schema, nach dem ein höheres Maß an Deckung den Feinddruck reduzieren soll bzw. mehr Schutz vor Prädatoren bietet (z. B. NEWTON 1998). Das vorliegende Beispiel und die dortige Artenzusammensetzung legen aber auch den Schluß nahe, daß ein Mehr an Gehölzen, ein Mehr an „Biotopverbund" die Zahl der möglichen Prädatoren und Nahrungskonkurrenten für Vögel offener Landschaften erhöhen kann (mehrere Artbeispiele in Kap. 17, bei OELKE 1968 und ausgiebige Diskussion bei MØLLER 1989a und NEWTON 1998).

Die Untersuchungen von MURTON et al. (Zusammenfassung in NEWTON 1998) und unsere Graphiken zu Abhängigkeiten der DZZ bzw. Jagdstrecken von Wildtauben und Mardern in Dänemark, Österreich und SW-Deutschland (Abb. 18.13) zeigen interessante Einblicke in das offenbar hohe Maß an möglicher Abschöpfung durch Bejagung und/oder Prädation, das eine Population verkraften kann, wenn die übrigen Faktoren günstig sind. Sie zeigen aber auch Grenzen, wenn die Belastungen zu hoch werden. Das Beispiel der Hohltaube läßt vermuten, daß schon das regionale Fehlen oder Vorhandensein eines einzigen potenten Prädators zu extremen Dichteunterschieden führen kann. Die Verbreitungslücke des Baummarders in einigen nordfranzösischen Departements (VAN DEN BRINK 1968) und im weitaus überwiegenden Teil Englands, wo zudem der Steinmarder völlig fehlt, könnte die Ursache sein, daß die Hohltaube dort auf den Verbreitungspunkten des Eu-ATL 10- bis vielfach häufiger verzeichnet ist als in Deutschland. Sie erreicht im viel kleineren waldarmen England und Schottland eine gegenüber Deutschland viermal größere Gesamtpopulation.

Bei einigen Arten zeigen sich am RM vergleichbare Bestandsentwicklungen mit muldenartigem Kurvenverlauf und tiefen Zahlen parallel zu den Höchstwerten bei den Mardern (Abb. 18.14). Auch hier ist es naheliegend, an mögliche Zusammenhänge zu denken. Der Einfluß der weitgehend unsichtbaren, nachtaktiven Säugetiere könnte dabei artabhängig weitaus gravierender sein als derjenige der Rabenvögel. Gerade deshalb sollte man sich davon lösen, weiterhin isolierte Teilaspekte der Prädatorenproblematik herauszugreifen, die eigentlich nur in ihrer Gesamtschau unter Berücksichtigung regionaler Aspekte bewertet werden können.

Eine weitere Ursache für andere, auch in der Literatur beschriebene, nur schwer erklärbare Trendverläufe muß nach meiner Meinung in der interspezifischen Konkurrenz von Arten mit ähnlichen ökologischen Ansprüchen, vergleichbarer oder unterschiedlicher Größe bzw. ähnlichen Brut- oder Winterquartieren gesucht werden. Die Problematik, wenigstens seit Mitte des 20. Jahrhunderts durch STRESEMANN (zit. in NEWTON 1998) und andere bekannt, dürfte eine viel größere Rolle spielen als derzeit angenommen.

Die zwischenartliche Konkurrenz unter verschiedenen Greifvogelarten einerseits und zu entsprechend großen Arten wie den Corviden andererseits bietet noch manches ungelöste Rätsel. Auch wenn wir die regional und artabhängige unterschiedliche Bestandsentwicklung innerhalb der Greifvögel betrachten, dürfte dieser Einfluß erheblich sein. Schottland und England beherbergen ebenso viele Sperber wie Deutschland und Frankreich zusammen, aber nur wenige Habichte. Unterschiedliche Auswirkungen auf Beutearten hier und dort sind zu erwarten und nach den verschiedenen Abundanzen auch wahrscheinlich. Naheliegend sind solche Zusammenhänge auch zwischen Baumfalke und den Dichtezentren des Wanderfalken an der Schwäbischen Alb (Kap. 17) sowie bei der auffälligen räumlichen Trennung beider Arten in England (Eu-ATL). An der Schwäbischen Alb werden die Verbreitungszentren des Wanderfalken am Albsteilrand aber auch von Brutpaaren des Habichts eher gemieden. Die Rabenkrähe gehört bei uns nicht zu den bevorzugten Beutetieren des Wanderfalken (D. ROCKENBAUCH pers. Mitt.), wohl aber zu jenen des Habichts. Sollte die im Bereich beiderseits des Albrandes vorgefundene extrem hohe Dichte der Rabenkrähe eine Folge der Raumkonkurrenz zwischen Wanderfalke und Habicht sein und die Rabenkrähe also unbeabsichtigt vom Schutz durch den Wanderfalken profitieren? In Kap. 17 sind weitere Fälle erwähnt.

In England haben bis um 1980 alle drei dort lebenden Spechtarten zugenommen. Während sich Bunt- und Grünspecht weiterhin positiv entwickeln, geht der Kleinspecht dort inzwischen stark zurück. Dabei hat der Buntspecht sein Habitat dort, ebenso wie bei uns, stark erweitert, bis hin zur Verstädterung. Nahrungs- und Raumkonkurrenz als Ursache des Rückgangs werden dort ebenso diskutiert wie Nestprädation durch den Buntspecht (MARCHANT 1990, GLUE 2000, Kap. 17). Vom Buntspecht wissen wir, daß er inzwischen bei der Haubenmeise im Umfeld des RM für die meisten Nestverluste verantwortlich ist (Kap.17) und den Baummarder abgelöst hat, der diese Stellung wohl um 1970 – 1980 innehatte. Auch weitere divergierende Entwicklungen in Wald und Farmland lassen dort wie auch in Dänemark (JACOBSEN 1998) vordergründig auf die Wald- und Landbewirtschaftung schließen. Grundsätzlich sind aber auch Konkurrenz, Prädationsgefährdung und -raten für viele Arten im freien Feld anders als am Gehölz- oder Waldrand bzw. im Wald (MØLLER 1989a, JÄRVINEN 1990, JEDRZEJEWSKI et al. 1994, RYTKÖNEN et al. 1998) und verschieben sich somit auch bei einer Veränderung der Habitate (Kap. 15.2). Vögel reagieren darauf bei ihrer Ansiedlung (OELKE 1968, BASTIAN 1993, JEDRZEJEWSKA & JEDRZEJEWSKI 1998, LARSEN 2000) und MØLLER (1989a) geht von einem genetisch fixierten, durch Erfahrungen mit Prädatoren geprägten Habitatbild aus. Somit ist zu erwarten, daß sich angesichts der enormen Verschiebungen innerhalb der mittel- und nordeuropäischen Lebensräume (Kap. 15.2, 15.8.2, 15.8.4 und 15.8.5) auch der Konkurrenzdruck zwischen und der Prädationsdruck auf die einzelne Art verändert, was wiederum nicht bedeutet, daß es weniger Brutvögel gibt.

18.6.5 Bialowieza Nationalpark, Großbritannien und Friesische Inseln als Referenzflächen

Die Landwirtschaft der Britischen Inseln unterscheidet sich nicht auffällig von derjenigen der angrenzenden Länder Mitteleuropas und Dänemarks. Zahlreiche Quellen beschreiben stabile oder stark zunehmende Bestände bei Arten „die offensichtlich durch Entwicklungen in der britischen Landwirtschaft profitieren". Gleichzeitig nehmen dieselben Arten auf dem Festland ab oder zeigen völlig andere Populationsentwicklungen. Einige Beispiele sind Steinkauz, Ringel-, Hohl- und Türkentaube sowie die Dohle, alles in England überwiegende Standvogelarten. Unter den LSZ sind es Gartenrotschwanz und weitere Arten (Kap. 17, z. B. SANDERSON et al. 2000).

Während Dohle und Hohltaube in GB seit 40 Jahren zunehmen, halten sie sich in D auf niedrigem Niveau (Kap. 17). Gleichzeitig leben auf den Friesischen Inseln vor unserer Küste beide Arten als Bodenbrüter in hoher Dichte. Beide suchen ihr Futter auf dem Festland. Sie haben auf den Inseln Kornweihen als häufige Brutnachbarn, die auf dem Festland wiederum keine Chance haben, nennenswerte Bestände aufzubauen (Kap. 17). Der Gartenrotschwanz hat sich, wie auch einige andere LSZ, auf den Britischen Inseln im Gegensatz zu Kontinentaleuropa nach dem Zusammenbruch der Population 1969 rasch wieder erholt und nimmt nach wie vor zu (MARCHANT et al. 1998), wobei die Überwinterungsgebiete in Afrika sich von denen der deutschen Vögel nicht allzu sehr unterscheiden dürften.

Erklärungen für diese unterschiedlichen Bestandsentwicklungen müssen folglich im Brutgebiet gesucht werden. Die Britischen und die Friesischen Inseln haben eine gegenüber dem Festland verarmte Wirbeltierfauna und bedeutende Prädatoren wie Marder und Wildschwein fehlen überwiegend oder ganz. Sieben- und Gartenschläfer kommen ebenfalls nicht vor und auf den Inseln vor unserer Küste fehlt zusätzlich auch der Fuchs (Kap. 16).

TOMIAŁOJC et al. (1984) fanden in den Urwäldern des Bialowieza-Nationalparks/PL mittlere Vogel-Siedlungsdichten, die sich kaum von denjenigen mitteleuropäischer Wirtschaftswälder unterscheiden. Sie erklären sich diese geringen Dichten als Anpassung bzw. Folge an den – gegenüber Wirtschaftswäldern – hohen Feinddruck im Primärwald (TOMIAŁOJC et al. 1984, TOMIAŁOJC & WESOŁOWSKI 1994).

Es scheint aber so, als müsse man TOMIAŁOJC und WESOŁOWSKI berichtigen: Entsprechend umfassende Untersuchungen über die Prädatorensysteme der Wirtschaftswälder Mitteleuropas und ihre kompletten Wechselbeziehungen gibt es nicht; ebenso existieren keine exakten Aussagen zu ihren Veränderungen während der letzten 30 Jahre. Vergleicht man jedoch die in Kap. 16 und 17 beschriebene Situation der Abundanzen von carnivoren Säugern in Deutschland mit derjenigen von Bialowieza (JEDRZEJEWSKA & JEDRZEJEWSKI 1998), so stellt man fest, daß bei uns im Kulturland die Dichte der Prädatoren, die für Vögel die größte Bedeutung haben, oft um die Größenordnung des Faktors 10 höher ist (Kap. 16). In dieser noch etwas intakteren Naturlandschaft werden die wichtigsten Vogeljäger durch Großprädatoren und durch die harten kontinentalen Winter limitiert. In unserem wie im britischen Kulturland steht einem eingeschränkten, aber dennoch relativ großen Artenspektrum von Vögeln und Säugetieren ein weit höheres Grundnahrungsangebot zur Verfügung als in dem nur dünn besiedelten Gebiet dieses polnischen Nationalparks mit wenig Landwirtschaft (Kap 18.6.2). Die Biomasse/Flächeneinheit derjenigen Arten, die Vögel jagen, ist bei uns weit größer als in Bialowieza.

Aus den in Kap. 16 beschriebenen Möglichkeiten, daß die verschiedenen Prädatoren ihre Beute nicht nur nach deren Abundanz bejagen und daß Beutegreifer unterschiedlich in die vorhandenen Populationen eingreifen, dürften einige der regional unterschiedlichen Entwicklungen resultieren.

18.7 Einige wichtige Entwicklungen in Europa

Bei der Abwägung der in Kap. 17 für die einzelnen Arten aufgezeigten Veränderungen geht es nicht darum, einzelne Gefährdungsursachen als statische Gegebenheiten zu werten, sondern darum, inwieweit sie sich in den vergangenen Jahren entwickelt und damit in ihrer Gewichtung untereinander verlagert haben. Unsere Datenreihe beginnt 1970. In den ersten Jahren erfaßten wir im Vergleich zu später bei einigen Arten viel höhere, bei anderen Arten relativ geringe Durchzugsmengen. Teilweise zeichnen sich seitdem Zunahmen ab. Je nach Einschätzung des vorangegangenen Zeitraums können wir das als kontinuierliche Bestandssteigerungen interpretieren oder auch nur als eine Erholung nach Populationszusammenbrüchen. Beispiele sind LSZ, die von der Dürre im Sahel ab Ende der 1960er Jahre beeinflußt wurden und vorher häufiger waren. Bei Greifvögeln können wir die ansteigenden DZZ sowohl als eine Erholung nach dramatischen Populationsreduktionen aufgrund von Bejagung und Pestizideinflüssen auffassen wie auch als einen Anstieg, der bei einigen Arten über die Populationsgröße der vorausgegangenen fünfzig Jahre hinausgeht.

Die derzeitige Ursachenforschung berücksichtigt zu häufig nur die anthropogenen und abiotischen Einflüsse. Obwohl einerseits fast alle genannten Faktoren, die auf Vogelbestände einwirken, durch den Menschen verursacht sind, erscheint die bisherige Beurteilung in bezug auf Bestandsveränderungen oft zu anthropozentrisch. In den folgenden Abschnitten sollen einige Faktoren der sich verändernden Avifauna noch einmal kurz zusammengefaßt werden, die bisher zu wenig Beachtung fanden. Bisherige Erklärungsansätze sind oft zu einfach strukturiert, um der Komplexität des Geschehens näher zu kommen. Insofern können auch die nun folgenden Versuche einer Analyse nur punktuelle Ansätze sein.

Heute mehr Vögel als früher?

Die Frage, ob als Folge der in Kap. 15 dargestellten starken Veränderungen der Lebensgrundlagen gravierende Veränderungen der Vogelbestände zu erwarten sind, können wir mit „ja" beantworten. Das sich seit 50 Jahren immer schneller verändernde sozioökonomische Umfeld wird als Hauptursache gravierender Habitatveränderungen angesehen.

Dann wäre die nächste, bisher nur für die Vogelwelt der Meere beantwortete Frage, ob Vögel heute häufiger sind als früher, ebenso wichtig wie die Klärung, ob unsere Umwelt heute auch für Landvögel mehr Nahrung bereithält als vor 50 Jahren. Auch hier kann man beides mit „ja" beantworten.

Die Produktion ist heute in der Land- und Forstwirtschaft Europas viel höher als noch vor wenigen Jahrzehnten. Durch die eutrophierenden Einflüsse, die sich auf die gesamte Vegetation auswirken, hat zumindest die Biomasse der Vögel zugenommen. Eine Zunahme der Diversität war damit jedoch nicht zwangsläufig verbunden. Die Zunahmen verteilen sich vor allem auf Arten, die von den Vegetationsänderungen profitieren. Weiterhin sind die Bestände von Wirbeltieren, die sich indirekt oder gezielt fördern lassen, vielfach angewachsen. Dies betrifft insbesondere größere Säuger und Großvögel. Die Populationen der meisten kleinen Arten lassen sich dagegen weniger beeinflussen und bei den Bodenbrütern sind sowohl im Wald wie auch im Agrarland nur negative Befunde zu vermelden.

Viele Arten sind weit verbreitet. Bestandsentwicklungen können deshalb regional verschieden ablaufen. Die Ressourcen und Reproduktionsraten (im Brutgebiet), nachbrutzeitliche Verluste und die Wintermortalität (im Überwinterungsgebiet) bestimmen bei der Mehrzahl der Arten die Bestandsentwicklung. Die jeweilige anthropogene Landnutzung im Brut- und Winterareal einer Art kann gegenläufig auf die Bestandsentwicklung einwirken (Kap. 15.8.3 – 15.8.7, Kap. 17).

Die Wirtschaftsstruktur und die Politik der verschiedenen Staaten bzw. Wirtschaftszonen haben einen großen direkten und indirekten Einfluß auf den Umgang mit der Natur und damit auf die Avifauna. Die aus diesen Faktoren resultierende Bevölkerungsmentalität bestimmt vielfach unbewußt die Zusammensetzung der Fauna über Förderung oder Reduktion einzelner Tiergruppen. Damit werden die Konkurrenzverhältnisse untereinander beeinflußt. Dies dürfte möglicherweise – mit vielfältigen Überschneidungen – kaum geringere Auswirkungen haben, als wir sie von Siedlungs-, Garten- und Straßenbau, von Industrie, Land- und Forstwirtschaft zu erwarten haben.

Wandel der Umweltbetrachtung, des Artenschutzes und der Avizönosen

Der wirtschaftliche Aufschwung in den Ländern Nord-, West- und Mitteleuropas sowie die regional stark zunehmende Bevölkerung waren verbunden mit schwerwiegenden Eingriffen in die Naturlandschaft, begleitet von hohen Umweltbelastungen. Diese Entwicklung führte ab etwa 1960 zu einer wachsenden Sensibilität gegenüber ökologischen Problemen und zu einer verstärkten Akzeptanz von Naturschutzmaßnahmen. Neue Erkenntnisse über die komplexen Zusammenhänge in Ökosystemen und deren Störanfälligkeit schlugen sich zunehmend in der entsprechenden Gesetzgebung nieder. Dabei wurde auch einer veränderten Einstellung bzw. Sichtweise gegenüber der freilebenden Tierwelt Rechnung getragen. Ein Vergleich der gesetzgeberischen Regelungen vor und zu Beginn der Untersuchungen am RM mit der gegenwärtigen Situation demonstriert den Wandel in drastischer Weise. Das Verhältnis zwischen Mensch und freilebender Tierwelt war bis in die 1960er Jahre geprägt duch ein starkes Nützlichkeits-Schädlichkeits-Denken. Im Mittelpunkt stand die aktive Regulierung der Bestände. Dazu zählten u. a. die strikte Bejagung oder „Bekämpfung" (Fang, Vergiftung) bestimmter Vogel- und Säugerarten mit dem Ziel einer Faunenzusammensetzung, die höchste Ernteerträge bzw. Jagdprofite garantieren sollte. Der Zeitraum zwischen 1960 und 1970 zeichnet sich durch eine allmählich nachlassende Bejagung fast aller Konkurrenten des Menschen aus; schon vorher beginnt sich die Anwendung von giftigen Pestiziden auf die Vogelbestände weltweit dramatisch auszuwirken (Kap. 15.4). Im Vordergrund heutiger Auffassungen (und der daraus resultierenden Gesetzgebung) steht das Prinzip der Selbstregulation, verbunden mit einem konsequenten Schutz. Die Folge ist, daß es teilweise zu einem starken Anwachsen der Bestände von Arten kommt, die früher intensiv verfolgt wurden. Gerade diese Vögel und Säuger hatten in den letzten Jahren den höchsten Zuwachs an Biomasse. Auch die seit Jahren zu beobachtende „Verstädterung" von bestimmten Omnivoren und Carnivoren stellt nach meiner Meinung zum einen die Anpassung dieser Arten an neue Lebensbedingungen mit permanenten Nahrungsüberschüssen dar (Habitatewandel der Siedlungen, Kap. 18.6.2), zum anderen ist sie auch Ausdruck des oben angesprochenen Bewußtseinswandels, der Forderung nach „mehr Natur".

Aus den in Kap. 15 dargestellten Fakten zu den Veränderungen in unseren europäischen Großräumen wurden Erwartungen geboren, wie sich unsere Vogelwelt entwickeln könnte. Sie sind in nicht wenigen Fällen tatsächlich in ähnlicher Form eingetroffen, oft auch übertroffen worden. Vor allem bei den kleineren Vogelarten weichen sie aber in vieler Hinsicht erheblich davon ab.

In Kap. 17 wurde offenbar, daß sich innerhalb der wechselnden sozioökonomischen Rahmenbedingungen einer jeden menschlichen Gesellschaft eine eigenständige Avizönose ausbildet. Sie wird bei einer so hochmobilen, oft kontinentüberschreitenden Gruppe, wie es die Vögel sind, aber zusätzlich von außerhalb beeinflußt.

Die Ergebnisse aus den Kapiteln 17 und 18 haben ebenso gezeigt, daß es mit der Zunahme voll oder teilweise carnivorer Arten nicht weniger Vögel in der begleitenden Fauna gibt. Sie lassen aber auch erahnen, daß die Artenzusammensetzung qualitativ davon beeinflußt werden kann. Die gezeigten Beispiele geben trotz vielfältig koinzidierender Faktoren Anlaß zu der Vermutung, daß Verschiebungen innerhalb der Artenpyramide, bei gegenseitiger Raum- und Nahrungskonkurrenzen, zwangsläufig das komplizierte Geflecht der Wirkmechanismen biotischer Faktoren beeinflussen. Änderungen sind letztendlich auch dort zu erwarten, wo man sie nicht vermuten würde. Hier ist ein weites Feld für zukünftige Forschungen. An Einzelbeispielen konnte gezeigt werden, daß die regionalen Verbreitungsatlanten ebenso wie der Eu-ATL schon heute zahlreiche Möglichkeiten bieten, solche Konkurrenzverhältnisse aufzuspüren.

Wiesen und Äcker – Vom artenreichen Brutgebiet zum üppigen Nahrungsgebiet für Generalisten?

Die Brutmöglichkeiten werden für immer mehr Arten eingeschränkt und ehemals typische Arten der Äcker und des Grünlandes verschwinden. Der Nahrungsreichtum der landwirtschaftlichen Flächen wird zunehmend von Arten genutzt, die außerhalb dieser im Wald oder auch in Siedlungen brüten. Gute Flieger wie Milane, Bussarde, Rabenvögel, Tauben und wo vorhanden auch Möwen, können von dieser Entwicklung profitieren. Die Nahrungsansprüche sind in der Brutzeit bei vielen dieser Arten, mit Ausnahme der Tauben, ähnlich. Arthropoden – eine beschränkt verfügbare Ressource – spielen die größte Rolle. Arten mit einer Bindung an kleine Reviere sind dann benachteiligt, wenn andere Arten ohne diese Bindung zunehmen.

Obwohl die derzeitige Entwicklung Vogelarten begünstigt, die das Agrarland, von außerhalb kommend, zur Nahrungssuche nutzen, zeigt sich selbst bei Arten wie Hohltaube und Bluthänfling (Kap. 15.5 und 17), wie kompliziert die Zusammenhänge sein können. Der hohe Einsatz von Herbiziden schränkt zudem die Besiedelbarkeit für diejenigen Arten ein, die auf kleine Sämereien angewiesen sind, und fördert Vögel, die z. B. von Winterraps oder Getreidesamen leben können (siehe auch Kap. 15.4).

Die durch aktive und indirekte Einflüsse gesteigerte Eutrophierung, mit der Folge üppigerer Vegetation, verbunden mit größeren Schlägen und feuchteren Bestandsklimaten, stellt für diese Arten somit die wohl wesentlichste Voraussetzung für die Veränderung der Avifauna dar. Die gesteigerten landwirtschaftlichen Erträge bieten mehr Nahrung, die allerdings nur einem eingeschränkten Spektrum von Vogelarten nützt.

Die grüne Revolution – Wälder im gemäßigten Klima Mittel- und Westeuropas

Die Umwandlung von Heide zu Wald, von holzarmen Nieder- und Mittelwäldern zum Hochwald mit enormer Steigerung der Waldflächen, des Holz- wie auch des gesamten Vegetationsvolumens stellt wahrscheinlich den gravierendsten Landschaftswandel in West- und Mitteleuropa während der letzten 250 Jahre dar (Kap. 15.8, 15.9, Abb. 18.2a). In Deutschland waren die Übernutzungen in den Wäldern nach 1945 auf diesem Weg nochmals ein wesentlicher Einschnitt. Vorübergehend entstanden viele offene Flächen, danach junge Sukzessionen, die eine entsprechende Avifauna beherbergten. Dieser ganze Prozeß zu heute immer älteren Wäldern ist der eigentliche revolutionäre Wandel. Seine positiven Auswirkungen erkennen wir erst, wenn wir Vergleiche zu Ländern anstellen, die bis vor kurzem sehr waldarm waren und noch heute wenig alte Wälder besitzten, wie z. B. England und Irland. Die im 20. Jahrhundert gepflanzten Nadelwaldplantagen werden dort im Vergleich zu M-Europa schon in jugendlichem Alter geschlagen (Kap. 15.8.2.6). Zahlreiche Waldvogelarten bis hin zu manchen Greifvögeln fehlen dort oder sind selten.

Bei uns haben als Folge der Hochwaldwirtschaft Vogelarten der offenen Nieder- und Mittelwälder viel von ihrem ehemaligen Lebensraum verloren, der Wandel ermöglichte aber gleichzeitig zahlreichen Arten die Einwanderung oder eine starke Vermehrung und Ausbreitung.

Trotz enormer Ausweitung der Nadelwälder hat auch die Laubwaldfläche seit dem Beginn einer geregelten Forstwirtschaft zugenommen, wenn wir die realen Flächen betrachten. Neben dem Flächenzuwachs und dem (seit 1950 kontinuierlich) anwachsenden Durchschnittsalter der Wälder ist die kleinräumliche Verquickung von Nadel- und Laubwald das wesentlichste Element für den Faunenwandel. Hier entstand in weiten Teilen der gemäßigten Klimazone Europas ein Konglomerat aus Vegetationszonen, die unter natürlichen Bedingungen räumlich um 3 – 4 °C Jahresdurchschnittstemperatur voneinander getrennt lägen (Kap. 15.9.2.3). Die Ausdehnung dieses Florenwandels (mit Koniferen und Birken) auf die Städte und Dörfer verstärkt diese Entwicklung. Viele Vogelarten sind heute hier häufiger als sie es in den ursprünglichen Wäldern waren (Kap. 17). Arten der montanen bzw. subborealen Gebiete konnten riesige Arealgewinne erzielen.

Für die nordeuropäische Vogelwelt erbrachte der Wiederaufbau der Wälder in der gemäßigten Klimazone Europas einen ebenso revolutionären Wandel. Die dort lebenden Kurzstreckenzieher ziehen heute im Winter, im Gegensatz zu früher (Kap.15.8.2), in nahrungsreiche Wälder (Kap. 15.8.3, 15.8.4). Geringere Winterverluste und höhere Fitness der Heimkehrer sind als Folge daraus ebenso zu erwarten wie Abundanzgewinne und Arealerweiterungen in Skandinavien und Rußland (Abb. 18.3).

Vom Niederwald zum Hochwald – mehr Kurzstreckenzieher und Standvögel

Langstreckenzieher (LSZ) sind eher Bewohner offener Waldsteppen oder lichter Wälder mit unterbrochenem Kronendach sowie von Waldrändern und jungen Sukzessionen. Eine der wenigen Ausnahmen ist der Waldlaubsänger.

Der Rückgang zahlreicher LSZ-Arten wurde bisher, neben Ursachen in Afrika, vor allem den Wettbewerbsvorteilen zugeordnet, die Kurzstreckenzieher (KSZ) aus der Klimaerwärmung ziehen können. Dazu gehört ein früherer Brutbeginn und damit eine unter Umständen etwas verlängerte Brutperiode. Diese Vorteile bieten aber auch immergrüne Gehölze in Wald und Gärten. Einflüsse der Klima- und Habitatveränderung sind dabei kaum voneinander zu trennen und die Vorteile dieses Habitatwandels kommen überwiegend den KSZ zugute (Kap. 15.9).

Wenn wir das Spektrum der Arten betrachten, die als Durchzügler am RM oder auch überregional zunehmen, so sind Arten, die geschlossene Wälder bewohnen oder eine Toleranz gegenüber dunklen Wäldern aufweisen, auf dem Vormarsch. Generell bieten die heutigen Wälder mit ihrem viel höheren Holzvorrat und höheren Vegetationsvolumina niedrigere Bestandstemperaturen als frühere Wälder. Dies bedeutet, daß zahlreiche Arten während der Brutzeiten noch keine Vorteile aus einer etwaigen Klimaerwärmung ziehen können. Das deckt sich mit der Beobachtung, daß in den Wäldern keine wärmeliebende Art auf dem Vormarsch ist und insbesondere Kurzstreckenzieher zunehmen. Mit dem Rückgang der Kahlschläge und damit der jungen Waldsukzessionen mußten Arten dieser Habitate zwangsläufig seltener werden, und über die neu entstehenden Dominanzen und Abundanzen der zunehmenden Hochwaldarten dürften auch neue Konkurrenzverhältnisse entstanden sein, die sich bis in das Offenland auswirken.

Summary
18 Provisional evaluation of some factors involved in population changes during the last decades

The changes in the avian environment over the last three decades were dealt with in Chapter 15. These changes will result in an increase or decrease in the numbers of particular species; to examine some of these effects is the aim of Chapter 18.

Some of these environmental alterations play an important role in the discussion focussing on the expansion or decline of species. They include the growing areas covered by housing, industry, and roads; the use of pesticides, and the adaptation of agricultural land to machinery with the accompanying rise in production. Of particular relevance in this discussion is current and future global warming, though other important processes are taking place largely unnoticed.

The average age of the stands in temperate zone forests, and hence also the seed crop of important tree species, is steadily increasing, while the role played by clear-felling continues to decline, leading to a decrease in the area covered by younger stands. In the boreal forests of northern Europe this development is reversed: the forests there are, on average, becoming younger and clear-felling is taking place on an often unimaginable scale. However, the area of forest in the breeding regions of the northern migrants is growing (Chapter 15.8.2 - 15.8.5). For many bird species this results in population trends that differ according to region.

The present-day small-scale mingling of broad-leaved and coniferous tree species in planar and colline zones of Central Europe where broad-leaved forest originally dominated, increases the food supply per unit area for many woodland birds, alleviating stress during periods of minimum food availability. While current climate changes mean that temperatures in open country are on the whole rising, at least for the present, the older forests and especially the denser, and now widespread conifer-rich forests of Central Europe have rather a dampening effect, offsetting the impacts of warming. This effect is strongest in coniferous forest outside the winter months, which explains why the species that are increasing are above all those that do well in dark forests (Chapter 15.9.2).

This situation is to the disadvantage of long-distance migrants, which almost without exception inhabit lighter, more open forests. Also, in all other temperate zone habitats, including within built-up areas, the vegetation volume of trees, bushes, and shrubs has reached a historic highpoint.

Due to increasing man-made eutrophication, and also to the effects of an autogenic increase in nutrients, the plant cover of meadows, arable fields, moors, and heaths is becoming higher and denser, leading to a cooler microclimate within the cover, which profits only a limited range of species.

Agriculture, forestry, and horticulture have brought about extensive changes in plant communities, resulting in a mosaic of Mediterranean, montane, and boreal elements. It is probably these developments, together with eutrophication, that are the most important causes of the alterations in the avian community during the last 30 years, even more so than climatic factors (Chapters 15.5, 15.8, 15.9).

The restrictions on, or prohibition of, the deployment of toxic persistent pesticides have led to a recovery in the numbers of arthropods, thus possibly supporting the population recovery of many bird species (Chapters 15.4, 17).

The expansion in the availability of food from the refuse of an affluent society, and from agricultural surpluses, has promoted the rise in numbers of a few carnivorous and omnivorous mammals and birds, particularly in the highly industrialized and densely populated countries of Europe. The hypothesis can be put forward that where the human population density is high, and refuse availability unlimited, the classic laws of ecology no longer apply. The populations of some predator species are no longer limited by the densities of their prey species but by the minimum size of the refuse supply, which allows them to maintain permanently high numbers. The possible consequences for the populations of their principal and associated prey species is basically unknown. They could however be greater than under conditions closer to a natural state, even if these species now account for insignificant fractions of the predators' prey spectrum. The regional absence or presence of important predators (especially Red Fox Vulpes vulpes, *martens* Martes, *and Wild Boar* Sus scrofa*), and the variation in their numbers, must be regarded as one of the many possible reasons why the population trends of certain bird species differ from place to place.*

The findings presented in Chapter 17 show that despite the increases in those wholly or partly carnivorous species the number of birds in the surrounding fauna is not less. It remains unclear, however, whether or to what extent species composition has been qualitatively affected.

Despite possible coincidences, the examples given here and in Chapters 16 and 17 allow the supposition that shifts within the species pyramid caused by changes in food supply, habitats, etc. must crucially influence the complex web of reciprocal competition for space and food (for further instances in birds, see NEWTON 1998 and for interspecific relationships between small mammals and songbirds, see JEDRZEJEWSKA & JEDRZEJEWSKI 1998). The end result is that changes can occur where they are least expected, presenting a fertile area for future research. Regional bird distribution atlases, and the EBCC Atlas (1997), currently offer numerous opportunities, hardly exploited up to now, for uncovering the kind of possible competition scenarios that have been outlined here.

During these thirty years, natural phenomena and political developments have occurred alongside these environmental changes, though only during parts of our monitoring period. Even before this research began, the drought in the Sahel zone south of the Sahara had a pronounced negative impact on some species. The end of this drought and the resulting population recoveries coincided however with the political upheavals in the countries of the former Warsaw Pact. The Common Agricultural Policy of the European Union has since then been in operation in eastern Germany, one of the many consequences of which is that there, and more importantly further east, many thousand km² of agricultural land have fallen fallow, though that had also been the case to some extent before German reunification. In order to distinguish between the effects of these two factors, data on simultaneous trends in some west European bird populations have to be used (Chapter 17).

These repercussions not only extended from the eastern border of the former West Germany deep into Russia but were also apparent within the West German avifauna. The opening up of free trade with eastern Europe, the low oil prices, together with the catastrophic storms of 1990 and 1999, led to a drop in timber prices. The storms caused the accumulation of a huge amount of windthrow and broken wood, triggering accompanying bark beetle infestations. Within ten years, these factors have resulted in a rise to record levels in the amount of dead wood in Central Europe, which in turn has promoted the increase of a number of bird species.

In short, it is the socioeconomic developments initiating changes in the landscape and in human behaviour at almost breathtaking speed that should be seen as the most influential root causes of the rapid changes in our avifauna. Climatic factors, apart from the Sahel drought episode, are, for the time being, regarded as playing only a subsidiary role.

Literatur

A-ATL siehe DVORAK, M. et al. (1993).

ABLE, K. P. (1973): The role of weather variables and flight direction in determing the magnitude of nocturnal bird migration. Ecology 54: 1031 - 1041.

ABLE, K. P. (1978): Field studies of the orientation cue hierarchy of nocturnal songbird migrants. In: K. SCHMIDT-KÖNIG & W. T. KEETON: Animal migration, navigation, and homing. Springer, Berlin. S. 228 - 238.

ABLE, K. P. (1980): Mechanisms of orientation, navigation and homing. In: S. A. GAUTHREAUX Jr. (Hrsg.): Animal migration, orientation, and navigation. Academic Press, New York & London. S. 283 - 373.

ABLE, K. P. (1982): The effects of overcast skies on the orientation of free-flying nocturnal migrants. In: F. PAPI & H. G. WALLRAFF: Animal navigation. Springer, Berlin. S. 38 - 49.

ADOLFSSON, K. & S. CHERRUG (1995): Bird Identification – A reference guide. Wallin & Dalholm, Lund. Anser Suppl. 37: 1 - 379.

AEBISCHER, A. & D. MEYER (1998): Brutbiologie des Rohrschwirls *Locustella luscinoides* am Neuenburgersee. Orn. Beob. 95: 177 - 202.

AID (1994): Forst, Holz 1994. Auswertungs- und Informationsdienst für Ernährung, Landwirtschaft und Forsten e.V., AID 2514.

ÅKESSON, S. (1993): Coastal migration and wind drift compensation in nocturnal passerine migrants. Ornis Scand. 24: 87 - 94.

ALATALO, R. V., L. ERIKSSON, L. GUSTAFSSON & K. LARSSON (1987): Exploitation competition influences the use of foraging sites by tits: experimental evidence. Ecology 68: 284 - 290.

ALATALO, R. V., L. GUSTAFSSON & A. LUNDBERG (1984): Why do young passerine birds have shorter wings than older birds? Ibis 126: 410 - 415.

ALATALO, R. V., L. GUSTAFSSON, A. LUNDBERG & S. ULFSTRAND (1985): Habitat shift of the Willow Tit *Parus montanus* in the absence of the Marsh Tit *Parus palustris*. Ornis Scand. 16: 121 - 128.

ALBRECHT, L. (1991): Die Bedeutung des toten Holzes im Wald. Forstw. Cbl. 110: 106 - 113.

ALERSTAM, T. (1975a): Redwing (*Turdus iliacus*) migration towards southeast over southern Sweden. Vogelwarte 28: 2 - 17.

ALERSTAM, T. (1975b): Crane *Grus grus* migration over sea and land. Ibis 117: 489 - 495.

ALERSTAM, T. (1976): Nocturnal migration of thrushes (*Turdus* spp.) in southern Sweden. Oikos 27: 457 - 475.

ALERSTAM, T. (1978): Analysis and theory of visible bird migration. Oikos 30: 273 - 349.

ALERSTAM, T. (1979): Optimal use of wind by migrating birds: combined drift and overcompensation. J. Theor. Biol. 79: 173 - 186.

ALERSTAM, T. (1994): Bird migration. Cambridge Univ. Press, Cambridge.

ALERSTAM, T., C.-A. BAUER & G. ROOS (1974): Fält- och radarstudier av östersjöejdrarnas *Somateria mollissima* vårsträck. Vår Fågelvärld 33: 15 - 27.

ALERSTAM, T., C.-A. BAUER & G. ROOS (1974): Spring migration of Eiders *Somateria mollissima* in southern Skandinavia. Ibis 116: 194 - 210.

ALERSTAM, T. & S.-G. PETTERSSON (1976): Do birds use waves for orientation when migrating across the sea? Nature 259: 205 - 207.

ALERSTAM, T. & S. ULFSTRAND (1972): Radar and field observations of diurnal bird migration in South Sweden, autumn 1971. Ornis Scand. 3: 99 - 139.

ALERSTAM, T. & S. ULFSTRAND (1974): A radar study of the autumn migration of the Wood Pigeon *Columba palumbus* in southern Scandinavia. Ibis 116: 522 - 542.

ALERSTAM, T. & S. ULFSTRAND (1975): Diurnal migration of passerine birds over South Sweden in relation to wind direction and topography. Falsterbo Bird Station Report No. 72.

ALKEMEIER, F. & W. GATTER (1990): Größenordnung der herbstlichen Südwanderung des Windenschwärmers *(Agrius convolvuli)* in den Alpen. Ent. Z. 100: 330 - 332.

AMANN, F. (1994): Der Brutvogelbestand im Allschwilerwald 1948/49 und 1992/93. Orn. Beob. 91: 1 - 23.

AMMER, U. & H. SCHUBERT (1999): Arten-, Prozess- und Ressourcenschutz vor dem Hintergrund faunistischer Untersuchungen im Kronenraum des Waldes. Forstw. Cbl. 118: 70 - 87.

ANDERSEN, L. & H. HOERSCHELMANN (1996): Siedlungsdichte, Reviergröße und Bruterfolg von Rabenkrähen (*Corvus c. corone* L.) in der Großstadtlandschaft Hamburgs. Hamburger avifaun. Beitr. 28: 17 - 42.

ANDERSON, T. R. (1978): Population studies of European sparrows in North America. Occ. Papers Mus. Nat. Hist. Kansas 70: 1 - 58.

ANDERSSON, J., T. GUSTAFSSON, L. HARNEMO & P. NILSSON (1991): Haparanda Sandskär fågelstation 10 år. Fåglar i Norrbotten 4: 105 - 134.

ANDREEV, A. V. (1998): Beringia and the history of holarctic avifaunas. Vortrag, Tagung DOG, Jena.

ANDREEV, A. V. (1999): Zwischen Eissumpf und Packeis – das Leben der Rosenmöwe *Rhodostethia rosea*. Limicola 13: 1 - 22.

ANDREEV, A. V. & F. HAFNER (1998): Zur Biologie des Sichelhuhns *Falcipennis falcipennis*. Limicola 12: 105 - 135.

ANDREOTTI, A., L. BENDINI, D. PIACENTINI & F. SPINA (1999): The role of Italy within the Song Thrush *(Turdus philomelos)* migratory system analysed on the basis of ringing-recovery data. Vogelwarte 40: 28 - 51.

ANDRZEJEWSKI R. & M. BARANOWSKI (1993): State of environment in Poland. State Inspectorate for Environmental Protection, Warschau. 103 S.

ANGELSTAM, P. (1990): Factors determining the composition and persistence of local woodpecker assem-

blages in taiga forest in Sweden – a case for landscape ecological studies. Swedish Univ. Agric. Sciences, Uppsala, Report 17: 147 - 164.
ANTHES, N. (1999): Schlafplatzbesetzung der Rabenkrähe *Corvus corone corone* im Landkreis Ludwigsburg. Orn. Anz. 38: 31 - 40.
ARSENJEW, W. K. (1924): In der Wildnis Ostsibiriens. Forschungsreisen im Ussurigebiet. Scherl, Berlin. 2 Bde.
ASCHOFF, F. (1984): Tages- und Jahresuhren zur Orientierung in Raum und Zeit. Nova Acta Leopoldina NF 57: 9 - 47.
ASCHOFF, J. (1954): Zeitgeber der tierischen Tagesperiodik. Naturwiss. 3: 49 - 56.
ASENSIO, B. & C. ANTON (1990): Situación del Picogordo *(Coccothraustes coccothraustes)* en España. Ardeola 37: 29 - 35.
ASH, J. S. (1993): Migration of palaearctic birds inland in Ethiopia. Scopus 17: 19 - 25.
ASHMOLE, M. J. (1962): The migration of european thrushes: a comparative study based on ringing recoveries. Ibis 104: 314 - 346 & 522 - 559.
ASMAN, W. A. H. & H. S. M. A. DIEDEREN (1987): Ammonia and acidification. Proc. Symposium of the European Association for the Science of Air Pollution at Bilthoven, NL, 13. - 15. April 1987. 327 pp.
AUBREVILLE, A. (1938): La forêt coloniale: les forêts de l'Afrique Occidenteale Française. Ann. Acad. Sci. Colon. Paris 9: 1 - 245.
AULÉN, G. (1988): Increasing insect abundance through killing deciduous trees. A method of improving the food situation for endangered woodpecker species. In: G. AULÉN: Ecology and Distribution of the White-backed Woodpecker. Swedish Univ. Agric. Sci. S. 175 - 194.
AVERY, M. & R. LESLIE (1990): Birds and forestry. Poyser, London.
BADTKE, W., K. FISCHER, H.-M. KOCH & H.-J. RIEDINGER (1971): Die Vögel des Raumes Reutlingen. DBV, Ortsgruppe Reutlingen.
BAINES, D. (1991): Factors contributing to local and regional variation in Black Grouse breeding success in northern Britain. Ornis Scand. 22: 264 - 269.
BAIRLEIN, F. (1985): Offene Fragen der Erforschung des Zuges paläarktischer Vogelarten in Afrika. Vogelwarte 33: 144 - 155.
BAIRLEIN, F. (1996): Ökologie der Vögel. Fischer, Stuttgart, Jena, Lübeck, Ulm.
BAIRLEIN, F. & U. HARMS (1994): Ortsbewegungen, Sterblichkeit und Todesursachen von Greifvögeln und Eulen nach Ringfunden der „Vogelwarte Helgoland" - eine Übersicht. Vogelwarte 37: 237 - 246.
BAIRLEIN, F. & W. WINKEL (1998): Vögel und Klimaveränderungen. In: J. L. LOZAN et al. (Hrsg.): Warnsignale aus der Klimaforschung 1998. Parey, Berlin, Hamburg.
BAKER, R. R. (1978): The evolutionary ecology of animal migration. Hodder & Stoughton, London.
BAKER, R. R. (1982): Migration: paths through time and space. Hodder & Stoughton, London.
BAKER, R. R. (1993): The function of post-fledging exploration: a pilot study of three species of passerines ringed in Britain. Ornis Scand. 24: 71 - 79.
BAKER, R. & C. J. BIBBY (1987): Merlin *Falco columbarius* predation and theories of the evolution of bird coloration. Ibis 129: 259 - 263.
BALANÇA, G. (1984): Le déterminisme du succès de la reproduction chez une population de Pies *Pica pica*. Bibier Faune Sauv. 4: 5 - 27.
BALMER, D. & J. MARCHANT (1993): The sparrows fall. Brit. Birds 86: 631 - 633.
BALTSCHEFFSKY, S. (1995): Forests a stronghold of diversity. Enviro 19: 20 - 21.
BÁRDOSSY, A. & H. J. CASPARY (1990): Detection of climate change in Europe by analysing european atmospheric circulation patterns from 1881 - 1989. Theor. Appl. Climatol. 42: 155 - 167.
BARGMANN, FORSTMEISTER (1905): Der Eichelhäher, ein gefährlicher Schädiger der jungen Tannen. Forstw. Cbl. 27: 290 - 292.
BARKER, R. J. (1958): Notes on some ecological effects of DDT sprayed on Elms. J. Wildl. Managem. 22: 269 - 274.
BARNES, B. V. (1966): The clonal growth habitat of American aspens. Ecology 47: 439 - 447.
BARNES, B. V. (1969): Natural variation and delineation of clones of *Populus tremuloides* and *P. grandidentata* in Northern Lower Michigan. Silvae Genetica 18: 130 - 142.
BARNES, B. V. (1993): The Landscape ecosystem approach and conservation of endangered spaces. Science and Management 10: 13 - 19.
BARNES, B. V. (1995): Natürliche Reinbestände einzelner Baumarten in Nordamerika. In: G. SCHLENKER (Hrsg.): Ansätze für eine regionale Biotop- und Biozönosenkunde von Baden-Württemberg. Mitt. Forstl. Versuchs- u. Forschungsanst. Bad.-Württ. 185: 29 - 35.
BARNES, B. V. & M. BOSIO (1986): Analysis of the ecosystem structure and vegetation of the Mack Lake burn: a framework for understanding the occurrence and behavior of Kirtland's Warbler. Report to Wildlife Division, Michigan DNR, December 1986, 10 p.
BARNES, B. V., K. PREGITZER, T. SPIES & V. SPOONER (1982): Ecological forest site classification. J. Forestry 80: 493 - 498.
BARTA, Z. & T. SZÉP (1994): Is information transfer always advantageous when food patchily distributed? A simple ESS model. Ornis Hungarica 4: 25 - 30.
BARTSCH, J. & M. BARTSCH (1940): Vegetationskunde des Schwarzwaldes. Pflanzensoziol. 4, Fischer, Jena. 229 S.
BASEDOW, T. (1985): Der Einfluß von Pflanzenschutzmitteln auf Käfer und Spinnen, die räuberisch auf der Bodenoberfläche der Äcker leben. Ber. Landw. 198 Sonderh.: 189 - 200.
BASTIAN, A. & H.-V. BASTIAN (1994): Bestände und Bestandstrends des Braunkehlchens *Saxicola rubetra*. Limicola 8: 242 - 270.
BASTIAN, A. & H.-V. BASTIAN (1996): Das Braunkehlchen. Aula, Wiesbaden.
BASTIAN, A. & P. BERTHOLD (1991): Wandern nachts ziehende Kleinvögel während ihrer Tagesrast in Mitteleuropa langsam in Zugrichtung weiter oder sind sie stationär? J. Orn. 132: 325 - 327.

BASTIAN, H.-V. (1993): Raubwürger-Paar *(Lanius excubitor)* beeinflußt Verteilung von Braunkehlchen-Revieren *(Saxicola rubetra)*. J. Orn. 134: 196 - 199.

BATSCHELET, E. (1981): Circular statistics in biology. Academic Press, London.

BATTEN, L. A. & J. H. MARCHANT (1976): Bird population changes for the years 1973-74. Bird Study 23: 11 - 20.

BAUER, E. (1962): Der Soonwald im Hunsrück. Diss. Univ. Freiburg, Mitt. Forstgeschichtl. Inst. Univ. Freiburg.

BAUER, H.-G. (1987): Geburtsortstreue und Streuungsverhalten junger Singvögel. Vogelwarte 34: 15 - 32.

BAUER, H.-G. (1991): Die Bedeutung überwinternder Stoppelbrachen für die Vogelwelt. In: H. SINDEL (Hrsg.): Rebhuhnprogramm - Artenreiche Flur. Selbstverl. Sindel, Feuchtwangen. S. 47 - 53.

BAUER, H.-G. & P. BERTHOLD (1996): Die Brutvögel Mitteleuropas. Bestand und Gefährdung. Aula, Wiesbaden. 715 S.

BAUER, H.-G. & G. HEINE (1992): Die Entwicklung der Brutvogelbestände am Bodensee: Vergleich halbquantitativer Rasterkartierungen 1980/81 und 1990/91. J. Orn. 133: 1 - 22.

BAUER, H.-G. & H. W. LEY (1994): Haben zwischenartliche Konkurrenz und Prädation eine Bedeutung für den Rückgang von Vogelarten? Z. Ökologie Naturschutz 3: 61 - 69.

BAUER, H.-G. & H. RANFTL (1996): Die Nutzung überwinternder Stoppelbrachen durch Vögel. Orn. Anz. 35: 127 - 144.

BAUER, K. F. (1956): Untersuchungen über die Vogelwelt anläßlich der Kirschfruchtfliegenbekämpfung im Gebiet Börrstedt/Nordpfalz. Orn. Mitt. 8: 228.

BAUER, S. & G. THIELCKE (1982): Gefährdete Brutvogelarten in der Bundesrepublik Deutschland und im Land Berlin. Vogelwarte 31: 183 - 391.

BAUMANIS, J. & A. CELMIŅŠ (1993): Long-term autumnal trends of migrating land birds in Pape, Latvia. Ring 15: 81 - 85.

BAUMANIS, J. & A. REINBERGS (1989): Autumn migration of the Goldcrest in Pape, Latvia. Baltic Birds 5: 31 - 34.

BAUMANN, H. & H. KORIATH (1959): Die Verbesserung von Niedermoorwiesen durch Düngung und Walzarbeit. Z. Acker- Pflanzenbau 108: 503 - 517.

BAUMANN, S. (1999): Zur Zugphänologie und zum Überwinterungsgebiet des Europäischen Pirols *(Oriolus o. oriolus)* in Afrika. Vogelwarte 40: 63 - 79.

BAUMGART, W. & B. U. MEYBURG (1998): 5. Weltkonferenz über Greifvögel und Eulen. Vogelwelt 119: 352 - 356.

BÄUMLER, W. (1990): Entwicklung einiger Nistkastenbewohner in ostbayrischen Waldgebieten. Teil II: Säuger. Anz. Schädlingskde., Pflanzenschutz, Umweltschutz 63: 151 - 155.

BAUR, F. (1963): Großwetterkunde und langfristige Witterungsvorhersage. Akad. Verlagsges., Frankfurt a. M.

BAYERISCHES STAATSMINISTERIUM FÜR ERNÄHRUNG, LANDWIRTSCHAFT UND FORSTEN (1982): Bayerische Waldlandschaften im Wandel der Zeit. Bay. Staatsminist. Ernährung, Landwirtschaft, Forsten, München. 123 S.

B&B siehe BAUER, H.-G. & P. BERTHOLD (1996).

BEAMAN, M. & F. JAKOBSEN (1974): Bosphorus migration, autumn 1972. Bull. Orn. Soc. Turkey 10: 10 - 11.

BEAMAN, M. & S. MADGE (1998): Handbuch der Vogelbestimmung: Europa und Westpaläarktis. Ulmer, Stuttgart.

BEASOM, S. L. (1974): Intensive short-term predator removals as a game management tool. Trans. NA Wildl. Nat. Res. Conf. 39: 230 - 240.

BECK, H. (1998): Waldfeldbau im Stadt- und Hospitalwald Biberach. AFZ/Der Wald 53: 623 - 624.

BECKER, J. (1979): Vogelzug und Wetter. promet - Meteorologische Fortbildung 9: 59 - 62.

BECKER, J., E. KÜSTERS, W. RUHE & H. WEITZ (1997): Gefährdungspotential für den Vogelzug unrealistisch. Diskussionsbeitrag zum Themenheft Windkraft und Naturschutz. Naturschutz und Landschaftsplanung 29: 314 - 315.

BECKER, M., O.-U. BRÄKER, G. KENK, O. SCHNEIDER & F.-H. SCHWEINGRUBER (1990): Kronenzustand und Wachstum von Waldbäumen im Dreiländereck Deutschland-Frankreich-Schweiz in den letzten Jahrzehnten. AFZ/Der Wald 45: 267 - 274.

BECKER, P. H., A. BÜTHE & W. HEIDMANN (1985a): Schadstoffe in Gelegen von Brutvögeln der deutschen Nordseeküste. I. Chlororganische Verbindungen. J. Orn. 126: 29 - 51.

BECKER, P. H., W. TERNESS & H. A. RÜSSEL (1985b): Schadstoffe in Gelegen von Brutvögeln der deutschen Nordseeküste. II. Quecksilber. J. Orn. 126: 253 - 262.

BEINTEMA, A. J., R. J. BEINTEMA-HIETBRING & G. J. D. M. MÜSKENS (1985): A shift in the timing of breeding in meadowbirds. Ardea 73: 83 - 89.

BEISEL, G. (1999): Biologische Produktion und forstliche Betriebsplanung. Unveröff. Ber. Forstdirektion Stuttgart.

BEKHUIS, J. & M. ZIJLSTRA (1991): Opkomst van de Blauwe Kiekendief *(Circus cyaneus)* als broedvogel in Nederland. Limosa 64: 143 - 153.

BELING, FORSTMEISTER (1877): Ueber Samenjahre bei der Eiche, Buche und Fichte. Monatsschrift für Forstwesen 1877: 49 - 81.

BELL, D. V. & M. OWEN (1990): Shooting disturbance - a review. In: G.V.T. MATTHEWS: Managing Waterfowl populations. IWRB Slimbridge, Spec. Publ. No. 12. S. 159 - 171.

BELTING, H. & S. BELTING (1992): Rastvögel im Dümmer-Gebiet. Auswirkungen der Grünland-Extensivierung und der Habitatstruktur sowie der Einfluss von Störungen auf die Rastvögelbestände im Grünland des Dümmer-Gebiets. Lehrgeb. Ökologie des Zool. Inst., TU Braunschweig.

BEMMANN, A. (1995): Der boreale Wald als CO_2-Senke. AFZ/Der Wald 50: 288 - 290.

BENSE, U. (1996): Analysen und Auswertungen zur Holzkäferfauna Baden-Württembergs. Anhang zum Merkblatt „Lebensraum Totholz". Ber. f. Forstl. Versuchs- und Forschungsanst. Freiburg. 13 S.

BERDOWSKI, J. J. M. & R. ZEILINGA (1987): Transition from heathland to grassland damaging effects of the Heather Beetle. J. Ecol. 75: 159 - 175.

BERG, Å. (1997): Diversity and abundance of birds in relation to forest fragmentation, habitat quality and heterogeneity. Bird Study 44: 355 - 366.

BERGMANN, H.-H. (1974): Zur Phänologie und Ökologie des Straßentods der Vögel. Vogelwelt 95: 1 – 21.
BERGMANN, H.-H. (1993): Der Buchfink. Aula, Wiesbaden. 144 S.
BERINGERKOLLEKTIV (1981a): Tornsvalans väderrörelser. Fågelstudier 1: 28 – 34.
BERINGERKOLLEKTIV (1981b, 1983, 1984): Fenologi och Sträckmönster för några tättingar i SV-Skåne. Del 1, Del 2 & Del 3. Fågelstudier 1: 4 – 27 & 44 – 64, 2: 5 – 29.
BERNDT, R. (1960): Zur Dispersion der Weibchen von *Ficedula hypoleuca* im nördlichen Deutschland. Proc. XII Intern. Ornithol. Congr. 1958, Helsinki. S. 85 – 96.
BERNDT, R. & P. DANCKER (1960): Analyse der Wanderungen von *Garrulus glandarius* in Europa von 1947 bis 1957. Proc. XII Intern. Ornithol. Congr. 1958, Helsinki. S. 97 – 109.
BERNDT, R. & F. FRIELING (1939): Siedlungs- und brutbiologische Studien an Höhlenbrütern in einem nordwestsächsischen Park. J. Orn. 87: 593 – 638.
BERNDT, R. & M. HENß (1967): Die Kohlmeise *Parus major* als Invasionsvogel. Vogelwarte 24: 17 – 37.
BERNDT, R. & W. WINKEL (1979): Zur Populationsentwicklung von Blaumeise *(Parus caeruleus)*, Kleiber *(Sitta europaea)*, Gartenrotschwanz *(Phoenicurus phoenicurus)* und Wendehals *(Jynx torquilla)* in mitteleuropäischen Untersuchungsgebieten von 1927 – 1978. Vogelwelt 100: 55 – 69.
BERNDT, R. & W. WINKEL (1983): Öko-ornithologisches Glossarium. Vogelwelt. Beih. 3.
BERNDT, R. K. (1995): Aktuelle Veränderungen der Habitatwahl schleswig-holsteinischer Brutvögel – Verstädterung, Wechsel von Nadel- in Laubholz, Besiedlung von Wintersaaten und Ackerbrachen. Corax 16: 109 – 124.
BERNDT, R. K. (1996): Schleswig-Holsteins Wintervögel im Wandel – eine Bilanz der Bestandsveränderungen 1970 – 1995. Corax 16: 356 – 372.
BERNDT, R. K. & G. BUSCHE (1991, 1993): Die Vogelwelt Schleswig-Holsteins. Entenvögel I, II. Wachholtz, Neumünster.
BERNDT, R. K., K. HEIN & T. GALL (1994): Stabile Brutbestände der Uferschwalbe *Riparia riparia* in Schleswig-Holstein zwischen 1979 und 1991. Vogelwelt 115: 29 – 37.
BERNIS, F. (1980): La migración de las Aves en el Estrecho de Gibraltar. Vol. I: Aves planeadoras. Univ. Complu-tense. Madrid.
BERTHOLD, P. (1971): Physiologie des Vogelzugs. In: E. SCHÜZ: Grundriß des Vogelzugs. Parey, Hamburg, Berlin. S. 257 – 299.
BERTHOLD, P. (1972): Über Rückgangserscheinungen und deren mögliche Ursachen bei Singvögeln. Vogelwelt 93: 216 – 226.
BERTHOLD, P. (1973): Über starken Rückgang der Dorngrasmücke *Sylvia communis* und anderer Singvogelarten im westlichen Europa. J. Orn. 114: 348 – 360.
BERTHOLD, P. (1974): Die gegenwärtige Bestandsentwicklung der Dorngrasmücke *(Sylvia communis)* und anderer Singvogelarten im westlichen Europa bis 1973. Vogelwelt 95: 170 – 183.
BERTHOLD, P. (1977): Über eine mögliche endogene Steuerung der Zugdisposition beim Fichtenkreuzschnabel *Loxia curvirostra*. J. Orn. 118: 203 – 204.
BERTHOLD, P. (1983): Über Jugendentwicklung, Zugunruhe und Zugverhalten des Hausrotschwanzes *Phoenicurus ochruros*. J. Orn. 124: 117 – 131.
BERTHOLD, P. (1986): Wintering in an Mediterranean Blackcap *(Sylvia atricapilla)* population: strategy, control, and unanswered questions. Proc. First Conf. Birds Wintering mediterranean Region, Aulla 1985. S. 261 – 272.
BERTHOLD, P. (1988): Unruhe-Aktivität bei Vögeln: eine Übersicht. Vogelwarte 34: 249 – 259.
BERTHOLD, P. (1990a): Die Vogelwelt Mitteleuropas: Entstehung der Diversität, gegenwärtige Veränderungen und Aspekte der zukünftigen Entwicklung. Verh. Dtsch. Zool. Ges. 83: 227 – 244.
BERTHOLD, P. (1990b): Vogelzug. Eine kurze, aktuelle Gesamtübersicht. Wiss. Buchges. Darmstadt. 252 S.
BERTHOLD, P. (1991): Patterns of avian migration in light of current global 'greenhouse' effects: a Central European perspective. Acta XX. Intern. Ornithol. Congr. S. 780 – 786.
BERTHOLD, P. (1996): Control of bird migration. Chapman & Hall, London.
BERTHOLD, P. (1998): Vogelwelt und Klima: gegenwärtige Veränderungen. Naturw. Rdsch. 51: 337 – 346.
BERTHOLD, P. & A. BERTHOLD (1968): Über den Herbstzug des Zilpzalps *(Phylloscopus collybita)* auf der Schwäbischen Alb (Südwest-Deutschland). Ein Beispiel zur Darstellung des Zugablaufes mit Hilfe von Fangzahlen. Vogelwarte 24: 206 – 211.
BERTHOLD, P. & V. DORKA (1969): Vergleich und Deutung von jahreszeitlichen Wegzugs-Zugmustern ausgeprägter und weniger ausgeprägter Zugvögel. Vogelwarte 25: 121 – 129.
BERTHOLD, P., W. FIEDLER, R. SCHLENKER & U. QUERNER (1999): Bestandsveränderungen mitteleuropäischer Kleinvögel: Abschlußbericht zum MRI-Programm. Vogelwarte 40: 1 – 10.
BERTHOLD, P., A. KAISER, U. QUERNER & R. SCHLENKER (1993): Analyse von Fangzahlen im Hinblick auf die Bestandsentwicklung von Kleinvögeln nach 20jährigem Betrieb der Station Mettnau, Süddeutschland. J. Orn. 134: 283 – 299.
BERTHOLD, P., E. NOWAK & U. QUERNER (1995): Satelliten-Telemetrie eines Zugvogels von Mitteleuropa bis in das südliche Winterquartier: eine Fallstudie am Weißstorch (*Ciconia ciconia*). J. Orn. 136: 73 – 76.
BERTHOLD, P., U. QUERNER & R. SCHLENKER (1990): Die Mönchsgrasmücke *Sylvia atricapilla*. NBB. Ziemsen, Wittenberg. 180 S
BERTHOLD, P. & R. SCHLENKER (1975): Das „Mettnau-Reit-Illmitz-Programm" – ein langfristiges Vogelfangprogramm der Vogelwarte Radolfzell mit vielfältiger Fragestellung. Vogelwarte 28: 97 – 123.
BERTHOLD, P. & S. B. TERRILL (1988): Migratory behaviour and population growth of Blackcaps wintering in Britain and Ireland: some hypotheses. Ringing & Migration 9: 153 – 159.
BESSERER, J. & R. DROST (1935): Ein Beitrag zum Kapitel „Vogelzug und Elektrizität". Vogelzug 6: 1 – 5.
BEUTLER, A. (1992): Die Großtierfauna Mitteleuropas und ihr Einfluß auf die Landschaft. In: F. DUHME, R. LENZ & L. SPANDAU (Hrsg.): 25 Jahre Lehrstuhl für Landschaftsökologie in Weihenstephan. Freunde Landschaftsökol. Weihenstephan. S. 49 – 69.

BEUTLER, A. (1996): Die Großtierfauna Europas und ihr Einfluß auf Vegetation und Landschaft. Wo lebten Pflanzen und Tiere in der Naturlandschaft und der frühen Kulturlandschaft Europas. Tagung Neuhaus im Solling. Natur- und Kulturlandschaft 1: 51 - 106.

BEYERBACH, M., A. BÜTHE, W. A. HEIDMANN, R. DETTMER, & H. KNÜWER (1987): Chlorierte Kohlenwasserstoffe in Eiern und Lebern von Saatkrähen *(Corvus frugilegus)* aus niedersächsischen Brutkolonien. J. Orn. 128: 277 - 290.

BEZZEL, E. (1982): Vögel in der Kulturlandschaft. Ulmer, Stuttgart. 350 S.

BEZZEL, E. (1985): Kompendium der Vögel Mitteleuropas. Band I (Nonpasseriformes). Aula, Wiesbaden.

BEZZEL, E. (1986): Struktur und Dynamik binnenländischer Rastbestände von Schwimmvögeln in Mitteleuropa. Verh. orn. Ges. Bayern 24: 155 - 207.

BEZZEL, E. (1993): Kompendium der Vögel Mitteleuropas. Band II (Passeres). Aula, Wiesbaden.

BEZZEL, E. (1995): Die Phänologie des Erlenzeisigs *Carduelis spinus* am Nordrand der Alpen: Langfristige Beobachtungen aus Bayern. Orn. Beob. 92: 147 - 166.

BIBBY, C. J., N. D. BURGESS & D. A. HILL (1995): Methoden der Feldornithologie. Bestandserfassung in der Praxis. Neumann, Radebeul. 270 S.

BIBER, J.-P. (1990): Action plan for the conservation of Western Lesser Kestrel *Falco naumanni* populations. ICBP Cambridge Study Report No. 41, 46 S.

BIEBACH, H. (1991): Is water or energy crucial for transsahara migrants? Acta XX Intern. Ornithol. Congr. S. 773 - 779.

BIEBACH, H., W. FRIEDRICH, G. HEINE, L. JENNI, S. JENNI-EIERMANN & D. SCHMIDL (1991): The daily pattern of autumn bird migration in the northern Sahara. Ibis 133: 414 - 422.

BIJLEVELD, M. I. J. (1974): Birds of Prey in Europe. Macmillian, London.

BIONDO, M. (1998): Intraspezifische Aggressionen, Populations- und Nahrungsökologie der Dohle *Corvus monedula* in Murten, Kanton Freiburg. Orn. Beob. 95: 203 - 220.

BIZER, C., R. GÖTZ, R. KILIAN & M. LIST (1987): Hepsisau. Aus der Geschichte eines Dorfes am Fuße der Alb. Stadt Weilheim a.d.Teck.

BLAB, J. (1993): Grundlagen des Biotopschutzes für Tiere. 4. Aufl. Schriftenr. Landschaftspflege Naturschutz 24: 1 - 479.

BLACK, J. M. (1988): Preflight signalling in Swans: a mechanism for group cohesion and flock formation. Ethology 79: 143 - 157.

BLATTNER, M. & C. T. SPEISER (1990): Schwankungen und langfristige Trends der Nistkasten-Besetzungsanteile von Singvögeln in der Region Basel und ihre Aussagekraft. Orn. Beob. 87: 223 - 242.

BLONDEL, J. & J. ARONSON (1999): Biology and wildlife of the mediterranean region. Oxford University Press, Oxford. 328 S.

BLUME, D. (1968): Die Buntspechte (Gattung *Dendrocopos*). NBB. Ziemsen, Wittenberg.

BLÜTHGEN, J. & W. WEISCHET (1980): Allgemeine Klimageographie. 3. Aufl., de Gruyter, Berlin.

BOHMANN, L. (1937): Schwalbenzug-Katastrophe im Oktober 1936. Vogelzug 8: 25 - 26.

BÖLSCHER, B. (1992): Zum Einfluß moderner Grünlandwirtschaft auf Wiesenvögel. NNA-Ber. 4: 37 - 42.

BOSCHERT, M. (1993): Auswirkungen von Modellflug und Straßenverkehr auf die Raumnutzung beim Großen Brachvogel *(Numenius arquata)*. Z. Ökol. Natursch. 2: 11 - 18.

BOTHE, C. (1998): Neue Wege in der Marderforschung notwendig. Pirsch 50: 28 - 29.

BOUET, C. (1950): La vie des Cigognes. Braun & Cie, Paris. 112 S.

BOURNE, W. R. P. (1978): Observations with radar of bird migration across the Northern Irish Sea in the late autumn of 1959. Irish Birds 1: 199 - 206.

BRADLEY, R. S. & P. D. JONES (1992): Climate since A.D. 1500. Routledge, London.

BRAMLEY, A. (1979): White Storks migrating at night by utilising oil flares. Brit. Birds 72: 229.

BRANDL, H. (1992): Entwicklungen und Tendenzen in der Forstgeschichte seit Ende des 18. Jahrhunderts. Mitt. Forstl. Versuchs- u. Forschungsanst. Bad.-Württ. 166.

BRANDL, R., E. BEZZEL, J. REICHHOLF & W. VÖLKL (1991): Population dynamics of the Red Squirrel in Bavaria. Z. Säugetierkde 56: 10 - 18.

BRAUN, H.-G. (1999): Auswirkungen der Altbausanierung auf die innerstädtische Brutvogelfauna: Siedlungs-ökologische Untersuchungen in Berlin-Kreuzberg. Vogelwelt 120: 39 - 51.

BRAUN, L., R. HÖKEL, M. HÖKEL, R. HONECK & H. MIES (1993): Brutbestand von Rauch- und Mehlschwalben *(Hirundo rustica, Delichon urbica)* in Buch/ Ahorn, Distelhausen und Edelfingen, Main-Tauber-Kreis. Faun. flor. Mitt. "Taubergrund" 11: 27 - 28.

BRAUNS, A. (1970): Taschenbuch der Waldinsekten. Grundriß einer terrestrischen Bestandes- und Standort-Entomologie. 2 Bde., Fischer, Jena.

BREGNBALLE, T., M. FREDERIKSEN & J. GREGERSEN (1997): Seasonal distribution and timing of migration of Cormorants *Phalacrocorax carbo sinensis* breeding in Denmark. Bird Study 44: 257 - 276.

BREHME, S. (1970): Schlafgewohnheiten von Schwanzmeisen im Winter. Falke 17: 8 - 14.

BREMAN, H. (1991): The renewable resources base for sahelian developments: its limits and potentials. CABO-DLO, Wageningen.

BRENSING, D. (1989): Ökophysiologische Untersuchungen der Tagesperiodik von Kleinvögeln. Ökol. Vögel 11: 1 - 148.

BRIESEMEISTER, E. (1995): Ergebnisse einer 25jährigen Nistkastenkontrolle. Apus 9: 119 - 130.

BRINK, H. VAN DEN (1968): Die Säugetiere Europas. Parey, Hamburg und Berlin.

BRINK, B. VAN DEN, R. G. BIJLSMA & T. VAN DER HARVE (1997): European Swallows *Hirundo rustica* in Botswana. WIWO report No. 56. 102 S.

BRÖMSSEN, A. VON & C. JANSSON (1980): Effects of food addition to Willow Tit *Parus montanus* and Crested Tit *P. cristatus* at the time of breeding. Ornis Scand. 11: 173 - 178.

BROSSET, A. & C. ERARD (1986): Les oiseaux des régions forestières du nord-est du Gabon. Société Nationale de Protection de la Nature, Paris.

BROWN, C. R. & M. BROWN (1999): Natural selection on tail and bill morphology in Barn Swallows *Hirundo rustica* during severe weather. Ibis 141: 652 - 659.
BROWN, L. H., E. K. URBAN & K. NEWMAN (1982): The Birds of Africa. Bd. 1. Academic Press, London & New York.
BRUDERER, B. (1967): Zur Witterungsabhängigkeit des Herbstzuges im Jura. Orn. Beob. 64: 57 - 90.
BRUDERER, B. (1971): Radarbeobachtungen über den Frühlingszug im Schweizerischen Mittelland. Orn. Beob. 68: 89 - 158.
BRUDERER, B. (1975): Zur Schwalbenkatastrophe im Herbst 1974. Tierwelt 4 - 6.
BRUDERER, B. (1977a): Weather-dependence of height, density and direction of migration in Switzerland. Bird Strike Committee Europe BSCE/WP No 25.
BRUDERER, B. (1977b): Beitrag der Radar-Ornithologie zu Fragen der Orientierung, der Zugphysiologie und der Umweltabhängigkeit des Vogelzuges. Vogelwarte 29: 83 - 91.
BRUDERER, B. (1978): Effects of alpine topography and winds on migrating birds. In: K. SCHMIDT-KOENIG & W. T. KEETON: Animal Migration, Navigation and Homing. Springer, Berlin. S. 252 - 265.
BRUDERER, B. (1979): Zum Jahreszyklus schweizerischer Schwalben *Hirundo rustica* und *Delichon urbica*, unter besonderer Berücksichtigung des Katastrophenjahres 1974. Orn. Beob. 76: 293 - 304.
BRUDERER, B. (1982): Do migrating birds fly along straight lines? In: F. PAPI & H. G. WALLRAFF: Avian Navigation. Springer, Berlin. S. 3 - 14.
BRUDERER, B. (1989): Rezension von NACHTIGALL, W. (1987): Vogelflug und Vogelzug. Orn. Beob. 86: 97.
BRUDERER, B. & W. HIRSCHI (1984): Langfristige Bestandsentwicklung von Gartenrötel *Phoenicurus phoenicurus* und Trauerschnäpper *Ficedula hypoleuca*. Orn. Beob. 81: 285 - 302.
BRUDERER, B., B. JACQUAT & U. BRÜCKNER (1972): Zur Bestimmung von Flügelschlagfrequenzen tag- und nachtziehender Vogelarten mit Radar. Orn. Beob. 69: 189 - 206.
BRUDERER, B. & L. JENNI (1990): Migration across the Alps. Environmental conditions for migratory birds in the Alps. In: E. GWINNER (Hrsg.): Bird Migration: the physiology and ecophysiology. Springer, Berlin. S. 60 - 77.
BRUDERER, B. & F. LIECHTI (1990): Richtungsverhalten nachtziehender Vögel in Süddeutschland und der Schweiz unter besonderer Berücksichtigung des Windeinflusses. Orn. Beob. 87: 271 - 293.
BRUDERER, B. & F. LIECHTI (1998): Intensität, Höhe und Richtung von Tag- und Nachtzug im Herbst über Südwestdeutschland. Orn. Beob. 95: 113 - 128.
BRUDERER, B., F. LIECHTI & D. ERICH (1989): Radarbeobachtungen über den herbstlichen Vogelzug in Süddeutschland. Vogel und Luftverkehr 9: 174 - 194.
BRUDERER, B. & J. MUFF (1979): Bestandesschwankungen schweizerischer Rauch- und Mehlschwalben, insbesondere im Zusammenhang mit der Schwalbenkatastrophe im Herbst 1974. Orn. Beob. 76: 229 - 234.
BRUDERER, B. & P. STEIDINGER (1972): Methods of quantitative and qualitative analysis of bird migration with tracking radar. In: Animal orientation and navigation. NASA SP-262, Washington. S. 151 - 167.
BRUDERER, B., L. G. UNDERHILL & F. LIECHTI (1995): Altitude choice by night migrants in a desert area predicted by meteorological factors. Ibis 137: 44 - 55.
BRUDERER, B. & E. WEITNAUER (1972): Radarbeobachtungen über Zug und Nachtflüge des Mauerseglers *(Apus apus)*. Rev. Suisse Zool. 79: 1190 - 1200.
BRUGGERS, R. L. & L. BERTOLI (1979): Notes on the breed-ing, parasitism and association with wasps of Heuglin's Weavers nesting on telephone wires in Mali. Malimbus 1: 135 - 144.
BRÜNNER, K. & P. REGER (1976): Brutbiologie und Bestandsentwicklung des Sperbers *Accipiter nisus* in Franken. Anz. orn. Ges. Bayern 15: 48 - 64.
BRUNS, H. (1961): Die Erstankunft des Rotrückenwürgers *Lanius collurio* in Deutschland 1948 - 1957. Orn. Mitt. 13: 81 - 86.
BRUNS, H. (1966): Große Vogelverluste durch Mißbrauch chemischer Pflanzenschutzmittel (Pestizide). Orn. Mitt. 18: 203 - 205.
BRUNS, H. A. et al. (1994): Zur Habitatwahl von Pfeifente *(Anas penelope)* und Nonnengans *(Branta leucopsis)* und Auswirkungen von Störreizen bei der Nahrungsaufnahme (Nordkehdingen/Lkr. Stade). Vogelkdl. Ber. Niedersachs. 26: 59 - 74.
BUB, H. & M. KLINGS (1981): Die Vogelberingung auf Helgoland von 1930 bis 1944. Abh. f. Vogelfang und Vogelberingung Nr. 8, Wilhelmshaven.
BUCHWALD, K. (1978): Umwelt - Mensch - Gesellschaft. Die Entstehung der Umweltproblematik. In: K. BUCHWALD & W. ENGELHARDT (Hrsg.): Handbuch für Planung, Gestaltung und Schutz der Umwelt. Band 1: Die Umwelt des Menschen. BLV, München. S. 1 - 46.
BUCK-FEUCHT, G., S. MÜLLER & U. RASCH (1951): Erläuterungen zur Standortskarte des Staatswalds 1951. Unveröff. Ber. Forstamt Kirchheim/Teck.
BÜCKING, W., W. OTT & W. PÜTTMANN (1994): Geheimnis Wald. Waldschutzgebiete in Baden-Württemberg. DRW-Verlag, Leinfelden-Echterdingen. 192 S.
BÜHLER, U. (1991): Populationsökologie des Sperbers *Accipiter nisus* L. in der Schweiz. - Ein Predator in einer mit chemischen Rückständen belasteten Umwelt. Orn. Beob. 88: 341 - 452.
BÜHLER, U. (2000): Anhaltende Fortpflanzungsstörungen beim Sperber *Accipiter nisus* in der Ostschweiz. Orn. Beob. 97: 45 - 53.
BÜLOW, B. VON (1990): Verbreitung und Habitate des Ortolans *(Emberiza hortulana*, L. 1758) am Rande der hohen Mark bei Haltern/Westfalen. Charadrius 29: 151 - 189.
BUND (1991): Landwirtschaft. BUND, Stuttgart.
BUNZEL-DRÜKE, M., J. DRÜKE, & H. VIERHAUS (1994): Quaternary Park - Überlegungen zu Wald, Mensch und Mesofauna. ABU Info 17/18 (4): 4 - 38.
BUREŠ, S. (1997): High Common Vole *Microtus arvalis* predation on ground-nesting bird eggs and nestlings. Ibis 139: 173 - 174.
BURTON, N. (1998): User-friendly oilseed rape treatments. BTO News 216/217: 22.
BUSCHE, G. (1989): Drastische Bestandseinbußen der Feldlerche *Alauda arvensis* auf Grünlandflächen in Schleswig-Holstein. Vogelwelt 110: 51 - 59.

BUSCHE, G. (1991): Bestandseinbußen des Hänflings *Carduelis cannabina* im Westen Schleswig-Holsteins. Vogelwelt 112: 162 - 176.

BUSCHE, G. (1992): Kartierungen zur großflächigen Bestandsschätzung von Brutvögeln einer Wallheckenlandschaft 1972 und 1987. Vogelwelt 113: 56 - 71.

BUSCHE, G. (1993): Bestandsentwicklung der Vögel im Westen Schleswig-Holsteins 1960 - 1990. Vogelwelt 114: 15 - 34.

BUSCHE, G. (1994a): Bestandsentwicklung der Vögel in den Niederungen (Moore, Flußmarschen) im Westen Schleswig-Holsteins 1960 - 1992. Vogelwelt 115: 163 - 177.

BUSCHE, G. (1994b): Zum Niedergang von „Wiesenvögeln“ in Schleswig-Holstein 1950 bis 1992. J. Orn. 135: 167 - 178.

BUSCHE, G. (1995): Bestandsentwicklung von Brutvögeln in Marschen (Agrarland, Salzwiesen) des westlichen Schleswig-Holstein 1960 - 1994. Vogelwelt 116: 73 - 90.

BUSCHE, G. (1997): Bestandsentwicklung der Brutvögel des Wallhecken-Agrarlandes samt Dörfern und Städten im Westen Schleswig-Holsteins 1960 bis 1995. Vogelwelt 118: 11 - 32.

BUSCHE, G. (1999): Bestandsentwicklung von Brutvögeln im Westen Schleswig-Holsteins 1945 - 1995 - Bilanzen im räumlich-zeitlichen Vergleich. Vogelwelt 120: 193 - 210.

BUSCHE, G., P. BOHNSACK & R. K. BERNDT (1975): Invasionen in Schleswig-Holstein 1972/73. Buntspecht *(Dendrocopos major)*, Erlen- und Birkenzeisig *(Carduelis spinus, C. flammea)*, Eichelhäher *(Garrulus glandarius)*. Corax 5: 114 - 126.

BUSCHE, G., H. A. BRUNS & P. TODT (1998): Zunahme rastender Wanderfalken *(Falco peregrinus)* im Westen Schleswig-Holsteins ab 1980. Vogelwarte 39: 183 - 189.

BUSSE, P. (1980): Breeding bird censuses contra counts of migrating birds - is it a real contradiction? In: H. OELKE (Hrsg.): Vogelerfassung und Naturschutz. DDA, Göttingen, Lengede. S. 55 - 65.

BUSSE, P. (1985): Zmiany strumienia przelotu sosnówek *(Parus ater)* wedrujacych wzdluz wschodniego i poludniowego wybrzeza Baltyku podczas jesiennej inwazji w 1974 r. Not. ornitol. 26: 3 - 17.

BUSSE, P. (1987): Migration patterns of European passerines. Sitta 1: 18 - 36.

BUSSE, P. (1992): General pattern of population trends of migrating passerines at the southern Baltic Coast based on trapping results (1961 - 1990). Proc. Bird Numbers. S. 427 - 434.

BUSSE, P. (1995): Migration dynamics of Red-backed *(Lanius collurio)* and Great Grey Shrikes *(L. excubitor)* in the Baltic Region, 1961 - 1990. Proceedings of the Western Foundation of Vertebrate Zoology 6/1: 55 - 60.

BUSSE, P. & W. KANIA (1970): Operation Baltic 1961 - 1967, working methods. Acta orn. 12: 179 - 208 & 231 - 267.

BUSSE, P. & I. MAROVA (1993): Population dynamicsmonitoring. Population dynamics 1961 - 1990 of Common Leaf Warblers (*Phylloscopus* sp.) at some central european bird ringing stations. Ring 15: 61 - 80.

BÜTTIKOFER, J. (1890): Reisebilder aus Liberia. Bd 2: Thierwelt. Brill, Leyden.

BUURMA, L. S., R. LENSINK & L. G. LINNARTZ (1986): Hoogte van breedfronttrek overdag boven Twente: een vergelijking van radar en visuele waarnemingen in oktober 1984. Limosa 59: 169 - 182.

BUWAL (1992): Waldbau, Fauna und neuartige Waldschäden. Bundesamt für Umwelt, Wald und Landschaft (BUWAL), Bern.

BWP siehe CRAMP, S. (Hrsg.) (1977 - 1994).

BWPC siehe SNOW, D. W. & C. M. PERRINS (1998).

CAPPEL, A. (1975): Die Großwetterlagen in extremen Naß- und Trockenmonaten. Meteorol. Rundsch. 28: 71 - 82.

CARSON, R. (1962): Silent Spring. Hamish Hamilton, London.

CASWELL, H. (1978): Predator-mediated coexistence: a non-equilibrium model. American Naturalist 112: 127 - 154.

CHALONER, B. (1999): This global warming - does it show? BTO News 223: 5.

CHAMBERLAIN, D. (1999): Bird declines and farming practice. BTO News 224: 6 - 7.

CHAMBERLAIN, D. & H. CRICK (1998): The downs and ups of British Skylarks. BTO News 216/217: 23 - 24.

CH-ATL siehe SCHMID, H. et al. (1998).

CHRISTEN, W. (1994): Verbreitung und Habitatsansprüche der Weidenmeise *Parus montanus* in den Wirtschaftswäldern bei Solothurn. Orn. Beob. 91: 287 - 294.

CHRISTENSEN, K. & E. SØBY (1998): Fugle i Danmark 1996. Arsrapport over observationer. Dansk Orn. Foren. Tidsskr. 92: 201 - 248.

CHRISTENSEN, K. M. & T. G. WHITHAM (1993): Impact of insect herbivores on competition between birds and mammals for pinyon pine seeds. Ecology 74: 2270 - 2278.

CHRISTOFFER, J. & M. ULBRICHT-EISSING (1989): Die bodennahen Windverhältnisse in der Bundesrepublik Deutschland. Ber. dt. Wetterdienstes 147.

CHURCHER, P. B. & J. H. LAWTHON (1987): Predation by domestic cats in an english village. J. Zool. 212: 439 - 455.

CLAFFEY, P. (1999): Dams as new habitat in West African Savannah. Bull. ABC 6/2: 117 - 120.

CLAMENS, A. & P. ISENMANN (1989): Effect of supplemental food on the breeding of Blue and Great Tits in mediterranean habitats. Ornis Scand. 20: 36 - 42.

CLARK, J. A., C. V. WERNHAM, D. E. BALMER, S. Y. ADAMS, J. R. BLACKBURN, B. M. GRIFFIN & J. KING (2000): Bird Ringing in Britain and Ireland in 1998. Ringing & Migration 20: 39 - 93.

CLARK, J. S., J. MERKT & H. MÜLLER (1989): Post-glacial fire, vegetation, and human history on the northern alpine forelands, south-western Germany. J.Ecol. 77: 897 - 925.

COLOMBO, A. & P. GALEOTTI (1993): Nest-hole selection as defence measure in breeding Swifts *(Apus apus)*. Avocetta 17: 1 - 6.

COLSTON, P. R. & K. CURRY-LINDAHL (1986): The birds of the Mount Nimba Region in Liberia. Zoological Ser. 982, Brit. Mus. (Nat. Hist.), London.

CONDER, P. (1977): Legal status of birds of prey and owls in Europe. In: R. D. CHANCELLOR (Hrsg.): World conference on birds of prey, Vienna 1975. ICBP. S. 189 - 193.
CONNELL, J. H. (1978): Diversity in tropical rain forests and coral reefs. Science 199: 1302 - 1310.
CONRAD, B. (1977): Die Giftbelastung der Vogelwelt Deutschlands. Kilda, Greven.
CONRAD, B. (1978): Korrelation zwischen Embryonen-Sterblichkeit und DDE-Kontamination beim Sperber *(Accipiter nisus)*. J. Orn. 119: 109 - 111.
CONRAD, B. (1981): Zur Bedeutung der Zugvögel als Transportvehikel für Umweltchemikalien. Ökol. Vögel 3: 143 - 147.
CONRADS, K. (1989): Der Ortolan *(Emberiza hortulana)* in der Senne (Ostmünsterland): Weiterer Rückgang 1977 - 1988. Ber. Naturwiss.Ver. Bielefeld 30: 87 - 104.
COOKE, A. S. (1973): Shell thinning in avian eggs by environmental pollutants. Environ. Pollut. 4: 85 - 152.
COOKE, M. T. (1933): Speed of Bird Flight. Auk 50: 309 - 316.
COOKE, M. T. (1937): Flight speed of birds. U. S. Dept. Agr. Circ. No. 428: 1 - 13.
COON, R. A., P. D. CALDWELL & G. L. STORM (1976): Some characteristics of fall migration of female Woodcock. J. Wildl. Managem. 40: 91 - 95.
CORNWALLIS, R. K. (1956): Autumn migration on the east coast of Britain in relation to weather. Ardea 44: 224 - 231.
CORNWALLIS, R. K. & A. D. TOWNSEND (1968): Waxwings in Britain and Europe during 1965/66. Brit. Birds 61: 97 - 118.
COULSON, J. C. (1961): The post-fledging mortality of the Blackbird in Great Britain. Bird Study 8: 89 - 97.
CRAMP, S. bzw. CRAMP, S. & C. M. PERRINS (Hrsg.) (1977 - 1994): The birds of the Western Palearctic. Handbook of the birds of Europe, the Middle East and North Africa. Bd. 1 - 9, Oxford Univ. Press, Oxford.
CRESSWELL, W. & D. P. WHITFIELD (1994): The effects of raptor predation on wintering wader populations at the Tyningham Estuary, southeast Scotland. Ibis 136: 223 - 232.
CREUTZ, G. (1968): Gelegestärke und Jungenzahl bei der Rohrweihe. Bonn. zool. Beitr. 19: 340 - 345.
CRICK, H. Q. P., C. DUDLEY, A. D. EVANS & K.W. SMITH (1994): Causes of nest failure among buntings in the GB. Bird Study 41: 88 - 94.
CRICK, H. Q. P., C. DUDLEY, D. E. GLUE & D. L. THOMSON (1997): UK birds are laying eggs earlier. Nature 388: 526.
CRICK, H., M. RAVEN, P. BEAVEN, C. DUDLEY & D. GLUE (2000): Breeding trends from nest records leads to new alerts for declining species. BTO News 228: 8 - 9.
CURIO, E. (1993): Proximate and developmental aspects of antipredator behavior. Advances in the Study of Behavior 22: 135 - 238.
CURIO, E. (1998): Forschungen zur Erhaltung fruchtfressender Vögel und ihrer Wälder auf den Philippinen. J. Orn. 139: 91.
CURIO, E., A. HAMANN, P. HEUBÜSCHL & L. L. LASTIMOZA (1996): Hornbill research and conservation in the Philippines. EEP Hornbill Taxon Adv. Group Newsletter 2: 26 - 32.
CURRY-LINDAHL, K. (1981): Bird Migration in Africa. Movements between six continents. 2 Bde., Academic Press, London.
DAUNICHT, W. D. (1985): Das Vorkommen der Heidelerche *(Lullula arborea)* in Schleswig-Holstein. Corax 11: 1 - 44.
DAUNICHT, W. D. (1998): Winterrapsblüte - des Menschen Freud', der Lerche Leid. J. Orn. 139: 236.
DAVIDENKO, F. P. (1992): The (1991) Forest Fire Season in the Russian Federation. In: J. G. GOLDAMMER: International Forest Fire News. ECE/FAO 6, Genf.
DAVIES, N. B. & A. LUNDBERG (1985): The influence of food on time budget and timing of breeding of the Dunnock *(Prunella modularis)*. Ibis 127: 100 - 110.
DBV, LANDESVERBAND BADEN-WÜRTTEMBERG E.V. (1981): Artenschutzsymposium Schwarzspecht. Beih. Veröff. Naturschutz Landschaftspflege Bad.-Württ. 20: 1 - 123.
DEELDER, C. L. (1949): On the autumn migration of the scandinavian Chaffinch *(Fringilla coelebs)*. Ardea 37: 1 - 88.
DELUCIA, E. H., J. G. HAMILTON, S. L. NAIDU, R. B. THOMAS, J. A. ANDREWS, A. FINZI, M. LAVINE, R. MATAMALA, J. E. MOHAN, G. R. HENDREY & W. H. SCHLESINGER (1999): Net primary production of a forest ecosystem with experimental CO_2 enrichment. Science 284: 1177 - 1179.
DE MEULENAER, T. (1982): Studie van den Buizert *(Buteo buteo* L.) in de Dijlevallei tijdens de winter 1981 - 1982. Ongepubliceerde licenciaatsverhandeling, Leuven.
DENÈVE, R. (1995): Sahel - Sahel. A controversiale vision. Gland. (ISBN 2-8317-0271-2)
DENGLER, A. (1944): Waldbau auf ökologischer Grundlage. 3. Aufl., Springer, Berlin, Hamburg, New York.
DENNIS, R. L. H. (1993): Butterflies and climate change. Manchester University Press, Manchester.
DEPPE, H.-J. (1974): Zum Vorkommen des Steinadlers *(Aquila chrysaetos)* in der mitteleuropäischen Tiefebene zwischen Ems und Memel. Vogelwelt 95: 201 - 227.
DEPPE, H.-J. (1998): Ergänzende Anmerkungen zum Durchzug des Steinadlers *(Aquila chrysaetos)* in Norddeutschland. Vogelwarte 39: 304 - 307.
DEVILLERS, P., W. ROGGEMAN, J. TRICOT, P. DEL MARMOL, C. KERWIJN, J.-P. JACOB & A. ANSELIN (1988): Atlas des Oiseaux nicheurs de Belgique. Inst. Roy. des Sci. Nat. de Belgique, Brüssel.
DHONDT, A. A. (1983): Variations in the number of overwintering stonechats possibly caused by natural selection. Ringing & Migration 4: 155 - 158.
DICK, H. (1995): Randeffekt-Problematik durch generalistische Beutegreifer am Beispiel von Rabenkrähe (*Corvus corone* Linnaeus 1758) und Wurzacher Ried (Süddeutschland). Ökol. Vögel 17: 1 - 128.
DIEHL, O. (1988): Lebensraum Obstwiese - Gefährdung und Maßnahmen zur Erhaltung. Vogelwelt 109: 141 - 144.

DIERSCHKE, J., V. DIERSCHKE, D. MORITZ & F. STÜHMER (1992): Ornithologischer Jahresbericht 1991 für Helgoland. Orn. Jber. Helgoland 2: 3 - 56.

DIERSCHKE, V. (1989): Automatisch-akustische Erfassung des nächtlichen Vogelzuges bei Helgoland im Sommer 1987. Vogelwarte 35: 115 - 131.

DIERSCHKE, V. & J. DIERSCHKE (1991): Der Durchzug des Rotkehlpiepers *Anthus cervinus* in Mitteleuropa. Limicola 5: 281 - 298.

DIERSSEN, K., U. MIERWALD & J. SCHRAUTZER (1985): Hemerobiestufen bei Niedermoorgesellschaften. Tuexenia 5: 317 - 329.

DIESSELHORST, G., R. KUHK & K. POPP (1958): Frühjahrsdurchzug des Ortolans *(Emberiza hortulana)* im nördlichen Alpenvorland. Vogelwelt 79: 171 - 177.

DIETERICH, H., S. MÜLLER & G. SCHLENKER (1970): Urwald von morgen. Bannwaldgebiete der Landesforstverwaltung Baden-Württemberg. Ulmer, Stuttgart. 174 S.

DIX, M. J., K. J. M. MUSTERS & W. J. TER KEURS (1998): Is the Blackbird *Turdus merula* declining in The Netherlands because of lower breeding success? Bird Study 45: 247 - 250.

DOBLER, G. & K. SIEDLE (1993): Fänge von Habichten *(Accipiter gentilis)* im Wurzacher Ried: Kritische Fragen zu einem behördlich genehmigten Wiedereinbürgerungsprojekt. J. Orn. 134: 165 - 171.

DOBLER, G. & K. SIEDLE (1994): Birkhuhnprojekt Wurzacher Ried: Habichte illegal getötet und gefangen. Ber. Vogelschutz 32: 61 - 74.

DOBSON, A., A. JOLLY & D. RUBINSTEIN (1989): The greenhouse effect and biological diversity. Tree 4: 64 - 68.

DÖDDERER, H., H. ENGELHART, V. GÖTZ & M. ROSENAUER (1982): Schafweiden und Wacholderheiden. In: Münsingen - Geschichte, Landschaft, Kultur. Stadt Münsingen & Thorbecke, Sigmaringen. S. 557 - 568.

DOFF (1989): Ynglefuglerapport 1988. Ber. Dansk Orn. Forenings Fulgeregisteringsgruppe.

DOLNIK, V. R. (1982): Population ecology of the Chaffinch *(Fringilla coelebs)*. Proc. Zool. Inst. Leningrad 90: 7 - 301.

DOLNIK, V. R. (1985): Nocturnal bird migrations over arid and mountains regions of Middle Asia and Kazakhstan. Proc. Zool. Inst. Leningrad 138.

DOLNIK, V. R. & T. I. BLYUMENTAL (1967): Autumnal premigratory and migratory periods in the Chaffinch *(Fringilla coelebs coelebs)* and some other temperate-zone passerine birds. Condor 69: 435 - 468.

DOLNIK, V. R. & V. A. PAEVSKII (1980): Dynamics of numbers in Baltic bird populations in 1960 - 1976. Ékologiya 4: 59 - 69.

DORKA, V. (1966): Das jahreszeitliche und tageszeitliche Zugmuster von Kurz- und Langstreckenziehern nach Beobachtungen auf den Alpenpässen Cou/Bretolet (Wallis). Orn. Beob. 63: 165 - 223.

DORKA, V. (1979): Zugrufe. Ökol. Vögel 1: 7 - 8.

DORNBERGER, W. (1977): Einsatz von Vogelbestandsaufnahmen im Rahmen einer Landschaftsplanung am Beispiel der Flurbereinigung Niederstetten (Main-Tauber-Kreis). Jh. Ges. Naturkde. Württ. 132: 169 - 182.

DORNBUSCH, G. & M. DORNBUSCH (1999): Langzeit-Vogelschutzversuch Steckby, eine Bibliographie. Vervielf. Liste der Staatl.Vogelschutzwarte Steckby/Sachsen-Anhalt.

DOWSETT, R. J. & A. D. FORBES-WATSON (1993): Checklist of Birds of the Afrotropical and Malagasy Regions. Vol. 1: Species limits and distribution. Tauraco Press, Liège, Belgien. 375 S.

DRAULANS, D. (1986): Changes in the status of some raptor species in Mol-Postel (Belgium): The effect of legislation. Gerfaut 76: 81 - 94.

DREES, E. M. (1980): Bird pests in agriculture in West Africa and their control. Depart. of nature conservation. Intern. rep. LH/nb Nr. 544, Wageningen.

DROST, R. (1930): Über die Tagesaufbruchszeit der Zugvögel und ihre Abhängigkeit vom Licht. Vogelzug 1: 117 - 119.

DROST, R. (1933): Die Stoppuhr als Hilfsmittel beim Ansprechen fliegender Vögel. Vogelzug 4: 32.

DROST, R. (1935): Vogelzug und Mondlicht. Vogelzug 6: 26 - 33.

DROST, R. (1960): Über den nächtlichen Vogelzug auf Helgoland. Proc. XII. Intern. Orn. Congr. 1958, Helsinki. S. 178 - 192.

DROST, R. & H. DESSELBERGER (1932): „Zwischenzug" bei Schwalben. Vogelzug 3: 22 - 24.

DROST, R. & W. RÜPPELL (1932): Ueber den Zug deutscher Schwalben in Europa. Vogelzug 3: 10 - 17.

DÜLMEN, A. VAN (1999): Das irdische Paradies. Bürgerliche Gartenkultur der Goethezeit. Böhlau, Köln. 315 S.

DUNN, E. (1977): Predation by weasels *(Mustela nivalis)* on breeding tits (*Parus* spp.) in relation to the density of tits and rodents. J. Anim. Ecol. 46: 633 - 652.

DUNN, E. H., D. J. T. HUSSEL & R. J. ADAMS (1997): Monitoring songbird population change with autumn mist netting. J. Wildl. Managem. 61: 389 - 396.

DUNTHORN, A.A. & F. P. ERRINGTON (1964): Casualties among birds along a selected road in Wiltshire. Bird Study 11: 168 - 182.

DVORAK, M., A. RANNER & H.-M. BERG (1993): Atlas der Brutvögel Österreichs. Umweltbundesamt, Wien.

DYCK, J., F. BIRKHOLM-CLAUSSEN, P. BANHOLT, I. KRAUL & O. SCHELDE (1981): Greifvögel und Pestizide - die Situation in Dänemark mit besonderer Berücksichtigung des Sperbers. Ökol. Vögel 3: 197 - 206.

DYRCZ, A., J. OKULEWICZ & J. WITKOWSKI (1985): Changes in bird communities as the effect of peatland management. Polish Ecol. Stud. 11: 79 - 85.

EAST, M. L. & C. M. PERRINS (1988): The effect of nestboxes on breeding populations of birds in broadleaved temperate woodlands. Ibis 130: 393 - 401.

EASTWOOD, E. (1967): Radar ornithology. Methuen, London.

EASTWOOD, E. & G. C. RIDER (1965): Some radar measurements of the altitude of bird flight. Brit. Birds 58: 393 - 426.

EBENHÖH, H., W. GATTER & W. GATTER (1991): Zum Wegzug des Wiesenpiepers *Anthus pratensis* am Randecker Maar. Vogelwelt 112: 118 - 140.

ECK, S. & H. BUB (1992): Die „Flügelspitze", ein wichtiges Maß am Vogelflügel (mit speziellen Bemerkungen über die paläarktischen *Fringilla*- und *Anthus*-Arten). Anz. Ver. Thüring. Orn. 1: 79 - 84.

EDELSTAM, C. (1972): The visible migration of birds at Ottenby, Sweden. Vår Fågelvärld Suppl. 7: 1 - 360.

EERDEN, M. R. VAN (1990): The solution of goose damage problems in The Netherlands with special reference to compensation schemes. Ibis 132: 253 - 261.

EERDEN, M. R. VAN & M. J. MUNSTERMAN (1986): Importance of the Mediterranean for wintering Cormorants *Phalacrocorax carbo sinensis*. NATO ASII Series, Ser. G: Ecolog. Sci. 12. S. 123 - 141.

EGLOFF, T. (1987): Gefährdet wirklich der Stickstoff (aus der Luft) die letzten Streuwiesen? Natur und Landschaft 62: 476 - 478.

EHRLICH, P. R. & A. H. EHRLICH (1970): Population, Resources, Environment. San Francisco.

EICHLER, J., R. GRADMANN & W. MEIGEN (1926): Ergebnisse der pflanzengeographischen Durchforschung von Württemberg, Baden und Hohenzollern. Jh. Ver. vaterl. Naturkde. Württ. & Mitt. Bad. Landesver. Naturkde.

EICKE, G. (1996): Das Blühen der Waldbäume 1996. AFZ/Der Wald 51: 982 - 983.

EIGNER, J. (1978): Ökologische Knickbewertung in Schleswig-Holstein. Die Heimat 85: 241 - 249.

EISFELD, D. & N. HAHN (1998): Raumnutzung und Ernährungsbasis von Schwarzwild. Ber. Forstzool. Instit., Univ. Freiburg.

EISLÖFFEL, F. (1996): Untersuchungen zur Ökologie von Vögeln in rheinland-pfälzischen Feldlandschaften. Vogelwelt 117: 199 - 203.

EKMAN, J. (1990): Alliances in winter flocks of Willow Tits: effects of rank on survival and reproductive success in male-female associations. Behav. Ecol. Sociobiol. 26: 239 - 245.

ELGOOD, J. H. (1981): The birds of Nigeria. BOU, London. 246 S.

ELGOOD, J. H., C. H. FRY & R. J. DOWSETT (1973): African migrants in Nigeria. Ibis 115: 1 - 45, 375 - 409.

ELGOOD, J. H., J. B. HEIGHAM, A. M. MOORE, A. M. NASON, R. E. SHARLAND & N. J. SKINNER (1994): The Birds of Nigeria. 2. Aufl., BOU, Tring. 305 S.

ELGOOD, J. H, R. E. SHARLAND & P. WARD (1966): Palaearctic migrants in Nigeria. Ibis 108: 84 - 116.

ELKINS, N. (1988): Weather and bird behaviour. 2. Aufl., Poyser, Calton. 240 S.

ELLEGREN, H. (1990): Timing of autumn migration in Bluethroats *Luscinia s. svecica* depends on timing of breeding. Ornis Fenn. 67: 13 - 17.

ELLEGREN, H. (1993): Speed of migration and migratory flight lengths of passerine birds ringed during autumn migration in Sweden. Ornis Scand. 24: 220 - 228.

ELLEGREN, H. & T. FRANSSON (1992): Fat loads and estimated flight ranges in four Sylvia species analysed during autumn migration at Gotland, South-East Sweden. Ringing & Migration 13: 1 - 12.

ELLENBERG, H. sen. (1978, 82, 86, 96): Vegetation Mitteleuropas mit den Alpen in ökologischer Sicht. 1., 2., 4. Aufl. bzw. Vegetation Mitteleuropas mit den Alpen in ökologischer, dynamischer und historischer Sicht. 5. Aufl. Ulmer, Stuttgart.

ELLENBERG, H. sen. (1979): Zeigerwerte der Gefäßpflanzen Mitteleuropas. 2. Aufl. Golze, Göttingen. 122 S.

ELLENBERG, H. sen. (1987): Ökosystemforschung im Solling - ein Über- und Ausblick. Verh. Ges. Ökol. 16: 11 - 26.

ELLENBERG, H. sen., R. MAYER & J. SCHAUERMANN (1986): Ökosystemforschung - Ergebnisse des Sollingprojekts 1966 - 1986. Ulmer, Stuttgart. 507 S.

ELLENBERG, H. jun. (1979): Frühjahrs- und Sommernahrung bestimmen die Dynamik von Reh-Populationen *(Capreolus capreolus)*. Verh. Ges. Ökol. Münster 1978 (7): 439 - 452.

ELLENBERG, H. jun. (Hrsg.) (1981): Greifvögel und Pestizide. Versuch einer Bilanz für Mitteleuropa. Ökol. Vögel 3 Sonderh.: 1 - 420.

ELLENBERG, H. jun. (1983): Gefährdung wildlebender Pflanzenarten in der Bundesrepublik Deutschland. Versuch einer ökologischen Betrachtung. Forstarchiv 54: 127 - 133.

ELLENBERG, H. jun. (1984): Rehwild und Umwelt. Arbeitstagung Rehwild, Biologie und Hege, März 1984. Nationalpark Bayerischer Wald. Ber. Bayerisches Staatsministerium für Ernährung, Landwirtschaft und Forsten. S. 3 - 28.

ELLENBERG, H. jun. (1985): Veränderungen der Flora Mitteleuropas unter dem Einfluß von Düngung und Immissionen. Schweiz. Z. Forstwesen 136: 19 - 39.

ELLENBERG, H. jun. (1986): Immissionen - Produktivität der Krautschicht - Populationsdynamik des Rehwildes; ein Versuch zum Verständnis ökolgischer Zusammenhänge. Natur & Landschaft 61: 335 - 340.

ELLENBERG, H. jun. (1987a): Eutrophierungsveränderungen der Waldvegetation: Folgen für und Rückwirkungen durch Rehwildverbiss. Verh. Ges. Ökol. 17: 425 - 435.

ELLENBERG, H. jun. (1987b): Fülle - Schwund - Schutz: Was will der Naturschutz eigentlich? Über die Grenzen des Naturschutzes in Mitteleuropa unter den derzeitigen Rahmenbedingungen. Verh. Ges. Ökol. 16: 449 - 459.

ELLENBERG, H. jun. (1988): Floristic changes due to Nitrogen Deposition in Central Europe. In: J. NILSSON, P. GRENNFELT: Critical loads for sulphur and nitrogen. Rep. from Workshop, Skokloster, Sweden 19. - 24. March, 1988.

ELLENBERG, H. jun. (1989): Eutrophierung - das gravierendste Problem im Naturschutz? Zur Einführung. Norddt. Naturschutzakad. Ber. 2: 4 - 13.

ELLENBERG, H. jun. (1992): Eutrophierung als wesentliches „Hintergrund-Problem" für wildlebende Organismen in Mitteleuropa. In: H. GEMMEKE & H. ELLENBERG: Mitt. BBA 280. Parey, Berlin, Hamburg. S. 73 - 94.

ELLENBERG, H. jun., M. VON EINEM, H. HUDECZEK, H.-J. LADE, H.U. SCHUMACHER, M. SCHWEINHUBER & H. WITTEKINDT (1985): Über Vögel in Wäldern und die Vogelwelt des Sachsenwaldes. Hamburger avifaun. Beitr. 20: 1 - 50.

ELLIGER, A. & M. PEGEL (1996): Jagdbericht Baden-Württemberg. 1994/95. Ber. Wildforschungsstelle Nr. 4.

ELLIGER, A. & M. PEGEL (1998): Jagdjahr 1997/98: Deutliche Rückgänge bei der Jagdstrecke gegenüber dem Vorjahr. WFS-Mitt. 3: 16 - 17.

EMEIS, W. (1951): Abnahme überwinternder Nebelkrähen. Vogelwelt 72: 128 - 129.

ENGESSER, R., B. FORSTER, F. MEIER & O. ODERMATT (1998): Forstschutzsituation 1997 in der Schweiz. AFZ/Der Wald 53: 375 - 377.

ENQUETE-KOMMISSION „SCHUTZ DER ERDATMOSPHÄRE", DEUTSCHER BUNDESTAG (1992): Klimaänderung gefährdet globale Entwicklung. Economica, Bonn & Müller, Karlsruhe.

ENQUIST, M. & J. PETTERSON (1986): The timing of migration in 104 bird species at Ottenby – an analysis based on 39 years trapping data. Ottenby Bird Observatory Spec. Rep. 8

EPPRECHT, W. (1985): 21 Jahre Grauschnäpperbruten *(Muscicapa striata)* am gleichen Nestort. Orn. Beob. 82: 169 - 184.

ERHARDT, A. (1985): Wiesen und Brachland als Lebensraum für Schmetterlinge. Eine Feldstudie im Tavetsch (GR). Denkschr. Schweiz. Naturforsch. Ges. 98. Birkhäuser, Basel. 154 S.

ERIKSSON, K. (1970a): Ecology of the irruption and wintering of Fennoscandian Redpolls *(Carduelis flammea coll.)*. Ann. zool. Fenn. 7: 273 - 282.

ERIKSSON, K. (1970b): The autumn migration and wintering ecology of the Siskin *Carduelis spinus*. Ornis Fenn. 47: 52 - 69.

ERNST, S. (1988): Die Ausbreitung des Alpenbirkenzeisigs, *Carduelis flammea cabaret* P. L. S. Müller, in Europa bis zum Jahre 1986. Ann. Orn. 12: 3 - 50.

ERNST, S. (1990a): Die weitere Bestandsentwicklung des Alpenbirkenzeisigs, *Carduelis flammea cabaret*, im Bezirk Karl-Marx-Stadt nebst Anmerkungen zur Brutbiologie, Phänologie und Morphologie. Beitr. Vogelkd. 36: 65 - 108.

ERNST, S. (1990b): Brüten in Mitteleuropa auch Birkenzeisige der Nominatform, *Carduelis flammea flammea*? Monticola 6: 108 - 114.

ERNST, S. (1997): Die Birkenzeisige. Verlag Buchhdlg. Klingenthal. 239 S.

ERZ, W. (1967): Verstädterung unserer Vogelwelt. Umschau 3: 85 - 88.

ESKILDSEN, J. (1987): Spurven og den fattige bli'r ikke mere maet. Fugle 7: 25.

Eu-ATL siehe HAGEMEIJER, W. J. M. & M. J. BLAIR (1997).

EUROPEAN CLIMATE SUPPORT NETWORK (1995): Climate of Europe. De Bilt. 72 Seiten.

EVANS, P. R. (1985): Migration. In: B. CAMPBELL & E. LACK: A dictionary of birds. Poyser, Calton. S. 348 - 353.

EXO, K.-M. & R. HENNES (1980): Beitrag zur Populationsökologie des Steinkauzes *(Athene noctua)* – eine Analyse deutscher und niederländischer Ringfunde. Vogelwarte 30: 162 - 179.

FEHLER, M. (1983): Seeadler. In E. RUTSCHKE: Die Vogelwelt Brandenburgs. Fischer, Jena & Aula, Wiesbaden. S. 167 - 169.

FENNER, M. (1991): Irregular seed crops in forest trees. Quart. J. Forestry 85: 166 - 172.

FIEDLER, G. & A. WISSNER (1980): Freileitungen als tödliche Gefahr für Störche *Ciconia ciconia*. Ökol. Vögel 2: 59 - 109.

FIEDLER, W. (1998a): Trends in den Beringungszahlen von Gartenrotschwanz *(Phoenicurus phoenicurus)* und Wendehals *(Jynx torquilla)* in Süddeutschland. Vogelwarte 39: 233 - 241.

FIEDLER, W. (1998b): Der Flugapparat der Mönchsgrasmücke *Sylvia atricapilla*. Diss., Univ. Tübingen.

FINLAYSON, C. (1992): Birds of the Strait of Gibraltar. Poyser, Calton.

FINNIS, R. G. (1960): Road casualties among birds. Bird Study 7: 21 - 32.

FISCHER, A. (1998): Die Entwicklung von Wald-Biozönosen nach Sturmwurf. Ecomed, Landsberg. 410 Seiten.

FISCHER, S. & R. SCHNEIDER (1996): Die Grauammer *Emberiza calandra* als Leitart der Agrarlandschaft. Vogelwelt 117: 225 - 234.

FIUCZYNSKI, D. (1982): Bestand, Vermehrung und Biozidbelastung des Baumfalken *(Falco subbuteo)* im Berliner Raum (mit einer Einschätzung des gegenwärtigen Status in Deutschland). Ökol. Vögel 3: 253 - 260.

FLADE, M. (1994): Die Brutvogelgemeinschaften Mittel- und Norddeutschlands. Grundlagen für den Gebrauch vogelkundlicher Daten in der Landschaftsplanung. IHW-Verlag, Eching.

FLADE, M., D. FRANZ & A. HELBIG (1986): Die Ausbreitung der Beutelmeise *(Remiz pendulinus)* an ihrer nordwestlichen Verbreitungsgrenze bis 1985. J. Orn. 127: 261 - 287.

FLADE, M. & J. JEBRAM (1995): Die Vögel des Wolfsburger Raumes im Spannungsfeld zwischen Industriestadt und Natur. NABU, Wolfsburg.

FLADE, M. & K. STEIOF (1989): Bestandstrends häufiger norddeutscher Brutvögel 1950 - 1985. - Eine Analyse von über 1400 Siedlungsdichte-Untersuchungen. Proc. Intern. 100. DOG-Meeting, Current Topics of Avian Biol., Bonn 1988. S. 249 - 260.

FLIEGE, G. (1984): Das Zugverhalten des Stars *(Sturnus vulgaris)* in Europa: Eine Analyse der Ringfunde. J. Orn. 125: 393 - 446.

FLINT, P. R. & P. F. STEWART (1992): The birds of Cyprus. BOU, Tring 234 S.

FORMOSOV, A. N. (1933): The crop of cedar nuts, invasion into Europe of Siberian Nutcracker and fluctuation in numbers of the Squirrel. J. Anim. Ecol. 2.

FORMOSOV, A. N. (1960): La production de graines dans les forêts de conifères de la taiga de l'U.R.S.S. et l'envahissement de l'Europe occidentale par certaines espéces d'oiseaux. Proc. XII. Intern. Orn.Congr. 1958, Helsinki. S. 116 - 229.

FORSTDIREKTION TÜBINGEN (1995): Dynamik mitteleuropäischer Waldökosysteme. Schulungsmappe 11 S.

FORSTLICHE VERSUCHS- UND FORSCHUNGSANSTALT BADEN-WÜRTTEMBERG (FVA) (1993): Der Wald in Baden-Württemberg. Im Spiegel der Bundeswaldinventur 1986 - 1990. FVA, Freiburg. 180 S.

FOWLER, A. C., R. L. KNIGHT, T. L. GEORGE & L. C. MC-EWEN (1991): Effects of avian predation on grasshopper populations in North Dakota grasslands. Ecology 72: 1775 - 1781.

FOWLER, J. & L. COHEN (1986): Statistics for Ornithologists. BTO Guide 22, BTO, Tring.

FOX, J. F. (1983): Post-fire succession of small-mammal and bird communities. In: R. W. WEIN & D. A. MACLEAN: The Role of Fire in Northern Circumpolar Ecosystems. Wiley & Sons, Chichester, New York.

FRANKLIN, J. F., H. H. SHUGART & M. E. HARMON (1987): Tree death as an ecological process. Bioscience 37: 550 - 556.

FRANZ, D. (1986): Entwicklungstendenzen bei bayerischen Habichtpopulationen und Versuch einer Dokumentation der bayerischen Abschuß- und Fangzahlen. Ber. Dtsch. Sekt. Int. Rat. Vogelschutz 26: 89 - 96.

FRANZ, D. (1993): Wechseln einzelne Beutelmeisen *(Remiz p. pendulinus)* ihre Zugwege und Winterquartiere? Vogelwarte 37: 26 - 31.

FRENSE, D. (2000): Rohstoffe des Waldes - nachhaltige Bioproduktion eines Antikrebsmittels aus der europäischen Eibe. Tagungsband Eibenfreund 6: 58 - 64.

FRENZEL, B. (1988): Klimasituation und Klimaabläufe: Bisherige Resultate der terrestrischen Paläoklimatologie. Jahrb. Akad. Wissensch. & Lit. Wiesbaden, Stuttgart.

FRÖHLING, W. & W. PRÜNTE (1967): Der Heidelerchen-Durchzug in Westfalen. Anthus 4: 51 - 61.

FULLER, R. J. (1995): Bird life of woodland and forest. Cambridge Univ. Press, Cambridge. 244 S.

FULLER, R. J. & A. C. B. HENDERSON (1992): Distribution of breeding songbirds in Bradfield Woods, Suffolk, in relation to vegetation and coppice management. Bird Study 39: 73 - 88.

FURNESS, R. W. (1988): Predation of ground-nesting seabirds by island populations of Red Deer *Cervus elaphus* and Sheep *Ovis*. J. Zool. Lond. 216: 565 - 573.

FURNESS, R. W. & J. J. D. GREENWOOD (1993): Birds as monitors of environmental change. Chapman & Hall, London.

GADGIL, M. (1972): The function of communal roosts: relevance of mixed roosts. Ibis 114: 531 - 533.

GAEDECKE, N. & W. GATTER (in Vorber.): Ziehen östliche Zilpzalpe *Phylloscopus collybita* durch Südwest-Deutschland?

GALARZA, A. (1987): Efecto de la ola de frio de enero de 1987 sobre la avifauna en el tramo costero del Pais Vasco. Garcilla 70: 15 - 18.

GAMLIN, L. (1988): Sweden's factory forest. New Scientist 117: 41 - 47.

GARCIA, E. F .J. (1983): An experimental test of competition for space between Blackcaps *Sylvia atricapilla* and Garden Warblers *Sylvia borin* in the breeding season. J. Anim. Ecol. 52: 795 - 805.

GASTEREN, H. VAN (1994): Regional differences in visible bird migration during autumn in the period 1981 - 90 in the Netherlands. In.: E. J. M. HAGEMEIJER & T. J. VERSTRAEL (Hrsg.): Bird Numbers 1992. Distribution, Monitoring and Ecological Aspects. Proc. 12th Int. Conf. IBCC & EOAC, Noordwijkerhout, NL. Statistics Netherlands Voorburg/Heerlen & SOVON, Beek-Ubbergen. S. 457 - 465.

GÄTKE, H. (1891, 1900): Die Vogelwarte Helgoland. 1./2. Aufl., Meyer, Braunschweig. 654 S.

GÄTKE, H. (1895): The birds of Heligoland. Douglas, Edinburgh.

GATTER, P. (1986): Notizen zur Biologie des Herkuleskäfers *Dynastes centaurus* (Fabricius) in Liberia. Ent. Z. 96: 17 - 22.

GATTER, P. & W. GATTER (1990): Das Migrationssystem des Windenschwärmers *(Agrius convolvuli)* zwischen Westafrika und dem Westen der Paläarktis - Ergebnisse und Hypothesen. Ent. Z. 100: 313 - 329.

GATTER, W. (1961): Der Rauhfußkauz *(Aegolius funereus)* auf der Schwäbischen Alb (Albuch). Jh. Ver. vaterl. Naturkde. Württ. 116: 296 - 297.

GATTER, W. (1967): Die Vögel des Wernauer Baggerteichgebiets. Jh. Ver. vaterl. Naturkde. Württ. 122: 136 - 153.

GATTER, W. (1969): Der Verlauf der Tannenhäher-Invasion 1968 in Baden-Württemberg. Jh. Ges. Naturkde. Württ. 124: 276 - 278.

GATTER, W. (1970a): Heidelerche *(Lullula arborea)*. Ornithologischer Sammelbericht für Baden-Württemberg (3). Anz. orn. Ges. Bayern 9: 159 - 162.

GATTER, W. (1970b): Der Merlin *(Falco columbarius)* in Baden-Württemberg. Anz. orn. Ges. Bayern 9: 52 - 56.

GATTER, W. (1970c): Der Brachpieper *(Anthus campestris)* in Baden-Württemberg. Vogelwelt 91: 1 - 11.

GATTER, W. (1970d): Die Vogelwelt der Kreise Nürtingen und Esslingen. Jh. Ges. Naturkde. Württ. 125: 158 - 264.

GATTER, W. (1970e): Tannenhäher *(Nucifraga caryocatactes)*. Ornithologischer Sammelbericht für Baden-Württemberg (4). Anz. orn. Ges. Bayern 9: 220 - 222.

GATTER, W. (1972a): Über das Auftreten des Zwergschnäppers *(Ficedula parva)* in Europa und Afrika westlich des Brutareals. Vogelwelt 93: 91 - 98.

GATTER, W. (1972b): Herbstliche Zugplanbeobachtung an Greifvögeln (Falconiformes) am Randecker Maar, Schwäbische Alb. Anz. orn. Ges. Bayern 11: 194 - 209.

GATTER, W. (1973a): Zugplanbeobachtungen an Spechten der Gattung Dendrocopos am Randecker Maar, Schwäbische Alb. Anz. orn. Ges. Bayern 12: 122 - 129.

GATTER, W. (1973b): Zum Zug der Schwanzmeise *(Aegithalos caudatus)* nach Planbeobachtungen am Randecker Maar, Schwäbische Alb. Jh. Ges. Naturkde. Württ. 128: 151 - 154.

GATTER, W. (1973c): Rückgang von Durchzugszahlen bei Singvögeln. Vogelwelt 94: 60 - 64.

GATTER, W. (1974a): Beobachtungen an Invasionsvögeln des Kleibers *(Sitta europaea caesia)* am Randecker Maar, Schwäbische Alb. Vogelwarte 27: 203 - 209.

GATTER, W. (1974b): Analyse einer Invasion des Eichelhähers *(Garrulus glandarius)* 1972/73 am Randecker Maar (Schwäbische Alb). Vogelwarte 27: 278 - 289.

GATTER, W. (1976a): Feldkennzeichen ziehender Passeres. Vogelwelt 97: 201 - 217.

GATTER, W. (1976b): Über den Wegzug des Gimpels *(Pyrrhula pyrrhula)*: Geschlechterverhältnis und Einfluß von Witterungsfaktoren. Vogelwarte 28: 165 - 170.

GATTER, W. (1977a): Verspäteter Heimzug als Regulationsmechanismus bei Invasionsvögeln. Verh. orn. Ges. Bayern 23: 61 - 69.

GATTER, W. (1977b): Eine Wanderung der Erdschnake *(Tipula oleracea l.)*. Passive Verdriftung oder gerichtete Migration? Nachrichtenbl. bayer. Entomologen 26: 141 - 152.

GATTER, W. (1977c): Zug und Jahresperiodik nord- und mitteleuropäischer Schwarzspechte *(Dryocopus martius)* mit Bemerkungen zum Zug der Gattung Picus. Anz. orn. Ges. Bayern 16: 58 - 67.

GATTER, W. (1978): Planbeobachtungen des sichtbaren Zugs am Randecker Maar als Beispiel ornithologisch-entomologischer Forschung. Vogelwelt 99: 1 - 21.

GATTER, W. (1979): Unterschiedliche Zuggeschwindigkeiten nahe verwandter Vogelarten. J. Orn. 120: 221 - 225.

GATTER, W. (1980): Nordwärts gerichtete Frühjahrswanderungen palaearktischer Schmetterlinge, Fliegen und Hummeln im Himalaya- und Transhimalayagebiet Nepals. Atalanta XI: 188 - 196.

GATTER, W. (1981a): Insektenwanderungen. Kilda, Greven. 94 S.

GATTER, W. (1981b): Anpassungen von Wanderinsekten an die tägliche Drehung des Windes. Jh. Ges. Naturkde. Württ. 136: 191 - 202.

GATTER, W. (1982): Zur Vogelwelt um Münsingen. Ein ornithologischer Streifzug durch das Land zwischen Neckar und Donau. In: Münsingen: Geschichte - Landschaft - Kultur. Thorbecke, Sigmaringen. S. 684 - 694.

GATTER, W. (1984a): For future natural forest- and plantation management in Liberia. Observations - Considerations - Results. Ber. German Forestry Mission to Liberia. Forest Development Authority. Monrovia, Liberia. 40 S.

GATTER, W. (1984b): Nachtzug der Rohrweihe *(Circus aeruginosus)*. Vogelwarte 32: 309 - 311.

GATTER, W. (1986): Notizen zur Brutzeitnahrung und Verhalten von Kernbeißern *(Coccothraustes coccothraustes)*. Orn. Jh. Bad.-Württ. 2: 88 - 89.

GATTER, W. (1987a): Zugverhalten und Überwinterung von paläarktischen Vögeln in Liberia (Westafrika). Verh. orn. Ges. Bayern 24: 479 - 508.

GATTER, W. (1987b): Vogelzug in Westafrika: Beobachtungen und Hypothesen zu Zugstrategien und Wanderrouten. Vogelzug in Liberia, Teil II. Vogelwarte 34: 80 - 92.

GATTER, W. (1987c): Notizen zu Brutzeitnahrung und Verhalten von Kernbeißern *(Coccothraustes coccothraustes)*. Orn. Jh. Bad.-Württ. 2: 88 - 89.

GATTER, W. (1988a): The coastal wetlands of Liberia: Their importance for wintering waterbirds. ICBP Study report No. 26, Cambridge.

GATTER, W. (1988b): Mittwinterzählungen paläarktischer Wasservögel in Liberia. Verh. orn. Ges. Bayern 24: 659 - 687.

GATTER, W. (1988c): The birds of Liberia. A preliminary check-list with status and open questions. Verh. orn. Ges. Bayern 24: 689 - 723.

GATTER, W. (1989): Zur vegetabilischen Ernährung des Gimpel *(Pyrrhula pyrrhula)* auf der Schwäbischen Alb. Vogelwelt 110: 100 - 112.

GATTER, W. (1990): Gedehnte Zugzeiten bei Langstrekkenziehern als Anpassung an die Saharaquerung? Vogelwelt 111: 166 - 172.

GATTER, W. (1991): Bewertung und Vergleichbarkeit von Medianwerten des Wegzugs am Beispiel Randecker Maar-Programm. Vogelwarte 36: 19 - 34.

GATTER, W. (1992): Zugzeiten und Zugmuster im Herbst: Einfluß des Treibhauseffekts auf den Vogelzug? J. Orn. 133: 427 - 436.

GATTER, W. (1993): Explorationsverhalten, Zug und Migrationsevolution beim Fichtenkreuzschnabel *Loxia curvirostra*. Vogelwelt 114: 38 - 55.

GATTER, W. (1994a): Eiben bei Oberlenningen, Forstbezirk Kirchheim/Teck. Ein Beitrag zum Baum des Jahres 1994. Veröff. Naturschutz Landschaftspflege Bad.-Württ. 70: 121 - 136.

GATTER, W. (1994b): Zur Ausbildung von Vogelgemeinschaften in Wäldern unter Einfluß von Habitatstruktur, Nahrung, Konkurrenz und Migration. Mitt. Ver. Forstl. Standortskde Forstpflanzenzüchtg. 37: 75 - 88.

GATTER, W. (1996): Das Abflämmverbot als Rückgangsursache von Singvögeln? Orn. Anz. 35: 163 - 171.

GATTER, W. (1997): Birds of Liberia. Aula, Wiesbaden, Pica, Sussex & Yale Univ. Press, New Haven and London. 320 S.

GATTER, W. (1997a): Fledermäuse in den Wäldern Baden-Württembergs. Populationstrends 1985 bis 1993. AFZ/Der Wald 52: 94 - 96.

GATTER, W. (1997b): 40 Jahre Populationsdynamik der Fledermäuse in Wäldern Baden-Württembergs mit vergleichenden Bemerkungen zur Entwicklung der Greifvogelbestände. Veröff. Naturschutz Landschaftspflege Bad.-Württ. 71/72: 259 - 265.

GATTER, W. (1997c): Waldgeschichte, Buchenprachtkäfer und Rückgang des Berglaubsängers *Phylloscopus b. bonelli*. Vogelwelt 118: 41 - 47.

GATTER, W. (1997d): Förderungsmöglichkeiten für den Alpenbock. AFZ/Der Wald 52: 1305 - 1306.

GATTER, W. (1998): Langzeit-Populationsdynamik des Kleibers *(Sitta europaea)* in Wäldern Baden-Württembergs. Vogelwarte 39: 209 - 216.

GATTER, W. (in Vorber.): Langzeittrends der Fliegenschnäpper (*Ficedula* spec.) in Wäldern Baden-Württembergs.

GATTER, W. & M. BEHRNDT (1985): Unterschiedliche tageszeitliche Zugmuster alter und junger Vögel am Beispiel der Rauchschwalbe *(Hirundo rustica)*. Vogelwarte 33: 115 - 120.

GATTER, W., R. GARDNER & K. PENSKI (1990): Abnahme ziehender Ringeltauben *(Columba palumbus)* in Süddeutschland. Vogelwelt 111: 111 - 115.

GATTER, W. & R. GARDNER (1993): The biology of the Gola Malimbe *Malimbus ballmanni* (Wolters 1974). Bird Conserv. Int. 3: 87 - 103.

GATTER, W. & D. GATTER (1973): Massenwanderung der Schwebfliege *Eristalis tenax* und des Marienkäfers *Coccinella septempunctata* am Randecker Maar, Schwäbische Alb. Jh. Ges. Naturkde. Württ. 128: 151 - 154.

GATTER, W. & D. GATTER (1977): Gleichzeitige Wetterflucht von Mauerseglern *Apus apus* und Sturmtauchern (Procellariidae). Verh. orn. Ges. Bayern 23: 93 - 95.

GATTER, W. & G. HODGSON (1987): Changed patterns of behaviour of breeding landbirds on rocks in the Atlantic offshore of West Africa. Vogelwarte 34: 138 - 140.

GATTER, W., G. KLUMP & R. SCHÜTT (1979): Ausgeprägte Fälle von Zugumkehr bei Eichelhäher *(Garrulus glan-*

darius) und Tannenhäher *(Nucifraga caryocatactes).* Vogelwarte 30: 101 - 107.

GATTER, W. & H. MATTES (1973): Der Wegzug der Heckenbraunelle *(Prunella modularis)* am Randecker Maar, Schwäbische Alb. Anz. orn. Ges. Bayern 12: 256 - 262.

GATTER, W. & H. MATTES (1987): Anpassungen von Schafstelze *Motacilla flava* und afrikanischen Motacilliden an die Waldzerstörung in Liberia (Westafrika). Verh. orn. Ges. Bayern 24: 467 - 477.

GATTER, W. & W. MÜLLER (1977): Winterbestandzählungen an Gebirgsstelzen *Motacilla cinerea.* Anz. orn. Ges. Bayern 16: 58 - 67.

GATTER, W. & K. PENSKI (1978): Der Wegzug der Ringeltaube *Columba palumbus* nach Planbeobachtungen am Randecker Maar (Schwäbische Alb). Vogelwarte 29: 191 - 220.

GATTER, W. & U. SCHMID (1990): Die Wanderung der Schwebfliegen (Diptera, Syrphidae) am Randecker Maar. Festschrift 20 Jahre Station Randecker Maar. Spixiana Suppl. 15: 1 - 100.

GATTER, W. & R. SCHÜTT (1999): Langzeitentwicklung der Höhlenkonkurrenz zwischen Vögeln (*Aves*) und Säugetieren (Bilche *Gliridae*, Mäuse *Muridae*) in den Wäldern Baden-Württembergs. Orn. Anz. 38: 107 - 130.

GATTER, W. & R. SCHÜTT (in Vorber.): Langzeitdynamik beim Siebenschläfer *Glis glis* in den Wäldern Baden-Württembergs.

GATTER, W. & R. SCHÜTT (in Vorber.): Langzeittrends des Gartenrotschwanzes in Wäldern Baden-Württembergs.

GATTER, W. & K. STEIOF (1992): Ermittlung von Bestandstrends durch Zugbeobachtungen. Vogelwelt 113: 240 - 255.

GATTER, W., H. J. ULLRICH & R. LAIH (1986): Zur Artenvielfalt der Tagzieher beim Wegzug am Randecker Maar (Schwäbische Alb). Orn. Jh. Bad.-Württ. 2: 47 - 51.

GAUTHREAUX, S.A. (1978): Importance of the daytime flights of nocturnal migrants: redetermined migration following displacement. In: K. SCHMIDT-KOENIG & W.T. KEETON: Animal Migration, Navigation and Homing. Springer, Berlin. S. 219 - 227.

GEDEON, K. (1994): Monitoring Greifvögel und Eulen - Grundlagen und Möglichkeiten einer langfristigen Überwachung von Bestandsgrößen und Reproduktionsdaten. Diss., Univ. Halle.

GEDEON, K. & M. STUBBE (1992): Jahresbericht 1991 zum Monitoring Greifvögel und Eulen Europas. Jber. Monitoring Greifvögel Eulen Europas 4: 1 - 53.

GEDEON, K. & M. STUBBE (1993): Jahresbericht 1992 zum Monitoring Greifvögel und Eulen Europas. Jber. Monitoring Greifvögel Eulen Europas 5: 1 - 68.

GEHRING, W. (1963): Radar- und Feldbeobachtungen über den Verlauf des Vogelzuges im Schweizerischen Mittelland: Der Tagzug im Herbst (1957 - 1961). Orn. Beob. 60: 35 - 68.

GEISER, R. (1992): Auch ohne *Homo sapiens* wäre Mitteleuropa von Natur aus eine halboffene Weidelandschaft. Laufener Seminarbeiträge 2: 22 - 34.

GEMMEKE, H. (1992): Chemische Pflanzenschutzmittel in der Agrarlandschaft (Ort, Zeit, Umfang) und ihre Bedeutung für die Vogelwelt. In: H. GEMMEKE & H. ELLENBERG, Mitt. BBA 280. Parey, Berlin, Hamburg. S. 36 - 72.

GEORGE, K. (1996): Deutsche Landwirtschaft im Spiegel der Vogelwelt. Vogelwelt 117: 187 - 197.

GERDES, K. (1994): Bestandsänderung von Gänsen. Vogelwarte 37: 157 - 178.

GERKEN, B., K. KRIEDEMANN & M. GRUPE (1992): Dynamik im Rotbuchenwald durch Eisbruch und Vogelkolonien - ein Beitrag zum Verständnis der Verlichtungsdynamik im mitteleuropäischen Wald. Laufener Seminarbeiträge 2: 71 - 79.

GILLINGS, S. & S. WOTTON (1998): Woodlarks take off. BTO News 216/217: 25.

GILLON, Y. & D. GILLON (1967): Recherches écologiques dans la savane de Lamto (Côte d'Ivoire): Cycle annuel des effectifs et des biomasses d'arthropodes de la strate herbacée. Terre et Vie 21: 262 - 277.

GLOE, P. (1992): Zur Entwicklung der Brutvogelbestände im Speicherkoog Dithmarschen (Westküste von Schleswig-Holstein) von 1984 - 1991. Corax 15: 69 - 81.

GLOVER, K. et al. (1966): Radar observations of insects in free flight. Science 154: 967 - 972.

GLOWACINSKI, Z. (1992): Polish red data book of animals. PwPiL - State Publishing House of Agriculture and Forestry, Warschau.

GLUE, D. E. (1970): Extent and possible causes of a marked reduction in population of the Common Whitethroat *(Sylvia communis)* in Great Britain in 1969. Abstr. XV. Intern. Orn. Congr. Den Haag. S. 110 - 112.

GLUE, D. E. (1971): Ringing Recovery Circumstances of Small Birds of Prey. Bird Study 18: 137 - 146.

GLUE, D. (2000): Conserving Britain's trio of woodpeckers. BTO News 228: 22 - 24.

GLÜCK, E. (1982): Jahresperiodik und Zug südwestdeutscher Stieglitze *(Carduelis carduelis)* - Freilandbeobachtung, Ringfundauswertung und Zugaktivitätsuntersuchung. Vogelwarte 31: 395 - 422.

GLÜCK, E. (1986): Kosten-Nutzen-Analyse des Schwarmverhaltens von Vögeln. J. Orn. 127: 388 - 389.

GLUTZ VON BLOTZHEIM, U. N. & K. M. BAUER et al. (1966 - 1997): Handbuch der Vögel Mitteleuropas. 14 Bde. Akad. Verlagsges., Wiesbaden & Aula, Wiesbaden.

GNIELKA, R. (1986): Daten zur Brutbiologie des Grünfinken *(Carduelis chloris)* nach Nestkarten aus dem Bezirk Halle. Beitr. Vogelkd. 32: 235 - 244.

GNIELKA, R. (1990): Anleitung zur Brutvogelkartierung. Apus 7: 145 - 239.

GODAN, D. (1983): Pest slugs and snails - Biology and control. Springer, Berlin, Heidelberg, New York. 445 S.

GODEL, M. & G. DE CROUSAZ (1958): Studien über den Herbstzug auf dem Col de Cou/Bretolet. Beobachtungs- und Beringungsergebnisse 1951 - 1957. Orn. Beob. 55: 96 - 123.

GOLDAMMER, J. G., S. MONTAG & H. PAGE (1997): Nutzung des Feuers in mittel- und nordeuropäischen Landschaften - Geschichte, Methoden, Probleme, Perspektiven. NNA-Ber. 10: 18 - 38.

GOLDBERG, E. D. (1975): Synthetic organohalides in the sea. Proc. Roy. Soc. Lond. (B) 189: 277 - 289.

GOODMAN, S. M. & P. L. MEININGER (1989): The birds of Egypt. Oxford Univ. Press, Oxford.

GÖPFERT, M. (1986): Untersuchungen an einem gemeinsamen Schlafplatz überwinternder Gebirgsstelzen *(Motacilla cinerea)* in Schwäbisch Hall (Baden-Württemberg). Ökol. Vögel 8: 199 - 214.

GORE, M. E. J. (1990): Birds of the Gambia. BOU, Tring.

GOSS-CUSTARD, J.-D. (1977): The ecology of the wash. III. Density-related behaviour and the possible effects of a loss of feeding grounds on wading birds (Charadrii). J. Appl. Ecol. 14: 721 - 739.

GOSSENAUER-MAROHN, H. (1997): Waldschutzsituation 1996/97 in Hessen. AFZ/Der Wald 52: 354 - 358.

GOSSOW, H. (1997): Feuereinfluß auf Wildtierfauna und Biodiversität. NNA-Ber. 10: 39 - 45.

GÖTZ, V. (1997): Waldverjüngung und Rehe. AFZ/Der Wald 52: 324 - 327.

GÖTZ, V., G. SCHLENKER, B. V. BARNES & W. GATTER (1995): Wald und Mensch - „Waldgeschichte als Geschehen in geschichtlicher Zeit". Kap. I.3 in: Ansätze für eine regionale Biotop- und Biozönosenkunde von Baden-Württemberg. Mitt. Forstl. Versuchs- u. Forschungsanstalt Bad.-Württ. 185: 24 - 41.

GÖTZE, D. & G. BROCKMANN (1997): Umgang mit Feuer auf Truppenübungsplätzen am Beispiel des Truppenübungsplatzes Bergen. NNA-Ber. 10: 128 - 130.

GRADMANN, R. (1936): Das Pflanzenleben der Schwäbischen Alb. Kohlhammer, Stuttgart.

GRAVELAND, J. (1996): Eggshell defects in forest passerines caused by decline of snail abundance on acidified soils. Vogelwelt 117: 67 - 73.

GREENWOOD, P. J., P. H. HARVEY & C. M. PERRINS (1978): Inbreeding and dispersal in the Great Tit. Nature 271: 52 - 54.

GREENWOOD, R. J., A. B. SARGEANT, D. H. JOHNSON, L. M. COWARDIN & T. L. SHAFFER (1995): Factors associated with Duck nest success in the prairie pothole region of Canada. Wildl. Monogr. 128: 1 - 57.

GREENWOOD, R. J. & M. A. SOVADA (1996): Prairie Duck populations and predation management. Trans. NA Wildl. Nat. Res. Conf. 65: 31 - 42.

GREES, H. (1983): Die Schwäbische Alb. In: C. BORCHERDT (Hrsg.): Geographische Landeskunde von Baden-Württemberg. Kohlhammer, Stuttgart. S. 310 - 371.

GRELL, M. B. (1998): Fuglenes Danmark. Gads Forlag & Dansk Orn. Forening, Kopenhagen.

GRENNFELT, P. & B. HASSELROT (1987): The deposition of ammonium and nitrate to forest edges. In: W. A. H. ASMAN & H. S. M. A. DIEDEREN (Hrsg.): Ammonia and acidification. Proc. Symp. Europ. Assoc. for Science of Air Pollut., Bilthoven, NL. S. 124 - 140.

GRIFFIN, D. R. (1964): Bird migration. - The biology and physics of orientation behavior. Dt. Ausgabe (1965): Vogelflug. Desch, München.

GRIGGS, R. F. (1927): Das Tal der zehntausend Dämpfe. Brockhaus, Leipzig.

GRIMM, H. (1998): Zum jahreszeitlichen, witterungs- und nutzungsabhängigen Nahrungsspektrum des Raubwürgers *Lanius excubitor* in der Agrarlandschaft des Thüringer Beckens. Vortrag, Tagung DOG, Jena.

GRIMMETT, R. (1987): A review of the problems affecting palaearctic migratory birds in Africa. ICBP Study Report No. 22, Cambridge. 240 S.

GROEBBELS, F. (1938): Der Vogel in der deutschen Landschaft. Neumann, Neudamm.

GROOM, D. W. (1993): Magpie *Pica pica* predation on Blackbird *Turdus merula* nests in urban areas. Bird Study 40: 55 - 62.

GROSSE, H., W. SYKORA & R. STEINBACH (1980): Eine 220-kV-Hochspannungstrasse im Überspannungsgebiet der Talsperre Windischleuba war Vogelfalle. Falke 27: 247 - 248.

GRÜLL, A. (1991): Der Südteil des Neusiedler Sees - nationalparkwürdig im Sinne der IUCN-Richtlinien? BFB-Ber. 76: 33 - 35.

GRUMMT, M. & M. WINK (1991): Veränderungen des Brutvogelbestandes im Rheinland: Vergleich der Rasterkartierungen 1975 und 1990. Charadrius 27: 105 - 112.

GRUYS-CASIMIR, E. M. (1965): On the influence of environmental factors on the autumn migration of Chaffinch and Starling: a field study. Arch. Nederld. Zool. 16: 175 - 279.

GRZIMEK, B. (Hrsg.) (1968): Grzimeks Tierleben. Bd. 13. Kindler, Zürich.

GTZ (1982): Die Ökologie und Bekämpfung des Blutschnabelwebervogels (*Quelea quelea* (L)) in Nordostnigeria. Gesellschaft für Technische Zusammenarbeit (GTZ), Eschborn.

GUDMUNDSSON, G. A. (1993): The spring migration pattern of arctic birds in southwest Iceland, as recorded by radar. Ibis 135: 166 - 176.

GUDMUNDSSON, G. A. (1994): Spring migration of the Knot *Calidris c. canutus* over southern Scandinavia, as recorded by radar. Avian Biology 25: 15 - 26.

GÜNTHER, E. & M. HELLMANN (1991): Zum Vorkommen und zur Nistökologie baumbrütender Mauersegler *(Apus apus)* im Nordharz. Acta ornithoecol. 2: 261 - 275.

GÜNTHER, E. & M. HELLMANN (1994): Zur Abhängigkeit des Bruterfolges baumbrütender Mauersegler *(Apus apus)* von der Brutraumgröße im nordöstlichen Harz (Sachsen-Anhalt). Orn. Jber. Mus. Heineanum 12: 87 - 91.

GÜNTHER, E. & M. HELLMANN (1995): Die Entwicklung von Höhlen der Buntspechte (Picoides) in naturnahen Laubwäldern des nordöstlichen Harzes (Sachsen-Anhalt). Orn. Jber. Mus. Heineanum 13: 27 - 52.

GÜNTHER, E. & M. HELLMANN (1997): Die Höhlen des Buntspechts - haben wir ihre Bedeutung für die Nachnutzer überschätzt? Naturschutz Land Sachsen-Anhalt 34(1): 15 - 24.

GUSTAFSSON, L. (1988): Inter- and intraspecific competition for nest-holes in a population of the Collared Flycatcher *Ficedula albicollis*. Ibis 130: 11 - 15.

GUSTIN, M., T. PIZZARI & D. CAPIZZI (1999): Relationship between biometry and migration time among Blackcaps *(Sylvia atricapilla)* in central Italy. Vogelwarte 40: 88 - 97.

GUTHÖRL, V. & H. KALCHREUTER (1995): Zum Einfluß des Fuchses auf das Vorkommen des Feldhasen. Eu-

rop. Wildl. Res. Inst. Univ. Saarland. Bonndorf-Glashütte. 117 S.
GWINNER, E. (1967): Wirkung des Mondlichts auf die Nachtaktivität von Zugvögeln. – Lotsenversuch an Rotkehlchen *(Erithacus rubecula)* und Gartenrotschwanz *(Phoenicurus phoenicurus)*. Experientia 23: 227 - 228.
GWINNER, E. (1968): Artspezifische Muster der Zugunruhe bei Laubsängern und ihre mögliche Bedeutung für die Beendigung des Zuges im Winterquartier. Z. Tierpsychol. 25: 843 - 853.
GWINNER, E. (1969): Untersuchungen zur Jahresperiodik von Laubsängern. J. Orn. 110: 1 - 21.
GWINNER, E. (Hrsg.) (1990): Bird Migration: the physiology and ecophysiology. Springer, Berlin, Heidelberg, New York.
GWINNER, E. (1996): Circannual clocks in avian reproduction and migration. Ibis 138: 47 - 63.
HAAG, D. (1988): Die dichteabhängige Regulation im Brutschwarm der Straßentaube *Columba livia* forma *domestica*. Orn. Beob. 85: 209 - 224.
HAARTMAN, L. VON (1945): Umschlagende Zugrichtungen beim Buchfinken, *Fringilla c.coelebs* L., im Herbst. Ornis Fenn. 22: 10 - 16.
HAARTMAN, L. VON (1973): Changes in the breeding bird fauna of North Europe. In: Breeding biology of birds. Nat. Acad. Sci., Washington. S. 448 - 481.
HAARTMAN, L. VON & L. SÖDERHOLM-TANA (1983): Bird arrival times revised. In: J. TIAINEN (Hrsg.): Proc. 3. Conf. Study & Conserv. Migratory Birds Baltic Basin. Ornis Fenn. Suppl. 3: 7 - 13.
HAAS, D. (1980): Gefährdung unserer Großvögel durch Stromschlag – eine Dokumentation. Ökol. Vögel 2: 7 - 57.
HAAS, W. (1964): Verluste von Vögeln und Säugern auf Autostraßen. Orn. Mitt. 16: 245 - 250.
HAAS, W. & P. BECK (1979): Zum Frühjahrszug paläarktischer Vögel über die westliche Sahara. J. Orn. 120: 237 - 246.
HABER, W. & J. SALZWEDEL (1992): Umweltprobleme der Landwirtschaft. Sachbuch Ökologie. Metzler-Poeschel, Stuttgart.
HÄBERLE, M. & K. HERRMANN (1984): Entwicklung von Emissionen und Immissionen wichtiger Luftschadstoffe. Wlb-Wasser, Luft und Betrieb 7/8: 31 - 36. Ludwigshafen BASF.
HÄBERLE, W. (1997): Begründung naturnaher Fichten-Tannen-Buchen-Wälder. AFZ/Der Wald 52: 1302 - 1303.
HAEUPLER, A. (1974): Statistische Auswertung von Punktrasterkarten der Gefäßpflanzen Süd-Niedersachsens. Scripta Geobotan. 8. 1 - 141 S.
HAFFER, J. (1988): Vögel Amazoniens: Ökologie, Brutbiologie und Artenreichtum. J. Orn. 129: 1 - 53.
HAFFER, J. (2000): Kontaktzonen bei Vögeln der Tropen und ihre biogeographische Bedeutung. Orn. Anz. 39: 43 - 62.
HAGEMEIJER E. J. M. & T. J. VERSTRAEL (Hrsg.)(1994): Bird Numbers 1992. Distribution, Monitoring and Ecological Aspects. Proc. 12th Int. Conf. IBCC & EOAC, Noordwijkerhout, NL. Statistics Netherlands Voorburg/Heerlen & SOVON, Beek-Ubbergen.
HAGEMEIJER, W. J. M. & M. J. BLAIR (1997): The EBCC Atlas of European Breeding Birds. European Bird Census Council. Poyser, London. 903 S.
HAGEN, W. (1913): Die Vögel des Freistaates und Fürstentums Lübeck. Junk, Berlin.
HAGNER, S. (1965): Cone crop fluctuations in Scots Pine and Norway Spruce. Studia forestalia suecica 33: 1 - 21.
HAHN, N. & D. EISFELD (1998): Kirrungen als Sau-Futterstelle. Pirsch 50: 22.
HAILA, Y., O. JÄRVINEN & R. A. VÄISÄNEN (1979): Long-term changes in the bird community of farmland in Aland, SW Finland. Ann. zool. Fenn. 16: 23 - 27.
HAILA, Y., O. JÄRVINEN & R. A. VÄISÄNEN (1980): Effects of changing forest structure on long-term trends in bird populations in SW Finland. Ornis Scand. 11: 12 - 22.
HAILA, Y., J. TIAINEN & K. VEPSÄLÄINEN (1986): Delayed autumn migration as an adaptive strategy of birds in northern Europe: evidence from Finland. Ornis Fenn. 63: 1 - 9.
HALD-MORTENSEN, P. (1974): Spurverhoegens *Accipiter nisus* rede og redeplacering – og sammenligninger med Duchoegen *A. gentilis*. Dansk Orn. Foren. Tidsskr. 68: 91 - 115.
HALLE, S. (1998): Räuber-Beute-Interaktionen auf der Ebene von Zeitmustern. Vortrag, Tagung DOG, Jena.
HALLER, H. (1996): Der Steinadler in Graubünden. Langfristige Untersuchungen zur Populationsökologie von *Aquila chrysaetos* im Zentrum der Alpen. Orn. Beob. Beih. 9: 1 - 167.
HALUPKA, K. (1998): Nest predation in Meadow Pipits *Anthus pratensis* nesting in natural conditions. Ornis Fenn. 75: 139 - 143.
HAMILTON, W. J. (1967): Social aspects of bird orientation and navigation. In: R.M. STORM (Hrsg.): Animal Orientation and Navigation. Oregon State Univ. Press, Covallis. S. 57 - 71.
HANDKE, K. (1997): Zur Wirbellosen-Fauna regelmäßig gebrannter Brachflächen in Baden-Württemberg. NNA-Ber. 10: 72 - 81.
HANN, J. F. VON & R. J. SÜRING (1951): Lehrbuch der Meteorologie. 2. Bd. Hirzel, Leipzig.
HANSEN, J. A., A. LACIS, D. RIND, G. RUSSELL, P. STONE, I. FUNG, R. RUE DY & L. LERNER (1984): Climate sensitivity: Analysis of Feedback mechanisms. In: J. HANSEN & T. TAKAHASHI (Hrsg.): Climate processes and climate sensitivity. Geophys. Monogr. 29: 130 - 163.
HANSEN, L. (1954): Birds killed at lights in Denmark 1886 - 1939. Vidensk. Medd. naturh. Foren. Kopenhagen 116: 269 - 368.
HANSEN, L. (1969): Traffikdøden i den danske dyreverden. Dansk Orn. Foren. Tidsskr. 63: 81 - 92.
HANTGE, E. & K. SCHMIDT-KOENIG (1958): Vom Herbstzug des Steinschmätzers (*Oenanthe oenanthe* L.) auf Wangerooge und Langeoog. J. Orn. 99: 142 - 159.
HARENGERD, M. & W. PRÜNTE (1970): Einige Beobachtungen zum Winterflucht-Geschehen im März 1969. Anthus 7: 13 - 23.
HARMON, M. E. (1992): Long-term experiments on log decomposition at the H. J. Andrews Experimental

Forest. U. S. Depart. of Agricult., General Tech. Rep. PNW-GTR 280.

HARMON, M. E., J. F. FRANKLIN, F. J. SWANSON, P. SOLLINS, S. V. GREGORY, J. D. LATTIN, N. H. ANDERSON, S. P. CLINE, N. G. AUMEN, J. R. SEDELL, G. W. LIENKAEMPER, K. CROMACK JR. & K. W. CUMMINS (1986): Ecology of Coarse woody debris in temperate ecosystems. Advan. Ecol. Res. 15: 133 - 302.

HARPER, W. G. (1958): Detection of bird migration by centimetric radar - a cause of radar "angels". Proc. Roy. Soc. London 149: 484 - 502.

HARRIS, S. (1981): The food of Suburban Foxes *(Vulpes vulpes)*, with special reference to London. Mammal. Rev. 11: 151 - 168.

HASEL, K. (1985): Forstgeschichte. - Ein Grundriß für Studium und Praxis. Parey, Berlin, Hamburg.

HASHMI, D. (1988): Ökologie und Verhalten des Kormorans *Phalacrocorax carbo sinensis* im Ismaninger Teichgebiet. Anz. orn. Ges. Bayern 27: 1 - 44.

HASSE, H. (1963): Die Goldammer. NBB. Ziemsen, Wittenberg.

HASSELMAN, K. H. (1979): Liberia. Geographical mosaics of the land and the people. Ministry of Information. Monrovia.

HAUFF, P. (1998): Bestandsentwicklung des Seeadlers *Haliaeetus albicilla* in Deutschland seit 1980 mit einem Rückblick auf die vergangenen 100 Jahre. Vogelwelt 119: 47 - 63.

HAUKIOJA, E. (1971): Short-distance dispersal in the Reed Bunting *Emberiza schoeniclus*. Ornis Fenn. 48: 45 - 67.

HAUPT, R. (2000): Neuere Ergebnisse zur Verjüngungsökologie der Eibe und Empfehlungen zur waldbaulichen Behandlung. Tagungsband Eibenfreund 6: 31 - 41.

HECKENROTH, H. (1985): Atlas der Brutvögel Niedersachsens 1980. Naturschutz Landschaftspflege Niedersachs. 14: 1 - 425.

HEDENSTRÖM, A. & J. PETTERSSON (1987): Migration routes and wintering areas of Willow Warblers *Phylloscopus trochilus* (L.) ringed in Fennoscandia. Ornis Fenn. 64: 137 - 143.

HEGELBACH, J. (1999): Brutbestand der Nachtigall *Luscinia megarhynchos* und anderer ausgewählter Singvogelarten in einer Probefläche am Rande des Flughafens Zürich-Kloten. Orn. Beob. 96: 41 - 48.

HEGELBACH, J., C. SCHOOP & B. KOCK (1999): Das Flügglings-Stadium als kritische Lebensphase am Beispiel der Wasseramsel *(Cinclus cinclus)*. J. Orn. 140: 229 - 230.

HEIDMANN, W. A., M. BEYERBACH, W. BÖCKELMANN, A. BÜTHE, H. KNÜWER, B. PETERAT & H. A. RÜSSEL-SINN (1987): Chlorierte Kohlenwasserstoffe und Schwermetalle in tot an der deutschen Nordseeküste aufgefundenen Seevögeln. Vogelwarte 34: 126 - 133.

HEIJ, G. J. & T. SCHNEIDER (1991): Acidification research in the Netherlands. Final Rep. of the Dutch Priority Progr. on Acidification. Elsevier, Amsterdam. 771 S.

HEIJNIS, R. (1980): Vogeltod durch Drahtanflug bei Hochspannungsleitungen. Ökol. Vögel 2: 111 - 129.

HEIKINHEIMO, O. (1915): Der Einfluß der Brandwirtschaft auf die Wälder Finnlands. Acta Forestalia Fennica 4: 1 - 59.

HEIL, G. W. & W. M. DIEMONT (1983): Raised nutrient levels change heathland into grassland. Vegetatio 53: 113 - 120.

HEIL, G.W., D. VAN DAM & B. HEIJNE (1987): Catch of atmospheric deposition in relation to vegetation structures of heathland. In: W. A. H. ASMAN & H. S. M. A. DIEDEREN (Hrsg.): Ammonia and acidification. Proc. Symposium of the European Association for the Science of Air Pollution at Bilthoven, NL, 13. - 15. April 1987. S. 107 - 123.

HEIL, G. W., M. J. A. WERGER, W. DE MOL, D. VAN DAM & B. HEIJNE (1988): Capture of atmospheric ammonium by grassland canopies. Science 239: 764 - 765.

HEINE, G., H. JACOBY, H. LEUZINGER & H. STARK (1999): Die Vögel des Bodenseegebietes. Orn. Jh. Bad.-Württ. 14/15.

HEITZ-WENIGER, A. (1977): Zur Waldgeschichte im unteren Zürichseegebiet während des Neolithikums und der Bronzezeit. Ergebnisse pollenanalytischer Untersuchungen. Bauhinia 6: 61 - 81.

HELB, H. W. (1999): Wissenschaftliche Begleituntersuchung an Elster *(Pica pica)* und Rabenkrähe *(Corvus c. corone)* in Rheinland-Pfalz. Pollichia-Kurier 15: 6 - 10.

HELBIG, A., P. BERTHOLD & W. WILTSCHKO (1989): Migratory orientation of Blackcaps *(Sylvia atricapilla)*: Population-specific shifts of direction during the autumn. Ethology 82: 307 - 315.

HELBIG, A. & V. LASKE (1986): Zeitlicher Verlauf und Zugrichtungen beim Wegzug des Stars *(Sturnus vulgaris)* im nordwestdeutschen Binnenland. Vogelwarte 33: 169 - 191.

HELBIG, A., G. ORTH, V. LASKE & W. WILTSCHKO (1987): Migratory orientation and activity of the Meadow Pipit *(Anthus pratensis)*: a comparative observational and experimental field study. Behaviour 103: 276 - 293.

HELLE, P. (1984): Effects of habitat area on breeding bird communities in northeastern Finland. Ann. zool. Fenn. 21: 421 - 425.

HELLE, P. (1985a): Effects of forest fragmentation on bird densities in northern boreal forests. Ornis Fenn. 62: 35 - 41.

HELLE, P. (1985b): Effects of forest regeneration on the structure of bird communities in northern Finland. Holarct. Ecol. 8: 120 - 132.

HELLE, P. (1985c): Habitat selection of breeding birds in relation to forest succession in northeastern Finland. Ornis Fenn. 62: 113 - 123.

HELLE, P. & O. JÄRVINEN (1986): Population trends of north finnish land birds in relation to their habitat selection and changes in forest structure. Oikos 46: 107 - 115.

HELLE, P. & M. MÖNKKÖNEN (1985): Measuring turnover rates in secondary succession in european forest bird communities. Ornis Scand. 16: 173 - 180.

HELLMANN, M. (1990): Der herbstliche Greifvogelzug am nördlichen Harzrand. Abh. Ber. Mus. Heineanum 1/2: 1 - 11.

HELLMANN, M. (1992): Spätbruten des Mauerseglers *(Apus apus)* 1984 in Halberstadt. Orn. Jber. Mus. Heineanum 10: 117 - 118.
HELLMANN, M. (1996): Untersuchungen an Schlafplätzen von Rotmilan und Schwarzmilan *(Milvus milvus, M. migrans)* im nördlichen Harzvorland. Orn. Jber. Mus. Heineanum 14: 111 - 132.
HELLMANN, M., E. GÜNTHER & B. NICOLAI (1997): Bestandsentwicklung, Phänologie und Nahrungsverhalten der Ringdrossel *Turdus torquatus* am Brocken von 1990 bis 1997. Orn. Jber. Mus. Heineanum 15: 1 - 20.
HENDRIKS, J. L. J. & R. M. W. J. NAS (1996): Mehr Natur im niederländischen Wald. AFZ/Der Wald 51: 595 - 596.
HENZE, O. (1943): Vogelschutz gegen Insektenschaden in der Forstwirtschaft. Selbstverl., München.
HENZE, O. (1949): Kontrollbuch für Vogelnistkästen in der Forstwirtschaft. 2. Aufl. Selbstverl., Garmisch-Partenkirchen. 106 S.
HENZE, O. (1961): Die forstwirtschaftlichen Schäden des Eichelhähers und seine Kurzhaltung mit der Fangkiste. AFZ 16: 190 - 192.
HENZE, O. (1991): Die richtigen Vogelnistkästen in Wald und Garten. Verlag des Südkurier, Konstanz.
HEPP, K., F. SCHILLING & P. WEGNER (1995): Schutz dem Wanderfalken - 30 Jahre Arbeitsgemeinschaft Wanderfalkenschutz (AGW) - eine Dokumentation. Beih. Veröff. Naturschutz Landschaftspflege Bad.-Württ. 82: 1 - 329.
HERBERG, M. (1956): Die Entwicklung einer Höhlenbrüterpopulation in einem einförmigen Kiefernbestande. Beitr. Vogelkd 5: 61 - 74.
HERBERG, M. (1960): Drei Jahrzehnte Vogelhege zur Niederhaltung waldschädlicher Insekten durch die Ansiedlung von Höhlenbrütern. Archiv f. Forstwesen 9(11): 1015 - 1048.
HERMANN, G., J. HILD & F. OLZHAUSEN (1973): Radarbeobachtungen des Vogelzuges im süddeutschen Raum und seine Abhängigkeit von der Wetterlage. Wetter und Leben 25: 144 - 156.
HESPELER, B. (1999): Problematik der Schwarzwildbejagung im Wald. AFZ/Der Wald 54(18): 956 - 957.
HESS, P. & H. BREZOWSKI (1993): Katalog der Großwetterlagen Europas nach P. Hess und H. Brezowski 1881 - 1992. Fortsetzungsband. Ber. dt. Wetterdienstes 113.
HEURICH, M. (1998): Räuber-Beute-Forschung auf der Isle Royale. Pirsch 2: 12 - 16.
HEYDEMANN, B. (1997): Neuer Biologischer Atlas. Wachholtz, Neumünster.
HEYDEMANN, B. & J. MÜLLER-KARCH (1980): Biologischer Atlas Schleswig-Holstein. Wachholtz, Neumünster. 263 S.
HICKEY, J. J. (1969): Peregrine falcon populations: Their biology and decline. Univ. Press, Wisconsin.
HILDEBRAND, E. E. (1994): Der Waldboden - ein konstanter Produktionsfaktor? AFZ/Der Wald 49: 99 - 104.
HILDÉN, O. (1974): Finnish bird stations, their activities and aims. Ornis Fenn. 51: 10 - 35.
HILDÉN, O. (1982): Winter ecology and partial migration of the Goldcrest *Regulus regulus* in Finland. Ornis Fenn. 59: 99 - 122.
HILDÉN, O. (1985): Long-term trends in the Finnish winter birds. Lintumies 20: 262 - 268.
HILDÉN, O. (1988): Thirty years of Finnish winter bird censuses. Sitta 2: 21 - 57.
HILDÉN, O. (1989): The effects of severe winters on the bird fauna of Finland. Memoranda Soc. Fauna Flora Fennica 65: 59 - 66.
HILDÉN, O. & P. J. NIKANDER (1992): Occurence of irregular migrants in Finland in autumn 1991. Lintumies 27: 132 - 139.
HILDÉN, O. & P. SAUROLA (1982): Speed of autumn migration of birds ringed in Finland. Ornis Fenn. 59: 140 - 143.
HILGERLOH G. & V. P. BINGMAN (1992): Radar observations of passerine migration over Frankfurt and Hannover, Germany. J. Orn. 133: 23 - 31.
HINKELMANN, C. (2000): Tropenornithologie und deutschsprachiger Raum - alles andere als ein exotischer Beitrag. Orn. Anz. 39: 63 - 79.
HIRANO, T. & M. UETA (1994): The catching behaviour of Japanese Lesser Sparrowhawks *Accipiter gularis* during the breeding season. Jpn. J. Orn. 43: 32 - 34.
HIXON, M. A. (1986): Fish predation and local prey diversity. In: C. A. SIMENSTAD & G. M. CAILLIET: Contemporary studies of fish feeding. Junk, Dordrecht, NL. S. 235 - 257.
HIXON, M. A. (1991): Predation as a process structuring coral reef fish communities. In: P. F. SALE (Hrsg.): The ecology of fishes on coral reefs. Academic Press, San Diego. S. 475 - 508.
HJORT, C. & C.-G. LINDHOLM (1978): Annual bird ringing totals and population fluctuations. Oikos 30: 387 - 392.
HOCHACHKA, W. M. & D. A. BOAG (1987): Food shortage for breeding Black-billed Magpies *(Pica pica)*: An experiment using supplemental food. Can. J. Zool. 65: 1270 - 1274.
HOCKENJOS, W. (1995): Des Hähers Lohn: Versuch einer Ehrenrettung für *Garrulus glandarius*. AFZ/Der Wald 50: 219 - 222.
HODSON, N. L. (1960): A survey of vertebrate road mortality 1959. Bird Study 7: 224 - 231.
HODSON, N. L. (1962): Some notes on the causes of bird road casualities. Bird Study 9: 168 - 173.
HODSON, N. L. & D. W. SNOW (1965): The road deaths enquiry, 1960 - 61. Bird Study 12: 90 - 99.
HOFMANN, G. (1996): Flechten-Kiefernwald *(Cladonio-Pinetum sylvestris)*. AFZ/Der Wald 51: 588.
HÖGSTEDT, G. (1980): Prediction land test of the effects of interspecific competition. Nature 283: 64 - 66.
HÖGSTEDT, G. (1981): Effect of additional food on reproductive success in the Magpie *(Pica pica)*. J. Anim. Ecol. 50: 219 - 229.
HOGSTAD, O. (1988): Rang-related ressource access in winter flocks of Willow Tit *Parus montanus*. Ornis Scand. 19: 169 - 174.
HOLMSGAARD, C. (1960): The influence of weather on beech mast. Det Forstlige Forsoegsvaesen, Danmark 26: 347.
HOLSTEIN, V. (1945): The autumn migration of the birds of prey at Jaegerspris (Zealand) during twelve years,

from 1934 - 1945. Dansk Orn. Foren. Tidsskr. 40: 161 - 188.

HOLT, R. D. (1984): Spatial heterogeneity, indirect interactions, and the coexistence of prey species. American Naturalist 124: 377 - 406.

HOLT, R. D. & J. H. LAWTON (1994): The ecological consequences of shared natural enemies. Annual Rev. Ecol. Syst. 25: 495 - 520.

HÖLZINGER, J. (1987, 1997, 1999): Die Vögel Baden-Württembergs. Bd 1.: Gefährdung und Schutz; Bd. 3.2: Singvögel 2; Bd. 3.1: Singvögel 1. Ulmer, Stuttgart.

HÖLZINGER, J. (1993): Zugwege und Winterquartier des Halsbandschnäppers *Ficedula albicollis* unter besonderer Berücksichtigung des Frühjahrszuges durch den ägäischen Raum. Orn. Beob. 90: 267 - 282.

HÖLZINGER, J. & W. GATTER (1997): Eichelhäher *(Garrulus glandarius)*. In: J. HÖLZINGER: Die Vögel Baden-Württembergs. Band 3.2. Ulmer, Stuttgart. S. 342 - 356

HOMEYER, E. F. VON (1881): Die Wanderungen der Vögel mit Rücksicht auf die Züge der Säugethiere, Fische und Insekten. Grieben's Verlag, Leipzig.

HOMOKI-NAGY, I. (1955): Rund um die Kamera. Ein Filmbuch von Vögeln und anderen Tieren in Wald, Ried und Rohr. Corvina, Budapest.

HOERSCHELMANN, H., A. HAACK & F. WOHLGEMUTH (1988): Verluste und Verhalten von Vögeln an einer 380-kV-Freileitung. Ökol. Vögel 10: 85 - 103.

HORAK, P. (1993): Low fledgling success of urban Great Tits. Ornis Fenn. 70: 168 - 172.

HÖTKER, H. (1990): Der Wiesenpieper. NBB. Ziemsen, Wittenberg.

HÖTKER, H. & C. SUDFELDT (1982): Untersuchungen zur Brutbiologie des Wiesenpiepers *(Anthus pratensis)*. J. Orn. 123: 183 - 201.

HRADETZKY, J. (1998): Das aktuelle Wachstum der Hauptbaumarten in Baden-Württemberg. FVA-Einblick 2: 8 - 9.

HUBATSCH, H. (1991): Reihercensus. LÖLF-Mitt. 4: 20 - 23.

HUBER, D. (1990): Analyse der forstgeschichtlichen Beiträge von Forsteinrichtungswerken von Forstämtern des mittleren Schwarzwaldes. Unveröff. Dipl. Arb., Univ. Freiburg.

HUDDE, H. (1995): Zur Jugendstreuung der Kohlmeise *(Parus major)*. Vogelwarte 38: 1 - 9.

HUHTA, E., H. HAKKARAINEN & P. LUNDELL (1998): Bright colours and predation risk in passerines. Ornis Fenn. 75: 89 - 93.

HUIN, N. & T. H. SPARKS (1998): Arrival and progression of the Swallow *Hirundo rustica* through Britain. Bird Study 45: 361 - 370.

HÜLSMANN, H. & D. JOERN (1974): Das Vogeljahr in Wetterbildern. In: G. A. J. SCHMIDT & K. BREHM: Vogelleben zwischen Nord- und Ostsee. Wachholtz, Neumünster. S. 143 - 181.

HUMMEL, D. (1973): Die Leistungsersparnis beim Verbandsflug (Ein aerodynamischer Beitrag zur Diskussion über den Winkelflug einiger Zugvögel). J. Orn. 114: 259 - 282.

HUMMEL, D. (1977): Die Winterflucht der Bleßgans *(Anser albifrons)* und der Saatgans *(Anser fabalis)* über Norddeutschland im Spätherbst 1973. Vogelwarte 29: 81 - 101.

HUMMEL, D. (1984): Das Auftreten von Wildgänsen in der Bundesrepublik Deutschland vom 1.9.1980 bis 31.8.1981. Ber. Dtsch. Sekt. Int. Rat. Vogelschutz 24: 121 - 144.

HUMMEL, D. (1988): Wildgänse 1981/82 in der Bundesrepublik Deutschland. Vogelwelt 109: 46 - 68.

HUMMEL, D. & M. BEUKENBERG (1989): Aerodynamische Interferenzeffekte beim Formationsflug von Vögeln. J. Orn. 130: 15 - 24.

HUNTLEY, B. (1994): Plant species' response to climate change: implications for the conservation of European birds. Ibis 137: 127 - 138.

HÜPPOP, O. & S. GARTHE (1995): Vögel und Fischerei in der Nordsee. Dt. hydrographische Zeitschr. Suppl 2: Aktuelle Probleme der Meeresumwelt. 4. Int. wiss. Symp. 31. Mai/1. Juni 1994 Hamburg, S. 109 - 115.

HÜPPOP, O. & K. HÜPPOP (1995): Der Einfluß von Landwirtschaft und Wegenutzung auf die Verteilung von Küstenvogel-Nestern auf Salzwiesen der Hallig Nordstrandischmoor (Schleswig-Holstein). Vogelwarte 38: 76 - 88.

HUSTINGS, F. (1988): European monitoring studies of breeding birds. SOVON, Beek, NL.

HUSTINGS, F. (1992): European Monitoring Studies on Breeding Birds: an Update. Bird Census News 5: 1 - 56.

HVM siehe GLUTZ VON BLOTZHEIM, U. N. & K. M. BAUER et al. (1966 - 1997).

HYLBOM, R. (1951): Migration period of some passerines revealed by daily ringing figures at Ottenby. Proc. X. Intern. Orn. Congr. 1950 Uppsala. S. 310 - 316.

IAPICHINO, C. & B. MASSA (1989): The birds of Sicily. BOU, Tring. 170 S.

IKEMEYER, D. & B. VON BÜLOW (1995): Zum Rückgang der Ortolan-Population (*Emberiza hortulana*, L. 1758) am Rande der Hohen Mark bei Haltern/Westfalen. Charadrius 31: 137 - 146.

ILLNER, H. (1992): Effect of roads with heavy traffic on Grey Partridge *(Perdix perdix)* density. In: M. BIRKAN et al.: Perdix VI., 1. Intern. Symp. Partr. Gibier Faune Sauvage 9: 467 - 480.

INGLIS, I. R., A. J. ISAACSON, R. J. P. THEARLE & N. J. WESTWOOD (1990): The effects of changing agricultural practice upon Woodpigeon *Columba palumbus* numbers. Ibis 132: 262 - 272.

INGOLD, P., B. HUBER, B. MAININI, H. MARBACHER, P. NEUHAUS, A. RAWYLER, M. ROTH, R. SCHNYDRIG & R. ZELLER (1992): Freizeitaktivitäten - ein gravierendes Problem für Tiere? Orn. Beob. 89: 205 - 216.

INGRAM, C. (1919): Notes on the height at which birds migrate. Ibis 1/11. Serie: 321 - 325.

INGRISCH, S., U. WASNER & E. GLÜCK (1989): Vergleichende Untersuchung der Ackerfauna auf alternativ und konventionell bewirtschafteten Flächen. LÖLF-Mitt. 11: 113 - 271.

IRSLINGER, R. (1994): 10 Jahre intensive Waldschadensforschung, was wissen wir heute wirklich über die Ursachen des Waldsterbens? Vortrag 19.1.1994, FH Rottenburg.

ISENMANN, P. & G. FRADET (1998): Nest site, laying period, and breeding success of the Woodchat Shrike *(Lanius senator)* in mediterranean France. J. Orn. 139: 49 - 54.

IßLEIB, M. (1998): Probleme bei der Bewirtschaftung der borealen Wälder Rußlands. AFZ/Der Wald 53: 1430 - 1431.

JACOBSEN, E. M. (1998): Bestandsindeks for ynglende danske skovfugle 1976 - 1997. Dansk Orn. Foren. Tidsskr. 92: 275 - 282.

JACOBY, H. G. KNÖTZSCH & S. SCHUSTER (1970): Die Vögel des Bodenseegebiets. Orn. Beob. 67, Beiheft.

JAKOBER, H. & W. STAUBER (1987): Zur Populationsdynamik des Neuntöters *(Lanius collurio)*. Beih. Veröff. Naturschutz Landschaftspflege Bad.-Württ. 48: 71 - 78.

JAKOBS, B. (1971): Massiver Umkehrzug der Feldlerche *(Alauda arvensis)* im Moseltal. Regulus 51: 261 - 262.

JAKUCS, P. (1991): Eutrophication in forest ecosystems. In: G. ESSER & D. OVERDIECK (eds): Modern ecology, basic and applied aspects. Elsevier, Amsterdam. S. 571 - 578.

JÄRVINEN, A. (1985): Predation causing extended low densities in microtone cycles: implications from predation on hole-nesting passerines. Oikos 45: 157 - 158.

JÄRVINEN, A. (1990): Changes in the abundance of birds in relation to small rodent density and predation rate in Finnish Lapland. Bird Study 37: 36 - 39.

JÄRVINEN, A. & A. RAJASÄRKKÄ (1992): Population fluctuations in two northern land bird communities: effects of habitat, migration strategy and nest-site. Ornis Fenn. 69: 173 - 183.

JÄRVINEN, O., K. KUUSELA & R. A. VÄISÄNEN (1977): Effects of modern forestry on the numbers of breeding birds in Finland in 1945 - 1975. Silva Fenn. 11: 284 - 294.

JÄRVINEN, O. & R. A. VÄISÄNEN (1977a): Long-term changes of the north european land bird fauna. Oikos 29: 225 - 228.

JÄRVINEN, O. & R. A. VÄISÄNEN (1977b): Finnish birds. Their numbers and long-term population changes. Ornis Fenn. 54: 30 - 34.

JÄRVINEN, O. & R. A. VÄISÄNEN (1978a): Recent changes in forest bird populations in northern Finland. Ann. zool. Fenn. 15: 279 - 289.

JÄRVINEN, O. & R. A. VÄISÄNEN (1978b): Long-term population changes of the most abundant south finnish forest birds during the past 50 years. J. Orn. 119: 441 - 449.

JÄRVINEN, O. & R. A. VÄISÄNEN (1979): Numbers of migrants and densities of breeding birds: a comparison of long-term trends in North Europe. Anser 18: 103 - 108.

JEAN, A. (1996): Les palombes. Histoire naturelle d'une migration. Collection Sud Ouest Univ., Lucon, France.

JEAN, A. (1997): Les palombes. Histoire naturelle d'une migration. Edition Sud Ouest, Bordeaux.

JEAN, A. & M. RAZIN (1993): Monitoring migration in the Pyrenees: the case of the Wood Pigeon, *Columba palumbus*. Bird Census News 6: 83 - 89.

JEDRZEJEWSKA, B. & W. JEDRZEJEWSKI (1998): Predation in vertebrate communities. The Bialowieza Primeval Forest in a case study. Springer, Berlin. 450 S.

JEDRZEJEWSKI, W., A. SZYMURA & B. JEDRZEJEWSKA (1994): Reproduction and food of the Buzzard *Buteo buteo* in relation to the abundance of rodents and birds in Bialowieza National Park, Poland. Ethol. Ecol. Evol. 6: 179 - 190.

JELLMANN, J. (1979): Flughöhen ziehender Vögel in Nordwestdeutschland nach Radarmessungen. Vogelwarte 30: 118 - 134.

JELLMANN, J. (1988): Leitlinienwirkung auf den nächtlichen Vogelzug im Bereich der Mündungen von Elbe und Weser nach Radarbeobachtungen am 8.8.1977. Vogelwarte 34: 208 - 215.

JENNI, L. (1984a): Die Bedeutung der Masseneinflüge und Massenschlafplätze in der Winterökologie des Bergfinken *Fringilla montifringilla*. Diss., Univ. Basel.

JENNI, L. (1984b): Herbstzugmuster von Vögeln auf dem Col de Bretolet unter besonderer Berücksichtigung nachbrutzeitlicher Bewegungen. Orn. Beob. 81: 183 - 213.

JENNI, L. & U. SCHAFFNER (1984): Herbstbewegungen von Haus- und Feldsperling *Passer domesticus* und *P. montanus* in der Schweiz. Orn. Beob. 81: 61 - 67.

JENNI-EIERMANN, S., U. BÜHLER & N. ZBINDEN (1996): Vergiftungen von Greifvögeln durch Carbofurananwendung im Ackerbau. Orn. Beob. 93: 69 - 77.

JENNI-EIERMANN, S. & L. JENNI (1991): Metabolic responses to flight and fasting in night-migrating passerines. J. comp. Physiol. B. 161: 465 - 474.

JENNING, W. (1968): Gefährdung der Vogelwelt durch Quecksilber. Vogelwelt 89: 161 - 168.

JENNY, M. (1990a): Nahrungsökologie der Feldlerche *Alauda arvensis* in einer intensiv genutzten Agrarlandschaft des schweizerischen Mittellandes. Orn. Beob. 87: 31 - 53.

JENNY, M. (1990b): Populationsdynamik der Feldlerche *Alauda arvensis* in einer intensiv genutzten Agrarlandschaft des schweizerischen Mittellandes. Orn. Beob. 87: 153 - 163.

JENNY, M. (1990c): Territorialität und Brutbiologie der Feldlerche *Alauda arvensis* in einer intensiv genutzten Agrarlandschaft. J. Orn. 131: 241 - 265.

JENSEN, T.S. (1986): Fuglepredation på nonnen (*Lymantria monacha* L.). Flora og Fauna (Århus) 92: 17 - 20.

JOERN, A. (1986): Experimental study of avian predation on coexisting grasshopper populations (Orthoptera: Acrididae) in a sandhills grassland. Oikos 46: 243 - 249.

JOERN, A. (1988): Foraging behavior and switching by the Grasshopper Sparrow *Ammodramus savannarum* searching for multiple prey in a heterogeneous environment. American Midland Naturalist 119: 225 - 229.

JOHNSON, C.G. (1969): Migration and dispersal of insects by flight. Methuen, London.

JOIRIS, C., K. DELBEKE, E. MARTENS, M. LAUWEREYS & A. VERCRUYSSE (1979): PCB and organochlorine pesticides residues in birds of prey found dead in Belgium from 1973 to 1977. Gerfaut 69: 319 - 337.

JONCOUR, G. (1986): L'épervier d'Europe. Etude d'une population en basse Bretagne. La Garenne-Combes.

JONES, P., J. VICKERY, S. HOLT & W. CRESSWELL (1996): A preliminary assessment of some factors influencing the density and distribution of palearctic passerine migrants wintering in the Sahel zone of West Africa. Bird Study 43: 73 - 84.

JØRGENSEN, H. E. (1985): Bestandssudvikling, habitatvalg og ungeproduktion hos Roerhoeg *Circus aeruginosus* 1971–83. Dansk Orn. Foren. Tidsskr. 79: 81 - 102.

JØRGENSEN, H. E. (1998): Rovfuglene i nogle sydøstdanske undersøgelsesområder 1977 - 1997. Dansk Orn. Foren. Tidsskr. 92: 307 - 316.

JUNKER-BORNHOLDT, R. & K.-H. SCHMIDT (2000): Untersuchungen zur Stadtökologie von Höhlenbrütern - ein Vergleich mit stadtfernen Wäldern. Vogelwelt 121: 129 - 153.

KAFFKE, A. & C. STEINHAUER (1999): Wie effizient sind Sperber (*Accipiter nisus*) bei der Nahrungsbeschaffung im Winter. Poster 131. DOG Tagung, Jena, J. Orn. 140: 255.

KAISER, A. (1989): Körpergewicht, Fettdepot und theoretische Zugstreckenleistung wegziehender Kleinvögel am Bodensee. Unveröff. Dipl. Arb., Univ. Mainz.

KAISER, A. (1992): Fat deposition and theoretical flight range of small autumn migrants in southern Germany. Bird Study 39: 96 - 110.

KAISER, E. (1992): Populationsdynamik einer Mauersegler-*Apus apus*-Kolonie unter besonderer Berücksichtigung der Nichtbrüter. Die Vogelwelt 113: 71 - 81.

KALELA, O. (1949): Changes in geographical ranges in the avifauna of northern and central Europe in relation to recent changes in climate. Bird Banding 20: 77 - 103.

KALELA, P. (1946): Zur Charakteristik der neuzeitlichen Veränderungen in der Vogelfauna Mittel- und Nordeuropas. Ornis Fenn. 23: 77 - 98.

KÄLLANDER, H. (1974): Advancement of laying of Great Tits by the provision of food. Ibis 116: 365 - 367.

KAMEDA, K. (1994): Identification of nest predators of the Rufous Turtle Dove *Streptopelia orientalis* by Video tape recording. Jpn. J. Orn. 43: 29 - 31.

KANDLER, O. (1994): Vierzehn Jahre Waldschadensdiskussion. Szenarien und Fakten. Naturwiss. Rdschau 47: 419 - 430.

KANYAMIBWA, S., F. BAIRLEIN & A. SCHIERER (1993): Comparison of survival rates between populations of the White Stork *Ciconia ciconia* in Central Europe. Ornis Scand. 24: 297 - 302.

KAPFER, A. & W. KONOLD (1994): Streuwiesen. Der Bürger im Staat 44: 50 - 55.

KARIUS, K. (1992): Waldaufbau nach Alter und Baumarten in Baden-Württemberg. Forst und Holz 47: 371 - 375.

KARLOG, O., I. KRAUL & S. DALGAARD-MIKKELSEN (1971): Residues of polychlorinated biphenyls (PBC's) and organochlorine insecticides in liver tissues from terrestrial Danish predatory birds. Acta Vet. Scand. 12: 310 - 312.

KARLSSON, L. (1980): The autumn migration of the Goldcrest *(Regulus regulus)* at Falsterbo, South Sweden. Anser 19: 139 - 146.

KARLSSON, L. (1993): Birds at Falsterbo. Falsterbo Bird Observatory Report no. 150. Anser, Supplement 33.

KAULE, G. (1976): Spezielle Probleme des Moorschutzes. Nat. Landsch. 51: 117 - 118.

KAULE, G. (1978): Forderungen an die Gesetzgebung aufgrund der Ergebnisse der Biotopkartierung Bayern und ihre Auswertung als Naturschutzfachplanung. Z. Univ. Berlin 2: 27 - 34.

KAULE, G. (1983): Vernetzung von Lebensräumen in der Agrarlandschaft. Daten und Dokumente Umweltschutz, Hohenheim 35: 25 - 42.

KAULE, G. (1986): Arten- und Biotopschutz. Ulmer, Stuttgart. 401 S.

KAUS, D. (1977): Zur Populationsdynamik, Ökologie und Brutbiologie der Schleiereule *Tyto alba* in Franken. Anz. orn. Ges. Bayern 16: 18 - 44.

KAWAJI, N. (1994): Lower predation rates on artificial ground nests than arboreal nests in western Hokkaido. Jpn. J. Orn. 43: 1 - 9.

KELLER, V. (1991): The effect of disturbance from roads on the distribution of feeding sites of geese wintering in north-east Scotland. Ardea 79: 229 - 231.

KELLER, V. (1995): Auswirkungen menschlicher Störungen auf Vögel - eine Literaturübersicht. Orn. Beob. 92: 3 - 38.

KELM, H. J. (1978): Sendemast auf Sylt als Vogelfalle. Corax 6: 56 - 60.

KENK, G. (1988): Die aktuelle Zuwachssituation in Baden-Württemberg. Herbstdienstbesprechung, Forstdirektion Stuttgart, Schöntal/Kloster, unveröff. Protokoll.

KENK, G. & H. FISCHER (1988): Evidence from Nitrogen fertilisation in the forests of Germany. Environ. Pollut. 54: 199 - 218.

KETZENBERG, C. (1993): Auswirkungen von Störungen auf nahrungssuchende Eiderenten *(Somateria mollissima)* im Königshafen/Sylt. Corax 15: 241 - 244.

KILIAN, D., J. HÖLZINGER, U. MAHLER & R. STEGMAYER (1993): Der Graureiher *(Ardea cinerea)* in Baden-Württemberg 1985 - 1991. Ökol. Vögel 15, Sonderh.

KINDLER, J. (1987): Impacts of CO_2-induced climatic change on water resources in the central european lowlands. Noordwijkerhout.

KINZELBACH, R. (1995): Karmingimpel *Carpodacus erythrinus* im 15. und 16.Jahrhundert am Oberrhein. Vogelwelt 116: 285 - 292.

KINZELBACH, R. (1998): Winterliche Invasionen des Birkenzeisigs *Carduelis flammea* in der zweiten Hälfte des 16. Jahrhunderts in Mitteleuropa. Vogelwelt 119: 31 - 34.

KINZELBACH, R., B. NICOLAI & R. SCHLENKER (1997): Der Bienenfresser *Merops apiaster* als Klimazeiger: Zum Einflug in Bayern, der Schweiz und Baden im Jahr 1644. J. Orn. 138: 297 - 308.

KIPP, F. A. (1959): Der Handflügel-Index als flugbiologisches Maß. Vogelwarte 20: 77 - 86.

KIß LING, D. (1998): Bemerkungen zum Flugverhalten von Kormoranen *Phalacrocorax carbo*. Orn. Anz. 37: 158 - 159.

KJELLÉN, N. (1992): Differential timing of autumn migration between sex and age groups in raptors at Falsterbo, Sweden. Ornis Scand. 23: 420 - 434.

KJELLÉN, N. (1998a): Annual variation in numbers, age and sex rations among migrating raptors at Falsterbo, Sweden from 1986 - 1995. J. Orn. 139: 157 - 171.

KJELLÉN, N. (1998b): Studier av rovfägelsträcket över Falsterbohalvön, Sverige. Dansk Orn. Foren. Tidsskr. 92: 317 - 326.

KJELLÉN, N., M. HAKE & T. ALERSTAM (1997): Strategies of two Ospreys *Pandion haliaetus* migrating between Sweden and tropical Africa as revealed by satellite tracking. J. Avian Biol. 28: 15 - 23.

KJELLEN, N. & G. ROOS (2000): Population trends in swedish raptors demonstrated by migration counts at Falsterbo, Sweden 1942 - 97. Bird Study 47: 195 - 211.

KLAFS, G. & J. STÜBS (1987): Die Vogelwelt Mecklenburgs. 3. Aufl., Fischer, Jena & Aula, Wiesbaden.

KLAUS, S. (1997): Bedeutung von Feuer für Lebensräume der Rauhfußhühner (Tetraoninae). NNA-Ber. 10: 46 - 54.

KLAUS, S., M. LIESER, R. SUCHANT & A. V. ANDREEV (1995): Die Wälder in der fernöstlichen Amurtaiga Rußlands. AFZ/Der Wald 50: 744 - 748.

KLEMM, W. (1970): Angaben über die ökologischen Beziehungen zwischen insektenfressenden Höhlenbrütern und Bilchen in Nistkästen. Studii si Comunicari 15: 313 - 320.

KLOSE, A. & A. VIDAL (1979): Wichtigste Lebensräume und das Artenspektrum der Vogelwelt im Gebiet der Stadt Regensburg. Jber. Orn. AG Ostbayern 6: 1 - 41.

KLUG-ANDERSEN, B., L. BRAAE & L. JOHANSEN (1983): Ynglefugletaelling 1982. Ber. Dansk Orn. Forenings Fulgeregisteringsgruppe

KLUIJVER, H. N. (1952): Notes on body weight and time of breeding in the Great Tit. Ardea 40: 123 - 141.

KNAUER, F. (1909): Tierwanderungen und ihre Ursachen. Bachem, Köln.

KNEUBÜHL, M. (1998): Nahrungsangebot und Raumnutzung der Dohle *Corvus monedula* bei Murten, Kanton Freiburg. Orn. Beob. 95: 221 - 244.

KNIEF, W. (1996): Bestand und Verbreitung des Kormorans in Deutschland. Vogelwelt 117: 344 - 348.

KNIEF, W. & P. BORKENHAGEN (1993): Ist eine Bestandsregulierung von Rabenkrähen und Elstern erforderlich? - Ein Untersuchungsbeispiel aus Schleswig-Holstein. Nat. Landsch. 68: 102 - 107.

KNOBLAUCH, G. (1986): Zum Herbstdurchzug der Saatkrähe *(Corvus frugilegus)* in Westfalen. Charadrius 22: 229 - 240.

KNORRE, D. VON, G. GRÜN, R. GÜNTHER & K. SCHMIDT (1986): Die Vogelwelt Thüringens. Fischer, Jena & Aula, Wiesbaden.

KOEMAN, J. H., C. F. VAN BEUSEKOM & J. J. M.DE GOEIJ (1972): Eggshell and population changes in the Sparrowhawk *(Accipiter nisus)*. Comm. TNO Res., TNO-Nieuws: 542 - 550.

KÖHLER, P. & U. KÖHLER (1996): Eine Auswertung von Ringfunden der Tafelente *(Aythya ferina)* angesichts der zusammenbrechenden Mausertradition im Ismaninger Teichgebiet. Vogelwarte 38: 225 - 234.

KOHLSTEDT, E. (2000): Eibenerhaltungsprogramm Thüringen - Nachzuchterfolge in der Forstbaumschule Breitenworbis. Tagungsband Eibenfreund 6: 51 - 52.

KOLBE, M. (1987): Bestandsentwicklung und Reproduktionsrate der Weihen im Bezirk Potsdam. Populationsökologie von Greifvogel- und Eulenarten 1. Wiss. Beitr. Univ. Halle 14: 191 - 201.

KONOLD, W. (1994): Von der Dynamik einer Kulturlandschaft. Der Bürger im Staat 44: 22 - 27.

KONSTANTINOV, V. M., W. NOWICKI & A. G. PICHURIN (1996): Recent changes in the avifauna of cities in European Russia and Eastern Poland - results of a questionnaire. Acta orn. 31: 59 - 66.

KOOIKER, G. (1986): Zur Siedlungsdichte und Standorttreue der Elster in der Stadt Osnabrück. Osnabrücker naturwiss. Mitt. 12: 119 - 127.

KOOIKER, G. (1991): Untersuchung zum Einfluß der Elster *Pica pica* auf ausgewählte Stadtvogelarten in Osnabrück. Vogelwelt 111: 225 - 236.

KOOIKER, G. (1994): Weitere Ergebnisse zum Einfluß der Elster *Pica pica* auf Stadtvogelarten in Osnabrück. Vogelwelt 115: 39 - 44.

KOOIKER, G. (1995): Siedlungsökologische Untersuchungen an einer urbanen Elsterpopulation *(Pica pica)* einer nordwestdeutschen Großstadt. Ökol. Vögel 18: 85 - 106.

KOOIKER, G. & C. V. BUCKOW (1999): Die Elster. Aula, Wiebelsheim. 144 S.

KOOP, B. (1997): Vogelzug und Windenergieplanung. Beispiele für Auswirkungen aus dem Kreis Plön (Schleswig-Holstein). Naturschutz & Landschaftsplanung 29 (7): 202 - 206.

KOSKIMIES, J. (1950): The life of the Swift in relation to weather. Ann. Acad. Sci. Fenn. 15:1 - 151.

KOSKIMIES, P. (1989): Distribution and numbers of finnish breeding birds. Appendix to Suomen Lintuatlas. SLY: n Lintutieto Oy, Helsinki.

KOSKIMIES, P. (1993): Population sizes and recent trends of breeding and wintering birds in Finland. Linnut 28: 6 - 15.

KOSTRZEWA, A. & G. SPEER (1995): Greifvögel in Deutschland: Bestand, Situation und Schutz in den alten und neuen Bundesländern, in den 1980er und 90er Jahren. Aula, Wiesbaden.

KOWARIK, J. (1987): Kritische Anmerkungen zum theoretischen Konzept der potentiell natürlichen Vegetation mit Anregungen zu einer zeitgemäßen Modifikation. Tuexenia 7: 53 - 67.

KRAFT, M. (1995): Untersuchungen zur Brutbiologie und Populationsdynamik höhlenbrütender Vögel bei ganzjährig verabreichter Zusatznahrung. Orn. Verh. 25: 193 - 210.

KRAMBECK, C. (1989): Wirkung diffuser Stoffeinträge auf limnische Lebensgemeinschaften. Norddt. Naturschutzakad. Ber. 2: 21 - 26.

KRAMER, G. (1952): Experiments on bird orientation. Ibis 94: 265 - 285.

KRAMER, V. (1972): Habicht und Sperber. NBB. Ziemsen, Wittenberg.

KRÄTZIG, H. (1936): Der Frühsommerzug des Stars auf der Windenburger Ecke. Vogelzug 7: 1 - 16.

KRAUSE, A. (1993): Flächenstillegung - Brache - Naturschutz. Ein weitgehendes Mißverständnis über Inhalte und Begriffe. Nat. Landsch. 68: 12.

KREMSER, W. (1990): Niedersächsische Forstgeschichte. Eine integrierte Kulturgeschichte des nordwestdeutschen Forstwesens. Rotenburger Schriften, Sonderbd. 32, Rotenburg/Wümme.

KRIVENKO, V. G. (1990): Effect of climate on the dynamics of waterfowl numbers and their ranges. In: G. V. T. MATTHEWS (Hrsg.): Managing Waterfowl Populations. IWRB Spec. Publ. No. 12: 182 - 186.

KROKOS, A. (1994): Trends in populations of some species in the urban parks of Krakow (Poland). In: HAGEMEIJER, E. J. M. & T. J. VERSTRAEL (Hrsg.) (1994): Bird Numbers 1992: 71 – 74. Statistics Netherlands Voorburg/Heerlen & SOVON, Beek-Ubbergen.

KRÜGER, R. M., H. KLEIN, E. HOH & O. LEUCHS (1999): Die Wiesenweihe *Circus pygargus* – Brutvogel der Mainfränkischen Platten. Orn. Anz. 38: 1 – 9.

KUBE, J. & S. PROBST (1999): Bestandsabnahme bei schilfbewohnenden Vogelarten an der südlichen Ostseeküste: Welchen Einfluß hat die Schilfmahd auf die Brutvogeldichte? Vogelwelt 120: 27 – 38.

KÜBEL, M. & B. ULLRICH (1975): Elster *(Pica pica)* als Beuteparasit des Raubwürgers *(Lanius excubitor)*. J. Orn.116: 323 - 324.

KÜCHLER, W. (1932): Invasionen des Eichelhähers. Vogelzug 3: 79 – 86.

KUHN, N., R. AMIET & N. HUFSCHMIED (1987): Veränderungen in der Waldvegetation der Schweiz infolge Nährstoffanreicherungen aus der Atmosphäre. Allg. Forst- und Jagdzeitung 158: 77 – 84.

KÜSTER, H. (1995): Geschichte der Landschaft in Mitteleuropa. Von der Eiszeit bis zur Gegenwart. Beck, München.

KÜSTER, H. (1998): Geschichte des Waldes. Von der Urzeit bis zur Gegenwart. Beck, München. 267 S.

LACK, D. (1950): The breeding seasons of european birds. Ibis 92: 288 - 316.

LACK, D. (1954): The natural regulation of animal numbers. Oxford Univ. Press, Oxford.

LACK, D. (1958): Weather movements of Swifts 1955 - 1957. Bird Study 5: 128 - 142.

LACK, D. (1960a): The height of bird migration. Brit. Birds 53: 5 - 10.

LACK, D. (1960b): The influence of weather on passerine migration. A review. Auk 77: 171 - 209.

LACK, D. & E. LACK (1953): Visible migration through the Pyrenees: An autumn reconnaissance. Ibis 95: 271 - 309.

LACK, P. (1992): Birds on lowland farms. HMSO, London.

LA GRONE, A., A. DEAM & G. WALKER (1964): Angels, insects and weather. J. Res. Radio Science 68: 895 - 901.

LAMB, H. H. (1972, 1977): Climate: Present, Past and Future, Vol. 1: Fundamentals and Climate Now. Vol. 2: Climatic History and the Future. Methuen, London.

LAMB, H. H. (1975): Our understanding of the global wind circulation and climatic variations. Bird Study 22: 121 - 141.

LAMB, H. H. (1982): Climatic history and the modern world. Methuen, London.

LANDBECK, C. L. (1834): Systematische Aufzählung der Vögel Württembergs, mit Angabe ihrer Aufenthaltsörter und ihrer Strichzeit. Correspondenzblatt des landwirtschaftlichen Vereins, Clotta, Stuttgart, Tübingen.

LANDMANN, A. (1996): Der Hausrotschwanz. Aula, Wiesbaden. 144 S.

LANG, E. (1986): Brutphänologie und Reproduktionsrate der Hohltaube (*Columba oenas* L.) auf der Schwäbischen Alb (Ostalb). Ökol. Vögel 8: 67 - 84.

LANG, M., H. BANDORF, W. DORNBERGER, H. KLEIN & U. MATTERN (1990): Verbreitung, Bestandsentwicklung und Ökologie des Ortolans *(Emberiza hortulana)* in Franken. Ökol. Vögel 12: 97 - 126.

LARSEN, T. (2000): Influence of rodent density on nesting associations involving the Bar-tailed Godwit *Limosa lapponica*. Ibis 142: 476 - 481.

LAWN, M. R. (1980): Late arrival of Willow Warblers in recent years. Brit. Birds 73: 357 - 358.

LEBRETON, P. (1969): Sur le statut migratoire en France du Pigeon Ramier *Columba palumbus* L. Oiseau Rev. Fr. Orn. 39: 83 - 111.

LEDANT, J. P. et al. (1986): Aperçu des zones de grand intérêt pour la conservation des espèces d'oiseaux migrateurs de la Communauté en Afrique. CECA-CEE-CEEA, Brüssel.

LEDER, B. (1992): Weichlaubhölzer. Verjüngungsökologie, Jugendwachstum und Bedeutung in Jungbeständen der Hauptbaumarten Buche und Eiche. Schriftenr. Landesanst. Forstwirtsch. Nordrhein-Westfalen. Sonderbd. 413 S.

LEFRANC, N. (1970): La Pie-grieche a poitrine rose dans le nord-est de la France. Fluctuations, Statut actuel, notes sur la reproduction. Oiseau Rev. Fr. Orn. 40: 89 - 103.

LEGHISSA, G. (1994): Der Große Waldbrand von 1800 im Forstamt Schönmünzach und die Wiederbewaldung der Brandflächen. Eine ökologische und forstgeschichtliche Rekonstruktion. In: K.-F. WEIß & J. G. GOLDAMMER: Feuer in der Umwelt, Arbeitsber. 1992 - 1994. AG Feuerökologie und Biomasseverbrennung: Max-Planck-Inst. für Chemie. Univ. Freiburg. S. 98 - 106.

LE HOUÉROU, H. N. (1981): Impact of man and his animals on mediterranean vegetation. In: F. DI CASTRI, D. W. GOODALL & R. L. SPECHT: Mediterranean-type shrublands. Collection Ecosystems of the World 11. Elsevier, Amsterdam. S. 479 - 517.

LEIBAK, E., V. LILLELEHT & H. VEROMANN (1994): Birds of Estonia. Status, Distribution and Numbers. Estonian Academy Publishers. Tallinn. 287 S.

LEIBUNDGUT, H. (1982): Europäische Urwälder der Bergstufe. Haupt, Bern.

LEIBUNDGUT, H. (1993): Europäische Urwälder. Wegweiser zur naturnahen Waldwirtschaft. Haupt, Bern. 260 S.

LENSINK, R. (1986): Trekpatroon van Merel *Turdus merula*, Zanglijster *T. philomelos* en Koperwiek *T. iliacus* gedurende het etmaal. Limosa 59: 38 - 42.

LENSINK, R. (1994): The influence of large scale landscape features on amount and direction of broadfront bird migration. In: E. J. M. HAGEMEIJER E. J. M. & T. J. VERSTRAEL (Hrsg.): Bird Numbers 1992. Distribution, Monitoring and Ecological Aspects. Proc. 12th Int. Conf. IBCC & EOAC, Noordwijkerhout, NL. Statistics Netherlands Voorburg/Heerlen & SOVON, Beek-Ubbergen. S. 445 - 456.

LENSINK, R., H. J. VAN DEN BIJTEL & R. M. SCHOLS (1989): Invasie van Barmsijzen *Carduelis flammea* in Nederland in najaar 1986. Limosa 62: 1 - 10.

LENZ, H. O. (1856): Zoologie der alten Griechen und Römer. Becker'sche Buchhdlg., Gotha. 656 S.

LIECHTI, F. (1992): Flugverhalten nächtlich ziehender Vögel in Abhängigkeit von Wind und Topographie. Diss., Allensbach.

LIEPA, V. (1994): Do birds respond to celestial rotation indeed only before the onset of first migration? Ring 16: 16 - 21.

LINDSTRÖM, Å. (1987): Breeding nomadism and site tenacity in the Brambling *Fringilla montifringilla*. Ornis Fenn. 64: 50 - 56.

LINDSTRÖM, Å. (1989): Finch flock size and risk of Hawk predation at a migratory stopover site. Auk 106: 225 - 232.

LINDSTRÖM, Å. (1991): Maximum fat deposition rates in migrating birds. Ornis Scand. 22: 12 - 19.

LINDSTRÖM, Å. & T. ALERSTAM (1986): The adaptive significance of reoriented migration of Chaffinches *Fringilla coelebs* and Bramblings *F. montifringilla* during autumn in southern Sweden. Behav. Ecol. Sociobiol. 19: 417 - 424.

LITTLEFIELD, C. D. (1995): Demographics of a declining flock of Greater Sandhill Cranes in Oregon. Wilson Bull. 107: 667 - 674.

LITZBARSKI, H. (1987): Zum Problem der Rückstände chlorierter Kohlenwasserstoffe in Greifvögeln und Eulen. Populationsökologie Greifvögel Eulenarten 1. Wiss. Beitr. Univ. Halle 14: 171 - 190.

LITZBARSKI, B. & H. LITZBARSKI (1999): Entgegnung zu „20 Jahre Artenschutz für die Großtrappe *Otis tarda* in Brandenburg - eine kritische Bilanz". Vogelwelt 120: 173 - 183.

LJUNGGREN, L. (1971): Mercury in the liver of Wood Pigeons *Columba p. palumbus* L. in 1964 and 1967. Ornis Scand. 2: 13 - 15.

LÖHRL, H. (1950): Vögel als Verkehrsopfer. Veröff. Naturschutz Landschaftspfl. Bad.-Württ.: 132 - 136.

LÖHRL, H. (1954): Möglichkeiten und Grenzen des Vogelschutzes - als natürliche Schädlingsbekämpfung - im Obstbau. Orn. Mitt. 6: 126 - 129.

LÖHRL, H. (1955): Schlafplatzgewohnheiten der Baumläufer und anderer Kleinvögel in kalten Winternächten. Vogelwarte 18: 71 - 77.

LÖHRL, H. (1959): Zur Frage des Zeitpunkts einer Prägung auf die Heimatregion beim Halsbandschnäpper *(Ficedula albicollis)*. J. Orn. 100: 132 - 140.

LÖHRL, H. (1967): Die Kleiber Europas. NBB. Ziemsen, Wittenberg.

LÖHRL, H. (1974): Die Tannenmeise. NBB, Ziemsen, Wittenberg.

LÖHRL, H. (1977): Nistökologische und ethologische Anpassungserscheinungen bei Höhlenbrütern. Vogelwarte 29: 92 - 101.

LOHRMANN, R. (1931): Die menschliche Einwirkung auf die Pflanzenwelt des Hohentwiels im Laufe der Geschichte. Veröff. württ. Landesstelle Naturschutz 7: 36 - 65.

LOHRMANN, R. (1939): Die heutige Verbreitung der Eibe *(Taxus baccata)* in Württemberg und Hohenzollern. Veröff. württ. Landesstelle Naturschutz 15: 13 - 34.

LOOFT, V. & G. BUSCHE (1981): Verfolgung und Schutz der Greifvögel in Schleswig-Holstein. In: V. LOOFT & G. BUSCHE: Vogelwelt Schleswig-Holstein. Bd. 2. Wachholtz, Neumünster. S. 11 - 24.

LORENZ, M. & G. BECHER (1994): Waldzustandsbericht für Europa. AFZ/Der Wald 49: 1402 - 1406.

LOSKE, K.-H. (1989): Zur Brutbiologie der Rauchschwalbe *(Hirundo rustica)* in Mittelwestfalen. Vogelwelt 110: 59 - 82.

LOSKE, K.-H. (1999): Massenfang von Rauchschwalben *Hirundo rustica* in Nigeria gestoppt - Erfolg der Spendenaktion. Limicola 13: 278 - 280.

LOSKE, K.-H. & W. LEDERER (1987): Bestandsentwicklung und Fluktuationsrate von Weitstreckenziehern in Westfalen: Uferschwalbe *(Riparia riparia)*, Rauchschwalbe *(Hirundo rustica)*, Baumpieper *(Anthus trivialis)*, Grauschnäpper *(Muscicapa striata)*. Charadrius 23: 101 - 127.

LØVENSKIOLD, H. L. (1964): Avifauna Svalbardensis. Norsk Polarinstitut Skrifter 129: 1 - 460.

LUCANUS, F. VON (1923): Die Rätsel des Vogelzuges. Beyer & Söhne, Langensalza.

LUCKE, R. (1980): Landschaftsprägender Streuobstbau. Landesverb. Obstbau, Garten, Landschaft Bad.-Württ.

LUDER, R. (1986): Abnahme der durchschnittlichen Gelegegröße (1901 - 1977) beim Neuntöter *Lanius collurio* in der Schweiz. Orn. Beob. 83: 1 - 6.

LUNIAK, M., P. JABLONSKI & P. MARCZAK (1986): (Birds of the Lazienki Krolewskie park (Warsaw) in the years 1954 - 84). Acta orn. 22: 23 - 50.

LUY, M. (1993): Der Herbstzug des Kormorans *(Phalacrocorax carbo)* nach Zugplanbeobachtung in Süddeutschland und Erstellung eines quantitativen Modells über die Migrationsströme von Koloniebrütern. Unveröff. Dipl. Arb., Univ. Tübingen.

LYNGS, P., J. FALDBORG & T. RASMUSSEN (1990): Traekfuglene pa Christiansco 1976 - 1983. Miljøministeriet, Kopenhagen.

MACARTHUR, R. H. (1972): Geographical ecology. Patterns in distribution of species. Princeton Univ. Press, Princeton.

MACDONALD, J. W. (1962): Mortality in wild birds with some observations on weight. Bird Study 9: 147 - 167.

MACDONALD, J. W. (1980): The Red Fox, *Vulpes vulpes*, as a predator upon Earthworms, *Lumbricus terrestris*. Z. Tierpsychol. 52: 171 - 200.

MÄCK, U. (1998): Populationsbiologie und Raumnutzung der Elster (*Pica pica* L. 1758) in einem urbanen Ökosystem - Untersuchungen im Großraum Ulm. J. Orn. 139: 373 - 375.

MADER, H.-J., C. SCHELL & P. KORNACKER (1988): Feldwege - Lebensraum und Barriere. Nat. Landsch. 63: 251 - 256.

MÄDLOW, W. & C. MAYR (1996): Die Bestandsentwicklung ausgewählter gefährdeter Vogelarten in Deutschland 1990 - 1994. Vogelwelt 117: 249 - 260.

MADSEN, J. (1995): Impacts of disturbance on migratory waterfowl. Ibis 137: 67 - 74.

MAES, P. (1989): De relictpopulatie van de Ortolaan *(Emberiza hortulana)* op het Kempens Plateau, Limburg 1985 - 1988. Oriolus 55: 66 - 72.

MAGRATH, R. D. (1991): Nestling weight and juvenile survival in the Blackbird *Turdus merula*. J. Anim. Ecol. 60: 335 - 352.

MAJOR, R. E. (1991): Identification of nest predators by photography, dummy eggs, and adhesive tape. Auk 108: 190 - 195.

MAKKONEN-SPIECKER, K. (1994): Wald und Klima im Wandel. Waldökologisches Kolloquium und Regioseminar in Freiburg. AFZ/Der Wald 49: 887 - 889.

MAMMEN, U. & M. STUBBE (1996): Populationsökologie des Rotmilans *Milvus milvus*. Vortrag, Tagung DOG, Melk/Österreich.

MANIA, D. (1972): Zur spät- und nacheiszeitlichen Landschaftsgeschichte des mittleren Elb-Saalegebietes. Hall. Jb. Mitteldt. Erdg. 11: 7 - 36.

MANN, P. & C. PURSCHKE (1992): Tageszeitlicher Zugverlauf einiger Vogelarten während des Herbstzuges im Hochschwarzwald 1988. Orn. Jh. Bad.-Württ. 5: 77 - 90.

MANNION, A. M. (1991): Global environmental change. A natural and cultural environmental history. Wiley & Sons, New York. 404 S.

MANTEL, K. (1990): Wald und Forst in der Geschichte. Alfeld, Hannover.

MARCHANT, J., R. HUDSON, S. P. CARTER & P. WHITTINGTON (1990): Population trends in british breeding birds. BTO, Tring. 300 S.

MARCHANT, J., F. SANDERSON & D. GLUE (1999): Changes in breeding bird populations, 1997–98. BTO News 222: 10 - 14.

MARCHANT, J., A. WILSON & D. GLUE (1998): Changes in breeding birds populations, 1996–97. BTO News 216/217: 10 - 14.

MARCSTRÖM, V., R. E. KENWARD & E. ENGREN (1988): The impact of predation on boreal tetraonids during vole cycles: an experimental study. J. Anim. Ecol. 57: 359 - 372.

MARCSTRÖM, V., L. B. KEITH, E. ENGREN & J. R. CARY (1989): Demographic responses of Arctic Hares *(Lepus timidus)* to experimental reductions of Red Foxes *(Vulpes vulpes)* and Martens *(Martes martes)*. Can. J. Zool. 67: 658 - 668.

MAROVA-KLEINBUB, I. & T. STALLING (1999): Population number fluctuation in *Phylloscopus sibilatrix* in the Russian part of its area. Abstr. 2nd Meeting Europ. Orn. Union & 3rd Int. Shrike Symp. The Ring 21: 184.

MARSHALL, A. J. (1961): Biology and comparative physiology of birds. Bd. 2. Acad. Press, New York.

MARTENS, J. (1962): Gefährdung der Vogelwelt durch Kraftwagen. Orn. Mitt. 14: 221 - 222.

MARTIN, J.-L. (1983): Analyse écologique de l'avifaune nicheuse du massif du Rove (Bouches-du Rhône). Alauda 51: 210 - 226.

MASCHER, J. W., B.-O. STOLT & L. WALLIN (1962): Migration in spring recorded by radar and field observations in Sweden. Ibis 104: 205 - 215.

MASON, C. F. (1995): Long-term trends in the arrival dates of spring migrants. Bird Study 42: 182 - 189.

MASSA, R. & L. BOTTONI (1989): The killing of passerine migrants in Italy. Sitta 3: 27 - 36.

MATÉRAC, J.-P., P. CHARVOZ & M. MAIRE (1997): La migration postnuptiale en 1994 et 1995 au défilé de Fort l'Ecluse (Haute-Savoie et Ain) près de Genève. Nos Oiseaux 44: 61 - 66.

MATTER, H. (1982): Einfluß intensiver Feldbewirtschaftung auf den Bruterfolg des Kiebitzes *Vanellus vanellus* in Mitteleuropa. Orn. Beob. 79: 1 - 24.

MATTERN, H. (1985): Zwei Jahrzehnte Landschaftspflege im Regierungsbezirk Stuttgart (Nordwürttemberg). Maßnahmen, Erfolge, Probleme. Veröff. Naturschutz Landschaftspfl. Bad.-Württ. 59/60: 7 - 56.

MATTERN, H., J. MAUK & R. KÜBLER (1992): Die Entwicklung der Heiden im Regierungsbezirk Stuttgart während des letzten Jahrzehnts (1980/1990). Veröff. Naturschutz Landschaftspfl. Bad.-Württ. 67: 127 - 136.

MATTERN, H., R. WOLF & J. MAUK (1980): Heiden im Regierungsbezirk Stuttgart - Zwischenbilanz im Jahre 1980. Veröff. Naturschutz Landschaftspfl. Bad.-Württ. 51/52: 153 - 165.

MATTES, H. (1977): Erfahrungen mit der Kartierungsmethode zur Brutvogelbestandsaufnahme in Nadelwäldern. Vogelwelt 98: 1 - 15.

MATTES, H. (1999): The importance of biogeography to biodiversity of bird communities of coniferous forests. In: A. KRATOCHWIL (Hrsg.). Biodiversity in ecosystems. Kluwer Acad. Publ., NL. S. 147 - 156.

MATTES, H., C. EBERLE & K.-F. SCHREIBER (1980): Der Einfluß von Insektizidspritzungen im Intensivobstbau auf Vitalität und Reproduktion einer Kohlmeisenpopulation. Vogelwelt 101: 81 - 98; 132 - 140.

MATTES, H. & GATTER, W. (1989): Jahresperiodik und Biometrie von *Andropadus latirostris* in Liberia. Stuttgarter Beitr. Naturkde. 429: 1 - 10.

MATTHYSEN, E. (1998): The Nuthatches. Poyser, London. 315 S.

MAUVE, L. (1938): Der Zug der Großvögel über den Bosporus. J. Orn. 86: 261 - 301.

MAXSON, S. J. & L. W. ORING (1978): Mice as a source of egg loss among ground-nesting birds. Auk 95: 582 - 584.

MAYER, G. (1960): Vernichtung einer Kohlmeisen-Population durch Systox. Orn. Mitt. 12: 145 - 146.

MAYER, H. (1984): Die Wälder Europas. Fischer, Jena. 691 S.

MAYER, K.-A. (1983): Vergleich der Strecken für Hase, Fasan und Rebhuhn in flurbereinigten und nicht flurbereinigten Bereichen in Rheinhessen. Z. Jagdwiss. 29: 55 - 60.

MEBS, T. (1960): Probleme der Fortpflanzungsbiologie und Bestandserhaltung bei deutschen Wanderfalken *(Falco peregrinus)*. Vogelwelt 81: 47 - 56.

MEIER, W. (1993): Buntspechte plündern Mehlschwalbennester. Vogelkdl. Hefte Edertal 19: 71 - 72.

MEINEKE, T. (1984): Untersuchungen zur Struktur, Dynamik und Phänologie der Groß-Schmetterlinge (Insecta, Lepidoptera) im südlichen Niedersachsen. Diss., Univ. Göttingen.

MEINEKE, T. & W. GATTER (1982): Der Wegzug des Rotmilans *(Milvus milvus)* im Bereich von Westharz und Randecker Maar/Schwäbische Alb. Seevögel, Sonderh. 1982: 31 - 44.

MEINEKE, T. & K. MENGE (1992): Untersuchungen der Fauna montaner Fichtenbestände im niedersächsischen Harz. Niedersächs. Landesverwaltungsamt, Hannover.

MEINERTZHAGEN, R. (1920): Some preliminary remarks on the altitude of the migratory flight of birds, with special reference to the palaearctic region. Ibis 1/ 11. Serie: 920 - 936.

MEINERTZHAGEN, R. (1955): The speed and altitude of bird flight (with notes on other animals). Ibis 97: 81 - 117.

MEININGER, P. L. & U. G. SØRENSEN (1986): The occurence of Skuas (Stercoraridae) in the Middle East, with special reference to Egypt and the northern Red Sea. Vogelwarte 33: 281 - 294.

MEISEL, K. (1984): Landwirtschaft und „Rote-Liste"-Pflanzenarten. Nat. Landsch. 59: 301 - 307.

MELTOFTE, H. (1986): Hunting as a possible factor in the decline of fenno-scandian populations of Curlews *Numenius arquata.* Vår Fågelvärld 11: 135 - 140.

MENGE, B. A. (1995): Indirect effects in marine rocky intertidal interaction webs: patterns and importance. Ecological Monographs 65: 21 - 74.

MENGE, B. A., E. L. BERLOW, C. A. BLANCHETTE, S. A. NAVARRETE & S. B. YAMADA (1994): The keystone species concept: variation in interaction strength in a rocky intertidal habitat. Ecological Monographs 64: 249 - 286.

MERIKALLIO, E. (1951): Der Einfluß der letzten Wärmeperiode (1930 - 1949) auf die Vogelfauna Nordfinnlands. Proc. X. Intern. Orn. Congr. 1950 Uppsala. S. 484 - 493.

METTHEWS, G. V. T. (1971): Vogelflug. Goldmann, München.

MEURY, R. (1989): Siedlungsdichte und Raumnutzung des Baumpiepers *Anthus trivialis* im inselartig verteilten Habitat des aargauischen Reußtals. Orn. Beob. 86: 105 - 135.

MEURY, R. (1991): Zur Nahrungsökologie des Baumpiepers *Anthus trivialis* in einem Landwirtschaftsgebiet des schweizerischen Mittellandes. Orn. Beob. 88: 57 - 72.

MEWES, W. (1996): Bestandsentwicklung, Verbreitung und Siedlungsdichte des Kranichs in Deutschland. Vogelwelt 117: 103 - 110.

MEYBURG, B.-U. & CH. MEYBURG (1997): Migration strategies of Eurasian raptors as revealed by satellite telemetry. European Orn. Union, First meeting, Bologna. Abstracts, S. 131.

MEYER, F. H. (1989): Eutrophierung und Mykorrhizen. NNA-Ber. 2: 35 - 38.

MIDDENDORFF, A. VON (1855): Memoires de l'Academie des Sciences de St. Petersburg.

MITSCHKE, A. S. GARTHE & R. MULSOW (2000): Langfristige Bestandstrends von häufigen Brutvögeln in Hamburg. Vogelwelt 121: 155 - 164.

MITTELBACH, G. G. & P. L. CHESSON (1987): Predation risk: indirect effects in fish populations. In: C. W. KERFOOT & A. SIH: Predation: direct and indirect impacts on aquatic communities. Univ. Press New England, Hanover, New Hampshire. S. 315 - 332.

MIZERA, T. (1995): Why is the Osprey *Pandion haliaetus* a rare breeding spezies in Poland? Vogelwelt 116: 197 - 198.

MÖCKEL, R. (1987): Bemerkenswerter Massenwechsel des Eichhörnchens *(Sciurus vulgaris)* im Westerzgebirge. Säugetierkd. Inf. 2: 489 - 493.

MÖCKEL, R. (1988): Die Hohltaube. NBB. Ziemsen, Wittenberg. 200 S.

MÖCKEL, R. (1992a): Auswirkungen des „Waldsterbens" auf die Populationsdynamik von Tannen- und Haubenmeisen *(Parus ater, P. cristatus)* im Westerzgebirge. Ökol. Vögel 14: 1 - 100.

MÖCKEL, R. (1992b): Häufigkeitsveränderungen höhlenbrütender Singvögel des Fichtenwaldes während des „Waldsterbens" im Westerzgebirge. Zool. Jb., Syst. 119: 437 - 493.

MÖCKEL, R. (1994): Ergebnisse der Beringung von Hohltauben *Columba oenas* in Ostdeutschland. Vogelwelt 115: 75 - 82.

MÖCKEL, R. (1996): Arealveränderungen des Rauhfußkauzes *Aegolius funereus* im Osten Deutschlands. Vogelwelt 117: 57 - 66.

MONNERET, R. J. (1988): Changes in the Peregrine Falcon populations of France. In: T. J. CADE, J. H. ENDERSON, C. G. THELANDER & C. M. WHITE: Peregrine Falcon Populations. Their management and recovery. The Peregrine Fund, Boise. S. 201 - 213.

MOOIJ, J. H. (1993): Development and management of wintering Geese in the Lower Rhine area of North Rhine-Westphalia/Germany. Vogelwarte 37: 55 - 77.

MOOR, M. (1952): Die Fation-Gesellschaften im Schweizer Jura. Beitr. geobot. Landesaufn. Schweiz 31. Bern. 201 S.

MOOSMAYER, H.-U. (1977): Zur regionalen waldbaulichen Planung in Baden-Württemberg. AFZ/Der Wald 32: 504 - 509.

MOREAU, R. E. (1950): The breeding seasons of African birds. 1. Land birds. Ibis 92: 223 - 267.

MOREAU, R. E. (1961): Problems of mediterranean-saharan migration. Ibis 103: 373 - 427, 580 - 623.

MOREAU, R. E. (1972): The Palaearctic-African Bird Migration Systems. Academic Press, London.

MOREL, G. (1968): Contribution à la synécologie des oiseaux du Sahel senégalais. Thèse Doct. Etat. Mémoires ORSTOM no. 29.

MOREL, G. (1973): The Sahel Zone as an environment for palaearctic migrants. Ibis 115: 413 - 417.

MOREL, G. & F. ROUX (1966): Les migrateurs palaearctiques au Senegal. I. Non Passereaux. II. Passereaux et synthèse generale. Terre Vie 113: 19 - 72 & 143 - 176.

MORETON, B. D. & T. E. KITE (1975): DDT and birds in a kentish orchard. Bird Study 22: 228 - 232.

MORITZ, D. (1981): Abnahme des Feldsperlings, *Passer montanus,* auch als Durchzügler auf Helgoland. Vogelwelt 102: 215 - 219.

MORITZ, D. (1982): Die von 1953 bis 1979 auf Helgoland erzielten Fangergebnisse ausgewählter Arten. Vogelwelt 103: 129 - 143.

MORITZ, D. (1989): Das heutige Vorkommen der Heidelerche *Lullula arborea* auf Helgoland. Vogelwelt 110: 185 - 193.

MORITZ, D. (1993): Langzeit-Monitoring von Transsaharaziehern nach Fangzahlen auf Helgoland. Jber. Inst. Vogelforschung 1: 22 - 23.

MORRIS, P. A., P. W. BRIGHT & D. WOODS (1990): Use of nestboxes by the Dormouse *Muscardinus avellanarius.* Biol. Conserv. 51: 1 - 13.

MOSIMANN, P. & M. JUILLARD (1988): Brutbestand und Winterverbreitung des Rotmilans *Milvus milvus* in der Schweiz. Orn. Beob. 85: 199 - 206.
MØLLER, A. P. (1973): Invasion af Gråsisken i Danmark 1972-73. Dansk Fugle 25: 94 - 102.
MØLLER, A. P. (1978): Danske Landsvalers *Hirundo rustica* Traekforhold i Forbindelse med Katastrofen i Mellemeuropa i Efteraret 1974. Dansk Orn. Foren. Tidsskr. 72: 59 - 60.
MØLLER, A. P. (1979): Population changes among passerines Passeres in North Jutland, Denmark 1960 - 1976. Dansk Orn. Foren. Tidsskr. 73: 233 - 243.
MØLLER, A. P. (1989a): Nest site selection across field-woodland ecotones: the effect of nest predation. Oikos 56: 240 - 246.
MØLLER, A. P. (1989b): Population dynamics of a declining Swallow *Hirundo rustica* population. J. Anim. Ecol. 58: 1051 - 1063.
MØLLER, H. S. (1978): Fuglejagten i Danmark 1961 - 1975. Anser 3: 177 - 183.
MÖNKKÖNEN, M., P. HELLE & K. SOPPELA (1990): Numerical and behavioural responses of migrant passerines to experimental manipulation of resident Tits (*Parus* spp.): heterospecific attraction in northern breeding communities? Oecologica 85: 218 - 225.
MÜLLER, J., I. VAGTS & E. FRESE (1997): Pflanzliche Regenerationsstrategien und Besiedlungsdynamik in nordwestdeutschen Calluna-Heiden nach Brand. NNA-Ber. 10: 87 - 104.
MÜLLER, W.-E. (1998): Jagen vor dem Reichsjagdgesetz. Festschrift 10 Jahre Ökol. Jagdverein Bayern, Rothenburg. S. 41 - 52.
MÜLLER-KROEHLING, S. & O. SCHMIDT (1999): Nacktschnecken als Schädlinge von Erstaufforstungen mit Walnuss. AFZ/Der Wald 54: 226 - 228.
MULLIÉ, W. C., P. J. VERWEY, A. G. BERENDS, J. W. EVERTS, F. SÈNE & J. H. KOEMAN (1989): The impact of pesticides on palearctic migratory birds in the Western Sahel with special reference to the Senegal River delta. ICBP Study Report No. 36, Cambridge. 78 S.
MURTON, R. K., N. J. WESTWOOD & A. J. ISAACSON (1964): The feeding habits of the Woodpigeon *Columba palumbus,* Stock Dove *C. oenas* and Turtle Dove *Streptopelia turtur.* Ibis 106: 174 - 188.
MYRES, M.T. (1964): Dawn ascent and re-orientation of Scandinavian Thrushes (*Turdus* spp.) migrating at night over the northeastern Atlantic Ocean in autumn. Ibis 106: 7 - 51.
NABU (1993): Lebensraum Streuobstwiese. NABU, Kreisverband Ludwigsburg.
NACHTIGALL, W. (1985): Warum die Vögel fliegen. Rasch & Röhring, Hamburg.
NACHTIGALL, W. (1987): Vogelflug und Vogelzug. Rasch & Röhring, Hamburg.
NACHTIGALL, W. (1990): Wind tunnel measurements of long time flights in relation to the energetics and water economy of migrating birds. In E. GWINNER (Hrsg.): Bird migration: the physiology and ecophysiology. Springer, Berlin. S. 319 - 327.
NEUENSTEIN, W. VON (1957): Zu: Maikäferbekämpfung mit Dieldrin (Orn. Mitt. 9: 67). Orn. Mitt. 9: 154.
NEUSCHÄFFER, H. (1986): Geschichte von Wald und Forst in Schleswig-Holstein und der alte Rendsburger Wald mit dem Forstamt Barlohe. Möller, Rendsburg.
NEWSON, M. (1992): Managing the human impact on the natural environment: patterns and processes. Belhaven Press, London. 282 S.
NEWTON, I. (1972a): Finches. Collins. London.
NEWTON, I. (1972b): Birds of prey in Scotland: some conservation problems. Scot. Birds 7: 5 - 23.
NEWTON, I. (1974): Changes attributed to pesticides in the nesting success of the Sparrowhawk in Britain. J. appl. Ecol. 11: 95 - 102.
NEWTON, I. (1979): Population ecology of Raptors. Poyser, Calton.
NEWTON, I. (1980): The role of food in limiting bird numbers. Ardea 68: 11 - 30.
NEWTON, I. (1986): The Sparrowhawk. Poyser, Calton.
NEWTON, I. (1989): Lifetime Reproduction in Birds. Academic Press, London.
NEWTON, I. (1992): Experiments on the limitation of bird numbers by territorial behavior. Biol. Rev. 67: 129 - 173.
NEWTON, I. (1993): Predation and limitation of bird numbers. Current Ornithol. 11: 143 - 198.
NEWTON, I. (1998): Population limitation in birds. Academic Press, London. 597 S.
NEWTON, I., J. A. BOGAN & M. B. HAAS (1989): Organochlorides and mercury in the eggs of British Peregrines *Falco peregrinus.* Ibis 131: 355 - 376.
NEWTON, I. & M. B. HAAS (1984): The return of the Sparrowhawk. Brit. Birds 77: 47 - 70.
NEWTON, I. & E. A. GALBRAITH (1991): Organochlorines and mercury in the eggs of Golden Eagles *Aquila chrysaetus* from Scotland. Ibis 133: 115 - 120.
NEWTON, I. & M. B. HAAS (1988): Pollutants in Merlin eggs and their effect on breeding. Brit. Birds 81: 258 - 269.
NEWTON, I. & M. MARQUISS (1981): Effect of additional food on laying dates and clutch sizes of Sparrowhawks. Ornis Scand. 12: 224 - 229.
NEWTON, I. & P. ROTHERY (2000): Timing and duration of moult in the Bullfinch *Pyrrhula pyrrhula*: an appraisal of different analytical procedures. Ibis 142: 65 - 74.
NEWTON, I., I. WYLLIE & A. ASHER (1993): Long-term trends in organochlorine and mercury residues in some predatory birds in Britain. Environ. Pollut. 79: 143 - 151.
NICHOLLS, N., G. V. GRUZA, J. JOUZEL, T. R. KARL, L. A. OGALLO & D. E. PARKER (1995): Observed climate variability and change. In: J. T. HOUGHTON et al: Climate change 1995. Cambridge Univ. Press, Cambridge. S. 133 - 192.
NICOLAI, B. (1993a): Siedlungsdichte der Greifvögel (Accipitridae) im nördlichen Harzvorland unter besonderer Berücksichtigung des Rotmilans *(Milvus milvus).* Orn. Jber. Mus. Heineanum 11: 11 - 25.
NICOLAI, B. (1993b): Atlas der Brutvögel Ostdeutschlands. Fischer, Jena.
NIEBUHR, O. (1972): Das wärmeliebende (thermophile) Element in der Vogelwelt des Regierungsbezirks Lüneburg. Jh. Naturwiss.Ver. Fürstentum Lüneburg 32: 7 - 20.
NIEBUHR, O. & K. GREVE (1961): Vom Brachpieper *(Anthus campestris)* zwischen Harz und Nordheide. Orn. Mitt. 13: 101 - 108.

NIEHUIS, M. (1968): Die Bestandsentwicklung des Schwarzstirnwürgers in Deutschland unter besonderer Berücksichtigung des Nahetales und Rheinhessens. Mainzer naturw. Archiv 7: 185 - 224.
NIEHUIS, M. (1969): Ein Beitrag zum Vorkommen des Schwarzstirnwürgers - *Lanius minor*. Mainz. naturw. Arch. 8: 333 - 346.
NIEHUIS, M. (1982): Beiträge zur Fauna von Rheinland-Pfalz: Zum Vorkommen des Brachpiepers *(Anthus campestris)* in Rheinland-Pfalz. Naturschutz Orn. Rheinl.-Pfalz 2: 484 - 525.
NIEMEYER, H. (1974): Statistische Auswertemethoden. In: P. BERTHOLD, E. BEZZEL & G. THIELCKE: Praktische Vogelkunde. Kilda, Greven. S. 68 - 112.
NIEMEYER-LÜLLWITZ, A. (1993): Kulturbiotop Obstwiese: Ohne Nutzung keine Zukunft. LÖLF-Mitt. 3: 10 - 14.
NIEMINEN, E. (1994): Ökologische Waldpflege in Finnland. AFZ/Der Wald 49: 894.
NIETHAMMER, G. (1937, 1938, 1942): Handbuch der deutschen Vogelkunde. 3 Bde., Akad. Verlagsges., Leipzig.
NIETHAMMER, J. & F. KRAPP (Hrsg.) (1978): Handbuch der Säugetiere Europas. Bd. 1: Rodentia 1. Akad.Verlagsges. Wiesbaden.
NILE, R. & C. CLARK (1998): Australien, Neuseeland und der Südpazifik. Bechtermünz, Weltbild, Augsburg. 240 S.
NILSSON, S. G., O. OLSSEN, S. SVENSSON & U. WIKTANDER (1992a): Population trends and fluctuations in Swedish woodpeckers. Ornis Svec. 2: 13 - 21.
NILSSON, S. G., O. OLSSON & U. WIKTANDER (1992b): Revirstorlek och förflyttningar hos Mindre Hakspett under våren. Milvus 22: 28 - 33.
NISBET, I. C. T. (1962): South-eastern rarities at Fair Isle. Brit. Birds 55: 74 - 86.
NISBET, I. C. T. (1963): Measurements with radar of the height of nocturnal migration over Cape Cod, Massachusetts. Bird Band. 34: 57 - 67.
NISBET, I. C. T. & W. H. DRURY (1967): Orientation of spring migrants studied by radar. Bird Band. 38: 173 - 186.
NISBET, I. C. T. & W. H. DRURY Jr. (1968): Short-term effects of weather of bird migration: a field study using multivariate statistics. Anim. Behav. 16: 496 - 530.
NORDSTRÖM, G. (1963): Einige Ergebnisse der Vogelberingung in Finnland in den Jahren 1913 - 1962. Ornis Fenn. 40: 93 - 122.
NOWAK, E. (1995): Jagdaktivitäten in der Vergangenheit und heute als Einflußfaktor auf Gänsepopulationen und andere Vögel Nordsibiriens. In: P. PROKOSCH & H. HÖTKER: Faunistik und Naturschutz auf Taimyr - Expeditionen 1989 - 1991. Corax 16: 143 - 159.
NOWICKI, W. (1992): (Changes in the breeding avifauna of the parks of Warsaw (1975 - 1985), and the use of nest-boxes to manage it). Acta orn. 27: 65 - 92.
OAG BERLIN (WEST) (1992): Die Vögel in Berlin (West). Eine Übersicht. Ergänzungsbericht 1976 - 1989. Orn. Ber. Berlin 15: 1 - 191.
OAG BODENSEE (1983): Die Vögel des Bodenseegebietes. OAG Bodensee, Konstanz: 379 S.
OBERMANN, P. (1982): Hydrochemische/hydromechanische Untersuchungen zum Stoffgehalt von Grundwasser bei landwirtschaftlicher Nutzung. Bes. Mitt. Dtsch. Gewässerkd., Bonn. Jb. 42: 217 S.
O'CONNOR, R. J. & C. J. MEAD (1984): The Stock Dove in Britain, 1930-80. Brit. Birds 77: 181 - 201.
O'CONNOR, R. J. & M. SHRUBB (1986): Farming and birds. Cambridge Univ. Press, Cambridge .
OEHLER, H. (1984/1992): Regionale waldbauliche Übersicht und Richtlinie für Schönbuch und Rammert, Vorland der Reutlinger Alb, Oberes Gäu und Heckengäu. Unveröff. Ber. Forstdirektion Tübingen.
OEHME, G. (1977): Seeadler. In: KLAFS, G. & J. STÜBS: Die Vogelwelt Mecklenburgs. Fischer, Jena. S. 134 - 135.
OEHME, G. (1987): Zum Problem der Eidünnschaligkeit allgemein sowie am Beispiel des Seeadlers *(Haliaeetus albicilla)* in der DDR. Populationsökologie Greifvogel- und Eulenarten 1. Wiss. Beitr. Univ. Halle 14: 159 - 170.
OELKE, H. (1961): Zugbewegungen von Meisen und weiteren Kletterartigen im Wendesser Moor bei Peine (1954 - 1960). Beitr. Naturkde. Niedersachs. 14: 32 - 46.
OELKE, H. (1968): Wo beginnt bzw. wo endet der Biotop der Feldlerche? J. Orn. 109: 25 - 29.
OELKE, H. (1970): Empfehlungen für eine international standardisierte Kartierungsmethode bei siedlungsbiologischen Vogelbestandsaufnahmen. Orn. Mitt. 20: 171 - 173.
OELKE, H. (1985): Vogelbestände einer niedersächsischen Agrarlandschaft 1961 und 1985. Vogelwelt 106: 246 - 255.
OELKE, H. (1989): Effects of the acid rain syndrome on bird populations (Harz mountains, Lower Saxony, FR Germany). Beitr. Naturkde Niedersachs. 42: 109 - 128.
OELKE, H. & L. SCHWEITZER (1996): Ergebnisse und Interpretation 41jähriger Planbeobachtungen (1954 - 1994) des herbstlichen Vogelzuges im Wendesser Moor bei Peine, östliches Niedersachsen. Beitr. Naturkde. Niedersachs. 49: 57 - 85.
OELKE, H. & L. SCHWEITZER (1996): Results and interpretation of a 43 year study (1954 - 1996) of counting bird migration in the Wetland Reserve Wendesser Moor, Peine, Eastern Lower Saxony, Germany. Ring 18, 1 - 2: 37 - 57.
OGILVIE, M. A. (1967): Population changes and mortality of the Mute Swan in Britain. Annual Report 1965-66. The Wildfowl Trust 18: 64 - 73.
OKSA, J., P. RANNIKKO & E. VARIS (1997): Sozio-ökonomische Bedeutung der Forstwirtschaft in Russisch Karelien. AFZ/Der Wald 52: 747 - 748.
OLDHAMMER, B. (1986): Lövbrändor i Dalarna - Bortglömda och dödsdömda. Fågl. Dalarna 19: 84 - 89.
OLIVEIRA E SILVA, R. (1996): Wälder Portugals vom Feuer bedroht. AFZ/Der Wald 51: 597 - 598.
OLSSON, R. (2000): Det mörknar för fiskgjusen. Sveriges natur 3-4: 19 - 22.
OPDAM, P., J. BURGERS & G. MÜSKENS (1987): Population trend, reproduction and pesticides in dutch Sparrowhawks following the ban of DDT. Ardea 75: 205 - 212.
OPPERMANN, R. (1999): Nahrungsökologische Grundlagen und Habitatansprüche des Braunkehlchens *Saxicola rubetra.* Vogelwelt 120: 7 - 25.

ORO, D. (1996): Interspecific kleptoparasitism in Audouin's Gull *Larus audouinii* at the Ebro Delta, north-east Spain: a behavioural response to low food availability. Ibis 138: 218 - 221.

ORO, D., X. RUIZ, L. JOVER, V. PEDROCCHI & J. GONZÁLEZ-SOLÍS (1997): Diet and adult time budgets of Audouin's Gull *Larus audouinii* in response to changes in commercial fisheries. Ibis 139: 631 - 637.

ORTLIEB, R. (1979): Die Sperber. NBB. Ziemsen, Wittenberg.

OSCHE, G. (1972): Evolution – Erkenntnisse, Entwicklungen der Abstammungslehre. Herder, Freiburg.

OSIECK, E. R. & F. HUSTINGS (1994): Rode lijst van bedreigde en kwetsbare vogelsoorten in Nederland. Techn. Rapport 12. Vogelbescherming, Zeist.

OTTERLIND, G. (1954): Flyttning och utbredning. Vår Fågelvärld 13: 1 - 99.

OTTERLIND, G. & I. LENNERSTEDT (1964): Den svenska fagelfaunan och biocidskadorna. Vår Fågelvärld 23: 363 - 415.

OWEN, M. (1990): The damage-conservation interface illustrated by geese. Ibis 132: 238 - 252.

PAGE, H. D., M. NICKLASSON, S. KÄLLGREN, A. GRANSTRÖM & J. G. GOLDAMMER (1997): Rekonstruktion der Feuergeschichte einer nordischen Wald- und Kulturlandschaft: Fallbeispiel Nationalpark Tiveden (Südschweden). NNA-Ber. 10: 142 - 150.

PAIN, D. J. & M. W. PIENKOWSKI (1997): Farming and birds in Europe: The common agricultural policy and its implications for bird conservation. Academic Press, London. 436 S.

PAINE, R. T. (1966): Food web complexity and community stability. American Naturalist 100: 65 - 75.

PAINE, R. T. & R. L. VADAS (1969): The effects of grazing by sea urchins, *Strongylocentrotus* spp., on benthic algal populations. Limnology Oceanography 14: 710 - 719.

PALMER, S. (1994): Von der Auslesedurchforstung zur Zieldurchmesser-Ernte bei Buche. AFZ/Der Wald 49: 528 - 529.

PALMER, S. & J. BOSWALL (1974): A field guide to the bird songs of Britain and Europe. 15 LP's, Sveriges Radio. Stockholm.

PALMGREN, P. (1937): Über den Massenwechsel bei *Regulus r. regulus*. Ornis Fenn. 13: 159 - 164.

PALMGREN, P. (1943): Studien über die Tagesrhythmik gekäfigter Zugvögel. Z. Tierpsychol. 6: 44 - 86.

PARSLOW, J. L. F. (1973): Breeding birds of Britain and Ireland. Poyser, Berkhamsted.

PARVIAINEN, J. (1994): Ist Waldnutzung ohne Kahlschlag möglich? AFZ/Der Wald 49: 895.

PARVIAINEN, J. & E. ANNILA (1997): Wie naturnah ist der finnische Waldbau? AFZ/Der Wald 52: 753 - 755.

PÄTZOLD, R. (1995): Das Rotkehlchen. NBB. Ziemsen. Wittenberg. 160 S.

PAYEVSKY, V. A. (1990): Population dynamics of birds during 1960 - 1986 according to trapping data on the Courish Spit of the Baltic Sea. Baltic Birds: 5: 69 - 73.

PEAKALL, D. B., T. J. CADE, C. M. WHITE & J. R. HAUGH (1975): Organochlorine residues in Alaskan Peregrines. Pest. Monitor. Journ. 8: 255 - 260.

PEARSON, D. J. & G. C. BACKHURST (1976): The southward migration of Palaearctic landbirds over Ngulia, Kenya. Ibis 118: 78 - 105.

PEARSON, O. P. (1966): The prey of carnivores during one cycle of mouse abundance. J. Anim. Ecol. 35: 217 - 233.

PEES, W. (1996): Wie Maden im Speck. Zur Populationsexplosion des Fuchses im Ballungsraum Ruhrgebiet. Pirsch 15: 3 - 5.

PEGEL, M. (1986): Der Feldhase (*Lepus europaeus* Pallas) im Beziehungsgefüge seiner Um- und Mitweltfaktoren. Enke, Stuttgart.

PEIPONEN, V. (1957): Wechselt der Birkenzeisig, *Carduelis flammea* (L.), sein Brutgebiet während des Sommers? Ornis Fenn. 34: 41 - 63.

PEITZMEIER, J (1951a): Beobachtungen über Klimaveränderungen und Bestandsveränderungen einiger Vogelarten in Nordwestdeutschland. Proc. X. Intern. Orn. Congr. 1950 Uppsala. S. 477 - 483.

PEITZMEIER, J. (1951b): Klima- und Bestandsverhältnisse bei Vögeln unserer Heimat. Natur und Heimat 11: 1 - 6.

PEITZMEIER, J. (1956): Neue Beobachtungen über Klimaschwankungen und Bestandsschwankungen einiger Vogelarten. Vogelwelt 77: 181.

PEITZMEIER, J. (1958): Wirkung des naßkalten Sommers 1956 auf den Bestand thermophiler Vogelarten in Westfalen. Vogelwelt 79: 104.

PEITZMEIER, J. (1969): Avifauna von Westfalen. Abh. Landesmus. Naturkde. Münster Westfalen 31 (3): 1 - 480.

PENNINGTON, M. G. (1992): Predation of birds' eggs and chicks by herbivorous mammals. Scot. Birds 16: 285.

PENNYCUICK, C. J. (1969): The mechanics of bird migration. Ibis 111: 525 - 556.

PENNYCUICK, C. J. (1975): Mechanics of flight. In: D. S. FARNER & J. R. KING: Avian Biology. Vol. 5. Academic Press, New York. S. 1 - 75.

PENNYCUICK, C. J. (1989): Bird Flight Performance. Oxford University Press, Oxford.

PENNYCUICK, C. J., O. EINARSSON, T. A. M. BRADBURY & M. OWEN (1996): Migrating Whooper Swans *Cygnus cygnus*: satellite tracks and flight performance calculations. J. Avian Biol. 27: 118 - 134.

PERIS, S. (1991): Changes in the population of European Starlings (*Sturnus vulgaris* L.) wintering in Spain during 1960-89. Sitta 5: 19 - 26.

PERIS, S., A. MOTIS, A. MARTINEZ-VILALTA & X. FERRER (1991): Winterquartiere und Winterbestand des Stars *(Sturnus vulgaris)* in Spanien während der letzten 30 Jahre. J. Orn. 132: 445 - 449.

PERRINS, C. M. (1997): A long-term study of Great Tits *Parus major*. European Orn. Union, First meeting. Bologna, Italy. Abstracts, S. 7.

PERRINS, C. M. & T. A. GEER (1980): The effect of Sparrowhawks on Tit populations. Ardea 68: 133 -142.

PERSSON, B. (1971): Chlorinated hydrocarbon and reproduction of a south Swedish population of Whitethroat *Sylvia communis*. Oikos 22: 248 - 255.

PERSSON, B. (1972): DDT content of Whitethroat lower after summer stay in Sweden. Ambio 1: 34 - 35.

PERSSON, B. (1974): Degradation and seasonal variation of DDT in Whitethroat *Sylvia communis*. Oikos 25: 216 - 221.

PETER, H. U., P. QUILLFELDT, C. WEGENER, A. WOLKOW & J. DE KORTE (1996): Zur Avifauna der arktischen Tundra bei Dickson/Nord-Rußland. Vortrag, Tagung DOG, Melk/Österreich.

PETERS, G., W.-D. HEINRICH, P. BEURTON & K. D. JÄGER (1972): Fossile und rezente Dachsbauten mit Massenanreicherungen von Wirbeltierknochen. Mitt. Zool. Mus. Berlin 48: 415 - 435.

PETERSEN, B. S. & S. BRØGGER-JENSEN (1992): Bestandene af almindelige danske skovfugle 1976 - 1990 belyst ved punktoptællinger. Dansk Orn. Foren. Tidsskr. 86: 137 - 154.

PETITMERMET, P. (1965): Zum Herbstzug der Heckenbraunelle, *Prunella modularis*, nach Beobachtungen am Hahnenmoos im Berner Oberland. Orn. Beob. 62: 113 - 117.

PETROV, V. (1993): Der Zustand des Waldschutzes in Rußland. AFZ/Der Wald 48: 667 - 670.

PETRYNA, A. (1976): The autumn migration of Meadow Pipit on the Polish coast of the Baltic. Not. orn. 17: 51 - 73.

PETTERSSON, J. (1986): Ottenby fågelstation 1985. Calidris 15: 7 - 24.

PETTERSSON, J. & D. HASSELQUIST (1985): Fat deposition and migration capacity of Robins *Erithacus rubecula* and Goldcrest *Regulus regulus* at Ottenby, Sweden. Ringing & Migration 6: 66 - 76.

PETTERSSON, J. & A. HEDENSTRÖM (1986): Long term fluctuations in ringing figures of Willow Warblers *Phylloscopus trochilus* at Ottenby, Sweden. Vår Fågelvärld Suppl. 11: 171 - 174.

PFEIFER, R. (1995): Mögliche Ursachen für das Verschwinden des Steinrötels *Monticola saxatilis* aus Mitteleuropa. Orn. Anz. 34: 155 - 158.

PFEIFFER, C. (1925): Über den Uhu in Württemberg, sein Vorkommen, sein Aussterben und über Versuche zu seiner Wiedereinbürgerung auf der Schwäbischen Alb. Veröff. Staatl. Stelle Naturschutz 5: 141 - 163.

PIECHOCKI, R. (1970): Todesursache, Gewichte und Maße von *Buteo buteo buteo*. Beitr. Vogelkd. 16: 313 - 327.

PIELOWSKI, Z. & A. WASILEWSKI (1960): Haselmäuse in Vogelnistkästen. Z. Säugetierkd. 25: 74 - 80.

PILS, C. M. & M. A. MARTIN (1978): Population dynamics, predator-prey relationships and management of the Red Fox in Wisconsin. Technic. Bull. No.105, Dept. Nat. Res. Madison, Wisconsin.

PIMM, S. L. & J. H. LAWTON (1978): On feeding in more than one trophic level. Nature 254: 543 - 544.

PINOWSKI, J. (1995): Heavy metals in nestlings of *Passer* spp. in urban and suburban environments. Arch. Ochr. Srodow. 2: 73 - 82.

PLAISIER, F. (1992): Zur Bionomie der Hohltaube *(Columba oenas)* auf der Nordseeinsel Langeoog. Beitr. Vogelkd. 38: 167 - 174.

PLATTNER, J. (1946, 1947): Ergebnisse der Meisen- und Kleiberberingung in der Schweiz (1929 - 1941). Teil 1 und 2. Orn. Beob. 43: 156 - 188; 44: 1 - 35.

PLESNIK, J. (1990): Long-term study of some urban and extra-urban populations of the Kestrel (*Falco tinnunculus* L.). Bird Census and Atlas Studies Prag. S. 453 - 458.

PLOCHMANN, R. (1998): Ziele eines ökologischen Jagdvereins. Festschrift 10 Jahre Ökol. Jagdverein Bayern, Rothenburg. S. 28 - 37.

PLUMPTON, D. & R. S. LUTZ (1993): Influence of vehicular traffic on time budgets of nesting Burrowing Owls. J. Wildl. Managem. 57: 612 - 616.

POHL, H. (1988): Grenzen der Synchronisation circadianer Rhythmen durch Licht bei Vögeln. Vogelwarte 34: 291 - 301.

POKER, J. (1993): Bestandsaufnahme und Gefährdung der borealen Wälder: Ursachen und Folgen ihrer Zerstörung sowie künftige Entwicklung. Bundesforschungsanstalt für Forst- und Holzwirtschaft, Hamburg. 125 S.

POKIESER, H. & M. CHRIST (1999): Feuer des Lebens - Flammenspiel der Feuerforscher. Film des ZDF.

PÖLDSAM, H. (1999): Hoher Luchsbestand in Estland. Pirsch 17: 81.

POLIS, G. A., C. A. MYERS & R. D. HOLT (1989): The ecology and evolution of intraguild predation: potential competitors that eat each other. Annual Rev. Ecol. Syst. 20: 297 - 330.

POLTZ, W. (1975): Über den Rückgang des Neuntöters *(Lanius collurio)*. Vogelwelt 96: 1 - 19.

PORTER, R. F. & M. A. S. BEAMAN (1985): A resume of raptor migration in Europe and the Middle East. ICBP Study Report No. 5: 237 - 242.

POTT, R. (1990): Veränderungen von Waldlandschaften unter dem Einfluß des Menschen. NNA-Ber. 3: 117 - 131.

POTTS, G. R. (1986): The Partridge. Collins, London.

PRANGE, H. & W. MEWES (1989): Zur Situation des Graukranichs *(Grus g. grus)* in Mitteleuropa. Beitr. Vogelkd. 35: 240 - 271.

PRANGE, H. & W. MEWES (1991): Zug und Rast des Kranichs *(Grus grus)* 1988 in Ost-Deutschland. Vogelwarte 36: 35 - 47.

PRATO, S. R. D. DA & E. S. DA PRATO (1983): Movements of Whitethroats *Sylvia communis* ringed in the British Isles. Ringing & Migration 4: 193 - 210.

PRILL, H. (1975): Flügellänge und Flügelform beim Grünfink in Abhängigkeit vom Alter und Geschlecht. Falke 22: 92 - 94.

PRODON, R. (1987): Incendies et protection des oiseaux en France méditerranéenne. Oiseau Rev. Fr. Orn. 57: 1 - 12.

PROKOSCH, P. (1988): Das schleswig-holsteinische Wattenmeer als Frühjahrs-Aufenthaltsgebiet arktischer Watvogelpopulationen am Beispiel von Kiebitzregenpfeifer (*Pluvialis squatarola*, L. 1758), Knutt (*Calidris canutus* L.) und Pfuhlschnepfe (*Limosa lapponica* L.). Corax 12: 273 - 442.

PRZYGODDA, W. (1954a): Untersuchungen über den Einfluß von E 605 forte auf unsere Vogelwelt. Vogelwelt 75: 1 - 18.

PRZYGODDA, W. (1954b): Einige Bemerkungen zur Sperlingsbekämpfung. Orn. Mitt. 6: 145 - 147.

PRZYGODDA, W. (1961): Zur Frage der Einwirkung von Systox auf Vögel. Orn. Mitt. 13: 161 - 167.

PUCHSTEIN, K. (1990): Die Ausbreitung des Schlagschwirls *(Locustella fluviatalis)* nach und in Schleswig-Holstein. Corax 13: 231 – 280.

PUCHSTEIN, K. (1992): Stirbt die Elster aus? Natur 2(2): 9 – 11.

PURGER, J. J. (1997): Accidental death of adult Redfooted Falcons *Falco vespertinus* and its effect on breeding success. Vogelwelt 118: 325 – 327.

PUTZIG, P. (1938): Die Wanderungen des Eichelhähers im Lichte neuerer Ergebnisse. Schr. Phys. Ökon. Ges. Königsberg 70: 189 – 216.

PYNE, S. J. (1982): Fire in America. A cultural history of wildland and rural fire. Princeton Univ. Press, Princeton. 654 S.

RABØL, J. (1969): Reversed migration as the cause of westward vagrancy by four Phylloscopus warblers. Brit. Birds 62: 89 – 97.

RABØL, J. & O. HINDSBO (1972): A comparison of the bird migration recorded by radar and visible field observations in the middle of Sjælland, Denmark, spring 1971. Dansk Orn. Foren. Tidsskr. 66: 86 – 96.

RABØL, J. & P. LYNGS (1988): Monitoring baltic passerine populations by ringing of migrants on Christiansø. Dansk Orn. Foren. Tidsskr. 82: 37 – 49.

RANDLER, C. (1995): Faunistisch-ökologische Untersuchungen an Tagfaltern und Vögeln auf Brachflächen der Domäne Rechentshofen/Sachsenheim, Landkreis Ludwigsburg. Veröff. Naturschutz Landschaftspfl. Bad.-Württ. 70: 411 – 440.

RANDLER, C. (1997): Lassen sich stichprobenartig erhobene Zugplanbeobachtungen auswerten? Vogelwelt 118: 291 – 295.

RAPP, J. (1991): Temperaturvariabilität in der Bundesrepublik Deutschland 1949 – 1985. Unveröff. Dipl.Arb., Univ. Frankfurt a.M.

RAPP, J. & C.-D. SCHÖNWIESE (1994): „Thermische Jahreszeiten" als anschauliche Charakteristik klimatischer Trends. Meteorol. Z. 2: 91 – 93.

RAPPOLE, J. H. (1995): The ecology of migrant birds. A neotropical perspective. Smithsonian Inst. Press, Washington. 269 S.

RATCLIFFE, D. A. (1958): Broken eggs in Peregrine eyries. Brit. Birds 51: 23 – 26.

RATCLIFFE, D. A. (1967): Decrease in eggshell weight in certain birds of prey. Nature 215: 208 – 210.

RATCLIFFE, D. A. (1980): The Peregrine Falcon. Poyser, Calton.

RATHS, U., U. RIECKEN & A. SSYMANK (1995): Gefährdung von Lebensraumtypen in Deutschland und ihre Ursachen – Auswertung der Roten Liste gefährdeter Biotypen. Nat. Landsch. 70: 203 – 212.

RAYNER, J. M. (1990): The mechanisms of flight and bird migration performance. In: E. GWINNER (Hrsg.): Bird migration: the physiology and ecophysiology. Springer, Berlin. S. 283 – 299.

RECK, H. (1992): Spezieller Artenschutz und Biotopschutz: Zielarten als Naturschutzstrategie und ihre Bedeutung als Indikatoren bei der Beurteilung der Gefährdung von Biotopen. Schr.-R. Landschaftspflege Naturschutz 36.

REICHERT, A., H. DURRER, H. EGLI & M. R. SCHÜPBACH (1986): Muttermilchuntersuchungen in Basel, 1984/85: Die Rückstände an Organochlorpestiziden und polychlorierten Biphenylen im Vergleich zur Situation von 1978. Mitt. Geb. Lebensmitt. Hyg. 77: 554 – 564.

REICHHOLF, J. (1970): Der Einfluß von Störungen durch Angler auf den Entenbrutbestand auf den Altwässern am Unteren Inn. Vogelwelt 91: 68 – 72.

REICHHOLF, J. (1977): Nahrungsökologische Konkurrenz zwischen Mäusebussard *Buteo buteo* und Turmfalke *Falco tinnunculus*? Verh. orn. Ges. Bayern 23: 89 – 93.

REICHHOLF, J. (1986): Gewinne und Verluste: Ein halbes Jahrhundert Veränderung in der Avifauna eines Gebietes im nördlichen Voralpenraum. Anz. orn. Ges. Bayern 25: 81 – 92.

REICHHOLF, J. (1987): Starker Rückgang der Winterbestände von Saatkrähe *Corvus frugilegus* und Dohle *Corvus monedula* im niederbayerischen Inntal. Anz. orn. Ges. Bayern 26: 251 – 257.

REICHHOLF, J. (1988): Auswirkung des Angelns auf die Brutbestände von Wasservögeln im Feuchtgebiet von internationaler Bedeutung "Unterer Inn". Vogelwelt 109: 206 – 221.

REICHHOLF, J. (1991): Der Wachtelkönig *Crex crex*: Eine kurze biologische Charakterisierung. Vogelwelt 112: 6 – 9.

REICHHOLF, J. (1993): Das Gleichgewicht in der Natur – eine Fiktion? Kosmos 11: 54 – 56.

REICHWALDT, G. (1999): Buchenmasten in Norddeutschland. AFZ/Der Wald 54(16): 837 – 839.

REIF, A., E.-D. SCHULZE & K. ZAHNER (1982): Der Einfluß des geologischen Untergrundes, der Hangneigung, der Feldgröße und der Flurbereinigung auf die Heckendichte in Oberfranken. Ber. ANL 6: 231 – 253.

REIJNEN, R. & R. FOPPEN (1991): Effects of road traffic on the breeding sitetenacity of Male Willow Warblers *(Phylloscopus trochilus)*. J. Orn. 132: 291 – 295.

REINIKAINEN, A. (1937): The irregular migrations of the Crossbill *Loxia c. curvirostra* and their relation to the cone crop of the conifers. Ornis Fenn. 14: 55 – 64.

REIST, E. (1992): Der Durchzug des Brachpiepers *Anthus campestris* in der Schweiz von 1960 – 1990. Eine Auswertung der Daten aus dem Informationsdienst der Schweizerischen Vogelwarte Sempach. Orn. Beob. 89: 191 – 195.

REMMERT, H. (1985): Was geschieht im Klimax-Stadium? Ökologisches Gleichgewicht durch Mosaik aus desynchronen Zyklen. Naturwiss. 72: 505 – 512.

REMMERT, H. (1990): Das Mosaik-Zyklus-Konzept der Ökosysteme. NNA-Ber. 3: 110 – 117.

REMMERT, H. (Hrsg.) (1994): Minimum Animal Populations. Springer, Berlin.

RENDAHL, H. (1964): Der Nordische Gimpel im Winter. Skandinavische und finnische Beringungsergebnisse. Vogelwarte 22: 229 – 235.

RENDAHL, H. (1968): Zugverhältnisse fennoskandischer Pieper-Arten, Gattung Anthus. Ark. Zool. Serie 2. Bd 20 (18): 409 – 442. Stockholm.

RETTIG, K. (1965): Tierverluste auf Autostraßen. Orn. Mitt. 17: 233 – 234.

RETTIG, K. (1972): Wieder ein Spornpieper *(Anthus novaeseelandiae)* an der Knock durchziehend. Vogelkdl. Ber. Niedersachs. 4: 23.

RETTIG, K. (1993): Neues aus der Avifauna Ostfrieslands. Beitr. Vogel- u. Insektenwelt Ostfrieslands.

RHEINWALD, G. (1993): Atlas der Verbreitung und Häufigkeit der Brutvögel Deutschlands. – Kartierung um 1985. Schr.-R. DDA, Nr. 12.

RHEINWALD, G., H. SCHULZ & J. OGDEN (1989): Weißstorch. Schr.-R. DDA, Nr. 10.

RIBBE, L. & H. WEIGER (1991): Bauernhof statt Agrarfabrik. BUND Positionen 8, Bonn.

RICHARDSON, W. J. (1978a): Timing and amount of bird migration in relation to weather: a review. Oikos 30: 224 - 272.

RICHARDSON, W. J. (1978b): Southeastward shorebird migration over Nova Scotia and New Brunswick in autumn. Can. J. Zool. 56.

RICHARDSON, W. J. (1990a/1991): Wind and orientation of migrating birds: a review. In: P. BERTHOLD (Hrsg.): Orientation in birds. Experientia 46: 416 - 425/Birkhäuser, Basel. S. 226 - 249.

RICHARDSON, W. J. (1990b): Timing of bird migration in relation to weather: updated review. In: E. GWINNER (Hrsg.): Bird migration: the physiology and ecophysiology. Springer, Berlin. S. 78 - 101.

RICHARZ, K. & M. HORMANN (Hrsg.) (1997): Vögel und Freileitungen. Vogel und Umwelt 9: Sonderh. 304 S.

RICHTER, C. & J. MARTENS (1999): Nahrungsspektrum von Elster *(Pica pica)* und Rabenkrähe *(Corvus corone)* in Rheinland-Pfalz. J.Ornithol. 140: 229.

RIEDEL, B. & M. RIEDEL (1992): Der Einfluß einer aviochemischen Insektizidbehandlung mit Dimethoat auf Nahrungsangebot, Verhalten und Nestlingsentwicklung beim Feldsperling (*Passer montanus* L.). In: H. GEMMEKE & H. ELLENBERG, Mitt. BBA 280, Parey, Berlin, Hamburg. S. 116 - 122.

RIEHM, H. (1970): Ökologie und Verhalten der Schwanzmeise (*Aegithalos caudatus* L.). Zool. Jb. Syst. 97: 338 - 400.

RIESS, W. (1974): Untersuchungen an Vogelpopulationen zweier Heckengebiete im Naturpark Hoher Vogelsberg. II. Zur Struktur und Fortpflanzung der Populationen. Luscinia 42: 109 - 133.

RIETH, A. (1965): Der Georgenberg sieht so fremd aus. Blätter des Schwäbischen Albvereins 71: 35 - 37.

RINGLER, A. (1980): Artenschutzstrategien aus Naturraumanalysen. Ber. ANL 4: 24 - 59.

RINNHOFER, G. (1968): Über eine Kleinvogel-Winterflucht. Falke 15: 63 - 65.

RINNHOFER, G. (1970): Zum Durchzug des Brachpiepers, *Anthus campestris,* am Erzgebirgsnordrand. Beitr. Vogelkd. 15: 185 - 193.

RITTERSHOFER, F. (1997): Bemerkungen zur Megaherbivorentheorie. Ökojagd 2: 4; 32 - 34.

RITTINGHAUS, H. (1957): Ermittlung von Flughöhen mit optischem Entfernungsmeßgerät. Vogelwarte 19: 90 - 97.

ROBERTSON, J. & A. BERG (1992): Status and population changes of farmland birds in southern Sweden. Ornis Svec. 2: 119 - 130.

ROBINSON, S. K. & R. T. HOLMES (1984): Effects of plant species and foliage structure on the foraging behavior of forest birds. Auk 101: 672 - 684.

ROCKENBAUCH, D. (1998): Der Wanderfalke in Deutschland und umliegenden Gebieten. Hölzinger Verlag, Ludwigsburg. 555 S.

ROCZNIK, K. (1972): Der Wandel des Jahreszeiten-Klimas in Mitteleuropa im Zeitraum 1901 - 1970. Meteorol. Rdsch. 25: 106 - 109.

ROCZNIK, K. (1990): Das meteorologische Jahr 1989 in Mitteleuropa. Naturwiss. Rundschau 43: 205 - 209.

ROGACHEVA, E. V. (1992): The birds of central Siberia. Husum Druck- u.Verlagsges., Husum. 737 S.

ROOS, G. (1974a): Falsterbonytt: Juli - September 1974. Anser 13: 219 - 224.

ROOS, G. (1974b): Sträckräkningar vid Falsterbo hösten 1973. Vår Fågelvärld 33: 270 - 285.

ROOS, G. (1976): Falsterbonytt: Januari - Juni 1976. Anser 15: 217 - 220.

ROOS, G. (1977a): Visible bird migration at Falsterbo in autumn 1975. Anser 16: 169 - 188.

ROOS, G. (1977b): Visible bird migration at Falsterbo in autumn 1974. Vår Fågelvärld 36: 213 - 228.

ROOS, G. (1984a): Visible bird migration at Falsterbo in autumn 1983. Anser 23: 1 - 26.

ROOS, G. (1984b): Fältpiplärkans *Anthus campestris* flyttning över Falsterbo under tjugotvå höstar: tidtabeller, beteende och antalsförändringar. Anser 23: 149 - 162.

ROOS, G. (1984c): Migration, wintering and longevity of birds ringed at Falsterbo (1947 - 1980). Anser Suppl. 13, Lund.

ROOS, G. (1991): Visible bird migration at Falsterbo in autumn 1989 with a summary of the occurrence of six Carduelis-species in 1973–90. Anser 30: 229 – 258.

ROOS, G. (1993): Sträckräkningar vid Falsterbo hösten 1990, särskilt förekomsten av fyra invasionsarter: mindre korsnäbb, svartmes, blåmes och sidensvans. Anser 32: 1 - 28.

ROOS, G. (1996): Sträckräkningar vid Falsterbo hösten 1992 med en sammanfattning av långsiktiga förändringar i sträckets numerär under tjugo år. Anser 35: 163 - 188.

ROOTH, J. (1985): Recente ontwikkelingen van de broedpopulatie van den Aalscholver *Phalacrocorax carbo.* Limosa 58: 162 - 163.

RÖSLER, S. & C. WEINS (1996): Aktuelle Entwicklungen in der Landwirtschaftspolitik und ihre Auswirkungen auf die Vogelwelt. Vogelwelt 117: 169 - 185.

ROUX, F. & G. JARRY (1984): Numbers, composition and distribution of populations of Anatidae wintering in West Africa. Wildfowl 35: 48 - 60.

RSU (1985): Umweltprobleme der Landwirtschaft. Sondergutachten Rat von Sachverständigen für Umweltfragen. Kohlhammer, Stuttgart.

RUDEBECK, G. (1950): Studies on bird migration based on field studies in Southern Sweden. Vår Fågelvärld Suppl. 1: 1 - 148.

RUDLOFF, H. VON (1967): Die Schwankungen und Pendelungen des Klimas in Europa seit dem Beginn der regelmäßigen Instrumentenbeobachtung (1670). Die Wissenschaft 122. Vieweg & Sohn, Braunschweig.

RUGE, K. (1975): Die Schwalben-Katastrophe 1974 im süddeutschen Raum. Orn. Mitt. 27: 9 - 12.

RUIZ, X., J. GONZÁLES-SOLÍS, D. ORO & L. JOVER (1998): Body size variation in Audouin's Gull *Larus audouinii;* a density-dependent effect? Ibis 140: 431 - 438.

RÜPPELL, W. (1937): Heimfindeversuche mit Staren, Rauchschwalben, Wendehälsen, Rotrückenwürgern und Habichten (1936). J. Orn. 85: 120 - 135.

RÜTHER, E. (1986): Die Bestockungsentwicklung im Stadtwald Warstein seit 1800 (Grundlagen, Verlauf, Ursachen, Auswirkungen). Unveröff. Dipl. Arb., Univ. Freiburg.

RUTHSATZ, B. (1989): Anthropogen verursachte Eutrophierung bedroht die schutzwürdigen Lebensgemeinschaften und ihre Biotope in der Agrarlandschaft unserer Mittelgebirge. Norddt. Naturschutz-Akad. 2: 30 - 35.

RUTHSATZ, B. & A. OTTE (1987): Kleinstrukturen im Raum Ingolstadt: Schutz und Zeigerwert. Teil III: Feldwegränder und Ackerraine. Tuexenia 7: 139 - 163.

RUTSCHKE, E., W. LIBBERT, H. LITZBARSKI, A. SCHMIDT & R. SCHUMMER (1987): Die Vogelwelt Brandenburgs. Fischer, Jena & Aula, Wiesbaden. 371 S.

RYCHNER, A. & C. IMBODEN (1965): Herbstzugbeobachtungen auf dem Hahnenmoospass. Orn. Beob. 62: 77 - 112.

RYTKÖNEN, S., P. KUOKKANEN, M. HUKKANEN & K. HUHTALA (1998): Prey selection by Sparrowhawks *Accipiter nisus* and characteristics of vulnerable prey. Ornis Fenn. 75: 77 - 87.

SABLEVICIUS, B. (1993): The Tengmalm's Owl *(Aegolius funereus)* in the Aukstaitija National Park (eastern Lithuania) over the period of 1978 - 1992. Acta orn. Lituania 7 - 8: 104 - 106.

SACHS, L. (1978): Angewandte Statistik. 5. Aufl. Springer, Berlin.

SACKL, P. (1985): Der Schwarzstorch *(Ciconia nigra)* in Österreich - Arealausweitung, Bestandsentwicklung und Verbreitung. Vogelwelt 106: 121 - 141.

SALATHÉ, T. (1991): Conserving migratory birds. ICBP Study Report No. 12. 393 S.

SALEWSKI, V., F. BAIRLEIN & B. LEISLER (1998): Überwinterungsstrategien paläarktischer Singvögel in Afrika. Vortrag, Tagung DOG, Jena.

SALOMONSEN, F. (1948): The distribution of birds and the recent climatic change in the North Atlantic area. Dansk Orn. Foren. Tidsskr. 42: 85 - 99.

SANDERCOCK, B. K. (1994): The effect of manipulated brood size on parental defence in a precocial bird, the Willow Ptarmigan. J. Avian Biol. 25: 281 - 286.

SANDERSON, F., J. MARCHANT & D. GLUE (2000): Changes in breeding bird populations, 1998 - 99. BTO News 228: 10 - 13.

SARTOR, J. (1984): Zum Wegzug des Baumpiepers *(Anthus trivialis).* Charadrius 20: 233 - 246.

SASVARI, L., J. TÖRÖK & L. TOTH (1987): Density dependent effects between three competitive bird species. Oecologia 72: 127 - 130.

SAUROLA, P. (1985): Finnish birds of prey: status and population changes. Ornis Fenn. 62: 64 - 72.

SAUROLA, P. (1995): Finnish Ospreys *Pandion haliaetus* in 1971 - 1994. Vogelwelt 116: 199 - 204.

SAWICKA, C. & K. KAPUSTA (1995): Uptake and concentration of lead and cadmium and their effects on birds and mammals. Arch. Ochr. Srodow. 2: 39 - 52.

SAXTORPH, S. M. (1917): Studier over fuglefald ved danske fyr og fyrskibe. Dansk Orn. Foren. Tidsskr. 12: 1 - 61.

SCHÄFER, G. W. (1969): Radar studies on locust, moth and butterfly migration in the sahara. Proc. Roy. Ent. Soc. London 34: 39 - 40.

SCHÄFER, G. W. (1970): Radar detection of individual locusts and swarms. Proc. Int. Study Conf. Current and Future Problems of Acridology. London. S. 379 - 380.

SCHARLAU, A. & W. SCHARLAU (1990): Zur Häufigkeit und Verstädterung der Ringeltaube *Columba palumbus.* Vogelwelt 111: 230 - 238.

SCHEIFELE, M. (1988): Die Murgschifferschaft. Geschichte des Floßhandels, des Waldes und der Holzindustrie im Murgtal. Gernsbach.

SCHEIRING, H. (1997): Jagd in einer funktionenorientierten, integralen Waldwirtschaft. AFZ/Der Wald 52: 842 - 843.

SCHENK, J. (1925): The migration of the Woodcock in Europe. Brit. Birds 19: 34 - 44.

SCHERNER, E. R. (1969): Kennzeichen und Verhalten des Kiefernkreuzschnabels *(Loxia pytyopsittacus).* Vogelwelt 90: 64 - 65.

SCHERNER, E. R. (1984): Der Rotkopfwürger *(Lanius senator)* in Nordwestdeutschland (Übersicht). Vogelkdl. Ber. Niedersachs. 16: 3 - 11.

SCHERNER, E. R. (1985): Der Schwarzstirnwürger *(Lanius minor)* in Norddeutschland. Mitt. Fauna Flora Südniedersachs. 7: 1 - 7.

SCHERNER, E. R. (1990): Wendehals und Populationsbiologie - der „Vogel des Jahres 1988" und die Pflicht zur Forschung. Laufener Seminarbeitr. 3: 24 - 39.

SCHERNER, E. R. (1996): Die Bedeutung sozioökonomischer Verhältnisse für den Artenschutz am Beispiel der Haubenlerche *(Galerida cristata)* in Nordwestdeutschland. Ökol. Vögel 18: 1 - 44.

SCHERZINGER, W. (1996a): Walddynamik und Biotopansprüche des Habichtskauzes *(Strix uralensis).* Abh. Zool. Bot. Ges. Österreich 29: 5 - 16.

SCHERZINGER, W. (1996b): Naturschutz im Wald. Qualitätsziele einer dynamischen Waldentwicklung. Ulmer, Stuttgart. 448 S.

SCHEURER, S. (1964): Untersuchungen zum Massenwechsel einiger Fichten bewohnender Lachnidenarten im Harz. Biol. Zentralblatt 83: 427 - 467.

SCHIFFERLI, A. (1965): Vom Zugverhalten der in der Schweiz brütenden Turmfalken, *Falco tinnunculus,* nach den Ringfunden. Orn. Beob. 62: 1 - 13.

SCHIFFERLI, A. (1967): Vom Zug schweizerischer und deutscher Schwarzer Milane *Milvus migrans* nach Ringfunden. Orn. Beob. 64: 34 - 51.

SCHIFFERLI, A., P. GÉROUDET & R. WINKLER (1980): Verbreitungsatlas der Brutvögel der Schweiz. Schweizerische Vogelwarte, Sempach.

SCHILLING, F. (1981): Die Pestizidbelastung des Wanderfalken in Baden-Württemberg und ihre Rückwirkungen auf die Populationsdynamik. Ökol. Vögel 3: 261 - 274.

SCHILLING, F. & D. ROCKENBAUCH (1985): Der Wanderfalke in Baden-Württemberg - gerettet! Beih. Veröff. Naturschutz Landschaftspfl. Bad.-Württ. 46: 1 - 78.

SCHLÄPFER, A. (1988): Populationsökologie der Feldlerche *Alauda arvensis* in der intensiv genutzten Agrarlandschaft. Orn. Beob. 85: 309 - 371.
SCHLENKER, G. (1982): Die Vegetation der Mittleren Alb im Zeitalter der klassischen Kulturlandschaft. In: Münsingen - Geschichte, Landschaft, Kultur. Thorbecke, Sigmaringen. S. 490 - 496.
SCHMID, H. (1984): Vogelzug über der Wasserscheide/ Gurnigel im Herbst 1983. Vögel d. Heimat 54: 242 - 248.
SCHMID, H. (1986): Überleben dank Schneeflucht bei der Alpenbraunelle. Vögel d. Heimat 56: 222 - 225.
SCHMID, H., R. LUDER, B. NAEF-DAENZER, R. GRAF & N. ZBINDEN (1998): Schweizer Brutvogelatlas. Verbreitung der Brutvögel in der Schweiz und im Fürstentum Liechtenstein 1993 - 1996. Schweizerische Vogelwarte, Sempach.
SCHMID, H., T. STEURI & B. BRUDERER (1986): Zugverhalten von Mäusebussard, *Buteo buteo* und Sperber, *Accipiter nisus* im Alpenraum. Orn. Beob. 83: 111 - 134.
SCHMID, U. & W. GATTER (1986): Zur Truppstruktur ziehender Kernbeißer *(Coccothraustes coccothraustes)* in „Normal"- und Invasionsjahren. Vogelwarte 33: 335 - 338.
SCHMIDT, E. & R.-R. STRACHE (1997): Brutbestandsentwicklung des Kiebitzes auf Probeflächen in Mecklenburg-Vorpommern. Orn. Rdbr. Meckl.-Vorpomm. 39: 27 - 42.
SCHMIDT, G. A. J. (1954): Zur „Sperling"-Bekämpfung. Orn. Mitt. 6: 147 - 153.
SCHMIDT, K. H. (1986): Vergleichende Untersuchungen zur Bestandsentwicklung von Kohlmeisen (*Parus major*) und Trauerschnäppern (*Ficedula hypoleuca*) zwischen 1971 und 1981. Ökol. Vögel 8: 85 - 94.
SCHMIDT, O. (1997): Zu den Megaherbivoren. Mitteleuropa - von Natur aus kein Waldland? Öko Jagd 3: 32 - 33.
SCHMIDT, U. E. (1989): Entwicklungen in der Bodennutzung im mittleren und südlichen Schwarzwald seit 1780. Mitt. Forstl. Versuchs- u. Forschungsanst. Bad.-Württ. 146. 2 Bde.
SCHMIDT-KOENIG, K. (1980): Das Rätsel des Vogelzugs. Hoffmann & Campe, Hamburg.
SCHMITT, R. (1975): Von der Schwalbenrettungsaktion 1974. Regulus 11: 364 - 368.
SCHMOLL, T. (1995): Verbreitung und Bestandsentwicklung der Grauammer *(Miliaria calandra)* im Landkreis Göppingen (Nordwürttemberg). Naturkdl. Mitt. Großraum Göppingen 8: 1 - 10.
SCHMÖLLING J. & K. E. JÖRSS (1983): Räumliche Verteilung und zeitliche Entwicklung von Emissionen der Vorläufer saurer Niederschläge und Oxidanten. VDI-Ber. 500. VDI-Verlag, Düsseldorf. S. 13 - 19.
SCHOCH, O. (1994): Von verschwundenen Waldgewerben im Nordschwarzwald. Beispiele aus dem Oberen Enztal. Selbstverlag. Neuenbürg.
SCHÖN, M. (1994a): Kennzeichen des Raubwürger-Lebensraumes *(Lanius excubitor)* im Gebiet der südwestlichen Schwäbischen Alb. Ökol. Vögel 16: 253 - 495.
SCHÖN, M. (1994b): Begleit-Vogelarten des Raubwürgers *(Lanius excubitor)* im Gebiet der südwestlichen Schwäbischen Alb. Ökol. Vögel 16: 567 - 581.
SCHÖNFELD, M. (1984): Der Fitislaubsänger. NBB. Ziemsen, Wittenberg.
SCHREIBER, K.-F. (1997): 20 Jahre Erfahrung mit dem kontrollierten Brennen auf den Brachflächen in Baden-Württemberg. NNA-Ber. 10: 59 - 71.
SCHRÖTER, H. J. (1997): Waldschutzsituation 1996/97 in Baden-Württemberg. AFZ/Der Wald 52 (7): 343 - 348.
SCHÜCKING, A. & W. SCHLOSS (1969): Ringfunde nordwest- und westdeutscher Gimpel *(P. pyrrhula)*. Auspicium 3: 159 - 191.
SCHULZ, H. (1988): Weißstorchzug. Ökologie, Gefährdung und Schutz des Weißstorchs in Afrika und Nahost. WWF-Umweltforschung 3. Margraf, Weikersheim. 460 S.
SCHULZ, H. (Hrsg.) (1999): Weißstorch im Aufwind? - White Storks on the ups? Proc. 5. Int. Symp. on the White Stork, Hamburg 1996. NABU, Bonn.
SCHULZE, W. (1973): Liberia. Länderkundliche Dominanten und regionale Strukturen. Wiss. Buchges., Darmstadt. 397 S.
SCHÜPBACH, T. (1996): Kornweihen *Circus cyaneus* als Beute von Füchsen *Vulpes vulpes*? Orn. Beob. 93: 181 - 184.
SCHÜZ, E. (1952): Vom Vogelzug, Grundriß der Vogelzugskunde. Schöps, Frankfurt/Main.
SCHÜZ, E. (1971): Grundriß der Vogelzugskunde. Parey, Berlin, Hamburg. 390 S.
SCHÜZ, E. & M. DUMKOW (1936): Vogelzugskalender? Aus der Heimat 49: 211 - 215.
SCHWABL, H. (1983): Ausprägung und Bedeutung des Teilzugverhaltens einer südwestdeutschen Population der Amsel *Turdus merula*. J. Orn. 124: 101 - 116.
SCHWABL, H. (1988): Raum-zeitliches Verhalten der Amsel *(Turdus merula)* im Herbst und seine Beziehung zum Phänomen des Teilzugs. Vogelwarte 34: 312 - 318.
SCHWAPPACH, A. (1895): Die Samenproduktion der wichtigsten Waldholzarten in Preußen. Z. Forst- u. Jagdw.: 147 - 174.
SCHWARZ, G. (1973): Die Nutzung des Grund und Bodens in Baden-Württemberg. Eine Analyse der langfristigen Entwicklung bei den Hauptnutzungsarten unter besonderer Berücksichtigung der Flächen außerhalb der Land- und Forstwirtschaft. Jb. Statist. Landeskd. Bad.-Württ. 18: 32 - 47.
SCHWARZ, J. & M. FLADE (1996): DDA-Monitorprogramm. DDA Jber. 7.
SCHWARZ, J. & M. FLADE (1997): Bericht über das DDA-Monitorprogramm häufiger deutscher Brutvogelarten. Zeitraum 1989 - 1996. DDA Jber. 8.
SCHWARZ, J. & M. FLADE (1999): Bericht über das DDA-Monitorprogramm häufiger deutscher Brutvogelarten. Zeitraum 1989 - 1998. DDA Jber. 9.
SCHWEIER, G. & W. GATTER (1960): Die Vogelwelt des Raumes Kirchheim/Teck. Vervielfältigte kommentierte Artenliste. 51 S.
SCHWEIZERISCHE VOGELWARTE SEMPACH (1980): Verbreitungsatlas der Brutvögel der Schweiz. Sempach. 462 S.
SCHWENKEL, H. (1953): Heimatbuch des Kreises Nürtingen, Bd. 2. Kreisverband Nürtingen.

SCLATER, W. L. (1905): The migration of birds in South Africa. British Association, Johannesburg.
SCOTT, R. E., L. J. ROBERTS & C. J. CADBURY (1972): Bird deaths from power lines at Dungeness. Brit. Birds 65: 273 - 286.
SEBALD, O. (1992): Beobachtungen auf Dauerquadraten während der Jahre 1980 - 1990 im Naturschutzgebiet Irndorfer Hardt (Südwestliche Donaualb). Jh. Ges. Naturkde. Württ. 147: 97 - 168.
SEEGER (1913): Ein Beitrag zur Samenproduktion der Waldbäume im Grossherzogtum Baden. Nat. wiss. Z. Forst- u. Landwirtsch. 12: 530 - 555.
SEILKOPF, H. (1951): Änderungen des Klimas und der Avifauna in Mitteleuropa. Beitr. Naturkde. Niedersachs. 4: 97 - 110.
SEITZ, B.-J. (1988): Zur Koinzidenz von Vegetationskomplexen und Vogelgemeinschafen im Kulturland - Untersuchungen im südwestdeutschen Hügelland. Phytocoenologia 16: 315 - 390.
SEITZ, E. & U. VON WICHT (1980): Der Einflug von Raubmöwen *Stercorarius* ins mitteleuropäische Binnenland im Spätsommer/Herbst 1976. Orn. Beob. 77: 2 - 20.
SELÅS, V. (1993): Selection of avian prey by breeding Sparrowhawks *Accipiter nisus* in southern Norway: The importance of size and foraging behaviour of prey. Ornis Fenn. 70: 144 - 154.
SERWATY, L. (1993): 15 Jahre Wanderfalken-Auswilderung in Hessen - Erfahrungen und Bewertung aus der Sicht der Fachbehörde. Vogel Umw. 7: 183 - 190.
SHARROCK, J. T. R. (1974): Scarce migrant birds in Britain and Ireland. Poyser, Calton.
SIEFKE, A. (1989): Zur Rolle der Prädatoren in Küstenvogelreservaten der DDR. Beitr.Vogelkd. 35: 36 - 51.
SIEFKE, A. (1994): Wanderungen ostdeutscher Raben- und Nebelkrähen *Corvus corone* nach Beringungsergebnissen. Vogelwelt 115: 83 - 89.
SIEGL, T. & A. VON SCHÖNBORN (1991): Das Fruktifikationsgeschehen bei Fichte. AFZ/Der Wald 46: 88 - 89.
SIH, A., P. CROWLEY, M. MCPEEK, J. PETRANKA & K. STROHMEIER (1985): Predation, competition, and prey communities: a review of field experiments. Annual Rev. Ecol. Syst. 16: 269 - 311.
SIRCOULAN, J. (1991): Climate, water and development. In: J. JÄGER & H. L. FERGUSON (Hrsg.): Climate change: Science, impacts and policy. Proc. 2. World Climate Conf., Cambridge Univ. Press, Cambridge. S. 243 - 252.
SIRIWARDENA, G. (1998): Common birds census trends unmasked. BTO News 219: 10 - 11.
SKELLY, J. M. & J. L. INNES (1994): Waldsterben in the forests of Central Europe and eastern North America: Fantasy or reality? Plant Disease: 1021 - 1032.
SKOGSDATA (1983): Aktuella uppgifter om de svenska skogarna från riksskorgstaxeringen. Sveriges Lantbruksuniv. Umeå.
SLAGSVOLD, T. (1975): Competition between the Great Tit *Parus major* and the Pied Flycatcher *Ficedula hypoleuca* in the breeding season. Ornis Scand. 6: 179 - 190.
SLATKIN, M. & J. MAYNARD-SMITH (1979): Models of co-evolution. Quart. Rev. Biol. 54: 233 - 263.
SMITH, H. G. & J.-A. NILSSON (1987): Intraspecific variation in migratory pattern of a partial migrant, the Blue Tit *(Parus caeruleus)*: an evaluation of different hypotheses. Auk 104: 109 - 115.
SMITH, K. W. (1983): The status and distribution of waders breeding on west lowland grasslands in England and Wales. Bird Study 30: 177 - 192.
SNOW, D. W. & C. M. PERRINS (1998): The birds of the western palearctic. Concise Edition. 2 Bde. Oxford Univ. Press, Oxford.
SOHDI, N. S. & L. W. OLIPHANT (1993): Prey selection by urban-breeding Merlin. Auk 110: 727 - 735.
SOLER, M. (1989): Fracaso reproductor en Grajilla *(Corvus monedula)*: Pérdidas de huevos y mortalidad de pollos. Ardeola 36: 3 - 24.
SOLER, M. & J. J. SOLER (1996): Effects of experimental food provisioning on reproduction in the Jackdaw *Corvus monedula,* a semi-colonial species. Ibis 138: 377 - 383.
SOLONEN, T. (1985): Agriculture and birdlife in Finland. A review. Ornis Fenn. 62: 47 - 55.
SOLONEN, T. (1997): Effect of Sparrowhawk *Accipiter nisus* predation on forest birds in southern Finland. Ornis Fenn. 74: 1 - 14.
SØNDERGAARD, K. (1996): Jagtudbytte og bestandsudvikling hos Ringdue *Columba palumbus* gennem 50 år. Dansk Orn. Foren. Tidsskr. 90: 175 - 178.
SONERUD, G.A. (1986): Effect of snow cover on seasonal changes in diet, habitat, and regional distribution of raptors that prey on small mammals in boreal zone of Fennoscandia. Holarctic Ecology 9: 33 - 47.
SORJONEN, J. (1983): Population changes in the Finnish Trush Nightingale *Luscinia luscinia.* In: J. TIAINEN (Hrsg.): Proc. 3. Conf. Study & Conserv. Migratory Birds Baltic Basin. Ornis Fenn. Suppl. 3: 81 - 83.
SORK, V. L. (1993a): Ecology of mast-fruiting in three species of North American deciduous oaks. Ecology 74: 528 - 541.
SORK, V. L. (1993b): Evolutionary ecology of mast-seed-ing in temperate and tropical oaks. Vegetatio 107/108: 133 - 147.
SOUTHERN, H. N. (1938a): The spring migration of the Swallow over Europe. Brit. Birds 32: 4 - 7.
SOUTHERN, H. N. (1938b): The spring migration of the Willow Warbler over Europe. Brit. Birds 32: 202 - 206.
SOUTHERN, H. N. (1939): The spring migration of the Redstart over Europe. Brit. Birds 33: 34 - 38.
SOUTHERN, H. N. (1941): The spring migration of the Red-backed Shrike over Europe. Brit. Birds 35: 114 - 119.
SOVON (1987): Atlas van de Nederlandse Vogels. SOVON, Arnhem.
SPAAR, R. (1997): Flight strategies of migrating raptors; a comparative study of interspecific variation in flight characteristics. Ibis 139: 523 - 535.
SPAAR, R. & B. BRUDERER (1996): Soaring migration of Steppe Eagles *Aquila nipalensis* in southern Israel: Flight behaviour under various wind and thermal conditions. J. Avian Biol. 27: 289 - 301.
SPAAR, R. & B. BRUDERER (1997a): Migration by flapping or soaring: Flight strategies of Marsh,

Montagu's and Pallid Harriers in southern Israel. Condor 99: 458 - 469.

SPAAR, R. & B. BRUDERER (1997b): Optimal flight behavior of soaring migrants: A case study of migrating Steppe Buzzards, *Buteo buteo vulpinus*. Behav. Ecol. 8: 288 - 297.

SPIECKER, H., K. MIELIKÄINEN, M. KÖHL & J. P. SKOVSGAARD (1996): Growth trends in european forests. Springer, Berlin. 369 S.

SPIERENBURG, P. (1998): Migration of Swifts over Bougouni, southern Mali. Malimbus 20: 69 - 74.

SPIES, T. A., J. F. FRANKLIN & T. B. THOMAS (1988): Coarse Woody Debris in douglas-fir forests of western Oregon and Washington. Ecology 69: 1689 - 1702.

SPILLER, D. A. & T. W. SCHOENER (1996): Food-web dynamics on some small subtropical islands: effects of top and intermediate predators. In: G. A. POLIS & K. O. WINEMILLER: Food webs: integration of pattern and dynamics. Chapman & Hall, New York. S. 160 - 169.

SPILLER, D. A. & T.W . SCHOENER (1998): Lizards reduce spider species richness by excluding rare species. Ecology 79: 503 - 516.

SPINA, F. (1986): Baltic birds through the mediterranean: Some aspects of bird conservation in Italy. Vår Fågelvärld 11: 207 - 210.

SPURR, S. H. (1964): Forest ecology. Ronald Press, New York. 352 S.

STARK, H. & F. LIECHTI (1993): Do Levant Sparrowhawks *Accipiter brevipes* also migrate at night? Ibis 135: 233 - 236.

STATISTISCHES BUNDESAMT (1949/50 - 1997): Statistisches Jahrbuch für die Länder der Bundesrepublik Deutschland. Kohlhammer, Stuttgart.

STAUBER, W. & B. ULLRICH (1970): Der Einfluß des naßkalten Frühjahrs 1969 auf eine Population des Rotrückenwürgers *(Lanius collurio)* und Rotkopfwürgers *(Lanius senator)* in Südwestdeutschland. Vogelwelt 91: 213 - 222.

STEINER, G., B. SCHÖBER & F. SCHÜTTE (1990): Der Feldsperling *Passer montanus* L. - Ein Opfer landwirtschaftlicher Technologien? Verh. Ges. Ökol. 19: 210 - 215.

STEINER, H. (1999): Sozialverhalten beeinflußt Verwundbarkeit von Eichelhähern *(Garrulus glandarius)* bei Sperberangriffen *(Accipiter nisus)*. Vogelwarte 40: 138 - 139.

STEINER, H. (2000): Waldfragmentierung, Konkurrenz und klimatische Abhängigkeit beim Wespenbussard *(Pernis apivorus)*. J. Orn. 141: 68 - 76.

STEINIGER, F. (1951): Erste Eindrücke von der Sperlingsbekämpfung mit Strychningetreide. Orn. Mitt. 3: 103 - 108.

STEIOF, K. (1986): Brutvogel-Bestandserfassung und Durchzug von Kleinvögeln. Vogelwelt 107: 41 - 52.

STEIOF, K. & S. BAUMUNG (1988): Beeinflussung des Zugverhaltens beim Kormoran *(Phalacrocorax carbo)* durch Störungen in Rastgebieten. Vogelwelt 109: 31 - 33.

STEUBING, L. & K. BUCHWALD (1989): Analyse der Artenverschiebung in der Sand-Ginsterheide des Naturschutzgebietes Lüneburger Heide. Nat. Landsch. 64: 100 - 105.

STICHMANN, W. (1994): Zielvorstellungen des Naturschutzes hinsichtlich der Wälder in Nordrhein-Westfalen. In: Waldbau und Naturschutz II. Schr.-R. Landesanst. Ökol. Bodenordn. Forsten I: 47 - 53.

STIEBEL, H. (1997): Habitatwahl, Habitatnutzung und Bruterfolg der Schafstelze *Motacilla flava* in einer Agrarlandschaft. Vogelwelt 118: 257 - 268.

STOCK, M., H.-H. BERGMANN, H.-W. HELB, V. KELLER, R. SCHNIDRIG-PETRIG & H.-C. ZEHNTER (1994): Der Begriff Störung in naturschutzorientierter Forschung: ein Diskussionsbeitrag aus ornithologischer Sicht. Z. Ökol. & Naturschutz 3: 49 - 57.

STOCK, M., F. HOFEDITZ, K. MOCK & B. POHL (1995): Einflüsse von Flugbetrieb und Freizeitaktivitäten auf Verhalten und Raumnutzung von Ringelgänsen *(Branta bernicla bernicla)* im Wattermeer. Corax 16: 63 - 83.

STOCK, M. & F. HOFEDITZ (1996): Zeit-Aktivitäts-Budgets von Ringelgänsen *(Branta bernicla bernicla)* in unterschiedlich stark von Menschen beeinflußten Salzwiesen des Wattermeeres. Vogelwarte 38: 121 - 145.

STOLT, B.-O. (1977): On the migration of the Ortolan bunting, *Emberiza hortulana* L. Zoon 5: 51 - 61.

STOLT, B.-O. (1978): Patterns of nocturnal restlessness in caged Bramblings *Fringilla montifringilla* and Yellowhammers *Emberiza citrinella*. Oikos 30: 413 - 418.

STORK, H. J. (1968): Morphologische Untersuchungen an Drosseln. Eine Analyse von Anpassungsstrukturen im Körperbau von sechs europäischen Arten der Gattung *Turdus* (L.). Z. Wiss. Zool. 178: 72 - 185.

STRÄTZ, C. (1997): Kartäuserschnecke, Sandheideschnecke, Spanische Wegschnecke, drei südwesteuropäisch verbreitete Landschnecken in Franken - ein Beitrag zur Neozoen-Thematik. Ber. Naturforsch. Ges. Bamb. 71: 155 - 176.

STRAZDS, M. (1993): Svart stork - Mystisk och mytom-spunnen som fa. Vår Fågelvärld 52,4: 7 - 12.

STRESEMANN, E. (1948): Die mittlere Erstankunft von *Lanius collurio, Muscicapa striata, Oriolus oriolus* & *Oenanthe oenanthe* im europäischen Brutraum. Vår Fågelvärld 7: 1 - 18.

STUART-SMITH, K. (1991): Do lemming, vole, and snowshoe hare cycles affect other small birds and mammals in northern ecosystems? Musk-Ox 39: 181 - 188.

STUBBE, M. (1991): Populationsökologie von Greifvogel- und Eulenarten. Wissensch. Beitr. Martin-Luther-Univ. Halle-Wittenberg 4: 1 - 560.

STUBBE, M., U. MAMMEN & K. GEDEON (1996): Das Monitoring-Programm Greifvögel und Eulen Europas. Vogelwelt 117: 261 - 267.

STURM, K. (1993): Prozeßschutz - ein Konzept für naturschutzgerechte Waldwirtschaft. Z. Ökol. Naturschutz 2: 181 - 192.

SUKOPP, H. (1983): Ökologische Charakteristik von Großstädten. In: G. ALBERS (Hrsg.): Grundriß der Stadtplanung. Akademie für Raumforschung u. Landesplanung. Vincentz, Hannover. S. 51 - 82.

SUNKEL, W. (1938): „Zwischenzug" der Rauchschwalbe *(Hirundo r. rustica)*. Vogelzug 9: 204 - 205.

SUTER, W. (1989): Bestand und Verbreitung in der Schweiz überwinternder Kormorane *Phalacrocorax carbo*. Orn. Beob. 86: 25 - 52.

SUTER, W. & L. SCHIFFERLI (1988): Überwinternde Wasservögel in der Schweiz und ihren Grenzgebieten: Bestandsentwicklungen 1967 - 1987 im internationalen Vergleich. Orn. Beob. 85: 261 - 298.

SUTTER, E. (1948): Der Raubvogelzug im Herbst 1947. Orn. Beob. 45: 179 - 186.

SUTTER, E. (1957): Radar-Beobachtungen über den Verlauf des nächtlichen Vogelzuges. Rev. Suisse Zool. 64: 294 - 303.

SVAZAS, S. & M. ZALAKEVICIUS (1991): Intensive summer movements of the Great Spotted Woodpecker *(Dendrocopus major)* in the Lithuanian coastal areas. Acta orn. Litu. 4: 63 - 67.

SVÄRDSON, G. (1951): Swift (*Apus apus*, L.) movements in summer. Proc. X. Intern. Orn. Congr. 1950 Uppsala. S. 335 - 338.

SVÄRDSON, G. (1957): The invasion type of bird migration. Brit. Birds 50: 314 - 343.

SVENSSON, S. (1978): Efficiency of two methods for monitoring bird population levels: Breeding bird censuses contra counts of migrating birds. Oikos 30: 373 - 386.

SVENSSON, S. (1981): Svenska häckfågeltaxeringen 1969 - 1980: provytor, punktrutter och vattenfågelområden. Vår Fågelvärld 40: 125 - 132.

SVENSSON, S. (1985): Effects of changes in tropical environments on the north european avifauna. Ornis Fenn. 62: 56 - 63.

SWADDLE, J. P. & R. LOCKWOOD (1998): Morphological adaptations to predation risk in passerines. J. Avian Biol. 29: 172 - 176.

SZÉP, T. (1993): Changes of the Sand Martin *(Riparia riparia)* population in eastern Hungary: the role of the adult survival and migration between colonies in 1986 - 1993. Ornis Hung. 3: 56 - 66.

TAMISIER, A. (1985): Hunting as a key environmental parameter for the Western Palearctic Duck populations. Wildfowl 36: 95 - 103.

TANNER, K. M. (1993): Die Bestandsentwicklung der Vogelfauna in den Kantonen Baselland und Basel-Stadt zwischen 1750 und 1990. Diss., Univ. Basel.

TAPPER, S. C., G. R. POTTS & M. H. BROCKLESS (1996): The effect of an experimental reduction in predation pressure on the breeding success and population density of Grey Partridges *Perdix perdix*. J. Appl. Ecol. 33: 965 - 978.

TEICHERT, M. & J. LEPIKSAAR (1977): Die Vogelknochen aus den urgeschichtlichen Kulthöhlen des Kyffhäusergebirges. Alt Thüringen 14: 108 - 144.

TEIXEIRA, R. M. (1979): Atlas van de Nederlandse Broedvogels. Deventer.

TELLERIA, J. L. (1981): La migracion de las aves en el estrecho de Gibraltar. Vol. II: Aves no planeadoras. Univ. Complutense, Madrid.

TERRILL, S. B. & K. P. ABLE (1988): Bird migration terminology. Auk 105: 205 - 206.

TETSCH, K. (1957): Die Waldflächen Badens 1850 und jetzt. Forstmann Bad.-Württ. 1957: 180 - 187.

THAKE, M. A. (1980): Gregarious behaviour among migrating Honey Buzzards *Pernis apivorus*. Ibis 122: 500 - 505.

THALER, E. (1990): Die Goldhähnchen. NBB, Ziemsen, Wittenberg.

THALER, E. (1992): Bestandsschwankungen bei Winter- und Sommergoldhähnchen *(Regulus regulus, R. ignicapillus)* im Hochtaunus im Spiegel wechselnder Fangzahlen. Beitr.Vogelkd. 38: 358 - 359.

THEISS, N. (1997): Bestandsentwicklung und Habitatwahl des Weißsternigen Blaukehlchens *Luscinia svecica cyanecula* im Coburger Land von 1971 bis 1996. Orn. Anz. 36: 105 - 124.

THIBAULT, J.-C. & G. BONACCORSI (1999): The Birds of Corsica. BOU, Tring.

THIEDE, W. (1972): Bemerkenswerte faunistische Feststellungen 1968/69 in Europa. Vogelwelt 93: 109 - 116.

THIEDE, W. (1986): Bemerkenswerte faunistische Feststellungen 1982/83 in Europa. Passeriformes. Vogelwelt 107: 222 - 229.

THIEDE, W. (1987): Offene Fragen um den Kuckuck *(Cuculus canorus)*. Vogelwelt 108: 27 - 31, 60 - 67, 113 - 117, 148 - 151, 186 - 189, 224 - 233.

THIELCKE, G. (1975): Das Schicksal der Greifvögel in der Bundesrepublik Deutschland. Vogelkundl. Bibl. 1. Kilda, Greven.

THIENEMANN, J. (1928): Rossitten. Drei Jahrzehnte auf der Kurischen Nehrung. Neumann, Neudamm. 328 S.

THIENEMANN, J. (1931): Vom Vogelzuge in Rossitten. Neumann, Neudamm. 174 S.

THIES, H. (1990): Wintervorkommen und Nahrungsökologie des Birkenzeisigs *(Carduelis flammea)* 1979/80 - 1988/89 in Beständen der Japan-Lärche *(Larix leptolepis)* des Segeberger Forstes/Kreis Segeberg. Corax 13: 281 - 308.

THIES, H. (1991): Invasionen des Birkenzeisigs *(Carduelis flammea flammea)* nach Norddeutschland und ihre Ursachen - eine Literaturstudie. Corax 14: 73 - 86.

THIOLLAY, J.-M. (1966): La migration d'automne des rapaces diurnes aux Cols de Cou et Bretolet (I). Nos Oiseaux 28: 229 - 251.

THIOLLAY, J.-M. (1967a): La migration d'automne des Rapaces diurnes aux Cols de Cou et Bretolet (II). Nos Oiseaux 29: 69 - 97.

THIOLLAY, J.-M. (1967b): La migration d'automne des rapaces diurnes aux Cols de Cou et Bretolet (III). Nos Oiseaux 29: 105 - 126.

THIOLLAY, J.-M. (1970): Recherches ecologiques dans la Savane de Lamto (Cote D'Ivoire): le peuplement avien. Essai d'etude quantitative. Terre Vie 1: 108 - 144.

THIOLLAY, J.-M. (1978): Les migrations de rapaces en Afrique occidentale: adaptations ecologiques aux fluctuations saisonnieres de production des ecosystemes. Terre Vie 32: 89 - 133.

THIOLLAY, J.-M. (1980): On the wintering habitats of Palaearctic migratory birds. Interview by C. DE JONG-BOON.

THIOLLAY, J.-M. (1989): Distribution and ecology of palearctic birds of prey wintering in West and Central Africa. In: B.-U. MEYBURG & R. D. CHANCELLOR (Hrsg.): Raptors in the modern world. World Working Group of Birds of Prey and Owls. Berlin, London, Paris. S. 95 - 107.

THOMSON, D. L., GREEN, R. E., GREGORY, R. D. & S. R. BAILLIE (1998): The widespread declines of songbirds in rural Britain do not correlate with the spread of their avian predators. Proc. Roy. Soc. London B 265: 2057 - 2062.

TIAINEN, J. (1985): Monitoring bird populations in Finland. Ornis Fenn. 62: 80 - 89.

TIAINEN, J., T. PAKKALA, J. PIIROUNEN, M. VICKHOLM & E. VIROLAINEN (1985): Changes in the avifauna of farmland at Lammi, southern Finland during the past 50 years. Lintumies 20: 30 - 42.

TIAINEN, J. & T. SOLONEN (1980): Effect of the cold winter 1978/79 on breeding land bird densities in a study area in southern Finland. In: H. OELKE: Bird census work and nature conservation. Göttingen. S. 226 - 229.

TIMONEN, S., M. MÖNKKÖNEN & M. ORELL (1994): Does competition with residents affect the distribution of migrant territories? Ornis Fenn. 71: 55 - 60.

TINBERGEN, L. (1946): Sperver als Roofvijand van Zangvogels. Ardea 34: 1 - 123.

TISCHLER, W. (1980): Biologie der Kulturlandschaft. Fischer, Jena. 253 S.

TITOV, N. (1999): Individual home ranges of Robins *Eri-thacus rubecula* at stopovers during autumn migration. Vogelwelt 120: 237 - 242.

TOMIAŁOJC, L. (1980): The combined version of the mapping method. In: H. OELKE: Bird census work and nature conservation. DDA, Göttingen. S. 92 - 106.

TOMIAŁOJC, L. (1983): Plot size as a source of bias in bird density estimations - an empirical test. Bird Census and Atlas Work. Proc.VIII. Intern. Conf. Bird Census and Atlas Work. S. 87ff.

TOMIAŁOJC, L. (1990): Ptaki Polski rozmieszczenie i liczebnosc. Panstwowe Wydawnictwo Naukowe, Warszawa.

TOMIAŁOJC, L., T. WESOŁOWSKI & W. WALANKIEWICZ (1984): Breeding bird community of a primaeval temperate forest (Bialowieza National Park, Poland). Acta ornithol. 20: 241 - 310.

TOMIAŁOJC, L. & T. WESOŁOWSKI (1994): Die Stabilität der Vogelgemeinschaft in einem Urwald der gemäßigten Zone: Ergebnisse einer 15jährigen Studie aus dem Nationalpark von Bialowieza (Polen). Orn. Beob. 91: 73 - 110.

TOMICZEK, C., H. KREHAN, T. CECH, B. PERNY & E. DONAUBAUER (1998): Forstschutzsituation 1997 in Österreich. AFZ/Der Wald 53: 378 - 379.

TOEPFER, K. (1999): Die Wälder der Erde. AFZ/Der Wald 54(23): 1232 - 1234.

TRABAUD, L. (1981): Man and fire: impacts on mediterranean vegetation. In: F. DI CASTRI, D. W. GOODALL & R. L. SPECHT (Hrsg.): Mediterraneantype shrublands. Collection Ecosystems of the World 11. Elsevier, Amsterdam. S. 523 - 537.

TRABAUD, L. V., N. L. CHRISTENSEN & A. M. GILL (1993): Historical biogeography of fire in temperate and mediterranean ecosystems. In: P. J. CRUTZEN & J. G. GOLDAMMER (Hrsg.): Fire in the environment: its ecological, and atmospheric importance. John Wiley, New York. S. 277 - 295.

TRAUBOTH, V. (2000): Die Eibe in Thüringen. Tagungsband Eibenfreund 6: 18 - 27.

TROMMER, G. (1971): Hohe Pestizidrückstände in unbebrüteten Sperbereiern. Orn. Mitt. 23: 170 - 171.

TSCHUDI, F. VON (1868): Das Thierleben der Alpenwelt. 8. Aufl., Verlagsbuchhdlg. Weber, Leipzig.

TSVELYKH, A. N. (1982): Differences in flight speed of Swallow and Martins. Zoologichesky zhurnal 61: 742 - 746.

TUCK, L. M. (1972): The Snipes. Can. Wildlife Service Monogr. Ser. 5, Can. Wildlife Service, Ottawa.

TUCKER, G. M., M. F. HEATH et al. (1994): Birds in Europe: their conservation status. BirdLife Conserv. Ser. 3, BirdLife International, Cambridge, U.K.

TÜXEN, R. (1956): Die heutige potentielle natürliche Vegetation als Gegenstand der Vegetationskartierung. Angew. Pflanzensoziol. 13: 5 - 42.

UHLENHAUT, K. (1976): Unfälle von Schleiereulen durch Kraftfahrzeuge. Falke 23: 56 - 60.

ULFSTRAND, S. (1960): Some aspects on the directing and releasing influence of wind conditions on visible bird migration. Proc. XII. Intern. Orn. Congr. 1958, Helsinki. S. 730 - 736.

ULFSTRAND, S. (1970): Die neuzeitliche Überwinterung des Rotmilans *Milvus milvus* in Südschweden. J. Orn. 111: 85 - 93.

ULFSTRAND, S., G. ROOS, T. ALERSTAM & L. ÖSTERDAHL (1974): Visible bird migration at Falsterbo, Sweden. Vår Fågelvärld, Suppl. 8.

ULFSTRAND, S. & A. SÖDERGREN (1972): Organochlorine residues in east african birds. Ambio 1: 150 - 151.

ULLRICH, B. (1975): Bestandsgefährdung von Vogelarten im Ökosystem „Streuobstwiese"unter besonderer Berücksichtigung von Steinkauz *Athene noctua* und den einheimischen Würgerarten der Gattung Lanius. Beih. Veröff. Naturschutz Landschaftspflege Bad.-Württ. 7: 90 - 110.

ULLRICH, B. (1991): Folgerungen aus 10 Jahren Waldökosystem- und Waldschadensforschung. Forst Holz 46: 575 - 589.

UNTHEIM, H. (1997): Langfristige Zunahme des Höhen- und Volumenwachstums von Fichte und Buche auf Standortseinheiten der Ostalb und des Flächenschwarzwaldes. FVA-Einblick 2: 1 - 2.

UTSCHICK, H. (1981): Die ökologische Situation des Graureihers in Bayern. Vogelschutz 2: 12 - 16.

UTSCHICK, H. (1990): Reproduktion und Migration einer durch Bekämpfungsmaßnahmen reduzierten Gartenpopulation der Spanischen Wegschnecke. Mitt. Zool. Ges. Braunau 6: 175 - 182.

UTSCHICK, H. (1993): Größe, Verteilung und Zusammensetzung von Vogeltrupps in Auwäldern am Unteren Inn. Orn. Anz. 32: 117 - 128.

UXKULL, C. VON (1851): Naturereignisse. Monatsschr. Württ. Forstwesen 2: 84 - 85.

VÄISÄNEN, R. A. (1969): Evolution of *Charadrius hiaticula* during the last hundred years in Europe. Ann. Acad. Sci. Fenn. 4: 149.

VÄISÄNEN, R. A. (1983): Long-term population changes of the most abundant north finnish land birds during the past 40 years. Aureola 8: 58 - 65.

VÄISÄNEN, R. A., O. HILDÉN & E. PULLIAINEN (1989): Monitoring of finnish land bird populations in 1979-88. Lintumies 24: 60 - 67.

VÄISÄNEN, R. A., O. JÄRVINEN & P. RAUHALA (1986): How are extensive, human-caused habitat alterations expressed on the scale of local bird populations in boreal forests? Ornis Scand. 17: 282 - 292.

VÄISÄNEN, R. A. & P. KOSKIMIES (1989): Winter birds in Finland in 1988/89, their long-term trends and densities in different habitats. Lintumies 24: 190 - 203.

VÄISÄNEN, R. A. & P. RAUHALA (1983): Succession of land bird communities on large areas of peatland drained for forestry. Ann. zool. Fenn. 20: 115 - 127.

VALERA, F., P. REY, A.M. SANCHEZ-LAFUENTE & J. MUNOZ-COBO (1993): Expansion of Penduline Tit *(Remiz pendulinus)* through migration and wintering. J. Orn. 134: 273 - 282.

VÄLIKANGAS, J. (1933): Finnische Zugvögel aus englischen Vogeleiern. Vogelzug 4: 159 - 166.

VALKAMA, J. & E. LEHIKOINEN (1994): Present occurence and habitat selection of the Wood Lark *Lullula arborea* in SW-Finland. Ornis Fenn. 71: 129 - 136.

VAN GASTEREN, H., H. GROOT & L. VAN RUITEN, (1992): De irruptie van de Zwarte Mees *(Parus ater)* in het najaar van 1989 in Nederland en NW-Europa. Limosa 65: 57 - 66.

VAUK, G. (1964): Invasionen von Kreuzschnäbeln *(Loxia)* und Buntspechten *(Dendrocopos major)*. Vogelwelt 85: 113 - 120.

VELDMANN, G. & H.-G. KONTZOG (1997): Waldschutzsituation 1996/97 in Sachsen-Anhalt. AFZ/Der Wald 52: 370 - 372.

VERBEEK, N. A. M. (1970): Breeding biology of the Water Pipit. Auk 87: 425 - 451.

VICKERY, J. A., D. E. CHAMBERLAIN & S. J. BROWNE (1999): The contribution of extensive volunteer surveys to the conservation of Skylarks *Alauda arvensis* in Britain. Vogelwelt 120, Suppl.: 339 - 348.

VICKERY, J. & A. WILSON (1998): New Skylark population estimates. BTO News 218: 14 - 15.

VICKHOLM, M. & R. A. VÄISÄNEN (1984): Population monitoring of finnish land bird species in 1978–83. Lintumies 19: 2 - 12.

VIETINGHOFF-RIESCH, A. VON (1955): Die Rauchschwalbe. Duncker & Humblot, Berlin

VILBASTE, H. (1976): On the work of the estonian section of the operation "Baltic" in the autumn of 1975. Loodusevaatlusi 1: 50 - 63.

VILBASTE, H. & A. LEIVITS (1987): Population ecology of the Great Tit *Parus major* and the Pied Flycatcher *Ficedula hypoleuca* in Estonia. Ornis Fenn. 64: 26.

VLEUGEL, D. A. (1954): Waarnemingen over de nachttrek van lijsters *(Turdus)* en hun waarschijnlijke oriëntering. Limosa 27: 1 - 19.

VLEUGEL, D. A. (1955): Über die Unzulänglichkeit der Visierorientierung für das Geradeausfliegen, insbesondere beim Zug des Buchfinken (*Fringilla coelebs* L.). Ornis Fenn. 32: 33 - 40.

VOGEL, B. (1998): Habitatqualität oder Landschaftsdynamik - Was bestimmt das Überleben der Heidelerche *(Lullula arborea)*? J. Orn. 139: 375 - 376.

VOGRIN, M. (1998): Density, nest site and breeding success of a rural population of the Magpie *(Pica pica)* in NE Slovenia. Vogelwarte 39: 293 - 297.

VOIGT, A. (1961): Exkursionsbuch zum Studium der Vogelstimmen. 12. Aufl., bearb. E. BEZZEL. Quelle & Meyer, Heidelberg.

VOOUS, H. (1962): Die Vogelwelt Europas und ihre Verbreitung. Parey, Hamburg.

WACHTER, H. (1964): Über die Beziehungen zwischen Witterung und Buchenmastjahren. Forstarchiv 35: 69 - 78.

WAGNER, C. (1985): Der Raubwürgerbestand auf der ehemaligen Brandfläche des Gartower Forstes 1983 + 1984. Lüchow-Dannenberger Orn. Jber. 10: 89 - 96.

WAGNER, G. (1951): Albpflanzen und Trockenheit. Bl. Schwäb. Albver. 57: 52 - 53.

WALANKIEWICZ, W. (1991): Do secondary cavity nesting birds suffer more from competition for cavities or from predation in a primeval deciduous forest? Natural Areas J. 11: 203 - 211.

WALDMEIER, M. (1959): Sonne und Erde. Büchergilde Gutenberg, Zürich.

WALLER, D. M. (1993): How does mast-fruiting get started? Tree 8: 122 - 123.

WALLIN, K. (1984): Decrease and recovery patterns of some raptors in relation to the introduction and ban of alkyl-mercury and DDT in Sweden. Ambio 13: 263 - 265.

WALLRAFF, H.G. (1978): Social interrelations involved in migratory orientation of birds: Possible contribution of field studies. Oikos 30: 401 - 404.

WALTER, H. (1968): Zur Abhängigkeit des Eleonorenfalken (*Falco eleonorae*) vom mediterranen Vogelzug. J. Orn. 109: 323 - 365.

WALTER, H. (1973): Zum anthropogenen Charakter der rheinischen Vogelwelt. Charadrius 9: 40 - 51.

WALTER, H. & S.-W. BRECKLE (1994): Ökologie der Erde. Bd. 1: Ökologische Grundlagen in globaler Sicht. Bd. 3: Spezielle Ökologie der gemäßigten und arktischen Zonen Euro-Nordasiens. Fischer, Jena.

WALTERT, M. & M. MÜHLENBERG (1999): Notes on the avifauna of the Noyau Central, Forêt Classée de la Lama, Republic of Benin. Malimbus 21: 82 - 92.

WALTERT, M., K.H. YAOKOKORE-BEIBRO, M. MÜHLENBERG & W. E. WAITKUWAIT (1999): Preliminary checklist of the birds of the Bossematié area, Ivory Coast. Malimbus 21: 93 - 109.

WANGLER, F. (1974): Die Sturmgefährdung der Wälder in Süddeutschland. Eine waldbauliche Auswertung der Sturmkatastrophe 1967. Diss. Univ. Freiburg.

WARD, P. (1972): Manuel des techniques utilisées dans la recherche sur les Queleas. FAO, Rom. Document de Travail. AGP: RAF/67/587.

WARNCKE, K. (1961): Beitrag zur Brutbiologie von Habicht und Sperber. Vogelwelt 82: 6 - 12.

WATERMAN, T. H. (1989): Der innere Kompaß, Sinnesleistungen wandernder Tiere. Spektrum der Wissenschaft, Heidelberg.

WEBB, N. (1997): Effects of fires on heathland communities: experiences from southern England. NNA-Ber. 10: 134 - 141.

WEGENER, U. (1997): Feuereinsatz zur Pflege von Trokkenrasen. NNA-Ber. 10: 54 - 58.

WEGGLER, M. (1996): Welche Rolle spielen Hauskatzen in der Populationsdynamik von Siedlungsvö-

geln? Das Fallbeispiel Hausrotschwanz. Vortrag, Tagung DOG, Melk. Abstr. 1997, J. Orn. 138: 354.
WEGGLER, M. & B. ASCHWANDEN (1999): Angebot und Besetzung natürlicher Nisthöhlen in einem Buchenmischwald. Orn. Beob. 96: 83 - 94.
WEIDENBACH, P. (1999): Der sorgsame Umgang mit einer wertvollen Ressource - 200 Jahre Waldaufbau in Baden-Württemberg. Ministerium Ländlicher Raum. 32 S.
WEIDENBACH, P. & U. KOHNLE (1993): Wald, Ökologie und Naturschutz. Ministerium für Ländlichen Raum, Ernährung, Landwirtschaft und Forsten Bad.-Württ., Stuttgart. 128 S.
WEIGOLD, H. (1929): Der Vogelzug auf Helgoland graphisch dargestellt. Friedländer, Berlin.
WEITNAUER, E. (1949): Hoch- und Ausweichflüge von einjährigen Mauerseglern bei Einbruch der Dämmerung oder bei Schlechtwetterperioden. Orn. Beob. 53: 86 - 89.
WEITNAUER, E. (1980): „Mein Vogel" - Aus dem Leben des Mauerseglers *Apus apus*. Basellandschaftlicher Vogelschutzverband, Basel.
WESOŁOWSKI, T. (1985): The breeding ecology of the Wood Warbler *Phylloscopus sibilatrix* in primaeval forest. Ornis. Scand. 16: 49 -60.
WESOŁOWSKI, T. & T. STAWARCZYK (1991): Survival and population dynamics of Nuthatches *Sitta europaea* breeding in natural cavities in a primaeval temperate forest. Ornis Scand. 22: 143 - 154.
WESTERNHAGEN, W. VON (1957): Planbeobachtungen des Vogelzuges. Herbst 1955 im Raum der Nord- und Ostsee. Mitt. Faun. AG Schlesw.-Holst. 2: 17 - 55.
WIENS, J. A. (1989): The ecology of bird communities. Vol. 1: Foundations and patterns. Vol. 2: Processes and variations. Cambridge Univ. Press, Cambridge .
WIESE, M. (1996): DJV-Handbuch. Jagd aktuell, Deutscher Jagdverband, Mainz.
WIKTANDER, U., S. G. NILSSON & O. OLSSON (1992): Occurence of the Lesser Spotted Woodpecker *Dendrocopus minor* in relation to area of deciduous forest. Ornis Fenn. 69: 113 - 118.
WILCOCK, J. (1964): Radar and visible migration in Norfolk, England: A comparison. Ibis 106: 101 - 109.
WILLIAMS, T. C. & J. M. WILLIAMS (1990): The orientation of transoceanic migrants. In: E. GWINNER (Hrsg.): Bird migration: The physiology and ecophysiology. Springer, Berlin. S. 7 - 21.
WILLIAMSON, K. (1955): Migrational drift. In: PORTMANN, A. & E. SUTTER (Hrsg.): Acta XI Intern. Ornithol. Congr. Basel: 179 - 186.
WILLIAMSON, K. (1956): The autumn immigration of the Greenland Redpoll (*Carduelis flammea rostrata* (Coues)) into Scotland. Dansk Orn. Foren. Tidsskr. 50: 125 - 133.
WILLIAMSON, K. (1958): Aspects of autumn migration in 1958. Bird Migr. 1: 27 - 36.
WILLIAMSON, K. (1959): The September drift movements of 1956 and 1958. Brit. Birds 52: 334 - 372.
WILLIAMSON, K. (1961): The concept of "Cyclonic Approach". Bird Migr. 1: 235 - 240.
WILLIAMSON, K. (1962): Aspects of autumn migration in 1961. Bird Migr. 2: 59 - 102.
WILLIAMSON, K. (1963): Aspects of autumn movements at the Bird Observatories 1962. Bird Migr. 2: 224 - 251.
WILMANNS, O., A. BOGENRIEDER & W. MÜLLER (1986): Der Nachweis spontaner, teils autogener, teils immissionsbedingter Änderungen von Eichen-Hainbuchenwälder - eine Fallstudie im Kaiserstuhl/Baden. Nat. Landsch. 61: 415 - 422.
WILSON, A. & J. MARCHANT (1997): Common birds census and waterways. Bird Survey: 1995-96 index report. BTO News 210/211: 16 - 21.
WILTSCHKO, R. & W. WILTSCHKO (1999): Das Orientierungssystem der Vögel. I. Kompaßmechanismen; II. Heimfinden und Navigation; III. Zugorientierung. J. Orn. 140: 1 - 40, 129 - 164 & 273 - 308.
WINK, M. (1974): Veränderungen des Brutvogelbestandes der Siegniederung in den vergangenen 14 Jahren (1960 - 1973). Vogelwelt 95: 121 - 137.
WINK, M. (1992): Zur Situation der Vogelwelt in der Agrarlandschaft. In: H. GEMMEKE & H. ELLENBERG, Mitt. BBA 280. Parey, Berlin, Hamburg. S. 95 - 108.
WINKEL, W. (1989): Langfristige Bestandsentwicklung von Kohlmeise *(Parus major)* und Trauerschnäpper *(Ficedula hypoleuca)*: Ergebnisse aus Niedersachsen. J. Orn. 130: 335 - 343.
WINKEL, W. (1993): Zum Migrationsverhalten von Kohl- und Blaumeise. Jber. Inst. Vogelforschung 1: 9.
WINKEL, W. (1994): Zur langfristigen Bestandsentwicklung des Feldsperlings *(Passer montanus)* im Braunschweiger Raum. Vogelwarte 37: 307 - 309.
WINKEL, W. (1996a): Das Braunschweiger Höhlenbrüterprogramm des Instituts für Vogelforschung "Vogelwarte Helgoland". Vogelwelt 117: 269 - 275.
WINKEL, W. (1996b): Langzeit-Erfassung brutbiologischer Parameter bei Höhlenbrütern (*Parus* spp., *Sitta europaea*) - gibt es signifikante Veränderungen? Verh. Dtsch. Zool. Ges. 89: 130.
WINKEL, W. & M. FRANTZEN (1991): Zur Populationsdynamik der Blaumeise *(Parus caeruleus)*: Langfristige Studien bei Braunschweig. J. Orn. 132: 81 - 96.
WINKEL, W. & H. HUDDE (1996): Langzeit-Erfassung brutbiologischer Parameter beim Kleiber *Sitta europaea* in zwei norddeutschen Untersuchungsgebieten. J. Orn. 137: 193 - 202.
WINKEL, W. & H. HUDDE (1997): Long-term trends in reproductive traits of Tits *(Parus major, P. caeruleus)* and Pied Flycatcher *Ficedula hypoleuca*. J. Avian Biol. 28: 187 - 190.
WINKEL, W. & D. WINKEL (1985): Zum Brutbestand von Meisen (*Parus* spp.) und anderen Höhlenbrüter-Arten eines 324 ha großen Nisthöhlen-Untersuchungsgebietes von 1974 bis 1984. Vogelwelt 106: 24 - 32.
WITHERBY, H. F., F. C. R. JOURDAIN, N. F. TICEHURST & B. W. TUCKER (1943): The Handbook of British Birds. Vol. 3. Witherby, London.
WITT, H. (1986): Reproduktionserfolge von Rotschenkel, Uferschnepfe und Austernfischer in intensiv genutzten Grünlandgebieten; Beispiel für eine „irrtümliche" Biotopwahl sogenannter Wiesenvögel. Corax 11: 262 - 300.

WITT, K. (1966a): Vogelzug am Feldberg/Hochschwarzwald im Herbst 1964. Mitt. Bad. Landesverb. Naturkd. Naturschutz 9: 335 - 344.

WITT, K. (1966b): Beobachtungen an Wasservögeln im Hochschwarzwald. Vogelwelt 87: 66 - 77.

WITT, K. (Hrsg.) (1984): Brutvogelatlas Berlin (West). Orn. Ber. Berlin (West) 9, Sonderh. S. 1 - 384.

WITT, K. (1992): Bestandsentwicklungen einiger ausgewählter gefährdeter Vogelarten im westlichen Deutschland 1977 - 1989. Vogelwelt 113: 289 - 310.

WITT, K. (2000): Situation der Vögel im städtischen Bereich: Beispiel Berlin. Vogelwelt 121: 107 150 128.

WITTENBERG, J. (1988): Langfristige Entwicklung einer Population der Rabenkrähe bei Braunschweig, ihre Zusammensetzung und ihr Einfluß auf andere Arten. Veröff. Naturschutz Landschaftspflege Bad.-Württ. 53: Beih. S. 211 - 223.

WITTENBERG, J. (1998): Starker Rückgang des Rabenkrähen-Bestandes nach Ansiedlung des Habichts. J. Orn. 139: 203 - 204.

WITTIG, R. (1979): Die Vernichtung der nordwestdeutschen Wallheckenlandschaft, dargestellt an Beispielen aus der Westfälischen Bucht. Landeskdl. Karten Hefte Geograph. Komm. Westfalen 12: 57 - 61.

WOHLRAB, B., W. SÜSSMANN & V. SOKOLLEK (1983): Einfluß land- und forstwirtschaftlicher Bodennutzung sowie von Sozialbrache auf die Wasserqualität kleiner Wasserläufe im ländlichen Mittelgebirgsraum. DVWK-Schriften 57, Hamburg, Berlin. S. 57 - 175.

WOOD, B. (1979): Changes in numbers of over-wintering Yellow Wagtails *Motacilla flava* and their food supplies in a West African Savanna. Ibis 121: 228 - 231.

WOOD, B. (1982): The trans-saharan spring migration of Yellow Wagtails *(Motacilla flava)*. J. Zool. 197: 267 - 283.

WOODWELL, G. M. (1967): Toxic substances and ecological cycles. Sci. Amer. 216: 24.

WÜST, W. (1979, 1986): Avifauna Bavariae. Die Vogelwelt Bayerns im Wandel der Zeit. 2 Bde. Orn. Ges. Bayern. Geiselberger, Altötting.

WÜSTENEI, C. & G. CLODIUS (1900): Die Vogelwelt der Grossherzogtümer Mecklenburg. Archiv des Vereins der Freunde der Naturgeschichte in Mecklenburg 54: 1 - 363.

YALDEN, D. W. (1986): The status of Golden Plovers in the Peak Park, England in relation to access and recreational disturbance. Wader Study Group Bull. 46: 34 - 35.

YALDEN, D. W. & P. E. YALDEN (1989): The sensitivity of breeding Golden Plovers *Pluvalis apricaria* to human intruders. Bird Study 36: 49 - 55.

YEATMAN, L. J. (1971): Histoire des oiseaux d'Europe. Bordas, Paris.

Yeatman-Berthelot, D. & G. Jarry (Eds.) (1994): Nouvel Atlas des Oiseaux Nicheurs de France 1985 - 89. Société Ornithologique de France, Paris.

YOM-TOV, Y. (1974): The effect of food and predation on breeding density and success, clutchsize and laying date of the Crow (*Corvus corone* L.). J. Anim. Ecol. 43: 479 - 498.

YOSEF, R. & M. A. DEYRUP (1998): Effects of fertilizer-induced reduction of invertebrates on reproductive success of Loggerhead Shrikes *(Lanius ludovicianus)*. J. Orn. 139: 307 - 312.

ZAHNER, V. & O. SCHMIDT (1997): Der Schwarzstorch *Ciconia nigra* in Bayern. Orn. Mitt. 49: 219 - 224.

ZANDE, A. N. VAN DER, W. J. TER KEURS & W. J. VAN DER WEIJDEN (1980): The impact of roads on the densities of four bird species in an open field habitat-evidence of a long-distance effect. Biol. Conserv. 18: 299 - 321.

ZANG, H. (1990): Abnahme der Tannenmeise *Parus ater*-Population im Harz als Folge der Waldschäden (Waldsterben). Vogelwelt 111: 18 - 28.

ZBINDEN, N. (1989a): Beurteilung der Situation der Vogelwelt in der Schweiz in den 1980er Jahren - Rote Liste der gefährdeten und verletzlichen Vogelarten der Schweiz. Orn. Beob. 86: 235 - 241.

ZBINDEN, N. (1989b): Die Entwicklung der Vogelwelt in der Schweiz. Schweizerische Vogelwarte Sempach.

ZEZSCHWITZ, E. VON (1985): Qualitätsänderungen des Waldhumus. Forstw. Cbl. 104: 205 - 220.

ZIEGLER, W, M. KÖNIGER & P. R. WALLNÖFER (1978): Gehalt an Umweltchemikalien (Organochlorverbindungen) in Amseleiern aus charakteristischen Biotopen. Anz. Schädlingskd. Pflanzenschutz Umweltschutz 51:145 - 148.

ZIMMERMANN, R. (1979): Der Einfluss des kontrollierten Brennens auf Esparsetten-Halbtrockenrasen im Kaiserstuhl. Phytocoenologia 5: 447 - 524.

ZINK, G. (1973 - 1985): Der Zug europäischer Singvögel, ein Atlas der Wiederfunde beringter Vögel. 4. Lief., Vogelzug-Verlag, Möggingen bzw. Nachdr. 2 Bde. Aula, Wiesbaden

ZINK, G. (1980): The winter distribution of European passerines in Africa. Proc. IV Pan-Afro Ornithol. Congr., S. 209 - 213.

ZINK, G. & F. BAIRLEIN (1995): Der Zug europäischer Singvögel. Ein Atlas der Wiederfunde beringter Vögel. Bd. 3. Aula, Wiesbaden.

ZÖLLNER, T. (1998): Rabenkrähe plündert Kiebitzgelege. Der Falke 45: 356.

Zorn, J. H. (1742, 1743): Petino-Theologie oder Versuch, Die Menschen durch nähere Betrachtung der Vögel zur Bewunderung, Liebe und Verehrung ihres mächtigsten, weissest- und gütigsten Schöpffers aufzumuntern. Teil 1, Pappenheim 1742, Teil 2, Schwabach 1743.

ZÖRNER, G.-J. (1993): Brutvogelerfassung in verschiedenen Wald- und Forstflächen der Altmark. Apus 7: 201 - 227.

ZWARTS, L. (1980): Intra- and interspecific competition for space in estuarine bird species in a one-prey situation. Acta XVII Congr. Internationalis Ornithologici II: 1045 - 1050.

Namensregister

Die Seitenzahlen mit den Artbeschreibungen in Kapitel 17 „Bestandstrends“ sind fett gedruckt.

Index of species names: *Page numbers referring to species descriptions in Chapter 17 'Population trends' are printed in bold.*

Sachregister